吴宗国先生诞辰九十周年纪念论文集

北京大学历史学系 北京大学中国古代史研究中心 编

社会科学文献出版社
SOCIAL SCIENCES ACADEMIC PRESS (CHINA)

# 吴宗国先生诞辰九十周年
# 纪念论文集编集说明

吴宗国先生 1934 年出生于南京市，籍贯江苏如皋，1953 年毕业于南京师范学院附中，同年考入北京大学历史学系。他 1958 年 7 月毕业后留校任教，担任汪篯教授的助手，1983 年任副教授，1990 年任教授，1995 年开始招收博士生，曾任中国古代史教研室主任，历史学系学位委员会委员、学术委员会委员，享受国务院政府特殊津贴，1999 年 6 月退休，2022 年 8 月于北京去世。

吴先生长期从事中国古代史的教学和科研工作，主要研究领域为隋唐史、中国古代政治制度史，造诣深厚，成就卓著。先生关心学生，奖掖后进，自 20 世纪 80 年代起，指导硕士、博士研究生十余人，在研究生培养方面倾注了极大心血。先生特别强调教学的重要性，认为"只有能培养出一流学生的大学才是一流大学"，他生前完成的最后一篇文章是《论历史学科的教学带动科研》。

为了缅怀吴先生在学科建设和人才培养方面的杰出成就，接续他念兹在兹的学术传承，北京大学历史学系和中国古代史研究中心组织编写了这部纪念论文集。本书分为两部分，第一部分是纪念文章，回忆吴宗国先生的为人、为学与为师。第二部分是中国古代史特别是隋唐史领域的学术论文。文章的作者，既包括先生的同学、同事，也包括先生的弟子以及曾经受教或受益的学界同人。吴先生高度关注青年学人的成长，当年在编辑《汪篯百年诞辰纪念文集》时，特地收录了两篇本科生的习作。这部纪念论文集也特别收录了多位吴先生再传弟子的研究成果。感谢诸位师友赐文，也感谢徐俊先生为本书题签。

今年是吴宗国先生诞辰九十周年，谨以此论文集纪念吴先生。

北京大学历史学系

北京大学中国古代史研究中心

2024 年 8 月

# 目　录

# 吴宗国与《汪篯隋唐史论稿》的编辑出版

## 梁太济

宗国与我，都深受业师汪篯先生的知遇之恩，对先生一直怀有满满的感激之情。"四人帮"被粉碎以后，我们都坚信恩师屈死冤案一定会获得公正处理，果然很快就平反昭雪了，并于1978年11月20日补开了追悼会。

在此前后，我们一直在酝酿搜集和出版恩师遗稿事宜。我只是在大学本科最后两三年与恩师有较频繁的接触，宗国则在本科毕业后与恩师又同事了8年，对于恩师文稿及其存失情况，远比我了解和掌握的多得多。我所知道的，如解放前发表过唐玄宗即位之初如何安定皇位的论文，1953年用"季铿"笔名发表的关于隋末唐初的2篇论文，1955年底发表的纪念司马迁2100年诞辰的论文，1962年发表的4篇隋唐史杂记，这些宗国无一不知。而在此之外，宗国知道的，如解放初在《进步日报》发表的《秦始皇》，60年代在中央党校做的专题报告《唐太宗》《武则天》所存铅印本，在北京一次学术座谈会上关于农民阶级斗争历史作用的发言尚存有底稿，历史所曾印发全所参考的对一位青年学者研究唐代客户的审阅意见，我都见所未见，闻所未闻。

宗国还了解，恩师在解放前夕已基本撰就两部专著，一部叫《魏晋隋唐党争史》，另一部叫《隋唐之际群雄盛衰兴亡之连环性及其内部组织问题》，他本人却谦虚地在上面题有"札记稿"字样。1962年准备修订定稿，学校为其配备了助手。此事后来虽然半途而废，两部书稿也在动乱中散失殆尽，但助手杨泰麟当年曾擅自将不少内容节抄在自己的笔记本中。只是多年前他已辗转去了陕西，不知这些笔记本是否仍然保存。

此外，除了安定皇位那一篇，恩师解放前是否还发表过别的论文，我们心中都没有底，很不踏实。

交换过各自知道的遗稿情况之后，我们商定：遗集将恳请唐长孺先生牵头担任主编，稿子最后怎样编定也请他拍板。由宗国立即与杨泰麟联系，若能借得他的笔记本，誊录和恢复文稿原貌的整理工作，由我们两人分担。当时我是借着商讨汪师遗稿出版的由头出公差来京的，住在城内，行动方便，就表示：跑腿的事由我来干。

我最先找的是唐长孺先生。当时唐先生整理吐鲁番出土文书在京，我的顶头上司、内蒙古大学历史系主任胡钟达先生，早年曾在武汉大学求学执教，时亦在京编纂地震史资料，我就烦请他带我去谒见唐先生。唐先生听说我们这些学生正在操办汪师遗集的出版事宜，欣喜之情溢于言表，答应为遗集撰写序言，并说：对青年学者习作的审阅意见一类文字，不宜收入集中。

接着，我去中华书局找到赵守俨先生。《中国史学论文索引》第二编收录的资料断限为 1937—1949 年，中华书局早已排校就绪，却一直未能出版发行。我请他找出清样，从中仔细检索汪师的论文，结果发现，确实只有发表于 1948 年 3 月 27 日《申报·文史》第 16 期的《唐玄宗安定皇位的政策和姚崇的关系——玄宗朝政治史发微之一》一篇。我向他谈起遗集出版事宜，他只说，就他所知，汪先生正式发表的论文不多。对于是否愿意承担遗集的出版一事，他没有正式表态。

在京期间，我与历史所明清室的何龄修师兄曾数次会面。谈起遗集事，他说，汪先生的老师陈寅老正式出版的专著的书名都缀以"稿"字，如"略论稿""述论稿""笺证稿"，建议遗集的书名叫《汪篯隋唐史论稿》。

我把造访的情况以及他们的意见和建议，都转告给了宗国。

回到内蒙古不久，宗国就把杨泰麟的笔记本寄了过来，分给我的是《魏晋隋唐党争史》专著，但只有唐代部分，唐以前的内容大概都未节抄。其中的序引语、转折语、提示语、结语当皆是原稿的原文，而原稿引用的资料，除个别短语外，都只节抄了出处的书名、篇名，连引文的始见和终止处的片言只字都未抄下。将它誊录成提交给出版社的书稿清本，虽是机械性的工作，但花费的时间并不少。誊录完毕，我就将它与笔记本一起立即寄回给了宗国。

宗国誊录的是《隋唐之际群雄盛衰兴亡之连环性及其内部组织问题》，总字数较我誊录的约多四分之一。此外，他还要把恩师公开发表的那些论文转换成提交给出版社的书稿清本。以北大图书馆的资源条件，找出这些论文并不费事，但那时复印机似尚未见使用，不管是在馆中手抄，还是拍摄成相片后手抄，还是请人代抄，总之，工作量都是相当巨大的。

至于书稿汇拢后的校勘分类编排，与唐长孺先生间的商讨往复，以及与出版社的接洽交涉，详情我已不甚了了，估计宗国为之付出的心血和精力是相当巨大的。

2022 年 10 月 12 日修订定稿

# 怀念吴宗国老师

阎守诚

　　我认识吴宗国老师是在参加 1981 年 7 月 18 日至 9 月 9 日的丝绸之路考察期间。当时我任职于山西哲学社会科学研究所。我能参加这次考察实属不易。

　　之所以说"实属不易",是和我的经历分不开的。我青少年时的愿望是从事教学科研,但实现这个愿望的历程颇为曲折:我于 1966 年毕业于山西大学历史系,当时没有能分配工作,1968 年到天津部队农场锻炼了两年,1970 年被分配到山西岢岚县中学当老师。1973 年父亲因病住院,需要我照顾,我设法调回太原,到了中共山西省委政策调查研究室工作。1978 年父亲逝世,同时科学的春天来了,我不想在省委工作,想去从事科研教学,在再三请求下,调到省社科所历史室。恰巧历史室有参与北京师范学院(现首都师范大学)宁可教授主持编撰隋唐经济史资料的任务。我 1980 年到北京,在宁先生指导下编撰隋唐经济史资料,同时听宁先生的"中国古代经济史""历史理论"等课程,这算是我重新、认真学史学的开始。当时,我已年近四十。幸运的是,丝绸之路的考察主要由宁先生组织并任队长,因此,我才能参与,并由此结识了一批学术界的朋友。

　　我和吴老师的友谊就是开始于这次考察。这次考察累计行程八千公里,历经甘肃、青海、内蒙古、新疆和陕西五个省区。在考察途中,吴老师待人和蔼,言谈有趣,给我留下了很好、很深刻的印象,我觉得我们很谈得来。在参观完敦煌之后,大家称吴老师为"北大佛",可见吴老师的

"地位"。宁先生要求考察队沿途开阶段性的学术研讨会，考察完要写论文，出论文集。《丝路访古》一书 1983 年由甘肃人民出版社出版。吴老师写了《唐高宗和武则天时期安西四镇的废置问题》。我当时还写不了论文，就写了两篇游记——《马蹄寺石窟群》和《安西榆林窟》。

我再次和吴老师在考察中相遇是 1983 年 11 月 2 日在成都开完唐史学会第二届年会后，吴老师、胡戟、高世瑜和我四人结伴去考察了乐山、眉山、灌县、江油等地的名胜古迹。9 日，吴老师和高世瑜从江油回成都返京。我和胡戟从江油到绵阳开始蜀道的考察。21 日，从宝鸡到西安。结束蜀道考察之后，李之勤、胡戟和我编写了《蜀道话古》一书，于 1986 年由西北大学出版社出版，我写了"蜀道纪行"一部分。

我和吴老师第三次在考察中相遇是 1984 年 7 月 14 日至 8 月 25 日的唐宋运河考察期间。考察活动从浙江宁波起，到河南郑州止，总行程约三千公里，历经浙江、江苏、安徽、河南四省。考察成果结集为《运河访古》一书，1986 年由上海人民出版社出版。吴老师写了《唐代三吴与运河》，我写了《隋唐小说中的运河》。

在考察中，我们同吃、同住、同行，可以随便交谈，便于互相了解，加强友谊。吴老师就是在考察中成为我的良师益友的。

20 世纪 80 年代，为了进一步推动国内的隋唐史研究，三秦出版社决定出版《隋唐历史文化丛书》（以下简称《丛书》），编委会主任为宁可、沙知，责任主编为张玉良、胡戟。《丛书》要求书的篇幅在 15 万字左右，最长不超过 20 万字。吴老师和我都对唐玄宗感兴趣，常在一起"闲坐说玄宗"，决定为《丛书》写本《唐玄宗》。我们商定了写作提纲，由于吴老师教学忙，我当时事情不多，就多写了一点，并承担了全书文字加工整理的工作。对我来讲，与吴老师合作，我做这些是放心的。关于书的作者署名，我的意见是吴老师在前，吴老师的意见是让我在前，最后主编胡戟认为：谁写得多，谁在前。1989 年《唐玄宗》出版，有了现在的署名。

《唐玄宗》深入论述了开天盛世的形成和客观评价了唐玄宗的历史地位，在不少问题上提出了新的见解，内容务实求真，深入浅出，既有学术性，也有可读性，既能面向专家学者，也能面向一般史学爱好者。因此，受到读者的好评和喜爱。三十多年来，读者没有忘记我们这本小书。1995年，韩国庆北大学将此书译成韩文，作为辅助教材打印成册。2009年11月，北京大学出版社将书名改为《唐玄宗的真相》再次出版，并重印过。2010年10月，台湾联经出版社以《唐恨——唐玄宗的真相》为书名出版。出版社编辑还给这本小书加了三个附录：一、大事年表；二、长恨歌（白居易）；三、清平调（李白）。2012年，韩国书景文化社出版了韩文译本，书名《唐玄宗》，译者为研究中国史的学者任大熙和禹成旼。2022年8月，山西人民出版社以《盛唐之子：唐玄宗的成败》为书名作为溯源丛书之一种出版。今年这本书要重印。吴老师和我写的这本小书在漫长岁月中不断再版、重印，是值得我们欣慰的。

1991年，我从山西社科院调到北京师范学院历史系，真正实现了我从事科研教学的愿望，见到吴老师的机会也就多了。如今回忆起来，我认识吴老师已经四十多年了。在我的心目中，吴老师是我的老师、兄长、朋友，吴老师为人宽厚，学问精深，是我所景仰的。我虽不能至，但心向往之。我深深怀念吴老师。

# 深切怀念老师吴宗国教授

## ——我与吴老师的交往片断

### 邓文宽

那个身躯高大、面相如佛的吴宗国老师，辞别人世就快一年了。可作为学生的我，从心底深处依然怀念着他。

我与吴老师的认识和交往有半个世纪之久。作为后学，我有两次在北大历史系学习的机会；又因读过隋唐历史专业的研究生，自然是要向隋唐历史专家吴宗国老师不断请益的。

我第一次在北大历史系学习的时间是 1972—1975 年。那时因受到极左思潮的干扰，学校一直没有正常的教学秩序，所学知识十分有限。三年里，我们班居然有九次下厂下乡。印象最深的一次是，某个冬天，吴老师和我共十来个人被安排去河北固安县"学农"，我还是这个小分队的组长。一次，上面要求向村民宣讲相关政策，傍晚通知我们，次日早晨即要讲授。这个任务落在了吴老师身上。自然，他必须在当晚写出讲稿。可是农村条件十分有限，不可能找个单独房间让他加班。我们几个人睡在一户农家的通铺上。晚上别人都睡了，吴老师将身子倚在被子上斜躺着，开个手电筒写讲稿。半个世纪过去了，这一幕依然十分清晰地留在我的记忆之中。

70 年代末 80 年代初，我第二次进入北大历史系，读隋唐历史的研究生。导师王永兴先生为我们开设了"敦煌文献"课程，这在北大历史系完全是头一遭。记得每次上课时，吴宗国老师就在后排坐一个位置，一边听课，一边做笔记。因为这对于年近半百的他来说，也是全新的内容，而且同隋唐历史关系密切。吴老师就是这样静静地、细心地在为自己"充电"。作为学者的我自然懂得，这是真正的知识人品格——永不满足，不断丰富和完善自我。我的吴老师就是这样生活的。

1981 年暑假，中国唐史学会组织了一支"丝绸之路考察队"，去河西走廊和新疆地区访古，时间近两个月，我有幸参加了这次活动。那一时段，吴老师的健康状况不是很好。他告诉我，速效救心丸放在哪个口袋，紧急情况下如何帮他服用。到达吐鲁番之后的一天下午，吴老师病了，但不是心脏问题。他浑身不适，十分难受，当时有人怀疑是具有传染性的"炭疽病"。队长宁可教授对我说："晚上你和吴宗国睡在一起，负责照顾他，他是你的老师。"我欣然应命，愿意帮吴老师熬过这一关。好在他很快就恢复了健康，未有大碍。

我在北大历史系读研究生的三年里，多次去吴老师家请益学问，都受到吴老师和他夫人刘念华老师的欢迎和关照。每次从他家出来，对吴老师的话我都要思考很久，认真品味他的见解。他对我说过的最重要的一句话是："带学生不是要让他'全明白'，而是要把他'教糊涂'。"我理解他这句话的含义是：要让学生有问题意识，会独立思考，发现并解决问题。一个不会找问题并加以解决的人是不会有作为的。当然，我的某些看法也曾受到吴老师的肯定和鼓励。我们曾经讨论自北魏孝文帝始，直到唐开元天宝年间，实行了三百年之久的均田制问题。北魏初定的制度是，每年正月还授土地；而后来改为每年十月还授土地，并为隋唐所继承。这是为什么？我的看法是，北魏最初定令时，都城在平城（今山西大同），后来迁都到洛阳。大同气候寒冷，每年只种春小麦；而洛阳地处中原，气候温暖，种冬小麦而不种春小麦。冬小麦是农历八月末就要下种的。如果仍旧坚持原来的制度不变，每年正月才还授土地，农民下种时，他还不知道来年这块地是否属于自己，他还有生产的积极性吗？吴老师说："这个认识，恐怕也只有你这山西人才能想到。"这样的讨论，自然加深了我们的师生情谊。有时赶上饭点，吴、刘二师便留我吃饭，我也就不加推让地跟他们一起用餐了。顺便说一下，这样的蹭饭在祝总斌老师家也有好几次。1980 年夏尚未放暑假，山西老家遇到了一些事情，我便向其时分管研究生工作的副系主任祝总斌老师请假离京。祝老师知道我有了难处，便从刚刚领到工资的信封里抽出四十元钱给我，让我去解决困难。几十年来，我一直记着祝老师的恩德，多次自己一个人，或带着老婆孩子去探望他。而就在去年，他比吴宗国老师早三个月往生了。在这里，作为学生的我，谨为两位师尊祈祷冥福了。

吴老师是 1934 年 5 月出生的，2014 年 5 月是他的 80 岁大寿。受惠于他的学生为他举办了一个寿宴。按理，我是必须参加的。可是非常不巧，就在那个时段，我受邀去巴黎参加一个国际学术会议，未能参加这次庆寿活动。为了弥补这个遗憾，当年 6 月底 7 月初，我在乡下院子里种的宣化马奶子葡萄成熟了，就让妻子孙雅荣（她与我在北大历史系同班，都是吴老师的学生）采摘了一小箱，亲自乘车送到蓝旗营吴宅，表达我对老师的祝福。此后我只在北京石刻艺术博物馆，胡戟先生举办的那个中亚考察图片展览上见过吴老师一次，但竟是最后一次。原因是，我患腰椎间盘突出症，手术虽减轻了疼痛，但依然不便行走，于是就很少出门。偶尔同吴老师通个电话请安，也不能说得太多。几年前，山西老家红枣丰收，我让朋友帮助买了一些，分送亲戚和师友，自然也送了吴老师一份。吴老师收到后同我通了一次电话，感情真挚，让我心热。半个世纪的师生情谊尽在话语之中。

佛究竟涅槃，人终归要死，这是谁都不能避免的。不过，虽说生死无别，可也寿夭有异。我的老师吴宗国教授以 88 岁之龄辞别人世，算得上是长寿之人了。吴老师，如今我这个 75 岁的老学生，依然深深地怀念着您——咱们在那边再叙，并继续探讨学问。

2023 年 6 月 13 日凌晨于京东半亩园居

# 忆念吴宗国老师

## 邓小南

2022 年 8 月，我在外参加北京市社会科学界联合会的考察活动，在手机中看到吴宗国先生去世的讣告，当时感到非常突然。身在外地，心中无限牵念，却也没能参加先生的告别仪式。以前知道先生家中有"长寿基因"，没想到骤然间阴阳两隔。我和吴先生都住在蓝旗营，楼栋相邻，过去经常看到先生和师母在院内活动，曾去府上拜望过先生，有时也在楼下和先生"接头"。这段时间常想最近怎么没有遇到先生，但总觉得可能是因为疫情不便外出。

许多往事一下涌上心头。

我上小学时就认识了"吴叔叔"，上大学后，才改口称"吴老师"。记得我上小学四年级时（应该是 1961 年），翦伯赞先生组织系里教师到颐和园游览，继而去听鹂馆用餐，当时也带上了我。系里的伯伯叔叔我不太熟悉，跟在人群中不好意思，温和儒雅的吴叔叔一直领着我，牵着我的手，还和我在长廊边拍了一张照片（前些时反复翻检老照片，可惜没有找到）。

"文革"结束后不久，我从东北回京，常有家中杂务需要照应。当时每逢冬季都要排长队去买上百斤冬储白菜，用平板车拉回家中。有一次正巧遇到吴老师、刘老师夫妇，他们看到我，就对队伍中的前后几位说："让小南先买吧，她得回去给邓先生做饭。"原本拥挤的人群迅速让出一条通路，当时我感到十分意外，也非常感动。

　　我们班 1978 年入校后，中国古代史是由孙淼、张传玺、张广达、许大龄等几位先生讲授的。吴老师当时是年轻教师，教授另外的班级，学生们都说他讲课提纲挈领，善于概括点拨。1980 年代以后，吴老师长期担任中国古代史教研室主任。我留校之后，虽然编制属于中国古代史研究中心，但中心跟历史系实际上是一家。我们的工作安排、学业成长，吴老师都记挂在心上。今天回想起来，自己成为北大教师的一步步路程，正是在吴老师的安排引导下走过来的。

　　1985 年我研究生毕业，86 年春季学期开始讲授第一门课程。作为初出茅庐的"青年"教师（其实已经并不年轻），我接到的任务是接续张小舟老师为中文系、图书馆系的一年级同学讲授"中国古代史（下）"。接下来的两年，则是安排我为历史系留学生讲授古代史课程。不同的听课对象，不同的授课方式，在教研室是阶次性的安排，在我则是起步阶段的逐次锻炼。在此期间，我也听到吴老师就古代史课程对一些任教老师的指导点评。

　　1990 年代中，学校开始招收文科实验班，各系都非常重视，各自抽调精锐力量从事教学工作。开课一年之后，吴老师找到我，叮嘱我与吴荣曾老师合作，讲授文科实验班的"中国古代史"课程。教实验班，责任重大；与前辈老师合作，也从来没敢想过。当时我十分惊讶，也感到明显的压力，因而脱口而出："我能行吗？"吴老师声态平和地勉励我说："没问题，我了解。"短短一句话，透出了深切的信任，也再次给了我磨炼的机会。认真准备之后，我就走上了 95 级文科实验班的讲台。99 年文科实验班最后一届结束后，我又回到历史系讲授中国古代史主干基础课。这些年的教学经历，奠定了我作为历史学教师的基础，逐渐开始有了信心。如今回想起吴老师通观全局的安排，其从容和缓的情态，往往潜移默化，具有很强的感染力。

　　2000 年，我开始招收博士生。当时完全没有经验，就努力观察仿效前辈老师指导学生的做法。魏晋南北朝史的老师，通常指导学生集体研读《资治通鉴》；吴老师则是带领学生将《唐六典》《唐律疏议》作为读书课的重点。在阅读讨论的过程中，对照相关史籍，不仅发现了若干问题，提出了不少富有见地的认识，也带出了新的学术团队。当年吴老师领衔，刘后滨、孟宪实、叶炜、雷闻等几位博士参加撰写的《盛唐政治制度研究》，从史实阐释、学术方法到理论认识，都体现出新的研究范式。这些吴老师亲自指导过的学生，如今各有成就，大多成为学界翘楚。

吴老师对教学、教材的重视，给我留下了十分深刻的印象。1960年代初期，翦伯赞先生主编《中国史纲要》，吴老师参与了其中部分工作。进入21世纪，他又主持了《中国史纲要（修订本）》的编纂工作，使其成为中国史长盛不衰的经典教材。大约与此同时，吴老师组织我们几位中年教师共同编写了《中国古代官僚政治制度研究》，2004年出版，呈现出北大政治制度史研究的整体面貌，也成为相关课程的参考读物。吴老师退休后，仍然惦记着历史系的教学工作。有一次我在去往学校的路上遇到他，他提及"大学里最重要的工作就是教学"，批评不切实际的考核标准，担心本科教学质量下降，看得出一位老教授内心的焦虑。那也是我唯一一次听到他以急促愤然的语调评论校内工作。

吴老师多年研究隋唐政治制度史，对隋唐史先贤陈寅恪先生、汪篯先生等人的学术成果非常尊重，但他也不囿于前说，经常提出自己深思熟虑后的看法。我有时会想，如果老先生在世，看到这样严谨郑重的切磋琢磨，一定会感到欣慰。他始终关注中国历史发展中重大的脉络性问题，一贯秉持明确的整体观念，也有非常清醒的材料与问题意识。记得他在一次学术会议上说，近些年唐史研究的进步是伴随着摆脱宋代记述的过程而实现的。我听后感到有些惊讶，更觉得很受启发。我虽然不是吴老师的入室弟子，但也经常得到吴老师的指教。我们进行制度史研究时，通常会关注前面的断代，尝试把握其演变来源；而吴老师不仅关注魏晋南北朝，也关注五代—宋辽，关注制度"下行"的走势。记得有次学生答辩时，他指点说：有时从后向前看，能够观察到历史上更多的问题；有些事情，当其发生之际，人们并未意识到将会有何影响，若干年后回头再看，"意义"才会比较清晰。他多次跟我谈及从唐到宋的制度变化问题。1990年我发表《试论北宋前期任官制度的形成》一文，其中涉及不少对唐代后期的讨论，心中十分忐忑。没想到吴老师特地找到我，非常认真地说："文章有突破，有突破！"后来也在其他场合有所称道。我的硕士论文写的是宋代磨勘制度，吴老师和其他几位先生一直督促我写成一本书，于是有了《宋代文官选任制度诸层面》。1998 年我首次撰写有关宋代"祖宗之法"的论文，投稿后编辑部反馈了十分深入细致的审读意见，事后才知道审稿专家正是吴老师。我知道吴老师对我有许多推荐提携，但都是辗转听说，他本人从来没有跟我提及。

　　前辈学者、师长陆续远去。当年有他们，才有今天的北京大学历史系。他们毕生的心血、他们时常的惦念，作为后来人，我们永远不能淡忘。

# "佛系"长者

## ——追忆吴宗国先生

宁　欣

据说，"佛系"一词来自日本，后走红于网络，"主要意思是指无欲无求、不悲不喜、云淡风轻而追求内心平和的生活态度"（摘自网上）。吴宗国先生可谓正宗"佛系"长者。

我虽然在北京大学历史系读了七年书，很遗憾，吴先生没有给我们讲过课，我也没有听过吴先生的课，亦没有拜访或遇见吴先生。有可能是遇见时并不认识而没有印象。当吴先生的几个高足叱咤学界时，我才知道一代翘楚中有多人出自吴先生门下。我接触比较多的有刘后滨、孟宪实、雷闻、叶炜等，他们基础扎实，新意迭出，各有专攻，颜值与学问俱佳。

与吴先生的接触逐渐增多至少有两个原因：一是参加学术界的各种会议和活动，见面的机会增加了；二是吴先生的挚友阎守诚老师与我相交甚深，我多次与吴先生共同受邀在阎老师家聚会（确切地说是聚餐）。阎夫人赵迎选老师精明能干，烧得一手好菜，可谓东有"吴大姐"（吴丽娱），西有"赵老师"，烹饪佳肴中西贯通，名满唐史学界圈内外。在阎府享受美食的同时，近距离领略了吴先生的"佛系"风采。

正如吴先生的高足孟宪实教授所言，吴先生的"佛系"是有度有界的。所谓的"界"，是在隋唐五代史研究领域的界内。吴先生著述丰厚，但有两本著作，我不仅作为学习和研究时的常备书，还在每届研究生新生入学后向他们推荐。一本是《隋唐五代简史》（福建人民出版社 2006 年第 2 版），一本是《唐代科举制度研究》（辽宁大学出版社 1992 年初版）。《隋唐五代简史》作为学习的入门，研究的路径、不断深入的思考，适合不同层次的读者，虽然名为简史，但重要的问题、关键的问题、全局的问题，都条理清晰，简明而突出重点。尤其是对唐中后期政治制度和国家机器运行机制的研究，对我启发很大。每次遇到问题，我都要重新学习一遍吴先生的《隋唐五代简史》，梳理自己的思路，澄清具体史事，提高对重要问题的认识。每次我承担本科生教学任务时，讲到隋唐五代史，也一定会向学生推荐这本书，希望他们由浅入深、循序渐进地进入隋唐五代纷繁的历史。

我之所以将吴先生的《唐代科举制度研究》作为常读之书，也是和我的研究领域有关。这本书不仅全面和系统地梳理了唐代科举制度，还提出了很多极具启发性的新观点，引领学习者和研究者从更深的层面和新的角度认识和理解科举制的发展、变化，以及科举制对社会变迁的影响和作用。尤其是吴先生对门荫衰落、进士家族、社会等级再编制等问题的探讨，对中古史研究具有重要的指导意义。印象最深也是我经常引用的是这本书的第八章"科举在选举中地位的变化"。吴先生的立论是用统计数字来证明的，如关于明经出身与进士出身地位的转换，关于科举入仕在唐代入流总数中的比重及其变化，关于门荫出身与进士出身的博弈，关于德宗时期发生的几个重要变化使进士科一跃而成为宰相和高级官吏的主要来源，等等。其他章节随着岁月的流逝有可能被淡化，但吴先生在第八章中的统计数字和由此得出的结论，由于被我反复使用而印象愈加清晰，常用常新，每次都会有新的体会，也在越来越多的问题研究中作为例证。吴先生的研究方式并不复杂，但吴先生这种四两拨千斤的研究结论，使我受益匪浅。

吴先生的"佛系"还表现在他不在意和计较个人得失与身外之物。记得有一次，中央电视台录制《中国通史》系列片，吴先生按照电视台的要求早早到了录播室，静静地等待前面的录播结束，中午只是一份简单的盒饭。我们这些晚辈私下都觉得报酬（几百元）偏低，但电视台的风格我们也多次领教了，并不在乎，何况是参与《中国通史》这类大型、重点项目，还是很高兴的。但这部系列片隋唐部分的撰稿人雷闻看到自己的老师受到如此待遇，甚为不满，好像还曾与电视台交涉至少应对吴先生这样的老先生提高待遇。结果如何，不得而知。但吴先生仍然兢兢业业地做好每个片段，在他看来，待遇、报酬都属身外之物，真是"不以物喜，不以己悲"，云淡风轻，坦然自若。这点吴先生和阎守诚老师很相似，我想，因此才有他们两人长久的友谊，深入的合作。

吴先生与刘念华老师堪称贤伉俪。刘老师出身于书香门第，我小妹宁卿有幸成为刘老师的学生。刘老师曾任北京师范学院附中（现为首都师范大学附中）语文教师，正好是我小妹宁卿的班主任（70届）。她容貌好，风度好，声音好，课当然讲得更好，深受同学们的爱戴。在那个文化几近荒漠的时代，刘老师带给学生们的犹如春风化雨，小妹有一段深情的回忆：

　　语文课上，刘（念华）老师给我们讲毛主席诗词。我印象最深的是她在讲台上声情并茂地讲解"春风杨柳万千条"。当时我脑海中浮现出嫩绿如丝的柳条在春风的轻抚中徐徐摆动的场景，婀娜多姿，美不胜收。我深深地被她的激情所感染，这是我在那个年代里仅有的心灵上的享受。……

　　我们年级的老师表演《沙家浜》里"智斗"一折。刘老师扮演的阿庆嫂，气质不凡，特别是张口一唱，声音又高又甜美，我们这些台下的学生都觉得脸上特有光彩，那是我们的刘老师！

吴先生退休后，经常偕夫人出席各种学术活动，我们也近距离领略了刘老师多才多艺、能书善画的风采。遗憾的是，没有听过刘老师甜美的歌声。

据小妹回忆，她们班由于秩序太乱，尤其是有几个全校著名的"闹将"，温柔善良的刘老师根本镇不住他们，只好采取拆散全班，把同学们分散到其他各班的"下策"，这段师生缘就此中断。刘老师后来被调到北京海淀区教师进修学院专门从事教学调研和培训工作，这不禁使人联想到刘老师和吴先生在这点上何其相似。估计吴先生遇到这些继承动乱时代遗风的"闹将"也无可奈何吧。

吴先生去世后，我和阎守诚、高世瑜、任士英几位老师相约一同去看望刘老师。她已经从悲痛欲绝的心境中升华，和吴先生一起实现了永远相依的境界，不仅悟透了生死，还进入了天人合一的空灵境界。刘老师拿出珍藏的相册，我们看到吴先生和刘老师年轻时的风采，看到他们一路走来的风风雨雨，听到刘老师动情说起她第一次见到吴先生的场景……真遗憾，此前没有与吴先生和刘老师更多地接触，没有能听到他们谈起在云谲波诡中的岁月静好。但吴先生说话时的娓娓道来、行事时的儒雅风范，都浸润在并不如烟的追忆中。

"好雨知时节，当春乃发生。随风潜入夜，润物细无声。"（杜甫《春夜喜雨》）吴先生的人品、吴先生的学问、吴先生的待人接物，正如春风化雨，润物无声。

读万卷书，行万里路

发扬中国史学的好传统

与宁欣同志共勉

吴宗国

86.8.14

# 三代两京一世情

## ——我与吴宗国先生的特殊师生缘

王利华

刘后滨教授发来微信，告知大家正在筹集出版吴宗国先生纪念论文集，命我贡献一篇文章。于情于理，我都不能推辞这个邀约，但提交一篇什么文字，踌躇多日，犹疑难决。原因在于，我虽曾亲炙先生教泽，却是一名不肖弟子，远不如诸位师兄弟那般幸运地在先生座前连续侍读多年，对先生的研究理路、风格和贡献，我都了解不够，认识浅薄。事实上，在唐史研究方面，我一直未能登堂入室，要贡献一篇不浪费版面、不污人眼目的唐史论文，实在力不能逮。我再三思忖并征得刘教授同意，决定连缀一些往事表达对吴先生的深切怀念。这些往事是片段的，散碎的，在不同的时空之中跳跃。归拢起来，是"三代两京一世情"，其中包含的情感是饱满的，温馨的，超越时空而恒存心界。

我同吴先生一家三代都相识。先生教泽广被，桃李满天下，见过师母和两位公子（吴矩、吴迪）的同学应该不少，但同他在两京的家人特别是在南京的父亲、母亲、弟弟、弟媳和侄女都熟识的，我很可能是唯一的一个。先生出生和成长于南京，在北京大学历史系毕业后终身执教于兹，他的父母兄弟一直在南京生活和工作，先生在寒暑假期常偕师母和两位师弟南下省亲。我本科毕业后被分配到中国农业科学院下属的中国农业遗产研究室（驻地在南京农学院即今南京农业大学），在那里工作、生活过16年。由于这样的时空叠合，我便得到了继续承教于先生的殊胜机缘。有一件事情特别值得炫耀：在此生遇见的恩师中，我在吴先生家蹭饭次数最多，不只在他的小家，还在他父母家享用了许多美味。若按传统说法以三十年为一世，"一世情"的概括并不准确，因我与先生及其家人结下善缘的时间至少已有40年，对先生及其家人的感恩远远不止一世，甚至无法以时间量度。从他们那里，我不但获得了学业和生活上的宝贵指导，而且感悟到了人间聚散的奇妙因缘。

闲散之时偶然读到清代学者钱亮工（名世）的一首《赠宋射陵》诗，诗不怎么有名，却颇具历史感，其中有云："两京旧事饱其腹，闲谈涌出泉百斛。兰台掌故多放失，江天少微有实录。"我与吴先生一家人的特殊缘分，大抵就是个人生命史上的"两京旧事"。

## 一　他就是吴宗国先生（北京：王先生的课堂上）

我是在哪一年认识吴先生的，已经不能确切地记得，应该是1982年冬季或者1983年早春，但可以肯定第一次见到吴先生是在王永兴先生的隋唐史研究专题课上。我对那门课的具体记忆已经模糊了，隐约记得同堂听课的同学除我们班的李志生、孙顺华等人外，还有宁欣、李鸿宾、白兴华、薄小莹等学长学姐，此外还有从南开来进修的傅玫老师以及王先生的研究生王宏志等。我很清楚地记得，有一天吴先生突然现身课堂的情形。那日天气很冷，他身穿深灰色厚羽绒服，头戴咖啡色粗毛线帽——看起来像是自家手织的，笑眯眯地走进教室。旁边同学悄悄告诉我：他就是吴宗国先生，研究隋唐五代史。我的第一印象是：这位老师有菩萨相！

大学期间，我自诩是学隋唐五代的。那时，中国史专业的同学到了二、三年级，大抵都会选择某个断代集中选课读书，一时形成风气。但我并不是从一开始就想学隋唐五代。那时自己妥妥的一个"乡巴佬"，傻傻的，看什么都新鲜，最解渴过瘾的是借阅图书馆里满架的童话、寓言和民间故事——从安徒生童话、格林童话，《列那狐的故事》，乔叟、布封和拉·封丹的寓言，到中国众多的古代神话和民族民间传说，通通翻了个遍——从心理学上分析，那应该是一个刚刚摆脱文化贫困的乡下孩子在做补偿性阅读。至于专业学习，则兴趣游移不定，也不知从哪里下手。听说阎步克主要学习明清史，我就想和他一样，他可是我所认识的第一位也是最崇拜的一位学长，还是我进入北大的接引人——1984年8月27日夜里，是他接到徐凯老师的电话后把我从二院领到了38楼。老学长怕是早已忘记这件事儿了吧。后来听邓广铭先生关于岳飞《满江红》的讲座，老先生感慨宋史研究依然薄弱，号召同学们加快努力，于是我又想学宋史。记得我还在学一食堂跟一位名叫王琰的同学（记不清是哪个系的，只知他酷爱文学，想当作家）声称自己是学宋史的，那位一听便激动得手舞足蹈，当即提议跟我合编一部关于宋太祖的剧本。被他感染，我也脑热起来，天天跑到图书馆一通乱翻，几周之后，退烧。

一段人生，万般变化，聚合离散，俱是因缘。因拜师学艺和传道授业而结成的学缘，是最古老而且持久的人类社会关系之一。缔结关系有契机，是为机缘。我的学习兴趣转向隋唐五代，跟几位先生结下亲密的师生缘，枢机并不是北大的诸位师长，而是当年还在南开上研究生的张国刚，是他精心的"设局"和刻意牵的线，让我先后亲近了王先生和吴先生。国刚哥和我是一县同乡，从少年时代起我就一直很崇敬他进而追随他。于我，他先为兄长，终成导师。大约是在1981年冬天，我的高中同班同学唐洲雁（在南开大学哲学系）来信告知，有位名叫张国刚的大哥哥在南开历史系上研究生，字里行间透着崇拜，说想介绍我们认识。不久，我收到了国刚哥的信，里面夹着几张黑白照片，是在成都召开唐史会期间拍的（说实话拍得真不怎么样）。信里叫我把照片转呈王永兴先生，并特别嘱咐我主动请求跟随王先生学习。带着这个任务，我找到了未名湖北侧健斋中的王先生家——一间用"家徒四壁"来形容亦不为过的斗室。这是我第一次走进一位大学教授的家门并同老师亲密交谈。在王先生的鼓励下，我和同班的李志生、孙顺华加入了读《资治通鉴》小组，还获得了在图书馆213室自习的权利，同卢向前、宁欣、李鸿宾等学长结伴为伍，向他们请益，由此比较集中地学习了一段隋唐五代史，还稍许接触了一点儿敦煌吐鲁番文书。

对王先生，我一直心存愧疚：后来同侪诸位都在隋唐五代史方面取得了大成就，只有我以家境困难为由早早当了逃兵，实在辜负了他老人家的期望和关爱！记得差不多有两年时间，我是王先生的常客，每一两周都要去烦扰他一次，报告读《资治通鉴》的情况，有时仅仅是去问几个字。他偶尔叫我帮他取一趟牛奶，或去海淀买二两茉莉花茶。有时候我们也在未名湖畔散散步，有一搭没一搭地闲聊。在相处的过程中，王先生一直很关心我的生活，反复叮嘱饭要吃饱，应是见我长得很瘦弱，担心我的身体；有时他也讲一些学林掌故和自身经历，提到的人和事，有的我还记得，包括陈寅恪、季羡林如何如何，如何在时任副总理姚依林的帮助下建立敦煌学，他自己在抗战期间怎样从东北流亡到北京，以及后来下放到山西的事情，等等。40多年了，我一直忘不了先生在健斋的那间房子，很有画面感：一张旧书桌，一张旧床铺，两三把椅子，靠墙的书架上摆着不太多的线装书和新式图书。此外就是冬天安在正当中、铁皮烟筒架空伸向窗外的那个煤炉了：炉面的长嘴壶"咕咕咕"地响，不断冒出蒸汽，混合着燃煤的烟尘和气味，弥漫满屋，一束电线吊悬着的那只白炽灯泡总是潮潮暗暗的样子。几十年来，每当陷入某种困顿，我总会想起王先生和他的家，似乎那里有帮我承受重压和渡过苦厄的力量；有时静夜省思，我会对自己做一番灵魂拷问：我也当老师了，承担着教书育人的职责，有没有尽到本分？不要说对本科生，就是对自己名下的研究生，我能做到像王先生那样吗？

学习兴趣稳定之后，我选修过王先生的隋唐五代史研究专题课和史料课、张广达先生的中晚唐政治史和唐代西北史地。隋唐以前的课程，选修过田余庆先生的秦汉史专题和东晋门阀政治、祝总斌先生的中国宰相制度史，还有"女神"教授郭心晖先生的中国历史文选、《左传》研究等。当年的诸位老师，研究分擅领域，教学各展风姿，让我在"筑基"阶段获得了不同的教益：由郭先生明白需要熟读经典，由田先生领略如何见微知著，由祝先生感受何为条理畅达，由张先生知晓史地原是一体、应当广闻博识，等等。但我竟然没有选修过吴先生的课！具体原因已经不记得了，因为一向不太喜欢政治制度史吗？如今想起，甚是遗憾！

前已提及，是国刚先生制造机缘让我亲近了吴先生。应该是在1983年夏天，国刚先生游访北大，先同78级的几位学长做了交流，然后带着我到吴先生府上拜访。记得那天他们执手言欢，纵论唐史，甚是融洽。因我在座，他们自然提及了我的学习，请吴先生指导毕业论文好像就是国刚哥的建议，我自然乐意，还拉上了同班关系要好的小五（郭世平）。我与吴先生的特殊师生缘分就从此结下来了。40多年前的那个情景，和后来相处的点点滴滴，时常浮现在眼前。

## 二　我挨了吴先生的狠剋（北京：北大38楼）

我的毕业论文题目是《唐肃、代、德时期的剑南西川》。因在读《资治通鉴》过程中发现剑南（特别是西川）这个地区，无论是作为避乱后院、财赋重地，还是在边疆防御和民族关系方面，都具有十分特殊的战略地位，区域内部经济、社会和政治发展的历史情势也很特别，不少地方、事件和人物（例如维州据守、韦皋治蜀、刘辟叛乱……）都非常引人注目，不但直系唐、蕃、诏三方军事角力，而且牵连牛李两党的政治博弈，乃至攸关李唐王朝的生死存亡。因有这些朦胧想法，我提出想做唐代的剑南西川，吴、王两位先生都肯定这个选题。我自知一时没有能力驾驭很多问题，就决定先做肃、代、德三朝。若是接着上了研究生，我大概率会上溯下延，继续做下去。

最集中地亲受吴先生耳提面命，就是在他指导我做这篇论文期间。那时本科毕业论文写作和指导都很认真，老师们虽然忙碌，但不会像现在这般忙得脚不沾地，平常他们会花些时间走访学生宿舍，与同学们榻上聊天，毕业论文写作阶段师生交流自然更多。在半年多时间里，我们同先生长谈的次数应不少于十次——有时在教研室，有时在先生家。光是在他家蹭饭就有几次，有时我一个人，有时和小五一起。

　　最让我记忆深刻并且终身受益的，是先生对我的一次当头棒喝。先生的性情非常温和，平日菩萨一般慈祥和蔼，脸上总是漾着笑意，但那天他带着改得满篇红色的我的论文初稿，气冲冲地跑到 38 楼宿舍，当着一屋子同学的面儿把我狠狠地剋了一顿。惹他生气的原因主要有二：一是我像流水账一样堆砌原始材料，然后简单复述一番，很少分析讨论，像是在编写讲义而不是撰写论文；二是我模仿陈寅恪的行文风格，不伦不类，语法错误，文句不通。我知他是真的恼了，但那时年少气盛，周围同学满脸或同情或讪笑的神情有如针锥扎脸，一向胆小恭顺的我居然回怼了一句"陈寅恪就是这么做的"。这让他更加生气，他大声呵斥说：陈先生可以这么做，但你不能！如果不改，将来没人读你的文章！

　　回想起来，当时我不服气好像有个特别的原因。我在前一学期选修过另一位吴先生（吴小如）的历史文献选读，课程论文得到了一个大大的好评。记得题目叫作《刘伶〈酒德颂〉读论》，大体想法是：魏晋政治风云变幻，生存环境险恶，文化精神颓废，文人士子或以酗酒沉醉为避祸偷生之策，刘伶即是典型。文章从商山四皓的高蹈行止，扯到西方嬉皮士的颓唐做派，十分刻意地模仿陈寅恪先生的行文风格。批阅文章的老师似乎挺欣赏，给出了很高的评语，大意是说文章夹叙夹议，有理有据，颇有新意，说明研究、写作颇见功力。为此我暗自得意了好几天（所以现在还记得呢）！何以那位吴先生相当肯定，而这位吴先生一反常态地示现菩萨怒相，不留半分情面地呵斥？一时我真的蒙了，有点儿难受。但先生终究是仁慈的，大概为了安抚我的情绪，最后给我打了一个相当高的分数。其实他可能更欣赏世平的论文，不止一次跟我说小郭发现了真问题。后来我消化了很长时间，直到自己也身为人师之后，才真正明白恩师的那份良苦用心。

　　凡人之性，都是乐意被肯定而非否定：位尊年长者享受他人的奉承，青年学子希望受到老师的表扬。但大量生活经验告诉我们：更能促人上进和行稳致远的不是奉承和表扬，而是批评与警示。我很庆幸当年曾经受到先生严厉的批评，也一直记着他的批评，后来我不再简单模仿前贤，遣词造句也尽量注意语法。我们这代学人，语言文字能力严重先天不足，就算当了教授，也不怎么合格，因打小没能好好读书，除了课本也没几本书可读。虽然我们赶上了好时代并且极其幸运地考上了北大，但当年所读既多文白相杂的民国论著，又多绕舌转筋的洋文翻译，我们根基浅薄，很难不受到诸多负面影响，故著作论文越写越多，而文句残缺、词不达意、啰唆赘重、佶屈聱牙乃是多发病、常见病，不能不时时警醒。我来自农村，情况就更加糟糕，连汉语拼音都没正经学过，一直很害怕读错别字，闹大笑话。因有这些自我认知，我也不怕丢面子，时常向同学提起自己当年的糗事，告诫他们每写一句话都要找找主、谓、宾语在哪里。惭愧的是，我终究没能改掉罗列、堆砌的毛病，虽然有时是故意为之——自己做的偏门、边角学问，史料比较生僻，多铺陈一些原始文献稍可节省学生查询、搜集的时间，但这样做终究影响观瞻，有几本小书即因此显得赘重、烦琐而招致非议。

## 三　离校临行时的叮咛（北京：蔚秀园吴家）

四年大学时光，美好而短暂，做完毕业论文，就要天涯海角、各奔东西了。由于计划指标、分配规则等原因，我没有资格留在北京，而是去了南京，乡里老人笑言：你真的应了一句老话——"北京赶考，南京做官"。在他们的观念中，领工资、吃公粮就是做官。

我被派往的单位隶属农业部，驻地在南京。机构虽不大，来头却不小，是新中国成立初期由周恩来总理亲自批示成立的三大历史文化遗产研究机构之一（另外两个是文学遗产和医学遗产，都设在北京），也是中国农业历史研究的国家队，学脉源于民国时期金陵大学的农业历史资料整理小组。

根据分配规则，我应该分回本省，当年可去的单位有安徽大学和淮北煤炭师范学院，能去南京是因为刘才赋、刘静两位江苏籍同学都考上了研究生，空下了那个指标，而最终选择去南京，是听从了祝总斌、张传玺特别是吴宗国三位先生的建议。有一天，已被分配事务搞得焦头烂额的班主任蔡乐苏老师一脸诡秘地笑着对我说："祝先生找你。"我不明就里，依约前往二院，见到祝先生方知还是分配的事情，他受人之托找我"说项"。如果没有记错，那时他是中国古代史教研室主任。祝先生告诉我：中国农业遗产研究室的涂前熙书记和叶依能主任专程来系里招人，调阅了我的档案，希望我去他们那里工作。先生说那是一个很不错的学术机构，两位领导都很实在，叫我认真考虑。此前我从未听说过那个单位，80年代前期的中国，信息事业还很落后，我仓促之间难以查询所需资讯，一时犹豫不决。在发榜之前的那些天，同学们都很忐忑，相互打听，议论纷纷，空气中弥漫着猜疑、期待、失落和兴奋。一天我跟同班的小胖（杨正辉）聊起南京那个单位，他居然知道！说张传玺先生对其学术成就非常推崇，是个做学问的好地方。我没敢登门向张先生请教，而是立即去了吴先生家。

人世间的事情有时很奇妙，好像老天早就安排好了。那天我刚进门跟吴先生说明来意，正在里屋陪姥姥画画（记得是一幅梅花图，还让我欣赏过）的师母一听说我有可能被分到南京，旋风般地跑了出来，大声说：王利华你应该去，那是个好地方！然后就像竹筒倒豆子，列举了南京的一大堆优点：官话区，没有语言障碍；曾经是首都，基础设施好；大学多，很有文化品位。还说你是安徽人，饮食习惯跟南京差不多，气候也能适应；离你老家近，水陆交通便利……总而言之，言而统之，哪哪都好！听着听着，我终于明白了：吴先生就是南京人，父母和弟弟一家都还在南京，师母这是"爱屋及乌"呢！

吴先生笑眯眯的，一直等师母说完，才示意我坐下谈谈。他首先肯定单位不错，是著名历史学家万国鼎等人创办的机构，中国是世界上最大的农业古国，农史研究很重要。他说自己读过那个单位集体编写的《中国农学史初稿》（那时只出版了上册）以及李长年、缪启愉、章楷等人的成果，专业性都很强，有许多专业知识。他建议我不妨先做唐朝农业，比较容易入手；还说王（永兴）先生新发表的关于唐代土贡和丝织业的论文都接近农史，可以先读一读。先生并没有代替我做决定，但他那么说着说着，就等于已经把我定格了，我也就不再犹豫，最终做出了决断。那次我俩谈了挺长时间，算是我离校之前的告别，也因此顺理成章地在他北京的家里蹭了最后一顿饭。

本来我还嘀咕：先生会不会拿毕业论文的事情再敲打我一回？但他居然只字未提，而是提出了新的学习要求，总的意思是文史哲不能分家，要想成为一名好学者，就一定要努力提高综合素养，争取在不太长的时间里把语言文字能力提高到文学本科毕业生水平，把理论水平和思辨能力提高到哲学本科毕业生水平。对于他的要求，我一直铭记于心，只是后来渐渐明白：为了让当时的我容易理解和接受，他以如此浅白的方式提出如此具体的目标，背后的事与理远不那么简单。

毕业后我只去过吴先生在北京的家两次。其中一次，他正同山西来的阎守诚先生商讨合写唐玄宗传记（后来出了几个不同书名的版本）。就在那次，我领略了吴先生的别样风采。记得那天两位的讨论很热烈，都是眉飞色舞，尤其是关于少年李隆基的那一段，先生来回踱着步子，喃喃自语，偶尔还发出"咝咝"的声音，神情甚是激越，似乎在沉思、推敲着什么，过了好一会儿，突然拊掌大笑："欢乐小王子，如何？"接着陈述了理由，大意是说：武周时期，李唐宗室或死或流，几近覆巢，人人自危而不可终日，在如此险恶的政治环境下成长，三郎李隆基却因祖母特别器重过得相当逍遥。读过那部传记的人士定已发现，第一章的题目是"厄运中的王子"，而非我当初听到的"欢乐小王子"，意味似乎完全相反了。不知二位先生经过几番沉吟，出于何种考虑改变了原先的想法和话语。我很荣幸曾经亲见（很可能是唯一见证者）这部精彩传记的最初孕育，并从中初步感受到唯历史学家"食髓知味"能品出的那份艰辛与喜乐。

## 四　如家人一般相处（南京：竹林新村吴家）

在我离开北京之前，先生告知他们一家暑期要回南京省亲，约我在那里见面，为此我特意提前从宿松老家赶赴单位报到。那个单位曾是世界上最大的一家农业历史专门研究机构，全称是"中国农业科学院南京农学院（即今南京农业大学）中国农业遗产研究室"，具体地址在南京中山门外卫岗南京农学院内。由其古怪名称大致就能猜到，那个单位的隶属关系相当特殊，后来听同事们戏言：我们有两个老子管着。抵达南京，办完诸项报到杂事，我即按先生给的地址寻找吴家。那时通信联络相当不便，极少人家装有电话，我一番打听，方知他家所在的竹林新村就在中山门外，距离我们单位还不到1公里！因无法事先预约，我就直接闯进家门，吴先生他们果然都已经到了。离别不过月余，再见先生和师母，那种心情就像初嫁女子见到了娘家之人，自然非常高兴！

当然要留下来吃饭了。就在那天，我认识了吴先生在南京的全部家人：爷爷，80多岁，中山陵园离休干部，陵园筹建时期就在那里工作，直至离休，平常喜欢阅读，偶尔接受咨询；奶奶，80多岁，退休教师，日常家务都是由她操持；叔叔吴宗民，40岁左右，在一家国营厂担任工程师；婶婶，约40岁，是一家国营商店的售货员；叔叔的女儿，10多岁，一个胖乎乎的小女孩，活泼可爱，正在上小学。先生一家气氛极是融洽，总是笑语满屋，给我的感觉如春风一般和煦。

没有意外，先生和师母询问了我单位的情况。因为刚刚报到，我所知甚少，因此无法报告很多。重要的是先生对我说：你刚刚毕业走进工作单位，还有一个"断乳期"，要尽快熟悉情况，适应变化。他还特别叮嘱我平时手眼要勤快些，多看、多问、少议论。快40年了，他的那番教导我还记忆犹新，就像是昨天发生的事情。

在后来的岁月里，我与先生夫妇还在南京见过多次，有时在暑期，有时在寒假，得蒙先生继续对我进行各种教导和提点。有一年暑假，先生跟我谈了挺长时间，告诉我王先生新出了《隋唐五代经济史料汇编校注》，嘱我好好读读。好像就是那次，他跟我讨论了若干专门问题，包括唐代的人口、生产力状况和农业经济水平等，说安史之乱前人均原粮拥有量可能达到900斤，高于1980年代的水平；他还提到胡戟先生关于"耕三余一"的见解，并由此谈到唐人的营养、寿命和体型等问题，认为应该做些综合性研究。还有一次，是在春节寒假期间，我把女朋友（现在是老伴儿了）

带到吴家拜见先生、师母和爷爷、奶奶，就算是见家长啦。拙荆对那次见面印象很深，后来还时常提起。

我与先生一家，相处如同家人，家长里短无所不谈。记得有一次，爷爷提起一位做园艺的老师，说多年前曾有业务联系，问我认不认识。我回答爷爷说：我知道此人，现在是什么什么情况。叔叔接着插话，说他们单位有位同事的爱人也在南农，我也说知道。吴先生听闻，来了兴趣，说你知道的人还不少。我告诉先生：南农本就不大，我还是单位分房委员，多次参加讨论、投票，每次分房都要搞大排队，张榜公布职工的单位、职称（职务）、工龄、家庭人口和现住房面积等信息，所以我确实认识不少人。没有告诉先生他们的是，我之所以干起分房委员，是我曾因准备结婚的家具无处可放，撬锁抢占过一间集体宿舍。原先住在那里的兄弟也是"非法占领"，因关系要好，他在搬走之前就告诉了我。不料房产科长（那时的房产科长权力很大，聪明人都会跟他们搞好关系）得到情报，就把我呼了过去，先是强烈呵斥一顿，然后说要研究研究（烟酒烟酒），搞得我火冒三丈，与之激烈争吵起来，几乎拳脚相加，一直闹到主管校产的副校长那里。为了争取最起码的居住权，我被迫使出浑身解数斗智斗勇，最后是对方妥协，因为我当面列举其隐瞒并私授房源的事实，有名有姓有房号，他抵赖不了，只得给我一间——虽然破旧，好歹暂可安身。我因此事在自己的小单位出了名，同事觉得我平日温顺、随和，但关键时候"兔子急了也咬人"并且不依不饶，因此推举我为大家争取利益。当年不敢把这件不怎么光彩的事情告诉先生，是既怕他担心又怕他批评。如今回想起此事，再联想到几十年来住房制度、住宅形势艰难而且巨大的历史变革，真是感慨万千！

大概有十来年时间，即使先生没有回宁，我也时常去看看爷爷、奶奶他们，通常并没有什么特别的事情，只是家长里短地闲聊。再说，我很喜欢他们家的小白兔奶糖，尤其是沙质的那种。我是乡下长大的孩子，对城市风土习俗、人情世故几乎没有了解，只是感觉周围的人际关系跟老家乡里乡亲很不一样，只身在南京生活，举目无亲，每当感到心情落寞，遇到难以决断的问题，我就去向爷爷、奶奶、叔叔、婶婶他们请教，听取他们的意见和建议。在为人处世方面我获得了许多宝贵的教益，有些教益是来自很小的事情，在不知不觉中获得。记得有年冬天跟奶奶闲聊，老人家一边陪我说话，一边织着毛线手套，动作很慢，但在说话的工夫竟然织成了一小半。我有所感悟，就在信中告诉了先生和师母。过了一段时间，我再去看望老人，奶奶一见面就说：宗国他们寄手套来了，说是你告诉他们的。果真是说者无心听者有意！那件小事让我很是动容，深切感受到了先生、师母的至淳至孝。后来参加国刚哥主持的《中国家庭史》编撰，在观察、思考古代孝道问题之时，脑子里还闪现过当年的那件小事。

1990 年前后，由于工作生活不顺，经济极度贫困，我情绪低落抑郁，连年大病不起，齐凑的多种负面因素让我经历了此生的至暗时期，经历了一场生死考验。因这境况实在不堪，我就没有再去吴府探望。吴府乔迁新居，两位老人仙逝，都是多年以后才听说，甚至跟先生之间的通信联系也一度中断了。如今想起，依然深感愧疚和自责。

## 五　为庆贺先生八十大寿献联（北京：某餐馆）

想想还真是神奇。我南北辗转、苦乐往还十几、二十来年，最后投奔到了国刚先生门下，博士毕业当年即举家迁到天津，从此在南开安身立命。后来国刚哥移席去了清华，他家公子成了我的北大校友，我的孩子也上了南开，而两家夫人都在南开工作，直至退休。我们两家一起，就是"西南联大"聚会。

正因来到了南开，我得以同吴先生接续前缘。2000 年，教育部对中国社会史研究中心进行建设评估，先生作为评估专家莅临指导，我则受命上下张罗，前后跑腿。多年不曾谋面，此时再见恩师，真是百感交集。因评估安排紧凑，我没能同先生长谈，但留下了他家的电话号码。就是间隙中的片刻交谈，先生也能为我答疑解惑。当时国刚先生正在组织出版《中国社会史研究丛书》，因为没有充分自信，我颇犹豫是否马上出版自己的博士论文。吴先生对我说：书是改不完的，难以尽善尽美，你应该先出版，将来发现问题可以修订再版。他的几句务实提点打消了我的顾虑。

　　来南开一晃又是 20 多年，京津距离很近，自有城际列车，交通更是便捷，但我竟然几乎没再登门看望先生、师母（好像其间去过一次），只在重要年节打电话问候一番。每次通话，他们都是一如既往地充满关爱，先生言简意赅，师母则是仔细询问、反复叮咛。有一次她建议我练练书法，认为那是一种很好的修身养性方式，不知不觉地，竟然聊了近两个小时。或因他们早已知道我的尴尬境况，先生、师母对我的疏阔不敬从不曾有半句责备，相信我在他们心里就是一个无论多么不肖都可以被包容的门生，而我也早早地加入了吴门弟子微信群。

　　每次打通电话，听到那头传来浑厚、爽朗的声音，我都很是心安，知道先生、师母都很康健，总想着后面有的是时间去看望他们。去年夏天，陡闻先生魂归道山，我完全无法接受，惊愕、悲伤、后悔、自责一起涌上心头。先生性情恬淡喜乐，家族遗传有极优秀的长寿基因，与师母伉俪情深，经济条件优越，而当今社会医疗保健技术水平也越来越高，内外一切条件都支持他成为一位百岁寿星，从来未料想他老人家竟然走得如此急促！这般决绝！

　　最后一次亲见先生，是在他的八十寿宴上。那是一次难得的同门聚会，由后滨他们精心组织，准备了很长时间，我也出了一份微力。联络过程中，后滨说正向大家征联为先生祝寿，我觉得很有意义，因此谨遵其命，搜尽肠肚拟出一联：

　　　　上联：吴门竹苞，念报宗师四纪执鞭咸通正道
　　　　下联：燕园松茂，华章国士八秩秉烛贞观盛唐

　　我的知识严重先天不足，连拼音都读不准，平仄四声更是不懂，作文码字做到语句通顺已是不易，哪能遵守格律做出一副庄重典雅的寿联。上面的那两行字，行家一看便知乃是强力拼凑。不承想它竟被师兄弟们选用，且幸得师母首肯，还请专人书写和装裱。我有自知之明，不会因此过

分得意，但多年疏于问安的愧疚总算得到一点弥补。寿宴那天，我从天津匆匆赶赴现场，不仅迟到而且早退了，师母命我说说寿联的意思，因当时既匆忙又热闹，我没有说清楚，这里想就其中涉及的时、空、人、事做些说明，重点解释隐含其中的"两京旧事"，向大家补个交代，更表达对恩师的深深怀念。

联中的空间是"吴门""燕园"，南北相对。"燕园"无须解释，"吴门"既指姓氏，也指地望——唐人对家族门第和地望都极其重视，史家习知。先生姓吴，江苏南京人，祖籍如皋，广义上都属"吴门"。但这里更是指我们这个以先生为核心和灵魂的学门——赴宴诸生都是"吴门弟子"。

联中的时间，以"四纪""八秩"分述先生的教龄和年龄。旧时以10岁为一秩，12年为一纪。先生是1934年生人，1958年毕业留校任教，坚守三尺讲台40余载，1999年退休后仍然离岗不离教，称其"四纪执鞭"并非虚报；他专攻唐史，终生不移其志，正如松竹不改柯易叶，不变色移性，耄耋之年犹笔耕不辍，提出许多真知灼见，终成一代名家，赞其"八秩秉烛"，没有半点夸张。

联中的"贞观""咸通"，是唐朝的两个年号，原本也是时间概念，我特取作动词使用。"贞观之治"政通人和，世道清明，拈取"贞观"入联，既明先生"坚贞"之志，亦赞先生"正观"之识。先生自从立志探研唐史，始终追求历史正见，笔耕不辍，老而弥坚。他的论著我没有全都拜读，但从已经学习过的那些，我知其制度评说持重端方，人物臧否允执厥中，从不矫揉造作、耸人听闻，足为吾辈楷模。

"咸通"乃是懿宗年号，拈之入联是否以文害意，我当初颇存犹疑。因咸通时期唐朝已是日薄西山，史事名物可称者不多，遍检文献仅得三事：一是咸通四年樊绰著《蛮书》（有《云南志》等多个书名），是最早专记云南地理、民族、历史、物产、交通、风俗的重要著作；二是咸通九年王玠敬造《金刚经》，是迄今所知最早有明确刊印日期的印刷品；三是咸通十一年桂阳监铸造"咸通玄宝"，号称"唐钱第一珍"。时俗重财轻文，世人对前两者少有知晓，对"咸通玄宝"则是谋夺者众，据说一枚竞价高达百万，赝品横行天下，着实令人慨叹！后读韦庄《咸通》诗，觉得甚具警世意义。我辈学人，肩负光大学术、传承文明之责，俱应谨遵师教，节制物欲，行走正道，是取"咸通"连缀"正道"之用意。

联中的物象，由"竹苞""松茂"起兴、比喻，引出若干事项。二者典出《诗经·小雅·斯干》，其中"如竹苞矣，如松茂矣"寓意子孙繁衍、家族兴旺。随着历史发展，文明演进，"松""竹"这两种遍布南北各地的常绿植物，经济用途日渐广泛，文化意蕴更是不断丰富，是中华民族非常重要的精神符号和人格象征，后面的"念报""执鞭""华章""秉烛"诸项，都是由它们生出的意象。竹子方面，古有湘妃（一种茎秆长斑点的竹子）念君、竹报平安等情感意象，故取以表达对恩师的"念"和"报"——感念先生惠施恩泽，报答先生指引人生，他的谆谆教诲让我们"咸通正道"，不走邪路。"执鞭"的字面意思是执教，"鞭"即教鞭，但其背后既有自然的基础，又有历史的掌故。竹子的地下茎名叫"竹鞭"，坚直而有硬结，古人多取以策马驱驰，故汉语有"鞭策"一词。松树方面，苍松挺立，枝繁叶茂，百岁芳华，自古用以赞誉饱学之士坚贞、高洁的品行。至于它的物用，古人常取松脂照明，或直接用松树枝点火，即"松明火"；古代主要书写材料之一的墨，曾经大多是取松烟研制，故翰墨丹青与松树林木有着深厚渊源。但宋代以后，人口增多，文化下移，社会对墨的需求日益增加，大量制墨不断消耗松林资源（沈括在《梦溪笔谈》中已经提及），人们不得不逐渐采用其他材料制墨。

总括先生的一生，传道授业，诲人不倦；坚持正见，洞察唐史，品德操守，犹如燕园古松、吴地翠竹，真国士之风。我取松竹为誉，固是因袭古人，亦是基于事实：燕园多苍松古柏，众人皆知；众人不知的是，先生在南京的家，即前面提到的竹林新村，就在大片竹林环绕之中。那里万棵修竹，四季弄影，一阵清风徐来，满村"沙沙"盈耳，极是雅致动人。我公开发表的第一篇文章——《竹与中国文化》（《文史知识》1988年第10期），即由此景触发；后来撰写《人竹共生的环境与文明》一书，那里的风物景致也不时地浮现在眼前。

联中的人当然是最重要的。毫无疑问，联的主旨是赞颂先生教书育人、精耕唐史的诸多功德。但我特意在联中嵌入了先生夫妇的名讳——宗国、念华，既为增添幽默喜气，更是赞美他们伉俪情深，相濡以沫，终身相伴，形影不离，果真是"你中有我，我中有你"！此一命意是受到元代管道昇《我侬词》的启发。因有师母精心操持，先生安心治学，一生幸福。若非累世同船共渡，携手行善积德，岂能拥有如此福报?！念及于此，我的心情亦稍平缓，不再过分悲伤。在此，我想代表众位师兄弟向师母刘念华女士致以崇高的敬意！

## 结　语

我在南开大学的一场毕业典礼上说过一段话，大意是说：教师是一个非常特殊的社会群体，拥有两个生命和两种基因：一个是生物学意义上的生命和基因，上承父祖，下延子孙；另一个是文化学意义上的生命和基因，上绍先师，下启后学。前者是血缘，后者是学脉，有时我们难以分清哪个更加重要。相信我辈学人，在自己的学术生命历程之中都有若干特别重要的人，在茫茫人海、芸芸众生之中拥有非同寻常的因缘，彼此交集的时空，共同经历的往事，无论南北东西，不管是大是小，即便时间久远乃至生死别离，亦是念念难忘。

以上拉杂讲述的"两京旧事"，是我与吴先生一家相处的点点滴滴。如今从记忆深处翻检出来，未必事事精确，难免出现空间错乱、时间折叠之类情况，这是口述史家亦感棘手的难题。但先生及其家人惠施于我的恩泽是丰厚而真实的，没有一样是凭空臆造；我对先生的感恩和怀念也是发自内心深处的，朴素、真切而不带任何夸饰。作为一名历史学者，同时也是一个新兴科学的追捧者，我既欲理解生命意义之厚重，又想知晓生命奥秘的神奇。我相信：师生情缘不会因为先生逝世而断绝，在某个科学正在积极探索的折叠空间和宇宙灵境里，我们敬爱的老师还在慈祥地注视着我们，督促我们好好学习，天天向上！

# 缅怀吴宗国先生

## ——课堂教学的若干记忆

张　帆

吴宗国先生离开我们已经半年多了。作为吴先生教过的学生和领导过的下属，我不时想起他的训导和关心，往事穿梭回旋，如在目前。记忆最深的是吴先生在北大历史系创设的一门研究生课程"中国古代史研究"，此外还有通史教学教材、课题研究等事。略述于下，以表缅怀。

一

吴先生去世后，北大历史系发布《吴宗国教授生平》，其中有一段话这样写道：

> 为了让各个断代的研究生对中国古代史形成更直观、更深入的整体认识，培养学生的"历史感"，吴宗国曾首次在系内开设"中国古代史研究"课程，培养了大批从事中国古代史研究的优秀人才。

可知"中国古代史研究"这门课程是吴先生为人所知的一项重要业绩。作为该课程的第一届选课学生，我对它的创设背景和初次开设情况相对比较了解。这门课作为北大历史系中国古代史专业研究生的必修课，是1987年下半年首次开设的。此后连续开设近20年，到2000年代前期停开。课程的创设与吴先生在 1986 年出任中国古代史教研室主任有关。他一向认为，研究生各分方向，各自钻研选题，很容易越搞越窄，应该同时注意开阔视野，追求纵向贯通，横向旁通。"中国古代史研究"这门课程就是他落实以上想法的重要举措。

初次开设，吴先生将学习主题定为中国古代的土地制度。他显然经过深思熟虑，设计了很有特色的教学方式。前半学期，约请系内一些老师分别就中国古代的土地制度和剥削关系讲授自己的见解，或对学术界相关研究进行评述。讲授者除吴先生本人外，还有孙淼、吴荣曾、张传玺、祝总斌等先生。讲授内容涉及不同的中国古代历史分期理论，也就是各种"封建论"。记得吴荣曾先生在批评"战国封建论"时提高声音说："封建社会，总得有地主，战国有地主吗？你们给我一个出来看看。"后半学期改由选课学生做课堂报告。这个课堂报告并不简单，需要先提交资料选辑，再以资料选辑为基础，讲述相关朝代的土地问题。

印象中，那次上课的学生主要是我们 86 级硕士生班（当时二年级）的中国古代史硕士生，一共八名同学。各人在前半学期老师讲授的时候就开始查阅、抄录材料，再根据编好的资料集拟订提纲，依次进行讲述。讲述的范围上起两汉，下到明朝。因为先秦材料太少，清朝材料太多，而且我们这个年级没有学先秦史和清史的研究生，因此并未包括在内。编纂资料集的方法，主要是先去查阅相关研究论著，看它们利用了哪些史料，特别关注其中具有支撑性的史料，再去查阅史料所在的文献，将原文抄录出来。研究论著引用史料，多为只言片语不够完整，有时还出现错误，我们通过复核，要抄录得完整、准确一些。对于硕士生来说，这种查材料、抄材料、编辑材料的训练，对专业学习帮助很大。八位同学一共编出二十几万字的材料，向系里申请经费，在学校印刷厂印了出来，装订成上下两册，名为《中国土地制度史资料选编》（以下简称《选编》，见图 1）。当时的印刷手段是油印，我们需要跑印刷厂，在蜡纸上校对，每次都搞得双手沾满油污。这部《选编》就字数来说当然不算多，放在今天，利用电子文献资源，剪贴电子文本，篇幅再多七八倍也不是难事，但以当时的条件而论，就不算容易了。

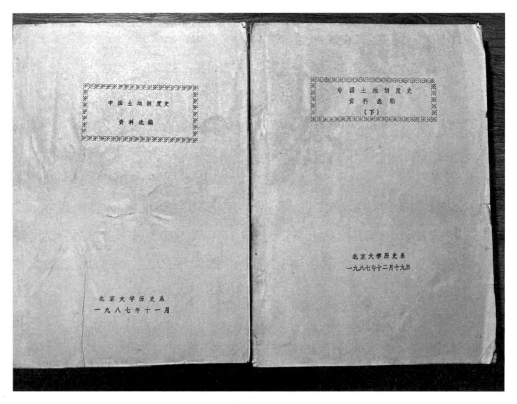

**图1  《中国土地制度史资料选编》书影**

这部《选编》的编纂方式，不是先拟出提纲，根据提纲里的问题去找材料；而是先阅读研究论著，论著里用了什么材料，就复核抄录什么材料，再看材料反映了什么问题，依据这些问题加以编辑排列。因此各人完成的部分，编纂结构不尽一致。我的研究方向是元史，负责编纂辽、金、元三朝的土地制度史资料。其中元朝内容相对较多，结构如下：

一 民田
（一）贵族、官僚、军阀抢占土地
1. 贵族占田；2. 官僚占田；3. 军阀占田

（二）地主的土地占有

1. 概况：a. 北方；b. 南方

2. 兼并方式：a. 购买；b. 强占；c. 高利贷

3. 地主经济势力与政治势力的结合

4. 地主的破产

（三）寺观土地的膨胀

1. 概况

2. 土地来源：a. 赏赐；b. 施舍；c. 强占；d. 购买

3. 寺观佃户

4. 与封建国家的矛盾

（四）社会上的限田主张和政府的经理田土

1. 社会上的限田主张；2. 政府经理田土的措施

（五）自耕农破产流亡的趋势

1. 税粮及其他有关剥削：a. 税粮、鼠耗和仓粮；b. 其他额外负担；c. 产去税存现象

2. 赋役不均与政府的对策：a. 赋役不均；b. 各地均役措施；c. 助役法的实行

3. 自耕农破产流亡：a. 破产；b. 流亡（附：元初北方民间的村社组织）

（六）地主对佃农的剥削压榨

1. 剥削程度；2. 人身依附关系

（七）奴婢

1. 概况；2. 奴婢数量；3. 奴婢与农业生产；4. 其他类似的私属人户

二　官田

（一）概况

1. 普通官田；2. 屯田；3. 学田；4. 职田；5. 赐田；6. 牧地

（二）土地来源

1. 前朝官田；2. 荒地；3. 购买；4. 籍没；5. 强夺；6. 投献

（三）剥削情况

1. 官田对一般自耕农的扰害；2. 承佃普通官田的佃户所受剥削

3. 屯田户所受剥削及其人身依附关系；4. 学田租额举例

5. 职田佃户所受剥削情况；6. 赐田剥削概况；7. 转佃、夺佃与包佃

（四）封建国家与贵族地主争夺官田的斗争

1. 对普通官田的争夺；2. 对屯田的争夺；3. 对学田的争夺

今天来看，提法和思路比较陈旧，有的地方也失之琐碎，但通过编辑这些资料，其实受益匪浅。我一直对元代的政治制度、政治文化感兴趣，经济史方面用力很少。后来留系任教，开元史专题课，编元史教材，凡涉及土地政策、剥削关系、赋役制度等内容，靠着硕士二年级编的这部分资料，基本都能应付。油印的两册《选编》，虽历经多次搬家，但一直留在身边。吴先生去世后，我在 86 级硕士生班微信群里询问谁还保存着这套《选编》，以为除我之外不会有其他人了，没想到除我以外的七位选课同学中竟然还有三位珍藏着它。

按照吴先生当时的想法，应该把"中国古代史研究"初次开课的这套做法延续下去，第一次的主题是土地制度，后面再更换其他主题。不过，他的设想没有充分实现。主要原因：一是多位老师围绕一个主题进行讲授，组织起来有难度；二是选课学生编资料集要花很多时间，课程负担较重；三是资料集印刷费钱（要是放在今天，用电子文本，就不存在这个问题了）。据我所知，之后开这门课，也尽量约请一些老师就某个主题集中讲授，甚至有时还会请校外学者，学生也做报告，进行课堂讨论，但似乎没有再编过资料集，即使有应该也很少。又历经好多年，慢慢变成了没有固定主题的讲座集合，每个重要朝代或时期，各请一位系内老师（有时来自系外或校外）做讲座，选题自便，一般都讲自己近期的研究心得。这样的讲座课当然同样有利于学生开阔视野，但有时由于老师准备不

充分或所讲内容生僻，课堂效果不佳。学生跟着老师的讲座提点儿问题，讨论几句，期末交一篇自选题目的作业，就算完成任务。因为参与度不高，所以有的学生不认真听课，甚至逃课。2000 年代前期修订研究生培养方案，根据一些老师和学生的意见，就把这门课从必修课改为选修课。因为不再是必修课，所以此后就没有人组织开设了。那时吴先生早已退休。2006 年我开始担任中国古代史教研室主任，曾经闪现过按照吴先生的最初设想重开"中国古代史研究"课程的念头，终因难度较大，未敢尝试。后来偶尔见到吴先生，想起这件事不免惭愧。

## 二

我与吴先生最早的接触是在大学一年级。大一本科必修课包括"中国通史"基础课的古代部分，第一学期由祝总斌先生讲授，从史前讲到南北朝，第二学期由吴先生讲授，从隋朝讲到鸦片战争前夕。那时北大历史系是分专业招收本科生的，就我所在的中国史班来说，"中国通史"是本科前期最重要的课程。两位先生讲课各有风格。祝先生声音洪亮而略带沙哑，板书剑拔弩张；吴先生声音柔和绵密，板书也比较圆润。他们都不是严格遵照指定教材《中国史纲要》讲授，而是会在很多地方调节详略，补充学术界相关争论和自己的观点，这对刚刚告别中学时代的我来说有些不适应。不过到吴先生讲课时，经过祝先生一学期课程的磨炼，我也比较适应了。吴先生在课上组织过一次关于王安石变法的讨论，这也是我初次参加课堂讨论这类活动。说是参加，其实只是观摩，因为不需要也不可能人人都发言。以我那时的状况，除非念稿子，否则根本不具备在集体场合讲话的能力。

"中国通史"古代部分的指定教材《中国史纲要》，是"文革"前北大历史系中国史专业的集体成果，由当年担任系主任的翦伯赞先生（系内通称"翦老"）主编，编写班子在后人看来称得上"神级团队"。吴先生名列团队之中，这大大增加了我们对他的景仰。在课下了解到，吴先

1958年从北大历史系毕业，后留系任教，参编《中国史纲要》时也就是30岁上下，是编写班子里最年轻的。可是，受时代影响，他毕业后做了20多年助教，参编《中国史纲要》时也只是助教，直到"文革"结束后才评上讲师。给我们年级讲通史课的时候，吴先生在课表上还是讲师。学期中间，也就是1983年夏天他评上了副教授，这是我们后来才知道的。

作为《中国史纲要》最年轻的撰稿人，吴先生对这部教材怀有很深的感情。《中国史纲要》初稿完成并部分出版于"文革"前，1979年成套出版，我们本科一年级用的就是1979年版。1994年和2006年《中国史纲要》两次出版修订本，吴先生都参与其中。特别是2006年修订本，原作者大多已经辞世，吴先生成为修订工作的实际主持人。吴先生对这次修订十分认真，对当年他参加撰写的隋唐部分进行了很大篇幅的增补。我也参与了这次修订，负责元代部分，所做修订却很少，只改动了个别词句。参与修订的中青年教师，情况可能大都和我差不多。2021年，《中国史纲要》2006年修订版获得首届全国教材建设奖优秀教材一等奖，这应该是吴先生晚年感到快慰的一件事吧。

吴先生退休之后，和我偶尔见面，几次提起《中国史纲要》继续修订的问题。他说，国外大学的著名教材，隔一段时间就会出修订版，书名长时间不变，成为一个品牌，内容则不断更新，《中国史纲要》也应该这样。我年纪大了，以后这项工作得靠你们。由于吴先生的上述嘱咐，我2020—2021学年接手历史系本科生主干基础课"中国古代史（下）"时，不仅指定《中国史纲要》为教材，而且完全遵照《中国史纲要》的框架结构进行讲授，中间随时补充新内容。近两年讲下来，我感到继续修订《中国史纲要》，完成更加适应时代需要的新版，绝不是一件简单的事情。毕竟距离最初编纂时间已经过去50多年了，需要增删调整的地方相当多。如果都参照吴先生在2006年修订版中所做的工作，还真要在较长时间内全身心投入，工作量比新编一套教材也相差不远。不知道我们这代人能否完成这项任务？

# 三

吴先生的研究方向是隋唐史。1980 年代，北大历史系在隋唐史领域实力雄厚，共有四位先生开设相关课程，按年龄依次是王永兴、张广达、吴宗国、刘俊文。他们的研究重点不同，治学风格各异。学生当中流传着一个调侃式的说法，从阶级分析视角给四位先生定性。王先生的学问较有古典色彩，以原始材料分析和考据见长，被称为"封建地主阶级史学家"。张先生通晓多门外语，上课经常引用外文资料，被称为"资产阶级史学家"。吴先生重视理论学习，强调唯物史观的指导作用，被称为"无产阶级史学家"。刘先生年轻气盛，锋芒毕露，在课堂上批评一些知名学者毫不客气，让人联想到马列课上提到过的"小资产阶级狂热性"，因此被称为"小资产阶级史学家"。上述说法出于好事者编造，有失礼貌，却也不无根据。在一个研究方向上能够同时接触到风格迥异的这么多位老师，其实是学生的幸运。我就很荣幸地先后选修过四位先生的隋唐史课程，其中包括大三第一学期吴先生开设的"隋唐史专题"。在这门课上，我提交了一篇几千字的作业《贞观时宰相制度的变化与皇权的加强》。后来再看并没有什么新意，但却是我第一次完成至少在表面上看比较像样的中国古代史论文。

重视理论学习，强调唯物史观的指导作用，的确是吴先生治学的重要特点。前面提到他创设"中国古代史研究"课程，并且将初次开课的主题定为土地制度，就是这方面的表现。不过，吴先生最擅长的研究领域是制度史，倒不见得随时能体现出唯物史观。更确切地说，他的治学特点是在研究传统问题时充分贯彻整体意识和长时段眼光。我学习元史，主要也是从制度史入手，在研究选题和思路上受吴先生影响很大。我的硕士、博士学位论文均属于制度史领域，两次请吴先生参加答辩，他都提出了很好的修改意见。留系任教后，我被吴先生吸收参加他刚立项的课题"中国古代官僚政治制度研究"，课题成果，也就是同名专著，于 2004 年在北京大学出版社出版。在这项研究中，我承担金、元两朝相关内容的撰写，写了大约 10 万字。我把这部分内容拆解出若干篇论文单独发表，在元史学界产生了一定的影响。除课题研究外，那段时间我的教学工作都由吴先生安排，我经常就通史教学中的一些问题向他请教。因为接触比较密切，连发表论著都自觉不自觉地套用他的题目。他出版讲稿《隋唐五代简史》，我也出版了《中国古代简史》；他发表论文《唐朝的特性》，我也发表了《元朝的特性》。

吴先生身体一向很好，据说他家中长辈都得享高寿，家族有"长寿基因"。我最后一次见他是在 2019 年底，当时他红光满面，侃侃而谈，完全不像年近米寿的老人。没有想到先生走得这么突然，世事之难料如此。愿先生安息！

2023 年 3 月 2 日

# 从容通透　自然天成

## ——回忆我的导师吴宗国教授

刘后滨

## 一

2022 年 8 月 7 日，那是悲痛的一天。忙着料理老师的后事到凌晨，回家路上在手机上记下简短的感怀："昨天下午在北医三院陪老师走过了他 89 年人生的最后一程。将近 40 年的师生情谊，亲如父子，我握着他冰冷的手臂，脑袋一片空白。吴老师一辈子内敛宽厚，总是在体谅照顾别人，到最后都是在照顾家人和学生，住进医院当天就走了。开好的化验许多都没有做，进药的胃管都没来得及插上就心脏骤停。医生说这是他这种病人离世最没有痛苦的一种方式。祈愿老师在那边没有酷暑和病痛折磨，和您的好老师、好同事、好朋友们一起继续纵论历史，笑傲人生。"老师晚年对我说得最多的话就是要从容、淡定、脱俗。他自己的人生就是一直在践行着这样的目标，与人为善，与世无争，对生死毁誉他已经看得十分通透。而我，即便知道老师走得安详洒脱、了无憾事，但心里依然悲痛难抑，感觉心底最重要的地方突然间被抽空了。将近 40 年的受教，迷茫时的慰谕和劝勉，困顿中的鼓励和接济，浮躁时的棒喝和开悟，而今阴阳两隔，再也看不到老师慈祥的面容、永远笑眯眯的眼睛。

最后一次和老师较长时间的当面交谈，是 2022 年 8 月 5 日夜晚。当天上午和老师的小儿子通话，得知老师已经危在旦夕。我赶到老师家里，老师一边吸氧，一边虚弱地向我嘱托几件事情。一是要我对接山西人民出版社的编辑，接收与阎守诚老师合著的《盛唐之子：唐玄宗的成败》，并分送相关人员。我用微信转发了书影，并当场打开给他看。他说昨天阎守诚老师也来过电话，要了银行卡号和身份证号，以便发稿费。二是要我联系刊发《论教学带动科研》一文，他重复以前多次说起的话，要我全权处理此文的发表。此文于2022年9月26日发表在《中国社会科学报》，题为《论历史学科的教学带动科研》。现在想来，这两件事是老师对我的最后托付，大学历史学的教学、科研和人才培养，即使不是他生命中的全部，也是他最为看重的事情。

吴老师1934年出生于南京市，籍贯江苏如皋。1953年毕业于南京师范学院附中，同年考入北京大学历史学系。1958年7月毕业后留校任教，担任汪篯先生和邓广铭先生的助手。他留校不久就协助汪篯编写《中国史纲要》的隋唐五代部分，成为这部由翦伯赞主编的经典教材的最年轻作者。他主持修订《中国史纲要》（上下册），后来获得了首届全国教材建设奖优秀教材一等奖。1983年任副教授，年届五十；1990年任教授，1995年开始招收博士生，担任博导时已经六十有余。老师曾较长时间担任中国古代史教研室主任，历史学系学位委员会委员、学术委员会委员，享受国务院政府特殊津贴，1999年6月退休。2018年是吴老师在北京大学执教60周年，学生们协助他整理了论文集作为纪念，题为《中古社会变迁与隋唐史研究》（上下册），由中华书局出版。从教满甲子，桃李遍天下。寿年届九十，人生复何求？

追随老师近40年，我很少听吴老师谈起他的求学经历，更不见他炫耀和利用自己的师承关系。那些学术圈中闪闪发光的名字，仅仅是听说过就觉得身价倍增，而吴老师在他们身边工作多年，朝夕相处，却不愿借此抬高自己，从不迎合，也不攀附，淡淡地做自己。记得读书时有几次遇到其他老师对往事津津乐道，或是在回忆录里看到关于某位先生的某件逸事，我也曾好奇地求证于吴老师，吴老师总是轻描淡写一语带过，毫无猎奇和夸耀之心。但只要涉及教学传统和学术传承，他就会很认真地从头讲起，娓娓道来。

关于如何当好一个大学老师，如何做到教学带动科研，吴老师不知道给我讲过多少次。我从 1991 年硕士毕业到中国人民大学任教以来，教学中遇到任何问题都会求教老师，他也时常结合自己的实践给我传授教学经验，其间也会涉及北京大学历史学系的学术传统和掌故逸闻，例如各位老师如何上好通史课，翦伯赞在主编《中国史纲要》过程中如何统稿之类。他很看重自身在北京大学历史学系学术脉络中承前启后的位置，自觉地承担起他的老师辈与下一代之间学术传承的使命，延续着他们的学术生命。他的老师是民国一代学人，他自己真正走上讲台完整授课及指导研究生，则要到 1980 年代中期。由于时代的原因，他本人发表学术论文并不算多，而且差不多和恢复高考以后入学的学生辈同时开始发表文章。他获评副教授和教授的年龄都略晚于同龄人，指导的研究生数量有限，但他始终怀抱着强烈的责任感和自信心，教书育人，默默奉献，恬淡自处，以言传身教担当起北京大学历史学系学术传承托命之人的角色，不掺杂任何个人的功名利禄。吴老师在隋唐五代史甚至整个中国古代史学科的建设中，无疑发挥着重要的作用，虽无显赫之声望，但在北京大学历史学系 1980 年代中后期在读的学生中间，他的影响力无疑是相当广泛而持久的。

## 二

我清楚地记得老师去世前的十多天，7 月 26 日，我去蓝旗营府上探望。此前 7 月 8 日，祝总斌老师去世，原本我一直在犹豫是否将祝老师去世的消息告诉吴老师和师母，不料我坐下不久，师母就直接问起祝老师后事是如何安排的。显然他们已听到消息，我只能如实相告。给他们介绍了祝老师后事安排的大致情况，包括历史学系设立吊唁室，以及学生们去昌平陵园安葬骨灰的各种细节，我打开手机微信给他们看了一些现场照片。吴老师神情凝重地看着祝总斌老师安葬现场的照片，过后，与师母对视片刻，轻轻点头。吴老师和师母刘念华老师相知相爱半个多世纪，是北京大学历史学系老师们口中几十年传颂的恩爱夫妻。例如，何芳川老师在世时，在联欢会、团拜会等场合多次和我们学生辈讲起吴老师和师母的浪漫往事。多数情况下，我们去家里看望，老师除了学术话题，其他问题谈得不多，都是师母在和我们交流。这次，见吴老师点头，师母接着说："你给我们介绍这些，看照片，是对的，不要担心我们，我们很想知道。"那时，吴老师已经病得很重，说话的力气都没有了。

祝老师是吴老师几十年从教生涯中的至交好友，是 1980 年代以后帮助他平稳从事教学科研的学术伙伴。1995 年初，我报考在职博士生的时候，教育部还没有批复吴老师的导师资格，吴老师要我填报祝老师的博士生。等到 9 月份入学的时候，正式批复下发了，祝老师说那你还是由吴老师指导。事实上，他们是我在学术道路上受教最多、影响最深的两位老师。在 2022 年的 7 月 8 日和 8 月 7 日，短短的一个月里，我失去了人生和学术道路上最敬重的两位导师，有时候不免幻想：另一个世界是什么样子？没有生的烦恼，老的折磨，病的痛苦，死的恐惧，是所有挚爱亲朋最终团聚的地方。两位学术伙伴，几十年共事北大，半世纪的生死友谊，学术上的相携相助，在那个世界里，还会继续吧……

生活中的吴老师，话不多，更少流露情感，而师母热情爽朗，视吴老师的所有学生亲如子女。每当学生到家中探望，都是师母抢在前面，热情接待，说起时政大事、家常琐事滔滔不绝，吴老师总是笑眯眯地听着，温和而宽厚。你在说，我在笑，那就是"家"最应该有的样子，我们能够想象的家的所有温馨都在那里了。这也是我作为学生，在课堂之外从吴老师身上学到的更重要的东西。对家人，对同事，对朋友，对学生，关心的话说得不多，却一直温暖着所有人。一个人，集魁伟高大的身躯与温良柔和的心性于一身，没有人比吴老师更自然天成。

吴老师对自己的每一位老师和学术上的同事都怀着敬爱和尊重，即使有一些误解，也从来都报以最大的善意，加以化解。他在任何场合，不争，不怒，相信公道自在人心，公开言谈总是顾及他人感受。吴老师是如此心地善良，心胸豁达，醇醇然有古君子之风。有一次北京大学召开纪念邓广铭先生的会议，吴老师写好了发言提纲，给我当面讲了一遍，回忆邓先生在鲤鱼洲干校搬牛粪和后来拒绝作序、反对编书的几件往事，他犹豫再三，想到可能会引起其他老先生的联想，最终决定不参加这个会议了。在我读硕士研究生的那几年，吴老师每年都会带着我去给王永兴先生拜年，他说王先生是汪箋先生的同学，就如同自己的老师一样，希望我多听王先生的课，多向王先生请教。我也认真地听从吴老师的安排，在王永兴先生完整开课的最后一个学年，在每次课前，我都早早来到蔚秀园王先生家等候，替老先生拎着一大袋子的教学用书，扶他慢慢走到第一教学楼的教室。

## 三

我与吴老师近 40 年的师生情缘，始于 1985 年的秋天。是老师课堂上的讲授让我第一次感受到了学术的趣味和魅力，是老师的谦和鼓励给了我克服自卑的勇气和信心，也是老师的帮助和引领，改变了我人生的走向，重绘了我生命的底色。我走上教师岗位，并一直在大学任教，毫无疑问是吴老师言传身教的结果，也是吴老师一次又一次用心用力拉扯的结果。

我硕士毕业的时候，正是大学教师地位和收入最低的历史时期。我生长在世代务农的家庭，父亲希望我能够从政，最好能进大机关。那个时候我已经跟随吴老师多年，重要的人生问题都会向老师求教，因为老师是除了父母以外最可信赖的亲人。在找工作的过程中，中国人民大学的沙知教授给吴老师打电话，希望他的学生能够去人大任教，吴老师喜出望外，认为留在高校非常适合我的人生发展。我父亲得知后，当即来信反对，他认为含辛茹苦供我上大学又读研究生，居然还是去当一个老师，这与当初考上大学时家人和宗族的期望相差甚远。毕竟我是恢复高考后本县第一个应届考上北京大学的学生，是当地刘氏宗族自宋朝出了若干位进士以后能够再次进京读书的人，我的身上寄托了整个宗族的厚望。我不知如何说服父亲，吴老师亲自给我父亲写信，一个大学教授用一个识字不多的农民可以看得懂的道理，耐心劝说，他说人大是培养干部的学校，以后许多高级干部都将是你儿子的学生，比他自己当干部还厉害。老师以满心的善意去理解一个农民朴素的心思和希望，我父亲一直珍藏着这封信，这是他这一辈子收到的最重要的信件。

1992年中国各界都出现了"下海潮"，一时间造导弹的不如卖茶叶蛋的。那时我在历史学系党总支见习，遇到了担任企业高管的系友善意的极力劝诱，生活的艰难也让我产生了换份工作的念头。我胆怯地去和老师商量，吴老师没有训斥和说教，只是耐心地给我分析教育发展的方向，指出我个人的优势和劣势，鼓励我坚持下来，不要因为眼前的困难而动摇。在那前后，他去韩国和日本做访问学者，回来后买了彩电，生活条件得到改善。他说你们不要灰心，我到六十岁时达到的生活水准，你们三四十岁时一定能够达到。在几乎看不到希望的困境中，我能一直坚持在大学里教书，仅仅是因为我相信吴老师的话！

我对老师的亲近和信任来自本科上通史课的体验。二年级上学期，吴老师给我们班讲授四个学分的中国古代史（三）隋唐五代宋辽金段。教室里初次见到老师——挺拔高大的身躯，谦逊和蔼的面容，几堂课听下来，条分缕析的讲述，层层递进的评析，令人如沐春风，我真正感受到学问的魅力。学习基础薄，家庭条件差，身体有缺陷，我因自卑从不敢在课堂上发言，也不敢在辅导时间提问。课堂笔记上有大量缺字和错别字，需要课后去查书补正。有一次吴老师在二院108课后答疑时发现了我的问题，等到结束时把我留下，他推着自行车和我走了一路，这是我第一次和大学者走得那么近。我鼓足勇气，怯怯地说自己对历史学很有兴趣，但感觉基础太差，与同学们的博闻多识、对答如流相比，实在相形见绌，完全没有信心。吴老师静静地听我说着，然后说了一段令我永生难忘的话：你能够考上北大，数学分还不低，说明你智商没有问题，即使是中等之才，只要能够坐得住冷板凳，将来也一定会做出成绩。那是改变我生命轨迹的话语！一位在《中国史纲要》教材上和翦伯赞一起列入作者名单的老师，说我将来能够做出成绩，那是何等重要的肯定啊。刚入学的时候，我只知道翦伯赞，因为中学课本上读过他写的《内蒙访古》，其他作者，如吴荣曾、田余庆、许大龄等老师，包括邓广铭先生和汪篯先生，只有到上了课后才知道。

1985年秋天的那一次校园漫步，吴老师激发了一个极度自卑的学生对学术的美好憧憬和强烈兴趣。我暗自下定决心，要跟着吴老师一直读下去，成为一个像老师那样有学问的人。从此，我一下课就到图书馆，如饥似渴地阅读中国古代史尤其是魏晋隋唐史的相关书籍。大学的后两年，除了吴老师开设的隋唐史，我还选修了王永兴、许大龄、张广达、祝总斌等先生开设的课程，田余庆先生的"东晋门阀政治"，由于时间冲突，是借同学郭丽萍的课堂笔记补修的。等到1988年的毕业学期，我在王永兴先生唐代制度史课堂上写的作业《唐代司法"三司"考析》获得了"五四"科学论文奖，吴老师更是对我大加赞赏，并指导我修改，向《北京大学学报》投稿，后来发表在1991年的第2期。这篇处女作的完成，是我上大学期间最长自信的事情。

从本科通史课上的初相识，到手把手指导我的本科、硕士和博士毕业论文，鼓励并带领我一步步走进学术世界，吴老师不仅没有嫌弃我的鄙陋和贫寒，还慷慨寄予了学术传承的期望，不带有任何学术之外的功利目的。从一个放牛娃，成长为一个大学教师，除了认真做一个好老师，我也没有任何可以回报老师的。

老师的知遇之恩重如泰山，点点滴滴刻骨铭心，但要诉诸文字，却不知如何落笔，从何说起。我的出身与经历，决定了我永远都达不到老师从容、淡定和脱俗的境界，但老师的为人与为学，一直是我努力追寻的高度。只是，大半生的时间在事务性的泥潭里愈陷愈深，老师当年竭尽全力帮助我规划的人生蓝图，眼看着实现的可能性越来越小，心里就不由得慌乱。2023年的8月7日是老师的周年忌日，我约了几位师兄弟，到老师的墓前祭奠。凝视着墓碑上老师慈祥和蔼的遗容，不由得泪湿了眼眶。那一刻，我突然明白自己要做出一些重要的人生选择，一路捡拾的芝麻和西瓜，终究要丢掉一些，最好的归宿就是回归老师的期望，做一个从容实在的读书人和教书人，找回老师曾经给我重绘的生命底色，或许这是对老师最好的纪念。

# 记吴宗国先生

孟彦弘

吴先生是我的恩师。

我本科在中国人民大学历史系读书。那时的人大历史系，中国通史讲两年，其中近现代史讲一年、中国古代史讲一年。古代史是几位老师按断代拼接着讲的：原始社会史，黄崇岳先生；先秦和秦汉史，郑昌淦先生；魏晋南北朝史，马欣先生；隋唐五代史，沙知先生；宋辽金元史，金文发先生；明清史，毛佩琦先生。1988 年，我本科毕业，继续在系里随沙知先生读书。但系里给研究生开的专题课很少，我只记得周继中先生讲过监察制度。这门课排在下午，周先生几乎每次讲课都是微酣后红着脖子来讲的，所以印象格外深刻。研究性的课，大概就是韩大成先生讲的明代史料学了。鉴于这种情况，沙先生建议我到北大历史系旁听。我就是打着沙先生的旗号，找到吴先生的。

那时，吴先生正在担任北大历史系中国古代史教研室的主任。古代史教研室主任的主要工作，是不是就是给相关老师排课，我不得而知，但每学期新课表下来，吴先生都告诉我，有哪位老师在哪个教室讲什么课。那时不像现在，课程安排能在网上查到；外校学生如果想了解这些详细情况，没有"内线"，绝无可能。关照我的，不是同学，而是身为教研室主任的吴先生。

有吴先生的关照，我听遍了历史系当时还在开的几乎所有中古史的课。我 1994 年毕业分配到历史所工作，次年，真正北大毕业的陈爽兄也入了历史所。我们常常在返所时胡聊北大历史系的掌故和八卦，比如当时久传于学生之口的对中古史三位先生的"概括"，即王永兴先生是"封建地主阶级史学家"，张广达先生是"资产阶级史学家"，吴宗国先生是"无产阶级史学家"之类。同人很奇怪，陈爽兄开玩笑地说：他听北大历史系的课比我还要多。

读研究生期间，我在人大听的课极少，但学分是需要修满的，这就很麻烦。如果要北大给我出学分，那北大历史系就要跟我收钱；如果不能拿到学分，我又不能毕业。我把这个苦恼告诉了吴先生。吴先生给我出了个主意，把我在北大听的课算作外请老师到人大讲的（现在才知道，沙先生赴英国期间，79级的隋唐史课，就是请吴先生到人大讲授的）。具体操作，就是把人大历史系研究生修学分的登录表交给吴先生；吴先生填上相关课程，并请授课老师签名，交给我，我再交回人大，算成我的学分。如果没有吴先生"滥用公权"，我真不知道自己的学分如何修满。

正因为有吴先生的关照和提携，我蹭了很多课，不仅从来没有发生过听某门功课被责问、被轰出来的情况，而且我每每反客为主，表现得比本系的学生还要张狂。

吴先生为了让各个断代的研究生对中国古代史都能有更直观、更深入的整体认识，而不仅仅局限于自己所学的那个断代，培养学生的"历史感"（吴先生常讲，每门学科的研究者都应对这门学科有一个直觉的感受、认识和把握。研究物理，要有物理感；研究历史，也要有历史感），同时也为了让学生对学术界的情况有更多了解，第一次在系里为中国古代史的研究生主持开设了"中国古代史研究"的综论课（据张帆兄的怀念文章，吴先生第一次开这门课是在1987年下半年——2024年校补）。大概因为刚留系教书的丁一川、陈苏镇两位青年教师的课时不够，他就请他们两位做这门课的助教。当时主要是选一些中国古代史上的重要问题，先让同学们熟悉相关学术界的研究成果、核查相关原始史料，然后写成初稿，组织讨论；有时也会请系内外的专家学者做报告（日后大概后一种形式较多，我们那时却是以前一种形式为主的）。我后来发表过的一篇讨论农业文明向工业文明过渡的所谓史学理论的文章，最初就是这门课的作业，在这个班上讨论过。日记 1989 年 3 月 17 日写道：

> 今天下午到北大上课，该我讲，题目是《中国没有从农业文明过渡到工业文明的原因》。似乎很得意。……吴宗国先生作了总结。

作为旁听生，按理说，我应该缩着点，但事实上完全相反，几乎是每课必发言，发言必争辩。有一次讨论什么问题，跟瞿剑兄争执了起来，瞪着眼睛，脸红脖子粗。现在想来，实在是够招人烦的。绝大多数的争论到最后，是对方不愿理你了，而不是你真的把对方说服了。争论，其实是给第三方听的。有名人说，上帝给人两只耳朵、一张嘴巴，就是要人多听少说的。我常自嘲，自己耳朵背，听得少、吃了亏，只好多说一些来弥补；我如果能管住自己的嘴，早就当上领导了。其实说到底，不过是自己爱出小风头而已，浅薄至极。

在确定硕士学位论文时，我也常向吴先生请教。如日记 1990 年 4 月 27 日写道：

> 昨天到北大上课，和吴宗国先生谈及论文事，极有启发。

9 月 28 日：

> 下午到沙知先生处，谈及论文，说我下论断太过武断，太过绝对。……关于论文，很想请教一下吴宗国先生。

其实，从我跟吴先生上"中国古代史研究"课开始，吴先生就一直对我多所鼓励。最后一学期，沙先生应孟列夫的邀请，到圣彼得堡读敦煌卷子。临近学校规定的论文答辩的最后期限，沙先生回来给我组织答辩。这期间正是论文修改、定稿的关键阶段，因沙先生不在家，我主要是向吴先生请教的。我对唐代的藩镇问题感兴趣，选定的毕业论文题目是唐代的宣武军；吴先生总是提醒我，要注意徐州、注意张建封；不断启发我，眼光要突破自己所研究的汴梁。我在论文中提出，唐后期中央对江南要实现控制，就要先控制住运河沿线藩镇；我概括为"节级控制"。这个认识，就是吴先生不断提醒、启发的结果。

1991 年，我硕士毕业。我一毕业，沙先生即办理退休手续。我想考博士。

现在北京的学术界，各单位治唐史的学者似乎比其他断代的学者为多。物以稀为贵，多了，就不值钱了。念唐史而想调个单位，大概都比较困难，因为哪个单位都不缺这个断代的人。那时学唐史的人不少，但指导唐史方向的博士生教师却并不多。北大历史系，指导唐史的老师是张广达先生；他在那场风波后，不得已滞留海外。中国社科院，有张泽咸先生，那年好像没招生。北师大的何兹全先生，虽主要治魏晋南北朝史，但也指导唐史方向（宁欣先生跟他读在职博士，做的就是唐史论文）；我也到何府拜谒过，但那年好像也不招。那年招隋唐史方向的，只有北师院的宁可先生。我最后选定报考的学校和导师有两位，一位是北大历史系治魏晋南北朝史的田余庆先生，另一位就是北师院历史系治隋唐五代史的宁可先生。其实，在此之前，我曾想考政治制度史的博士生。日记 1989 年 11 月 25 日写道：

> 昨天中午碰到吴宗国先生。他告我说，祝总斌先生和他申请的政治制度史的硕士生点批了下来，博士点可〔晚〕些批下，看来我退路又有□□。

末二字，实在潦草，自己都已认不得；所谓"退路"，是指我硕士是定向生，只有考博士才能改变这个"身份"。遗憾的是，一年半后我毕业，这个博士点依然未被批下来。

北大的考试、招生都进行得较早，好像是 3 月份。北师院考试是在 6

月份。考田先生的魏晋南北朝史，名落孙山，于是背水一战，全力备考北师院。

那时，宁先生是敦煌吐鲁番学会的秘书长，秘书处设在北师院；沙先生家住城里，为学会一些杂事，有时命我到北师院跑跑腿。这种机缘，使我有幸拜谒宁先生，并向他表达了想报考他的博士研究生的愿望。

报考前，适逢沙先生远在俄罗斯，所以，一切推荐信等都是请吴先生给我写的。推荐信中有一项，是说推荐者与被推荐人之间的关系，我怯怯地问吴先生："这该怎么填？"吴先生扫了一眼，说："当然是师生关系喽。"我听了，心里一阵温暖。

那年报考北师院的有两位，除了我，另一位是任教于温州师院的吉成名兄，研究唐代盐业经济，已有论著发表。考完之后，吉兄总分比我高23分；通史和隋唐史两门，我高出吉兄21分。这样的分数，使我极为忐忑；哪一位被录取，都在情理之中。论总分排名，可取吉兄；论通史和专业课，我考得似乎又稍好一些。那真是有在火上烤的感觉。随后，就是面试。面试时，宁先生住院，由蒋福亚先生主持，再向宁先生汇报，决定去取。

我入学后，一次到蒋福亚先生家上课，他问起我跟吴宗国先生的关系，并告诉我，为我入学事，吴先生特意给他打过电话，极力推荐我，说我知识面较宽、勤于思考、有培养潜质等等。我听了，真是感激。这些事，吴先生从来没有跟我提及；我也不知道他与蒋先生有如此交情，否则我早就请他帮忙了。吴先生对学生的提携、关照、帮助，犹如家长对自家的子弟，从不会因为顾及自己的身份、地位等便迟疑、推脱甚至袖手旁观。

如果用一句话概括吴先生，我想没有比"忠厚长者"更确切的了。不计名、不计利，提携后学、宽以待人，在吴先生那儿，是真正做到了的。石云涛兄受唐基金的资助，出版了一本讨论唐代藩镇幕府的书，请吴先生作序。前辈作序，当然是以鼓励、奖掖为主。荣新江先生约我写一书评。平心而论，石兄是有心得之见的，但写得实在是芜杂，有用没用的材料，大段大段抄录，堆在一起；倘能砍掉一半，一定会更精彩。

于是我在写书评时便颇多苛刻之词。写成，交荣老师；荣老师说，约写书评，想怎么写，是书评者的权利，他不干涉，但他提醒我，这书是吴先生作的序。他建议我改，改得平和一些。我虽然改了，但那时心里仍是气鼓鼓的，当然不会改到位。过了些时日，《唐研究》印出来，一看，才意识到自己确实有失厚道。于是，约了陈爽兄，到蓝旗营吴府登门谢罪。吴先生见我们来，很高兴。坐了一会儿，我才有些不好意思地吞吞吐吐说明来意。吴先生一听，反倒劝起我来，让我不要多想，全然没有令他难堪的不快。

吴先生终生治唐史，尤以研究制度史名家。他关于科举制与唐后期高级官僚世袭的论文，充分显示了一个历史学家的专长和睿智。这大概是治文学史而考订科举制的学者做不来的。他的治学特点、学术贡献，应有专文来探讨。

现在的师生关系，似乎严格限定在研究生；只有当了研究生，才能算登堂入室，得列门墙，似乎连本科听过课都不算了。以这个标准，我只能算作吴先生的私淑弟子。如果从听课、受教、学业影响、蒙受提携来说，我完全是吴先生的学生。1991 年 10 月初，我返乡结婚。返京后不久，即拜见吴先生。日记 10 月 21 日写道：

> 上午到吴宗国先生处，给他送喜糖、喜酒。

是什么糖、什么酒，日记没记，我也全然忘了。想来也不会是什么好糖好酒。我硕士研究生论文答辩，沙知先生请吴先生做答辩委员会主席；用北大学生习用的说法，吴先生是我的座师。我想用这样的一篇不像样的文字，恭为吴先生八十华诞寿！祝吴先生身体健康，万寿无疆！

2014 年 5 月 10 日，参加于人大国学院举办
吴先生八十华诞贺寿会后作

**附记：**

　　这是为吴先生八十华诞贺寿而作。吴先生欣开百秩，正当弟子们为他老人家九十华诞组织祝寿文集时，先生驾鹤西去。这时，内子生病，接受手术，一次又一次地化疗，我方寸大乱，完全没有时间和精力，也没有心思坐下来撰写一篇像样的论文以纪念先生，思之愧甚。蒙雷闻兄提议，征得主持其事的叶炜兄首肯，谨呈此旧文表达我对老师深深的感念之情。老师一位一位地离去，我们也在向人生的边缘靠近。

2023 年 9 月 16 日出院返家次日

# 随吴宗国先生读书的日子

雷 闻

2022 年 8 月 7 日 16 时 54 分，我的导师吴宗国先生因病在北京去世，享年 89 岁。收到这个不幸的消息时，我正在从老家安康去西安的列车上，当时列车即将到站，旅客们纷纷收拾行装准备下车，忙乱之中也没工夫看微信，出站时查验了一系列验证码、核酸码，终于打上车，在去宾馆的路上，才在微信里看到后滨师兄发来的这个噩耗，一时五内俱焚，难以接受，我们敬爱的老师竟然就这样离开了。10 号上午，我来到吴先生家里，见到独自一人坐在沙发上的师母，不禁悲从中来，握着师母的手号啕大哭。虽然去之前我还提醒自己，不能让自己的悲伤使师母本已不太稳定的情绪再生波动，但悲痛真的无法忍住。11 日上午，在八宝山灵堂泪别恩师之际，望着鲜花掩映中他那依旧慈祥的面容，一幕幕往事慢慢浮现在眼前，刻骨铭心。

## 一 硕士阶段

我原本应该在 1993 年秋季进北大读研，不过最终直到 1994 年 9 月份才正式进入吴先生门下，在入学之前先保留学籍，回老家教了一年中学。之所以如此，是因为我虽然顺利通过了北大历史系硕士招生考试的笔试，但因在户县教学实习期间饮食不当，不慎染上甲肝，刚好错过赴京参加面试的时间。于是吴先生就商请他的师兄牛致功先生与陕西师大历史系的赵文润老师一起，替他对我进行了面试，这种方式现在几乎不可想象。后来，吴先生又建议我干脆晚一年入学，一方面养好身体，另一方面可以开始读一些专业书。于是，我在他的指导下开始阅读《资治通鉴》，后来才知道这是北大培养隋唐史研究生的必由之路。

在这一年里，吴先生给我写过几次信，他那疏淡雅致的笔迹，颇有点儿弘一法师手书《药师经》的味道。这些珍贵的信件，我一直珍藏至今。其中一封信里，吴先生告诉我读《资治通鉴》的方法，无须正襟危坐，而要像读小说一样，读出其中的滋味。就这样，在入学之前，我就把《资治通鉴》隋唐五代部分通读了一遍。虽然还是有好多不明白的地方，但毕竟初步建立起了对这一时代的感觉，这可能才是吴先生让我读《资治通鉴》的初衷。

我和大我整整十岁的孟宪实是吴先生门下的同年硕士，因为他之前在北大历史系进修过一年，所以跟吴先生很熟。入学的第一个星期，我惴惴不安地跟着他去承泽园拜见吴先生。虽然是头一次见面，但一点儿陌生感也没有，而先生慈眉善目的佛爷形象几乎完全符合我之前的想象。第一学期，我们都选了吴先生的隋唐史及荣新江老师的敦煌学概论课，同班的还有荣老师的两位硕士姚崇新、刘诗平，我们四个人住在同一个宿舍。相对来说，我当时可能是专业基础最差的。因为出身于武大的刘诗平与来自吐鲁番博物馆的姚崇新都已对出土文书相当熟悉，老孟更已是成熟的学者，发表过多篇文章，他以一己之力，直接拉高了系里老师对我们那届硕士生的整体印象。而我除了通读过一遍《资治通鉴》隋唐五代部分之外，也只是为考研读过几遍陈寅恪先生的"两稿"，其他方面所知甚少，敦煌吐鲁番文书更是从未接触过，基本上算是白纸一张。

于是，在孟老师不经意的误导下，吴先生似乎真觉得我们这拨学生基础不错，干脆改变了隋唐史课程的授课方式，直接开读《唐六典》，每人一卷。而荣老师的文书课则根据每人选择的《唐六典》内容，给我们分配相应的文书来练手。两位老师的训练可谓珠联璧合，相得益彰。因为吴先生让我读中书省那卷，荣老师就把英藏敦煌文献 S.11287 分给我来研究，因为这件文书的性质正是《唐六典》卷九"中书令"条所载七种"王言之制"之一的"论事敕书"，刚好可以把两门课的内容联系起来。当然，用一篇文章提交两门课的作业，实在是一鱼两吃的偷懒做法，不值得提倡。后来这篇习作完成之后，经过两位老师的仔细修改，发表在荣老师主编的《唐研究》创刊号上。对于一个文书零基础的学生来讲，这无疑是一个巨大的鼓励。

《唐六典》的读书课，除了我们几个刚入学的硕士之外，参加者还有当时本科四年级的叶炜，他当时因为成绩优异，早已预定要读吴先生的硕士。另外就是毕业多年的大师兄刘后滨，当时他已经是中国人民大学历史系的教师，但时常回来参加讨论。后来他那本引起巨大反响的《唐代中书门下体制研究》中的一些火花，最初就是从我们的讨论中迸发的，以至于吴先生经常说："这门课其实后滨的收获最大。"的确，同样是读书，底子不一样，收获自然不同。但我们也从中获益匪浅，至少受到了严格的制度史训练，也学会了读书和讨论。

## 二　博士阶段

1997 年我硕士毕业前，同时参加了博士生入学考试和国家公务员考试，也都顺利通过了。只是由于考博成绩下来比较晚，所以就只好先去跟文化部签了协议。原打算如果博士也考上了，就按合同规定交钱毁约，然后继续读书，但最终没能如愿。于是，吴先生又去跟系里商量，让我先去工作，系里再给我保留两年学籍。现在回过头来看，硕士、博士都采取了保留学籍的方式，这在北大历史系的历史上可能也是绝无仅有的。当我两年之后回学校读博时，吴先生实际上已经办理了退休手续，但他还是坚持继续指导我的博士论文，让人感动不已。算起来，我应该是吴先生指导的最后一位中国学生。

读博无疑是一趟真正的身心苦旅，要顺利毕业，恐怕谁都会脱层皮。记得当时选题就很纠结，吴先生的弟子大都研究唐代的政治制度，我可能是唯一的例外。硕士阶段因为什么都不懂，我就按吴先生的布局，毕业论文写的是隋与唐前期的六部体制。不过，我本人始终对宗教史更有兴趣，于是在读博伊始，我就有意阅读了大量礼制与宗教方面的文献，对于和岳镇海渎相关的石刻材料更是下了一番功夫。后来开题时，我提交了题为《隋唐国家祭祀与民间社会关系研究——以岳镇海渎为中心》的开题报告。当时吴先生和参加开题的老师都觉得选题很新颖，能做出来的话，会很有意思，所以都对我鼓励有加。但是，事情显然没那么简单。

2002年春节过后，我提交了其中一章的初稿给吴先生，自己还颇为满意。然而，三天之后的一大早，吴先生突然打电话来，第一句话就是："雷闻啊，危险啊！"这六个字如同晴天霹雳，我当时就蒙了。吴先生进而对我那章初稿进行了毫不留情的批评，最后总结说："这个星期你就先别往下写了，好好想想，到底应该怎么搭这个框架吧！"

于是，接下来的一个星期，我如同生活在地狱里，整天茶饭不思，没事就坐在未名湖边思考（其实大多数时候只是在发呆）。好友姚崇新生怕我想不开，一头扎下去，那几天总是请我吃饭，可面对着美食我根本无法下咽。因为理不出头绪，我甚至私下跟荣新江老师商量，是不是真的需要回头去做六部研究？但荣老师还是鼓励我坚守初心，说一定会想出解决办法的。在未名湖边坐到第六天的时候，我似乎突然开了窍，马上跟吴先生打电话说："我干脆不要副标题了，把岳镇海渎只作为一章来写。"电话那头，就听吴先生说："嗯，有进步，继续想。"三天之后，我又打电话给吴先生："我连一章也不要了，岳镇海渎的内容，我准备作为材料，打散进入各个章节。"就听吴先生呵呵一笑说："好了，那我就放心了。写吧。"经过这次残酷的折磨，接下来的写作就顺利很多，只需要把之前收集的丰富材料塞进重新搭建的框架里，一切都水到渠成。

多年之后，有次曾跟吴先生闲聊这段往事，他显得特别得意，笑眯眯地跟我说，"当头棒喝"正是他的教学手段之一。不过好像就对我适用，因为我当时满脑子都是岳镇海渎而不及其他。其实，唐代国家祭祀的内容还有很多，而他也知道相关材料我都梳理过一遍，因此，他只需要一棒子把我打醒就行了，他相信我接下来能处理好。按照我的理解，像后滨师兄和孟老师这样的聪明学生，可能根本不需要吴先生打棒子。不过，我只需要一棒子就能醒悟，无须先生两棒子、三棒子地反复敲打，已经算是不错的了——大多数时候，我不会跟自己较劲，这也算是跟吴先生学到的处事风格。

其实，我一直很感激吴先生对我博士论文选题的宽容，毕竟师兄弟们做的都是制度史方面的论文，只有我执意研究礼制与宗教。在二十多年前，这种选题不仅在吴先生门下独一无二，甚至在以制度史与政治史研究为主流的北大历史系，也多少有些异类。当然，如今的情形已大不相同，博士论文选题的多样性让人眼花缭乱，这当然是时代与学术潮流变迁的结果。再回头，不禁感慨系之。

当然，制度史毕竟是吴门弟子的看家本领，即便是我那本以博士论文为基础出版的《郊庙之外——隋唐国家祭祀与宗教》也有着一层制度史的底色，更不用说我对唐代官文书与政务运行始终有着浓厚的兴趣。至于读博期间发表的习作《唐代的"三史"与三史科》，出发点也是想在吴先生最负盛名的科举制研究领域，拿出一篇对吴先生的致敬之作，哪怕只是一篇微不足道的小小札记。

## 三　工作之后

吴先生总是跟我们说，每一种经历都是宝贵的人生财富。我 1997 年硕士毕业后，进入文化部港澳台司工作，博士 2002 年毕业，又回到文化部外联局工作一年。由于我的硕士论文是关于隋唐六部体制的，吴先生认为如果亲历今天部委的日常工作，应该可以深化对唐代六部行政运作的认识，所以他特别支持我去文化部工作一段时间。后来我曾跟他汇报在部里的工作经历和感受，觉得今天的很多事情跟千年之前的唐代并无太多不同，比如部委内部的分层决策机制，部委里的各个处室与唐代六部诸司一样作为日常政务处理主体的"判官"性质，具体办事人员与唐代的"吏"在公文运作中的发挥空间，等等，都有许多相似之处。听了我的介绍，吴先生欣慰地说："看来你去文化部工作是对的，这段经历对于理解唐代的日常行政大有好处。"其实，在文化部工作还有一个好处，就是有看不完的演出和看不完的展览，这些也都是工作需要。因为师母出身于美术世家，她母亲解放前毕业于杭州艺专，是潘天寿先生的学生，而师母自己也精于工笔花鸟，因此，我时常找来各种美术展览的邀请函或门票给他们。不管路多远，吴先生都一定会陪着师母去参观，这给我们树立了家庭和睦的典范。

2003 年夏，在黄正建先生的帮助下，我从文化部调入中国社会科学院历史研究所，吴先生对此表示支持。虽说他并不要求门下弟子必须走学术研究的道路，但我能回归唐史研究，他还是很高兴的。吴先生常说，学术也要走出书斋，为人民群众服务，这方面他曾身体力行，而历史所的一些学术普及工作就曾得到他的大力支持。从 2011 年开始，所里与中央电视台电影频道合作录制 100 集《中国通史》电视片，隋唐部分的 12 集脚本由我执笔。这 12 集专题要写什么？吴先生就给我了许多建议。在后来的拍摄过程中，需要找一些权威专家出镜，他也积极配合，多次不厌其烦地参与录制，有时候一两分钟的镜头可能会花费他一个下午的时间，这让我很是过意不去。毕竟，那时他已年近八十了。可以说，吴先生为这部电视片的成功拍摄做出了很大贡献，这不仅是对我工作的支持，也源于他自身对学术普及工作的热情。

2020 年夏天，为了解决小孩上学问题，我萌生了调动工作的想法，当时请吴先生、荣老师及郝春文老师帮忙写推荐信。八十多岁的吴先生表示理解，他很快就写好发给我，还贴上了自己的电子签名。2021 年 5 月，我正式入职北师大历史学院，吴先生也很高兴。然而最令人遗憾的是，疫情以后，我一直没能抽出时间去看望他。当然一个潜在的原因，是吴先生家族有长寿基因，据说家里的百岁老人就有好几位，加上他乐观淡泊的性格，所以我们总觉得他的身体很好，以后有的是机会去。然而，谁也没想到他会走得如此匆忙，给弟子留下了永远的愧疚。

今天已是吴先生离开我们的第十天，但我总感觉自己还侍立于他的身旁。先生窝在沙发里，眯着眼睛，继续点评着我的论文。这个场景，永不磨灭。在我的心里，他一直还在。

2022 年 8 月 17 日

# 再也不能推迟的告别

金　珍

今天是 2023 年 8 月 7 日，吴老师的周年忌日。因为疫情，去年我无法参加吴老师的告别仪式，只能一个人在韩国止不住流泪，总是觉得我还没真正告别吴老师。所以，这篇小文章算是我自己的一场告别吴老师的仪式吧。这意味着我再也不能期待"当我回中国的时候，能见吴老师和师母，我们三个人跟以前一样一起吃饭、聊天"，再也不能听到"金珍，为你高兴"这一句话。

吴老师是我老师的老师。2016 年教师节，我和同学们第一次见到吴老师和师母，从那时候起，两位成为我的"中国父母"。我无法形容两位对我的关爱，只能记录一些我们三人"小组"的温馨时光，以此来怀念吴老师、告别吴老师。

可能每个留学生都会经历特别想家、孤独的时期，幸运的是，我依靠吴老师和师母的照顾克服了难以控制的这些情绪。我每次拜访吴老师和师母的时候，两位都为我做饭。第一次吃饭的时候师母发现我喜欢鹌鹑蛋，之后我们的餐桌上必有鹌鹑蛋。我们边聊边吃，自然吃得很慢，汤也放凉了，吴老师问："要不要热汤？"师母会说："老吴，去热汤吧，别让金珍喝凉的。"吴老师小心地拿着汤盆，去厨房用微波炉热汤。谁能想到在国外吃到这么温暖的一顿饭，从来没有过，以后也不会有了。我们三个人经常坐在沙发上，聊起各种各样的话题，吴老师说他喜欢看我和师母聊天的场景，会拿相机拍照。有时候我们一起听音乐，这场景就很治愈我。回学校的时候，两位还为我打包菜、水果、点心等，在电梯门口送我。

师母常说吴老师的学生都是自己的孩子，所以吴老师和师母一直很照顾学生，我能成为两位的孩子，这是我的福气。我手机里保存着吴老师和师母在厨房做饭的照片，每次翻看都觉得如果没有吴老师和师母的照顾，我真的无法顺利毕业。尤其是 2019 年暑假，我留在中国写博论。当时师母受伤了，我很担心师母的身体情况，每天上午 11 点半左右就给吴老师和师母打个电话。每次吴老师接电话都跟我说"师母今天好多了，你放心吧"，然后把电话转给师母。大概一百天吧，每天反复地通电话。我是个外国人，中文不好，对话的内容就很简单，但是，这朴素的对话却能给予我力量，让我坚持把博论写下去。原本我想打电话关心吴老师和师母，但每次总是他们关心我。

2020 年 1 月 20 日我回韩国过春节，突然疫情开始了，没办法再回到中国，只能在韩国完成论文，进行线上答辩。答辩完了，我第一时间告诉吴老师和师母，两位说："热烈祝贺！金珍博士你好！"在中国留学，我最难过的时候、最温暖的时候、最有成就感的时候，吴老师和师母都在。这一段时间因为疫情无法见面，只能用微信或者国际电话沟通。去年 5 月 13 日吴老师生日那天，我给吴老师打电话，但当时师母说吴老师睡午觉不方便通话。我再也不能听到吴老师的声音了。

我真的不知道怎么表达我的心里话，也不知道怎么用中文表述我想说的内容。尽管如此，也不能再推迟告别吴老师，只想把这一句话告诉吴老师：

　　老师，您给我的温暖和教诲，我会转给我的学生，所以我的学生就是您的学生，您在韩国也有很多学生。吴老师，谢谢您。我好想您！

# 对中古社会变迁和隋唐史的贯通性认识

## ——读吴宗国先生《中古社会变迁与隋唐史研究》

### 王承文

《中古社会变迁与隋唐史研究》是著名历史学家吴宗国先生在北京大学从教六十周年的纪念文集。[①] 全书分为上、下两册。上册研究篇，汇集了吴先生的中国古代史特别是隋唐史研究论文，下册为学术讲演稿。全书所收各篇论文，发表的时间跨度很大，最早的发表于1981年，最晚的发表在2018年；其发表的学术刊物也很分散。而此书最大的意义，在于让学术界对吴先生的中国古代史和隋唐史的学术研究体系有了更加完整的了解。细读此书，我最为深刻的印象，就是吴先生对中古社会变迁和隋唐史所形成的具有贯通性的认识，体现了他作为老一辈史学家深刻的理论思考，并有力地提升了中古史和隋唐史一系列重大问题研究的水准。而其诸多富有启发性的研究结论以及研究方法等，都值得我们高度重视和参考借鉴。

## 一 何谓对历史的"贯通性"认识？

所谓对历史的"贯通性"认识，也可以简称为"通识"。什么是"通识"？吴宗国先生解释道："通识，也就是通过发展变化和相互联系来观

---

① 吴宗国：《中古社会变迁与隋唐史研究》，中华书局，2019。

察历史，把握历史发展的脉络。"① 他强调历史研究中的"通识"，其"通"是特指"会通"和"贯通"，既指"从发展联系来观察历史"，同时又指"从中国历史发展的长时段和总体来把握历史的发展"。② 因此，吴先生所讲的"通识"，一方面是指要用发展变化和相互联系的观点来研究历史，另一方面则是指从中国历史发展的长时段和总体来把握历史的发展。通观全书，可以发现作者对"通识"有着极高的追求，并因此形成了非常鲜明的学术风格和研究特点。

吴宗国先生对"通识"的理解和追求，源于中国史学自古以来的优良传统。例如，他对司马迁和司马光的史学就有极高的评价：

> 司马迁的《史记》，司马光的《资治通鉴》，其所以影响深远，其所以能开创一代之规模，除了他们本人的才学，一个根本原因就是因为他们的立足点和着眼点不同于一般历史家。司马迁写《史记》，不仅"网罗天下放失旧文［闻］，考之行事，稽其成败兴坏之理"，而且"亦欲以究天人之际，通古今之变"，正是这样远大的抱负，才使得《史记》"成一家之言"，成为中国史学史上雅俗共赏的不朽名著。③

前后两司马的史学之所以不同于一般的历史家，吴先生认为最主要的就是"立足点和着眼点"不同。而所谓"立足点和着眼点"，实际上就是一种高超的"史识"。司马迁的史学与前人相比，一方面展现了宏阔而多维的历史视野。唐代史学家刘知幾就称"《史记》者，纪以包举大端，传以委曲细事，表以序其年爵，志以总括遗漏，逮于天文、地理、国典、朝章，显隐必该，洪纤靡失"。④ 因而《史记》的历史叙述反映了极其丰富的社

① 吴宗国：《中古社会变迁与隋唐史研究》，第 631 页。
② 吴宗国：《中古社会变迁与隋唐史研究》，第 532 页。
③ 吴宗国：《中古社会变迁与隋唐史研究》，第 615—616 页。
④ 刘知幾撰，浦起龙释《史通通释》卷二《二体》，上海古籍出版社，1978，第 28 页。

会历史内容。另一方面，司马迁倡言的"欲以究天人之际，通古今之变"，成为中国传统史学的最高准则。所谓"究天人之际"，即探讨天道与人事之间的关系，而"通古今之变"，则是追求对客观历史进程及其发展脉络的把握。由此，"贯通性认识"或"通识"也可以直接等同于"史识"。中国传统史学要求史家具备"才、学、德、识"四长，而四长中最重要的就是"史识"。所谓"史识"就是史学家对历史本质的深刻理解，而史识也因此成为各类史学著作的灵魂。

陈寅恪先生治史以获得史识为圭臬。他批评"国人治学，罕具通识"，[①] 并批评乾嘉学者以经学方法治史，往往"止于解释文句，而不能讨论问题"。[②] 在其名篇《天师道与滨海地域之关系》中，他又批评称"自来读史者惜俱不知综贯会通而言之也"。[③] 可见，陈寅恪先生所讲的"通识"，往往就是一种对历史"综贯会通"的认识和能力。周一良先生称："陈先生论述历史现象时，经常注意区别共性与个性，研究二者之间的区别与联系。他看历史问题很重视纵向观察，看源流和演变，能以几百年历史为背景来观察。正由于如此，陈先生的论著大都视野广阔而辨析精深，符合于辩证法……陈先生长于贯通、观察发展变化，如从南北朝分别找出唐代各种制度的渊源，他的魏晋南北朝史研究与唐史研究是相辅相成的，互相促进的。"[④] 而吴宗国先生对于陈寅恪先生对中古史进行"贯通性"研究也给予了很高的评价。[⑤]

吴宗国先生所理解并特别强调的"通识"，又在很大程度上体现为马克思主义的辩证唯物史观。虽然书中很少见对马克思主义经典著作的直接征引，但是他却自觉地将辩证唯物史观融会贯通于整个研究过程中。唯物

---

① 陈寅恪：《陈垣敦煌劫余录序》，《金明馆丛稿二编》，生活·读书·新知三联书店，2001，第 266 页。
② 陈寅恪：《金明馆丛稿二编》，第 270 页。
③ 陈寅恪：《金明馆丛稿初编》，生活·读书·新知三联书店，2001，第 7 页。
④ 周一良：《纪念陈寅恪先生》，纪念陈寅恪教授国际学术讨论会秘书组编《纪念陈寅恪教授国际学术讨论会文集》，中山大学出版社，1989，第 15—20 页。
⑤ 吴宗国：《中古社会变迁与隋唐史研究》，第 17、210 页。

史观认为，生产力是推动人类社会发展最根本的动力。吴宗国先生也强调："马克思主义的基本精神，抓住生产力发展和社会经济发展这一历史发展的主线。"① 唯物辩证法最基本的观点就是发展和联系，就是强调世界各种现象之间和每个现象的各个方面之间都存在相互依赖和联系。而社会生活的各个方面也是相互联系着的，政治、经济、社会、思想、文化等各种因素都存在紧密的依存关系，这些因素共同构成了一个有机的整体——人类社会。而物质生产活动则是这些结构产生和演变最根本的动力。吴宗国先生所强调的"通过发展变化和相互联系来观察历史"，"就是从历史的前后联系和各个时期影响历史发展的各种因素，及其相互联系上，来把握中国历史发展的内在规律，把中国古代历史作为一个发展的、不断变化的整体来进行研究"。② 而其强调的"从中国历史发展的长时段和总体来把握历史的发展"，也就是从更长的时段和更广阔的领域探索历史发展的趋势和规律。总之，正是由于吴宗国先生对于"史识"在史学研究中的极端重要性有着十分深刻的理解，从而形成了其对中古社会变迁和隋唐史的贯通性认识。

## 二　经济史研究与对中古社会变迁和隋唐历史发展根本原因的探求

通观全书，经济史研究的论文在其中占有较大的比重，而这一点恰恰源于作者对经济史研究重要性的认识。恩格斯指出："马克思发现了人类历史的发展规律，即历来为繁芜丛杂的意识形态所掩盖着的一个简单事实：人们首先必须吃、喝、住、穿，然后才能从事政治、科学、艺术、宗教等等。"③ 恩格斯又指出："根据唯物史观，历史过程中的决定性因素归

---

① 吴宗国：《中古社会变迁与隋唐史研究》，第 644 页。
② 吴宗国：《中古社会变迁与隋唐史研究》，第 529 页。
③ 恩格斯：《在马克思墓前的讲话》，《马克思恩格斯选集》第 3 卷，人民出版社，2012，第 1002 页。

根到底是现实生活的生产和再生产。"① 恩格斯强调现实生活的生产和再生产既贯穿人类社会的始终，也决定着历史发展的方向和进程。吴宗国先生称："对于历史的发展，旧史家都归之于圣君贤相的出现，归之于他们制定的制度和实行的政策。解放以来又归之于农民的阶级斗争和农民起义。"他认为"这两种说法都有一个共同的缺点，那就是都只注意了政治方面的原因，或者把统治阶级的政策、制度乃至皇帝个人的作风和意志，或者把农民的阶级斗争说成是决定性的本原的东西。政治的、文化的、个人的以及其他各种不同的因素，在历史发展中都起着各自不同的作用，但经济的前提和条件归根到底是决定性的。因此，生产力的发展，经济的发展，始终是我们进行历史研究的出发点和归结"。② 正因如此，吴先生的经济史研究关系着其对中古社会变迁和隋唐史发展主线以及根本原因的探讨，并在其学术体系的构建中具有非常基础性的意义。吴宗国先生又指出："人类社会的发展是由经济基础决定的，而经济基础的发展又体现为土地制度、农业的发展，包括生产工具、耕作制度与科学技术的发展，手工业、商业和商品货币关系的发展等。"③ 而该书所收相关论文主要有：《唐代农业的发展》《唐代三吴与运河》《关于均田制的讨论》《中国古代的土地所有制》《中国古代的土地法令》《关于中国古代农业的发展》《关于中国古代的手工业、商业发展问题》等。当然，除了上述专题性论文外，还有多篇并非经济史研究的论文，但也涉及对经济史重要问题的讨论。下文大致以朝代为序，对吴宗国先生的经济史研究思想与论断展开简要介绍。

首先是汉代，吴先生认为汉武帝时期农业领域出现的大铁犁，既是这个时期生产上最伟大的成就，同时也是"汉代变化的起点"。因为大铁犁不但提高了耕作效率，也增强了农民在生产工具上对地主的依赖，这样在

① 《恩格斯致约瑟夫·布洛赫》，《马克思恩格斯选集》第 4 卷，人民出版社，2012，第604 页。
② 吴宗国：《中古社会变迁与隋唐史研究》，第 619 页。
③ 吴宗国：《中古社会变迁与隋唐史研究》，第 16 页。

东汉就发展出了人身依附关系很强的豪强士族大土地所有制，出现了地主的大田庄。田庄内部的社会分工加强，而整个社会的手工业和商业反而不如西汉发达。正是由于商品货币关系的不发达，豪强大族长期占有土地成为可能。

其次是魏晋南北朝时期，在汉代豪强大族长期保有土地，并担任地方和中央重要官职的基础上，形成了士族门阀主导的门阀政治。① 至于魏晋门阀政治向隋唐官僚政治演变发展的根本原因，仍然与生产技术和生产力的发展有关。吴宗国先生认为南北朝时期耕犁的改进，旱田农具的进一步完善和系列化，冶铁业由官府控制扩散到民间，以及轮作复种制的发展成熟，不仅在科学技术上为生产的大发展做好了准备，而且增强了农民在生产力上的独立性，并要求生产者具有更大的能动性。"这就促进了建立在部曲佃客制基础上的豪强士族大土地所有制的衰落和一般地主土地所有制的兴起。豪强士族的衰落和一般地主的兴起不是同步进行的。伴随着豪强士族衰落的，是大量农民摆脱了豪强士族的控制。因此，隋和唐初出现了大量的自耕农。而一般地主土地所有制的发展成熟，则是通过土地兼并逐步完成的。"②

最后是唐代，吴先生从唐代的气候入手，指出 7 世纪中叶中国气候变得温暖，使得农作物生长季节变长，而温暖的气候有利于轮作复种制的推广。接着又论述了唐代的生产力与生产关系：唐代的冶铁业摆脱了官府的控制并走向民间，使铁的使用变得更为广泛，加之冶铁技术的提高，因此在经济发达地区，小铁犁逐步代替了大铁犁，一头牛就可以牵引前进，配套农具的完善促使唐代一家一户就可以独立地从事生产，这标志着生产力的进步；③ 在生产关系上，土地的兼并驱动了一部分自耕农去开垦未开发

---

① 吴宗国：《中古社会变迁与隋唐史研究》，第 462 页。

② 吴宗国：《中古社会变迁与隋唐史研究》，第 2 页，并见第 126 页。

③ 吴宗国先生又将此集中概括为："唐朝耕犁实现了地区化和小型化，北方旱田普遍使用的短辕犁和南方水田使用的江东犁各自形成了自己的特点，并且形成了一套与之相配套的农具。中国古代农具基本定型。轮作复种制也发展成熟。"（见《中古社会变迁与隋唐史研究》，第 446 页）

的土地，使得土地开垦面积扩大，加上社会分工的扩大，城市的发展又带动了农业的发展。凡此种种，促进了唐代农业的繁荣。根据吴先生的统计："汉政府所控制的户口为一千二百万户，唐朝实际户口约为一千三四百万户，而唐代粮食的单位面积产量则比西汉中期提高了近一倍，人均占有的粮食也由西汉的四百斤左右提高到七百斤左右。"① 吴宗国先生特别强调人均粮食产量的提高是唐代农业繁荣最为典型的标志。② 为此，他还以唐代三吴地区作为个案，具体研究了唐代江南地区的农业发展。他指出"粮食产量的大幅增长，是三吴经济发展的重要标志。唐代三吴之所以瞩目，首先也是因为它的粮食。持续了十几个世纪的南粮北运，就是从唐朝开始的"，"开元以后，江南粮食开始成为漕粮的主要来源之一。安史之乱以后，江南更成为政府粮食的主要来源"。③

农业是古代中国最基本的经济形式，而农业经济的基础是土地，有关农业经济的研究，势必离不开对土地制度的理解。吴宗国先生认为土地所有制的发展状况是影响社会结构变化最深刻的原因，"中国古代的土地所有制，实际上是一个中国古代社会经济结构的问题。其关键是历代自耕农的状况，土地所有制的发展状况，以及决定这些发展的生产力发展状况"，"我们所说的土地制度主要是指在农业生产中土地占有和使用的制度，以及由此产生的占有者和耕作者的关系问题"；④ 又称"社会变迁、社会转型的根本原因是社会经济的发展，特别是由于生产力的发展而引起的土地所有制的发展。一个时期的土地占有情况和土地所有制的形态，决定了该时期的社会结构和历史走向，并且决定了这个时期的社会面貌和思想文化"。⑤ 由此可见，吴宗国先生对农业经济的研究，始终抓住"土地制度"这个牛鼻子，展现出他作为一个历史学者精准的学术判断。

---

① 吴宗国：《中古社会变迁与隋唐史研究》，第 4 页。
② 吴宗国：《中古社会变迁与隋唐史研究》，第 123 页。
③ 吴宗国：《中古社会变迁与隋唐史研究》，第 138 页。
④ 吴宗国：《中古社会变迁与隋唐史研究》，第 535 页。
⑤ 吴宗国：《中古社会变迁与隋唐史研究》，第 461 页。

土地制度变化最为明显的表象就是土地兼并，它在中国历代王朝反复出现。对于土地兼并，自西汉董仲舒以后，人们都将其视为经济破坏和阶级矛盾激化的根源。但吴宗国先生提出了自己的独到见解，他认为："由于封建制度的基础是封建土地所有制，只有在封建土地所有制得到发展的情况下，封建制度所能容纳的生产力才能最大限度地发挥出来。而封建土地所有制，正是在反复的土地兼并的过程中，不断向前发展的。因而土地集中并不必然地和经济破坏联系在一起，相反地，倒是封建经济繁荣的前提。秦汉至魏晋土地兼并的结果，是豪强士族大地主所有制的发展，宋以后土地兼并的结果，则是普通地主或一般地主土地所有制的成熟。唐则处在豪强士族地主已经衰落、普通地主正在兴起的时期。"① 他又指出，"每一个王朝的繁荣时期，恰恰也是土地兼并最激烈的时期。事实上，也正是因为土地集中，才有地主经济的发展，而只有地主经济的发展，才能导致社会积累的增加和社会分工的扩大，才会有手工业的发展和城市商业的繁荣。土地集中并不一定导致地主和佃户关系的恶化，因为是有了土地兼并，才发生地主和佃户的关系"。由此可见，他认为土地集中之所以引起矛盾的激化，有两种情况：一种是农民失去土地过快，不能及时与土地结合，而这又往往是由国家的赋役造成的；另一种是在王朝的末年。② 此观点的提出，不仅揭示出土地兼并与经济发展的联动关系，而且为学术界对土地兼并的理解提供了新思路，可谓开风气之先。

在对土地兼并问题提出独到见解之后，吴宗国先生并未止步于此，他又针对唐朝的土地兼并做了细致的分析，总结了唐代土地兼并的特点：一是像唐朝前期那样自耕农大量而又长期存在的情况，此后不复出现；二是被地主所控制的农民是佃户而不是魏晋以后的部曲、佃客，地主对他们的人身控制放松了很多。凡此两点所引发的变化，标志着中国古代历史上自耕农占有较大比重时代的结束，以及建立在租佃制基础上的一般地主土地

---

① 吴宗国：《中古社会变迁与隋唐史研究》，第 2 页，并见第 127 页。
② 吴宗国：《中古社会变迁与隋唐史研究》，第 492 页。

所有制的发展。故此并非简单的地主占有土地和控制农户数量的增减，而是封建社会内部生产关系的重大变化。生产关系的这种变化，不仅为唐代社会经济的繁荣创造了条件，而且推动了政治制度和其他各项制度以至观念形态的变化。① 由此可见，吴宗国先生论述土地制度，并不局限于问题本身，而是将土地制度与唐代社会结构和国家制度的重大变化联系起来，透过它们之间的相互关系和因果关系，从更高也更深的层面对隋唐历史的发展变化进行理论性的阐释。

值得指出的是，吴宗国先生对年轻学者的未来发展亦饱含期待，强调只有对经济史进行深入研究，才能真正对中古史包括隋唐史做宏观的把握和贯通性研究。针对当时学界比较忽略经济史研究的倾向，他反复做了语重心长的提醒："一些中青年学者，由于知识结构上的缺陷，主要是贯通得不够，对于经济史敬而畏之，或者不屑一顾，不敢或不肯下功夫，缺乏宏观把握的能力。"② 又称："对于研究唐史的大多数学者来说，特别是年轻的学人，对唐代经济史普遍不够重视，或者不得其门而入。这对于他们研究水平的提高，对于隋唐史研究总体水平的提高，是一个很大的障碍。"③ 由此可见，吴先生非常强调经济史研究是对中古史做贯通性研究的基础。而他对青年学者以及学术界研究风气的提醒和纠正，则充分展现了其作为老一辈史学家的学术情怀和学术担当。

## 三　"长时段"研究与对中古社会变迁的把握

### 1. 关于"长时段"研究的必要性

吴宗国先生在书中多次提出要对中古史和隋唐史进行"长时段"研究。众所周知，"长时段"是法国著名年鉴学派历史学家布罗代尔提出的最具有代表性的理论。需要指出的是，马克思主义唯物史观实际上也同样

---

① 吴宗国：《中古社会变迁与隋唐史研究》，第 492 页。
② 吴宗国：《中古社会变迁与隋唐史研究》，第 15 页。
③ 吴宗国：《中古社会变迁与隋唐史研究》，第 15 页，并见第 20 页。

注重对社会历史的"长时段"研究。而且布罗代尔本人也对此给予了很高的评价，他称："马克思的天才及其影响的持久性的秘密，在于他第一个在历史长时段的基础上构造了真正的社会模式。"① 勒高夫是法国年鉴派的又一代表人物，他称"马克思主义是一种长时段理论。在很多方面（如带着问题去研究历史、跨学科研究、长时段和整体观察方面），马克思是新史学的大师之一。马克思和马克思主义的历史分期说（奴隶社会、封建社会、资本主义社会）虽在形式上不为新史学所接受，但它仍是一个长时段理论"。② 近年学术界的研究表明，虽然年鉴派重视的地理历史结构主义和历史时间的多元化思想，与马克思主义唯物史观对"长时段"内涵的理解有不少可以相互补充的地方，但是二者之间仍然有着本质的差异。③

而吴宗国先生提倡的"长时段"研究，最主要的是指打通一般现有的朝代体系或断代划分，在本质上就是一种贯通性研究。其"长时段"研究主要有三种类型。第一种是对整个中国古代相关专题进行通论性研究。其论文包括《中国古代的土地所有制》《中国古代的土地法令》《关于中国古代农业的发展》《关于中国古代的手工业、商业发展问题》《〈中国古代官僚政治制度研究〉绪论》《关于"中国古代的政治制度"的几个问题》《中国古代农民战争口号的发展》等。第二种是在中国古代不同朝代之间进行比较研究，包括《汉唐明比较——兼论中国古代秦以后的社会变迁》《汉唐与中国中古社会变迁》《关于唐宋变革》等。第三种是在"长时段"研究基础上所形成的对唐代历史基本特征的研究，包括《唐朝的特性》《唐代政治制度的历史特点》等。而以上三种研究类型之间都是相辅相成、相互促进的。

为什么要进行"长时段"研究呢？吴宗国先生称："我们如果要正确把握隋唐时期的历史，仅仅研究隋唐时期是不够的，必须上溯秦汉魏晋南

---

① 费尔南·布罗代尔：《论历史》，刘北成、周立红译，北京大学出版社，2008，第55页。

② J. 勒高夫等主编，姚蒙编译《新史学》，上海译文出版社，1989，第35页。

③ 李学智：《"长时段"理论与马克思的唯物史观》，《史学理论研究》2019年第2期。

北朝，下连宋元明清。关于经济和社会情况方面更是必须要有深切的了解。否则，在做出长时段的概括，或就具体问题做出具有理论性的结论时，就会在很大的程度上陷入臆断。"①他特别强调对中古士族门阀、赋税制度特别是有关社会变迁等重大问题的研究，认为只有将其置于一个很长的时段内考察，才有可能将其原委及其本质真正弄清楚。他指出："关于中国古代社会变迁，需要进行通盘的全面的考察，而不能局限于一个比较短的时期，也不能仅仅局限于士族门阀、赋税制度，或者思想文化等方面。影响时代变迁有各种因素。我们需要通过长时段全方位的研究，找出各个时代的特点以及它们之间的内在联系，准确地把握历史发展的轨迹。"②由此可见，其"长时段"研究：一是指对历史问题进行"通盘"而"全面"的研究；二是指打破现有断代史或朝代体系的区分；三是对历史问题进行动态的研究。找出各个时代的特点以及它们之间的内在联系，从而准确地把握和揭示历史发展的轨迹。而"长时段"研究的根本目的，就是要看到历史的本质，而不被历史的表面现象所迷惑，就是要找出历史规律性的认识，准确地把握历史发展的轨迹和前进的方向。

2. "长时段"研究与对中古社会变迁的把握

对于如何在"长时段"内进行"社会变迁和社会转型问题"研究，吴宗国先生提出了两点看法：一是要"抓住历史发展中各阶段的关键问题，历史发展中的转折点和制高点"；③二是要透过历史的表象抓住历史的本质，他认为"社会风貌、百姓生活情况和思想文化等是最直观的几个方面，只是从认识过程来看，土地制度和农业的发展，包括生产工具、耕作制度与科学技术的发展，手工业、商业和商品货币关系的发展才是决定社会风貌、百姓生活和思想文化的基本因素。历史上的改革，主要是政治制度、赋税制度的改革，则是转折的关键和标志"。④

① 吴宗国：《中古社会变迁与隋唐史研究》，第 15 页。
② 吴宗国：《中古社会变迁与隋唐史研究》，第 457 页。
③ 吴宗国：《中古社会变迁与隋唐史研究》，第 631 页。
④ 吴宗国：《中古社会变迁与隋唐史研究》，第 458 页。

对于前者的研究，主要体现在《试论中国中古社会变迁》一文中。吴先生提出中国历史从北朝开始向新的方向发展，其间经历了三次重大变革，使"中国历史终于走出了中古时期"，并形象地将其比喻为"三级跳"。

"第一跳"是北魏冯太后和孝文帝的改革。首先是定族姓，从表面看，是确立了北魏的门阀体系，实际上却是利用这个形式把鲜卑贵族和汉族士族都纳入北魏官僚体系。然后是推行均田制和三长制。它的意义在于通过编户齐民制度，重新恢复国家对百姓的直接控制。而以上两种措施都包含对豪强士族势力的控制。

"第二跳"是隋文帝和隋炀帝父子的改革。隋文帝初年采取了两项重大举措。一是中央任免地方佐官，以此抽去山东士族赖以存在的依靠。二是府兵制实行君主直辖化，即禁卫军化；征召扩大化，即兵农合一。此则挖去了关陇贵族存在的基础，进一步取消了关陇贵族的特权。以上情况不仅反映了统治集团内部构成的变化，而且也深刻地反映了社会的变化。隋文帝实行地方佐官中央任免还促成了三省体制的确立。"第二跳"最具意义的便是三省制以及尚书六部作为最高行政机构地位的确立，它结束了秦汉以后国家事务与皇室事务不分的历史，从形式上摆脱了家国不分、家国一体的古老传统。当然，在三省制确立的同时，科举制也从古老的察举制中脱颖而出。在此之前，北朝强调军功，南朝重视文才，这些都是和门第相对应，故没能完全否定门第，但隋朝科举制度不论门第，只有考试合格方能任官，从而使中国古代官僚制度也进入了一个新阶段。以上这些变革标志着隋唐的国家制度和政治体制已摆脱了家国一体的早期国家的色彩，而具有近代国家的性质，其不仅为宋代所继承，而且为后世所沿用，由此奠定了此后一千多年官僚政治的基本模式。

"第三跳"是唐玄宗至唐德宗时期的改革。唐玄宗开元年间采取了几项重大措施：一是括户，搜括逃亡农民，准许逃亡农民就地落籍；二是军事使职和财政使职的广泛设置，其中最重要的是在开元二十二年前后设置的节度使、转运使和采访处置使；三是改政事堂为中书门下；四是实行募兵制，取消征兵制；五是色役资课化、纳资代役，改革地税、户税征收办法。而唐德宗时期在赋税制度上有两项具有划时代意义的改革：一是实行两税法，取消按人丁征发赋役的标准，改为以财产为征税标准；二是创立商税，并使之成为国家财政越来越重要的来源。以上为中国中古时期的三次重大变革，虽然社会变化在变革之前早就已经开始，但这些变革是"前后转折的关节点，或者可以看作是一种变迁的标志"。

对于后者的研究，则主要体现在《汉唐与中国中古社会变迁》和《汉唐明比较——兼论中国古代秦以后的社会变迁》两篇论文中。中国古代社会变迁问题，历来是中外学者普遍关心的问题，但是这些社会变迁背后的根本动力与实质究竟是什么，学界却没有给予足够的重视。其《汉唐与中国中古社会变迁》一文认为："社会变迁、社会转型的根本原因是社会经济的发展，特别是由于生产力的发展而引起的土地所有制的发展。一个时期的土地占有情况和土地所有制的形态，决定了该时期的社会结构和历史走向，并且决定了这个时期的社会面貌和思想文化。"[①] 汉唐作为中国古代两个强盛的王朝，由于生产力发展水平和经济条件有很大的不同，因而社会历史的发展方向也不相同。作者从"南北朝到隋唐农业生产的巨大的变化"、"商品货币关系的发展"、"唐朝的土地集中的特点"、"社会等级再编制在唐朝后期完成"、"政治体制和制度的发展变化"和"社会风貌、百姓生活和思想文化"等六个方面，论证了从汉朝经过南北朝到唐朝的重大发展，同时也讨论了唐朝的变化和宋朝发展的关系，证明由于生产力的发展和土地所有制的变化，从南北朝到隋唐社会发生了很大的变化，进入了社会转型时期。而唐朝，特别是唐朝后期和宋朝的发展则是一脉相承的。宋朝相对于唐朝而言，只是发展和成熟之分。从社会变迁的观点来看，唐宋是一个时期。从土地占有情况来看，唐宋的基本内容都是租佃制从发展走向成熟。从政治制度来看，它们都是纯粹的官僚政治制度，并与隋唐以前的贵族门阀政治存在根本的不同。因此唐宋的情况是更

---

① 吴宗国：《中古社会变迁与隋唐史研究》，第 475 页。

为接近的。那么，为什么中外学术界会普遍地认为唐宋之间存在很大的差异呢？吴先生认为："唐宋之间也有一些让人觉得差异很大的地方，这主要表现在社会风貌、百姓生活和思想文化上。虽然这些方面的变化在唐代后期就已经存在，但是由于商业和城市、集镇在唐宋之际的迅猛发展，还是让人感觉到变化的巨大。"①

其《汉唐明比较——兼论中国古代秦以后的社会变迁》一文，则是对汉、唐、明三个王朝的比较研究。这三个王朝都处在中国社会变迁的重要时期，都对于社会转型起着承前启后的作用。这几个王朝既有许多相通之处，也存在巨大的差异，而吴先生比较这几个王朝在发展过程中的异同，主要目的就是进一步了解中国古代社会变迁的规律与历史发展的走向。他分别从"统一与民族""生态、气候与水利""生产工具、耕作制度与科学技术""土地制度和社会等级""手工业的发展""商品和商品货币关系的发展""对外关系""政治体制和律令、礼仪制度""赋税制度""思想文化"等十个方面，以"长时段"和"多角度"进行比较研究。而这种研究方法也体现了他所提倡的"把同时发生的或先后发生的很多个别的历史问题进行全面综合，来说明每一历史时代或历史阶段的大势、全局，找出历史发展的脉络及其倾向"。② 而他用这种方法来探索中国进入帝国时期以后的社会变迁和社会转型问题，也得出了许多令人信服的结论：一是土地制度和农业的发展，包括生产工具、耕作制度与科学技术的发展，手工业、商业和商品货币关系的发展才是决定社会风貌、百姓生活情况和思想文化的基本因素；二是历史上的改革，主要是政治制度、赋税制度的变革，则是转折的关键和标志；三是帝国时期的历史可分为三个阶段，秦汉魏晋南北朝是一个阶段，隋唐宋是一个阶段，元明清是一个阶段。它们都经历了土地由分散到集中的发展过程。土地集中的不同形式和特点，决定了各阶段不同的社会结构、政治体制和政治制度的发展走向，

---

① 吴宗国：《中古社会变迁与隋唐史研究》，第 475 页。
② 吴宗国：《中古社会变迁与隋唐史研究》，第 608 页。

并进而决定了各个阶段的社会面貌和思想文化的发展。而吴先生通过比较汉、唐、明三个王朝历史所存在的重大差异，为学术界"再认识"中古历史变化的真相以及从总体上把握中国历史发展提供了新的理念和视角。而以上这种颇具匠心的研究方法，也体现了吴先生等老一辈史学家循流溯源、探本求源地考察历史问题的治学特质。

正是在汉唐之间以及汉唐明三朝之间比较的基础上，吴先生对"唐宋变革论"提出了自己的看法。在他看来，对于中国古代社会变迁问题，中外学术界之所以长期主要关注唐宋之际的社会变迁，对于秦汉至南北朝时期、南北朝至隋唐时期的社会变迁，还没有给予足够的重视，最主要的原因是"还没有注意从更长的时段，从历史的发展和联系中更加深入地去探讨唐宋之际的社会变迁问题"。① 而这一点也构成了其对"唐宋转型"问题的基本认知。内藤湖南所提出的"宋代近世说"，主要建立在其对唐、宋文化性质差异认识的基础上，认为这种文化性质上的差异就是唐、宋各自时代内涵的体现，并将其作为中国中古史与近世史分期的主要依据。由此可以看出，与当下学术界多集中讨论"唐宋转型"相比，吴宗国先生一方面更强调隋唐与秦汉魏晋南北朝历史的重大差别以及"社会转型"问题，另一方面则更强调隋唐宋历史的延续性。

对于学术界有关中国 6—10 世纪最重要的社会变革究竟开始于什么时期问题的看法，吴宗国先生总结为三种。第一种看法，认为在南北朝至隋唐之际。以汪籛和唐长孺为代表，他们都以豪强士族的衰落作为标志。唐长孺从政治上论证，汪籛则从经济上论证。第二种看法，以陈寅恪《论韩愈》一文最具代表性，他提出唐代之史可分为前后两期，分野在唐代中叶，"前期结束南北朝相承之旧局面，后期开启赵宋以降之新局面。关于政治、社会、经济者如此，关于文化学术者亦莫不如此"。第三种看法，则认为是在唐宋之际。其最主要的依据是士族门阀在唐代一直都有很大的势力。在总结了三种看法并详细展开评论后，吴宗国先生十

---

① 吴宗国：《中古社会变迁与隋唐史研究》，第 460 页。

分明确地提出："我个人是不主张唐中叶变革论和唐宋变革论的。"他认为："从考察的内容来看，在主张唐宋变革和封建社会前后期的学者中间，社会经济和社会结构都是衡量的重要标准。而对于研究社会变迁的学者，思想文化和社会生活往往成为重要的根据，他们往往过分强调文化的作用，而对于社会经济则注意不够。社会风貌、百姓生活情况和思想文化等是我们了解历史最直观的几个方面，在一定的意义上，这是我们进入历史、体味历史的起点。而土地制度、农业的发展，包括生产工具、耕作制度与科学技术的发展，手工业、商业和商品货币关系的发展，才是决定社会风貌、百姓生活情况和思想文化的基本因素。因此，仅仅注意文化方面，对这个时代的考察是不够全面的。这些现象，虽然也可以反映一个时代的变迁，但是触及到的还只是时代变化的一些方面，不可能准确地描画出整个社会变迁的轨迹，也不能深入揭示造成时代变迁的各种因素及其相互关系。"[①]

　　当今学术界对于"唐宋变革论"的讨论依旧火热，但许多研究只停留在对唐宋历史做一般性的对比上。近年来，越来越多的学者呼吁"走出'唐宋变革论'"，"翻过'唐宋变革论'这一页"，即代表了当前唐宋史学界对"唐宋变革论"定位不清和讨论焦点模糊的反思。[②] 而吴宗国先生早在二三十年前提出的"长时段"研究的主张，以及"不主张唐中叶变革论和唐宋变革论"的论断，不仅反映了他求真求实的学术精神以及超前的学术眼光，而且对于当今学术界究竟如何看待"唐宋变革论"仍具有重要的启示意义。

---

① 吴宗国：《中古社会变迁与隋唐史研究》，第 16 页。

② 李华瑞：《"唐宋变革"论的由来与发展（上）》，《河北学刊》2010 年第 4 期；《"唐宋变革"论的由来与发展（下）》，《河北学刊》2010 年第 5 期；《唐宋史研究应当翻过这一页——从多视角看"宋代近世说（唐宋变革论）"》，《古代文明》2018 年第 1 期；《走出"唐宋变革论"》，《历史评论》2021 年第 3 期。杨际平：《走出"唐宋变革论"的误区》，《文史哲》2019 年第 4 期。成一农：《跳出"唐宋变革论"——兼论当前中国古代史研究中存在的一些缺陷》，《厦门大学学报》2021 年第 5 期。

## 四　关于隋唐政治制度史研究以及方法问题

唐朝政治制度不仅为唐代社会、经济和文化的发展提供了制度上的保障，而且对唐以后各朝的政治制度也有着广泛而深远的影响。吴宗国先生一直以对隋唐政治制度的深入研究著称于学术界，并形成了具有系统性的研究方法。

1. 关于隋唐政治制度史的研究

首先是对唐代政治制度总体特征的把握。其《唐代政治制度的历史特点》一文指出，唐朝结束了家国一体和贵族门阀政治，开启了"皇帝—官僚"的国家政治体制。在秦汉时期，皇帝虽然依靠官僚来进行统治，但是在中央政府中，皇家事务和国家政务还没有分开。汉代九卿中，太常、光禄、卫尉、太仆等寺都是掌管皇帝或皇家事务的，此时还保持着古老的家国不分、家国一体的传统。而皇权本身也始终依托于当时最有势力的集团或阶层。[1] 隋朝虽实现了国家政务与皇家事务的分离，国家形态亦已摆脱了家国一体、贵族政治、门阀政治等早期形态，但直到唐朝初年，前一时期的残余和影响仍然存在，直到唐高宗废王皇后，立武则天为皇后，这件事不仅标志着关陇贵族最后退出历史舞台和门阀贵族政治残余最后被扫除，也标志着从南北朝开始的、隋代基本实现的国家体制从皇帝贵族体制到皇帝官僚体制过渡的最后完成。[2] 在得出以上认识后，吴宗国先生对唐代政治制度进一步总结道：唐朝政治体制的基本格局，奠定了后代官僚政治制度的基本框架和运行模式；唐朝各级官吏的任用都必须经过考试，官僚形态呈现新的特征；唐代政治制度一直随着社会形势的不断变化而调整，体现出较强的自我完善机能；在政治制度的运行中，呈现出原则性和灵活性的结合。[3]

---

[1]　吴宗国：《中古社会变迁与隋唐史研究》，第 166 页。
[2]　吴宗国：《中古社会变迁与隋唐史研究》，第 167 页。
[3]　吴宗国：《中古社会变迁与隋唐史研究》，第 452—453 页。

其次是对唐朝主要政治制度的具体研究。这一点尤为突出地体现在其对三省体制的研究上。吴宗国先生认为：三省体制的确立，是中国古代政治制度史上一件具有划时代意义的大事。三省在南北朝时期就已经存在，但尚书省是政府机构，而门下省和中书省是皇帝的附属机构。隋朝三省各有分工而又互相依存，共同组成了最高权力机关。接着吴宗国先生讨论了南朝和北朝三省制各自的具体发展过程，指出"实际运作的政治制度和《百官志》所记载的制度有很大的差距"。[①] 究其原因，一方面士族轻视庶政的传统或不习吏事，另一方面各朝皇帝对待各类士族的态度不同。陈寅恪先生在《隋唐制度渊源略论稿》三《职官》中有一著名论断，即隋朝政治制度"多依前代之法"，"所谓前代之法即所谓汉魏之制，实则大抵自北魏太和传授北齐之制，此隋官制承北齐不承北周之一例也"。[②] 而吴先生则具体证明了"隋官制承北齐不承北周"之说是不能成立的。他认为隋官制实吸收了南北各朝的积极成果而加以总结，并非多承北齐之制。隋朝的三省机构则是以北周六官为基础而加以分解、改造，并非打破原有机构重起炉灶，一切重来。官名依前代之法，其中也包括一些北周的官名。[③] 并指出："隋代三省体制的确立和六部、九寺的明确分工，使中国古代国家机构和权力机构突破了南北朝时期的过渡模式，进入了一个新的发展阶段。"[④]

最后是对唐代科举制度的系统性研究。书中所收论文有《科举制与唐代高级官吏的选拔》《进士科与唐朝后期的官僚世袭》《唐代进士科考试科目和录取标准的变化》《科举与唐代社会》《关于唐代省试诗的研究》等。而这些研究最终融入其专著《唐代科举制度研究》中。该书最能代表作者对唐代政治制度史研究的特点及水准。该书追述了科举制度产生的

---

① 吴宗国：《中古社会变迁与隋唐史研究》，第 182 页。
② 陈寅恪：《隋唐制度渊源略论稿·唐代政治史述论稿》，生活·读书·新知三联书店，2001，第 114 页。
③ 吴宗国：《中古社会变迁与隋唐史研究》，第 187 页。
④ 吴宗国：《中古社会变迁与隋唐史研究》，第 179 页。

过程，详细论证了科举制度在唐代选官制度中的地位变化，对唐代科举制度中常科和制科的一些主要问题以及科目选和学校等问题都进行了深入研究，还探讨了进士科考试科目和录取标准的变化，并对由于科举制度发展而产生的座主门生关系、请托行卷盛行、门荫衰落和进士家族、社会等级再编制等重要问题进行了深入探讨。晚清以后，唐朝科举制度的研究已积累了十分丰富的成果，但吴先生的这部著作无疑是最具代表性的成果之一。该书除了在诸多方面填补科举制度研究的空白以及薄弱环节之外，最显著的特点还体现在两个方面：一是坚持把对唐代科举制度各种具体问题的考察与中古社会变迁等重大问题的研究相结合，其中贯穿着一种"通识"的理念；二是对唐代科举制度的各种问题始终坚持进行"动态的"考察和研究，使之成为"活的"制度史研究的典范。早在 1995 年，我在相关书评中就已经对此做了专门评介。[①]

2. 关于隋唐制度史研究中的"通"与"变"以及方法问题

正是在对隋唐制度进行系统而精深研究的基础上，吴宗国先生提出了"通"与"变"的思想。在吴先生看来，政治制度史的研究不能脱离制度本身运行的时代，他强调要将对制度内容的讨论放在更广阔的历史背景中，在一个较长的历史周期内，考察这一制度的形成、发展及演变的整个过程。为此吴宗国先生做出了一系列富有启发性的论述，值得我们重视和借鉴。

首先，为什么必须对隋唐政治制度进行"活的"和"动态的"研究呢？吴宗国先生认为这一点根源于历史本身的不断发展变化所引起的制度的不断发展变化。他指出："古代的政治制度，都是建立在当时社会经济发展的基础之上的。不论在哪个时期，各个政府部门的职能都是相对固定的。因此，随着社会的发展和周边形势的变化而出现新的问题的时候，就需要设立新的官员和部门去解决这些问题。发展到一定阶段，政治体制就会随之发生变化。这是政治制度发生变化的基本原因。"[②] "具体到一个王

---

① 王承文：《唐代科举制度研究的重要成果——〈唐代科举制度研究〉评介》，《中国史研究动态》1995 年第 4 期。

② 吴宗国：《中古社会变迁与隋唐史研究》，第 519 页。

朝，随着经济的发展，生产关系、社会结构、政治体制、思想文化都处在不断变动的过程中。制度上的变革和革新是经常出现的"，"不了解这种变化，就不可能掌握实际运行中的制度。现在教科书上往往都在王朝初年写上某朝的政治制度。如果仔细加以研究，就会发现其实都是王朝初年的制度，或者是各个时期制度的混合物。初年的制度只是初年的制度。混合的制度则不存在于任何一个时期"。① 他又称："必须把制度看成是一个不断发展变化的过程。我们要研究的是实际运行的制度，不是书本上、文字上的制度。这有很大的难度。因为制度不断变化，是很难把握的。特别像唐朝，由于社会经济处于一个巨大的发展过程之中，社会处于一个急剧变化过程中，所以政治制度也处在急剧变化过程中。把握它的发展变化，特别是在发展不同阶段的特点和从这一阶段发展到下一阶段变化的关节点，也就是转折点，是需要花大力气，下大功夫的。"② 他强调不能"把有关制度的各种材料加以简单的概括，给人们描述一个不存在于唐朝任何一个时期的唐朝政治制度"，而应该"着眼于制度的发展变化，力图把唐朝政治制度作为一个处在发展过程中的整体来加以把握，着重研究各个时期实际运行的制度，而不是停留在有关制度记载的条文上，以便真实地掌握唐朝各个时期政治制度的实际情况和政治体制发展变化的脉络"。③ 因此，"只有掌握了通和变，才能把历史看成是一个发展的过程，而不是一个割裂的和事实上不存在的历史"。④

其次，正是基于"通"与"变"的角度，吴宗国先生把政治制度史研究中最为关键的"时间属性"问题非常正式地提出来。他认为"历史是处在不断的变动过程中，具体的材料反映的是特定历史阶段的情况。我们眉毛胡子一把抓，不能把这个时期的和另外一个时期的材料，简单的揉

---

① 吴宗国：《中古社会变迁与隋唐史研究》，第 533 页。
② 吴宗国：《中古社会变迁与隋唐史研究》，第 192 页。
③ 吴宗国：《中古社会变迁与隋唐史研究》，第 21 页。
④ 吴宗国：《中古社会变迁与隋唐史研究》，第 533 页。

在一起。有时候，一日之差，往往具有完全不同的意义"。① 如《隋书·百官志》是研究梁、陈、北齐、北周和隋五代官职最重要的资料，但其《三省的发展与三省体制的建立》一文明确指出，南北朝"实际运作的政治制度和《百官志》所记载的制度有很大的差距"。② 其《〈唐六典〉与唐前期政治制度》一文指出，"《唐六典》不仅是对开元时期制度的静态记录，也体现了整个唐朝前期制度的变化"。③ 特别强调对于《唐六典》以及唐代其他文献材料，都要搞清它们的时间属性，绝不能用没有经过严密考证的材料或唐后期的材料，直接去说明唐朝前期的制度。而他在《论唐代中后期的政治制度的变化》一文中又明确指出："唐宋以来，许多关于唐代政治制度的记载和经过研究所发现的唐朝实际的政治制度，存在相当大的差距。"他认为司马光在《资治通鉴》中对于唐初三省体制的描述，主要是以宋代的制度附会唐代制度；而欧阳修在《新唐书·百官志》中关于唐朝制度的记载，有很多实为唐后期的制度，因此在利用两者时必须仔细考证相关记载的准确性。

最后，吴宗国先生对于究竟应该如何看待有关隋唐制度的历史资料问题提出了独到见解。他认为历史学的著作往往带有作者的观点、方法，他们的观点和方法往往会影响到历史记载和论述的准确性。因此，"如果我们不加批判地、盲目地以文献材料来作为我们研究的起点，毫无保留地加以使用，那是非常危险的"。又称"材料中包含了历史事实"，"但是材料不等于历史事实"，而"历史事实才是历史研究的出发点"，"历史文献有它产生的背景，有它们各自的特点"。④ 基于此，他认为"其实就是唐朝人本身对唐朝的制度有时候也不是搞得很清楚"。⑤ 因为他们往往用当时的情况去理解和论述历史。他又指出："当时人对当时的历史也不一定

---

① 吴宗国：《中古社会变迁与隋唐史研究》，第 655 页。
② 吴宗国：《中古社会变迁与隋唐史研究》，第 182 页。
③ 吴宗国：《中古社会变迁与隋唐史研究》，第 171 页。
④ 吴宗国：《中古社会变迁与隋唐史研究》，第 648—649 页。
⑤ 吴宗国：《中古社会变迁与隋唐史研究》，第 192 页。

就说得很清楚，不要盲目迷信当时人的所谓第一手材料，对这些材料也要进行分析。特别是一些反映社会变化的制度变化，这样一些制度的变化在历史上，人们往往不是一下子就能感觉到，一下子就能认识到的。他们往往是用制度史固定不变的这样一种观点，以原有的制度作为一种标准，来评价变化了的制度。所以，在这个中间也有很多不符合或不完全符合当时实际情况的记载。因此，在我们研究的时候，不仅要注意当时人怎么说和当时人的观点，更要注意考辨和研究当时的实际情况，以及总的发展趋势。只有把握了总的发展趋势，才能正确把握住所研究的对象。"[1]

凡此种种，皆可见吴宗国先生对政治制度史的研究极为重视对文献记载史实因时因事的具体分析，并特别强调在政治制度史研究中，要揭示出制度规定与具体运行以及前期、中期与后期、变态与常态的差异。需要特别指出的是，吴宗国先生对此所做的系统而深刻并具有理论性的阐述，主要集中在 20 年前。而此又与同一时期的著名学者邓小南教授在宋史研究领域所提倡的"活的制度史"不谋而合。邓小南教授将"活的制度史"阐述为："首先，最重要的是，制度本身是'活'的，有活有动，才称得上实际存在的制度；有活动，制度才有效能，有作用。其次，正因为制度本身活动不居，制度史研究就不能只重视制度的文本规定，还应该关注其实际表现，关注影响其'活动'的诸多因素。"[2] 两相比较，可以发现二者的论述有很多相通之处。由此我们不能不钦佩吴宗国先生所具有的学术眼光和学术前瞻性。

## 五　关于隋唐重要历史人物的评价问题

重要历史人物曾经活跃在历史舞台的中央，既影响了历史发展的进

---

① 吴宗国：《中古社会变迁与隋唐史研究》，第 649 页。
② 邓小南：《走向"活"的制度史——以宋代官僚政治制度史研究为例的点滴思考》，《浙江学刊》2003 年第 3 期；《再谈走向"活"的制度史》，《史学月刊》2022 年第 1 期。

程，也承载了很多历史所赋予的象征性价值，因此对历史人物的研究和评价，一直都是历史研究的重要内容。唯物史观评价历史人物的主要原则之一，就是把历史人物及其活动放到特定的历史条件中进行具体分析。列宁称："在分析任何一个社会问题时，马克思主义理论的绝对要求，就是要把问题提到一定的历史范围之内。"① 恩格斯称："主要的出场人物是一定的阶级和倾向的代表，因而也是他们时代的一定思想的代表，他们的动机不是来自琐碎的个人欲望，而正是来自他们所处的历史潮流。"② 又称："人们自己创造自己的历史，但是他们并不是随心所欲地创造，并不是在他们自己选定的条件下创造，而是在直接碰到的、既定的、从过去承继下来的条件下创造。"③ 唯物史观评价历史人物的主要原则之二，就是要把历史人物一生的主要活动与历史发展的总趋势相联系，如果符合历史发展的总趋势，就应该肯定，否则就要否定。吴宗国先生提出："我们评价一个王朝、一个政府的制度、政策和措施，我们评价一个历史事件或历史人物，基本的标准都是看它是否顺应了历史的发展，是否推动了历史生产力的发展。舍此而外，都会把我们引入歧途。"④ 该书中有多篇论文涉及对隋炀帝、唐太宗、武则天、唐玄宗等重要历史人物的评价。唐宋以后，特别是从近代史学开端以后，对这些著名历史人物的评价不胜枚举。然而，吴宗国先生却将这些历史人物的思想和事迹置于"长时段"的历史背景中进行考察，并特别注重探究其背后所反映的历史内涵，因而使其历史人物评价既能高屋建瓴，又能别开生面。

1. 关于隋炀帝的评价问题

吴宗国先生于 1997 年发表的《隋炀帝的历史功绩》一文，首先从隋炀帝在仁寿四年（604）十一月所颁布的《营建东都诏》中一段极少为人注意的话开始，隋炀帝称："是知非天下以奉一人，乃一人以主天下也。

---

① 《列宁全集》第 25 卷，人民出版社，2017，第 232 页。
② 《恩格斯致斐迪南·拉萨尔》，《马克思恩格斯选集》第 4 卷，第 440 页。
③ 《马克思恩格斯选集》第 1 卷，人民出版社，2012，第 669 页。
④ 吴宗国：《中古社会变迁与隋唐史研究》，第 619 页。

民惟国本，本固邦宁。"吴先生认为"隋炀帝没有把天下视为皇帝个人所独有，并且把皇帝看作是主持天下政务的首脑"，进一步认为这种见解已经超越了汉唐君臣包括唐初贞观君臣对君权来源、君民关系的认识。同时，对于隋炀帝的功绩，吴先生指出隋炀帝把国家和社稷放在第一位，进一步巩固和发展统一多民族国家始终是他的一个主要着眼点。他修建东都洛阳，开凿贯通南北的大运河，两下扬州，北巡突厥，西巡河右，经略林邑（今越南中南部），结好赤土（今马来半岛南部），招抚流求（今台湾），通使倭国（今日本），三征辽东，都是围绕这一目标进行的。这也正是隋炀帝所云"非天下以奉一人，乃一人以主天下也"的内涵所在。①通过上述努力，隋炀帝大力巩固和发展了统一多民族的国家。而隋炀帝对政治制度进行的重大改革：一是确立三省制（尚书省、中书省、门下省），使之成为一个按职能和政务处理程序分工的有机整体，改变宰相制度，命他官与三省长官、副长官参掌朝政，使之成为唐代以知政事官为宰相的先声；二是缩小贵族特权，扫除门阀制度残余；三是完成察举制到科举制的过渡。而其所作所为，都与其即位之初颁布的《营建东都诏》中的宣示有着深刻的内在逻辑联系。

吴宗国先生在肯定隋炀帝功绩的同时，也对他滥用民力、主观武断、一意孤行造成了极大社会灾难的一面进行了批判。吴先生认为"说他是一个暴君，是并不为过的"，"但是，历史毕竟是历史。隋炀帝不仅给后代留下了大运河，还给唐代留下了帝国的规模和巩固发展统一多民族国家的思路。他继隋文帝之后对政治制度所作的改革使中国古代政治制度进入了一个新的阶段，不仅为唐朝所继承，对后代也有深远影响。在这些方面隋炀帝都起到了承先启后的作用。而他从反面给后代留下的巨大历史教训，经过唐太宗及其大臣的总结，形成了一整套统治理论，用以指导贞观政治。从某种意义来说，没有隋炀帝，就不会有贞观之治"。这种评价符合历史唯物主义实事求是、一切从实际出发的原则，因而更符合历史实际

① 吴宗国：《中古社会变迁与隋唐史研究》，第 27 页。

情况。然而，由于唐初史臣一味地着眼于总结隋朝灭亡的教训，处处以亡隋为鉴，"把隋炀帝的主观动机、具体做法和严重后果混同起来，除了给人们隋炀帝是一个暴君的印象外，也就没有其他的东西了"。近些年来，因为隋炀帝墓葬在扬州的考古发掘，学术界对隋炀帝历史地位的评价，已经越来越多地肯定其积极的方面。而吴宗国先生的相关评价发表于二十多年前，因此可以说反映了他超前的学术眼光。

2. 关于唐太宗的评价问题

吴宗国先生于 1985 年发表的《唐太宗政治思想的形成》和 1995 年发表的《〈贞观政要〉与贞观君臣论治》两篇论文，都涉及对唐太宗的历史评价问题。[①] 唐太宗时期出现了中国封建社会的空前繁荣局面，他本人也成为中国古代最杰出和最成功的皇帝之一。《〈贞观政要〉与贞观君臣论治》一文实际上就是对贞观时期政治获得巨大成功原因的深入研究。贞观六年，唐太宗称："天子者，有道则人推而为主，无道则人弃而不用，诚可畏也。"[②] 这种论断完全不具有天命论色彩，并且把对皇权来源和君臣关系的认识提到了一个前所未有的高度，反映了唐太宗政治思想的精华，这也是唐太宗的政治思想不同于其他杰出君主之所在。吴宗国先生详尽地追述了唐太宗政治思想发展演变的过程，认为从隋末风云际会的政治局势中，唐太宗认识到了人民群众的力量，而隋朝覆亡也给予了他深刻的教训与认识。唐太宗即位后所面临的严峻形势，又促使他寻求治国安民的为君之道。由此，吴宗国先生指出：纳谏和用贤是唐太宗的两大突出特点，也是贞观之治的重要成因和内容。"贞观君臣能从统治理论、历史经验和现实情况三者结合的基础上对治道政术进行探讨，对军国大政进行研究。因而贞观君臣就能比其他一些时代的统治者站得更高一些，看得更深一些，能够在统治理论和方法上有所创造，有所发展，并且在实践上更加慎重，更加坚决。"他还特别强调："唐太宗的高明之处并不在于他比别

---

① 吴宗国：《中古社会变迁与隋唐史研究》，第 38—83 页。
② 吴兢撰，谢保成集校《贞观政要集校》卷一《政体二》，中华书局，2009，第 34 页。

人站得高，看得远，也不在于他提出了多么高明的见解和正确的方针，而在于他善于学习，经常与大臣一起议论。正是在议论的过程中，贞观君臣提出了一系列的理论和政治原则。而唐太宗则始终处在主导地位，他不仅不断提出新的问题，而且广泛听取群臣的意见，并加以集中，提到理论的高度，从而把中国古代政治思想推向一个新的阶段。"①

3. 关于武则天的评价问题

吴宗国先生在 1989 年发表的《论武则天的建言十二事》和 1999 年发表的《武则天》两篇论文，均涉及对武则天的评价。② 武则天在高宗去世后临朝称制，最终掌握最高统治权，是其多年苦心经营的结果。在这期间，她也使用了许多阴谋诡计。吴先生认为更重要的还是她在政治上发挥了越来越大的作用，并且得到了朝野广泛的支持。其中最关键的是她在上元元年（674）提出的《建言十二事》，其反映了七世纪六七十年代客观形势的变化和一般地主的要求，并在基本国策和满足一般地主要求方面提出了具体意见，因此在当时的政治上起到了重要作用。武则天在执掌政权后，继续把无为而治和扩大一般地主的政治经济势力作为自己的施政方针。无为而治就是对地主土地兼并和农民的逃亡都采取纵容的态度，这促进了一般地主土地所有制的发展。扩大一般地主的政治权势则是放手招官，大开制科，破格提拔才能之士，使一大批地主士人步入仕途，进而又加速了一般地主土地所有制的发展。

武则天的出发点固然是提高自己的威望，为扩大自己的权力创造条件，但是，她能抓住时代的潮流，在国家大政方针上提出具有纲领性的意见。如果她缺乏对现实情况的深刻理解和卓越的政治才能，是不可能做到的。而武则天又成功地抓住了"几股风"。其一是关陇贵族集团和普通地主出身的官僚之间矛盾的尖锐化。唐高宗废了出身关陇贵族高门的王皇后而立武后，反映出至唐高宗前期，随着山东士族的崩溃和关陇贵族的衰

---

① 吴宗国：《中古社会变迁与隋唐史研究》，第 57 页。
② 吴宗国：《中古社会变迁与隋唐史研究》，第 84—99 页。

落，社会结构发生了重大变化，国家政权已不再是建立在豪强大族和贵族的基础之上，过去的联姻方式失去了意义。其二是形势的变化。唐高宗即位后，先后与西突厥、高句丽进行长期战争，扩大了疆域。但由于被统治民族的反抗和吐蕃的强大，唐朝在边地由攻势变成守势，继续实行对外战争的政策已行不通，广大百姓都要求停止战争。同时，土地兼并的发展，使一般地主的经济力量也有了很大的增长，他们希望在政治上也得到相应的地位，以便通过政治权势来保护和增强自己的经济力量。因此，形势要求唐朝政府改变国策。生产和经济的发展达到一定程度后，必然要为自己的发展开拓道路，任何力量都是抗拒不了的，而武则天不过是利用了这个潮流，充当了推动这个潮流的工具。

基于以上论述，吴宗国先生认为武则天的主要贡献有五：一是打击了保守的门阀贵族，这标志着关陇贵族自北周以后长达一个世纪统治的终结，也为社会进步和经济发展创造了良好的条件；二是促进了经济发展；三是稳定了边疆形势；四是推动了文化发展，重视科举，大开制科，特别注重从科举出身者中选拔高级官吏；五是发现了一大批人才。为此，他强调：古代的帝王，对于他们的个人品德、性格和私生活，当然不能忽略，但重要的还是要看他们处理国家事务的能力，看他们的政绩，看他们在历史上所起的作用。究竟应该如何看待历史人物的作为与历史潮流之间的关系，恩格斯称："如果要去探究那些隐藏在——自觉地或不自觉地，而且往往是不自觉地——历史人物的动机背后并且构成历史的真正的最后动力的动力，那么问题涉及的，与其说是个别人物，即使是非常杰出的人物的动机，不如说是使广大群众、使整个整个的民族，并且在每一民族中间又是使整个整个阶级行动起来的动机；而且也不是短暂的爆发和转瞬即逝的火光，而是持久的、引起重大历史变迁的行动。"[1] 吴先生评价隋唐重要历史人物的原则和方法，应该说是符合马克思主义唯物史观的。

---

[1]  恩格斯：《路德维希·费尔巴哈和德国古典哲学的终结》，《马克思恩格斯选集》第 4 卷，第 255—256 页。

### 4. 关于唐玄宗的评价问题

唐玄宗统治时代既是唐朝繁盛的顶点，又是由极盛转衰的开端。吴宗国先生在 1981 年发表的《"天宝之乱"是由于"置相非其人"吗?》，以及于 1993 年发表的《唐玄宗治国之策与唐朝的盛衰》，虽然两篇论文都很短，但是却直接关系到一千多年来对唐玄宗评价中的一个最核心问题，即唐玄宗统治由极盛向衰落突然转变的根本原因是什么。在安史之乱以后，历代君臣和史家即开始进行深刻反思。例如，宰相崔群就对唐宪宗说："愿陛下以开元为法，以天宝为戒，社稷之福也。又言世谓禄山反，为治乱分时。臣谓罢张九龄，相林甫，则治乱固已分矣。"① 崔群将"贤相"张九龄被罢黜和"奸佞"李林甫的上位，看成唐玄宗朝政以及整个唐朝由治转乱的关键。根据《续资治通鉴长编》等资料，宋代君臣围绕唐玄宗统治由治转乱原因的公开讨论就达数十次之多。② 直至当前，仍然还有很多研究者把唐玄宗用人政策的转变，看成安史之乱爆发的根本原因以及整个唐朝由治向乱的转折点。而其关注点则都集中在张九龄和李林甫二人在政治品格的显著差异上。

吴宗国先生认为李林甫和杨国忠擅权误国，对造成天宝之乱自有其不可推卸的责任，但论者往往着重对他们个人行为的分析，而没有深究唐玄宗之所以罢去张九龄等人而重用李林甫、杨国忠的原因。开元中期以后，由于土地兼并的迅速发展，政治经济制度的许多环节不适应的情况愈加严重，需要进行调整。而李林甫虽然缺乏文学才能，但却有卓越的政治才能，他在担任中书令后，"协助玄宗在财政、军事、用人制度以及政治制度和法律制度等方面采取了一系列改革和调整措施，对于保持玄宗统治的第三个十年和第四个十年期间社会的安定、经济的繁荣和国势的昌盛，起了积极的作用"。③ 因此，"李林甫之代替张九龄，并不是用一个好人或用一个坏人的问题，而是标志着唐王朝政策上的重大变化。唐王朝的统治政

---

① 《新唐书》卷一六五《崔群传》，中华书局，1975，第 5081 页。

② 王承文：《唐代环南海开发与地域社会变迁研究》，中华书局，2018，第 570 页。

③ 吴宗国：《中古社会变迁与隋唐史研究》，第 119 页。

策需要转变，这是当时政治经济形势发展的客观要求，不是一两个人的主观意图所能决定的。张九龄等不能适应客观形势的这种要求，所以被淘汰了。但是，应运而上的李林甫以及后来的杨国忠，也并未按照客观形势的要求，进行必要的改革。相反地，他们积极执行了唐玄宗的加强对农民的剥削和扩大对各族战事的政策，使得阶级矛盾和统治阶级内部的矛盾空前地尖锐起来，终于导致了安禄山叛乱的爆发"。因此，吴宗国先生特地指出："离开当时当地的客观情况，离开政策的制定和执行，把用人是否得当说成是治乱的根源，这不仅是宣扬个人创造历史，是一种唯心主义观，而且开脱了用人者的责任，是儒家为尊者讳的一种典型手法。这也正是封建历史家最大的局限所在。"①

由此可见，吴宗国先生对隋唐重要历史人物的评价，一方面重视在掌握丰富而翔实的历史资料的基础上，将其置于隋唐历史大变局的时代环境中进行评价；另一方面则强调不虚美、不隐恶，尽可能从正反两个方面做出实事求是的客观评价。正因为如此，其所得出的结论不但令人信服，而且闪耀着理论的光辉，为我们研究隋唐政治史打开了新的思路。在此之所以特地提到这些论文发表的时间，就是因为，当学术界试图重新评价这些历史人物时，就会发现吴先生早在几十年前即有十分深刻而精辟的论述。而这些恰恰证明，吴先生对相关历史人物的评价是能够经得起历史和时间的检验的。

# 结　语

总而言之，该书是吴宗国先生数十年治史经验的智慧结晶，充分体现了他毕生坚持的对历史的"贯通性"研究。而其"贯通性"研究的核心就是"史识"，即追求对历史本质的深刻理解以及对历史规律的准确把握。而其"史识"的来源，就是中国传统史学与马克思主义辩证唯物史

---

①　吴宗国：《中古社会变迁与隋唐史研究》，第116页。

观的有机结合。而书中展现出的宏阔的学术视野、宏大的叙述逻辑、敏锐的问题意识以及超前的学术眼光，都使此书注定将成为一部可以传之久远的学术著作，在岁月的长河中启发和影响一代又一代的中古史学人。

　　附记：我认识吴宗国先生是在1993年10月于江苏无锡中央电视台外景基地召开的"中国国际唐文化学术研讨会"上，吴先生的儒雅谦和给我留下了十分深刻的印象。1994年，姜伯勤老师建议我为吴先生的大著《唐代科举制度研究》写一篇书评，我于是写了《唐代科举制度研究的重要成果——〈唐代科举制度研究〉评介》，发表在《中国史研究动态》1995年第4期上。1998年，我提交《唐代北方家族与岭南溪洞社会》一文，① 参加中国史学会和《历史研究》编辑部举行的"中国古代史优秀论文奖"评选，并请吴宗国先生和中国社会科学院张泽咸先生写推荐信，得到他们的慷慨应允和鼎力推荐。拙文最终获奖（见《历史研究》1999年第2期封面三）。吴宗国先生和张泽咸先生作为前辈学者奖掖青年学子的精神和胸怀，至今令我感于肺腑。2021年11月，我收到了吴先生通过其高足中国人民大学刘后滨教授惠赠的大著《中古社会变迁与隋唐史研究》。2022年8月，即得到了吴先生不幸去世的消息。9月，刘后滨教授告知将在《唐宋历史评论》上发表一组纪念性文章，以缅怀吴先生，并特嘱咐我因与吴先生的因缘也写一篇。回想我与吴先生虽然仅有30年前的一面之缘，而且其间亦极少联系，但吴先生的学术研究和学术精神一直都是我所崇敬的，因此撰写了这篇书评以做怀念。

---

　　① 　荣新江主编《唐研究》第2卷，北京大学出版社，1996。

# 唐代国家制度与社会结构研究的梳理及思考<sup>*</sup>

刘玉峰

中国帝制封建时代，王朝国家制度安排及体系建构堪称完备，在很大程度上规制了阶梯式、等级性的社会结构形态，体现出国家制度作为政治上层建筑对于社会结构状况及其运行的强力规划和塑造，形成显著历史发展特色。唐代作为中国帝制封建时代的典型王朝，具有上述特色的代表性。自 19 世纪末 20 世纪初以后，随着近代历史学学科，特别是马克思主义唯物史观历史科学的产生发展，中外学界超越传统史学，注重以发展的、联系的、历史的观点揭示论析历史发展进程，开始把唐代国家制度和社会结构综合起来进行研究，至今已走过百余年历程，积累了丰厚学术成果。本文试从研究理路和脉络视角，对此百余年的学术史历程加以概括性梳理，并做一点评论及思考。粗疏错谬难免，敬请指教赐正。

一

把唐代国家制度安排和社会结构状况综合起来研究，是密切联系于中国史的历史分期论（时代区划学说）的，基本理路是，注重对唐代历史

---

\* 本文为国家社科基金重点项目"唐代等级性制度安排与社会结构形态研究"（22AZS006）阶段性成果。

基本定位以及对唐代历史在整体中国历史发展进程中阶段性内涵与特点的把握，又进而研究唐代社会形态和社会性质问题。易言之，综合性地研究唐代国家制度安排和社会结构状况，是在中国历史分期论大背景下来论析唐代历史发展的阶段性地位及内涵与特点，并进而揭示唐代历史发展的社会形态和社会性质。

中日学者的有关研究具有代表性，也具有鲜明的脉络性。如果将那珂通世于 1888—1890 年出版的《支那（中国）通史》，把中国历史时代划分为"上世"（夏商周三代）、"中世"（汉唐宋三代）和"近世"（元明清三代），① 比较以夏曾佑于 1904—1906 年出版的《最新中学中国历史教科书》（1933 年重版改名《中国古代史》），把中国历史划分为"上古"（自草昧至周末）、"中古"（自秦至唐五代）和"近世"（自宋至著书当时），可以看出，日本的中国史研究起步稍早。两位学者的中国历史时代划分，均以社会进化史观作为指导，打破了先前传统的中国王朝史体系和兴衰循环史观，开创了从宏观上对中国历史发展进行阶段划分的风气。不过，也均属于通史性叙述的概览性划分，且夏曾佑所著教科书仅写至隋代而并未写到唐代以后，都存有初开风气时期的简约粗略，相关论证并不充分。当然，对于这种开风气之先时期的必然性缺陷，后来人没有任何理由加以苛责。社会进化史观替代循环史观、宏观时代划分替代具体王朝兴亡时段，是其最为重要的学术推进和史学贡献。

1922 年，京都大学教授内藤湖南正式发表《概括的唐宋时代观》，② 对自草莽开辟到明清时期的中国历史发展做了宏观时代分期：从远古到东汉中叶为"上古"，经历东汉后期到西晋的一个过渡期，到六朝、隋至唐中叶为"中世"，再经历唐后期到五代的另一个过渡期，到宋元明

---

① 葭森健介：《中国古代史分期问题与基层社会的视角》，彭敦文译，冯天瑜主编《人文论丛》2002 年卷，武汉大学出版社，2003，第 44 页及文末注释②。

② 内藤湖南：《概括的唐宋时代观》，原载《历史与地理》第 9 卷第 5 号，1922 年，第 1—12 页。汉译见刘俊文主编《日本学者研究中国史论著选译》第 1 卷《通论》，黄约瑟译，中华书局，1992，第 10—18 页。该文正式发表的时间，参见李庆《关于内藤湖南的"唐宋变革论"》，《学术月刊》2006 年第 10 期。

清时期为"近世"，并强调"中国中世和近世的大转变出现在唐宋之际，是读史者应该特别注意的地方"。内藤"唐宋时代观"，即唐宋之际中国历史由"中世"向"近世"大转变的核心观点认为，政治上的变革最为主要，六朝至唐中叶是贵族政治（又称世家政治）[①]最兴盛的时代，政治属贵族全体专有，到唐末五代趋于式微，进入宋代转向了君主独裁政治时代，至明清时期君主独裁政治达到完备，国家所有权力归天子一人所有。社会经济关系和农业直接劳动者地位方面的变化有二：一是唐代中叶均田制、租庸调制的破坏并改为两税制，使大量人民从束缚在土地上的制度中得到自由解放，开始摆脱贵族政治控制下奴隶、佃农的地位，后经王安石新法，人民拥有土地所有权的意义更加确实，社会地位得到提高；二是唐代时期货币钱帛兼行，铜钱流通量相对较少，而到宋代货币经济非常盛行，铜币很多，纸币常用，银也开始慢慢得到作为货币的重要地位，唐宋处在实物经济结束期和货币经济开始期的交替之际。与此同时，君主与人民的中间等级官吏的选用方法，也由经九品中正方法选举变为通过科举考试选拔擢用，由贵族政治的控制变为容许机会均等。在文化上，一则经学由注重家法和师法转向怀疑旧有义疏并由己意解释，二则在文学上由贵族文化转向庶民文化，在艺术音乐方面也出现了平民化的趋向。

内藤之中国历史时代分期和唐宋时代观的提出，有其历史观和方法论上的自觉指导。内藤在历史观上持广义文化史观，主张按照文化的时代特色划分时代，注重根据中国自身内在发展脉络考察中国历史，从文化发展视角强调各时代的差异，以把握中国历史的时代特质（特征），认为"唐和宋在文化的性质上有显著差异"。[②]由上述可见，内藤唐宋时代观的中国历史大转变，是在综括唐宋时期国家政制、官僚制度、社会结构性变动尤其是劳动者身份地位提高、财政经济、文化转向诸方面显著变化的基础

---

[①]　这里所说"贵族"，即中国学者所谓"门阀士族"；所说"贵族政治"或"世家政治"，即中国学者所称"世族政治"、"士族政治"或"门阀政治"。

[②]　内藤湖南：《概括的唐宋时代观》，刘俊文主编《日本学者研究中国史论著选译》第1卷《通论》，第10页。

上提出的。同时，所谓自宋代进入中国的"近世"（其中宋元时代为近世前期，明清时代为近世后期），是他从西方中心论出发，以西方近代社会发展路径比附中国历史而提出的，认为中国自宋代开启了西方意义上的近代社会大变革，即进入了早期近代社会。如此看来，内藤的广义文化史观，并非狭义的文化视角或单纯性的意识形态，而是赋予广义文化以诸多方面的实际历史内容。其唐宋时代观所谓文化性质上的差异，实质上是综括上述诸方面结构性变化，从社会形态、社会性质层面来观察论析其间的时代大转变，因而是一种社会性质变革观点而不是有学者所谓的一般社会变迁。谷川道雄就明确指出，内藤湖南属于日本第一代中国史研究代表性学者，他的时代区分说（中国历史时代分期），"提倡必须根据时代形成的'内容'进行区分的方法"，"这是一种认为对于历史的展开，不能仅从政治的表象，而应该从社会的本质去把握的方法。换言之，这是一种摒弃以往王朝史观的形式主义，以时代的本质为第一义，旨在开创近代中国史学的见解"。还指出，内藤强调唐宋王朝之间所发生的深刻时代变化（唐宋时代观），"又不仅仅是政治形态的变化（从贵族政治向君主独裁政治变化），其根本还在于经济、文化各方面的变化，政治、经济、社会、文化全面地、综合地联系起来，就构成了时代的大势"。①

　　内藤任职于京都大学，他的观点成为由其发端的日本中国史研究"京都学派"的核心观点。② 后来，经其学生冈崎文夫、宫崎市定、宇都宫清吉、川胜义雄、谷川道雄等的补充、订正和深化，京都学派形成了以殷周秦汉为"古代"，汉魏之际发生重要变革，至六朝隋唐为"中世"，再至宋元明清（鸦片战争前）为"近世"，又至清（鸦片战争后）和民国

---

① 谷川道雄为胡戟等主编《二十世纪唐研究》所撰写序言，中国社会科学出版社，2002，第11—12页。崔瑞德认为内藤的理论，"本质上是政治分析，虽然他把政治变化置于一个社会、经济和文化发展的广阔背景中来考察"，更强调其政治形态论析特点，参见崔瑞德编《剑桥中国隋唐史（589—906年）》，中国社会科学院历史研究所西方汉学研究课题组译，中国社会科学出版社，1990，第10页。

② 参阅张广达《内藤湖南的唐宋变革说及其影响》，《唐研究》第11卷，北京大学出版社，2005；葭森健介《中国古代史分期问题与基层社会的视角》，《人文论丛》2002年卷。

为"最近世"的中国历史分期论。① 在这一分期论中，唐代处于中国史的"中世"，而唐宋时期完成了由"中世"到"近世"的变革，也得到了强化论述。如此，京都学派对中国历史的时代划分和唐及宋的时代定位，都做出了系统性和宏观性的综合研究。

与内藤湖南同一时代的东京大学教授加藤繁，依据中国经济史系列研究，也有关于中国历史的宏观时代分期并具独到见解。他认为唐宋时期在国家政制和官僚制度上没有变革，"都属于前期官僚制时代，即'世族势力衰歇，主要靠科举产生的新官僚阶级主持政务的时代'"。② 这一"唐宋一体"观点，与内藤唐宋时期政治上发生变革的观点有着很大不同。这里，加藤实际上把内藤所谓贵族政治的式微提前到了唐代以前，而在观察论析理路上并无不同，均以国家政制、官僚制度作为对象。但是，加藤又认为在社会经济领域，唐宋时期有着差别。1944 年，他在所著《支那（中国）经济史概说》中，指出隋唐以前官僚贵族的大土地占有制主要使用奴隶耕作，至均田制崩坏以后，奴隶耕作渐衰，转由佃户耕作，到宋代佃耕更为显著；而奴隶耕作是古代社会的标志，佃户耕作是中世社会的标志，中国历史在隋唐以前均为古代社会，宋以后才进入中世社会。③ 如此，唐宋时期的由"奴耕"到"佃耕"是中国历史由"古代"到"中世"的主要区别，实际上提出了自己的唐宋变革观。要而言之，加藤繁认为唐宋时期在国家政制和官僚制度上没有发生变革，但在社会经济领域发生了重要变革，以土地制度、农业生产耕作方式、劳动者身份地位变革

---

① 参见刘俊文《日本的中国史研究·中国史研究的学派与论争（中）》，《文史知识》1992 年第 5 期，第 65 页。宫崎市定被认为是京都学派的集大成者，他提出了把中国历史分为四个时代的观点：秦汉帝国的统一时代；特殊的贵族时代即不统一时代，但与欧洲封建制并不完全相同；唐—宋及以后的独裁政府时代，这种模式为中国所独有，最代表中国，欧洲历史上从未出现过这种帝制；工业文化时代。具体参见胡志宏《西方中国古代史研究导论》，大象出版社，2002，第 76 页。

② 张广达：《内藤湖南的唐宋变革说及其影响》，《唐研究》第 11 卷，第 42 页。

③ 参见刘俊文《日本的中国史研究·中国史研究的学派与论争（上）》，《文史知识》1992 年第 4 期，第 45 页。

为主要内容和差别。

　　第二次世界大战后，加藤繁提出的中国历史在隋唐以前为"古代"、宋以后进入"中世"的历史分期和唐宋变革观，为其学生前田直典所继承和发挥。1946 年，日本马克思主义史学派"历史学研究会"（"历研派"）得以重建，主张中国历史发展也是生产形态的发展史。1948 年，属于该学派的前田直典，基于马克思主义唯物史观立场观点和世界史的普遍意义，以更加纵深的时间视野和更为开阔的空间视野，发表《古代东亚的终结》一文，① 对京都学派特别是宫崎市定和宇都宫清吉所深化论述的六朝隋唐为"中世"、宋代为"近世"的观点，提出了质疑和批判。前田不同意京都学派的观点，认为从秦汉到唐代，中国社会没有时代性质上的差异，并不存在京都学派所谓的汉魏之际的社会变革和六朝隋唐的中世社会；指出六朝时代豪族大土地所有制下的主要劳动者是奴隶，唐代均田制下的主要劳动者农民看似是自耕农，但其徭役负担特别沉重，赋税按丁男缴纳，土地占有权不确定，被置于对国家权力的人身隶属状态，因而也是"事实上的奴隶"，"属半奴隶的存在"，而唐代以后发展起来的佃户制则是封建的农奴制生产方式，认为中国在唐末以前为古代奴隶制社会，宋代以后到清末是中世封建农奴制社会，中国历史在唐宋时期处于由奴隶制社会变革为农奴制封建社会时期，对加藤繁唐宋时期中国历史由"古代"到"中世"的变革，赋予了明确社会结构、社会形态和社会性质上的变革。前田的论文，点燃了与京都学派之间关于中国历史分期和唐宋变革具体性质的大论战。

　　前田直典明确以唯物史观及社会生产方式、社会形态由低级到高级不断演进理论为指导，对中国历史分期做出了社会性质上的变革划分，明确使用了"奴隶社会"和"封建社会"等不同社会形态概念，因而被认为是日本史学界的马克思主义学派观点。前田于 1949 年英年早逝，其中国

---

　　①　前田直典：《古代东亚的终结》，刘俊文主编《日本学者研究中国史论著选译》第 1 卷《通论》，第 135—152 页。

历史分期和唐宋变革观点成为历研派（东京学派）的重要观点。

1950 年之后，该派学者西嶋定生、仁井田陞、堀敏一、周藤吉之、山本达朗、滨口重国等，继续遵奉马克思主义的唯物史观，积极参与中国历史分期及其社会性质的探讨，[①] 继续论证了以社会形态演进观察论析中国历史发展的观点，[②] 与京都学派展开了长约 30 年的论战，大体持续至 1970 年代末。

在唐宋时代观上，论战两派实际上均持唐宋变革观，都认为唐宋之际确实发生了重大变革。不过，历研派之中国历史由"古代奴隶制社会"到"中世封建农奴制社会"，明显不同于京都学派的由"中世"到"近世"，在唐宋时代特质把握和变革性质认识上持不同观点。这种不同，并不是有学者所谓的仅仅是对中国历史发展时间段加以断限的不同，而是与社会结构认识（后来又进一步扩展至"国家构造"即国家形态）和社会性质判断密切联系的，并基于对中国历史发展进程系统性的宏观观察和体系性论说，还共同以欧洲历史发展阶段来比照中国历史发展阶段，以及重视中国历史发展的特殊性，其视野均是宏阔的。双方激烈论战，"对中国秦汉以来的社会性质、社会结构、良贱身份制、生产关系中的人身依附关系、专制体制等诸多关键问题进行了反复的检讨和多样的诠释"。[③] 论战虽不可能达成一致性观点，却有力地深化了包括唐宋史在内的中国历史研究，留下了丰富学术成果。

1980 年代之后，两派间的论战趋于沉寂，日本史学界基本放弃了关于中国历史时代划分宏大问题的论争，转而进行若干具体问题的细致研究。这有着在论争热潮以后必有一个消歇期的合理性，但放弃宏大问题和

① 张广达：《内藤湖南的唐宋变革说及其影响》，《唐研究》第 11 卷，第 43—44 页。
② 参考谷川道雄《战后日本的中国史论争·总论》，刘俊文主编《日本学者研究中国史论著选译》第 2 卷《专论》，高明士等译，中华书局，1993，第 313—329 页。
③ 张广达：《内藤湖南的唐宋变革说及其影响》，《唐研究》第 11 卷，第 45 页。论战情形的较详介绍，可参考高明士《战后日本的中国史研究》第一篇"日本对中国史研究的新发展·时代区分问题"，中西书局，2019，第 34—92 页。

宏观视野而陷入细致具体，也受到了谷川道雄的批评。[①] 后来，2014 年，在东京召开了中日学者中国古代史论坛，集中讨论"现阶段中国史的时代划分"，并出版论文集《中国史の时代区分の现在》（汲古书院，2015），[②] 但并没有重新引起广泛讨论。

二

中国史学界在夏曾佑之后，以社会进化史观宏观研究中国历史的另一位代表性学者是吕思勉。1923 年，吕思勉于上海商务印书馆出版《白话本国史》，将中国历史发展进程划分为五个时期：周代以前为"上古"，从秦朝统一起到唐朝全盛止为"中古"，从唐朝全盛以后藩镇割据起到南宋止为"近古"，从元明到清中叶以前为"近世"，从西力东渐到著书当时为"最近世"。与夏曾佑的教科书相比，吕著在持社会进化史观的同时，十分重视叙述历代政治制度，重视揭示社会的经济组织和生计状况，重视生产方法和生产社会组织对历史发展的影响和作用，注重制度演进背景下社会史的发展变迁，其中较多论述了唐代经济生产方式的变化，并将安史之乱作为"中古史"与"近古史"的具体分界线。还认为，自秦汉之后直至清朝海禁大开以前，"中国社会的经济组织没有根本变化"，社会长期停滞"是由于生产方法和生产社会组织没有变更的缘故"。这成为贯通性卓识。具体到隋唐历史研究，吕思勉于 1959 年出版《隋唐五代史》（上海中华书局初版，实际以 40 年代写成的初稿出版），延续其中国历史五大分期观点，并注重以社会科学的理论方法进行研究，其中第十五章"隋唐五代社会组织"（婚制、族制、人口、人民移徙、风俗）和第十六章"隋唐五代社会等级"（门阀、豪强游侠、奴婢），可视为隋唐五代时

---

① 据谷川道雄《魏晋南北朝隋唐史的基本问题总论》一文的回顾和分析，1980 年代之后，日本学界失去了对中国历史时代分期的研究热情转而进行"研究的细分化"。参见谷川道雄主编《魏晋南北朝隋唐史学的基本问题》，李凭等译，中华书局，2010，第 1—23 页。

② 高明士：《战后日本的中国史研究》，简体版序，第 2 页。

期社会结构问题专论。吕思勉的著作以视野通贯、史料扎实、论说精审见长，在方法上以传统史学和社会科学研究相结合为突出特点，但其五阶段中国历史分期和对唐代历史的具体研究，并不以社会形态和社会性质来加以概括，也不使用封建社会概念。

同一时期，以郭沫若、翦伯赞、吕振羽为代表的中国马克思主义史学家，开始以马克思主义理论为指导来研究中国历史，揭示经济发展在社会发展进程中的基础性地位和决定性作用，揭示历史上生产方式的演变和中国历史的发展进程及规律。1928 年，郭沫若发表《中国社会之历史的发展阶段》（《思潮》第 4 期），首次按原始社会、奴隶社会、封建社会演进规律叙述中国古代历史，认为唐代属于封建社会阶段。1930 年 1 月，郭沫若将 1928 年以后发表的有关论文结集为《中国古代社会研究》（上海联合书店）。该书遵循唯物史观"人类社会的发展是以经济基础的发展为前提"的基本原理，根据物质资料生产方式的发展变化来阐述中国古代历史，第一次把帝国主义入侵以前的中国历史叙述为原始共产社会、奴隶社会、封建社会有规律递替的历史，对中国古代历史的发展阶段做了一个勾画——"大抵在西周以前就是所谓'亚细亚'的原始社会，西周是与希腊罗马的奴隶时代相当，东周以后，特别是秦以后，才真正的进入了封建时代"。这是中国马克思主义史学的第一部重要著作和奠基之作，[1] 开创了以唯物史观社会形态演进理论研究中国古代社会历史发展及其规律的先河，大大超越了社会进化史观，对中国古代历史发展各阶段给予了明确的"原始社会""奴隶社会""封建社会"的社会形态和社会性质判断，也经历了"人类社会发展之一般"，即人类社会普遍性的发展阶段和规律。

翦伯赞和吕振羽也开始运用唯物史观社会形态理论研究中国历史。

---

[1] 林甘泉等：《中国古代史分期讨论五十年（一九二九——一九七九年）》，上海人民出版社，1982，第 14 页；李根蟠：《二十世纪的中国古代经济史研究》，《历史研究》1999 年第 3 期，第 128 页。郭沫若后来在 1947 年出版的《十批判书》（上海群益出版社，第 1—70 页）中，对先前观点做了修订，认为殷代为奴隶制社会，并将奴隶制社会和封建制社会的分界调整为春秋战国之交，但论证体系保持稳定。

1930 年 11 月，翦伯赞发表《中国农村社会之本质及其历史的发展阶段之划分》，以"经济关系，是社会物质的基础，一切政治、法制以及意识形态都是建筑在他的上部的建筑物，经济关系一有摇动，全部上部的建筑物，必同归于崩溃"立论，依据"私的土地所有"和"农奴的主从关系"等"封建的生产方法之主要的特质"，不但指出"中国的农村社会的本质，实在不是一个独特的或是亚细亚的生产方法，而是封建的生产方法"，而且论证划分了中国农村社会之史的发展阶段，即商代以前是石器时代的原始共产社会，商代是一个古代的氏族社会，西周进化到了一个奴隶制度的封建社会，到东周战国进入典型的封建诸侯社会。① 吕振羽于 1934 年发表《中国经济之史的发展阶段》（《文史》创刊号，1934 年 4 月 15 日），论述了中国历史发展所经历的几种社会经济形态，认为殷代以前为中国史的原始公社制时代，殷商时期进入奴隶制社会和青铜器时代，西周时期进入初期封建社会即领主制封建社会，东周时期即春秋时期，是领主制封建制发育完成的时代，而且最典型，到了战国时代，中国封建社会内部开始发生变化，旧封建领主所支配的农奴经济让渡到新兴地主的农奴经济，自秦代开始进入地主制的封建社会，"系专制主义的封建社会"，而且，"由秦代一直到鸦片战争的前夜，这种经济性质的内容，并不曾改变，只在封建经济的体制内连续的发展，但并不曾中断"。②

吕振羽首次将中国封建社会划分为"领主制封建社会"和"地主制封建社会"两个阶段，并强调地主制封建社会的"专制主义"特点，是结合中国历史发展实际对中国封建社会形态更为细致和精到的研究，充分注意到了中国历史发展的特殊性和特有路径，也注意到了封建社会的普遍性和一般道路。王亚南应是延续了吕振羽研究的有关理路和观点。1948 年，王亚南结集出版《中国官僚政治研究——中国官僚政治之经济的历史

---

① 《三民半月刊》（北平）第 5 卷第 6 期，1930 年。该文后收入《翦伯赞全集》第六卷《中国社会史论战集》，河北教育出版社，2008，第 358—372 页。

② 《中国经济之史的发展阶段》，中国社会科学院科研局组织选编《吕振羽集》，中国社会科学出版社，2001，第 129 页。

的解析》（时代文化出版社），对"由秦汉以至清代末造"时期的社会形态
进行了深刻研究，指出是"官僚的封建社会形态"，"就是官僚与农民构成
的社会，或官民对立的社会，也称专制官僚社会"。王亚南所谓"官僚"，
"不当理解为某个或某些特别的官吏，而是整个官僚统治"，即秦至清末封
建国家政治体制。王亚南所谓"官僚的封建社会"或"专制官僚社会"，与
吕振羽所谓"专制主义的封建社会"，是相通的，并更加注重国家政治制度
与农民阶级的结构及其对立矛盾。① 1954 年，王亚南又结集出版《中国地
主经济封建制度论纲》（华东人民出版社），从西周领主封建制度和秦至清
末地主经济封建制度的形成及演变，引论到中国封建社会发展史的中央集
权官僚政治等问题，系统阐述了中国封建社会发展过程中社会经济、政治、
文化的内在有机联系，概要论述了中国封建社会的发展历程及结构性特点，
论述了中国封建社会所经历的两种形态且以地主经济封建制度为主要特征
并保持了长期稳定，这与欧洲领主制封建制度有着显著区别。

　　郭沫若、翦伯赞和吕振羽的论著，是在 20 世纪 20—30 年代中国社会
性质和中国社会史大论战背景下诞生的中国马克思主义史学的奠基作，均
运用唯物史观及社会形态演进理论对中国历史发展进行了总体性研究，并
与钱穆《国史大纲》（商务印书馆 1940 年初版，后有多次重版本）认为
中国历史不存在封建社会，以及陶希圣认为中国早已进入先资本主义社会
（商业资本主义社会）等观点，展开了论战，"开创了以马克思为指导的
中国新史学"。② 具体到唐代社会经济形态研究，吕振羽于 1935 年发表长
篇论文《隋唐五代经济概论》，③ 运用马克思主义社会经济形态理论和阶

---

① 李约瑟在《中国古代的科学与社会》一文中，对中国秦汉以后的皇帝制度有代表性阐
　　述："中国古代封建制代之以一种特殊的、我们在西方还没有与此对应的社会形式，即
　　所谓亚细亚官僚制度。在这种制度下扫除了所有领主，只留下一个天子或皇帝，他统治
　　整个国家并通过庞大的官僚机构来征收一切赋税。"见潘吉星主编《李约瑟文集：李约
　　瑟博士有关中国科学技术史的论文和演讲集（一九四四——一九八四）》，辽宁科学技术
　　出版社，1986，第 53 页。李约瑟的这一阐述，应该是受到了王亚南的影响。
② 侯外庐：《韧的追求》，生活·读书·新知三联书店，1985，第 223 页。
③ 《中山文化教育馆季刊》第 2 卷第 4 期，1935 年 10 月冬季号。

级矛盾、阶级斗争观点，考察了隋唐五代直至宋朝王安石变法期间的社会经济矛盾和政治变动，分析了这一时期社会经济的构成、性质、生产组织形式及剥削关系，着重论述了农民经济、小地主经济和大地主经济之间的利益冲突、矛盾斗争和消长变化，阐述了经济因素在这一时期政治变动和社会发展中的决定性作用，特别论述到了"唐代地主经济的诸构成和其剥削诸关系""地主阶级内部的冲突和社会矛盾的发展""大地主经济的没落过程"，即重点论述了唐代经济结构和社会结构及其发展变化，是运用唯物史观研究唐宋经济形态和政治变动的最早论文之一。

新中国成立后，以马克思主义唯物史观基本理论为指导，在斯大林《辩证唯物主义和历史唯物主义》及《联共（布）党史简明教程》影响下，把人类社会视为一个有机整体，把人类历史发展视为生产力和生产关系、经济基础和上层建筑矛盾统一的自然历史过程的唯物史观，及物质生活资料生产方式起基础和决定作用的社会经济形态依次更替理论，成为马克思主义中国史学研究的指导思想，用以观察论析中国历史发展进程及阶段性发展的社会形态和不同社会性质，以重点揭示中国历史发展的道路及特点。其中就中国历史有无奴隶制社会问题，特别是就奴隶制社会和封建制社会分期问题（古史分期问题）展开了热烈讨论，并形成存在奴隶制社会的主要意见和"三论五说"观点（"三论"指西周封建论、战国封建论、魏晋封建论；"五说"指春秋封建说、秦统一封建说、西汉封建说、东汉封建说、中唐封建说），做了深刻的系统性、整体性研究。① 除了魏晋封建论视唐代为封建社会前期、中唐封建说视唐代

① 客观地说，中国学者关于古史分期和中国封建社会的研究，在注重社会经济形态的同时，也充分考虑论析了中国历史发展的其他内容和特点，重视中国历史发展特点揭示。这与西方学者"以'封建制'概念来界定 10—13 世纪以及 13—15 世纪的欧洲社会"，认为"这时社会政治上以诸侯分封割据为特征，社会结构为贵族享有特权的封君封臣的金字塔结构，经济上裂土封茅，农民与封臣四六分或对分农产品，农民与封建主和土地均有依附的关系"（胡志宏：《西方中国古代史研究导论》，第 204 页），有着明显不同，并非完全犯了某些学者所谓的概念化、模式化错误。中国学者在研究过程中虽存有疏失错误，但忽视甚至无视中国学者对中国历史发展道路及特点的揭示，不是尊重学术史的科学态度，是不可取的。

为由奴隶制社会向封建制社会转化时期的观点，绝大多数中国通史和唐代断代史学者认为唐代处在中国封建社会中期的繁荣发展时期，并将地主大土地所有制和农民小生产相结合的生产方式、地主阶级与农民阶级之间的主要矛盾，以及地主阶级国家政权对农民阶级的压迫剥削和超经济强制，作为阐述论证核心，以揭示唐代封建社会经济形态、社会结构状况特点和阶级社会的社会性质，并认为唐代具有中国封建社会的普遍性。

同时，学界还就中国封建社会史进行了发展阶段问题即内部分期问题讨论，唐朝处在封建社会由前期向后期转变时期，也成为一种重要观点。这一观点，可以持秦汉封建说（自秦始皇统一到汉武帝的法律形式的法典化）的侯外庐的观点作为代表。侯外庐指出："大概地说，中国封建社会可分为前期和后期两个阶段。前期从商鞅变法起，又可以战国末秦、汉之际为过渡，两汉作为一个阶段，魏、晋、南北朝、隋为一个阶段。后期可以隋和唐初为过渡，从中唐至明代中叶为一个阶段，明代末叶，即自十六世纪中叶以后，至一八四〇年为又一个阶段。"这被学界称为"两期四段说"。侯外庐还指出："（唐代）均田制既经破坏，立基于均田制上的府兵制度，在开元、天宝间，也就跟着破坏。此后不得不采用召募的雇佣兵制，以至于宋代的广募流民为禁军的制度。封建制社会的军事体制对于土地财产关系以及地租形态具有着巨大的影响。同时，依据均田制而制定的租庸调法，也大受破产，两税法终于代替了租庸调法。这是中国封建主义前后期转变的重要标志。"[1] 明确阐述了唐代所发生的标志着中国封建社会由前期向后期转变的重要变化，以及唐代在中国封建社会史中的阶段性地位。

新中国成立以后，陈寅恪仍然坚持其种族、文化史观特别是文化史观，以种族和文化视角观察论析西魏、北周至隋、唐时期的诸多发展变

---

[1]　侯外庐：《中国封建制社会的发展及其由前期向后期转变的特征》，氏著《中国封建社会史论》，人民出版社，1979，第147、160页。

化。虽不能运用历史唯物主义的立场观点进行研究，但具有朴素的辩证观点，善于运用发展变化的观点综合性地研究重要问题。① 陈寅恪的名著《唐代政治史述论稿》初版于 1944 年，② 集中论述的"统治阶级之氏族及其升降"和"政治革命及党派分野"，以政治制度变革和统治阶级士庶之争及其胜负升降为中心，实际上综合论述了唐代国家制度与统治集团、社会结构问题，抓住了唐代社会发展的明显特征；从文化史观，认为唐代疆域之内事实上存在汉文化影响占统治地位地区和胡化地域地区，实际上也关涉唐代社会形态认识。陈寅恪还将魏晋南北朝隋唐时期视为中国历史的"中古史"，并认为唐高宗永徽六年（655）所颁废王皇后、立武则天为皇后之诏书，是中古史上的一大转折点，断言："故武周之代李唐，不仅为政治之变迁，实亦社会之革命，若依此义言，则武周之代李唐较李唐之代杨隋其关系人群之演变，尤为重大也。"③ 1954 年，在论述李武韦杨婚姻集团一文中，陈寅恪又指出："在吾国中古史上为一转折点，盖西魏宇文泰所创立之系统至此而改易，宇文氏当日之狭隘局面已不适应唐代大帝国之情势，太宗以不世出之英杰，犹不免牵制于传统之范围而有所拘忌，武曌则以关陇集团外之山东寒族，一旦攫取政权，久居洛阳，转移全国重心于山东，重进士词科之选举，拔取人材，遂破坏南北朝之贵族阶级，运输东南之财赋，以充实国防之力量诸端，皆吾国社会经济上重大之措施，而开启数百年以至千年后之世局者也。"④ 稍后，更明确地说："综括言之，唐代之史可分为前后两期，前期结束南北朝相承之旧局面，后期开启赵宋以降之新局面。关于政治社会经济者如此，关于文化学术者亦莫不如此。"⑤ 断定高宗武后时期，开启了唐宋变革之进程。陈寅恪虽没有给予这些变迁和转折以社会性质定性，但又主要是从统治集团（人群、阶级）

---

① 王永兴：《陈寅恪》，《中国史研究动态》1979 年第 8 期。

② 陈寅恪：《唐代政治史述论稿》，重庆商务印书馆，1944。后有上海商务印书馆 1947 年版，生活·读书·新知三联书店 1956 年重印版，以及上海古籍出版社 1982 年版，等等。

③ 陈寅恪：《唐代政治史述论稿》，上海古籍出版社，1982，第 19 页。

④ 陈寅恪：《记唐代之李武韦杨婚姻集团》，《历史研究》1954 年第 1 期。

⑤ 陈寅恪：《论韩愈》，《历史研究》1954 年第 2 期。

更替、选官制度变革、社会经济文化变革来综合立论的，认为"不仅为政治之变迁，实亦社会之革命"，实际上持唐宋政治体制和社会结构变革论，是注重唐代社会结构论析和社会形态认识的。

1978 年之后，在改革开放、思想解放的大好局势下，学界仍然保持着对于中国历史分期问题及唐代历史时代定位的研究热度，这比谷川道雄所批评 1980 年代之后日本学界的情况明显要好。这种研究热度的保持，主要表现在三个方面。

第一方面是对此前的问题做了进一步研究和综合，特别是关于中国封建社会形态的认识得到了系统性论述，可以胡如雷《中国封建社会形态研究》，① 傅筑夫《中国古代经济史概论——试论从周初到鸦片战争时期中国社会经济发展迟滞的原因》，② 李文治、江太新《中国地主制经济论——封建土地关系发展与变化》，③ 作为代表。胡如雷的著作被誉为"中国封建社会的政治经济学"，是以马克思《资本论》的研究方法特别是政治经济学的方法写成的，是中国封建社会形态研究的重要理论成果。傅筑夫和李文治、江太新的著作则主要围绕社会经济形态展开论述，系统性地研究了中国封建社会的两个发展阶段，是将马克思主义社会形态理论与中国封建社会实际相结合，对中国特色封建社会及其发展特点展开论述的重要研究成果。④ 李桂海的《中国封建结构探要》，⑤ 从宏观结构探讨"中国的封建社会"，论析了中国封建社会斗争形态的多样与复杂、经济组织的封闭与

---

① 胡如雷：《中国封建社会形态研究》，生活·读书·新知三联书店，1979。

② 傅筑夫：《中国古代经济史概论——试论从周初到鸦片战争时期中国社会经济发展迟滞的原因》，中国社会科学出版社，1981。傅筑夫使用"典型封建社会"替代"领主制封建社会"，使用"变态封建社会"替代"地主制封建社会"。

③ 李文治、江太新：《中国地主制经济论——封建土地关系发展与变化》，中国社会科学出版社，2005。该书使用"地主制经济体制"进行概括，将中国封建社会划分为西周领主制经济、东周时期领主制经济向地主制经济过渡、秦汉至明清地主制经济三个历史时期，论证最为系统完善。

④ 傅筑夫还著有《中国经济史论丛》上下册（生活·读书·新知三联书店，1980），收录13 篇专题论文，论述了中国经济史上存在的与其他国家"有显著不同的重大问题和特殊问题"，实际上也是贯通性地对中国封建社会进行研究的重要成果。

⑤ 李桂海：《中国封建结构探要》，辽宁大学出版社，1987。

隔绝、政治制度的呆滞与僵化、思想意识的凝集与对抗等特点，也具有综合性。

具体到唐代历史时代定位和发展变革研究，则有胡如雷、吴宗国和胡戟等的重要阐述。胡如雷认为，隋唐五代三百余年正是中国封建社会处于前期向后期过渡的年代；这三百余年，又分为自隋朝建立到安史之乱时期对魏晋南北朝历史继承多于变革的阶段，以及安史之乱后至北宋时期变革多于继承的阶段，并为整个中国封建社会后期开了先河。[①] 吴宗国认为，唐代处在中国封建社会前期已经结束而后期刚刚开始的转折时期，在经济制度、政治制度、思想文化诸方面均发生了变化，特别是一般地主土地所有制的蓬勃发展和政治制度以及各项制度不断的、全面的变革，构成了唐朝的基本特征，也决定了唐朝社会各方面的发展。吴宗国把汉唐时期视为中国历史的中古时期，认为以北魏冯太后和孝文帝改革、隋朝文帝和炀帝父子改革、唐朝玄宗至德宗时期改革为标志，中国历史在此期间经历了一次"三级跳"或称三次重大变革，终于走出了中古时期，进入了社会转型时期，而其根本原因是社会经济的发展，特别是由于生产力的发展而引起的土地所有制的发展。[②] 吴宗国还从中国古代政治制度发展的角度，阐述申论了陈寅恪认为唐高宗永徽六年废王立武诏书是中古史上一大转折点的观点，指出高宗废王皇后、立武则天为皇后，"不仅标志着关陇贵族的最后退出历史舞台和门阀贵族政治残余的最后扫除，也是从南北朝开始的、隋代基本实现的国家体制从皇帝贵族体制到皇帝官僚体制过渡的最后完成"。[③] 胡戟认为，秦汉至隋唐间 1100 余年处于中国专制主义中央集权社会前期，具体可划分为秦至西汉、东汉至南北朝前期、南北朝中期至初唐、盛唐至中晚唐四个阶段；这一历史时期的历史大势，在

---

① 胡如雷：《论隋唐五代在历史上的地位》，《河北学刊》1988 年第 2 期。
② 吴宗国：《唐朝的特性》，《中国唐史学会论文集》，三秦出版社，1989，第 1—10 页；《试论中国中古社会变迁》，张国刚主编《中国中古史论集》，天津古籍出版社，2003，第 1—10 页；《汉唐与中国中古社会变迁》，孙家洲、刘后滨主编《汉唐盛世的历史解读——汉唐盛世学术研讨会论文集》，中国人民大学出版社，2009，第 1—13 页。
③ 吴宗国主编《盛唐政治制度研究》，上海辞书出版社，2003，第 4 页。

政治史上的内涵是士族门阀自酝酿、发展成熟、极盛而衰到终结转型，并在随后的五代与宋完成了向后门阀社会官僚政治的转变，中国专制主义中央集权社会进入后期，而开启这一发展大势的物质前提是以铁器牛耕为标志的农业文明的进步，以及所带来的一家一户小农独立经营能力的提升，所唤起的千百万农民开创自主经济的热情和劳动生产方式的一次解放。①

第二方面是对此前的问题进行了再认识和继续探讨，可以 1978 年在长春举办的"中国古代史分期问题学术讨论会"、1999 年在天津举办的"中国社会形态及相关理论问题学术研讨会"、2007 年在北京举办的"'封建'社会名实问题与马列主义封建观学术研讨会"、2010 年在济南举办的《文史哲》杂志人文高端论坛"秦至清末：中国社会形态问题"，作为标志。再认识和继续研讨的情况，可参阅叶茂于 2008 年发表的述评和张越于 2021 年所做的述论。② 大体呈现以下几个特点：一是对此前分期问题讨论进行学术反思和再认识；二是特别注重揭示中国历史发展的社会形态演进及其独特性；三是注重在理论模式和解释体系上进行新探索，提出了众多新的分期观点。其中，在继续以经济形态作为社会形态基础研究的同时，重视秦汉至清末国家权力、国家制度对于社会结构、社会形态和社会性质的重要影响，成为一种重要观点，可以王毓铨提出的中国封建社会是一种"家长制专制（皇帝专制）封建社会"，③ 刘泽华提出的"中国的王

---

① 胡戟：《汉魏隋唐历史底蕴初探——历史大势、礼仪制度与士人的追求》，《胡戟文存——隋唐历史卷》，中国社会科学出版社，2000，第 1—41 页。

② 叶茂：《"封建"新辨——关于近年来中国秦汉以后是否属于"封建社会"争论的述评》，《河北大学学报》2008 年第 2 期；张越：《近 40 年来中国古史分期问题研究述论》，《思想战线》2021 年第 4 期。

③ 王毓铨《中国古代经济史研究议》认为，"中国古代家长制专制封建社会的经济是封建政治经济、封建等级经济"（《中国经济史研究》1989 年第 4 期，第 2 页）。张显清《家长制专制封建社会论——记近年来王毓铨先生对明代及中国封建社会形态基本特征的论述》，指出王毓铨所谓"家长"是指封建皇帝，其通过一个庞大的官僚机构和专制官僚政体来控制整个社会，见《明史研究》第 4 辑（庆贺王毓铨先生 85 华诞暨从事学术研究 60 周年专辑），黄山书社，1994，第 6—8 页。

权主义"① 为代表，这在理路上是吕振羽"专制主义的封建社会"和王亚南"官僚的封建社会"（"专制官僚社会"）认识的延续和深化。② 李振宏于 2016 年通过多篇论文集中论证的秦至清"皇权专制社会"，③ 黎虎于 2020 年发表的《中国古史分期暨社会性质论纲——兼论中国传统社会的主要矛盾问题》，④ 认为秦至清是皇权体制下的"吏民社会"，也可视为此一理路的探讨。另一项代表性研究成果，是王毅所著《中国皇权制度研究——以 16 世纪前后中国制度形态及其法理为焦点》，⑤ 综合性地阐述了皇权制度的制度结构、功能、运行机理和中国皇权社会形态及历史影响等，是一部大型著作。

第三方面是自 20 世纪 90 年代中后期以来，唐宋变革问题受到学者的持续性重视，并明显体现在关注社会整体性变革的社会史研究中，有关研究可参阅黄正建和张国刚的述评以及李华瑞主编的文集。⑥ 这实际上是从中国历史分期的大背景下来讨论唐宋时期所发生的变革问题。《唐宋历史评论》第 9 辑，刊发了一组继续探讨该问题的笔谈，陆扬、刘光临、张泰苏等发表了观点，对唐宋变革进行反思成为明显倾向。⑦

---

① 刘泽华:《中国的王权主义——传统社会与思想特点考察》，上海人民出版社，2000。该书集中论述了"王权支配社会"的观点。

② 孟繁清等《专制主义与中国封建经济》（河北教育出版社，1995），"以封建专制主义的经济职能为主线"，系统论述了"专制主义与中国封建经济的关系"（该书前言），也是这一观点的重要成果。

③ 李振宏:《从政治体制角度看秦至清社会的皇权专制属性》，《中国史研究》2016 年第 3 期;《秦至清皇权专制社会说的法制史论证》，《古代文明》2016 年第 3 期;《秦至清皇权专制社会说的思想史论证》，《清华大学学报》2016 年第 4 期;《秦至清皇权专制社会说的经济史论证》，《河南师范大学学报》2016 年第 6 期。

④ 黎虎:《中国古史分期暨社会性质论纲——兼论中国传统社会的主要矛盾问题》，《文史哲》2020 年第 1 期。

⑤ 王毅:《中国皇权制度研究——以 16 世纪前后中国制度形态及其法理为特点》，北京大学出版社，2007。

⑥ 黄正建:《改革开放三十年来的隋唐五代史研究》，《河北学刊》2008 年第 6 期，第 92 页;张国刚:《改革开放以来唐史研究若干热点问题述评》，《史学月刊》2009 年第 1 期，第 5—8 页;李华瑞主编《"唐宋变革"论的由来与发展》，天津古籍出版社，2010。

⑦ 包伟民、刘后滨主编《唐宋历史评论》第 9 辑，社会科学文献出版社，2022。

## 三

中日学界之外，西方学界关于唐代国家制度与社会结构的研究，以崔瑞德编《剑桥中国隋唐史（589—906 年）》为代表。该书由剑桥大学出版社于 1979 年初版，由多位专家联袂完成，注重将隋唐五代时期纳入中国古代历史特别是汉至宋历史时期加以考察论析。该书具总论性质的第一章"导言"，[①] 认为隋唐时期，"中国在政治制度、与邻国的关系、社会组织、经济以及思想、宗教和艺术生活的各个领域等方面都发生了广泛变化"。这些广泛变化主要体现在四个方面：一是"中国的大一统"的重建，隋唐两朝终于树立了"中国一体化"思想，即"一个领土统一的帝国思想"和"一个统一的中国政体的结构"；二是"政治生活类型发生的彻底改变"，包括"统治阶级的组成有了完全的变化"和各项国家制度（包括法律、行政、科举、三省、土地、财政、军事、翰林学士、宦官、三司等制度）的变化；三是"复杂的经济和社会的变化"，包括人口分布、经济重心东南移动、土地所有制变化、户籍制度破坏、庄园大地产发展、租佃制、城市化过程、商业贸易；四是确立了"对东亚广大地区的密切的文化影响"，对外关系"发生了彻底的变化"。这些广泛变化的观察阐述，特别重视对隋唐历史发展具体且丰富内涵和特点的归纳概括，实际上关乎对社会结构和社会形态的认识。当然，整部《剑桥中国史》把秦朝建立即皇帝制度确立作为中国历史的开端，按照各朝代各位皇帝统治时期而不是按照历史分期和社会性质变革来分卷撰写，是其显著特点。就隋唐史卷来说，也是这样，广泛性的观察阐述虽关乎社会结构和社会形态认识，却又不以社会性质概念来概括认识。

总之，中外学界虽然在国家制度和社会结构具体内涵上存有不同理解，是否以社会形态和社会性质来加以论析也有歧义，但上述研究均关涉

---

① 崔瑞德编《剑桥中国隋唐史（589—906 年）》，第 1—48 页。

对唐王朝国家制度安排和社会结构状况的综合思考和认知，取得了丰硕学术成果。不过，有学者从社会史研究视角，在对 20 世纪唐史研究进行回顾和评论时指出："关于唐代社会形态与特点的讨论不够深入，由于史学理论水平的局限，从宏观上论述的文章并不多，例如王权是否依靠行政权力支配社会，当时社会形态分层次表现如何，中小地主是否是社会财富的积累与创造者，农民生产方式是否与当时社会形态相符合，唐代社会是否与欧洲'中世纪'社会进程概念等同，如此等等，一般都被审慎地回避了。……这自然影响着唐代社会形态构成与特点的研究，甚至想当然地、概念化地理解唐代社会基本矛盾，阻碍了对唐代社会最接近实际的认识。"[1] 这一回顾和评论是颇为中肯的，所指出的问题也正是研究缺陷所在，也适用于评论 21 世纪以来的研究状况，即新世纪以来这些研究缺陷依然存在。

　　这一回顾和评论，主要指出了两个方面的研究缺陷：第一是关于唐代社会形态构成与特点或称社会形态分层次表现的研究不够深入，第二是存在想当然地、概念化地理解而不是客观如实地认识唐代社会历史实际的情况。笔者认同该观点，认为第一个方面的缺陷，致使没有能够在已有研究成果基础上很好地推进关于唐代历史时代特质和时代定位的断代性研究，没有很好地推进形成关于中国历史发展进程中唐代社会结构、社会形态问题的新认识。而唐代社会结构、社会形态和社会性质问题，是唐代历史研究中最为关键、最具全局意义的问题，是应该继续探讨研究的，特别是应推进上述评论所提出的社会形态分层次表现研究，并给予新的归纳和概括。如唐代社会并不只是"地主阶级"与"农民阶级"的两极对立，其社会结构也不是简单化的两大阶级对立斗争的阶级结构，实际上其"阶级"的构成表现为多梯级的"等级"，即列宁明确指出的，"在奴隶社会和封建社会中，阶级的差别也是用居民的等级划分而固定

---

① 胡戟等主编《二十世纪唐研究·社会卷》，葛承雍执笔，中国社会科学出版社，2002，第 790 页。

下来的，同时还为每个阶级确定了在国家中的特殊法律地位。所以，奴隶社会和封建社会（以及农奴制社会）的阶级同时也是一些特别的等级"，① 亦即"阶级"与"等级"有联系也有区别。这就提示我们，既要以马克思主义唯物史观为指导，按居民（人们、群体）在生产关系（主要是财产关系和生产资料所有制关系）中的地位来划分阶级，论析社会阶级构成及其结构，又要考察居民的等级性差别，考察社会阶层、组织、群体的多梯级、多系列的复杂情况及演变，论析其间法律地位、政治地位、经济地位和社会地位的不平等及其阶梯性关系。就唐代具体历史实际来说，皇帝及皇亲国戚、五品以上高官、六品以下官吏、良民、贱民的贵贱高低的多层次等级性系统，既是政治秩序系统，也是社会结构系统和资源财富利益系统。这个多层次等级性系统，在整体社会结构系统中是一条主线，居于主要和主导地位，其他系统都受它的支配和制约。对这个等级性系统进行具体翔实的客观考察，论析规划、塑造这个等级性系统的国家制度安排和制度体系建构，并宏观概括其结构性特征，还是需要加强研究的。

第二个方面的缺陷在唐代社会结构、社会形态、社会性质研究中也确实存在，亦即存在概念化、抽象化缺陷和错误。今天来看，学界所运用的许多概念、范畴和理论是值得深思和反省的。如对于唐代均田制下的农业劳动者的身份是奴隶、农奴、自耕农、半自耕农、农民、佃农的认识纷纭，就正说明存在唐代社会形态和社会性质认识上和理论上的混乱。均田制下的农业劳动者，作为唐代社会阶层的重要组成，其身份性质如何客观认识，是需要对先前的认识和理论加以反思的。又如大量使用近现代概念如贵族、贵族制，领主、领主制，地主、地主制，封建、封建制，这是否如实揭示了唐代历史客观的政治经济内涵及体制特征？再如关于唐代社会形态有着是中古、近世，是奴隶制社会、封建制社会等的不同判断，那么，哪一种判断最为契合而不是疏离于唐代历史实际？这些也都是没有

---

① 《列宁全集》第 6 卷，人民出版社，1959，第 93 页。

真正弄清而需要继续研究的。如何基于历史事实的准确解读，并予以历史哲学意义上的理论性概括归纳，做出符合唐代历史实际的客观平实的认识与论断，而不是陷入概念搬套、机械比附和解释过度，仍需要静下心来认真斟酌。社会形态、社会性质认识上的概念、范畴、理论运用，是史学研究高层次的要求，尤其需要谨慎小心。如果运用不当，生搬硬套，疏离于史实，过度解释，则不是研究历史而是"创造"历史。

# 贞观之治研究述略

孟宪实

唐太宗治理国家，年号为贞观，虽不足二十四年，但政绩卓然，史家予以"贞观之治"之评价。中国古代实行皇帝制度，国家权力贯彻中央地方，自秦始皇至唐太宗，历八百余载，制度文化日趋成熟。研究贞观之治，视贞观之治为古代政治、制度、文化的一大佳绩，具有历史发展的巅峰意义。吴宗国先生研究唐代制度，对贞观之治多有学术见解发表，因此总结描述历代贞观之治的研究情况，以纪念先生之为学也。

## 一 吴兢发起的研究

贞观之治作为一个重要的历史课题研究，从唐朝史家吴兢开始。吴兢，汴州人，因为朱敬则推荐入史馆，参加过《则天实录》撰写，"尝以梁、陈、齐、周、隋五代史繁杂，仍别撰梁、齐、周史各十卷，陈史五卷，隋史二十卷"，天宝八载卒于家。①《旧唐书》中的吴兢本传没有记载其撰写《贞观政要》事，但传世《贞观政要》留下了吴兢的《上贞观政要表》和《贞观政要序》。上表和序，可以看作吴兢对贞观之治的一种概括评价，也是贞观之治研究的重要开篇之作。

《上贞观政要表》：

---

① 《旧唐书》卷一〇二《吴兢传》，中华书局，1975，第3182页。

臣兢言：臣愚，比尝见朝野士庶有论及国家政教者，咸云：
"若以陛下之圣明，克遵太宗之故事，则不假远求上古之术，必致
太平之业。"故知天下苍生所望于陛下者，诚亦厚矣。《易》曰：
"圣人感人心，而天下和平。"今圣德所感，可谓深矣。窃惟太宗
文武皇帝之政化，自旷古而来，未有如此之盛者也。虽唐尧、虞
舜、夏禹、殷汤、周之文、武，汉之文、景，皆所不逮也。至于用
贤纳谏之美，垂代立教之规，可以弘阐大猷、增崇至道者，并焕乎
国籍，作鉴来叶。微臣以早居史职，莫不成诵在心。其有委质策
名、立功树德、正词鲠议、志在匡君者，并随事载录，用备劝诫，
撰成一帙十卷，合四十篇，仍以《贞观政要》为目，谨随表
奉进。……①

《贞观政要序》：

太宗时政化，良足可观，振古而来，未之有也。至于垂世立教之
美，典谟谏奏之词，可以弘阐大猷，增崇至道者，爰命下才，备加甄
录，体制大略，咸发成规。于是缀集所闻，参详旧史，撮其指要，举
其宏纲，词兼质文，义在惩劝，人伦之纪备矣，军国之政存焉。凡一
帙十卷，合四十篇，名曰《贞观政要》。庶乎有国有家者克遵前轨，
择善而从，则可久之业益彰矣，可大之功尤著矣，岂假祖述尧、舜，
宪章文、武而已哉！其篇目次第，列之于左。……②

吴兢的上表与序言，大意相同，高度肯定唐太宗的功绩，强调今上应
该努力向唐太宗学习，从而赢得太平盛世。这不仅是钦奉祖先之义，也是
敬修祖业之途，更是天下苍生之所深望。尤其是高度评价唐太宗的业绩，

① 吴兢撰，谢保成集校《贞观政要集校》，中华书局，2003，第3—4页。
② 吴兢撰，谢保成集校《贞观政要集校》，第7—9页。

认为已经超越先古，虽古代最著名的圣王，从唐尧到汉朝文帝、景帝，"皆所不逮也"。把唐太宗描绘为古今圣王第一人，吴兢应是最早的。①

《贞观政要》全书记述唐太宗的言行事迹，其中有专门的对太宗的全面评价，吴兢置于第一卷最后。第一卷分作《君道第一》和《政体第二》两个部分，而在第一卷的最后，其文如下：

> 太宗……从谏如流，雅好儒术，孜孜求士，务在择官，改革旧弊，兴复制度，每因一事，触类为善。初，息隐、海陵之党，同谋害太宗者数百千人，事宁后引居左右近侍，心术豁然，不有疑阻。时论以为能断决大事，得帝王之体。深恶官吏贪浊，有枉法受财者，必无赦免。在京流外有犯赃者，皆遣执奏，随其所犯，置以重法。由是官吏多自清谨。制驭王公、妃主之家，大姓豪猾之伍，皆畏威屏迹，无敢侵欺细人。商旅野次，无复盗贼，囹圄常空，马牛布野，外户不闭。又频致丰稔，米斗三四钱，行旅自京师至于岭表，自山东至于沧海，皆不赍粮，取给于路。又山东村落，行客经过者，必厚加供待，或发时有赠遗。此皆古昔未有也。②

这是关于贞观之治具体的景象描写，对于后人理解贞观之治大有帮助。尤其是，吴兢《贞观政要》中使用的资料都来自唐朝史馆，这类文字也可以看作史馆中的史料总结。

吴兢的《贞观政要》写作动机很清楚。因为贞观治绩显著，吴兢希望唐玄宗等后来的皇帝都能够努力学习唐太宗，再造国家治理的新业绩。这不仅是可行的，而且符合忠孝原则。后世表彰贞观之治的学者和政治人物，拥有此类动机是常态。学习贞观之治，从此成为中国历史的一个政治现象。

吴兢《贞观政要》开创了贞观之治研究的先例，不仅提供了贞观时

---

① 贞观时期，大臣在唐太宗面前也有夸赞太宗是古今无比的皇帝，但这属于面谈技术，不是历史评价。
② 吴兢撰，谢保成集校《贞观政要集校》，第51—52页。

期丰富的史料，且开创了贞观之治研究的一种体例。后人跟随者众多，但突破吴兢研究体例的较少。

## 二　古代中国贞观之治研究

高度评价贞观之治，主要从唐太宗的视角进行大力表彰，是古代中国史学家对贞观之治研究的基本方式。强调唐太宗的业绩古今第一，高过所有先王古圣，这是吴兢开启的高度评价模式。《旧唐书·太宗本纪》的史臣曰，有如下言论：

> 臣观文皇帝，发迹多奇，聪明神武。拔人物则不私于党，负志业则咸尽其才。所以屈突、尉迟，由仇敌而愿倾心膂；马周、刘洎，自疏远而卒委钧衡。终平泰阶，谅由斯道。尝试论之：础润云兴，虫鸣蚕跃。虽尧、舜之圣，不能用梼杌、穷奇而治平；伊、吕之贤，不能为夏桀、殷辛而昌盛。君臣之际，遭遇斯难，以至抉目剖心，虫流筋擢，良由遭值之异也。以房、魏之智，不逾于丘、轲，遂能尊主庇民者，遭时也。[①]

很清楚，史官的评价是围绕唐太宗本人进行的，所强调的也是一代君王的个人努力。与之相较，吴兢更重视太宗治理的业绩。同是正史，欧阳修的《新唐书》又回到对唐太宗治绩的关注上，在本纪之后的"赞曰"中，他是如此评论的：

> 甚矣，至治之君不世出也！禹有天下，传十有六王，而少康有中兴之业。汤有天下，传二十八王，而其甚盛者，号称三宗。武王有天下，传三十六王，而成、康之治与宣之功，其余无所称焉。虽《诗》

---

[①]　《旧唐书》卷三《太宗本纪下》，第63页。

《书》所载，时有阙略，然三代千有七百余年，传七十余君，其卓然著见于后世者，此六七君而已。呜呼，可谓难得也！唐有天下，传世二十，其可称者三君，玄宗、宪宗皆不克其终，盛哉，太宗之烈也！其除隋之乱，比迹汤、武；致治之美，庶几成、康。自古功德兼隆，由汉以来未之有也。至其牵于多爱，复立浮图，好大喜功，勤兵于远，此中材庸主之所常为。然《春秋》之法，常责备于贤者，是以后世君子之欲成人之美者，莫不叹息于斯焉。①

欧阳修的评价，是通过古今对比的方式进行的，显然更具说服力。虽然也指出唐太宗的问题，但核心看法还是"功德兼隆，由汉以来未之有也"。

北宋何去非认为，唐太宗是最成功的皇帝，主要是天下控制得当。"昔者唐之太宗，以神武之略起定祸乱，以王天下，威加四海矣。然所谓固天下之势，以遗诸子孙者，盖未立也。于是乎藉〔籍〕兵于府，置将于卫，据关而临制之。处兵于府，则将无内专之权；处将于卫，则兵无外擅之患。然犹以为未也，乃大诛四夷之侵侮者，破突厥，夷吐浑，平高昌，灭焉耆，皆俘其王，亲驾辽左而残其国。凡此者，非以黩武也，皆所以立权而固天下之势者也。"②

宋人评价唐太宗者众，强调太宗伟业天下无双。元代戈直专门研究《贞观政要》，集合前人的研究议论，成就《贞观政要》研究的佳本。③ 他对唐太宗和贞观之治的概括，具有集大成的意义。

　　《贞观政要》者，唐太宗文皇帝之嘉言善行、良法美政，而史臣

① 《新唐书》卷二《太宗本纪》，中华书局，1975，第48—49页。
② 何去非：《何博士备论·唐论》，冯东礼：《何博士备论注释》，解放军出版社，1990，第235页。
③ 参见吴枫《评〈贞观政要〉》，原刊《吉林师大学报》1979年第1期，后收入历史研究编辑部编《唐太宗与贞观之治论集》，陕西人民出版社，1982，第234—245页。

吴兢编类之书也。自唐世子孙既已书之屏帷，铭之几案，祖述而宪章
之矣。至于后世之君，莫不列之讲读，形之论议，景仰而效法焉。夫
二帝三王之事尚矣，两汉之贤君六七作，何贞观之政独赫然耳目之间
哉？盖两汉之时世已远，贞观之去今犹近。迁、固之文，高古尔雅，
而所纪之事略；吴氏之文，质朴该赡，而所纪之事详。是则太宗之事
章章较著于天下后世者，岂非此书之力哉？夫太宗之于正心修身之
道，齐家明伦之方，诚有愧于二帝三王之事矣。然屈己而纳谏，任贤
而使能，恭俭而节用，宽厚而爱民，亦三代以下，绝无而仅有者也。
后之人君，择其善者而从之，其不善者而改之，岂不交有所益乎？①

　　戈直本《贞观政要》，不仅校正了原来文本的章节等问题，形成了最
佳版本，更把研究评论唐太宗和《贞观政要》的历代文献搜集在一起，
置于相关章节之下，从而使得该版本集文献与评论于一体，为后人的研究
提供了极大便利。正如谢保成先生所指出的，戈直搜集整理二十二家言论
以及"己意"，"并非论《贞观政要》其书，而是在评贞观之治其事，反
映着宋、元以来对于贞观之政认识的演变"。②
　　简单归纳古代中国学者关于贞观之治的评论，大约不出以下内容。高
度评价唐太宗和贞观之治的历史地位，"三代以下"是一个时间概括，可
以理解为有史以来，或者评价为最高，或者评价为并隆三代，至少可与三
代圣王等量齐观。在经营天下、治理佳绩上，都承认唐太宗为文治武功俱
佳。至于纳谏、知人、爱民等事项，则是总体高度评价的具体因由。③

---

①　《戈直序》，吴兢编著《贞观政要》，王贵标点，岳麓书社，1991，第6页。
②　谢保成：《贞观政要集校叙录》，吴兢撰，谢保成集校《贞观政要集校》，第30页。谢先
　　生把日本学界有关《贞观政要》的成果一并纳入《贞观政要集校》之中，使得今日中国
　　学者不再仅仅依赖戈直本进行研究，厥功甚伟。篇末附录一《贞观政要著录及题跋》，
　　也很有价值。但是，戈直本搜集的贞观之治评论是研究贞观之治的重要参考，依然不可
　　缺少。
③　赵克尧、许道勋先生著有《唐太宗传》一书，其中附录有《历史上对唐太宗和"贞观之
　　治"的评价与讨论》一篇，总结历史上对贞观之治和唐太宗的评价研究，比较详细（见
　　人民出版社，1984，第411—428页）。本文的讨论偏重粗线条介绍。

## 三　汪篯先生的研究

对贞观之治的研究，在 1949 年之后迎来了新局面。因为理论形态的变化，采用阶级斗争理论分析贞观之治成为史学界的主流，相应的研究结论也符合理论的逻辑指向。其中，围绕贞观之治展开的阶级斗争分析，从"让步论"到"反攻倒算说"，可以说是"文革"前和"文革"中两个时期的核心观点。新的封建政权建立后，考虑到农民阶级的激烈反抗，地主阶级的朝廷会调整政策，缓和阶级矛盾，向农民阶级让步，这被称作"让步政策"。"文革"前，这是运用阶级斗争观点分析历史的主要观点。"文革"中，抨击这种观点，认为是宣传阶级斗争调和论，是在为地主阶级说话，强调地主阶级从来没有让步，只有变本加厉和各种方式的反攻倒算。因为"让步论"在史学界的代表被认为是翦伯赞和吴晗两位先生，从而使得历史研究蒙上深厚的时代政治烙印。"文革"结束后，"反攻倒算说"不再存在合理性，作为极左观点被抛弃。1982 年，历史研究编辑部编辑出版了《唐太宗与贞观之治论集》，总结新中国成立之后的这个课题研究，高世瑜在前言中总结道：

> 对唐太宗与贞观之治的研究，实际上早在五代时期就开始了，宋明以来，迄未间断。但旧史家们的研究一直停留在对唐太宗个人品质才干的评价和就事论事地评论贞观政事的得失上。解放后，史学工作者运用马克思主义的唯物史观，对唐太宗与贞观之治进行了历史的、阶级的分析，把这一课题的研究推向新的高度和深度，开拓了很多前人从未涉及的新方面，使之成为唐史领域中研究较多并取得一定进展的问题之一。①

这个总结是实事求是的，虽然没有提及"让步政策"等，但纠正"文

---

① 《唐太宗与贞观之治论集》，前言，第 1 页。

革"偏差的意思是明显的，是贞观之治研究中的拨乱反正。该论集收集论文十六篇，所收论文的时间在 1958—1980 年。文集附有"1949—1980 年论文目录"，共 57 篇，而最早的一篇发表于 1953 年。大约在 20 世纪 60 年代初，讨论贞观之治出现一个小高潮，而到 70 年代末 80 年代初再次迎来一个高潮。该文集是唐太宗与贞观之治研究的一个代表性成果，从中不难了解研究的基本情况。

论集中收有汪籛先生的《唐太宗》一文，该文原发表在 1979 年《北京大学学报》第 2 期上。[①] 收入汪籛先生这篇文章时，连同北大学报的"说明"也一同收录了："《唐太宗》是汪籛同志一九六二年十一月九日给中共中央高级党校一九六一班所作的报告。后来汪籛同志根据党校历史教研室的记录加以整理，并作了若干补充。"说明文具有证明《唐太宗》一文最初发表时间的意义，而更重要的意义是表达了某种平反之意。收入《唐太宗与贞观之治论集》之前，汪籛先生的《唐太宗》一文已经收入《唐太宗与"贞观之治"》一书中，后者于 1981 年由求实出版社出版，一同收入的还有两篇文章。一是《唐太宗"贞观之治"与隋末农民战争的关系》，[②] 这篇文章最初发表在 1953 年，是新中国讨论这个主题的最早的一篇论文。[③] 另一篇文章是《唐代前期的法令和制度》。[④] 1982 年陕西

---

① 收入唐长孺、吴宗国、梁太济、宋家钰、席康元编《汪籛隋唐史论稿》，中国社会科学出版社，1981，第 70—117 页。收入该书时，增加了尾注。汪籛先生的另外一些文章，后来收集整理为《汉唐史论稿》（北京大学出版社，1992）。该书是由吴宗国先生主持完成的，书后有吴宗国先生撰写的后记和《汪籛传略》。2016 年，在纪念汪籛先生百年诞辰之际，以上两部书汇合编成《汪籛汉唐史论稿》（北京大学出版社，2017）。吴宗国先生撰写的后记，介绍了成书的过程和思路以及《汪籛传略》之外的一些情况。

② 最初发表在 1953 年 5 月 30 日《光明日报》上，后收入《汪籛隋唐史论稿》，第 13—27 页。根据该书的后记，1979 年 4 月书稿已经编辑完成。

③ 赵克尧、许道勋《唐太宗传》的附录《历史上对唐太宗和"贞观之治"的评价与讨论》，第 418 页。

④ 这是介绍唐朝政治制度和法律的一篇文章，十分简洁，设有"均田令和租庸调法"、"中央和地方的政权机关"、"学校和科举制度"、"军事制度"和"法律制度"等五个标题。这篇文字，此前未见发表，可能是作者的札记，后来又收录《汪籛汉唐史论稿》，第 296—306 页。

人民出版社出版《唐太宗与贞观之治论集》，几乎与汪篯先生的书名重合，这不应该看作巧合，而是对汪篯先生研究的一种认可。阅读论集中的十六篇论文，最具综合性的当数汪篯先生的《唐太宗》一文。[①] 赵克尧、许道勋高度评价汪篯先生的文章，指出："这篇遗稿，写于六十年代初期，可以说是解放后最全面、最详细地评论唐太宗的文章，很有参考价值。"[②]

从《唐太宗"贞观之治"与隋末农民战争的关系》到《唐太宗》，汪篯先生的贞观之治研究具有代表性，学者的评论是"最全面、最详细"。这里的代表性，现在看来特指从 20 世纪五六十年代到八十年代初这段时间。为什么说具有代表性呢？这从《唐太宗》一文的结构可以略窥一二。文章分作八个次级标题，分别是：唐太宗所处的时代；晋阳起兵；唐太宗的战略战术；玄武门事变；唐太宗的用人政策；"贞观之治"；边疆问题和民族政策；太宗中晚年的政治。文章归纳了唐太宗一生的主要事迹，贞观之治是核心事件更是唐太宗的主要成绩，这是继承了唐太宗研究的历史主流观点的结果，而核心的问题是如何赢得贞观之治。吸取隋朝灭亡的教训，这是史学界的共识，而在当时的表述方式为阶级斗争的结果，即朝廷实行了"让步政策"。阶级斗争推动政策转变，是通过以唐太宗、魏徵为代表的朝廷才发生的，阶级斗争不会直接促成贞观之治。总之，在强调阶级斗争的历史推动力的时代，汪篯先生的研究和具体表述都是恰当的、适中的，即使与同时代的学者比较，也是比较缓和与全面的。

如何理解"最全面、最详细"这个评价呢？重点不在"详细"而在"全面"。什么是全面，即提供了完整的研究框架，所有应该列入研究的

---

① 论集的第一篇论文是韩国磐先生的《论唐太宗》，全文分作四个小标题：一农民起义给予唐太宗的教训及其在历史上的作用；二唐太宗及其"贞观之治"的主要成就；三"贞观之治"的后期大不如前；四对唐太宗的评价。韩先生的这篇文章，最初发表在 1962 年 2 月 28 日的《光明日报》上。就报纸文章而言，不可言短，但毕竟有所限制，展开不足。

② 赵克尧、许道勋《唐太宗传》的附录《历史上对唐太宗和"贞观之治"的评价与讨论》，第 422 页。

重要课题都已经纳入，这就是汪篯先生对唐太宗和贞观之治研究的贡献。大体而言，这个研究结构首先是贞观之治的前因，从晋阳起兵到玄武门事变到用人政策，其次是贞观之治本身，最后是贞观后期即太宗晚年问题。贞观后期，围绕继承人问题，唐廷发生了严重的政治斗争，有条件成为皇位继承人者非只一方，在拥戴何人的问题上，大臣之间出现派系斗争。这涉及贞观之治的局限性问题——为什么贞观前期的良好势头不能延续。制度、文化与政治等因素共同促成了这个局面。而这，显然是贞观之治研究课题的应有之义。

## 四　吴宗国先生的研究

吴宗国先生 1958 年北大历史系毕业留校后，作为汪篯先生的助教开始隋唐史研究和教学工作，接受汪篯先生的指导，学术上有继承有发展是很自然的。1986 年，在"'伟大祖国'历史讲座"丛书中，吴宗国先生的《唐太宗与贞观之治》名列其中。这是北京图书馆、北京市历史学会和中国历史博物馆联合举办的"伟大祖国"历史讲座的产品，先举办讲座再编辑成书。吴宗国先生的《唐太宗与贞观之治》与汪篯先生的著作同名，不该视作巧合。吴先生的该书有九个次级标题，分别是：从太原起兵到削平群雄；深刻的教训；玄武门之变；治国方针的确定；贞观君臣论治；广任贤良；劝农务本；贞观时期的民族关系；贞观中后期政治。

比较吴宗国先生与汪篯先生的同名著作，可以发现明显的异同。汪先生重视贞观之治的大背景，所以首篇是唐太宗所处的时代，强调隋唐开始了中国古代的后半期，而从生产力到生产关系的演变，是这两个不同时期的根本区别。吴宗国先生没有设置这个标题，直接以太原起兵开篇。阅读两书之后发现，似乎直入主题更简洁，而时代背景多属于远因，生产关系演变无法与太原起兵取得联系。太原起兵之后，吴宗国先生用很短的篇幅介绍削平群雄的过程，而汪篯先生专设一节为"唐太宗的战略战术"。从"削平群雄"到"玄武门之变"，吴先生特别设置了一节"深刻的教训"，而这是汪篯先生未曾着墨的。所谓"深刻的教训"是指在统一河北问题上，唐朝遭受的挫折。平定窦建德之后，唐朝包括秦王李世民在内，没有立刻采取缓和矛盾的政策，而是追杀参加隋末起义的将领，重新激化了河北的地方矛盾，从而激起刘黑闼起义。事实上，河北问题是在魏徵政策的贯彻中最终得以解决的。之所以要设置这个部分，吴宗国先生的用意是探讨作为核心人物李世民的政治成熟过程。这对于理解贞观之治，显然是十分必要的。

　　具体探讨贞观之治的形成问题，吴宗国先生设置了更多的二级标题。治国方针的确定、贞观君臣论治、广任贤良、劝农务本等四个方面，都可以纳入贞观之治形成这个目标之下。比较而言，汪篯先生在这个环节只设置了"唐太宗的用人政策"一个标题，这相当于吴宗国先生的"广任贤良"这个内容。吴先生显然十分重视治国方针问题，这是贞观之治形成的关键因素。贞观之治的出现不是偶然发生的，对于贞观君臣而言，这是他们的治国目标，而最初治国方针的确定就是为了这个目标能够实现。对于研究贞观之治而言，这是一个很具体的深入。另外，"贞观君臣论治"，虽然借用的是《通鉴纪事本末》的标题，但因为论治所涉及的内容正是中国古代的治理传统，从这个视角观察贞观之治，则具有特别的意义，即吴兢以后强调贞观之治超迈千古之说，至此便拥有了文化传统的依据，从而更有助于理解贞观之治的必然性。那么，历史上的哪些传统有力地支持了贞观之治的实现呢？吴先生强调以下几个方面：一是儒家的民本主义传统；[①] 二是"君主不能一人独断"的政治原则，从吴先生的解释文字可知，实质上这是在强调君臣共治的制度；三是法制准则，君臣皆须遵守法度。中国史学界在讨论贞观之治的背景时，特别强调隋朝灭亡的教训，强调阶级斗争的作用，但吴先生认为贞观君臣不仅仅吸取隋朝灭亡的教训，更是从整个中国古代吸取经验教训，实事求是地治理国家，这就超越了当

---

① 罗彤华《贞观之治与儒家思想》一书，1984年作为台湾师范大学历史研究所的专刊发表，特别强调的就是儒家传统对贞观之治的影响。当时大陆与台湾的学术环境不同，在大陆重视传统特别是儒家的正面意义还属于突破性行为。

时的阶级斗争之说，把中国的古来传统和政治制度当作理解分析贞观之治的关键。

如果说，"治国方针的确定"讨论的是贞观君臣的主观努力，而"贞观君臣论治"讨论的是贞观之治的思想资源和政治制度，那么"广任贤良""劝农务本"则是实现贞观之治的具体政策。"劝农务本"是贞观时期重大而根本的政策，不仅关乎农业，最主要的是关乎农民，而农民是当时的基本国民。当唐太宗强调"国以民为本"的时候，民是可以具体理解为农民的。一方面，儒家的传统思想中即存在民贵君轻的主张；另一方面，隋朝的速亡教训就是没有处理好国家与百姓的关系，准确地说，就是隋朝的各方面政策严重激化了农民这个基本国民问题。"劝农"的字面含义是关心农业生产，积极促进农业发展，而"务本"则具有政治含义，是朝廷加强国家基本政治建设的努力。如何坚持"劝农务本"，干部系统显然是重要的，没有国家的管理系统存在，再好的目标也难以实现。史书记载特别强调唐太宗对魏徵的重用，因为魏徵曾经是东宫太子李建成的人，是秦王府的政治对手。其实，魏徵不过具有代表性而已，公认的历史事实是，贞观时期国家治理人才济济。任人唯贤之外，唐太宗克己纳谏，充分调动各级官员的积极性，从而在国家管理方面取得了历史业绩。

吴宗国先生在讨论贞观之治的时候，改变了汪篯先生的做法，没有使用"贞观之治"作为二级标题。理解贞观时期的政局，一方面皆可称作贞观之治，但如果把贞观后期的派系斗争也包括进来，那么用"治"这个概念理解就有些不协调了；另一方面，如果把贞观之治理解为贞观时期的某一阶段比如前期，那么贞观年号代表的时间显然不能再细分为前期、后期，总之也有不恰之处。有些问题，比如边疆和民族关系问题，可以说贯穿贞观整个历史时期，那么是否应该计入贞观之治的范围之内？所以，不使用"贞观之治"这样的二级标题，反而更能恰当地理解贞观之治。毕竟尽管发生了后期的党派之争，整个贞观时期仍然称得上是古代中国治理的典范。

从 1979 年汪篯先生的《唐太宗》一文在《北京大学学报》上发表，到 1981 年《汪篯隋唐史论稿》在中国社会科学出版社出版，吴宗国先生都做出了重要而基础性的工作。在这不久之后，北京图书馆、北京市历史学会和中国历史博物馆联合举办"伟大祖国"历史讲座，吴宗国先生承担了"唐太宗与贞观之治"的讲座，并在 1986 年出版了同名作品。可以想见的是，在准备讲座和整理讲稿过程中，熟读汪篯先生的《唐太宗》一文一定是吴宗国先生用力最多的一项工作。比较两部著作，继承与创新同样显著，学术进步在同题研究中最能展现。

此后，吴先生在不同的场合都讲解过贞观之治这个主题，如《说不尽的盛唐——隋唐史二十讲》，[①] 其中第四讲就是贞观之治，而基本内容都可以在《唐太宗与贞观之治》中找到影子。然而，全面发展《唐太宗与贞观之治》的是《千古一帝李世民》。这篇文章用了更长的篇幅讲解唐太宗，而把贞观之治置于千古一帝这一课题之下。全文使用了以下十二个次级标题，分别为"时代和家族：李世民成长的背景""非常时期的战略抉择""高明的制胜之道""贞观之治""以民为本：人民才是事业成功的根本""群策群力：唐太宗的领导方法""相防过误：唐太宗的为政之道""用人如器：唐太宗的用人法宝""天下之法：唐太宗的法治境界""用兵之要：唐太宗的军事谋略""华夷一家：四海一统的天可汗""中晚年的唐太宗"等。这里，把"贞观之治"当作唐太宗治国的一个业绩，从经济、社会、政治（君臣关系）等几个方面观察贞观之治，证明唐太宗的历史功绩，显示贞观之治的魅力。[②] 二三十年之后重新全面研究唐太宗和贞观之治，制度与文化的视角更加明确。将唐太宗和贞观之治完全放置在中国历史的长河之中进行考察，不管是人还是事，都是历史的一部分。也只有从历史出发，才能做出合适的解释。

吴先生有关唐太宗和贞观之治的思考，收录在《中古社会变迁与隋

---

① 吴宗国：《说不尽的盛唐——隋唐史二十讲》，北京大学出版社，2020。
② 此文收录在吴宗国《中古社会变迁与隋唐史研究》一书中，中华书局，2019，第 986—1055 页。

唐史研究》一书中的还有《〈贞观政要〉导读》《贞观之治》等。① 其实，
吴先生讨论唐初政治、制度和文化的论文，多有涉及对贞观之治的见解。

## 结　语

学术为天下公器，学术史回顾有助于问题的深入。这里讨论的贞观之
治研究，重点是从汪篯先生到吴宗国先生，几十年间，继承与发展的脉络
十分清晰。其实，吴宗国先生治学，用力最多的是经济和制度史研究，而
这一点也是来自对汪篯先生的传承。众所周知，武则天是陈寅恪先生研究
关陇集团历史的重要关节，而汪篯先生也研究武则天，吴宗国先生也有
《武则天》的专题研究，② 从中依然可以体会从汪篯先生到吴宗国先生的
学术理路。学术传承故事，感人至深。

作为后学，纪念先辈，主要应该是传承与发扬。提供一点读书心得，
与学友共勉。

---

① 《〈贞观政要〉导读》，吴宗国：《中古社会变迁与隋唐史研究》，第 953—985 页。原刊中
央国家机关团工委编《名家谈国学》，人民出版社，2008，第 238—261 页。《贞观之治》
是篇访谈纪要，原刊《世纪大讲堂：大国》，中国友谊出版公司，2009，第 181—196 页。
② 吴宗国：《中古社会变迁与隋唐史研究》，第 1056—1076 页。

# 《隋唐五代简史》学习札记

## ——以"山东豪杰"概念的使用为例

张耐冬

　　《隋唐五代简史》（以下简称《简史》）是放在案头时常翻看的一本书，阅读时经常会想：和吕思勉、岑仲勉与王仲荦等先生的几部隋唐五代史相比，这本书的特色是什么？

　　这几部著作问世于不同年代，体例也不尽相同，很难简单做比较。《简史》完成时间最晚，能够吸收更新的研究成果，读者可以从中了解学界的新动向，自不待言。不过这可能并不是最能体现该书学术价值的地方，也不是最能展现作者学术功力之处。任士英对该书的评价是"此书并不关注对整个隋唐五代所有问题的论述，书中所论实际上是表达了作者对这一历史时期许多重大问题的思考与认识，而且章节安排也与一般教科书不同"，此说确为的论。现仅就该书对"山东豪杰"的相关论述，略谈学习《简史》的粗浅体会。

　　"山东豪杰"作为隋唐史研究领域中的概念，出自陈寅恪《论隋末唐初所谓"山东豪杰"》。《简史》中使用此概念凡两处：一是在讲述"贞观之治"时，以"'山东豪杰'和太宗用人"为题，专设一小节介绍李世民用人政策与李渊的差异，认为与李渊看重门阀不同，李世民重视隋唐之际崛起的山东豪杰，提拔在隋末战火中淬炼出的山东寒士；二是分析永徽政局与废王立武事件时，指出李勣兼具开国元勋、武人领袖、山东豪杰三重身份，凭借这三重身份具有的威望和社会影响，其在皇后废立事件中的表态举足轻重。

这两处对山东豪杰的政治定位，与陈寅恪本人对此概念的界定与使用存在差异。陈寅恪认为该群体的基本特征是善战、务农之武人，《简史》在认可这一判断的基础上有所补充，提出该武人集团的领袖与隋末山东青年寒士多有结交，而后者在贞观时期成为山东豪杰在政治上的代表。就常理而论，一个具有广泛社会基础和强大影响力的政治集团，不可能皆由武人组成，善战武人或可作为集团的中坚力量，但不应是集团成员的共同身份。《简史》中的补充说法让山东豪杰的概念更接近史实，不但扩大了山东豪杰的外延，而且明确了贞观年间颇受重用的山东寒士背后强大的社会政治基础，在寒士与山东豪杰领袖之间建立起了联系的纽带。

而对李勣三重身份的强调，应是对陈寅恪在《记唐代之李武韦杨婚姻集团》中相关说法的商榷。陈寅恪在分析永徽六年皇后废立事件时，强调李勣之所以能与长孙无忌等人持不同立场并对高宗产生影响，皆因其作为山东豪杰领袖，有实力与长孙无忌等关陇集团成员及其附属者抗衡。《简史》注意到李勣在唐朝获得的新身份，即开国元勋与武人领袖，暗示了其入唐后三十余年积累的资历与人望不仅仅来自山东豪杰这一集团，更有唐朝国家对他政治地位的确认，将政权对政治格局的影响纳入考察范围，这是与陈寅恪分析中古政治史时以集团为立论点的最大区别。同样，在记述李世民临终前选择顾命大臣之事时，对李勣的身份描述也是"山东官员"和"山东一般地主"，而未将其最初所属的政治集团作为一贯属性，以山东豪杰作为他的标签。

《简史》中对山东豪杰的新定义以及概念使用中与陈寅恪的差别，与汪篯的思路有直接关系。汪篯的相关研究，如《唐太宗之拔擢山东微族与各集团人士之并进》《唐太宗树立新门阀的意图》《唐高宗王武二后废立之争》，都比较重视皇帝与国家政权对权力结构的影响，但因写作时间较早，未对陈寅恪在20世纪50年代提出的新观点（山东豪杰和李武韦杨婚姻集团）做出回应。汪篯对唐代政治史的这些解释，作为讲述唐前期政治史的基本线索，也写入了《中国史纲要》。作为汪篯遗著的主要整理者和参编、修订《中国史纲要》隋唐部分的作者，吴先生熟悉汪篯的治学思路，在《简史》中继承了汪篯对唐前期政治史的解释，又引入了山东豪杰的概念，弥补了其因时代关系未曾提及这一概念的遗憾。在使用山东豪杰的概念时，吴先生用汪篯观察唐代政治史的思路对陈寅恪的观点加以修正，深化了对相关事件与政治关系的理解。

　　不过这里有一个问题：既然是延续汪篯的解释思路，对山东豪杰的概念与使用进行修正，陈寅恪在界定此概念时又存在瑕疵，为何一定要使用这个概念？《简史》在叙述历史过程与重要事件时，除文字详略有别，基本逻辑和《中国史纲要》大体一致，而《中国史纲要》未使用山东豪杰这一概念，那么，除去对学术史上重要观点的重视，《简史》增加这个概念的用意何在？

　　或许可以从陈、汪的治史特点来考虑这个问题。与汪篯研治政治史时细致入微的考证相比，陈寅恪的特色在于用概念将纷杂的史实高度概括。无论是其在 20 世纪 40 年代提出的"关陇集团"，还是后来从唐代史料中借用的"山东豪杰"，都具有极强的解释力。而汪篯很少提出此类概念，在分析贞观时期的政治格局时，他用"山东微族"指代山东武人与其他出身低微的士人。与"山东豪杰"相比，这一说法略显逊色。《简史》在用汪篯的思路修正山东豪杰概念的同时，也用陈寅恪化繁为简、以概念建立解释模式的治史方法对汪篯史学中概念缺位的遗憾做了补充。

　　引入山东豪杰概念后，唐初的政治格局与山东社会结构可借此统合，又可对关陇集团在政治上丧失主导地位的社会与政治背景理出较为简明的线索。尤其值得注意的是，将贞观时期在政治上颇有作为的山东寒士视为山东豪杰在政治上的代表这一观点，虽只是一笔带过，但似已回应了陈寅恪在《记唐代之李武韦杨婚姻集团》中解释李勣为何支持武氏为后时所使用的"山东集团"之说。陈寅恪使用的"山东集团"之说破绽颇多，而将寒士纳入山东豪杰的范畴，则在概念界定上认为山东豪杰集团具有包容性，不必再创造另一词语来解释善战、务农的山东武人与其他阶层和群体的关系。

如果再做一点过度的解释，《简史》中两次使用山东豪杰的场合，或有深意存焉。此概念第一次出现，是以李世民用人为切入点，分析为何关陇集团的政治地位不能持久，另一次是以废王立武事件为线索，揭示贵族与门阀在政治上的失势。山东豪杰概念的两次出现，一头一尾，恰与关陇集团在政治上走向没落的过程相伴随。《简史》认为废王立武标志着中国古代皇帝—贵族政体的终结，山东豪杰或可被视为这一过程的催化剂；在这一头一尾之间，《简史》未再使用此概念来界定某一时期的局势或人物政治身份；在第二次提及山东豪杰时，与此相关的人物李勣也不是单凭这一身份而拥有在皇后废立事件中一锤定音的资格，似乎暗含着山东豪杰在贵族与门阀衰落的同时亦不能保持独立性与集团完整性之意。

最后的一点感想是，《简史》问世后，吴先生在若干公开的讲演场合多次提及山东豪杰这一由《简史》修正的概念，并在《说不尽的盛唐——隋唐史二十讲》中专设一节，对隋唐之际政治中的山东豪杰做了更为详细的介绍。与《简史》蕴含的潜研精思相比，对这个概念的反复推介，或许正体现了他对历史学的另一种热情，即孟宪实在《唐高宗的真相》后记中提到的，吴先生对"历史研究如何发挥推动历史的作用"的回答："转变为常识。"

# 新疆昆仑与中国龙脉之祖

巫新华

"昆仑"至少有三种属性：首先是自然地理学意义上的大山系，亦即现代地图上标示的以昆仑、喀喇昆仑、帕米尔、阿尔金山、祁连山、秦岭、大别山、太行山等山脉为代表的中央山系；其次是中国古代文化的最高神山，即通天之山，天下之中，百神之所在，万物尽有；最后是中国古代传统风水学说中的"万山之祖""龙脉之祖"。这样的昆仑，以在中国文化史上至高至圣的地位君临天下群山之上。①

龙脉是中国风水文化②中的核心内容，其山川形势的吉凶观念深远地影响着从天子、士大夫到平民百姓的意识和行为。首先影响国家都城和重要城市的选址，其次影响住宅、墓地的选择。昆仑龙脉不仅关涉天下兴衰大势，也关涉王侯将相、平民百姓的生老病死、祸福吉凶。

古代中国立国建都一直有一套严格的风水标准（见图1）。《诗经·公

---

① 本文着重参考了以下资料，特此说明：颜廷真、孙鲁健《中国风水文化：理论演变和实践》，陕西师范大学出版总社有限公司，2011；周星《三"座"昆仑山与中国"大风水"》，《民俗研究》2019年第3期；沈婉婷《昆仑龙脉观念溯源》，《民俗研究》2019年第4期；《巍巍昆仑文化根脉——对话中国社会科学院考古研究所研究员巫新华》，《新疆日报》2024年1月12日，文化润疆版。

② 风水学又称堪舆学，是中国古代传统文化中的相地之术，即选择合适地方的学问。用于宫殿、城镇、村落、居址、墓地等的选址建设，主要以河图洛书为基础，结合八卦九星和阴阳五行的生克制化，完整地结合天道运行和地气流转以及个人、社会等因素，推断所选地方与人的吉凶祸福、寿夭穷通关系。风水之名自唐代开始流行，堪舆是风水之名出现以前的称呼，盛行于先秦，两者同义。

刘》记载先周公刘"逝彼百泉，瞻彼溥原，乃陟南冈，乃觏于京"，"相其阴阳，观其流泉"①　相地为都的事迹。《管子·乘马》记载："凡立国都，非于大山之下，必于广川之上，高毋尽旱而水用足，下毋近水而沟防省。因天材，就地利，故城郭不必中规矩，道路不必中准绳。"②《管子·度地》记载："圣人之处国者，必于不倾之地。而择地形之肥饶者，乡山，左右经水若泽，内为落渠之写，因大川而注焉。乃以其天材，地之所生利，养其人以育六畜。……此谓人命万世无穷之利，人君之葆守也。"③

图1　《书经图说》中的《太保相宅图》，反映周初选址时规划洛邑
"辨方正位、体国经野"的活动，即"卜食洛邑""攻位洛汭"。

---

① 程俊英译注《诗经译注》，上海古籍出版社，1985，第541—542页。
② 黎翔凤：《管子校注》，中华书局，2004，第83页。
③ 黎翔凤：《管子校注》，第1050—1051页。

类似的文献记载很多,标准大致有三:(1)地质稳固坚实;(2)高度适宜,靠近水源;(3)土壤肥沃,适合耕种养殖。这种关于人居环境的高标准要求,其核心是寻找合适的山和水,即风水学(堪舆学)术语中所说之"形势"。

人居环境形势说的古代中国山川风水观念产生很早,商周时期已经有具体体现,到唐宋时期发展成为占主流地位的风水文化。这一观念以天命文化为根基与古代地理学、堪舆学密不可分,将微观风水格局形势纳入宏观的天下地理大势中。古代中国人居环境山水理念与地理山脉系统的结合,形成一个网罗天下山水宏大而富有气魄的风水文化理论——龙脉学说。

龙脉学说将天下最为形胜之山归结为昆仑,而中国历史文化中的昆仑始于新疆的帕米尔高原、喀喇昆仑和西昆仑。因而新疆昆仑是天下龙脉之始即龙脉之祖,成为中国风水文化中的祖宗之山。这是中国传统文化早期在新疆存在,以及国家主权象征早期被标定于西域的铁证。

## 一  龙脉学说

"龙脉",本意是指山川的形势、气象、脉络等。"指山为龙兮,象形势之腾伏",[①] 山水形势便有了深刻文化蕴涵的规定。趋吉避凶,成为中国人强烈的生活追求与强大的心理定式,龙脉吉气也便成为决定国家与个人命运的力量。

龙脉学说认为,山和人一样,不是孤立地存在于世上,而是拥有"六亲",且长幼尊卑有序,因而一座山之前会有太祖山、太宗山、少祖山、少宗山及父母山(见图2)。"太祖山,指那些高大异常、跨州连郡延绵数百里的大山或名山,最小亦须冠于一邑一方,高耸云霄,天阴时有云雾生山巅。少祖山,指穴后数节的大山,又叫主山、主星。父母山,指穴后一节

---

①  管辂:《管氏地理指蒙》,一苇校点,齐鲁书社,2015,第24页。

的山。父母之下，落脉处为胎，其下束气处为息。再起小山头为孕，结穴处为育。"① 龙脉就是连接它们的脉络之山。

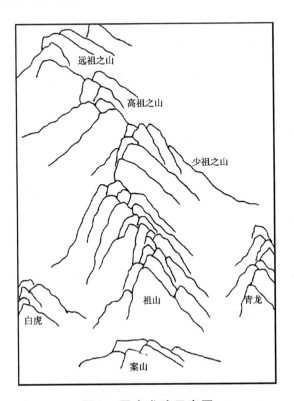

**图2　风水龙脉示意图**

资料来源：颜廷真、孙鲁健《中国风水文化：理论演变和实践》。

风水龙脉所说山的辈分无关山体地质形成的早晚，而在于离始祖山的远近，离祖山越近的山就越年长，离祖山越远的山就越年幼。在堪舆学说中，一座山的祖山作为聚气中枢，要气势雄伟，才能有充足的吉祥之气通过龙脉源源不断地传送至龙穴处，在此处营建屋舍或是陵墓，才有绵延不绝的福气与富贵。

龙脉学说中，将崇山峻岭称为龙，山峦绵延，相连不断，则谓之龙脉。郭璞《葬书·内篇经》："气感而应，鬼福及人。父母子孙，本同一

---

① 杨文衡：《中国风水十讲》，华夏出版社，2007，第132页。

气，互相感召，如受鬼福，故天下名墓，在在有之。盖真龙发迹，迢迢百里，或数十里，结为一穴。及至穴前，则峰峦蠢拥，众水环绕，叠嶂层层，献奇于后，龙脉抱卫，砂水翕聚。形穴既就，则山川之灵秀，造化之精英，凝结融会于其中矣。苟盗其精英，窃其灵秀，以父母遗骨藏于融会之地，由是子孙之心寄托于此。因其心之所寄，遂能与之感通，以致福于将来也。是知人心通乎气，而气通乎天。以人心之灵，合山川之灵，故降神孕秀，以钟于生息之源，而其富贵贫贱，寿夭贤愚，靡不攸系。至于形貌之妍丑，并皆肖象山川之美恶，故嵩岳生申，尼丘孕孔，岂偶然哉！"[1]

龙脉学说认为，中华大地犹如一条东方的巨龙，龙首始于西北新疆昆仑，由高原逐渐进入平原，直趋东南海域。昆仑为诸山之祖，天下所有的山峰皆发脉于昆仑。《发微论·刚柔篇》："凡山皆祖昆仑，分枝分脉，愈繁愈细，此万殊而一本也。"《堪舆漫兴》："昆仑山祖势高雄，三大行龙南北中。分布九州多态度，精粗美恶产穷通。"这些都是以"昆仑山"为风水之"山祖"观念的典型表述。

中国风水思想中的"龙脉"是"昆仑山"与"万山之祖"，这意味着风水学说所谓的寻山、看龙脉，其实就是要和"昆仑山"发生实质或象征性的关联，以便让"昆仑山"为自己确认的"风水宝地"提供担保，亦即证明它确实是"来脉悠远"。

依据风水理论，天下山脉均起于昆仑，山脉之所起即水源之所发。中华大地上山岳河流纵横交织，可归纳为三大干龙，即中龙、北龙、南龙。大河以南，大江以北，乃中龙。大河以北之干龙，其脉亦起自昆仑。南龙脉络起自岷山，出京口入于海。

以上中国诸山，皆始发昆仑，分脉四列，以遍九州。此三干龙布于九州，以中干为最尊，次北干，又次南干。明章潢《三干总论》：三干之龙，中干最尊，次北干，又次南干。[2] 中国的三支龙脉，以北干、中干、

---

① 纪昀等编纂《文渊阁四库全书》，上海古籍出版社，1986，第 808 册，第 13—14 页。

② 章潢：《图书编》卷三〇，《文渊阁四库全书》，第 969 册，第 566—567 页。

南干的形式在中国的大地上流动，与黄河、长江等大水系有着密切的关系。这三条龙的干脉生出支脉，支脉又生出支脉，犹如人体血管和经络一样，遍布于中华大地（见图3）。

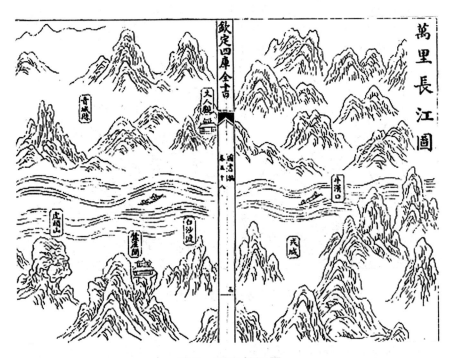

**图3　万里长江图**

资料来源：章潢《图书编》卷五八，《文渊阁四库全书》，第969册。

中国的三大干龙，自西向东相生在万千山脉中，大干生出小干，小干生出支干，支干生出大支，大支生出中支和小支，支又生支，每一处都有龙的支脉存在。所有的龙脉都与水相随，有山就有水。气来有水导行，气止由水界定。气为水之母，有气才有水。因此，中国的山川龙脉是以长江、黄河两大水系为界的。昆仑山始发气脉后，泰山、华山、衡山、恒山和嵩山这五岳以及长江、黄河、淮河、济水四渎，便被看作用来节制和疏导天地之气（见图4）。

天下盛衰潜消，个人、家庭之吉凶荣达，依龙势而定。风水学理论要求山水的来去脉络要有形有势，脉络清楚的同时必须与龙脉祖庭昆仑山关联。如何在这个格局中寻找到更有利的位置，也就成为人们的普遍追求。

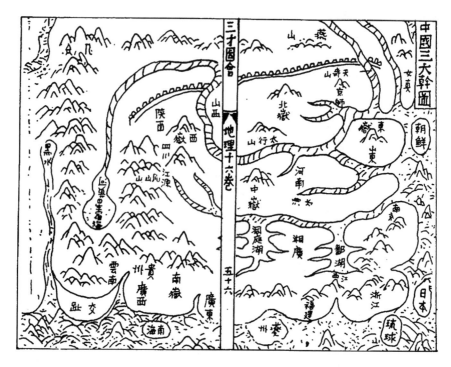

**图 4　明《三才图会》三大干龙示意**

发端于昆仑的龙脉大势将中国人的一切活动和上界神明就这样有机地结合起来，成语"来龙去脉"便是这个意思。民间所谓"风水宝地"，便是指龙脉聚结的郁郁佳气，人禀受其气，自然兴旺发达，如果龙脉断绝，则会败绝。

## 二　昆仑为"诸山之祖"观念的产生

"昆仑"在中国神话里，始终被说成是对应于天地的主轴、天柱（见图5）。郭璞注《山海经·海内西经》："昆仑之墟……盖天地之中也。"《河图括地象》："地中央曰昆仑，昆仑东南，地方千里，名曰神州"；"地部之位，其形高大者，有昆仑山……其山中应于天"。《水经注·河水》："昆仑之山三级……上曰层城，一名天庭，是为太帝之居"；"昆仑墟在西北，去嵩高五万里，地之中也"。《太玄经》："昆仑者，天象之大也。"

《集韵》："昆仑天形。"《初学记》："昆仑山为天柱，气上通天，昆仑者地之中也。"这些文献认为昆仑是"地之中"即"天下之中""中应于天"，"百神所在""帝之下都"即"天庭"在昆仑山。

　　昆仑是大地的中心，上应于天。《周礼·地官·司徒》：大地之中为"天地之所合也，四时之所交也，风雨之所会也，阴阳之所和也"。昆仑山为天下中心，具有天帝之都、天柱、天梯、河源、众神所居、"不死药"出处等诸多特征，是中国古代文化中拥有崇高地位的天下第一神山。这样的昆仑，早期中国散布在华夏大地各处，后来向西部集中逐渐成为西域大山的泛称。先秦时期的中国人认为，昆仑是天下最高的一座山，在中国的西部，是黄河开始的地方。

**图5　《程氏墨苑》中的昆仑天柱**

　　2100多年前，汉武帝钦定西域南山为昆仑。证据如下：《史记·大宛列传》记载"汉使穷河源，河源出于阗，其山多玉石，采来，天子案古图书，名河所出山曰昆仑云"。以张骞为代表的汉使出使西域还有寻找黄河源头的任务，汉使发现河源出于于阗南山，而且山中多玉石并采玉回来汇报，汉武帝根据上古地图和文字记载资料命名西域于阗出玉的山为昆仑。

理解"汉使穷河源",必须以上古中国人"昆仑山必须是黄河河源"的观念为出发点才能得到合理的解释。也就是说,黄河必须起源于昆仑,这既是古代中国人的文化地理观念,更是一种文化信仰。黄河的起源,其实一直是长期困扰中国历史地理学的一个问题。"河出昆仑"其实并非一个现代科学的自然地理现象,而是一个古代中国很早就已经形成的人文(神话)地理观念,即是说,象征母亲之河的黄河本是源出于帝之下都昆仑。昆仑是通天之山,河出昆仑,换句话说,也就是"黄河之水天上来"。因此,作为河源所出、作为通天之山的昆仑是孕育人类和万物的母体。正是在这个意义上,我们可以理解"黄河之水天上来"或为"黄河之水昆仑来""黄河之水天山来",甚至可以说"黄河之水西域来"。

此后,《汉书·西域传》记载:"西域以孝武时始通,本三十六国,其后稍分至五十余,皆在匈奴之西,乌孙之南。南北有大山,中央有河,东西六千余里,南北千余里。东则接汉,厄以玉门、阳关,西则限以葱岭。其南山,东出金城,与汉南山属焉。其河有两源,一出葱岭山,一出于阗。于阗在南山下,其河北流,与葱岭河合,东注蒲昌海。蒲昌海,一名盐泽者也,去玉门、阳关三百余里,广袤三百里。其水亭居,冬夏不增减,皆以为潜行地下,南出于积石,为中国河云。"[1] 进一步把整个西域南山、汉南山(秦岭)和葱岭(帕米尔)定为昆仑,强调这里是黄河源头。这样的观点随即成为中国历代王朝正统学说,直至晚清。

这是中国历史上唯一一次由国家出面确定昆仑山的举措,包含了四个方面的重大意义与文化要点:昆仑以西域南山(包括秦岭、葱岭)为标志;昆仑与黄河源头直接关联;昆仑和玉石原料直接关联;昆仑所在就是中国天下所在。这是西域历史上的重大事件,具有极为重要和深远的国家主权方面的政治、文化意义与影响。

可以说,这是一次空前绝后的创举,但绝非汉代张骞凿空之后中国人

---

[1] 《汉书》卷九六《西域传》,中华书局,1962,第3871页。

对亚欧大陆各个主要文明区域重要性的新认识，而是在先秦认识的基础上进一步强化和强调了西域，乃至西域南山的重要性。背景是亚欧大陆这块世界上最大的地理板块是人类文明最基本的发源地，而西域以及昆仑是上古世界各大文明区域之间文化交流的主要通道与关键区域。[①]

黄河数千年来一直是中国文化和王朝国脉的象征，她与中国文化象征昆仑的关系是一体的。也就是说，昆仑在哪里，黄河河源就必须在哪里，这是古代中国几千年来的政治正确与文化正确道统。秦汉以降，寻找黄河源头并加以祭祀，便成为皇权天授、天子正统性的直接体现，为国之大事。

自汉武帝起，历代王朝都把黄河源头认定在目前起源于昆仑山、帕米尔高原山麓流经塔克拉玛干沙漠全境的塔里木河诸支流。晚清新疆的建省与保有应该也是几千年来中国与昆仑、河源有关统治哲学的现实反映。左宗棠率军平定和收复西域，在海防、塞防的国防理念之外，其实还有着中国历代王朝统治哲学天命观念方面根深蒂固的考虑，那就是保住昆仑、河源、天山，就等于保住了国脉和维护了清王朝皇权天授的道义，进而以保清王朝万世基业。收复西域设立新疆省后，随之开展的最后一次罗布泊地区河源考察即是证据之一。这样说来，西域南山（昆仑、帕米尔）、于阗河（玉河：白玉河、墨玉河）、葱岭河（叶尔羌河）等山河与中国古代国家主权有着至关重要的政治联系，甚至可以说是"国脉之所系"。

《穆天子传》记载，周穆王登昆仑，拜谒山上的黄帝之宫，为丰隆（雷神）墓封土，并举行祭祀昆仑山的仪式。类似的记载也多见于《山海经》，那时的昆仑已经泛指西域大山。《穆天子传》《山海经》成书于战国时代，时秦穆公平定西戎，西戎大部进入西域，并且经昆仑山、天山、帕米尔西迁。此类文献是上古中国昆仑文化的真实记录，同时很可能主要依据上古时期流传下来的周穆王西巡昆仑的早期历史记载与秦穆公平定西戎所掌握的西域情况，一定程度上证明了古代西域山河的重要性。如上所述，汉代国家出面正式把文化昆仑、神话昆仑、堪舆地理昆仑落实为真实

---

① 巫新华：《新疆的丝路地位与文化底蕴》，《遗产与保护研究》试刊号，2015 年 11 月。

的地理学山系，并将黄河源头定于此。

除此之外，还有特殊的国家政治需要。张骞通西域的目的：联合西域诸地方政权，抗击匈奴；"断匈奴右臂"。所谓断匈奴右臂其实就是控制以昆仑为代表的西域大商道，断绝匈奴通过西域获得亚欧其他文明区域军事技术、物资、财富补给，足见西域之于中国的重要性。

昆仑所在即天下所在，而黄河起源于昆仑山，中原、西域同饮黄河水，天下一家。这既是古代中国的政治思想理念，也是大一统国家的实际政治需要和人文地理方面的真实发生。昆仑山分为地理地质构造的山系（地理昆仑）与历史文化山系（文化昆仑）两种不同的山系。中国古代昆仑，是一个文化地理概念，它包括现代地理上的昆仑山脉、帕米尔高原、喀喇昆仑山脉、阿尔金山山脉、祁连山山脉以及秦岭等大山脉，是中国西部高山的集合体，也是华夏大地上的中央山系。

地理学上的"中央山系"，关涉地理构造的内涵，是地质运动中的自然巧合，这与古代中国对昆仑的地理与文化认识完全一致。我们可以直接把这条连绵的巨大山系称为"昆仑山系"，它涉及山脉、水系、交通，以及人类的生存栖息。

早期中国人的发展壮大、联络交流大多通过昆仑山系实现，古代中国人对自然和社会的认识，以及世界观、价值观的形成塑造也多是在这个昆仑山系的地理范围内进行。同时，中华文化成果的向外辐射、影响主要通过昆仑山系得以完成，亚欧大陆文明区域的政治、经济和社会发展也是主要围绕这个巨大的山系展开，形成呼应和互动。

历史地看，世界地理学上的东亚中国"中央山系"与中国文化精神上龙脉的"昆仑山系"完全一致。昆仑山的西北端紧靠帕米尔，西南部毗连喀喇昆仑山脉，它们彼此结合在一起，在地形和自然条件方面都有很大的一致性和共同性，因此，学术界也将属于亚洲中部范围的帕米尔高原和喀喇昆仑山脉与昆仑山脉划分为一个自然地区。这样的划分，恰好与中国文化昆仑的山系概念形成一致性，成为文化昆仑的西端。文化昆仑的西端是中国中央山系开始的地方，也是中国西高东低三级阶梯地势的最高地，恰好就是新疆昆仑西部。

新疆昆仑西端这个位置，历来为风水学家所看重。宋代，风水学家已将昆仑与风水学中讲求地理形势的龙脉学说联系起来，奉昆仑为"诸山之祖"，为"三大干龙"之首。明清时，风水学家将昆仑龙脉理论进一步完善，昆仑龙脉学说成为影响深远的风水理论。

历代王朝，天子受"择中"思想的影响，最为看重"中"的位置与寓意。《管子·度地》："天子中而处。"[1]《荀子·大略》："欲近四旁，莫如中央。故王者必居天下之中，礼也。"[2]《吕氏春秋·慎势》："古之王者，择天下之中而立国，择国之中而立宫，择宫之中而立庙。天下之地，方千里以为国，所以极治任也。"[3] 这种"王者必居土中"的观念反映的就是天命论的思想，强调了王权的至高无上，表明帝王是天下之主。

昆仑山让古代中国人高度重视，特别是帝王趋之若鹜的一个原因在于，昆仑山位于大地中央之"中心"，是天地之柱，是太帝（上帝、天帝）在凡间的都城等观念影响。在古人的认识中，"大地上的昆仑与天穹中的北极相对"。[4]《山海经》中的山川河流、方国部族也都是围绕昆仑山分布，其行文也将昆仑作为中间的地标来叙述它们各自的位置。而声称自己是天子的帝王如果可以管理天下之中的"帝之下都"，则必然显示自己与上帝的紧密关系，表明统治权授之于天，从而增加自身的天命神圣性与合法性。

《淮南子·天文训》中有"昔者共工与颛顼争为帝，怒而触不周之山，天柱折，地维绝。天倾西北，故日月星辰移焉；地不满东南，故水潦尘埃归焉"。[5] 这样的认知基本是准确的，中国地形本就西北高东南低，东西走向和西北—东南走向的大山脉较多。

---

① 黎翔凤：《管子校注》，第 1051 页。
② 《荀子》，杨倞注，上海古籍出版社，2014，第 318 页。
③ 《吕氏春秋》，高诱注，毕沅校，徐小蛮标点，上海古籍出版社，2014，第399 页。
④ 刘宗迪：《失落的天书——〈山海经〉与古代华夏世界观（增订本）》，商务印书馆，2016，第 516 页。
⑤ 《淮南子》上册，陈广忠译注，中华书局，2012，第 104 页。

《地理大全》中有"大抵龙之起身发脉之处，必有高大山峦谓之太祖"，①《阳宅十书》也说"人之居处，宜以大地山河为主。其来脉气势，最大关系人祸福，最为切要"。② 因为祖山与祸福相关，所寻之山必是能当得起祖山之称的最大之山。而早期中国人认为最大的山就是西北方向的昆仑山（见图6）。

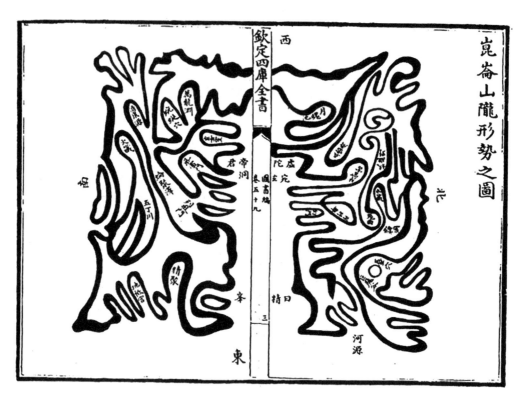

**图6　昆仑山陇形势图**

资料来源：章潢《图书编》卷五九，《文渊阁四库全书》，第969册。

最早明确昆仑为西北大山的是《山海经·海内西经》，"海内昆仑之墟，在西北，帝之下都。昆仑之墟，方八百里，高万仞"。③ 这句话应该是早期中国人对昆仑地理位置的认识，所以历代都去西北寻找昆仑。如

----

① 转引自胡一鸣《堪舆精论——胡一鸣讲阴阳法风水学》，华龄出版社，2011，第129页。
② 王君荣：《四库存目青囊汇刊·3·阳宅十书》，华龄出版社，2017，第1页。
③ 袁珂校注《山海经校注（增补修订本）》，巴蜀书社，1993，第55—56页。

《史记》所记汉使穷河源、武帝定于阗南山（西域南山）为昆仑；《汉书》亦认为西域南山与葱岭都是昆仑，因而说河有两源，一出葱岭山，一出于阗。

此外，昆仑还是通天之山，昆仑具有明确的"天"的含义，与"天下一家"观念关联。昆仑早期遍布华夏大地，为所有通天神山。随着昆仑逐步西移并确定在西域，也就直接确立昆仑所在的西域为古代中国天下的重要组成部分。根据《山海经》《穆天子传》，这样的观念至少出现在3000年前。

古人称天为穹隆，昆仑为穹隆音转。昆仑是天形，穹隆也是天形，天形圆，故古代"昆仑"有着十分明确的"天"的含义。在中国人观念中，"天"是自然、民众、社会、祖先、世间万物的一种汇聚，代表最高的正义和权威。这就是中国早期"天崇拜"文化即"天命观"，进而促成中国人"天下"的认识，也促使"天下一家"观念的出现。这样昆仑也就直接与古代中国的文化影响范围，以及国土与主权直接关联。[①]

归纳而言，正因为昆仑是"天"的意思，后来又用来命名西域大山脉，可以说先秦以前新疆的山都已经是昆仑即天山（通天之山）了。由此可见，上古西域的山或称昆仑，或称天山（祁连山），其实都是通天之山，都与至上人格神"天"直接关联。这表明中国上古大地，无论南北东西，都有着共同的意识形态——天命信仰，并进而产生天人合一、天下、大一统观念。

历史文献记载与学术研究表明，"昆仑"原本并非专指一座自然造就的巍峨高山，还可以是一座人工建筑物，即古代祭天地观象授时的明堂。早期昆仑还曾是文化建筑，为祭祀天地祖先的神坛。在这样的"昆仑"里，祖先与至上神"天"互相对应，形成上古时期共同祖先神的普遍认同，成为早期中国文化共同体形成的基础。昆仑文化概念的形成，同样标志着古代中国人共同体的出现，夏商周三代便是这样的共同体。中华文明

---

① 巫新华、韩子勇：《昆仑、天山与天命的文化一致性》，《西北民族研究》2021年第2期。

上下五千年，所指便是早期中华民族共同体的出现至今已有五千年。这一切，都与中国昆仑文化直接关联，而新疆昆仑则是中国古代昆仑最为关键的区域。

## 三　昆仑是万水之源

大河发源于大山，山与水密不可分，"诸山之祖"必然也是诸水之源。堪舆文献中，江河川流有时也被视为地脉，称之为"水龙"。古人沿河溯源觅龙脉之祖。

中国龙脉之祖所在区域即为昆仑、喀喇昆仑地带，由西向东延伸于整个帕米尔和青藏高原。这里既是中国三江（长江、黄河、澜沧江）的源头，还有发育于喀喇昆仑山-昆仑山的现代冰川 12445 条，冰川总面积 21194.95 平方公里（其中，喀喇昆仑山冰川 2991 条，冰川面积 6295.19 平方公里；帕米尔冰川 1530 条，冰川面积 2361.4 平方公里；昆仑山冰川 7924 条，冰川面积 12538.36 平方公里），占青藏高原中国境内冰川面积的 43%。

这一区域每年补给河川径流的冰川融水有 105 亿立方米，其中，补给塔里木盆地河流占冰川融水总量的 78.6%，高原内部湖泊及河流占冰川融水总量的 14.5%，柴达木盆地河流占冰川融水总量的 5.9%，还有少量冰川融水补给外流水系。该区域发育的河流一般都由冰川融水补给，一些主要河流的冰川融水补给量占该河总径流量的 40%—60%。

喀喇昆仑山-昆仑山的冰川覆盖该地区大小不等的河流和湖泊近百个流域，并分属青藏高原、塔里木和柴达木三个大的内陆水系，以及黄河和长江等三个大的外流水系。喀喇昆仑山-昆仑山的冰川在塔里木盆地南缘的分布面积为 15502.29 平方公里，占其总数的 73%以上。

值得注意的是，与东昆仑相比，西昆仑冰川分布面积大。喀喇昆仑山的北坡因有四座 8000 米级雪峰汇聚冰川面积较大，加上帕米尔的东帕米尔冰川，中央山系的冰川主要集中在文化昆仑山系的西端，"万水之源"所指是地理上的西昆仑和喀喇昆仑。广义上的龙脉包括山脉和水脉，狭义的龙脉仅指山脉。依据明末清初蒋平阶的《水龙经》，好的风水格局应该是三山一水的组合，这样的地形十分难得，然而新疆的昆仑山系、天山山系，乃至阿尔泰山系各地，类似的风水模式环境并不罕见。比如，喀什地区塔什库尔干塔吉克自治县提孜那甫乡曲曼村吉尔赞喀勒墓群①所在台地，以及昌吉州呼图壁县康家石门子岩画②所在山谷等便是上上等吉地。

　　水对于安邦定国意义重大。水事关生活生产，如果不能治水，轻则伤人，重则危害国家统治。自古江河湖海在中国人眼中具有一种天然的神圣性。堪舆学视江河川流为地脉，称之为"水龙"。"朱子曰：天下有三处大水，曰黄河，曰长江，曰鸭绿江。今以舆图考之，长江与南海夹南条，尽于东南海。黄河与长江夹中条，尽于东海。黄河与鸭绿江夹北条，尽于辽海。"③

　　这个理论以三条大河把中国大地分为三块，认为三条大河中所夹山川就是三大干龙，进而又发展出"两水之中必有一山"的相地原则，因而寻山必要寻水。《管氏地理指蒙》中有"既得龙形，须认水势"，"龙探其祖，水溯其源……谓山不独贵承其宗，水亦各有其祖宗也"④的说法，明人章潢《图书编》也说"论天下之大势者，必周览乎山川。山者水之源，水者山之委"。⑤ 山与水密不可分，根据水可以找到龙脉走向与起始。

　　从《山海经》的时代开始，位于西北的昆仑山就被视为中国大河的发源地。历史上，如张骞等出使西域的汉使，唐朝追击敌寇的侯君集和会盟吐蕃的刘元鼎，奉命探查黄河河源的元朝都实及清朝拉锡、舒兰、阿弥达都主要依据河流追溯昆仑。不管是从地理、历史角度抑或象征意义来

①　中国社会科学院考古研究所新疆工作队：《新疆塔什库尔干吉尔赞喀勒墓地发掘报告》，《考古学报》2015 年第 2 期。

②　巫新华：《天山女神——康家石门子岩刻画文化探新》，广西师范大学出版社，2021，前言。

③　徐善继、徐善述：《绘图地理人子须知》（上），华龄出版社，2012，第 7 页。

④　管辂：《管氏地理指蒙》，第 61 页。

⑤　章潢：《图书编》第 9 册，江苏广陵古籍刻印社，1988，第 1 页。

看，汇聚百川之河的发源山——昆仑，都最为符合风水理念，成为"诸山之祖"的最佳选择。

## 四 昆仑龙脉说的现代意义

昆仑龙脉观念的形成经过了漫长的历史发展过程。上古时期，由于对地理形态的具体认识与敬畏自然形成的抽象感知，人们形成了地脉观念。随着地理发现能力的提高和疆域的扩展，人们对华夏大地上的山川形势有了宏观的了解，地理学家提出了山川条例的说法。至唐宋时，风水学在建构形势派理论时，将二者融合，形成龙脉学说。至宋明时，这一理论进一步完善，因具有天地之中、天柱、西北大山和众河发源地的身份，来自上古典籍中的神山昆仑被纳入整个龙脉体系中，被奉为"诸山之祖"和"三大干龙"之首。

昆仑龙脉说在明清有着更为深远的影响和应用，皇家成为这一理论的主要拥趸。皇帝贵为天子，君权神授，"天子中而处"，江山永固。堪舆学上的昆仑龙脉说，还主要用于营造都城风水和制造微观风水。如明朝定都北京时要引龙脉，而又不能使用元朝的龙脉脊山天寿山，便动用人工垒筑了一座土山命名为"万岁山"，从而将来自昆仑的元气通过太行山、燕山、天寿山的北干龙引入紫禁城。①

有学者研究，为了拥有良好的微观风水，圆明园是在自然山水的基础上仿照昆仑山三大龙脉的模式设计、修建而成的。② 还有一例出自《清史稿》，对于康熙二十八年中俄定界之事，编著者用昆仑龙脉说来证明固有领土的合法性，认为外兴安岭以南和黑龙江以北以东等地"虽为俄有，亦并志之，不忘其朔焉……外兴安岭为昆仑北出之大干"。③

---

① 王子林：《皇城风水：北京——王不得不为王之地》，紫禁城出版社，2009，第106—107页。

② 于涌：《移天缩地到君怀：圆明园文化透视》，海天出版社，2012，第117页。

③ 赵尔巽：《清史稿》第8册，中华书局，1976，第1964页。

可以说，昆仑龙脉观念是中国古老地脉观念、地理学山脉观念与昆仑文化、昆仑神话的融合，是实证地理与文化地理、神话地理在风水学上的应用性结合。它使古老、遥远、神秘的昆仑落入凡尘，成为中国人安居乐业可依靠的祖宗之山。

自古以来的先哲帝王，将营都邑莫不度其居地，以审吉凶。尧舜圣人，其所建立，未必虑及风水。但圣人之兴，自合造化，圣人所作，动为法则，风水固不拘，而密协于龟卜，即天造地设之自然者也。故《易》曰："王公设险，以守其国。"此理固先天地而有，即风水之攸始。从汉唐至明清，历史上最为重要的京城有三座，一是西安，二是南京，三是北京，都定处于昆仑龙脉干龙之要穴。

昆仑对于整个中华大地来说，是中央山系，万山之祖，为中华龙脉；帕米尔高原以喀喇昆仑和西昆仑群峰为地表，为昆仑最高处、河川之源，可以理解为昆仑起始于此，为昆仑龙脉之祖。因此，帕米尔高原是昆仑龙脉完整版图的一部分，自古处于中华龙脉的庇佑之下，吸收着天地之精华，接受着中华文化之滋养，是中华文明至关重要的文化区域。昆仑龙脉同时从地理方面和文化方面有机联系着中华大地。

昆仑龙脉包括了天、地、山、水等自然界最为重要的四大元素，构成了一个充满生机、活力永恒的生态空间。在中国传统文化中，大自然为有机的生命体，古人对人与自然的关系投以热切的关注。风水术将中国哲学中古老的命题"天命观""天人感应""天人合一"等引入生活之中，注重在整个自然界与生态圈中寻求和谐发展与有机秩序，与天地万物保持亲密无间、共生共存的关系，从而获得自身的发展。所谓得"天时""地利"，以达"人和"。这种三位一体的共存思想，无论是过去、现在或将来，都应是人类发展模式永恒的主题。昆仑龙脉说有促进人与自然和谐发展的作用。

文化昆仑赋予了昆仑龙脉强大的生命力。现代中国人信奉龙脉文化图的是平安吉祥。在物质繁荣富裕的现代中国，人们的精神思想也需要丰富。要正确引导人民传承千年中华文化，蜕变封建迷信的风水法术，丰富昆仑龙脉的时代内涵。龙脉文化具有数千年积淀历史,是中华文化的重要内容,根植于中国人的意识深处,昆仑龙脉广布中华大地,发掘和传播昆仑龙脉文化的新时代内涵,可以形成昆仑龙脉精神,促进社会和平发展。

昆仑龙脉是中华大地上的中央山脉,自然环境优良,自然资源丰富,文化历史悠久。昆仑龙脉不是一个虚幻的概念,而是分布于中华中央山系的国家级和地方级保护区、世界和中国自然与文化遗产地,以及文物古迹保护地,构成了现代龙脉的重要组成部分。保护昆仑龙脉就是对中国和世界人类文化财富的保护。

## 五 昆仑龙脉——源远流长的昆仑文化

风水理论认为,"昆仑山"为"万山之祖",是普天之下一切龙脉的根源。在中国的"大风水"格局中,"风水昆仑"作为看不见的"龙脉"之源之根占有重要地位。

构成风水学说之"宇宙论"的基本要素或关键词,主要有"阴阳""气""龙脉"等。"阴阳"观念起源于对自然地理的观察和测量,绝大部分风水著述突出强调阴阳二气的交感,认为万物由此化生,也几乎都用阴阳来解释天地、谈论山水形势。[①]

1. 阴阳

《老子》:"万物负阴而抱阳,冲气以为和。"风水里的"负阴抱阳",就是以"坐北朝南"(向阳)、"背山面水"作为基本原则的空间格局,其实是所谓"风水宝地"的环境评价模式。山之南、水之北为阳,山之北、水之南为阴,古人的居室、聚落乃至城镇,一般都追求"负阴抱阳""背山面水",如此山水环抱的空间,其实就是风水的理想模式。

2. 气

古代风水学说的另一个关键词为"气"。风水,在某种意义上,就是

---

① 刘沛林:《风水——中国人的环境观》,上海三联书店,1995,第33页。

关于"气"和寻找"生气"的学问。正因为如此，日本的社会人类学者渡边欣雄把中国的风水称为"气的景观地理学"。①

《易·系辞》："天地定位，山泽通气。"存在于万千自然之中的"生气"，具备"可乘可顺性""可界可聚性""非均质性分布""可调控性"等特点。② 郭璞《葬经》对风水的定义为："葬者，乘生气也。夫阴阳之气，噫而为风，升而为云，降而为雨，行乎地中而为生气。生气行乎地中，发而生乎万物。人受体于父母，本骸得气，遗体受荫……经曰：气乘风则散，界水则止。古人聚之使不散，行之使有止，故谓之风水。"③《葬经》颇为完整地提出了"生气说""藏风得水说""地形藏气说""遗体受荫说"等，这一系列观点成为后来风水思想体系中的要点。④

气固然是宇宙之普遍和永恒的能量，但它来无影、去无踪，看不见、摸不着，故需要通过山川地势才能得以确认。《葬经》"地有吉气，土随而起"，便是这个意思。

风水中所谓的气，可以转化为形，亦即地势、地形、地貌。为了获得聚气的环境，就要求后有来龙靠山，左右有砂山护卫，前面则以水界气，整体呈现山水环抱之状，这便是典型的风水聚气的空间模型。这种山水围合的空间模式，既是中国古代理想聚落环境的写照，也与中国传统文化（神话）中描述的昆仑山形态及环境颇有相似之处。⑤

3. 中国大风水

风水，古代称为"堪舆"。"堪舆"的本意为"天地"，《淮南子·天文训》许慎注曰："堪，天道也；舆，地道也。"《汉书·扬雄传》颜师古注引张晏曰："堪舆，天地总名也。"经营大范围的地理空间，同时也就

① 渡边欣雄：《风水：气的景观地理学》，索秋劲译，台北：地景事业有限公司，2000，第3—6页。

② 梁景之：《简论风水中气的特性》，《民俗研究》1993年第4期。

③ 郭璞等：《四库存目青囊汇·1·青囊秘要》，华龄出版社，2017，第23页。

④ 刘沛林：《风水——中国人的环境观》，第48—49页。

⑤ 张杰：《中国古代空间文化溯源》，清华大学出版社，2012，第94—99页。

意味着对于"天下"的掌控，风水和政治关系密切。

通常的风水模式指地理学形态，以四象为核心，以龙脉为延续，以山水为经络血脉（上、下水口），主要结构包括以下内容（见图7）。

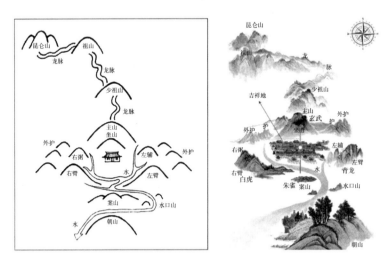

**图7　中国风水基本模式示意**

资料来源：左图引自程建军、孔尚朴《风水与建筑》，江西科学技术出版社，1992，第24页；右图为商务印书馆颜廷真先生提供。

（1）龙脉和主山：昆仑山为众山之祖，龙脉从昆仑发源而来，由远至近依次为祖山、少祖山和主山，象征家族血缘连绵不绝。

（2）四象：就是人们通常所说的左青龙（基址之左的次峰或冈阜）、右白虎（基址之右的次峰或冈阜）、前朱雀（前面的水体）、后玄武（后面的靠山），形成前有照、后有靠、左右两侧山环抱的格局。

（3）案山和朝山：基址之前隔水的近山，像书案立于前面；更远的山脉像匍匐在前，万山来朝。

（4）冠带水与水口：聚落前面有水流环绕，似人的腰带，也称"冠带水""金城环抱"。流水的入口和出口分别称为上水口和下水口。风水中水象征财富，上下水口犹如财富的流通，汇聚于此。①

---

① 颜廷真、廖丹：《龙脉——探秘中华地理的"来龙去脉"》，《中国西部》2012年第2期。

风水学说认为，不仅众山自西北来，众水亦自西北来，大山大水均来自西北。西北乃中国山水之源，江河东南而去乃天下大势所趋，故对此格局应予以顺从而不应违抗。否则，即是有悖自然，当然也就难以成就千年"吉地"。①

风水模式很简单，但其影响却十分深远。从历史与文化的角度看，中国人对风水龙脉的信奉既是对财富、长寿、平安、吉祥等美好生活的追求，也是中国博大精深传统文化的体现。

# 结　语

上述风水理论与当时人们对昆仑山地理实体和全国山脉体系，尤其是中国中央山脉的认识相吻合，也与源远流长的天命文化相一致。先秦时期，新疆昆仑山的神圣地位由其早期欧亚大陆主要东西方文化交流通道、黄河发源地、国玉——和田玉的出产地等一系列主客观原因而确定。唐代又因为被确立为中国龙脉之祖而地位进一步强化，成为一座关涉天下兴亡、能主生死的神山，所有帝王的国都和王陵都必须修建在源于昆仑山的同一条龙脉之上。宋代，风水学将昆仑与风水中讲求地理形势的龙脉学说联系起来，奉昆仑为"诸山之祖"，为"三大干龙"之首。明清时，风水学进一步完善昆仑龙脉理论，昆仑龙脉学说成为影响深远的风水理论核心。

风水学说视"昆仑山"为天下主山，由"昆仑山"发端出五支龙脉，其中三支向东入中国大地，两支向西进入亚欧大陆西部各地；各个干脉派生出支脉，支脉又生出支脉，如是蔓延繁衍，使龙脉遍布中国全土，乃至于全世界。西北"昆仑山"为天下万山之主，龙脉皆由"昆仑山"发生，分别向域外和中国蔓延其势的观点，就是所谓的"大风水"理念，它尤其典型地表现为前文提及的大约在唐代时逐渐形成的中国"三大干龙"之说。

---

①　刘沛林：《风水——中国人的环境观》，第68页。

　　所谓"三大干龙",简言之,就是以长江、黄河两大水系为界,把中国山系视为全部源于西北"昆仑山"的三条大龙脉,进而通过寻觅或辨认各龙脉及其支脉的走向,解说各地的都城或地域的风水。显然,这种学说乃是起源于古代地理（堪舆）之学对中国山川地势的总体认识。天下所有山脉咸祖于处在天地之中、构成所有山川之本源的"昆仑山",其中有三大西（北）东（南）走向的山系,亦即三大龙脉进入位于昆仑山东南方的中国。"昆仑山"分出并流布于中国的三大主干山系或主干龙,是为"太祖";五岳作为三大主干上的山脉,是为"大宗";由主干龙分出的山脉为中干龙,是为"太宗";由中干龙分出的山脉为小干龙,是为"少祖",亦称"主山"。

　　"三大干龙"之说确实是古代地理风水学对中国山川走向之大势和地形、地貌之大格局的简略概括,大体可以反映出古人对于中国自然地理的朴素认知。古代中国人把天下几乎所有的名山,都纳入以"昆仑山"为祖的天下万山的谱系之中。以此为前提,各个具体城市和地方的风水,往往都要与"三大干龙"相附会,视其为所祖所宗的来龙。寻山觅龙时,必溯及"三龙",称为"认宗",或谓为"找靠山",其实就是努力和遥远的"昆仑山"发生关联。

　　依据风水理论,天下之山脉起于昆仑,山脉之所起即水源之所发。"昆仑为西极之祖,分派三干,以入中国,良可据也。"[①] 中华大地上山岳河流纵横交织,形同网络,并被归纳为三大龙脉。三支龙脉,以北干、中干、南干的形式在中国大地上流动,与黄河、长江等大水系形成密切的关系。这三条发源于新疆昆仑干龙的干脉生出支脉,支脉又生出支脉,犹如人体血管和经络一样,遍布中华大地。

　　新疆昆仑这个区位,很早就为中国文化所看重。因昆仑具有极强的天命文化内涵,早期的西域南山、葱岭、西域北山（天山）作为古代中国地理高地和陆路东西方文化交流主要通道,成为通天之地与通天之山,因

---

① 陈梦雷:《钦定古今图书集成·方舆汇编·山川典》第2卷,中华书局,1985。

而也就被当作天下、天子、国都的吉祥护佑。3000 年前何尊金文"宅兹中国"一词中的"中国"就源于早期中国天命文化与龙脉选择。唐代风水大家杨筠松明确提出昆仑山是天下祖山，为万山之祖的观点，本来就是通天之地的新疆昆仑山被进一步确定为中国龙脉之祖。

# 周秦汉反连坐与东西文化冲突

阎步克

中国古代至少从春秋始，就存在连坐的正式法条了。连坐的原理是"团体责任"，就是把亲邻视为整体，令其共同承担责罚。对于维护秩序与管控编户，这办法确实有效，所以社会各层面衍生出了五花八门的类似做法。

不过"一人犯法，全×受罚"，同"罪责自负"、"罪刑相当"（或称"罪刑相称"，通称"罪责刑相适应"）原则相左。"罪责自负"的原理是"个人责任"，不旁及无辜，无罪不罚。所谓"罪刑相当"，除了轻罪轻罚、重罪重罚、同罪同罚、数罪并罚等意义，逻辑上还必定包括"罪责自负"，否则无罪亦罚，罪与刑就不"相当"了。在"罪责自负"与亲邻连坐之间如何选边站，价值观是最终决定因素。

今春有几位学者申说"罪责自负""无罪不罚"，认为人不应为他没犯的罪错付出代价，互联网上随即出现激辩。还有人指责这些学者"论证过程纯西化"，"丝毫不考虑中国的历史、文化和逻辑"。其实浏览学者原文，除了引述西方的报应主义、功利主义之外，也引述了中国法家的重刑主义，且有中肯评析。也就是说，学者并没有无视中国历史文化。

同时在中国历史文化中，确实还有更多事象可以纳入视野，以供比较判断。法家是维护连坐的，而在周秦汉时，还有反连坐的主张存在，其理念同现代的"无罪不罚"并无大异。对此史学界已有了很多阐说，而指责"论证过程纯西化"的网民懵无所知，有待补课。西周已有"父子兄弟，罪不相及"观念了，这一观念在春秋时期仍被传诵着。战国时期儒者又提出了"恶恶止其身""刑不过罪"，这便成了东方社会的通行观念。连坐之法则滥觞于秦。僻居西北一隅的秦政权，其制度文化在当时是一个另类，并非华夏主流。秦制、秦文化与东方文化的差异与冲突，与其时的"儒法斗争"相叠加。具体到连坐制度上，便出现了两种态度的针锋相对，事涉东西之争、儒法之争。下面略做陈述。

今春的辩论并非首战，其实是波澜再起、战火重燃、历史重演，因为两千年前已有一次类似交锋了。汉昭帝召开了一个盐铁会议，在这次会议上，儒法两派人士第一次面对面论战。连坐跟每个人、每个家庭的命运都息息相关，理所当然地成了两军必争之地。

据《盐铁论·周秦》，一位御史代表其长官桑弘羊——当然也代表体制，强调同居一室或比邻而居，就有了相互伺察教戒的责任——"团体责任"，若有犯罪，则全家、全伍都构成犯罪主体，须同加责罚："一室之中，父兄之际，若身体相属，一节动而知于心。故今自关内侯以下，比地于伍，居家相察，出入相司。父不教子，兄不正弟，舍是谁责乎？"

论战的反方是与会的文学们，他们是来自东方各郡国的贫寒学子。文学们首先申说"等之以刑""轻重各服其诛"。这"等之以刑""轻重各服其诛"，也就是"罪刑相当"的意思，这在当时又称为"当罪""抵罪"。文学们意谓刑罚应由罪犯本人承担，旁人既然无罪就没有"轻重"可言，便不任其诛，不在"当罪""抵罪"之列。文学们进而指斥"以子诛父，以弟诛兄，亲戚相坐，什伍相连"，认为这是"以有罪反诛无罪"。"闻子为父隐，父为子隐，未闻父子之相坐也。闻兄弟缓追以免贼，未闻兄弟之相坐也。闻恶恶止其人，疾始而诛首恶，未闻什伍而相坐也！"申说"恶恶止其人"，反对"以有罪反诛无罪"，这与"罪责自负""无罪不罚"的现代法治精神高度吻合。18世纪以后欧美的法治追求，也是华夏族群古已有之的法治追求，算是一种"东海西海，心理攸同，南学北学，道术未裂"吧。

《盐铁论》这一篇之所以题为"周秦"，王利器有论："周是'礼治'

的顽固堡垒，秦是'法治'的新的里程碑，以'周秦'名篇，也就是对'礼治'与'法治'问题进行的辩论。御史坚决拥护'立法制辟'的重要措施。文学继续宣扬'先礼后刑'的说教，并谓'秦有收孥之法'。"（《〈盐铁论〉校注》）也就是说，连坐与反连坐的对立，乃是周、秦之争，礼、法之争。西周初年的"制礼作乐"，开创了中华礼乐文明。孔子盛赞周礼"郁郁乎文哉，吾从周"。"周"于是就成了中华礼乐的代号。周平王东迁后，礼乐重心东移河洛齐鲁，"周礼尽在鲁矣"。《盐铁论》所揭"周秦"之争，在春秋以下就成了东西之争。

又马非百看到，支持连坐的"全出自法家学派"，而"文学以儒家学派的《公羊春秋》为武器，对连坐法表示反对"（《〈盐铁论〉简注》）。文学们对连坐的谴责是以春秋公羊学为本的，对这一点，注家早已多方举证。"恶恶止其人"一语，就来自《公羊传》昭公二十年的"恶恶止其身"。公羊学的渊源，可以追溯到先秦孔门子夏，后来发展为一个庞大的学派，汇聚了不同时期的众多学人，其反连坐的态度并不是某人的偶发奇想，而是东方士民的普遍观念。

先秦稷下学的学术领袖荀子，对连坐亦有专论。《荀子·君臣》首先申论"故刑当罪则威，不当罪则侮"。此处的"当"意为"相应"（用富谷至说），也就是"罪刑相当"的意思。同盐铁会议上文学们强调"轻重各服其诛"一样，荀子强调"当罪"的目的也是反连坐，以此反证无罪不罚。"乱世则不然：刑罚怒罪，爵赏逾德，以族论罪，以世举贤。故一人有罪，而三族皆夷。""怒罪"的"怒"是逾越之意，意为刑罚超出了正当的边界，滥及亲族，与"当罪"南辕北辙。荀子反对"以族""以世"，究其原因，就是消解团体责任，伸张个人责任，每个人只为自己的行为负责。禁止担任公职也是一种刑罚，古称"禁锢"，今属"资格刑"，然则禁止罪犯的亲属担任公职，便是一种连坐，也是一种刑及无辜。而荀子申说"杀其父而臣其子，杀其兄而臣其弟"，他认为，即便父亲因罪处死，其子仍可以任职从政；即便兄长因罪处死，其弟仍可以任职从政；只要被证明贤能，公职就应向他们敞开大门。这是非常富有"现代性"的。

在荀子之前，孟子赞扬"昔者文王之治岐也……罪人不孥"（《孟子·梁惠王下》）。汉儒赵岐用"恶恶止其身"来阐释这个"罪人不孥"（《孟子注》）。看来早在周文王时，周族就有"罪人不孥"的观念了。

从孟子再往前看，《左传》僖公三十三年（前627）："《康诰》曰：父不慈，子不祗，兄不友，弟不共，不相及也。"昭公二十年（前522）："在《康诰》曰：父子兄弟，罪不相及。"这两条《康诰》，惠栋、赵翼、杨伯峻指为今本《康诰》脱文（《后汉书补注》《陔余丛考》《春秋左传注》），其说是。查周成王的《康诰》在阐述刑罚理念时，屡屡称引周文王，那么，若推测《康诰》"父子兄弟，罪不相及"的思想也来自周文王，就跟孟子所说的"昔者文王之治岐也……罪人不孥"一致了。

在夏启与商汤的出征誓词中，都有"予则孥戮汝"之言，声称若违犯军令，则同时刑戮其本人及家人（《尚书·甘誓》及《汤誓》）。而周武王伐殷誓词中的说法变了，变成"其于尔躬有戮"了（《尚书·牧誓》），只惩罚"尔躬"即本人，不及妻儿了。这又强化了此前的推断：周初就已滋生出"罪人不孥"观念了，"罪人不孥"是周族的首发原创。东周春秋以降，"恶恶止其身""刑不过罪"的思想在东方继续流行。荀子的"杀其父而臣其子，杀其兄而臣其弟"，显然也是源于《康诰》"父子兄弟，罪不相及"。

至于成为正式法条的三族连坐、什伍连坐，关西秦国是始作俑者。秦文公二十年（前746），"法初有三族之罪"；秦孝公五年（前356）商鞅变法，"令民为什伍，而相牧司连坐"；秦始皇诏准"以古非今者族"（《史记》）。

当然，东周列国也不是没有连坐。据说梁国在公元前7世纪就搞了什伍连坐（《春秋繁露·王道》、《公羊传》何休注）。这个梁国与秦同出一源，也是个嬴姓之国。又，赵国也是个嬴姓之国，与秦同出一源，也有连坐。如"赵之法，以城叛者，身死家收"（《列女传·赵佛肸母》）；赵孝成王以赵括为将，赵括的母亲便提出了"即如有不称，妾得无随坐"的请求（《史记·赵奢传》）。沈家本推测，赵国的连坐比商鞅变法晚了90

多年，应是从秦国学来的（《历代刑法考·连坐》）。魏国也实行连坐。李悝为魏文侯所定《法经》，其中有缘坐之文，以及对妄议朝政者刑及家属的条文，如"议国法令者诛，籍其家，及其妻氏"（《七国考·魏刑法》引）。由于公元前8世纪秦国就有"三族"之条了，《法经》是3个世纪之后才问世的，所以我认为，《法经》中的缘坐源于秦法。

又《尉缭子·伍制令》载有什伍连坐内容。有人推测"尉缭"有两人，一位尉缭活动在魏惠王时，治商鞅之学，估计把商鞅的什伍连坐照单全收了；另一位尉缭曾谒见秦始皇，对秦之军制颇有影响。今本《尉缭子》所见部伍编制，被认为与秦始皇陵兵马俑的军阵吻合。还有，《墨子》的《号令》等篇竟然也有连坐的规划。然而相关篇章是"秦墨"所为——墨子死后，墨家发生分化，一批墨者由楚入秦谋生，以其守城技术效力于秦王，"橘越淮而为枳"，被秦同化了。

看来列国连坐制度，往往与秦有关。这是偶然的吗？徐中舒论秦文公"法初有三族之罪"："'三族之罪'是灭族的酷刑，这在中国法律史上也是很重要的事。……这种连坐法在东方恐怕没有，这在村社制下是行不通的。"徐先生认为，儒家的孝悌、仁爱思想，就是村社制滋养出来的，所以东方的村社制与西方的三族罪两不相容（《先秦史论稿》）。什伍本是军事编制，后来渗入了基层民政。军法通常都比民政法规严苛，所以就会有一人犯禁"全伍有诛"这样的条文。军法能在多大程度上改造民政呢？东方的基层组织更多地保留了"疾病相忧，患难相救，有无相贷，饮食相招，嫁娶相谋，渔猎分得"（《韩诗外传》）的村社传统，又长期流行"罪人不孥""父子兄弟，罪不相及"观念，推测东方即便存在连坐，也远不如秦国严酷。秦崇法术，以军事立国，军制军法在更大程度上形塑了基层行政，男子附籍后即称"士伍""伍人"，使用军士之称。秦之连坐，告奸的那种广度、强度，在秦可以畅行无阻，却非东方社会所能接受。所以在揭竿而起推翻"暴秦"前后，东方士民便把"作为相坐之法，造诽谤，增肉刑"视为秦的三大暴政，抨击斥责，亟欲废之而后快。

刘邦集团起自关东平民，对三大暴政自然有切肤之痛，便因民心所向，废连坐、除诽谤、轻刑罚，以号召天下："召诸县父老豪桀曰：父老苦秦苛法久矣，诽谤者族，偶语者弃市。吾……与父老约，法三章耳：杀人者死，伤人及盗抵罪。余悉除去秦法。"（《史记·高祖本纪》）

论定"三章之约"含有废连坐之意图，理由有三。第一，注家张晏、司马贞已指出，"三章"含有废三族、废连坐的用意，其说甚是。第二，刘邦明揭"抵罪"之义，"抵罪"即"当罪"，也就是"罪刑相当"，这跟荀子用"刑当罪"来反对连坐，跟盐铁会议上文学们用"轻重各服其诛"来反对连坐，思路、逻辑完全相同，出发点、归着点都是"无罪不罚"。第三，由随后汉惠帝、吕后、汉文帝继踵而来废连坐，也可以反推这是一个先帝领跑、继承人接力的历程。把"废连坐"看成汉惠帝首倡，显然不如看成刘邦首倡，而汉惠帝等继承先帝遗志更好。汉人认为废连坐始于"三章"："秦政酷烈，违忤天心，一人有罪，延及三族。高祖平乱，约法三章。太宗至仁，除去收孥。"（《后汉书·杨终传》）

汉惠帝欲废三族罪、废妖言令，至吕后元年诏"今除之"（《汉书·高后纪》）。汉文帝诏废收孥相坐，各种分析显示，此后城旦春及以下的徒刑就不再收孥了。汉文帝的废收孥相坐诏，颇为可诵："法者，治之正也，所以禁暴而率善人也。今犯法已论，而使毋罪之父母妻子同产坐之，及为收孥，朕甚不取。……朕闻法正则民悫，罪当则民从。且夫牧民而导之善者，吏也。其既不能导，又以不正之法罪之，是反害于民为暴者也！"（《史记·孝文本纪》）"犯法已论，而使毋罪之父母妻子同产坐之"之语，即明示法律不应惩罚无罪者，所以现行连坐就是恶法暴政。其"罪当则民从"之"罪当"，跟刘邦的"抵罪"、荀子的"刑当罪"、文学们的"轻重各服其诛"，以至现代的"罪刑相当"，如出一辙。"罪当则民从"的完整意思，就是"刑当其罪、无罪不罚，民众才能信从、认同"。面对连坐，汉文帝明言"朕甚不取"，一字千金，掷地有声，必须为之拊掌击节。

又，阅读汉文帝废肉刑诏，也很难不为之动容："今法有肉刑三……吾甚自愧"，"夫刑至断支体，刻肌肤，终身不息，何其楚痛而不德也！"

可谓蔼然仁者之言。又其废诽谤诏："民或祝诅上……此细民之愚无知抵死，朕甚不取。自今以来，有犯此者勿听治。"对诅咒"今上"的普通民众，汉文帝并不认为"罪该万死"，反而明令官吏听之任之。如此宽容开明，值得大书特书。

对比秦始皇与汉文帝，就能看到二人事事相反：秦始皇豪奢，汉文帝节俭；秦始皇亟役万民，汉文帝无为而治；秦始皇横征暴敛，汉文帝轻徭薄赋；秦始皇严刑峻法，汉文帝废除肉刑；秦始皇罪及三族，汉文帝废收孥相坐；秦始皇打压言论，禁人妄议，"退诽谤之人，杀直谏之士"，汉文帝察举"直言极谏"，废诽谤妖言之条，甚至对咒骂最高统治者的行为也明令无须追究；秦始皇追求"二世三世至于万世"，汉文帝推崇"博求天下贤圣有德之人而禅天下"；秦始皇自负，"以为自古莫及己"，汉文帝自谦，每有"朕之不德""不敏不明""吾甚自愧"之言……仅仅相隔了三十年，历史舞台上竟出现两位风貌绝异、施政理念完全相悖的皇帝，未免太富有戏剧性了吧。前人推崇汉文帝"天资近厚"、"天性纯粹"、"出于至诚"（朱熹、乾隆、曾国藩），而在天性或个性之上，我们又看到东西文化的巨大差异与尖锐对立，进而是中国史上的一种与生俱来的二元性、文化与制度的二元性，以及儒法二元性。

近人沈家本称废肉刑是"千古之仁政"，伍廷芳称废收孥"当时以为盛德"。其实，废诽谤妖言又何尝不是呢？可惜昙花一现。尽管在今人眼中，汉文帝远不及秦皇汉武伟岸显赫，但在汉代，汉文帝却因"除诽谤，去肉刑"及"罪人不孥，不诛亡罪"三大仁政而赢得盛赞："德厚侔天地，利泽施四海"；"德至盛也"；"万姓廓然，蒙被更生，泽及昆虫，功垂万世！"后代读书人也这样称美："三代而下未之有""百世帝王之师""三代以后第一贤君""三王以降论君德者，必首汉文""盖其德为三代后仅见之贤主"……无意美化，但在"霸业"、"事功"以及"雄才大略"之外，从"政治文明"、从"现代性"比较中国历代统治者，还是得说：汉文帝无与伦比，不愧是"三代后仅见之贤主""百世帝王之师"。历史昭示：一个统治者所能留给后人的最宝贵的政治遗产是什么，那就是进步与文明了。在"暴秦"刚被唾弃，下一波兴功用法的高峰尚未来临，君臣"惩恶亡秦之政，论议务在宽厚"，朝野一意"休息无为"之时，东方文化获得了一个空前绝后的发扬光大空间，熏陶塑造了汉文帝这样一位"仅见之贤主"。东方儒墨道诸子，就是当时中华文明的至高点、最强音，"罪人不孥""父子兄弟，罪不相及""恶恶止其身"等东方思想，我确信就是汉文帝废收孥相坐的理念来源，舍此无他。

秦始皇则是关西文化的产儿。秦文化在当时是一个另类。秦"其未逾陇以前（即秦文公以前），殆与诸戎无异"（王国维：《秦都邑考》）。秦墓流行屈肢葬、西首葬，屈肢葬竟然占到了 90% 以上，然而这是诸戎葬俗，跟华夏族的仰身直肢葬、北首葬判然不同，可证秦国国民确有浓厚的戎族性质。商鞅、韩非的学说在秦地生根开花，连坐之法在秦地畅行无阻，同其国民的诸戎性质息息相关。荀子称秦"无儒"，李斯承认"士不产于秦"。在"百家争鸣"的辉煌时代，没有一位伟大学者出于秦地，没有一部伟大著作出自秦人。尽管秦也以"夏"自居，努力挤进"夏"的行列，华夏却"不与会盟"，视秦为"虎狼之国"："秦与戎狄同俗，有虎狼之心，贪戾好利而无信，不识礼义德行"；"彼秦者，弃礼义而上首功之国也，权使其士，虏使其民"；"诚使秦王得志于天下，天下皆为虏矣！""虏"即"奴隶"之意，秦之政治体制，在东方士民的眼中就是一种奴隶制。秦大量使用谪戍、刑徒、奴产子一点，也给了郭沫若同样的观感："秦始皇时代，看来是奴隶制大逆转。"（《十批判书·吕不韦与秦王政的批判》）秦之城旦舂、鬼薪白粲、隶臣妾、司寇、隐官、居赀、居赎、居债、谪戍、刑徒、奴产子等，数量庞大而名目繁多。总之，"秦形成了和周文化传统截然不同的一种全新的法家文化体系"，"较之仍保有周之传统的东方六国文化，已走向了一条不同的道路，它在制度、价值观、文字等等方面的新的发展，已不被保留了较多周制的东方文化所接受容纳"（何晋：《秦称"虎狼"考》）。具体到秦之连坐，也不被东方社会容纳认同。

然而也不能不承认，"连坐是否有效"与"连坐是否正义"，是两个不同的问题。在事实层面上，"连坐"肯定有效。家族连坐稳准狠地抓住了每个人的"软肋"，为了亲人、骨肉只能绕行禁区，什伍连坐也是束缚言行的粗大绳索，谁愿意轻易牵连累世的芳邻呢？正因此，它被各王朝用作治民利器。在价值层面上，虽说"有效"不等于"合乎正义"，然而何为"正义"也是莫衷一是、众说纷纭。秦人与东方士民的看法有别，统治者与读书人的看法有异，国家主义者与民本主义者的看法注定形同水火。虽然汉初一度废连坐，连坐却深得有司青睐。"三章之法不足以御奸"，没几天萧何"九章律"便取而代之（《汉书·刑法志》）。汉文帝欲废收孥，有司便以"相坐坐收，所以累其心，使重犯法，所从来远矣，如故便"加以抵制（《史记·孝文本纪》）。这个体制的最大特点就是"个别的人身支配"（用西嶋定生说），其内在倾向就是把每个人最大限度地管控起来，于此连坐之法行之有效，所以两千年大行其道，在神州长盛不衰。秦统一后"以秦文化取代、消灭六国文化"（刘文瑞：《征服与反抗——略论秦王朝的区域文化冲突》），坑杀东方学者，焚烧东方典籍，最终反客为主、鸠占鹊巢、以紫夺朱，民众对连坐也由排斥而逐渐转为接受，习以为常、习非成是、习之成性了。

不过我们依然奢望，国人能重拾并珍存这一历史记忆：早在中华文明初曙之时，我华夏族群本是反对"以族论罪"，主张"父子兄弟，罪不相及""恶恶止其身"的。这跟近代西人的"罪责自负""无罪不罚"，并无二致，而且更早。这是值得自信自豪的。如果一条条审视两汉魏晋南北朝及更晚时期的相关史料，就会发现，"父子兄弟，罪不相及""恶恶止其身"被奉为"古今之令典""百王之达制"，曾在王朝司法中令成千上万人受惠，免于株连之苦、刑杀之灾。反连坐所蕴含的宽容、理性与仁爱，让人民感受到了华夏文明的温暖，对冲了秦式体制的冷酷无情。

而且还应知道，在近代之际，中西还曾汇为一流。1905 年伍廷芳、沈家本请废缘坐获准，其时便重温了汉文帝对缘坐的谴责，并以"今世各国咸主持'刑法止及一身'之义，与'罪人不孥'之古训实相符合"

为言（《删除律例内重法折》）。"百代都行秦政法"行将就木，近代西方文明的"刑法止及一身"与中华古文明的"罪人不孥"，并肩挽手、会师合流了。

谨以此文怀念吴宗国先生！

2023 年 8 月 31 日

# 《释迦方志》所见汉唐时期中印间的
# 陆路交通

刘　屹

## 引　言

　　《释迦方志》是道宣（596—667）晚年的著作之一。书中提及最晚的年号是"永徽元年"（650），序文又说"大唐之有天下也，将四十载"。唐朝立国在 618 年，则《释迦方志》成书时间应在 650—658 年之间。《释迦方志》一书的重要价值，范祥雍曾有提示，[①] 但仍未得到学界充分重视，研讨此书的论著仍非常少见。此书价值最大部分，当数《遗迹篇》和《游履篇》，主要记述汉唐时期中印之间的陆路交通路线，以及中国官方使者和求法僧人前往印度的主要人物及其事迹。有些不见于他书记载；即便并非独家记述，也不乏他书不见的有价值信息。

　　道宣写作此书时受到玄奘《大唐西域记》的直接影响，对西行道路的记述，在一定程度上可说是《大唐西域记》所记玄奘经行路线的一个缩编本，但道宣也增加了玄奘《大唐西域记》未记的道路信息。如《遗迹篇》开篇云：

---

　　① 道宣：《释迦方志》，范祥雍点校，中华书局，2000，前言，第 1—2 页。

　　自汉至唐，往印度者，其道众多，未可言尽。如后所纪，且依大唐往年使者，则有三道。依道所经，且睹遗迹，即而序之。其东道者，从河州西北度大河……至吐谷浑衙帐……至吐蕃国……至北印度尼波罗国。[①]

这里的"东道"，范祥雍校勘记认为应作"南道"，是可信的。因为自汉代以后历朝记载通西域的道路，都是作南、北之分，从未有东、西之分。《遗迹篇》其后详述了"中道"和"北道"，更可证明所谓"东道"应为"南道"才对。故本文径以"往印度"的"南道"视之。玄奘没有走过、《大唐西域记》不曾记载的这条"南道"，即所谓"尼波罗道"，是经由吐蕃、尼泊尔到北印度的新道。这条道路因有李义表、王玄策这样的著名人物，以及一批唐初经由此道入竺求法的高僧而闻名。[②] 这条道路迟至唐初才正式被开辟出来，并非传统意义上汉代以降中印之间陆路交通的主要通道，故本文暂不讨论这条"南道"。

　　道宣所言的"中道"和"北道"，是汉唐间中印陆路交通传统的主要通道，但不能简单地与官方正史所记出敦煌后西行的道路相对应。在唐初尼波罗道出现之前，历代《西域传》将西行的道路，有的分作两道，即南、北两道；有的分作三道，即北、中、南三道。如隋代裴矩《西域图记序》云：

　　发自敦煌，至于西海，凡为三道，各有襟带。北道从伊吾，经蒲类海铁勒部，突厥可汗庭，度北流河水，至拂菻国，达于西海。其中道从高昌、焉耆、龟兹、疏勒，度葱岭，又经钹汗、苏对沙那国、康国、曹国、何国、大小安国、穆国，至波斯，达于西海。其南道从鄯善、于阗、朱俱波、喝槃陀，度葱岭，又经护密、吐火罗、挹怛、忛

---

① 道宣：《释迦方志》卷上《遗迹篇》第四，第14页。
② 义净《大唐西域求法高僧传》中记载多位经由吐蕃、尼波罗道入北印度或中印度的高僧。这条道路及相关高僧的经行事迹，拟另文讨论。

延、潸国，至北婆罗门，达于西海。其三道诸国，亦各自有路，南北
交通。其东女国、南婆罗门等，并随其所往，诸处得达。①

虽然这些道路的最终目的地都是"西海"，但实际上并不意味着中国人都
会选取这三条道路去往"西海"。特别是"北道"，主要通行的是天山以
北的草原地带，这里在汉唐间大多数时期都不在中原王朝势力控制之下，
而是北方民族如突厥与拜占庭之间的商路。②"中道"相当于传统的"西
域北道"，过葱岭后去往粟特和波斯。"南道"相当于传统的"西域南
道"，是去往吐火罗和印度西北的道路。与裴矩关注如何到达"西海"不
同，道宣只关注如何到达印度。所以道宣所言的"北道"和"中道"，分
别相当于《西域图记》所言的"中道"和"南道"。

　　本文想要讨论的问题是：道宣记载如此翔实的"北道""中道"这两
条路线，是否如实地反映了中印陆路交通的状况？《释迦方志》在记载中
印之间陆路交通方面提供了哪些具有独到价值的史料？从中能解读出哪些
以往未曾注意的重要历史信息？

## 一　玄奘"地图式"记述的误导

　　《遗迹篇》中除前述"南道"即"尼波罗道"是新道外，"北道"和
"中道"都是依据《大唐西域记》缩编而成的，但《大唐西域记》不是专
门记载道路交通路线的著作，而是一部按照玄奘的去途和归途串联起几大
地理区域的综合性地理书。道宣没有亲历西域和葱岭以西的经验，只能从
文字上借鉴《大唐西域记》对道路交通的描述，难免会望文生义，脱离
实际。这也是中国历朝史官记载西域道路，特别是葱岭以西道路交通状况
时常常会犯的错误。

---

① 《隋书》卷六七《裴矩传》，中华书局，1973，第1579—1580页。
② 芮传明：《〈西域图记〉中的"北道"考》，《铁道师院学报》1986年第3期。

道宣所言的"北道"，是从长安出发，经瓜州—莫贺延碛口—柔远县—伊州—蒲昌—西州—阿耆尼（焉耆）—屈支国（龟兹）—跋禄迦国（姑墨）—凌山—大清池—素叶水城（碎叶）—千泉—呾逻私城（怛罗斯）—恭御城—笯赤建国—赭时国（石国），进入昭武九姓的粟特人诸国。至此，可认为基本符合裴矩所说的"中道"。然后再经铁门关，进入吐火罗地区，复经缚喝（小王舍城，巴尔赫）、梵衍那（巴米扬）、迦毕试（贝格拉姆）、那伽罗曷（贾拉拉巴德）、犍陀罗（白沙瓦）、乌仗那（斯瓦特）、呾叉始罗（塔克西拉）、迦湿弥罗（克什米尔谷地）等，才进入恒河流域的印度。这条路线是依《大唐西域记》所记玄奘的去程而罗列。域外地名，也几乎完全依照玄奘的梵语音译。不过，这并非一条真正意义上的中印交通道路，毋宁说是一条中国与"中亚—印度"之间的交通路线。以古代印度为目的地的中国人，无论是求法僧，还是官使或商旅，都完全没必要翻过天山山脉，跑去伊犁河的草原，绕远到粟特地区、吐火罗地区，再南下兴都库什山以南的印度西北地区。

侯杨方已注意到玄奘去途所走这条路线的不合理，并做了初步的解释。[①] 根据《大慈恩寺三藏法师传》，玄奘在冒着生命危险偷偷到达伊吾后，本来"意欲取可汗浮图过，既为高昌所请，辞不获免，于是遂行，涉南碛，经六日，至高昌界自力城"。[②] "可汗浮图"即后来的庭州，今天吉木萨尔的护堡子古城。[③] 此城为四通之地，既可以向北走天山以北，去往伊犁河流域；也可以向西走天山以南，沿大漠北路向葱岭。所谓"浮图"，通常人都会联想到佛教或佛陀，不排除玄奘当时也是冲着"浮图"之名才要去这里看看。但当时的突厥即便接受佛教也不一定在这里兴建大型佛教建筑，所以这里的"浮图"更有可能是"务涂（谷）"的转音。

① 侯杨方：《这才是丝绸之路——重抵历史现场的行走》，中信出版集团，2023，第295—297页。
② 慧立、彦悰：《大慈恩寺三藏法师传》，孙毓棠、谢方点校，中华书局，2000，第18页。"自力城"应为吐鲁番文书中的"白力城"。
③ 参见孟凡人《可汗浮图城略考》，1985年初刊，此据同作者《新疆考古论集》，兰州大学出版社，2010，第64—72页。

玄奘从伊吾向可汗浮图城而去的原因，既可能是受惑于"浮图"之名，也可能是他本想故意绕开高昌王国的腹地。毕竟当时唐廷与高昌不睦，玄奘一开始或许还有顾虑。他原本打算从可汗浮图城出发，再取道丝路北道，即回到龟兹至姑墨（今阿克苏）、温宿的路上。如果没有高昌王的因素，玄奘大概率会选择从温宿西进疏勒的道路，进入帕米尔高原，横穿葱岭后，从瓦罕走廊西端南下兴都库什山，到犍陀罗，就可抵达印度西北地区。这条道路在僧传所记鸠摩罗什幼时随母亲从龟兹去罽宾的记述中，被称作"疏勒道"。① 从龟兹到疏勒这条传统的西域北道自不用说，既然到了疏勒，就绝不会走"凌山—大清池"之路。玄奘也不会走阿赖山谷，因为那样就要先到阿姆河以北和吐火罗地区。明明可以穿过瓦罕走廊直接到达兴都库什山以南的印度西北，因此根本无须先到吐火罗地区，再转向印度西北。②

由于在伊吾接到高昌王的盛情邀请，玄奘改变计划，去了高昌。在受到高昌王超乎常规的接待和赞助后，玄奘接受了先去觐见西突厥可汗的安排，并答应给高昌王远嫁到吐火罗地区活国（今昆都士一带）的王妹和妹婿带信。③ 当时西突厥是包括高昌、龟兹等西域和中亚昭武九姓诸国在内的宗主国，玄奘不是唐朝的国使，本来作为西行求法的个人行为，玄奘没必要非得去见突厥可汗。但正因为玄奘不是唐朝的使者，所以高昌王才给予玄奘厚笃赞助。高昌王作为突厥可汗的属王，并将妹妹嫁给了可汗的长子，高昌与突厥的关系可谓不同一般。高昌王出于好意，让玄奘去拜谒可汗，以确保玄奘在突厥势力范围内的绝对安全。玄奘不好拒绝，故从高

---

① 僧祐：《出三藏记集》卷一四《鸠摩罗什传》，苏晋仁、萧鍊子点校，中华书局，1995，第530—531页；慧皎：《高僧传》卷二《译经中·鸠摩罗什传》，汤用彤校注，中华书局，1992，第46—47页。

② 侯杨方认为玄奘本应取道鸟飞谷进入费尔干纳盆地，经河中地，南渡阿姆河，再到古代印度西北。但这样走仍是绕远的。除非玄奘把小王舍城（缚喝，巴尔赫）也列为一定要参访之地，否则他没必要去阿姆河两岸地区。笔者认为玄奘既然选择出玉门关，其原计划就该是走"高昌—龟兹—疏勒"道路，从疏勒南下揭盘陀（塔什库尔干），再翻越葱岭，南下犍陀罗。

③ 慧立、彦悰：《大慈恩寺三藏法师传》，第31页。

昌经龟兹到姑墨，就没有再往温宿、疏勒方向，而是北越凌山，去往大清池（伊塞克湖），并在碎叶一带的衙帐拜谒突厥可汗。[①] 换言之，从姑墨开始的道路，就不再是玄奘当初计划的、可以直接奔赴印度的路线。如果没有高昌王希望玄奘去拜见突厥可汗，玄奘本来不应选择天山以北去往河中地区、粟特地区的道路。因为大清池、碎叶城，以及粟特地区，并非佛教信仰兴盛之地，甚至有些地方的居民对佛教徒还非常敌视。[②] 作为心向印度佛教圣地的中国求法僧，玄奘本来是无须经行这些地方的。玄奘这一明显绕远的路线，有其个人的特殊原因，不能作为中印之间正常交通时必选的一条道路。道宣虽然可能知道玄奘是被动地选择了这条路，但他仍然完全按照《大唐西域记》的记述，把玄奘去程走过的路线当作一般人去往印度时也要选择的所谓"北道"。这可算是受玄奘记录无意中的误导所致。

　　道宣所言的"中道"，起点是鄯州（今青海乐都），依次经行凉州—甘州—肃州—故玉门关—瓜州—沙州—鄯善故地—且末故地—都罗故地—瞿萨旦那国（于阗）—斫句迦国（叶城）—佉沙国（疏勒）—乌铩国（莎车）—揭盘陀国（塔什库尔干）—波谜罗川（大帕米尔）—达摩悉铁帝国（瓦罕帕米尔）—商弥国（奇特拉尔）。这其实就是传统的西域南道，即西出敦煌后，取道大漠以南的鄯善、且末、于阗、叶城、莎车、疏勒、塔什库尔干，再向西或向南，进入帕米尔高原的大帕米尔、小帕米尔、瓦罕帕米尔，出瓦罕走廊西端，再南下斯瓦特和犍陀罗。不过，《释迦方志》这里的记述有一点反常。本来，从于阗到斫句迦，再到佉沙，就意味着已经从于阗到了疏勒。但道宣在记完佉沙后，又提及从佉沙南行五百里到乌铩，再从乌铩西南逾大岭至揭盘陀。从地理位置上看，莎车位于疏勒之南，亦即从于阗去疏勒的路上要先经过莎车。按道宣的记载，就会先从于阗到疏勒，然后调头南下到莎车，再西行到揭盘陀。这一反常情

---

① 慧立、彦悰：《大慈恩寺三藏法师传》，第27—28页。
② 慧立、彦悰：《大慈恩寺三藏法师传》，第30页。

况，也是事出有因。

玄奘在归途中确实是从西向东横越了葱岭，并在于阗停留，等待唐太宗允许他回国，但玄奘并非按照"石头城—疏勒—于阗"这样的路线行进。当玄奘从西向东穿过帕米尔高原，抵达石头城后，并未北上去疏勒，而是取道石头城东南，经行现在的乌古里亚特山口、瓦恰乡、达达尔山口（大石崖）、阿克托尕兰干村、大同乡的阿依克日克（梵语音译"奔穰舍罗"，意译"福舍"），到了达木斯乡，就基本走出了葱岭。侯杨方经过实地踏察，基本确定了这条道路就是玄奘从塔什库尔干出发，东出葱岭，到乌铩国（莎车）的路程。① 这是玄奘研究中的一个重要贡献。这条道路被道宣反向记录，就成了从乌铩向西，途经福舍，再到揭盘陀的路线。或可推想，道宣在这里所记从于阗向东直至凉州的道路，或许也是玄奘在得到唐太宗的肯定答复后，从于阗启程归来所走的实际道路。当然，这其实也是条常规的道路。

玄奘对于自己实际经行的路程，以及自己没有经行，而只是听闻的国度、胜迹和路程，在《大唐西域记》中的记述已有所区别。尽管如此，《大唐西域记》编著的目的是让唐廷了解西域的政治、军事、地理、风土等状况，玄奘把道路交通揉进对西域地理、人文、风俗等综合性的描述之中，这使他的《大唐西域记》，包括《大慈恩寺三藏法师传》所记的地理信息部分，都是一种综合性、通用性地理志书的写法。这种"地图式"的地志书写，虽然也有道路交通的信息，却不是真正意义上的交通路线图。正如裴矩所说："三道诸国，亦各自有路……随其所往，诸处得达。"实际的交通路线在这些"点"之间可以灵活连接，不一定完全按照地理志书的记载，非要沿着甲地和乙地的先后顺序才能形成交通路线。《释迦方志》的目标是总结从中国去印度的主要交通道路，而道宣认为只要依据离他最近的唐初人是如何去往印度的记录，就可呈现中印之间陆路交通

---

① 侯杨方：《重返帕米尔：追寻玄奘与丝绸之路》，上海译文出版社，2021，第177—222页。但这条路现在仍然存有争议。

的主要路线。但他本人没有亲履这些道路的经验，只能从玄奘留下的记录中抽取出反映交通道路的内容。玄奘有意无意地隐讳了自己要绕远路的原因，他本就没有专门记载中印之间正常的交通路线。道宣没有意识到对于要去印度的中国人来说，玄奘北上凌山、大清池的道路，是完全不必要的选择。道宣也没有真正了解玄奘实际归国之路，与纸面上看起来应当选择的"于阗—疏勒—石头城"之路存在的差异。所以道宣总结的中印之间三条陆路交通道路，除了"南道"尼波罗道有较高的价值外，实际上"中道"和"北道"在很多地方都与中印交通的实际情况颇有差异。切不可认为道宣依据玄奘亲身经历而强调的"中道"和"北道"，就是汉唐时期中印之间传统的陆路交通路线。

## 二　道宣"条序使途"的贡献

在《游履篇》开篇，道宣说："始于前汉，至我大唐，前后通数，使之往返，将二十许。……今搜括传记，条序使途，列其前后，显然有据。"① 道宣所见和听闻共"将二十许"往返印度的事例，但他只选取了十六例。选取的原因见于《游履篇》最后，道宣说：

> 余历寻《僧传》，并博听闻，所游佛国，备之前矣。然记传所见，时互出没，取其光显者，方为叙之。至如法维、法表之徒，标名无记者，其计难绯。又隋代往还，唐运来往，咸缮履历，具程油素。诸如此例，何可具焉！②

道宣讲明自己对入竺求法僧遴选的标准，是要看其人是否"光显"，即荣显。至于像竺法维、法表（或云僧表）等人，虽也有入竺的经历并都留

---

① 道宣：《释迦方志》卷下，第96页。
② 道宣：《释迦方志》卷下，第99页。

下相关记录，但因人气不高，遂不取用。而且在道宣看来，这些入竺僧留下的记录，大都记有行程里途，彼此重复，没必要全都收录。可见，道宣本意也不是要记录完整翔实的中印之间陆路交通路线。但即便如此，道宣所谓"条序使途"的安排，仍蕴含了重要的历史信息。因而《游履篇》也是《释迦方志》最有价值的部分之一。

这十六个中印交通的事例，"第一"谓张骞在大夏见到从身毒转运来的筇竹杖、蜀布，因而听到印度的消息。① 这只是作为中国人首次知晓印度的标志事件，张骞并未真的去往印度。此事说明在张骞通西域之前，蜀地与印度之间早有民间商品往来。至于当时是否已有"西南丝绸之路"，则不在本文的讨论范围。"第四"是西晋敦煌沙门竺法护去往西域，并带回大量佛经翻译。道宣言竺法护"西游三十六国"，僧传记竺法护到西域或"葱外"活动，都没有指明竺法护曾经越过葱岭前往印度西北求取佛经。道宣将竺法护作为赴印取经的高僧，这一点还要存疑。况且这一事例中并未提供任何具体的道路信息，所以竺法护之事也不列入本文讨论。其他十四例，或多或少地提供了这些求法僧或佛教信仰者途经具体道路的信息，这些对于研究中印之间的陆路交通路线是最珍贵的资料。以下分别试做讨论。

> 二谓后汉显宗孝明皇帝永平三年（60），夜梦金人，身长丈余，项佩日月光，飞行殿前。帝问群臣，通人傅毅曰："臣闻西域有神，其名曰佛。陛下所梦，将必是乎？"帝乃遣郎中蔡愔、博士秦景等，从雪山南头悬度道入，到天竺。图其形像，寻访佛法。将沙门迦叶摩腾、竺法兰等还，寻旧路而届雒阳。②

"汉明求法"，至少现在能看到的各种版本记载，最早已是六朝佛教的宣

---

① 也有意见认为所谓"身毒"只是在犍陀罗一带的"印度—希腊王国"，非指印度。在此不拟深究。
② 道宣：《释迦方志》卷下，第96页。

教故事了。意在宣扬佛教初入中国时，就已是经（《四十二章经》）、像（"优填王像"）、僧（迦叶摩腾、竺法兰）三者齐备。而这些要素在东汉明帝时期的印度，其实是不可能完全具备的，因而"汉明求法"故事不足为信。不过道宣这里较之他书所记不同之处，是提及所谓使团具体的入竺路线："从雪山南头悬度道入，到天竺。"这里首次提出"悬度道"的概念。"悬度"一词，最早见于《汉书·西域传》的记载，本是指汉朝与罽宾（犍陀罗）互使，在通过瓦罕走廊时，要经过一段十分凶险的石山道路，需要人们绳索相引，才能保证人畜不致跌落深谷摔得粉身碎骨。本来"悬度道"应该是指通行瓦罕走廊萨尔哈德（Sarhad）村东侧的一段道路，东汉初的甘英就曾经过瓦罕走廊的悬度，去往乌弋山离和大秦。但自法显等求法僧越过葱岭去往陀历、乌场等地时，走的是印度河上游河谷地带的绳索桥之后，后人误以为这些绳索桥就是"悬度"。① 强调使团出访时"从……悬度道入，到天竺"，回国时则是"寻旧路"，亦即仍然走了"悬度道"，说明瓦罕走廊才是中印之间重要的陆路通道。下面还可看到去程和返程都经行瓦罕走廊的例子。"悬度道"本来是指瓦罕走廊，南北朝时的中国人并没有意识到"雪山南头"的"悬度道"其实并不在瓦罕走廊，而是在印度河上游的河谷地带。所谓"雪山南头悬度道"，"雪山"不是指葱岭即帕米尔高原的雪山，而是指兴都库什山。如此，这里所说的"悬度道"应位于兴都库什山以南，即印度河上游的河谷地带。这个位置的"悬度"，随着南北朝时求法僧的记录传播才广为人知。也就暗示了这里关于汉明帝的使团经行"悬度道"抵达天竺的说法，是以南北朝时人们对"悬度"的定位来编造的故事。因此，道宣这里的记述，虽然提供了看似具体的路线，但体现的却是南北朝时期人们对"悬度"的认知，而非东汉初年中印陆路交通的实际情况。

三谓后汉献帝建安十年（205），秦州刺史遣成光子，从乌鼠山

---

① 参见刘屹、尚飞《说"悬度"》，《敦煌研究》2023 年第 5 期。

度铁桥而入，穷于达嚫。旋归之日，还践前途。自出别传。

《释迦方志·中边篇》还引用这位"成光子"的一段话：

> 故成光子云：中天竺国东至振旦国五万八千里，（小注：振旦即
> 神州之号也，彼人目之。）南至金地国五万八千里，西至阿拘遮国五
> 万八千里，北至小香山阿耨达池五万八千里。[1]

这是从佛教神话地理的角度强调"中天竺"之所以为"中"，是因为其东
西南北四至，都有五万八千里之距。"秦州"应即现在的甘肃天水，但
"秦州"的建置最早是从魏文帝时期开始，可见这里有与史实不符之处。
由于缺乏其他材料佐证，目前尚不能考证秦州刺史遣成光子去印度的说法
出现的时间；这件事是否属实，也只能存疑。"鸟鼠山"位于甘肃渭源县
西南，若从秦州出发，大约需要西行经过渭源，而鸟鼠山附近有铁桥，是
必经之道。"达嚫"有布施之意，但《法显传》出现了"达嚫"的国名，
即印度恒河流域的南憍萨罗国。[2] 成光子去途和归途走了同样的道路，只
是不知道鸟鼠山与达嚫之间的路程详情。

> 五谓东晋隆安（397—401）初，凉州沙门释宝云与释法显、释
> 智严等，前后相从，俱入天竺。而云通历大夏诸国，解诸音义。后还
> 长安，及以江表，详译诸经。即当今盛行，莫非云出。而乐栖幽静，
> 终于六合山。游西有传。[3]

宝云在《出三藏记集》和《高僧传》中都有传，后者的史源来自前者，

---

① 道宣：《释迦方志》卷上，第 8 页。
② 法显撰，章巽校注《法显传校注》，上海古籍出版社，1985，第 137—138 页。从上下文
意看，《释迦方志》这里的"达嚫"应该是国名。
③ 道宣：《释迦方志》卷下，第 97 页。

故两者文字基本相同：

> 涉履流沙，登逾雪岭，勤苦艰危，不以为难。遂历于阗、天竺诸
> 国，备睹灵异。乃经罗刹之野，闻天鼓之音；释迦影迹，多所瞻礼。
> 云在外域，遍学胡书；天竺诸国音字诂训，悉皆贯练。①

"于阗"与"天竺诸国"并列，说明南北朝时于阗在西域佛教中的地位已
得到重视。"罗刹之野""天鼓之音"的典故留待高明。"释迦影迹"当指
那竭国的佛影窟，说明宝云是到过那竭国，即今天贾拉拉巴德一带。此
外，宝唱的《名僧传》中也有宝云的传记，目前能看到《名僧传》的佚
文中，还保存有与僧祐、慧皎所记不同的重要内容：

> 隆安元年（397），乃辞入西域。誓欲眼都［睹］神迹，躬行忏
> 悔。遂游于阗，及天竺诸国。与智严、法显，发轸是同，游造各异。
> 于陀历国，见金薄［箔］弥勒成佛像，整高八丈。云于像下，算
> ［虔？］诚启忏五十日。夜见神光照烛，皎然如曙，观者盈路。彼诸
> 宿德沙门，并云灵辉数见。云云。②

所谓"于陀历国，见金薄［箔］弥勒成佛像，整高八丈"，即陀历国的弥
勒大像。通常说陀历国弥勒大像是木像，而此处说是金箔像，或许是木雕
外层贴了金箔。若以宝云西行时间在隆安初年，则比法显去陀历的时间还
要早。若去往陀历，肯定要走印度河上游河谷地带，所以宝云很可能比法
显更早地通行了下文所谓的"陀历道"。揭出"悬度道"和"陀历道"的

---

① 僧祐：《出三藏记集》卷一五《宝云法师传》，第578页；慧皎：《高僧传》卷三《译经
　下·释宝云传》，第103页。靖迈撰《古今译经图纪》卷三说到宝云的经历："经罗刹之
　野，闻天鼓之音；礼释迦影迹，受罗汉之语。"（《大正藏》第55册，第362a页）文意
　最为完整。
② 《卍新纂大日本续藏经》，国书刊行会，第77册，第358页下栏。

存在，这是道宣这种"条序使途"记述的重要贡献之一。《释迦方志》说宝云曾"入天竺"，并"通历大夏诸国"。他应该是通过西域南道，经于阗，越葱岭，到过陀历国、乌场国、那竭国等印度西北地区。这些地方严格说来也不属"大夏诸国"。所以道宣说宝云去过大夏，即吐火罗地区，很可能也反映了道宣对于葱岭以西地理状况的不了解。宝云确曾到过恒河流域的中天竺。回国后，他先在长安，后到江南，最终于建康附近的六合山去世。

> 六谓东晋后秦姚兴弘始年（399—416），京兆沙门释智猛，与同志十五人，西自凉州、鄯善诸国，至罽宾。见五百罗汉，问显方俗。经二十年，至甲子岁（424），与伴一人还东，达凉入蜀。宋元嘉末（453），卒成都。游西有传，大有明据。题云《沙门智猛游行外国传》，曾于蜀部见之。①

《出三藏记集》和《高僧传》中也都有智猛的传记，特别是记述他如何经行"陀历道"上的艰险路段，可与法显、法勇等人的记述互相印证：

> 遂以伪秦弘始六年（404）戊［甲］辰之岁，招结同志沙门十有五人，发迹长安。渡河顺谷，三十六渡，至凉州城。既而西出阳关，入流沙，二千余里……遂历鄯鄯、龟兹、于阗诸国，备观风俗。从于阗西南行二千里，始登葱岭，而同侣九人退还。猛遂与余伴进行千七百余里，至波沦国。三度雪山，冰崖皓然。百千余仞，飞絙为桥，乘虚而过，窥不见底，仰不见天，寒气惨酷，影战魂慄。汉之张骞、甘英所不能至也。复南行千里，至罽宾国。再渡辛头河，雪山壁立，转甚于前。下多瘴气，恶鬼断路，行者多死。……既至罽宾城，恒有五百罗汉住此国中，而常往反阿耨达池。有大德罗汉见猛至止，欢喜赞

---

① 道宣：《释迦方志》卷下，第 97 页。

叹。猛谘问方土，为说四天下事，具在其传。猛先于奇沙国见佛文石
唾壶，又于此国见佛钵，光色紫绀，四边灿然。……及下案时，复不
觉重。其道心所应如此。复西南行千三百里，至迦惟罗卫国，见佛发、
佛牙及肉髻骨，佛影、佛迹，炳然具在。又睹泥洹坚固之林，降魔菩
提之树。……其所游践，究观灵变，天梯龙池之事，不可胜数。后至
华氏城，是阿育王旧都。……于是便反，以甲子岁发天竺，同行四僧，
于路无常。唯猛与昙纂，俱还于凉州。……以元嘉十四年（437）入
蜀，十六年（439）七月七日于钟山定林寺造传。猛以元嘉末卒。①

"波沦国"即吉尔吉特。"罽宾国"在当时还是指以犍陀罗为中心的地
区。②"奇沙国"应即塔什库尔干。"迦惟罗卫"即释迦太子降诞之地迦维
罗卫。"泥洹坚固之林"即佛陀涅槃之地拘尸那揭罗的娑罗双树。"降魔
菩提之树"，即释迦降伏外道的舍卫城的菩提迦耶。"天梯龙池"，是指释
迦从三十三天沿三道宝阶重返人间的僧伽施国。基本上释迦八大圣地，智
猛应该都巡礼过。故智猛的行迹大致可总结为：长安—凉州—阳关—鄯
善—龟兹—于阗—奇沙—波伦—罽宾—恒河流域的八大圣地—华氏城。可
见智猛从塔什库尔干南下瓦罕走廊东端，再南下到吉尔吉特，走印度河上
游河谷地带的"陀历道"。稍有困惑之处是：既然南出阳关，也到了鄯
善，应该继续前行至于阗，为何突然转向龟兹，再回到于阗？一种可能是

---

① 僧祐：《出三藏记集》卷一五《智猛传》，第 579—581 页；慧皎：《高僧传》卷三《译经
　下·释智猛传》，第 125—126 页。慧皎删除了智猛"飞緪为桥"和"恶鬼断路"这两段
　险路的描述，故此处主要征引僧祐的文字。

② 白鸟库吉认为"罽宾"在汉至东晋时指犍陀罗，5 世纪以后指克什米尔，隋唐时又指迦
　毕试。见白鸟库吉《罽賓國考》，1917 年初刊，此据氏著《西域史研究》，岩波书店，
　1981，第 295—359 页。受其影响，很多学者认为智猛等人所到的罽宾是指克什米尔谷
　地。如长泽和俊《释智猛之入竺求法行》，1975 年初刊，收入氏著《シルク·ロード史
　研究》，1979 年日文初版；此据钟美珠汉译本《丝绸之路史研究》，天津古籍出版社，
　1990，第 470—489 页。并参陆水林《佉沙国地望及交通初探》，《西域研究》2012 年第 3
　期。但细绎智猛的行程，这里的"罽宾"仍应是指犍陀罗才对，此不赘述。"奇沙"的
　地望也存在争议，沙畹说是喀什，白鸟库吉说是塔什库尔干，大多数人都采纳白鸟说。

智猛等人特意要去龟兹瞻礼。另一种可能是智猛是在返程中经过龟兹，但僧传资料将去程和归途混同。宝云、智猛都选择了印度河上游河谷的道路，这是瓦罕走廊之外的一条新道路。

> 七谓后燕建兴末，沙门昙猛者，从大秦路入，达王舍城。及返之日，从陀历道而还东夏。①

后燕慕容垂的"建兴"年号，即386—396年。在395年后燕与北魏的参合陂之战中，昙猛曾作为后燕主帅慕容宝的随军顾问，被称作"沙门支昙猛"。② 故"建兴末"，应指395年之前。此外则未见关于昙猛的记述。昙猛曾西行抵达王舍城（古印度那烂陀寺所在地，今印度比哈尔邦那兰达县），并在参合陂之战前已经返回东夏。昙猛是见于记载的比宝云和法显都更早西行入竺的求法僧，可惜他西行的具体事迹不详。道宣"条序使途"时，其实并未做到严格地按照时间先后来排列顺序。

值得关注的是昙猛一去一返所选取的道路：由"大秦路"入竺，经"陀历道"还夏。"陀历道"又被称作"罽宾道"，早已引起学界的关注。③ 但"大秦路"似乎并未得到应有的重视。冯汉镛先生认为：我国古代称罗马为大秦，而中印间的往来，与罗马毫不相涉。唐代在今野人山一带有所谓"大秦婆罗门国"，简称"大秦"，故认为"大秦路"的位置应在今云南西部。④ 在4世纪末，所谓"西南丝路"不能说绝对不能通行，但唐代始见记载的"大秦婆罗门国"，是否在十六国时期就存在？此"大

---

① 道宣：《释迦方志》卷下，第97页。
② 《晋书》卷一二三《慕容垂载记》，中华书局，1974，第3089页。
③ 国家文物局教育处编《佛教石窟考古概要》，文物出版社，1993，其中晁华山执笔"克什米尔的佛教岩画与题记"，第287—293页。李崇峰《西行求法与罽宾道》，2006年初刊，收入同作者《佛教考古：从印度到中国》，上海古籍出版社，2014，第707—720页；英文稿见同书721—736页。中文稿又收入李崇峰主编《犍陀罗与中国》，文物出版社，2019，第407—419页。
④ 冯汉镛：《大秦路考》，《思想战线》1990年第2期。

秦国"充其量只是野人山一带的一个部落而已，难以想象会以其名来命名整条中印之间的交通道路。况且，昙猛和法显都是当时北方的僧人，可以确定的是法显是自长安出发西行。通常情况下，沿丝路向西过葱岭入竺，是十六国南北朝时期求法僧首选的道路。昙猛身为北方僧人，却要先入蜀，再走"滇缅道"去往印度，有违常理。所以，"大秦路"应该不在西南丝路上。

实际上，所谓"大秦路"，至少其中重要的一段，就是指汉唐时期中印陆路交通的主干道之一——瓦罕走廊。命名的依据应该来自甘英出使大秦带回的情报。97年，甘英奉班超之命出使大秦。虽然他没能最终抵达大秦，但"大秦"就相当于"西海"，是这条东西方交通道路最西端的终点。范晔《后汉书》对甘英出使的记录只提到甘英到了条支，望海兴叹而还。袁宏《后汉纪》则提供了很重要的甘英出使路线：

> 逾悬度、乌弋山离，抵条支，临大海，欲渡。[①]

这说明甘英是先后经过悬度和乌弋山离，然后才抵达条支。关于"悬度"，前文已述。乌弋山离是公元前2世纪至公元1世纪在阿拉霍西亚的塞斯坦一带（今伊朗与阿富汗交界地带）的塞人或斯基泰人建立的国家。甘英出使时，此国作为政治实体已不存在，中国史书仍沿用传统的国名来指代这一地区，"乌弋山离"就变成一个文化地理概念。抵达乌弋山离之前的"悬度"，应即《汉书·西域传》所言的石山悬度，而非法显、智猛等求法僧经行，且做过详细描述的印度河上的悬索桥（悬緪）、杙梯之路。甘英是从龟兹出发的，他很可能是沿着丝路北道自龟兹一路北行至疏勒后，南下转向塔什库尔干，再到达瓦罕走廊东端，经历了悬度石山后西行，横穿瓦罕走廊到达乌弋山离。法显、智猛等僧人明确说自己经行的悬索桥之路，是张骞、甘英等人未曾走过的，所以求法僧并没有把印度河谷

---

[①] 袁宏：《后汉纪》卷一五《孝殇皇帝纪》，张烈点校，中华书局，2002，第301页。

上的悬索桥道路称作"悬度"。但未曾身临其境的中国史官，就把两者搞混了。5—7世纪，"悬度"主要就指印度河上的悬索桥道路。道宣在记述"汉明求法"故事时提及的"悬度道"，实际上指的也是"陀历道"，就是这种误解的结果。本来"悬度道"指瓦罕走廊，"陀历道"指印度河上游河谷道路，道宣大概是为与"陀历道"相区别，才在昙猛的事迹中，将瓦罕走廊这条道路改称为"大秦路"。换言之，如果昙猛去程和归途走的是同一条道路，道宣就不会分别称之为"大秦路"和"陀历道"。而从实际地理状况看，一旦"陀历道"指印度河上游河谷地带，则"大秦路"就只能是指瓦罕走廊了。

> 八谓后秦弘始二年（400），沙门法显，与同学慧景等，发自长安，历于填［阗］道。凡经三十余国，独身达南海师子国，乃泛海将经像还。至青州牢山，登晋地，往扬、荆等州出经。所行出传。①

因有《法显传》流传，法显去往印度的路线基本清晰，过葱岭后应该是从瓦罕走廊的东端即小帕米尔的山口，南下印度河上游河谷地带，未经吉尔吉特，就去了陀历国瞻仰弥勒大像，然后从陀历国出发，行经"悬絙""傍梯"之路。法显的相关记述早已为人所熟知，故在此也不再详引。道宣这里又提出了"于阗道"这一概念，应该就是指"西域南道"。与之相对，"疏勒道"则可被视为"西域北道"。

> 九谓宋初，凉州沙门智严游西域，至罽宾受禅法，还长安。南至扬州宋都，广译诸经。然以受戒有疑，重往天竺。罗汉不决，为上天谘弥勒，告之得戒。于是返至罽宾而卒，遣弟子智羽等报征西返。②

---

① 道宣：《释迦方志》卷下，第97页。
② 道宣：《释迦方志》卷下，第97页。

《出三藏记集》《高僧传》《名僧传》都有智严的传。道宣这里并未提及智严具体的入竺路线，结合僧传记载可知：智严曾先后两次入竺。第一次是从凉州出发，经西域至罽宾，邀请罽宾禅师佛驮跋陀罗到关中。《祐录》云"逾涉雪山"，《梁传》云"逾沙越险"，都说智严陪着佛驮跋陀罗经陆路抵达关中。而佛驮跋陀罗的传记却记载他与智严越葱岭，经六国后，突然去了交趾，再坐船到青州东莱登陆；因听闻罗什在关中，才赶往长安。① 这既不符合常理，也与智严的传记不符，尚不清楚为何佛驮跋陀罗的传记中会出现这样的记述。智严与佛驮跋陀罗在关中受到罗什僧团人的排挤后，南下去了建康。因智严总是担心自己曾在少时犯戒，不能通过禅观得戒，于是第二次去天竺。这次是乘船由海路前往。在得到天竺的罗汉上升兜率天请弥勒决疑后，终于放心，想再度从陆路回国，不料在行至罽宾时无疾而终。这时的罽宾，也仍然是犍陀罗才对。总之，智严的事例说明：当时陆路、海路都已是中印之间交通的可选路线。罽宾与西域之间跨越葱岭的道路，不外就是瓦罕走廊的"悬度道"（或称"大秦路"），以及印度河上游河谷的"陀历道"（或称"罽宾道"）。

　　十谓宋永初六［元］年（420），黄龙沙门释法勇，操志雄远，思慕圣迹，招集同志僧猛、昙朗等二十五人，发迹雍部，西入雪山，乘索桥，并传栈，度石壁，及至平地，已丧十二人。余伴相携，进达罽宾，南历天竺。后泛海东还广州。所行有传。②

"法勇"即昙无竭，《出三藏记集》《高僧传》都有传。僧传称他是幽州黄龙人，招集同志后：

---

① 僧祐：《出三藏记集》卷一四，第541页；慧皎：《高僧传》卷三，第70页。
② 道宣：《释迦方志》卷下，第98页。

发迹北土，远适西方。初至河南国，仍出海西郡，进入流沙。到高昌郡，经历龟兹、沙勒诸国，前登葱岭、雪山。栈路险恶，驴驼不通，层冰峨峨，绝无草木。山多瘴气，下有大江，浚急如箭。于东西两山之胁，系索为桥，相去五里，十人一过。到彼岸已，举烟为帜。后人见烟，知前已度，方得更进。若久不见烟，则知暴风吹索，人堕江中。行葱岭三日方过。复上雪山，悬崖壁立，无安足处。石壁皆有故杙孔，处处相对。人各执四杙，先拔下杙，手攀上杙，展转相代。三日方过，乃到平地相待，料检同侣，失十二人。进至罽宾国，礼拜佛钵。停岁余。……西行到新头那提河，汉言师子口。缘河西入月氏国，礼拜佛肉髻骨，及睹自沸水船。后至檀特山南石留寺……复北行至中天竺，旷绝之处……进涉舍卫国……后渡恒河……后于南天竺，随舶泛海达广州。[1]

法勇从青海进入西域，走的是"高昌—龟兹—疏勒"的"北道"。然后从疏勒西南行，上帕米尔高原（葱岭），再南下雪山（兴都库什山），所谓"下有大江"，"东西两山之胁，系索为桥"，显然仍是走的"陀历道"。僧传在此处的记述有点前后颠倒：过葱岭用了三天，到兴都库什山时，"悬崖壁立，无安足处"。所谓石壁有杙孔，"处处相对""展转相代"云云，对照法显的记述，这不是翻越兴都库什山时的情况，而是指从陀历国出发向西，然后转向南，印度河在科希斯坦境内从北向南流的一段大约 100 公里长的艰险道路。要反复穿行印度河的两岸，既有法显所称"悬絙"，即绳索桥，也有法显所称的"傍梯"之路，需要类似攀岩那样，沿着石壁上事先凿好的杙孔，手执、脚踩着杙棒，交叉并用地攀爬，才能通过。这条路的目的地是罽宾，而当时的佛钵仍在罽宾，故此"罽宾"，仍然是指犍陀罗。法勇到罽宾后，又向西去往新头那提

---

① 僧祐：《出三藏记集》卷一五，第 581—582 页；慧皎：《高僧传》卷三，第 93—94 页。

河（师子口）①、月氏国②、檀特山③，向北去中天竺、舍卫国，后从南天竺寻海路回到广州。可见，昙猛、宝云、法显、智猛、法勇等人，几乎都是从"悬度道"或"大秦路"或"陀历道"入竺，先到西北印度，进而向东去中天竺和南天竺。大约印度河流域犍陀罗、斯瓦特诸地，以及恒河流域的佛教八大圣地，都是这些求法僧必去巡礼之处。

十一谓宋元嘉（424—453）中，凉州沙门道泰，西游诸国，获《大毗婆沙》还。于凉都，沮渠氏集众译出。④

道泰的事迹，还见于《出三藏记集》和《高僧传》。⑤ 或言其遍游"葱右"，或言"葱西"诸国，带《大毗婆沙》还，于437年前后在北凉王室的支持下在姑臧译出。但目前所见对于道泰通过哪条道路，如何遍历葱岭以西诸国，都没有更多的记载。

十二谓宋元嘉中，冀州沙门惠叡，游蜀之西界，至南天竺。晓方

① 余太山认为"那提"是梵文"河"字的音译，故"新头那提"就是"印度河"。见《关于法显的入竺求法路线——兼说智猛和昙无竭的入竺行》，2007年初刊，此据同作者《早期丝绸之路文献研究》，商务印书馆，2013，第56页。佛教神圣地理中的阿耨达池四周，分别从金象、银牛、琉璃马、颇胝师子之口流出四条大河。但印度河应从金象口中流出，师子口中流出的徙多河即叶尔羌河，应向东北方向流入塔里木盆地，所以无论是阿耨达池边的师子口，还是从师子口中流出的河流，似乎都难以跟法勇这里的记述相吻合。法勇从罽宾西行，要经过喀布尔河。"师子口"或许是喀布尔河上的一个河口。
② 这里的"月氏国"，余太山认为是指"那竭国"，见《早期丝绸之路文献研究》，第56—57页。所谓"月氏国"，应是指贵霜帝国。420年前后印度西北地区，应是寄多罗贵霜和萨珊波斯对峙，那竭（贾拉拉巴德）、罽宾（弗楼沙）都是寄多罗贵霜治下的城市，而非真正独立的小王国。法勇从罽宾西行，只是到寄多罗贵霜的西部，并不是从"罽宾国"到"月氏国"。
③ 檀特山是本生故事中须大拏太子苦修之地，一般认为在今天巴基斯坦贾尔瑟达东北的Palo Dheri，属于古代犍陀罗与斯瓦特的交界地区。
④ 道宣：《释迦方志》卷下，第98页。
⑤ 僧祐：《出三藏记集》卷一〇《毗婆沙经序》，第383页；慧皎：《高僧传》卷三《译经下·浮陀跋摩传》，第97页。

俗音义。还庐山，又入关，又返江南。①

道宣这里对慧叡的记载容易使人产生误解，以为慧叡是从所谓"西南丝绸之路"由蜀地直接到南天竺。其实《高僧传》所载慧叡的事迹云：

> 释慧叡，冀州人，少出家，执节精峻。常游方而学，经行蜀之西界，为人所抄掠，常使牧羊。有商客信敬者，见而异之，疑是沙门，请问经义，无不综达，商人即以金赎之。既还袈染衣，笃学弥至。游历诸国，乃至南天竺界，音义诂训，殊方异义，无不必晓。后还憩庐山，俄又入关，从什公谘禀。②

可见，慧叡曾在蜀之西界被劫掠牧羊，商客为之赎身，在恢复僧人身份后，才"游历诸国，乃至南天竺界"，并非从蜀地直接到南天竺。甚至不排除慧叡也是经由西北陆路前往印度，只是难以知晓其入竺和返国的具体路线而已。

> 十三谓后魏太武末年，沙门道药，从疏勒道入，经悬度，到僧伽施国。及返，还寻故道。著传一卷。③

北魏太武帝于451年去世。"道药"即"道荣"，其入竺的时间最迟不应晚于451年。回国的时间则至少在两年以后。其所著的《道荣传》也被杨衒之与《惠生行记》《宋云家记》一起收入《洛阳伽蓝记》，改编成为"宋云行记"。道荣去程走的是"疏勒道"，且"经悬度"，这一定是走瓦罕走廊。从《洛阳伽蓝记》保存的《道荣传》可知，道荣此行到过乌场

---

① 道宣：《释迦方志》卷下，第98页。
② 慧皎：《高僧传》卷七《义解四·释慧叡传》，第259页。
③ 道宣：《释迦方志》卷下，第98页。

国、乾陀罗国。而道荣只需沿瓦罕走廊西行到奇特拉尔再南下，就可抵达乌场；从乌场再南下，就可以到弗楼沙（白沙瓦）。"僧伽施国"，又译"劫比他国"或曲女城，位于今印度北方邦的法鲁卡巴德，是传说中佛陀在忉利天为母说法后，沿三道宝阶重返人间之地，属于恒河流域的佛教八大圣地之一。道荣不太可能仅仅参访僧伽施这一个圣地。如果从中天竺回国，本来走"陀历道"无疑会便捷得多，但他"还寻故道"，即还是经"悬度"和疏勒道回国。个中原因，下文再论。

> 十四谓宋世高昌沙门道普，经游大夏，四塔道树，灵迹通谒。别有大传。又高昌法盛者，亦经往佛国。著传四卷。①

道普的事迹附见于《出三藏记集》和《高僧传·昙无谶传》。如《高僧传》云：

> （昙无）谶所出诸经，至元嘉（公元四二四至四五三年）中，方传建业。道场慧观法师，志欲重寻《涅槃后分》，乃启宋太祖资给，遣沙门道普，将书吏十人，西行寻经。至长广郡，舶破伤足，因疾而卒。普临终叹曰："《涅槃后分》，与宋地无缘矣。"普本高昌人，经游西域，遍历诸国。供养尊影，顶戴佛钵。四塔道树，足迹形像，无不瞻觌。善梵书，备诸国语，游履异域。别有大传。时高昌复有沙门法盛，亦经往外国。立传凡有四卷。又有竺法维、释僧表，并经往佛国。云云。②

道普是高昌人，他早年曾"经游西域，遍历诸国"。"尊影"应指那竭国的佛影窟。"佛钵"当时尚在罽宾的弗楼沙。"四塔道树"应指菩提迦耶

---

① 道宣：《释迦方志》卷下，第98页。
② 慧皎：《高僧传》卷二《昙无谶传》，第80—81页。

（印度比哈尔邦巴特那），那里既有底层分立四个小塔的金刚宝座塔，又有佛陀成道的菩提树。其他的"足迹形像"则多处都有。道普应该是在游履天竺后，回国到了建业，受宋文帝的资助和派遣，准备再度西行寻经。可惜在长广郡（今山东青岛）坐船时伤足，因疾而终。山东半岛当时属于刘宋的疆域，从长广郡坐船，应是选取海路去天竺。道普早年去天竺时，应走的陆路。推测其从高昌出发，大概率是走高昌—龟兹—疏勒，越葱岭后，先后经过那竭、罽宾、中天竺等地。慧皎还提及了法盛、竺法维和僧表等人西行求法。法盛撰有《历国传》两卷，[1] 但没有记录下具体的事迹。竺法维撰有《佛国记》，现存佚文中提到了迦维卫国、罗阅祗国灵鹫山、摩竭提国、波罗奈国、大月支国佛钵等内容。[2] 说明竺法维也曾亲历犍陀罗、王舍城、摩揭陀、波罗奈等佛教圣地。前面提及道宣将"法维、法表"并列，"法表"应是"僧表"才对。《名僧传抄》保留了《僧表传》的内容，非常宝贵：

> 本姓高，凉洲［州］人也。志力勇猛，闻弗楼沙国有佛钵，钵今在罽宾台寺，恒有五百罗汉供养钵。钵经腾空至凉洲［州］，有十二罗汉随钵停，六年后还罽宾。僧表恨不及见。乃至西逾葱岭，欲致诚礼并〔拜〕。至于宾［阗］国。值罽宾路梗，于宾［阗］王寄表有张志，模写佛钵与之。又问："宁复有所愿不？"对曰："赞摩伽罗，有宝胜像。外国相传云：最似真相。愿得供养。"王即命工巧，营造金薄［箔］像。金光陕高一丈，以真舍利置于顶上。僧表接还凉州，知凉土将亡，欲反淮海。经蜀欣平县，沙门道汪，求停钵像供养。今在彼龙华寺。僧表入矣，礼敬石像。住二载，卒于寺（云云）。[3]

---

① 唐大觉撰《四分律行事钞批》说是晋朝释法猛撰《历国传》。
② 阳清：《竺法维及其〈佛国记〉探赜》，2018 年初刊，后收入阳清、刘静《晋唐佛教行记考论》，中华书局，2021，第 58—70 页。
③ 《名僧传抄》，《卍新纂大日本续藏经》第 77 册，第 358 页中栏。

"弗楼沙国"即今巴基斯坦白沙瓦一带，是犍陀罗的中心地带。原本弗楼沙就属于"罽宾"，这里说"钵今在罽宾台寺"，并不是说此时弗楼沙已不再是罽宾了。《水经注》引竺法维、《艺文类聚》引支僧载《外国事》、《大唐西域记》卷二记载玄奘在犍陀罗的游历，都说到在弗楼沙有一座高几层的浮图建筑，佛钵就供奉在那里。"五百罗汉"虽然是迦湿弥罗佛教的一个象征，但其实只是虚数，迦湿弥罗和犍陀罗都可以有自己的五百罗汉。因此，僧表要去的罽宾仍然是在弗楼沙，即犍陀罗。但他到了于阗后却因为"罽宾路梗"，[1] 没能再前往罽宾。所谓"梗"，有"阻塞、断绝"之意。僧表回到凉州后，感到"凉土将亡"，即北魏即将攻灭北凉，事在439 年之前。僧表在抵达于阗前，应该并不知道"罽宾路梗"，否则他完全可以选择瓦罕走廊的道路。这说明在439 年前的一两年之内，去往罽宾的道路出现了重大变故，导致僧表到了于阗才知道"路梗"的消息，而且也不是可以静候一段时间就可以恢复的，所以僧表不得不放弃了原来的计划。如果是政权的更替或战乱的发生，还不至于使求法僧彻底失望而归。很有可能这时在印度河谷又发生了地震、堰塞之类的自然灾害，导致"陀历道"再度中断。所以，"陀历道"并不像瓦罕走廊那样，可以长年供人通行（当然不是全年全天候适宜通行）。"陀历道"地处印度河上游河谷地带，地震、水灾、堰塞湖等都是阻断"陀历道"的自然原因。僧表遇到的这次突如其来的"罽宾路梗"，至少一直持续到450 年代。因为前述道荣一去一返，走的都是"疏勒道"经"悬度"，即瓦罕走廊的道路。很可能是因为道荣回国时，"陀历道"尚不能通行。

　　十五谓后魏神龟元年，敦煌人宋云及沙门惠生等，从赤岭山傍铁

---

① 万翔将"罽宾路梗"解释为因437 年前后嚈哒攻击占据罽宾的寄多罗贵霜人。他将"于宾国"读作"罽宾国"，似乎僧表已经到了罽宾。其实不然。参见万翔《寄多罗人年代与族属考》，余太山、李锦绣主编《欧亚学刊》第9 辑，中华书局，2009，第121页。

桥，至乾陀卫国雀离浮图所，及返，寻于本路。①

518 年，以宋云、惠生为首的北魏使团从洛阳出发前往印度。"赤岭山"即今青海西宁之西的日月山，是当时北魏的西界，此处也应有铁桥。"乾陀卫国雀离浮图"，即犍陀罗弗楼沙的雀离浮图。这里虽没有叙述使团如何从赤岭山抵达乾陀罗，但通过杨衒之编集的"宋云行记"，可知使团应是走瓦罕走廊穿过葱岭。519 年九月中旬，到钵和国（瓦罕走廊东部），十月初到了嚈哒王庭，大约是昆都士一带。这意味着使团在进入瓦罕走廊不久就寻路北去，很可能经霍罗格（Khorog）和法扎巴德（Faizabad）而抵达昆都士。在昆都士停留一个月左右，于十一月初入波知国（瓦罕走廊西部），十一月中旬入赊弥国，即奇特拉尔（Chitral）。十二月初入乌场国。520 年四月中旬，入乾陀罗国。② 宋云与惠生两人在 518 年冬开始出发，直至 520 年宋云率先返国为止，两人一直都是走的相同的路线，"宋云行记"也有多处记载两人同时巡礼乌场国和乾陀罗国的佛教圣迹。不过，道宣所说"及返，寻于本路"，只适合宋云的行迹。宋云在完成谒见嚈哒可汗，以及在西北印度求取佛经的使命后，先行带着 170 部佛经返国复命，其归途只能走可以通行马匹和辎重的瓦罕走廊。但惠生并未与宋云一起返国，而是在乌场国继续停留两年。惠生返国时，走的就是"陀历道"，因为他回国后的记录明确载道：

赊弥国，在波知之南。山居，不信佛法，专事诸神。亦附嚈哒。东有钵卢勒国，路险，缘铁锁而度，下不见底。熙平中（516—517），宋云等竟不能达。③

---

① 道宣：《释迦方志》卷下，第 98 页。
② 杨衒之撰，周祖谟校释《洛阳伽蓝记校释》，上海书店出版社，2000，第 190—209 页。相关讨论，参见余太山《宋云、惠生西使的若干问题》，2008 年初刊，此据同作者《早期丝绸之路文献研究》，第 63—88 页。
③ 《魏书》卷一〇二《西域传》，中华书局，1974，第 2280 页。

瓦罕走廊西端是波知国，赊弥国位于波知国的南面，赊弥之东，又有钵卢勒国，即吉尔吉特地区。若经行钵卢勒国，必然要从吉尔吉特地区前往陀历和乌场。这条路将会通行"缘铁锁而度"的印度河谷上的"悬度"路段。但惠生明确说"宋云等竟不能达"，意即宋云无论是去途还是归途，都不曾走过这段钵卢勒至乌场之间的险路。如果宋云没走过，就只可能是惠生在返国途中走了这条道路。这意味着在6世纪初，"悬度道"（或"大秦路"）与"陀历道"都可通行。惠生因为无须携带170部佛经，可说是轻装上路，所以他可以走"陀历道"回国，而宋云则只能按照来时的原路，走瓦罕走廊返国。

> 十六谓大唐京师大庄严寺沙门玄奘，以贞观三年（629），自吊形影，西寻教迹。从初京邑，西达沙州，独陟险塞；伊吾、高昌，备经危险。时高昌王麴氏为给货略，传送突厥叶护牙所；又被将送雪山以北诸蕃胡国，具观佛化。又东南出大雪山，达诸印度，经由十年。后返，从葱岭南、雪山北，历诸山国东归。经于阗、娄兰等，凡一百五十国。贞观十九年（645）安达京师。奉诏译经，乃著《西域传》一十二卷。[1]

看来道宣应该知道玄奘"传送突厥叶护牙所""又被将送雪山以北"的无奈。关于玄奘的路线，上文已做讨论。这里只是借道宣的记述说明："葱岭"不是"雪山"，"大雪山"或"雪山"都应指兴都库什山脉。玄奘归途中所经的"葱岭南、雪山北""诸山国"，就是指瓦罕走廊从西到东的商弥、达摩悉铁帝，以及揭盘陀等帕米尔高原上的"山国"。

　　总之，道宣"条序使途"列举出的汉唐间十六例入竺事迹，除张骞、汉明求法、成光子、竺法护等事例无法得到印证外，确曾到过天竺的求法僧或官使，至少应有昙猛、宝云、法显、智猛、法勇、智严、道泰、慧叡、道荣、宋云、惠生等，此外还有法盛、僧表、竺法维等人。

---

① 道宣：《释迦方志》卷下，第98—99页。

时间主要从 4 世纪末至 7 世纪初。这些入竺僧或官使选取的道路，都与玄奘那种绕路天山以北草原地带的走法不同。他们主要是通过瓦罕走廊翻越葱岭，也有经行印度河上游的河谷地带，然后抵达乌场、那竭、犍陀罗，再去往恒河流域的佛教八大圣地。除陆路外，当然也有海路可选。南朝若想通天竺，陆路会受限于北朝或西域的情势变化，因而更多要通过海路。但整体上，汉唐时期中印之间的陆路交通应以"悬度道"（或称"大秦路"）和"陀历道"（或称"罽宾道"）为两条主要的路线。

## 三　重识"大秦路"与"陀历道"

目前学界对这两条道路的认知还存在一些误解。例如，很多人以为玄奘归途中走瓦罕走廊只是一种偶然性的选择。其实根据汉唐间众多国使和入竺僧人留下的记录，可以推测玄奘如果没有得到高昌王的资助，则其原本计划的去途也应是走瓦罕走廊；[①] 而其归途因为携带大批佛经，需要大象和驮畜，就只能走瓦罕走廊了。瓦罕走廊从西汉末期开始就是西域通往中亚和西北印度的主要道路，西汉与罽宾通使，大都走瓦罕走廊的石山"悬度"。东汉甘英出使大秦，乃至北魏宋云出使嚈哒，都走瓦罕走廊。19 世纪至 20 世纪初，英俄两国的多支探险队或考察队也都多次穿行瓦罕走廊。因此，瓦罕走廊的重要性不容低估。在历史上的大多时候，瓦罕走廊才是葱岭两侧交通的主要通道。

至于"陀历道"，"陀历"即 Darel，又译达丽尔、达丽罗。此地本是指印度河上游一条支流达丽尔河所形成的河谷地带。在吉尔吉特和巴尔蒂斯坦地区，印度河有一段自东向西流的河段，大体即从奇拉斯（Chilas）到瑟津（Sazin）一段。在这段印度河的南岸，夏提欧（Shatial）村附近，有一条达丽尔河自北向南注入印度河。达丽尔河所在的河谷，就是陀历国

---

① 玄奘去巴米扬见到了两尊大佛，说明那时巴米扬大佛已经取代陀历大佛，成为印度西北新的佛教大像圣地。如此，玄奘在去途中本就没有必要走印度河谷的艰险道路。

的所在。此地曾作为乌场国的旧都，以一尊据说有八丈高的木雕金箔弥勒大像而闻名。法显、宝云、法盛等僧人，也都有亲履陀历，巡礼大像的经历。他们在瞻仰完陀历大像后，下一站要去的是乌场国，即斯瓦特，进而再南下犍陀罗，再向东去往恒河流域。但从陀历至乌场的道路，面临很多需要攀爬悬绲索桥和杙梯的凶险之路。求法僧不用负重，因此他们可以选择虽然凶险，但却可以节省时间和里程的悬索桥和杙梯之路。

我们看到较多的记载是求法僧怎么通行"陀历道"，好像"大秦路"少有人走。这是一种被现存材料的片面性所引发的误解。实际上，从西汉至唐初，中印之间传统的陆路通道就是"大秦路"中的一段瓦罕走廊，"悬度道"则又是瓦罕走廊的一段。因为在 1 世纪中期，印度西北地区包括塔克西拉在内，受到一场大地震的袭击，奇拉斯一带的印度河谷受到影响，形成堰塞湖，再暴发洪水，大概到 4 世纪才恢复通行。[①] 所以，东汉至十六国末期，"陀历道"很可能一直不能通行。昙猛要算是"陀历道"恢复通行之后较早经行的中国僧人。而僧表遇到的"罽宾路梗"则很可能是又一次新的自然灾害导致"陀历道"梗阻。在"陀历道"无法通行之时，仍然要靠"大秦路"瓦罕走廊实现中印之间的交通。

求法僧之所以选择"陀历道"，多半是因要巡礼陀历大像和去往斯瓦特。甚至可以推测，当陀历大像不复存在后，巴米扬才立起新的大佛像，从而使得迦毕试、巴米扬一带成为新的佛教巡礼圣地。桑山正进曾提出：巴米扬大佛的兴起，就是"陀历道"衰落，瓦罕走廊这条道路兴起的结果或表现。[②] 此说正揭示出两地大佛像的存在，与"大秦路""陀历道"

---

① 艾哈默德·哈桑·达尼：《巴基斯坦北部地区史》，杨柳、黄丽莎译，陆水林审订，中国藏学出版社，2013，第 145—146 页。

② 桑山正进：《バーミヤーン大仏成立にかかおるふたつの道》，《東方学報》第 57 册，1985 年，第 109—209 页（此文有王鈸译《巴米扬大佛与中印交通路线的变迁》，《敦煌学辑刊》1991 年第 1 期）。后收入氏著《カーピシー＝ガンダーラ史研究》，京都大学人文科学研究所，1990，第 33—162 页。Shoshin Kuwayama, "Pilgrimage Route Changes and the Decline of Gandhāra", in Pia Brancaccio and Kurt Behrendt eds., *Gandhāran Buddhism: Archaeology, Art, Texts*, Vancouver: UBC Press, 2006, pp.107-134.

这两条交通路线的关系是直接且紧密的。但陀历国大像是否存在，对"陀历道"来说，也许还不是最具决定性的因素。

目前对"陀历道"的认识，存在几个误区。其一，随着求法僧频繁选择这条道路出西域、入天竺，而这条路上也恰好有符合所谓"悬绳而度"的道路，导致"悬度"的位置从"大秦路"被误植于"陀历道"，这很可能也导致了对"罽宾"地望的指认发生了变化。因为自汉代以降，中国古人认为只有经过"悬度"，才能抵达"罽宾"。所以"悬度"位置变了，也影响到"罽宾"地望的变化。不仅南北朝时期的人如此误解，现在学者也长期只认"陀历道"上的"悬度"而忽视瓦罕走廊上的"悬度"。无意中就把瓦罕走廊的重要性大大降低了。

其二，似乎随着"陀历道"兴起，"大秦路"瓦罕走廊就衰落下去了。其实两条道路的选择，首先要看是否具备通行的自然条件。相比于"陀历道"的时断时续，瓦罕走廊基本上是一直可用的。瓦罕走廊的最大优势是可以通行马匹和驮畜。即便在同样都可畅行无阻的情况下，也要看旅行者的出发地和目的地是哪里，中途有没有他必须去的地方，等等。所以并不存在两条道路一兴一衰的问题。

其三，由于中巴友谊公路的修建，以及 20 世纪初开始在印度河上游河谷地带发现大量岩画、岩刻，中巴友谊公路这条路线被认为是古代"陀历道"或"罽宾道"的主要路线。这也是不准确的。实际上，现在的中巴友谊公路更多是沿着罕萨河、吉尔吉特河、印度河的河谷修建，与古代的道路虽有重合，但并不完全吻合。克什米尔地区在没有现代化的公路之前，自然形成的道路交通状况非常复杂，绝不仅仅是沿着大河河谷这一种路径。例如，按照印度河的流向以及中巴友谊公路的走向，从吉尔吉特南下后西行，才可以到达丽尔山谷。但法显就不是这样走的，他没到吉尔吉特就直接翻山越岭去陀历国了。因此，"陀历道"不是一条固定的、唯一的通道，更不能用今天现代化公路的路线来想象历史上的"陀历道"。

其四，"陀历道"并不都是像求法僧所描述的那种悬索渡桥，下不见底的凶险道路，甚至这样的道路也不是往来商旅、商队的必经之路。很多不经过印度河上悬索桥就可通行的山谷道路，才是这些没有留下文字记录的行商的首选道路。求法僧如果愿意多花几倍的时间，多绕山谷中的远路，完全可以避开这些绳索桥和栈杙攀岩的险路。

总之，以往的研究很多时候是被那些有显示度的记录所误导，这导致两方面的误解。其一，因为容易看到求法僧所记录的悬絚、杙梯这种险路，遂认为这就是"陀历道"的全部；其实这只是有巡礼佛教圣地需求的求法僧所选择的道路而已。这样的道路是无法成为中印之间主要交通路线的。其二，经行"陀历道"的求法僧记录比较集中而显眼，经行瓦罕走廊的历史记录则显得分散且隐晦，遂容易把"陀历道"认作中印之间的主要陆路通道，而忽视了瓦罕走廊的重要性。当然，入唐以后随着"尼波罗道"被更多的入竺僧使用，中印之间的陆路交通又会呈现另一种态势。这个问题将留待以后探讨。

# 郑玄《周礼注》对汉制的比附及其影响

赵帅淇

郑玄《周礼注》继承前人的方法，以"若今"的形式，用汉制比况《周礼》中的制度，又有完全从汉制出发理解"周制"之处，并不一定与《周礼》本意相符，亦有可能使贾公彦《周礼疏》在相同的路径下产生更多误解。作为经典诠释的郑玄《周礼注》，一方面受当时制度的影响，另一方面又与《周礼》经文一道，对以《周礼》改制的中古制度产生直接的现实影响。北周隋唐时期府史制度的变迁，正是其典型例证。

## 一 郑玄《周礼注》中的汉制

作为汉代经学的总结性人物，东汉末年的郑玄兼采今古，遍注群经，以至于清儒皮锡瑞有"经学至郑君一变"①的评价。他"围绕三《礼》创建其经学体系，解决了群经之间一些窒碍难通之处，从而贯综经纬，使经义得到了统一。此后学者对于经义的讨论，特别是对于礼学的讨论，无不以郑玄经注为基本出发点"。②唐人孔颖达作《礼记正义》，多次申明"礼是郑学"，虽是从疏不破注的原则出发，并非如后世所理解的那样带

---

① 皮锡瑞撰，吴仰湘整理《经学历史》，中华书局，2015，第49页。

② 华喆：《礼是郑学：汉唐间经典诠释变迁史论稿》，生活·读书·新知三联书店，2018，第386—387页。

有特殊的感情色彩，但也凸显了郑玄礼学的关键地位。①

三礼之中，郑玄尤重《周礼》，认为《周礼》乃"周公致太平之迹"，② 又以《周礼》注解他经，在《周礼》与王莽一起跌落神坛之后，重新确立了其在儒家经典体系中的地位。而从郑玄的经学体系看，《周礼》又是当之无愧的桂冠。贾公彦总结道，"《周礼》起于成帝、刘歆，而成于郑玄"，③ 诚为的论。魏晋时期，郑玄《周礼注》已置博士，虽曾有王肃礼学短暂分庭抗礼，但自东晋始，《周礼》学的博士就只有郑氏注一种了。④《北史·儒林传》序总结"南北所为章句，好尚互有不同"，但"《礼》则同遵于郑氏"。⑤ 在唐代，郑注经贾公彦《周礼疏》，进一步巩固了在官学体系中的地位，为后世所尊奉。郑注中的特殊解经方法，也得到了古今学者的关注。

在儒家经典中，《周礼》尤为特殊，它以六官统率三百六十职，通过对职官架构和官员职掌的设计实现制礼作乐的目标。于是，在为职官做注解时，汉儒难免以熟悉的汉制来解说"周制"。在郑玄注的引用中，杜子春、郑众（郑司农）等已经采用了这一方法。例如，郑玄注《天官·大宰》"以八法治官府，一曰官属"时，引郑司农云："官属谓六官其属各六十，若今博士、大史、大宰、大祝、大乐属大常也。"⑥ 这是以汉代的太常卿属官为例，讲解官属的定义。同卷"以九职任万民……九曰间民，无常职，转移执事"条注，郑玄引郑司农云："间民，谓无事业者，转移为人执事，若今佣赁也。"⑦ 其中，"佣赁"正是通行于汉代的词语，指受

---

① 乔秀岩：《义疏学衰亡史论》，生活·读书·新知三联书店，2017，第148—154页；叶纯芳：《中国经学史大纲》，北京大学出版社，2016，第161—162页。

② 贾公彦：《序周礼废兴》，郑玄注，贾公彦疏，彭林整理《周礼注疏》，上海古籍出版社，2010，第5页。

③ 贾公彦：《序周礼废兴》，郑玄注，贾公彦疏，彭林整理《周礼注疏》，第7页。

④ 叶纯芳：《中国经学史大纲》，第174—176页；夏微：《宋代〈周礼〉学史》，中国人民大学出版社，2018，第4页。

⑤ 《北史》卷八一《儒林传》，中华书局，1974，第2709页。

⑥ 郑玄注，贾公彦疏，彭林整理《周礼注疏》卷二《大宰》，第40页。

⑦ 郑玄注，贾公彦疏，彭林整理《周礼注疏》卷二《大宰》，第47页。

雇于人者。《史记·儒林列传》曰："兒宽贫无资用，常为弟子都养，及时时间行佣赁，以给衣食。"①

除此之外，未明确提及出处的注文，一般认为出自郑玄，而他也继承了师长的这一解经方法。如《天官·叙官》中，"酒人，奄十人，女酒三十人，奚三百人"条注曰："奄，精气闭藏者，今谓之宦人。……奚，今之侍史官婢。"② "大府，下大夫二人"条注曰："大府，为王治藏之长，若今司农矣。"③ "司会，中大夫二人"条注曰："司会主天下之大计，计官之长，若今尚书。"④ 比比皆是，兹不赘举。

正因如此，前贤早已注意到郑玄比况汉制、以今释古的解经方法，并专门进行了总结。如宋人王应麟撰《汉制考》，将三《礼》及《诗》《书》等经的注疏中有关汉制的内容辑出，《周礼》部分便以郑玄注为主。⑤ 近人刘善泽所撰《三礼注汉制疏证》与王应麟的方法类似，将郑玄《周礼注》所引汉制一一择出，并将两汉史料附于其下，再加以解说。⑥ 而对每条经文与注文、"周制"与"汉法"的联系进行疏通与考释，则无疑以清人孙诒让的《周礼正义》为翘楚。⑦ 然而，这一解经方法所影响的时间范围并不止于《周礼》与郑玄之间，后世的经疏文本和现实制度，也在郑注的影响之下发生了或虚或实的变化。接下来，本文以郑注中的"府史胥徒"问题为例，尝试分析郑玄比况汉制的解经方式对后世经疏和中古官制的双重影响。

## 二　郑注比况汉制的后世影响

前文提及，郑玄的《周礼注》继承前人的方法，以"若今"的形式，

---

① 《史记》卷一二一《儒林列传》，中华书局，2014，第 3795 页。
② 郑玄注，贾公彦疏，彭林整理《周礼注疏》卷一《天官冢宰第一》，第 16 页。
③ 郑玄注，贾公彦疏，彭林整理《周礼注疏》卷一《天官冢宰第一》，第 20 页。
④ 郑玄注，贾公彦疏，彭林整理《周礼注疏》卷一《天官冢宰第一》，第 22 页。
⑤ 王应麟：《汉制考》，张三夕、杨毅点校，中华书局，2011。
⑥ 刘善泽：《三礼注汉制疏证》，岳麓书社，1997。
⑦ 孙诒让：《周礼正义》，王文锦、陈玉霞点校，中华书局，2013。

用汉制比况《周礼》中的制度。这种解经方式是由《周礼》的特殊形式导致的，目的正是借助古今职掌的相似性，以便于当时之人理解，所以大行其道，无可厚非。① 但是，倘若在注解中没有"若今"之语，打破古今界限，就有可能造成完全从今制出发解读经文、扭曲或臆解经文原意的情况。郑玄的《周礼注》恰恰出现了这样的情况。

在《天官·叙官》部分，《周礼》交代了从属于大宰的人员构成：

> 大宰卿一人，小宰中大夫二人，宰夫下大夫四人，上士八人，中士十有六人，旅下士三十有二人，府六人，史十有二人，胥十有二人，徒百有二十人。②

由于是第一次完整地出现六官下某一职属的人员构成，郑玄对其的注解尤为详细。但是，他却不再局限于用"若今某某官"的方式比况汉法，而是直接用汉人的思维模式解读了大宰部属的由来。在"府六人，史十有二人"之下，郑玄注曰："府治藏，史掌书者。凡府、史，皆其官长所自辟除。"③ 在"胥十有二人，徒百有二十人"之下，郑玄注曰："此民给徭役者，若今卫士矣。胥读如谞，谓其有才知，为什长。"④ 但是在《周礼》之中，从来没有交代过这些官吏的具体由来，就算能通过名号推断出大夫、士是有爵禄的王臣，其后的府、史、胥、徒在身份上有什么分别，却并没有相关说明。郑玄认为府、史为官长所辟除，又认为胥、徒是服徭役之民，是从汉代通行的制度出发进行了解释。

然而，单从这一条来看，郑玄的解释又有未尽之处。首先，府、史的设置在《周礼》中非常普遍，不仅位居天官之首的大宰有府、史，从属

---

① 西川利文:《〈周禮〉鄭注所引の"漢制"の意味—特に官僚制を中心として—》，小南一郎编《中國古代禮制研究》，京都大学人文科学研究所，1995，第339—358页。
② 郑玄注，贾公彦疏，彭林整理《周礼注疏》卷一《天官冢宰第一》，第7—9页。
③ 郑玄注，贾公彦疏，彭林整理《周礼注疏》卷一《天官冢宰第一》，第9页。
④ 郑玄注，贾公彦疏，彭林整理《周礼注疏》卷一《天官冢宰第一》，第9页。

于六官的二级机构，如宫正、膳夫等，基本也都有府、史的员额。如果说他们都来自"其官长所自辟除"，这一官长指的到底是其所属的大夫、士级别的长官，还是指统率六官的六卿？

　　与孔颖达"礼是郑学"的原则一样，贾公彦《周礼疏》也"以讨论疏通郑说为宗旨"，[①] 在郑玄简略的注文之下，贾疏又进一步发挥："官长，谓一官之长。若治官六十，其下府、史，皆大宰辟召，除其课役而使之，非王臣也。"[②] 贾公彦的疏解依然立足汉制，巩固郑说。据他所云，天官旗下各职虽然都有府、史，但其辟召权却总于大宰，而这与两汉丞相、三公的辟除权力若合符节。以西汉为例，"除长史、司直，丞相府其他属官全由丞相自行任命"，[③] 为将合适的人才辟至相府各曹，甚至有"四科之辟"的方法：

　　　　故令丞相设四科之辟，以博选异德名士，称才量能，不宜者还故官。第一科曰德行高妙，志节清白。二科曰学通行修，经中博士。三科曰明晓法令，足以决疑，能案章覆问，文中御史。四科曰刚毅多略，遭事不惑，明足以照奸，勇足以决断，才任三辅剧令。皆试以能，信然后官之。第一科补西曹南阁祭酒，二科补议曹，三科补四辞八奏，四科补贼决。[④]

　　这样一来，在贾疏的解释下，周代的府、史被确认为类似汉代公府掾属一类的存在。不过，这却并不一定符合郑玄的原意。首先，郑玄眼中的府、史，似乎并不是禄秩颇高的公府掾属，而是再低一层的刀笔之吏。他在前引注解中强调"府治藏，史掌书"，又在《天官·大宰》"置其辅"

---

①　乔秀岩：《义疏学衰亡史论》，第221页。
②　郑玄注，贾公彦疏，彭林整理《周礼注疏》卷一《天官冢宰第一》，第9页。
③　祝总斌：《两汉魏晋南北朝宰相制度研究》，北京大学出版社，2017，第41页。
④　孙星衍等辑《汉官六种·汉旧仪卷上》，周天游点校，中华书局，1990，第69页。

的注解中，提到"辅，府、史，庶人在官者"，① 明显是将府、史视作不入流的小吏。在此基础上，郑玄也不认为只有六卿才有辟除府、史的资格。《地官·叙官》中，司市下大夫为"市官之长"，② 统领质人、廛人、泉府三职及其官属，廛人中士手下有维护市场秩序的胥师、司稽等官，郑注云："自胥师以及司稽，皆司市所自辟除也。"③ 如此，则廛人一职中类似府、史的职位，司市下大夫便有权辟除，不必总于地官之长司徒。由此可见，贾疏引申郑说，在比况汉法上更进一步，却难免顾此失彼，"失郑旨矣"。④

再来看胥、徒的问题。郑玄对其的解释为"此民给徭役者，若今卫士矣"，从胥、徒普遍存在于《周礼》各官署且人数较多来看，将其解释为"民给徭役者"尚且可通，但"若今卫士"似乎又强调了胥、徒的军事属性，两者是否存在矛盾？六卿治下的各官署是否需要这么多的"卫士"？贾疏"郑云'若今卫士'，亦给徭役，故举汉法况之"，⑤ 似乎也没有给出清晰的解释。要疏通此句郑注，恐怕需从汉人的习惯用语中寻找答案。与郑玄同为东汉人的应劭所撰《汉官仪》中，有这样一条记载：

> 民年二十三为正，一岁以为卫士，一岁为材官骑士，习射御骑驰战阵。⑥

据孙闻博先生解释，"一岁为材官骑士"对应的是在地方郡国服役；"一岁以为卫士"则对应"征卫、屯戍"两种，既包括在边境地区服戍卒之役，也包括到京师服卫士之役，这两者或属选择关系，由此构成两年兵

① 郑玄注，贾公彦疏，彭林整理《周礼注疏》卷二《大宰》，第 58 页。
② 郑玄注，贾公彦疏，彭林整理《周礼注疏》卷九《地官司徒第二》，第 316 页。
③ 郑玄注，贾公彦疏，彭林整理《周礼注疏》卷九《地官司徒第二》，第 318 页。
④ 孙诒让：《周礼正义》，第 21 页。
⑤ 郑玄注，贾公彦疏，彭林整理《周礼注疏》卷一《天官冢宰第一》，第 9 页。
⑥ 孙星衍等辑《汉官六种·汉官仪卷上》，第 152 页。

役。而汉代的普遍兵役，又可以被纳入"劳役、屯戍、兵役、罚作"这四项广义徭役之中。① 所以对"民给徭役者"而言，"卫士"是一个普遍经历的阶段和身份，于是便可将服徭役之人称为卫士。这样郑玄"此民给徭役者，若今卫士矣"的说法才可以与汉制相符，又不至于导致"派遣卫士护卫《周礼》中各官署"的误解。刘善泽先生将其解读为"是汉法卫士亦庶民之给徭役者，故郑以汉时卫士证《周官》胥徒"，② 较为精当。

郑玄以汉制解经，用语又十分简略，对当时之人而言可能毫无窒碍之处，但后人理解起来就免不了困难一些。而且，这样的解释恐怕仍与《周礼》描述的制度有一定距离。赵伯雄先生认为，胥、徒并不是"民给徭役者"，而是"服务于宫廷及官府中的一个相对稳定的仆役群体"，"地位十分低下，接近于奴隶，是王室及各级官吏役使的对象"。③ 倘若如此，郑玄比况汉法的危险性又一次暴露出来了。

如果做一个不恰当的比喻，从经到注再到疏，经典诠释层累于原典之上，仿佛叠压的关系。而用当下的制度解读古老的经典，仿佛一种打破的关系，刺破障碍，直抵核心，虽难免造成扰动，但也给后人解读各种文本关系提供了契机。通过上文论证，发现制度可以对经典诠释造成直接的影响，而受制度影响的经典诠释又会影响其后的经典诠释。反过来看，经典诠释能否影响现实的制度呢？这早在郑玄之前的西汉已有其例。

今人概述秦汉官制常用"三公九卿"一词，其实汉代已见其端倪。如《史记·张释之传》："王生者，善为黄老言，处士也。尝召居廷中，三公九卿尽会立。"④ 后人补缀的《史记·日者列传》引"贾谊曰"，也有"今吾已见三公九卿朝士大夫"⑤ 之语。《汉书》收录的上行下行文书常见这一词语，例如汉文帝下诏求贤，针对的主体是"有司、诸侯王、三公、九卿及

①　孙闻博：《秦汉军制演变史稿》，中国社会科学出版社，2016，第263—276页。

②　刘善泽：《三礼注汉制疏证》，第1页。

③　赵伯雄：《〈周礼〉胥徒考》，《中国史研究》2000年第4期。

④　《史记》卷一〇二《张释之冯唐列传》，第3335页。

⑤　《史记》卷一二七《日者列传》，第3908页。

主郡吏"，① 董仲舒以贤良对策，也曾提到"大臣辅佐之职，三公九卿之任，非臣仲舒所能及也"。② 两文虽不见于《史记》，但从《汉书》的长篇引用来看，应是出自西汉的官方档案，能够反映当时的用词情况。但是，西汉初年本无平等的三公，丞相在相权的行使中占主导地位，太尉不常置，御史大夫只是丞相的副手。同理，这一时期的二千石卿也不止九位。③

那么，"三公九卿"一说从何而来？其实这正是比附了今文经典。《礼记·王制》中有"天子三公、九卿、二十七大夫、八十一元士"的说法，但未具体说明三公九卿为何人，而《韩诗外传》《尚书大传》等今文经传，明确将三公固定为司徒、司马、司空。④ 西汉后期，在轰轰烈烈的改制风潮下，⑤ 三公九卿制度迎来了真正的调整。成帝时期，御史大夫改称大司空，原来辅政的大司马大将军也走出内廷，成为宰相之一的大司马，与丞相、大司空合称三公，此后虽有反复，但三公制基本得以沿袭。⑥ 祝总斌先生认为，"这可以说是一种建制时本无其意，而是后来附加、追认的三公制度"。⑦ 从比附经典，到真正参考经典诠释进行制度改革，西汉的制度演变为我们展示了经典诠释如何对现行制度施加影响。

那么，本文关注的郑玄《周礼注》，是否也对后世的制度产生了某些影响呢？前文提及的府、史问题，正是一个典型。我们知道，在承用《周礼》改造、设计制度的问题上，宇文氏主政的西魏北周比新莽有过之而无不及，以至于将中央文官全面改造成了《周礼》六官体制。与此同时，"府史"正式成为不命之吏的官方名称。

---

① 《汉书》卷四九《晁错传》，中华书局，1962，第2291页。
② 《汉书》卷五六《董仲舒传》，第2520页。
③ 陈仲安、王素：《汉唐职官制度研究（增订本）》，中西书局，2018，第2—15页。
④ 陈侃理：《儒学、数术与政治：灾异的政治文化史》，北京大学出版社，2015，第195—196页。
⑤ 陈苏镇：《〈春秋〉与"汉道"——两汉政治与政治文化研究》，中华书局，2020，第394—430页。
⑥ 陈仲安、王素：《汉唐职官制度研究（增订本）》，第6—8页。
⑦ 祝总斌：《两汉魏晋南北朝宰相制度研究》，第18页。

本来，"府史"在汉代或可指称有禄秩的丞相府史。《汉书·五行志》载："元帝初元中，丞相府史家雌鸡伏子，渐化为雄，冠距鸣将。"[1] 这里的丞相府史可能是丞相掾史的泛称，也有可能是《汉旧仪》中"汉初置相国史，秩五百石。后罢，并为丞相史"[2] 的专指，地位都不低。而在《通典·职官典》所见后周官品中，"府史"一词的概念出现了巨大的变化："右按所建六官并徒属，及府史杂色职掌人，二万一千七十三人（原注：二千九百八十九人，诸色官；万八千八十四人，府史、学生、算生……相生等人也）。"[3] 在北周的制度中，府史一词成了官称，但排在杂色之首，没有正式的品阶。《隋书·赵绰传》说他"在周，初为天官府史，以恭谨恪勤，擢授夏官府下士"，[4] 展现了府史与下士官吏分途的样态。同书《礼仪志》描述北周服制，提到"庶士之服一：玄冠"，也有小字注曰："庶士，庶人在官，府史之属，其服缁衣裳。"[5] 这明显是从郑玄《周礼注》"辅，府、史，庶人在官者"的文字直接承袭而来，明确将府史"庶人在官"的定位写进了典制之中。

隋朝建立后，恢复汉魏旧制，重新启用令史之名，但府史也没有销声匿迹。《隋书》评价文帝杨坚持法严峻，"往往潜令人赂遗令史、府史，有受者必死，无所宽贷"，[6] 将令史与府史对举。炀帝改制，规定尚书省外"其余四省三台，亦皆曰令史，九寺五监诸卫府，则皆曰府史"，[7] 仍保留府史的员额。入唐以后，隋炀帝有关令史、府史的制度安排基本得到了延续，只不过又出现了细化。三省六部二十四司的令史、书令史分别为流外勋品和流外二品，寺或监的府为流外三品、史为流外四品，[8] 在北周

---

① 《汉书》卷二七中之上《五行志第七中之上》，第 1370 页。
② 孙星衍等辑《汉官六种·汉旧仪卷上》，第 67 页。
③ 杜佑：《通典》卷三九《职官二十一·秩品四》，王文锦等点校，中华书局，2016，第 1065 页。
④ 《隋书》卷六二《赵绰传》，中华书局，2020，第 1663 页。
⑤ 《隋书》卷一一《礼仪志六》，第 268 页。
⑥ 《隋书》卷二《高祖纪下》，第 59 页。
⑦ 《隋书》卷二八《百官志下》，第 885 页。
⑧ 叶炜：《南北朝隋唐官吏分途研究》，北京大学出版社，2009，第 93 页。

隋朝的基础上，更贴近《周礼》府、史分立的格局，体现出北周六官体制的持续影响。

而从官吏分途的角度，更能看出西魏北周府史之制的重要作用。自东汉出现负责文书行政的令史以后，他们大多拥有品官身份，直到严格区分流内流外的南北朝后期，中央机构内的某些高级令史仍是流内官。西魏北周六官体制建立后，选无清浊，仅以命数区分尊卑，原诸卿或诸寺署令丞都以中士、下士等级别进入了流内官序列，但府史作为"庶人在官者"被明确排至流外。至隋朝，中央机构内所有的令史、府史等都被纳入流外行列，唐代亦然。[①]《唐六典》说令史"其革选卑降，始自乎隋"，[②] 其实西魏北周才是发生决定性改变的时间段，隋唐不过是继承了既定的事实。

长久以来，西魏北周制度在对隋唐的影响中占有多少比重，一直是学界关注的问题。首发其端的陈寅恪先生认为，"隋唐之制度虽极广博纷复，然究析其因素，不出三源：一曰（北）魏、（北）齐，二曰梁、陈，三曰（西）魏、周"，其中，西魏北周制度"乃关陇区内保存之旧时汉族文化，所适应鲜卑六镇势力之环境，而产生之混合品……其影响及于隋唐制度者，实较微末"。[③] 从官制角度看，昙花一现的《周礼》体制的兴废与隋唐的"还依汉魏"[④] 无疑是重要的理由。

尽管陈先生将隋唐制度渊源一析为三的论断足够高屋建瓴，启发了后世的无数研究，但轻视西魏北周一源的看法也逐渐得到了学者的质疑和纠正。如吴宗国先生就曾论道："隋官制承北齐而不承北周之说是不能成立的。隋官制实吸收南北各朝的积极成果而加以总结，并非多依北齐之制。隋的三省机构则是以北周六官为基础而加以分解、改造，并非打破原有机构重起炉灶，一切重来。官名依前代之法，其中也包括北周

---

① 叶炜：《南北朝隋唐官吏分途研究》，第56—63页。
② 李林甫等：《唐六典》卷一《三师三公尚书都省》"令史书令史"条注，陈仲夫点校，中华书局，2014，第12页。
③ 陈寅恪：《隋唐制度渊源略论稿　唐代政治史述论稿》，生活·读书·新知三联书店，2015，第3—4页。
④ 《隋书》卷二六《百官志上》，第800页。

的一些官名。"① 阎步克先生也总结过既有的一些分析角度，如沈家本、刘俊文、倪正茂、叶炜等对隋唐律法承袭北周律法的讨论，王仲荦对隋唐承继北周官员任期的讨论，杨光辉对隋唐承继北周爵制的讨论，王仲荦、吴宗国对隋唐承继北周门荫制度的讨论，以及阎步克自己对官阶制度和冕服制度的讨论。他认为，西魏北周的军号散官双授制度是唐代文武散阶制度的先声，唐代勋官体系也以北周戎秩为前身，"在官阶制方面，西魏北周'影响及于隋唐制度'者不但远过南朝，同时无疑也超越了北齐"；② 同时，"从三公九卿服冕，到官僚依官品服冕，这个并非无足轻重的变化，以北周为始，为杨隋所继承"。③

从本文关注的府史制度来看，无论是官名的承继还是流内流外的划定，都可以清晰地拉出一条从西魏北周到隋唐的线索，正可为诸位前贤的论断增添一个注脚。除此之外，西魏北周府史制度所反映的选无清浊问题，也与其行用《周礼》的目的有一定关联。在过往的研究中，学界对宇文泰依《周礼》改制的原因做出了多种推断，归纳来看，有以陈寅恪、王仲荦、宫崎市定、川本芳昭等为代表的迎合华夏文化融合胡汉说，④ 有以谷川道雄、内田吟风、大川富士夫、吕春盛、石冬梅、薛海波等为代表的实现权力集中乃至篡位说，⑤ 有以

① 吴宗国主编《盛唐政治制度研究》，中国人民大学出版社，2019，第 20 页。
② 阎步克：《品位与职位：秦汉魏晋南北朝官阶制度研究》，中华书局，2009，第 600—605 页。
③ 阎步克：《服周之冕——〈周礼〉六冕礼制的兴衰变异》，中华书局，2009，第 312 页。
④ 陈寅恪：《隋唐制度渊源略论稿 唐代政治史述论稿》，第 20 页；王仲荦：《北周六典》，中华书局，1979，前言，第 2 页；宫崎市定：《九品官人法研究：科举前史》，韩昇、刘建英译，中华书局，2008，第 301 页；川本芳昭：《魏晋南北朝时代的社会与国家》，黄桢、张雨怡译，复旦大学出版社，2022，第 31—32 页。
⑤ 谷川道雄：《隋唐帝国形成史论》，李济沧译，上海古籍出版社，2018，第 298 页；内田吟风：《北アジア史研究：鮮卑柔然突厥篇》，京都同朋舍，1975，第 258 页；大川富士夫：《西魏における宇文泰の漢化政策について》，《立正大学文学部論叢》（7），1957 年，第 68—75 页；吕春盛：《关陇集团的权力结构演变——西魏北周政治史研究》，台北：稻乡出版社，2002，第 107—113、154—158 页；石冬梅：《论北周的御正和内史》，《唐都学刊》2006 年第 2 期，第 113 页；薛海波：《六官与西魏北周政治新论——以武川镇豪帅在中央官僚体系地位变化为中心》，《史林》2016 年第 4 期，第 65 页。

谷川道雄、川本芳昭、楼劲等为代表的继承北族传统说。① 此外，还有一种与本文关系最为密切的社会变革说。

由于六官体制推行的同时，士族门阀、九品中正等旧的贵族体系也被抛弃了，② 宫崎市定就此提到，"北周采取了全然不同的态度，全面否定贵族制度"，③ 而这一"排斥贵族主义，大胆地标榜军阀官僚主义"的精神也对隋唐产生了影响，隋代的地方制度、选举制度改革破坏了贵族制度，而唐代虽没有这么露骨，但扶植官僚制、排斥贵族制的倾向没有改变。④ 谷川道雄进一步认为，西魏北周建立了全新的府兵制国家，在这一体制中，基层的汉人没有被排斥，而是与胡人城民实现了结合，从而支撑起了胡汉一体化的隋唐政权。同时在上层，身处乡党共同体的贵族受舆论和公义的约束，打破门阀主义和士庶之别的"开放的贵族制"又使得庶民阶层有了参与政治的可能，也与贤才主义和后来的科举制发生了联系。⑤ 具体就六官体制而言，富田健市引申宫崎市定的理论，认为宇文泰依《周礼》改制不仅仅是为了复古，其真实目的是打破自北魏孝文帝以后崇重门阀的官制体系。⑥ 王小甫也认为宇文泰用《周礼》制度，"在解决内迁北族生存生活、融入华夏社会（身份认同和文化转变）问题的同时，冲击荡涤了'魏晋以来门第之政治社会制度风气'，推动了华夏文化

---

① 谷川道雄：《隋唐帝国形成史论》，第 305 页；川本芳昭：《魏晋南北朝时代的社会与国家》，第 300—318 页；楼劲：《北魏开国史探》，中国社会科学出版社，2017，第 94—166 页。

② 早在大统七年（541），西魏便"诏班政事之法六条"（《北史》卷五《西魏文帝纪》，第178 页），也就是由苏绰执笔的著名的"六条诏书"，其中第四条为"擢贤良"，文中写道："今之选举者，当不限资荫，唯在得人。苟得其人，自可起厮养而为卿相，伊尹、傅说是也，而况州郡之职乎。"（《周书》卷二三《苏绰传》，中华书局，1971，第 386 页）可见打破旧有的士族选任体制是宇文泰君臣长期的追求。

③ 宫崎市定：《九品官人法研究：科举前史》，第 301 页。

④ 宫崎市定：《九品官人法研究：科举前史》，第 337 页。

⑤ 谷川道雄：《隋唐帝国形成史论》，第 1—17、405—422 页。

⑥ 富田健市：《西魏・北周の制度に関す一考察—特に〈周礼〉との関係をめぐって—》，《史朋》第 12 号，1980 年，第 11 页。

的更新和社会的演进"。①

在西魏北周的六官体制中，尽管也根据命数划分了流内流外，但由于选无清浊，流外的府史也有成为流内官的机会，前文提到的"初为天官府史，以恭谨恪勤，擢授夏官府下士"②的赵绰正是一例。这印证了西魏北周依《周礼》改制后，选官制度、社会体制所发生的变革。

郑玄《周礼注》影响后世的制度设计，还有一个更直观的案例，即西魏北周建置冬官时对郑注的参考。由于《周礼》冬官篇亡佚，时人以《考工记》补之，但单凭《考工记》不足以设计出与其他五官相当的冬官官属。西魏北周的名臣只好多动脑筋，除了原创出影响后世的工部外，还根据郑注补上了匠师一官。《地官·乡师》"及葬，执纛以与匠师御匶而治役"条注曰："匠师，事官之属，其于司空，若乡师之于司徒也。乡师主役，匠师主众匠，共主葬引。"③据郑玄所云，匠师为事官之属，正是冬官司空的属官。于是，西魏北周便根据郑注创置了匠师。《唐六典》追述唐代将作大匠的历史，曰："后周有匠师中大夫一人，掌城郭、宫室之制及诸器物度量。"④王仲荦先生的《北周六典》备载曾任匠师中大夫及其属官之人，这里就不赘举了。⑤

## 结　语

郑玄《周礼注》比附汉制的解经方法，在经典诠释、现实制度两个维度上对后世产生了显著的影响。其中，贾公彦疏本就是为郑玄《周礼注》而作，沿着其解经方法更进一步，痕迹较为明显，思路也比较清晰。

① 王小甫：《宇文泰"关中化"政策及其对华夏文化发展的影响》，《民族研究》2018年第5期，第98页。
② 《隋书》卷六二《赵绰传》，第1663页。
③ 郑玄注，贾公彦疏，彭林整理《周礼注疏》卷一二《乡师》，第408页。
④ 李林甫等：《唐六典》卷二三《将作监》"将作大匠"条注，第593页。
⑤ 王仲荦：《北周六典》，第470—471页。

中古制度如何在依经典改制时，受到郑玄解释的影响，则更需要我们去阐幽抉微。纵观这段托古改制的历程，虽然"府、史"出自《周礼》，但西魏北周的六官体制将其明确为"庶人在官"的吏阶层，又将其与未成为正式制度的"胥徒"相区分，很明显是受到了郑玄《周礼注》的影响。经文有缺漏或不足的地方，如冬官之属，郑玄的注解更是可以直接引用的文献证据。或者可以说，郑注早已与经文融为一体，成为西魏北周的制度设计者理论思考的出发点。

　　在官制之外，西魏北周的礼制也表现出这样的特点。阎步克先生考察《周礼》六冕礼制，发现"若以《周礼》作者为'初次建构'，汉儒已属'二次建构'了。后人往往是透过汉儒的阐述，来理解《周礼》六冕的"，① 其中郑玄注便发挥了重要作用。赵永磊先生也认为，北周托古改制，素以依傍《周礼》而著称，而北周五郊迎气礼的改定，援据《周礼》之外，兼采郑玄注以定具体神祇，增祀岳、镇、海、渎、山、林、川、泽、丘、陵、坟、衍、原、隰等五方之神，其礼仪制度并非仅仅依准《周礼》，而是糅合《周礼》《礼记》经注，制造"周制"。② 经典、经典诠释、制度设计三者间的复杂互动，是值得在经学史与制度史交汇的视角下，不断深入的课题。

---

① 阎步克：《服周之冕——〈周礼〉六冕礼制的兴衰变异》，第 113 页。
② 赵永磊：《制造"周制"：北周蜡祭的构建理路发微》，《中国史研究》2022 年第 3 期。

# 朱然墓漆器<sup>*</sup>

## 沈睿文

    1984 年，安徽省马鞍山市发现孙吴左大司马、右军师朱然（182—249）墓，这是三国时期考古的一项重要发现。朱然墓为夫妻合葬墓，墓葬平面呈"吕"字形，分前、后两室（见图 1）。前室为"四隅券进式"穹隆顶，后室为券顶。墓室长度近 9 米，属孙吴大中型墓。①

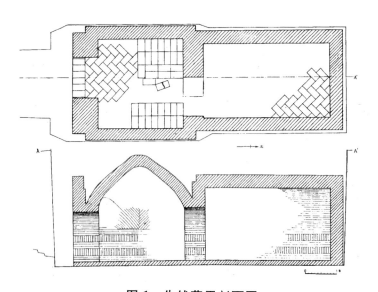

**图 1　朱然墓平剖面图**

---

\*　本文为教育部人文社会科学研究基地重大项目"中古时期墓葬神煞研究"（17JJD780001）的阶段性成果。

①　安徽省文物考古研究所、马鞍山市文化局：《安徽马鞍山东吴朱然墓发掘简报》，《文物》1986 年第 3 期。

赤乌十二年（249）春三月，朱然离世，终年 68 岁。朱然墓出土 140 余件文物，主要有漆木器、瓷器、陶器、铜器。其器物组合常见于孙吴中晚期墓葬，虽有时间上的差异，但早晚之别很难区分，可推测朱然与其妻在不长的时间内先后入葬。① 关于朱然墓的随葬品，杨泓曾从如下六个方面加以概括：

　　（一）漆器数量最多，与木器合在一起几乎占出土器物总数的 3/5，且器类繁多，大件漆器的纹饰以人物故事画为主。（二）铜钱数量很多，达六千枚左右，绝大部分为汉代所铸，但也出现了三国时期的少量铜钱。（三）出土陶器中有家畜家禽及庖厨用器的模型及印纹陶罐。（四）青瓷器的数量远超过陶器，且多属日用器皿，与陶器中多模型明器呈显著对比。（五）铜器遗留的数量虽不多，但均为实用器。（六）有木质名刺十四枚和书明官职的谒三枚。上述诸点中，第一、二、三、五点较明显地反映出孙吴时墓中随葬器物有不少汉制的遗留。秦汉以来珍重漆器的风习，孙吴时沿袭不衰，这应是朱然墓中出土漆器量多而质精的原因。②

其中最引人关注的还是漆器。朱然墓发现漆器约 80 件，形制上也最为精致。漆器有案、盘、羽觞、槅、盒、壶、樽、奁、匕、勺、凭几、砚、虎子、屐、扇、梳、刺、谒等，占出土器物总量的 57%。不过，此前对朱然墓漆器的研究多聚焦于汉末三国时期蜀郡的漆器工艺③、三国时期美术史④，而未及其中所蕴含的葬俗内涵。

①　王俊：《马鞍山朱然墓的再研究》，《长江文化论丛》2007 年第 1 期，第 86 页。
②　杨泓：《三国考古的新发现——读朱然墓简报札记》，《文物》1986 年第 3 期，第 17 页。
③　如徐文杰《三国时期朱然墓漆器艺术探析》，硕士学位论文，苏州大学，2012。
④　如林树中《从吴·朱然墓漆画谈三国绘画》，《南京艺术学院学报》2004 年第 1 期；郑岩《考古发现中的三国绘画——想象中的彼岸世界》，《大众考古》2013 年第 3 期；彭文霞《三国两晋南北朝漆木器具彩画初探》，硕士学位论文，中央美术学院，2014；胡新地《从〈季札挂剑图〉漆盘看汉末漆器彩绘风格》，《美术》2019 年第 6 期；等等。

## 一　漆画内容分类

从已刊朱然墓漆器的漆画内容来看，所见漆画可分作如下四类。①

第一类，宫闱宴乐图，绘于"宫闱宴乐图"漆案（见图2）、"武帝生活图"漆盘，共2件。

**图 2　"宫闱宴乐图"漆案**

---

① 按，林树中《从吴·朱然墓漆画谈三国绘画》（《南京艺术学院学报》2004 年第 1 期）。一文将朱然墓漆画内容分作如下几类：

| 历史故事画 | 现实生活画 | 祥瑞 | 花鸟鱼藻 | 神仙与信仰 |
| --- | --- | --- | --- | --- |
| 包括"古贤""列女""孝子"等。如，季札挂剑、百里奚会故妻、伯榆悲亲图 | 贵族生活，如宫闱宴乐图、贵族生活图（包括宴会图、梳妆图等）；风俗画：童子对棍图、童子戏鱼图、狩猎图等 | 神禽（凤鸟等）；神兽（麒麟、飞廉、天鹿等）；四神（青龙、白虎、朱雀、玄武） | 如《季札挂剑图》外围所画水藻、莲蓬与鲤鱼、鳜鱼，还有"白鹭啄鱼"，此外《童子对棍图》的外围也画了很多鱼和水藻。其实，前面提到的神禽、神兽、四神画，所画凤鸟、麒麟、白虎、天鹿等，发展到后来，也都归入花鸟、畜兽、鱼虫或杂画类 | 也可称之为宗教画。如《持节导引升仙图》，还包括铜镜画《东王公、西王母》等 |

"宫闱宴乐图"漆案（器物编号：朱 M58），漆案正面主体绘制了宫廷宴饮的场景，共绘制人物 55 位，大部分人物旁附有榜题。榜题均可辨认，分别是：皇后、子本、平乐侯及夫人、都亭侯及夫人、长沙侯及夫人、黄门侍郎、侍者、虎贲、羽林郎、值门人、女值史、俳奴、鼓吹、武女、弄丸、弄剑人、武女、转车轮、执茆人、长人、矮人、小儿。漆案周围用云气、蔓草等纹饰进行装饰。案的背面髹黑漆，正中朱书隶书一"官"字。周方、代诗宝曾将漆案图像分区解读如下（见表 1）。

**表 1　"宫闱宴乐图"漆案图像分区解读**

| 画面分区 | 画面人物 | 画面角色 | 画面功能 |
|---|---|---|---|
| 区域一 | 帷帐下帝王及嫔妃 3 人 | 主角 | 画面中心 |
| | 黄门侍郎 1 人、虎贲 4 人、羽林郎 4 人 | 侍卫群体 | 衬托帝王身份 |
| | 侍者 2 人 | 配角 | 衬托主角 |
| 区域二 | 窗格中 6 人 | 围观者 | 填补画面上部空白 |
| 区域三 | 席一：皇后、子本、平乐侯及夫人 | 主角 | 画面次中心 |
| | 席二：都亭侯及夫人、长沙侯及夫人 | 配角 | 展现失礼失序 |
| 区域四 | 大乐、俳优、鼓吹、武女、弄丸人、弄剑人、武女、寻橦人、连倒者、转车轮者、执茆人、长人、矮人、小儿 | 鼓乐百戏群体 | 烘托宴会氛围 |
| 区域五 | 大官门内外 4 人 | 庖厨群体 | 烘托宴会氛围 |

资料来源：周方、代诗宝《兴废之鉴：三国东吴朱然墓"宫闱宴乐图"漆案探究》，《美术研究》2021 年第 4 期，第 72 页表 1。

上述人物大致可分为王公贵族、侍者卫队以及百戏表演者三个群体，而这三个群体又使得图像本身具有一定的故事性。[①] 左侧绘有帝王及女眷形象，右侧则沿用汉习分列为三排：画面的最上排为被宴请的宾客，中间一排（也是画面的中心部分）为乐舞者，下排及两侧部分为侍者。乐舞表演分为两组，其中第一组表演为百戏杂技，共三排。第一排，弄剑、顶镜、武（舞）女、俳奴；第二排，弄丸、"蟾见鳌惊时"、转车轮；第三

---

① 任汉伦：《三国东吴朱然墓宫闱宴乐图漆案的图像与功用探究》，《社会科学论坛》2017 年第 10 期，第 238 页。

排，长人与侏人、寻橦、连倒、执节。第二组表演为踞坐奏乐。漆画中的鳖和蟾蜍，其实和旁边杂技俳优一样，属于表演的一个部分。鳖和蟾由人装扮，即戏剧史中所谓的"象人之戏"。[1]

任汉伦认为"宫闱宴乐图"漆案的内容是汉高祖还乡或楚王绝缨的故事，图像功用接近于"楚王绝缨"等具有规劝性质的历史典故。[2] 朱浒、李文平则认为"宫闱宴乐图"漆案上的图像以"汉武故事"为题材，反映了宫廷贵族对汉武帝时期天下一统之盛世的追忆。[3] 据此可知，该漆案所绘应该是对宫闱宴乐场景的如实描述。

"武帝生活图"漆盘（见图3），盘中心绘五个人物，上部两人，下部三人。左上一人跪行，展开双臂，作舞蹈状，右书"相夫人"三字。右上一人，注视对方，前书"武帝"二字，二人间置杯盘和一棋盘。左下一人，回首仰视，两臂前后舞动，左书"王女也"。下部中间一人呈跪坐状，前书"丞相也"三字。下右一人作跪坐状，前书"侍郎"二字。盘底黑漆以细线条勾勒连云纹。[4]

第二类，贵族生活图，此见于"贵族生活图"漆盘（朱 M71，见图4）1件。

《贵族生活图》绘于一漆盘内底。盘径 24.8 厘米，高 3.5 厘米，重量为 200 克。漆盘为木胎，平沿直口，浅腹平底，在盘沿与盘腹下各有一道鎏金铜。盘内壁及底髹红漆，盘外壁及底髹黑红漆。《贵族生活图》中绘

---

① 任平山、闵锐：《"蟾见鳖惊时"——朱然墓漆画"宫闱宴乐图"》，《北方美术》2019年第 3 期。

② 任汉伦：《三国东吴朱然墓宫闱宴乐图漆案的图像与功用探究》，《社会科学论坛》2017年第 10 期。按，邵韵霏认为漆案体现汉末三国时期士大夫对汉代旧礼的追忆，呈现出某种背离，所谓"双重视角""复合意涵"本质是对画面本质的认知不清。详见邵韵霏《双重视角下的复合意涵——朱然墓宫闱宴乐图漆案研究》，巫鸿、朱青生、郑岩主编《古代墓葬美术研究》第 2 辑，湖南美术出版社，2013，第 169—189 页。

③ 朱浒、李文平：《盛世追忆——朱然墓出土漆器上的"汉武故事"图像探析》，《中国美术研究》2003 年第 3 期。

④ 马鞍山市文物管理所、马鞍山市博物馆编《马鞍山文物聚珍》，文物出版社，2006，第87 页。

图 3 "武帝生活图" 漆盘

图 4 "贵族生活图" 漆盘

12人，分上、中、下3层，有《宴宾图》《出游图》《驯鹰图》《对弈图》《梳妆图》等五幅小图（见表2）。

表 2 "贵族生活图" 漆盘内容布局

| 分布 | 内　　　　容 |
| --- | --- |
| 上层 | 《宴宾图》 |
| 中层 | 《梳妆图》(左)、《对弈图》(中)、《驯鹰图》(右) |
| 下层 | 《出游图》 |

此外，"季扎挂剑图"漆盘外圈绘有"贵族游猎"图。

婴戏图，见于"童子对棍图"漆盘（朱M70，见图5），另外还有

图5 "童子对棍图"漆盘及底部铭文

"童子戏鱼""童子戏蟹""童子骑羊""童子驯鹰"等图像内容。

第三类，孝子、高士故事，表现规谏教化传统。如漆盘绘"百里奚会故妻图"、"季札挂剑图"、"伯榆悲亲图"以及"宾客叱犬图"等。

"百里奚会故妻图"漆盘（朱M67，见图6），盘径25.8厘米，木胎、敞口、浅腹、平底，背面髹黑红漆，外壁绘云气纹。内壁髹黑红地，边沿绘蔓草纹，其下绘云气纹。向内一圈为红漆地，上面也绘云气纹。盘正中为黑红漆地，上面描绘百里奚夫妻老年复合的故事。画面绘四人，其中三人旁有榜题。①

"季札挂剑图"漆盘（朱M66，见图7），盘直径24.8厘米，高3.5厘米，木胎制成，圆形，浅腹，局部残缺。原口沿饰有鎏金铜扣，髹红、黑两色漆为地，彩绘装饰花纹。盘心绘春秋时吴国的季札在徐君冢前挂剑致祭的历史故事，意在表现季札重诺守信的可贵品德，在古代礼教传统中具有经典意义。漆盘底部标有"蜀郡造作牢"款识。

"伯榆悲亲图"漆盘（朱M68），形制、尺寸、衬托纹饰都与"百里奚会故妻图"漆盘相同，亦有榜题。"盘中间画榆母笞子力衰，伯榆悲泣的故事。画面五人，榆母、伯榆、孝妇、榆子、孝孙。榆母瘦小年老，伯榆右

① 安徽省文物考古研究所、马鞍山市文化局：《安徽马鞍山东吴朱然墓发掘简报》，《文物》1986年第3期，第4页。

**图 6　"百里奚会故妻图"漆盘**

**图 7　"季札挂剑图"漆盘**

手拭泪，神情凄楚。孝妇、榆子面对伯榆，似与伯榆有同感，只有孝孙年幼贪玩，回首张望。"该漆盘现仅残存"榆子"二字，其余部分无存。①

"宾客叱犬图"漆盘，② 所绘内容典出《战国策·韩策二》：

　　齐大夫诸子有犬，犬猛不可叱，叱之必噬人。客有请叱之者，疾

---

① 安徽省文物考古研究所、马鞍山市文化局：《安徽马鞍山东吴朱然墓发掘简报》，《文物》1986 年第 3 期，第 5 页。

② 周方：《中国早期动物寓言图像：三国"叱犬"故事画漆盘》，《美术》2021 年第 2 期。

视而徐叱之，犬不动；复叱之，犬遂无噬人之心。①

此段出自史舍（谋士）之口，意在告诫公叔（韩相）应如何保住相国之位，阐释用人之道、陈情之法。②

第四类，祥瑞出行，此绘于漆榼、漆匕和漆匣盖等上。

祥瑞画以画在漆榼（朱 M82，见图 8）上为集中，榼共分七格。林树中认为：上中画双凤鸟；上左，天鹿（有翅）；上右，神鱼（鲤身、鸡足、双翅）；下左一，麒麟（独角、双翅、牛尾、蹄足）；下左二，飞廉（鹿首、双翅、双足、蛇尾）；下右一，双鱼并行，状如鲤（或即比目鱼）；下右二，白虎（双翅、长尾、四足奔跑）。③

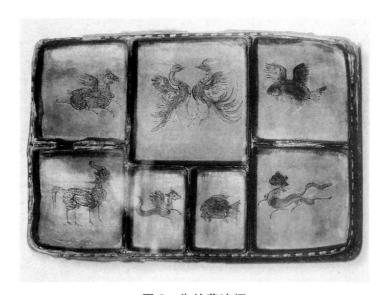

**图 8　朱然墓漆榼**

飞廉又称风伯、箕星、龙雀。《汉书》载："应劭曰：'飞廉，神禽能致风气者也。明帝永平五年，至长安迎取飞廉并铜马，置上西门外，名平

---

①　刘向集录，范祥雍笺证，范邦瑾协校《战国策笺证》卷二七《韩策二·齐令周最使郑》，上海古籍出版社，2006，第 1559 页。

②　周方：《中国早期动物寓言图像：三国"叱犬"故事画漆盘》，《美术》2021 年第 2 期。

③　林树中：《从吴·朱然墓漆画谈三国绘画》，《南京艺术学院学报》2004 年第 1 期，第 27 页。

乐馆。董卓悉销以为钱。'晋灼曰：'身似鹿，头如爵，有角而蛇尾，文如豹文。'"① "郭璞曰：飞廉，龙雀也。鸟身鹿头。"② 这正是漆槅下左二图像的真实写照。

《搜神记》载："风伯，雨师，星也。风伯者，箕星也；雨师者，毕星也。"③《风俗通义》颜师古注曰："风伯，飞廉也。雨师，屏翳也，一曰屏号。而说者乃谓风伯、箕星也。"④《尔雅·释天》郭璞注："箕，龙尾。"杜预《集解》："龙尾，尾星也。"箕星名如其形，"四星相连呈簸箕之象"。⑤ 苍龙星象辖七宿，分别是角、亢、氐、房、心、尾、箕，最后一宿是箕星。箕星是苍龙星象的"龙尾"，飞廉代表风伯，即"龙尾"箕星，寓指东方苍龙。

古老的天官体系将天球黄道和赤道附近的恒星划分为四区，并以四象分主四方，作为各区的象征，形成了东宫苍龙、西宫白虎、南宫朱雀、北宫玄武，每宫各辖二十八星宿中七座星宿的严整体制，但这种形式并不是从一开始就这样完整。⑥ 通过对考古出土图像资料的系统梳理，可知在四象正式确立前，有一个麒麟作为北宫之象的时代。麒麟神化并配属北宫约在西周东周之交，且星宫四灵与实际星象最初应无直接关联，而是基于当时已有的灵兽知识传统进行方位配属。⑦ 换言之，麒麟在此很可能表现北方宫。类似的表现手法也见于新疆尼雅遗址出土的"五星出东方利中国"护膊（95MNIM8：15，见图9）。⑧

综上可知，所谓"飞廉""白虎""双凤鸟""麒麟"实际上表示的

---

① 《汉书》卷六《武帝本纪》，中华书局，1962，第193页。
② 《汉书》卷五七上《司马相如传》，第2565页。
③ 干宝：《搜神记》卷四，中华书局，1979，第43页。
④ 应劭撰，王利器校注《风俗通义校注》卷八《祀典·风伯》，中华书局，2010，下册，第364页。
⑤ 冯时：《中国天文考古学》，社会科学文献出版社，2001，第307页。
⑥ 冯时：《天文考古学与上古宇宙观》，《濮阳职业技术学院学报》2010年第4期，第3页。
⑦ 熊钿：《麒麟与玄武：北宫象的文化史考察》，《形象史学》2020年第2期。关于麒麟与北方宫的关系，另可参见冯时《中国天文考古学》，第315—320页。
⑧ 沈睿文：《"五星出东方利中国"锦的动物图案》，《海岱考古》2023年第1期。

**图 9　新疆尼雅遗址"五星出东方利中国"锦**

资料来源：沈睿文《"五星出东方利中国"锦的动物图案》，《海岱考古》
2023 年第 1 期，第 174 页。

是东方、西方、南方和北方四宫。

神鱼，应即文鳐鱼，见载于《山海经·西山经》，其文曰：

> 泰器之山，观水出焉，西流注于流沙。是多文鳐鱼，状如鲤鱼，
> 鱼身而鸟翼，苍文而白首，赤喙，常行西海，游于东海，以夜飞。其
> 音如鸾鸡，其味酸甘，食之已狂，见则天下大穰。①

郭璞云："穰，丰穰收熟也。《韩子》曰：穰岁之秋。"② 可知文鳐鱼象征
丰收。

---

① 《山海经》卷二《西山经》，袁珂校注《山海经校注》，巴蜀书社，1993，第 52 页。
② 《山海经》卷二《西山经》，袁珂校注《山海经校注》，第 53 页。

比目鱼，左思《吴都赋》云："双则比目，片则王余。"① 《汉书·司马相如传》载："禺禺魼鳎。"郭璞注："魼，比目鱼也，状似牛脾，细鳞紫色，两相合乃得行。"② 《宋书》载："比目鱼，王者德及幽隐则见。"③ 可知，比目鱼是与歌颂王德有关的祥瑞。

彩绘漆匕（朱 M138，见图 10），两面的上部皆绘凤凰，中部绘卷云纹，其下部正面绘一鳞身双蛇首的蛇，背面绘一龙。《山海经·海内经》载：

> 有人曰苗民，有神焉，人首蛇身，长如辕，左右有首，衣紫衣，冠旃冠，名曰延维。人主得而飨食之，伯天下。④

郭璞云："齐桓公出田于大泽，见之，遂霸诸侯。"⑤ 延维又叫委蛇、委维，或委神，是水泽之神。《庄子·达生篇》载："委蛇，其大如毂，其长如辕，紫衣而朱冠。其为物也，恶闻雷车之声，则捧其首而立。见之者殆乎霸。"⑥ 旃冠，即以纯色丝帛制作的冕冠，或作"朱冠"。延维多以双蛇首蛇身或双人首蛇身的形象出现，后者见于山东沂南画像石墓后室横梁画像（见图 11）。⑦ 可见，延维是与王霸有关的祥瑞。

以目前考古资料视之，北朝崔氏墓地 M12 北齐武平四年（573）崔博墓首见有双人首蛇身俑，⑧ 后流行于隋唐宋元时期。广东海康元墓的墓砖上有两幅阴刻的双人首蛇身像，分别自名为"勾陈"和"地轴"。⑨ 广东

① 左思：《吴都赋》，高步瀛：《文选李注义疏》卷五，中华书局，1985，第 1119 页。
② 《汉书》卷五七上《司马相如传》，第 2548、2552 页。
③ 《宋书》卷二九《志第十九·符瑞下》，中华书局，1974，第 860 页。
④ 《山海经》卷一八《海内经》，袁珂校注《山海经校注》，第 518 页。
⑤ 《山海经》卷一八《海内经》，袁珂校注《山海经校注》，第 518 页。
⑥ 郭庆藩：《庄子集释》卷七上，王孝鱼点校，中华书局，2016，第 655 页。
⑦ 南京博物院、山东省文物管理处编《沂南古画像石墓发掘报告》，文化部文物管理局，1956，第 14—15 页、图版 29 第 8 幅。
⑧ 山东省文物考古研究所：《临淄北朝崔氏墓》，《考古学报》1984 年第 2 期。
⑨ 曹腾騑、阮应祺、邓杰昌：《广东海康元墓出土的阴线刻砖》，《考古学集刊》第 2 辑，中国社会科学出版社，1982，第 171—180 页。

图 10　朱然墓彩绘漆匕的正面（左）、背面（右）

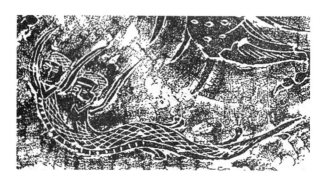

图 11　山东沂南画像石墓横梁戴冠之延维

资料来源：南京博物院、山东省文物管理处编
《沂南古画像石墓发掘报告》，图版 29 第 8 幅。

雷州东里镇南包东村出土 1 件双人首蛇身俑和 1 件单人首蛇身俑，分别自名为"腾蛇"和"地腾"。①

苏北徐州地区、山东鲁南以及南阳地区的汉画像石墓以及祠堂顶部画像石发现有四神、祥瑞、迎谒、跪拜以及雷神、风伯、雨师、河伯（海神）出行的组合。在该组合中，有时还绘制出坐五帝星座的天帝，或者坐北斗七星出行的北帝。在这种情况下，该组合又成为天帝出行或北帝（太一）出行的核心。② 显然，漆椟和漆匕上的图案共同构成四宫（四象）+祥瑞的出行程式。

此外，锥刻戗金漆盒盖（朱 M88，见图 12）的图案应也与出行有关。其顶面四侧针刻青龙、白虎、朱雀、麒麟、天禄等带翅神禽、神兽共 65 个，其间用行云纹贯联。其中最精彩的，是两面所刻三个人物（见图 13）：一人右佩剑，拱手而立；一人留有胡子，持节行走；一人双手拥"旗"（棨戟）而立。他们周围画行云，还有神兽、神禽，其主题当是表现：佩剑者为主人，死后升仙；其后二侍者，是天上来的使者，持棨戟，是导引主人升天的。③ 该题材贯穿于古代中国的墓葬绘画之中，一般置于出行队伍的前端，起着引导的作用，如洛阳西汉卜千秋壁画墓墓顶亦可见（见图 14）。④

长江以南地区，因为酸性土壤及地下水位等环境问题，墓葬图像的保存极为不易，那么墓葬是否便因此而没有丧葬画像呢？事实并非如此。在南方地区的墓葬中，存在将丧葬画像绘制于随葬品上的传统。从已有的考古资料来看，这已成为南方地区墓葬的一个传统，并一直得以延

① 湛江市第一次全国可移动文物普查办公室编《湛江珍藏：湛江市第一次全国可移动文物普查精品图录》，河北美术出版社，2017，下册，第 154—155 页。

② 沈睿文：《唐宋墓葬神煞考源》，原载荣新江主编《唐研究》第 18 卷，北京大学出版社，2012，第 199—220 页；此据所撰《墓葬中的礼与俗》，上海古籍出版社，2022，第 49—72 页。

③ 林树中：《从吴·朱然墓漆画谈三国绘画》，《南京艺术学院学报》2004 年第 1 期，第 27—28 页。

④ 洛阳博物馆：《洛阳西汉卜千秋壁画墓发掘简报》，《文物》1977 年第 6 期。

**图 12　锥刻戗金漆盒盖及侧面局部**

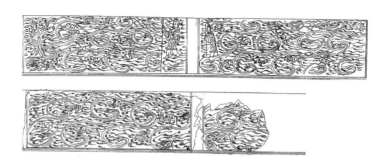

**图 13　锥刻戗金漆盒盖四侧线图**

**图 14　洛阳西汉卜千秋壁画墓墓顶壁画仰视图及局部**

资料来源：洛阳博物馆《洛阳西汉卜千秋壁画墓发掘简报》，《文物》1977 年第 6 期，第 9 页图 31、第 11 页图 34。

续。[①] 同样的，朱然墓漆画的构成元素、内容，在其他墓葬中以壁画或随葬品的形式出现。如朱然墓"贵族生活图"漆盘第一排《宴宾图》可以说是《宫闱宴乐图》的缩写，也是汉画像石中众多的《宴宾图》《延宾

---

① 沈睿文：《中国古代物质文化史研究·隋唐五代》，开明出版社，2015，第 175—176 页。

图》的续写。《梳妆图》令人联想到传为东晋顾恺之作的《女史箴图》中"人咸知修其容，莫知饰其性"的两位贵族男人的梳妆场面。[①]"贵族生活图"漆盘彩绘细节之"童子骑羊"题材，同样见于洛阳西朱村曹魏墓出土的血珀雕刻（洛阳博物馆藏）。[②]

从朱然墓现存漆器图案来看，构成较为完整的"宴乐+出行"+"孝子/高士+四宫（四象）+祥瑞出行"内容。该内容继承了汉以后墓葬制度的核心，显然是有意规划、配置的，通过其上图像来展示原应是墓壁画像的内容和功能。需要指出的是，其中"四宫（四象）+祥瑞出行"为太一出行的不同图像组合。

综上，朱然墓漆器应是作为明器下葬的，其中不排除有特意制作之明器。

## 二　漆器的性质

朱然，"其所文采，惟施军器，余皆质素"。[③]其舅父朱治也是"性俭约，虽在富贵，车服惟供事"。[④]显然，这种素简高洁的行事风格跟墓葬所见厚葬之风相悖。

漆器在两汉三国时期是受人珍视的用器，又相当耐用，能长期保存。例如，在平壤石岩里 194 号西汉墓中，始元二年（前 85）的漆杯与元始三年（3）的漆杯共存，说明前一漆杯至少保存了八十多年。还有在东汉墓中出土西汉纪年铭漆器的例子，如贵州清镇汉墓中所见。[⑤]朱然墓中出

---

① 林树中：《从吴·朱然墓漆画谈三国绘画》，《南京艺术学院学报》2004 年第 1 期，第 26 页。

② 朱浒：《曹魏美术的新视野——西朱村大墓出土琥珀童子骑羊像的意义探讨》，《南京艺术学院学报》2018 年第 1 期。

③ 《三国志》卷五六《朱然传》，中华书局，1959，第 1307 页。

④ 《三国志》卷五六《朱治传》，第 1304 页。

⑤ 杨泓：《三国考古的新发现——读朱然墓简报札记》，《文物》1986 年第 3 期，第 20 页。按，所言贵州清镇汉墓资料详参贵州省博物馆《贵州清镇平坝汉墓发掘报告》，《考古学报》1959 年第 1 期，第 99—100 页。

土的漆器是否东汉时蜀郡的产品，保存到孙吴时期还在使用？它们具体的制作时间，因未见纪年铭记，尚需考察。

根据器形和纹饰的特征，杨泓认为朱然墓出土漆器应是三国时的产品。三国时蜀地在刘备所建蜀国的版图之内，因此这批蜀郡制作的精美漆器是蜀国的产品。孙吴墓中出土大量蜀国的漆器，自然是反映了当时吴蜀之间关系的密切。它们可能是吴蜀保持联盟关系时的赠品或贸易往来中的商品，也不排除它们是战利品。朱然生前曾参与吴蜀之间两次重大的战争，而两次都是以吴胜蜀败而结束的。在吴蜀争夺荆州的战争中，朱然曾与潘璋一起在临沮擒获蜀主将关羽，因而功迁昭武将军，封为西安乡侯。在刘备倾全蜀兵力侵吴时，他又配合陆逊大破蜀军，因而拜征北将军，封永安侯。因此，朱然所拥有的蜀国产品，不一定是友谊的象征或和平贸易的见证，它们是吴蜀干戈相见时的虏获品也未可知。[①]

王俊认为，"季札挂剑图"漆盘、"童子对棍图"漆盘背面分别有"蜀郡造作牢"和"蜀郡作牢"铭文，是三国时期吴、蜀两国交往的见证。三国时期，吴、蜀各据东西，虽有战事摩擦，但总体关系以联合为主。赤壁之战前鲁肃劝说孙权、刘备结盟，共同抗曹，取得了赤壁之战的胜利。为争夺荆州，吴、蜀双方既有摩擦也有联盟，孙权把妹妹嫁给刘备，以巩固同盟关系。夷陵之战后，诸葛亮派邓芝赴吴，与孙权重修旧好。邓芝携带良马 200 匹、蜀锦 1000 匹，以及蜀国的特产作为礼物。刘备在世时，孙权也派使者郑泉到白帝城与刘备讲和。朱然墓出土 6000 多枚铜钱，其中有蜀汉铸造的"直百五铢""太平百钱"等。蜀钱在吴地的大量发现，也佐证了吴、蜀之间密切的政治和经济联系。朱然墓出土的漆器是吴、蜀之间通过贸易或赠送，从长江水道由巴蜀传到吴地的。[②] 林树中则认为朱然墓出土漆器的生产时间与朱然的生卒年相当，应是蜀地所

---

① 杨泓：《三国考古的新发现——读朱然墓简报札记》，《文物》1986 年第 3 期，第 20—21 页。

② 王俊：《东吴骁将与巴蜀丹漆——朱然墓的文物解读》，《大众考古》2022 年第 10 期，第 70 页。

产，通过贸易来到吴地。①

根据已刊资料，孙吴时期类似于朱然墓，具有甬道和前后室的"吕"字形的大中型墓葬，集中分布于湖北鄂州地区和江苏南京及其周边地区。② 朱然墓墓室长度近9米，属孙吴大中型墓，墓葬等级高，其中若干随葬品也透露出相关信息。

比较长江中下游已经发掘的孙吴墓墓砖纹饰可知，朱然墓墓砖大部分是模印阳文"富且贵，至万世""富贵万世"的吉语砖（见图15），规格也较其他墓砖大。这类吉语砖在其他地区尚未见报道，而在马鞍山的朱然家族墓、宋山东吴墓等墓葬中皆有发现。这类砖应是为葬在马鞍山地区的孙吴贵族特别烧制的。③

"宫闱宴乐图"漆案案底正中篆书一朱红"官"字，说明该漆案是为宫廷制作的漆器。无论朱然生前如何跟蜀国发生关联，他个人是绝不会私藏这些精美漆器的，更不会擅自将这些漆器随葬。换言之，这些漆器应该是孙权赠予的。从造物角度而言，"宫闱宴乐图"漆案是官工漆坊制造的高档器物，案面绘制前朝帝王故事，案底有"官"字铭文，原应为孙吴王族用具，后赐予朱然以示恩荣。④

"贵族生活图"漆盘彩绘细节之"童子骑羊"题材，同样见于洛阳西朱村曹魏墓出土的血珀雕刻。这种题材的共性不仅表达了二者时代的相近，而且也表明该元素是该墓葬等级的随葬内容。前者经常被研究者用来论证朱然墓漆画的时代性，而后者在此前的研究中则常常被忽视。⑤

---

① 林树中：《从吴·朱然墓漆画谈三国绘画》，《南京艺术学院学报》2004年第1期，第24页。
② 王俊：《马鞍山朱然墓的再研究》，《长江文化论丛》2007年第1期，第82页。按，相关墓葬见马鞍山市文物管理所《安徽省马鞍山市朱然家族墓发掘简报》，《东南文化》2007年第6期。
③ 王俊：《马鞍山朱然墓的再研究》，《长江文化论丛》2007年第1期，第85—86页。
④ 王俊：《东吴骁将与巴蜀丹漆——朱然墓的文物解读》，《大众考古》2022年第10期，第68页。
⑤ 朱浒：《曹魏美术的新视野——西朱村大墓出土琥珀童子骑羊像的意义探讨》，《南京艺术学院学报》2018年第1期。

**图15　朱然墓模印阳文"富且贵，至万世""富贵万世"吉语砖**

朱然墓漆画中出现了两位帝王，分别见于"武帝生活图"漆盘和"宫闱宴乐图"漆案，"宫闱宴乐图"漆案故事画的中心人物是帷帐下的帝王。但是，这并不能成为上述两件器物的使用者为帝王的证据。1997年，江西省文物考古研究所等在南昌火车站广场清理出6座东晋雷氏家族墓葬，其中 M3 出土一彩绘宴乐图平盘（M3：41，见图16），其人物图案以上下两组人物为中心：下组为一红衣长髯老者手捧托盘造访，身后一侍女侧立，绿衣长髯老者作迎接状，其后为一头戴冠冕、身着华丽服饰、手执麈尾之人在侍女簇拥下出迎贵客，一侍女在前引路，一侍女执华盖，一侍女跟随；上组为一绿衣老者抚琴，神色怡然，其右侧红衣老者手捧托盘，作进献状。在图案的上方有一少年公子带三名侍从驾车马出巡游乐。图案下方为四名手捧托盘相对而立的侍从及一孩童。图案的周边及中间还饰有垂樟、鹿、鱼、飞鸟等纹。整个盘底绘有20个人

物，皆面部丰满圆润。① 孙机认为该漆画描述的是时为太子的汉惠帝
（右侧手持麈尾者）与商山四皓的故事，定名为"惠太子延四皓图"。②
该墓葬出土衣物疏木方有"永和八年七月戊子朔五月壬辰江州鄱阳郡鄱
阳县都□□□□□南昌令雷陔命妇鄱阳壻年八十六即醉酒
□□□□□身丧"之语，并出"弟子雷陔再拜　问起居　鄱阳字仲
之"之名刺木简，可知为东晋永和八年（352）七月南昌令雷陔夫妇合
葬墓。雷姓是两晋时期南昌地区的世家大族，雷陔是东晋命官，并非帝
王，但其漆器漆画亦得以使用汉惠帝的典故。不过，"宫闱宴乐图"漆
案案底写有"官"字，说明这件漆案为官府所有，也不能轻易排除曾为
帝王用具。

**图 16　江西南昌火车站广场东晋雷陔夫妇合葬墓所出
彩绘宴乐图平盘**

资料来源：江西省文物考古研究所、南昌市博物馆《南昌火车站
东晋墓葬群发掘简报》，《文物》2001 年第 2 期，第 16 页图 8、第 19
页图 13。

---

① 江西省文物考古研究所、南昌市博物馆：《南昌火车站东晋墓葬群发掘简报》，《文物》
2001 年第 2 期。
② 孙机：《翠盖》，《中国文物报》2001 年 3 月 18 日，第 6 版。郑岩：《南昌东晋漆盘的启
示——论南北朝墓葬艺术中高士图像的含义》，《考古》2002 年第 2 期；后收入《魏晋南
北朝壁画墓研究（增订版）》，文物出版社，2016，第 195—211 页。

　　朱姓是孙吴时期的世家大族，朱治是孙吴的开国功臣，朱治、朱然皆深得孙权信任。朱然墓得以随葬包括漆器在内的精美器具，一方面是基于孙权、朱然二人"同学书，结恩爱"的亲密关系，《三国志·朱然传》载："（朱）然尝与（孙）权同学书，结恩爱。至权统事，以（朱）然为余姚长，时年十九。"① 另一方面是基于朱然的功绩，这也与朱然卒后，"权素服举哀，为之感恸"的记载相吻合。史载，朱然卧病时，孙权为他"昼为减膳，夜为不寐，中使医药口食之物，相望于道。然每遣使表疾病消息，权辄召见，口自问讯，入赐酒食，出送布帛。自创业功臣疾病，权意之所钟，吕蒙、凌统最重，然其次矣。年六十八，赤乌十二年卒，权素服举哀，为之感恸"。②

## 结　语

　　朱然及其夫人的随葬品时代相近，难以区别。其漆器产于蜀郡且等级高，其中有属于为宫廷制作的漆器，它们应该来自孙权的赠予。随葬漆器上所见漆画构成较为完整的"宴乐＋出行"＋"孝子/高士＋四宫（四象）＋祥瑞出行"内容，该内容继承了汉以后墓葬制度的核心，为有意规划、配置，意在通过其上图像来展示原应是墓壁画像的内容和功能。由此可见，朱然墓漆器是作为明器下葬的，且其中不排除有为此次丧葬而特意制作之明器。不过，具体如何，犹待学界进一步探究。

---

① 《三国志》卷五六《朱然传》，第 1305 页。
② 《三国志》卷五六《朱然传》，第 1308 页。

# 刘宋时期的货币政策新探[*]

## ——兼论南朝交换经济的区域性特征

高　滨

## 引言：从"食货"概念看生产与交换的关系

自陈寅恪先生以"折租造布"为例提出唐代中央财政制度渐次"南朝化"的命题后，"南朝化"已成为中古时期财政史乃至社会经济史领域中最核心的学术概念，其意义甚至超越了具体的历史议题范畴，成为勾勒南北朝至隋唐历史演进的关键枢纽。[①] 然而抛开"南朝化"命题的学术史意义，回归陈寅恪先生最初提出"南朝化"命题时所依据的史实，其中仍留有大量值得深思的具体问题。吴宗国先生《论唐代中后期的政治制度变化》一文在引用陈先生关于"南朝化"的论断后，发表了如下见解：

陈寅恪先生这段话在史实上还是存在不少问题的，比如说，"北

[*] 本文系西安市社科规划基金重大项目"碑刻史料视野下的北朝关中文化认同研究"（24LW161）阶段性成果。

[①] 关于"南朝化"概念最详尽的阐释，可参看牟发松《略论唐代的南朝化倾向》，《中国史研究》1996年第2期；牟发松《从国家与社会的关系看唐代的南朝化倾向》，《江海学刊》2005年第5期；牟发松《从南北朝到隋唐——唐代的南朝化倾向再论》，《南京晓庄学院学报》2007年第4期；王素《敦煌儒典与隋唐主流文化——兼谈隋唐主流文化的"南朝化"问题》，《故宫博物院院刊》2005年第1期。

朝之社会经济较南朝为落后"、南方"遗制当仍保存于地方之一隅",这些说法到底能不能成立?可以进一步进行研究。[①]

陈先生没有说明北朝经济与南朝经济的具体情况,其"南朝化"命题显然还处在假说阶段。此后唐长孺先生细致考察3—6世纪江南大土地所有制的发展,宁可先生考察南朝折纳制度,指出"南朝各地区生产的地方性很强,产品种类较多……交换关系较为发达,因此折纳之制较为盛行"。[②]两位学者在具体议题上丰富了陈先生的"南朝化"命题。吴宗国先生在此基础上提出唐朝中叶以后制度变化的关键即在于交换关系和大土地所有制的发展。[③]然而,吴先生仍然认为南朝的交换关系与唐朝的交换关系大不相同。他说:

> 南朝的交换关系和唐朝的交换关系的发展都是建立在什么基础之上?南朝的交换经济的发展,就是宁可先生提出来的"生产的地方性"引起的,实际上是各个地方土特产的一种交换,互通有无。而唐朝的交换关系是建立在唐朝农业巨大发展、唐朝地主经济发展,社会积累扩大、社会购买力加强、手工业和商业都有了很大发展这样一个基础上。所以,尽管从形式上来说,都存在土地兼并、交换关系的发展,但是水平和情况是很不一样的。[④]

吴先生继承了汪篯先生的学术衣钵,此处的论断也基于马克思主义史

---

① 吴宗国:《中古社会变迁与隋唐史研究》,中华书局,2019,第210页。
② 唐长孺:《三至六世纪江南大土地所有制的发展》,中华书局,2011;宁可:《〈隋唐制度渊源略论稿〉中唐代中央财政制度"江南地方化"问题》,《宁可史学论集》,中国社会科学出版社,1999,第571—576页。此外,韩国磐先生在20世纪五六十年代也曾深入考察北朝经济与南朝经济的具体情况,参看韩国磐《北朝经济试探》,上海人民出版社,1958;韩国磐《南朝经济试探》,上海人民出版社,1963。
③ 吴宗国:《论唐代中后期的政治制度变化》,《中古社会变迁与隋唐史研究》,第211页。
④ 吴宗国:《论唐代中后期的政治制度变化》,《中古社会变迁与隋唐史研究》,第212页。

学视角。吴先生从宏观上定位了南朝与唐朝的社会生产力发展水平所处的不同历史阶段，指出南朝交换经济的基础是"生产的地方性"，而唐朝交换经济的基础则是地主经济的发展和手工业、商业的巨大发展。尽管吴先生所论只是"点到为止"，但也指出了南朝交换经济与唐朝交换经济的根本差异，即南朝的交换关系是小范围、小规模、不稳定的，而唐朝的交换关系则是大范围、大规模、较稳定的。

遗憾的是，吴先生的上述思考并未得到学界的广泛关注。由于史料匮乏，加之其他因素，近年来学界对南朝与唐朝的交换关系问题缺乏深入讨论。然而，交换关系问题并不是马克思主义史学独有的，现代经济人类学也高度关注交换关系。近年来，刘志伟先生借鉴经济人类学家的研究成果提出"食货体制"概念，重新揭示了交换关系对中国古代王朝经济体系的意义。

《汉书·食货志》载：

> 《洪范》八政，一曰食，二曰货。食谓农殖嘉谷可食之物，货谓布帛可衣，及金刀龟贝，所以分财布利通有无者也。二者，生民之本，兴自神农之世……"日中为市，致天下之民，聚天下之货，交易而退，各得其所"，而货通。食足货通，然后国实民富，而教化成。黄帝以下"通其变，使民不倦"……禹平洪水，定九州，制土田，各因所生远近，赋入贡棐，楙迁有无，万国作乂。[①]

刘志伟先生指出《汉书·食货志》所述的"食"与"货"是不可分离的。"赋入贡棐"与"楙迁有无"是同一个体系的两个组成部分，两者并不分属"岁入经济"和"市场经济"，也不是财政与市场的关系。"食货"问题的基本原理是：食是要以依农时耕耘维持人的生命需要，货则

---

① 《汉书》卷二四《食货志上》，中华书局，1962，第1117页。

是以通物之变满足人生活多样性的需求。①

《汉书·食货志》这段论述引用了《易》《尚书》等儒家经典，基本是汉朝人从先秦经典中综合而成的。②"食货"并称对今人而言已是常识，然而其中包含了汉朝人的真知灼见。在班固眼中，"食货"概念至少应包含如下两方面含义。

第一，对中国古代王朝的财政运作与国家治理而言，需要建立一套完整的自然资源控制与获取机制。这种获取机制的具体内容就是"制土田，各因所生远近，赋入贡棐，楙迁有无"，既要考虑到不同地域地理条件和资源禀赋的差异，也要考虑到其产出形态与消费的使用价值间的对应关系。③换言之，国家在"制土田"控制各地域的贡赋物资时也必须考虑到物资的征调与分配问题，两者相辅相成。生产活动提供了贡赋经济运作的物质基础，而交换活动（懋迁有无）则是贡赋经济运作的基本机制。

第二，对普通百姓生活而言，生产活动与交换活动也密不可分。《汉书·食货志》称食货是生民之本，表明两者都是百姓的基本需求。《史记·货殖列传》载：

> 夫山西饶材、竹、穀、纑、旄、玉石；山东多鱼、盐、漆、丝、声色；江南出楠、梓、姜、桂、金、锡、连、丹沙、犀、玳瑁、珠玑、齿革；龙门、碣石北多马、牛、羊、旃裘、筋角；铜、铁则千里往往山出棋置：此其大较也。皆中国人民所喜好……人各任其能，竭其力，以得所欲。故物贱之征贵，贵之征贱，各劝其业，乐其事，若水之趋下，日夜无休时，不召而自来，不求而民出之。④

① 刘志伟：《中国王朝的贡赋体制与经济史》，《贡赋体制与市场：明清社会经济史论稿》，中华书局，2019，第12—13页。
② 刘志伟：《中国王朝的贡赋体制与经济史》，《贡赋体制与市场：明清社会经济史论稿》，第15页。
③ 刘志伟：《中国王朝的贡赋体制与经济史》，《贡赋体制与市场：明清社会经济史论稿》，第13页。
④ 《史记》卷一二九《货殖列传》，中华书局，2013，第3950页。

司马迁"人各任其能，竭其力，以得所欲"的意思是：普通百姓交换活动的前提是基于不同地域间自然禀赋差异而产生的生产活动差异。交换活动是百姓的本能，因此市场可以自发调节交换活动的范围、规模等。司马迁认为人们具有互通有无、物物交换的天性，这与西方古典政治经济学家、经济人类学家的认识是一致的。亚当·斯密、卡尔·波兰尼等人均认为互通有无的交换行为是人类的自然秉性，交换的范围决定了社会分工的范围，交换也会催生市场的出现。①

吴宗国先生对南朝、唐朝交换经济的整体认识虽然并非基于现代经济人类学的立场，但也注意到了生产活动与交换活动的关系。他从南朝"生产的地方性"的角度思考南朝的交换关系，不仅是马克思主义史学方法的成功运用，也契合中国古代传统的"食货史观"。本文即试图在吴先生论述的基础上考察南朝的交换经济问题，并对南朝国家经济的一些特点略抒己见，以就正于方家。

## 一　刘宋时期铜钱铸造、行用特性与交换经济的发展及特点

限于史料，南朝时期交换经济的具体情形晦暗不明。此前唐长孺先生曾对南朝商品货币经济的发展有详细考论，但限于材料只讨论了城市繁荣、草市兴起、长途贸易、商税等问题，并未涉及民间交换关系的一般情形。② 吴宗国先生认为南朝的交换经济只是各地方土特产的交换，即实物交换，但也缺乏更细致的史料加以说明。鉴于此，本文尝试转换视角，不直接考察民间交换关系，而是分析交换关系的发生媒介——货币，通过对官方货币铸造及行用特点、货币政策论争反映出的问题来思考南朝交换关

---

① 亚当·斯密：《国富论》，郭大力、王亚南译，译林出版社，2011，第11—16页；卡尔·波兰尼：《大转型：我们时代的政治与经济起源》，冯钢、刘阳译，当代世界出版社，2020，第59页。

② 唐长孺：《魏晋南北朝隋唐史三论》，中华书局，2011，第136页。

系与交换经济的特点。

如前所述，《汉书·食货志》将"货"定义为"布帛可衣，及金刀龟贝，所以分财布利通有无者也"，也就是将货币理解为交换关系的发生媒介。这与现代经济人类学的观点基本吻合，即认为货币是一般性的经济流通手段，货币职能的发挥高度依赖于交易行为，货币的本质更接近于多数人认可的可以交换多种货物的一般性交易媒介。① 尽管南朝时期用于交换的货币并非仅有铜钱，也有绢、布、铁钱等，但本文的讨论对象仅限于铜钱。② 这主要是因为较之东晋时期，南朝的铜钱铸造、行用出现了两个新现象。第一，刘宋以降铜钱的流通地域与规模大为扩展，以致中央官府掌握的铜钱数额出现萎缩。第二，为了解决"国用不足"的问题，宋、齐、梁、陈皆有官方铸钱举措。③ 流通地域、使用规模的扩大以及官府的铸币举措，使铜钱在交换经济中扮演了更重要的角色，这是考察南朝交换经济的最佳切入点。④

关于刘宋时期铜钱的广泛流通，元嘉二十四年（447）沈演之在上疏中说：

---

① 柿沼阳平：《中国古代货币经济史研究》，汲古书院，2011，第23—39页，特别是第35页；刘志伟：《中国王朝的贡赋体制与经济史》，《贡赋体制与市场：明清社会经济史论稿》，第11—12页；亦可参看亚当·斯密《国富论》，第17—18页。

② 杨联陞曾敏锐地指出，尽管中国历史上很早就出现了交换媒介，但铜钱一直是日常交易中的通行标准，且政府努力保持铜钱在小笔生意中的标准媒介作用，参看氏著《中国货币与信贷简史》，刘梦溪主编《中国现代学术经典·洪业　杨联陞卷》，河北教育出版社，1996，第570—571、575页。

③ 彭信威：《中国货币史》，东方出版中心，2020，第226—229页。

④ 中日学界对东晋南朝货币行用与流通、货币政策等问题关注已久，代表性成果有：冈崎文夫《南朝の錢貨問題》，《南北朝における社会经济制度》，弘文堂书房，1935，第120—141页；陶希圣、武仙卿《南北朝经济史》，山西人民出版社，2014（商务印书馆，1936年初刊）；何兹全《东晋南朝的钱币使用与钱币问题》，《何兹全文集》第1卷，中华书局，2006，第161—203页；彭信威《中国货币史》；川胜义雄《六朝贵族制社会研究》，徐谷芃、李济沧译，上海古籍出版社，2007，第253—289页；越智重明《梁の武帝と货币流通》，《魏晋南朝の人と社会》，研文出版，1982，第349—405页。更为详细的学术史梳理，可参看柿沼阳平《南朝刘宋时代における铸钱とその背景》，工藤元男先生退休记念论集编集委员会编《中国古代の法·政·俗》，汲古书院，2019，第399—433页。

晋迁江南，疆境未廓，或土习其风，钱不普用，其数本少，为患尚轻。今王略开广，声教遐暨，金锱所布，爰逮荒服，昔所不及，悉已流行之矣。①

彭信威先生据此指出南渡以后经济和文化的重心转移到南方，钱币的流通大为推广。② 尽管彭先生对当时铜钱流通的规模有过高估计之嫌，③ 但沈演之言及刘宋初年铜钱流通地域的扩展则是确定无疑的事实。元嘉二十五年稍后，梁州刺史刘秀之在治下的汉川地域推行"以钱易绢"的举措。此前汉川地域"以绢为货"，刘秀之"限令用钱"后"百姓至今受其利"。④ "受其利"主要指百姓日常交易时更加方便。较之绢帛，铜钱在日常小面额交易中更具优势。⑤

民间广泛使用铜钱更有利于日常小规模的物品交易，这是南朝时期交换经济发展的重要表现，但也会导致沈演之所说"用弥旷而货愈狭"⑥ 的局面。中央官府掌握的铜钱数量出现萎缩，甚至出现了严重的"钱荒"。钱荒现象出现的原因主要有三。第一，政府财政开支中铜钱比例扩大。⑦ 第二，较之前代，南朝商业发展，城市繁荣，出现了非官方的草市，⑧ 民间日常交易更为频繁，货物交易数额扩大，对流通领域的货币需求量大

① 《宋书》卷六六《何尚之传》，中华书局，2018，第 1900 页。
② 彭信威：《中国货币史》，第 234 页。
③ 陈彦良：《币制兴衰四百年——魏晋南北朝的通货膨胀与紧缩》，格致出版社、上海人民出版社，2019，第 133—134、149 页。
④ 《宋书》卷八一《刘秀之传》，第 2276 页。
⑤ 关于铜钱在日常交易中的优势，可举以下两例。西晋泰始年间河西地域一度不用铜钱交易，导致"裂匹以为段数。缣布既坏，市易又难，徒坏女工，不任衣用，弊之甚也"。北魏任城王元澄也说"布帛不可尺寸而裂，五谷则有负檐之难，钱之为用，贯襁相属，不假斗斛之器，不劳秤尺之平，济世之宜，谓为深允"。《晋书》卷八六《张轨传》，中华书局，1974，第 2226 页；《魏书》卷一一〇《食货志》，中华书局，2017，第 3119 页。
⑥ 《宋书》卷六六《何尚之传》，第 1900 页。
⑦ 何兹全：《东晋南朝的钱币使用与钱币问题》，《读史集》，上海人民出版社，1982，第 166—175 页；陈明光：《六朝财政史》，中国财政经济出版社，1997，第 162—164 页。
⑧ 唐长孺：《魏晋南北朝隋唐史三论》，第 125—129 页。

幅增加。这造成更多的铜钱在民间日常交易中循环，而无法由官府掌握。第三，铜钱使用区域的扩展造成货币回笼更加困难。现代货币理论学者指出，面额越细小、物理空间扩散越广的货币，其回收的成本越高，回笼的难度就越大。铜钱属于小面额货币，而其流通范围的扩展自然会增加回笼难度。[1] 官府投放铜钱难以完全回笼，就会逐渐出现"钱荒"现象。

铜钱流通地域的扩展与钱荒现象对刘宋乃至南朝的货币政策产生了深远影响。由于宋齐时期存在较严重的铜荒，铜矿的开采趋于停滞，[2] 官府处理钱荒问题更加不易。在此背景下如何获得铜资源，使中央政府拥有较大的货币政策空间，是一个关键问题。面对国用不足的困境，早在刘宋初年就有人提出"和市民铜，造五铢钱"的方案。《宋书·范泰传》载：

> 时言事者多以钱货减少，国用不足，欲悉市民铜，更造五铢钱。泰又谏曰："流闻将禁私铜，以充官铜，民虽失器，终于获直，国用不足，其利实多。"[3]

此事应发生在永初三年，[4] 这表明早在刘宋初年即有人注意到"钱货减少，国用不足"的问题。将铜钱视为国家财政的重要资源之一，是南朝官员的一致性看法。时人提出"和市民铜"的方案，意在从百姓手中

---

① 黑田明伸：《货币制度的世界史——解读"非对称性"》，何平译，中国人民大学出版社，2007，第5—7、92页。

② 永初二年（421）正月，刘裕下令"禁丧事用铜钉"，其东西堂的涂钉也改铜为铁；元徽二年（474），萧道成辅政时同样下令"不得辄铸金铜为像"，后宫器物栏槛等装饰材料也改用铁。此外，刘宋孝建年间沈庆之称"今耕战不用，采铸废久，镕冶所资，多因成器，功艰利薄，绝吴、邓之资"，可知当时刘宋朝廷缺乏大规模开发铜矿铸钱的条件。

③ 《宋书》卷六〇《范泰传》，第1768页。

④ 《宋书·范泰传》系此事于范泰议建国学之后，景平初之前。据《宋书·武帝纪》，刘裕建国学在永初三年正月己丑，而当年五月武帝崩，因此此事只能在永初三年。《通典》卷八《钱币下》将此事系于元嘉二十四年议之后，不甚妥当。可参看彭信威《中国货币史》，第280页。

购买铜器，更铸新钱。此建议当时虽未实施，但却拉开了南朝国家官方铸币的序幕。由于存在较严重的钱荒现象，较之前代，刘宋时期的货币铸造与行用呈现以下几个重要特点。

第一，官钱铸造在名目与称重上均有减重。[①] 宋文帝元嘉七年（430）十月戊午"立钱署，铸四铢钱"，结束了西晋以后一百多年间国家不正式铸币的历史。[②] 根据现存实物，早期的刘宋四铢钱符合文献中"重如其文"的记载，[③] 则其称重应低于前代古钱如汉五铢。由于前代王朝所发行的铜钱在民间有大量遗存并用于流通，官方铸币减重即意味着铸造了定值更低的贬值铜钱。官府虽然可以强制让这些贬值铜钱按照一文通用，但民间会最大限度地对旧有铜钱加以升值，造成实际行用中铜钱的挑拣现象。这也意味着当时的流通领域中同时存在价值较高的旧有铜钱（古钱）与价值较低的新铸官钱。[④] 换言之，官府虽力图推行单一标准货币，但当时流通领域中实际并不存在单一标准货币，而是不同称重的货币并行。[⑤] 显然，古钱与官钱的称重差异会影响到其使用范围与购买力大小。

第二，当旧有的铜钱较官钱升值时，盗铸现象难以避免。刘宋时期的盗铸有两种情形。一种是百姓"多翦凿古钱以取铜"，即采取修整、磋磨等方式对古钱进行二次加工，使其与新钱的称重一致，这类铜钱较为薄小，稍违官式。另一种则是把从古钱中剪凿的多余铜料与铅、锡等廉价金属混杂起来，铸造实际价值较低的钱币。这类铜钱铜含量不足，并不牢固。[⑥] 这

①　彭信威：《中国货币史》，第 260—262 页。
②　《宋书》卷五《文帝纪》，第 85 页；可参看同书卷六《孝武帝纪》，第 124 页。
③　彭信威：《中国货币史》，第 260 页；朱安祥：《魏晋南北朝货币研究》，中华书局，2021，第 83 页。
④　黑田明伸：《货币制度的世界史——解读"非对称性"》，第 91、93—94 页。川胜义雄较早注意到宋齐时期"货币的二重构造"。他指出宋齐时期虽然官方只承认法货即所谓"古钱"，但实际上古钱与经剪凿、盗铸的种种恶货一并在社会上流通，参看氏著《六朝贵族制社会研究》，第 261、263 页。
⑤　杨联陞较早注意到货币行用的"多重单位"问题，并对中国古代存在"轻钱""重钱"问题有所讨论。他认为轻钱可指称重更轻或购买力小的钱，重钱可指称重更重或价值更高的钱，参看刘梦溪主编《中国现代学术经典·洪业　杨联陞卷》，第 601 页。
⑥　朱安祥：《魏晋南北朝货币研究》，第 285、310 页；《宋书》卷七五《颜竣传》，第 2145 页。

些盗铸铜钱在市场上流通之后会造成物价飙升、商货不行的局面。[1] 官府虽然重制严刑，以致"民吏官长坐死免者相系"，但也未能改变盗铸日益猖獗的情况。[2] 盗铸猖獗会极大影响国家铸币的信用，因此如何应对盗铸问题也成为当时货币政策争论的焦点。

第三，为了维持国家铸币的价值与信用，防止百姓剪凿古钱，元嘉二十四年江夏王刘义恭提出"制大钱当两"的举措，并得以施行。大钱应指旧有的大钱如汉五铢和吴蜀大钱等。学者指出，"制大钱当两"的"制"就是用法律来制定的意思。因此，将大钱与新铸官钱——元嘉四铢的比确定为 2：1，即承认了元嘉四铢的贬值。[3] 可以说，"大钱当两"政策承认了元嘉四铢相对于旧有大钱的弱势地位，这也是官钱铸造减重的必然结果。

上述三点不仅呈现出刘宋时期货币铸造与行用的基本面貌，也是刘宋朝廷制定货币政策的出发点。如何解决盗铸问题，如何维持国家铸币信用，是否允许民间行用剪凿过的铜钱，这些都是刘宋政权需要处理的难题，而不同身份的官僚也对此有不同见解。这些分歧之处不仅涉及个人所持货币理论的差异，也能从侧面窥见刘宋时期交换关系与交换经济的特点。

毋庸置疑，铜钱使用的区域越广，频率越高，则交换经济越发达，但国家铸币以及相应的货币政策会影响货币行用的特征，进而对交换关系产生影响。日本货币史学者黑田明伸曾提出"地域流动性"概念，指出当一个地域通货不足、流通不畅时，如果官钱不能从其他地方流入，则地域市场会在短时间内创造出自行应对的本地通货，并由此维持流通。黑田氏提出了货币流通的空间性问题，并以清代太原县晋祠镇为例，说明在县以下的集市集镇中也存在独立发行钱票的情形，以维持物资的交换流通。他将这类货币称为"本地通货"或"地域性货币"，与流通于王朝疆域内的

---

① 《宋书》卷七《前废帝纪》，第 157 页；卷七五《颜竣传》，第 2145 页。
② 《宋书》卷七五《颜竣传》，第 2145 页。
③ 彭信威：《中国货币史》，第 260 页。

"统一通货"相区别。① 黑田氏的研究表明：交换经济的地域范围、规模与市场层次相关，而在不同层次市场交易中所使用的通货是不同的。越是处于上位的市场，零细面额通货的需求越低，也越需要跨越不同地域间的结算通货。② 因此，如果国家货币政策与货币行用的特征导致官方通货并不能成为全国性通货，那么以铜钱为媒介的交换关系必定是区域性的，即物资的交换只能限于较小的区域范围，交换的品类也会十分有限。吴宗国先生从南朝"生产的地方性"的角度得出南朝交换经济水平较低的结论，本文将从剖析国家货币政策入手，揭示南朝交换关系与交换经济的特点。角度虽有差别，但核心关怀是一致的。以下以刘宋孝武帝时期的货币政策论争为切入点，③ 对此加以分析。

## 二　宋孝武帝时期的货币政策论争

孝建元年正月壬戌，宋孝武帝下令"更铸四铢钱"。与元嘉时期类似，这次铸币举措也带来了严重的盗铸问题。史称"孝建以来，又立钱署铸钱，百姓因此盗铸，钱转伪小，商货不行"。④《宋书·颜竣传》对此有更为详细的描述：

---

① 黑田明伸：《货币制度的世界史——解读"非对称性"》，第 49—51、138—144、57、87 页。杨联陞也曾指出，中国古代同一地域、同一时间，完全统一的货币是不存在的，参看刘梦溪主编《中国现代学术经典·洪业　杨联陞卷》，第 570—571 页，但杨氏所论仅限于个别性的交易特例，并不涉及"地域性货币"的产生机制问题。

② 黑田明伸：《货币制度的世界史——解读"非对称性"》，第 8—9、32 页。

③ 关于此次宋孝武帝时期货币政策的论争，以往学者给予了高度关注，可参看彭信威《中国货币史》，第 282—283 页；胡寄窗《中国经济思想史》中册，上海人民出版社，1963，第 340—342 页；陈彦良《币制兴衰四百年——魏晋南北朝的通货膨胀与紧缩》，第 129—133 页；朱安祥《魏晋南北朝货币研究》，第 316—321 页。

④《宋书》卷七《前废帝纪》，第 157 页。出土的"孝建四铢"实物称重最轻者仅有 0.4 克，可见其铸造不精且存在严重的盗铸现象。参看溧水县博物馆《江苏溧水县寺桥发现刘宋时期货币》，《中国钱币》1992 年第 3 期，第 46 页；朱安祥《魏晋南北朝货币研究》，第 287 页。

所铸钱形式薄小，轮郭不成。于是民间盗铸者云起，杂以铅锡，并不牢固。又剪凿古钱，以取其铜，钱转薄小，稍违官式。虽重制严刑，民吏官长坐死免者相系，而盗铸弥甚，百物踊贵，民人患苦之。①

如何解决盗铸问题，刘宋朝廷展开了讨论。与元嘉时期何尚之强调的"申明旧科，禽获即报"的纠察举措不同，此次始兴郡公沈庆之提出了"听民私铸"的方案。他说：

方今中兴开运，圣化惟新，虽复偃甲销戈，而仓库未实，公私所乏，唯钱而已。愚谓宜听民铸钱，郡县开置钱署，乐铸之家，皆居署内，平其准式，去其杂伪，官敛轮郭，藏之以为永宝。去春所禁新品，一时施用，今铸悉依此格。万税三千，严检盗铸，并禁剪凿。数年之间，公私丰赡，铜尽事息，奸伪自止。且禁铸则铜转成器，开铸则器化为财，翦华利用，于事为益。②

沈庆之的意见包括如下几点。（1）放开铸币管制。郡县置钱署，允许百姓在郡县钱署内按照官方标准铸钱，严禁盗铸、剪凿等行为。（2）百姓可将持有的铜器熔铸为铜钱，而官府收取30%的铸币税。（3）此前官府所禁"新品"虽然未达到官方标准，但仍可行用。沈庆之所说的"去春所禁新品"应指刘宋朝廷针对民间盗铸"孝建四铢"而出台的新规，即《宋书·颜竣传》所述"乃立品格，薄小无轮郭者，悉加禁断"。③

① 《宋书》卷七五《颜竣传》，第 2145 页。
② 《宋书》卷七五《颜竣传》，第 2145—2146 页。
③ 《宋书》卷七五《颜竣传》，第 2145 页；朱安祥：《魏晋南北朝货币研究》，第 288—289 页。关于"孝建四铢"在制度上的废止时间，学界有争议，越智重明、王怡辰等人认为应在孝建二年（455），但董国新、柿沼阳平等人根据洪遵《泉志》所引《旧谱》认为，孝建三年所禁仅为无轮廓的钱，最终废止应在明帝泰始三年（467），参看柿沼阳平《南朝刘宋时代における铸钱とその背景》，《中国古代の法·政·俗》，第 412—414 页。

对于沈庆之的方案，江夏王刘义恭和颜竣都提出了反对意见。刘义恭虽赞同"去春所禁新品，一时施用"的意见，但对沈庆之"听民铸钱"的理由逐条反驳。

> 愚谓百姓不乐与官相关，由来甚久，又多是人士，盖不愿入署。凡盗铸为利，利在伪杂，伪杂既禁，乐入必寡。云"敛取轮郭，藏为永宝"。愚谓上之所贵，下必从之，百姓闻官敛轮郭，轮郭之价百倍，大小对易，谁肯为之。强制使换，则状似逼夺……又云"今铸宜依此格，万税三千"。又云"严检盗铸，不得更造"。愚谓禁制之设，非惟一旦，昧利犯宪，群庶常情，不患制轻，患在冒犯。今入署必万输三千，私铸无十三之税，逐利犯禁，居然不断……又云"禁铸则铜转成器，开铸则器化为财"。然顷所患，患于形式不均，加以剪凿，又铅锡众杂耳，止于盗铸铜者，亦无须苦禁。[①]

刘义恭反对的理由如下。（1）沈庆之提出的铸钱新格要求"伪杂既禁"，则盗铸者丧失利润空间，必定不愿前往官署铸钱。（2）沈庆之认为"官敛轮郭"的铜钱具有储藏价值，可藏之以为"永宝"，但这类良币实际上无法回流到官府。孝建四铢"形式薄小，轮郭不成"，如果正常1∶1兑换，百姓不乐意。如果强制兑换，则属于"以小换大"，如同抢夺。（3）官府收取30%的铸币税过高，百姓必定会绕开官府私铸，"严检盗铸，不得更造"成为空谈。（4）允许百姓销铜器铸钱的方案并不能解决钱式不一以及古钱被剪凿、铜钱杂以铅锡的问题。

颜竣则从另一个角度反驳了沈庆之的意见。他说：

> 今云开署放铸，诚所欣同。但虑采山事绝，器用日耗，铜既转少，器亦弥贵。设器直一千，则铸之减半，为之无利，虽令不行。又

---

① 《宋书》卷七五《颜竣传》，第2146页。

云"去春所禁，一时施用"。是欲使天下丰财。若细物必行，而不从公铸，利已既深，情伪无极，私铸剪凿，尽不可禁，五铢半两之属，不盈一年，必至于尽。财货未赡，大钱已竭，数岁之间，悉为尘土，岂可令取弊之道，基于皇代。今百姓之货，虽为转少，而市井之民，未有嗟怨，此新禁初行，品式未一，须臾自止，不足以垂圣虑。唯府藏空匮，实为重忧。今纵行细钱，官无益赋之理，百姓虽赡，无解官乏。唯简费去华，设在节俭，求赡之道，莫此为贵。然钱有定限，而消失无方，剪铸虽息，终致穷尽者，亡应官开取铜之署，绝器用之涂，定其品式，日月渐铸，岁久之后，不为世益耳。[①]

颜竣的意见包括如下几点。（1）同意设官署，允许百姓铸钱。（2）认为将铜器熔铸为铜钱会抬高铜器价格，因而难以推广。（3）反对沈庆之提出的"所禁新品，一时施用"方案。"所禁新品"属于"细钱"，即被剪凿的五铢、半两等古钱或剪凿取铜后所铸之钱。如允许"所禁新品"流通，则会出现劣币驱逐良币的情况，使得五铢、半两等大钱退出流通领域。[②] 颜竣虽然承认"细钱"流通可以"使天下丰财"，但实际上并不能解决财政难题。

此外，颜竣还注意到铜钱减重会抬升物价。这一点体现在他反对时人提议铸造二铢钱的态度上，他说：

> 议者将为官藏空虚，宜更改铸，天下铜少，宜减钱式，以救交弊，赈国纾民。愚以为不然。今铸二铢，恣行新细，于官无解于乏，而民奸巧大兴，天下之货，将靡碎至尽。空立严禁，而利深难绝，不过一二年间，其弊不可复救。其甚不可一也。今镕铸获利，不见有顿得一二亿之理，纵复得此，必待弥年。岁暮税登，财币暂革，日用之

---

① 《宋书》卷七五《颜竣传》，第 2147 页。
② 彭信威：《中国货币史》，第 283 页。

费，不赡数月，虽权征助，何解乏邪，徒使奸民意骋，而贻厥愆谋，此又甚不可二也。民惩大钱之改，兼畏近日新禁，市井之间，必生喧扰，远利未闻，切患猥及，富商得志，贫民困窘。此又甚不可三也。若使交益深重，尚不可行，况又未见其利，而众弊如此，失算当时，取诮百代乎。①

颜竣对二铢钱的行用提出了"三不可"。（1）如果二铢钱行用，那么剪凿大钱、盗铸新钱的行为将无法禁止。（2）政府通过铸二铢钱获利需要较长的时间，并不能解决时下的财政困局。（3）频繁的货币政策改革会使民心浮动，造成"富商得志，贫民困窘"的局面。②

纵览孝建年间的这场争论，可以发现其中有两个核心问题。（1）是否允许百姓铸钱。沈庆之、颜竣赞成，刘义恭反对。（2）是否允许被剪凿的五铢等古钱及剪凿取铜后所铸"细钱"在市场上流通。沈庆之、刘义恭赞成，颜竣反对。

尽管不知道这场争论的最终结果，但随后的历史表明：在这两个关键问题上，沈庆之的提议都得到了落实。前废帝永光元年（465）二月"庚寅，铸二铢钱"，同年九月又"开百姓铸钱"。③ "听民私铸"与"行用细钱"的推行彻底破坏了国家货币的信用。"官钱每出，民间即模效之，而大小厚薄，皆不及也"，盗铸风起，钱货乱败，出现了耒子钱、鹅眼钱、綖环钱等，导致商货不行。明帝泰始元年（465）十二月"罢二铢钱"，但只是禁止了鹅眼钱、綖环钱，其余皆通行。到了泰始二年三月"壬子，断新钱，专用古钱"，同时"禁民铸，官署亦废工"。④ 这标志着刘宋王朝

---

① 《宋书》卷七五《颜竣传》，第 2147—2148 页。
② 柿沼阳平《南朝劉宋時代における鑄錢とその背景》一文亦曾详细分析沈庆之、刘义恭、颜竣三人的观点，见《中国古代の法・政・俗》，第 414—419 页。
③ 《宋书》卷七《前废帝纪》，第 157、159 页；卷七五《颜竣传》，第 2148 页。亦可参看柿沼阳平《南朝劉宋時代における鑄錢とその背景》，《中国古代の法・政・俗》，第 424 页。
④ 《南史》卷三《宋本纪下》，中华书局，1975，第 78 页。《宋书》卷八《明帝纪》，第 173 页；卷七五《颜竣传》，第 2148 页。

持续了近四十年的官方铸钱举措就此终止。

关于"听民私铸"与"行用细钱"的讨论不仅关涉刘宋时期的货币政策，也能反映出南朝国家社会经济结构的特点。这些问题与南朝时期交换经济的特点息息相关。以下详述之。

## 三 听民私铸：三吴地域豪族、商人阶层与皇权的较量

先来看"听民私铸"问题。面对孝建四铢的盗铸现象，沈庆之提出的"听民私铸"方案颇有特点。有学者认为这是坚持货币的"自由铸造"政策，但似有不妥之处。① 第一，不同于完全放任不管，沈庆之要求州县设钱署，在指定地点按照规定的准式铸钱。因此有学者认为沈庆之提议的私铸实际是变相的官铸。② 第二，沈庆之注意到"官敛轮郭"的铜钱具有储藏价值，且其铸钱并非为了将所铸货币投放到流通领域，而是"藏之以为永宝"。第三，沈庆之的提议允许百姓将所藏铜器销熔后铸为铜钱。第四，沈庆之要求向进入钱署铸钱的百姓征收高额的铸币税。据此四点推断，沈庆之口中的"民"乃是富有资财的商人乃至豪族，绝不是普通的编户齐民。③

沈庆之是吴兴武康人，这一点颇为值得注意。宋齐时期，吴兴郡等三吴地域内的折变与和市现象较为普遍，官民交易的市场活动也比较频繁。这个区域内的豪族、商人需要频繁地参与日常交易活动，对货币的需求量更大。史籍所见，刘宋官员子弟与百姓交易的案例主要发生在东扬州区域内。例如，顾觊之担任吴郡太守后，曾告诫三子顾绰："我常不许汝出责，定思贫薄亦不可

---

① 胡寄窗：《中国经济思想史》中册，第 340 页；彭信威：《中国货币史》，第 282 页。

② 陈明光：《关于东晋南朝铸币的二个问题》，《寸薪集：陈明光中国古代史论集》，厦门大学出版社，2017，第 125 页。

③ 对于沈庆之口中的"民"，刘义恭称为"百姓"，又说其中"多是人士"。《宋书》卷八八《薛安都传》载柳元景责薛安都语"卿从弟（薛道生——引者注）服章言论，与寒细不异，虽复人士，庾淑之亦何由得知？"（第 2436—2437 页），同书卷九四《恩倖传》称"鲁郡巢尚之，人士之末"（第 2529 页），则"人士"应指士人，绝非平民。

居。民间与汝交关有几许不尽，及我在郡，为汝督之。将来岂可得。凡诸券书
皆何在？"顾绰大喜，将一大橱文券交给顾觊之，顾觊之悉焚烧，并告诉远
近："负三郎责，皆不须还，凡券书悉烧之矣。"[①] 吴喜的家人也有类似情形，
"喜兄茹公等悉下取钱，盈村满里"。[②] 这个记载比较笼统，既说是"取
钱"，可能不是直接勒索，而是与顾绰类似有"券书"。这类交易中应该包
括铁器、绢帛等物资。吴喜是吴兴临安人，本传又称其"为兄弟子侄及其
同堂群从，乞东名县"，[③] 那么茹公取钱之事应该与顾绰事类似，也发生在
三吴地域内。

　　刘宋时期的三吴豪族如此热衷于聚敛财富，则沈庆之的提议就更加耐
人寻味了。沈庆之要求将"官敛轮郭"的铜钱贮藏起来，实际是想让此
类铜钱发挥五铢等古钱的功能，即作为基准钱。此类基准钱属于特有的资
产保有手段，而非用于日常买卖交易。[④] 大量古钱被剪凿后称重降低，以
较低的价值量用于民间日常交易，而轮廓完整的古钱数量日渐稀少，更为
宝贵。元嘉二十四年宋文帝即担忧古钱"翦凿日多，以至消尽"。[⑤] 颜竣
也说"私铸剪凿，尽不可禁，五铢半两之属，不盈一年，必至于尽"。[⑥]
南齐时萧子良更称"泉铸岁远，类多翦凿，江东大钱，十不一在"。[⑦] 此
时轮廓完整的大钱并非完全退出了流通领域，但其交易价格要远远高于日
常交易中的其他通货。萧子良说："公家所受，必须轮郭〔完全〕，遂买

① 《宋书》卷八一《顾觊之传》，第 2283 页。
② 《宋书》卷八三《吴喜传》，第 2325—2326 页。
③ 《宋书》卷八三《吴喜传》，第 2325 页。
④ "基准钱"的概念为黑田明伸提出，指作为资产来贮藏的钱币。与之相对的概念是"通用
　 钱"，指在日常买卖中用于交易的钱币。黑田氏以明清时期的漳州为例，揭示了在私铸钱
　 不断流入市场的情况下，当地百姓将宋钱作为资产保有手段的事实。参看氏著《货币制度
　 的世界史——解读"非对称性"》，第 113—116 页。柿沼阳平认为沈庆之所言"官敛轮
　 郭，藏之以为永宝"是指将轮廓完整的钱保存于国库，但从沈庆之下文"公私丰赡"一语
　 看，此类轮廓完整的钱也有一部分会为私人所贮藏，柿沼阳平说见《中国古代の法・政・
　 俗》，第 414 页。
⑤ 《宋书》卷六六《何尚之传》，第 1899 页。
⑥ 《宋书》卷七五《颜竣传》，第 2147 页。
⑦ 《南齐书》卷四〇《武十七王传》，中华书局，2017，第 774 页。

本一千，加子七百，犹求请无地，棰革相继。"① 在此背景下，轮廓完整的五铢等古钱具有较高的储藏价值，并随着剪凿之风日盛而成为更好的资产保有手段。沈庆之的提议允许销铜器铸钱，并用于贮藏，显然也是面向商人及豪族的政策。如刘义恭所说"轮郭之价百倍"，商人与豪族自然可以将这些新铸的轮廓完整的铜钱贮藏起来，以增加自身财富。

与此同时，刘宋时期拥有旧有大钱的人群主要应是三吴地域的商人与豪族，因此剪凿古钱的主要人群也并不是普通百姓，而应是三吴地域的商人与豪族。史籍所载刘宋时期历次的盗铸案都发生在三吴腹心的吴兴郡。例如，刘亮"世祖大明中，为武康令。时境内多盗铸钱，亮掩讨无不禽，所杀以千数"。大明四年（460），吴兴太守顾琛"坐郡民多翦钱及盗铸，免官"。孝武帝时期，蔡兴宗上疏称"又司徒前劾送武康令谢沈及郡县尉还职司十一人，坐仲良铸钱不禽"。② 孝建四铢"形式薄小，轮郭不成"，减重明显。减重虽然有利于多铸新钱，提高官府拥有的货币总量，解决东晋时期存在的"货重"问题，但也增加了拥有旧有大钱人群的财富，他们也可以通过剪凿古钱的方式攫取更多数额的铜。既然可以通过剪钱及盗铸攫取大量财富，吴兴豪族自然不会如刘宋朝廷那样希望通过"重制严刑"来纠察盗铸，而更乐于采用较宽容的态度。沈庆之所提出的"听民私铸"方案实际上也是希望将"盗铸"行为合法化。同时，沈庆之允许此前剪凿取铜后所铸"细钱"在市场上流通，维护了盗铸者的权益。

分析沈庆之"听民私铸"方案的动机与立场，可以发现他基本是为了维护商人与豪族的利益，而非试图为刘宋政权确立长效稳定的国家货币政策。因此，沈庆之"听民私铸"方案遭到刘义恭的逐条驳斥。刘义恭与沈庆之的论争反映的不仅是两人货币观的差异，更表明刘宋朝廷与吴兴

---

① 《南齐书》卷四〇《武十七王传》，第774页。"完全"二字，据《册府元龟》卷五〇〇补，参看本卷校勘记［二四］。

② 《宋书》卷四五《刘亮传》，第1496页；卷八一《顾琛传》，第2280页；卷五七《蔡兴宗传》，第1716页。柿沼阳平亦注意到刘亮、顾琛的案例，但未从盗铸发生区域的角度加以思考，参看《中国古代の法・政・俗》，第421页。

豪族在货币政策立场上存在天然的鸿沟。就货币政策而言，刘宋政权与商人、豪族群体的目标、方针存在较大差别，两者甚至存在一些利益冲突。前废帝永光元年"开百姓铸钱"也表明，刘宋政权在货币政策上最终向商人与豪族群体做了让步。

以往学者注意到南朝皇权较东晋时期有所复兴，[①] 但这种复兴显然是有限度的。从刘宋政权重新铸币、扩大铜钱流通的地域范围、将商人群体纳入国家财政物流体系等方面来看，南朝皇权在经济领域确实有所作为，而且南朝时期中央政府的财赋集权也较此前大为提升。[②] 但从货币政策的角度看，皇权最终仍不得不屈从于商人与豪族的利益诉求。刘宋政权的货币政策受到商人、豪族等阶层的掣肘，既是国家铸币与货币行用特性所带来的必然结果，也制约了交换经济的发展。

六朝时期的三吴地域相当特殊，南朝"权重一时"的恩幸群体便大部分出自三吴地域。这些恩幸基本上是寒人，有一些还是商人。有学者认为南朝寒人恩幸的入仕模式是商人—门生—出仕—恩幸，也就是先通过经营商业或土地成为富人，再成为门阀士族的门生，通过他们的推荐入仕，成为恩幸后"权夺人主"，再广纳贿赂，成为巨富。[③] 因此，对于三吴地域的商人、豪族乃至恩幸群体而言，经济利益是他们获取政治资本的基础，无法轻易放弃。当国家的货币政策乃至国家公权力在基层无法有效落实时，他们的经济利益可以更大化。近年来，学者对六朝时期三吴地域水利工程的兴建情形有所考察，指出在东汉、六朝时期的三吴地域内，水利事业在相当程度上被私家介入，基层公权力在相当程度上被侵犯和共享。例如，刘宋时期吴兴郡多水灾，州民姚峤主持修建水利工程。学者指出姚峤应出自武康姚氏，虽然称"民"，即不具备官方身份，但也绝非普通百

---

① 阎步克编著《波峰与波谷：秦汉魏晋南北朝的政治文明》，北京大学出版社，2017，第122—126页。

② 关于此问题，笔者将另文探讨，此不赘述。

③ 王铿：《六朝时期三吴地域非门阀士族人士的政治出路——商人、门生、恩幸之关系》，《中华文史论丛》2016年第2期。

姓。他以地方大族的身份参与水利事务，反映了该地域私家或民间势力对公共事务的介入。① 以姚峤的例子来审视沈庆之"听民私铸"中"民"的含义，更可确认其所指绝非普通百姓。

南朝时期国家公权力在三吴地域发挥的作用十分有限，导致三吴地域的经济活动呈现出一些自发性的特征。以货币行用为例，三吴地域一直流通着各类地域性通货。这些地域性通货并非官方铸币，但却常用于民间交易，官府屡禁不止。这里以萧梁时的情形为例加以说明。

梁武帝天监元年（502）铸官方通货"五铢钱""公式女钱"，但三吴地域仍然习用各类古钱交易。《通典·钱币》载：

> 武帝乃铸钱，肉好周郭，文曰"五铢"，重四铢三参二黍，其百文则重一斤二两。又别铸，除其肉郭，谓之公式女钱，径一寸，文曰"五铢"，重如新铸五铢，二品并行。百姓或私以古钱交易者，其五铢径一寸一分，重八铢，文曰"五铢"，三吴属县行之……稚钱五铢，径一分半，重四铢，文曰"五铢"，源出于五铢，但狭小，东境谓之稚钱。五朱钱，径七分半，重三铢半，文曰"五朱"，源出稚钱，但稍迁异，以铢为朱耳，三吴行之，差少于余钱……天子频下诏书，非新铸二种之钱，并不许用，而趋利之徒，私用转甚。②

《通典》谈及三吴百姓私用的古钱包括五铢、稚钱五铢、五朱钱。《通典》称五铢"重八铢"，杂糅了"直百五铢"与"传形五铢"两者的特征，有粗率及不准确之处。《通典》所称流通于三吴地域的"五铢"应是传形五铢。传形五铢分为两种，文字勒为"直百"者主要流通于三吴诸属县，而文字勒为"五铢"者亦流通于都城建康。《通典》称五铢"三吴属县行之"也较为笼统。传形五铢虽为刘备所铸的古钱，但在梁代这

---

① 王铿：《东汉、六朝时期三吴地域水利事业性质之考察》，《中华文史论丛》2014 年第 4 期。

② 杜佑：《通典》卷九《钱币下》，中华书局，1988，第 190—191 页。

种"蜀钱"却主要流通于三吴、京师等地域。①

据洪遵《泉志》所引梁顾烜《钱谱》，稚钱乃是射雉戏时所用，"三吴皆用之"。② 据此，稚钱主要用于官员日常游戏中，可能也用于六博等游戏中。《梁书·韦叡传》载：

> 初，邵阳之役，昌义之甚德叡，请曹景宗与叡会，因设钱二十万官赌之，景宗掷得雉，叡徐掷得卢，遽取一子反之，曰"异事"，遂作塞。③

邵阳之役发生在天监六年，而曹景宗于天监七年稍后赴任江州刺史途中去世，则此事应发生在天监六年至七年间。考昌义之、曹景宗、韦叡三人本传，天监七年曹景宗"迁侍中、中卫将军"，韦叡"迁左卫将军"，二人皆在建康，昌义之在天监六年"补朱衣直阁，除左骁骑将军，直阁如故"，④ 亦在建康，则此事必定发生在建康城内。顾烜《钱谱》称稚钱流通于三吴地域可以信从。至于五朱钱，因史料不足难以厘清其来龙去脉。

梁武帝虽下令"非新铸二种之钱，并不许用"，强制推行新铸五铢钱和公式女钱，但三吴地域百姓仍然更乐于使用各类古钱，其理由下节再做解释。此处只想言及的是，三吴地域民间交易大量使用古钱，使南朝时期各种官钱如"元嘉四铢""孝建四铢""梁五铢""公式女钱"等在三吴地域的流通十分受限。⑤ 事实上，从吴兴郡盗铸之风盛行也可以看出，三吴地域的市场中流通着大量盗铸货币。这也是沈庆之提出"所禁新品，

---

① 详参拙文《梁代"五铢女钱"辨——中华书局修订本〈隋书·食货志〉标点献疑一则》，《中国典籍与文化》2024 年第 1 期。

② 洪遵等：《泉志（外三种）》，任仁仁整理点校，上海书店出版社，2018，第 91 页。

③ 《梁书》卷一二《韦叡传》，中华书局，1973，第 225 页。

④ 《梁书》卷九《曹景宗传》、卷一二《韦叡传》、卷一八《昌义之传》，第 181、224、294 页。

⑤ 彭信威先生也称"梁初虽然铸了新钱，但流通却以旧钱为主"，参看氏著《中国货币史》，第 228 页。

一时施用"方案的原因。

综上考述，六朝时期的三吴地域内一直流通着各类地域性通货，国家所铸官方货币对该地域内民间日常交易的影响较小。导致这种现象的根本原因是：六朝时期三吴地域的商人、豪族群体对本地域内的社会经济事务介入较深，在制定国家货币政策时也拥有较大的影响力；出于自身利益的考量，他们会借助盗铸等形式攫取更多财富，也乐于在本地域内维持自身的主导地位，尽量减弱国家公权力的影响力。其结果是：国家所铸官方货币在与地域性通货的较量中处于弱势地位。而当某个区域内交换关系的发生媒介主要是地域性通货时，其交换经济必定会显示出某种区域性特征，即物资交换被限定在特定区域内。笔者在研究宋齐时期的和市现象时即注意到，官私交市并不只是百姓直接与官府交易，绝大多数情况是百姓先将物资卖给商人，再由商人与官府交易。[1] 这也会间接导致民间的交换关系受到豪族、商人等群体制约，被局限在特定的区域内。

## 四 行用细钱：减重货币的局限性与"大钱当两"政策的悖论

再来看"行用细钱"问题。贯穿刘宋乃至整个南朝货币行用的核心问题是：是否允许减重后的铜钱在日常交易中流通。正如黑田明伸所指出的，中国铜钱最大的特征在于致力于保持空间上的统一性与时间上的一贯性。铜钱的使用不仅有漫长的时间，形成了悠久的传统，而且一枚铜钱的称重标准并没有太大偏差。试图维持空间上的统一性与时间上的一贯性是王朝的诉求，[2] 因此任何想要实现中央政府财赋集权的王朝都必定会推广铜钱的使用，甚至由官方大规模铸造良币。官钱"良币"数量激增后可以有效驱逐私铸钱"劣币"，当其以较大规模向日常交易中注入时，便能有效抑制"土钱"这一类区域性通货的行用，进而为全国性的统一通货

---

① 拙文《宋齐时期的和市与折变制度新探》，待刊。

② 黑田明伸：《货币制度的世界史——解读"非对称性"》，第91、106页。

流通创造条件。[①]

从刘宋政权扩大铜钱流通的地域性、立钱署铸四铢钱等举措看，统治者确实有意将国家铸币作为全国性通货流通。然而，"铜荒"危机在客观上制约了此目标的实现。在名目、称重上减重的"元嘉四铢""孝建四铢"成了贬值货币，购买力下降，导致原有轮廓完整的汉五铢、吴蜀大钱等成为"良币"。虽然人们在日常交易中也会使用新铸的四铢官钱，但拥有大钱的商人与豪族群体必定有剪凿古钱来盗铸以增加自身财富的动机。因此，国家铸币的减重虽然可以多铸新钱，增加官府拥有的货币总量，但也会增加富商与豪族的财富，即颜竣所说"富商得志，贫民困窘"。

国家所铸官方货币减重带来的另一个问题是：减重货币在日常交易中被普遍接受。一般认为，货币具有两种重要的功能，即交换媒介与支付手段。马克斯·韦伯强调中国的货币并非源于一般性的交换，而是法定的支付手段。[②] 杨联陞则进一步指出，在中国古代，两者的发展程度不同。由于中国"有限商业"的社会特征，中国人对在商业交易中使用货币而同时在政府财政领域使用实物作为支付手段，并不感到不协调。[③] 这提示我们，作为交换媒介与支付手段的货币，具体行用时会有两套不同的原理。当百姓在日常交换领域使用铜钱时，此时铜钱履行交换媒介的功能，人们会更在意铜钱的称重，笔者将之称为"称重原理"。但当官府使用铜钱时，铜钱是在履行法定支付手段的功能，此时官府会更在意铜钱的"枚数"或"面额"，不考虑每枚铜钱的称重差异，笔者将之称为

---

[①] 中国历史上有三次铜钱的大规模铸造，分别是汉武帝时期、王安石变法前后以及18世纪后半叶的乾隆时期。这三个时期都是中央政府财赋高度集权的时期。关于官钱铸造与王朝统一币制之间的关系，可看黑田明伸《货币制度的世界史——解读"非对称性"》，第56—57、87、106—107页。

[②] 马克斯·韦伯：《世界经济常识》，郑太朴译，天地出版社，2021，第190—191页；黑田明伸：《货币制度的世界史——解读"非对称性"》，第55页。

[③] 杨联陞：《中国货币与信贷简史》，刘梦溪主编《中国现代学术经典·洪业　杨联陞卷》，第569、577页。

"枚数原理"。①

　　采用"枚数原理"意味着放弃了每枚铜钱称重标准的稳定性。由于汉五铢钱流通时间长，地域极为广泛，因此魏晋以后无论官方还是民间所认同的每枚铜钱的称重标准就是"五铢"。国家铸币如果采用"枚数原理"，其好处有如下两点。第一，国家在铸币时可采取更灵活的举措，如减少每枚铜钱的含铜量，铸造称重小于五铢的减重货币，如本文前引提议铸造"二铢钱"的人就以"天下铜少"为由"减钱式"。元嘉四铢"文曰四铢，重如其文"，孝建四铢"重四铢……背文曰四铢"② 也是类似情形。第二，国家也可以选择铸造钱文重量与实际称重完全不符的货币。此类铜钱又可分为两种情况。一种是面额与称重的背离，如孙吴时期铸"大泉五百""大泉当千"，其钱文曰"大泉五百"者重十二铢，其钱文曰"大泉当千"者重十六铢。③ 此类国家铸币在钱文上已标明了大面额，因此每枚铜钱的称重与其面额的比值基本没有关系。另一种是虽然在面额上仍是 1 文且"文曰五铢"，但实际称重小于五铢，如梁代五铢钱"文曰'五铢'，重四铢三参二黍"。④ 梁五铢的称重小于其钱文所标识的重量，当然也属于减重货币。

　　从上述分析可以看出，南朝国家官方铸币之时一直采用"枚数原

---

① 日本货币史学者柿沼阳平曾提出"钱文原理"与"个数原理"的概念。"钱文原理"指根据铜钱称重如"三铢""五铢""半两"来计算其价值量，而"个数原理"指根据铜钱的枚数来标识其价值量，如"一钱""两钱""三钱"等，并不考虑每枚铜钱的称重差异。参看柿沼阳平《中国古代货币经济史研究》，第 157—162 页。笔者所述"称重原理"与"钱文原理"的含义大体相同。这种区分金属货币"个数"与"重量"的技术原理来自亚当·斯密对货币起源的经典性研究，参看《国富论》，第 20 页。

② 参看洪遵《泉志》卷一《正用品上》"四铢钱""孝建钱"条所引《旧谱》，洪遵等：《泉志（外三种）》，第 45—46 页。

③ 洪遵等：《泉志（外三种）》，第 43—44 页。

④ 杜佑：《通典》卷九《钱币下》，第 190 页。《隋书·食货志》称梁代五铢钱、公式女钱"重如其文"，即五铢，与《通典》异。《通典》的史料来源是梁顾烜《钱谱》。《钱谱》成书早于《隋志》，可正《隋志》之误。《泉志》卷一《正用品上》"五铢钱"条："顾烜曰：天监元年铸，径一寸，文曰五铢，重四铢三参二黍，每百枚重一斤二两。"同书同卷"公式女钱"条："顾烜曰：天监元年，铸公式女钱，径一寸，文曰五铢，称两如新铸五铢，但边无轮廓，未行用。"亦可参看朱安祥《魏晋南北朝货币研究》，第 333 页。

理"，无论是"元嘉四铢""孝建四铢"还是"梁五铢"都概莫能外。此外，本文前面提到的"大钱当两"政策也应用了"枚数原理"，因为旧有的大钱虽不像"大泉五百""大泉当千"那样在钱文上明确写明500文、1000文的面额，但在货币行用时的实际面额也是2文。

然而，尽管官方铸币与不同货币间兑换比价都采用"枚数原理"，但民间日常交易却会使用"称重原理"。从称重原理的角度看，将五铢等古钱剪凿后所铸的"细钱"与官府所铸"元嘉四铢""孝建四铢"并无本质差别，都是减重货币。因此如果"元嘉四铢"可以用于日常交易，那么剪凿古钱后所铸的"细钱"当然也可以流通。当百姓日常交易普遍使用减重货币时，就意味着流通中的货币量（钱文总数）增加了，此时物价必定会有所抬升。关于这一点，时人也有较清晰的认识。

元嘉二十四年，刘宋政权就是否采用"大钱当两"政策展开讨论。尚书右仆射何尚之明确表示反对，他说：

> 伏览明命，欲改钱制，不劳采铸，其利自倍，实救弊之弘算，增货之良术。求之管浅，犹有未譬。夫泉贝之兴，以估货为本，事存交易，岂假数多。数少则币重，数多则物重，多少虽异，济用不殊。况复以一当两，徒崇虚价者邪。……若今制遂行，富人资货自倍，贫者弥增其困，惧非所以欲均之意。①

何尚之强调铜钱"以估货为本"的价值尺度功能，指出若铜钱数量急剧增长，则民间实际交易时物价必会陡增。他甚至将"以一当两"虚抬物价的行为视为"违众矫物"之举。

不过，中领军沈演之却提出了另一种思考。他说：

> 龟贝行于上古，泉刀兴自有周，皆所以阜财通利，实国富民者

---

① 《宋书》卷六六《何尚之传》，第1899页。

也……晋迁江南，疆境未廓，或土习其风，钱不普用，其数本少，为患尚轻。今王略开广，声教逾暨，金镪所布，爰逮荒服，昔所不及，悉已流行之矣。用弥旷而货愈狭，加复竞窃翦凿，销毁滋繁，刑禁虽重，奸避方密，遂使岁月增贵，贫室日虚，啙作肆力之氓，徒勤不足以赡。诚由货贵物贱，常调未革，弗思厘改，为弊转深，斯实亲教之良时，通变之嘉会。愚谓若以大钱当两，则国传难朽之宝，家赢一倍之利，不俟加宪，巧源自绝，施一令而众美兼，无兴造之费，莫盛于兹矣。①

沈演之支持"大钱当两"政策，理由是"国传难朽之宝，家赢一倍之利"。具体内涵是：第一，拥有"大钱"的富贵之家可以直接使自身财富翻倍；第二，刘宋时期铜钱的支用领域与流通地域较前代大幅扩展，导致官府掌握的铜钱数额急剧减少，即"用弥旷而货愈狭"，"大钱当两"可以增加政府掌握的钱文总数；第三，剪凿古钱的行为难以被有效遏制，造成了富者愈富、贫者愈贫的局面。其缘由是：大钱因多被剪凿而较为稀缺，导致其价值不断飙升，逐渐被贮藏起来不用于日常流通。而大钱又发挥着价值尺度的功能，这造成了"货贵物贱"的局面。东晋末年以后即出现"折租为绢"的现象，因此三吴地域的百姓必须卖出粮食换取铜钱并从市场上购买绢绵。② 一方面，"大钱当两"从法令上确定了大钱与官钱（元嘉四铢）的比价，因此人们会倾向于将大钱用于日常交易，这使得流通中的货币总量（钱文数）增多，可以遏制"货贵物贱"的局面。另一方面，"大钱当两"的规定也适用于赋税折变。百姓需要将所纳布折为钱时，便可以缴纳大钱，这会使得百姓缴纳的铜钱枚数减少一半，即所谓"家赢一倍之利"。

何尚之、沈演之两人的货币理论显然有别。学者指出，何尚之的观点

---

① 《宋书》卷六六《何尚之传》，第 1900 页。
② 拙文《宋齐时期的和市与折变制度新探》，待刊。

属于数量论，认为货币数量不影响其价值，通货数量多则物价会上涨，而沈演之的见解属于名目论，即无论钱币轻重如何，只要法律承认其以一当两，那么它的价值就会加倍。① 这种差别类似于前文提到的称重原理与枚数原理，数量论者赞同称重原理，名目论者认同枚数原理。支持数量论者与称重原理者必定会从日常交易、购买的角度理解货币，本文称之为"交易性货币"。认同名目论与枚数原理者必定赞同货币是国家制定的，本文称之为"规定性货币"。因此，两人的争论不仅涉及货币理论，也涉及元嘉四铢这类官钱行用时的性质问题。

事实证明，何尚之的观点是正确的。"大钱当两"政策推行后"公私不便"，不足一年即被废除。② 所谓"公私不便"，从公的角度看，"大钱当两"只增加了政府财政账目上的钱文总额，并不影响民间日常交易对货币购买力的认定。如所周知，和市与折变都不是自发性的官方与民间的交换行为，其价格一般由官府规定，此时货币具有规定性货币的特征。"大钱当两"用于赋税折变时虽可让官府回收更多的大钱，实现"国传难朽之宝"的目的，但在涉及和市等政府购买行为时并不会为政府带来额外收益。其目的仅在于让更多大钱进入和市与折变这类财政资源配置举措中。然而，大钱与元嘉四铢同时行用必定会造成官府记账繁复困难，增加行政成本。从私的角度看，"大钱当两"意味着政府的货币理论并不是始终坚持枚数原理，而且也屈从于称重原理，即承认作为官钱的元嘉四铢购买力小于大钱是因为其称重更低，进而造成市场交易时"徒崇虚价"的局面。此外，官府认同称重原理时必定会使更多的减重货币（如剪凿后的古钱）流入民间日常交易领域，造成富者愈富、贫者日贫的情况。

"大钱当两"政策的推行及失败反映出刘宋政权在是否"行用细钱"的问题上颇为矛盾。一方面，减重货币在日常交易中被普遍接受。铸币减重使官府所铸元嘉四铢与五铢等古钱剪凿后所铸的"细钱"在称重上无

---

① 彭信威：《中国货币史》，第 280—281 页。
② 杜佑：《通典》卷九《钱币下》，第 187 页；《宋书》卷五《文帝纪》，第 102 页。

明显差异，因此其用于民间日常交易时购买力基本相同。如果承认此事实推行"大钱当两"政策，则会有更多"细钱"用于民间日常交易，盗铸问题便愈演愈烈，无法彻底解决。另一方面，如果强行坚持名目论与枚数原理，将元嘉四铢与古钱的价值比确定为1∶1，那么拥有大量古钱的三吴豪族也会选择剪凿古钱以增加自身财富，盗铸问题同样无法解决。而且如前所述，"大钱当两"政策本意是想维持名目论与枚数原理，即把古钱、元嘉四铢等不同类型货币统合起来成为规定性货币，但实际上却屈从于数量论与称重原理，将元嘉四铢定位为民间市场流通中的交易性货币，造成了悖论。事实上，任何国家官方铸币都不可能只应用于国家财政领域，而不参与民间日常交易。因此，官方铸币减重必然会破坏其信用力，导致民间交易时轻视官钱，影响其成为全国性通货。

更重要的是，即使南朝国家能做到严厉打击盗铸行为，禁止"细钱"流通，由于元嘉四铢、孝建四铢、梁五铢、公式女钱等国家所铸官方货币都属于减重货币，民间交易时也会对其区别对待，出现"铜钱拣选"现象。此外，即使是官府也会轻视减重货币。永明二年（484），萧子良在上疏中称"东间钱多剪凿，鲜复完者，公家所受，必须员大，以两代一"。① 永明四年齐武帝下诏"折租布，二分取钱"，萧子良上启称："泉铸岁远，类多翦凿，江东大钱，十不一在。公家所受，必须轮郭〔完全〕。"② 最终结果是：即使南朝国家有意扩大官方铸币的流通地域与使用范围，也会由于其"劣币"属性而无法有效抑制"土钱"这类区域性通货的行用。关于南朝时期区域性通货的行用，本文前节已有说明。本节只想进一步强调，南朝国家所铸官方货币因其自身缺陷而难以成为全国性通货。

当国家所铸官方货币并不能成为全国性通货时，全国性的统一通货流通自然也无从谈起。以各类地方性通货为媒介的交换关系当然也不可能是全国性的，此时的交换经济只能呈现区域性面貌。

---

① 《南齐书》卷二六《王敬则传》，第538—539页。
② 《南齐书》卷四〇《武十七王传》，第774页。

## 余论：南朝交换经济的区域性特征

通过上文考论，可以得出如下两点认识。

第一，南朝的三吴地域内流通着大量地域性通货，如传形五铢、稚钱等。较之国家所铸官方货币，这类地域性通货在本地域内的用途更广，使用频率更高。

第二，南朝官方铸币如元嘉四铢、梁五铢等均属于减重货币。减重货币在民间日常交易乃至官府眼中会受到轻视，因而难以成为统一的全国性通货。

结合上述两点可以看到，南朝时期交换关系所依赖的媒介本质上仍是地域性通货。《隋书·食货志》称梁代初年仅京师及三吴、荆、郢、江、湘、梁、益用钱，其余州郡则杂以谷帛交易。至于岭南地区，则"全以金银为货"。① 梁天监十年全国共有二十三州，岭南地区似不在其中。② 六朝时期的岭南地区在国家政治经济格局中具有特殊性，③ 此处不论。除岭南地区外，其余州郡也并非都使用南朝国家的官方铸币，而只有在经济相对发达的地区才常使用铜钱。而且，即使在这些使用铜钱的州县中，其民间日常交易所用铜钱规模究竟如何，仍有待于考察。从整体上看，这些州郡使用铜钱很大程度上与当时官府的和市活动有关。《通典·轻重》载南齐永明六年（488）出库钱和市物资的州为京师、扬州、南徐州、南荆河州、江州、荆州、郢州、湘州、司州、西荆河州、南兖州、雍州。④

① 《隋书》卷二四《食货志》，中华书局，1974，第 689 页。
② 《隋书》卷二九《地理志上》，第 807 页。
③ 参看拙文《唐前期轻税州与岭南税米》，《中国边疆史地研究》2024 年第 3 期。
④ 杜佑：《通典》卷一二《轻重》，第 288 页，可看《南齐书》卷三《武帝纪》载永明五年九月丙午诏，第 54 页。《南齐书》《通典》系年虽不相同，但两者显系一事。《通典》所载涉及各州出钱的具体数额，溢出《南齐书》所载，杜佑必别有所据。永明年间的这次和市涉及地域极广，可能是五年下诏，六年才提出具体方案，参看曾贻芬校笺《通典食货典校笺》，巴蜀书社，2013，第 325 页。

对比齐武帝要求出钱和市的各州与《隋书·食货志》所载梁初用钱的各州，可以发现其中多数州是重合的，如扬州、荆州、郢州、江州、湘州。因此，在《隋志》所载梁初用钱的各州境内，民间日常交易固然用钱，但官府的和市活动也使百姓不得不介入"官私交市"活动中被迫使用铜钱。从这个角度看，这些"用钱之州"的百姓使用铜钱也未必完全是市场性的自发行为，而很可能是被卷入了国家财政物流体系中的被动行为。在官府和市活动无法波及的州郡，铜钱的使用似乎就并不必要。

综上所述，南朝国家的官方铸币不仅不是全国性通货，而且从其行用特点看，相当程度上也是出于和市的需要，因此笔者更倾向于将南朝国家的官方铸币举措视为特定的财政工具。南朝国家的官方铸币既然并不在民间日常交易中居于主导地位，则其对民间的交换关系与交换经济的影响就极为微弱了。考虑到南朝时期交换关系所依赖的媒介主要仍是地域性通货，那么南朝交换经济的区域性特征就必然较为显著了。

# 北魏洛阳宫的"中华门"

## 陈苏镇

魏晋洛阳宫中以太极殿为核心的区域称为"殿中",有殿墙环绕,由"殿门"出入。"殿门"共三座,南门是"端门",东门是"云龙门",西门是"神虎门"。太极殿前有一个庭院,其南、东、西三面也有围墙,并各有一门。《晋书·礼志下》载西晋元旦朝会之仪曰:"群臣……从云龙、东中华门入。"① 元旦朝会在太极殿举行,群臣须经"东中华门"进入殿前庭院,而该门位于云龙门内。既有"东中华门",当然应有"西中华门",但现存魏晋史料中不见记载。《隋书·音乐志上》载萧梁朝会用乐之制曰:"皇太子发西中华门,奏《胤雅》。"② 东晋南朝的建康宫多沿用魏晋洛阳宫之制。据此推测,魏晋洛阳宫也有西中华门,位于神虎门内。《南齐书·刘悛传》:"苍梧废,太祖集议中华门。"③ 此"中华门"不冠"东""西",有可能指太极殿前正南之门,位于端门内。④ 魏晋洛阳宫应当也是如此(见图1)。

晋怀帝永嘉五年(311)六月,刘汉大将刘曜、王弥攻陷洛阳。二人率众进入宫城,"至太极殿前,纵兵大掠",但未破坏宫内建筑。王弥还对刘曜说:"洛阳天下之中,山河四险之固,城池宫室无假营造,可徙平

---

① 《晋书》卷二一《礼志下》,中华书局,1974,第649页。

② 《隋书》卷一三《音乐志上》,中华书局,1973,第302页。

③ 《南齐书》卷三七《刘悛传》,中华书局,1972,第650页。

④ 参阅拙文《魏晋洛阳宫的形制与格局》,《考古学报》2021年第3期。

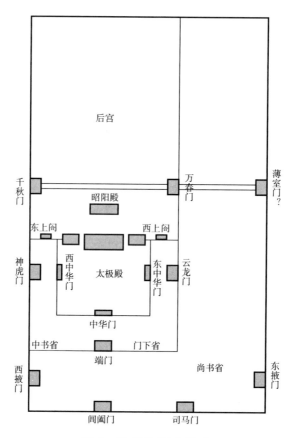

**图 1　魏晋洛阳宫示意**

资料来源：笔者绘，参拙著《从未央宫到洛
阳宫——两汉魏晋宫禁制度考论》，生活·读
书·新知三联书店，2022，第 201 页。

阳都之。"建议将刘汉首都从平阳迁到洛阳来。但"曜不从，焚烧而
去"。① 关于这把大火，《晋书·怀帝纪》说："曜等遂焚烧宫庙。"② 同书
《王弥传》说："焚烧宫庙，城府荡尽。"③ 所谓"宫庙""城府"语义模
糊，似指皇家及官府建筑。洛阳宫是否遭到破坏，破坏程度如何，不得
而知。

① 《晋书》卷一〇〇《王弥传》，第 2611 页。
② 《晋书》卷五《怀帝纪》，第 123 页。
③ 《晋书》卷一〇〇《王弥传》，第 2611 页。

自西晋亡后，洛阳先后被刘汉、石赵、冉魏、前燕、前秦、后秦、北魏占据，其间还曾三次被东晋收复。① 洛阳号称"天下之中"，战略地位十分重要，故占据者都会将其当作重要军事据点，不会故意破坏其建筑。石勒建都于襄国，因洛阳是"汉晋旧京"，有"移都之意"，遂以之为"南都"。② 后石虎定都于邺，放弃了迁都洛阳的打算，但曾征发四十万民工"营长安、洛阳二宫"，第二年因苻洪谏阻而停止。③《晋书·石季龙载记》载此事曰："发雍、洛、秦、并州十六万人城长安未央宫"；"又发诸州二十六万人修洛阳宫"。④《太平御览》引《十六国春秋·后赵录》则曰："发雍、梁十六万人城长安未央宫，又发司、豫、荆、兖二十六万人城洛阳宫。"⑤ 洛阳工程用人更多，因而规模可能更大。苻洪谏阻石虎时称："今襄国、邺宫足康帝宇，长安、洛阳何为者哉？"⑥《资治通鉴》载苻洪语作："陛下既有襄国、邺宫，又修长安、洛阳宫殿，将以何用？"⑦综合这些记载，石虎修复未央宫和洛阳宫，除城墙外，当也包括宫中建筑，但半途而废。

一百四十多年后，北魏孝文帝决定自平城迁都洛阳，遂于太和十七年（493）八月，以"南伐"为名，率"步骑百余万"至洛阳，并亲自"周巡故宫基趾"。十月，"诏征司空穆亮与尚书李冲、将作大匠董爵经始洛京"，开始重建洛阳宫。太和十九年九月，"六宫及文武尽迁洛阳"。⑧ 北魏的洛阳宫基本上是在魏晋基址上重建的，主要建筑的规模、位置、名称等都和魏晋洛阳宫相同，因而应该也有三座中华门，但现存北魏史料中不见相关记载。太和十六年，孝文帝按魏晋制度对平城宫进行过一次改造。

① 参阅赵永磊《晋宋时期的洛阳城与魏晋太极殿所在基址辨析》，《考古》2021 年第 10 期。
② 《晋书》卷一〇五《石勒载记下》，第 2749 页。
③ 《晋书》卷一〇五《石勒载记下》，第 2764、2772 页。
④ 《晋书》卷一〇六《石季龙载记》，第 2777 页。
⑤ 李昉等编《太平御览》卷一二〇，中华书局，1960，第 580 页下栏。
⑥ 《晋书》卷一〇六《石季龙载记》，第 2778 页。
⑦ 《资治通鉴》卷九七，中华书局，1956，第 3071 页。
⑧ 《魏书》卷七下《高祖纪下》，中华书局，1974，第 172、178 页。

《魏书·高祖纪下》载其事曰：二月庚寅，"坏太华殿，经始太极"。① 据同书《蒋少游传》，孝文帝此前曾"遣少游乘传诣洛，量准魏晋基趾"。② 《水经注·瀍水》提供的信息更为丰富："太和十六年，破太华、安昌诸殿，造太极殿、东西堂及朝堂，夹建象魏、乾元、中阳、端门，东西二掖门、云龙、神虎、中华诸门，皆饰以观阁。"③ 据此，平城宫改造后和魏晋洛阳宫一样，有太极前殿和东堂、西堂，殿前有端门、云龙门和神虎门。"中华"门应当也有三座，位于上述三门之内。平城宫既新建了中华门，洛阳宫原有的中华门肯定也会重建。

近年来，考古学家对北魏洛阳宫城遗址进行了一系列勘探发掘，揭示出洛阳宫的大致面貌。其中，太极殿与阊阖门之间有"二号建筑遗址"和"三号建筑遗址"（见图2）。发掘者认为二号遗址是止车门，三号遗址是

**图2 二号、三号遗址位置**

资料来源：中国社会科学院考古研究所、日本独立行政法人国立文化财机构奈良文化财研究所联合考古队《河南洛阳市汉魏故城发现北魏宫城三号建筑遗址》，《考古》2010年第6期。

---

① 《魏书》卷七下《高祖纪下》，第169、171页。
② 《魏书》卷九一《蒋少游传》，第1971页。
③ 郦道元注，杨守敬、熊会贞疏《水经注疏》卷一三，江苏古籍出版社，1989，第1142—1143页。

端门（见图3）。笔者则认为二号遗址是端门，三号遗址是中华门。[①] 太极殿前东西两侧有云龙门和神虎门，但未发现二门之内的东中华门和西中华门。在应有东、西中华门的位置上，有北周留下的两道南北向的夯土遗迹，[②] 因而这两座门很可能是在北周时被拆除了。

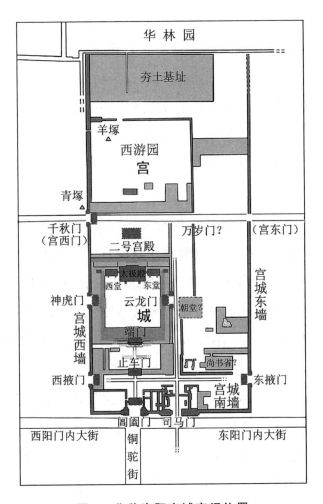

**图 3　北魏洛阳宫城宫门位置**

资料来源：钱国祥《汉魏洛阳城城门与宫院门的
考察研究》，《华夏考古》2018 年第 6 期，第 11 页。

① 参拙文《魏晋洛阳宫的形制与格局》，《考古学报》2021 年第 3 期。
② 参阅钱国祥《北魏洛阳宫城的空间格局复原研究——北魏洛阳城遗址复原研究之三》，《华夏考古》2020 年第 5 期，第 91 页。

北魏亡后，东魏初都洛阳，后迁都邺城。当时，高隆之"领营构大将，以十万夫彻洛阳宫殿，运于邺"，[①] 将洛阳宫的门窗砖瓦等建筑材料拆下，运至邺城，用于营建邺宫，这对洛阳宫的建筑来说是一次严重破坏。北周收复洛阳后，曾欲"修缮宫室"，派权景宣"率徒三千，先出采运"，准备建筑材料，但因"东魏兵至"而停止。[②] 北周灭北齐后，以洛阳为东京。大成元年（579）二月，周宣帝"行幸洛阳"，见"城阙为墟"，但"基址尚存"，认为"今若因修，为功易立"，遂下令"发山东诸州兵，增一月功为四十五日役，起洛阳宫"。这项工程"常役四万人"，[③] 规模不小，但次年五月宣帝崩，静帝即位，立即"停洛阳宫作"，[④] 故未能完成。拆除东、西中华门后留下的两道夯土遗迹，就是这烂尾工程的一部分。

北周拆除这两座门的目的可能有二，一是重建，二是取消。笔者认为，后者可能性较大。因为周宣帝重建洛阳宫，所依据的很可能不是魏晋之制，而是北周之制。众所周知，西魏北周依托《周礼》改革中央政治制度。宫禁制度也不例外。《周礼·天官·宫人》说天子有"六寝"。郑玄注："六寝者，路寝一，小寝五……路寝以治事，小寝以时燕息焉。"[⑤] 同书《阍人》："掌守王宫之中门之禁。"郑玄注"王有五门"，[⑥] 由外而内依次为皋门、库门、雉门、应门、路门，路门之内就是路寝。西魏北周都于长安，沿用前赵、前秦、后秦等十六国政权所建位于长安城东北部的宫城，[⑦] 但依《周礼》，将前殿称作"路（露）寝"，路寝前的门称作"路（露）门"，路门外的门称作"应门"。《周书》多有其例，如卷三

①　《北史》卷五四《高隆之传》，中华书局，1974，第 1945 页。

②　《周书》卷二八《权景宣传》，中华书局，1971，第 477 页。

③　《周书》卷七《宣帝纪》，第 117、118 页。

④　《周书》卷八《静帝纪》，第 131 页。

⑤　《十三经注疏》，台北：艺文印书馆，2001，第 3 册，第 91 页下栏。

⑥　《十三经注疏》，第 3 册，第 114 页下栏。

⑦　中国社会科学院考古研究所汉长安城工作队：《西安市十六国至北朝时期长安城宫城遗址的钻探与试掘》，《考古》2008 年第 9 期。

《孝闵帝纪》：元年（557）正月，"即天王位，柴燎告天，朝百官于路门"。卷五《武帝纪上》：武成二年（560）十二月，"改作露门、应门"。保定三年（563）八月，"改作露寝"。天和元年（566）正月，"露寝成，幸之"。卷七《宣帝纪》：大成元年正月，"受朝于露门"。大象元年（579）十二月，"帝御路寝，见百官"。①

　　北周既行此制，宣帝改造洛阳宫时，自然会以太极殿为路寝，中华门为路门，端门为应门。而据《周礼》及郑玄等礼学家的说法，路门只有一座，无东、西路门之说。东中华门和西中华门及其所在的两道墙，很可能因此而被拆除。中华门两侧的墙则向外延伸，与云龙门、神虎门所在的东、西殿墙相接，从而形成勘探发掘所揭示的样子。

　　　　　　　　　　　　　谨以此文纪念吴宗国先生！

---

① 《周书》，第46、63、69、72、117、121页。

# 中古佛教功德碑的政绩书写功能

何亦凡

## 引　言

　　唐代是中国古代佛教功德碑历史上承上启下的时代。从南北朝时期佛教造像中较为简短的题记，到晚唐宋初鸿篇巨制的碑文，唐代的佛教功德碑有着不同凡响的发展历程。自南北朝至隋唐，王朝国家对立碑行为有所限制，唐代有明确的"碑碣之制"，墓碑形制与碑主身份密切相关，为生人立碑尤其是德政碑更是有着较为严格的审查流程。而佛教功德碑被允许自发刻立，功德主得以通过立碑的方式进行公开政治表达。于是，佛教功德碑为立碑权利受限的个体提供了另一种选择，故而佛教功德碑逐渐被附加了政治功能，尤其逐渐增加了功德主个人的政绩，逐渐具有政绩宣传功能。寡见所及，学界对此尚未深论。以往对德政碑的研究仅就德政碑而论，而中国古代的碑刻、建筑、景观等时常具有"德政碑性"。小文仅以佛教功德碑为例，述论如下，祈教方家。

## 一　功德碑的渊源

　　《中阿含经》有云："有信族姓男、族姓女，施比丘众房舍、堂阁。

周那！是谓第一世间之福，得大福祐，得大果报，得大名誉，得大功德。"①《增壹阿含经》云，"未曾起僧伽蓝处，于中兴立者"，建寺是七种功德之一。② 东晋的译经中已有关于"功德"的具象描述，这势必会影响到当时人对佛教功德的认识。隋代慧远撰写的《大乘义章》进一步阐释了"功德"的概念："功德者，功谓功能，善有资润福利之功，故名为功。此功是其善行家德名为功德。"③ 由是可知，佛教中的"功德"包含甚广，建寺、建殿、造像、建塔、绘画、凿窟、修窟、造龛、造佛衣、刻经抄经等有利于佛教发扬的行为都属于功德，而为其纪念、祈福所立之碑被称为功德碑。《历代三宝纪》收录隋文帝开皇元年（581）七月诏书云："昔夏因治水尚且铭山，周曰巡游有因勒石。帝王纪事由来尚矣，其襄阳隋郡江陵晋阳，并宜立寺一所建碑颂德。"④ 所以，佛教功德碑本质上是因事而立的纪事碑。

虽然"功德"的概念在较早的译经和义疏中已经出现，但"功德碑"之名并未同时产生。"功德碑"之名见于《梁书·诸夷传》，大同十一年（545），"寺僧又请高祖（梁武帝）于寺发《般若经》题，尔夕二塔俱放光明，敕镇东将军邵陵王纶制寺《大功德碑》文"，这是明确碑题"功德"的最早记录。⑤ 此前寺碑并不称功德碑，实例如下。

北凉承平三年（445），沮渠安周在高昌建寺立碑，原碑已毁。荣新江先生对此有详细研究，认为此碑的原名应当是"凉王大且渠安周造祠碑"，"祠"即寺院，并提示说北朝前期诸石刻，尚未见有称"功德碑"者。⑥ 详审碑文，未存大量称颂沮渠安周政治功绩的文字。

半个世纪之后，南齐建武年间有著名的《头陀寺碑》，碑石早佚，而王简棲所撰的碑文被收入《文选》，当作范文，得以流传。虽与远在西域

① 瞿昙僧伽提婆译《中阿含经》卷二，《大正藏》第 1 册，第 428 页上栏 2 行至 5 行。
② 瞿昙僧伽提婆译《增壹阿含经》卷三五，《大正藏》第 2 册，第 741 页下栏 2 行至 19 行。
③ 慧远：《大乘义章》卷九，《大正藏》第 44 册，第 649 页下栏 9 行至 10 行。
④ 费长房：《历代三宝纪》卷一二，《大正藏》第 49 册，第 107 页下栏 9 行至 12 行。
⑤ 《梁书》卷五四《诸夷传》，中华书局，2020，第 876 页。
⑥ 荣新江：《〈且渠安周碑〉与高昌大凉政权》，《燕京学报》1998 年新 5 期。

的沮渠安周造祠碑相隔甚远，但二者的行文有极为相似之处，且碑题均不称"功德"，文中对建寺者郢州刺史江夏王附加了"政肃刑清"的政治评价，值得注意。①

北魏的几方寺碑亦不称"功德碑"。《山公寺碑》，2004年被发现于甘肃省宁县，建于北魏正始元年（504），已残断，存上部，额题"大代持节豳州刺史山公寺碑颂"，不称"功德碑"。此碑是豳州刺史山累为北魏孝文帝祈福所建，碑文盛赞北魏孝文帝，以此表达对皇帝的感念之情，未谈及豳州刺史山累有何具体的政绩。② 同时期的北魏永平二年（509）《嵩显寺碑》，存甘肃省泾川县文庙，额题"敕赐嵩显禅寺碑记"，亦不称"功德碑"。据考，立碑者为高允之孙高绰，时任泾州刺史。文中有赞颂皇帝之辞，"仰惟皇帝陛下纂统重光，绍隆紫曜。德洽三才，道均五纬"，亦加入赞颂功德主政治功绩的内容，"内秉望舒之赞，外整河衡之翼。入参谋议，出□□□（后缺）"。③ 望舒，月御也，言天子之车按辔徐行，"河衡"即指伊尹，意在称颂泾州刺史高绰为辅弼之臣，有遗爱之誉。此时的寺碑显示出了颂扬地方长官的附加功能。北魏永平三年（510）的《南石窟寺之碑》，清光绪年间叶昌炽于甘肃省泾川县王家沟村访得，现藏泾川县王母宫文管所。额题"南石窟寺之碑"，碑名亦不称"功德碑"。与《山公寺碑》和《嵩显寺碑》相似，此碑也是地方长官为皇帝祈福之用，功德主是泾州刺史奚康生，文中有赞颂皇帝之辞。《魏书》载奚康生

---

① 萧统编，李善注《文选》，上海古籍出版社，2019，第2581—2597页。

② 关于此碑的发现，参见吴荭、张陇宁、尚海啸《新发现的北魏〈大代持节豳州刺史山公寺碑〉》，《文物》2007年第7期。此碑的释录与研究参见侯旭东《〈大代持节豳州刺史山公寺碑〉所见史事考》，西安碑林博物馆编《纪念西安碑林九百二十周年华诞国际学术研讨会论文集》，文物出版社，2008，第262—278页；侯旭东《北魏境内胡族政策初探——从〈大代持节豳州刺史山公寺碑〉说起》，《中国社会科学》2008年第5期；高然、苑黎《"大代持节豳州刺史山公寺碑"考释》，《考古与文物》2010年第3期。

③ 相关研究参见秦明智《北魏泾州二碑考》，《西北史地》1984年第3期，收入李红雄、宋文玉主编《北石窟寺》，甘肃文化出版社，1999，第155—168页。碑文释录参见毛远明校注《汉魏六朝碑刻校注》，线装书局，2008，第4册，第125页。拓片参见北京图书馆金石组编《北京图书馆藏中国历代石刻拓本汇编》，中州古籍出版社，1990，第3册，第124页。

"颇有声绩"，但碑文对其政绩并未表述。①

　　高昌作为西域佛教重镇，在高昌国时期多有造寺之碑，亦不称"功德碑"。近年，明代胡广撰写的跋文《记高昌碑》被披露，其一为《重光寺铭》，碑已不存，不知原貌，故胡广的跋文显得尤为重要，文曰："《重光寺铭》，大魏员外散骑常侍、冠军将军、广平司空仲豫，为镇西将军交河曲子煋作。谓子煋为'昭武王第五子，今上之亲弟'。后有'章和二年出临交河郡'之语。"② 由是可知，碑名当为"重光寺铭"，不称"功德碑"。文中人物活动时间大约在北魏永熙年间，故立碑时间大约在533年。值得注意的是，碑文的撰写者是北魏使臣司空仲豫，其所作碑文代表的应当是北魏寺碑的撰写程式。前文已论多方北魏寺碑，此碑虽立于高昌，但应是北魏模式。还有高昌延昌十五年（575）《麹斌造寺碑》，原碑不存，经黄文弼先生和池田温先生的释录与研究，可知原碑名为"高昌绾曹郎中麹斌造寺碑"［背面为高昌建昌元年（555）所刻《高昌新兴令麹斌芝造寺施入记》］，亦不称"功德碑"。③ 碑顶部有八个供养人立像，故碑文云"故镌□□□，□既往之形；丹青布彩，表如在之像"，邈影真形，以留纪念。供养人像乃麹氏祖先，碑文逐一赞颂家族成员，这样的书写方式亦见于后世的敦煌功德碑。值得注意的是，碑文颂扬了麹斌担任横截、新兴二县县令时的政绩：

---

① 碑石出土相关情况介绍，参见张宝玺《甘肃泾川南石窟调查报告》，《考古》1983年第10期。碑文释录参见毛远明校注《汉魏六朝碑刻校注》第4册，第141—144页。《魏书》卷七三《奚康生传》载："出为平西将军、华州刺史，颇有声绩。转泾州刺史，仍本将军。"（中华书局，2017，第1767页）"康生久为将，及临州尹，多所杀戮。而乃信向佛道，数舍其居宅以立寺塔。凡历四州，皆有建置。"（第1769页）

② 胡广跋文及相关研究参见李淑、孟宪实《麹氏高昌国史新探——以明人胡广〈记高昌碑〉为中心》，《文史》2017年第2辑，中华书局，2017。

③ 黄文弼：《宁朔将军麹斌造寺碑校记》，收入氏著《西域史地考古论集》，商务印书馆，2017，第369—373页。池田温《高昌三碑略考》，收入《三上次男博士喜寿記念論文集·歴史編》，平凡社，1985，第102—120页，此文中译本参见池田温《高昌三碑略考》，谢重光译，《敦煌学辑刊》1988年第C1期，第146—161页。

年十九，擢拜威远将军横截令。德如风被，化若神行。
□（棰）挞勿加，政平讼息。□□□（之）□，固不足称。吴隐之
教，岂成能拟。寻转折冲将军新兴令。劝课芸□，利兴三农，桑麻
条畅，仓□（廪）□□（实）。道之以德，齐之以礼，民知荣辱，
义让兴焉。[①]

这样的政绩描述在此前的寺碑中鲜有见到。由此可知，此碑不仅为佛教造
寺纪念，同时也附加了政绩宣传之功能。《高昌主客长史阴尚宿造寺碑》
也是一方高昌国时期的寺碑，于高昌国末期即 7 世纪初叶刻立。碑石不
存，池田温先生据内藤虎次郎所刊照片释录，碑题"高昌主客长史阴尚
□（宿）造寺碑"，碑文颂扬阴尚宿及其家族，亦不称"功德碑"。[②] 需
要特别说明的是，唐北庭龙兴寺碑曾被认为是造寺功德碑，但据刘子凡先
生新近研究，此碑当为僧碑，故不在本文讨论之限。[③]

　　综上所论，功德碑的起源和发展与早期寺碑有很大关系。早期寺碑不
称"功德碑"。从碑文内容来看，有些寺碑虽加入了对功德主政治功绩和
家族成员的颂扬，但文字尚不多。

## 二　唐代的功德碑

　　敦煌著名的建窟功德记《圣历碑》刻立于武周圣历元年（698），篆
额"大周李君□佛龛之碑"，可知武周时期尚不称"功德碑"。至唐神
龙、景云年间以后方才多见题额"功德"之碑刻。唐中宗景龙元年
（707）刻立《大唐勿部将军功德记》，现存山西省太原市晋祠博物馆。

---

① 参见黄文弼《宁朔将军麴斌造寺碑校记》，氏著《西域史地考古论集》，第 372 页；池田
温《高昌三碑略考》，《敦煌学辑刊》1988 年第 C1 期，第 153 页。
② 池田温：《高昌三碑略考》，《敦煌学辑刊》1988 年第 C1 期，第 156—157 页。
③ 参彭杰《唐代北庭龙兴寺营建相关问题新探——以旅顺博物馆藏北庭古城出土残碑为中
心》，《西域研究》2014 年第 4 期。并参刘子凡《唐北庭龙兴寺碑再考——以李征旧藏
"唐金满县残碑"缀合拓片为中心》，《首都师范大学学报》2021 年第 5 期。

首题"大唐勿部将军功德记",碑名明确为"功德碑"。据学者考证,功德主勿部珣是灭国后徙居河东的百济移民,立碑以纪念其在天龙山开窟造像之事。[①]　还有同在中宗朝的《凉州卫大云寺碑》,亦称"功德碑",景云二年(711)刻立,篆额"凉州卫大云寺古刹功德碑",功德主为凉州都督司马逸客。[②]　此时,"功德碑"碑名的使用尚未在全国范围内流行,敦煌地区亦有不称"功德碑"者,如敦煌写本 S.1523+上海博物馆藏第40号《沙州刺史兼豆卢军使李庭光莫高灵岩佛窟碑并序》。此碑亦属于佛教功德碑,首题"□□□(大唐通)义大夫使持节沙州诸军事沙州刺史□□□□□□□□□(兼豆卢军使上柱国陇西)李庭光莫高灵岩佛窟之碑并序",据学者考证,碑文撰写于景龙四年(710)。[③]　可见,碑题"功德碑"的出现与使用并非一夕之变,唐神龙、景云年间是重要的转变时段。此后,唐代多见碑题"功德"者,最为著名的如《大唐内侍省功德之碑》《邠国公功德铭》,又如贞元十年(794)《唐济远寺功德碑》。[④]兹不赘述。

寺院中附属建筑的纪念碑亦称"功德碑"。寿阳县有宝应元年(762)的《金刚殿功德碑》。清光绪年间的《寿阳县志》著录了阳摩寺:"有唐宝应元载,北京留守暨盂县令为寺僧金刚照起建功德堂,有碑记,失撰人名,书法似褚《圣教序》。"[⑤]清光绪年间的《山西通志》著录为"金刚殿功德碑"。[⑥]　当时的北京留守是管崇嗣,其与太原郡盂县县令为寺

---

①　王连龙:《〈大唐勿部将军功德记〉研究》,《社会科学战线》2019 年第 10 期。拓片参见《北京图书馆藏中国历代石刻拓本汇编》第 20 册,第 58 页。

②　《金石萃编》《全唐文》收录功德主名为"司马逸实",误,当为"司马逸客"。王昶:《金石萃编》卷六九《凉州卫大云寺碑》,叶 28b—30b(《石刻史料新编》第 1 辑第 2册,第 1180—1182 页)。

③　荣新江先生提出,S.1523"国"字为武周新字,推测年代当在武周后期。参见荣新江《〈唐刺史考〉补遗》,《文献》1990 年第 2 期,第 86 页。据戴春阳考证,此碑当撰写于景龙四年。参见戴春阳《沙州刺史李庭光相关问题稽考》,《敦煌研究》2014 年第 5 期。

④　赵明诚撰,金文明校证《金石录校证》卷九,中华书局,2019,第 176 页。

⑤　《寿阳县志》卷二,清光绪八年刊本,叶 29b—30a。

⑥　光绪《山西通志》卷九二《金刚殿功德碑》,三晋出版社,2015,第 4361 页。

僧金刚照建功德堂，可见在寺中建立殿、堂所立之碑亦可称"功德碑"。①

亦有造像碑题名"功德碑"者，《宝刻丛编》引《京兆金石录》著录："《唐净住寺释迦文贤劫千佛像记》，唐崔行功篆书，无年月。"② 据缪荃孙著录，此碑篆额"唐净住寺贤劫功德碑"，造像十二列，每列廿五像，共五百像。碑只半截，碑阴为"释迦文贤劫像铭"。③

"功德碑"亦称"功德铭"或"功德颂"。敦煌《孔周碑》的抄本见于敦煌文书 P.4638，首题"右军卫十将使孔公浮图功德铭并序"，陈祚龙先生考证碑文撰写于元和六年（811）或其次年。④ 功德主孔周为吐蕃赞普建有军功并被授予官职。文中记载孔周于孟授渠兴建浮图，于莫高窟绘画，并于敦煌大寺灵图寺写经等功德，文中还颂扬了孔周及其家族功绩，是较为典型的佛教功德碑。题为"功德铭"的还有《梓州飞乌县太原王录公置立西方阁院兼修建功德碑铭》，开成元年（836）刻立，成都府菩提寺沙门鉴周撰，乡贡明经何居简书，上党樊元晟镌。⑤ 另有 P.3425 保留的抄本，首题"本居宅西壁上建龛功德铭"，文末记"于时景福二祀（893）正月十五日毕功记"，末署"释灵俊文，学士张崇信书"。文中记载："时即有至孝兵马使兼后槽使张崇敬，奉为亡考前节度押衙兼侍御史张公建也。"⑥ 说明此篇是祈福功德碑。题为"功德颂"的有 P.2765v（P.t.1070），首题"大蕃敕尚书令赐大瑟瑟告身尚起律心儿圣光寺功德

---

① 《旧唐书》载："［上元二年（761）五月］辛丑，以鸿胪卿、赵国公管崇嗣为太原尹、兼御史大夫，充北京留守、河东节度副大使。"（《旧唐书》卷一〇《肃宗本纪》，中华书局，1975，第 261 页）辛云京自广德二年（764）九月丙午继任北京留守，故《金刚殿功德碑》所载之"北京留守"当指管崇嗣。

② 陈思：《宝刻丛编》卷七，叶 16b（《石刻史料新编》第 1 辑第 24 册，第 18204 页）。

③ 缪荃孙：《艺风堂金石文字目》，张廷银、朱玉麒主编《缪荃孙全集·金石》，凤凰出版社，2014，第 191 页。

④ 陈祚龙：《敦煌写本〈右军卫十将使孔公浮图功德铭并序〉之我见》，原刊《大陆杂志》第 20 卷第 5 期，1960 年，收入陈祚龙《敦煌资料考屑》，台北：台湾商务印书馆，1979，第 1—15 页。碑文释录参见郑炳林、郑怡楠辑释《敦煌碑铭赞辑释（增订本）》，上海古籍出版社，2019，第 612—620 页。

⑤ 陈品全：《中江金石志》，叶 3a—5a（《石刻史料新编》第 3 辑第 16 册，第 236—237 页）。

⑥ 释录参见郑炳林、郑怡楠辑释《敦煌碑铭赞辑释（增订本）》，第 1419 页。

颂"，尾未抄完。① 沙州文章家窦良骥所撰，记载功德主尚起律心儿（即吐蕃将领尚绮心儿）于沙州城内建圣光寺，并大量颂扬其家族事迹。与中原功德碑相类，其亦是比较典型的造寺功德碑。

还有题名"功德记"的石刻。如前文论及的《大唐勿部将军功德记》。此外，唐元和四年（809）梓州慧义寺有《壁画功德记》，袁滋自撰自书。题："奉为先考赠工部尚书、先妣赠魏国太夫人《壁画功德记》。"文云："滋天宝中，生于邛州安□县。五岁，离蜀川，路出斜谷。至贞元十年，奉朝命充持节，册南诏使。及过金牛县，并嘉陵江而行。洎永贞元年，滋又充贰川安抚大使。因登梓州慧义寺。伏思往年云南回日过新建，窃欲资于绘事，少申恩于罔极。遽罹多故，有志未遑。其年冬，贬吉州刺史。明年九月，西川既平，滋亦蒙皇慈昭洗，再授旌钺，至止之日，周步殿宇，遂命工人图画药师琉璃光如来功德一铺。"② 行文类于题记。史载，元和元年（806）九月庚辰以吉州刺史袁滋为御史大夫，充义成军节度使，碑文所记当指此事。另有中和四年（884）《常州兴福寺再修功德记》，原石早佚，题为"再修功德记"，据范成大著录："唐《寺记》云，始于齐始兴五年。按：齐无始兴年号，但有延兴、中兴二号，皆止一年，流传之误如此。既是唐碑，姑存之。"③ 此寺即常建著名的《题破山寺后禅院》所载之处。后周广顺三年（953）青州云门山石窟的石刻功德记，题为"云门山大云寺重妆修壁龛功德记"，下署"讲经沙门贞峻述并书"，浙江省博物馆藏有拓本。④

---

① 学者推测撰文年代为圣光寺建成之后的 826 年。参见马德《吐蕃国相尚纪心儿事迹补述——以敦煌本羽 77 号为中心》，《敦煌研究》2011 年第 4 期。释录参见郑炳林、郑怡楠辑释《敦煌碑铭赞辑释（增订本）》，第 118—119 页。

② 仅见于清代武亿著录，并跋曰"闻近已失其石刻，故著之尤加详焉"，盖此碑已佚。参见武亿《授堂金石文字续跋》卷五《壁画功德记》，武亿：《授堂金石跋》，高敏、袁祖亮校点，中州古籍出版社，1993，第 294—296 页。

③ 范成大：《吴郡志》，陆振岳校点，江苏古籍出版社，1986，第 522 页。

④ 释录参见董淑燕《读青州〈云门山大云寺重妆修壁龛功德记〉》，《东方博物》2021 年第 1 期。

敦煌保留了诸多题为"功德记"的碑文抄本。开成四年（839）有《阴处士碑》，原石佚，窦良骥撰。存留下来两件抄本 P. 4640、P. 4638，其中 P. 4638 存首题"大番故敦煌郡莫高窟阴处士公修功德记"，文中颂扬功德主阴嘉政及其家族，包括曾祖，祖父，父亲，母亲，弟嘉义、嘉珍、僧法律、僧灵保，子僧常君及侄，符合常见的功德碑书写模式，故此篇功德记当是碑文。[①] P. 4640 还抄写了首题为"吴僧统碑"的一篇碑文，年代在吐蕃统治敦煌末期。藤枝晃先生据 S. 779v 习字"大番沙州释门教授和尚洪辩修功德"判断此碑之名为"功德记"。[②] 详考抄本，"功德"下并未书"记"字，但碑文末尾有"敢迷虚材，将存记矣"，故此碑可能原名"功德记"。P. 3390 抄写了五代后汉乾祐三年（950）的一篇建塔功德记，首题"孟授上祖庄上浮图功德记并序"，功德主为节度押衙张盈润，文末"驻笔多惭，略铭年月"，可能是一方功德碑。[③] P. 3245 首题"创于城东第一渠庄新造佛堂一所功德记并序"，文末有"其铭曰"字样，但文中省略如功德主、佛堂建筑等诸多具体信息，或为碑文草稿。[④] 由于敦煌的碑文抄本很多没有留下原题，故难以确知碑名者以及不详是否石刻者，暂不详论。题名为"功德记"的文献可能并非石刻，而是壁记，尤需分辨。例如，莫高窟第 201 窟西壁龛下中央有《功德记》，《敦煌石窟内容总录》记录西壁龛下中央有发愿文题榜，《敦煌莫高窟题记汇编》有释录，首题"以莫高窟清河□□张公□□□□□继修□功德记"，后署"开元寺□□撰"。[⑤] 敦煌写本中存有不少题为"功德记"的文献，或为草稿，或为抄本，并非呈现文献原本的使用样态，故不能确知其具体是刻于碑石还是书于壁面。

---

① 释录参见郑炳林、郑怡楠辑释《敦煌碑铭赞辑释（增订本）》，第 214—225 页。
② 藤枝晃：《敦煌千佛洞的中兴》，《东方学报》第 35 册，1964 年，第 97 页。释录参见郑炳林、郑怡楠辑释《敦煌碑铭赞辑释（增订本）》，第 273—275 页。
③ 释录参见郑炳林、郑怡楠辑释《敦煌碑铭赞辑释（增订本）》，第 1205—1206 页。
④ 释录参见郑炳林、郑怡楠辑释《敦煌碑铭赞辑释（增订本）》，第 1229 页。
⑤ 敦煌研究院编《敦煌石窟内容总录》，文物出版社，1996，第 79 页；徐自强、张永强、陈晶编著《敦煌莫高窟题记汇编》，文物出版社，2014，第 228—229 页。

地方官员的德政碑亦有称为"功德碑"者，其与佛教功德碑不同，如开元十年（722）《剑南道按察使益州长史韦抗功德碑》。[①] 金石学家叶昌炽曾论二者之别："述德崇圣，嘉贤、表忠、旌孝、稚子石阙，鲜于里门，以逮郡邑长吏之德政碑是也。"注曰："然释家建寺造象，亦可称功德。……此皆福田利益之说，彼教所谓功德，与吏民之颂，未可同论。"[②] 所以仅凭"功德碑"之名不能完全确定碑刻性质。此外，唐代道教中亦有称"功德碑"者。《宝刻丛编》著录垂拱三年（687）《渝州游仙观杜法师功德碑》，韩太冲撰，王义临书，现今不详碑文，但可知此碑立于"游仙观"，且道士亦可称"法师"，故此碑应当是道观中的功德碑。[③] 还有乾宁二年（895）《修青城山诸观功德记》，唐末道教领袖杜光庭所撰，碑文存世，记载青城山丈人、常道、威仪、洞天诸观的修缮缘起，主要赞颂县令莫廷义的修建之功："癸丑岁，县令南郡莫公廷义，奉敕常醮，躬行奠礼，阅其胜异，痛此榛芜。不率私财，不侵公用，二年注意，两观鼎新。福地山祠，各设其位，刻石为像，用图永年。"[④] 提及"奉敕常醮"，当是道教功德碑。由是可知，与佛教功德碑相类，整修道观之碑亦称功德碑。兹以二例，以示区别。

## 三　立碑之限

自曹魏始，历代对于立碑行为均有限制。[⑤] 在唐代更有以官品为限的"碑碣之制"，而佛教功德碑却不在此限，平民、士族、官吏乃至宦官均

① 著录参见缪荃孙《艺风堂金石文字目》，张廷银、朱玉麒主编《缪荃孙全集·金石》，第139页。

② 叶昌炽撰，柯昌泗评《语石　语石异同评》卷三《立碑总例一则》，陈公柔、张明善点校，中华书局，1994，第181页。

③ 陈思：《宝刻丛编》卷一九，叶12b—13a（《石刻史料新编》第1辑第24册，第18357—18358页）。

④ 杜光庭：《广成集》佚文辑补部分《修青城山诸观功德记》，董恩林点校，中华书局，2011，第267页。

⑤ 参见刘涛《魏晋南朝的禁碑与立碑》，《故宫博物院院刊》2001年第3期。

可刻立功德碑，故而功德碑在古代碑刻历史中扮演了较为特殊的角色，被赋予了超越其原始目的的其他功能，碑文也融入了立碑者多样的意图或诉求。

魏晋时期已有限碑措施，《宋书》载：

> 建安十年（205），魏武帝以天下雕弊，下令不得厚葬，又禁立碑。魏高贵乡公甘露二年（257），大将军参军太原王伦卒，伦兄俊作《表德论》，以述伦遗美，云"祗畏王典，不得为铭，乃撰录行事，就刊于墓之阴云尔"。此则碑禁尚严也。此后复弛替。
>
> 晋武帝咸宁四年（278），又诏曰："此石兽碑表，既私褒美，兴长虚伪，伤财害人，莫大于此。一禁断之。其犯者虽会赦令，皆当毁坏。"至元帝太兴元年（318），有司奏："故骠骑府主簿故恩营葬旧君顾荣，求立碑。"诏特听立。自是后，禁又渐颓。大臣长吏，人皆私立。①

实际上，这一系列的禁碑之举并未成功。至北魏时，造寺立碑之风盛行，正始元年的《山公寺碑》、永平二年的《嵩显寺碑》、永平三年的《南石窟寺之碑》均是证明。而碑文往往不只表达立碑者坚定的宗教信仰，有时也包含了功德主的政治意图。前文已论，《山公寺碑》不惜笔墨地颂扬北魏孝文帝，乃是功德主山累表达私恩的表现。碑文中还强调了立碑过程中出现祥瑞之事：

> 规制之初，于寺所绝壁之际，有灵井三区，忽然自成，净丽渊圆，今古莫见。非至神著感，幽显荐祥，如斯休征，何可闻睹？遂乃镌石立颂焉。②

---

① 《宋书》卷一五《志第五·礼二》，中华书局，2018，第440页。
② 碑文释录参见侯旭东《〈大代持节幽州刺史山公寺碑〉所见史事考》，《纪念西安碑林九百二十周年华诞国际学术研讨会论文集》，第263页。

侯旭东先生分析说："颂文用了不少篇幅来讲立寺而灵井现一事，实际是借此来变相宣扬山累自己的举动如何感动神灵。记载此事的碑则成为证明立寺正当，昭显山累治绩，进而抬高山累名声的工具。"[1] 唐代的功德碑也有类似的笔法。景云二年《凉州卫大云寺碑》云：

> （大云寺花楼院）其下层微有凋落，欲加缮补，人力未就。俄而东西三间，忽然摧倒，因掘旧基，得古钱一瓮以助工。[2]

总之，功德碑文中加入"灵井""古钱"这样的神异事迹，不仅渲染了功德主的虔诚之心，更重要的是扩大了立碑者的声誉。不论是北魏幽州刺史山累还是两个世纪之后唐朝凉州都督司马逸客，他们的功德碑并非只有宗教性质，还带有强烈的个人宣传意味。

事实上，北魏屡有限制造寺立碑之举。神龟元年（518）冬，王澄的奏疏中详尽描述了自景明年间（500—503）起北魏限制建寺的过程。[3] 但至河阴之乱，禁令并未奏效。正光三年（522）十二月丁亥又立新规：

> 以牧守妄立碑颂，辄兴寺塔；第宅丰侈，店肆商贩，诏中尉端衡，肃厉威风，以见事纠劾，七品、六品，禄足代耕，亦不听锢贴店肆，争利城市。[4]

正光三年之制收效甚微，以至东魏元象元年（538）冬又诏曰：

---

[1]　侯旭东：《〈大代持节幽州刺史山公寺碑〉所见史事考》，《纪念西安碑林九百二十周年华诞国际学术研讨会论文集》，第 269—270 页。

[2]　参见王昶《金石萃编》卷六九《凉州卫大云寺碑》，叶 28b—30b（《石刻史料新编》第 1 辑第 2 册，第 1180—1182 页）。

[3]　《魏书》卷一一四《释老志》，第 3306—3309 页。并参塚本善隆《魏书释老志研究》，林保尧译，觉风佛教艺术基金会，2008，第 157—166 页。

[4]　《魏书》卷九《肃宗纪》，第 279 页。

天下牧守令长，悉不听造寺。若有违者，不问财之所出，并计所营功庸，悉以枉法论。①

由是可知，当时官吏多参与造寺活动，建寺愈多，造寺功德碑亦将随之增加。而南朝实行"奏请立碑"，即官吏立碑多经过奏请程序，皇帝敕准方可立碑，但尚且没有证据表明功德碑亦需上奏申请。综而论之，南北朝时期，即使国家有所限制，佛教功德碑的刻立亦较为自由，于是功德碑成为一种公开且持续的表达工具。

唐代对于立碑活动有了细致的规定和限制。《唐律疏议》云：

诸营造舍宅、车服、器物及坟茔、石兽之属于令有违者杖一百，虽会赦皆令改去之，坟则不改。疏议曰：称"之属"者，碑、碣等是。②

不仅对墓碑有所规定，对德政碑亦有严格限制：

诸在官长吏实无政迹辄立碑者，徒一年。若遣人妄称己善，申请于上者，杖一百。有赃重者，坐赃论。受遣者，各减一等。③

参照《唐六典》中的相关条目则更为清晰。《唐六典》载：

碑碣之制，五品已上立碑；（螭首龟趺，趺上高不过九尺。）七品已上立碣；（圭首方趺，趺上高不过四尺。）若隐沦道素，孝义著闻，虽不仕，亦立碣。凡石人、石兽之类，三品已上用六，五品已上

---

① 《魏书》卷一一四《释老志》，第 3310 页。
② 长孙无忌监修，刘俊文笺解《唐律疏议笺解》卷二六《舍宅车服器物违令》，中华书局，1996，第 1818 页。
③ 长孙无忌监修，刘俊文笺解《唐律疏议笺解》卷一一《职制》，第 846 页。

用四。（凡德政碑及生祠，皆取政绩可称，州为申省，省司勘覆定，奏闻，乃立焉。）①

可见，唐代官品直接影响碑刻形制。按制度，五品以下是没有立碑机会的。而德政碑虽不依据官品，但仍需层层申报奏请，且限制亦多，略列如下。圣历二年（699）制云：

州县长吏，非奉有敕旨，毋得擅立碑。②

宝应年间（762—763）诏书：

凡以政绩将立碑者，其具所纪之文上尚书考功。有司考其词宜有纪者，乃奏。③

贞元十四年（798）十一月十二日考功司奏疏：

所在长史（吏）请立德政碑，并须去任后申请，仍须有灼然事迹，乃许奏成。若无故在任申请者，刺史、县令，委本道观察使勘问。④

可见，唐朝对于官吏立碑的管理和限制是长期持续的。在这样的情况下，佛教功德碑却没有具体的限制，相比于德政碑而言更容易获得，这就像一

---

① 李林甫等：《唐六典》卷四"礼部郎中·员外郎"条，陈仲夫点校，中华书局，1992，第120页。
② 《资治通鉴》卷二〇六，圣历二年，中华书局，1956，第6540页。
③ 陶敏、陶红雨校注《刘禹锡全集编年校注》卷一三《为杜司徒让淮南立去思碑表》，中华书局，2019，第1961页。
④ 王溥：《唐会要》卷六九《都督刺史已下杂录》，上海古籍出版社，2006，第1437页。按，"长史"疑作"长吏"。

条制度的缝隙，对于一些受限于立碑制度而又渴望获得立碑机会的人而言，功德碑无疑是绝佳的替代品。故而，相较于前代，唐代功德碑文中赞颂官吏政绩的文字更多且更常见，功德碑的政治功能有所增强。

## 四　功德碑中的政绩书写

功德碑的首要目的是纪念功德主对佛教的贡献，但随着碑刻的发展和演变，功德碑逐渐具有了政治功能，这些附加功能对理解中古时期的功德碑也很重要，而学界少有专门讨论。前文论及的景龙元年《大唐勿部将军功德记》，文中对勿部珣有这样的政治赞美：

> 遵化公资孝为忠，杖义而勇，憔悴以国，蹇连匪躬。德立刑行，事时礼顺。塞既清只，人亦宁只。大蒐之隙，且阅三乘。然则居业定功，于斯为盛。光昭将军之令德，可不务乎！①

唐显庆五年（660），苏定方等人讨平百济，百济包括王室、贵族、平民在内的大量人口被迁至唐朝。勿部珣作为"唐天兵中军副使、右金吾卫将军、上柱国、遵化郡开国公"，在百济移民中身份较高，在碑文中加入"塞既清只，人亦宁只""居业定功，于斯为盛"等语，除了赞颂勿部珣的个人品德与贡献，还有表现百济移民迎合唐王朝尤其是中宗复位的政治意味。

景龙四年《沙州刺史兼豆卢军使李庭光莫高灵岩佛窟碑并序》是建窟功德碑，存敦煌抄本（S.1523＋上海博物馆藏第40号），碑文除了盛赞李庭光的家世和品德，还用大量笔墨颂扬李庭光在沙州的政绩，这是前代功德碑文所少见的。文云：

---

① 碑文释录参见王连龙《〈大唐勿部将军功德记〉研究》，《社会科学战线》2019年第10期。拓片参见《北京图书馆藏中国历代石刻拓本汇编》第20册，第58页。

至若致政调人之术，移风易俗之规，征（惩）劝并施，德刑兼设，莫不□□有□，理□得宜。示以威恩，济以宽猛。闾左沾其春露，豪右肃其秋霜。贱丝竹以非娱，贵名教而为乐。由是奸回敛迹，图圄空虚。草偃叶而从风，葵倾心而向日。火沉官烛，独迈于巴祇；水酌贪水，有逾于吴隐。惠化光于五裤，盛德闻于两歧。灾蝗远过于郊坰，喧鹊绝声于里闬。停车决讼，验朱博之高名；去职桂（归）林，表胡威于清素。尤所谓立功立德，遗直遗爱者矣。①

这些文字并非与佛教信仰相关，而是在官员德政碑或遗爱碑中常见的文字，也被引用至佛教功德碑中了。文中以良吏比况，包括巴祇、吴隐之、廉范、朱博、胡威，都是史书有载的著名循吏，此时的功德碑俨然具有了德政碑的性质。

大历二年（767）并州寿阳县的《阳摩山功德铭》，撰者不详，与一般阅读顺序不同，文字自左向右阅读。末署功德主为"常山太守"，以下磨泐，又题"大德斋主南纶兴"。②《山右石刻丛编》著录："碑高一尺五寸，广二尺二寸五分，二十六行，行字不一，字径五分。"此碑也是横向长、纵向短，碑宽恰是碑高的1.5倍。文中载"山名阳摩峰，峰□嘉中有仙洞龙宫，有石室清池"，当是石刻所在之地，说明碑版形制受到位置的限制。文中赞颂代宗皇帝、河东节度使辛云京、寿阳县令秦善明。文云：

唐朝李家第八广平皇帝正天下，□四海奉则。北京主姓辛云京，能止力乱，出将入相之日。县主姓秦，名善明，今古雅□贤风，三主钦命，是其世也。

---

① 释录参见郑炳林、郑怡楠辑释《敦煌碑铭赞辑释（增订本）》，第33页。

② 胡聘之辑《山右石刻丛编》卷七《阳摩山功德铭》，叶32b—33b（《石刻史料新编》第1辑第20册，第15072—15073页）。以下此碑引文据此，不再赘注。《寿阳县志》记载，阳摩寺于大历二年重修有功德铭文，当即此铭。但云"石刻常山太守奉敕撰"（《寿阳县志》卷二，叶30a）。胡聘之已驳其非，暂不取此说。

唐代的"北京"指太原。肃宗朝上元二年（761），辛云京任河东节度使、太原尹，故称其为"北京主"。史载："云京质性沉毅，部下有犯令者，不贷丝毫，其赏功效亦如之，故三军整肃。回纥恃旧勋，每入汉界，必肆狼贪。至太原，云京以戎狄之道待之，虏畏云京，不敢惕息。数年间，太原大理，无烽警之虞。"① 由是可知，辛云京任上颇有政绩，故当地刻立佛教功德碑时亦不忘加以颂扬。《阳摩山功德铭》对皇帝、节度使以及县令的称颂证明佛教功德碑并非纯粹的宗教工具，同时也是反映地方政治与社会的鲜活样本。

贞元十六年（800）的《普光明殿功德碑》，功德主是时任太原尹李说。碑文不惜笔墨颂扬李说的政绩，文云：

> 河东节度观察支度营田等处置使、北都留守、银青光禄大夫、检校礼部尚书、兼御史大夫、太原尹、上柱国、陇西县开国□□□□□□□□李公说之所营建也。我尚书捧日天枝，干霄帝绪，勋逾稷卨（契），德迈萧曹。明镜悬台，何秋毫□□□□□□□□割□□□况复。词锋冠阳春之华，仁德同爱日之煦。是则九层峻柱，万里长城，声政闻乎王庭，讴歌溢于塞下。②

所谓"勋逾稷卨（契），德迈萧曹"，将李说比况于商代始祖契，还有名相萧何、曹参。又云，"声政闻乎王庭，讴歌溢于塞下"，看似谀美之辞，但相似的表达在唐代德政碑文中较为常见。

在功德碑中赞颂功德主政绩，这样的书写方式不仅见于中原地区，在

---

① 《旧唐书》卷一一〇《辛云京传》，第3314页。

② 乾隆《太原府志》卷二三《古迹》著录此碑，题为"唐造华严三会普光明殿功德碑"（乾隆四十八年刻本，叶22b）。又光绪《山西通志》著录，标目为"华严之会普光明殿功德碑"，贞元十六年，在交城县（光绪《山西通志》卷九二《金石记四》，第4373—4374页）。碑文参董诰等编《全唐文》卷六八三《尚书李公造华严三会普光明殿功德碑》，中华书局，1983，第6992—6993页；并参《旧唐书》卷一四六《李说传》，第3958—3959页。

蕃占时期的敦煌也有体现。Дx.1462＋P.3829，经李正宇先生缀合研究，当为吐蕃论董勃藏修伽蓝功德记，抄本又见于杏雨书屋689号。[①] 首题"大蕃古沙州行人三部落兼防御兵马及行营留（下缺）"，不能确知原题为何，文中有"因遇州东三里平河口侧，故坏伽蓝一所"之语，当为重修寺院的功德记。文中颂扬论董勃藏的政绩：

> 暨监军论字号董勃藏，名金刚，敕补充沙州三部落兼防御兵马行营留后大监军使，授大鍮石告身。为政也，助其国，忧其民，称其材，委其任。挈成畜聚，业绪基深；果徇临军，毅勤边守。悬泉路次，长承偃草之风；右地阳关，不假前茅之候。驱鸡训俗，先为竹马之期；伏豹同弦，德最严凝之重。五邻劝附，三部坚亲。执虎契而论兵，案铜鱼而格俗。为仁义，依依古礼；更号令，赫赫军容。控制万人，常居便地；科驰百姓，使殖膏腴。藉田肆意于春光，断狱不违于秋令[②]。城中吏庶，更沐来苏；路上行人，皆传颂德。[③]

碑文的撰写者是沙州文章家窦良骥，行文类于中原地区颂扬地方官吏政绩之碑。

归义军时期，有中和二年（882）《张淮深造窟功德碑》，原碑早佚，留有敦煌抄本P.3720、S.5630，均无篇题，为张淮深造94窟功德碑文，文中赞颂张淮深之德政：

> （前缺）再出龙城之外。腾云嘉气，遍满山川；鼓乐弦歌，共奏箫韶之曲。才拜貂蝉之秩，续加曳履之荣。五稔三迁，增封万户。宠遇祖先

---

① 李正宇：《吐蕃论董勃藏修伽蓝功德记两残卷的发现、缀合及考证》，《敦煌吐鲁番研究》第2卷，北京大学出版社，1997，第249—257页。并参岩尾一史《再論〈吐蕃論董勃藏修伽藍功德記〉：羽689の分析を中心に》，《敦煌寫本研究年報》第8号，2014年，第205—215页；赵贞《杏雨书屋藏羽689〈吐蕃监军论董勃藏修伽蓝功德记〉考释》，《宗教信仰与民族文化》第15辑，社会科学文献出版社，2021。

② "令"，杏雨书屋689号作"杀"。

③ 释录参见郑炳林、郑怡楠辑释《敦煌碑铭赞辑释（增订本）》，第79—98页。

之上，咸加大漠之中。亚夫未比于当年，忠勇有同于纪信。六州万里，风化大开。悬鱼兼去兽之歌，合蒲致见珠之咏。西戎北狄，不呼而自归；南域吐浑，擢雄风而请誓。此乃公之长策之所致呼！时属有故，华土不宁。公乃以河西襟带，戎汉交驰；谋静六蕃，以为军势。若乃隍中辑晏，劫虏失狼顾之心；渭水便桥，庶无登楼之患。军食丰泰，不忧寇攘。此乃公之德政，其在斯焉。加以河西异族挍杂，羌、龙、嗢末、退浑，数十万众，驰城奉质，愿效军锋。四时通款塞之文，八节继野人之献。不劳振旅，军无①灶之徭；偃甲休戈，但有接飞之象。此乃公之威感，人皆具瞻。②

虽然张淮深在敦煌另有德政碑，但显而易见，张淮深的造窟功德碑亦具有强烈的政治色彩。③ 后继之人，亦循其轨。曹氏归义军时期的《河西节度使司空曹元德造窟功德记》，抄写于 S.4245，文中颂扬曹元德之政绩：

　　时则有我河西节度使司空，先奉为龙天八部，护塞表而恒昌；社稷无危，应法轮而常转。刀兵罢散，四海通还。疠疫不侵，挽枪永灭。三农秀实，民歌来暮之秋；霜疴无期，誓绝生蝗之患。④

与之行文相似的是 P.4888《瓜州团练使司徒曹延恭就慈尊之服饰功德记》，文中称颂曹延恭之政绩：

---

① "无"字下有一字脱文。
② 释录参见郑炳林、郑怡楠辑释《敦煌碑铭赞辑释（增订本）》，第 685—686、701—703 页。
③ 荣新江先生将 S.6161+S.3329+S.6973+S.11564+P.2762 文书拼合而成《敕河西节度兵部尚书张公德政之碑》。参见荣新江《敦煌写本〈敕河西节度兵部尚书张公德政之碑〉校考》，初刊《周一良先生八十生日纪念论文集》，中国社会科学出版社，1993，第 206—216 页；后收入同作者《归义军史研究——唐宋时代敦煌历史考索》，上海古籍出版社，2015，第 398—409 页。并参荣新江《沙州归义军历任节度使称号研究》，中国敦煌吐鲁番学会编《敦煌吐鲁番学研究论文集》，汉语大词典出版社，1990，第 768—816 页。
④ 释录参见荣新江《归义军史研究——唐宋时代敦煌历史考索》，第 109 页。

伏惟我司徒天资凤骨，地杰龙胎，三坟洞晓于岗矜，七德善糟于指掌。故得位临瓜府，统握墨军；十部安民，六条布政。勤耕南亩，城人传去狩（兽）之谣；福益东阜，四野有来苏之咏。①

S.3557《河西节度使太保曹延禄造佛衣功德记》，也有类似的表述：

伏惟府主太保神资杰世，天纵英雄；势武动而星流，龙笔至而月落。故得安危济弱，河西效德政之功。易俗移丰（风），淳首建拓边之节。遂乃东西戎党，俱怀献款之成（诚）；南北蛮余（夷），共贺来降之望。②

与平民百姓或世家大族的功德碑记不同，地方长官及当权者的功德碑文加入了对政绩的歌颂，并逐渐展示出了相似的书写程式，体现了敦煌功德记文体的承袭与应用。

在功德碑中颂扬政绩，并不只是佛教功德碑的专利，前文论及的乾宁二年道教功德碑《修青城山诸观功德记》也是如此。功德主是县令莫廷义，碑文中有大量文字在称颂他的政绩，几与德政碑无异。文云：

县临大江，岁有水患，漂泛昏垫，常人苦之。公遐眺波心，揆诸水脉，截潊为堰，移江趣东。数载之中，无复浸溢，亦犹金堤竹落之防也。常年渠埭，修必后时，拥耒将耕，尚俟培筑。公方冬授矩，甫腊罢功，元正大田，滴流阙注。家有积谷，境无惰农，亦犹任延垦田、龚遂佩犊之劝也。列邑租赋，此县居多，菽麦炭竹之征，粮帛刍薪之税，事无虚月，纳不旷旬。每岁所征，半为逋欠，虽捶扑交至，靡能

① 释录参见郑炳林、郑怡楠辑释《敦煌碑铭赞辑释（增订本）》，第1381页。

② 据荣新江《归义军史研究——唐宋时代敦煌历史考索》，曹延禄在976—980年自称"太保"，第126—127页。释录参见郑炳林、郑怡楠辑释《敦煌碑铭赞辑释（增订本）》，第1385页。

济之。公严令其下，始自局吏，后及居人，常限未终，先期已毕。禁束胥属，不入乡闾，里有歌民，门绝喧鹊。至于遐乡远部，细户贫民，必设法代输，不施榰樘。时相国师九陇，摩垒逾年，飞挽刍粮，轮辂相望，督发泉货，络绎道途，办无后期，动必成集，亦犹公沙穆神明之政也。辟荒招户，政务所先；谳狱祥刑，国章斯重。公怀人以德，决狱以情。①

文中颂扬县令治理水患、劝农助耕、赋役公平、决狱有章等政绩，几乎涉及唐代地方官考课标准的各个方面，文末又以德政碑中常见的祥瑞加以赞誉："瑞麦两歧，则抑而不顾；嘉禾盈亩，则蔽而不言。"② 由此可见，以功德碑之名目立碑，不必经过繁复奏请和审查程序，而能够获得与德政碑相似的政绩宣传效力。

至宋代，立碑依旧受到限制，建隆元年（960）有诏曰："诸道长贰有异政，众举留请立碑者，委参军验实以闻。"③ 建隆四年（963）《重修开元寺行廊功德碑》就是在这一时间段内刻立的，功德主为王彦超。与唐代相似，此碑同样利用佛教功德碑颂扬政绩，借此规避德政碑的立碑限制。碑文颂赞王彦超的军事、政治功绩：

导民而引义正身，询事而推恩广下。去蝎政蠹民之弊，喧昔襦今裤之谣。里巷相欢，奸豪屏迹。杜骄期于过侈，防巧诋于深文。接畛连畴，污莱尽辟；充衢塞隧，货贾咸臻。昔者，献月捷以告功，

---

① 杜光庭：《广成集·修青城山诸观功德记》，第 268 页。
② 杜光庭：《广成集·修青城山诸观功德记》，第 269 页。
③ 《宋史》卷一《太祖本纪》，中华书局，1985，第 7 页。乾德四年（966）诏书云："国家以官得其人，治有异等。生民受赐，许列状以借留。政绩可嘉，听具事而称纪。近者吏民等奔走道路，直诣阙庭，既妨夺于民时，叛离于职次。自今应诸道节度、观察、防御、团练、刺史、知州、通判、幕职、州、县官等，有政治居最，为众所推，愿乞丰碑，或乞留本任，并不得直诣阙上言，只仰具理状于不干系官吏处陈状，仍委即时以闻，当与详酌处分。"（司义祖整理《宋大诏令集》卷一九八《政事·禁约上·禁纪碑留任不得诣阙诏》，中华书局，1962，第 730 页）可见，宋初对德政碑亦有制度限制。

翼天飞而佐命。徐城既陷，汉节遄加。言念平阳，实邻并土。边鄙
有荡摇之惧，疆场疲侵轶之劳。仰奉帝俞，遂膺朝选。属云中塞侯，
罢警高烽；河内咽喉，方求□将。拔横槊据桥之勇，授拥旄仗钺之
恩。领蒲坂之山河，移璧田之屏翰。察俗于剪鹑之野，颁条于鸣凤
之郊。入境咸苏，从风率化。而又荐临旧治，益焕殊恩。辉焯数朝，
便蕃八镇。养堂侍膳，独耀班衣；台衮鸣环，首亲文陛。所居即化，
所去见思。①

《宋史》记载王彦超显德六年（959）移镇凤翔。恭帝嗣位，加检校太师、
西面缘边副都部署，宋初，加兼中书令，碑文称"太师中书令琅琊王
公"，碑文与史传相合。②《金石萃编》的作者王昶认为重修开元寺本是僧
人嗣麟之功，囿于政治原因，归功于王彦超。王昶跋文有云："本皆僧嗣
麟资力而归美于节帅，故多颂太师王公之功绩。"③ 可见，此功德碑也是
王彦超的政治纪功碑。而此碑的政治功能不仅于此，碑文详述了开元寺的
兴衰历程，以示唐运既衰、宋之将兴。在玄宗时代所建的开元寺刻立此
碑，不仅有宗教意义，更重要的是彰显王朝政治更迭。

综上，王朝国家虽然限制立碑权利，但对佛教功德碑的限制能力有
限，功德碑就好似立碑制度中的缝隙和缺口。唐代加强了对德政碑的控制
与管理，对于地方官吏而言，获得德政碑并不容易，所以功德碑时常成为
德政碑的替代品，为其表彰政绩的意图披上了虔敬的宗教外衣。中国古代
的佛教与道教从不是远离政治的存在，隐藏于功德碑文中的政治表达就是
明证。

---

① 王昶：《金石萃编》卷一二三《重修开元寺行廊功德碑》，叶 16a—16b（《石刻史料新
　编》第 1 辑第 3 册，第 2270 页）。
② 《宋史》卷二五五《王彦超传》，第 8912 页。
③ 王昶：《金石萃编》卷一二三《重修开元寺行廊功德碑》，叶 20b（《石刻史料新编》第 1
　辑第 3 册，第 2272 页）。

# 结　语

唐代是功德碑的重要发展阶段，故本文以唐代为主，兼及南北朝和五代宋初的情况。功德碑与早期寺碑有很深的渊源关系，早期寺碑不称"功德碑"，但属于功德碑的范畴，后世的功德碑与寺碑行文相似。虽然早期寺碑有些加入了对功德主政治功绩和家族成员的颂扬，但尚不多见。"功德碑"之名最早见于萧梁，但直到武周时期尚未普及，唐神龙、景云年间是转变时段，此后"功德碑"之名愈发常见。除了寺碑称为"功德碑"之外，有实例证明，造窟、造像、建设寺院附属建筑亦称"功德碑"。"功德碑"亦称"功德铭"、"功德颂"或"功德记"。题为"功德记"的文献可能是碑刻，亦可能是壁记。道教纪念碑和地方官员的德政碑有时亦称"功德碑"，需要具体辨析。南北朝、唐代至宋初，国家对立碑权利均有限制，唐代的规定尤为细致，且制度持续时间较长。在这样的大背景下，佛教功德碑的刻立却相对自由，相比于德政碑等其他纪念碑更容易获得，对于一些受限于立碑制度而又渴望获得立碑机会的人而言，功德碑甚至成为德政碑的替代品。于是，唐代功德碑文中赞颂官吏政绩的文字更多且更常见，政治功能也逐渐增强。

佛教功德碑，为生者祈福，为逝者供养，似于莲花；德政碑，纪念政绩、追思遗爱，类于棠树。古人将美好的祈愿刻于石上，以期万古。谨以小文献给吴宗国先生，愿先生长眠于莲荷之边、甘棠荫下，先生千古！

# 《吐鲁番出土文书补编》所刊四件
# 刺薪文书研究

裴成国

近年出版的朱雷先生《吐鲁番出土文书补编》刊布了一批 20 世纪出土而《吐鲁番出土文书》未及刊布的文书，具有重要的研究价值。本文拟对其中的四件刺薪文书①做一研究，以就教于方家。

## 一 文书的形态和拼接

四件刺薪文书出自 1973 年发掘的阿斯塔那 519 号墓。该墓出土了唐贞观十六年（642）张隆悦妻麹氏墓志，所出文书纪年为高昌延寿十七年（640）。《吐鲁番出土文书》第贰册刊布两件文书，即《高昌延寿十七年（640）屯田下交河郡、南平郡及永安等县符为追麹文玉等勘青苗事》和《高昌麹季悦等三人辞为请授官阶事》，两件文书虽然都有残缺，但可以看出并没有做成明器，而本组四件文书都被裁剪成了鞋面和鞋底。

四件文书中前两件被裁剪为鞋面，后两件被裁剪为鞋底，都由两片文书拼接而成。文书背面都无文字，正面文书废弃后未经二次利用。四件文书，据朱雷先生定名依次为：《高昌延寿九年（632）闰八月侍讲马太岳等传用刺薪车数奏》（以下简称"《传用刺薪奏》一"），文书编号是

---

① 朱雷：《吐鲁番出土文书补编》，巴蜀书社，2022，第 4—11 页。

73TAM519：31/2-4 和 73TAM519：31/1-2；《高昌延寿九年（632）某月十五日侍讲马太岳等传用西北坊刺薪奏》（以下简称"《传用刺薪奏》二"），文书编号是 73TAM519：31/1-3 和 73TAM519：31/1-1；《高昌延寿九年（632）某月十九日侍讲马太岳等传用刺薪奏》（以下简称"《传用刺薪奏》三"），文书编号是 73TAM519：31/1-4 和 73TAM519：31/2-1；《高昌延寿（624—640）某年某月一日侍讲马太岳等传用西北坊四月剂刺薪奏》（以下简称"《传用刺薪奏》四"），文书编号是 73TAM519：31/2-3 和 73TAM519：31/2-2。按照文物编号的原则，可知 1-2、1-3、1-1、1-4 拆自同一只纸鞋（不清楚左右，编为"第一只"）；2-4、2-1、2-3、2-2 拆自另一只纸鞋（编为"第二只"）。第一只纸鞋是三层鞋面，只有一层鞋底；第二只鞋则是一层鞋面，三层鞋底。这八片文书是否从两只纸鞋上拆下来的所有文书不清楚，如果编号不误，理应还有同批的其他文书。从拼接后的文书情况来看，文书在剪裁之后被打乱了，我们试图复原文书在剪裁之前的情况，以最大限度地了解文书完整形态时的信息。

《传用刺薪奏》三和《传用刺薪奏》四的两片文书都是由两个鞋底拼接而成，中间所缺内容不多，从字体和内容上看，拼接都有充足的理由。要说明的是，文书不是直接对折然后剪成对称的形状，而是先从中间剪开后，2-3 和 2-2 背面朝上扣过来，然后将 1-4 和 2-1 正面朝上摞在上面裁剪而成。所以《传用刺薪奏》三和《传用刺薪奏》四的两片文书拼接之后位置有点错位。《传用刺薪奏》一的两片 2-4 和 1-2 形状相同，字体大小风格都一致，可知是将文书直接竖向对折后裁剪而成，拼接也有充足的依据。《传用刺薪奏》二的两片形状有明显的区别，从文字内容看亦可拼合。从字体大小看却很不同，前三行人名部分字体比后半部分明显小得多，但仔细观察书法，又是同一种笔迹。同一件文书前后部分字体大小差别如此明显，在吐鲁番文书中也很少见。究其原因是书手在写第一部分时因为人名较多，为节约空间，所以字体较小，等这部分文字集中的内容写完后，书手感觉剩余纸幅尚多，所以书法更加挥洒一些，字体就变大了，因为预先对文字内容和纸幅有规划，所以最后一行的内容也都写在了一张纸的范围内。

值得注意的是，该组四件文书背面都没有书写其他内容，不像大多数文书在正面内容废弃之后背面会被利用书写其他文书。不仅如此，裁剪成鞋面的前两件文书之前、之后都有沿纸边接在一起的长度不小的空白纸幅，没有任何文字内容；裁剪成鞋底的后两件文书，首行内容之前也可见清晰的纸缝和很宽的未经使用的空白纸幅。四件文书的内容则无一例外全都在一张纸幅的范围之内，没有跨越纸缝书写的。这与此前刊布的阿斯塔那48号墓所出的兵部买马奏行文书形成鲜明对比，那一组比较完整的奏行文书有七件，其中五件都是写在粘接在一起的两纸上的，图版也可见清晰的纸缝，说明文书在写之前曾先把纸张粘接了起来。这说明四件文书当初书写的时候还没有粘接之前、之后的空白纸幅，那么空白纸幅是什么时候粘上去的呢？有两种可能，第一种是本组文书被废弃之后，出于纸张再利用的考虑粘接的；第二种是在制作纸鞋时。如果是第一种，那么前后粘接都是未经使用的空白纸张，似乎也有点特殊。笔者倾向于认为是第二种，即制作纸鞋时。也就是说，为制作这件纸鞋，临时将空白纸和这四件文书粘在了一起。墓葬的考古报告未出，不清楚墓葬的具体情况，同时出土的还有唐西州时期的文书，说明墓主人葬于唐代，似乎是长期保存了高昌国时期的纸质文书和空白纸张，在此次葬礼时粘接纸张做成了纸鞋。

## 二　文书的内容和性质

四件刺薪文书都与刺薪的征收和供入有关，先移录《吐鲁番出土文书补编》中的录文再做仔细的讨论。

（一）《高昌延寿九年（632）闰八月侍讲马太岳等传用刺薪车数奏》

1.］侍讲马太岳虎牙将军□□怀贰人传用西北坊张延怀［

2.］张善海　高怀儒　左海智　阚［　］延　毛客儿　泛阿月子　张明俊［

3.］高六延　孟武欢　麴海悦　［　］善伯　高欢岳　阴欢护

侯［

4.］□憙　索明洛　孟仕斌　泛阿海［　　］阚真曲　刘婆门
赵欢相　张［

5.］□　刘阿尊　宋虎儿　隗在天　　□［　　］拾捌车付索善仕
韩相欢贰［

6.　　　　　　　　都合用刺薪叁拾捌车

7.　］列用刺薪车数，列别如右，记识奏诺奉　　　　行

8.　　　　　　　门　下　校　郎　臣司空　□□

9.　　　　　　　行门下事殿中将军臣［

10.　　　　　　　行　门　下　事［

11.］壬辰岁闰八月十五日民部　□

12.　　　　　　鹰扬将军兼民部事臣鞠　　□□

13.　　　　　　民部　参军臣索　　□□

14.　　　　　　民部　　吏臣左　　□□

15.　　　　　　□部　　吏臣左　　□□

（二）《高昌延寿九年（632）某月十五日侍讲马太岳等传用西北坊刺
薪奏》

1.］讲马太岳虎牙将军张延怀□□传用西北坊高欢住刺薪壹［
2.］泛文伯　康圆儿　刘善伯　巩儿子　石子达　令狐居举
田臭奴　赵［
3.］累雄　泛海　　［　　］海智　白相祐儿　张海［
（中缺）
4.　　　　　　都合用刺薪叁拾肆车
5.］列用刺薪车数，列别如右，记识奏诺奉　　　□
6.　　　　门　下　校　郎　臣　司空　□□
7.　　　　行门下□殿中将军臣高　　□□

8.　　　　行门下□侍郎　臣高　　□□

9.] 年壬 辰 岁 [　] 十 五日民部　□

10.　　　鹰扬□□□民部事臣麹　□□

11.　　　民　□　□　军臣索　□□

12.　　　民　□　吏　臣　左　□□

13.　　　民　□　吏　臣　左　□□

(三)《高昌延寿九年（632）某月廿九日侍讲马太岳等传用刺薪奏》

1.] 月十六日侍讲马太岳、虎牙将军张延怀 [　] 用西北坊隗
阿得子刺薪壹车 [

2.] 吕胡儿　冯阿相子　良祐伯　曹祐相　石子达 [　] 张喜
伯　肯海儿　成伯延　何相惠　孙 [

3.] 相祐儿　阚元保 右拾伍车付主簿张隆海 [　] 崇贰人供大
厨下用

4.　　　　　　都合□□薪拾伍车

5.] 条列用刺薪车数，列别如右，□识奏诺奉　行

6.　　　　　行门下事□远将军臣麹　欢岳

7.　　　　　通事　令　史臣辛　孟护

8.　　　　　通□　令　史臣史　欢隆

9.] 年壬辰岁 [　] 廿①九日民部　　　　奏

10.　　　　　　] 民部事臣麹　世纬②

11.　　　　　　] 事臣索　　　□□

---

① 此处文字仅存一个点，朱雷先生原本补了一个"十"字。据前人研究，麹氏高昌上奏文书
有半月上奏的制度，结合其他上奏文书，此书的时间应为"廿九日"，改"十"为"廿"。

② 《吐鲁番出土文书补编》本件文书第10行和第11行两行的录文中列位位置顶行，看图版
应该和列位部分其他人名大体同一高度，都在此行的中下位置，本文的录文已经纠正。

（四）《高昌延寿（624—640）某年某月一日侍讲马太岳等传用西北坊四月剂刺薪奏》

　　1.] 一日侍讲马太岳、虎牙将军张延怀贰□□用西北坊四月剂刺薪 [

　　2.] 佛图妻　左养胡　孟欢岳　张住海　张石儿　□愿儿　令狐海悦　阚海住　阚元保 [

　　3.] 曹思相　王张孙　麴岳子　巩欢憧　侯延□　□海祐　任怀愿　冯阿相子 马相怀 高 [

　　4.] 真回　宋怀儿　泛明亮　令狐欢子　右贰拾□□付索善伏，供大厨下用。次传孟 [

　　5.] 薪壹车，付索善伏供大厨下用。次二日侍□□□□虎牙将军张延怀贰人传 [

　　6.] 壹车，范相保壹车，右贰车付明相 [

　　7.] 薪壹车，史佛住壹车，赵相 [

　　8.] 蓿 [

　　（后缺）

　　四件刺薪文书的前三件所存内容大体相同，都分为两部分，第一部分是某年某月某日某人传用刺薪、人员的名单及合计，第二部分是"记识奏诺奉行"和末尾的官员列位。第二部分完整地保存在《传用刺薪奏》二的第二片文书1-1上，结合此前已经发表的高昌国上奏文书，可知《传用刺薪奏》一和《传用刺薪奏》三的拼接无误。文书经过裁剪，四件文书各个部分保存的内容完残不一，可以相互补充以了解文书完整形态时的内容。文书第一部分的第一行保存最完整的是《传用刺薪奏》三，内容是"] 月十六日侍讲马太岳、虎牙将军张延怀 [　] 用西北坊隗阿得子刺薪壹车 ["，根据第二行的名单和人数的情况，第一行目前可见的某月某日之前可能还有某年的信息。四件文书的传用者都是"侍讲马太岳、虎牙将军张延怀"，刺薪的供入者文书的首行都明确记载来自高昌城的西北坊，但"西北坊"的信息出现在第二和第四两件文书的定名中，第一、第三两件的定名中却没有，不清楚编者的依据是什么，但显然应该统一，《传用刺薪奏》一和三的定名中也应该增加"西北坊"的信息。由《传用刺薪奏》三的首行和第四行的"都合□□薪拾伍车"，可知每位刺薪供入者的交纳标准都是壹车。前三件文书第一行之后的人名都不注明"壹车"，应该是文书登录时图简省而致。从《传用刺薪奏》三来看，文书中有两个时间，《传用刺薪奏》一可见的时间是"闰八月十五日"，《传用刺薪奏》三中第一个是首行出现的"］月十六日"，第二处是第九行出现的"［］廿九日民部奏"，两处的时间该如何理解？此前的研究已经指出向高昌王上奏之前应当经历了请令、传令、执行的步骤，"记识奏诺奉行"则是事后上奏，[①]"十六日侍讲马太岳、虎牙将军张延怀贰人传用"表明十六日已经供入，那么"廿九日民部奏"确属事后上奏。《传用刺薪奏》三和《传用刺薪奏》四中刺薪用途保留下来的三处都是"供大厨下用"，从字面看应是供高昌王及王室的厨房做饭之用，似乎属于日常的刺薪支用。从前三件《传用刺薪奏》来看，数量多达"叁拾捌车""叁拾肆车""拾伍车"，数量较大，不是短期之内能用完的。笔者认为文书涉及的刺薪的传用应该是在刺薪长成的时节令民户供入以供王室一年之用，与《新获吐鲁番出土文献》中刊布的《阚氏高昌供物差役帐》中"薪供焉耆王"那种临时性供入不同。[②]

《传用刺薪奏》四与前三件文书内容有很大不同。首先，此件文书首行内容与前三件文书首行内容相近，却也有不同。"］一日侍讲马太岳、虎牙将军张延怀贰□□用西北坊四月剂刺薪［"，主要不同就是前三件文

---

① 白须净真认为"记识奏诺奉行"实际上是事后上奏请高昌王同意（白须净真《麴氏高昌国における上奏文书试释——民部、兵部、都官、屯田等诸官司上奏文书の检讨》，《东洋史苑》第 23 号，1984 年，第 26—27 页）。孟宪实结合相关的传令文书则认为，实际上之前还经历了请令、传令的过程，参见孟宪实《略论高昌上奏文书》，《西域研究》2003 年第 4 期；后收入氏著《汉唐文化与高昌历史》，齐鲁书社，2004，第 166—171 页。

② 荣新江、李肖、孟宪实主编《新获吐鲁番出土文献》，中华书局，2008，第 129—145 页。

书记"传用西北坊某某人刺薪壹车",而本件则在"刺薪"前面加了"四月剂"三个字。其次,此件文书存八行文字,却未见前三件文书的第二部分,即"记识奏诺奉行"和末尾的官员列位;而《传用刺薪奏》一传用刺薪叁拾捌车,在五列人名之后就是"都合用刺薪叁拾捌车"的总结句;《传用刺薪奏》二虽有部分内容中缺,但也可看到"都合用刺薪叁拾肆车"的总结句;《传用刺薪奏》三传用刺薪拾伍车,在三列人名之后也是"都合□□薪拾伍车"的总结句;《传用刺薪奏》四却没有这一总结句。再次,《传用刺薪奏》四的前四列在第四行末尾"次传孟〔"之前的内容与前三件第一部分几乎相同,但从"次传孟〔"开始的内容是前三件文书所没有的。登记的内容是"次传孟〔　〕薪壹车,付索善伏供大厨下用",就内容来说是与此前四行并列的另一传用记录。这条记录没有日期,也没有记传用者,应当都与前一条相同,故而省略不书。最后,在前两条同一天的传用记录之后文书第五列接着登记了"次二日侍□□□□虎牙将军张延怀贰人传〔",登录了另一天的传用记录,从残存文字看,与前一天的传用者应该相同。上文指出,前三件《传用刺薪奏》有两个时间,一是首行的传用时间,二是民部上奏的时间,民部上奏的时间以及末尾的官员列位是判定文书性质的核心依据,那么《传用刺薪奏》四已经残缺的部分会不会出现民部上奏的时间和后面的官员列位呢?我们判定文书的性质是依据文书的全部内容,当然应该考虑文书裁剪之前的完整形态;不仅考虑目前所存的文字,还应该考虑被裁剪掉的部分。《传用刺薪奏》四第六列登记有"右贰车付明相〔",应该是第五列"次二日"条传用记录的末尾,第七列仍可见"薪壹车,史佛住壹车",显然又是一条传用记录。《传用刺薪奏》四最后的第八列仅存一字可识,是"苜蓿"的"蓿",似乎登录的苜蓿的供入。可见《传用刺薪奏》四所存内容都是刺薪(或者还有苜蓿)的传用记录,可以确定的就有四次,这与前三件《传用刺薪奏》不管涉及的人户有多少全都是一次的传用情况上奏迥然不同。那么有无可能《传用刺薪奏》四就是多日多次传用的集中上奏呢?如果是这样,就与前三件文书非常清楚的登录格式相矛盾。实际上,《传用刺薪奏》四从格式上来说是把前三件文书第一部分"都合"总结句之前的内容集中抄录到一起，以日相从，同一天登录在一起，传用者相同的可以省去不书，日期更换则重新补齐传用者信息。孟宪实先生在研究上奏文书时将上奏文书运行分为几个阶段，即请令、传令、执行、汇报和入档五个步骤，并指出麹氏高昌有上奏文书分类存档制度应是确定无疑的。① 如果按照既往的认识，前三件《传用刺薪奏》就是汇报的文书，之后应该入档，而《传用刺薪奏》四摘录刺薪传用的基本信息省去上奏和官员列位信息，实际上成为记账，也为今后的刺薪征调备案。

　　在本批文书刊布之前，前辈学者研究上奏文书中非常重要的一批是阿斯塔那 48 号墓所出的兵部买马奏行文书。孟宪实先生注意到《高昌延昌二十七年（587）七月十五日兵部条列买马用钱头数奏行文书》完整的奏行文书最后部分又可见残存的"］传康秋儿边买［"，敏锐地指出："非一次性的买马报告却同现一纸，只能说明这是门下或什么部门的入档存留方式，即同类汇报集中在一起。"② 观察《吐鲁番出土文书》该文书的图版应该就是在前一件奏行文书之后接着书写了下一件奏行文书，③ 这可能只是当时上奏文书的一种入档方式。容易想到的还有另外一种，即每一件上奏文书都先写在一张纸上，门下和尚书系统的相关官员签名之后再将文书粘连起来。本组刺薪文书的前三件第一行无一例外地都从一张新纸的首行开始写起，并且不管内容多少都写在了一张纸的范围之内，人名较多的《传用刺薪奏》二为此还特意把人名部分的字写得很小以实现这一目标。笔者认为这些不是偶然的，就是为粘接起来归档方便。前三件上奏文书现在看到的情况是没有粘接在一起，难以给出合理解释。《传用刺薪奏》四只将文书核心部分的刺薪信息集中抄录在一起，制作成了一件"帐"。所以本件文书是民部对四月刺薪的统计，应当无须再上报，文书的性质应该

①　孟宪实：《汉唐文化与高昌历史》，第 166—171 页。

②　孟宪实：《汉唐文化与高昌历史》，第 169 页。

③　观察同组文书的图版，《高昌延昌二十七年（587）四月兵部条列买马用钱头数奏行文书》的末尾有至少两行的空白，却未见书写其他奏行文书。

是"帐"，标题宜改为《高昌延寿（624—640）某年侍讲马太岳等传用西北坊四月剂刺薪帐》，[①] 以下简称为"《四月剂刺薪帐》"。

## 三　文书反映的高昌国制度

四件刺薪文书涉及的刺薪供入属于高昌国赋役制度的范畴，文书中以及前三件文书末尾的列位又涉及职官制度的问题，本节对这两方面的问题做一探讨。

前三件文书的列位中职官中有"侍讲"这一官名，在四件文书中都有出现刺薪传用者"侍讲马太岳"。侍讲一官在此前的出土文书中也有出现。阿斯塔那171号墓出土的《高昌延寿十四年（637）兵部差人看客馆客使文书》末尾有"侍郎麹延陀　侍讲辛武护贰人传"。侍讲作为官名始见于曹魏时期，三国魏明帝景初二年（238），以曹爽弟曹彦为散骑常侍、侍讲，北齐时有侍讲张雕、马敬德掌讲授经书。唐始设侍讲学士，以讲论文史。早期反映麹氏高昌官制的重要文献延昌十五年（575）《麹斌造寺碑》未见此官，《高昌延昌二十七年（587）四月兵部条列买马用钱头数奏行文书》亦未见此官，应属高昌国晚期学习中原王朝而新设的官职。从出现侍讲之官的两件文书看，马太岳传用刺薪供大厨下用，辛武护传人看客使，负责的都是很具体的事务性工作，与讲授经书无关。延寿七年受麹文泰委派护送玄奘西行的高昌国官员"殿中侍御史欢信"所任之官"殿中侍御"[②] 此前亦不见于文书，从名称看与高昌王麹文泰关系密切。

---

① 目前所见仅有"一日""次二日"，如果还有"次三日""次四日"等连续的日期登录，文书可进一步定名为"帐历"。

② 关于《大慈恩寺三藏法师传》中此处的"殿中侍御史欢信"，之前的理解都认为此人的职官是"殿中侍御史"，名"欢信"，姓可能是"麹"，因系高昌王族而省略（中华书局标点本的专名线就是画在"欢信"下面，见慧立、彦琮《大慈恩寺三藏法师传》，孙毓棠、谢方点校，中华书局，2000，第21页）。荒川正晴认为此人的职官应该是"殿中侍御"，名为"史欢信"，当系粟特人，笔者以为更为合理，参见荒川正晴《麹氏高昌国の王権とソグド人》，《福井重雅先生古稀·退職記念論集　古代東アジアの社会と文化》，汲古書院，2007，第337—362页。

殿中侍御和侍讲两种官，如果确实都是延寿时期才新设的，从名称看与高昌王关系密切，很可能是麴文泰当时为加强王权所新设。麴文泰加强王权在官文书上也有体现，文书末尾官员列位中官名和人名中间加"臣"，这种始于麴文泰延寿年间的做法在本组的三件《传用刺薪奏》中也有反映。"行门下事殿中将军"和"行门下事侍郎"这种官职组合也不见于早期文献，如《麴斌造寺碑》中出现"冠军将军兼屯田事""奋威将军横截太守兼宿卫事""长史建武将军领兵部事""长史威远将军领祀部事"等，①唯独没有"行门下事"这种表述。"行某某事"这种用法目前所见最早出现在阿斯塔那 364 号墓所出《重光四年（623）辅国将军领宿卫事麴某残表》中。② 前两件《传用刺薪奏》中也出现了"鹰扬将军兼民部事"，说明"将军号兼某部事"这种官职组合至延寿时期仍在沿用。前两件《传用刺薪奏》的末尾列位中出现的门下校郎也见于《麴斌造寺碑》，《传用刺薪奏》中出现的"行门下事"总是排在门下校郎之后，说明品秩低于门下校郎。陈仲安先生认为"行门下事是代理或临时差遣的性质"。③ 兼、领、行在汉唐职官体系中含义接近，高昌从中原王朝引入的时间可能有早晚的区别。在早期的《麴斌造寺碑》中使用的"兼"仍在使用的情况下，高昌国晚期从重光年间开始引入"行门下事"中的"行"字，原因何在？还是应该从当时通过文书行政加强王权的角度考虑，因为门下的签署是上奏和下行文书的必需环节，④ 重要性不言而喻。

四件刺薪文书也提供了关于高昌国赋役制度研究的新资料。高昌国的赋役制度中存在调薪，《吐鲁番出土文书》中刊布阿斯塔那 520 号墓所出的《高昌延昌三十四年（594）调薪文书一》⑤ 末尾明确出现了"调薪壹佰叁拾贰"这样的统计信息，时间可见"寅岁八月廿五日"。卢开万先生

① 黄文弼：《吐鲁番考古记》，中国科学院，1954，第 54—55 页。
② 唐长孺主编《吐鲁番出土文书》（壹），文物出版社，1992，第 389 页。
③ 陈仲安：《麴氏高昌时期门下诸部考源》，唐长孺主编《敦煌吐鲁番文书初探》，武汉大学出版社，1983，第 13 页。
④ 孟宪实：《汉唐文化与高昌历史》，第 310 页。
⑤ 唐长孺主编《吐鲁番出土文书》（壹），第 317 页。

认为征收数量绝大多数是一人纳壹车，极个别的是纳两车，征收标准应该是据丁。① "调薪"之外，文书中还可以看到"剂刺薪"，如《高昌重光二年（621）正月张相憙入俗剂远行马钱条记》文书开头记"庚寅岁十月剂刺薪壹车"。陈仲安先生认为"剂"是高昌国赋税征收及物资调发中的专用名词，适用于临时征收的杂税及杂征调；刺薪的征调当属于杂征科，由官府临时派征，以出"剂"之月立名。② "调薪"据丁征收，应该是国家的基本征收项目，与属于杂征科的"剂刺薪"不应混杂。《高昌延昌三十四年（594）调薪文书一》的末尾三行文字较大，第一行是调薪的统计信息，第二行是时间，第三行是"］史买子四人［"，应该是具体交付对象，文书的标题称"文书"是笼统定名，更具体的性质应该是"帐"。

本文研究的前三件《传用刺薪奏》的性质到底是"调薪"，还是"剂刺薪"呢？首先，最后一件《四月剂刺薪帐》首行记"四月剂刺薪"，非常明确属于刺薪，已经无须讨论。前三件《传用刺薪奏》的末尾均记"条列用刺薪车数，列别如右"，具体用途文书中也都交代是"供大厨下用"，这一点与前述调薪文书就不同。其次，本组四件文书有互见的人名（见表1）。

表1　四件文书中互见人名

| 人名 | 文书编号 | 文书编号 |
| --- | --- | --- |
| 白相祐儿 | 二 | 三？ |
| 石子达 | 二 | 三 |
| 冯阿相子 | 三 | 四 |
| 阚元保 | 三 | 四 |

① 卢开万：《试论麹氏高昌时期的赋役制度》，唐长孺主编《敦煌吐鲁番文书初探》，第78页。

② 陈仲安：《试释高昌王国文书中之"剂"字——麹朝税制管窥》，唐长孺主编《敦煌吐鲁番文书初探二编》，武汉大学出版社，1990，第8—9、17—18页。

　　二、三两件文书同属延寿九年，文书中出现了相同的人名"石子达"，并且很可能还有"白相祐儿"，① 可以排除是同名同姓的其他人（如果是同名同姓的其他人，文书中一定会进行区分以避免混淆）。两件文书中的供入标准都是壹车，那么意味着石子达一年中纳入刺薪两车，并且是分两次供入，这就与调薪的标准不符。而此前发表的剂刺薪的条记文书则记载令狐怀憙曾在延寿七年（630）九月和十月各供入剂刺薪壹车，② 也是一年纳入两车。由此三件《传用刺薪奏》涉及的赋税性质应该与第四件《四月剂刺薪帐》相同，都是剂刺薪。

　　此前《吐鲁番出土文书》还曾刊布一件《高昌传用西北坊鄯海悦等刺薪帐》③，出自阿斯塔那 78 号墓，文书编号是 67TAM78：20（a），先移录文书如下再做分析。

1 ＿＿＿＿＿＿＿＿＿貳人传：用西北坊鄯海悦刺薪壹车，

2 ＿＿＿＿＿＿＿保壹车，刘阿尊壹车，刘济伯壹车，

3 ＿＿＿＿＿车，刘善庆壹车，左养胡壹车，贾法相 壹

4 ＿＿＿青守壹车，龙德相壹＿＿＿

5 ＿＿相壹车，吕嘿儿壹车，令＿＿＿

6 　　　　　＿＿□儿壹＿＿＿

　　该件文书无纪年，阿斯塔那 78 号墓所出有纪年的高昌文书是《高昌延

---

① 《传用刺薪奏》三的第 3 行可见的第一个人名朱雷先生录作"］何（相）祐儿"，第一个字是"何"或者"相"不太确定。仔细观察该字的残存笔画，并与同件文书中出现的"相"和"何"字比较，笔者认为应当是"相"字。论文第二部分所给的录文中已改，特此说明。

② 唐长孺主编《吐鲁番出土文书》（贰），文物出版社，1994，第 265 页。实际纳入的时间，条记文书上写明分别是十月和十二月。

③ 唐长孺主编《吐鲁番出土文书》（贰），第 41 页。

寿十一年（634）主客残奏》，① 从文书内容看无疑属于高昌国时期文书。文书第二行出现的"刘阿尊"见于本文讨论的《传用刺薪奏》一，第三行的"左养胡"见于《四月剂刺薪帐》，可知该件文书与本组文书时间应接近，涉及的都是当时高昌城西北坊的居民。虽然该件文书后半部分残缺，但依据三件《传用刺薪奏》的格式，且首行不出现"某月剂刺薪"的内容，可以判定也应是一件奏文，文书标题可以改为《高昌延寿年间传用西北坊刺薪奏》。

调薪和剂刺薪性质不同，征收和文书管理的流程也不同。从调薪文书看有统一的标准，应该是统一征收；剂刺薪文书已经出土许多不同阶段的文书，可以据以复原和概括具体的流程。三件《传用刺薪奏》首先证明剂刺薪征收之前也需要高昌王批准并且向高昌王上奏。结合孟宪实先生对上奏文书流程的研究，可以对剂刺薪文书流程进行复原，即包括请令、传令、执行、发给条记文书、汇报、入档和记账。与调薪的统一征收相比，剂刺薪根据需求征调，时间不固定，并且存在同一对象一年征收两次甚至多次的情况，过程比调薪复杂，因此对文书留档的要求就高。这也是前文推测三件《传用刺薪奏》为入档方便而写在一张纸的尺幅之内的原因。《传用刺薪奏》因为有门下和尚书系统官员的签名，是剂刺薪过程中最权威的文书，留档自然很有必要。既然《传用刺薪奏》已经是上奏的结束，那么《四月剂刺薪帐》自然不会也是上奏文书，而应是事后记账，为此后征收做的登记备忘。

调薪是据丁征收，那么剂刺薪征收的标准是什么？四件文书中的人名绝大多数可看出是男子，例外的是《四月剂刺薪帐》第二行出现的"〗佛图妻"，既然登录了"佛图妻"而非"佛图"，说明"佛图"可能无法履行户主的职责，由此推测剂刺薪可能不是单纯据丁征收，也可能是按户征收。另外，《传用刺薪奏》一首行登记的传用西北坊的人名是"张延怀"，与《传用刺薪奏》二、三及《四月剂刺薪帐》起始所记传用者"虎

---

① 唐长孺主编《吐鲁番出土文书》（贰），第39页。

牙将军张延怀"人名相同，应当系同一人。《传用刺薪奏》一中的"孟仕斌"又见于《高昌某人入某年二月剂俗绢残条记》[①] 和《高昌延寿十一年（634）二月张明憙入剂丁正钱条记》[②]，两件文书中"孟仕斌"的身份都是"参军"，其中时间明确的第二件与《传用刺薪奏》一时间很接近，应该系同一人，很可能《传用刺薪奏》一中的身份也是"参军"，只是在文书中没有特别注明。若然，则作为官员的虎牙将军张延怀和参军孟仕斌也需要供入刺薪。高昌国的官员也要承担赋役，是赋税征发的对象，此前学者已有论及，而《传用刺薪奏》证明不仅常规的赋税，临时的征科如剂刺薪，部分负责传令的官员自己也要承担，同样负责传令的侍讲马太岳没有出现在名单中，可能和他品秩高有关系。此前关尾史郎先生指出高昌国至少侍郎以下的官员和平民一样需承担田租和丁税等赋课，[③] 本组文书则证明至少虎牙将军以下的官员都要负担剂刺薪这种临时性的征科。

此前最重要的一批高昌国时期的上奏文书是阿斯塔那 48 号墓所出的一组兵部买马奏行文书。本文研究的上奏文书涉及高昌国时期的刺薪征纳，使我们得以将文书行政与赋役征科联系起来，从文书流程的角度研究剂刺薪征收的具体环节，丰富了我们对高昌国文书制度和赋役制度的认识，因而具有重要的价值。

---

① 唐长孺主编《吐鲁番出土文书》（壹），第 430 页。
② 唐长孺主编《吐鲁番出土文书》（贰），第 267 页。
③ 关尾史郎：《トゥルファン出土高昌国税制関係文書の基礎的研究——條記文書の古文書学的分析を中心として》（五），《新潟大学人文科学研究》第 83 号，1993 年，第 56—57 页。

# 北朝隋唐时期官僚家族的生存空间
# 与政治地位

## ——以唐邕家族为例

高　峰

　　魏晋南北朝隋唐时期，政权更迭频繁，官僚的政治站位与仕进选择牵引出家族在动荡背景下的发展前景问题。河东地区作为北朝东西双方对峙的前沿阵地，当地士族呈现出明显的分流倾向。范兆飞在毛汉光、谷川道雄等学者的研究基础上利用墓志材料详细分析了两魏齐周时期太原士族的分流情况：出仕东魏北齐的太原士人数量多但所任官职偏低，出仕西魏北周的太原士人官位较高。[①] 这种分流情况在北朝隋唐时期的官僚家族中是较为普遍的现象，但少有材料能揭示出官僚家族特别是寒门家族在这一时期较为完整的生存状态。唐邕家族较为丰富的传世史料与出土墓志使其成为一个不可多得的案例。

　　目前学界对唐氏家族的研究主要侧重于两个方面：其一，对唐邕及其妻赵氏刻经的研究；[②] 其二，利用唐俭墓志研究唐开国史。[③] 学界对唐

① 范兆飞：《两魏齐周时代的家族分流与政权对峙：以墓志所见太原士人为中心》，《中国魏晋南北朝史学会第十届年会暨国际学术研讨会论文集》，北岳文艺出版社，2011，第432—452页。

② 李裕群：《邺城地区石窟与刻经》，《考古学报》1997年第4期；唐仲明：《晋豫及其以东地区北朝晚期石窟寺研究——以响堂山石窟为中心》，博士学位论文，北京大学，2004；陈海娟：《刻经者的阶层意识——以"唐邕刻经"为例》，《世界宗教文化》2006年第3期；峰峰矿区文物保管所、芝加哥大学东亚艺术中心：《北响堂石窟刻经洞——南区1、2、3号窟考古报告》，文物出版社，2013；等等。

③ 主要代表研究为牛致功《唐俭与李渊建唐——读〈唐俭墓志铭〉》，氏著《唐代碑石与文化研究》，三秦出版社，2002，第1—14页。

邕和唐俭的研究彼此割裂，并未整体研究唐氏家族在北朝隋唐时期的发展情况。唐氏家族成员积极活跃于多个政治集团之间，仕宦经历贯穿北朝隋唐，是乱世背景下较为典型的官僚家族，能够为我们了解中古官僚家族在政权频迭的背景下通过何种方式谋求出路，提升家族地位提供思路。

## 一　唐邕在晋阳的经营

据《新唐书·宰相世系表》，唐氏出于祁姓，瑶、偕、谘号为三祖，唐邕即出于唐瑶[①]一系。唐瑶曾任西凉晋昌太守，被封为永兴侯。唐瑶有二子：唐契与唐和。[②]又，《魏书·唐和传》记载：

> 唐和字稚起，晋昌冥安人也。父繇……李氏为沮渠蒙逊所灭，和与兄契携外甥李宝避难伊吾，招集民众二千余家，臣于蠕蠕。蠕蠕以契为伊吾王。
>
> 经二十年，和与契遣使来降，为蠕蠕所逼，遂拥部落至于高昌。蠕蠕遣部帅阿若率骑讨和。至白力城，和率骑五百先攻高昌，契与阿若战殁。[③]

西凉政权覆灭后，唐契与唐和兄弟二人臣服于蠕蠕，后又投诚北魏，在与蠕蠕交战中，唐契战死，唐和与唐契之子唐褒归降北魏。唐契另有一子唐纯，曾任后魏太原太守，[④]其子孙自此定居太原。魏分东西之际，唐褒一系子孙进入关中，成为西魏北周政权下的官僚，而唐纯一系则投身东魏北齐。

---

① 《魏书》《北史》记为唐繇。
② 《新唐书》卷七四下《宰相世系表下·唐氏》，中华书局，1975，第3201—3202页。
③ 《魏书》卷四三《唐和传》，中华书局，1974，第962页。
④ 《新唐书》卷七四下《宰相世系表下·唐氏》，第3217页。

唐纯之子唐令世仕宦履历不详，孙唐灵芝曾任北齐尚书右仆射，封温国公。[①] 又，《北齐书·唐邕传》记载"父灵芝，魏寿阳令"，[②] 寿阳属太原郡。[③]《北史·唐邕传》载"父灵芝，魏寿阳令，邕贵，赠司空公"，[④] 并未见唐灵芝任北齐尚书右仆射的记载，《北史》记载唐灵芝因子唐邕而被追赠为司空，尚书右仆射或为赠官。

唐家的煊赫始于唐邕。自唐纯始，唐家在晋阳经营三代，到第四代唐邕时已有所积累。晋阳在北朝隋唐时期的地缘政治尤为重要。劳干先生认为："北朝自然生成的都邑，最重的要算邺、长安和平城。这三个都邑形成了一个三角形，这一个三角形的重心所在，大致相当于晋阳的位置。因而晋阳又和以上三个都邑并立为第四个都邑。"[⑤] 云代并区一直是北魏时期的一个核心区域。[⑥] 到东魏北齐之时，又形成了邺城、晋阳二元政治体制。[⑦] 高欢实行霸府政治，晋阳勋贵势力强大，再加上晋阳处于东西双方对峙的前沿阵地，故晋阳之于高氏的重要性实在邺城之上。[⑧] 在东魏北齐二元体制下，晋阳作为军事中心的重要性不断凸显，成为高氏政权的核心区域，这就为世居晋阳的唐邕参与机务提供了契机。倚仗晋阳地缘政治优势，唐邕充分发挥政治才能，唐家逐渐成为晋阳显赫之家。

早在北魏时，唐邕便得到高欢的赏识，"太昌初，或荐于高祖，命其直外兵曹，典执文帐"。[⑨] 唐邕的政治才能主要体现在处理军事文书上，《北齐书·唐邕传》载：

---

① 《新唐书》卷七四下《宰相世系表下·唐氏》，第 3217 页。

② 《北齐书》卷四○《唐邕传》，中华书局，1972，第 530 页。

③ 《隋书》卷三○《地理志》，中华书局，1973，第 854 页。

④ 《北史》卷五五《唐邕传》，中华书局，1974，第 2001 页。

⑤ 劳干：《论北朝的都邑》，《大陆杂志》1961 年第 3 期。

⑥ 毛汉光：《中国中古政治史论》，上海书店出版社，2002，第 29—104 页。

⑦ 谷川道雄：《隋唐帝国形成史论》附编"府兵制国家论"第二章"两魏齐周时期的霸府与王都"，李济沧译，上海古籍出版社，2011，第 300—308 页。

⑧ 渠传福：《我国古代陪都史上的特殊现象——东魏北齐别都晋阳略论》，《中国古都研究》第 4 辑，浙江人民出版社，1989，第 334—347 页。

⑨ 《北齐书》卷四○《唐邕传》，第 530 页。

识悟闲明，承受敏速，自督将以还，军吏以上，劳效由绪，无不谙练，每有顾问，占对如响。或于御前简阅，虽三五千人，邕多不执文簿，暗唱官位姓名，未常谬误……唐邕分明强记，每有军机大事，手作文书，口且处分，耳又听受，实是异人。①

唐邕记忆力强、熟悉文案，在文书行政方面表现出卓越的才能，这是他见重于北齐历任皇帝最重要的政治资本。唐邕历事高祖、世宗、显祖、肃宗、世祖、后主六朝，在显祖一朝权势尤重，主要得益于唐邕帮助高洋登上了帝位。

《北齐书·文宣帝纪》载：

武定七年八月，世宗遇害，事出仓卒，内外震骇。帝神色不变，指麾部分，自脔斩群贼而漆其头，徐宣言曰："奴反，大将军被伤，无大苦也。"当时内外莫不惊异焉。乃赴晋阳，亲总庶政，务从宽厚，事有不便者咸蠲省焉。②

世宗被膳奴兰京刺杀而亡，事出突然，高洋脔杀兰京后秘不发丧，火速前往晋阳掌握权柄。《北齐书·文宣帝纪》中只强调了世宗崩后，高洋处理突发事件的冷静果敢，并未提及参与此事的谋臣，而《北齐书·唐邕传》中则明确记载高洋当晚曾召见唐邕共谋大事：

及世宗崩，事出仓卒，显祖部分将士，镇压四方，夜中召邕支配，造次便了，显祖甚重之。③

世宗遇刺后，高洋因军队在外而召见唐邕，可知当时唐邕手握重兵。

① 《北齐书》卷四〇《唐邕传》，第530页。
② 《北齐书》卷四《文宣帝纪》，第44页。
③ 《北齐书》卷四〇《唐邕传》，第530页。

结合《北齐书·文宣帝纪》内容推测，唐邕为高洋登基提供了军事支持。高洋即位后，唐邕仍然掌握军政大权。《北齐书·唐邕传》载：

> 齐朝因高祖作相，丞相府外兵曹、骑兵曹分掌兵马。及天保受禅，诸司监咸归尚书，唯此二曹不废，令唐邕、白建主治，谓之外兵省、骑兵省。其后邕、建位望转隆，各为省主，令中书舍人分判二省事，故世称唐、白云。①

高洋即位后撤销丞相府，原相府列曹统归尚书省，但外兵曹与骑兵曹仍独立于尚书省之外，改称外兵省与骑兵省，分别由唐邕、白建担任长官，直接对皇帝负责。唐、白二人均"以典执兵马致位卿相"，② 二人在北齐政坛风头无两，时人称"并州赫赫唐与白"。③ 唐邕在显祖一朝地位尊崇，《北齐书·唐邕传》载：

> （天保）七年，于羊汾堤讲武，令邕总为诸军节度。事毕，仍监宴射之礼。是日，显祖亲执邕手，引至太后前，坐于丞相斛律金之上……一日之中，六度赐物。又尝解所服青鼠皮裘赐邕，云："朕意在车马衣裘与卿共弊。"……显祖尝登童子佛寺，望并州城曰："此是何等城？"或曰："此是金城汤池，天府之国。"帝云："我谓唐邕是金城，此非金城也。"其见重如此。④

显祖将唐邕的座次排在丞相斛律金之上，又将其视为并州金城一般重要，足见唐邕地位尊崇。世祖继位后，唐邕又任尚书令，封晋昌王。⑤

---

① 《北齐书》卷四〇《唐邕传》，第532页。
② 《北齐书》卷四〇《白建传》，第533页。
③ 《北史》卷七八下《徐之才传》，第447页。
④ 《北齐书》卷四〇《唐邕传》，第530—531页。
⑤ 《北齐书》卷四〇《唐邕传》，第531页。

随着唐邕成为东魏北齐政坛之核心人物，其家族亦成为晋阳的显赫门庭。唐纯在北魏时任太原太守，唐家便定居晋阳，逐渐积蓄力量。东魏北齐时期，晋阳的地缘政治优势为唐邕参与机务提供了契机。唐邕曾执掌军队，协助高洋处理世宗遇刺事件并助其登基，又通过执掌外兵曹而位至卿相。唐邕凭借自身政治军事才能与当权者特别是显祖高洋建立了亲密关系，以此维系、提升家族地位。北齐灭亡后，晋阳的政治中心地位丧失，唐邕子孙在周隋之际的仕宦并不如意，家族发展进入低谷期。

## 二　政治动荡下唐氏家族的站位

北齐末年，唐邕仕途遭遇挫折。高纬以宠臣斛律孝卿总知骑兵度支，斛律孝卿在晋阳处理军务时与唐邕发生权力冲突，《北齐书·唐邕传》载：

> 属周师来寇，丞相高阿那肱率兵赴援，邕配割不甚从允，因此有隙。肱谮之，遣侍中斛律孝卿宣旨责让，留身禁止，寻释之。车驾将幸晋阳，敕孝卿总知骑兵度支，事多自决，不相询禀。邕自恃从霸朝以来常典枢要，历事六帝，恩遇甚重，一旦为孝卿所轻，负气郁怏，形于辞色。[①]

高阿那肱在应对北周的进攻时，唐邕配给迟缓、物资供应不足，由此二人产生嫌隙。高纬又派斛律孝卿宣旨责让唐邕，唐邕逐渐见弃于后主，武平末年，斛律取代唐邕"典外兵、骑兵机密"。[②]

唐邕的失势与当时士族和寒门的斗争密切相关。唐邕等寒门子弟希望凭借自己的政治才能打破身份制社会的约束，而以祖珽为代表的贵族则希

---

①　《北齐书》卷四〇《唐邕传》，第531页。
②　《北齐书》卷二〇《斛律羌举传》，第267页。

望维护门阀制度。后主时期，祖珽凭借高纬的宠幸，接连打击政敌，赵彦深、元文遥和唐邕等寒人均离开权力中心。① 面对后主时期寒门官僚的失势，如何挽回家族地位成为唐邕不得不考虑的问题。唐邕凭借政治才干与当权者建立起亲密关系，促成唐家成为晋阳煊赫之家，面对后主的冷落，唐邕试图寻找新的出路，周齐战争频仍给了唐邕新的契机。

周齐之战，北齐节节败退，后主从晋阳仓皇逃亡邺城，此时唐邕选择留居晋阳，拥立安德王为帝。《北齐书·唐邕传》载：

> 帝平阳败后，狼狈还邺都。邕惧那肱谮之，恨斛律孝卿轻己，遂留晋阳，与莫多娄敬显等崇树安德王为帝。②

唐邕选择留在晋阳，首先是因为在后主朝政治失意，与其扈从回邺，不如留在晋阳再行谋划。其次，唐家在晋阳是显赫之家，若能坚守晋阳，打退北周进攻，这样唐邕作为救国功臣可重掌权柄。所以，唐邕积极推举安德王高延宗为帝组织反抗，安德王登基后"以晋昌王唐邕为宰辅"。③唐邕拥立安德王之举与当年助力高洋登上帝位如出一辙，通过接近权力中心而在风云诡谲的政治旋涡中选择最有可能的政权继承者，并助其登上帝位。在士族的政治、社会影响难以被撼动的时代背景下，寒素之士通过亲密关系进入最高统治者的眼界并施展出卓越的政治才干是提升社会阶层最直接、有效的方式。

然而，晋阳抵抗转瞬失败，唐邕降周，幼子君德因此被杀；长子君明，名义，北周时授开府仪同三司，入隋后任应州刺史；④ 次子君彻，名鉴，曾在北齐担任中书舍人、通直散骑常侍，入隋后，任武贲郎将、戎州

---

① 《北齐书》卷三八《元文遥传》，第504页；卷三八《赵彦深传》，第506页。
② 《北齐书》卷四〇《唐邕传》，第531页。
③ 《北齐书》卷一一《安德王传》，第149页。
④ 《北齐书》卷四〇《唐邕传》，第532页。

刺史与顺州刺史。① 唐鉴之子唐宪曾追随太子杨勇。《新唐书·唐宪传》载：

> 宪字茂彝，仕隋为东宫左勋卫。太子废，罢归。②

唐宪曾担任东宫左勋卫，随着太子被废，唐宪罢归晋阳，唐家未能在政治上获得进益。从唐邕及其子孙所任官职来看，周隋时期唐家子弟未能参与中枢，家族政治地位下降。

唐邕因帮助高洋登基而成为北齐政坛核心人物，到北齐末年见弃于后主，政坛失意。为维系家族地位，唐邕趁周齐战争之际拥立安德王，试图重建从龙之功。晋阳抵抗失败后，北齐灭亡，唐邕子孙宦于周隋。唐氏家族仍积极谋求与权力中心建立亲密关系，唐宪曾追随太子杨勇，但杨勇被废后，唐家在隋朝政坛上未有起色。周隋时期，唐家子弟虽宦游长安或他处，但仍家于晋阳，唐家在晋阳仍有一定的影响力，这为入唐后其提升家族政治地位奠定了基础。

唐邕之子唐鉴曾与李渊"同领禁卫"，③ 唐鉴与李渊交好又直接影响了儿子唐宪、唐俭与李渊父子的关系。《新唐书·唐宪传》载：

> 宪字茂彝，仕隋为东宫左勋卫。太子废，罢归。不治细行，好驰猎，藏亡命，所交皆博徒轻侠。高祖领太原，颇亲遇之，参与大议。④

唐宪罢归晋阳后，因"好驰猎""藏亡命"得到了李渊的青睐。比起唐宪擅长武艺来，唐俭更善于谋划，《旧唐书·唐俭传》载：

---

① 张沛编著《昭陵碑石》，三秦出版社，1993，第129页。
② 《新唐书》卷八九《唐宪传》，第3760页。
③ 《旧唐书》卷五八《唐俭传》，中华书局，1975，第2305页。
④ 《新唐书》卷八九《唐宪传》，第3760页。

高祖在太原留守，俭与太宗周密，俭从容说太宗以隋室昏乱，天下可图。太宗白高祖，乃召入，密访时事，俭曰："明公日角龙庭，李氏又在图牒，天下属望，非在今朝。若开府库，南啸豪杰，北招戎狄，东收燕、赵，长驱济河，据有秦、雍，海内之权，指麾可取……"①

晋阳起兵之前，唐俭为李渊提供了图谋天下的基本方针。在进军过程中，唐俭亦坚定不移地支持李渊进入关中，建立政权。张耐冬分析了元从人士的身份背景与政治主张，认为李渊阵营中多数人"坚持太原本位，不肯远离该区域核心城市晋阳"，② 在这种情况下，出身于晋阳的唐俭却能坚决支持李渊父子入主关中，赢得最高决策者的信赖。

李渊进兵至霍邑时，军中盛传突厥与刘武周进攻晋阳，裴寂等人主张回师晋阳，而唐俭却主张进军关中而非以晋阳为政治中心，唐俭的这一主张在两《唐书》唐俭传中并未记载，但在《唐俭墓志铭》中可窥见一斑：

马邑未宾，丑类有徒，长氛压境，群情危骇，物议不同。公与太宗兴言暗合，请率麾下承虚入关，高祖然之，众方佥伏。是日趋驾……次贾狐堡，淫潦为灾，外绝盈粮，内无半菽。皓城凭岨，崒堞临云。汤池险固，深隍肆景。人无斗志，议欲退还。公顿首马前，述寒胶之可折；请遵龙战，克倒戈之有期。③

唐俭墓志的作者为许敬宗，不排除其对墓主人的溢美之词，夸大唐俭的劝谏之功，但可以确定，唐俭在此次讨论中并不主张回师晋阳，而是与李渊、李世民站在同一战线，主张进军关中。

自唐纯始，唐家六代人在晋阳经营，积淀深厚，唐俭应比裴寂等人更重视晋阳的安危，但其政治谋划却与李渊合拍，坚持攻下霍邑入主关中。

---

① 《旧唐书》卷五八《唐俭传》，第 2305 页。
② 张耐冬：《太原功臣与唐初政治》，中国社会科学出版社，2018，第 111 页。
③ 张沛编著《昭陵碑石》，第 130 页。

唐俭能果断割断与晋阳的联系，首先与其军事才能分不开。据上引《旧唐书·唐俭传》可知唐俭在李渊起兵之初便为其筹谋，建议占据长安以谋取天下。其次，唐家此时在晋阳的势力已经无法与北齐时比肩。唐氏家族能在晋阳获得威望的重要原因是唐邕为东魏北齐政坛之核心人物。而唐邕降周后，唐家子弟在周隋时期未能谋取高位，家族地位降低。在新的政治形势下，只有坚定不移地支持李渊父子进取关中，成为他们最亲密的政治伙伴，才能获得晋升机会。

北齐灭亡后至唐代建立，唐家子弟游走于多重政治势力之间，试图与当权者建立亲密关系，虽然经历了周隋时期的失败，但晋阳起兵给了唐宪、唐俭兄弟再次政治站位的机会。自霍邑之战后，李渊确立了边缘化元从人士的政策，[1] 李唐建国后，元从人士亦被排除在政治核心之外，而唐俭因在晋阳起兵过程中政治站位准确，获取了李渊、李世民父子的信任，这也使得唐氏家族在唐代的政治地位大为提升。武德元年（618）八月，李渊下《褒勋臣诏》，唐俭名列其中，恕一死。唐俭在武德时先后任中书侍郎、黄门侍郎，晋封莒国公。唐俭又与李世民交好，在太宗朝亦蒙圣恩。李世民任渭北道行军元帅时唐俭曾任司马，后又担任了李世民天策府长史。[2] 贞观年间，唐俭任鸿胪卿、户部尚书，并图形凌烟阁。[3] 唐俭共有八子，其中担任三品以上高官的所知有两人：唐松龄任太常卿，正三品；唐观任秘书监，从三品。唐俭孙辈及重孙辈中担任三品高官的均出于四子唐嘉会之后。唐嘉会长子唐从心，担任从三品殿中监，唐从心之子唐昕担任从三品鸿胪卿；唐嘉会次子唐简心之子唐昭任从三品河南尹。

北朝隋唐之际的乱世背景下，寒门官僚家族的生存空间受到极大挑战。高门士族因累世簪缨，在地方享有极大的威望，虽政权更迭频繁仍能维系家族地位。而中下层官僚家族的生存空间受到时代背景与政治势力的

---

① 张耐冬：《太原功臣与唐初政治》，第178页。
② 《旧唐书》卷五八《唐俭传》，第2306页。
③ 王溥：《唐会要》卷四五《功臣》，中华书局，1960，第801页。

深刻影响。东魏北齐时期，晋阳为政治核心城市，唐邕借助晋阳地缘优势并凭借自身军政才能与当权者建立了亲密关系，带领唐家发展为晋阳显赫之家。周隋时期，唐家子孙未能寻找到可靠的政治势力依仗，但其家族在晋阳的积累，为唐宪、唐俭参与晋阳起兵奠定了基础。唐俭意识到晋阳在新朝不复东魏北齐时的政治核心地位，因而能果断摒弃太原本位主义，积极支持李渊父子南下关中、谋取天下。唐俭倚仗功臣之资带领家族跟随政治中心迁移，并积极向关陇贵族靠拢。

## 三 唐氏家族与关陇集团的融合

晋阳起兵成功后，唐氏家族为保持政治地位，积极与关陇集团融合。首先在地理空间上，唐俭带领家族将居住地与葬地从晋阳向长安迁移，放弃了家族在晋阳的积累，转而在长安经营，跟随政治中心迁移。

唐家自唐纯任北魏太原太守时便迁居晋阳，具体住地今不可考。迁移至长安后，家族聚居安仁坊。《唐俭墓志铭》载：

> 以显庆元年十月三日薨于安仁里第，春秋七十八。[1]

《河南县君元万子墓志铭》载：

> 以显庆二年十二月三日遘疾终子（于）万年之安仁里第。[2]

根据墓志可知，唐俭宅位于安仁坊，元万子为唐俭四子唐嘉会之妻，终于安仁坊，推测唐家聚居安仁坊。安仁坊位于朱雀门大街东，北数第三坊。[3]

---

[1] 张沛编著《昭陵碑石》，第 129 页。

[2] 张沛编著《昭陵碑石》，第 134 页。

[3] 徐松撰，李健超增订《增订唐两京城坊考》卷二，三秦出版社，2006，第 49 页。

随着家族居住地从晋阳迁至长安，葬地亦随之迁移。唐邕及其子均葬于晋阳。《元和郡县图志·河东道二》载：

> 高齐唐邕墓，在县东南七十里。碑云"齐尚书令晋昌王"。①

《祁县志》载：

> 晋昌王唐邕墓在大韩村东，南北长五丈五尺，东西阔三丈七尺，高一丈二尺，有碑剥落。
> 应州刺史唐义在小韩村东南，周围四十步，高一丈一尺。
> 太常卿唐鉴墓在大韩村唐邕墓西南，周围一十八步，高一丈。②

唐邕与长子唐义、次子唐鉴均葬于祁县大韩村、小韩村交界处，此地应为唐氏的家族墓地。祁县属并州。③

显庆元年（656）唐俭去世后陪葬昭陵，④ 此后唐氏子孙再未归葬晋阳。唐俭之子唐善识、唐嘉会均陪葬昭陵。唐善识因尚豫章公主，故与公主陪陵；⑤ 唐嘉会则因父亲陪陵得以祔葬，唐氏家族墓园位于昭陵东南。⑥ 除祔葬昭陵外，推测唐家在长安南原亦有家族墓地。《河南县君元万子墓志铭》载：

> 以显庆二年十二月三日遘疾终于（于）万年之安仁里第，粤三年正月十四日殡于万年之南原。⑦

---

① 李吉甫：《元和郡县图志》卷一三《河东道二》，中华书局，1983，第371页。
② 《祁县志》，康熙六年刻本。
③ 李吉甫：《元和郡县图志》卷一三《河东道二》，第370页。
④ 《旧唐书》卷五八《唐俭传》，第2307页。
⑤ 王溥：《唐会要》卷二一《陪陵名位》，第413页。
⑥ 昭陵文物管理所：《昭陵陪葬墓调查记》，《文物》1997年第10期。
⑦ 张沛编著《昭陵碑石》，第134页。

元万子亡于显庆二年十二月初三，而唐嘉会亡于仪凤三年（678）正月初六，所以元万子权葬于长安南原，直到仪凤三年才与唐嘉会合葬于唐俭旧茔，长安南原或有唐氏的家族墓地。

唐家居住地与葬地的迁移具有同步性，这种同步体现了唐氏有意迁移长安，并试图立足于此。唐家在完成地理迁移的基础上，进一步通过追认郡望、缔结婚姻等方式与李唐皇室构建亲密关系，维持在新朝的家族地位。

入唐以后，唐家在家世书写上特意追认晋昌郡望，《北齐书·唐邕传》载：

> 唐邕，字道和，太原晋阳人，其先自晋昌徙焉。[1]

《旧唐书·唐俭传》载：

> 唐俭，字茂约，并州晋阳人，北齐尚书左仆射邕之孙也。[2]

《大唐故殿中少监上柱国唐府君（嘉会）墓志铭》载：

> 君讳河上，字嘉会，晋昌人也。[3]

《大唐安国相王故孺人晋昌唐氏墓志》载：

> 孺人讳，酒泉晋昌人也。[4]

---

① 《北齐书》卷四〇《唐邕传》，第 530 页。
② 《旧唐书》卷五八《唐俭传》，第 2305 页。
③ 张沛编著《昭陵碑石》，第 195 页。
④ 洛阳市第二文物工作队：《唐安国相王孺人唐氏、崔氏墓发掘简报》，《中原文物》2005年第 6 期。

　　唐邕、唐俭在本传中均记为晋阳人，唐嘉会却并未从父祖籍贯，记为晋昌人。孺人唐氏为唐俭孙女，籍贯亦记为晋昌，推测从唐俭子辈起，唐家籍贯改为晋昌。

　　晋昌唐氏是陇西名族，[①] 唐邕先祖唐辉曾任前凉陵江将军，自此唐家定居晋昌，到唐纯任北魏太原太守时从晋昌迁至太原，此后唐家连续六代人籍贯为晋阳。到唐嘉会时，则追述晋昌。唐家确出于晋昌唐氏，并非攀附郡望，但晋昌唐氏并非汉魏高门，北朝、隋朝时期唐家亦未曾追述，入唐以后开始追认晋昌郡望，本质上是为了标示本家族与李唐皇室同出于陇西名族，以此获取认同。中宗朝宰相唐休璟与唐俭同为唐氏三祖之一的唐瑶之后，为唐和一脉，两《唐书》唐休璟传中均记唐休璟为京兆始平人，但苏颋所作《右仆射太子少师唐璿神道碑》中唐休璟为晋昌酒泉人，[②] 可见唐家积极追认晋昌郡望。

　　唐家通过追认晋昌郡望，将家族塑造为陇西名族，同时又利用婚姻关系巩固家族地位。唐家联姻的对象主要有三类：勋贵、皇室与士族。

　　唐邕曾娶段荣之女、段韶之妹为妻，段荣、段韶均为北齐勋臣。《北史·段昭仪传》载：

　　　　段昭仪，韶妹也……昭仪才色兼美，礼遇殆同正嫡。后主时，改适尚书唐邕。[③]

　　段氏为文宣帝高洋的昭仪，文宣帝驾崩后，段昭仪改嫁唐邕。唐邕之子的婚姻关系不详，孙唐俭娶河南元氏，《唐俭碑》载：

　　　　夫人河南元氏，考行儒，毛州司马，封莒国夫人。[④]

---

① 陈弱水：《从〈唐垣〉看唐代士族生活与心态的几个方面》，《新史学》第 10 卷第 2 期，1999 年。
② 董诰等编《全唐文》卷二五七《苏颋八·右仆射太子少师唐璿神道碑》，中华书局，1983，第 2605 页。
③ 《北史》卷一四《段昭仪传》，第 521 页。
④ 张沛编著《昭陵碑石》，第 222 页。

又，《北齐书·元文遥传》载：

> 行恭弟行如，亦聪慧早成，武平末，任著作郎。[1]

《元和姓纂》卷四载："（文遥）生行恭、行恕。行恕，《北齐书》三八及《北史》五五作'行如'。行恕，隋毛州司马。"[2] 据此可知，元文遥之子元行如（恕）曾担任毛州司马，而《唐俭碑》所记其岳父行儒亦为毛州司马，行儒即行如（恕）。唐俭妻元氏为元行如（恕）之女，元文遥之孙女。

唐、元两家颇有渊源，北齐文襄帝任元文遥为大将军府功曹，唐邕几乎同时担任了大将军府参军，元文遥历事高欢、高澄、高演三主，与唐邕共事。元氏出于北魏皇室，北魏亡后虽不再具有皇族地位，但仍为贵族之家，具有较高政治地位，唐家乐于与之联姻；对于元家来说，在魏室衰落后，与唐家这样出身寒门而又颇具才干的官宦联姻可以巩固自己在朝廷中的地位。唐、元两家的婚姻，维持了两代。唐俭之子唐嘉会亦娶元氏女。《大唐故殿中少监上柱国唐府君（嘉会）墓志铭》载：

> 夫人河南人，洋州使君务整之第二女……封河南县君。[3]

《河南县君元万子墓志铭》载：

> 夫人讳万子，河南洛阳人。曾祖文，隋尚书左仆射；祖行如，毛州司马；父务整，祥州刺史。[4]

---

[1] 《北齐书》卷三八《元文遥传》，第 505 页。
[2] 林宝撰，岑仲勉校记，郁贤皓、陶敏整理，孙望审订《元和姓纂》卷四，中华书局，1994，第 401 页。
[3] 张沛编著《昭陵碑石》，第 195 页。
[4] 张沛编著《昭陵碑石》，第 134 页。

唐嘉会娶元行如之孙女、元务整次女。唐俭父子两代均与元氏联姻，意在维持唐、元两家的结盟关系。显庆二年元氏女亡，唐嘉会再娶阎立德之女。《唐故殿中少监上柱国唐府君夫人秀容县君阎氏墓志铭》载：

> 夫人姓阎氏，河南河阴人也。曾祖庆，魏侍中。祖毗，周驸马都尉，隋殿内监、大安康公……父立德，皇朝工部尚书，赠并州都督。[1]

阎氏的曾祖父阎庆在北魏分裂时投奔宇文泰，是西魏、北周新兴勋贵。阎庆之子阎毗在北周末年位至大将军。[2] 阎毗有两子：立德、立本。阎立德的长女阎婉嫁魏王泰，[3] 次女则嫁唐嘉会。阎家虽非高等士族，却在周、隋、唐时期凭借勋功入仕朝廷，是陇西名族。[4]

唐俭应成婚于周隋时期，当时唐家游走于多重政治势力之间未有起色，与元家联姻有利于挽救家族衰落之势。唐朝建立后，唐俭成为元从功臣，而此时的元家已从门阀世家堕落为普通地主阶层，元氏女亡后，唐嘉会再娶阎立德之女，积极与陇西名族联姻，有意与新朝统治集团融为一体。

唐家与李唐皇室联姻共持续三代。最早，唐俭之子唐善识尚太宗之女豫章公主。[5] 豫章公主生母早亡，养于长孙皇后处，颇受太宗宠爱。太宗与唐俭为晋阳故旧，便以唐善识为驸马。

唐俭孙女嫁相王李旦，《大唐安国相王故孺人晋昌唐氏墓志铭并序》载：

---

① 邢富华、高金照、李德方：《唐府君夫人秀容县君阎氏墓志考略》，《考古与文物》1988年第4期。

② 《周书》卷二〇《阎庆传》，中华书局，第343页。

③ 湖北省博物馆、郧县博物馆：《湖北郧县唐李征、阎婉墓发掘报告》，《文物》1987年第8期；全锦云：《试论郧县唐李泰家族墓地》，《江汉考古》1986年第3期。

④ 侯纪润：《唐阎立德家族考疏——以墓志为中心》，西安碑林博物馆编《碑林集刊》总第21辑，三秦出版社，2015，第120—127页。

⑤ 《旧唐书》卷五八《唐俭传》，第2307页。

祖俭……父观，皇朝左千牛、同州、河西县令、秘书郎，并衣冠累袭，儒雅相承，玉润珠明……以长寿二年正月二日卒，春秋卅有一……粤以神龙二年岁次景午十一月辛丑朔廿日庚申安厝于河南龙门之原，礼也。①

虽然史书中未见有关唐氏之记载，但根据墓志可知，唐氏为唐俭第六子唐观之女，嫁安国相王李旦。长寿二年（693）正月初二唐氏卒，推测其死因与韦团儿诬告刘、德二妃厌胜有关。②

唐家第三代与皇室联姻的是唐嘉会之孙唐晙，娶太平公主之女。《旧唐书·唐俭传》载：

> 俭孙从心，神龙中，以子晙娶太平公主女，官至殿中监。
> 晙，先天中为太常少卿，坐与太平连谋伏诛。③

睿宗登基后，太平公主与李隆基之间的矛盾日益尖锐，先天二年（713），太平公主发动政变，唐晙亦因参与政变而被杀。唐家与皇室的联姻至此画上句号。

唐家与高门士族的联姻目前仅知一例，唐俭之女嫁博陵崔氏。《旧唐书·崔行功传》载：

> 崔行功，恒州井陉人，北齐巨鹿太守伯让曾孙也。自博陵徙家焉。行功少好学，中书侍郎唐俭爱其才，以女妻之。④

---

① 洛阳市第二文物工作队：《唐安国相王孺人唐氏、崔氏墓发掘简报》，《中原文物》2005年第6期。
② 吴业恒：《新见〈大唐安国相王孺人晋昌唐氏墓志〉考释》，西安碑林博物馆编《碑林集刊》第13辑，陕西人民美术出版社，2008，第91—94页。
③ 《旧唐书》卷五八《唐俭传》，第2307页。
④ 《旧唐书》卷一九○上《崔行功传》，第4996页。

崔行功曾祖为北齐巨鹿太守崔伯让，根据《新唐书·宰相世系表》可知其出于博陵崔氏著房之一的博陵大房。崔、唐的联姻说明唐家在唐代地位有所提高，为高门士族所接纳。根据前文绘制唐家婚姻关系网如图1所示。

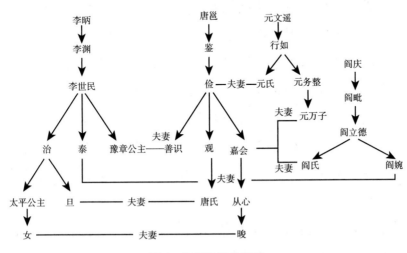

**图 1　唐家婚姻关系网**

总结唐家的婚姻关系网，可以发现唐家联姻的对象主要是勋贵与皇室。唐、元两家的联姻建立在唐邕与元文遥同朝为官的基础上，同僚之谊使得两个家族彼此亲近。周隋时期，唐、元两家的社会地位与政治地位都渐趋衰落，相似的政治遭遇使得两家更容易走向联合。随着元家的衰落，唐家更换了合作者，这在唐嘉会的婚姻上体现得尤为明显。唐家既非阀阅之家，又非关陇贵族，从晋阳迁移至长安后，与李唐皇室联姻成为维持家族地位最重要的方式。唐家与博陵崔氏联姻是其为门阀士族接纳的显例，说明唐家随政治中心的转移迁居长安后，在长安重新树立起家族威望并逐步得到士族的认同，这是在晋阳时唐家没有的待遇。

## 结　语

纵观唐家在北朝隋唐时期的仕宦经历可知，唐纯任北魏太原太守，因此家族定居晋阳，其子孙在魏分东西时仕于东魏北齐。东魏北齐时期邺城、晋阳二元政治体制使晋阳的地缘优势为唐家提高政治地位提供了重要的地利条件。唐邕借助地缘优势，以自身政治才能与统治者建立起亲密关系，成为北齐政坛的核心人物，促成了唐家在晋阳的显赫声势。但后主高纬即位后，唐邕未得恩宠，逐渐被排挤出政治中心。周齐对战时，唐邕试图辅助安德王高延宗守卫晋阳重掌权柄，最终却战败降周。北周时唐家作为降臣在政治上并无起色。入隋以后，唐鉴、唐宪父子积极向统治者及其继任者靠拢，试图建立亲密关系，但因杨勇被废而流产。直到隋唐之际，唐俭凭借家族在晋阳的积累支持李渊父子晋阳起兵，同时亦认识到晋阳已不复东魏北齐时的核心政治地位，遂摒弃太原本位主义，坚定支持李渊入主关中，成为李渊建国道路上的亲密伙伴，由此获得充分的政治资本，家族地位大为提升。

唐邕及其后人在政权更迭频繁的时代背景下，为维系、提高家族地位，一方面发掘家族在政治核心区的地缘优势，另一方面积极与当权者建立亲密关系，获取政治资本。唐氏家族的仕宦经历多面向地展示了乱世背景下官僚家族如何积极提升家族地位。

王朝兴替的过程中，官僚家族生活的地域空间与政治地位具有关联性。东魏北齐时期，晋阳为政治核心城市，唐邕在此地缘优势的基础上通过与当权者建立亲密关系带领唐家发展为显赫之家。周隋时期，政治中心从晋阳迁移至长安，唐家在晋阳的积累未能使家族延续旧时的煊赫，直到李渊父子晋阳起兵，为唐家的复兴提供了契机。若某一家族累世生活的地域为当时的统治中心，则有助于提高家族政治地位；换言之，为了维持或提高家族地位，这些官僚家族势必会向当时的统治中心流动。唐家从晋阳到长安的社会流动说明寒门官僚家族比起士族更容易放弃当地的宗族基础与社会威望，积极跟随政治中心迁移流动，表现出更大的灵活性。

唐家仕宦路径是致力于积极接近政治中心，与最高权力者建立亲密关系。唐邕帮助高洋登上帝位、唐俭参与晋阳起兵是政治投机成功的典范，而北齐末唐邕拥立安德王、隋代唐宪追随杨勇则是失败的赌注。唐家在元从之功的基础上采取迁移居住地与葬地、追认郡望、缔结婚姻等方式与关陇贵族融合，体现出寒门家族虽然凭借自身政治才能参与政治，但仍致力于构建与皇帝的亲密关系，以期保持家族昌盛。唐嘉会之孙唐晙参与太平公主谋反被杀后，唐家逐渐没落。唐家遭遇政治打击后一蹶不振，主要是对时代走向缺乏前瞻性的认识，没有意识到制度变革为维持、提升家族地位带来的可能性，仍然倚靠门荫入仕。唐代科举制盛行后，即便是世家大族也需要以科举入仕来维系旧有门风，而唐家却希望通过门荫与婚姻来保持家族尊崇地位，未能利用科举这一新兴的社会流动机制，最终在耗尽功臣资本后逐渐趋于衰落。

## 附：唐俭家族世系图

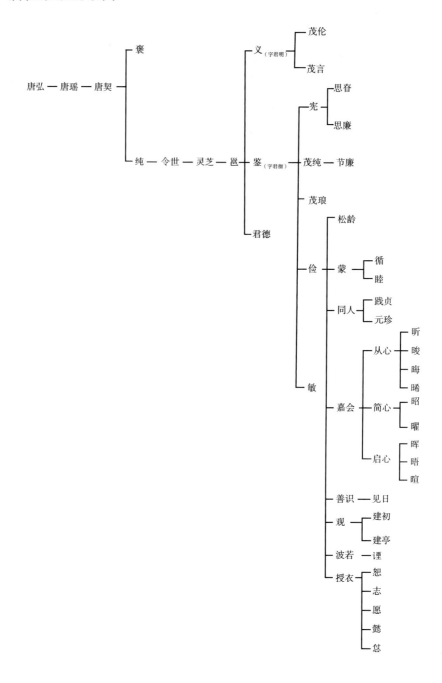

# 西魏北周关陇集团附属系统的形成

王　玮

自从陈寅恪指出隋唐统治者大多出自西魏宇文泰以关中本位凝聚起的关陇集团，关陇集团理论已成为把握北朝隋唐史绕不开的解释框架。然而北朝后期，三方对峙，人士流移，关陇集团与山东、南方政治势力的边界比较模糊。中间人群到底该如何定位？比如隋朝名臣高颎的政治归属就众说纷纭。诸位学者常常按照自己研究的需要将其归入关陇集团或山东势力。① 其实陈寅恪已经提出关陇集团附属系统的概念。② 简言之，这是一种出身于其他地域，却依附于关陇集团，认同关中本位的政治势力。近年来李万生指出了这一点，并据此认为关陇集团有广义和狭义之分，广义的

---

① 例如：姜望来在其硕士学位论文《魏周隋唐关陇集团与山东势力》（武汉大学，2005）中根据其渤海郡望把高颎列入山东势力。王玉来则在其博士学位论文《承续与更始：隋代统一进程中的地域集团与政治整合》（华东师范大学，2013）中把高颎归入关陇集团内部派系之一，以助其论证开皇年间易储斗争是关陇集团内部派系的分裂与斗争。王永平也在《隋代江南士人的浮沉》（《历史研究》1995年第1期）一文中将高颎列入关陇人物以论证隋代关陇集团对江南士人的压制。本文则认为高宾、高颎父子以山东人士身份，脱离根基，加入和依附关陇集团统治的周隋政权并成为杨坚亲信，跻身权力核心，正是典型的关陇集团附属系统中人。这比将其简单归入关陇集团或山东势力更能准确地描述高宾、高颎父子在周隋政权中的位置。

② 陈寅恪在《记唐代之李武韦杨婚姻集团》一文中探讨唐高宗废王立武问题时指出：褚遂良等人"来自南朝之系统。此系统之人物不论其先世在晋过江前或后为何地域之人，但北朝平灭南朝以后，此等人乃属俘囚家臣性质，绝无独立资格，非若山东士族北齐亡后仍保有地方势力者可比，是以遂良可视为关陇集团之附属品"。其另一文章《论隋末唐初所谓"山东豪杰"》中也提出"关陇集团代表之长孙无忌及其附属系统之褚遂良等"。参见陈寅恪《金明馆丛稿初编》，生活·读书·新知三联书店，2001，第254、274—275页。

关陇集团包含了狭义的宇文泰"关中本位政策"鸠合的出身关陇的统治者及其后裔与非关陇籍贯而加入或附属此狭义者所组成的大统治集团。黄富源也指出陈氏文章中暗含着唐初政权由关陇集团及依附于它的附属系统两大系统组成的观点。[1] 但前辈学者并未明确界定该系统的含义,时间上也未涉及唐朝之前,更很少把关陇集团附属系统作为一个单独的人群加以考察。那么唐初关陇集团附属系统有哪些特征?它是怎样起源和发展的?它的存在和发展对整个中古时代变迁有怎样的意义?这些便是本文要讨论的问题。

## 一　关陇集团附属系统的界定与溯源

陈寅恪笔下的唐代关陇集团附属系统不仅有褚遂良这一典型,还有兰陵萧氏。他在《唐代政治史述论稿》中讨论萧遘、萧俛在牛李党争中的党派归属时有"兰陵萧氏元是后梁萧詧之裔,而加入关陇集团"的说法。[2] 因此以下先考察兰陵萧氏和阳翟褚氏的经历。

唐初兰陵萧氏的代表人物是宰相萧瑀。萧瑀是梁朝宗室,梁亡入隋,隋亡归唐,身为隋炀帝妻弟,子尚唐太宗公主,历任隋尚衣奉御、内史侍郎,唐民部尚书、内史令。于贞观年间与长孙无忌等并列凌烟阁二十四功臣。[3]

褚遂良则出身于南朝侨姓世族阳翟褚氏。其父褚亮陈亡入隋,历任隋东宫学士、太常博士,入唐后成为李世民秦王府十八学士之一。褚遂良则在隋末任陇右薛举政权的通事舍人,入唐后因文史书法才能深受唐太宗爱重,累迁黄门侍郎、中书令,又与长孙无忌同受遗诏辅佐唐高宗。[4]

---

① 李万生:《说"关中本位政策"》,《清华大学学报》2010年第4期;黄富源:《陈寅恪唐初关陇集团说新解》,《贵州文史丛刊》2005年第1期。

② 陈寅恪:《隋唐制度渊源略论稿　唐代政治史述论稿》,生活·读书·新知三联书店,2004,第294页。

③ 《旧唐书》卷六三《萧瑀传》,中华书局,1975,第2398—2404页。

④ 《旧唐书》卷八〇《褚遂良传》,第2729—2739页。

可见他们有三大基本特点：第一，都来自关陇集团统治之西魏北周政权固有势力范围之外；① 第二，都担任朝廷文职，缺乏军事实力和地方根基，而与以军人和关陇豪右为主体的关陇集团有别；第三，都认同关中本位，与关陇皇权关系亲密，而与山东士族等其他地域势力有别。

从此出发，考察唐初人物：陈朝宗室陈叔达，国亡入隋，大业中先后任内史舍人、绛郡太守，后以郡归唐，"与记室温大雅同掌机密，军书、赦令及禅代文诰，多叔达所为"，② 李渊建唐后，官至侍中。陈叔达也是从南朝系统进入关陇集团政权者，他缺乏军事实力和根基，以文职依附于关陇集团，是典型的关陇集团附属系统中人。唐初像这样出身南朝系统的士人还有岑文本、姚思廉、虞世南、欧阳询、许敬宗③、刘洎等人。

下面来看山东士人。结合前文所引，陈寅恪指出褚遂良之类"绝无独立资格，非若山东士族北齐亡后仍保有地方势力者可比"，可见他很强调关陇集团附属系统与有实力有根基的山东地域势力的区别和对立。中古时期地域政治势力的实力、根基主要来自两个方面，一是宗族乡里基础，二是军队武装力量。因此地方势力及社会威望犹存的山东士族和武装力量强大的山东豪杰等山东实力派自然要排除在外，④ 而加入关陇政权的魏徵、马周、张行成等山东寒微人士则可归入关陇集团附属系统的山东一脉。

另外，《旧唐书·崔敦礼传》记载："崔敦礼，雍州咸阳人，隋礼部尚书仲方孙也。其先本居博陵，世为山东著姓。魏末徙关中。"武德九年（626），幽州都督庐江王李瑗反，出使幽州的崔敦礼被囚禁而始终忠于长

---

① 这里的固有势力范围是指西魏兼并汉中巴蜀荆襄之前的势力范围，即关陇、河东以及河南西部地区，并在边境地带稍稍向外辐射。

② 《旧唐书》卷六一《陈叔达传》，第 2363 页。

③ 虽然许敬宗在唐高宗时期依附武则天，因而被陈寅恪先生认为依附于山东地域势力，但其父许善心就是陈亡入隋的南方人士，太宗贞观年间也以文学修养得到太宗信任赏识，与关陇集团关系密切，因此许敬宗总体上仍可归入关陇集团附属系统。

④ 陈寅恪先生在《论隋末唐初所谓"山东豪杰"》一文中说"盖当时中国武力集团最重要者，为关陇六镇及山东豪杰两系统"（《金明馆丛稿初编》，第 254 页）。

安朝廷，"竟无异词"，高宗年间官至宰相，封固安县公。[①]

崔敦礼出身山东第一流高门士族博陵崔氏，但这一支于北魏末年入关，远离乡里，已历三世，遂融入关陇集团，政治利益与关陇集团一致，连郡望都是雍州咸阳。崔敦礼之类入关山东士族显然也可列入关陇集团附属系统。

可见唐初确实存在一个规模不小的关陇集团附属系统。他们来自西魏北周关陇集团固有势力范围以外的地域，缺乏军事实力和地方根基，政治上依附于关陇集团，认同关中本位。他们包括了绝大多数的南方士人、山东寒微士人和入关山东士族后裔等成分。

那么关陇集团附属系统起源何处呢？西魏北周隋初唐政权有连续性。南朝系统和山东系统的降人流入关陇与关陇集团对外征伐密切相关，可以一直追溯到西魏北周与东魏北齐的连年战争，以及西魏对南朝国土的蚕食。入关山东士族的历史则可追溯到北魏分裂孝武帝入关。而出身关陇之外，以文职服务于关陇六镇军人这一关键特征，则早在西魏政权建立之前就已经在北魏末年的将帅幕僚身上显现了。

可见关陇集团附属系统的源头可以一直追溯到西魏北周，关陇集团本身的源头甚至更早。下文就按时间线索考察各种成分是如何一步一步加入关陇集团附属系统的。

## 二 西魏大统十六年以前的关陇集团附属系统

### 1. 起源于魏末大乱中的军府幕僚

北魏正光四年（523），怀荒镇民暴动，次年，沃野镇民破六韩拔陵起兵，点燃了六镇兵民暴动的熊熊大火。暴动失败后，富有战斗力的六镇兵民南下河北，落入契胡酋长尔朱荣手中；尔朱氏政权旋起旋灭，六镇兵民大部分归属高欢，另一小部分则在之前由尔朱天光率领入关平定关陇万

---

① 《旧唐书》卷八一《崔敦礼传》，第 2747 页。

侯丑奴的反抗。532 年，尔朱天光出关与高欢交战，兵败被杀。以鲜卑人及胡化汉人为主体的六镇军人由尔朱天光部将贺拔岳、宇文泰等人统领，最终成为宇文泰凝成关陇集团的创业之基。① 这批入关六镇军人是关陇集团中最核心的部分。② 而最初的关陇集团附属系统就诞生在六镇将帅所开军府的幕僚之中。

申徽，魏郡人，北魏孝武帝时因洛阳战乱未已而间行入关。被贺拔岳引为宾客。后宇文泰出任夏州刺史，申徽为其记室参军，兼府主簿，深受信任。西魏开国后，为宇文泰的大行台郎中。③

周惠达，章武文安人，先为贺拔岳府祭酒、关中大行台从事中郎，宇文泰当权后任其为府司马。④

冯景，"少与惠达同志相友"，初为汝阳王元叔昭的陇右大行台郎中，后贺拔岳为大都督，为其从事中郎。⑤

张轨，济北临邑人，尔朱氏败后入关，贺拔岳以之为记室参军。⑥

吕思礼，东平寿张人，为关西大行台贺拔岳所重，专掌机密，后为宇文泰关西大都督府长史，又任行台右丞。大统四年（538），因谤讪朝政被赐死。与之同时又有"博陵崔腾、新蔡董绍并早有名誉，历职清显。腾为丞相府长史，绍为御史丞。具以投书谤议，赐死"。⑦

韩褒，其先颍川颍阳人，徙居昌黎。因魏末大乱，避地夏州。时任夏州刺史的宇文泰待以客礼，后来成为宇文泰丞相府录事参军，赐姓侯吕陵氏。⑧

冀儁，太原阳邑人，因擅长书法而为贺拔岳墨曹参军。"及岳被害，

---

① 陈寅恪：《魏晋南北朝史讲演录》，万绳楠整理，黄山书社，1987，第 311 页；姜望来：《魏周隋唐关陇集团与山东势力》。
② 谷川道雄：《隋唐帝国形成史论》，李济沧译，上海古籍出版社，2004，第 274 页。
③ 《周书》卷三二《申徽传》，中华书局，1971，第 555 页。
④ 《周书》卷二二《周惠达传》，第 361 页。
⑤ 《周书》卷二二《冯景传》，第 363 页。
⑥ 《周书》卷三七《张轨传》，第 664 页。
⑦ 《周书》卷三八《吕思礼传》，第 682、683 页。
⑧ 《周书》卷三七《韩褒传》，第 660 页。

太祖引为记室。"①

蒋昇字凤起，楚国平河人，从小爱好天文玄象之学，并因此得到宇文泰的信任，"常侍左右，以备顾问"。②

以上申徽、周惠达、冯景等人在北魏末年就已脱离在山东地域的宗族乡里基础，入关成为贺拔岳、宇文泰等北镇军人所开军府的幕僚。待到北魏分裂，东西隔绝，这批人就成了没有实力根基的依附者。而且他们不能领兵打仗，只能出任文职，显然属于关陇集团附属系统。此外，从东平吕思礼、博陵崔腾、新蔡董绍因谤讪朝政而被赐死也可以看出，这些关陇集团的依附者是多么的脆弱。

北魏末年的战乱中，六镇军人开府者不仅有关西的贺拔岳、侯莫陈悦、宇文泰等人，其他先后入关的军事势力中也存在这种幕僚群体。

《周书》卷三二《卢柔传》载：

> 卢柔字子刚……及魏孝武与齐神武有隙，诏贺拔胜出牧荆州，柔谓因此可著功绩，遂从胜之荆州。以柔为大行台郎中，掌书记。军中机务，柔多预之……大统二年，至长安……太祖重其才，引为行台郎中，加平东将军，除从事中郎，与苏绰对掌机密。③

卢柔的籍贯，《周书》未载，考《隋书》卷五六其子《卢恺传》，乃山东士族范阳卢氏无疑。④ 那么卢柔就是北魏末年加入贺拔胜荆州军府充当幕僚的山东士人，随贺拔胜入关后，又依附于宇文泰。贺拔胜荆州军府中的山东幕僚还有：崔谦，"博陵安平人也……贺拔胜出镇荆州，以谦为行台左丞"；崔谦弟崔说，"及贺拔胜出牧荆州，以说为假节、冠军将军、

---

① 《周书》卷四七《冀儁传》，第 837—838 页。
② 《周书》卷四七《蒋昇传》，第 838 页。
③ 《周书》卷三二《卢柔传》，第 562—563 页。
④ 《隋书》卷五六《卢恺传》，中华书局，1973，第 1383 页。

防城都督。又随胜奔梁，复自梁归国"。①

　　另外，顿丘临黄李昶，北魏孝文帝名臣李彪之孙。"初谒太祖，太祖深奇之，厚加资给，令入太学……绥德公陆通盛选僚寀，请以昶为司马，太祖许之。"后来又转为宇文泰丞相府记室参军、大行台郎中。② 李昶显然是西魏建立后受到宇文泰的赏识，先后出任关陇武将陆通③、宇文泰的幕府僚佐。同类情况还有河间黎景熙，西魏大将王思政出镇颍川时被召入军府内馆，又被宇文泰征入关中；④ 范阳卢光，"大统六年，携家西入。太祖深礼之，除丞相府记室参军，赐爵范阳县伯。俄拜行台郎中，专掌书记"。⑤

　　534 年，北魏分裂，孝武帝西奔长安。不少山东人士在孝武帝的正统号召下西奔关中，有人做了魏帝的文武百官；有人做了宇文泰等关陇六镇武将的军府幕僚。后者正是北魏末年山东士人充当六镇军府幕僚，进入关陇集团附属系统的延续。而前者需要进一步考察。

　　2. 发展于随魏帝入关山东士族的依附化

　　西魏政权中魏帝朝廷与宇文霸府并存的政治权力格局已经得到学者广泛而深入的研究。⑥ 本文关注的关陇集团附属系统的形成与这两种势力的此消彼长有重要关系。

　　虽然魏孝武入关后，宇文泰拥有挟天子以令诸侯的政治优势，所谓"军国之政，咸取太祖决焉"，⑦ 但西魏前期的魏帝并非完全的傀儡，孝武帝是带着有一定实力的原北魏洛阳朝廷移植到关中的，只是实力比宇文泰弱小。

---

① 《周书》卷三五《崔谦传》，第 611—614 页。

② 《周书》卷三八《李昶传》，第 686 页。

③ 陆通本吴郡人，先是北徙，已经关陇化了。参见《周书》卷三二《陆通传》，第 557 页。

④ 《周书》卷四七《黎景熙传》，第 845 页。

⑤ 《周书》卷四五《卢光传》，第 807 页。

⑥ 参见谷川道雄《隋唐帝国形成史论》，第 294 页；吕春盛《关陇集团的权力结构演变——西魏北周政治史研究》，台北：稻乡出版社，2002，第 109—122 页；等等。

⑦ 《周书》卷一《文帝纪上》，第 13 页。

《周书》卷一《文帝纪上》：

> （孝武帝太昌三年）七月丁未，帝遂从洛阳率轻骑入关。[①]

《北史》卷五《魏本纪第五》：

> 高欢引军东渡。丙午，帝率南阳王宝炬、清河王亶、广阳王湛、斛斯椿以五千骑宿于瀍西杨王别舍……众知帝将出，其夜亡者过半……九月己酉，欢东还洛阳。帝亲督众攻潼关，斩其行台华长瑜，又克华州。[②]

《隋书》卷二四《食货志》：

> 是时六坊之众，从武帝而西者，不能万人。[③]

魏孝武帝入关时，手中尚掌握着洛阳鲜卑六坊之众数千人。高欢东还，魏帝又能亲自督众反击，收复潼关、华州。可见魏帝朝廷本身有一定军事实力，同时又有念贤、王思政等大将统兵忠于魏帝，[④] 而魏帝的正统权威也对河南、河东地方豪族产生了极大的号召力，使其纷纷率族人乡兵举义西归。因此在西魏前期，魏帝朝廷里的山东士人是有主体性的，还不能归入关陇集团附属系统。现举例如下。

卢辩，范阳涿人。"累世儒学……为太学博士。"魏孝武仓促入关时，"辩不及至家，单马而从"，魏孝武帝以之为给事黄门侍郎，领著作。宇

---

① 《周书》卷一《文帝纪上》，第 13 页。
② 《北史》卷五《魏本纪第五》，第 174 页。
③ 《隋书》卷二四《食货志》，第 675 页。
④ 毛汉光：《中国中古政治史论》，上海书店出版社，2002，第 206—212 页；姜望来：《魏周隋唐关陇集团与山东势力》。

文泰"以辩有儒术，甚礼之"，西魏宗室也都以卢辩为师。北周时进位大将军。"帝尝与诸公幸其第，儒者荣之。"①

郑孝穆，荥阳开封人，魏将作大匠浑之十一世孙。涉猎经史，抚训诸弟，家法门风优美。"及魏孝武西迁，从入关，除司徒左长史，领临洮王友，赐爵永宁县侯。"②

崔猷，博陵安平人，汉尚书寔之十二世孙，父亲被高欢杀害，遂逃奔关中，"及谒魏孝武，哀动左右，帝为之改容。既退，帝目送之曰：'忠孝之道，萃此一门。'即以本官奏门下事"。③

李彦，梁郡下邑人，祖父为北魏淮南郡守，父为南青州刺史，"从魏孝武入关，兼著作佐郎，修起居注"。李彦善于处理政务，"断决如流，略无疑滞。台阁莫不叹其公勤，服其明察"。④

卢诞，范阳涿人，"幼而通亮，博学有词彩"，于东魏北豫州刺史高仲密举州归降西魏时入关。魏帝令诸子拜之为师，宇文泰"又以诞儒宗学府，为当时所推，乃拜国子祭酒"。⑤

这些魏帝势力中的入关山东士族很多出自范阳卢氏、博陵崔氏等山东第一流高门，有的德高望重，儒业精通，如卢辩、卢诞；有的讲究忠孝义节，为时人所称，如郑孝穆、崔猷；有的善于行政，流誉台阁，如李彦。

他们在朝野中享有崇高的威望，其较高的文化修养、政治远见和统治经验也是六镇军人所缺乏的。⑥ 即使到宇文氏篡权以后，北周统治者对他们也十分敬重。更何况西魏前期他们支持的魏帝朝廷作为流亡中的北魏正统所在，权威尚存，这种号召力本身就可以转化为入关山东士族手中的实力。区分关陇集团主体与其依附系统的关键之一就在于前者是国家的主人，后者则缺乏实力和根基，只是统治集团的依附品。那么山东士族凭借

① 《周书》卷二四《卢辩传》，第403页。

② 《周书》卷三五《郑孝穆传》，第609页。

③ 《周书》卷三五《崔猷传》，第615页。

④ 《周书》卷三七《李彦传》，第665页。

⑤ 《周书》卷四五《卢诞传》，第806—807页。

⑥ 苏小华：《北镇势力与北朝政治文化》，中国社会科学出版社，2012，第148—199页。

魏帝的权威，至少还是国家的半个主人，尚未沦落为关陇集团附属系统。他们实际上奉行的仍是延续自北魏洛阳政权的中央本位主义，只是在东魏高欢的压力下，西迁了的中央本位与宇文泰的关中本位统一了。

然而随着宇文泰大权在握，魏帝势力逐渐衰落，亲魏帝的元老重臣渐渐凋零，以宇文泰为首的六镇军人不断扩张，朝廷权柄渐移。入关山东士族及其后代纷纷转而投靠宇文泰，渐渐沦落到依附关陇集团的附属系统中去了。[①]

郑孝穆于大统十六年宇文泰东讨时"除大丞相府右长史，封金乡县男，邑二百户"。儿子郑译更是沦为佞幸小人的角色，"特被太子亲爱"，宣帝即位后，"既以旧恩，任遇甚重"，宣帝病重，又与刘昉密谋，以杨坚辅政，任杨坚的大丞相府长史，成为杨隋代周的功臣。[②] 北海唐永是魏帝势力中的地方实力派，儿子唐瑾则成为宇文泰的相府记室参军事，"军书羽檄，瑾多掌之"，又赐予于谨同姓万忸于氏，后成为于谨伐江陵时的元帅府长史。[③] 可见到了西魏中后期，入关山东士族的实力因魏帝势力的式微而削弱，作为外来人，其后代本就缺乏地方基础，又缺少父辈的功劳和威望，遂纷纷转入关陇六镇军人的幕府。至此，沦落的山东士族与北魏末年以后军府幕僚中的山东士人合流，关陇集团附属系统初步形成。

大统十六年，宇文泰聚合的关陇集团和府兵系统最终建立，西魏政权的内部整合终于完成。时机一到，它就要对外扩张，进取天下了。关陇集团附属系统很快也要迎接新的血液。

## 三　关陇集团附属系统的扩大及形成

### 1. 从"西举巴蜀"到"南清江汉"

《周书》卷二《文帝纪下》论宇文泰之功业云：

---

① 参见吕春盛《关陇集团的权力结构演变——西魏北周政治史研究》，第107—122页。吕书论及宇文泰霸府对非北镇人士的吸纳，但其重点在于北镇势力的扩张，而未进一步讨论山东士族从国家主人到依附品地位的转变及其对关陇集团附属系统形成的影响。
② 《周书》卷三五《郑孝穆传》，第610页。
③ 《周书》卷三二《唐瑾传》，第564页。

> 史臣曰：……及英谋电发，神旆风驰，弘农建城濮之勋，沙苑有昆阳之捷。取威定霸，以弱为强。绍元宗之衰绪，创隆周之景命。南清江汉，西举巴蜀，北控沙漠，东据伊瀍。

如果说前期的弘农之勋、沙苑之捷是宇文泰稳住阵脚、取威定霸的基础，那么后期的兼并汉中巴蜀、夺取江陵襄阳则是其进取天下、以弱为强的转折。

西魏大统十七年十月，宇文泰遣大将军王雄出子午，伐上津、魏兴，大将军达奚武出散关，伐南郑。到次年五月，梁朝梁州刺史宜丰侯萧循投降，获男女二万口而还，于是剑北皆入于魏。魏恭帝二年二月，东梁州平，迁其豪帅于雍州。三月，宇文泰派尉迟迥率众伐梁武陵王萧纪于蜀。八月克成都，剑南平。[①]

完成内部整合的关陇集团小试牛刀，首战告捷，趁侯景之乱对南梁、北齐的牵制、影响，连续对南方梁朝用兵，夺取了梁朝巴蜀汉中的大片土地，扭转了长期以来的战略劣势。[②] 尤其值得注意的是，西魏由此开始从南朝搜罗文武人才。

《周书》卷四二《刘璠传》载：

> 刘璠字宝义，沛国沛人也。六世祖敏，以永嘉丧乱，徙居广陵……璠少慷慨，好功名，志欲立事边城，不乐随牒平进……（宜丰侯萧）循为梁州，除信武府记事参军，领南郑令……及武陵王纪称制于蜀，以璠为中书侍郎……（达奚武伐南郑），遂降于武。太祖素闻其名……以璠为中外府记室，寻迁黄门侍郎、仪同三司。[③]

---

① 《周书》卷二《文帝纪下》，第37—38页；《资治通鉴》卷一六四、卷一六五，梁元帝承圣元年、二年，中华书局，1956，第5081—5104页。

② 李万生：《侯景之乱与北朝政局》，中国社会科学出版社，2003，第155—221页。

③ 《周书》卷四二《刘璠传》，第760—763页。

沛国刘璠本是梁朝梁州刺史宜丰侯萧循的亲信，在西魏兼并汉中的战争中归降西魏，出任宇文泰的中外府记室，是第一批成规模归降西魏的南朝人士的代表。其入关后只能凭借宇文泰等统治者的赏识依附于关陇集团。而刘璠作为南朝次等士族既有较高的社会地位，又好建功立业，不愿像一般高门那样"平流进取，坐至公卿"，有浓厚的事功性色彩，与褒美"位以才升，爵由功进"① 的关陇贵族有相近特质，更容易产生共鸣，是典型的较早加入关陇集团依附系统的南朝士人。此类人物还有京兆杜叔毗②、阳翟褚该③等。而以萧㧑、萧圆肃为代表的梁朝宗室兰陵萧氏也开始由南入北。④ 这些都标志着宇文泰"西举巴蜀"后，南方因素开始加入关陇集团附属系统。然而南朝人士的大规模涌入则要等到不久以后的"南清江汉"。⑤

西魏恭帝元年（554），宇文泰趁梁元帝逗留江陵而不还都建康之机，遣于谨率兵五万攻克江陵，消灭梁元帝朝廷，立萧詧为梁主，迁居江陵，而收取萧詧据有的雍州襄阳之地。至此，西魏又控制了梁朝的江汉地区。

西魏攻克江陵后，"并虏其百官及士民以归。没为奴婢者十余万，其免者二百余家"。⑥ 侥幸躲过侯景之乱的南朝士族至此被扫荡一空。一大批出身南朝系统、具有南方地域文化特质的士族人物沦为亡国俘虏北迁关中，使南方势力真正成规模地作为一个子系统加入关陇集团附属系统。

《周书》卷四一《王褒传》载：

> （江陵之陷，）褒与王克、刘瑴、宗懔、殷不害等数十人，俱至长安。太祖喜曰："昔平吴之利，二陆而已。今定楚之功，群贤毕至。

① 《周书》卷四〇《尉迟运传》后史臣曰，第 725 页。
② 《周书》卷四六《孝义传》，第 829 页。
③ 《周书》卷四七《艺术传》，第 849 页。
④ 《周书》卷四二，第 751—755 页。
⑤ 上述南朝北归人物都可看看姜婧硕士学位论文《梁末至陈南人北迁研究》（上海师范大学，2013）的附录"四次南人北迁的人物北迁列表"，第 85 页。
⑥ 《周书》卷二《文帝纪下》，第 36 页。

可谓过之矣。"又谓褒及王克曰："吾即王氏甥也，卿等并吾之舅氏。当以亲戚为情，勿以去乡介意。"于是授褒及克、殷不害等车骑大将军、仪同三司。常从容上席，资饩甚厚。褒等亦并荷恩眄，忘其羁旅焉。①

显然，以宇文泰为首的关陇集团对南朝先进文化是十分渴求的，敬王褒等南方人士为上宾，还要套上点亲戚关系。而授予王褒等车骑大将军、仪同三司则意味着将其纳入府兵系统这一关陇集团的组织形式。这些都有助于拉近南方人士与关陇集团统治核心的距离，使之迅速进入关陇集团附属系统的角色。王褒等人身为亡国之余，既然蒙宇文泰如此厚爱，自然与关陇集团愈加亲密而忘其羁旅了。

因江陵之陷北徙入关而为西魏北周隋唐政权所用的南方人士及其后代为数众多，如庾信、沈重、姚僧垣、颜之仪、乐运等都可归入关陇集团附属系统。而萧氏后梁宗室的表现尤为明显：后梁宣帝萧詧"幼而好学，善属文，尤长佛义"，到其子孝明帝萧岿也还是"机变有文学"，"孝悌慈仁，有人君之量"，都具有南朝士族的特点，而到了萧岿之子萧琮，却变成"性倜傥不羁，博学有文义，兼善弓马"，② 全然一副关陇贵族模样了。

2. "邹鲁缙绅，幽并骑士，一介可称，并宜全录"

北周建德五年（576），周武帝破北齐，擒安德王高延宗，攻克并州，为招怀北齐余众，有壬戌诏曰：

> 邹鲁缙绅，幽并骑士，一介可称，并宜全录。③

这是周武帝东征北齐取得决定性胜利后，为应对北方即将统一的新局面所做的人才政策上的准备。他要向广大山东人士表态，不拘一格，随才

---

① 《周书》卷四一《王褒传》，第 731 页。
② 《周书》卷四八《萧詧传》，第 855—866 页。
③ 《周书》卷六《武帝纪下》，第 99 页。

任用。值得注意的是所谓"邹鲁缙绅，幽并骑士"八个字，它说明周武帝心目中想要的旧齐人才主要分布在幽并青齐一带，而不包括周齐边境的河南河东、陈齐边境的淮北淮南。北魏分裂、孝武帝西迁以后，河南河东的边境豪族大多倾向于西魏北周，经常发生举义入关、举城叛降的事件；而两淮一带自南北分裂以后就是南朝江防的屏障和北伐的前进基地，与南朝有很深的传统联系。因此北齐虽地广人众，但在其西部、南部广大边境地区的统治基础是薄弱而不稳定的，只能重兵坚守洛阳那样的战略要点，而其能够长期有效统治的、深得拥护的地区只有劲兵良马所出的北边幽并一带和山东士族聚集的河北青齐一带。地方性国家政权的长期存在是一个有主体性和认同感的地域性政治势力形成的关键因素之一，而北齐王朝长期有效统治的幽并青齐地区正是山东地域的核心区。周武帝的壬戌诏书也就意味着关陇集团已经深入山东地域势力的核心开始大规模搜罗人才了。①

事实上关陇集团吸纳山东地域核心区人才的行动早已有之，但除了当初从魏孝武入关的那批山东士族外，主要是战争中的降人。如：广宁杨纂，本从齐神武起兵信都，"自以功高赏薄，志怀怨愤"，"乃间行归款"，官至柱国大将军，华州刺史；② 太原王士良，本东魏北齐重臣，"加开府仪同三司，出为豫州道行台，豫州刺史"，后宇文护伐齐，权景宣围豫州，"士良举城降"，官至并州刺史，加授上大将军；③ 崔景嵩，北齐晋州刺史，周武帝攻晋州，他"守城北面，夜密遣使送款"，与周军里应外合，攻克晋州。④ 又有近年新出土《王德衡墓志》记载太原王德衡，北齐大将

---

① 《时珍墓志》《封孝琰墓志》《崔宣靖墓志》《崔宣默墓志》等出土石刻材料显示，周武帝去世后北周在宣政、大象年间，短短几年时间里多有为北齐山东已故大臣勒刻碑铭之事，可作为周武平齐后北周在山东地域核心区收买人心的一个旁证。参见韩理洲等辑校编年《全北齐北周文补遗》，三秦出版社，2008；赵万里《汉魏南北朝墓志集释》，台北：新文丰出版公司，1982；罗新、叶炜《新出魏晋南北朝墓志疏证》，中华书局，2005。

② 《周书》卷三六《杨纂传》，第 636 页。

③ 《周书》卷三六《王士良传》，第 638—639 页。

④ 《周书》卷六《武帝纪下》，第 96 页。

军、少司徒、广昌公世子，"解褐伪齐太尉、彭城王府参军"，后在周齐战争中降周，除使持节、仪同大将军、新市县开国侯。① 上述降人的特点，一是少而零散，二是武将居多。像杨篡这样的北齐武将，善骑射、尚军功，与关陇集团气谊相投，很快就融入关陇集团当中去了，而成为关陇集团附属系统成员的很少。

而周武平齐后征召山东地域核心区人士的举措则是大规模集中化的，而且包含了大量的文职人员。

《北齐书》卷四二《阳休之传》载：

> 周武平齐，（尚书右仆射领中书监阳休之）与吏部尚书袁聿修、卫尉卿李祖钦、度支尚书元脩伯、大理卿司马幼之、司农卿崔达挐、秘书监源文宗、散骑常侍兼中书侍郎李若、散骑常侍给事黄门侍郎李孝贞、给事黄门侍郎卢思道、给事黄门侍郎颜之推、通直散骑常侍兼中书侍郎李德林、通直散骑常侍兼中书舍人陆义、中书侍郎薛道衡、中书舍人高行恭、辛德源、王劭、陆开明十八人同征，令随驾后赴长安。②

另外，《周书》卷四五《熊安生传》还记载有周武帝优礼山东大儒熊安生的故事。熊安生，长乐阜城人，博通五经，专门教授三礼。北齐河清年间，被阳休之特奏为国子博士。周武帝灭北齐后进入邺城，熊安生让家人赶紧扫门。家人不解，熊安生说："周帝重道尊儒，必将见我矣。"不久，周武帝果然来访，"诏不听拜，亲执其手，引与同坐……又诏所司给安车驷马，随驾入朝，并敕所在供给"，给予他极高的礼遇。北周宣政元年（578），熊安生拜露门学博士、下大夫，这时他已经八十多岁了。③

---

① 韩理洲等辑校编年《全北齐北周文补遗》，全北周文补遗第33页；罗新、叶炜《新出魏晋南北朝墓志疏证》，第278—279页。
② 《北齐书》卷四二《阳休之传》，第563—564页。
③ 《周书》卷四五《熊安生传》，第812—813页。

征召旧齐十八学士入关、优礼山东大儒熊安生等都是周武帝力图把山东地域势力消化在关陇集团主导的政治秩序之下的反映，只是收效不大。据牟发松、姜望来的研究，周武平齐后，东西地域隔膜仍存，来自山东地域核心区的旧齐士人在周隋政权中受到压制。十八学士的官运大多不太理想，真正进入权力核心的似乎只有李德林一人。[①] 与衰朽脆弱的南朝士族相比，周隋唐初的山东士族仍有深厚的乡里基础和崇高的社会威望，对关中本位的认同、对关陇集团的依附自然较低。当然，随着时间的流逝，也有成功融入者，如前文提到的隋朝名臣李德林。再比如，琅琊颜之推，西魏陷江陵后由南朝入关，但不久就逃离关中，留居北齐，"齐灭，始居关中"。其子颜思鲁依附李世民，"武德初为秦王府记室参军"，到孙子颜师古这一辈籍贯就已改为雍州万年，终于融入关陇集团附属系统了。[②]

可见周武平齐后，真正加入关陇集团附属系统的山东人士不多，只是补充。但这毕竟是关陇政权首次成规模吸纳山东地域核心区人士。它标志着至此关陇集团附属系统内各种地域成分都已聚齐，关陇集团附属系统最终形成。

# 结　语

陈寅恪先生最早提出关陇集团附属系统概念，用以描述唐代褚遂良以及兰陵萧氏等并非西魏宇文泰关中本位政策聚合的集团及其后裔且又加入和依附于关陇集团的外来人。关陇集团附属系统有三大特征：出身西魏北周固有势力范围以外；在关陇集团掌控的政权中担任文职，缺乏军事实力和地方根基；依附于关陇集团，奉行关中本位。

关陇集团附属系统起源于北魏末年入关六镇军人军府中的山东幕僚。六镇军人与关陇豪强结合，成为宇文泰凝结关陇集团的核心。而与山东的

①　牟发松：《旧齐士人与周隋政权》，《文史》2003 年第 1 辑，中华书局，2003；姜望来：《魏周隋唐关陇集团与山东势力》。

②　《旧唐书》卷七三《颜师古传》，第 2594 页。

宗族乡里基础隔离，只能依附于关陇六镇军人的山东幕僚则成为后来关陇集团附属系统的滥觞。

西魏中期以后，随着宇文霸府的扩张、魏帝势力的衰落，入关山东士族及其后代也失去了主体性，沦为关陇集团附属系统的另一来源。大统十六年府兵系统和关陇集团正式形成之际，关陇集团附属系统也初步形成。

随后宇文泰抓住侯景之乱的有利之机，连年征伐南朝，西并巴蜀，南克江陵。南朝人士被大量吸纳进关陇集团附属系统。周武帝灭北齐后，来自北齐系统的山东士人开始成规模加入关陇集团附属系统。至此关陇集团附属系统最终形成。

从长时段来看，西魏北周关陇集团附属系统的形成过程实质上是中古中国从分裂到统一的一环；也是关陇集团既要保证军事优势，垄断权力核心，又要尽可能吸收整合其他地域势力加强文治，补己之短的折中产物。一方面，它创建了一种地域整合模式。随着关陇集团附属系统的形成，东汉末年以后传统中原王朝统治区域内的各种地域性政治势力都以关陇集团加附属系统的模式整合到一个新的统一的政治秩序中去了。另一方面，随着统一的完成、战争的减少，以军人为主、有主体性的关陇集团日渐收缩，担任文职、依附性强的关陇集团附属系统逐渐凸显。这种关陇集团加附属系统的模式最终成为中古中国由武入文、由军事贵族联合统治向皇权政治、文官政治过渡的桥梁。关陇集团附属系统成员也成为后来科举士大夫的先声。

# 《隋书·南蛮传》"南荒朝贡者十余国"辑考

陈　爽

在中古诸家正史当中，《隋书·南蛮传》的内容和体例很特殊，虽名为"南蛮传"，对前代史书备载的"南蛮"，只在传序中用不足百字简要说明其概念和由来，认为其"稍属于中国，皆列为郡县，同之齐人"，因而"不复详载"。① 而《隋书·南蛮传》的正文，则用全部篇幅记载了远在今中南半岛、马来半岛乃至今印度尼西亚群岛的林邑、赤土、真腊、婆利四国，与前代诸家正史"蛮夷传"的内容和体例有很大不同。

"蛮夷传"为《宋书》首创，内容编次大略为南夷的林邑国、扶南国；西南夷的诃罗陁国、呵罗单国、媻皇国、媻达国、阇婆婆达国、师子国、天竺迦毗黎国；东夷的高句骊国、百济国、倭国，外加荆、雍州蛮和豫州蛮。② 《南齐书》卷五八将"蛮"与"东南夷"并载，后者包括东夷的高丽国、加罗国、倭国；南夷的林邑国、扶南国。③ 《梁书·诸夷传》在结构上将"南海诸国"与"东夷之国"和"西北诸戎"并立，录林邑、扶南、盘盘、丹丹、干陁利、狼牙修、婆利、中天竺、狮子九国。《隋书》为何没有遵循前史"蛮夷传"的成例，且事迹如此简略？按照《隋书·南蛮传》的说明是史料缺失所致：传首云"大业中，南荒朝贡者十

---

① 《隋书》卷八二《南蛮传》，中华书局，1973，第1831页。
② 《宋书》卷九七《夷蛮传》，中华书局，1974，第2377页。
③ 《南齐书》，中华书局，1972，第1007页。

余国，其事迹多湮灭而无闻。今所存录，四国而已"。① 传尾称"于时南荒有丹丹、盘盘二国，亦来贡方物，其风俗物产，大抵相类云"。②

辑诸史传，《隋书·南蛮传》所叙"南荒朝贡者十余国"，事迹并非"湮灭而无闻"，在《太平御览》所引《隋书》中，即出现了多条不见于今本《隋书》的记述。

1. 边斗四国

《太平御览》卷七八八《四夷部九·南蛮四·边斗四国》引《隋书》：

> 边斗国，一云班斗。都昆国，一作都雅。拘利国，一作九雅。比嵩国，并扶南度金邻大湾，南行三千里，有此国。其农作与金邻同。其人多白色。都昆出好栈香、藿香及硫黄。其藿香树生千岁，根本甚大，伐之，四五年木皆朽败，唯中节坚贞，芬香独存，取为香。③

此节文本今本《隋书》不载，亦见《通典》卷一八八《边防四·南蛮下·边斗》：

> 边斗国，一云班斗。都昆国，一云都军。拘利国，一云九离。比嵩国，并隋时闻焉。扶南度金邻大湾，南行三千里，有此四国。其农作与金邻同。其人多白色。都昆出好栈香、藿香及流黄。其藿香树生千岁，根本甚大，伐之，四五年木皆朽败，唯中节坚固，芬香独存，取以为香。④

两相比勘，《通典》文字更优；《太平御览》中错讹，如"并"字之衍、"四"字之夺，似乎都是对《通典》文字的不当删削所致。类似的记述亦

---

① 《隋书》卷八二《南蛮传》，第 1831 页。
② 《隋书》卷八二《南蛮传》，第 1838 页。
③ 李昉等编《太平御览》，中华书局，1960，第 3491 页。
④ 杜佑：《通典》，中华书局，1988，第 5103 页。

见《册府元龟》卷九五七《外臣部·国邑》，"都雅"作"都军"，"比嵩国"作"北嵩国"。[1]《太平寰宇记》卷一七七《四夷六·南蛮二·徼外南蛮·边斗四国》亦有此节，"都雅"作"都君"。[2]

2. 投和国

《太平御览》卷七八八《四夷部九·南蛮四·投和国》引《隋书》：

> 投和国在南海大洲，真猎之南。自广州西南水行百里，至其国。王姓投和罗，名脯邪乞遥，理所城覆屋以瓦，并为阁而居。屋壁皆以彩画之。城内皆王室。城外人居可万余家。王宿卫之士百余人。每临朝，则衣朝霞，冠金，耳挂金环，颈挂金涎衣，足履宝装皮履。官属有朝请将军，惣知国政。又有参军、功曹、主簿、城局、金威将军、赞理、赞府等官，分理文武。又有州及郡、县。州有参军，郡有金威将军，县有城局，为其长官。初至，各选官僚助理政事。刑法：贼盗多死者，轻者穿耳及颊，私铸银钱者截腕。国无赋税，俱随意贡奉，无多少之限。多以农商为业。国人乘象及马，一国之中，马不过千匹，又无鞍辔，唯以绳穿颊为之节制。音乐则吹蠡、击鼓。死丧则祠祀哭泣，又焚尸以罂盛之，沉于水中。若父母之丧，则截发为孝。其国市六所，贸易皆用银钱，小如榆荚。有佛道，有学校，文字与中夏不同。讯其耆老，云：王无姓，名齐杖靡。王所坐塔，圆以佛塔。以金饰之，门皆东开，坐亦东向。[3]

此节今本《隋书》不载。《通典》卷一八八《边防四·南蛮下·投和》内容略同，段首称"投和国，隋时闻焉"。"理所城"作"理数城"；"冠金"作"冠金冠"；"轻者穿耳及颊"作"轻者穿耳及鼻并钻鬓"；"齐杖

---

① 王钦若等编《册府元龟》，中华书局，1960，第11259页。
② 乐史：《太平寰宇记》，中华书局，2007，第3379页。
③ 李昉等编《太平御览》，第3490—3491页。

靡"作"齐杖摩";"圆以佛塔"作"圆似佛塔"。① 《太平寰宇记》卷一
七七《四夷六·南蛮二·徼外南蛮·投和国》亦载此节。②

3. 扶南国

《太平御览》卷七八六《四夷部七·南蛮二·扶南国》引《隋书》:

> 扶南国王遣贡献,其王姓古龙,诸国多姓古龙,讯耆老,言昆仑
> 无姓氏,昆仑之讹。③

此节今本《隋书》不载。《通典》卷一八八《边防四·南蛮下·扶南》:
"宋、齐、梁并献方物。隋时其国王姓古龙。诸国多姓古龙,讯耆老,言
'昆仑无姓氏,乃"昆仑"之讹。'隋代遣使贡献。"④

4. 丹丹国

《太平御览》卷七八八《四夷部九·南蛮四·丹丹国》引《隋书》:

> 丹丹国,在多罗摩罗国西北,振州东南。王姓刹利,名尸陵伽,理
> 所可二万余家,亦置州县以相统领。王每晨夕二时临朝。其大臣八人,
> 号曰八座,并以婆罗朝其之。王每以香粉涂身,冠通天冠,挂杂玉璎珞,
> 身衣朝霞,足履皮屦,近则乘舆,远则驭象。其攻伐则吹蠡击鼓,兼有
> 幡旗。其刑,盗贼无多少皆杀之。土出金银、白檀、苏方、槟榔。其谷
> 唯稻,畜有沙牛、羖羊、猪、鸡、鹅、鸭、獐、鹿,鸟有越鸟、孔雀,
> 果蓏有蒲桃、石榴、瓜、瓠、菱、莲,菜有葱、蒜、蔓菁。⑤

此节今本《隋书》不载。《通典》卷一八八《边防四·南蛮下·丹丹》内

---

① 杜佑:《通典》,第 5101 页。
② 乐史:《太平寰宇记》,第 3378 页。
③ 李昉等编《太平御览》,第 3482 页。
④ 杜佑:《通典》,第 5094 页。
⑤ 李昉等编《太平御览》,第 3489 页。

容与此略同，文本同源，段首称"丹丹国，隋时闻焉"。"并以婆罗朝其之"作"并以婆罗门为之"；"杂玉璎珞"作"杂宝璎珞"；"其刑"作"其刑法"；"苏方"作"苏方木"；"蔓菁"作"蔓青"。①

5. 罗刹国

《太平御览》卷七八八《四夷部九·南蛮四·罗刹国》引《隋书》：

> 罗刹国在婆利之东。其人极陋，朱发黑身，兽牙鹰爪。时与邑人作市，辄以夜，昼日则掩其面。炀帝大业三年，使常骏等使赤土国，致罗刹国。②

此节今本《隋书》不载。《通典》卷一八八《边防四·南蛮下·罗刹》内容与此略同，"邑人"作"林邑人"，"致罗刹国"作"至罗刹"。③

除《太平御览》引《隋书》外，《通典》中标注有"隋时闻焉"的南海诸国尚有数例。

6. 杜薄国

《通典》卷一八八《边防四·南蛮下·杜薄》：

> 杜薄国，隋时闻焉，在扶南东涨海中，直渡海数十日而至。其国人貌白晰，皆有衣服。国有稻田。女子作白叠华布。出金、银、铁，以金为钱。出鸡舌香，可含，以香不入衣服。鸡舌其为木也，气辛而性厉，禽兽不能至，故未有识其树者。华熟自零，随水而出，方得之。杜薄洲有十余国，城皆称王。④

此节亦见《太平御览》卷七八八《四夷部九·南蛮四·罗刹国》引《唐

---

① 杜佑：《通典》，第 5102 页。
② 李昉等编《太平御览》，第 3489 页。
③ 杜佑：《通典》，第 5101 页。
④ 杜佑：《通典》，第 5103 页。

书》，今本《旧唐书》不载，"衣服"作"服"，"木"作"水"，"未有"作"未可"。① 《太平寰宇记》卷一七七《四夷六·南蛮二·徼外南蛮·社薄国》载此节，"杜薄"作"社薄"，"人貌白晰"作"人色白晰"，"国有稻田"作"土有稻田"，无"以香不入衣服"句，"未有"作"未"，"杜薄洲有十余国，城皆称王"作"其上有十余国，城皆称王，不能尽记"。②

7. 薄剌国

《通典》卷一八八《边防四·南蛮下·薄剌》：

> 薄剌国，隋时闻焉，在拘利南海湾中。其人色黑而齿白，眼正赤，男女并无衣服。③

此节亦见《太平御览》卷七八八《四夷部九·南蛮四·薄剌洲》引《唐书》，今本《唐书》不载，"薄剌国"作"薄剌洲"。《太平寰宇记》卷一七七《四夷六·南蛮二·徼外南蛮·薄剌洲国》亦引此节，"薄剌国"作"薄剌洲国"。④

8. 火山国

《通典》卷一八八《边防四·南蛮下·火山》：

> 火山国，隋时闻焉，去诸薄东五千里。国中山皆有火，虽雨不息。火中有白鼠。《扶南土俗传》云：火洲在马五洲之东可千余里。春月霖雨，雨止则火燃洲上，林木得雨则皮黑，得火则皮白。诸左右洲人，以春月取其木皮，绩以为布，或作灯炷布。若小秽，投之火中便洁。又有加营国北、诸薄国西山周三百里，从四月火生，正月火

---

① 参吴玉贵《唐书辑校》，中华书局，2008，第 1015 页。
② 乐史：《太平寰宇记》，第 3379 页。
③ 杜佑：《通典》，第 5103 页。
④ 乐史：《太平寰宇记》，第 3379 页。

灭。火燃则草木叶落，如中国寒时。人以三月至此山，取木皮绩为火浣布。①

此节《太平寰宇记》卷一七七《四夷六·南蛮二·徼外南蛮·火山国》亦载，文字小异：

> 火山国。隋时闻焉。去社薄东五千里。国中山皆有火，虽雨不息。火中有白鼠。《扶南土俗传》云：火洲在五马洲之东可千余里。春月霖雨，雨止则火燃洲上，林木得雨则皮黑，得火则皮白。诸左右洲人，以春月采木皮，绩以为布，即火浣也，或作灯炷。又有加营国北、社薄国西有山周三百里，从四月火生，正月火灭，则草叶落，如中国寒时。人以三月至此山，取木皮绩为布，同火山所成也。②

### 9. 无论国

《通典》卷一八八《边防四·南蛮下·无论》：

> 无论国，隋时闻焉，在扶南西二千余里。其国大道左右夹种枇杷树及诸华果，行其下常有玄阴。十里一亭，亭皆有井。食麦饭，饮蒲桃酒，如胶，若饮，即以水和之，味甚甘美。③

此节亦见《太平御览》卷七九〇《四夷部十一·南蛮六·无论国》引《南州异物志》：

---

① 杜佑：《通典》，第 5104 页。
② 乐史：《太平寰宇记》，第 3380 页。
③ 杜佑：《通典》，第 5105 页。

无论有大道左右种桃枇杷及诸花果，白曰：行其下阴凉蔽热。十余里一亭，皆有井水，食麦饭，饮蒲桃酒，如胶，若欲饮，以水和之，其味甘美。①

10. 槃槃国

《通典》卷一八八《边防四·南蛮下·槃槃》：

> 槃槃国，梁时通焉，在南海大洲中。北与林邑隔小海。自交州船行四十日，至其国。其王曰杨粟翌。粟翌父曰杨德武连，以上无得而纪。百姓多缘水而居。国无城，皆竖木为栅。王坐金龙床，每坐，诸大人皆两手交抱肩而跽。又其国多有婆罗门，自天竺来，就王乞财物。王甚重之。其大臣曰敦郎索滥，次曰昆仑帝也，次曰昆仑敦和。次曰昆仑敦帝索甘且。其言昆仑、古龙，声相近，故或有谓为古龙者。其在外城者曰那延，犹中夏刺史、县令。其矢多以石为镞，稍则以铁为刃。有僧尼寺十所，僧尼读佛经，皆肉食而不饮酒。亦有道士寺一所，道士不饮食酒肉，读阿修罗王经，其国不甚重之。俗皆呼僧为比丘，呼道士为贪。隋大业中，亦遣使朝贡。②

此节亦见《太平御览》卷七八七《四夷部八·南蛮三·槃国》引《梁书》，"槃槃国"作"槃国"。③ 王仲荦先生认为："《梁书·诸夷传》照理不应该提到隋代的事，疑《太平御览》的编纂者，那时尚知道这段佚文，虽《通典·边防典》保存了下来，而出自《梁书》，所以题作《梁书》，可是佚文实际是从《通典》转录到的，不知不觉的把《通典》讲到的

---

① 李昉等编《太平御览》，第 3501 页。
② 杜佑：《通典》，第 5097—5098 页。
③ 李昉等编《太平御览》，第 3487 页。

'隋大业中'等九字也一起转录了过来。"① 但《梁书·诸夷传》本有盘盘国传，文字与此不同，疑《太平御览》引自《通典》，未核《梁书》，因句首有"梁时通焉"文字，即随意题为《梁书》。

综上所列，《太平御览》所引《隋书》所见"南海诸国"，尚有边斗四国、投和国、扶南国、丹丹国、罗刹国，《通典·边防典》所见"隋时闻焉"或"隋大业中亦遣使朝贡"者有杜薄国、薄刺国、火山国、无论国、槃槃国，合今本《隋书·南蛮传》所载的林邑、赤土、真腊、婆利四国，已逾十国，与《隋书·南蛮传》序所称"大业中，南荒朝贡者十余国"之数相合。

那么，这么多"隋时闻焉"的南海诸国，是不是到唐初编纂《隋书》时就真的"事迹多湮没而无闻"呢？《通典》卷一八八《边防四·南蛮下·投和》载：投和国"大唐贞观中，遣使奉表，以金函盛之。又献金椟、金锁、宝带、犀、象、海物等数十品"。② 《通典》卷一八八《边防四·南蛮下·扶南》载，扶南国"隋代遣使贡献。大唐武德后，亦频来贡。贞观中，又献白头国二人于洛阳"。③《通典》卷一八八《边防四·南蛮下·海南序略》：

> 晋代通中国者盖鲜。及宋齐，至者有十余国。自梁武、隋炀，诸国使至逾于前代。大唐贞观以后，声教远被，自古未通者重译而至，又多于梁、隋焉。④

隋末唐初，中原王朝与南海诸国除有大量使节往来，还有专门的文献记述。《隋书》卷三《炀帝纪》："（大业三年三月）丙寅，遣屯田主事常

① 王仲荦：《从梁书佚文考盘盘国的方位》，《崦华山馆丛稿续编》，山东大学出版社，1995，第 396 页。
② 杜佑：《通典》，第 5102 页。
③ 杜佑：《通典》，第 5094 页。
④ 杜佑：《通典》，第 5092 页。

骏使赤土，致罗刹。"①《隋书》卷八二《南蛮传》载："炀帝即位，募能通绝域者。大业三年，屯田主事常骏、虞部主事王君政等请使赤土。"②常骏等至赤土国，受到国王礼遇，国王遣其子那邪迦随常骏入贡。常骏一行于大业六年春回国，于弘农谒见炀帝。《旧唐书》卷四六《经籍志》载"《赤土国记》二卷，常骏等撰"。③《隋书·南蛮传》中详尽记述了常骏出使南海诸国的时间始末和道里行程，南海诸国在其路途之中，内容理当有所涉及。④再看《隋书·南蛮传》传末的魏徵所撰史论：

> 高祖受命，克平九宇，炀帝纂业，威加八荒。甘心远夷，志求珍异，故师出于流求，兵加于林邑，威振殊俗，过于秦、汉远矣。虽有荒外之功，无救域中之败。⑤

而反观《隋书·南蛮传》本文，南海诸国事迹湮没无闻，使得所谓隋"威加八荒""甘心远夷"的议论成为无的之矢，让人颇感疑惑。

总之，唐初在编纂《隋书》时所面临的史料环境，并非如传序所言之贫乏，不仅有事迹可闻，亦有文献可征。今本《隋书·南蛮传》记述内容简略、结构怪异且前后抵牾，可以推测的直接原因是传写中出现了文本散佚。但是，考虑到在《隋书》之后不久编纂完成的《北史》，"四夷传"与今本《隋书》结构相同，亦只记林邑、赤土、真腊、婆利四国，传末亦称"大业中，南荒朝贡者十余国，其事迹湮灭，今可知者四国而已"。⑥因而《隋书》文本散佚的可能性不大。那么，原因只能归结为《隋书·南蛮传》本身的编纂疏漏。而《太平御览》所引《隋书》，也不

---

① 《隋书》卷三《炀帝纪》，第 71 页。
② 《隋书》卷八二《南蛮传》，第 1834 页。
③ 《旧唐书》卷四六《经籍志》，第 2016 页。
④ 《通典》卷一八八《边防四·南蛮下·罗刹》："隋炀帝大业三年，遣使常骏等使赤土国，至罗刹。"第 5096 页。
⑤ 《隋书》卷八二《南蛮传》，第 1838 页。
⑥ 《北史》卷九五《婆利传》，中华书局，1974，第 3165 页。

一定出自《隋书》原本，几乎所有有关《隋书》缺载的南海诸国的记述文字，均与《通典·边防典》文字高度雷同，文本同源，而《太平御览》等书的编纂者，未予校核，径以意随意标注了《隋书》《唐书》《梁书》等出处。① 而《通典·边防典》中所叙隋代南海诸国的文字，直接史料来源当出《赤土国记》等隋人编纂的南海诸国行记。尽管文献脉络并不十分清晰明确，并不影响我们做出基本判断：今本《隋书·南蛮传》对南海诸国的记述有重大脱漏，这一疏漏在杜佑编纂的《通典》中得到弥补，相关文本可视为隋代南海诸国的第一手史料。

---

① 关于《太平御览》习惯性引《通典》文字径标引他书的问题，详参罗亮《〈太平御览〉中的"唐书"考辨》，《中山大学学报》2022 年第 4 期。

# 隋杨素在南方的建城活动钩沉

陈志坚

隋朝平陈，过程简单，时间很短，但陈朝的社会基础力量还没有彻底被降服。在开皇十年（590）十一月，也就是隋朝平陈一年多后，原来的陈地爆发了一场规模很大的反抗运动。这次反抗运动的戡平，可视为隋第二次平陈。

有关这一个平乱过程，除了《隋书·杨素传》及相关人物传记外，其他资料甚少。对平乱过程及之后的中央政策，韩昇在《南方复起与隋文帝江南政策的转变》一文中有较为全面的论述，[①] 但是更加深入细致探讨的文章尚不多。

其实杨素在平乱的同时，就对南方各地做了不少调整工作，包括政区、治所等，更突出的一点是修建了不少城池。由于这方面的史料主要来自后代的地方志，容易被忽略，故学界对这一问题的研究十分缺乏。

本文试图指出，杨素在这次平乱中曾有一系列的修城活动，涉及政区变化、州治移动、城市选址等问题。

## 一 背景：杨素平南方之乱

杨素这次平乱，时间从开皇十年底开始，直到开皇十二年中结束。[②]

---

① 韩昇：《南方复起与隋文帝江南政策的转变》，《厦门大学学报》1998 年第 2 期。
② 后来接替杨素掌管南方大局的正是坐镇扬州的杨广，可参见韩昇《南方复起与隋文帝江南政策的转变》，《厦门大学学报》1998 年第 2 期。

可以分为三大阶段：首先是在江南地区，转战京口（今镇江）、晋陵（今常州）、无锡、苏州、松江、黟歙等地；其次是强渡钱塘江，一路追击高智慧直到永嘉，转战乐安（今仙居）、天台、临海等地；最后是再次渡海，追击至泉州（今福州）。其分部如史万岁等从东阳（今金衢盆地）进击至沿海地区。由于面对的敌人都是各地土豪，规模不大，但数量众多，整个战争过程进展缓慢，颇为艰难。

平乱的空间上，基本是"十州"之地。以往在讨论隋朝开皇十年开始的南方之乱时，其范围所指，往往含糊言之，泛指陈朝所有之地。但就杨素本人亲率及指挥所及范围，并没有那么广，比如岭南等地区就不曾涉及。《隋书·房彦谦传》："俄迁监察御史。后属陈平，奉诏安抚泉、括等十州。"文中既有"括州"，那这里所指的房彦谦奉诏安抚时间，当在杨素平乱之后的开皇十二年之后。而这里的"十州"，当即杨素平乱的基本范围。这十州之地，根据《隋书·地理志》所列，再结合《隋书·杨素传》及其他人传记的信息，可以拟一个名单：蒋州、常州、苏州、吴州（越州）、杭州、歙州、婺州、饶州、括州、泉州。其地理范围从长江以南直至福建。这一地理范围，也是南方叛乱者的主力所在的范围，按《隋书·高祖纪》的说法"婺州人汪文进、会稽人高智慧、苏州人沈玄憎皆举兵反，自称天子，署置百官"，这三个人是有号召力的首领人物，他们的势力范围就在这十州之内。这一地区，也是原来陈朝统治的核心区。

实际上，杨素不仅仅是在军事上进行平乱，在平乱的同时或稍后，他就已经对地方政区做了调整。比如行政区划方面，恢复了部分州县。如歙州，《隋书·地理志》歙县下注："平陈废，十一年复。"黟县下注："平陈废，十一年复。"又，《元和郡县图志》"歙州"条："隋开皇十二年置歙州。"而"歙县"条："隋初省，开皇十一年又置，十二年置歙州及县。""黟县"条下则说得比较清楚："十一年复置，隶宣州，十二年改隶歙州。"综合起来看，情况应该是在开皇十一年时，先恢复了歙县、黟县的设置，归属宣州，随后在开皇十二年设置了新的歙州，歙县、黟县归属歙州。另外，婺州也可能是在开皇十三年重新恢复的。① 还有如《元和郡县图志》记载，袁州、溧水县都是开皇十一年新建的。当然，还包括下文要论及的临海县、括州等移治、置县等，数量并不算少。但对于这些变化，目前研究论著如《中国行政区划通史·隋代卷》等几乎没有着墨，是很可惜的。

杨素的造城活动，就是在这样一个背景之下展开的。

## 二　杨素修建三城：苏州城、越州城、杭州城

杨素曾修建了多个城池，隋唐文献中几乎不见，但在宋代地方志及《太平寰宇记》等书中，有一些蛛丝马迹可以追寻。所修之城当超过五例。② 本文讨论的将涉及：苏州、杭州、越州③、括州、临海县。在杨素平乱的这十个州中，杨素曾经修城的至少有五个，这个比例不可谓不高。杨素在这方面花费的心思，不可不察。

本节先讨论苏州、越州、杭州三城。因为地方志中记载得十分清楚。

1. 苏州城

宋《吴郡图经续记》卷上"城邑"说：

> 江左遭乱，（开皇）十一年，杨素帅师平之。以苏城尝被围，非设险之地，奏徙于古城西南横山之东，黄山之下。

《舆地纪胜》卷五"杨素城"条也引了此条记载：

> 《续图经》云：开皇十一年，江左遭乱，杨素帅师平之，奏徙于

---

① 《太平寰宇记》"婺州"条："隋开皇九年平陈，省东阳郡理，却分为长山等九县，以为吴州。十三年又于此郡旧处复置婺州。"

② 如《咸淳临安志》卷一八"於潜县"条下记载："《祥符志》云：古城在县北二百四十步。耆老相传隋开皇十三年越国公杨素筑。"事迹并不一定可靠，故不纳入考察范围。

③ 隋平陈时，废会稽郡，建吴州。但这一称呼容易混淆，故在行文中改称"越州"。

古城西南横山东、黄山之下。唐武德末，复其旧。

又有"新郭"条：

> 在吴县西横山下。隋既平陈，江南未服，聚为盗贼。隋文帝以杨素为行军总管讨之，追击至苏州，移郡邑于横山下，盖欲空其旧城耳。此新郭者，当时之遗地也。

这里的杨素城和新郭所指当是同一处，今天苏州老城的西南方向，还有新郭村之名存在，或是杨素当年筑城所在。

很明显，杨素重建新城、迁徙州治，正是出于军事目的的考虑，毕竟依山建城比平原上的城池要更加易于防守。

苏州城自春秋建城以后一直在原址未动，但在开皇之乱中屡次遭到围攻。《隋书·杨素传》载："吴郡沈玄憎、沈杰等以兵围苏州，刺史皇甫绩频战不利。素率众援之，玄憎势迫，走投南沙贼帅陆孟孙。素击孟孙于松江，大破之，生擒孟孙、玄憎。"可知有沈玄憎、沈杰等人攻击。《隋书·皇甫绩传》还提到了顾子元，"及陈平，拜苏州刺史。高智慧等作乱江南，州民顾子元发兵应之，因以攻绩，相持八旬。……杨素援兵至，合击破之"，相持八十多天之久。《隋书·陆知命》也提到了"晋王广镇江都，以其三吴之望，召令讽谕反者。知命说下贼十七城，得其渠帅陈正绪、萧思行等三百余人"的情况。虽然没有明说围攻苏州城，想必也是本地反叛力量，对苏州城会造成威胁。

从前述"刺史皇甫绩频战不利"的战况看，老的苏州城确实在军事上并不是一处好所在。杨素重建苏州新城，目的正在于依山"设险"，其军事性无疑是第一位的。

2. 越州城

越州的城，据说勾践时代就已建于此地。《越绝书》卷八《（越）地传》记载："句践小城，山阴城也。周二里二百二十三步，陆门四，水门一。"又有"大城，周二十里七十二步"。

不过在后代文献中，都将绍兴城市的修建追溯到了杨素。可能是春秋时代的城池早已颓坏了。而且从大小来说，也不一致。杨素所建城，并不会是照勾践之城而创。杨素造越州城，可能与他苦战高智慧有一定关系。越州控扼整个浙东地区，地位十分重要。与苏州一样，加强军事防御能力也是十分必要的。

《太平寰宇记》"越州种山"条：

> 隋开皇十一年，越国公杨素筑为州城。

又《嘉泰会稽志》卷一《城郭》下有"子城"：

> 《旧经》云：子城，周十里。东面高二丈二尺，厚四丈一尺；南面高二丈五尺，厚三丈九尺；西北二面皆因重山以为城，不为壕堑。……熙宁中，沈立为《越州图序》云：杨素筑子城十里。

可知，杨素在会稽一地修建了一个小规模的"州城"，也就是宋代文献里的"子城"。相似之处在于：同样是依着种山（即重山）而建造城墙，范围并不大，周围十里。

3.杭州城

杭州是杨素创建的城中最为典型的一例。

杭州是隋灭陈之后全新设置的一个州，而其治所在三年内迁了三个地方。《旧唐书·地理志》"杭州钱塘"条下载：

> 隋于余杭县置杭州，又自余杭移州理钱塘。又移州于柳浦西，今州城是。

又《太平寰宇记》记载：

> 置杭州，在余杭县，盖因其县以立名；十年移州居钱塘城；十一年复移州于柳浦西，依山筑城，即今郡是也。

可知杭州的治所在开皇九年初设杭州时，即在余杭县。第二年，即开皇十年，杭州治所移至钱塘县。或者是因为钱塘县地理交通更加方便，也可能与这年余杭杨宝英起兵有关。而第三年，即开皇十一年，杭州治所移至杭州州城。

这个杭州新城，也是杨素所修。南宋的三部《临安志》都明确提到"据《九域志》：隋杨素创州城"。从杭州到开皇十一年才将州治迁入，可见时间完全是吻合的。

从《太平寰宇记》的"依山筑城"可知，杭州城与苏州城、越州城一样，都是依凭着山，这个山就是今杭州凤凰山。

而且这两处记载都明确提到了杭州州城的位置所在，乃是"柳浦西"。搞清楚这个柳浦所在，更会凸显杭州州城的军事价值。

柳浦，又称柳浦埭、柳浦渡。宋代时当在跨浦桥、浙江闸附近，今天所在的位置，是在三廊庙以北不远的某处。总之，柳浦渡是位于凤凰山下钱塘江边的一个渡口。

与柳浦渡隔江遥望的渡口则是西陵渡（后改名西兴）。柳浦—西陵，这是六朝时期跨越钱塘江南北的最重要的一条航线。作为一个渡口，首要的功能自然是交通。不过，值得注意的是，这个渡口的军事功能非常明显。历史上第一次出现柳浦之名，就是和一次战争有关。刘宋泰始二年（466），宋将吴喜率众渡江追击叛军，"自柳浦渡，趋西陵"，正是利用了这条航线。

柳浦军事价值的体现，还在于：从刘宋始，柳浦渡附近就有驻军——新城戍。南齐时，钱塘江上游富阳人唐寓之起兵，顺江而下准备攻占钱唐县，在柳浦登陆时，与新城戍军发生了战斗，说明新城戍离柳浦不远。新城戍的驻军在萧梁时期已达五千人之多，这从侧面反映了柳浦这个渡口在军事上的重要性。

尤其是，杨素在平乱过程中与会稽的高智慧一战十分艰难。高智慧的实力很强，尤其是水军有"船舰千艘"，屯据了各个要害之地。杨素最后派出奇兵数千，乘小船数百，从侧翼偷偷渡江，击破高智慧在岸上的营垒。随后杨素再从正面发动大举进攻，就这样也打了整整一天，"自旦至申，苦战而破"。经过这次苦战，杨素意识到一个问题：要控扼钱塘江渡口，就必须就近筑城防守，保证渡江航线的安全。

总之，从杭州城的选址来看，依山筑城、控扼渡口，杨素确实很有军事眼光。

## 三 杨素修建的二城：临海县城、括州城

临海县城和括州城的修建，在文献中都没有特别清晰的说明。但有了杨素在开皇十一年多处建城的认识后，就会发现这两处也都有过建城，而且时间也在开皇十一年，这应该不是巧合，正是杨素在平乱后进行的建城活动之一。

同时，临海县城和括州城的修建还伴随着一项移治内容，临海县县治、括州州治都移到了新的城内。换句话说，正因为有了移治的需要才出现了修城，以保卫新的州治、县治。

### 1.临海县城

其修城和移治情况，简单地说是隋平陈后，有临海县，其县治在章安县旧址（今台州章安镇）。开皇十一年，临海县迁往大固山（今临海县）。

《隋书·地理志》临海县注云："临海，旧曰章安，置临海郡。平陈，郡废，县改名焉。"

隋平陈之后，整个临海郡的属县皆废，都并入了临海县。这个临海县，实际上是章安县改名而来的。笔者称其为"大临海县"。之所以如此，是因为在平陈之前就有一个旧临海县存在。为了叙述方便，故加以区别。

章安县是原陈朝临海郡的附郭县，故隋大临海县的治所当仍在旧址

（即今台州的章安镇）。为什么可以肯定隋的临海县不是今临海县呢？要讲清楚这一问题，先来认识一下"县改名"这种现象。

隋平陈后，在地方制度上大幅度进行改革，都是按之前已经在北方操作过的模式进行：一是大量省并县，二是完全废除郡一级设置，三是大刀阔斧地重新规划设置州一级政权。

在这一废郡和并县的过程中，经常可以看到这样的情况：废郡后，将原郡的属县全部或者一大部分也废，并入新的附郭县内。其实，单单将郡改为县，例子非常多，是一个普遍现象。但是有一种情况是：将附郭县改名，改为郡名。当然，附郭县的名字改了，旧址是不会移动的。

除了临海郡改临海县一例外，还有很多例子。如隔壁的永嘉郡，《隋书·地理志》永嘉郡下的永嘉县注云：

> 永嘉，旧曰永宁，置永嘉郡。平陈，郡废，县改名焉。

永嘉郡废为永嘉县，与临海郡废为临海县是完全一样的情况。在这两个案例中，原来的永嘉郡废，附郭县永宁县就改名为永嘉县，永嘉郡原有的属县都废，并入新的永嘉县；而临海郡废，原附郭县章安县就改名为临海县，原临海郡的县都废，并入新的临海县。

也就是说，隋的临海县就是旧临海郡的改版，隋的永嘉县就是旧永嘉郡的改版，完全就是把郡降级成了县。这种现象，可以称之为"改郡为县"法。

这种"县改名"的案例还有新安郡。《隋书·地理志》"遂安郡"条下的雉山县注曰：

> 旧置新安郡。平陈，废为新安县。大业初县改名（改名为雉山县）焉。

可知，原新安郡废，原附郭县始新县就改名新安县，而新安郡约一半的县被并入了新安县。始新县改名新安县，也可算是"改郡为县"法的案例之一。不同之处在于，原来新安郡的属县只有一半并入新安县，而不是全部。

类似的情况还有很多。如《隋书·地理志》毗陵郡下的义兴县注曰："义兴旧曰阳羡，置义兴郡。平陈，郡废，改县名焉。又废义乡、国山、临津三县入焉。"

《隋书·地理志》建安郡下的南安县注曰："南安，旧曰晋安，置南安郡。平陈，郡废，县改名焉。"

《隋书·地理志》庐陵郡下的安复县注曰："安复，旧置安成郡。平陈，郡废，县改曰安成。十八年又曰安复。"

其实在平陈之前，隋朝境内的州郡县改革中就有这种情况出现。如《隋书·地理志》同安郡下的宿松县注曰："宿松，梁置高塘郡。开皇初郡废，改县曰高塘，十八年又改名焉。"也是废郡，即改旧宿松县名为高塘县。

虽然不是所有的郡在废了之后，附郭县名都要改为郡名，但这种改附郭县名为废郡之旧名的，确实不是个案，而是一个较为常见的现象。

临海郡改临海县有其特别之处：因为临海郡的属县下原来还有一个临海县。所以很多人都会有误解，将隋开皇九年的大临海县，与旧临海县、开皇十一年以后的临海县（都在今临海）混淆。于是曾经在宋代文献里出现的"移县"一词不被理解，甚至逐渐消失了。

还好，宋代方志等文献的存在保留了这一珍贵信息。宋代台州方志《嘉定赤城志》卷一叙述道："隋开皇九年平陈，郡废复为临海县，属永嘉郡……十一年，置临海镇于大固山，移其县于镇。"明确指出，开皇十一年时，先是在大固山设置了临海镇，随后将临海县移到了大固山。[①] 只有正确理解大临海县在章安，才能理解移县所指的含义是什么。否则，从

---

① 宋《赤城集》卷二有曾会的《台州郡治厅壁记》："隋开皇九年，平陈废郡，则诸县并归临海。镇于大固山，配一千守护其城，临海县移于镇前。"疑有脱误，语义不清。不过提到的设镇和移县两事是相同的。

临海县移到临海县，恐怕是无法让人理解的。

又《嘉定赤城志》卷二《地理门二·城郭》下"子城"条记载："或云：州治旧在大固山，上有子城故址焉，后随州治徙今处。"卷五《公廨门二·州治》也记载说："州治，在州城西北大固山下。旧在山上，今永庆院盖其处。"可知，杨素所修的临海县城（即所谓的"州治""子城"），是在大固山上的，同样符合依山筑城的军事理念。而且大固山下是灵江，可谓依山傍水，正是一个军事形势险要之处。后来逐步修建的台州古城，至今屹立江岸，背靠大固山，成为一大奇观。

2. 括州城

其修城和移治情况，简单地说是处州原来治所在沿海边，开皇十二年在括苍山脚建城，设括苍县，并移州治到括苍，遂改名为括州。

处州，又名括州，是今浙江丽水的前身。在隋平陈的开皇九年，就设置了处州。据《隋书·地理志》"永嘉郡"条："开皇九年置处州，十二年改曰括州。"

处州，以处士星分野而得名。这与婺州取名来自分野是一样的。改名括州，则是因为州治所在括苍县，而括苍县因括苍山而名。如《元和郡县图志》"处州丽水县"条："括苍县，取括苍山为名，属处州。"

改处州为括州，各种史书都没有说明理由。其实就是因为州治发生了变化——在杨素平乱之后的开皇十二年，新立了括苍县，而将州治移至括苍，因此改名括州。

目前主流观点认为括苍是在开皇九年设置的。这也是有依据的，如《隋书·地理志》在"括苍县"条下写"平陈，置县"。又《元和郡县图志》"丽水县"条下有："隋平陈，乃分松阳县之东乡立括苍县。"

不过也有一些文献表明括苍县并不是那么早设置的。如《旧唐书·地理志》："隋平陈，改永嘉郡为处州，寻改为括州，又分松阳县东界置括苍县。"《太平寰宇记》："至隋平陈，改永嘉为处州。寻废处州，立括州，分松阳县东界置括苍县。"这里的两则材料都没有指明括苍县建立的时间，但从叙述的顺序来看，显然都认为：处州改名为括州后，才设立括苍县。那么括苍县设立的时间自然只能在隋开皇十二年了。设县和改名是同时的。

　　还有一个间接证据是：松阳县也曾被废。《元和郡县图志》"松阳县"条："隋开皇九年废，十二年复置。"说明松阳县在平陈时期被废，恰恰也是在开皇十二年恢复。则括苍县当是在松阳县重设的同时新设置的。

　　另外，开皇九年括苍县新立，几乎是一个孤证。开皇九年，正是隋朝在雷厉风行大规模省并郡县之时，何以要特别新设一个县呢？于理不合。施和金在《中国行政区划通史·隋代卷》中列出了隋平陈后新置的 13 个县，其中 10 个是岭南地区的县。剩下 3 个，抚州崇仁县，乃是由"巴山县"改名；吉州西昌县，也是曾有过的旧县。这两例都属于旧县。那么，开皇九年设的新县，就只有括苍县这一例，十分可疑。应该认为，在开皇九年并没有设置括苍县。

　　综合以上信息，可以认为：开皇九年平陈时，设处州，下设临海、永嘉二县；到了开皇十二年杨素平乱后，恢复了松阳县，新割出括苍县，并将州治移到括苍，处州改名为括州。

　　即使将括苍县的建立时间定在开皇十二年，本身也是显得不太寻常。尤其是这样一个新析置的县，竟然还成了括州的州治。其实，括苍县的设立，本来就是为了在此设立州治的。换句话说，不是因为有了括苍县，才有了括州州治，而是因为有必要将括州州治移到这里，才新设置了括苍县。

　　括苍县之名，显然来自括苍山之名，这也符合杨素依山筑城的军事理念。同时，括州州治所在地，在今丽水东南七里的旧城，称古城村。其南面是瓯江的干流，东面是好溪，两水在古城处汇合，成为天然的护城河，正是依山傍水的良好形势。其与临海城的地理形势十分类似。

## 四　五城共同点之一：军事性

以上五个城的修建，有一个共同的重要特点，即军事性很强。从城址选择来说，都依山而筑，有的还靠水。很明显是利于防守，这些无须深论。

此外，杨素所修的五城，除了越州城外，其余四个城都有移城的举动。苏州城移城是为了依山，从大空间来说，可以算移城，但不算移治；杭州城也是为了依山傍水，既移城也移治，但移动范围不大；括州城和临海县城，其移动的范围就很大了，而且似乎不太合理。

先看括州，平陈后所设的处州，范围很大。而州治所在，可能就是永嘉县（今温州），是沿海地区，瓯江入海口之处，交通便利，人口相对较为集中，正是合适的治所。而开皇十二年新的括州州治，则在括苍（今丽水），地处瓯江上游，地理形势较为险要，不过交通不太便利，人口更是稀少，似乎并不是一个常见的州级治所的所在地。

临海县的移县也是如此。原县治章安地处沿海，是灵江入海口，交通十分便利；而大固山，完全算得上是深山之中。相比较而言，章安似乎更适合作为县治。但之所以要移治，恐怕与杨素本人的军事视角有关。

如果单从两个城本身来看，从沿海迁到山区，移治确实不合理。但从军事角度来看，新的县治、州治更有利于控扼广大的空间。

临海县虽然只是一个县，但范围相当广，相当于后来的台州全境。原来的治所章安处于沿海，就整个台州来说，其实处于边缘位置。而临海从空间角度来看，刚好是在台州的地理中心位置。从军事控扼的角度考虑，确实也是更合理的选址。括州的情况与此是类似的。也就是说，移治到括苍县后，基本上处于当时括州较为中心的位置，便于控扼全局。

实际上，括州的第一任刺史就在军事上有所表现。《隋书·韦冲传》记载：

后数载，令冲检校括州事。时东阳贼帅陶子定、吴州贼帅罗慧方并聚众为乱，攻围婺州永康、乌程诸县，冲率兵击破之。改封义丰县侯，检校泉州事。

关于此事，岑仲勉在《隋书州郡牧守编年表》中考证，韦冲其时正是在开皇十二年括州任上。[①] 韦冲所镇压的这次动乱，范围其实已在括州之外，但韦冲仍然能够亲自"率兵击破"，当与其所处地理位置有关。

值得一提的是，唐代初年曾在括州设总管府，据郭声波推测，"括州总管府当领括、松、建三州"。[②] 也是括州军事地位持续发挥作用的表现。

杨素之所以如此迁治，可能与他自己曾亲历此地有关。《隋书·杨素传》载："智慧逃入海，素蹑之，从余姚泛海趣永嘉。智慧来拒战，素击走之，擒获数千人。贼帅汪文进自称天子，据东阳，署其徒蔡道人为司空，守乐安。进讨，悉平之。又破永嘉贼帅沈孝彻。于是步道向天台，指临海郡，逐捕遗逸寇。前后百余战。"他曾亲自率军征战此地，甚至"前后百余战"，印象深刻，故对浙南山区大势十分清楚。这两个迁治之举，或是有意为之。

还有一点不能不提及，临海县、括苍县的设置，都是杨素移治的结果。但是这两个城后来一直是台州、处州的州治所在，千年未变，十分稳定。这恐怕不是巧合，更能反映出杨素的高明眼光。

## 五　五城共同点之二：皆为小城

杨素所建五城还有一个共同点：皆为小城。

苏州城、括州城信息不太清楚，但从其地理形势看，都不可能建造

① 岑仲勉：《隋书求是》，商务印书馆，1958，第240页。
② 郭声波：《中国行政区划通史·唐代卷》，复旦大学出版社，2012，第506页。

大城。

《嘉定赤城志》卷二《地理门二·城郭》下"子城"条记载："按《旧经》：周回四里。"可见临海新城也是不算大的。

越州城，前引《嘉泰会稽志》卷一《城郭》下"子城"条说："《旧经》云：子城，周十里。……熙宁中，沈立为《越州图序》云：杨素筑子城十里。"大约就是十里规模。不算太小，但也不能算是大城。

隋的杭州城其实也是个小城，后来做过唐宋的州城，也做过吴越国的子城、宋代的宫城，范围不大，约九里。[①] 但是历来学者都将杭州城理解为一个范围很广的城，可称之为"大杭州城说"。如魏嵩山的《杭州城市的兴起及其城区的发展》[②] 等论著，甚至画出了隋杭州城的四至范围。此说流传很广，需要稍做辨析。

"大杭州城说"有一个铁证，即南宋的三部《临安志》都提到隋杭州有"三十六里九十步"之周长。但是细查史源，就会发现，三部《临安志》的所谓三十六里说，根本就是个句读之误。

南宋临安有三志——《乾道临安志》《淳祐临安志》《咸淳临安志》，都记载了州城部分。按浙江人民出版社1982年版的格式摘录前两书的内容如下：

《乾道临安志》卷二《城、社》：

> 《九域志》："隋杨素创州城，周回三十六里九十步。有城门十二……"

《淳祐临安志》卷五《城、社》记载稍有不同，但应该是抄自《乾道临安志》：

---

① 陈随应《南渡行宫记》中提到了"皇城九里"。据陶宗仪《南村辍耕录》卷一八（中华书局，2004）转引。

② 《历史地理》创刊号，1981年。

古州域①，隋杨素创，周回三十六里九十步。（据《九域志》）

两志都说这个记载来自《九域志》，当即北宋王存的《元丰九域志》。查北宋王存的《元丰九域志》，"杭州"条下并无此条记载。而《新定九域志》的古迹部分，"杭州"条下则赫然记载：

古州城，隋杨素创，见《图经》。

这里的《图经》，当是指北宋的《祥符杭州图经》。那么，可知所谓的铁证，是来自《九域志》，再上溯当是北宋的《祥符杭州图经》。但两者都只说了"隋杨素创"，并无所谓"周回三十六里"。这个"三十六里"之说，其实是个句读错误。实际上，《乾道临安志》的作者所说的"周回三十六里九十步"云云，并不是指隋唐的州城，而是指宋朝的州城。②

《乾道临安志》的这段记载，本来应该是这样断句：

《九域志》："隋杨素创州城。"周回三十六里九十步。有城门十二……

如果再写得清楚一点应该是这样：

《九域志》："隋杨素创州城。"（今城）周回三十六里九十步。有城门十二……

而《淳祐临安志》一引一改，就将这个误读给坐实了。自此之后，

---

① 域，当为"城"字之误。域、城两字古籍中常有混淆。
② 后面记载的"有城门十二"，就是宋代的城门，非隋唐城门。因为同样的误读，就如《乾道临安志》标点者一样，不少论著都将其理解为隋代州城的城门了。这就更是错上加错了。反过来也说明，三十六里就是宋代杭州城之周长。

一错到底。如《咸淳临安志》《梦粱录》等，都记载为隋唐州城三十六里，最后影响到了现代学者的认识。断句之误，可谓误人不浅。

其实，从杨素建城的时间来看，正是紧张的平乱期间，其动员大规模劳役进行三十六里这样大工程的筑城活动，既无可能，也无必要。

实际上，隋唐时期，杭州一直保持着凤凰山脚的杭州州城、钱塘湖边的钱塘县城两个小城的"双城记"结构。故白居易在《余杭形胜》诗中会吟咏"州傍青山县枕湖"。

另外，值得一提的是，越州城有个罗城，也被认为是杨素所修，恐怕不可靠。宋《宝庆会稽续志》卷一"城郭"条记载："罗城，隋开皇中杨素所筑，唐乾宁中钱镠重修。"认为绍兴城的罗城也是杨素所筑。但此说相当可疑。首先，《嘉泰会稽志》记载城郭十分详尽，但没有提及罗城为杨素所修之事。其次，罗城范围较广，费工很大，不适合在战争状态中进行。《宝庆会稽续志》所指的罗城，或是子城之误。

可以看到，隋杨素所修的城都不大，而且都是州治、县治所在。这种性质的城，是早期建城史上的常态。因为造城的初期，往往是对衙署、军队这样一些官方机构进行保护，其城规模不需要大，但对军事防御性要求很高。等小城附近聚集了一定数量的人口之后，因为保护百姓的需要，才开始修建规模较大的外城，用于"盛民"，这就是中国城市发展的一般进程。此时，原来的小城就成了城中之城，故又有了"子城"之称。[①] 比如杭州州城、越州州城，早期都只称"州城"。晚唐五代普遍修罗城之后，宋代就普遍称"子城"，其实所指是同一个城。不过后人往往会有误解，将早期的"州城"理解为后代的外城、罗城，造成很多不必要的错误。所以，充分理解这一造城的过程，是很有必要的。

隋杨素在南方展开的这次修城活动，正是我们观察古代军事活动中筑

---

① 参见成一农《古代城市形态研究方法新探》第 3 章 "中国子城考"，社会科学文献出版社，2009。

城的一个绝佳案例，会给我们认识修城史带来很多新的切入点。从这个意义上说，对杨素修城活动的深入探讨是很有价值的。

# 余　论

杨素在南方建城一事颇为重要，可惜在隋唐时期的史料中几无痕迹。而在宋代的地方志中，却颇可钩稽出不少信息。本文所列五城，只有括州地区没有宋代的地方志可以依凭，只能靠曲折考证获得一点认识。宋代的方志本身数量不多，本文涉及的即有《吴郡图经续记》、三部《临安志》、《嘉泰会稽志》、《嘉定赤城志》多部。由此可见，宋代地方志资料，对于隋唐时期的历史认识还是有很大作用的，值得隋唐史学者予以充分重视。

# 苏州虎丘山僧由隋入唐生涯小考

汪馨如

## 一 开皇九年江南局势与僧侣境况

开皇九年（589）二月，隋平陈，陈亡，享国三十三年，自此南北混一。不同于以往江左内部的政权更迭，南北统一使江南地区自一国核心成为国之一隅。统一带来的政权认同问题、地区在国家内部地位急剧边缘化现实都迫使江南僧众，尤其是僧坛领袖做出去留抉择。僧侣虽为方外人士，但当己身供养来自政权中坚力量而政权又岌岌可危时，个体也难免萌生覆巢之忧。对僧侣在政权间的抉择，前贤支道林已有言："然沙门之于世也，犹虚舟之寄大壑耳，其来不以事，退亦乘闲，四海之内，竟自无宅。邦乱则振锡孤游，道洽则欣然俱萃。"[①] 陈亡后，僧人逃离建康，虽有少数北上（如住力赴江都），但大部分恓恓惶惶东奔吴会之地，[②] 该地一时间聚集了大批僧徒。

---

① 《弘明集》卷一二《支道林法师与桓玄论州符求沙门名籍书》，《大正藏》第 52 册，第 85c 页。

② 选择逃奔吴会与不少僧人本出自该地有关，僧传常称僧人返回故土为"报地恩"。《续高僧传·慧暅传》载侯景之乱时，慧暅避地南徐（慧暅是义兴阳羡人，义兴郡属南徐州）："值梁室版荡，京寺荒残，乃裂裳杖锡，来止南徐，实报地恩，兼修法事。"《续高僧传·慧弻传》："隋师伐罪，陈运受终，思报地恩，言旋故里。"权家玉《地域性与南朝政局——围绕政权基础与军镇的考察》从财政、交通、行政管理等角度剖析建康、吴会的一体化关系与南朝财政吴会化现象（社会科学文献出版社，2021，第 65—155 页）。虽然分析从政治视角出发，但是这种格局的形成也有助于观察佛教的人员流动现象。

战乱中的人员流动狼狈仓促，原有僧团组织因此解体，"及陈祚云亡，法朋雕散"，① "江表沦亡，僧徒乖散"，② "金陵土崩，师徒雨散"。③ 迨安定后，这些高僧又能在短时间内借个人魅力吸引法徒自愿追随，重振僧团，恢复几分往日气象，这种组织力则是声望的绝佳展现。吉藏（549—623）便是个中典型。他驻锡会稽嘉祥寺，"隋定百越，遂东游秦望，止泊嘉祥，如常敷引。禹穴成市，问道千余，志存传灯，法轮相继"，④ 因下文又载晋王在藩召吉藏入慧日道场，可确定"禹穴成市，问道千余"情状发生在入慧日前。又如晋陵无锡人道庆"东归无锡，居凤光寺，学徒载萃，诲诱如初"。⑤ 也许是注意到这种现象，隋朝官方开始积极拉拢江南高僧。

开皇十年（590）十一月，江南爆发以地方豪族为首的大规模动乱，杨素率军南下平叛。在此期间，他已与吴僧往来，军戎紧急、羽檄交驰间还有如此闲情，不应单纯归结为信仰需求，"这当然出于争取人心，安定江南局势的政治因素，但这些江南高僧皆学兼内外，深受南朝玄学风尚的熏染，且多有文艺才能"，"从另一个侧面表现出他对江南佛教及其文化风尚的关注"。⑥

有关杨素在江南的情况，僧传中有四条记录，列举如下。

a. 智琰栖居苏州虎丘山时，杨素"行军淮海，闻琰道胜栖山，鸣铙赴陇，倾盖承颜，五体投诚，恨接足之晚"。⑦

b. 智聚说法于虎丘山东山寺，"尚书令楚公素、左仆射邳国公苏威，

① 道宣：《续高僧传》卷一二《义解篇八·唐常州弘业寺释道庆传》，郭绍林点校，中华书局，2014，第426页。本文引道宣撰《续高僧传》以郭绍林点校本为主（以《碛砂藏》本为底本），兼参考苏小华校注《续高僧传校注》（以再雕高丽藏本为底本，上海古籍出版社，2021）。

② 道宣：《续高僧传》卷三〇《兴福篇九·唐扬州长乐寺释住力传》，第1213页。

③ 灌顶：《大般涅槃经玄义》卷二，《大正藏》第38册，第14b页。

④ 道宣：《续高僧传》卷一一《义解篇七·唐京师延兴寺释吉藏传》，第392—393页。

⑤ 道宣：《续高僧传》卷一二《义解篇八·唐常州弘业寺释道庆传》，第426页。

⑥ 王永平：《中古士人流迁与南北文化传播》，江苏人民出版社，2019，第449页。

⑦ 道宣：《续高僧传》卷一四《义解篇十·唐苏州武丘山释智琰传》，第478页。

并躬到道场，接足顶礼，咸舍净财，资庄形命"。①

c. 又造访慧持，"越公杨素治兵淮海，闻风造展，叹其清悟，曰：'斯实绝伦之僧也。'"②

d. 因涉嫌撰写反叛檄文，诘问真观事。③

杨素对以上僧人或推崇或威慑的一体两面态度，侧面反映了这些来自大族的僧侣在地方社会上的地位，他们在驻锡地可能有人数众多的僧团与供养者，也可能被反叛势力拉拢。而四条记录中智琰、智聚皆出自虎丘山，也将这片山林拉入我们的视野。本文以隋唐虎丘山僧智聚（538—609）、智琰（564—634）、法恭（568—640）为切入点，观察个体生命在时代更迭中的流转。

## 二  虎丘僧与隋唐政权关系——以智聚、智琰为例

虎丘山位于吴郡城西，传说为吴王阖闾葬地。《元和郡县图志》云："虎丘山，在县西北八里。《吴越春秋》云阖闾葬于此，秦皇凿其珍异，莫

---

① 道宣：《续高僧传》卷一〇《义解篇六·隋吴郡虎丘山释智聚传》，第 344 页。

② 道宣《续高僧传》卷一四《义解篇十·唐越州弘道寺释慧持传》在传主生卒年上存在矛盾。先谓家世"姓周，汝南人也。开皇初年，父任豫章太守，因而生焉"。"开皇初年"明显有误，因为按此生年，江南反隋时慧持至多十岁。又载慧持在贞观十六年（642）圆寂，享年六十八岁，则慧持生于 575 年，但如果生于该年，则杨素平叛时，慧持也只有十六七岁。一般僧人满二十方可受具足戒，《慧持传》亦载"年登冠具，身长七尺，色相光伟，执持威容，不妄回视，故俗又目曰'象王持'也"，似乎显示在杨素平叛前，慧持已至弱冠之年。江南高僧如云，杨素拜访尚未受具足戒的沙弥，并赞誉有加，不合情理，也与杨素生平行事、性格不符。因此，怀疑慧持生卒年有误。陈时周姓豫章太守有酋帅周敷（530—564），"临川人也。为郡豪族"（《陈书》卷一三《周敷传》），因平定王琳有功在 560 年得封豫章太守，"时南江酋帅，并顾恋巢窟，唯敷独先入朝"。陈天嘉五年（564）为宗人周迪所杀。慧持极有可能为周敷之子，生年应再前推至少十年。若生于 564 年或 565 年，则享年七十八岁，杨素亲访时约二十七岁。

③ 事见道宣《续高僧传》卷三〇《杂科声德篇九·隋杭州灵隐山天竺寺释真观传》，第 1249—1251 页。

知所之，孙权穿之，亦无所得。其凿处，今成深渊。"① 《吴郡志》载：
"虎丘山，又名海涌山，在郡西北五里，遥望平田，中一小丘。《吴地记》
云：'去吴县西九里二百步，高一百三十尺，周二百十丈。比入山，则泉
石奇诡，应接不暇……'"② 虎丘山佛教兴起于东晋武帝年间，历东晋南
朝，直至隋唐犹兴盛不绝。

　　智聚、智琰同师出庄严寺智瓛门下，年龄相差了二十七岁。两人轨迹
大同小异，出身吴郡朱氏，年少出都，名扬建康，游走于陈朝贵族权门
间。首先是智聚，他在建康时"陈鄱阳王伯山、新安王伯固、新蔡王叔
齐，并降贵慕道，延请敷说"。③ 至德三年（585），陈朝灭亡前，他丁母
忧回乡，就此留驻虎丘东山，或许是身在建康的智聚已感知到王朝覆灭危
机，故适时抽身求去。其次则是智琰，他的进退轨迹相对复杂。少年成
名，师出多门，十六岁出都跟随报恩持法师学习《成实论》，十九岁时因
持法师出外云游，"法筵用辍，因还故里，觐省二亲"，④ 一年后又重返建
康，先后师事泰皇寺延法师、庄严智瓛，二十二岁即预席陈主仁王斋会，
陈亡时也只有二十五岁。此后数年直到圆寂，除隋末吴郡动乱避难常州十
年外，他基本没有再离开虎丘。

　　杨素之后，苏州长官亦关注虎丘山僧。开皇十二年（592），平陈有
功的刘权上任苏州刺史。对刘权在苏州的政绩，《隋书》有正面评价：
"从晋王广平陈，以功进授开府仪同三司，赐物三千段。宋国公贺若弼甚
礼之。开皇十二年，拜苏州刺史，赐爵宗城县公。于时江南初平，物情尚
扰，权抚以恩信，甚得民和。炀帝嗣位，拜卫尉卿。"⑤

　　刘权已注意到宗教力量对整合该地文化的意义，僧传中也有他亲近释
教的记录。慧頵（564—630）在苏州时，"及天厌陈德，隋运克昌，金陵

① 李吉甫：《元和郡县图志》卷二五《江南道一·苏州》，贺次君点校，中华书局，1983，
　 第601页。
② 范成大：《吴郡志》卷一六《虎丘》，陆振岳点校，江苏古籍出版社，1999，第224页。
③ 道宣：《续高僧传》卷一〇《义解篇六·隋吴郡虎丘山释智聚传》，第343页。
④ 道宣：《续高僧传》卷一四《义解篇十·唐苏州虎丘山释智琰传》，第478页。
⑤ 《隋书》卷六三《刘权传》，中华书局，1973，第1504页。

讲席，扫土俱尽，乃杖策游吴，大乘顿辔，爰整其旅，广开学市，远招八埏之士，以扇一极之风。苏州刺史刘权，果达三德，才著九能，又于简易时务，依影法筵，悦饮河之满腹，欣负山而无倦"。[①] 刘权与虎丘山僧侣关系匪浅。刘权在苏州受菩萨戒，请智聚为菩萨戒师，"时郡将宗城刘公夙仰高名，常钦盛德，及剖符临镇，请为菩萨戒师"，[②] 又在开皇年间请幽居虎丘山的智聚弟子法恭（顾姓，吴郡吴县人）移居城邑，入住回向寺。虎丘山本位于苏州旧城西郊，但杨素平叛时，特意将苏州城郭移至横山下，借西南方山形湖泊地势为军事屏障，直至贞观初年才迁回旧城。杨素移郡邑之横山，为今苏州市石湖畔上方山，距虎丘山约 12 公里，这次迁居拉大了虎丘与都市的距离。[③] 法恭移居回向寺可能与虎丘山距当时苏州城邑较远，往来不便有关。

　　虎丘山僧智聚、智琰对新政权不离不即，表现在他们与隋唐任命的地方官僚相处融洽，却与上层当权者保持距离。智聚可以任刘权的菩萨戒

①　道宣：《续高僧传》卷一四《义解篇十·唐苏州通玄寺释慧頵传》，第 490 页。
②　道宣：《续高僧传》卷一〇《义解篇六·隋吴郡虎丘山释智聚传》，第 344 页。另，隋苏州刺史崇礼佛教者有陈子迈，咸淳《重修毗陵志》卷二五《仙释·观寺·无锡》"静教禅院"条："在县东四十里，陈至德元年建，名善寂。隋开皇中，吴郡刺史陈子迈捐资增创。"陈子迈之名仅见于地方志，姑系于此。《中国方志丛书》据清嘉庆二十五年刊本影印，台北：成文出版社，1983，第 3687 页。
③　朱长文《吴郡图经续记》卷上《城邑》："隋开皇九年，平陈之后，江左遭乱。十一年，杨素师师平之，以苏城尝被围，非设险之地，奏徙于古城西南横山之东，黄山之下。"（金菊林校点，江苏古籍出版社，1999，第 5 页）《吴郡图经续记》卷中《山》"横山"条："横山，在吴县西南。……观是山，镇此邦之西南，临湖控越，实吴时要地。隋开皇中，尝迁郡于横山东，亦以是山为屏蔽也。山周围甚广，环以佛刹，如荐福、楞伽、宝华、尧峰之类，皆在焉。"（第 41 页）《吴郡图经续记》卷下《往迹》"新郭"条："新郭，在吴县西横山下。隋既平陈，江南未服，聚为盗贼。隋文帝以杨素为行军总管讨之，追击至苏州，移郡邑于横山下，盖欲空其旧城耳。此新郭者，当时之遗址也。……初，杨素迁城于横山也，匠者以楮木为城门之柱，素见之谓匠者曰：'此木恐非坚，可阅几年。'匠曰：'可四十年不朽。'素曰：'足矣。是城不四十年当废。'至唐贞观中，复旧城，果如其言。"（第 58 页）如此便可理解为何大业四年苏州刺史李显在横山修建舍利塔（见《吴郡志》卷三三"宝积寺"条下《吴郡横山顶舍利灵塔铭》），因为这里是当时苏州州治所在。

师，但当齐王杨暕出镇扬州，下书延请智聚时，① 他固辞以疾，不获允许，一再恳求下才被允归山林。晋王杨广在扬州招揽群僧，智琰虽应征，不久告病离开。武德七年（624），出外避难的智琰又正是在苏州总管李世嘉等道俗奉迎下回归虎丘。这种态度在栖留江南的南朝名僧中很具代表性。慧頵与刘权交游，但对大业初年朝廷延征托病不出。真观在杭州应刺史刘景安所求讲经祈雨，临终前两个月还应司马李子深邀约出邑讲《大涅槃经》，与之形成对比的是"隋祖尚法惟深，三敕劳问，秦王莅蕃，二延总府，皆辞以疾，确乎不就"。总而言之，他们后半生的行迹都在"隐"与"出"间徘徊，而"隐"也非屏绝人事，远离世俗，僧传中的"隐"更接近一种妥协式"不食周粟"的暗喻。

尽管智聚、智琰态度暧昧，内心接受王权、佛教调和或许并不困难。陈朝君主雅重《仁王经》《金光明经》，后主时期宫廷一年两次固定举行仁王斋会。二人在陈朝宫廷参与仁王斋会、讲说《金光明经》在传记内都有明文记载。这两部经典之所以会得到王者垂青，是因为其中护国护法思想具有实用宣传价值，《金光明经·四天王品》谓人王若能受持是经，可保国土四境安宁："若此国土有诸衰耗、怨贼侵境、饥馑疾疫种种艰难，若有比丘受持是经，我等四王当共劝请，令是比丘以我力故，疾往彼所国邑郡县，广宣流布是金光明微妙经典，令如是等种种百千衰耗之事悉皆灭尽。"② 被引入宫廷的江南高僧恰是在这种氛围中举行各种弘法活动，耳濡目染接纳的也是佛教与国主互惠的政教观念。隋文帝的佛教治国思想

① 齐王暕（时为豫章王）在仁寿元年（601）三月出任扬州总管（《隋书》卷二《高祖下》）。除僧侣外，杨暕对这些在地栖隐名流不乏示好之举，如《隋书》卷七六《文学·王贞传》载其下书王贞事，谓"炀帝即位，齐王暕镇江都，闻其名，以书召之"。致王贞书信中云"比高天流火，早应凉飙"，可见下书在暑退秋凉日。据《隋书》卷三《炀帝上》，仁寿四年（604）七月文帝去世，杨暕在大业元年（605）正月任豫州牧，二年（606）六月封齐王。去信王贞时间可能在仁寿四年夏末。杨暕也是虔诚的佛教徒，他在江南以坦法师为门师，在长安以保恭为师，又在长安组织法会，名僧吉藏、僧粲、法常等预席。杨暕崇佛事见《续高僧传·僧粲传》《保恭传》《吉藏传》《智琚传》。

② 昙无谶译《金光明经·四天王品》，《大正藏》第 16 册，第 341a 页。

带有南朝色彩，已为一些研究指出。① 如梁武帝受菩萨戒自称"菩萨戒弟子皇帝"，臣下、佛教界称"皇帝菩萨""救世菩萨"，此为陈文帝、宣帝沿袭，隋文帝、炀帝亦自称"菩萨戒弟子皇帝"，而此前北朝佛教界对帝王的常见称呼是"皇帝如来"，又如梁武帝塑造己身为转轮王的运作又为隋文帝吸纳。隋文帝也非常看重《金光明经》。② 《金光明经·正论品》肯定了王者统治合法性来自佛陀授予，若天子守护正法，便得诸天庇佑，这一假设的前提便是肯定了人王为护法者："因集业故，生于人中，王领国土，故称人王，处在胎中，诸天守护；或先守护，然后入胎。虽在人中，生为人王。以天护故，复称天子；三十三天，各以己德，分与是人，故称天子。神力所加，故得自在。"③ 陈文帝《金光明忏文》即云："方愿归依三宝，凭借冥空。护念众生，扶助国土。"④ 隋文帝也屡云"佛以正法，付嘱国王"，⑤ "归依三宝，重兴佛教"，⑥ 在慰劳高僧的敕书中谓"朕受天命，抚育黎元，尊崇三宝"。⑦

　　隋文帝的佛教治国思想与江南僧侣接受的政教观念有契合点，这或许便是双方在心照不宣间互为所用的原因之一。天子敕书、地方官另眼相待、信徒众多，使虎丘山佛教的地区辐射力在仁寿立塔中获得肯定。"苏州于虎丘山寺起塔。其地是晋司徒王珣琴台，掘得砖函，银合子有一舍利，浮之钵水，右转四周。舍利初发州，天降雨，未至寺，日便出，乃有杂色云。临舆而行，徘徊不散。至于塔所，空里有音乐之声，既而天又阴

① 不少专著阐述概括了隋文帝崇佛兴教措施，代表性的有镰田茂雄《中国佛教通史》第 5 卷，赖昱均译，高雄佛光文化，2012，第 1—34 页；蓝吉富《隋代佛教史述论》，佛光出版社，2004，第 357—378 页。河上麻由子认为隋文帝、炀帝佛教行为受梁武帝影响，见《古代アジア世界の対外交渉と仏教》，山川出版社，2011，第 116—120 页。

② 隋文帝与《金光明经》的关系阐释，见李志鸿《六至七世纪东亚的王权与佛教》，硕士学位论文，台湾大学，2013，第 25—30 页。

③ 昙无谶译《金光明经·正论品》，《大正藏》第 16 册，第 347a 页。

④ 《广弘明集》卷二八，《大正藏》第 52 册，第 333b 页。

⑤ 法琳：《辨正论》卷一〇《十代奉佛上篇》，《大正藏》第 52 册，第 509a 页。

⑥ 《广弘明集》卷一七，《大正藏》第 52 册，第 213b 页。

⑦ 楼颖：《善慧大士录》卷二，《续藏经》第 120 册，台北：新文丰出版公司影印本，1977，第 13a 页。

晦。舍利将下，云暂开；舍利入函，云复合。先是寺内凿石井，井吼二日，盖舍利将来之应也。"①

## 三　虎丘僧弘法途径的转型

正如前文所言，部分留止江南的义学僧选择了妥协式的"不食周粟"。这与他们的生存方式从贵族供养到扎根地方有关。

其一，南朝僧徒若欲有所作为，需离乡往建康寻觅良师，流连大寺，并融入士人社交圈。纵然吴郡释教氛围浓厚，智琰年少时仍视家乡吴郡为"坎井"："翼翼京邑，四方是则，何得久拘坎井乎?"② 他们青年时期在建康接受的佛教熏陶与精英知识阶层同声相呼，同气相应。道宣老师慧頵（564—637）早年习文，"昔在志学，早经庠塾，事贯儒宗，艺能多具"，又治道家，"旁询《庄》、《老》、三洞、三清、杨子《太玄》、葛生《内诀》，莫不镜识根源，究寻支派"，儒释道三家均有涉足。③ 又如真观精通的八能"义、导、书、诗、辩、貌、声、棋"已不局限在佛学知识，这与六朝士人才艺标准几乎如出一辙。这也导致他们擅长的义学、文学、言语一旦脱离这个阶层，便几无用武之地。对那些试图远离隋当权者的缁流而言，曾经慷慨布施的土豪、吴郡大姓或被剿灭，或被迫北迁，他们也必须寻求弘法之途的转型。

其二，南朝中后期"报地恩"观念兴起。佛教徒与乡曲的联结，常表述为"报地恩"，僧传中屡见"思报地恩，言旋故里"，"虽亲觉久忘，而地恩待报，以陈至德元年言旋旧邑"，"瞻言乡县，思报地恩"，"又上渚宫乡壤，以答生地恩也"。④ 佛教伦理观并非新话题，但更多聚焦于父母子女亲朋等具体血亲，⑤ 扩大施恩对象的"地恩"之说或属后起概念。

---

① 王劭：《舍利感应记》，《广弘明集》卷一七，《大正藏》第 52 册，第 216a 页。
② 道宣：《续高僧传》卷一四《义解篇十·唐苏州武丘山释智琰传》，第 478 页。
③ 道宣：《续高僧传》卷一四《义解篇十·唐京师崇义寺释慧頵传》，第 484 页。
④ 分别见《续高僧传·慧弼传》《慧旷传》《法琳传》《智顗传》。
⑤ 佛教进入中国后与中国传统人伦秩序相融，参见 Kenneth Kuan Sheng Ch'en, *Chinese Transformation of Buddhism*, Princeton：Princeton University Press, 1973, pp. 14–60。

这可能与《大智度论》在南朝流行有关，进而影响了僧侣的乡土观。《大智度论·初品中住王舍城释论第五》解释为何佛多住王舍城、舍婆提，"以报生地恩故，多住舍婆提，一切众生皆念生地"，"以报法身地恩故，多住王舍城，诸佛皆爱法身故"。① 虽然下文认为法身胜于生身，故多住王舍城，但对于出身士人家庭的僧徒来说，《大智度论》将"佛何以多住舍婆提"诠释为"一切众生皆念生地"，这使他们的宗教信仰与儒家乡土观、南朝地方社会利益达成了自圆其说的调和。智聚、智琰虽然出家，但伦理观上未曾舍亲断爱。智聚丁母忧"泣血衔哀，殆将毁灭"并常驻故土虎丘，智琰中途省亲一年，既是协调家庭关系，也是"报地恩"的表现。正是在这样的背景下，他们的弘法方式发生了转型，转而更为依托乡里社会与普通民众。②

智聚在虎丘造像、修殿已如前所述，他的弟子法恭曾"烧指供心"。智琰涉及佛教活动则比较繁杂。第一，僧传提到他有净土信仰，长年召集州内檀越五百人，每月一集，这等于拥有固定受众群，"愿生净土，造弥陀像，行三种净业，修十六妙观。与州内檀越五百余人每月一集，建斋讲观，胜轮相踵，将逾十载"；③ 第二，他身上常发生各类神瑞现象，"宵炉未爇，自起烟芬，夕罐才空，潜加溢水"；第三，他精通多种忏法，"常行法华、金光明、普贤等忏，又诵《法华》三千余遍"。这三点都带有很强的现实功能价值，通感神迹聚集信众，忏法、净土法会是佛法渗透民间的手段途径。隋末吴郡大乱，智琰也是在信徒弟子的保护下前往常州，而非自行仓皇逃遁，"属炎历有终，锋镝腾沸，四海同弊，三吴益甚，檀越

<hr>

① 《大智度论》卷三，《大正藏》第 25 册，第 77c 页。《大智度论》由鸠摩罗什 402—405 年在长安翻译，在南朝的流行情况参见圣凯《〈大智度论〉在南北朝的流传及其影响》，《觉群佛学（2009）》，宗教文化出版社，2010，第 248—261 页。

② 有关南北朝城市、乡村关系的论述，如六朝城市、乡村对立关系及贵族乡党的连接关系论述参见谷川道雄《中国中世社会与共同体》，马彪译，上海古籍出版社，2013，第 235—260 页；中村圭尔《魏晋南北朝的城市与官人》，井上彻、杨振红编《中日学者论中国古代城市社会》，三秦出版社，2007，第 109—110 页。艾伯华则提到士族在城市、乡村均有住宅的"双家制"，Wolfram Eberhard, *Conquerors and Rulers: Social Forces in Medieval China*, Leiden: E. J. Brill, second edition, 1965, pp. 44-47。

③ 道宣：《续高僧传》卷一四《义解篇十·唐苏州武丘山释智琰传》，第 479 页。

子弟迎出毗坛，首尾十载，化行帝部"，① 足见他在吴郡一地的经营实力。
为杨素诘问的真观晚年先是入住众善寺，开皇十四年（594）天旱，刺史
请讲《海龙王经》，"序王既讫，骤雨滂注。自斯厥后，有请便降，吴越
宗仰其若神焉"，② 真观肩负了为地方祈雨的任务。开皇十五年（595），
真观栖止于诸檀越为他修筑的南天竺精舍，"县西有灵隐山者，旧曰仙
居，峰吐莲花，洞藏龙穴，信江东之秀岳也。观既仁智内冥，山水外狎，
共道安禅师头陀石室。檀越陈仲宝率诸同侣开藏拓基，构立精舍，号南天
竺，遂即去邑还谷，栖止终焉"。③ 僧传还描绘了真观的其他神迹，例如讲
演《法华》与神明相通，获得皋亭神供奉，"又感盥洗遗渧，地不为濡，事
理异人，经之力也。皋亭神姓陈名重，降祝请讲《法华》一遍，遗以钱物，
又降祝舍其庙堂五间为众善佛殿。据斯以言，感灵通供，诚希有也"。④ 佛

---

① 道宣：《续高僧传》卷一四《义解篇十·唐苏州武丘山释智琰传》，第479页。
② 道宣：《续高僧传》卷三一《杂科声德篇十·隋杭州灵隐山天竺寺释真观传》，第1247
页。真观事迹又见《佛祖统纪》卷九，部分事迹、时间断代未见于《续高僧传》。
③ 道宣：《续高僧传》卷三一《杂科声德篇十·隋杭州灵隐山天竺寺释真观传》，第1247—
1248页。
④ 道宣：《续高僧传》卷三一《杂科声德篇十·隋杭州灵隐山天竺寺释真观传》，第1248
页。真观晚年先居于城邑的众善寺。《咸淳临安志》卷八一《寺观七》"化度寺"条载崇
善王庙与真观共分庙宇事："化度寺，梁朱异舍故居为寺，旧名众安，隋改众善，唐改
重云，再改承云，治平二年改今额。有崇善王庙，隋真观法师梦神人听戒，愿割庙庐之
半以益佛宇。"《中国方志丛书》，台北：成文出版社，1970，第802页。同书卷七二
《祠祀二》"灵惠庙"条下载南宋绍兴年间，临安耆老陈德诚等状于有司为皋亭神祠请封
事："化度寺有皋亭神祠，自隋以来事之，至今不绝，旱干水溢，有祷必应，郡民事无
巨细，皆请于神，应若影响。"可知寺与祠庙毗邻。有关皋亭庙与地方社会的关系，参
见夏炎《白居易皋亭庙祈雨与中古江南区域社会史的展开》，《社会科学战线》2023年
第12期。据夏文考证，杭州有两座皋亭庙，一在皋亭山，一在化度寺。真观所居众善寺
毗邻皋亭庙，为后者。《咸淳临安志》卷二四《山川》"皋亭山"条下引《祥符志》：
"皋亭山，今属仁和县，在县之东北二十里，高百余丈，云出则雨。"皋亭神，《续高僧
传》谓名陈重，《咸淳临安志》卷七二"灵惠庙"条下谓名陈顼，是杭州重要的地方神
祇，在水旱禳灾上尤为神验。白居易任杭州刺史期间曾作《祈皋亭神文》祈雨。《佛祖
统纪》卷九另载山龙王化身老者往灵隐听真观讲经，真观为诸龙王行菩萨戒。诵《海龙
王经》、皋亭神、山龙王，真观在这些叙述中发挥的作用都与祈雨禳灾相关，折射出入
隋后他在地方宗教活动中的定位。另，《释门正统》卷二载，智𫖮弟子等观禅师曾在贞
观十年为皋亭庙神授菩萨戒，反映出僧人与负责地方水旱神祇信仰的接触。

教初至中国，为便于民众接受这一新兴宗教，僧徒常用祈雨、神通、灵验等手段展现神力，又或是部分出身草野的奇僧高人借此吸收信众。至于真观说法精彩到降服地方神祇，更是僧传中佛教势力向未知地域拓展的常见叙事手法。这些神异记载出现在深谙儒佛，与达官显宦交游的义学僧上时，颇有些格格不入。随着江左政权终结，南朝佛教走出建康风雅的宫廷，从庙堂走向江湖，义学佛理的知识性、严肃性也必然在朴素的实用功能前被消解。

江南佛教在陈亡后屡遭打击，坚持留在南方活动说法的诸僧多有造像、建寺、立塔之举，应该也有再兴佛法、重建佛国的意图。例如真观一生"其所讲大乘四十二载，又造藏经三千余卷、金铜大像五躯，构塔五层，五僧德施，造寺二所"，① 智𫖮"东西垂范，化通万里，所造大寺三十五所，手度僧众四千余人，写一切经一十五藏，金檀画像十万许躯，五十余州道俗受菩萨戒者不可称纪，传业学士三十二人，习禅学士散流江汉，莫限其数"，② 慧弼修缮常州安国寺"蒙犯霜露，振锡扬烟，广率良朋，愿言修理，故得寺宇光华，门房俨丽"，③ 智琳重立润州仁孝寺，"所居仁孝寺者，梁故征西咨议郗僧绍舍宅所造，殿堂肇构，乱离遄及，琳乃嗣兴梓匠，爰加藻饰，轮焕弘敞，实有力焉。前后造中人像五躯、夹纻像一躯，神仪显曜，相好严挺。又于育王山顶造五层砖塔，拟夫八万同时，一期高妙"。④

如何协调世俗权力与佛教独立性关系一直是中古佛教无可回避的议题，僧侣既希望超脱世俗权力之外，秉持独立人格，又需要政治权威加成，辅助弘道传教。庐山慧远在《答桓玄书沙门不应敬王者书》中将信佛者分为两类——在家众、出家众："佛经所明，凡有两科：一者处俗弘

---

① 道宣：《续高僧传》卷三一《杂科声德篇十·隋杭州灵隐山天竺寺释真观传》，第1251页。
② 道宣：《续高僧传》卷一七《习禅篇二·隋国师智者天台山园清寺释智𫖮传》，第635页。
③ 道宣：《续高僧传》卷九《义解篇五·隋常州安国寺释慧弼传》，第309页。
④ 道宣：《续高僧传》卷一〇《义解篇六·隋丹阳仁孝道场释智琳传》，第347页。

教，二者出家修道。处俗则奉上之礼，尊亲之敬，忠孝之义，表于经文，在三之训，彰于圣典。……出家则是方外之宾，迹绝于物。……是故凡在出家，皆隐居以求其志，变俗以达其道。"① 但"隐居以求其志"在对传教有所冀求的僧人处也仅是一种理想状态。隋初，信行禅师获悉僧邕幽隐白鹿山，"遣人告曰：'修道立行，宜以济度为先，独善其身，非所闻也。宜尽弘益之方，照示流俗。'乃出山与行相遇，同修正节"。② 二人作为北齐旧僧，遂大用于隋。信行禅师言论为历亡国灭法之痛的僧人提供了另一种思路。"隐居以求其志"的志向在智聚弟子法恭处有了转变。法恭应刘权之请，从虎丘山林移居城邑回向寺后，幡然改变态度，"既迫兹固请，翻然回虑，以为体道由心，道存则丧于彼我，立教在迹，教行则混其显晦"。③ 将佛教修行从山林转移到城市，不仅意味着身体位置的空间变化，部分僧人心态上就非常抗拒，更有甚者与生死系连。如曾随智颛学习禅法的同时代僧人智锴（533—610），"然守志大林，二十余载，足不下山，常修定业。隋文重之，下敕追召，称疾不赴。后豫章（豫章王杨暕——引者注）请讲，苦违不往，云：'吾意终山舍，岂死城邑？'道俗虔请，不获志而临之"。果然不久智锴病逝，"时以为知命也"。④ 从这个角度看，法恭离开熟悉的山林环境与乡邑，主动北上传法，"变俗以达其道"，一反师长秉持之道，必是深思熟虑的决定。

法恭的北上经历，《续高僧传》表述得非常模糊，只说"乃游洛转法，通流甘露，挹河仰岳，均美前奇"，⑤ 无论是隋文帝、炀帝二帝的佛教事业，还是隋末唐初关中的纷乱时局，这些历史事件对法恭取舍去留的影响，传记内都未置一词，时间直接跳到了贞观朝。他在此时已声驰朝

① 道宣：《弘明集》卷一二，《大正藏》第 52 册，第 83c 页。
② 道宣：《续高僧传》卷一九《习禅篇四·唐京师化度寺释僧邕传》，第 715 页。
③ 道宣：《续高僧传》卷一四《义解篇十·唐苏州武丘山释法恭传》，第 493 页。
④ 道宣：《续高僧传》卷一七《习禅篇二·隋九江庐山大林寺释智锴传》，第 649 页。
⑤ 道宣：《续高僧传》卷一四《义解篇十·唐苏州武丘山释法恭传》，第 493 页。

野，"贞观十一年下敕赴洛，常州法宣同时被召"。① "下敕赴洛"之
"洛"，结合《大慈恩寺三藏法师传》记载系指洛阳宫。从贞观十一年
（637）二月至次年二月，太宗巡幸洛阳长达一年，并在十一年四月下诏
河北、淮南诸州选才举送洛阳宫："宜令河北、淮南诸州长官于所部之内
精加访采，其孝悌淳笃、兼闲时务，儒术该通、可为师范，文词秀美、才
堪著述，明识治体、可委字民，并志行修立、为乡里所推者，举送雒阳
宫。"② 法恭、法宣或由此途径中选面圣。

《续高僧传·法恭传》载法恭在洛阳宫"入侍燕筵，既摛雅什，田衣
作咏，仍即赐缣"，③ 佛教界借诗文与王者互动，是为美谈。该事也见于
《量处轻重仪》《大慈恩寺三藏法师传》，因道宣、彦悰视角和立场不同，
虽同录一事，重点、态度亦有差异。

《量处轻重仪》："近贞观中，太宗以所著七条纳施胜光寺僧珍法师，
价直三万，及终后，还追入内。又以所著七条与恭、宣二法师，令制诗，
先成者与之。及作一时成，令学士评其胜劣，俱云一等。因令市估价直六
万，乃进衣出绢，人付百段。又赐玄奘法师一纳，今现在，有买者酬十
万，犹不与之。"④《大慈恩寺三藏法师传》在细节上的记载更为明晰，附
上法恭、法宣赋诗，暗含褒贬："二十二年，驾幸洛阳宫，时苏州道
（法）恭法师、常州慧（法）宣法师并有高行，学该内外，为朝野所称。
帝召之。既至，引入坐言讫，时二僧各披一衲，是梁武帝施其先师，相
承共宝。既来谒龙颜，故取披服。帝哂其不工，取衲令示，仍遣赋诗以
咏。恭公诗曰：'福田资象德，圣种理幽薰。不持金作缕，还用彩成文。
朱青自掩映，翠绮相氤氲。独有离离叶，恒向稻畦分。'宣公诗末云：

---

① 道宣：《续高僧传》卷一四《义解篇十·唐苏州武丘山释法恭传》，第 493 页。
② 宋敏求编《唐大诏令集》卷一〇二《采访孝悌儒术等诏》，中华书局，2008，第 518 页。
　太宗在洛阳巡幸长达一年之久有经营东方战局的考量，参见季爱民《唐高宗经营东都始
　末考论》，《中国典籍与文化》2010 年第 2 期，第 114—115 页。
③ 道宣：《续高僧传》卷一四《义解篇十·唐苏州武丘山释法恭传》，第 493 页。
④ 道宣：《量处轻重仪》卷二，《大正藏》第 45 册，第 851c 页。

'如蒙一披服，方堪称福田。'意欲之。帝并不与，各施绢五十匹，即此衲也。"① 这件两法师求之不得的袈裟，太宗在贞观二十二年（648）七月赠予了玄奘，故而玄奘弟子在传记中有所追叙，以示荣宠，并特意点出法恭、法宣二人身着袈裟"是梁武帝施其先师，相承共宝"，而太宗"哂其不工"。

梁武帝去世于549年，距贞观十一年将近九十年。二僧珍而宝之的南朝故物，是萧梁一朝佛法炽盛"自江左以来，年逾二百，文物之盛，独美于兹"②的见证，在太宗眼中却是"不工"，连带特意身披梁武帝袈裟面圣的二僧都透出一股寒酸的前朝遗老气质。③ 在唐初贞观君臣治乱兴亡的殷鉴里，南朝佛教的辉煌图景让位给了"梁武佞佛，破国亡身"的历史教训。贞观二年（628），太宗谓侍臣："梁武帝父子志尚浮华，惟好释氏、老氏之教。武帝末年频幸同泰寺，亲讲佛经，百寮皆大冠高履，乘车扈从，终日谈论苦空，未尝以军国典章为意。"④ 贞观二十年（646）因宋国公萧瑀溺佛，太宗又引高祖梁武帝事申斥，《贬萧瑀手诏》云："而太

---

① 慧立、彦悰：《大慈恩寺三藏法师传》卷七，孙毓棠、谢方点校，中华书局，2000，第151页。点校本原作"贞观二十二年"，陈尚君认为应从《碛砂藏》本作"往十二年"，为玄奘弟子追叙往事。叙述中"苏州道恭法师、常州慧宣法师"法号也以《续高僧传》为准，见《法宣其人》，原载《唐才子传校笺补正》，中华书局，1995，第122—124页，后收入《贞石诠唐》，复旦大学出版社，2016，第308—309页。

② 《南史》卷七《梁本纪中》，中华书局，1975，第226页。

③ 杨广在扬州时曾赠予智顗一袭梁武帝袈裟，云"垂赐万春树皮袈裟一缘，述是梁武帝时外国唯献四领，今余一，而是建初乌琼法师所披"（《国清百录》卷二《王入朝遣使参书第四十三》）。隋炀帝与太宗对梁武帝佛教遗物的不同态度是具有一定象征意义的。初唐，包括诗歌、音乐、佛教等南朝文化遗产经历了再评价过程，如初唐君臣虽批驳江左华靡文风，但在具体文学创作中仍不免步"齐梁后尘"。另，贞观十一年至贞观十三年，王权与佛教势力关系紧张。太宗在贞观十一年下诏令道在释前，沙门智实、法琳、法常、慧净等伏阙上表，反遭训诫，智实更遭杖责放还。十三年，道士秦世英指斥法琳作《辨正论》谤讪皇宗，太宗又下诏沙汰僧尼，并将法琳下狱，后流放益州，卒于道中。法恭"特诏留住，传送京师，四事资给，务令优厚"的家僧待遇恰在该时期，法恭愿为魏王泰戒师，可能也有借对方权势取一枝栖身的意图。贞观十一年后抑佛政策研究参见李猛《唐初抑佛政策之定型与巩固——基于贞观十一至十六年间几个佛教事件的考察》，《文史》2018年第3辑，中华书局，2018，第151—186页。

④ 吴兢撰，谢保成集校《贞观政要集校》卷六，中华书局，2009，第330—331页。

子太保宋国公瑀，践覆车之余轨，袭亡国之遗风。"佛道论衡中，梁武帝崇佛亡国论也成了绕不开的集矢点。初唐排佛者太史傅奕上书中云"洎于苻、石、羌胡乱华，主庸臣佞，政虐祚短，皆由佛教致灾也。梁武、齐襄，足为明镜"。① 对这些身历改朝换代又北上弘道的前南朝僧而言，在"菩萨天子"的更迭中，他们一生多次见证了王朝宗教秩序被推倒、重建、再评价的循环，兴衰起伏关乎执政人事，却也与"成住坏空"遥相呼应。

法恭的两京生涯是成功的，受太宗盛宠的魏王李泰曾致信法恭，邀其为戒师，"既膺斯请，供施特隆"，② 主动寄身权门，这与昔日老师智聚婉拒齐王杨暕的作风迥不相侔。在"隐居"与"变俗"间，在"弘道"与"成志"间，法恭的幽微心曲在身后事安排上方有显现。贞观十四年（640）十月六日，他在长安大庄严寺圆寂，却未如大多北上南僧一般就近安葬，而是狐死首丘，由弟子慧袭送枢还乡，终"以（贞观）十五年（641）二月十五日窆于武丘之南岭。道俗奔赴，望途悼泣"。③ 法恭的丧葬安排并不寻常。从宗教背景考量，僧人既已出家，超脱尘世缨网，本也无所谓刻意埋骨乡土，更应以轻简省事为要。在贞观十二年（638）圆寂的僧人智实临终前被问及丧事，谓"譬如弯弓放矢，随处即落。观于山水，未有亲疏之心，任时量处，省事为要"。④ 倘若以常理论，法恭行法北方多年，他的檀越供养、门下弟子多半以北人为主，乡间人际网络大概也已疏落，更兼隋末江南动乱，家乡故交或离乡避祸，或衰朽，或离世，却还这般大费周折，只可能来自本人的生前嘱托。苏州距长安"西北至

---

① 《旧唐书》卷七九《傅奕传》，中华书局，1975，第 2716 页。

② 道宣：《续高僧传》卷一四《义解篇十·唐苏州武丘山释法恭传》，第 494 页。

③ 道宣：《续高僧传》卷一四《义解篇十·唐苏州武丘山释法恭传》，第 493 页。相似的个案还有义褒（611—661），本常州晋陵人，曾随苏州小明法师、婺州旷法师，驻锡东阳金华法幢寺，后被征入朝，圆寂后"皇上悼伤久之，遂敕送枢返金华山旧寺，赗赠之荣，光闻远近"（《续高僧传》卷一五《唐京师慈恩寺释义褒传》）。

④ 道宣：《续高僧传》卷二五《护法下·唐京师大总持寺释智实传》，第 948 页。

上都三千三十里"，① 如走水路，需先从长安经洛阳至汴州，由汴入淮，经邗沟到扬州，自扬州渡江循运河入苏州，耗时一月有余。完成远距离迁葬即使对官宦家庭而言也是一笔不小的开支，经历数十年努力方得如愿也不罕见，② 法恭的丧事则由天子给予物质人力上的方便，"降敕加以赗赠，并造灵舆，递给传乘"。从这点看，法恭于故土乡邑的认同感并未随时间冲淡，他决意北上弘法，未必不经历了一番苦痛挣扎。

## 结　语

陈亡后，避世虎丘的智聚、智琰选取了近似"不食周粟"的折中方案。不惟虎丘僧如此，这也是一部分江南僧的共相，这或许与隋平陈及镇压江南之乱中留下的阴影创伤有关。宫廷义学僧的行法活动向民间大众趣味靠近，淡化了知识气质，宗教实践有了强烈的务实特点。即使如此，在开皇、仁寿再兴佛国的时代风气里，以建康教坛为代表的江南僧侣亦自觉或不自觉地参与了这一过程。如远离嚣尘的真观曾为仁寿越州大禹寺的舍利塔位置献计，"及文皇造塔，形胜所归，不谋同集，取决于观。乃指崔嵬高石，可安塔基，虽发诚言，孰为可信？俯仰穿凿，洞穴自然，状似方函，宛如食底，天工神匠，冥期若符"。③ 虎丘山寺更是直接列入仁寿分发舍利的佛寺之列。正是在这样主动、被动参与国家佛教建设的背景下，江南僧众主动北上求法、弘法之路开启了。

---

① 李吉甫：《元和郡县图志》卷二五《江南道一·苏州》，第 600 页。

② 有关唐代归葬、迁葬探讨成果颇多，此处主要参考吴丽娱《孤立四十年后的怨家回归——从新出墓志看唐代官员的归葬问题》，《隋唐辽宋金元史论丛》第 4 辑，上海古籍出版社，2014，第 7—32 页。

③ 道宣：《续高僧传》卷三一《杂科声德篇十·隋杭州灵隐山天竺寺释真观传》，第 1248 页。

# 晋阳起兵"首谋"之争的层累与混淆

段真子　马俊杰

唐朝的创建始于晋阳起兵。这场军事行动的成功，确保了李唐政权对关中地区的控制，稳固了逐鹿中原的后方阵地，最终成就了唐高祖的开国伟业。然而，通过兵变夺得皇权的李世民为论证即位合法性，努力将自己塑造成"肇开宝历"① 的领袖，对创立唐朝基业的历史大加修改。于是，唐高祖和唐太宗二人晋阳起兵前后的角色和戏份，在《大唐创业起居注》及两《唐书》、《资治通鉴》等史书中出现抵牾，为晋阳起兵"首谋"之争埋下伏笔。

讨论至今，贞观修史进行的篡改和粉饰已被辨析，与信史一并用来证明高祖的"首谋"之功，② "唐史中第一个争论不休的问题"③ 已基本得

---

① 宋敏求编《唐大诏令集》卷一《帝王·即位册文·太宗即位册文》，中华书局，2008，第 2 页。

② 如汪篯《唐太宗》（收入《汪篯隋唐史论稿》，中国社会科学出版社，1981，第 70—117 页）、《李渊晋阳起兵密谋史事考释》（收入《汉唐史论稿》，北京大学出版社，1992，第 227—246 页）；李树桐《李唐太原起义考实》（《大陆杂志史学丛书》第 1 辑第 4 册，大陆杂志社，第 216—226 页）、《论唐高祖之才略》（《台湾师范大学学报》1957 年第 2 期）、《唐高祖才略的真相》（《历史文献》1966 年第 1 期，第 4 页）；牛致功《唐高祖传》（人民出版社，1998）；赵克尧、许道勋《唐太宗传》（人民出版社，1984）及《论晋阳起兵——兼评李渊在唐王朝建立过程中的作用》（《晋阳学刊》1981 年第 4 期）；等等。而杨希义《大唐创业　功属太宗——也谈晋阳起兵的几个问题》（《西北大学学报》1990 年第 4 期），从《隋书》、《旧唐书》、《新唐书》、《资治通鉴》和《大唐创业起居注》等史料的记载对比中，提出《大唐创业起居注》中关于晋阳起兵的记录有一些与事实不符，从而提出首谋功劳应属唐太宗的结论。

③ 胡戟等主编《二十世纪唐研究》，中国社会科学出版社，2002，第 27 页。

到解决。但结论之下，具体论据的使用，以及"首谋"概念的界定，仍存在讨论空间。

## 一　太宗"首谋"的层累成说

晋阳起兵"首谋"之争，由太宗即位而起，却未止于太宗去世。因其授意，篡改后的历史细节进入正史，成为定论，随着时间的流逝，这套说辞非但没有弱化，反而自成系统，层层演绎、代代相传，这才是争论得以延续的真正原因。

《旧唐书·高祖本纪》载：

> 群贼蜂起，江都阻绝，太宗与晋阳令刘文静首谋，劝举义兵。①

借高祖本传立太宗功劳的目的，无外乎增强太宗"首谋"的可信度，使其成为不争的事实。与此同时，关于狱中密谋、暗中准备、反复劝说等三个方面的细节描述，散见于《旧唐书》其他卷次。这些细节，在《新唐书》等史书中不断丰富，被《资治通鉴》吸纳，使太宗"首谋"最终成说。

1. 狱中密谋

《旧唐书》对太宗密谋起兵的描述，以《刘文静传》最为详细：

> 文静察高祖有四方之志，深自结托。又窃观太宗，谓寂曰："非常人也。大度类于汉高，神武同于魏祖，其年虽少，乃天纵矣。"寂初未然之。后文静坐与李密连婚，炀帝令系于郡狱。太宗以文静可与谋议，入禁所视之。文静大喜曰："天下大乱，非有汤、武、高、光

---

① 《旧唐书》卷一《高祖本纪》，中华书局，1975，第2页。

之才，不能定也。”太宗曰：“卿安知无，但恐常人不能别耳。今入禁所相看，非儿女之情相忧而已。时事如此，故来与君图举大计，请善筹其事。”文静曰：“今李密长围洛邑，主上流播淮南，大贼连州郡、小盗阻山泽者万数矣，但须真主驱驾取之。诚能应天顺人，举旗大呼，则四海不足定也。今太原百姓避盗贼者，皆入此城。文静为令数年，知其豪杰，一朝啸集，可得十万人，尊公所领之兵复且数万，君言出口，谁敢不从？乘虚入关，号令天下，不盈半岁，帝业可成。”太宗笑曰：“君言正合人意。”于是部署宾客，潜图起义，候机当发，恐高祖不从，沉吟者久之。文静见高祖厚于裴寂，欲因寂开说，于是引寂交于太宗，得通谋议。①

这段记载，从四个方面为太宗“首谋”提供证据。其一，“太宗以文静可与谋议”，一方面是对传主刘文静谋筹能力的肯定，更重要的是透露出太宗在见刘文静之前便有了谋议想法。刘文静入狱一事的时间，史书中并未明确记载，以“坐与李密连婚”观之，当为李密“坐杨玄感之逆，为吏所拘”②之后，即大业九年八月。其二，刘文静对太宗“非常人”之相的判断，与太宗“安之无，但恐常人不能别”的回答相呼应，体现了太宗对行汤、武之事的渴望，以及为李唐谋图义举的迫切。其三，刘文静对于举旗、“入关”以成帝业的言论，得到太宗“正合人意”的肯定，目的在于以刘文静之名，行太宗谋划之实，表明太宗不仅很早动意起兵，甚至连起兵的步骤都了然于心。其四，太宗“恐高祖不从，沉吟者久之”，再一次透露出太宗谋划晋阳起兵，远远早于高祖。

这一段描述，在《新唐书·刘文静传》和《资治通鉴》中进一步得到丰富。《旧唐书·刘文静传》中，太宗因为觉察刘文静的过人能力“可与谋议，入禁所视之”，到《新唐书》演变为“秦王顾它无可与计者，私

---

① 《旧唐书》卷五七《刘文静传》，第2290页。
② 《隋书》卷二二《五行志上》，中华书局，1973，第639页。

入视之",① 表明当时的李渊政权内部，只有太宗一人有谋划义举的雄才大略，此外便只有身陷狱中的刘氏，太宗与其谋划，不再是为所在政权 "图举大计，请善筹其事"，而是出于 "为我言之" 之意。《资治通鉴》的改造，一是将其置于集中记述晋阳起兵过程中的最先位置，以表明此事是太宗 "首谋" 的第一步动作，二是删减两《唐书》中高祖 "有四方之志" 而自相 "结托" 的叙述，直接描写刘文静对唐太宗的赞赏：

> 文静见李世民而异之，深自结纳，谓寂曰："此非常人，豁达类汉高，神武同魏祖，年虽少，命世才也。"寂初未然之。②

这样一来，刘文静跳过高祖与太宗结交，不仅明确其为太宗一派，也使太宗赴狱中 "省之" 合乎情理。二人结交之久，关系之深，观念之一致，密谋之顺利，水到渠成。

2. 暗中准备

《旧唐书·高祖本纪》明言太宗 "首谋"，《旧唐书·太宗本纪》则对太宗的暗中准备具体展开：

> 时隋祚已终，太宗潜图义举，每折节下士，推财养客，群盗大侠，莫不愿效死力。③

由此可见，太宗不但对隋朝历数的终结了然于心，更是通过招揽人才为 "首谋" 义兵早做准备。《新唐书·太宗本纪》以此为基础进行丰富，列出太宗 "推财养客，群盗大侠，莫不愿效死力" 的具体人物：

---

① 《新唐书》卷八八《刘文静传》，中华书局，1975，第3734页。
② 《资治通鉴》卷一八三，义宁元年条，中华书局，1956，第5729页。
③ 《新唐书》卷二《太宗本纪上》，第22页。

　　　　长孙顺德、刘弘基等，皆因事亡命，匿之……①

　　对于两《唐书》中太宗潜结宾客的说法，《资治通鉴》不仅予以采纳，而且在记述晋阳起兵发端时就指明了核心人物：

　　　　世民聪明勇决，识量过人，见隋室方乱，阴有安天下之志，倾身下士，散财结客，咸得其欢心。世民娶右骁卫将军长孙晟之女；右勋卫长孙顺德，晟之族弟也，与右勋侍池阳刘弘基皆避辽东之役，亡命在晋阳依渊，与世民善……②

　　除去对太宗暗中招募人才的记载，决意起兵之后募兵工作的主持，也在史书层累的记载过程中归于太宗名下。两《唐书·高祖本纪》皆明确载为"高祖乃命太宗与刘文静及门下客长孙顺德、刘弘基各募兵"，③ 而至两《唐书·刘文静传》，募兵工作的主持人即变为了太宗，同时还记载了太宗"令文静与裴寂伪作符敕，出宫监库物以供留守资用，因募兵集众"等事迹。显而易见，这也是后世史臣"辩护太宗合法取得皇位的画龙点睛之笔"。④ 对人员的招募是起兵的重要环节，将此功归于太宗，又将招募之人的重点突出为长孙顺德、刘弘基等晋阳起兵的元从功臣，表现的便是太宗"首谋"对于晋阳起兵的深远影响。

　　3. 反复劝说

　　太宗对高祖的劝说，主要有三次。第一次劝说，据《旧唐书·裴寂传》：

　　　　时太宗将举义师而不敢发言，见寂为高祖所厚，乃出私钱数百

────────────

① 《新唐书》卷二《太宗本纪上》，第24页。
② 《资治通鉴》卷一八三，义宁元年条，第5728—5729页。
③ 《旧唐书》卷一《高祖本纪》，第2页。
④ 汪籛：《唐太宗》，《汪籛隋唐史论稿》，第79页。

万，阴结龙山令高斌廉与寂博戏，渐以输之。寂得钱既多，大喜，每日从太宗游。见其欢甚，遂以情告之，寂即许诺。寂又以晋阳宫人私侍高祖，高祖从寂饮，酒酣，寂白状曰："二郎密缵兵马，欲举义旗，正为寂以宫人奉公，恐事发及诛，急为此耳。今天下大乱，城门之外，皆是盗贼。若守小节，旦夕死亡；若举义兵，必得天位。众情已协，公意如何？"高祖曰："我儿诚有此计，既已定矣，可从之。"①

这段叙述的主要人物为太宗、裴寂和高祖。太宗为了解决"将举义师而不敢发言"的矛盾，通过输钱的方式阴结裴寂，使其将自己聚集兵马、晋阳宫人私侍高祖之事告诉高祖，轻而易举地得到高祖认同。②

《新唐书》中，这次劝说被记载于两处，且都进行了不同程度的丰富。一处是《新唐书·高祖本纪》，它将《旧唐书》中的多处细节进行杂糅和再创作，从而突出太宗的主动和高祖的被动：

高祖子世民知隋必亡，阴结豪杰，招纳亡命，与晋阳令刘文静谋举大事。计已决，而高祖未之知，欲以情告，惧不见听。高祖留守太原，领晋阳宫监，而所善客裴寂为副监，世民阴与寂谋，寂因选晋阳宫人私侍高祖。高祖过寂饮酒，酒酣从容，寂具以大事告之，高祖大惊。寂曰："正为宫人奉公，事发当诛，为此尔。"世民因亦入白其

---

① 《旧唐书》卷五七《裴寂传》，第 2286 页。

② 这段文字中有两个细节值得注意。一是太宗"阴结"裴寂的牵线人，《裴寂传》载龙山令高斌廉，《刘文静传》则归功于自己，这当与裴、刘二人之间争功有关，刘文静、裴寂对太宗"非常人"之相的不同察觉，便可一窥二人矛盾之深、之久。对此，黄永年先生曾数次作文予以讨论（参见黄永年《论武德贞观时统治集团的内部矛盾和斗争》之"裴寂刘文静之争"，《唐代史事考释》，台北：联经出版公司，1998，第 4—8 页；又见《六至九世纪中国政治史》第 4 章"李唐创业和玄武门之变"之"二、裴寂刘文静之争"，上海书店出版社，2004，第 122—127 页），用以论证武德贞观时期统治集团的内部斗争，兹不赘述。二是相比于太宗对高祖的"不敢发言"，裴寂与高祖的关系却如此近密，这段不合情理的文字出现于《裴寂传》的目的，更像是确定高祖与裴寂之间的主从关系，而非对太宗"首谋"的论证。

事，高祖初阳不许，欲执世民送官，已而许之，曰："吾爱汝，岂忍告汝邪？"然未有以发。[①]

太宗"知隋必亡，阴结豪杰，招纳亡命"，是从具体行动上对《旧唐书·高祖本纪》"与晋阳令刘文静首谋"的补充；"计已决，而高祖未之知，欲以情告，惧不见听"，杂糅的是《旧唐书·裴寂传》太宗"不敢发言"、《刘文静传》"恐高祖不从"之说，将此系于"高祖留守太原"之前，同时也将太宗"首谋"时间大大提前。除此以外，《新唐书》更围绕《旧唐书·裴寂传》所述太宗与裴寂之"阴结"一事进行了细致的再创作。

首先，改"寂又以晋阳宫人私侍高祖"为"世民阴与寂谋，寂因选晋阳宫人私侍高祖"，使"以晋阳宫人私侍高祖"的谋划者，由裴寂变为太宗，由此衬托出高祖不善决断的性格特点。

其次，用高祖、太宗的对话替代裴寂建言，改"我儿诚有此计，既已定矣，可从之"为"高祖初阳不许，欲执世民送官，已而许之，曰：'吾爱汝，岂忍告汝邪？'然未有以发"，突出了高祖迟疑之重，以及太宗劝说高祖之艰难。

另一处记载保存在《新唐书·裴寂传》，[②] 这段文字与《旧唐书·裴寂传》的主体内容并无大异，但书写手法耐人寻味。《旧唐书·裴寂传》中，太宗借高斌廉阴结裴寂，裴寂"得钱既多"，"大喜，每日从太宗游"。而到《新唐书·裴寂传》，此处竟用"日兹昵"来表现裴寂对于太宗的态度转变。"宫人侍高祖"事，《旧唐书·裴寂传》只将"寂又以晋阳宫人私侍高祖，高祖从寂饮，酒酣，寂白状曰"作为献太宗计策于高祖的方式；而《新唐书·裴寂传》则通过"寂尝以宫人侍唐公，恐事发诛，闲饮酣，乃白秦王将举兵状"的细微变化，将裴寂献策变成一种受迫行为，再一次突出了太宗的主导地位。

---

① 《新唐书》卷一《高祖本纪》，第2—3页。
② 《新唐书》卷八八《裴寂传》，第3737页。

与《新唐书》类似，《资治通鉴》对于这次劝说的记载亦分为两段。一段叙述太宗与裴寂的交往，与两《唐书》无大异，另外一段，则以背景陈述的方式记述了裴寂的建言：

> 先是，裴寂私以晋阳宫人侍渊，渊从寂饮，酒酣，寂从容言曰："二郎阴养士马，欲举大事，正为寂以宫人侍公，恐事觉并诛，为此急计耳。众情已协，公意如何？"渊曰："吾儿诚有此谋，事已如此，当复奈何，正须从之耳。"①

这段记载杂糅前史，采纳《新唐书·裴寂传》将"宫人侍渊"之责系于裴寂一人的说法，同时继承《新唐书·高祖本纪》，将太宗"阴养士马，欲举大事"之目的直指此事，未提"天下大乱"之局面。

太宗的第二次劝说，发生在高祖马邑免职之后。《旧唐书·刘文静传》记载：

> 太宗又遣文静共寂进说曰："《易》称'知几其神乎'，今大乱已作，公处嫌疑之地，当不赏之功，何以图全？其禅将败衄，以罪见归。事诚迫矣，当须为计。晋阳之地，士马精强，宫监之中，府库盈积，以兹举事，可立大功。关中天府，代王冲幼，权豪并起，未有适从。愿公兴兵西入，以图大事。何乃受单使之囚乎？"高祖然之。时太宗潜结死士，与文静等协议，克日举兵，会高祖得释而止。②

这段话，是太宗派刘文静与裴寂共同对高祖的劝说，主要从炀帝的猜忌态度、自身优势等方面进行阐述，其中谈到攻取关中的裨益，与狱中密谋的

---

① 《资治通鉴》卷一八三，义宁元年条，第5731页。
② 《旧唐书》卷五七《刘文静传》，第2291页。

内容产生呼应。对此，《新唐书·刘文静传》并未有明显改动，而《新唐书·高祖本纪》却增加了另外一段文字：

> 所在盗贼益多，突厥数犯边，高祖兵出无功，炀帝遣使者执高祖诣江都，高祖大惧。世民曰："事急矣，可举事！"已而炀帝复驰使者赦止高祖，其事遂已。①

这段文字与《册府元龟·帝王部·创业第三》基本一致：

> 遇炀帝遣使者驰拘高祖，送诣江都，高祖素被猜忌，及是大惧，谓太宗曰："事急矣，计将安出？"太宗又进策，高祖然之，方令太宗举兵以自济。②

对比可知，《新唐书·高祖本纪》将高祖的发问变为太宗坚定的回答，用"事急矣，可举事"六个字表明太宗对高祖马邑免职一事的紧张态度。紧接着，隋炀帝赦免高祖，举事暂停，但此前太宗的决策力已得到体现。

《资治通鉴》的改动，除了将劝说者由刘文静变成太宗，还集中记载了另外几件事，用来突出太宗的劝说之功：

> 会突厥寇马邑，渊遣高君雅将兵与马邑太守王仁恭并力拒之；仁恭、君雅战不利，渊恐并获罪，甚忧之。世民乘间屏人说渊曰："今主上无道，百姓困穷，晋阳城外皆为战场；大人若守小节，下有寇盗，上有严刑，危亡无日。不若顺民心，兴义兵，转祸为福，此天授之时也。"渊大惊曰："汝安得为此言，吾今执汝以告县官！"因取纸笔，欲为表。世民徐曰："世民观天时人事如此，故敢发言；必欲执

---

① 《新唐书》卷一《高祖本纪》，第3页。
② 王钦若等编《册府元龟》卷七《帝王部七·创业第三》，凤凰出版社，2006，第70—71页。

告，不敢辞死！"渊曰："吾岂忍告汝，汝慎勿出口！"①

显然，这段文字承袭了《新唐书·裴寂传》中裴寂传达太宗所谓"今盗遍天下，城阖外即战场，虽徇小节，犹不脱死。若举义师，不特免祸，且就大功"② 之言；在《册府元龟·帝王部·创业第三》中也出现了类似的记载：

> 时太宗从在军中，知隋祚将亡，潜图为义举，欲以安天下。因进白曰："大人何忧之甚也！当今主上无道，百姓愁怨，城门之外皆已为贼。独守小节，必旦暮死亡。若起义兵，实当民欲，人人之愿。此天授之机，可因转祸，以就功业。既天与不取，忧之何益！"高祖大惊，深拒之。太宗趋而出。③

《新唐书·裴寂传》借裴寂之口对高祖进行的劝说，以及《资治通鉴》所谓"世民乘间屏人说渊"，皆属于在此基础上的再创作。《资治通鉴》更是将《新唐书·高祖本纪》所载"高祖初阳不许，欲执世民送官"的反应进行嫁接，有意突出太宗劝说之功；而"'汝安得为此言，吾今执汝以告县官！'因取纸笔，欲为表"，以及太宗回答"世民观天时人事如此，故敢发言；必欲执告，不敢辞死"之细节描写，更加强了前文所言太宗劝说高祖之艰难，以及决心之坚定。此点从太宗第二天再次劝说便可看出：

> 明日，世民复说渊曰："今盗贼日繁，遍于天下，大人受诏讨贼，贼可尽乎！要之，终不免罪。且世人皆传李氏当应图谶，故李金才无

---

①　《资治通鉴》卷一八三，义宁元年条，第 5730 页。
②　《新唐书》卷八八《裴寂传》，第 3737 页。
③　王钦若等编《册府元龟》卷七《帝王部七·创业第三》，第 70 页。

罪，一朝族灭。大人设能尽贼，则功高不赏，身益危矣！唯昨日之言，可以救祸，此万全之策也，愿大人勿疑。"渊乃叹曰："吾一夕思汝言，亦大有理。今日破家亡躯亦由汝，化家为国亦由汝矣！"①

此条记载与《册府元龟》中"李金才位望隆贵，一朝族灭"②的记载不同，为"李金才无罪，一朝族灭"，以暗示此时李渊因讨贼不力可能受到的更为严厉的惩罚，并在劝说的最后添加"唯昨日之言，可以救祸，此万全之策也，愿大人勿疑"一句，突出太宗谋划对拯救李氏一族具有至关重要的作用，以要求高祖勿再迟疑。这是持太宗首谋论的学者征引最多的一条证据。

晋阳起兵前，太宗对高祖的最后一次劝说发生于刘武周进逼汾阳宫事件之后：

　　及刘武周据汾阳宫，世民言于渊曰："大人为留守，而盗贼窃据离宫，不早建大计，祸今至矣！"③

这可以看作对《册府元龟》"于是太宗复固请曰：'大人受委镇守，而贼徒日炽。窃思既离宫阙，不能捍御，若不早举大计，立即身陷祸机，悔无所及'"④的简写，意在突出刘武周据汾阳宫对李渊身为留守的威胁。此后，李唐政权终于起兵晋阳。

从两《唐书》到《资治通鉴》，太宗劝说高祖工作的反复与艰难程度愈发严重，其在谋划起兵过程中责任之重得到彰显，正是"英谋独断，秘策潜申"⑤的具体体现。在《旧唐书》的基本框架下，《新唐书》通过

① 《资治通鉴》卷一八三，义宁元年条，第5730—5731页。
② 王钦若等编《册府元龟》卷七《帝王部七·创业第三》，第70页。
③ 《资治通鉴》卷一八三，义宁元年条，第5733页。
④ 王钦若等编《册府元龟》卷七《帝王部七·创业第三》，第71页。
⑤ 宋敏求编《唐大诏令集》卷一《帝王·即位册文·太宗即位册文》，第2页。

对多个细节的杂糅、再创作，使其论据得以丰富，而《资治通鉴》借助其编年体例的书写方式，最终使太宗"首谋"一说成立，"高祖起太原，非其本意，而事出太宗"，[①] "上之起兵晋阳也，皆秦王世民之功"，"高祖所以有天下，皆太宗之功"[②] 等论断成为信史。[③]

## 二 "首谋"争论中的概念混淆

《旧唐书·高祖本纪》明言"太宗与晋阳令刘文静首谋，劝举义兵"，到后代史书进行的层累描述，太宗"首谋"不仅内涵丰富，且外延扩大，并在持续的争论中发生模糊或混淆。

首先，是"首"的含义。《旧唐书·高祖本纪》所言，意为"首次"，指的是他早在高祖起意之前便与刘文静在狱中密谋；但对于如此重大的决定和动作，动意早晚，意义不大。于是"首次"逐步延伸至"首要"，略等于"主谋"，其目的正是通过混淆"首"的含义提高地位。

其次，是"谋"的重点。前文所引，仅为以往"首谋"之争的一部分论据，持太宗"首谋"观点的学者，甚至将太宗所立军功作为依据，这显然偏离了"谋"的本义。太宗着力铺陈的"首谋"三个表现，仅"狱中密谋"一事能体现"谋划"起兵，其余毋宁说是劝谏高祖所施的策略，来说明劝说工作的难度和高祖个人决断力的缺乏。至于劝谏内容，更多围绕是否义举，而非如何义举，唯一一次涉及入关之策，又涉嫌借用刘文静的思路。这显然不能与高祖的"谋划"同日而语。

事实上，在太宗"首谋"论的基调下，我们还是能够从只言片语中找到被忽视的高祖"首谋"论据，如《旧唐书·李思行传》：

---

① 《新唐书》卷二《太宗本纪上》，第 26 页。

② 《资治通鉴》卷一九一，武德九年条，第 6012 页。

③ 如何敦铧认为高祖的作用在太宗之下，参见《论唐太宗在创唐和统一全国过程中的作用——兼谈对李渊历史评价问题》，《福建师大学报》1984 年第 1 期。杨希义也在《大唐创业　功属太宗——也谈晋阳起兵的几个问题》（《西北大学学报》1990 年第 4 期）中强调太宗在创业过程中所发挥的重大作用。

高祖将举义兵，令赴京城观觇动静，及还，具论机变，深称旨，授左三统军。①

又如《旧唐书·张平高传》：

隋末，为鹰扬府校尉，戍太原，为高祖所识，因参谋议。②

以上两条史料的主人公，均为晋阳起兵之元谋功臣，与裴寂、刘文静等同处两《唐书》"功臣"传。《李思行传》所言高祖"令赴京城观觇动静"之事，发生在"将举义兵"之后，晋阳起兵一事已决，高祖便全面谋划、准备具体环节。李树桐认为"高祖派李思行往长安观觇动静，必定不是受到太宗或裴寂之劝以后的被动行为，是很显明的事实。探长安虚实，为起义前的重要预备工作，高祖自动地做了，怎能谓'太宗首谋起义'？"③而《张平高传》载"为高祖所识，因参谋议"，也确认了高祖的主导地位。谋议参与者即便是应太宗招募，也主要是投奔高祖。

　　史书编纂时的层累，使"首谋"的含义渐渐模糊，终于混淆在持续不断的争论中。汪篯先生在《李渊晋阳起兵密谋史事考释》开篇便提出"现存的史料，如依据贞观时房玄龄监修的《高祖实录》和《太宗实录》写成的《旧唐书》、《新唐书》的《高祖本纪》《太宗本纪》、《通鉴》的《唐高祖纪》以及《册府元龟·帝王部·创业门》等，其中有关晋阳起兵密谋的纪录，又都是歪曲了事实的，不足凭信"，④而在读到《旧唐书·高祖本纪》"密遣使召世子建成及元吉于河东"时又写出"高祖之镇太原，建成、元吉皆留河东，故建义首谋之功皆太宗化家为国之计也"的

① 《旧唐书》卷五七《李思行传》，第2297页。
② 《旧唐书》卷五七《张平高传》，第2297页。
③ 李树桐：《李唐太原起义考实》，《大陆杂志史学丛书》第1辑第4册，第218页。
④ 汪篯：《李渊晋阳起兵密谋史事考释》，《汉唐史论稿》，第227页。

按语，① 概念混淆所致误解，略见一斑。显然，太宗的"首谋"至多是首次出谋划策，远不抵高祖的"主谋"地位。恰如吴宗国先生的概括：

> 李渊从大业十三年（617）年初决定起兵，到武德九年（626）
> 六月四日玄武门之变把政权移交给李世民为止，主要做了四件事：
> 一、组织晋阳起兵，建立唐朝。
> 二、削平群雄，消灭了南北各地的地主割据武装，镇压了原农民起义军，最后统一了全国。
> 三、承隋制，制定了各项制度。
> 四、注意恢复生产，并采取了一些具体措施。
> 在这几件事中，起主导作用的都是李渊。②

---

① 汪篯：《读〈旧唐书〉札记》，《汉唐史论稿》，第 204 页。
② 吴宗国：《隋唐五代简史》，福建人民出版社，2006，第 55 页。

# 从波颇三藏译场的社会网络
# 看贞观初期的政教关系

陈怀宇

## 引　言

　　唐代佛教之繁盛并非始自草创唐朝根基的高祖，实由雄才大略的唐太宗奠定其规模。[1] 贞观初期，唐太宗下令组织了唐代第一个大规模的译场，由波颇（Prabhākaramitra，565—633）三藏领衔。波颇三藏即波颇罗蜜多罗、波罗颇蜜多罗，系来自印度在那烂陀寺受过训练的一位僧人，在贞观时期深受唐太宗赏识，由是下诏组织译场。该译场聚集了初唐时期一批重要的义学僧，他们在波颇的带领下自 629 年至 632 年译出三部重要大乘佛教文献，即《宝星陀罗尼经》（梵 *Mahāsannipāta-ratnaketu-dhāraṇī sūtraṃ*，藏 *'phags pa 'dus pa chen po rin po che tog gi gzungs shes bya ba theg pa chen po'i mdo*）、《般若灯论》（梵 *Prajñā-pradīpa*）、《大乘庄严经论》（梵 *Mahāyāna-sūtrālaṁkāra-kārikā*，藏 *mDo sde'i rgyan gyi bshad pa*）。《宝星陀罗尼经》和《大乘庄严经论》有较为完整的藏文译本和部分梵文文本，因而引起国际学界的广泛注意，发表了大量研究这两部佛教文献的论著，这也使得波颇成为少数所译文献比其本人在学界更广为人知的僧人。比如，

---

① 奠定唐太宗研究基调的著作见吴宗国《唐太宗与贞观之治》，书目文献出版社，1986。

早在一个多世纪以前，法国学者列维即已对尼泊尔出土的《大乘庄严经论》梵本做了详细研究。尔后一百多年间，因藏文本保存较为完整，该论亦有多种基于藏文本的英文译本问世，使得该文献在西方广为人知。[①] 而日本学者则从 20 世纪 30 年代开始，致力于研究这一文献的各种不同版本及其所反映的大乘佛学，因为这一文献乃是重要的唯识学文本。[②] 不过，大多数

---

[①] Sylvain Lévi, *Mahāyāna-Sūtrālaṃkāra*：*exposé de la doctrine du Grand Véhicule selon le système yogācāra / Asaṅga*；*édité et traduit d'après un manuscrit rapporté du Népal*, Tome 2, Paris：H. Champion, 1911 (tome I is the Sanskrit text：*Mahāyāna-Sūtrālaṃkāra*：*exposé de la doctrine du Grand Véhicule selon le système Yogācāra*, Tome 1, Texte, 1907 )；S. Bagchi, *Mahāyānasūtrālaṃkāra of Asaṅga*, Buddhist Sanskrit Texts, no. 13, Darbhanga：Mithila Institute of Post-Graduate Studies and Research in Sanskrit Learning, 1970；Lobsang Jamspal, Robert Thurman and the American Institute of Buddhist Studies Translation Committee trans., *Universal Vehicle Discourse Literature* ( *Mahāyāna-sūtrālaṃkāra* ) ( *Treasury of the Buddhist Sciences* ), New York：American Institute of Buddhist Studies, 2004；Khenpo Shenga and Ju Mipham by the Dharmachakra Translation Committee trans., *The Ornament of the Great Vehicle Sutras*：*Maitreya's Mahāyāna-sūtrālaṃkāra*, translation with Commentaries, Boston：Snow Lion Publications, 2014；The Padmakara Translation Group, *A Feast of the Nectar of the Supreme Vehicle*：*An Explanation of the Ornament of the Mahayana Sutras*, Boulder：Shambhala Publications, 2018. 有关西文译本的评述，见 Richard K. Payne, "Review of *A Feast of the Nectar of the Supreme Vehicle*：*An Explanation of the Ornament of the Mahāyāna Sūtra*, *Maitreya's Mahāyānasūtrālaṃkāra* with a Commentary by Jamgön Mipham*," *Canadian Journal of Buddhist Studies*, no. 16 ( 2011 ), pp. 210—220。

[②] 长尾雅人：《『大乗荘厳経論』和訳と註解》，四卷，长尾文库，2007—2011；西尾京雄：《大乗荘厳経論菩提品の基く諸経に就いて》，《大谷学报》第 62 号，1936 年，第 37—70 页；野泽静证：《梵文『大乗荘厳経論』にあらわれたる三性説管見》，《大谷学报》第 71 号，1938 年，第 41—81 页；武内绍晃：《大谷探検隊招来の『大乗荘厳経論』について》，《龙谷大学论集》第 352 号，1956 年，第 72—87 页；袴谷宪昭：《『大乗荘厳経論』散文箇所の著者問題について》，《驹泽大学佛教学部论集》第 4 号，1973 年，第 1—12 页；舟桥尚哉：《大乗荘厳経論の原典考》，《仏教学セミナー》第 27 号，1978 年，第 23—36 页；舟桥尚哉：《大乗荘厳経論の研究》，《大谷大学研究年报》第 22 号，1980 年，第 83—140 页；小谷信千代：《瑜伽師地論と大乗荘厳経論》，《仏教学セミナー》第 32 号，1980 年，第 32—54 页；小谷信千代：《大乗荘厳経論の研究》，文荣堂书店，1984；白石凌海：《『大乗荘厳経論』における唯識説形成過程にみられた思想的背景の一考察》，《豊山学报》第 30 号，1985 年，第 111—135 页；舟桥尚哉：《ネパール写本対照による大乗荘厳経論の研究》，国书刊行会，1985；藤田祥道：《『大乗荘厳経論』の大乗仏説論に対する無性釈・安慧釈チベット訳校訂テクスト》，龙谷大学佛教学研究室年报》第 6 号，1993 年，第 59—91 页；其他学者如森田良昭、上野隆平、早島慧、冈田英

学者将其放在大乘佛学的框架下研究，对其如何影响到中国佛学，实际上并未过多措意。《宝星陀罗尼经》的梵文和于阗文残卷也在西域地区有出土，引起学者的广泛兴趣，不断有学者刊布新比定的残卷。① 日本学者在讨论《般若灯论》时提示了一些有关波颇的信息。② 但终究他只留下了三部译经，并无其他个人撰述作品存世，这给研究他的佛学思想带来很大困难。不过，唐代一些汉地僧人特别是道宣（596—667）、玄奘（602—664）在论述中引述了他的说法，使得我们可以一窥其见解。然而有意思的是，波颇虽然没有对译场组织和结构留下只言片语，但唐代一些目录学家在介绍其译本时却详细列出了译场成员名单，并且一半以上成员的传记都保存在道宣编集的《续高僧传》中，这让我们有机会通过分析这些译场成员的社会网络来丰富我们对唐初政教关系史的理解。

---

作也发表了一些论文。岩本明美完成了研究该文献第 13、14 卷的博士论文。而在龙谷大学则有专门围绕该文献的读书班，定期刊出相关研究论文。

① 中村瑞隆：《宝星陀羅尼経断簡》，《法华文化研究》第 1 号，1975 年，第 13—37 页；久留宫圆秀："Bibliographical Notes of the Ratnaketuparivarta，"《法华文化研究》第 1 号，1975 年，第 39—45 页；久留宫圆秀：《Ratnaketuparivarta の一偈頌について》，《印度学佛教学研究》第 47 号，1975 年，第 67—72 页；Seishi Karashima（辛嶋静志），"Four Sanskrit Fragments of the Ratnaketuparivarta in the Stein Collection，" *The British Library Sanskrit Fragments / Buddhist Manuscripts from Central Asia*，vol. 1（2006），pp. 177-189；Saerji（萨尔吉），"A New Fragment of the Ratnaketuparivarta，" *Annual Report of the International Research Institute for Advanced Buddhology at Soka University*，vol. 11（2008），pp. 95-103；Saerji（萨尔吉），"More Fragments of the Ratnaketuparivarta（1），" *Annual Report of the International Research Institute for Advanced Buddhology at Soka University*，vol. 13（2010），pp. 111-120；Saerji（萨尔吉），"More Fragments of the Ratnaketuparivarta（2），" *Annual Report of the International Research Institute for Advanced Buddhology at Soka University*，vol. 14（2011），pp. 35-57；Maggi Mauro，"The Khotanese Fragmentary Folio IOL Khot 7/7，" *Annual Report of the International Research Institute for Advanced Buddhology at Soka University*，vol. 25（2022），pp. 129-147。

② Akahane Ritsu，"Prabhākaramitra：His Name and the Characteristics of His Translation of the *Prajñā-pradīpa*，" *Journal of Indian and Buddhist Studies*，vol. 63，no. 3（2015），pp. 201-207；Akahane Ritsu，"On the Digressions of the *Prajñā-pradīpa*，with a Reevaluation of Its Chinese Translation，" *Indogaku bukkyōgaku kenkyū*，vol. 61，no. 3（2013），pp. 1182-1188；Akahane Ritsu，"Rethinking the Chinese Translation of the *Prajñā-pradīpa*，" *Indogaku bukkyōgaku kenkyū*，vol. 62，no. 3（2014），pp. 1217-1224.

虽然有关波颇最详细的资料是道宣所编《续高僧传》中保留的传记，但仔细看两人的时间线，可知道宣本人似乎并没有见过波颇。道宣的授戒师智首（567—635）则列名波颇译场，年纪比波颇小两岁，基本上算同龄人。不过，智首在波颇圆寂两年后亦离开人世，彼时道宣还未回到长安。因此智首也没有机会和道宣讲述他参与波颇译场的经历。道宣比波颇小三十一岁，和波颇并无交集。道宣在受戒后即在日严寺追随慧頵（564—637）学习戒律，大业后期则离开日严寺在华北地区游历，追随法砺（569—635）和其他僧人学习戒律和佛法。[①] 他可能在贞观中期短暂回过长安，但波颇只于贞观初期在长安生活了七年（627—633），并未和道宣打过照面。波颇圆寂后，译场成员玄谟为其起塔供养，很可能也刻有塔铭。参与波颇译场的法琳（572—640）在著述中经常提及波颇，道宣书中的波颇传记也许是根据这些资料编集而成。[②] 据《续高僧传》中所载波颇生平，他出身于天竺刹帝利家庭，十岁即出家修行，受具足戒后学律。后来进入那烂陀寺学习，追随戒贤学习《瑜伽师地论》，熟悉大小乘各家论述。后来立志去北边突厥游牧部落弘法，和法友抵达西突厥汗国统叶护可汗的帐庭，受到可汗礼遇。[③] 626年，他在西突厥遇到来此出使的高平王李绍，李绍将其带回长安，高祖下令安置在当时京城最为宏伟壮观的皇家大寺大兴善寺。[④] 但当时京城气氛紧张，太宗发动玄武门之变取得政权，也花了一点时间稳定政权，因此前两年波颇并未应邀开展译经工作。等到贞观三年（629）三月，太宗可能感到政权

①　池丽梅：《道宣の前半生と『続高僧伝』初稿本の成立》，《日本古写経研究所研究紀要》创刊号，2016 年，第 65—95 页；藤善真澄：《道宣伝の研究》，京都大学学术出版会，2002；Huaiyu Chen, *The Revival of Buddhist Monasticism in Medieval China*, New York：Peter Lang, 2007, chapter one。

②　Koichi Shinohara, "Two Sources of Chinese Buddhist Biographies：Stupa Inscriptions and Miracle Stories Appendices," in *Monks and Magicians：Religious Biographies in Asia*, eds. , by Phyllis Granoff and Koichi Shinohara, Oakville, ON：Mosaic Press, 1988, pp. 119-228.

③　西突厥信佛史事见 Hans-J. Klimkeit, "Buddhism in Turkish Central Asia," *Numen*, vol. 37, no. 1 (1990), pp. 53-69。

④　有关该寺的规模，参见王贵祥《唐长安靖善坊大兴善寺大殿及寺院布局初探》，王贵祥主编《中国建筑史论汇刊》第 10 辑，清华大学出版社，2014，第 61—103 页。

较为稳定，才下令请波颇组织译场开始译《宝星陀罗尼经》，并从各个寺院选拔了十多位高僧协助波颇。贞观四年（630）四月完成《宝星陀罗尼经》的汉译，然后波颇转移到太宗身为秦王时主要支持的大寺胜光寺继续译经，到贞观六年（632）底，波颇团队又译出《般若灯论》《大乘庄严经论》。贞观七年（633）四月七日波颇在胜光寺圆寂。可见波颇在长安大兴善寺和胜光寺的译经事业实际上仅仅进行了三年（629—632）而已。下文将主要讨论629—632年这三年中波颇译场人员的组成、译场人员的佛学背景及其与当时政治和佛教的关系。

## 一　波颇译场之结构及人员之专业背景

道宣在《续高僧传》的波颇传记中提供了波颇一生行历的大致介绍，提示了译场组织出自太宗在贞观三年三月下达的诏令，太宗让官府选择了十九位僧人协助波颇组织译场开始译经，其中包括慧乘、玄谟、慧赜（580—636）、慧净、慧明、法琳等人。其文云：

> 下诏所司搜扬硕德，备经三教者一十九人，于大兴善创开传译，沙门慧乘等证义，沙门玄谟等译语，沙门慧赜、慧净、慧明、法琳等缀文。又敕上柱国尚书左仆射房玄龄、散骑常侍太子詹事杜正伦参助勘定，光禄大夫太府卿萧璟总知监护，百司供送四事丰华。初译《宝星经》，后移胜光，又译《般若灯》《大庄严论》，合三部三十五卷。至六年（632年冬），勘阅既周，缮写云毕，所司详读，乃上闻奏。下敕各写十部散流海内，仍赐颇物百段。余承译僧，有差束帛。又敕太子庶子李百药制序，具如论首。[①]

---

[①] T50, no. 2060, pp. 439c26-440c3. 以下均使用这一国际学界通行的引用模式，T 即指大正新修大藏经刊行会编《大正藏》（大藏出版株式会社，1988），第 50 册，第 2060 号，第 439 页下栏 26 行至第 440 页下栏 3 行。X 则指河村照孝编集《卍新纂大日本续藏经》（株式会社国书刊行会，1975—1989）；R 指《卍续藏经》（藏经书院原刊；台北新文丰出版公司重印，1994）；Z 指《卍大日本续藏经》（藏经书院，1905—1912）。

这里虽然提到十九人，但没有列出具体人员名单。道宣的《大唐内典录》卷五则给出更长的名单，但也不过十三人而已："京邑大德沙门玄谟度语，沙门慧赜、慧净、法琳缀文，沙门慧乘、慧朗、智首、昙藏、僧珍、灵佳、慧明、法常、僧辩等证义。"①好在开元十八年（730）智昇所撰《开元释教录》卷八保留了更长的名单：

> 诏所司搜扬硕德，兼闲三教、备举十科者一十九人，于大兴善寺创开传译。沙门玄谟、僧伽等译语；及三藏同学崛多律师证译；沙门法琳、惠明、慧赜、慧净等执笔承旨，殷勤详覆，审定名义，具意成文；沙门慧乘、法常、惠朗、昙藏、智解、智首、僧辩、僧珍、道岳、灵佳、文顺等证义。又敕上柱国尚书左仆射邦国公房玄龄、散骑常侍太子詹事杜正伦、礼部尚书赵郡王李孝恭等参助诠定；右光禄大夫太府卿兰陵男萧璟总知监护。百司供送，四事丰华。至四年四月译《宝星经》讫，后移胜光又译《般若灯》《大庄严经论》，至七年春，勘阅既周，缮写云毕，所司详读，乃上闻奏。下敕各写十部，散流海内。仍赐颇物百段，余承译僧，有差束帛。②

尽管这个名单的确有十九人，但却是包括了波颇在内的十九人，这可能说明实际上是十八位僧人协助波颇译经。但这里提及的诸位译场成员分工较为细致。这个名单的僧人之背景和相关社会网络值得仔细分析，因为这些僧人不是随机被选择的，一定是有一些可以合作的可能性，才被选择组成译场，而同时代其他人没有被选择，则一定有没有入选的理由。相关僧人的入选和落选，因为主动权在朝廷，可能既有政治又有佛教方面的考虑，一方面是朝廷比较欣赏熟悉的僧人，另一方面也必须是佛教界比较有声誉的高僧。

---

① T55, no. 2149, p. 281a8-20。
② T55, no. 2154, p. 553c2-14；后又见于圆照《贞元新定释教目录》卷一一, T55, no. 2157, p. 853a11-b5。

　　道宣只提到朝廷搜扬硕德，说这十九人是备经三教，而智昇说的是十九人"兼闲三教、备举十科"，两者略有差别。道宣对十科当然十分熟悉，他编集的《续高僧传》即将高僧分为十科：译经、义解、习禅、明律、护法、感通、遗身、读诵、兴福、杂科声德。这一分类在初唐时期得到其他僧人的认同。比如玄奘弟子彦悰《集沙门不应拜俗等事》卷五在反驳左奉裕卫长史丘神静所上"议沙门不应拜俗状"时特别指出：

　　　　惜哉夫沙门之内，功业实繁，圣朝已来，盖亦不少。且帝京僧伍，盛德如林，略举十科，用开未喻。至若译经则波颇、玄奘，义解则僧辩、法常，习禅则昙迁（543—608）、慧因，护法则法琳、明瞻（559—628），明律则元琬（玄琬，562—636）、智首，感通则通达、转明，遗身则元览（玄览，621—644）、法旷（？—633），读诵则惠铨、空藏（569—642），声德则智凯、法炎，宏福则德美（575—637）、智兴（588—632）：若此之流，具如僧苑所列，而言弥余，事何雷同之甚乎？[1]

彦悰列出的十科知名僧人，大多数和波颇生活的年代有所重合，有一些出现在智昇所列的波颇十九人译场成员名单中，如波颇、僧辩、法常、法琳、智首等，其他人则没有出现，有些人在波颇开译场时早已圆寂，如昙迁、慧因、明瞻等人。[2]

　　这些僧人中，以玄奘的生活年代为最晚，则此文应在玄奘译经成名之后所出，即645年以后，但却可能写于玄奘圆寂之前，甚或是649年彦悰离开玄奘之前。其他人虽然可能是波颇的同时代人，但因为有特别的理由未被请入译场。在这个名单中，玄奘虽然与波颇齐名，时代有交集，两人

---

[1]　彦悰：《集沙门不应拜俗等事》卷五"左奉裕卫长史丘神静等议状"，T52, no. 2108, p. 469c20-23。

[2]　有关昙迁在隋代佛教史上的重要性，见 Jinhua Chen, *Monks and Monarchs, Kinship and Kingship: Tanqian in Sui Buddhism and Politics*, Kyoto: Scuola Italiana di studi sull'Asia orientale, 2002。

却从未见面，尽管玄奘可能受到了波颇的影响，去那烂陀寺学习瑜伽行派佛学。玄奘弟子惠立（615—？）所撰玄奘传记提及玄奘曾在西突厥汗国见到统叶护可汗，如属实则玄奘在 627 年已离开长安，因统叶护可汗死于628 年。但他与波颇见面的可能性很小。玄奘青年时期主要是在洛阳净土寺修行，武德初年才到长安，但那时波颇尚未入唐。后来他又去了成都以及其他地区追随不同的高僧学习。玄奘西行的时候，波颇刚刚抵达长安。等到 645 年玄奘回到长安时，波颇早已圆寂。[①] 他在弘福寺开设译场时，成员里面有两位曾参加波颇译场，即慧明、玄谟两人。当薛元超和李义府作为朝廷代表来看望玄奘时，玄奘举出波颇和朝廷高官房玄龄、李孝恭、杜正伦、萧璟合作译经一事希望朝廷请他到大慈恩寺译经。

　　回到波颇等十九人的大名单，如果仔细结合彦悰的评论，可以略知这些译场成员的选择并非按照所谓十科来进行。译场成员并不需要从全部十科高僧中选择，而只需其擅长的领域能满足译场的需要即可，因此译场成员中主要是译经、义解、护法、明律的僧人，并无擅长习禅、感通、遗身、读诵、兴福、杂科声德的僧人。道宣的授戒师父智首即属于擅长戒律的高僧。正如《续高僧传》卷二二《智首传》所说，"贞观元年有天竺三藏大赍梵本拟译唐文，乃诏所司搜扬英达，金议所及，遂处翻传，其有义涉律宗，皆咨而取正"。[②] 如果结合贞观时期唐太宗对其他各科僧人的态

---

① 吕澂认为玄奘可能是受波颇启发去那烂陀寺追随戒贤学习《瑜伽师地论》，见《中国佛学源流略讲》，中华书局，2017，第 183 页；不过，学界一般认为玄奘 629 年才开始出发西行，见 Étienne de la Vaissière, "Note sur la chronologie du voyage de Xuanzang," *Journal Asiatique*, vol. 298, no. 1 (2010), pp. 157–168。西文学界的玄奘传记都未提及他曾与波颇会面，如 Sally Hovey Wriggins, *The Silk Road Journey with Xuanzang*, Boulder: Westview Press, 2004。

② T50, no. 2060, pp. 614a1–615a24，这里所谓的贞观元年下诏开译场是不准确的，波颇的确是贞观元年在长安大兴善寺安定下来，但译场之开设是在贞观三年。有关智首所传戒律传统之研究见 Jinhua Chen, "A Missing Page in Sui-Tang Vinaya History: Zhishou and the Vinaya Tradition Based on the Great Chanding Monastery in Chang'an," in *Rules of Engagement: Medieval Traditions of Buddhist Monastic Regulation*, edited by Susan Andrews, Jinhua Chen, and Cuilan Liu, Hamburg Buddhist Studies 7, Bochum: Projekt Verlag, 2017, pp. 445–495。

度，更有意思，可以看出他对当时僧人的一些"特长"似不以为然，且对其行为颇为警惕。比如贞观九年（635），唐太宗下《度僧于天下诏》称：

> 其天下诸州有寺之处，宜令度人为僧尼，总数以三千为限。其州有大小，地有华夷，当处所度多少，委有司量定。务须精诚德业，无问年之幼长。其往因减省还俗，及私度白首之徒，若行业可称，通在取限。必无人可取，亦任其阙数。若官人简练不精，宜录附殿失。但戒行之本，惟尚无为。多有僧徒，溺于流俗：或假托神通，妄传妖怪；或谬称医筮，左道求财；或造诣官曹，嘱致赃贿；或钻肤焚指，骇俗惊愚。并自贻伊戚，动挂刑网，有一于此，大亏圣教。朕情深持护，必无宽舍，已令依附内律，参以金科，具为条制，务使法门清整，所在官司，宜加检察。其部内有违法僧不举发者，所司录状奏闻，庶善者必采，恶者必斥。伽蓝净土，咸知法味；菩提觉路，绝诸意垢。①

虽然这是波颇圆寂之后贞观九年的诏书，但可以看出太宗对于一些僧人不太遵守戒律反而用一些旁门左道的技巧来讨好信徒非常不满。这些僧人并未专心于佛教三学之戒、定、慧，却用所谓神通、医术、卜筮、钻肤焚指等来敷衍大众，获得钱财，乃是一种"媚俗"行为。但凡事都有例外，当太子李承乾（618—645）染疾之后，在宫中太医束手无策之际，太宗还是召波颇入宫让他想想办法。波颇入宫侍奉太子百余日，太子病情减轻，波颇才被获准回到胜光寺。② 所以太宗也不是对佛教医学完全排斥。不过，目前的史料并无有关波颇医术的其他相关记录，不清楚波颇在宫中百余日是如何减轻太子的病症的。

---

① 道宣：《广弘明集》卷二八，T52，no. 2103，p. 329a22–b15。
② T50，no. 2060，pp. 439c26–440c3。太子有较为严重的足疾，这也影响了他后来的命运。

## 二　波颇译场团队与隋唐之际政教关系的继承性

参加波颇译场的十九人，如果从其与朝廷之关系和寺院网络来看，和唐太宗有着非常密切的关系。尽管太宗在贞观三年才正式下令请波颇开始译经，但这个举动应该是太宗上台后一系列宗教政策的一部分。他在常年征战中虽然为大唐创业打下根基，但也因为杀人太多心怀愧疚。加上登基也是通过发动玄武门之变，兄弟自相残杀，一旦政局稳定下来，他就开始反省自己的所作所为。正如贞观二年（628）他在《为战亡人设斋行道诏》中所说：

> 朕自隋末创义，志存拯溺，北征东伐，所向平殄。然黄钺之下，金镞之端，凡所伤殪，难用胜纪。虽复逆命乱常，自贻殒绝。恻隐之心，追以怆恨。生灵之重，能不哀矜？悄然疚怀，无忘兴寐。且释氏之教，深尚慈仁，禁戒之科，杀害为重。承言此理，弥增悔惧。今宜为自征讨以来，手所诛剪，前后之数，将近一千，皆为建斋行道，竭诚礼忏。朕之所服衣物，并充檀舍。冀三途之难，因斯解脱，万劫之苦，借此弘济。灭怨障之心，趣菩提之道。[①]

这里太宗坦承自己在历年征战中曾亲手杀死近千人。之后在贞观三年孟春，太宗降敕令京城僧尼于当寺每月二七日行道，转《仁王经》《大云经》等经，以为恒式。[②] 这都是为自己和政权祈福。是年还在他曾经立下

---

① 道宣：《广弘明集》卷二八，T52, no. 2103, p. 329a8-21。

② 《仁王经》和《大云经》与唐代政治关系密切，见 Charles Orzech, *Politics and Transcendent Wisdom: The Scripture for Humane Kings in the Creation of Chinese Buddhism*, University Park, Pa.: The University of Pennsylvania Press, 1998; Antonino Forte, *Political Propaganda and Ideology in China at the End of the Seventh Century: Inquiry into the Nature, Author, and Function of the Tunhuang Document S. 6502*, Kyoto: Scuola Italiana di studi sull'Asia orientale, 2005。

战功之地设立幽州昭仁寺、吕州普济寺、晋州慈云寺、汾州弘济寺、邙山昭觉寺、郑州等慈寺、洺州昭福寺等七所寺院，超度亡魂。① 他这些举动不能不让人想起隋代一些类似的做法，如隋高祖在相州等战场建寺、隋炀帝下令度僧等，体现出统治者从事大规模战争之后利用佛教进行忏悔祈福法事之间的相互关系，这也可以看作阿育王政教关系模式的延续。阿育王正是在征服战争中杀生太多，后幡然醒悟，开始支持佛教，他也成为后世统治者护法的典范。

仔细分析波颇译场十九人的社会关系网络，则可以看到更为清晰的隋唐政教关系之继承性。一些成员曾服务于隋炀帝作为晋王时的慧日道场，后来又服务于炀帝作为太子和皇帝时期的皇家寺院日严寺、大禅定寺，但他们后来又被接引到隋文帝曾大力支持的大兴善寺，多位僧人来自唐太宗支持的皇室寺院胜光寺。② 比如参与波颇译场的胜光寺寺主僧珍，实际上以前就是隋代高僧智颐的弟子。胜光寺原本是591年隋文帝为第四子蜀王杨秀所立的皇室寺院，后来将昙迁的数十名弟子安置在此。③ 所以昙迁圆寂以后，其佛学遗产主要保留在胜光寺。唐太宗后来将胜光寺作为他支持的主要寺院之一。④

波颇译场中有两位僧人都与杨广支持的慧日道场、日严寺有关。晋王杨广在征服陈朝之后，在江都设立了慧日道场，收罗一批南朝高僧，其中也包括慧乘。慧乘和智矩（535—606）、吉藏（549—623）等三十多位僧人都被晋王搜罗进入慧日道场，后来晋王登基，他们又都转到长安

---

① 滋野井恬：《唐の太宗李世民と仏教》，《仏教の歴史と文化》第1号，1980年，第216—235页；布目潮渢：《隋の炀帝と唐の太宗：暴君と明君、その虚実を探る》，清水书院，2018；Stanley Weinstein, *Buddhism under the T'ang*, Cambridge：Cambridge University Press, 1988。

② 有关唐代长安寺院的等级，见宿白《试论唐代长安佛教寺院的等级问题》，《文物》2009年第1期。

③ T50, no. 2060, p. 573a10-12；道宣：《续高僧传》卷一八。

④ 伊藤诚浩：《秦王李世民（唐太宗）と長安勝光寺：唐太宗の崇仏事情の一面》，《印度学佛教研究》第95号，1999年，第232—234页。

日严寺。① 慧乘深受炀帝信任，曾被派往洛阳从事佛教活动，并时常陪侍炀帝四处巡视，甚至包括去张掖。在张掖，炀帝指派他为前来朝觐的高昌王讲《金光明经》。回长安之后，慧乘在皇室支持的大禅定寺讲《仁王经》。621 年唐高祖下令裁减僧人数量，每州只留一寺，每寺只留三十僧。但有两百多僧人移居到同华寺，其中也包括慧乘。他在郑国地区与道宗、辩相积累了很高的声誉，所以唐高祖武德年间得以回到长安。625 年，慧乘作为佛门龙象，参与了与道教徒李仲卿、潘诞的论争，很可能这一举动引起了秦王李世民的注意。因此，太宗登基之后，将其与其他四位僧人引入胜光寺。他在胜光寺对弘法事业发挥了很大作用。在太宗的支持下，他在寺中建立了舍利塔和方等道场。他的经历说明他不仅长期侍奉隋炀帝和唐太宗，讲过护国经典《仁王经》，也对佛门与道教的论争进行护法有重要贡献。他圆寂后，同样是佛门对抗道教的护法高僧法琳为其撰写了碑铭，法琳对他评价很高。②

波颇译场的另一位成员慧赜，是慧乘在慧日道场的法友智矩和吉藏的弟子。他原本来自江陵，初学《涅槃经》和《法华经》，后学三论。开皇中叶在江陵寺以讲《涅槃经》知名。后来移居到长安清禅寺学习禅法。隋末隐入终南山躲避战祸。武德初年才又回长安，在延兴寺讲《仁王经》，引起吉藏和秦王李世民的注意。所以他后来也被选入波颇译场。他文笔很好，深受虞世南推崇。他圆寂后，碑文由褚亮撰写。③ 因此，慧赜不仅精通《仁王经》，得到人主的注意，也因为文笔很好得到高官的推崇。

褚亮和另一位波颇译场成员慧净也有交游。慧净是知名义学僧，在参

---

① 《续高僧传》中所收的辩义传提到这三位高僧都搬迁到日严寺，见 T50，no. 2060，p. 510c4-5。慧乘也曾与明舜（547—606）在日严寺讨论佛法，见 T50，no. 2060，pp. 510c27-511a7；王亚荣《日严寺考——兼论隋代南方佛教义学的北传》，《东南文化》1998 年第 A1 期。

② T50，no. 2060，pp. 633b3-634c10。他和道宗、辩相等三人被称为郑国地区三大法师。

③ T50，no. 2060，pp. 440c4-441c27。

与波颇译场译出《大乘庄严经论》之后，还撰写了三十卷的注释。波颇曾抚慧净背对房玄龄、杜正伦和于志宁等人称赞其乃"东方菩萨"。[①] 他本出身常山真定的儒学世家，但在熟读儒家经典之后，毅然在十四岁时出家学佛，初学《大智度论》。他也是经常参与和道士辩论的护法僧，比如曾在智藏寺与道士于永通辩论，后来在 636 年又与道士蔡子晃、成世英辩论。[②] 他曾追随志念（535—608）学习《杂心论》（*Saṃyuktābhidharmahṛdaya*）、《婆沙论》（*Abhidharma-mahāvibhāṣā-śāstra*），后来撰写了《杂心玄文》的注释，也撰写了《阿毗达磨俱舍论》《金刚经》的注释。太常博士褚亮特地为他的《金刚经》注释撰写了序言，可见他在当时士人中的声誉。因为这些义学上的成就，他被选为纪国寺上座。后来在 639 年一度被太子选为普光寺主，但他辞谢不任。

志念的另一位弟子道岳也是波颇译场成员，他和其他译场成员包括法常、僧辩、智首、慧明等人都是大禅定寺的僧人。道岳初出家时跟僧璨学习佛法，后来转到志念和智通门下学习《杂心论》《婆沙论》，又跟道尼学习《摄大乘论》。612 年他转入大禅定寺，与法常、僧辩、智首、慧明等人交往密切，所以后来这几位僧人一同被选入波颇译场不是没有缘由的。他也参与了唐初与道士的论辩，在护法方面表现突出。他和慧净一样，精研《俱舍论》并撰写注释。不过一开始他并未获得波颇首肯，后来逐渐得到波颇欣赏。在波颇圆寂后一年，道岳被杜正伦引荐给太子，从而被选为普光寺上座。[③] 很显然，他和慧净的佛法造诣非常接近，都很熟悉《杂心论》、《婆沙论》和《俱舍论》，一同被选入波颇译场也利于合作。

道岳在大禅定寺的好友法常年轻时也受过很好的儒学经典教育，出家后学习《摄大乘论》和《成实论》，后来进入大禅定寺。他也因为参与波

---

① T50，no. 2060，pp. 441c28-443a2。
② T50，no. 2060，p. 443a7-8。
③ T50，no. 2060，pp. 527a13-528b21。

颇的译场，被太子选入普光寺，曾参与为太子授菩萨戒，兼任空观寺上座。[①] 僧辩则和法常同乡，十岁的时候就听讲了《维摩诘经》与《仁王经》，后来也学习《摄大乘论》，被选入大禅定寺。[②] 可见其与法常入选译场的机缘较为类似。另一位来自大禅定寺的波颇译场成员是昙藏，该僧以持律谨严著称，大业年间入住大禅定寺，武德初年转任会昌寺上座，也曾被太子召入普光寺。[③] 其与大禅定寺和普光寺的联系与前述几位僧人约略相近。正如前文已经提示的，智首也是来自大禅定寺的僧人，他因为戒律方面的造诣被选入波颇译场，以便译场团队遇到有关戒律方面的问题时进行咨询。后来智首被选为弘福寺上座。

很显然，从目前已知的僧传材料来看，来自大禅定寺或与该寺关系密切的僧人至少有以下六位，慧乘、道岳、法常、僧辩、智首、慧明，而译场团队总共才十九人，其中波颇和崛多来自域外，可见大禅定寺僧人占译场团队的三分之一强。大禅定寺为大业三年（607）隋炀帝为文帝祈福所立，武德元年改为总持寺。[④] 综上所论，可知这些入选波颇译场的僧人，以前很多来自隋炀帝支持的大禅定寺，但他们主要擅长的佛学领域并非禅法，而是义学，也有多人熟悉阐述佛教护国传统的《仁王经》，这引起秦王李世民的注意，引入其支持的胜光寺。这些高僧中的几位后来也因为其贡献被太子选入普光寺。

## 三　波颇对唐代佛教之影响

波颇没有自己专门的撰述流传下来，而他实际在长安居住时间不满七年，想必也是因为他在短时间内还不太可能娴熟使用汉地语言表达自己的佛学思

---

① T50，no. 2060，pp. 540c14-541a28。
② T50，no. 2060，p. 540a24-c13。
③ T50，no. 2060，pp. 525c8-526a10。
④ T50，no. 2060，p. 527c10-14；相关史料见小野胜年《中国隋唐长安·寺院史料集成》，法藏馆，2011。

想。不过，除了翻译之外，他的一些佛学思想片段经常出现在唐代僧人的著述之中，为后人了解他的佛学思想提供了一些吉光片羽。他的翻译主要集中在瑜伽行派的思想著作中，但在他开始译经前玄奘已经西行求法，玄奘在西行前并无机会直接受益于他的译著。然而其佛学影响实较为广泛，其论述通过译场成员的口耳相传流传出来，影响超出义理之外。这些影响见于唐代一些僧人在论述中引用的波颇说法，以下略举数例加以说明。

唐代华严学派很重视判教，比如法藏（643—712）的判教论即广为人知。不过，法藏没有提到在他出生前十年已经圆寂的波颇有任何关于判教的议论。法藏仅列出十家之说：（1）菩提流支依《维摩经》等立一音教；（2）诞法师依《楞伽》等经立顿渐二教；（3）光统律师立渐顿圆三教；（4）大衍法师立四宗教；（5）护身法师立五种教；（6）耆阇法师立六宗教；（7）南岳思禅师及天台智者禅师立四种教；（8）江南敏法师立二教；（9）梁朝光宅寺云法师立四乘教；（10）大唐三藏玄奘法师依《解深密经》、《金光明经》及《瑜伽论》立三种教。① 这里面大多是波颇以前的佛教高僧，只有最后一位玄奘比波颇年代略晚。如果波颇被提到，应该是第十位，列在玄奘之前。然而，比法藏小三十岁的慧苑（673—743）在其所撰《续华严经略疏刊定记》中特别提示了佛教史上提出五种教门的诸家说法，其中提到波颇的判教论：

> 立五种教门，自有三家：一、齐朝护身法师立三宗教，一因缘宗、二假名宗、三不真宗，此上三教同衍师说；四真宗教，谓《涅槃经》说佛性常住等故；五法界宗教，谓《华严经》说法界法门故。二、唐初波颇三藏亦立五教，一四谛教，谓小乘经；二无相教，谓《般若经》；三观行教，谓《华严经》，此上三教，同笈多说；四安乐

① Imre Hamar, "The Exegetical Tradition of the *Buddhāvataṃsaka-sūtra*," *Journal of East Asian Culture* 1 (2022), pp. 1–16; Chanju Mun, *History of Doctrinal Classification in Chinese Buddhism: A Study of the Panjiao System*, Lanham: University Press of America, 2006; Jinhua Chen, *Philosopher, Practitioner, Politician: The Many Lives of Fazang (643-712)*, Leiden: Brill, 2007.

教，谓《涅槃经》说常乐故；五守护教，谓《大集经》说守护正法事故。三、有古德亦立五教，一小乘教、二初教、三终教、四顿教、五圆教，此五大都影响天台，唯加顿教令别尔。①

这里提示了波颇的判教思想主要基于不同的佛学经典，而且以大乘经为主，特别是早期大乘的般若类经典，以及《华严经》《涅槃经》《大集经》等。但在澄观（738—839）的《华严经疏钞玄谈》中，只列出两种，即波颇和法藏。②

波颇虽然在长安大兴善寺和胜光寺只住了不到七年，也未担任任何寺院的三纲如上座、寺主、都维那等高级管理僧人，主要兴趣也在义理特别是大乘瑜伽行派哲学，但他作为来自天竺的僧人因富有僧团生活经验，对寺院制度的看法也引起了长安僧人的兴趣。道宣在其所撰《四分律比丘尼钞》中多处提及波颇对寺院制度的看法，涉及比丘尼受戒以及处理日常生活的各个方面。比如《四分律比丘尼钞》卷中讨论了受戒之法，他主张受过戒的人如果破戒，应该给予机会重新受戒，并举出一系列其他文献和高僧例子，比如真谛所译《明了论》（*Vinaya-dvāvijṣati-prasannârtha-sāstra*）主张可以重受七日；大唐波颇三藏也主张可以重受，并且西域来的大德皆不闻单受之法。而只有《十诵律》（*Sarvāstivāda-vinaya*）不允许重受，因为来自说一切有部。③ 这一有关波颇讨论受戒的信息如何传到道宣这里已不得而知。而道宣在该书卷下讨论比丘尼犯戒的时候再次提示了波颇的议论："大唐波颇三藏云：纵自言犯重，及有三根，自他相对，并成

① X03，no. 221，p. 578c1-17；R5，p. 18a10-8；Z 1：5，p. 9c10-8。

② X05，no. 232，pp. 751c18-752a23；R8，pp. 476b18-477b11；Z 1：8，pp. 238d18-239b11；有关澄观的研究，见 Imre Hamar，*A Religious Leader in the Tang：Chengguan's Biography*，Tokyo：The International Institute for Buddhist Studies of The International College for Advanced Buddhist Studies，2002；Guo Cheen，*Translating Totality in Parts：Chengguan's Commentaries and Subcommentaries to the Avatamska Sutra*，Lanham：University Press of America，2014；Jinhua Chen，*Philosopher，Practitioner，Politician：The Many Lives of Fazang（643-712）*，Leiden：Brill，2007。

③ X40，no. 724，p. 731a2-24；R64，p. 100a10-14；Z 1：64，p. 50c10-14。

说净受衣等。"① 随后提示了比丘尼犯重罪情况下如何忏悔的仪轨。同一卷中还有波颇对寺院日常生活的议论:"大唐波颇三藏法师云:佛前灯以物傍取,不损光者得。"② 可见道宣对波颇的说法并不陌生,常常拿来作为支持自己论点的旁证。

道宣的法友道世(596?—683)在《毗尼讨要》中也多次提示了波颇对寺院规章制度的意见。如关于"戒坛"一词的提法,该书中说:"西国戒场,多在露地,如世祭坛郊祀之所。大唐三藏波颇师等并云:坛也。故律中多称戒坛也。《五百问事》云:受戒值天雨,若移戒场屋下者,先解大界,更结戒场,及结大界,方得。"③ 道世也谈到了重新受戒的问题,引波颇的说法:"至唐朝波颇三藏及毗尼律师等,并是西国宗匠,游历诸国,唯闻得重,不闻单说。波颇师云:但使缘如事实,于一事上,亦得重受。"④ 这些论题,道宣和道世都有同样的见闻,可能得自同一信息来源,当然他们都在西明寺驻锡,可以接触到很多皇室大寺保存的资料和信息。

# 结　语

综上所述,波颇自武德末年十二月入华,居于大兴善寺,自629年至632年三年时间译出三部经典,虽然没有和道宣、玄奘等人直接交往,但其事迹和思想实影响到长安佛教圈。其译场成员有相当一部分来自原隋炀帝支持的皇室寺院如日严寺和大禅定寺等,有些僧人先后转入秦王李世民支持的寺院胜光寺,后来更受登基后的太宗赏识,因而得以被选入波颇译场,成为唐代第一次大规模译场的主要成员。从中亦可看出隋唐之际隋炀帝与唐太宗之间佛教政策和僧团组织之间的继承性。这些僧人之所以被选

---

① X40, no. 724, pp. 761c07–762a12; R64, pp. 161b5–162a16; Z 1:64, p. 81b5–16。亦见于道世《毗尼讨要》卷二。

② X40, no. 724, pp. 775c14–776a1; R64, pp. 189b10–190a3; Z 1:64, p. 95b10–3。亦见于道世《毗尼讨要》卷三。

③ X44, no. 743, p. 317b11–c2; R70, p. 226a14–11; Z 1:70, p. 113c14–11。

④ X44, no. 743, p. 340b11–23; R70, p. 272a11–5; Z 1:70, p. 136c11–5。

中，是因为他们和政治权力关系密切，精通《仁王经》，且有相当高的义学造诣，在与道教的论争中表现突出，引起秦王的重视。虽然波颇没有留下译作之外自己撰述的佛学论著，但其对唐代的长安僧团在判教思想、寺院制度、日常仪轨等方面都有影响，道宣、道世、慧苑、澄观等人都援引其论述来讨论寺院管理制度和日常生活轨范。

# 细谈《贞观政要》中"以隋为鉴"的思想内容

罗永生

## 引 言

中国史学的发展到了隋唐时期起了较大的变化。隋文帝统一天下不久，便于开皇十三年（593）五月下诏，云"诏人间（民间）有撰集国史，臧否人物者，皆令禁绝"。[①] 文帝的诏令，基本上是表明了隋代统治者一反魏晋以来的容许私人修撰国史一类作品的态度。入唐之后，正式出现官修正史的习惯，最终形成定制。至开元年间，唐玄宗令史官吴兢将唐太宗与臣僚论政的材料辑为《贞观政要》四十篇，[②] 实为四十个论题，即君道、政体、任贤、求谏、纳谏、君臣鉴戒、择官、封建、太子诸王定分、尊敬师傅、教戒太子诸王、规谏太子、仁义、忠义、孝友、公平、诚信、俭约、谦让、仁恻、慎所好、慎言语、杜谗佞、悔过、奢纵、贪鄙、崇儒学、文史、礼乐、务农、刑法、赦令、贡赋、辩兴亡、征伐、安边、行幸、畋猎、灾祥、慎终。所有这些论题基本上都是从

---

① 《隋书》卷二《高祖纪下》，中华书局，1973，第 38 页。
② 参李万生《四论〈贞观政要〉之成书时间——与谢保成先生商榷》，《社会科学论坛》2007 年第 2 期。

"隋亡取鉴",① 围绕现实问题所做出的历史思考。② 可以说是贞观君臣针对治国实践中遇到的问题向历史寻求解决办法的探讨,③ 贞观君臣在这方面的探索为后人积累了经验。④ 所以,《贞观政要》一书虽非正史,也非国史,然其于李唐一代却有着极其重要的地位,⑤ 成为中唐以后君臣上下奉为珪璋的王朝典册。⑥

## 一 唐初君臣"以史为鉴"的思想

唐高祖武德四年(621),起居舍人令狐德棻向高祖进奏云:

> 窃见近代以来,多无正史,梁、陈及齐,犹有文籍,至周、隋遭大业离乱,多有遗阙,当今耳目犹接,尚有可凭,如更数年之后,恐事迹湮没……又文史不存,何以贻鉴今古?如臣愚见,并请修之。⑦

令狐德棻明白道出正史文籍的主要作用是"贻鉴今古",对此高祖深表赞同,下诏批许修撰前代正史。鉴于李唐先祖在北魏、北周地位显赫一时,而高祖本人又承隋统一天下,但当时并无记载周、隋两代历史的官修史著,则高祖及唐室先祖事迹无法流传于世,故高祖接纳令狐的建议,于次年(武德五年)正式下达了《命萧瑀等修六代史诏》。然而高祖下诏编纂

---

① 拜根兴:《墓志所见隋炀帝亲征高句丽——兼论唐初君臣对隋亡事件的诠释》,《陕西师范大学学报》2019 年第 1 期。

② 刘玉峰、赵霞:《隋亡唐兴:大国治理的历史智慧》,《人民论坛》2013 年第 22 期,第 78—80 页。

③ 参拙文《"以隋为鉴"——重新认识若干被淡忘的隋朝历史》,胡戟、杜海斌主编《汪篯百年诞辰纪念文集》,社会科学文献出版社,2020,第 129—143 页。

④ 牛润珍:《史鉴在"求真"与"致用"之间——由唐初贞观君臣论政引发的思考》,《史学史研究》2008 年第 2 期,第 14 页。

⑤ 吴凤霞:《从〈贞观政要〉的广泛流传看史学批评的社会意义》,《四川师范大学学报》2018 年第 4 期。

⑥ 参罗永生导读及译注《贞观政要》,香港中华书局,2015,第 2—3 页。

⑦ 《旧唐书》卷七三《令狐德棻传》,中华书局,1975,第 2597 页。

前代正史，却并非全然是为了歌颂其先祖功业，诏书内云：

> 经典存言，史官记事，考论得失，究尽变通，所以裁成义类，惩恶劝善，多识前古，贻鉴将来。①

高祖在诏令中重申了令狐德棻的见解，肯定了史学的意义，表明编撰史书的作用，在于吸收前人成败得失的经验教训，以为后来者参考借镜。这种说法虽非新调，但它出于皇帝诏书之内，是以往所不多见的。从上述论言中，可以看见武德朝君臣确实重视"以史为鉴"，希望从历史中汲取经验的态度。

太宗即位后，于贞观三年（629）以武德年间所修的前朝正史未竟全功，故而旧事重提。至贞观十年五代史俱成，② 分别是《梁书》五十六卷、《陈书》三十六卷、《北齐书》五十卷、《周书》五十卷、《隋书》五十五卷，合共二百四十七卷。然而有一特点，就是这五部史书皆全为纪、传而无表、志，时人称之为"五代纪传"。"五代纪传"撰成后太宗极为高兴，更勉励修史诸臣曰：

> 朕睹前代史书，彰善瘅恶，足为将来之戒。秦始皇奢淫无度，志存隐恶，焚书坑儒，用缄谈者之口。隋炀帝虽好文儒，尤疾学者，前世史籍，竟无所成，数代之事，殆将泯绝。朕意则不然，将欲览前王之得失，为在身之龟镜。公辈以数年之间，勒成五代之史，深副朕

---

① 宋敏求编《唐大诏令集》卷八一《命萧瑀等修六代史诏》，洪丕谟、张伯元、沈敖大点校，学林出版社，1992，第 422 页。

② 贞观朝所修的六代史，史臣众议之后，认为北魏朝的历史已有北齐魏收的《北魏书》和隋朝魏澹所撰的《魏书》（今已佚），有关北魏的历史较为详备，故不宜重修；而梁、陈、北周、北齐及隋五代历史，则因缺乏完善的记载，应予修撰。太宗表示赞同，乃令令狐德棻修《北周书》、李百药修《北齐书》、姚思廉修《梁书》及《陈书》、魏徵修《隋书》，以房玄龄及魏徵为监修，而由令狐德棻具体指导和协调诸史的实际修撰工作。

怀，极可嘉尚。①

这里所说的"前代史书，彰善瘅恶，足为将来之戒……览前王之得失，为在身之龟镜"，反映出太宗跟其父高祖一样，重视"以史为鉴"。及至贞观二十年（646），太宗又提出重修《晋书》的建议，并下达了《修晋书诏》，太宗提出了"大矣哉，盖史籍之为用也"②的论断，对史学的作用给予了较高的评价，肯定了史学工作所发挥的"彰善瘅恶，陈一代之清芬；褒吉惩凶，备百王之令典"的积极作用。③此外，诏书内又认为以往的数家晋书皆"才非良史，事亏实录"，有些"绪繁而寡要，思劳而少功"，有些"滋味同于画饼"，有些"不预于中兴"，有的"莫通于创业"，有的"其文既野，其事罕有"，④内容皆未达到其要求。太宗对此"深为叹息"。其实从太宗对往昔众家晋书的评价，可看出他重视历史的态度，希望从历史中有所获得。

与武德朝的情况相若，贞观朝重臣魏徵曾先后向太宗上疏，表达"鉴国之安危，必取于亡国"的思想。⑤据《贞观政要·君道第一》，魏徵直言：

> 昔在有隋，统一寰宇，甲兵强盛，三十余年，风行万里，威动殊俗。一旦举而弃之，尽为他人之有。⑥

而在《论刑法第三十一》中又云：

> 且我之所代，实在有隋，隋氏乱亡之源，圣明之所临照。以隋氏

---

① 王钦若等编《册府元龟》卷五五四《国史部·恩奖》，中华书局，1960，第6657页。
② 宋敏求编《唐大诏令集》卷八一《修晋书诏》，第422页。
③ 宋敏求编《唐大诏令集》卷八一《修晋书诏》，第422页。
④ 宋敏求编《唐大诏令集》卷八一《修晋书诏》，第422页。
⑤ 《旧唐书》卷七一《魏徵传》，第2554页。
⑥ 吴兢撰，谢保成集校《贞观政要集校》卷一《君道第一》，中华书局，2009，第16页。

之府藏譬今日之资储，以隋氏之甲兵况当今之士马，以隋氏之户口校
今时之百姓，度长比大，曾何等级？然隋氏以富强而丧败……鉴国之
安危，必取于亡国。……臣愿当今之动静，必思隋氏以为殷鉴，则存
亡治乱，可得而知。①

魏徵的疏言，表明就继隋而兴的李唐统治者而言，所谓"以史为鉴"，很
大程度上等同于"以隋为鉴"，直接从隋杨亡国取鉴，以为资治。② 贞观
君臣对于国家的盛衰兴亡，认为没有什么"天命"可言，全是统治者的
人为因素而矣，所谓"虽历数斯穷，盖亦人事然也"。③ 贞观初年姚思廉
在《陈书》中明确指出陈朝覆亡原因是：

后主生于深宫之中，长于妇人之手，既属邦国殄瘁，不知稼穑艰
难……昵近群小……无骨鲠之臣……政刑日紊，尸素盈朝。④

同样，李百药在《北齐书》中亦直言北齐的灭亡是：

天道深远，或未易谈；吉凶由人，抑可扬榷……齐氏之败亡，盖
亦由人，匪唯天道也。⑤

至于评论隋朝败亡时，魏徵更是引用传统儒家典籍做总结："《书》曰：
'天作孽，犹可违，自作孽，不可逭。'《传》曰：'吉凶由人，袄不妄
作。'"⑥ 可以看出，成书于开元年间的《贞观政要》有着"隋氏之

---

① 吴兢撰，谢保成集校《贞观政要集校》卷八《论刑法第三十一》，第441页。
② 参瞿林东《魏徵政论的历史底蕴》，《北京师范大学学报》2012年第5期。
③ 《梁书》卷三《武帝纪下》，中华书局，1973，第98页。
④ 《陈书》卷六《后主本纪》，中华书局，1972，第119页。
⑤ 《北齐书》卷八《幼主纪》，中华书局，1972，第115—117页。
⑥ 《隋书》卷四《炀帝纪下》，第96页。

亡……即不惟天道，实由君臣不相匡弼"① 的论述，亦正是循着这一思路而来。

这些都表明贞观君臣从历史角度出发，对秦汉以来天命论的否定态度，以及强调统治者的人为因素对国家治乱的重要影响。而《贞观政要》一书，则是延续了《隋书》"以隋为鉴"的思想。吴兢反复引述隋朝灭亡事例，意欲表明"不惟天道，实由君臣不相匡弼"的真确性。

太宗尝云："夫以铜为镜，可以正衣冠；以古为镜，可以知兴替；以人为镜，可以明得失。朕常保此三镜，以防己过。"② 既然太宗要"览前王之得失，为在身之龟镜"，③ 自然会汲取隋代的教训。昔日甲兵强盛、风行万里、统一宇内的隋王朝，怎么会一下子就"率土分崩。遂以四海之尊，殒于匹夫之手，子孙殄灭，为天下笑，深可痛哉"。④ 贞观君臣不能不认真地汲取这一历史教训，以作为巩固自身统治的借镜。所谓"其隋之得失存亡，大较与秦相类"。⑤ 这是《隋书》对于隋朝历史经验教训的最重要概括。具体而言，就是"迹其衰怠之源，稽其乱亡之兆，起自高祖，成于炀帝，所由来远矣，非一朝一夕"。⑥ 意谓隋朝的灭亡，文帝与炀帝俱有不可推卸的责任。《贞观政要》虽没有《隋书》那样刻意地"以隋为鉴"，⑦ 然而综观全书，依然洋溢着"公等为朕思隋氏灭亡之事"，⑧ "从容言及隋亡之事"，⑨ "隋氏父子自相诛残，以致灭亡，岂容目睹覆车，不改前辙"，⑩ "亡隋之辙，殷鉴不远"，⑪ "近观隋室，动静安

---

① 吴兢撰，谢保成集校《贞观政要集校》卷一〇《论行幸第三十七》，第512—513页。
② 《旧唐书》卷七一《魏徵传》，第2561页。
③ 王钦若等编《册府元龟》卷五五四《国史部·恩奖》，第6657页。
④ 《旧唐书》卷七一《魏徵传》，第2551页。
⑤ 《隋书》卷七〇《裴仁基传》，第1636页。
⑥ 《隋书》卷二《高祖纪下》，第56页。
⑦ 参拙文《浅谈唐初"以隋为鉴"的历史思想对后世隋唐史教学的影响》，《"天人古今：华人社会历史教育的使命与挑战"论文集》，澳门理工学院，2014，第209—219页。
⑧ 吴兢撰，谢保成集校《贞观政要集校》卷一《政体第二》，第35页。
⑨ 吴兢撰，谢保成集校《贞观政要集校》卷五《论忠义第十四》，第257页。
⑩ 吴兢撰，谢保成集校《贞观政要集校》卷五《论忠义第十四》，第261页。
⑪ 吴兢撰，谢保成集校《贞观政要集校》卷八《务农第三十》，第423页。

危，昭然备矣"，①　"隋氏倾覆者，岂惟其君无道，亦由股肱无良"的言论，②　这类评鉴隋杨政权的文字俯拾皆是，明显是延续了《隋书》"以隋为鉴"的思想。

## 二　《贞观政要》中的隋文帝与隋炀帝

1. 文帝

今本《贞观政要》共保存了三段太宗评论隋文帝的言论。

第一段文字是《政体第二》中太宗与萧瑀评论文帝的对话，现引录于下：

> 贞观四年，太宗问萧瑀曰："隋文帝何如主也？"对曰："……虽性非仁明，亦是励精之主。"太宗曰："公知其一，未知其二。此人性至察而心不明，夫心暗则照有不通，至察则多疑于物。又欺孤儿寡妇以得天下，恒恐群臣内怀不服，不肯信任百司，每事皆自决断，虽则劳神苦形，未能尽合于理。朝臣既知其意，亦不敢直言。宰相以下，惟即承顺而已。……岂得以一日万机，独断一人之虑也。且日断十事，五条不中，中者信善，其如不中者何？以日继月，乃至累年，乖谬既多，不亡何待？……"③

第二段见《杜谗佞第二十三》，太宗论隋文帝的言论：

> 高颎有经国大才，为隋文帝赞成霸业，知国政者二十余载，天下赖以康宁。文帝惟妇言是听，特令摈斥……政刑由是衰坏。……隋文

---

①　吴兢撰，谢保成集校《贞观政要集校》卷九《议安边第三十六》，第 504 页。

②　吴兢撰，谢保成集校《贞观政要集校》卷一〇《论行幸第三十七》，第 512 页。

③　吴兢撰，谢保成集校《贞观政要集校》卷一《政体第二》，第 31 页。又《旧唐书》卷三《太宗纪下》所载同（第 40 页）。

既混淆嫡庶，竟祸及其身，社稷寻亦覆败。①

第三段见于《论灾祥第三十九》，其云：

> 隋文帝深爱祥瑞，遣秘书监王劭着衣冠，在朝堂对考使焚香以读《皇隋感瑞经》，旧尝见传说此事，实以为可笑。②

很明显，《贞观政要》所载太宗视隋文帝的性格与行事是致隋朝败亡的远因。这与魏徵在《隋书·高祖纪》中的评论如出一辙。

> （文帝）素无术学，不能尽下，无宽仁之度，有刻薄之资，暨乎暮年，此风逾扇。又雅好符瑞，暗于大道。……听哲妇之言，惑邪臣之说，溺宠废嫡，托付失所。灭父子之道，开昆弟之隙……坟土未干，子孙继踵屠戮，松槚才列，天下已非隋有。③

而今本《贞观政要集校》附《写字台本》卷四载有魏徵评论隋文帝礼义不足的一段文字，其内容大体相类，可做旁证。其云：

> 隋高祖不知礼义，宠树诸王，使行无礼，寻家罪黜，不知为国礼法，亦何足道。④

魏徵认为文帝在位二十余年的种种成就，亦无法弥补其学养与性格上的缺陷，隋朝灭亡的原因，其实早已种于开皇年间。可以看到太宗和魏徵君臣二人都是把隋朝灭亡和文帝个人因素扯上关系。

---

① 吴兢撰，谢保成集校《贞观政要集校》卷六《杜谗佞第二十三》，第 340 页。
② 吴兢撰，谢保成集校《贞观政要集校》卷一〇《论灾祥第三十九》，第 521 页。
③ 《隋书》卷二《高祖纪下》，第 55 页。
④ 吴兢撰，谢保成集校《贞观政要集校》附《写字台本》卷四《直言谏争第十》，第 563 页。

2. 炀帝

据《贞观政要》所录，太宗曾不下十数次，从不同角度评论炀帝，现详列于下：

《政体第二》：隋主（炀帝）残暴，身死匹夫之手，率土苍生，罕闻嗟痛。[①]

《政体第二》：炀帝……征求无已，兼东西征讨，穷兵黩武，百姓不堪，遂致亡灭。此皆朕所目见。[②]

《政体第二》：隋炀帝……弃德穷兵，以取颠覆。[③]

《政体第二》：隋炀帝奢侈自贤，身死匹夫，足为可笑。[④]

《求谏第四》：隋炀帝暴虐，臣下钳口，率令不闻其过，遂至灭亡。[⑤]

《求谏第四》：隋炀帝好自矜夸，护短拒谏，诚亦实难犯忤。[⑥]

《论仁义第十三》：隋炀帝岂为甲仗不足，以至灭亡。正由仁义不修，而群下怨叛故也。[⑦]

《论公平第十六》：隋炀帝无道，（高颎）枉见诛夷。[⑧]

《慎所好第二十一》：隋炀帝性好猜防，专信邪道，大忌胡人……终被宇文化及使令狐行达杀之。又诛戮李金才，及诸李殆尽，卒何所益？且君天下者，惟须正身修德而已。此外虚事，不足在怀。[⑨]

---

① 吴兢撰，谢保成集校《贞观政要集校》卷一《政体第二》，第35页。
② 吴兢撰，谢保成集校《贞观政要集校》卷一《政体第二》，第41页。
③ 吴兢撰，谢保成集校《贞观政要集校》卷一《政体第二》，第43页。
④ 吴兢撰，谢保成集校《贞观政要集校》卷一《政体第二》，第44—45页。
⑤ 吴兢撰，谢保成集校《贞观政要集校》卷二《求谏第四》，第83页。又同书卷三《君臣鉴戒第六》所载同（第147页）。
⑥ 吴兢撰，谢保成集校《贞观政要集校》卷二《求谏第四》，第85页。
⑦ 吴兢撰，谢保成集校《贞观政要集校》卷五《论仁义第十三》，第252页。
⑧ 吴兢撰，谢保成集校《贞观政要集校》卷五《论公平第十六》，第283页。
⑨ 吴兢撰，谢保成集校《贞观政要集校》卷六《慎所好第二十一》，第333页。

《论奢纵第二十五》：隋文不怜百姓而惜仓库，比至末年，计天下储积，得供五六十年。炀帝恃此富饶，所以奢华无道，遂致灭亡。炀帝失国，亦由其父。①

《论贪鄙第二十六》：隋炀帝奢侈自贤，身死匹夫，亦为可笑。②

《论文史第二十八》：若事不师古，乱政害物，虽有词藻，终贻后代笑。……隋炀帝，亦大有文集，而所为多不法，宗社皆须臾倾覆。③

《辩兴亡第三十四》：隋文不怜百姓而惜仓库……炀帝恃此富饶，所以奢华无道，遂至灭亡。炀帝失国，亦此之由。④

《论行幸第三十七》：隋炀帝广造宫室，以肆行幸……人力不堪，相聚为贼。逮至末年，尺土一人，非复己有。⑤

《论行幸第三十七》：隋炀帝承文帝余业，海内殷阜，若能常据关中，岂有倾败？遂不顾百姓，行幸无期，径往江都……身戮国灭，为天下笑。⑥

《论灾祥第三十九》：隋炀帝富有四海，既骄且逸，一朝而败，吾亦何得自骄也？言念及此，不觉惕焉震惧！⑦

《写字台本》卷四《兴废第十一》：朕观隋主人文集，实博物有才，亦知悦尧舜之风，丑桀纣之行。然而行事，即欲言相反。⑧

　　而魏徵、李百药、房玄龄、长孙无忌等贞观朝重臣亦曾先后多次论及炀帝。其中魏徵曾先后五次论炀帝。现引述于下：

① 吴兢撰，谢保成集校《贞观政要集校》卷六《论奢纵第二十五》，第354页。
② 吴兢撰，谢保成集校《贞观政要集校》卷六《论贪鄙第二十六》，第362页。
③ 吴兢撰，谢保成集校《贞观政要集校》卷七《论文史第二十八》，第388页。
④ 吴兢撰，谢保成集校《贞观政要集校》卷八《辩兴亡第三十四》，第466页。
⑤ 吴兢撰，谢保成集校《贞观政要集校》卷一〇《论行幸第三十七》，第511页。
⑥ 吴兢撰，谢保成集校《贞观政要集校》卷一〇《论行幸第三十七》，第514页。
⑦ 吴兢撰，谢保成集校《贞观政要集校》卷一〇《论灾祥第三十九》，第525页。
⑧ 吴兢撰，谢保成集校《贞观政要集校》附《写字台本》卷四《兴废第十一》，第566页。

第一次见于《君道第一》，其云：

隋炀帝偏信虞世基，而诸贼攻城剽邑，亦不得知也。①

第二次同样见于《君道第一》：

彼炀帝岂恶天下之治安，不欲社稷之长久，故行桀虐，以就灭亡哉！恃其富强，不虞后患。驱天下以从欲，罄万物而自奉，采域中之子女，求远方之奇异。宫苑是饰，台榭是崇，徭役无时，干戈不戢。外示严重，内多险忌，谗邪者必受其福，忠正者莫保其生。上下相蒙，君臣道隔，民不堪命，率土分崩。道以四海之尊，殒于匹夫之手，子孙殄绝，为天下笑，可不痛哉！②

第三次见于《论俭约第十八》：

隋炀帝志在无厌，惟好奢侈，所司每有供奉营造，小不称意，则有峻罚严刑。上之所好，下必有甚。竞为无限，遂至灭亡。③

第四次见于《写字台本》卷四《兴废第十一》：

隋主（炀帝）虽有俊才，无君之量。恃才骄物，所以至于灭亡。④

第五次亦见于《写字台本》卷四《兴废第十一》：

---

① 吴兢撰，谢保成集校《贞观政要集校》卷一《君道第一》，第 13 页。
② 吴兢撰，谢保成集校《贞观政要集校》卷一《君道第一》，第 16 页。
③ 吴兢撰，谢保成集校《贞观政要集校》卷六《论俭约第十八》，第 320 页。
④ 吴兢撰，谢保成集校《贞观政要集校》附《写字台本》卷四《兴废第十一》，第 567 页。

炀帝恃其强盛，思欲追从汉武。车驾屡动，民无聊生。十余年间，国亡身戮。①

李百药于贞观十一年驳世封事，亦论及炀帝。其云：

及大业嗣文，世道交丧，一时人物，扫地将尽。虽天纵神武，削平寇虐，兵威不息，劳止未康。②

房玄龄于贞观十七年论及炀帝三征高句丽之事。其云：

隋后主三征辽左，人贫国败，实此之由。③

长孙无忌则于贞观十七年进奏指出：

隋氏之亡，其君则杜塞忠谠之言，臣则苟欲自全……即不惟天道，实由君臣不相匡弼。④

仔细分析不难看出，《贞观政要》所记载的太宗与臣僚对炀帝的评论，是从个人、政治、经济、军事等方面分析了炀帝的错误，把炀帝统治时期骄横残暴的政治揭示得极为深刻。联系到炀帝的穷兵黩武、营造无日、严刑峻法、巡幸不止等做法，这种评论基本是符合历史事实的。值得注意的是，贞观君臣从不同角度来总结隋朝灭亡教训的议论，与魏徵在《隋书·炀帝纪》"史臣曰"中的语调如出一辙。《隋书》着重分析了隋亡"成于炀帝"的种种政治原因，指出炀帝：

---

① 吴兢撰，谢保成集校《贞观政要集校》附《写字台本》卷四《兴废第十一》，第568页。
② 吴兢撰，谢保成集校《贞观政要集校》卷三《论封建第八》，第178页。
③ 吴兢撰，谢保成集校《贞观政要集校》卷九《议征伐第三十五》，第480页。
④ 吴兢撰，谢保成集校《贞观政要集校》卷一〇《论行幸第三十七》，第512—513页。

负其富强之资，思逞无厌之欲，狭殷周之制度，尚秦汉之规摹。恃才矜己，傲狠明德，内怀险躁，外示凝简，盛冠服以饰其奸，除谏官以掩其过。淫荒无度，法令滋章，教绝四维，刑参五虐，锄诛骨肉，屠剿忠良，受赏者莫见其功，为戮者不知其罪。骄怒之兵屡动，土木之功不息，频出朔方，三驾辽左，旌旗万里，征税百端，猾吏侵渔，人不堪命。乃急令暴条以扰之，严刑峻法以临之，甲兵威武以董之，自是海内骚然，无聊生矣……①

魏徵的最终结论是：

宇宙崩离，生灵涂炭，丧身灭国，未有若斯之甚也。②

简单而言，《贞观政要》一书中，记录贞观君臣论述隋朝两代君主文帝、炀帝的地方总数接近三十处之多，是全书论述最多和最集中的两个历史人物。可见"以隋为鉴"依然是吴兢编撰《贞观政要》时最主要的指导思想之一。

## 三　《贞观政要》所揭示"尽君臣之义"的思想

贞观元年（627），太宗即位不久，赐李大亮荀悦《汉纪》一部，并下诏曰：

卿立志方直，竭节至公，处职当官，每副所委，方大任使，以申重寄。公事之闲，宜寻典籍。然此书叙致既明，论议深博，极为治之体，尽君臣之义，今以赐卿，宜加寻阅也。③。

---

① 《隋书》卷四《炀帝纪下》，第95—96页。
② 《隋书》卷四《炀帝纪下》，第96页。
③ 《旧唐书》卷六二《李大亮传》，第2388页。

太宗这样推崇荀悦的《汉纪》，认为该书是探究政治运作的理想模式、阐发君臣关系的最高典范，这固然表明了太宗对《汉纪》的评价极高，但更重要的是表明了贞观君臣所提倡和要求的史书的标准。这个标准就是"极为治之体，尽君臣之义"。

且看《隋书》论述隋代臣僚之时，无不以此为标准。如：《裴仁基传》内，指出为臣下者，虽云"君之失德，当竭股肱"，故魏徵批评玄感"未议致身，先图问鼎，遂假伊、霍之事，将肆莽、卓之心"。① 而于《诚节传》内则提倡"杀身以成仁……损生而取义……临难忘身，见危授命"等忠君思想，目的正如魏徵在该传内所说的"冀将来君子有所庶几"。② 于《循吏传》内则标榜循吏的作用：

> 善为水者，引之使平，善化人者，抚之使静。水平则无损于堤防，人静则不犯于宪章。然则易俗移风，服教从义，不资于明察，必借于循良者也。③

而于《酷吏传》中又鼓吹"御之良者，不在于烦策，政之善者，无取于严刑。故虽宽猛相资，德刑互设，然不严而化，前哲所重"。④ 凡此种种，都是在借隋朝历史来阐释君臣关系，探究政治运作的理想模式。而今本《贞观政要》中亦保存了不少贞观君臣评论隋代君臣关系的言论，可以说是在一定程度上彰显"极为治之体，尽君臣之义"的具体例证。今引录于下，以兹说明。

《君道第一》魏徵曰：

> 隋炀帝偏信虞世基，而诸贼攻城剿邑，亦不得知也。是故人君兼

---

① 《隋书》卷七〇《裴仁基传》，第 1636—1637 页。
② 《隋书》卷七一《诚节传》，第 1639 页。
③ 《隋书》卷七三《循吏传》，第 1688 页。
④ 《隋书》卷七四《酷吏传》，第 1702 页。

听纳下，则贵臣不得壅蔽，而下情必得上通也。①

《政体第二》太宗谓侍臣曰：

> 隋文伐陈已后，心逾骄奢，自矜诸己，臣下不复敢言，政道因兹弛紊。②

《求谏第四》太宗谓侍臣曰：

> "……隋炀帝好自矜夸，护短拒谏，诚亦实难犯忤。虞世基不敢直言，或恐未为深罪。……及炀帝被杀，世基合同死否？"杜如晦对曰："……世基岂得以炀帝无道，不纳谏诤，遂杜口无言？"③

《君臣鉴戒第六》太宗谓侍臣曰：

> 隋炀帝暴虐，臣下钳口，卒令不闻其过，遂至灭亡。虞世基等，寻亦诛死。前事不远，朕与卿等可得不慎，无为后所嗤？④

《君臣鉴戒第六》太宗与魏徵论及隋炀帝禁囚之事：

> 非是炀帝无道，臣下亦不尽心。须相匡谏，不避诛戮，岂得惟行谄佞，苟求悦誉。君臣如此，何能不败？⑤

《君臣鉴戒第六》太宗谓侍臣曰：

---

① 吴兢撰，谢保成集校《贞观政要集校》卷一《君道第一》，第 13 页。
② 吴兢撰，谢保成集校《贞观政要集校》卷一《政体第二》，第 49 页。
③ 吴兢撰，谢保成集校《贞观政要集校》卷二《求谏第四》，第 85 页。
④ 吴兢撰，谢保成集校《贞观政要集校》卷三《君臣鉴戒第六》，第 147 页。
⑤ 吴兢撰，谢保成集校《贞观政要集校》卷三《君臣鉴戒第六》，第 148 页。

隋炀帝录宇文述在藩之功，擢化及于高位，不思报效，翻行弑逆。此岂非臣下之过欤？①

《论忠义第十四》贞观元年，太宗叹曰：

大业末，（姚）思廉为隋代王侑侍读，及义旗克京师时，代王府僚多骇散，惟思廉侍王，不离其侧。……须臾，高祖至，闻而义之。许其扶侑至顺阳阁下，思廉泣拜而去。见者咸叹曰：忠烈之士，仁者有勇，此之谓乎！②

《论忠义第十四》贞观五年，太宗问侍臣隋朝谁为忠贞，王珪对曰：

"……（隋）太常丞元善达在京留守，见群贼纵横，遂转骑远诣江都，谏炀帝，令还京师。既不受其言，后更涕泣极谏，炀帝怒，乃远使追兵，身死瘴疠之地。有虎贲郎将独孤盛在江都宿卫，宇文化及起逆，盛惟一身，抗拒而死。"太宗对曰："屈突通为隋将，共国家战于潼关，闻京城陷，乃引兵东走。……通惟一身，向东南恸哭尽哀，曰：'臣荷国恩，任当将帅，智力俱尽，致此败亡，非臣不竭诚于国。'言尽，追兵擒之。太上皇授其官，每托疾固辞。此之忠节，足可嘉尚。"③

《论忠义第十四》贞观十二年，太宗幸蒲州，诏曰：

隋故鹰击郎将尧君素，往在大业，受任河东，固守忠义，克终臣节。虽桀犬吠尧，有乖倒戈之志，疾风劲草，实表岁寒之心。④

① 吴兢撰，谢保成集校《贞观政要集校》卷三《君臣鉴戒第六》，第154页。
② 吴兢撰，谢保成集校《贞观政要集校》卷五《论忠义第十四》，第257—258页。
③ 吴兢撰，谢保成集校《贞观政要集校》卷五《论忠义第十四》，第259—260页。
④ 吴兢撰，谢保成集校《贞观政要集校》卷五《论忠义第十四》，第270页。

《杜谗佞第二十三》太宗谓侍臣曰：

> 高颎有经国大才，为隋文帝赞成霸业，知国政者二十余载，天下赖以康宁。文帝惟妇言是听，特令摈斥，及为炀帝所杀，刑政由是衰坏。……杨素欺主罔上，贼害良善，使父子之道一朝灭于天性。逆乱之源，自此开矣。①

《论贪鄙第二十六》载贞观七年，太宗幸蒲州：

> 刺史赵元楷课父老服黄纱单衣，迎谒路左，盛饰廨宇，修营楼雉以求媚。……太宗知而数之曰："……此乃隋亡弊俗，不可复行。当识朕心，改卿旧态。"以元楷在隋邪佞，故太宗发此言以戒之。元楷惭惧，数日不食而卒。②

吴兢分别从君道、政体、求谏、君臣鉴戒、忠义、谗佞、贪鄙等角度，列举超过十起隋朝史事，以表明君臣相匡与否，乃贞观朝之昌盛，开皇、大业之败亡的关键。

# 结　语

唐人视贞观时期（627—649）为"自旷古而来，未有如此之盛"，③其后高宗、武则天至玄宗时期，凭着太宗的"盛业鸿勋"，④虽能延续大唐国威于不坠，然而王朝内部政治、社会、军事和经济等各方面问题开始萌生，最终爆发了"方今关东饥馑，蜀汉逃亡，江淮以南，征求不息。人

---

①　吴兢撰，谢保成集校《贞观政要集校》卷六《杜谗佞第二十三》，第 340 页。
②　吴兢撰，谢保成集校《贞观政要集校》卷六《论贪鄙第二十六》，第 371 页。
③　吴兢撰，谢保成集校《贞观政要集校·上贞观政要表》，第 3 页。
④　王钦若等编《册府元龟》卷五五六《国史部·采撰二·原注》，第 6682 页。

不复业，则相率为盗，本根一摇，忧患不浅"的局面。① 而有着"见盛观衰"② 的史家视野，又有"世谓今董狐"美誉的吴兢，③ 已于细微之处察觉到盛世背后的危机。④ 为了使"有国有家者克遵前轨，择善而从"，⑤ "引而申之，触类而长"，⑥ 从而再现"贞观巍巍之化"，⑦ 达到使唐王朝"可久之业益彰，可大之功尤著"的目的，⑧ 吴兢乃将其久已"成诵在心"，⑨ 贞观时期的"用贤纳谏之美，垂代立教之规"撰成《贞观政要》。⑩ 而"修史已成数十卷""居职殆三十年"的吴兢，⑪ 自然了解太宗朝"以史为鉴""以隋为鉴"的传统，故而于《贞观政要》中大量引述隋朝史事，以"作鉴来叶"。⑫ 其实，吴兢曾向唐中宗上言指出"隋室猜忌子弟，海内麋沸，验之覆车，安可重迹"。⑬ 至开元初又向唐玄宗上疏，论及隋炀帝故事，其云："……隋炀帝骄矜自负，以为尧、舜莫己若，而讳亡憎谏，乃曰：'有谏我者，当时不杀，后必杀之。'大臣苏威欲开一言，不敢发。因五月五日献《古文尚书》，帝以为讪己，即除名……"⑭

可见到玄宗开元年间，"以隋为鉴"的思想仍然是唐朝君臣"用备劝诫"的重要内容。⑮

---

① 《旧唐书》卷八九《狄仁杰传》，第 2890 页。

② 《史记》卷一三〇，中华书局，1963，第 3319 页。

③ 《新唐书》卷一三二《吴兢传》，中华书局，1975，第 4529 页。

④ 参彭忠德、黄咏欢《吴兢及其〈贞观政要〉略论》，《沙洋师范高等专科学校学报》2007 年第 2 期。

⑤ 吴兢撰，谢保成集校《贞观政要集校·序》，第 7 页。

⑥ 吴兢撰，谢保成集校《贞观政要集校·上贞观政要表》，第 4 页。

⑦ 吴兢撰，谢保成集校《贞观政要集校·上贞观政要表》，第 4 页。

⑧ 吴兢撰，谢保成集校《贞观政要集校·序》，第 8 页。

⑨ 吴兢撰，谢保成集校《贞观政要集校·上贞观政要表》，第 3 页。

⑩ 吴兢撰，谢保成集校《贞观政要集校·上贞观政要表》，第 3 页。

⑪ 《旧唐书》卷一〇二《吴兢传》，第 3182 页。

⑫ 吴兢撰，谢保成集校《贞观政要集校·上贞观政要表》，第 3 页。

⑬ 《新唐书》卷一三二《吴兢传》，第 4525 页。

⑭ 《新唐书》卷一三二《吴兢传》，第 4527 页。

⑮ 吴兢撰，谢保成集校《贞观政要集校·上贞观政要表》，第 3 页。

# 唐太宗纳谏的制度史考察

## ——兼论唐代谏官制度的发展阶段

牟学林

唐太宗及其治下"贞观之治"的出现，历来是治唐史者所关注的重要议题。[①] 其中，唐太宗善于纳谏，被认为是贞观政风的要素之一。吴宗国先生认为，唐太宗兼听纳谏，鼓励不同政见的风格，构成了贞观时期政治思想发展的重要方面。[②] 正因贞观之风的影响，唐朝被研究者誉为中国古代谏议制度的黄金期。[③] 因此，谏议行为与谏议制度间是否完全匹配，为后人所津津乐道的贞观时期的谏议之风缘何兴起，唐代谏议制度的发展特征如何，便是本文所关注的问题。故撰小文，以致敬于先辈，并求教于诸贤。

## 一 唐太宗时期的谏诤与谏议制度

唐太宗即位以后便展示出从谏如流的政治风格，贞观元年（627），他就要求侍臣们直言进谏：

---

① 相关研究详参胡戟主编《二十世纪唐研究》政治卷第一章"贞观之治""唐太宗"等条目，中国社会科学出版社，2002，第31—35、77页。

② 详参吴宗国《〈贞观政要〉与贞观君臣论治》，氏著《中古社会变迁与隋唐史研究》上卷，中华书局，2019。

③ 如汪德迈《中国谏议制度》，《法国汉学》第1辑，清华大学出版社，1996，第43页。

正主任邪臣，不能致理；正臣事邪主，亦不能致理。惟君臣相遇，有同鱼水，则海内可安。朕虽不明，幸诸公数相匡救，冀凭直言鲠议，致天下于太平。①

为减轻臣下进谏时的思想压力，太宗"每见人奏事，必假借颜色，冀闻谏诤，知政教得失"，② 其求谏若渴的姿态可谓真诚至极。《贞观政要》卷二《纳谏第五》，集中收录了太宗纳谏的实例（见表1）。

表1 《贞观政要》卷二中太宗纳谏的实例

| 序号 | 事件 | 进谏者 | 官职 |
|------|------|--------|------|
| 1 | 庐江王姬侍宴事 | 王珪 | 黄门侍郎 |
| 2 | 发卒修洛阳宫事 | 张玄素 | 给事中 |
| 3 | 太宗骏马暴毙事 | 长孙皇后 | 皇后 |
| 4 | 韦挺上书事 | 韦挺 | 太常卿 |
| 5 | 太宗幸九成宫事 | 姚思廉 | 散骑常侍* |
| 6 | 台使讽献名鹰事 | 李大亮 | 凉州都督 |
| 7 | 皇甫德参上书忤旨事 | 魏徵 | 侍中 |
| 8 | 西域诸国市马事 | 魏徵 | 侍中** |
| 9 | 赐高季辅钟乳事 | 高季辅 | 太子右庶子 |
| 10 | 以长孙无忌等言过失事 | 刘洎 | 黄门侍郎 |
| 11 | 命斩穆裕于朝堂事 | 李治 | 太子 |

注：*散骑常侍此时为散官衔，至贞观十七年方为职事官，故当时姚思廉并非谏官。

**贞观十五年，唐太宗令左领军将军张大师往授叶护可汗，并赐以鼓纛，此时，魏徵任侍中之职，事参《旧唐书》卷一九四《突厥传下》，中华书局，1975。

所载共11事，此外尚有2处史料是太宗求谏的记录。③《贞观政要》此卷内容，是为彰显太宗从谏如流的性格。但若观察进谏者的身份，则并无严格意义上的谏官。④ 类似现象在其他史料中也存在，胡宝华先生根据

---

① 吴兢撰，谢保成集校《贞观政要集校》卷二《求谏第四》，中华书局，2009，第83—84页。

② 吴兢撰，谢保成集校《贞观政要集校》卷二《求谏第四》，第83页。

③ 分别是与司空裴寂论进谏事，褒扬御史大夫韦挺、中书侍郎杜正伦等进谏事。

④ 本文将唐代谏官的范围划为散骑常侍、谏议大夫、补阙、拾遗四职，因其专为谏诤而设。

两《唐书》，整理出唐代的"进谏一览表"，[①] 其中涉及贞观时期的共 37 事，而进谏者中只有 3 人次为谏官。二者均反映出一个有趣的现象：以善听广纳著称的唐太宗统治时期，谏官制度并未发挥主导性作用。细考史料可知，贞观时期的谏官制度有两次调整。

一是许谏官在宰相等入内议事时伴随。"中书门下及三品以上入内平章国计，必使谏官随入，得闻政事。有所开说，太宗必虚己以纳之。"[②]《唐会要》记载此事于贞观元年正月十五日太宗与谏议大夫王珪论谏议之后，时间应相去不远。谏官参与旁听皇帝与宰相议事，针对的不是皇帝日常言行，主要应是对所拟定的大政决策提出意见，功能与给事中在制敕文书颁下过程中的审覆功能相似，只是所处环节不同。谏官处于决策商讨阶段，而给事中处于制敕等的颁下阶段。可以说，这一政策是为了保证决策商拟过程中的合理性，是对三省制的完善之举。

二是将散骑常侍改为职事官，隶门下省。唐初散骑常侍自唐高祖武德七年（624）定令时为加官，后一直非职事官，[③] 至贞观十七年（643）方改为职事官，是唐代最高品级的谏官。何以在贞观十七年将散骑常侍改为职事官呢？这或许与此一年魏徵的去世相关。

太宗与魏徵君臣二人在纳谏关系上相得益彰，共同推动了贞观之治的形成，此为史家共识。魏徵病重之时，恩遇异于常等。太宗"舆驾再幸其第，抚之流涕，问所欲言"，在魏徵死后发丧时，太宗"登苑西楼，望丧而哭，诏百官送出郊外"。以上行为不应仅是视为君臣间的私人感情，而应包含太宗对其他大臣为臣之道的期许。魏徵死后，太宗曾有一段"以人为镜"之言论：

① 胡宝华：《道统与维护：唐代谏官制度的结构与功能研究》，人民出版社，2021，第 77—83 页。

② 王溥：《唐会要》卷五五《谏议大夫》，中华书局，1960，第 948 页。《贞观政要》卷二、《旧唐书》卷七〇《王珪传》、《册府元龟》卷一〇二均有相似记录。在引用时，对句读稍做调整。

③ 详参《旧唐书》卷四六《职官志一》，中华书局，1975，第 1784 页。

夫以铜为镜，可以正衣冠；以古为镜，可以知兴替；以人为镜，可以明得失。朕常保此三镜，以防己过。今魏徵殂逝，遂亡一镜矣！徵亡后，朕遣人至宅，就其书函得表一纸，始立表草，字皆难识，唯前有数行，稍可分辩，云："天下之事，有善有恶，任善人则国安，用恶人则国乱。公卿之内，情有爱憎，憎者唯见其恶，爱者唯见其善。爱憎之间，所宜详慎，若爱而知其恶，憎而知其善，去邪勿疑，任贤勿贰，可以兴矣。"其遗表如此，然在朕思之，恐不免斯事。公卿侍臣，可书之于笏，知而必谏也。①

此即著名的以人为镜之喻，太宗首先将魏徵之亡故比喻为亡一镜，而最终落脚于侍臣要将魏徵所嘱之事"书之于笏，知而必谏"，在谏诤方面共同努力以弥补魏徵死后的职能缺失。也即是在这一背景下，太宗将散骑常侍改为了职事官。魏徵死于贞观十七年春，② 同年六月，散骑常侍改为职事官，《唐会要·左右散骑常侍》载：

贞观十七年六月四日，改为职事官，置两员，以黄门侍郎刘洎为之，隶门下省。③

散骑常侍变为职事官后，品阶为从三品，"掌侍奉规讽，备顾问应对"。④ 刘洎以敢于直谏闻名，太宗评价他"性最坚贞，言多利益"，⑤ 故任命刘洎为首任散骑常侍也是顺理成章。不久，唐太宗将刘洎列为魏徵之后进谏者之首：

① 《旧唐书》卷七一《魏徵传》，第 2561 页。
② 《旧唐书》卷三《太宗纪下》，第 54 页。
③ 王溥：《唐会要》卷五四《左右散骑常侍》，第 935 页。
④ 李林甫等：《唐六典》卷八《左散骑常侍》，陈仲夫点校，中华书局，1992，第 246 页。
⑤ 《旧唐书》卷六五《长孙无忌传》，第 2453 页。

> 自朕御天下，虚心正直，即有魏徵朝夕进谏。自徵云亡，刘洎、岑文本、马周、褚遂良等继之。①

　　当然因才干、性情所限，刘洎并未能完全取代魏徵的政治地位，只是作为在谏诤方面的补充，从李世民的言论中也不难体味出此意。散骑常侍的职事官化是在魏徵死后，唐太宗以制度调整来保证谏诤的实现。

　　唐太宗并非以谏官制度的建设来作为当时的首要方式，而更多是通过塑造君臣一体、从谏如流的政治文化来推动谏诤风气的兴盛，故当时的进谏记录，并非以谏官为主角。② 这一政治文化，在唐太宗政治形象被不断形塑的过程中，成为后世追慕"贞观政风"的重要内容，并对之后谏议制度的调整产生了推动作用。如元稹在追溯贞观时期的谏议之风时曾言：

> 臣闻太宗文皇帝时，王珪、魏徵为谏官，文皇虽宴游寝食之间，王、魏实在其所。用至于文皇发一言，则王、魏善之而后出，举一事，则王、魏虑之而后行。以文皇之明，合王、魏之智，是以举无遗事，言有典常，文皇犹以为视听之未广也，因命三品已上入议军国大政，必遣谏官一员随入以参验之。当是之时，司股肱耳目之任者，有君臣之义焉，有父子之恩焉，有朋友之欢焉。是以否无不替，可无不行，不四三年，而天下大理。③

　　元稹的言论中，将王珪、魏徵等人的谏议放置于太宗君臣相得的前提下，进一步才有了谏官随入的制度，但是最根本的要素却在于当时君臣之义、父子之恩、朋友之欢等政治氛围的塑造。

---

① 吴兢撰，谢保成集校《贞观政要集校》卷二《纳谏第五》，第 111 页。
② 这与唐代中后期形成鲜明的对比，例如元和十年（815）盗杀武元衡，时为左赞善大夫的白居易上书，却被认为"非谏职，不当先谏官言事"，成为被治罪的原因之一，详参《旧唐书》卷一六六《白居易传》，第 4344 页。
③ 《元稹集》卷三三《论谏职表》，冀勤点校，中华书局，2010，第 434—435 页。

既然贞观时期纳谏的政治文化与政治制度间并非完全同步,那么终唐一世,谏官制度是如何发展的呢?

## 二　唐朝谏官制度的发展阶段

笔者根据史料,对唐代谏官制度的调整过程进行简单梳理(见表2)。

**表2　唐代谏官制度的调整过程**

| 序号 | 时间 | 调整内容 | 备注 |
|---|---|---|---|
| 1 | 武德四(五)年 | 置谏议大夫四员,属门下省 | 《旧唐书》言在四年,《唐会要》《通典》言在五年,俟考 |
| 2 | 武德七年 | 散骑常侍为从三品文散官 | 《旧唐书·职官志一》 |
| 3 | 贞观十七年 | 改散骑常侍为职事官,置两员,属门下省 | 《唐会要·左右散骑常侍》 |
| 4 | 显庆二年 | 置散骑常侍二员属中书省,散骑常侍始分左右 | 《唐六典·门下省》 |
| 5 | 垂拱元年 | 置左右补阙、左右拾遗各二人,分别为从七品上、从八品上,分属中书、门下 | 《唐六典·门下省》 |
| 6 | 贞元四年 | 谏议大夫分为左右,加置四员,分属中书、门下 | 《旧唐书·职官志一》《唐会要·谏议大夫》 |

表2仅列出谏官的机构布局、职员组成两方面的内容,故极简略,但仍能反映出唐代谏官制度的一个特点,即发展过程可分为两个阶段:专属门下省阶段,分属中书、门下两省阶段。下文对此稍做分析。

### (一)谏官专属门下省阶段

高祖武德年间置谏议大夫,太宗以散骑常侍为职事官属于这一阶段。谏议大夫和散骑常侍在唐代成为专职谏诤的职事官,是南北朝以后散骑、门下两省关系调整的结果。先看散骑常侍和谏议大夫在隋之前的发展脉络。

　　散骑常侍，汉代散骑、常侍原为皇帝侍从，至魏黄初时合二为一，称为散骑常侍。魏末晋初，门下成为专门的职官机构，[①]在此时，散骑省尽管为其机构之一，但在职员、职任上具有独立性。[②]南朝宋改名为集书省，以散骑常侍领之，[③]但此时散骑省职任渐轻。自秦或西汉已有谏大夫，[④]东汉时改名为谏议大夫，属光禄勋。[⑤]到三国魏有谏议大夫。[⑥]两晋和南朝时期，谏议大夫省撤。北魏时期，重新设置谏议大夫，为正四品。[⑦]北齐设有谏议大夫七人，属集书省。[⑧]

　　将散骑常侍、谏议大夫放置于魏晋以后中枢制度的发展脉络下观察，可以看出，作为散骑省下的职官，二者的变迁与门下机构的内部调整过程具有统一性。南北朝时期，门下省在诏令下达中的职权进一步制度化，[⑨]这导致散骑省"其任闲散，用人益轻"局面的出现，散骑常侍、谏议大夫职权也降低。

　　隋文帝时废止北周六官制度，"复废六官，还依汉魏"，重回汉魏以

---

① 详参陈仲安《关于魏晋南北朝门下省的两个问题》，《中国古代史论丛》1981年第3辑，福建人民出版社，1982，第1—16页。

② 《唐六典》卷八《散骑常侍》载："晋置四人，典章表、诏命、优文、策文等，虽隶门下，别为一省，潘岳云'寓直散骑之省'是也。"

③ 《初学记》卷一二《散骑常侍》载："晋初，此官选望甚重，与侍中不异。自宋以来，其任闲散，用人益轻，别置集书省领之。"中华书局，2004，第286页。

④ 《后汉书》卷一九上《百官公卿表》确言"武帝元狩五年初置谏大夫，秩比八百石"，据此知谏大夫设于元狩五年（前118），而《唐六典》卷八《谏议大夫》则认为谏大夫为秦官，武帝因秦官而设（"秦谏大夫属郎中令，无常员，多至数十人，掌论议。至武帝元狩五年，始因秦置之"）。

⑤ 《后汉书》卷一一五《百官志二》，中华书局，1975，第3576页。

⑥ 如《三国志》卷四《三少帝纪·齐王芳纪》载："正始元年有孔乂为谏议大夫。"

⑦ 《唐六典》卷八《谏议大夫》载："（谏议大夫）晋、宋、齐、梁、陈并省。"然在《晋书》中，尚有任职谏议大夫之记录，如在晋武帝时，庾峻、刘毅都曾任谏议大夫，或许是在西晋后期至南朝不再设置。详参《晋书》卷五○《庾峻传》、卷五九《赵王伦传》。

⑧ 《隋书》卷二七《百官志中》，中华书局，1973，第753页。另注，集书省由原先门下三省之一的散骑省改制而来，南朝宋时改为集书省。北魏太和十五年（491）改革官制，借鉴萧齐之制设集书省，并将谏议大夫归于其中。详参白钢主编、黄惠贤著《中国政治制度通史·魏晋南北朝卷》，中国社会科学出版社，1996，第118—120页。

⑨ 祝总斌：《两汉魏晋南北朝宰相制度研究》，北京大学出版社，2017，第250页。

来尚书、中书、门下三省的发展轨迹。集书省并入门下省，顺应自魏晋以来门下、散骑二省的发展态势，明确了门下省的定位，是当时三省制形成过程的线程之一。但是隋文帝时的官职调整并不彻底，官职的员额、关系并未理顺。隋炀帝大业三年（607），对官制进一步进行了调整，其重点在于对门下省的改造：

> 门下省减给事黄门侍郎员，置二人，去给事之名，移吏部给事郎名为门下之职，位次黄门下。置员四人，从五品，省读奏案。①

门下省新设给事郎，专门负责中书起草之政令，尚书上达之奏案的省读，门下省成为独立处理政务的国家机关，三省体制基本确立。② 在这次调整中，由集书省并入的散骑常侍、谏议大夫被废罢。③

对于散骑常侍等职官的取消，以往历史书写中多载隋炀帝不喜纳谏而亡国殒身。如《隋书》载：

> 炀帝常从容谓秘书郎虞世南曰："我性不欲人谏。若位望通显而来谏我，以求当世之名者，弥所不耐。至于卑贱之士，虽少宽假，然卒不置之于地。汝其知之！"时议者以为古先哲王之驭天下也，明四目，达四聪，悬敢谏之鼓，立书谤之木，以开言者之路，犹恐忠言之不至。由是泽敷四海，庆流子孙。而帝恶直言，仇谏士，其能久乎！竟逢杀逆。④

魏徵即认为炀帝是因为"恶直言，仇谏士"而被杀，后世史家也往

---

① 《隋书》卷二八《百官志下》，第 794—795 页。
② 详参吴宗国主编《盛唐政治制度研究》，上海辞书出版社，2003，第 22 页。
③ 《隋书》卷二八《百官志下》载："（大业三年）废散骑常侍、通直散骑常侍、谏议大夫、散骑侍郎等常员。"第 795 页。
④ 《隋书》卷二二《五行志上》，第 634—635 页。

往多从此理解炀帝对谏官制度的调整。但除了炀帝个人的好恶外，亦应注意大业三年这一次制度调整的整体背景：负责内侍杂务的五局被从门下移出，而另置于新设的殿内省，① 就是为了门下省摆脱原先宫内侍从的角色，专门负责独立的文书政务。而如前文所梳理，散骑常侍、谏议大夫的职能始终与门下的侍中、黄门侍郎等存在纠葛。随着门下省地位的明确，散骑常侍等职能的重要性逐渐降低，隋文帝将散骑省（集书省）并入门下，顺应了这一趋势。但合并后，散骑常侍、谏议大夫等"掌部从朝直"，而门下给事、奉朝请等"并掌同散骑常侍"，② 门下内部的职权仍然未理顺。杨广在大业三年取消散骑常侍和谏议大夫，与撤出五局、设立给事郎具有同样的目的——是对魏晋以来散骑、门下关系梳理的内部延续，也是确立三省制下门下省地位和职权的措施之一。

隋朝旋踵而亡，唐代建立后，对谏官制度进行了重建。武德五年（622），唐高祖仍于门下省重置谏议大夫，③ 应是他听从了孙伏伽的建议。④ 从表面而言，谏议大夫是重置，但是由于高祖时期三省制已经重构，因此从谏官作用而言，更可以理解为对三省机制的完善。至贞观元年，唐太宗下令："中书门下及三品以上入内平章国计，必使谏官随入，得闻政事。有所开说，太宗必虚己以纳之。"⑤ 散骑常侍在武德七年定令时，为三品散官，至贞观十七年方改为职事官，仍隶门下省。

以上两职的重设，并不是简单的制度兴废的再循环。其一，相对于隋代，唐代对其职能有了更为具体的规范：唐代散骑常侍"掌侍奉规讽，备顾问应对"，谏议大夫"掌侍从赞相，规谏讽谕"，⑥ 作为谏官的定位非常明确，在职权上与侍中以下其他官员有着清晰的区分。其二，唐前期三

---

① 《隋书》卷二八《百官志下》载："以城门、殿内、尚食、尚药、御府等五局隶殿内省。"第795页。
② 《隋书》卷二八《百官志下》，第774页。
③ 杜佑：《通典》卷二一《职官三·谏议大夫》，中华书局，1988，第554页。
④ 《旧唐书》卷七五《孙伏伽传》载："又上表请置谏官，高祖皆纳焉。"第2638页。
⑤ 王溥：《唐会要》卷五五《谏议大夫》，第948页。
⑥ 李林甫等：《唐六典》卷八《左散骑常侍》《谏议大夫》，第246、247页。

省制的运行机制已经成熟，在以文书为依托的政务运行过程中，门下省充分发挥着枢纽作用，[1] 侍中、黄门侍郎、给事中三职，主要是通过对上行文书或下行文书的审读来发挥作用。上文已述，三省制可分为决策以及文书行政两个层面。对决策层面的监督，正是武德至贞观时期所尝试进行的谏官制度调整的目的。唐太宗贞观初，中书门下及三品以上平章国计时谏官随入，就是这样的目的。故门下省再设谏官，是三省制完善的一个方面。

可以说，唐代门下省谏官的再设置，即是魏晋以后门下三省系统内部调整的最终结果。另外，也保证了决策过程的科学，这是隋唐三省制形成和逐步完善过程中的一个重要方面。

### （二）谏官并置中书省与门下省阶段

在这一阶段，散骑常侍、补阙拾遗、谏议大夫各自于不同时期分设左右，故分为三次。第一次为高宗时期散骑常侍分设于中书、门下两省。

显庆二年（657），高宗在中书省亦置散骑常侍，此事发生于十二月。[2] 这一年是高宗朝具有转折意义的一年。

永徽六年（655），高宗废王立武。陈寅恪先生以地域集团为视角，提出此事标志着关陇集团在中央统治的终结。[3] 若从统治的视角而言，此事可以视作高宗与以长孙无忌为首的元老集团抢夺权力的斗争。显庆二年是永徽六年后又一个较为关键的时间。此年二月，高宗以李义府为中书令；七月，则借口与已经外贬的褚遂良勾结，侍中韩瑗、中书令来济被贬

---

① 详参内藤乾吉《唐代的三省》，刘俊文主编《日本学者研究中国史论著选译》第 8 卷，中华书局，1992，第 225—251 页。

② 《旧唐书》卷四《高宗纪上》载："（显庆二年十二月）壬午，分散骑常侍为左右各两员，其右散骑常侍隶中书省。"第 77—78 页。

③ 陈寅恪：《唐代政治史述论稿》之《统治阶级之氏族及其升降》，生活·读书·新知三联书店，2001。

为振州和台州刺史；① 九月，则以许敬宗为侍中，杜正伦为中书令。② 在宰相群体中完成了对关陇元老的替换，两省长官作为事实上的宰相，均是高宗提任的亲信。但新任宰相间又出现了问题，中书令杜正伦与李义府间产生矛盾，甚至波及省内。③ 这对刚掌控政局的年轻皇帝而言，不能不说是一个考验。

此时，原先的内外政策也出现了一些新的现象。如官员的选任问题，知吏部选事的刘祥道在此年上疏，从六个方面直指铨选中的各种问题，④但由于官僚的阻挠，并未解决。⑤ 边事上，正月，高宗以苏定方为伊丽道行军总管，平定西突厥阿史那贺鲁叛乱，于碎叶分置昆凌和蒙池，他改变自登基以来的军事守势，对外采取凌厉的军事攻势。

因此，对刚真正掌握权力且缺少经验的年轻高宗而言，在独占权力和寻求建议的双重目的下，散骑常侍"献纳之任，虚求是属，列于侍臣，莫匪耆旧"，⑥ 作为在宰相之外专备顾问应对的高级顾问，其获重视自然就顺理成章了。而何以左右并置，则在下文与左右补阙的设置一并分析。

第二次发生在武则天时期，垂拱元年（685）分置左右补阙、拾遗各两员，并于天授二年（691）各增至五员。《唐会要》卷五六《左右补阙拾遗》载：

---

① 《资治通鉴》卷二〇〇，高宗显庆二年七月条，中华书局，1956，第6303—6304页。
② 《资治通鉴》卷二〇〇，高宗显庆二年七月条，第6305页。
③ 《旧唐书》卷八二《李义府传》载："初，杜正伦为中书侍郎，义府时任典仪，至是乃与正伦同为中书令。正伦每以先进自处，不下义府，而中书侍郎李友益密与正伦共图议义府，更相伺察。义府知而密令人封奏其事。正伦与义府讼于上前，各有曲直。"第2767页。
④ 对于刘祥道上疏所提出的六条内容的分析，详参赵晨《唐〈职员令〉的制度体系及其限度——以唐前期职官员额的变化为中心》，博士学位论文，中国人民大学，2023。
⑤ 《旧唐书》卷八一《刘祥道传》载："中书令杜正伦亦言入流人多，为政之弊。高宗遣祥道与正伦详议其事。时公卿已下惮于改作，事竟不行。"第2753页。
⑥ 董诰等编《全唐文》卷二五〇《苏颋·授褚无量右散骑常侍制》，中华书局，1983，第2530页。

垂拱元年二月二十九日敕："记言书事，每切于旁求。补阙、拾遗，未宏于注选。瞻言共理，必借众才，寄以登贤，期之进善。可置左右补阙各二员，从七品。左右拾遗各二人，从八品上。掌供奉讽谏，行列次于左、右史之下。仍附于令。至天授二年二月五日，各加置三员，通前五员。"①

武则天分别于垂拱元年在中书、门下两省初设补阙、拾遗，并于改唐为周后，进一步将员额扩大为十人。从光宅到垂拱，武则天废罢中宗，压制睿宗，临朝称制，正处于巩固自身权威的关键期。着眼于此，她在光宅元年（684）对三省以下的官署名称进行改动，尤其是将御史台改名为左肃政台，并增置右肃政台。② 御史台的调整是为了加强对政治局面的控制。而紧接着于次年设立的左右补阙、拾遗，亦是出于相同目的。补阙、拾遗"因其义而创立"，③ 理由是"寄以登贤，期之进善"，掌"供奉讽谏"，是侍奉武则天的耳目之官，可以给她提供讽谏与建议，"凡发令举事有不便于时，不合于道，大则廷议，小则上封。若贤良之遗滞于下，忠孝之不闻于上，则条其事状而荐言之"，④ 保证下情的及时上达。但他们是从七品或从八品的低级官员，与原本固结于朝中的高层官员不同，并无复杂的政治根基，必然视将补阙、拾遗"宏于注选"的武则天为恩主，一心尽职。白居易曾描述补阙：

其选甚重，其秩甚卑。所以然者，抑有由也。大凡人之情，位高则惜其位，身贵则爱其身。惜位则偷合而不言，爱身则苟容而不谏。此必然之理也。故拾遗之置，所以卑其秩者，使位未足惜，身未足爱也。所以重其选者，使上不忍负恩，下不忍负心也。夫位未足惜，恩

---

① 王溥：《唐会要》卷五六《左右补阙拾遗》，第 965 页。
② 《资治通鉴》卷二〇三，则天后光宅元年九月条，第 6421 页。
③ 李林甫等：《唐六典》卷八《左补阙拾遗》注，第 247 页。
④ 李林甫等：《唐六典》卷八《左补阙拾遗》，第 247—248 页。

不忍负，然后能有阙必规，有违必谏。朝廷得失无不察，天下利病无不言。此国朝置拾遗之本意也。[1]

"其选慎重，其秩甚卑"，当其位者，"位未足惜，恩不忍负"，故能够"朝廷得失无不察，天下利病无不言"。白居易之言虽发于中唐之时，但比较精辟地说出了武则天设置补阙、拾遗的初衷。如长安年间的左拾遗李邕，敦促武则天按推张易之兄弟，而后有人言"吾子名位尚卑，若不称旨，祸将不测，何为造次如是？"他的回答是"不愿不狂，其名不彰。若不如此，后代何以称也？"[2] 年轻的补阙、拾遗积极进言，是武则天了解下情、控御臣下的重要手段。同时，补阙、拾遗虽无实际的权力，但位置清要故也是武则天不次拔擢官员、广收人心的官职之一。武则天正式称帝的次年，左右补阙各增至五人，通十员。杜佑《通典》载：

> （天授）三年，举人无贤愚，咸加擢用，高者试凤阁侍郎、给事中，次或试员外郎、侍御史、补阙、拾遗、校书郎，当时颇为滥杂，著于谣诵。[3]

除正员外，还大置试官，如天授二年二月，"太后务收物情……十道使举人，并州石艾县令王山耀等六十一人，并授拾遗、补阙"，当时有歌谣曰："补阙连车载，拾遗平斗量。杷推侍御史，碗脱校书郎。"[4] 可见彼时补阙、拾遗试官除授之多。

以上是武则天设补阙、拾遗的背景。再来分析高宗和武则天分置谏官于中书、门下两省的原因。这一时期，无论是高宗设散骑常侍于中书省，

---

① 谢思炜校注《白居易文集校注》卷二一《初授拾遗献书》，中华书局，2011，第1187—1188页。
② 具体过程详参《旧唐书》卷一九〇《李邕传》，第5040页。
③ 杜佑：《通典》卷二一《职官三·补阙拾遗》，第556页。
④ 杜佑：《通典》卷一九《职官一》本注，第471—472页。

还是武则天设左右补阙拾遗，都出现了谏官在二省并置的现象，何以如此呢？

三省制在贞观、永徽之时达到完备，形成成熟的政务处理机制。门下省在日常政务处理中处于枢纽位置，故政事堂亦设置于门下省，[①]《资治通鉴》载：

> 故事，宰相于门下省议事，谓之政事堂，故长孙无忌为司空，房玄龄为仆射，魏徵为太子太师，皆知门下省事。[②]

由此可知，门下省居于三省的中心地位。在律令制设定的政务分层处理机制下，门下省对几乎所有下行的制敕文书审核后方能颁下，而日常政务中所上行的主要文书奏抄，也是主要经门下省审读处理后，方再由皇帝御画。然而随着政治形势的变化，通过中书省进行处理的奏状类文书逐渐成为主要的文书形态，因此以开元十一年张说奏改政事堂为中书门下为标志，三省制变为中书门下体制，唐代的政务运行方式发生改变。[③] 但是，这一过程的变化并非一蹴而就，在高宗时期，就已经显示出变化的端倪，《旧唐书·李晦传》载：

> 高宗将幸洛阳，令在京居守，顾谓之曰："关中之事，一以付卿。但令式局人，不可以成官政，令式之外，有利于人者，随事即行，不须闻奏。"[④]

从此则材料可以看出，高宗时期的律令已经出现不适于政务处理的迹

---

①　详参吴宗国主编《盛唐政治制度研究》，第 131—141 页。

②　《资治通鉴》卷二〇三，高宗弘道元年十二月条，第 6416 页。

③　详参刘后滨《唐代中书门下体制研究：公文形态、政务运行与制度变迁（增订版）》，中国人民大学出版社，2022。

④　《旧唐书》卷六〇《李晦传》，第 2350 页。

象，因此他才允许李晦随机关断无须禀报。这种状况应该是随着唐朝统治日久而逐渐严重。反映在国家政务处理的环节，就是依托于令式、经门下处理的日常文书被以奏皇帝亲裁、经中书省的奏状逐渐取代。反映在制度上，就是中书省在政务处理中的地位越来越高，最终方有张说奏改政事堂为中书门下的结果。在体制实现质变之前，存在一个过渡性的事件，即裴炎将政事堂由门下省迁至中书省。裴炎于弘道元年（683）十二月迁中书令，① 应在此后不久，将政事堂迁至中书省。② 裴炎此举或许主观上有控制宰相议事之权的意图，③ 但客观而言，是当时中书省在政务处理过程中重要性逐渐上升的反映。不过，此时律令制下的三省体系毕竟仍然存在活力，高宗到武则天时期只能算是一种过渡期的中间状态：这或许可以理解此时期改变谏官单设于门下省而左右并置的原因了。

第三次调整发生在德宗贞元四年（788）五月，《旧唐书·德宗纪下》载：

> （贞元四年五月）壬戌，加置谏议大夫八员，分中书四员为右，门下四员为左。④

谏议大夫分为左右，加置八员，分属中书、门下两省。唐宪宗元和元年（806）时，曾重新并至一省，⑤ 但至武宗会昌二年（842），又重新分为左右，品阶升正四品下，⑥ 自此以降不再改动。需注意的是，这次调整

---

① 《旧唐书》卷六《则天皇后纪》，第 115 页。
② 刘肃：《大唐新语》卷一〇《厘革》载："弘道初，裴炎自侍中转中书令，执朝政，始移政事堂于中书省。"许德楠、李鼎霞校，中华书局，1984，第 152 页。
③ 详参孟宪实《武则天研究》，四川人民出版社，2021，第 413—414 页。
④ 《旧唐书》卷一三《德宗纪下》，第 364 页。
⑤ 《唐会要》卷五五《谏议大夫》载："至元和元年闰六月诏，却置四员，罢左右名。"第 948 页。
⑥ 《旧唐书》卷四三《职官志二》、《唐会要》卷五五《谏议大夫》、《五代会要》卷一三《谏议大夫》、《旧五代史》卷一四九《职官志》均记载会昌二年，独《旧唐书》卷一八《武宗纪》系于会昌元年，当不确。

的目的被描述为"备两省四品之阙"，将谏议大夫视为在中书、门下并存的职官，也就是散骑常侍、谏议大夫、补阙拾遗在时人观念中都是对称置于二省的。

但是，与此同时又出现了另一个现象，即在当时人的观念中，分立于中书、门下两省的谏官，往往被认为是一个独立的群体，并以"谏院"统称之。如《唐国史补》卷下载："谏院以章疏之故，忧患略同。"① 作者李肇为宪宗至文宗时人，可知"谏院"之称谓已见于当时。实则，当时"谏院"一词已成为习称，试举几例。

穆宗长庆二年（822），元稹上表言元和十四年"任卿相者，半是臣同谏院时拾遗、补阙"，② 谏院出现在呈给皇帝的公文之中。另外，时人的文学作品中也有出现，如刘禹锡诗句有"谏院过时荣棣萼"，③ 杨巨源的诗句中也有相同的表达。④ 唐末李绰《尚书故实》记载韩愈之子韩昶因不学无术，误金根车为金银册，而"至除拾遗，果为谏院不受"。⑤

总之，"谏院"在当时已经成为一个通用的称谓。而实际上，在当时的制度中，谏官也逐渐成为一个独立的机构，谏院之印可作为明证之一。唐代最早请求谏院设印出现在德宗时期。贞元十三年（797），左谏议大夫薛之舆进言，"奏谏官所上封章，事皆机密，每进一封，须门下、中书两省印署文牒，每有封奏，人且先知。请别铸谏院印，须免漏泄"，⑥ 薛之舆后不久改官，此事可能不了了之。至唐文宗大和九年（835）十二月，正式置谏院印，⑦《册府元龟》载此事甚详：

---

① 李肇：《唐国史补》卷下，上海古籍出版社，1979，第 53 页。
② 《旧唐书》卷一六六《元稹传》，第 4335 页。
③ 《刘禹锡集》卷二八《送别四十六首·送国子令狐博士赴兴元觐省》，中华书局，1990，第 385 页。
④ 彭定求等编《全唐诗》卷三三三《杨巨源·和卢谏议朝回书情即事寄两省阁老兼呈二起居谏院诸院长》，中华书局，1960，第 3715 页。
⑤ 李绰编，罗宁点校《尚书故实》，中华书局，2019，第 139 页。
⑥ 王溥：《唐会要》卷五五《谏议大夫》，第 951 页。
⑦ 《旧唐书》卷一七下《文宗纪下》载："辛卯，置谏院印。"第 563 页。

> （大和）九年十二月，敕："创造谏院印一面，以谏院之印为文。"谏院旧无印，苟有章疏，各于本司请印，谏官有疏，人多知之。至是，特敕置印。①

　　谏官原先需从各自所属机构（中书省或门下省）请印，至此拥有了专属的印绶。从这一层含义而言，谏官群体成为一个独立的机构了。问题随之而来，一方面，从机构的从属而言，谏官在形式上分属中书、门下两省；另一方面，分置的谏官又构成了一个独立的群体——不论是士人观念，还是制度层面，对此都是承认的。

　　以上是在唐朝中后期中枢机制变化的背景下出现的现象。三省制转型为中书门下体制之后，宰相于中书门下行使最高议政权，并通过堂后五房行使最高行政权。在这种情况下，中书、门下两省在运行机制层面已经被从决策中心剥离出来——换个角度而言，对于新出现的中书门下而言，中书、门下二省自身也具有了一定的独立性，这就为唐后期谏官仍然设置于其中提供了前提。② 同时，尽管运行机制上已经发生了变化，单从形式而言，唐朝的统治者一直没有放弃三省制的外在形式，③ 谏官在两省的对称并置，即可以视为其表现之一。当然，这造成的后果就是外在制度表象与实际运行机制的脱离。这也就是上述现象出现的原因。

# 结　语

　　"贞观之治"因太宗君臣治国理政的典范意义而成为古代治世的一个

① 王钦若等编《册府元龟》卷一〇三《帝王部·招谏二》，凤凰出版社，2006，第1125页。

② 唐朝中后期，尤其注重回避谏官与宰相的亲密关系。如杜佑为宰相，其子杜从郁为左补阙，"贯之与崔群奏论，寻降为左拾遗。又论遗、补虽品不同，皆是谏官。父为宰相，子为谏官，若政有得失，不可使子论父。改为秘书丞"。《旧唐书》卷一五八《韦贯之传》，第4173页。

③ 甚至在安史之乱平定后不久，唐朝统治者试图彻底恢复到三省制下的政务运行机制，详参王孙盈政《唐代宗、德宗两朝"恢复旧制"的改革与尚书省转型》，荣新江主编《唐研究》第27卷，北京大学出版社，2022，第359—378页。

样板。李世民纳谏兼听，臣下敢于直言进谏，是为后人所津津乐道的贞观之治重要意涵之一。细究贞观时期进谏的特征可以发现，唐太宗并没有过度强化谏官制度的建设，而是通过自身的示范，引导形成良好的进言氛围，从而形成群臣谏诤的政治文化。但是，政治文化建设不等同于政治制度建设，二者分属不同层面。当然，唐太宗时期的这一政治文化逐渐成为历代君主仰慕的对象，也会对后世的谏官制度建设产生影响。

唐代谏官制度的发展，有自身的轨迹。析言之，它与整体的政治制度框架，尤其与同时期的中枢制度间存在密切的关联与互动。唐朝初期谏官制度可以视为三省制的一部分，无论是它的历史发展轨迹还是现实功用，都与三省制息息相关，这就决定了它与门下省的密切关联。自高宗以后，唐朝谏官进入另一个阶段，表现为两省并置和院内一体并存的现象。这一现象的出现与唐后期中书门下体制和中书、门下两省间的结构性关系存在直接联系。同时，这种局面也直接影响到五代、两宋谏官制度的发展，成为宋代谏官独立，进而谏官组织与宰相机构并列的制度起点。

# 唐前期关陇集团文武一体传统的
# 制度安排及其演变

赵璐璐

关陇集团是陈寅恪解释中古历史发展所引入的一个核心学术概念。作为一个军事贵族集团，文臣武将融为一体，出身迁转互相打通，是关陇集团重要的选官特征和政治传统，即陈寅恪所讲"关陇集团本融合胡汉文武为一体，故文武不殊途，而将相可兼任"。① 此一政治传统反映在制度安排上，尤其是官员职位迁转渠道上，就是文武官职不存在截然区分，相互之间留有一定的转换通道，而表现在中枢层面则是"入则为相，出则为将，自无文武分途之事"，② "出将入相"成为高层官员的仕宦目标。

从唐前期官员文武职位迁转的制度安排及其演变过程观察，关陇集团在不断通过复制和加强此种制度及其实现路径来维护文武一体的政治传统。至开元中期，高层官员"出将入相"的仕宦模式演变为"边将入相"，到了开元天宝之际，李林甫出于专权固宠之需要而"杜边将入相之途"，"宰相不能不由翰林学士中选出，边镇大帅之职舍蕃将莫能胜任，而将相文武蕃汉进用之途，遂分歧不可复合"，"斯实宇文泰所创建之关陇集团完全崩溃"之体现。③ 一方面，在关陇集团逐渐解体的过程中，唐前期文武一体的制度安排不断演变最后至于终结，这种终结，是关陇集团

---

① 陈寅恪：《唐代政治史述论稿·上篇》，上海古籍出版社，1997，第48页。
② 陈寅恪：《唐代政治史述论稿·上篇》，第48页。
③ 陈寅恪：《唐代政治史述论稿·上篇》，第48页。

崩溃的一个制度表现；另一方面，官员选任中的此种制度安排，对于唐前期关陇集团文武合一政治传统的维系，也产生了充分影响，实际上成为关陇集团维持其统治的重要手段。

## 一　唐初至高宗时期文武一体传统在制度安排上的落实

开元初年，玄宗任命将作大匠韦凑为右卫大将军，谓曰："故事，诸卫大将军与尚书更为之，近时职轻，故用卿以重此官，其毋辞！"① 按照《旧唐书·韦凑传》所记，韦凑任将作大匠在开元四年（716），② 则迁右卫大将军应在开元四年后不久。玄宗所言故事，即诸卫大将军和尚书之间的更替迁转，在开元初年之前比较普遍，是文武合一在官员选任中的一个重要表现，而且往往是具有"出将"才能的官员在"入相"前的典型的宦途迁转路径。

唐立国之初乃至整个高祖武德时期，主要任务是统一全国，文武兼任的情况虽然很多，但是官职迁转路径也具有临时性。武德元年（618），"高祖受禅，（李世民）拜尚书令、右武候大将军，进封秦王，加授雍州牧"，③ 初步体现出文武一体落实在制度上的一些因素。太宗即位后，任命关陇集团的代表人物长孙无忌为左武候大将军，"贞观元年，转吏部尚书"，④ 其年罗艺起兵反叛，太宗"诏吏部尚书长孙无忌等为行军总管以讨之"，⑤ 七月以无忌为尚书右仆射入相。虽然唐太宗评价长孙无忌时称其"善避嫌疑，应对敏速，求之古人，亦当无比；而总兵攻战，非所长也"，⑥ 承认长孙无忌不是武功出色的人才，但还是在其任用上坚持关陇

---

① 《新唐书》卷一一八《韦凑传》，中华书局，1975，第4266页。
② 《旧唐书》卷一〇一《韦凑传》，中华书局，1975，第3146页。
③ 《旧唐书》卷二《太宗纪》，第23页。《新唐书》卷二《太宗纪》记为"武德元年，为尚书令、右翊卫大将军，进封秦王"，平薛举后拜右武候大将军，第25页。
④ 《旧唐书》卷六五《长孙无忌传》，第2446—2447页。
⑤ 《资治通鉴》卷一九二"太宗贞观元年"，中华书局，1956，第6033页。
⑥ 《旧唐书》卷六五《长孙无忌传》，第2453页。

集团的政治传统。

严格意义上的关陇集团，其人员数量至唐代初年在统治阶层中已不占有绝对的优势，但是以文武一体、将相兼任的政治传统观察，关陇集团依旧不断在延续这种特征和制度安排的实践路径。太宗时主要倚重的文武兼备之才、宰相班子中出将入相的代表是李靖，"太宗统极，宠渥增隆，征拜刑部尚书，参图国政，别食邑四百户，仍以本官行太子左卫率。未几，转兵部尚书"，[①] "贞观二年，以本官兼检校中书令"。[②] 而后以定襄道行军总管之职统兵出击突厥，战争结束后，贞观四年（630）八月，任右仆射。[③] 其后仕宦经历亦不断以内外转换、文武兼任的方式迁转。李靖在诸卫大将军、将军和诸尚书等官职之间的迁转，及宰相和行军总管内外之间的兼任，表明这种文武一体的制度安排及其实践已经逐步成熟。

李靖逝世于贞观二十三年，太宗和高宗朝交替之际，李世勣作为山东豪杰集团的代表实际上成为宰相班子中延续出将入相传统的人，这可以从一个侧面说明关陇集团力量的日趋衰落。不过，一方面李世勣本人在政治上和关陇集团有密切联系，可以理解为广义上的唐朝开国功臣，开国功臣和皇亲国戚又可视为以李唐皇室为核心的新时代关陇集团的扩展部分；另一方面，维持文武合一的政治传统，不断延续中枢系统中保有出将入相的宰相代表，说明关陇集团还可以维持其政治传统。

显庆四年（659）任雅相拜相，[④] 是唐代前期出将入相格局变化的重要节点，"出将入相"开始朝着单向的边将入相转变。正如吴宗国所指出的，"任雅相以将帅而入相，开高宗时边将立功为相的先声"。[⑤] 但是，总体上并不足以改变文武一体、将相可兼任的格局。任雅相虽正史无传，不

---

① 《大唐故尚书右仆射特进开府仪同三司上柱国赠司徒并州都督卫景武公碑并序》，《全唐文》卷一五二《许敬宗（二）》，中华书局，1953，第1553页。
② 《旧唐书》卷六七《李靖传》，第2479页。
③ 《资治通鉴》卷一九三"太宗贞观四年"，第6082页。
④ 《资治通鉴》卷二〇〇"高宗显庆四年"，第6315页。
⑤ 吴宗国主编，刘后滨副主编《盛唐政治制度研究》，中国人民大学出版社，2019，第58页。

过据《大唐故司戎大常伯荆州都督乐安郡公任君墓志铭并序》[①] 所载家世和任官经历来看，边功仅是其得以任相的原因之一。

任雅相字公辅，青州乐安人，[②] 卒于龙朔元年（661），[③] 享年六十二岁。以此推算，其出生于开皇二十年（600）。曾祖凤，周赵王长史；祖璨，隋邵州王屋县令；父续，隋滑州白马县令。任雅相是青州人士，祖上三代皆在北周和隋有官职，并非平民出身，而且其父任职的滑州白马县一带，在隋末是翟让等瓦岗寨起义军活动的核心地带，从墓志云其"自得因机之变，适同管乐；无待既琢之功，制锦荣班"猜测，任雅相之父任续属翟让、李世勣所代表的一支山东豪杰，或在隋末唐初时与其有交集。

据墓志所载，任雅相贞观六年迁延州临真县令，此为墓志所记他担任的第一个官职。不过从"迁"字及此时任雅相已三十二岁推断，临真县令大概并非他的起家官。贞观十二年，授朝散大夫；贞观十四年，迁灵州都督府长史。太宗朝任雅相一直在地方任职，至高宗显庆三年调任左骁卫将军，进入京城任官，而后迁兵部侍郎，显庆四年三月任兵部尚书。

而显庆四年四月，许敬宗告长孙无忌谋反，并牵连褚遂良、柳奭、韩瑗等宰相。五月，命兵部尚书任雅相、度支尚书卢承庆参知政事，七月，"壬寅，命李勣、许敬宗、辛茂将与任雅相、卢承庆更共覆按无忌事"。[④] 任雅相迁兵部尚书时并未任相，但在长孙无忌案爆发后很快参知政事并参与案件的审理，可以推测其任相是与长孙无忌一案具有某种关联的。如果

---

① 参见《唐任雅相墓志考释》所录任雅相墓志。张维慎、郭宝书《唐任雅相墓志考释》，《陕西历史博物馆论丛》2021 年第 1 期。

② 《资治通鉴》卷二〇〇"高宗显庆二年"，闰正月"庚戌，以右屯卫将军苏定方为伊丽道行军总管，帅燕然都护渭南任雅相、副都护萧嗣业发回纥等兵，自北道讨西突厥沙钵罗可汗"（第 6301 页）。记任雅相为渭南人。从任雅相墓志看，其葬于渭南，大概其因任雅相任官迁至京城，此后家族定居于渭南。

③ 《资治通鉴》卷二〇〇"高宗龙朔二年"，二月"甲戌，浿江道大总管任雅相薨于军"（第 6326 页）。《唐任雅相墓志考释》认为，为稳定军心，苏定方来年也就是龙朔二年自辽东撤军时才公布任雅相死讯，因此产生了去世时间的差异。可为一说。

④ 《资治通鉴》卷二〇〇"高宗显庆四年"，第 6316 页。

结合其早年经历，则为李世勣所引荐的可能性较大。

与任雅相同为太宗、高宗时将领，年纪相仿，[①] 甚至军功更为卓著的苏定方，并未能够进入中枢而出将入相。究其原因，应与苏定方属山东豪杰中窦建德、刘黑闼一支关系密切。《旧唐书》载其为冀州武邑县人，隋末"仕窦建德，建德将高雅贤甚爱之，养以为子。雅贤俄又为刘黑闼攻陷城邑，定方每有战功。及黑闼、雅贤死，定方归乡里"，到贞观时，苏定方才又被授匡道府折冲，随李靖征东突厥。[②] 对比苏定方的出身经历，结合高宗初年的政治局势来观察，任雅相的入相，并非单纯是因军功，而与李世勣有密切关联，可视其为扩展中的广义关陇集团的一员。

任雅相去世后，麟德二年（665），以担任过左卫将军，时任兼司戎太常伯、永安郡公姜恪同东西台三品。[③] 姜恪祖上均在北齐、北周有官职，其为姜宝谊之子，宝谊仕隋"以积劳迁鹰扬郎将，领府兵，从高祖督盗太原。及起兵，授左统军，下西河、霍邑，以多爵累永安县公，历右武卫大将军"，实质上属于跟从李渊太原起兵的开国功臣集团，只是后来在与刘武周的交战中败亡，未及等到唐立国受封。姜恪与任雅相虽然并非关陇集团，但是均属与此集团具有密切关系的利益共同体成员，他们的任相，有军功的因素，却也表明统治集团试图通过在一个更大的相关利益集团范围内，选择和培养文武兼备、出将入相的人才，以维系关陇集团文武一体、将相可兼任的政治传统。

不过，任雅相、姜恪的任相，尤其是乾封元年（666）平民出身的刘仁轨因军功入相，说明一般地主或平民出身的官员跻身于高级官僚行列，尤其是进入中枢，在唐前期军功仍然是主要实现途径。不过这一时期他们还不足以打破关陇集团所奠定的政治传统，也还不可能进一步取代贵族和功臣成为政治主导力量。

---

① 苏定方出生于开皇十一年（591）或开皇二十年（600），可参见拜根兴《也论苏君墓当为苏定方墓》，《考古与文物》2005 年第 5 期。

② 《旧唐书》卷八三《苏定方传》，第 2777 页。

③ 《资治通鉴》卷二〇一"高宗麟德二年"，第 6343 页。

总章二年（669）李世勣去世，① 咸亨三年（672）姜恪去世，② 高宗再用致仕的具有丰富军事经验的老臣刘仁轨为相。从咸亨三年到刘仁轨逝世的垂拱元年（685），除有的时期短暂解除宰相职务，③ 刘仁轨一直是宰相班子中出将入相的代表。刘仁轨的再次入相，确实体现出唐朝统治者即便扩大原有统治集团和合作集团范围，也难以找到合适的文武兼备的人才，急需新的渠道选拔培养能够担当出将入相任务的宰相班子成员。

## 二　文武一体制度安排的转变及"出将入相"模式的终结

天授元年（690）武则天称帝前后，因为临朝称制和逐步为称帝做准备，中枢政局进入一个比较动荡的时期。改唐为周后，政局逐步恢复，宰相班子的任免也由激烈起伏归入正常状态。长寿二年（693）娄师德任相，④ 延载元年（694）王孝杰任相，⑤ 开始延续宰相班子中具有出将入相之人的做法。王孝杰属于比较单纯的因军功而任相，娄师德则是进士出身，在地方和中央均有任职经历，高宗仪凤三年（678），应征随军出兵吐蕃，并开始在军事上展现出才干，从而再次担任中央高级官僚，进而任相。⑥ 王孝杰和娄师德这一时期在宰相班子中的共存，表现出通过科举考试的选拔和培养，已经开始使一批科举出身、具有军事能力和行政能力的人才通过出将入相的传统进入宰相班子中来，并且真正成长为才兼文武的将相之才。

不过出身的改变还并未使文武一体传统在制度安排及政治实践上的路

---

① 《资治通鉴》卷二〇一"高宗总章二年"，第 6360 页。
② 《资治通鉴》卷二〇二"高宗咸亨三年"，第 6368 页。
③ 《旧唐书》卷八四《刘仁轨传》，第 2795—2796 页。
④ 《资治通鉴》卷二〇五"则天后长寿二年"，第 6489 页。
⑤ 《资治通鉴》卷二〇五"则天后延载元年"，第 6494 页。
⑥ 《旧唐书》卷九三《娄师德传》，第 2975—2976 页。

径发生根本的改变。如武则天时王孝杰"迁左卫大将军。进夏官尚书、同凤阁鸾台三品，清源县男"；① 唐休璟先擢为右武威、金吾二卫大将军，后进拜夏官尚书、同凤阁鸾台三品，② 而且诸卫大将军和尚书之间职位的迁转往往是入相的前提。才兼文武但未担任过宰相的裴行俭，高宗任命其为礼部尚书兼检校右卫大将军时，称"可谓文武兼备矣，其兼授二职"。③ 这均反映出诸卫大将军和尚书之间的迁转，是唐代前期文武一体政治传统在制度安排上的体现。武则天虽然大力拔擢科举出身的一般地主和平民子弟进入中枢，但唐初奠定的带有关陇集团特征的文武兼任、内外迁转的传统依然具有制度上的影响力。

以娄师德任相作为开始，其继任者魏元忠、唐休璟、郭元振都是比较典型的通过官学和科举选拔并培养的将相之才。这三人中，唐休璟是永徽年间以明经科擢第后入仕，通过在西北长期的军功积累，至长安三年（703），拜兵部尚书、同中书门下三品，④ 成为宰相。从娄师德在圣历二年（699）去世看，唐休璟实际是武则天提拔起来的接班人。魏元忠和郭元振都是太学生出身，郭元振还应进士举及第。魏元忠的军功主要在于平定徐敬业叛乱，至于边功，则如《旧唐书》所记载，"时突厥与吐蕃数犯塞，元忠皆为大总管拒之。元忠在军，唯持重自守，竟无所克获，然亦未尝败失"，⑤ 并无重大失误但也没有展现出卓越的才能。唐休璟任相后，武则天曾对魏元忠及杨再思、李峤、姚崇、李迥秀说"休璟谙练边事，卿等十不当一也"，⑥ 说明魏元忠对于边事的熟悉程度和其军事能力逊色于唐休璟，但《旧唐书·唐休璟传》亦云"休璟在任，无所弘益"，则魏元忠、唐休璟于文、武两端各有所偏。

---

① 《新唐书》卷一一一《王孝杰传》，第 4148 页。
② 《新唐书》卷一一一《唐休璟传》，第 4150 页。
③ 《新唐书》卷一〇八《裴行俭传》，第 4087 页。
④ 可参见《旧唐书·唐休璟传》，其任相时间见《资治通鉴》卷二〇七"则天后长安三年"，第 6562 页。
⑤ 《旧唐书》卷九二《魏元忠传》，第 2952 页。
⑥ 《旧唐书》卷九三《唐休璟传》，第 2979 页。

相较而言，郭元振和唐休璟经历更为类似，唐休璟在武则天时期通过卓越的边功入相，郭元振则是武则天发现、拔擢和培育的接班人才。唐休璟长安年间入朝为相。神龙元年（705）中宗即位之后，从一般的政治惯例而言，会重新任命自己的宰相班子，武则天时期拔擢培养、在西北接替唐休璟的郭元振，应是合适的出将入相人选。但是在处理突骑施的问题上，郭元振和宰相宗楚客等人产生了矛盾，不得已之下，郭元振留守西北。

景龙二年（708）中宗任命张仁愿为相，已安排致仕的唐休璟又命儿子娶尚宫贺娄氏的养女为妻，希望借助贺娄氏得以复起。当时他已年过八十，贪恋官职而受到讥讽。景龙三年，唐休璟被起复为太子少师、同中书门下三品。① 实际上，张仁愿是中宗朝宰相班子中出将入相的代表，史载其出征备边，"帝为赋诗祖道，赏赉不赀"，② 得到了唐中宗的充分信重。而张仁愿非科举出身，可以说这打乱了武则天以后逐步建立的政治传统。睿宗即位之后，张仁愿致仕，郭元振很快被任命为太仆卿，以边将入朝。景云二年（711），唐休璟致仕，③ 郭元振以太仆卿同中书门下平章事，成为宰相。④ 这一系列人事任免，使郭元振成为睿宗朝宰相班子成员中出将入相的代表，也接续起了武则天以后任用兼有军功和科举出身的大臣为相的新趋势。

因为先天政变的影响，睿宗与玄宗以不正常的方式完成了权力交接，郭元振受到清算并在开元元年五十八岁时去世，玄宗的宰相班子中难以立即找到经过长期培养而选拔出来的熟知军事的人才来接替郭元振的位置。从郭元振罢职后玄宗对于出将入相人才的拔擢，也可在制度史发展脉络中窥见先天政变中郭元振的政治倾向。在迫切需要出将入相人才的情况下，

---

① 《旧唐书》卷九三《唐休璟传》，第 2980 页。
② 《新唐书》卷一一一《张仁愿传》，第 4153 页。
③ 《旧唐书》卷九三《唐休璟传》，第 2980 页。
④ 《资治通鉴》卷二一〇"睿宗景云二年"，第 6661 页。两《唐书·郭元振传》均记为同中书门下三品。

玄宗对郭元振的放弃和郭元振的悲惨结局，从历史结果层面呈现出先天政变中郭元振站在睿宗一边的历史真相。①

骊山阅兵时，玄宗应该注意到了两位将领，《资治通鉴》记载："时二大臣得罪，诸军多震慑失次。惟左军节度薛讷、朔方道大总管解琬二军不动，上遣轻骑召之，皆不得入其阵。上深叹美，慰勉之。"② 显然两人都不是之前与玄宗亲近的军事将领，但解琬与郭元振关系更为紧密，且年龄较大。所以玄宗选择了薛讷作为接替郭元振的对象。薛讷，薛仁贵之子，起家城门郎，武则天时"诏摄左威卫将军、安东道经略使"，③ 主要在唐朝北部边境和东北部边境担任军事将领。骊山阅兵之后，开元二年正月甲申，采纳薛讷进击契丹的建议，并以薛讷同紫微黄门三品，④ 但是七月一战唐军大败，薛讷被削除官爵。⑤ 此后因吐蕃入侵，玄宗再次起用白身的薛讷，薛讷渐次升职，官至朔方道大总管，但终身未再入相。实际上，至郭元振担任宰相，唐前期文武一体的制度安排和政治实践业已终结。因此才会出现玄宗任命韦凑时所劝他的一席话，"故事，诸卫大将军与尚书更为之，近时职轻，故用卿以重此官，其毋辞！"⑥ 说明传统路径至此时已难以延续。这与府兵制的崩溃、行军体制向节度使体制的转变都是密切相关的。

---

① 陈寅恪《读书札记一集》云："元振以骊山讲武得罪，疑与此有关，俟考。"认为郭元振骊山讲武得罪与其在先天政变中的政治取向密切相关。李锦绣《读陈寅恪读书札记新唐书之部》对此观点进行发挥考辨，指出郭元振忠于睿宗是骊山讲武得罪的根本原因。参见《中国文化》第 5 期，生活·读书·新知三联书店，1992。唐雯《唐国史中的史实遮蔽与形象建构——以玄宗先天二年政变书写为中心》（《中国社会科学》2012 年第 3 期），认为郭元振代表玄宗在先天政变中发挥了关键作用。两种观点分别代表对郭元振政治倾向的不同研究结论。

② 《资治通鉴》卷二一〇"玄宗开元元年"，第 6687—6688 页。

③ 《新唐书》卷一一一《薛仁贵传附薛讷传》，第 4143 页。

④ 《资治通鉴》卷二一一"玄宗开元二年"，第 6695 页。

⑤ 《资治通鉴》卷二一一"玄宗开元二年"，第 6703 页。

⑥ 《新唐书》卷一一八《韦凑传》，第 4266 页。

## 三　"边将入相"模式和开天之际文武一体传统的崩溃

经过演变，"开元中，张嘉贞、王晙、张说、萧嵩、杜暹皆以节度使入知政事"，① 至开元时期，文武一体的传统在中枢人事安排上的体现已经由"出将入相"变为由节度使入朝为相的"边将入相"模式。

张嘉贞五经举出身，历任平乡尉、监察御史、兵部员外郎、中书舍人、梁秦二州都督、并州长史，② 开元五年并州设天兵军，张嘉贞被任命为天兵军大使，③ 开元八年正月，"以京兆尹源乾曜为黄门侍郎，并州长史张嘉贞为中书侍郎，并同平章事"。④ 在开元七年、八年之际，以张说接替张嘉贞任并州长史，将张嘉贞征入朝中为相。张嘉贞任职及入朝为相的制度实践路径，与开元前传统相比已经发生了根本变化。

而接替张嘉贞的张说的任相，因为其自身经历特殊，实际上具有两种模式并存的特点。张说制举出身，开元前基本在文官职位上迁转继而任相。开元初，先天政变功臣在政治上受到姚崇的排挤，使得张说因此具有军事历练的机会，显出军事方面的才能。开元元年十二月，"癸丑，说左迁相州刺史"，⑤ 至开元二年闰二月，"丁卯，复置十道按察使，以益州长史陆象先等为之"，⑥ 结合新旧《唐书·张说传》中有曾任河北道按察使的记载，则此批任命亦包括张说。后张说左迁岳州刺史，并停所食食封三百户。开元四年，姚崇罢相，宋璟、苏颋任相后，⑦ 张说得以迁荆州长史。⑧

之后，张说任"右羽林将军检校幽州都督，入朝以戎服见。帝大喜，

---

① 《旧唐书》卷一○六《李林甫传》，第3239—3240页。
② 《新唐书》卷一二七《张嘉贞传》，第4441—4442页。
③ 《资治通鉴》卷二一一"玄宗开元五年"，第6728页。
④ 《资治通鉴》卷二一二"玄宗开元八年"，第6739页。
⑤ 《资治通鉴》卷二一○"玄宗开元元年"，第6692页。
⑥ 《资治通鉴》卷二一一"玄宗开元二年"，第6697页。
⑦ 《资治通鉴》卷二一一"玄宗开元四年"，第6724页。
⑧ 《新唐书》卷一二五《张说传》，第4407页。

授检校并州长史，兼天兵军大使，修国史，敕赍稿即军中论撰"。① 按旧传所记，"开元七年，检校并州大都督府长史，兼天兵军大使，摄御史大夫，兼修国史，仍赍史本随军修撰"。② 张说何时迁右羽林将军检校幽州都督不确定，但入朝着戎服面见玄宗，玄宗大喜，从而授并州长史兼天兵军大使等职。玄宗之大喜是因为发现张说居然也具有军事才干。

开元九年九月，"丁未，梁文献公姚崇薨。癸亥，以张说为兵部尚书、同中书门下三品"。③

从开元九年到开元十一年初，张说的主要工作仍是集中于军事方面。开元九年"置朔方节度使，领单于都护府，夏、盐等六州，定远、丰安二军，三受降城"，④ 开元十年"夏，四月，己亥，以张说兼知朔方军节度使"，"闰（五）月，壬申，张说如朔方巡边"。⑤ 张说稳固了北部边境，又对军事体制进行了改革。⑥ 从玄宗的意愿和当时边疆形势而言，确实需要张说这样文武兼备的人才主要发挥其军事才能，同时说明节度使体制逐渐成熟并代替行军体制，要求任将者长期驻守边疆或军事要地，这对将相出入迁转的政治传统产生了极为关键的影响。从张说本人仕宦历程来看，担任诸卫将军和尚书，文武兼任，出将入相，他身上既保留有这一旧的文武一体的制度痕迹，亦有节度使任相这一新的任官路径，具有典型性，也具有特殊性。

后来作为张说出将入相这一角色替代者的王晙，其经历更可反映出节度使体制对出将入相传统的影响。开元十一年二月，以张说兼中书令。四月，王晙实际上接替张说担任兵部尚书、同中书门下三品，并加金紫光禄大夫。五月，王晙又兼任朔方军节度大使，巡河西、陇石、河东、河北诸

---

① 《新唐书》卷一二五《张说传》，第 4407 页。
② 《旧唐书》卷九七《张说传》，第 3052 页。
③ 《资治通鉴》卷二一二"玄宗开元九年"，第 6747 页。
④ 《资治通鉴》卷二一二"玄宗开元九年"，第 6749 页。
⑤ 《资治通鉴》卷二一二"玄宗开元十年"，第 6749—6750 页。
⑥ 见《旧唐书》卷九七《张说传》，第 3053 页；《新唐书》卷一二五《张说传》，第 4407—4408 页。

军。同年十一月，唐玄宗到南郊祭天，让王晙回京参加大典。但王晙恐怕突厥趁机入侵，上表推辞，受到玄宗的嘉勉。① 王晙不返京而留在朔方节度使任上履职，并获称赞，已经表明节度使体制对将相出入传统的改变。

开元十一年王晙任相，同年被贬后，至开元十四年玄宗又以安西副大都护、明经出身的杜暹为黄门侍郎、同中书门下平章事，② 开元十六年以河西节度使萧嵩为兵部尚书、同中书门下平章事。③ 这两人均属于玄宗选拔的以边将身份入相的宰相班子成员。杜暹在开元十七年罢相，④ 萧嵩则任相至开元二十一年。⑤ 萧嵩是萧瑀之曾侄孙，神龙元年，调补洺州参军，并非科举出身，没有继续保持武则天以后形成的出将入相者出身科举的新传统。这其实也从一个侧面表明，如果不能在官员迁转体系上保持文官和武官相互转迁的制度路径，仅仅以节度使入相来维系文武一体的政治传统，文武分途终究难以避免。

开元二十一年萧嵩罢相之后，开元二十四年，牛仙客从朔方节度使的职位上入相，完全属于李林甫的政治拉拢，实际上已失去了关陇集团文武一体传统的本质。中枢体制的变化和军事体制的变化，都令唐代政治体制在开、天之际进入一个新的阶段。《旧唐书·李林甫传》载：

> 开元中，张嘉贞、王晙、张说、萧嵩、杜暹皆以节度使入知政事，林甫固位，志欲杜出将入相之源，尝奏曰："文士为将，怯当矢石，不如用寒族、蕃人，蕃人善战有勇，寒族即无党援。"帝以为然，乃用思顺代林甫领使。自是高仙芝、哥舒翰皆专任大将，林甫利其不识文字，无入相由，然而禄山竟为乱阶，由专得大将之任故也。⑥

① 《资治通鉴》卷二一二"玄宗开元十一年"，第 6755 页；《旧唐书》卷九三《王晙传》，第 2989 页。
② 《资治通鉴》卷二一三"玄宗开元十四年"，第 6773 页。
③ 《资治通鉴》卷二一三"玄宗开元十六年"，第 6783 页。
④ 《资治通鉴》卷二一三"玄宗开元十七年"，第 6785 页。
⑤ 《资治通鉴》卷二一三"玄宗开元二十一年"，第 6803 页。
⑥ 《旧唐书》卷一〇六《李林甫传》，第 3239—3240 页。

李林甫之所以不能按照个人意愿达成"杜出将入相之源",是经过唐代前期长期曲折的变化后,到开元初,在制度安排和政治实践中的文武官职迁转路径无法维系,在中枢层面将相兼任、内外迁转意义上的"出将入相"已经被之后"边将入相"的模式所代替。而单纯的以边将入朝任相,失去人才培养及官员迁转的制度依托,才会在政治形势和制度发展背景下,出现李林甫达成的"杜绝"。而《新唐书·李林甫传》改《旧唐书》为:"先天、开元中,大臣若薛讷、郭元振、张嘉贞、王晙、张说、萧嵩、杜暹、李适之等,自节度使入相天子。"① 表明宋人已没有从制度上理解先天及之前郭元振等人的迁转路径与开元以后张嘉贞等人在所谓"出将入相"上模式的差异,完全单纯从李林甫大权独揽和人事安排角度理解唐代前期文武合一政治传统的终结了。

---

① 《新唐书》卷二二三上《李林甫传》,第 6348 页。

# 《唐仪凤三年（678）度支奏抄、四年金部旨符》新探<sup>*</sup>

## 顾成瑞

《唐仪凤三年（678）度支奏抄、四年金部旨符》（以下简称"《金部旨符》"①）是经中外学界多次接力缀合的一件吐鲁番出土唐代尚书金部下发至西州高昌县的公文书，被视作研究唐前期财政制度一份关键性的资料。由于 20 世纪初日本大谷探险队的盗掘，该文书未得到完整的科学发掘，散落为数百个碎片，分藏于日本龙谷大学图书馆、韩国国立中央博物馆（以下简称"韩国国博"）和中国新疆维吾尔自治区博物馆。20 世纪80 年代以来，中、日、韩三国的多位学者着力于其形体缀合、文字释录和内容研究，刊布了多篇重要成果，推动唐代公文书、法制史和财政史等领域的研究。本文将先梳理这一公文书的缀合、释录历程，继之提供一份

\* 本文系国家社科基金青年项目"官阶优免与唐代赋役体系运行研究"（21CZS020）阶段性成果。

① 按，有关"《金部旨符》"这一简称，笔者旧文曾提到是《度支奏抄》经过批准而成为《金部旨符》下发这一理由（顾成瑞《韩国国博藏〈唐仪凤四年金部旨符〉残卷释录与研究》，包伟民、刘后滨主编《唐宋历史评论》第 8 辑，社会科学文献出版社，2021，第 84 页）。侯振兵采纳了这一简称，参见其著《朱雷先生新刊布吐鲁番文书之四残片考释》（《"隋唐五代的中原与四方"学术研讨会暨中国唐史学会第十四届年会论文集》之"物质文化与西域文明"部分，河南大学，2023 年 4 月，第 233 页）。实际上在此之前，中村裕一就称之为"《金部旨符》"（参其著《唐代官文书研究》，中文出版社，1991，第 30 页），大津透后来确认了这一点（《日唐律令制の财政构造》，岩波书店，2006，第111 页）。

较为全面、准确的录文，在此基础上分析《金部旨符》的内容构成及其所反映的唐前期财政运行实态。

## 一　《金部旨符》的缀合历程

《金部旨符》主体部分的缀合是由日本学者大津透、榎本淳一完成，释录和研究却是在此之前由中国学者发起，尔后中、日、韩三国学者相互启发、接续承担的。首先要提起的是许福谦先生。他制作了在国家文物局吐鲁番出土文书整理小组处见到的 72TAM230：46/1、72TAM230：46/2 文书"整理之复制件"的录文，然后根据唐代赋役课征、财政运作、政区建置等方面背景对录文予以校补，继之推定文书年代、性质，解释疑难名词，分析文书反映的沿边诸驿财物收支、交州都督府税米及安海等地防人粮料支配、庸调物征收折纳等问题。①

根据 72TAM230：46/1 中安北都护府、交州都督府等建置和唐前期度支、金部等官署名称改易情况，许先生将这件文书的时间上限定在咸亨元年（670），下限定在调露元年（679）。至于 72TAM230：46/2，作者认为由安海县归属钦州这一线索，可判定文书下限在新置陆州辖安海县的上元二年（675）；而据"东都"称谓的使用，将文书上限定在显庆二年（657）改洛州为东都时。作者认为它们同属于撰成于咸亨元年至上元二年的度支式，内容上保留了永徽度支式的旧貌。断为度支式的依据，乃是文书内容"大都是讲各府、州庸调的征收、运输、折纳、贮藏与分配的，具有相当的法律约束作用"，与"式"的编撰形式和内容属性相吻合。

许先生对录文的改补，有助于疏通文书内容，但部分补字却属臆断。如，接续"安海"的"玉山"，后来韩国所藏 2020NMK1：1（即大津透录文编号为 S'）完整公布，显示这一处是"安海镇虽"。由此，文书的年

---

① 许福谦：《吐鲁番出土的两份唐代法制文书略释》，北京大学中国中古史研究中心编《敦煌吐鲁番文献研究论集》第 2 辑，北京大学出版社，1983，第 543—580 页。

代判定也不受上元二年安海县隶属陆州这一因素影响了。

许文将安北都护府诸驿赐物的规定，与贞观二十一年（647）铁勒、回鹘等十三部内附后所置的"参天可汗道"邮驿相联系，揭示了这一条目的历史背景。安海等地防人粮料旁出交州，是当地"不生菽粟，又无丝绵"的资源禀赋所致。租调折纳的出现则说明这一制度在唐高宗年间就已实行，而非以往认为的开元年间。以上历史信息的揭示富有启示。

率先指明《金部旨符》缀合方向的是池田温先生。1984 年他在日本唐代史研究会的报告《最近唐代法制资料发现的介绍》，重点陈述了许福谦对前述两件吐鲁番文书的释读和研究，转录了许氏追补后的文书内容，并且，检讨了许氏对文书断代的依据，对以安海、玉山两县从钦州分出新置陆州的上元二年（675）为限持保留意见，认为文书断限为高宗在位末期的 670 年代是较为妥当的。作者根据大谷文书 2603、1263、2597 的内容，发现它们与许氏所研究的两个断片原属一件文书。① 1985 年在中国乌鲁木齐召开的"中国敦煌吐鲁番学会第二届学术大会"上，池田温发表了《吐鲁番出土唐仪凤年间度支金部旨条——大谷文书简介》，对中国方面公布的考古出土两大片文书的年代做了新的修订，同时指出日本大谷文书中有类似带苇席痕迹的 92 个残片，并做了初步拼接。它们不仅在内容上与阿斯塔那 230 号墓所出诸片具有一体性，而且在书式上，如背押"俭"字、每段开头的"一"、字体书法等方面也保持一致。② 另外，就在同届敦吐学会年会上，牛来颖先生发表的论文中对属于《金部旨符》的大谷 1262、1263 号文书小田义久所做录文进行校勘，指出二者是一件公

---

① 池田温：《最近における唐代法制资料发见の绍介》，唐代史研究会编《中國律令制の展開とその国家・社会との关系》，刀水书房，1984，第 68—72 页。

② 有关此次会议的概况介绍，参见《中国敦煌吐鲁番学会一九八五年学术讨论会纪要》，《中国史研究》1986 年第 1 期。池田温参会论文的内容概要，请参陈国灿《略论日本大谷文书与吐鲁番新出墓葬文书之关联》，中国敦煌吐鲁番学会编《敦煌吐鲁番学研究论文集》，汉语大词典出版社，1990，第 268—287 页。

文书的两个断片，该公文书的性质是一件尚书金部下发诸州诸牧监的符。①

在池田温、小田义久的指导下，大津透和榎本淳一完成了大谷苇席文书两百余片的拼合，最后定名为《仪凤三年度支奏抄、四年金部旨符》。他们合撰《大谷探险队吐鲁番携来苇席文书群的复原：仪凤三年度支奏抄、四年金部旨符》一文，对大谷文书中相关断片缀合情况、所涉官僚机构官吏人员和文书流转情况一一揭示，并指出这是一份早已失传的唐朝中央朝廷类似格、式的法制性材料。该文 1987 年 1 月发表于《东洋史苑》第 28 号上。② 大津透另撰《唐律令制国家的预算——仪凤三年度支奏抄、四年金部旨符试释》，发表于 1986 年的《史学杂志》上，将其缀合相关大谷文书与 72TAM230：46/1、2 及陈国灿致池田温信件中所提到的阿斯塔那 230 号墓所出另外五枚残片缀合并录文，继而讨论文书性质、内容概要和唐代财政预算编制情况。③

陈国灿在"中国敦煌吐鲁番学会第二届学术大会"上与池田温交流，提到阿斯塔那 230 号墓中尚有六小片文书在性质上类似《金部旨符》，或可以与大谷文书相关残片拼合。他在致池田温的信函中，订正了许福谦有关 72TAM230：46/1、2 的录文，公布其中五个残片文书缀合图，后撰成《略论日本大谷文书与吐鲁番新出墓葬文书之关联》一文，又将阿斯塔那 227 号墓所出两件文书 72TAM227：30/1、2 缀合入《金部旨符》之中。该文撰成后提交给 1988 年中国敦煌吐鲁番学会国际学术研讨会，1990 年正式刊出。④ 陈先生这一新的缀合研究，旋被大津透所关注。后者另撰《唐仪凤三年度支奏抄、四年金部旨符补考》。该文检讨了陈文 1988 年缀

---

① 参见牛来颖《读敦煌吐鲁番文书札记》，《中国史研究》1986 年第 1 期。

② 参见大津透、榎本淳一《大谷探検隊吐鲁番将来アンペラ文書群の復原：儀鳳三年度支奏抄・四年金部旨符》，《東洋史苑》第 28 号，1987 年，第 47—78 页。

③ 参见大津透《唐律令国家の予算について—儀鳳三年度支奏抄・四年金部旨符試釈》，《史学雑誌》第 95 卷第 12 号，1986 年，中译文见刘俊文主编《日本中青年学者论中国史·六朝隋唐卷》，上海古籍出版社，1995，第 430—484 页。

④ 该文收入《敦煌吐鲁番学研究论文集》，第 268—287 页。

合方案，将 TAM227：30/1 缀合在大谷 1291 号与 1290 号文书之间。对于 TAM227：30/2 文书的缀合次序，采纳陈氏的意见。后据这部分内容讨论了以牧监经费、军物送纳与和籴为代表的唐代军事财政。①

随着中国国家文物局吐鲁番出土文书整理小组工作的推进，《吐鲁番出土文书》录文本 1—10 册、图录本 1—4 册在 1980、1990 年代由文物出版社陆续推出。其中，出版于 1987 年的录文本第 8 册收录 TAM230：46/1、2 等文书时，部分采纳了池田温等对文书缀合和研究的成果。文书定名为《唐仪凤三年（678 年）中书门下支配诸州庸调及折造杂练色数处分事条启》。整理小组的定名依据是"本件出自停尸苇席上，纪年已缺，据日本大谷文书 2597 号内容、书法及印有席纹，均与本件相符。大谷文书纪年为仪凤三年十月廿八日，内称'支配仪凤四年诸州庸调及折造杂练等处分事条'，又后称'谨启'，今据以定名。本件文书背面骑缝均有'俭'字"。② 整理小组将 72TAM230：84/1—6 列在 TAM230：46/2 之后，指出同属一件文书。TAM227：30/1、2 文书被编入 1990 年出版的《吐鲁番出土文书》第 9 册之中，题为《唐处分征纳物文书》。整理小组认为"本件内容似为唐代格式，但首尾残缺，不能确定"。③ 1996 年出版的《吐鲁番出土文书［肆］》（图录本），在收录 TAM230 相关文书时，将题名改为《唐仪凤三年（678 年）尚书省户部支配诸州庸调及折造杂练色数处分事条启》，录文则一仍其旧。④ 对于 TAM227：30/1、2 的著录，整理小组意见有所变化，指出"本件二片均压有明显苇席纹，与同册阿斯塔那 230 号墓所出唐仪凤三年条启内容一致，书法亦同。经研究，本件（一）片可与大谷文书 2597（1）、1291 号拼接，（二）片可与大谷 1433、1282、1298、1292、2597（2）等号拼接，证明本件为《唐仪凤三年尚书省户部

① 大津透：《唐仪凤三年度支奏抄·四年金部旨符补考》，《东洋史研究》第 49 卷第 2 号，1990 年，第 1—24 页。
② 国家文物局古文献研究室、新疆维吾尔自治区博物馆、武汉大学历史系编《吐鲁番出土文书》第 8 册，文物出版社，1987，第 136 页。
③ 《吐鲁番出土文书》第 9 册，第 233—234 页。
④ 唐长孺主编《吐鲁番出土文书［肆］》，文物出版社，1996，第 65—69 页。

支配诸州庸调及折造杂练色数处分事条启》的一部分"。① 这件文书的性质判定和缀合，吸收了陈国灿的意见。

刊行于 1989 年的《敦煌吐鲁番唐代法制文书考释》一书收录了阿斯塔那 230 号墓出土同属《金部旨符》的相关文书。据"后记"，作者刘俊文先生指出本书完成于 1984 年。② 有关《金部旨符》的文书断片录文，是照录国家文物局古文献研究室录文。③ 刘俊文尚未将这一批文书与大谷文书关联，推断其为仪凤度支式而非永徽度支式，④ 回应了许福谦的判断。刘著还根据文意，参酌各行字数，对多处文书缺失部分进行补字。⑤

李锦绣利用大津透等缀合的《金部旨符》研究唐前期的财政预算，撰成《唐前期支度国用计划的编制及实施》一文，分成上、下两篇，分别于 1991 年、1993 年发表于《北京大学学报》上。⑥ 上篇中，李先生对大津透的录文提出商榷意见，认为 D6 行的"无多"之"无"似为"总"，G'16 行的"诸"文意难通，应为"讫"，G4 行"曹司不决"的"不"当为"难"，A1 行的"役"当为"使"，A15 行"州宜任"的"任"当为"依"，A23 行的"任"字也当为"依"，C3 行"关到"的"到"应是"至"，图版很清晰。⑦ 大津透后在 2006 年出版的《日唐律令

---

① 唐长孺主编《吐鲁番出土文书［肆］》，第 386—387 页。
② 刘俊文：《敦煌吐鲁番唐代法制文书考释》，中华书局，1989，第 591 页。
③ 参见刘俊文《敦煌吐鲁番唐代法制文书考释》，第 310 页。对于 72TAM230：84（1）—（6）的断片录文，作者明确说"兹照录国家文物局古文献研究室录文草稿"，第 322 页。
④ 刘俊文：《敦煌吐鲁番唐代法制文书考释》，第 314—315 页。
⑤ 刘俊文：《敦煌吐鲁番唐代法制文书考释》，第 315—318、324—325 页。
⑥ 李锦绣：《唐前期支度国用计划的编制及实施（上）》，《北京大学学报》1991 年第 2 期；《唐前期支度国用计划的编制及实施（下）》，《北京大学学报》1993 年第 2 期。2023 年 7 月中旬，在浙江大学高研院的暑期工作坊上，李老师向包括笔者在内的青年学人讲述了自己从事唐代财政史研究的历程：1980 年代敦煌吐鲁番学会年会上见到有关"度支奏抄"整理与研究的论文，其后读到大津透等人缀合成果，于是决心从事唐代财政运作的研究。
⑦ 李锦绣：《唐前期支度国用计划的编制及实施（上）》，《北京大学学报》1991 年第 2 期，第 81 页。

制的财政构造》一书中将 C3 的"关到"改为"关至"，其他则依旧。①
今对照文书彩色照片，可知李先生所谓"役"作"使"、"任"作"依"
判断成立，其他几处不易判断。李文中引用《金部旨符》时，还对若干
大津透录文所补内容有所修改，或对缺失内容有所增补。她在 1995 年出
版的《唐代财政史稿（上卷）》中引用《金部旨符》时，对补录文字又
有新的校补。②

　　韩国国博美术资料中心收藏有大谷探险队从西域携带来的考古资料，
其中就有贴在苇席面上的文书。大津透推定其可与已刊《金部旨符》文
书相缀合。1995 年，韩国学者闵丙勋、安秉灿合作发表《国立中央博物
馆所藏吐鲁番出土文书管见》一文，释读了处于外层的文书部分文字，
粘在内层的文书尚未被揭剥。③

　　大津透在 2006 年出版的《日唐律令制的财政构造》一书第一部第
一章"唐律令制国家的预算——仪凤三年度支奏抄、四年金部旨符试
释"中，综括了此前学界有关文书缀合、释录成果，将韩国所公布文书
与中国所藏 72TAM230：46/2 文书拼合，还将 72TAM230：84/6 放在
《金部旨符》C'2—4 行下部，校订了录文。④ 这一成果，此后成为公认权
威的《金部旨符》释录文本。此外，大津透指出吐鲁番出土文书
64TAM29：110/1—6、120（a）《唐处分庸调及折估等事残文书》、
64TAM29：126（a）《唐西州都督府残文书》，⑤ 应为咸亨三年前的公文
书，与《唐仪凤三年度支奏抄、四年金部旨符》是同一性质的。其中，
前者"（七）"的规定与后者 F'3—4 行规定相同。换言之，西州出土了至
少两个年份的《金部旨符》，只不过咸亨三年前的这一件现存内容较少

---

① 大津透：《日唐律令制の財政構造》，第 48 页。
② 李锦绣：《唐代财政史稿（上卷）》，北京大学出版社，1995，第 23—52 页。
③ 笔者尚未找到闵丙勋、安秉灿合著论文的原文，相关情况来自大津透《日唐律令制の财
　政構造》，第 30—31 页。该文公布文书录文在该书第 97 页有移录。
④ 大津透：《日唐律令制的财政构造》，第 33—48 页。
⑤ 唐长孺主编《吐鲁番出土文书［叁］》，文物出版社，1996，第 353—354 页。

罢了。

韩国国博在 2020 年对苇席文书做了全面整理，将文书里外两层进行分离，与中国阿斯塔那 230 号墓所出《金部旨符》文书残卷缀合，成果收入当年 12 月刊行的《国立中央博物馆收藏中亚古文字 I：吐鲁番地区的汉文资料》。李泰熙、权詠佑合作提供了这一部分的文字释录，并将大津透所释后一部分录文移入，实际上这是当时对《金部旨符》已知部分最完整的录文。① 权詠佑另撰《唐文书附着尸席复原性格》，简要介绍了《金部旨符》文书复原与研究经过，分析了文书作废被做成苇席葬具的情形。② 李泰熙《"仪凤三年度支奏抄、仪凤四年金部旨符"解说》，对唐前期庸调收入账目、分配、《金部旨符》诸条内容排列加以探究。③ 千周铉《唐代尸席文书分离复原与纸质调查》描述了文书分离和复原的过程，公布了针对文书纸张研究的进展。④ 这一书册，当时在韩国国内流传尚不广，更难为域外学者所知。

韩国国博在 2021 年 6 月 14—20 日以"国立中央博物馆中亚馆吐鲁番地区的汉文资料"为题，首次公开展出了文书。顾成瑞获得展出的文书照片，旋即着手研究，于当年 7 月出版的《唐宋历史评论》第 8 辑上发表《韩国国博藏〈唐仪凤四年金部旨符〉残卷释录与研究》一文，缀合文书、释录文字，并将文书涉及岭南庸调征收、运输等规定与唐前期令式规

---

① 국립중앙박물관（国立中央博物馆编）《국립중앙박물관소장중앙아시아고문자I-투루판（吐鲁番）지역의한문자료》（《国立中央博物馆收藏中亚古文字 I：吐鲁番地区的汉文资料》），2020，第 72—79 页。

② 국립중앙박물관（国立中央博物馆编）《국립중앙박물관소장중앙아시아고문자I-투루판（吐鲁番）지역의한문자료》（《国立中央博物馆收藏中亚古文字 I：吐鲁番地区的汉文资料》），第 94—121 页。

③ 국립중앙박물관（国立中央博物馆编）《국립중앙박물관소장중앙아시아고문자I-투루판（吐鲁番）지역의한문자료》（《国立中央博物馆收藏中亚古文字 I：吐鲁番地区的汉文资料》），第 122—134 页。

④ 국립중앙박물관（国立中央博物馆编）《국립중앙박물관소장중앙아시아고문자I-투루판（吐鲁番）지역의한문자료》（《国立中央博物馆收藏中亚古文字 I：吐鲁番地区的汉文资料》），第 136—149 页。

定相参证，揭示了相关制度的运行情况。①

顾成瑞对文书的释录未能及时参考韩国国博整理小组的录文。现经对比，可知二文在文字释录和断句方面有 26 处不同。朴根七 2022 年发表《韩国国立中央博物馆收藏吐鲁番出土文书的解读与分析——〈唐仪凤三年（678）度支奏抄·四年（679）金部旨符〉文书的重新研究》一文，对顾文未参考韩国国博整理小组录文和未给出足够详细的释读依据，多有批评。他在以上两份录文的基础上，对照图版，查阅资料，在韩国国博录文基础上予以修订。对于前揭 26 处不同，朴文中 12 处（含 1 处新补录）采用了韩国国博录文，13 处与顾文录文相同，1 处是由自己提出增补意见。他仅在 1 处明确提出是采纳顾文录文；其他 12 处，则未言及顾文释录，提出是从图版字形和文意上对韩国国博整理小组录文、断句的修改。② 总体而言，这一录文较之韩国国博整理小组和顾成瑞的录文，更为准确。不过，也并非皆属定准，部分释读还当商榷。

权詠佑于 2022 年发表《韩国国立中央博物馆藏附有唐文书的苇席复原——以吐鲁番文书和大谷文书的关系为中心》，对于阿斯塔那 230 号墓用作苇席葬具的《金部旨符》文书分散于中、日、韩三国典藏机构的经过和文书分离、复原及研究历程加以介绍，重点分析了唐代长安三年（703）将《金部旨符》折叠、剪裁铺垫在停尸苇席上的情形。③

朱雷先生受新疆维吾尔自治区博物馆吴震先生委托，承担了馆藏部分未刊吐鲁番文书的整理工作。朱先生在耄耋之年完成文书释录、编号、定名，将书稿交付给出版方后，不幸于 2021 年 8 月辞世。2022 年 4 月《吐

① 顾成瑞：《韩国国博藏〈唐仪凤四年金部旨符〉残卷释录与研究》，包伟民、刘后滨主编《唐宋历史评论》第 8 辑，第 72—85 页。
② 朴根七：《한국국립중앙박물관 소장 吐鲁番 출토문서의 판독과 분석— '唐儀鳳 3 年（678）度支奏抄·4 年（679）金部旨符' 문안의 재검토—》，《东洋史学研究》第 158 辑，2022 年，第 137—194 页。
③ 权詠佑：《한국국립중앙박물관 소장 唐文書가 부착된 삿자리［葦席］의 복원— 吐鲁番文书 및 大谷文書와의 관계를 중심으로 —》，《中国古中世纪史研究》第 63 辑，2022 年，第 153—196 页。

鲁番出土文书补编》（下文简称"《补编》"）终得以出版。其中，有与《金部旨符》相关的一组文书，分别编号为 72TAM230：46/3、72TAM230：46/4、72TAM230：46/5、72TAM230：46/6。朱先生已指出 72TAM230：46/4 与此前已刊文书的连缀关系。① 随之，丁俊、侯振兵分别撰文对这一组文书其他三片的释录、缀合提出新方案，并讨论了"填欠""半输"等赋税征管环节的问题。其中，对于 72TAM230：46/5，两文皆以为应缀合在 H' 部分的 11、12 行的上部。72TAM230：46/6 残片，丁文认为应缀合在 A'25、26 行，侯文认为似缀合在 D' 文书之后。丁文的意见为确。72TAM230：46/3 残片，丁文将这一断片缀合在 B'11—12 行，侯文将之缀合在 G 片文书第 1 行之前。丁文的方案似更合理。②

## 二 《金部旨符》释录

《金部旨符》缀合和相关研究工作，是伴随着相关文书断片刊布而陆续推进的。2020 年以来韩国国博文书和《补编》文书公布，相关缀合、释录成果已有数种，有必要在大津透所作录文基础之上，提供一份整体性的录文。有感于此，笔者不揣浅陋，将已刊布、连缀的《金部旨符》移录于此，加以校勘，以求教于方家。文书各部分沿用大津透缀合编号，韩国国博所藏部分和《补编》新刊部分，则注明刊布方各自的编号。对于韩国国博所藏部分的录文，通校收藏方整理小组（简称"整理小组"）录文、顾成瑞论文（简称"顾文"）录文和朴根七论文（简称"朴文"）录文，择善而从，不立底本，相异处出注说明。其他部分则在大津透 2006 年录文的基础上校补。

---

① 朱雷：《吐鲁番出土文书补编》，巴蜀书社，2022，第 77—79 页。
② 参见侯振兵《朱雷先生新刊布吐鲁番文书之四残片考释》，《"隋唐五代的中原与四方"学术研讨会暨中国唐史学会第十四届年会论文集》，第 232—244 页；丁俊《〈仪凤三年度支奏抄·四年金部旨符〉新碎片的缀合与相关讨论》，《西域研究》2023 年第 3 期。

S' 部分（2020NMK1：1）

（前缺）

01　　　乡土所出①，其折造绫罗乘（剩）等物，并雇染价

02　　　□所折②庸调多少及估价高下、求觅难

03　　　□□并□□③〔　〕申到④度支、金部。

04　—　所配桂、广、交都督府庸调等物，若管内

05　　　诸州有路程远者，仍委府司量远近处

06　　　受⑤纳讫，具显色目，便申所管⑥。应支配外

07　　　有乘（剩）物，请市轻细好物，递送纳东都，仍

08　　　录色目，申度支、金部。

09　—　岭南诸州折纳米粟及杂种支⑦料供足外，有

10　　　下湿处不堪久贮者，不得多贮，致令损坏。

11　—　桂、广二府受纳诸州课税者，量留⑧二年应

12　　　须用外，并递送纳东都。其二府管内有

13　　　州在府北，□庸调等物应送杨府，道便⑨

14　　　者任留州贮，运次随送，不得却将南出⑩，

---

①　顾文录为"巧□可以"，兹从整理小组录文。

②　整理小组录作"□"，兹从顾文所录。朴文列出"所折庸调"的录文依据。

③　顾文录文为"易□□匹□"，兹从整理小组所录。

④　顾文录文为"申□□"，整理小组录为"申〔　〕"，朴文比照《金部旨符》其他段落补录为"申到"，兹从。

⑤　整理小组录为"□"，兹从顾文所录。朴文从文意方面补为"受"。

⑥　整理小组录为"□"，朴文认为从字形上看似为"管"，但无论是"便申所管"，还是"便申，所管……"，文意似不通。

⑦　顾文录为"与"，兹从整理小组所录。

⑧　顾文录为"经贮"，兹从整理小组所录。

⑨　整理小组录作"□"，兹从顾文录文。朴文认为从文意上看应为"便"。

⑩　整理小组录作"却持南土"，朴文录为"却持南出"，兹从顾文所录。

15　　　　　致令劳扰。每年请委录事参军勾会

…………………………………………………（缝背署"俭"）

16　　　　　出纳，如其欠乘（剩），便申金部、度支，若有不

同，随

17　　　　　□□附①。

H'部分（01—03 行画线录文来自 H'，其他来自 S'）

18（01）— 交州都督府管内诸州有兵防应须粮

19（02）　料，请委交府，便配以南诸州课物，支给三年

20（03）　粮外，受纳递送入东都。其钦州安海镇虽

04　　　　　非所管，路程稍近，遣与桂府及钦州相知，

05　　　　　准防人须粮支配使充。其破用、见在数，与计

06　　　　　帐同申所司。

07　　　— 诸州调麻，纳两京数内，六分取一分□□②，纲送者

08　　　　　不在折酬之限。

09　　　— 诸州庸调折纳米粟者，若当州应须官物

10　　　　　给用，约准一年须数，先以庸物支留，然后折

（01、02 行画线录文来自 72TAM230：46/5）

11（01）　取米粟③。无米粟处，任取部内所堪久贮之物。

12（02）— 庸调送纳杨府转运，〔　　　　　〕纲典部领，以

13　　　　　官船□课船□〔　　　　　　　　　〕□还，并请递

---

① 顾文录作"□"，整理小组将最后一字录为"附"，可从。朴根七据文意推测为"随状科附"。
② "六分取一分"之后所缺二字，许福谦在《吐鲁番出土的两份唐代法制文书略释》一文
　　中提出"充脚"和"折粟"两种补字方案，参见《敦煌吐鲁番文献研究论集》第 2 辑，
　　第 553—554 页。大津透采用"折粟"方案，参见《日唐律令制の财政构造》，第 56 页。
　　刘俊文、李锦绣则认为是"折酬"，《唐代财政史稿（上卷）》，第 30 页。
③ 这是《补编》收录文书，侯振兵、丁俊均采用这一缀合方案，兹从。

14　　　　　　［　　　　　　］□□ 杨 府库物，若

················································（缝背署"俭"）

15　 府 杂用不足，请府司准一年应须用数，

16　量留诸州折租市①充，讫申所司。又准

17　 敕 ［　　］各依常限，贮

18　　　　［　　］宜候春水得通舡（船）之后，然

S 部分（2020NMK1：2）（01 行录文被剪断，今拼合）

19（01）　［　　］ 州 长行，即须至东都，水既长（涨）②

02　□ 舡（船） 不 可停， 了 日速即发 运 ③。

03　一 雇 运 庸 调 □ 杂 彩等，先尽部内防阁、庶

04　仆、邑士，如无即 通 取 ④州县 百 姓 杂识（职）⑤ 及捉

05　钱佐⑥史。此□家无人力，不堪雇运，任通⑦

06　 取 ⑧ 百 姓，不得因兹递相假 冒 。其公廨及

07　官人并官人亲知，并不得假冒相知⑨，容其雇

---

① 大津透认为"市"字为"布"的误书。实际上为便于租庸调物的运输，除了江南地区有折租造布做法之外，据文书 S'6—8 行岭南地区还有将庸调市换为"轻细好物"者。P.2507《开元水部式残卷》第 78—80 行，"桂、广二府铸钱及岭南诸州庸调并和市、折租等物，递至扬州讫，令扬州差纲部领送都。应须运脚，于所送物内取充"，参见刘俊文《敦煌吐鲁番唐代法制文书考释》，第 331 页。可知折租物似未必为布。

② 《吐鲁番出土文书［肆］》录文为" 即 须 至 东 都 水 既 涨 "，大津透录文为" 部 领 至 东 都 。 水 既 涨 "。整理小组将两件文书缀合后，录出以上文字，兹从。

③ 顾文录为" 运 "，整理小组录作"□"。朴文认为据文意可补"运"。

④ 整理小组录为"□"，兹从顾文所录。朴文认为据文意可补"取"。

⑤ 整理小组录为"职"，兹从顾文所录。

⑥ 整理小组录为"令"，兹从顾文所录。

⑦ 整理小组断句为"此□家无人力不堪，雇运任通"，兹从顾文所断句。

⑧ 整理小组录文为"□"，兹从顾文所录。

⑨ 整理小组录文断句为"不得假冒，相知……"，兹从顾文。

08　　　　　运。其庸调送向配所，⬚应须防援，差①随近兵

09　　　　　⬚及百姓充。

10　　　　— 诸州所煞（杀）虫狼赏，请准一年所须之数，以庸

11　　　　　调及折租物留纳本州，须数纵多，不得过

　　　……………………………………………………（缝背署"俭"）

12　　　　　五十段，随⬚须给付。

13　　　　— 潞、泽二州所料细好调麻纳京及东都，拟

14　　　　　⬚造②东布供进者，请取水色明净无节额

15　　　　　⬚皮薄片长牢（罕）细③者。

H 部分（01、02、04 行画线录文来自 S）

16（01）— ⬚供④□□蕃⑤客料，令⑥路⬚次州，准一年应须数，取

17（02）　正⬚义仓充。如其不足，以折租物充，不得浪

03　　　　　破庸⬚调。

18（04）— 诸州庸调先是布乡兼有丝绵者，有百姓⑦

05　　　　　情愿输绵绢绝者听，不得官人、州县公廨典及

06　　　　　富强之家僦勾代输。

07　　　　— 拟报诸蕃等物，并依色数送□（纳?），其交州

---

①　整理小组断句为"应须防援差"，兹从顾文。

②　整理小组录作"遣"，兹从顾文所录。朴文亦认为从文意上，"造"比"遣"通顺。

③　顾文录作"牢纽"，兹从整理小组所录。

④　整理小组录为"⬚亻"，兹从顾文所录。

⑤　整理小组录作"⬚番（蕃）"，今检文书图版，"番"上残缺，应是"艹"残，兹从顾文所录。

⑥　整理小组录为"今"，兹从顾文所录。

⑦　S16—19 行可与 H1—4 行缀合。由于该件文书纸张较厚，S 与 H 之间的裂痕既有左右的关系，又有上下的关系。其中，H1—3 行的"⬚供""正⬚义""破庸⬚调"六字位于纸张的表层，这六字字迹同时保留在纸张里层 S16—18 左上角。

08　　　　　都督府报蓄物，于当府 折 [ 　 ] 给 （?）用，所

09　　　　　有破除、见在，每年申度 支 、金 部。其安北都

（画线部分来自 72TAM230：46/4 的 01、02 行）

10（01）　　护府诸驿赐物，于灵州都督府给，单于大

　　　·················································（缝背署"佥"）

11（02）　　都护府诸驿赐物，于朔州 给，并请准往

12　　　　　例相知给付，不得 浪 （?）[ 　 ]。安北都护府

13　　　　　[ 　　　　　　　　 ] 色 数于灵州

14　　　　　[ 　 ] 给 （?），如 其 不 须，不得浪有请受，

15　　　　　[ 　 ] 讫，具申比部及金部，比部勾讫，关

16　　　　　[ 　 ]（金部?）①。

17　　 一 [ 　　　 ] 纳 秦、凉二府者，其绢并令练

18　　　　　[ 　　　　 ] 心 ②，其州县官人及亲识并公

19　　　　　[ 　 ]（廨典?）□（依?）③ 令 并 不得僦勾受雇为
[ 　 ]。

（后缺）

F'、E'、D'（以下主体为大谷文书，括号内除了对异体、错讹倒乙字
校正外，若未加说明，则为大津透据文意所补，或是对所补字存疑）

F' 部分

01　　　　　勘预定，秦州 相 知 前 □□ [ 　 ]

02　　　　　至秦州日，即仰秦州准程以近 □□□ （及远仰?）

---

① 大津透认为本行缺字为"金部"。
② 据文书图片，所缺之字为"心"字底，大津透录文已录出。
③ 大津透认为本行首所缺之字有"廨典"，与前行合起来为"公廨典"，"令"前疑为
"依"。

03 　　　　　|令|送纳原州。其长川镇一年所须亦□（委？）

04 　　　　秦州官司斟量，便即贮纳。诸|使|（？）监|请|

05 　　　　□〔　　〕□〔　　〕□□□〔　　　　　〕（人至日，官司分明
给付，不得〔　　　〕）①

（此处相接不缺行）

E' 部分

01 　　　　□□〔　　　　〕□|拟|（？）|凭|勘会。

02 　　—诸州所送庸调等物，令典预□〔　　〕

03 　　　　文解到所司，趁榜物到，限五日纳了。|犹|（？）

04 　　　　抄（？）多不了者，限□□五□〔　　〕□〔　　　　〕

05 　　　　官司明加检阅，勿使付滥〔　　　　〕

06 　　　　因兹浪有颉颃。所司纳了，|具|〔　　　　〕

07 　　　　日及纳物色〔　　　〕了日，速申度支。其

08 　　　　纳两京□〔　　　　〕等，每州纳了三日内，

09 　　　　状申到度支。如有违限，随状科附。

　　　　⋯⋯⋯⋯⋯⋯⋯⋯⋯⋯⋯⋯⋯⋯⋯⋯⋯⋯⋯（缝背署"俭"）

10 　　—诸牧监煞（杀）|虫|②狼赏，每年陇右〔　　〕（诸监给？）

11 　　　|练|壹阡匹，给秦州纳数|内|，便送|长|□（川）

---

① 此行为笔者所补。大津透指出吐鲁番文书 64TAM29：110/1—6、120（a）《唐处分庸调
及折估等事残文书》与 64TAM29：126（a）《唐西州都督府残文书》是咸亨三年前的一
份《金部旨符》，与本文讨论的仪凤四年《金部旨符》虽不是同一年庸调支配方案，但
内容方面多有一致之处。其中断片（七）64TAM29：120（a）与 64TAM29：126（a）可
缀合为：（前缺）1. 委秦府官司斟量，便将贮纳。诸使、监请人至日，官司/（此处为纸
缝，缝背有署字，不清）2. 分明给付不得〔　　　　〕限八月/3. 上旬申到司〔　/4.
|一| |诸| |州| |所|〔　　　　〕。文书原载唐长孺主编《吐鲁番出土文书〔叁〕》，第 353
页，本注缀合及录文引自大津透《日唐律令制の财政构造》，第 110 页。据之，可提供如
上补字。

② 大津透原录文为"兽"，今核对大谷 1278 号文书，所存部分为"虫"字上部。

12 镇。□（秦?）州□□（诸监）给壹阡 [ 　 ]（匹于）本

州给，本

13 州物少□（不）足，即于长川镇给。原 [ 　 ]（州诸）

14 监给捌伯匹于本使给，艹 [ 　　　　　 ]

15 [ 　 ]□[ 　 ] 便送原州使。盐州羊牧使给

D'部分

01 陆伯匹并羊羔犊伍伯匹，准①于本使

02 给。岚州诸监于州给。其破除、见在，每

03 年，限八月上旬，具状申到度支。

04 一 诸王任都督、刺史，准格每年配庸调

05 贰阡段，送任所供用。有乘（剩）回入后年，

06 不得别将余用。其破除、见在，每年

07 八月上旬申到度支。并（?） [ 　 ] 改（?） 尽（?）

已用、见

08 在，具状即 申 度支、金部，计会配处（?）。

09 一 支配庸调，其中有全输半输，乃（为?）出绢

10 布绝等州，不 役庸内遂不显折令约准

（后缺）

D、E、F部分

（前缺）

D部分

01 [ 　 ]□司 据 见 在 数 征 纳 及

02 有计帐不到，亦约去年支配讫，亦（?）仰（?）

03 州 [ 　 ] 征纳。旨 符到日，即勘

---

① 大津透将"准"录为"至"，并打问号，给予注出。从文书图版上看，应为"准"。

04 　　　　□（会）□［　　］

05 　　　一 剑南诸州，造绫罗杂彩及染价费，

06 　　　　　［　］无（?）多，估价之间，或有欺妄，既酬官物，

07 　　　　　［　］□［　］请令金部每年覆囚使，

08 　　　　　［　］□部，若有欠负，随状科附。

09 　　一［　　］□（州?）应须折留本州供用及使（?）王（?）

10 　　　　　［　］□其脚钱请以七里百（百里）为限

　　　·················································（缝背署"俭"）

11 　　　　　［　］□折留之数。

**E 部分**

01 　　一［　　　］□ 配 纳凉 州 、秦州者，先尽

02 　　　　　　　　　　　　］□并纳配所，其

03 　　　　　［　　　］ 秦 州已西路次州县镇戍 量 ①

04 　　　　　［　］□（［差兵防］ 人 ?）② 夫防援，勿使失□，如

有损□

05 　　　　　　　　　　　　］□，所由官人并节级

06 　　　　　［　　　　　　］

07 　　一［　　　　］ 帐 及旧例支配，或于州③

08 　　　　　　　　　　　］应须段张并请来［　　　］

09 　　　□［　　　　　　　　］□由状申到 度 （?）

10 　　　支［　　　］□后年支配，拟凭处分

11 　　　　　［　　］须不得浪［　　　　］

　　　········································（缝背署字不明）

---

① 大津透原录"□"，对照缀合大谷 1290 号文书，所存部分为"量"字上半。

② 此处是笔者据 A'11 行内容推补。

③ 此行前的条目标记，为笔者所补。

12   一 [        ] □以西须物及所在诸州牧监□

13        [             ] 拟备机要

14        [           ] □斟量给。

（此处相接不缺行）

F 部分

01    一 所 [          ] 输者，其（?）庸调

02     布 [       ] 以脚价为贵，情愿输乡

03        [      ] 县（?）官人，准一端纳绢一匹输送。

04        [     ] 奉仪凤元年十二 [    ]（月）

（后缺）

G'、A'、B' 是否缺两行接 F 不清楚

（前缺）

G' 部分

01        [        ] □□等杂用，

02     百姓有情愿依上估纳钱者，宜听州宜准

03     敕。

04    一 诸牧监所由尉长户奴婢等，春各（冬）衣、监

05     内（?）□□（杀虫）狼（?）①、羔犊等赏料，每年

请支状

A' 部分

06（01）   [  ] 文解零叠色 [      ] 计□（?）

02     凭 [        ] □监

⋯⋯⋯⋯⋯⋯⋯⋯⋯⋯⋯⋯⋯（缝背署"俭"）

---

①  本行前四字，大津透补为"内（?）□□（杀兽?）狼（?）"存疑。按，据本件文书前
文，"杀兽"应作"煞虫"。

03　　　　　[　　　　]勘会当[　　]（年）① 在并来年 应

04　　　　　[　　　　　]□使共为都帐，审定

05　　　　　绢布绵□（麻）匹端屯缑，限八月上旬太仆

06　　　　　寺具状申到度支。如更有[　　]（违限）所（?）由官

07　　　　　□（典），并请 科 附。

08　　　　—每年伊州贮物叁万段，瓜州贮物壹万

09　　　　　段，剑南诸州庸调送至凉府日，请委府

10　　　　　司，各准数差官 典 部 领，并给传递往

11　　　　　瓜、伊二州，仍令所在兵防人夫等防援 日（?），任

12　　　　　夫脚发遣讫，仰录色数具申所司②。其伊

13　　　　　瓜等州准数受纳，破用、见在，年终申金

14　　　　　部、度支。

15　　　　—轻税诸州不申色目至 讫（?），勘 会无可准

⋯⋯⋯⋯⋯⋯⋯⋯⋯⋯⋯⋯⋯⋯⋯⋯⋯⋯⋯（缝背署"俭"）

16　　　　　凭，其 所 有（?）□ 物（?）□ 诸（?）与计帐同

申金

17　　　　　部度支。

18　　　　—两京诸司杂折彩，每年数比太广，在

19　　　　　于公私，实 为劳费，请每年应支料

20　　　　　物，各令本司长官详审约当□（年）□□

21　　　　　预定来年应须杂折色数□[　　]

22　　　　　并应配两京，见（?）□（在）破 用，每年八月上旬

---

① 大津透认为"当"后所缺首字为"年"。

② 大津透录文本行第二字原为左"月"右"死"，注疑为"脚"，从文意看可取。另外，
"录色数"，大津透原录为"头色数"，据前面的录文情况，应为"录色数"。

23　　　　　申到度支、金部。

24　　　　─ □□□（诸州）所申计帐比□ [　　　] 到更下□

（第 25、26 行画线部分来自 72TAM230：46/6 的 01、02 行）

25（01）　　勘□ [　　　] 后申□□阙支配 [　]①

26（02）　　请每年申帐。绢乡、布乡、全输、半输、入②

27　　　　　官、入国等，各别为项帐。其轻税人具

28　　　　　□ [　　　] 不役 [　　] 庸丁并计应

29　　　　　[　　　　　]（五月卅?）③ 日以前申到户部，户

·········································（缝背署"俭"）

30　　　　　[　　　　　　]（部?）应支配丁租庸调数，七月④

31　　　　　[　　　　　] 到度支，不须更录封内入国

32　　　　数□更（?）有违，所由官典并请科附。

33　　　　─ 秦、夏、原、盐、岚等州诸监官庸物，每

B' 部分

01　　　　年并于当州给，仰准式例给付其物

02　　　　□□□卿（?）速申所司，每年破除、见在，具

03　　　　帐，限（?）□（八）月上旬申到度支、金部，拟据勘会。

---

① 《补编》（第 79 页）此行录文为"] 后申州今即 [ "，"今"和"即"打了问号，表示存疑。侯文采从《补编》录文。丁文释录为"] 后申州今阙□□□"，但认为"州"和"今"从残存的笔画看，不大像，值得存疑。"申"是下级向上级的申报，《金部旨符》多次出现由州申度支、金部等司规定，不见有"申州"的规定，即不涉及下级官府与州的关系。故而，"申"后恐非"州"。从字形上看，似乎为"帐"。《补编》收录文书的最后一字"即"，实际上应是"阙"的左上角，其前一字的形体不似"今"。

② 《补编》此行原录文为"] □阝 仰即全输半输入"。侯文将"即"改为"乡"。兹从丁文释录。

③ 大津透认为此行所缺后三字为"五月卅"。

④ 大津透据文意为本行首补"部"字。

04　　　　□ 雍州诸县及诸州投化胡家，富者［　　］（丁别）

05　　　　　　每年请税银钱拾文，次者丁别伍文，全

06　　　　　　贫者请免。其所税银钱，每年九月

07　　　　　　一日以后、十月卅日以前，各请于大州

08　　　　　　输纳。

09　　　　　一 诸州及少府监等进送杂彩，必须

……………………………………………………（缝背署"俭"）

10　　　　　［　　　　　］得滥恶。

11　　　□ ［　　　　　　　　　　　　　　］①

12　　　　　［　　　　　　　　　　　　　］

13　　　物 配 ［　　　　　　　　　　　］

14　　　送 纳 ［　　　　　　　　　　　］

（后缺）

C' 部分

（前缺，缺一行接 B'）

01　　　　□□□□□ ［　　　　　　　　］

02　　　　勾会□（已）用见在□符，仰出物□ ［　　］

03　　　　申到比部覆 其 （？）帐，申金部、度 ［　　　　　］

04　　　　金部勘会应在并来年□ ［　　　　］

05　　　　月中旬关到度支。一配以后诸州□ ［］（？）

---

① B'11—14 是一条规定。《补编》（第 78 页）中的 72TAM230：46/3 断片似出自这一部分。《补编》录文标识前后均缺。第 1 行为"］征百姓用填 仓 □ 折 欠。折（？）数 仰 ［"。第 2 行为"］ 出 填欠几许，浪征百姓替输。仰具 ［"。丁文将这一断片缀合在 B'11—12 行。侯文将之缀合在 G 片文书第 1 行之前，两文对于朱雷先生的录文均有改动。前者录文为"］征百姓用填 仓纳折 欠，折？ 数仰 □ ［/］出填欠几许，浪征百姓替输，仰具 ［"，后者录文为"］征百姓用填 仓内 损 欠。损 数 仰 ［/］出 填欠几许，浪征百姓替输。仰具 ［"。

06　　　　有库物欠少，卒须物用，不 充 （?）当年

07　　　　支料□ 速申 （?），先由金部□□勘

08　　　　会库帐，必其合给显定头数并

　　　………………………………………………………（缝背署"俭"）

09　　　　便检州库物色数，具关度支。如

10　　　　别 奉 　敕令遣支，亦请 金 部承（?）受

11　　　　敕令〔　〕便定须数 及 〔　〕□州库

12　　　　物 □□度支给。

13　　 一 诸州庸调送配所，一千□（里）内限

14　　　　十月上旬到，二千里内限十一月上旬

15　　　　到，三千里内限十二月下旬到， 应 （?）州期

16　　　　限各所司受纳，□□□□ 庸 调 〔　　　〕

17　　　　所纳之司即□〔　　　　　　　　　　〕

18　　　　度支。

19　　 一 〔　　　　　　　　　　　　　　　〕

（后缺）

G、A、B 是否缺一行左右接 C' 不清楚

G 部分

01　　　　〔　　　　　　　　〕〔〕〔〕□□□□

02　　　　后有不稳便要须改张，及诸州库

　　　………………………………………………………（缝背署"俭"）

03　　　　物欠少卒须物用等，并请所司量事

04　　　　处分。事理要重，曹司不决者，请录状

05　　　　〔　〕（?）

A 部分

01　　　　尚书左仆射〔　　　　〕（太子）宾客同中书门下三品

监德（修）国□（史） 乐城 □（县）开国公使

| | |
|---|---|
| 02 | 尚书右仆射太□ ［　　　　　　］公　至德① |
| 03 | 户部尚书上柱国平恩县开国公　　　　圈师 |
| 04 | 朝散大夫守相王府司马兼检校户部侍郎骑都尉 |

德□ 等启谨②

| | |
|---|---|
| 05 | 依常式支配仪凤四年诸州庸调，及折造杂 |
| 06 | 彩色数，并处分事条如右。谨以启闻。谨启。 |
| 07 | 仪凤三年十月廿八日 朝散大夫度支员外 郎 狄仁杰 上 |
| 08 | 司议郎□ 休 （？）家 读 |
| 09 | 朝议大夫守中允 轻 ［　　　］（车都尉）郭 待举省 |

·········································································（缝背署字不明）

| | |
|---|---|
| 10 | 金紫光禄大夫行 左 庶子同中书门下三品上柱国 |

龙 山县开国公张大安 审

| | |
|---|---|
| 11 | 诺 |
| 12 | ［　　］日酉 时 □（都）事 下 直 |
| 13 | 摄［　　　　　］下直 |
| 14 | 尚书［　　］（省） |
| 15 | 西州主者，奉　旨如右。州宜任 |
| 16 | 旨应须行下，任处分。符 到 奉 行 。 |
| 17 | 主事刘满 |
| 18 | 金部郎中统师　　令史③ |
| 19 | □（书）令史人□ |
| 20 | 仪 ［　　　　　　］（凤四年正月 日） |

---

① 大津透认为本行完整应为"尚书右仆射、太子宾客同中书门下三品道国公（戴）至德"。
② 大津透认为本行"德□"，应为"德真"，即"王德真"。
③ 大津透认为金部郎中为"张统师"。

□（下）

21

　　……………………………………………………………　（缝背署字不明）

22　　　仓曹

23　　　牒　[　　]　连 写 （?）□（如）右，任 （?）

24　　　旨纳□（庸）调，录　[　　]　施□（行）。谨以牒

25　　　举，请 （?） 裁 （?），□（谨） 牒。

26　　　　　[　　　　]　（仪凤四年二月廿七日府）□（田）

德文牒

27　　　　　　　　　　　　户曹判仓曹元怀俭

28　　　廿七日入案（?）

B 部分

29（01）　　　　二月廿七日录事　受

02　　　　　　录事参军　　　□（付）

03　　　　　　　检案 俭白

04　　　　　　　　　　廿七日

　　……………………………………………………………　（缝背署"俭"）

05　　　牒检案 连 □（如）前谨牒

06　　　　　　二月廿七日府田德文牒

07　　　　　　　　　　准

08　　　　　　　　旨 下五□（县），关户曹

（后缺）

C 部分

[前缺，缺 4—5 行（17cm）接 B]

00　　　　　　　　　　　　廿 [（七日）

　　……………………………………………………………　（缝背署"俭"）

01  高昌等□（五）县主者，件状如前，今以状

02  [   ]（下、县）宜准□（状），□（符）到奉行。

03  户曹，件状□（如）前。关至准状，谨关。

04    □（仪）凤四年二月廿七日

05       府 田 [ ]（德文）

06 □（户）[ （曹判仓曹）] □

07        史

08   二月廿七 日 受，即□□（日行）判

09   录事 氾 □□（文才）检 无 □□（稽失）

10   录事 [ （参军）   ]

11 下高昌 等 五县，关 户 [ （曹）   ]

12 [ ] 前件 [     ]

13 □

（后缺）

## 三 相关问题

在文书缀合、释录的基础上，本节从以下三个方面展开论述：第一，分析《金部旨符》的内容结构，探讨它所反映的唐前期财赋调拨、支用原则；第二，挖掘唐前期财政预算的细节；第三，辨析相关条目所涉及的时代背景。

### （一）《金部旨符》内容结构

据文书 A05—06 行，《金部旨符》是"依常式支配仪凤四年诸州庸调，及折造杂彩色数，并处分事条"。换言之，是度支、金部对当年各州庸调物（含折纳物、折造物及其他由金部所征管税物）的征纳、调配、支用、审计等相关指令。学界在此基础上或讨论唐前期财政运作机制，或专论某一领域的财务管理，成果蔚然。立足于条目排列，探讨《金部旨

符》编纂结构的却不多。这恐怕与此前《金部旨符》虽经多方缀合，但内容多有缺失、鲜有连贯之处有关。由于韩国国博所藏断片的缀接，我们得以见到较为完整的旨符样貌，再借助相关背景要素，可对整体结构有所复原。在此基础上，将拓展有关唐前期财政运行的认识。

文书 S'04—08 是一条对岭南道桂州、广州、交州三个都督府管内州庸调物支配的总则性规定。S'09—10 是对岭南诸州庸调折纳米粟及贮藏的规定，S'11—17 是有关桂、广二府收受诸州课税物及送纳东都的细则，H'01—06 是交州所受诸州课物及军粮配给的安排，这三条都属于细则性规定。

文书 H'07 行以下，是有关诸州庸调物折纳、转运、应对各种专项支出和官库管理的制度安排。其中，虽出现过一些地域性的财赋调拨、支用的规定，但并非为围绕某一道庸调支配的系统性规定。各条内容及性质，可列表如下（见表1）。

表 1　仪凤四年《金部旨符》内容排列

| 条目 | 文书行数 | 内容概述 | 性质 |
| --- | --- | --- | --- |
| 01 | S'01—03 | 庸调折造绫罗及折价申报 | 剑南道庸调处置细则 |
| 02 | S'04—08 | 桂、广、交都督府管内州庸调物处置 | 岭南道庸调处置总则 |
| 03 | S'09—10 | 岭南诸州折纳米粟贮藏 | 岭南道庸调处置细则 |
| 04 | S'11—17 | 桂、广二府受诸州课税物及送纳东都 | 岭南道庸调处置细则 |
| 05 | H'01—06 | 交府所受课物及支配军粮 | 岭南道庸调处置细则 |
| 06 | H'07—08 | 诸州调麻折酬 | 诸州调物处置原则 |
| 07 | H'09—11 | 诸州庸调折纳米粟 | 诸州庸调折纳原则 |
| 08 | H'12—19+S01—02 | 庸调物经由扬州向东都转运 | 转运实施原则 |
| 09 | S03—09 | 庸调物运输人力安排 | 运力安排细则 |
| 10 | S10—12 | 诸州杀虫狼赏物支付 | 专项支用细则 |
| 11 | S13—15 | 潞、泽二州调麻纳京及东都造东布 | 专项支用细则 |
| 12 | H01—03 | 供过往蕃客料支取 | 专项支用细则 |
| 13 | H04—06 | 布乡兼有丝绵者输庸调物种类调整 | 庸调缴纳补充细则 |
| 14 | H07—16 | 各都督府报诸蕃物支取 | 专项支用细则 |
| 15 | H17—19 | （剑南庸调送）纳秦、凉二府后续处置 | 运输细则 |
| 16 | F'01—05+E'01 | （庸调物由）秦州送纳原州、长川镇 | 运输细则 |
| 17 | E'02—09 | 庸调物送京、外配纳了交割手续 | 送纳总则 |

续表

| 条目 | 文书行数 | 内容概述 | 性质 |
|---|---|---|---|
| 18 | E'10—15+D'01—03 | 诸牧监杀虫狼赏物支配 | 专项支用细则 |
| 19 | D'04—08 | 诸王任都督、刺史所配给庸调支用 | 专项支用细则 |
| 20 | D'09—10 | 据"全输、半输"事项支配庸调 | 支用补充细则 |
| 21 | D01—04 | 计帐不到,约去年支配 | 支用补充细则 |
| 22 | D05—08 | 剑南折造绫罗杂彩估价费用审核 | 庸调缴纳补充细则 |
| 23 | D09—11 | 庸调折留本州后脚钱缴纳 | 庸调缴纳补充细则 |
| 24 | E01—06 | 庸调配纳凉、秦州后继续外运 | 运输细则 |
| 25 | E07—11 | (庸调物按)旧例支配 | 支用补充细则 |
| 26 | E12—14 | (凉州)以西及牧监临时性费用处置 | 支用补充细则 |
| 27 | F01—04 | 庸调布等量折纳绢规定 | 庸调折纳原则 |
| 28 | G'01—03 | (庸调物?)依上估纳钱 | 庸调折纳原则 |
| 29 | G'04—05+A'01—07 | 太仆寺所属吏役衣料、赏料支用都帐 | 专项支用细则 |
| 30 | A'08—14 | 伊、瓜二州贮物定额及由凉府运输规定 | 专项支用细则 |
| 31 | A'15—17 | 轻税诸州申(税物色目) | 其他专项收入细则 |
| 32 | A'18—23 | 两京诸司杂彩都帐 | 专项支用细则 |
| 33 | A'24—32 | "绢乡、布乡、全输、半输、入官、入国"项帐编写 | 收入分类统计原则 |
| 34 | A'33+B'01—03 | 诸州牧监官庸物都帐 | 专项支用细则 |
| 35 | B'04—08 | 雍州诸县及诸州投化胡家税银 | 其他专项收入细则 |
| 36 | B'09—10 | 诸州及少府监进送杂彩质检 | 收纳入库细则 |
| 37 | B'11—14 | 库物折欠及填补 | 收纳入库细则 |
| 38 | C'01—12 | 诸州库帐申报 | 收纳入库细则 |
| 39 | C'13—19 | 诸州庸调送配所时限 | 运输时限总则 |
| 40 | G01—05 | 庸调配定后改张及诸州库物欠少处分 | 支用补充总则 |
| 41 | A01—28+B01—08+…+C00—13 | 度支奏抄、金部旨符申报、审批及下发流程 | 文书流转程序 |

注:"条目"是为了方便讨论,对《金部旨符》现存部分各条的编号。条数按文书缀连后顺序排列下来,若两条之间有空白行(如第15、16条,第20、21条),说明文书有残缺。A01以下属于旨符流转程序,统编为第41条。

第01条(S'01—03)是庸调折造绫罗及折价申报的规定,适用对象值得讨论。笔者认为这是对剑南道庸调物支配的实施细则。《唐六典》载户部郎中、员外郎"掌领天下州县户口之事。凡天下十道，任土所出而为贡赋之差"，[①] 可知"十道"划分与贡赋安排有密切关系。《唐六典》记载了十道诸州的庸调色目（"厥赋"）与土贡种类（"厥贡"），[②] 十道依次排列为：一曰关内道，二曰河南道，三曰河东道，四曰河北道，五曰山南道，六曰陇右道，七曰淮南道，八曰江南道，九曰剑南道，十曰岭南道。[③] 以上次序，并非仅是《唐六典》编者的排定，而是贞观元年划分十道以后的成规。[④]《金部旨符》既然对岭南道庸调支出、配送方式予以细致规定，那么对排在岭南道之前的九道亦应有相应规定。第 01 条虽不完整，但涉及按乡土所出而折造绫罗纳与剑南庸调物形态特征是吻合的。《新唐书·食货志》载"先是杨州租、调以钱，岭南以米，安南以丝，益州以罗、绸、绫、绢供春彩"。[⑤] 这是对唐前期各地租庸调物折纳的大致描述，由此可知剑南道益州等地以绫罗等高级丝织品折纳的情形。《金部旨符》第 22 条（D05—08）明确提到由覆囚使调查"剑南诸州，造绫罗杂彩及染价费"的落实情况。吐鲁番出土的唐代庸调绢布中，就有一匹景云元年（710）益州双流县的折调细绫。[⑥] 天宝十五载（756）六月，玄宗因安禄山叛乱离京幸蜀，行至扶风郡，军心动摇，"会益州贡春彩十万匹，上悉命置于庭"，分赐予将士。[⑦] 李锦绣从织染工艺水平角度对剑南折纳春彩的现实基础予以分析。[⑧] 由此推知，《金部旨符》现存第 01 条是有关剑南道庸调物支配的一条补充规定，之前应有类似于第 02、03、04、05 条有关该道庸调物支配安排的相应内容。

如果以上推论无大纰缪的话，那么《金部旨符》还应包含关内道、

① 李林甫等：《唐六典》卷三《尚书户部》，陈仲夫点校，中华书局，1992，第 64 页。
② 参见牛来颖《〈唐六典〉户部卷与〈开元十道图〉》，《首都师范大学学报》1994 年第 5 期。
③ 李林甫等：《唐六典》卷三《尚书户部》，第 64—72 页。
④ 《旧唐书》卷三八《地理志一》，中华书局，1975，第 1384 页。
⑤ 《新唐书》卷五一《食货志一》，中华书局，1975，第 1345 页。
⑥ 参见王炳华《吐鲁番出土唐代庸调布研究》，《文物》1981 年第 1 期，第 58 页。
⑦ 《旧唐书》卷九《玄宗纪下》，第 233 页。
⑧ 参见李锦绣《唐代财政史稿（上卷）》，第 437 页。

河南道、河东道、河北道、山南道、陇右道、淮南道、江南道等八道庸调物支配规定。

就第 02、03、04、05 条有关岭南道庸调物支配安排来看，秉承着庸调物先就近支配，后将富余者运送至京的原则。唐前期各州将征收的租庸调按照纳当州、送京与外配三种方式支配。① 其实，外配之中，又有配所属都督府、配送都督府之外的当道他州及配送他道三种不同方式。"配所属都督府"一方面是为了应对支出需求，另一方面以此为中转及储备基地，以应对入京或其他外配方式。②

一般意义上的"外配"是后两种。就岭南道而言，由桂州、广州、交州三都督府分统诸州。各州先是将庸调配送至所隶属的都督府，桂州、广州都督府留足够两年支用外，将剩余者送纳东都（若州在都督府北面，则留州贮，等候向扬州的转运安排）；交州都督府则留足管内诸州兵防的三年军粮，将剩余者送纳东都。在交州都督府征收课物支配中，就存在"配送都督府之外的当道他州"的情况。钦州安海镇，本应由钦州支给军粮，但由于当地无法供应，且距所隶属的桂州都督府较远，因此就由交州都督府就近供应。③

岭南道庸调在本道支用外，还会通过扬州转运至东都。就运输终点而言，属于送京，而不是"配送他道"。第 02、03、04、05 条并不涉及庸调物（含折纳物）出岭南道之外的运输、入库和保管措施。这些内容被放在"十道"分项条目之外的总则及补充部分加以规定。

从现存《金部旨符》第 30 条（A'08—14）可知，剑南道诸州庸调是

---

① 参见《天圣令校证》，"清本赋役令"附唐 3、5 条，中华书局，2006，第 391 页。张荣强先生概括为"支留本州""上解京师""配送他地"三种方式，参见氏著《"租输三分制"与唐前期财赋格局特点》，武汉大学中国三至九世纪研究所编《魏晋南北朝隋唐史资料》第 17 辑，武汉大学出版社，2000，第 78—83 页。

② 参见渡边信一郎《中国古代的财政与国家》，吴明浩、吴承翰译，社会科学文献出版社，2023，第 535—540 页。

③ 有关安海镇建置及军粮供应历史背景考察，可参拙作《唐前期岭南政区统隶关系新证——以吐鲁番文书〈唐仪凤四年（679）金部旨符〉为线索》，敦煌吐鲁番学会等编《敦煌吐鲁番研究》第 21 卷，上海古籍出版社，2022，第 111—130 页。

大规模向凉州都督府配送的。凉州属于陇右道，这就是外配中的"配送他道"。相关外配实施细则，并非在有关剑南道庸调支配专项条目之中，而是放在"十道"庸调支配专项规定之后，包括第 15、16、24、30 条。第 15 条是强调由剑南诸州送纳秦、凉二府时，不能让"州县官人及亲识并公廨典"傣勾受雇。第 16 条剑南诸州送纳秦州都督府后，由秦州再向原州、长川镇转运。秦州位于陇右道东部，是长安通凉州驿道之南道节点。[①] 原州位于关内道西部，是北上灵州、进入草原和西经会州、连通凉州（即长安至凉州之北驿道）的枢纽之地。[②] 长川镇，史志无载。但从镇戍命名惯例来看，应与长川县有关。长川县原为秦州辖县，贞观年间省并，地入陇城县内。[③] 由秦州向原州的转输，是剑南道庸调物由陇右道再向关内道的转移配送。[④] 从第 18 条（E'10—15+D'01—03）规定看，配送给秦州、长川镇、原州的庸调物有相当多的部分是用于牧监发放杀虿狼赏物的。而长川镇由于处于秦州与原州之间，可以发挥就近调配的功能。

第 24 条（E01—06）涉及向秦州以西配所运送剑南道庸调物时需要路次州县镇戍防援的要求。第 30 条（A'08—14）规定凉州都督府将收到由剑南诸州配送而来的庸调物拨出四万段，分别送往伊州、瓜州。运力来自官方传递，由沿途各处兵防人夫防援。从剑南诸州庸调外配的角度看，送至凉州，已经完成这一过程。由凉州向伊、瓜二州的转输，是官方出运输成本的转搬。通过以上分析可知，不论是配送他道，还是官方转搬，皆不放入各道庸调支配的专项规定之中。

---

① 参见严耕望《唐代交通图考》第 2 卷《河陇碛西区》，上海古籍出版社，2001，第 352—354 页。

② 参见严耕望《唐代交通图考》第 1 卷《京都关内区》，上海古籍出版社，2001，第 201 页。

③ 参见《旧唐书》卷四〇《地理志三》，第 1630—1631 页；《新唐书》卷四〇《地理志四》，第 1040 页。

④ 剑南道庸调送至陇右道秦州的路线有数条，由金牛道（益州—德阳—绵阳—广元）北上出川至金牛，后可分两道北过秦岭，东道为褒斜道，西道为"兴州—凤州—散关"，两道北上在岐州会合。由岐州西行过陇州，可至秦州。西道在兴州、凤州之间的河池县可北上成州，再继续北上即到秦州，这条道路虽是小路，但里程短，剑南庸调外配秦州，可能走这条道路，但若送往长安，则走褒斜道为优。

《金部旨符》在岭南道专项规定之后虽有五处缺失，但是主体内容尚存。从以上分析可知，庸调"配送他道"的实施细则应编入这一部分。现存部分仅有剑南道外配陇右道的条目而不见其他诸道外配规定，这是值得措意的现象。不排除在此之外，这一时期还存在若干配送他道的情况。吐鲁番出土的唐代庸调布题记反映了唐前期有来自河南、山南、江南、剑南诸道庸调绢布和折租布到达当地。其中，应有部分是由庸调物"配送他道"并加官方搬转而来。不过，明确有纪年信息的大部分题记是武周、开元前期的。这一时间段，正逢西北边州军镇普遍建立、大规模驻兵出现，转输供军涉及地域范围有所扩大。这批庸调绢布之中，与《金部旨符》年代相当的有如下几件：①麻布残片（73TAM232：15）有楷书"调露二年（680）八月"，未记缴纳人户籍贯；②绢面麻布褥（72TAM214：129）出土于有唐麟德二年（665）墓志的墓葬，人户题记县名不清；③麻布一件（60TAM340），是永隆二年（681）的调布，完整题记为：

1. 蛮　田元卿
2. 澧州慈利县让德乡永乐里户主田元卿调布一端　永隆二年
3. 八月　日览①

澧州位于长江中游。若是要江南道澧州将之外配送达陇右，颇为难行。它出现于西州，可能是先配入东都，再借由皇帝赏赐的方式从京库转运而至。②

由此可推论在《金部旨符》所处的时段，"配送他道"庸调物支配形式，较为显著的是"剑南道→陇右道"。《颜鲁公行状》中有关贝州清河郡贮藏"江东布三百余万匹……仓粮三十万"，号为"天下北库"的记

---

① 王炳华：《吐鲁番出土唐代庸调布研究》，《文物》1981年第1期，第56—58页。
② 有关京库财赋用于军镇开支的论述，可参见渡边信一郎《中国古代的财政与国家》，第520—521页。

述，① 应是开元、天宝时期的情况。武周万岁通天元年（696）契丹李尽忠、孙万荣部叛乱时，朝廷要求往洛阳的江淮租船改道去河北前线供应军粮。② 这是当时河北尚未有大规模来自他道租调物配送的印证。河北本不置军府，这次征讨兵力是从淮南、山南等地征召的。③ 当地尚无规模化驻军，更遑论常规性地从他道调配军资了。

学界一般认为唐前期存在供御财政与供军财政之分。④ 渡边信一郎进一步将唐全国诸州按两种财物流向划分为"内部区域州"和"周边军事州"。前者是将财赋向京师核心地区及周边各州进行再分配，后者是不将财赋上缴到京师核心地区。⑤ 这一区分为考察财政运作提供了独到视角。渡边以《唐六典》卷二〇"太府卿"条所载绢布等第归纳出"贡赋州""非贡赋州"作为以上判断的依据。不过，这一资料应主要反映的是开元后期情况。比如，按照渡边先生的归纳，岭南道仅有广州、端州、康州和封州属于贡赋州。⑥ 而按照仪凤四年《金部旨符》，岭南道庸调物在留本地二三年供用外，都要送纳东都，只不过形式上不是庸调本色，而是折变和市的"轻细好物"。当时岭南道庸调送京的范围显然不止以上数州。唐代边州军镇逐步建立、驻军规模扩大发生在武周至开元前期，而兵员身份由征到募的转变出现在开、天之际。由此供军财政规模迅速扩大，边州财赋普遍不上缴、内地财赋向边州转输的现象更为明朗。仪凤四年及此前庸调物的支配中，外配供军部分规模是较为有限的，大量财赋是向两京集中，成为供御财政。这也是唐前期制度上有以入京钱物补充地方公费、以入京庸调或京库物补充军费等安排的缘由。⑦ 将富余财

---

① 参见殷亮《颜鲁公行状》，《全唐文》卷五一四，中华书局，1983，第5226页。

② 陈子昂：《上军国机要事》，《陈子昂集》卷八，徐鹏校点，上海古籍出版社，2013，第203页。

③ 陈子昂：《上军国机要事》，《陈子昂集》卷八，第203页。

④ 参见李锦绣《唐代财政史稿（上卷）》，第38—41页。

⑤ 参见渡边信一郎《中国古代的财政与国家》，第516—517页。

⑥ 渡边信一郎：《中国古代的财政与国家》，第516页。

⑦ 有关这一财政管理的变通，可参渡边信一郎《中国古代的财政与国家》，第520—521页。

赋贮藏于京师，是传统王朝集权的一种方式，国势上升的唐代前期自不例外。

## （二）唐前期财政预算的相关问题

唐前期财政运作是"量入以为出"的。度支在预估来年收入的基础上，对国家各项主要支出做出安排，是为"支度国用"，即今人所谓的"预算"。《金部旨符》可在两方面为分析唐前期财政预算制度提供切口：一是财政收入估算途径；二是常规支出的定量化。

虽然唐前期"支度国用"的重心安排在支出，[①] 但获取收入是前提。据《金部旨符》，金部所管的收入主要是庸调及其折纳物（或折造物），此外，还有轻税州人户缴纳的课税物（第31条）、诸州投化胡家所纳银钱（第35条）等。庸调收入是由上一年计帐预估的。计帐是在编户齐民的户籍、手实基础上，结合非造籍年人口变动情况而编制。据第33条，各州所送计帐，除"课"与"不课"户口丁数之外，还要按照"绢乡、布乡，全输、半输，入官、入国"的区分，做出分类的"项帐"。"绢乡、布乡"是户部为各州确定庸调物色（即《唐六典》"户部郎中、员外郎"条十道贡赋中的各州"厥赋"）而划分的。"半输"是指输租调，[②] 这是对免除正役或见在正役人丁的统计。唐前期免正役者，大致有两种情况：其一，由于身体状况属于免役而仅输租调者，如残疾丁；其二，以某种色役折抵正役，如丁男充当侍丁。至于见役正丁，那是由于官方需要劳役，而不能将役全部折为庸。色役、正役预算，则在项帐申报之前。《赋役令》规定：

　　诸应役丁者，每年豫料来年所役色目多少，<u>二月上旬申本司校量，四月上旬录送度支，覆审支配总奏</u>。其在京诸司杖时须丁役

---

① 李锦绣：《唐代财政史稿（上卷）》，第47页。
② 参见大津透《日唐律令制の财政构造》，第60页。

者，皆申户部，于见役丁内量事抽配。若当处役丁有剩，不得辄将
回役。其非年常支料，别有营作，卒须丁多，不可抽减者，并申度
支处分。①

四月上旬向度支申报役丁需求情况，得到批复应在此后不久。据《金部
旨符》第 33 条，计帐在五月底前申报户部，从时间上看是能够将不役庸
丁计算入内的。由此可知，财政预算上，徭役安排放在庸调支配之前。

“入官、入国”与食实封制度中封物“一分入官、二分入国”的分配
原则有关。② 由于有这样的区分，户部、度支才能较为准确地掌握正州课
户向官府输纳庸调物的色目和规模。

“轻税”是指向正州中与华夏编户并存的外族人户所征的税，税负比
编户正丁课役轻。③《金部旨符》要求轻税诸州将税物种类和数额情况与
计帐同申，说明轻税课税情况不能通过计帐直接求得。“投化胡家”主要
指向从外蕃迁入内地正州（尤其是长安、扬州等商业富庶地区）的商胡、
兴胡，④ 他们从附籍到正式入籍有一个过程。入籍成为课丁之前缴纳的银
钱，也是供金部支配的部分收入。

在以上各种统计中，“项帐”形态的计帐作用更为基础。正如有学者
所指出的那样，计帐“并非是为了计算当年课役数量，而是作为度支来
年征发课役的基础资料”。⑤ 以前一年计帐推算后一年收入，其中是有
“虚”的成分，⑥ 但在国家统治形势无大的变化下，“进丁”、“免老”及
成丁死亡情况是正常的，度支还是能由此得到财政收入的大体规模，这就
足够了。度支并不需要将来年收入计算得分毫不差，然后逐一安排用度。
它所安排的是一个大体的财政分配。就本件《金部旨符》来看，度支借

---

① 《天圣令校证》，“赋役令”附唐 20 条，第 393 页。
② 参见《天圣令校证》，“赋役令”附唐 7 条，第 392 页。
③ 参见高滨《唐前期轻税州与岭南税米》，《中国边疆史地研究》2024 年第 3 期。
④ 参见大津透《日唐律令制の财政构造》，第 65—66 页。
⑤ 大津透：《日唐律令制の财政构造》，第 71 页。
⑥ 参见李锦绣《唐代财政史稿（上卷）》，第 37—38 页。

由各州按照指令上报的计帐及相关账目，掌握仪凤四年庸调收入规模，可安排下一年（实际上为永隆元年，680）的庸调支配。这当然并非说它与仪凤四年的财政运作无关，在应对当年财政运作变动或年度勾帐时，需要以此为参考。

《金部旨符》规定的若干专项支出中，出现了"八月都帐"，即相关支出单位在每年八月上旬，将本处财物的破用、见在和来年应需数上报。李锦绣指出八月都帐为普遍性制度，是作为支度国用编制时支出方面的依据，[①] 诚为卓识。此外，"八月都帐"还有值得注意的地方。

从《金部旨符》现存条目看，"八月都帐"出现在第 18 条诸牧监杀虫狼赏物支配，第 19 条诸王任都督、刺史所配给庸调支用，第 29 条太仆寺所属吏役衣料、赏料支用，第 32 条"两京诸司杂彩"，第 34 条诸州牧监官庸物支配等五处。其中，第 19 条与宗王制度有关，第 32 条与在京诸司有关，其他三处与太仆寺及诸牧监使司有关。"诸京司、太仆寺一度支"与"诸州一度支"的结构关系有所区别，即前一组关系是围绕财物支出的，后一组既有收入处置又有支出安排。诸州自身对财物支出需求如何上报，情况不大明了。第 05 条交州都督府管内诸州及钦州安海镇的防人用粮破用、见在情况需要每年五月与计帐同时上报。[②]

一些常规专项支出额度在《金部旨符》中是直接规定的。目前所知有杀虫狼赏专项之中陇右牧监使给练 1000 匹、秦州诸监使给 1000 匹、原州诸监使给 800 匹，盐州羊牧使给羔犊赏料 500 匹，诸王外任都督、刺史每年"准格"配给庸调 2000 段和作为军资储备的伊州 3 万段、瓜州 1 万段。此外，其他支出则依据各官署上报需求审核后配给。还有一些因故未报者，可按往年旧例支配（如第 21 条、第 25 条）。由此可知，常规支出的年度变动幅度不大。

从《金部旨符》中可见，各州及上级所隶都督府对庸调物、折租物

---

① 参见李锦绣《唐代财政史稿（上卷）》，第 27—29 页。

② 大津透已指出这一点，但同时又说还存在"年末上报"（参大津透《日唐律令制の财政构造》，第 72 页）。年末申报往往与上级官府的勾帐制度有关，不涉及下一年支出需求。

有一定的留州支配权。如，第 02 条规定桂、广、交都督府庸调在用于本地开支外，有剩余物时，方才"请市轻细好物，递送纳东都"；第 07 条提及在有庸调折纳米粟之州"应须官物给用"时，可以支留庸物，然后再予折纳；第 10 条规定杀虫狼赏料，可由各州从庸调物、折租物中预留。甚至安排转运的扬州都督府，可以从诸州折租物中留取一部分作为府司年度经费。不过，州级官府的支用权限不大。如，杀虫狼赏料被限定在每年 50 匹以内。州司留取庸物充当官物，仅是针对庸调折纳为米粟的州。换言之，这些庸调折纳物，原本就是留贮本地，暂不送京、外配。结合《金部旨符》多次强调不得"浪破庸调"，可知庸调支配主体权限在度支、金部。一言之，尽管存在各种"不定额"的州级官府对庸调的支取，"度支国用"编制和执行受到的影响较小，不存在显著的央、地间财权分配。

### （三）《金部旨符》对仪凤年间历史背景的反映

本文探讨的《金部旨符》是"依常式支配仪凤四年诸州庸调及折造杂彩色数，并处分事条"。虽说所依的是"常式"，但并不是说所有条目俱沿用已久。对此大津透有精辟的论述："旨条每年制定，表明它是针对新的事态采取对策的可变性财政结构。"并以第 27 条（F01—04）出现"奉仪凤元年十二月"、第 30 条（A'08—14）伊、瓜二州贮物规定是针对西域军事形势紧张而制定来说明。不过，他同时指出《金部旨符》中存在许多每年都适用的内容，不少可能是度支式、金部式条文。[①] 若从这一角度深入考察，可对《金部旨符》的编制及其与财政运作的关系有新的认识。因此，本节首先发掘《金部旨符》对仪凤年间历史背景的反映。

相关线索除了大津透提出的两点外，至少还有两点：其一，第 09 条"庸调物运输人力安排"；其二，第 18 条"诸牧监杀虫狼赏物支配"与第

---

① 参见大津透《日唐律令制の财政构造》，第 69、90 页。

29 条 "太仆寺所属吏役衣料、赏料支用都帐"。先看第一点：

H

03　— 雇 运 庸 调 □杂彩等，先尽部内防阁、庶

04　仆、邑士，如无即 通 取 州县 百 姓杂识（职）及捉

05　钱佐史。此□家无人力，不堪雇运，任通

06　取 百 姓，不得因兹递相假 冒。其公廨及

07　官人并官人亲知，并不得假冒相知，容其雇

08　运。其庸调送向配所，应 须防援，差随近兵

09　及 百姓充。

这条规定提到运输庸调人力安排中有防阁、庶仆、邑士等身份，与仪凤三年八月一道有关内外官料钱改革的诏书似有关。后者云：

　　廪食为费，同资于上。农岁俸所颁，并课于编户。因地出赋，则沃塉未均；据丁收物，则劳逸不等……如闻文武内外官，应给俸料课钱及公廨料度、封户租调等，远近不均，贵贱有异，输纳简选，事甚艰难，运送脚钱，损费实广。公廨出举回易，典吏因此侵渔。抚字之方，岂合如此？宜令王公已下、百姓已上，率口出钱，以充防阁、庶仆、邑士、白直、折冲府仗身并封户内官人俸食等料。既依户次，贫富有殊，载详职务，繁简不类。率钱给用，须有等差。宜具条例，并各逐便。①

张慧芬、李锦绣认为由于仪凤三年八月诏书的颁布，防阁、庶仆、白直、折冲府仗身等，不再需要番上纳课，闲来无事，故而成为运输庸调人的首

---

选。进一步说，《金部旨符》有关运力安排的这般规定是当年新增的。①

若仔细分析以上两则材料，这一判断，似可斟酌。首先，二者涉及的人群并不完全对应。虽然诏书前半部分提及要改变内外文武官料钱、封户租调和公廨用度来源，但在后半部分提出解决方案是用税户钱充当防阁、庶仆、邑士、白直、折冲府仗身的课钱和封户租调，并未涉及公廨用度的解决方式。"防阁""庶仆""邑士"出现在《金部旨符》的运力安排中，"州县百姓杂职"却不见于诏书中，他们即是由白丁充任的州县杂职，包括诸州执刀、州县典狱、问事和公廨白直。诏书中的"白直"，应属于官人手力课的官人白直。

其次，若是仪凤三年八月诏书的改制得到执行，② 那么就不必再为次年金选防阁、庶仆、白直、仗身等身份；若已有金选，那么就要填充其他色役或收课。《金部旨符》明确提到的人力安排是"雇"，自然是要给予雇值的，不可视作色役。因此，不存在以充当运输人力来应对官员禄力改革后防阁、庶仆去处的问题。

最后，上述群体纳课，与他们被官方挑选为雇运庸调物的人力并不矛盾。有关这一点，笔者过去有所讨论。③ 要言之，官方之所以青睐防阁、庶仆、邑士，与他们富室兼丁的家庭背景有关。但是，并非每个州都金有作为官贵手力的防阁、庶仆、邑士。因此，《金部旨符》规定在此之外，可以"通取州县百姓杂职及捉钱佐史"。他们是各州普遍设置的，一般出自地方富强之家。不过，当其"家无人力，不堪雇运"时，官方也会转向一般百姓差取。

因此，《金部旨符》这条有关运输租调人力安排的规定并非当年新增

---

① 张慧芬、李锦绣：《吐鲁番出土"唐咸亨元年后西州仓曹文案为公廨本钱及奴婢自赎价事"文书考释》，《敦煌学辑刊》2023 年第 1 期，第 56 页。

② 学界对于这一使用税钱取代官人手力课的改革是否得到推行存有异议。毕竟诏书本身就说"宜具条例，并各逐便"，即要求有司制定实施细则，文献也无这方面的记载。

③ 顾成瑞：《韩国国博藏〈唐仪凤四年金部旨符〉残卷释录与研究》，包伟民、刘后滨主编《唐宋历史评论》第 8 辑，第 81 页。

入或修订过的，而是沿用了此前既有的条款。仪凤三年度支在安排支度国用时，并没有顾及当年罢官贵手力改革而可能带来来年不再佥选之事。退一步说，即便仪凤四年全国范围内皆不存在防阁、庶仆、邑士、捉钱佐史相关身份，按照《金部旨符》的规定，运力安排自然落在州县杂职，乃至于一般百姓身上。可知这一规定本身具有较强适用性。由此可见，《金部旨符》对一些涉及细部的要素变化并不能随时反映。换言之，朝廷并不要求《金部旨符》的每一条规定都与现实严丝合缝地榫卯对接，按现实变化随时更新。

再看第二点。第18条"诸牧监杀虫狼赏物支配"是对陇右、秦州、原州、盐州和岚州诸监杀虫狼赏物定量配送的规定，且明确"其破除、见在，每年，限八月上旬，具状申到度支"。第29条是要求勘会"诸牧监所由尉长户奴婢等，春冬衣、监内杀虫狼、羔犊等赏料"的当年破除、见在及来年应支数量，共为都帐，每年八月上旬由太仆寺申报度支。两条内容俱涉及杀虫狼物料统计和申报，大津透由此指出《金部旨符》相关规定有重复之处，但同时又说前者是关于所需物料怎样由各州调节、管理的规定，后者是关于诸牧监的支出由太仆寺统辖，申请来年所需物料的规定，两者并无矛盾。[①] 然而，若从法条编纂角度看，在"诸牧监杀虫狼赏物支配"已有明确规定的情况下，又在相关另一条文中再次提到赏物统计、申报，确有累赘的问题。如果将第18条视为在第29条规定之后的一种追加规定，矛盾就迎刃而解了。

唐代前期的牧监主要分布在陇右道、关内道诸州，由太仆寺下辖。由于远离京城，朝廷探索出由牧监所在地官长兼领，或在当地设使的模式董理。第18条反映当时原州、盐州的诸牧监已置使。设使与不设使的区别在于：设使之后由使主统筹，再与上级或其他官署发生联系；不设使时，由各牧监逐一对外联系。就本条所见的杀虫狼赏分配看，秦州诸监方面，委托州司一一发放；原州诸监方面，就由原州牧监使统筹。原州、盐州诸

---

① 大津透:《日唐律令制の財政構造》，第63页。

监何时置使，史无明文。这既非唐初就有的措置，又非仪凤三年才有的新规。学界一般的看法，常设使职作为"令外之官"，是唐代高、武之际陆续出现，玄宗时期普遍化的。吐鲁番出土所谓咸亨三年（672）前《金部旨符》残片［64TAM29：110/1—6、120（a），64TAM29：126（a）］中有秦州都督府贮物预备诸牧监、使领取事项规定，[1] 说明此时已经出现牧监使了。据《册府元龟》"仪凤三年十月，以太仆少卿李思文检校陇右诸牧监使，自此始有使号"，此前仅有数任"勾当群牧""检校陇右群牧监"。[2] 这是针对所有陇右诸监置使，时间上要晚于原州、盐州诸监置使。这一牧监管理层面的最新变化，没有由《金部旨符》及时反映。不过，《金部旨符》对于重要性日益突出的陇右、秦州、原州、盐州和岚州诸监赏物配给在太仆寺八月都帐之外专门加以规定。第29条太仆寺都帐条有关诸监杀虎狼赏物统计、申报规定，也并非完全就是多余。在上述诸处牧监之外，太仆寺还辖有其他牧监，至少夏州牧监还在其内（第34条）。换言之，第29条这一规定对于夏州等牧监还有适用性。

综括言之，《金部旨符》对于仪凤年间由于战事吃紧和厩牧经营所产生的新财政支出有所安排，而对于一些与财政管理细部相关要素的变化并未有及时的反馈。《金部旨符》各条规定出台时已留有一定的弹性，使得其能够被持续沿用。针对财政运行中的新情况，采用新增条文的方式予以补充，而不对原有条文逐一修改。这一层累的做法，也使得《金部旨符》相应条目的内容有所重复。随着新条目增入，原有旨符的结构也会受到扰

---

① 唐长孺主编《吐鲁番出土文书［叁］》，第353页。该件《金部旨符》将"申度支""申金部"改为"申司□"。这与龙朔二年（662）至咸亨元年（670）官名改制时，"度支"称"司度"、"金部"称"司珍"有关。由此，这件《金部旨符》行用年代应在其间。

② 王钦若等编《册府元龟》卷六二一《卿监部·监牧》，第7196页。有关唐代牧监设置沿革情况，可参李锦绣《唐前期马政》，氏著《唐代制度史略论稿》，中国政法大学出版社，1998，第328—338页；王炳文《唐代牧监使职形成考》，《中国史研究》2015年第2期。王炳文认为《金部旨符》中的"陇右诸监"与"秦州诸监""原州诸监"等并列，负责陇西、洮河至兰州一带的牧监，是能够成立的。但太仆少卿李思文所任"检校陇右诸牧监使"，似对包括秦州、原州在内诸监有管辖权。

动或割裂，呈现出条文的内容关联却被隔断的状态。主计的户部也觉得旨符（支配庸调及杂彩的《金部旨符》外，还有为支配租、和籴、丁防、杂支等其他旨符）的编写甚为劳烦，且有"条目既多，详检难过，缘无定额，支税不常"等弊端。开元二十四年（736），在宰相李林甫的主持下，唐廷对相关旨符条文做了一次全面的审订，删去了一些过时或不便实施的条文，将各种赋税征收、调配、支用等基本规定和相关定额统编为五卷的《度支长行旨》，发给地方官遵循。① "省司每年但据应支物数进画颁行，附驿递送。其支配处分，并依旨文为定，金部皆递覆而行之"，② 每州所得到的调配指令"不过一两纸"。③《度支长行旨》的推行，大大简化了财政预算程序，部分实现了财政的定额预算。后一影响更为深远，学界对此已有不少论述，④ 本文暂不涉及这一论题了。

---

① 杜佑：《通典》卷二三《职官五·尚书下》"度支郎中"条，王文锦等点校，中华书局，1988，第 637 页。

② 李林甫等：《唐六典》卷三《尚书户部》"度支郎中、员外郎"条，第 81 页。

③ 杜佑：《通典》卷二三《职官五·尚书下》"度支郎中"条，第 637 页。

④ 参见李锦绣《唐代财政史稿（上卷）》，第 69—71 页；大津透《日唐律令制の财政構造》，第 75—76 页；渡边信一郎《定额制の成立：唐代后半期における财务运营の転換》，《国立历史民俗博物馆研究报告》第 179 集，2013 年，第 455—480 页。渡边一文的论述更为深入。

# 不平凡的开元九年：唐代财政制度
# 与管理体制完善的开端

丁　俊

吴宗国先生在《隋唐五代简史》中讲述"开元之治的形成"时，使用了一个小标题"不平凡的开元"，内容包括在"开元"这个年号产生之前，唐玄宗是如何经历从太子到皇帝再到真正掌权者的复杂过程，如何铲除太平公主的势力，再摆脱张说等功臣对他的包围。吴先生指出，在办完这些事情之后，玄宗才初步稳定了政局，在先天二年（713）十二月一日，"改元开元，标志着一个新时期的开始"。①

吴先生使用"不平凡"这个词，可谓相当深刻且有洞见。事实上，整个开元时代都是不平凡的。这既是一个全新的时期，时人谓之"中兴"，② 同时也是开天盛世的重要构成时段。在开元时期，盛唐的制度逐渐走向成熟，"设官以经之，置使以纬之"③ 的任官框架也基本确定。杜希德先生在讲到唐代的财务行政时，将整个唐代分为三个阶段：第一阶段是唐朝建立到开元八年（720）前后，特点是沿用北朝、隋朝以后比较原始的制度；第二阶段是从开元八年至天宝十四载（755）安禄山发动叛乱，特点是财政制度的逐渐合理化，以及专业职能部门的整体发展；第三

---

① 吴宗国：《隋唐五代简史（修订版）》，福建人民出版社，2006，第158—160页。

② 靳恒：《请勤政事疏》，董诰等编纂《全唐文》卷二六八，中华书局，1983，第1622页。

③ 杜佑：《通典》卷一九《职官一·历代官制总序》，王文锦等点校，中华书局，1988，第473页。

阶段是从 755 年至唐末。其中比较特殊的划分，就是第二阶段从开元八年开始。杜希德进一步解释，其实是始于开元八年稍前，具体表现是国家经济状况的复杂化，以及大批财政使职的兴起。① 笔者赞同这样的时段划分，不过就第二阶段的开端而言，应该结合吴先生的理解，即所谓经济状况的复杂化，是源于高宗、武则天以后随着社会经济的发展以及边疆形势变化等，产生了一些新的社会矛盾，以及玄宗着手解决这些问题，如宇文融括户等。②

换言之，财政使职的出现是解决当时复杂经济问题的一个有效手段。同时，也应该注意到，玄宗自即位之初就面临着"钱谷不入"的问题，玄宗君臣也曾试图通过整顿吏治、强调增益户口与丰殖农田等传统方式来增加财政收入。③ 这些举措必然带来相关制度，尤其是赋税征收细节与财务管理方面的具体规定的变化。从长远来看，就是对此前沿用的北朝、隋朝以后比较粗略的制度进行精细化、完善化。本文的论述就在此基础上加以补充与阐发。

## 一 开元七年宫苑经济等变化

杜希德指出，唐代财务行政发展的第二阶段始于开元八年稍前，其初期表现包括派遣御史出使来解决一些经济问题，如开元六年（718）宋璟派萧隐之到江淮地区禁断恶钱，以及由地方官员兼任使职，如陕州刺史李杰自开元初就被任命为水陆转运使，负责转运工作。④ 事实上，在开元七年，玄宗朝还有一些类似的变化，包括宫苑经济的扩大、苑总监与官厨等部门财务管理的严格等，都可以视为财务行政发展到第二阶段的序篇。

---

① 杜希德：《唐代财政》，丁俊译，中西书局，2016，第 95、103 页。
② 吴宗国：《隋唐五代简史（修订版）》，第 163 页。
③ 参见丁俊《垦土安民：唐玄宗开元时期的官田屯垦与户口整顿》，《中国经济史研究》 2020 年第 4 期；丁俊《慰谕公卿与诫约臣下——以玄宗朝的论事敕书为中心》，叶炜主编《唐研究》第 25 卷，北京大学出版社，2020。
④ 杜希德：《唐代财政》，第 103—104 页。

#### 1. 苑内营田使的出现

开元二年，玄宗将殿中省尚乘局隶属闲厩使之下，实现了御马与监牧马的统一管理。这个使职原本由王毛仲担任，到开元七年前后，闲厩使增领苑内营田使，闲厩马的粟草等从此可以部分自给。《资治通鉴》记载道：

> （开元七年）三月，乙卯，以左武卫大将军、检校内外闲厩使、苑内营田使王毛仲行太仆卿。（苑内诸监本隶司农寺，今亦隶苑内营田使。）毛仲严察有干力，万骑功臣、闲厩官吏皆惮之，苑内所收常丰溢。上以为能，故有宠。①

王毛仲作为"唐元功臣"，于先天二年授左武卫大将军、检校内外闲厩兼知监牧都使。② 当时的任职中并没有苑内营田使，结合上述注文中的"今"字与前后内容，王毛仲可能在开元七年转任太仆卿的同时或稍前，兼任了苑内营田使，并将苑内诸监从司农寺改隶苑内营田使。

据《唐两京城坊考》，西京大内禁苑"东西二十七里，南北二十三里，周一百二十里"，苑内四面有监，曰"东监、西监，南面长乐监，北面旧宅监，又置苑总监领之。皆隶司农司"。③ 苑内出产"禽鱼果木"之类，④ 既然设置了营田使，看来也有不少田地，只是尚未充分开发或规模种植。至少不像长春宫那样有正式的屯田 10 屯。⑤

开元初，闲厩马多达"万余匹"。⑥ 这一万匹马的给料标准为，每匹

---

① 《资治通鉴》卷二一二，开元七年，中华书局，2012，第 6854 页。

② 《旧唐书》卷一〇六《王毛仲传》，中华书局，1975，第 3253 页。

③ 徐松撰，李健超增订《唐两京城坊考（修订版）》卷一《西京》，三秦出版社，2006，第 35—36 页。

④ 李林甫等：《唐六典》卷一九《司农寺》，陈仲夫点校，中华书局，1992，第 530 页。

⑤ 李林甫等：《唐六典》卷七《尚书工部》，第 223 页。

⑥ 《新唐书》卷四七《百官志二·殿中省》，中华书局，1975，第 1217 页。

每日藁一围、粟一斗、盐六勺。① 盐暂且忽略不计，则万匹闲厩马每年需要食藁 360 万围、粟 36 万石。就制度规定而言，闲厩马所食粟草当由司农寺所纳的诸州租粟、税草等来供应，② 但是闲厩使领苑内营田使之后，也可以通过苑内营田所收实现部分自给。《旧唐书·王毛仲传》记载："苑内营田草莱常收，率皆丰溢，玄宗以为能。"③ 张说所撰《陇右监牧颂德碑》亦曰，王毛仲任内外闲厩使十三年间，其营收手段不仅包括藁谷等田收，还有蒿麦苜蓿，用库物置本为诸牧生利，以及卖死畜得绢，等等。④ 禁苑的生产经营原本由苑总监与四面监负责，产物包括果蔬禽鱼竹薪等。⑤ 王毛仲所领苑内营田使，可能只是分割了其中的部分营田，或者扩充了苑内营田的面积与相关收入，苑总监的部分功能依然存在。据《至德二载收复两京大赦》，"其园苑内有闲厩使、总监，各据所管地界耕种，所收草粟，以供军马"。⑥ 可见，闲厩使与苑总监各有分管地界，这种格局可能自开元年间闲厩使兼领苑内营田使以后就已形成。

总之，闲厩使领苑内营田使，标志着御马所食粟草实现了部分自给，从而改变了以往只能被动接受司农寺调拨的局面；同时也意味着宫苑经济的进一步扩充。这种变化并非唯一的或突兀的，而是思路相同的系列变化，彼此相呼应的就是开元九年长春宫使所管屯田的扩大。

2. 苑总监与官厨等财务管理趋于严格

（1）苑总监的钱物勾当

司农寺所属苑内诸监，设四面监与苑总监进行管理。其收入提供祭

---

① 李林甫等：《唐六典》卷一七《太仆寺·典厩署》，第 484 页。

② 《唐六典》卷七《尚书工部》："凡殿中、太仆所管闲厩马，两都皆五百里供其刍藁。"（第 225 页）；同书卷一九《司农寺》："其诸州藁秸应输京、都者，阅而纳之，以供祥麟、凤苑之马。"（第 525 页）；又据同书同卷"司农卿"条，"凡京、都百司官吏禄廪，皆仰给焉。（每年支诸司杂物，各有定额。）"（第 524 页）这里的"诸司杂物"就包括闲厩使、苑总监等司的年支杂物。

③ 《旧唐书》卷一〇六《王毛仲传》，第 3253 页。

④ 张说：《大唐开元十三年陇右监牧颂德碑》，熊飞校注《张说集校注》卷一二，中华书局，2013，第 621—625 页。

⑤ 李锦绣：《唐代财政史稿（上卷）》第二分册，北京大学出版社，1995，第 718—719 页。

⑥ 《唐大诏令集》卷一二三《政事·平乱上》，中华书局，2008，第 659 页。

祀、宴会、供御和百官食料中的蔬果禽鱼薪炭等及手工工场的部分原料，满足了祭祀、礼仪、帝室、百官等部分消费，保证了这些费用的部分自给。① 从这个角度而言，苑内诸监既是生产单位，也是物料、人力等消耗单位，自有其财务管理制度。《唐会要》卷六六《西京苑总监》记载道：

> 先天元年十月十日敕："总监每年支杂物，到其抄数，于本门进。若宫内所须，别索供讫，每月终，宜令监司具破用数进。"
>
> 开元七年七月十一日敕："总监破用钱物，一事已上，须南衙勾当。宜令总监自勾，每月进一本历来，内自勾勘。"②

这两道敕文所反映的前后变化，就是苑总监在支用钱物方面的管理逐渐严格。先天元年的敕文包括两部分。前一句是指苑总监每年向司农寺支用各种杂物，只要符合"定额"，③ 就直接拨给。后一句是指如果"宫内所须，别索供讫"，即内廷向苑总监索要非正常供给（不在国用支度计划中给殿中省的支用定额内），也要供给，然后将其破用帐每月进司农寺或尚书省二十四曹勾检。④ 别索供属于特殊情况，所以需要后续监管。如果是正常供给，由司农寺"移牒"给苑总监进行供给即可。⑤

也就是说，无论是苑总监从司农寺支用杂物，还是苑总监向殿中省供给进御物品，只要是在定额内的正常供给，就不需要特别记录或事后勘检，唯有不在支用计划之内的"别索供"，才需要每月将破用帐申上

---

① 李锦绣：《唐代财政史稿（上卷）》第二分册，第 719 页。

② 王溥：《唐会要》卷六六《西京苑总监》，上海古籍出版社，2006，第 1378 页。

③ 《唐六典》卷一九《司农寺》的注文曰："每年支诸司杂物，各有定额。"（第 524 页）。所谓"抄"，如果按文书格式讲，是指百姓纳税后收纳者所给的收据［李锦绣：《唐代财政史稿（上卷）》第一分册，第 109 页］，但是在上述敕文中，可能并非如此理解。

④ 李锦绣指出，别索供由出纳机构的直接领导机构进行月勾。又曰，在上述先天元年敕文中，别索供由其直接有关的政令机构尚书省二十四曹自勾［李锦绣：《唐代财政史稿（上卷）》第一分册，第 232—233 页］。笔者认为，苑总监的直接领导机构为司农寺，其账目若要申上勾检，也应该遵循司农寺、尚书省诸曹这样的勾检顺序。

⑤ 《唐六典》卷一九《司农寺》注曰："若应供御进内，则据本司移牒而供之。"（第 525 页）

司农寺或尚书省诸曹进行财务勾检，以确保是否为真正所需，或者是否已破用完毕。这是先天元年的敕文规定，但是到开元七年，情况就不一样了。

据上述开元七年敕，苑总监所支用的钱物，只要破用一物以上，都必须将破用历送至南衙进行财务勾检。李锦绣指出，"历"是一种随年月日所记的关于财务收支的文书形式，是各部门造帐的基础。[①] 可见，历是一种逐日逐月记载的细帐，恰好符合每"一事已上"都要记载并进行勾检的需求。按照程序，总监破用历应先在本部门内进行自勾，勾检官为苑总监所属的主簿，四面监则无勾官；[②] 然后再申上司农寺与南衙勾检，后者为尚书省诸曹，可能涉及度支、仓部、金部与比部。其中，苑总监与司农寺属于部门内的按月自勾，南衙即尚书省诸曹可能属于上级部门的季勾或年终总勾检。

总之，从每年但据物数定额支用，仅有别索供需要每月进行破用帐勾检，到正常破用"一事已上"都需要按日月造历，进行苑总监、司农寺、尚书诸曹的逐级勾检，体现了开元年间宫苑经济财务管理制度的日趋严密与完善。

（2）中书门下官厨的变化

开元七年，中书门下两省官厨的财物破用制度也逐渐规范。据载，同年八月十日敕：

> 中书门下厨杂料，破用外，有余宜分收。[③]

---

① 李锦绣：《唐代财政史稿（上卷）》第一分册，第194页。
② 王永兴在《唐勾检制研究》中所列诸司勾检官，司农寺有主簿二人、录事二人，九成宫总监亦有主簿一人（上海古籍出版社，1991，第15页），未提及京、都苑总监的勾官。但据《唐六典》卷一九《司农寺》，总监亦有主簿一人（第530页），其职能当与九成宫总监相同。
③ 王溥：《唐会要》卷五四《中书省》，第1087页；杜佑：《通典》卷二一《职官三·门下省》，第545页。

首先，应该注意到，这道敕书出现于上述苑总监开元七年敕一个月之后，可视为同系列改革成果。其次，开元七年，政事堂尚未改名为中书门下，中书门下体制也尚未正式建立，因此，这里的"中书门下"当作中书、门下两省理解，而非单纯的宰相机构。

据相关研究，中书、门下两省官员可以到三类官厨就餐。常参官厨可提供给两省五品以上职事官与八品以上供奉官就餐。非常参官可到百官官厨就餐。最特殊的当数宰相的政事堂厨，亦称堂厨。这些官厨的原料有一部分是官供，一部分来自"别借食本"。关于后者的数额，中书、门下两省"各借本一千贯"，"五分收利，以为食本"。① 则每月各收利 50 贯，年收利各 600 贯。上述敕文所云，"破用外，有余宜分收"，其实就是回残制度。也就是说，无论是国家直接拨给的物资，还是通过食本获利换取的物料，若有破用后的剩余，将成为下一年度的两省官厨经费，进入四柱帐中的"新收"部分。② 所谓"分收"，可能不是全部收回。也许开元七年中书、门下两省官厨的变化只是试点，接下来会向其他诸司官厨一并推行。

总体而言，开元七年出现的苑内营田的扩大，以及苑总监、中书门下官厨在财务管理制度上的规范与严密，意味着玄宗朝的财务行政开始向着专业化、细致化的方向发展。这些变化可以视为唐代财务行政发展到第二阶段的开端，也体现了当时从京城到地方、从局部到全国的财政管理调整顺序。

## 二　开元八、九年赋税征纳制度的规范与完善

唐前期的赋税制度大体上沿用自北魏、北齐与隋朝，但是具体规定并非自武德初年就已经完备。如租调役之制确立于武德二年（619）或武德七年（624），地税始于贞观二年（628），而户税大概设立于高宗永徽元

---

① 李锦绣：《唐代财政史稿（上卷）》第三分册，第 857—862 页；李林甫等：《唐六典》卷七《尚书刑部》，第 195 页。

② 参见李锦绣《唐代财政史稿（上卷）》第二分册，第 654—660 页。

年（650）至乾封元年（666）。① 由于基本税物以粟、帛为主，又遵循"随乡土所产"原则，因此出现诸多折纳，单位税物的数量与质量也难以做到整齐划一或者标准化。为此，唐廷不得不多次进行重申或者制定更精细的准则。

### 1. 重申庸调与秤尺斗等常例

唐前期掌管中央财货与税粮出纳的机构为太府寺与司农寺。太府寺掌邦国财货，包括金银、钱帛等。"凡天下租税及折造转运于京、都，皆阅而纳之。"除了入京之外，天下租税还有纳于本州与供应边军两种安排。在这些粟、帛等税物被接收贮纳之前，都有具体的程序与要求。就入京税物而言，"凡天下赋调，先于输场简其合尺度斤两者，（太府）卿及御史监阅，然后纳于库藏，皆题以州县、年月，所以别粗良，辨新旧也"。至于租粟方面，则"凡受租皆于输场对仓官、租纲吏人执筹数函，其函大五斛，次三斛，小一斛"。② 也就是说，输纳的税物除了总体数量之外，还存在尺度斤两、粗良新旧等问题。司农、太府等官员以及御史需要对这些税物进行检查，包括庸调在尺寸上是否有缺，粟米在升斗上是否有欠，质量是否低劣，等等。如果不符合"尺度斤两"，需要补纳填欠。

在这方面，开元年间有一位出色的人物，就是杨慎矜之父杨崇礼。杨崇礼大约于开元二年（714）任太府少卿，开元十八年（730）擢升太府卿，到开元二十一年（733）致仕。"在职二十年，公清如一"，"丈尺间皆躬自省阅"，以至于"经杨卿者无不精好，每岁勾剥省便出钱数百万贯"。③ 需要指出的是，杨崇礼之所以在勾检省阅钱帛方面有如此突出的

---

① 杜佑：《通典》卷六《食货六·赋税下》，第106—107页；王溥：《唐会要》卷八三《租税上》，第1813页；《旧唐书》卷四八《食货志上》，第2088页；李锦绣：《唐代财政史稿（上卷）》第二分册，第471、503页。

② 李林甫等：《唐六典》卷二〇《太府寺》，第540、545页；卷一九《司农寺》，第523、525页。

③ 《旧唐书》卷一〇五《杨慎矜传》，第3225页；《资治通鉴》卷二一三，开元二十一年，第6923页。参见郁贤皓、胡可先《唐九卿考》卷一〇《太府寺》，中国社会科学出版社，2003，第524、547页。

表现，除了他个人的才能之外，还有当时财务行政的发展趋势以及相关制度的辅助因素在内。开元八、九年之后，朝廷在赋税征收方面逐渐加强了监管与细则制定，这是增加国家赋税收入的一个有效手段，也是实现百姓赋役均平的基本要求。

（1）重申庸调常例

唐前期的庸调之征存在绢乡与布乡之分，还有绫、绝等常见缴纳形式。制度规定，每丁"绫、绢、绝各二丈，布加五分之一（二丈五尺）"，还有绵、麻等少量附加税，即裹束。① 实际上，在各地的征纳过程中，还是会出现各种问题。《通典》记载：

> 开元八年二月，制曰："顷者以庸调无凭，好恶须准，故遣作样，以颁诸州，令其好不得过精，恶不得至滥。任土作贡，防源斯在。而诸州送物，作巧生端，苟欲副于斤两，遂则加其丈尺，有至五丈为匹者，理甚不然。阔尺八寸，长四丈，同文共轨，其事久行。立样之时，亦载此数。若求两而加尺，甚暮四而朝三。宜令所司简阅，有逾于比年常例、尺丈过多者，奏闻。"②

从制文可知，此前就已经存在庸调样：一是确立品质标准，不必过精，也不得滥恶，取中等水平；二是尺寸标准，以长四丈、宽一尺八寸为一匹。但是，地方官在征收实物时往往会加大尺寸，甚至以五丈为一匹，这就加重了百姓的负担，无形中增加了赋税量。因此，开元八年再次重申这些标准，并要求"所司简阅"。这里的所司大概包括各州县官、巡察使之类，也包括中央机构，如太府寺、御史台等。简阅的标准就是庸调物的质量与尺丈都必须符合"常例"，不得过多、过精，也不得过少、过滥。

---

① 李林甫等：《唐六典》卷三《尚书户部》，第76页；杜佑：《通典》卷六《食货六·赋税下》，第107页。

② 杜佑：《通典》卷六《食货六·赋税下》，第107页。《唐会要》卷八三《租税上》载此敕在正月二十日（第1815—1816页），《旧唐书·食货志上》亦记作"正月"（第2090页）。

（2）度量衡的标准重申与给样

关于唐前期的度量衡之制，史料中的记载大体相同，但是又略有差异。《唐会要》记载：

> 开元九年敕格：权衡度量并函脚，《杂令》：诸度，以北方秬黍中者，一黍之广为分，十分为寸，十寸为尺，三尺为大尺。诸量，以秬黍中者，容一千二百粒为龠，十龠为合，十合为升，十升为斗，三斗为大斗，十斗为斛。诸权衡，以秬黍中者，百黍之重为铢，二十四铢为两，三两为大两，十六两为斤。诸积秬黍为度、量、权衡者，调钟律，测晷景，合汤药及冕服制用之外，官私悉用大者。京诸司及诸州，各给秤尺及五尺度、斗、升、合等样，皆铜为之。《关市令》：诸官私斗尺秤度，每年八月诣金部、太府寺平较。不在京者，诣所在州县平较，并印署，然后听用。[①]

以上内容，当是开元九年以敕格的形式重申权衡度量的标准，依据分别为此前已颁行的《杂令》与《关市令》相关令条。仁井田陞认为，这些令条为开元七年令与开元二十五年令，其中给秤、尺等铜样条为开元七年令所独有。[②] 那么，上述开元九年敕格所据，当为开元七年令。对比其他史料所载权衡度量之制，其异同列表如下（见表1）。

**表1　唐代各史料所载权衡度量之制**

| 《唐会要》 | 《唐六典》 | 《通典》 | 《旧唐书》 | 《天圣令》 |
| --- | --- | --- | --- | --- |
| 三尺为大尺 | 一尺二寸为大尺 | 一尺二寸为大尺 | 山东诸州，以一尺二寸为大尺 | （一尺二寸为大尺一尺） |
|  | 十尺为丈 | 十尺为丈 | 十尺为丈 | 十尺为丈 |
| 十龠为合 | 二龠为合 | 二龠为合 | 二龠为合 | 十龠为合 |

---

① 王溥：《唐会要》卷六六《太府寺》，第1364页。标点有改动。
② 仁井田陞：《唐令拾遗》，栗劲等编译，长春出版社，1989，第646、777—781页。

续表

| 《唐会要》 | 《唐六典》 | 《通典》 | 《旧唐书》 | 《天圣令》 |
|---|---|---|---|---|
| | | 三升为大升 | 三升为大升 | |
| 三斗为大斗 | 三斗为大斗 | 三斗为大斗 | 三斗为大斗 | （三斗为大斗一斗） |
| 十斗为斛 | 十斗为斛 | 十斗为斛 | 十大斗为斛 | 十斗为斛 |
| 三两为大两 | 三两为大两 | 三两为大两 | 三两为大两 | （三两为大两一两） |
| 给秤、尺、斗、升、合等铜样条 | | | | 同《唐会要》 |
| 斗尺秤每年八月平较条 | 凡官私斗、秤、度尺，每年八月诣寺较印署，无或差缪，然后听用之 | | | 同《唐会要》 |
| | | | 其量制，公私又不用龠，合内之分，则有抄撮之细 | |

资料来源：李林甫等《唐六典》卷三《尚书户部》，第81页；卷二〇《太府寺》，第542页；杜佑《通典》卷六《食货六·赋税下》，第106页；《旧唐书》卷四八《食货志上》，第2089页；天一阁博物馆、中国社会科学院历史研究所天圣令整理课题组校订《天一阁藏明钞本天圣令校证：附唐令复原研究》附《杂令复原清本》第1—5条、《关市令复原清本》第19条，中华书局，2006，第749、540页。

可见，除了尺与大尺、龠与合的进制之外，上述史料关于度量权衡的记述并无太大的差异。相对而言，《天圣令》复原清本相关令条所涵盖的内容比较完整。众所周知，《唐六典》《通典》与《天圣令》所载制度，大体上为开元二十五年行用的制度或新修订的律令格式内容。由此，可以再次确认，上述开元九年敕格所引《杂令》与《关市令》为开元七年令，这些内容基本上都保留到了开元二十五年令中。至于这些令有没有可能来自更早的《永徽令》，甚至《武德令》，目前尚无更多的资料来证实。另外，给秤、尺、斗、升等铜样的规定，也并非开元七年令所独有，同样保留到了开元二十五年令中。

开元九年之所以重申这些度量权衡之制，可能与开元八年强调庸调给样并要求庸调质量与尺寸符合常例一样，意在强调租庸调等税物要合乎统一的标准。比如，租粟、地税等税粮在升斗上要符合常例；庸调绢布等要在尺寸上符合常例，质量上也要适中；钱货等要在斤两上符合常例；等等。官私贸易也是如此。与此同时，秤、尺、斗、升等给铜样，并要求每年八月到太府寺、金部与各州县进行平较，无差谬才可以行用，这不仅属于制度上的配套保障，也是规范财务行政与市易活动的具体举措。

2. 扬掷之制

开元九年重申度量权衡之常例，一方面是为了追求赋税收入的保质保量，另一方面也可以规范公私贸易。同年，还有一条关于扬掷的规定，进一步体现了赋税征纳环节中具体细则的制度化。《唐会要》记载道：

> （开元）九年五月二十五日敕："水运米扬掷，四、五、六、七月，米一斗欠五合；三、八月，米一斗欠四合；二、九月，米一斗欠三合；正、十、十一月、十二月，米一斗欠二合，并与纳。"①

这应该是唐朝纳租粮、地税等有扬掷这一环节的开启。《旧唐书·食货志》云："先是，米至京师，或砂砾糠粃，杂乎其间。开元初，诏使扬掷而较其虚实，'扬掷'之名，自此始也。"② 这里的"开元初"，可能就是指开元九年的敕文。其做法与庸调物的辨别粗良新旧一样，属于质量上的精选，把粟米中掺杂的沙石杂物，以及不够饱满的颗粒，通过扬掷筛除出去。

扬掷既然保障了入仓粟米的精良，去除了其中的杂质，就必然会导致重量的不足，因此，朝廷也允许有一定的欠少幅度。具体而言，四、五、六、七月的可欠比例最高，一斗米可欠五合，为 5%。大概是因为这一时期夏粮新收，水分稍多，也容易夹杂沙砾糠粃。以此类推，到冬月之米，就相对陈旧、干燥，所以欠少比例只允许有 2%。《唐仓库令复原清本》第 2 条规定："诸受租，皆令干净，以次第收榜。"所谓干净，就是扬掷

---

① 王溥：《唐会要》卷八七《漕运》，第 1892 页。
② 《旧唐书》卷四九《食货志下》，第 2116 页。

的最终目的。只有经过了扬掷这个环节，精选过的粟米才可以重新称重，入窖收贮。

租米受纳之后，在仓窖中贮存三年或五年，还可以有1%或2%的加耗，这是另外的规定。①

### 3. 行纲填赔途中损欠

除了租米在质量上不够干净，掺杂沙砾糠秕需要扬掷之外，租庸调等税物在运送途中也会出现一些不合理的欠损，从而引发后续的处置问题。《册府元龟》记载道：

> 玄宗开元九年十月，敕曰："如闻天下诸州送租庸行纲，发州之日，依数收领，至京都不合有欠。或自为停滞，因此耗损，兼擅将货易，交折遂多，妄称举债，陪填至州，重征百姓；或假托贵要，肆行逼迫，江淮之间，此事尤甚。所由既下文牒，州县递相禀承，户口艰辛，莫不由此。自今以后，所有损欠，应须陪填一事以上，并勒行纲，及元受领所由，人知其受纳，司不须为行下文牒，州县亦不得征打，仍委按察司采访，如有此色，所由官停却，具状奏。"②

关于诸州送纳租庸，按照制度规定，百姓需要承担的，除基本的租庸调数额之外，还有裹束、脚钱、加耗等附加税，其余部分由官府完成。《唐赋役令复原清本》第7条规定：

> 诸输租调庸，应送京及外配者，各遣州判司充纲部领。其租仍差县丞以下为副，不得傥勾，随便杂输。③

---

① 《天一阁藏明钞本天圣令校证：附唐令复原研究》下册，第493—494页。
② 王钦若等编《册府元龟》卷四八七《邦计部·赋税》，周勋初等校订，凤凰出版社，2006，第5529页。
③ 《天一阁藏明钞本天圣令校证：附唐令复原研究》下册，第474—475页。

也就是说，运输事宜由州县差遣行纲及副手负责，由州判司（诸曹参军）与县丞担任，不得雇人代运，"随便籴输"。这是要排除一种情况，如果商人或富户承包并代运租庸调等税物，就可能从中渔利，在起运地卖掉税物，到目的地之后再籴买当地粟、帛等输纳。一来可以节省运费，二来可以赚取差价。各州行纲或许也会这样投机取巧。但是，这种做法并不增加当地的粟、帛等实际总量，无法实现将天下税物向京城或目的地集中的目的，而且一旦"擅将货易"，导致赔本，这些"僦勾"的商人或行纲就有可能将损失转嫁到百姓头上，进行税物重征，甚至假借权贵之势，或所属官吏下牒，肆意逼迫百姓。敕文指出，江淮地区由于路途遥远，极易出现这种弊端。另外一种情况，就是行纲在途中"自为停滞"，造成税物耗损，也会导致将这种欠少转嫁到百姓头上。

据唐令，税物起运之后，有关于陆行之程、水行之程的速度规定。一般情况下，马日行 70 里，步及驴日行 50 里，车日行 30 里；如果逆水行舟，重舟沿河日行 30 里，空舟 40 里；若顺流而下，沿河日行 150 里。[1]诸州行纲如果按照这个速度，税物到达后不会有太大的损欠，或者损欠量在制度允许的范围之内。即使途中遇到特殊情况，如"遇风、水浅不得行者"，行纲也可以在附近官司"申牒验记"，这属于合理的停留，顶多是影响考课而已。[2]但是，如果行纲"自为停滞"，导致税物损耗过大，到输场交纳时，被太府寺、司农寺或外配地官员要求填赔，则不得重征百姓。因为这是由行纲个人的过失造成的，并非百姓在起运地所纳税物不足。

开元九年敕文强调，如果行纲"自为停滞"或"擅将货易"，导致填赔，由行纲自行承担。如果地方官府因此重征百姓，或所由官吏因此下牒，巡察使、按察使等访知之后，有责任上报中央，相关官吏将被停职罢官。这同样是财务行政中责任明确与制度规范化的一个突出表现。

---

① 李林甫等：《唐六典》卷三《尚书户部》，第 80 页。
② 李林甫等：《唐六典》卷三《尚书户部》，第 80 页。

## 三　开元前期财政使职在运作机制上的突破

有学者认为，唐代财经部门的使职化，始于开元九年宇文融的括户。① 这个变化早于开元九年，只不过宇文融任职的劝农使系统表现得更为突出。在开元前期，比较知名的财政使职大约有三位，劝农使宇文融、内外闲厩使王毛仲以及长春宫使姜师度。闲厩使原则上属于军事系统，但是实际上也属于军事财政类使职，因此一并讨论。这三位的具体职衔与权限变化，都可以反映出这一时期财政使职的工作原理与制度性突破。

1.财政使职的权限在横向上叠加

（1）宇文融括户

关于逃户的问题，玄宗朝一直有人上言并持续关注，到开元八年，终于有了着手解决的先兆。《通典》记载，当时"天下户口逃亡，色役伪滥，朝廷深以为患"。② 开元九年正月，监察御史宇文融请求括户。侍中源乾曜表示支持。③ 二月八日，玄宗下诏，表示"户口至多，而逃亡未息"，是因为地方长官"不能绥抚"，以至于"邦赋不入"，"政术不理"，因此，令百司商量，"作一招携捉搦法闻奏"。④

换言之，玄宗正式提出，要百官商议解决逃户问题的可行方案。两天之后，二月十日丁亥，下制曰：

……诸州背军逃亡人，限制到百日内，各容自首。准令式合所在编户情愿住者，即付入簿籍，差科赋敛于附入令式，仍与本贯计会停征。若情愿归贯，及据令式不合附者……容至秋收后递还。……免今

---

① 陈仲安、王素：《汉唐职官制度研究（增订本）》，中西书局，2018，第119页。

② 杜佑：《通典》卷七《食货七·历代盛衰户口》，第150页。

③ 《资治通鉴》卷二一二，开元九年，第6863页。《册府元龟》卷四八六《邦计部·户籍》记为正月二十八日，第5512页。

④ 王钦若等编《册府元龟》卷六三《帝王部·发号令第二》，第674页。

年租赋课役。……过限不首，并即括取，递边远附为百姓，家口随逃者，亦便同送。若限外州县公私容在界内居停，及事有未尽，所司明为科禁。①

关于这个政策，《资治通鉴》概括得更为简练，曰"州县逃亡户口听百日自首，或于所在附籍，或牒归故乡，各从所欲。过期不首，即加检括，谪徙边州；公私敢容庇者抵罪"。② 孟宪实指出，中央政府执行的括户政策，与其说是针对脱籍的逃户，不如说是针对地方政府的。③ 因为地方对于自己辖区内的客户是有掌握的，只是不上报令其附籍而已。④ 因此，"玄宗以（宇文）融为覆田劝农使，勾检帐符，得伪勋亡丁甚众"。⑤ 也就是说，括户的初始阶段是从籍帐文书的勘检入手的。⑥ 其检括对象不仅包括农户，还包括伪勋等。色役伪滥或伪勋众多的后果之一，就是部分富户强丁通过服色役或伪造勋官、勋官子的身份，逃避正常的赋役义务。宇文融括户的初始阶段，就是从籍帐中发现丁口漏籍、虚挂以及色役伪滥、伪勋等现象，从而恢复他们的课丁身份，增加国家的赋役基础。这是第一阶段，也是基础工作。

　　第二阶段，从更多的渠道增加课丁，以及对地方政务进行监察。《唐会要》记载："开元十年（722）十月，宇文融除殿中侍御史，充覆囚使。"宇文融的职衔从开元九年的监察御史、覆田劝农使，到开元十年升任殿中侍御史，并兼任覆囚使，这不仅是官品的上升，更意味着权限的延

---

① 王钦若等编《册府元龟》卷六三《帝王部·发号令第二》，第674—675页。
② 《资治通鉴》卷二一二，开元九年，第6863页。
③ 孟宪实：《宇文融括户与财政使职》，荣新江主编《唐研究》第7卷，北京大学出版社，2001，第359页。
④ 唐长孺指出，在宇文融括客之先，避役浮寄的人即已"县收其名，号为客户"，即是说虽不附籍，寄居之县实已录名。地方不仅掌握客户姓名、数字，而且也像一般百姓那样分户等了（《唐代的客户》，《山居存稿》，中华书局，2011，第148、150页）。
⑤ 《新唐书》卷一三四《宇文融传》，第4557页。
⑥ 孟宪实：《宇文融括户与财政使职》，荣新江主编《唐研究》第7卷，第368页。

伸。覆囚使的经济意义在于，若"州县诸囚未断"，会"甚废田作"。① 覆
囚使出巡，不仅可以按行地方仓库，② 还可以通过核覆囚徒、平决冤狱，
释放一定的劳动力。这意味着宇文融除了在伪勋、伪滥色役与逃户之外，
还可以从第四类人群即囚徒中，获得在编户口的增加。

与此同时或稍后，宇文融还兼任了勾当租庸地税使。因为宇文融所任
命的第一批劝农判官，徐楚璧等十九人，是在开元十一年五月"并可摄
监察御史，勾当租庸、地税，兼覆囚"。③ 宇文融拥有这些权限应当在此
之前。

租庸属于正税，以户籍为基础，以丁口为单位。地税则不同，它的征
税对象并不限于课丁，而是涵盖"王公已下"的各个阶层；征税依据除
了户籍中的"已受田"之外，还包括青苗簿中的借荒田等。这些实际耕
种的田亩按"亩纳二升"的税率纳地税。商贾户无田或受田不足，则依
据户等纳税。蕃胡内附者与岭南诸州税米等半输者，也要按照商贾下等户
的一半纳地税。④

可见，随着宇文融自开元九年到开元十一年的职衔变化与权限延伸，
他的工作范畴已不仅仅是括户，而是彼此相关的括户、括田与括税三个方
面。括覆对象包括王公以下各个阶层，其中有问题的主要是逃户、伪勋、
伪滥色役，甚至要从囚徒中解放部分劳动力；田亩不限于户籍中的已受
田，也包括青苗簿中的借荒田，有问题的是那些隐匿不报的熟田或垦荒
田；⑤ 税项则不仅包括租庸，也包括地税。其中，增加课丁可以补充租庸

---

① 王溥：《唐会要》卷七八《诸使中》，第 1700 页。

② 参见丁俊《从新出吐鲁番文书看唐前期的勾征》，沈卫荣主编《西域历史语言研究集刊》
第 2 辑，科学出版社，2009，第 125—158 页；收入荣新江、李肖、孟宪实主编《新获吐
鲁番出土文献研究论集》，中国人民大学出版社，2010，第 415—416 页。

③ 王钦若等编《册府元龟》卷一六二《帝王部·命使第二》，第 1801—1802 页。《唐会要》
卷八四《租庸使》记载："开元十一年十一月，宇文融除殿中侍御史、勾当租庸地税
使。"（第 1833 页）这个时间可能有误。

④ 李林甫等：《唐六典》卷三《尚书户部》，第 84 页。

⑤ 参见唐长孺《魏晋南北朝隋唐史三论》，中华书局，2011，第 268—269 页。

调、户税、地税等所有正税，检括的籍外田也可以增加地税等收入。

简而言之，宇文融的劝农、覆田、覆囚以及勾当租庸、地税使，都是有实指的。史料记载，地方上"事无大小，先牒上劝农使而后申中书，省司亦待融指拟而后决断"。① 这既反映了在中央决策上使职系统与宰相机构的矛盾，也显示出在地方州县宇文融及其劝农判官对人口与赋役等事务的多部门职能整合与综合治理。

（2）王毛仲的内外闲厩使

王毛仲的内外闲厩使，体现的是省寺监这样的跨机构职能部分整合。先天二年，王毛仲检校内外闲厩，兼知监牧使，等于兼领了殿中省与太仆寺的部分事务。② 开元二年，殿中省尚乘局又隶属闲厩使，但是又"犹属殿中"，③ 这种两属的方式，意味着使职系统与职事官系统在构成"设官以经之，置使以纬之"过程中的一种兼容与交叉。同年，玄宗在将作监新置中校署，负责"舟车、兵仗、厩牧、杂作器用之事。……闲厩系饲则供锉碓、行槽、鞍架"，相当于闲厩使的器用配备机构。④ 开元七年前后，闲厩使又兼领苑内营田使。这些调整并非意味着闲厩使就完全统领殿中省、太仆寺、将作监等局署，以及原属司农寺的苑内诸监，而是在闲厩马与监牧马的养饲和管理、粟草供给以及器用配备等方面，形成有机的配合与适度的自主权。

王毛仲大约在开元十三年（725）加开府仪同三司并升任殿中监，⑤ 同时兼领内外闲厩使与监牧都使，这应该是在马政系统内，职官与使职的高度合一，他也是当之无愧的马政最高长官。就这一阶段的发展而

---

① 《旧唐书》卷一〇五《宇文融传》，第 3219 页。

② 《旧唐书》卷八《玄宗本纪上》，第 170 页。李林甫等：《唐六典》卷一一《殿中省》，第 330 页；同书卷一七《太仆寺》，第 479 页。

③ 王溥：《唐会要》卷六五《殿中省·尚乘局》，第 1331 页；李林甫等：《唐六典》卷一一《殿中省·尚乘局》，第 330 页。

④ 王溥：《唐会要》卷六六《将作监》，第 1367 页；李林甫等：《唐六典》卷二三《将作监》，第 596—597 页。

⑤ 《旧唐书》卷一〇六《王毛仲传》，第 3254 页；《资治通鉴》卷二一二，开元十八年，第 6911 页。

言，闲厩使整合了殿中省、太仆寺、将作监、司农寺等几大部门的部分职权，甚至还介入兵部驾部司的用人权，详情后述。这些变化依旧是为了使厩牧系统内各个环节可以有效配合，呈现相关职能的高度糅合与一体化。

（3）姜师度的长春宫使

与宇文融、王毛仲相比，姜师度的长春宫使体现的是同一职能在地域上的延伸。《唐会要》记载："开元八年六月，同州刺史姜师度兼营田长春宫使。"① 这应该是长春宫使的第一次出现。长春宫位于同州朝邑县，宫内本有部分屯田，隶属司农寺，② 之所以改由同州刺史姜师度来兼领，是因为姜师度在同州界内进行了跨县式的屯田扩充，并且涉及水利工程。《旧唐书·姜师度传》记载：

> 六年，以蒲州为河中府，拜师度为河中尹……再拜同州刺史，又于朝邑、河西二县界，就古通灵陂，择地引洛水及堰黄河灌之，以种稻田，凡二千余顷，内置屯十余所，收获万计。③

姜师度转任同州刺史，大约在开元七年。④ 他在朝邑县与河西县界开垦稻田两千余顷的工程，史料记载的时间并不统一。《唐会要》的注文曰：

> 朝邑屯田，开元八年十月七日，同州刺史姜师度开置。⑤

但是，《新唐书·地理志》又记载：

---

① 王溥：《唐会要》卷五九《长春宫使》，第 1221 页。
② 参见李锦绣《唐代财政史稿（上卷）》第一分册，第 132 页。
③ 《旧唐书》卷一八五《良吏下·姜师度传》，第 4816 页。
④ 郁贤皓：《唐刺史考全编》卷四《京畿道·同州》，安徽大学出版社，2000，第 117 页。
⑤ 《唐会要》卷五九《长春宫使》所载开元二十九年十一月十七日敕的注文，第 1222 页。

（朝邑县）北四里有通灵陂，开元七年，刺史姜师度引洛堰河以溉田百余顷。①

《元和郡县图志》记载：

通灵陂，在（朝邑）县北四里二百三十步。开元初，姜师度为刺史，引洛水及堰黄河以灌之，种稻田二千余顷。②

综合以上记述，姜师度可能在开元七年任同州刺史，同年便开启了通灵陂的疏理与引水工程，到开元八年开置屯田若干顷。据《册府元龟》，开元八年九月，玄宗在巡省这些屯田之后，诏曰：

今原田弥望，亩浍连属，由来榛棘之所，遍为粳稻之川，仓庾有京坻之饶，关辅致亩畬之润，本营此地，欲平人民……功既成矣，思与之共。其屯田内，先有百姓挂籍之地，比来召作，主亦量准顷亩割还。其官屯熟田，如同州有贫下欠地之户，自办工力能营种者，准数给付余地。③

可见，姜师度此次大规模营田，当在开元八年九月之前完成。《唐会要》所载时间可能过晚。其营田的面积，有百余顷与两千余顷两种说法。这可能也是个动态的变化过程，百余顷也许只是初期阶段在某个地域的屯营结果。据上述《册府元龟》所载，开元八年九月之后，姜师度所置屯田，当有一部分分给了回归的逃户或者受田不足的贫下户。到开元九年，姜师度所营屯田又有了一次大范围的扩充。《唐会要》记载：

①　《新唐书》卷三七《地理志一·同州》，第965页。
②　李吉甫：《元和郡县图志》卷二《关内道二·同州》，中华书局，1983，第38页。
③　王钦若等编《册府元龟》卷四九七《邦计部·河渠第二》，第5646页。

开元九年十二月十七日敕："同、蒲、绛、河东西并沙苑内，无问新旧注田蒲蓷，并宜收入长春宫，仍令长春宫使检校。"①

蒲、绛二州属河东道，在黄河东岸。同州与其毗邻，在黄河西岸，属关内道。长春宫与沙苑都在同州界内。② 开元九年的敕文意为，位于黄河东西两岸的蒲、绛、同三州，包括同州冯翊县沙苑内的养马之地，③ 其界内的水泽滩涂等地，无论是已开垦的熟田，还是未开垦的水滨荒地，一律归长春宫使姜师度"检校"。

首先，就地理位置而言，冯翊县为同州的州治，县南有沙苑；冯翊县向东为朝邑县，朝邑县紧邻黄河，这里有蒲津关，又有河桥，为河东进入关中的最佳通道。长春宫也在朝邑县，姜师度任长春宫使，其屯田管理中心应当也在这里。朝邑县沿河向北，就是河西县。朝邑、河西两县本是开元七、八年姜师度开通灵陂置屯溉田的主要区域，到开元九年，就向西南、北、东多面延伸。

具体而言，从朝邑县向西南延伸，涵盖了冯翊县沙苑中的水涂沙田，然后以朝邑、河西两县为轴心，跨过黄河向东，涵盖了河东道蒲州、绛州的沿河滩涂荒地，这个范围可能南至蒲津渡，北至绛州的龙门渡。如果隔河对应，河西岸的同州界内，可能也要从河西县继续向北延伸，直至韩城县，这里有龙门关。④ 这样，从黄河西岸的同州界内，北起龙门关，南至蒲津关，黄河东岸则北起绛州龙门渡，南至蒲州蒲津渡，这一带沿河两岸的水泽滩涂，无论是新垦荒田，还是旧置屯田，加上沙苑内的可垦田，一并成为长春宫使的管理范围。

其次，对于姜师度任长春宫使时的营田总面积，史料多言两千余顷，

---

① 王溥：《唐会要》卷五九《长春宫使》，第1222页。
② 李吉甫：《元和郡县图志》卷二《关内道二·同州》，第37—38页。
③ 据《元和郡县图志》卷二《关内道二》，沙苑在冯翊县南十二里，"东西八十里，南北三十里"，"其处宜六畜"（第37页）。
④ 李吉甫：《元和郡县图志》卷二《关内道二·同州》，第37—39页；《新唐书》卷三七《地理志一·同州》，第965页。

分为十余屯。据《唐六典》，长春宫有十屯。[①] 唐前期的屯田，大者五十顷，小者二三十顷。[②] 姜师度所管屯田，平均每屯二百余顷，显然超出了正常规模。即使是开元二十五年（737）分出三百四十余顷给贫人，[③] 也依然有每屯约一百七十顷的规模。或许在此期间又有变化，但更大的可能是，长春宫使所掌握的屯田，有一部分并不在司农寺掌管的"十屯"范围之内，有些营田是独立的、由长春宫使所独掌的园苑经济收入。《旧唐书·姜师度传》所云，每年"收获万计"，大概是指这些屯营田每年收获稻谷达万石以上，甚至数万石。

总之，长春宫使所掌营田多达两千余顷，应当是开元七年以后姜师度任同州刺史期间取得的成果，其中包括水利工程的营建，以及屯营田面积跨越黄河两岸的多向扩充。李剑农指出，在唐初的诸宫苑、园苑等使中，所属生产地域最广者，莫如同州之长春宫使。[④] 就其地域扩充而言，也可以称之为环京畿地域宫苑经济带的形成。在此基础上，可以对开元九年蒲州罢中都后又上升为雄州的变化增添一份理解。[⑤]

2. 财政使职在纵向管理上的延伸

在中国古代基层社会治理中，皇权是否"下县"是个值得讨论的经典课题。在唐前期，皇权"下县"是比较困难的。因为县级以下不再设官，而且在县级机构中，通常只有县令、县丞、主簿、县尉四个职事官，要管理数千户人口以及各项相关事务，实非易事。因此，县级官员更多的是依靠下属胥吏如杂职与杂任等来进行日常管理。在这种情况下，中央的

---

① 李林甫等：《唐六典》卷七《尚书工部》，第 223 页。

② 《唐开元田令复原清本》第 46 条："诸屯隶司农寺者，每地三十顷以下、二十顷以上为一屯。隶州、镇诸军者，每五十顷为一屯。其屯应置者，皆从尚书省处分。"（《天一阁藏明钞本天圣令校证：附唐令复原研究》下册，第 452 页）又据《唐六典》卷三《尚书户部》，诸军、州管屯，"大者五十顷，小者二十顷"（第 223 页）。

③ 《唐六典》卷七《尚书工部》载："开元二十五年，敕以为不便，并长春宫田三百四十余顷，并令分给贫人。"（第 223 页）

④ 李剑农：《中国古代经济史稿（中）》（魏晋南北朝隋唐部分），武汉大学出版社，2011，第 681 页。

⑤ 参见丁俊《唐玄宗置中都之始末及其深层意义》，《山西大学学报》2018 年第 4 期。

政令与文书传递的信息沟通末梢，就很容易截止于县级官府。上级官员与百姓之间缺乏直接的沟通渠道。当然，县令作为亲民之官，会直接接触百姓，比如冬月授田之类。① 每年的租庸赋税等，县级官府也会榜示村坊。② 但是，除此之外，如果地方官刻意屏蔽中央的信息，不欲传达给百姓，这是完全有可能的。

正因为如此，中央如果想要治理基层社会中的一些顽疾或普遍问题，首先要从治理官员、整顿吏治开始。开元十二年二月，玄宗诏曰：

> 如闻在外官人罕遵法式，孤弱被抑，冤不获申，有理之家，翻遭逼迫，侵刻之吏，务欲加诬。州县有好长官，同寮岂敢违法？御史执宪，纲纪是司，多惜人情，未闻正色，内外同此，何致至公！宜令刺史、县令严加捉搦；御史按其有犯弹奏。③

此诏针对的是地方官员与胥吏等不遵法令，侵逼苛待百姓的问题，要求刺史、县令作为长官严加管理，御史也要积极弹奏。需要注意的是，这道诏令出现在宇文融括户的后期与关键阶段，并非偶然。它揭示出，想要取得括户的最终成果，首先要打破官僚内部的沆瀣一气，因此，才要求刺史、县令严格督下，御史更要秉持公正，不吝弹奏。这标志着统治队伍内部的抗衡与分野。毕竟宇文融所奏置的劝农判官，大多来自基层官员，他们同时也兼领御史衔。

对于宇文融括户能够成功的原因，孟宪实指出，所谓劝农使司侵夺省司之权，是建立在劝农判官对地方州县控制的基础上的，从使司到诸道判

---

① 《唐开元田令复原清本》第 27 条："诸应收授之田，每年起十月一日，里正豫校勘造簿。至十一月一日，县令总集应退应授之人，对共给授。"《天一阁藏明钞本天圣令校证：附唐令复原研究》下册，第 450 页。

② 《唐赋役令复原清本》第 50 条："诸租、调及庸、地租、杂税，皆明写应输物数及应出之户，印署，榜县门及村坊，使众庶同知。"《天一阁藏明钞本天圣令校证：附唐令复原研究》下册，第 478 页。

③ 王钦若等编《册府元龟》卷一五五《帝王部·督吏》，第 1732 页。

官，以位于京师的使司为核心形成一套完整的组织系统，专向性工作，垂直化管理。[1] 垂直化管理正是宇文融劝农使系统的创新之处。这里需要补充的是，这种垂直化管理一直延伸到乡里民间，打破了"皇权不下县"的传统限制。

开元十二年，宇文融括户进入高潮阶段。六月五日壬辰，玄宗诏曰：

> ……其先是逋逃，并宜自首，如能服勤垄亩，肆力耕耘，所在闲田，劝其开辟，逐土任宜收税，勿令州县差科，征役租庸，一皆蠲放。……宜令兵部员外郎兼侍御史宇文融，兼充劝农使，巡按人邑，安抚户口，所在与官寮及百姓商量处分。乃至赋役差科于人非便者，并量事处分……所到之处，宣示百姓，达我劝人之心。[2]

这道诏书与开元九年二月制书相比，仍是在劝诫逃户自首，但是待遇与政策已经不同。开元九年只是免当年赋租课役，开元十二年明显退了一步，令宇文融与当地官僚、百姓商量处分。同年，宇文融又加置长安县尉王焘等十位劝农判官，"皆当时名士"，"并摄御史，分行天下"，最终确定"新附客户，则免其六年赋调，但轻税入官"的政策。[3] 从免一年赋役差科到免六年赋役差科，政府做出了巨大让步，折中措施就是在这六年的过渡期内，新附客户要每年缴纳轻税一千五百文。[4] 这是宇文融及其劝农判官同各地官僚、百姓商量的结果。

需要指出的是，宇文融和劝农判官在与官民商量时，代表的是皇令，

---

① 孟宪实：《宇文融括户与财政使职》，荣新江主编《唐研究》第 7 卷，第 377 页。

② 王钦若等编《册府元龟》卷七〇《帝王部·务农》，第 746 页。《唐大诏令集》名此诏为《置劝农使安抚户口诏》，时间记在开元十二年五月（卷一一一《政事·田农》，第 576—577 页）。不过，《资治通鉴》亦记在六月壬辰（卷二一二，开元十二年，第 6878 页）。从之。

③ 王溥：《唐会要》卷八五《逃户》，第 1852 页；杜佑：《通典》卷七《食货七·历代盛衰户口》，第 151 页；《旧唐书》卷一〇五《宇文融传》，第 3217—3218 页。

④ 《旧唐书》卷四八《食货志上》，第 2085—2087 页。

所谓"宣示百姓，达我劝人之心"，这意味着宇文融等人要对百姓宣示圣旨，并表明劝农使是代表皇帝劝百姓归农入籍。《旧唐书·宇文融传》亦载，"融乃驰传巡历天下"，所到之处，"必招集老幼宣上恩命，百姓感其心，至有流泪称父母者"。① 可见，此前的百姓是无从得知皇帝的恩命与苦心的，中央与民间的交流与命令传达存在障碍。

这时，有官员跳出来表示反对。阳翟县尉皇甫憬上疏认为，治理百姓应当"以静为本"，"何必聚人阡陌，亲遣检量，故夺农时，遂令受弊？"又指出，使者"务以勾剥为计"，恐怕会导致"逃逸从此更深"。左拾遗杨相如也上书，"咸陈括客为不便"。② 对此，李剑农指出，后世史家对于宇文融及王鉷等之行事皆有贬辞，以为意存聚敛。盖当时执行此种政策之人，确有勾剥、诛求过当之事实；但若谓户籍不宜整理，剩田不应检责，"括客不利居民，征籍外田税，使百姓困敝"，则亦因与大地主利害冲突，而有此反对意见之提出。③ 也就是说，各自立场不同。宇文融代表的是国家利益，为了增加财政收入与客户之间达成妥协与让步；而反对派官员则代表的是自己身为地主阶层的个人利益。因此，个人私利势必要让步于国家利益。开元十二年底，宇文融括得客户八十余万，"田亦称是"。"征得客户钱数百万，融由是擢拜御史中丞。"④

关于宇文融的成功，李锦绣指出，宇文融将御史台的御史出使制度引入尚书户部，同时将出使御史固定，集地方监察与财政于一身，这是开元年间出现的新财政制度。御史台的出使御史填补了户部与地方联系所缺少的中间环节，确立了中央与地方的直接联系，也奠定了此后财政机构发展

---

① 《旧唐书》卷一〇五《宇文融传》，第 3219 页。

② 王溥：《唐会要》卷八五《逃户》，第 1852 页；《旧唐书》卷一〇五《宇文融传》，第 3218 页。

③ 李剑农：《中国古代经济史稿（中）》（魏晋南北朝隋唐部分），第 250—257 页。

④ 杜佑：《通典》卷七《食货七·历代盛衰户口》，第 150—151 页；《旧唐书》卷一〇五《宇文融传》，第 3218 页；王溥：《唐会要》卷八五《逃户》，第 1853 页；《资治通鉴》卷二一二，开元十二年，第 6880 页。

的基础。① 这个说法颇有见地。不过，与其说是御史出使填补了中央与地方之间缺少的环节，不如说是财政使职借用御史的身份，通过对某项重点事务的彻底整治，从而填补了中央与地方之间缺少的环节。毕竟在原本的制度设计中，监察御史就有"巡按郡县"的职责，② 但是他们并不能发挥财政使职所特有的功能。

更进一步讲，在国家治理过程当中，中央的政令能否穿透层层的行政官员，让圣上恩旨的光辉直接照耀进民间，这关系到信息沟通与基层社会治理能否实现，也是天子是否真正滋育万民的重要写照。在开元以前，这个方面显然是笼统而模糊的，但是通过宇文融括户，通过财政使职系统，民间百姓得以直接了解中央的政策意图，了解到中央与地方的商洽态度，这是少有的。因此，到开元十六年（728）六月，玄宗诏曰：

> 凡制令宣布，皆所以为人。如闻州县承敕，多不告示百姓，咸使闾巷间不知旨意，是何道理？宜令所由捉搦，应有制敕处分事等，令终始勾当，使百姓咸知。如施行有违，委御史访察奏闻。③

在此之前，地方官府大概唯有将赋役情况榜示百姓，单纯地强调百姓对国家的义务，但是开元十六年之后，中央强调所有下发州县的制敕，都要"告示百姓"，使村巷街坊都得知"旨意"，并要求御史监督地方官府是否如实地执行了旨意的要求。这就存在双向监督，或者说地方行政逐渐透明化，将皇权"下县"的进程切实向前推进了一步。这些变化都可以看作宇文融及其使职系统对于玄宗朝的政务运行所做出的后续贡献。

---

① 李锦绣：《唐代财政史稿（下卷）》第一分册，第 12 页。
② 李林甫等：《唐六典》卷一三《御史台》，第 381 页。
③ 王钦若等编《册府元龟》卷六三《帝王部·发号令第二》，第 676 页；《唐大诏令集》卷一一〇《政事·诫谕·令州县以制敕告示百姓敕》，第 572 页。

### 3. 使职系统在用人与考课迁转方面的突破

（1）用人的专业性

杜希德指出，唐代财务行政发展到第二阶段的一大表现，就是专业职能部门的整体发展。除了宇文融之外，他更多地着眼于开元二十年之后各种财政使职的蓬勃发展，比如裴耀卿的转运使、铸钱使，以及杨慎矜兄弟、王𬭚乃至杨国忠所兼任的诸多使职。[①] 本文依旧重点关注开元前期的初始阶段。在这方面，监牧系统的用人体现出更注重专业性。开元三年四月，玄宗敕曰：

> 诸道监牧官有阙紧要者，委本使简择明闲牧养者，奏付选司勘实补拟。[②]

按照制度规定，唐前期有监牧65人，若皆以上牧计算，则每牧置监一人、副监二人、丞二人、主簿一人，官品分别为五品、六品、八品、九品，共计监牧官390人。[③] 监牧官的选择，由兵部负责，其考课也是由太仆寺汇总"监、牧所通羊、马籍帐"，上于兵部驾部司，"以议其官吏之考课"。[④] 但是，开元三年的敕文表明，各监牧若出现缺官，且职关紧要，可以不必等待兵部的统一选补，而是由本使自行选择，然后上报"选司勘实补拟"。这里的"本使"应该是指闲厩使之下的南使、西使、北使、东使、盐州使与岚州使。[⑤] 这些群牧使可以视实际需要，将本系统内的"明闲牧养"之人推荐给兵部驾部司，经勘实可以胜任便进行正式补拟。

从这个角度而言，群牧使与内外闲厩使（通常兼群牧都使）或许分

---

① 杜希德：《唐代财政》，第104—106页。

② 王溥：《唐会要》卷六六《群牧使》，第1354页。

③ 参见丁俊《李林甫研究》，凤凰出版社，2014，第344—345页。

④ 李林甫等：《唐六典》卷一七《太仆寺》，第479页。

⑤ 《唐六典》卷五《尚书兵部》："监、牧六十有五焉，皆分使而统之。（南使十五监，西使十六监，北使七监，东使九监，盐州使八监，岚州使三监，则厩牧及诸司马、牛、杂畜各隶于籍帐，以时受而藏之。）"第163页。

割了兵部驾部司的部分用人权，但是从政令与行政程序上讲，他们依然要上报并经过允许，可以说并没有越权，而是在用人方面多了一些荐举权，也增添了一些灵活性。

另外，在监牧官之下，还有大量的后备官员负责监牧的实际事务。《唐开元厩牧令复原清本》第 7 条：

> 诸牧畜，群别置长一人，率十五长置尉一人、史一人。尉，取八品以下散官充，考第年劳并同职事，仍给仗身一人。长，取六品以下及勋官三品以下子、白丁、杂色人等，简堪牧养者为之。①

在诸牧中，120 匹马为一群，若以上牧 5000 匹的标准计算，② 则每牧监需要约 42 位群长、3 位群尉；65 个牧监共需要 2730 位群长、195 位群尉。这近 3000 位群长、群尉，皆由散官、勋官、品子、白丁、诸色人等担任，他们经过若干年的考课，且获得若干上考后，就可以据其书判授给职事官。这些数量庞大的群长、群尉的拣选、考课甚至升迁，可能也是由群牧使或闲厩使具体负责的，而且简择标准与监牧官一样，也是注重专业技能，"明闲牧养" 或 "堪牧养"。从升迁序列来说，群尉的散官品为八、九品，监牧官的主簿为九品职事，或许群尉考满并获得足够的上考之后，下一步就可以擢升为牧主簿或牧丞。以此类推，则群牧使与闲厩使在本系统内选补官员与僚属的权力不可谓不大。

除此之外，各种使职也会自行挑选或召补随行判官。《唐代墓志汇编》所收《茹守福墓志》载：

> 君讳守福，京兆人也。……授陇州大侯府果毅。君职虽戎武，而学重儒文，清慎自出于本心，廉让实由其天性。书则尤工草隶，算乃

---

① 《天一阁藏明钞本天圣令校证：附唐令复原研究》下册，第 515—516 页。
② 《唐开元厩牧令复原清本》第 6、27 条，《天一阁藏明钞本天圣令校证：附唐令复原研究》下册，第 515、517 页。

妙洞章程……属开元祚兴，选举尤慎，特进王毛仲闻而重之，召为监
牧都使判官。于是陇右巡检，频为称职，迁怀州吴泽府果毅。考满，
擢授京苑总监，杂掌农衡，考课元□，频历数职，判官如故，前后十
余岁焉。……粤以开元十一年四月廿九日奉使陇右道巡盐〔监〕牧，
六月二日还京，六日己亥遘疾，至八日辛丑，卒于长安休祥里第，享
年三百三甲子四旬有二日矣。[1]

茹守福本为折冲府武官，但是文武双全，清慎、廉让，这是德行与素养方
面的优秀，也是为官的普遍要求。王毛仲作为内外闲厩使、监牧都使，之
所以要特别召辟茹守福，是因为他精于书、算。这两项其实是简择流外官
的标准。[2] 也许从身份与技能的匹配来论，算是降格，但是使职系统恰好
更注重实际业务能力。据《唐六典》，官员考课时，牧官之最的要求就是
"牧养肥硕，蕃息孳多"。[3]《唐开元厩牧令复原清本》相关令条规定，诸
牧每年的课驹、犊等以及死耗，皆有定数。若有剩驹、剩犊等，牧子、群
长等皆有赏绢。若有丢失或非理死损，则征纳时估或本畜填还。另外，诸
牧系饲给料，也各有数目。[4] 王毛仲在任期间，还通过各种增收减支手
段，如停减"西南两使、六顿，人夫藁谷"，"纳长户隐田税"，卖筋胶置
本收利等，来增加本系统的经济收入，是为多项善政。[5] 这些纷繁复杂的
经济事务，无不需要负责文书、簿籍的使职判官进行精细、准确且高效的
书、算运作。茹守福充任王毛仲判官十余年，其优异的书、算能力显然是
成就王毛仲各项善政的必要辅助。

---

[1] 《大唐故朝散大夫京苑总监上柱国茹府君墓志并序》，周绍良主编《唐代墓志汇编》，上
海古籍出版社，1992，第 1274—1275 页。

[2] 《唐六典》卷二《尚书吏部》："凡择流外职有三：一曰书，二曰计，三曰时务。"第 36 页。

[3] 李林甫等：《唐六典》卷二《尚书吏部》，第 43 页。

[4] 《唐开元厩牧令复原清本》第 1、2、3、13、14、15、16 条，《天一阁藏明钞本天圣令校
证：附唐令复原研究》下册，第 515—517 页。

[5] 张说：《大唐开元十三年陇右监牧颂德碑》，熊飞校注《张说集校注》卷一二，第 624—
625 页。

　　宇文融所辟用的判官，也是业务能力多有优异者。如蔡希周，"起就常调，补广平郡肥乡尉，以廉直闻。劝农使崔公希逸连仍辟书，请公为介，奏课第一，改蜀郡新繁尉"。① 乔梦松同样如此，"在官有政，所莅可征。于左辅，则为前御史中丞李怀让以精干名闻；在王畿，则为前御史中丞徐知仁以政理□进。于是皇帝称善者久之"。到开元十一年，宇文融括户，便"敕公摄监察御史，勾剑南租税，仍覆囚使。使终，正除监察御史里行。……后迁尚书屯田郎中"。② 正如《唐会要》所言，宇文融所奏劝农判官，"皆当时名士，判官得人，于此为独盛"。③ 劝农使所选判官，皆为富有实践经验的基层官员，且精明能干，这正是宇文融括户得以成功的原因之一。

　　（2）使职系统的论功标准与快速升迁

　　开元十二年二月二十八日，在宇文融括户的最后阶段，玄宗敕曰：

　　　　检获招诱得户口应合酬者，其有课户，皆须待纳租庸，然后论功。④

这里的"应合酬"与"论功"，就是指使职及其判官在考课时，可以将招徕的客户数量计入功劳簿，相应地获得考课升等。⑤ 只不过，这些功劳不能在本年度兑现，而是要待客户正常交纳租庸之后才可以。大概是新附户口不够稳定的缘故。增加户口、赋役本是刺史、县令的本职工作，也是地方官可以据此得到上考的一个捷径，⑥ 如今改为劝农使系统据此"论功"

① 《唐故朝请大夫尚书刑部员外郎骑都尉蔡公墓志铭并序》，周绍良、赵超主编《唐代墓志汇编续集》，上海古籍出版社，2001，第606—607页。

② 《唐故朝请大夫上柱国检校尚书屯田郎中梁郡乔府君（梦松）墓志铭并序》，吴钢主编《全唐文补遗》第7辑，三秦出版社，2000，第44—45页。

③ 王溥：《唐会要》卷八五《逃户》，第1852页。

④ 王溥：《唐会要》卷八五《逃户》，第1853页。

⑤ 《唐六典》卷二《尚书吏部》："凡应考之官，皆具录当年功过、行能，本司及本州长官对众读，议其优劣，定为九等考第，各于其所由司准额校定，然后送省。……郎中判京官考，员外郎判外官考。其检覆同者，皆以功过上使。"第41—42页。

⑥ 《唐会要》卷六九《县令》："开元四年十一月敕：'抚字之道，在于县令。不许出使，多不得上考，每年选补，皆不就此官。若不优矜，何由奖劝。其县令在任，户口增益，界内丰稔，清勤著称，赋役均平者，先与上考，不在当州考额之限。'"第1440页。

"合酬"，是因为使职系统暂且代替地方官履行了他们的基本职责。

使职系统可以通过解决当前的重点问题，取得更容易量化的成果，从而"论功"，并获得更多上考与升迁的机会。尤其在唐前期，基层地方官员极难获得上考，也极难获得升迁，以致出现"六十未离一尉"的窘境。[1] 使职系统可以使基层官员避免这种状况，但是，前提是他们必须具备使职系统所需要的专业技能或高效的执行力。宇文融奏置的二十九位劝农判官，其中有十六位县尉，[2] 且日后多至显位，这就是一个很好的例证。

另外，由于使职系统处理的多为当前要务，或新兴事务，或跨部门、跨地域、跨层级的特殊事务，使职往往会获得更大的权限。他们既可以在原有的职事官系统内选拔判官、使典等僚属，也可以根据业务需要从后备官员队伍中，比如散官、勋官、品子、诸色人等甚至白丁中选拔人才。从这个角度而言，使职系统也是一个新型的人才储备库。而且，使职系统采用自上而下的垂直管理模式，在各个方面都容易打破常规，取得更好的成绩。这也是玄宗朝财政使职与其他使职都快速发展的一大原因。

最后，需要补充的是，本文试图说明，开元七、八、九年是唐代财务行政发展到第二阶段后各方面特点都比较鲜明的时段，但是在此之前或之后，财政制度的完善与专业职能部门的发展，以及财政使职的运行，都有出现，因此，把这个时间点具体定在哪一年或哪几年都不太准确。鉴于开元九年的各种变化比较集中，也比较剧烈，影响更深远，本文的主标题仍旧拟为"不平凡的开元九年"。谨以此文作为对吴先生"不平凡的开元"这一说法的延伸与后续讨论。

---

[1] 《新唐书》卷四五《选举志下》，第 1177 页。关于县尉，亦可参见赖瑞和《唐代基层文官》"县尉的仕途前景"部分，中华书局，2008，第 131—138 页。

[2] 王溥：《唐会要》卷八五《逃户》，第 1851—1852 页。

# 唐代献、懿二祖宗庙地位流变考

## ——以玄宗朝为中心

李 瀚

宗法制度建于殷周时期，是贯穿古代中国历史的一条制度主线。宗庙制度是由宗法制度衍生的一个重要系统，有追养继孝、敬亡象生的功能，进而有收族报本之意义。秦汉以后，皇帝制度建立，而宗庙进一步扩大为国家正统的承载体。因此在国家祭祀中，宗庙之礼与祭天之礼同为王朝国家最为隆重的礼仪活动。

唐代的宗庙礼制经历过多次调整。唐初的礼仪大致沿袭隋礼，继承了北周、隋时的五庙制度，建立由太祖与四亲庙组成的宗庙。贞观年间，太宗放弃北朝的五庙制，而采纳了与江南文化渊源颇深的朱子奢的建议，将五庙改为七庙（实为六庙），奠定了开元十年（722）以前的宗庙基本格局。开元十年，唐玄宗因事制礼，将宗庙扩大为九庙，开创了全新的宗庙格局。伴随着宗庙礼制的变化，宗庙的祭祀对象以及礼仪中的神主排序也在发生变化。这些变化为观察祭祀对象的选择标准、神主的排序标准以及背后的政治背景提供了窗口。

本文拟从唐代可追溯的最远两位祖先——唐献祖（李熙）、唐懿祖（李天赐）切入，讨论二人宗庙地位的变化。此二人只是皇室的远祖，不像中宗一般具有重要的政治意义，但是在开元十年的宗庙礼制改革中其地位获得了巨大的提升。分析二人宗庙地位变化的原因，或可对玄宗开元十年宗庙改革的政治背景以及改革原则有更进一步的了解。

# 一　献、懿二祖宗庙地位的变化

献、懿二祖宗庙地位的变化与唐代宗庙礼制的变革息息相关。终唐一朝，共经历了三个阶段。

## （一）第一个阶段：武德至开元十年

武德元年（618），高祖"迎宣简公（李熙）、懿王（李天赐）、景皇帝（李虎）、元皇帝（李昺）神主，祔于太庙"。① 此时的宗庙仅有四室。贞观年间，太宗为了凸显皇权的唯一性，强化尊卑有别的观念，放弃了与诸侯庙数相同的五庙，依据《礼记》建立了七庙。由于太祖之位尚未确定，为补齐六亲庙，太宗特地升祔李熙之父弘农府君的神主，与李熙、李天赐、李虎、李昺、李渊组成宗庙六室。

咸亨五年（674）八月，李熙、李天赐二人被追尊为皇帝，宣简公李熙为宣皇帝，懿王李天赐为光皇帝。二人的墓茔也因此成为帝陵。② 虽然李熙、李天赐二人获得了名号上的追尊，但这并未带来宗庙地位上的提升，李熙、李天赐依旧处于亲尽则毁的状态。随着高宗崩后升祔太庙，宣皇帝神主因超出三昭三穆而迁毁。

武则天临朝称制期间仍维持李唐太庙的地位，但也在逐步抬高武氏家庙的地位。称帝后她建立武氏的宗庙，仅保留李唐宗庙中的高祖、太宗、高宗三室，形成李武宗庙并立并祭的格局。神龙元年（705）中宗复辟之初便重建宗庙，以昭示国家之正统。他还将其兄李弘追尊为义宗，祔于太庙，以成七庙之数。

中宗崩，少帝李重茂继位。依礼升祔中宗神主入太庙时，光皇帝神主因处于三昭三穆之外理应迁毁。但是政局瞬息变化，睿宗即位，光皇帝又

---

① 《旧唐书》卷二五《礼仪志五》，中华书局，1975，第 941 页。
② 依据《唐会要》卷一《帝号》之注文，仪凤二年（677）五月一日宣简公墓（即李熙墓）被追封为建昌陵，懿王墓（即李天赐墓）被追封为延光陵。

处于三昭三穆之内，因而保留不迁。中宗升祔入庙后，既有庙数过七的问题，又有义宗中宗兄弟相继，是并立昭穆还是昭穆异位的问题。因此，姚元之、宋璟进言将义宗迁出太庙。景云元年（710）十月，睿宗下诏将义宗迁出太庙，别立义宗庙。至此七庙齐备。开元四年（716），睿宗神主升祔太庙，再次出现中宗、睿宗兄弟相继的问题。经历一番讨论，玄宗最终选择以睿宗承续高宗，中宗神主被迁至别庙供奉。这一阶段，不论是在高祖建立的"五庙"制中，还是太宗建立的"七庙"制中，李熙、李天赐二人都处于远祖，不具备特殊的地位，一旦超出昭穆序列便要迁毁神主。

### （二）第二个阶段：开元十年至安史之乱前

九庙制度的确立是唐朝宗庙制度的一大重要转折。在玄宗朝的礼制改革中，李熙、李天赐二祖在宗庙礼中的地位也获得了较大的提升。

开元十年，玄宗下诏，创设九庙：

> 朕闻王者乘时以设教，因事以制礼，沿革以从宜为本，取舍以适会为先。故损益之道有殊，质文之用斯异。且夫至德之谓孝，所以通乎神明；大事之谓祀，所以虔乎宗庙。国家握纪命历，重光累盛，四方由其继明，七代可以观德。朕嗣守丕业，祇奉睿图，聿怀昭事，罔不恧祀。尝览古典，询诸旧制，远则夏、殷事异，近则汉、晋道殊，虽礼文之不一，固严敬之无二。朕以为立爱自亲始，教人睦也；立敬自长始，教人顺也。是知朕率于礼，缘于情，或教以道存，或礼从时变，将因宜以创制，岂沿古而限今。况恩以降杀而疏，庙以迁毁而废。虽式瞻古训，礼则不违；而永言孝思，情所未足。享尝则止，岂爱崇而礼备；有祷而祭，非德盛而流永。其祧室宜列为正室，使亲而不尽，远而不祧，庙以貌存，宗犹尊立。俾四时式荐，不间于毁主；百代靡迁，匪惟于始庙。所谓变以合礼，动而得中，严配之典克崇，肃雍之美兹在。又兄弟继及，古有明文。今中宗神主，犹居别处，详

求故实，当宁不安，移就正庙，用章大典。仍创立九室，宜令所司择日启告移迁。①

开元十一年（723）春，玄宗还京师，下制追尊宣皇帝李熙为献祖，从夹室复列于太庙正室；尊光皇帝为懿祖，并将因与睿宗昭穆同代而迁出太庙的中宗迁回太庙。献祖宣皇帝、懿祖光皇帝、太祖景皇帝、世（代）祖元皇帝、高祖、太宗、高宗、中宗、睿宗构成宗庙九室。自此，唐代九庙制度正式确立。

玄宗认为"王者乘时以设教，因事以制礼"，从现实需求出发，改变传统的礼制框架，创设九庙。从"其祧室宜列为正室，使亲而不尽，远而不祧，庙以貌存，宗犹尊立。俾四时式荐，不间于毁主；百代靡迁，匪惟于始庙"一语观之，玄宗建立九庙的最初设想可能是献、懿二祖庙与太祖庙一样百世不毁。对李熙、李天赐追尊祖号或许便是为了从名号上确保其永享血食。此外，庙数的扩大使得中宗得以顺利升祔太庙，化解了中宗作为中兴之主却不得升祔太庙这一难题。这一系列改革突破了传统礼学的樊篱，更加凸显皇帝因事设礼的意志，体现出玄宗极强的文化自信。

在宗庙禘祫礼仪中，献祖的地位也获得了提升。所谓禘祫礼仪，是国家宗庙祭祀礼仪中规格最高的仪式，以天子主祭，祭皇室累代先祖。玄宗折中《贞观礼》和《显庆礼》，并从现实政治出发，下令修撰《开元礼》，于开元二十年（732）完成。其中较完整地记载了太庙时享、禘祫祭礼的过程：

> 设樽彝之位于庙堂上前楹间，各于室户之左，北向……（献祖、太祖、高祖、高宗樽彝在前楹间，北向；懿祖、代祖、太宗、中宗、睿宗樽彝在户外，南向）……
>
> 未明二刻，赞引引太庙令、太祝、宫闱令诣东陛升堂，诣献祖

---

① 《旧唐书》卷二五《礼仪志五》，第953页。

室，入开坎室，太祝、宫闱令奉出神主置于座。讫，引太庙令以下次奉出懿祖，次奉出太祖，次奉出代祖，次奉出高祖，次奉出太宗，次奉出高宗，次奉出中宗，次奉出睿宗，神主置于座，如献祖之仪。（皇祖妣以下神主皆宫闱令奉出，俱并而处右。）讫，引太庙令以下降还本位。（摄事赞引各引享官俱就门外位，无驾将至下至从享官位仪。）……

太常卿引皇帝，乐作，皇帝升自阼阶，乐止。侍中、中书令以下及左右侍卫量人从升。太常卿引皇帝诣献祖樽彝所，执樽者举幂，侍中赞酌郁鬯讫，登歌，作《肃和之乐》，以圜钟之均。太常卿引皇帝入诣献祖神座前，北向跪，以鬯裸地，奠之，俯伏，兴，太常卿引皇帝出户，北向再拜。讫，太常卿引皇帝次裸懿祖，次裸太祖，次裸代祖，次裸高祖，次裸太宗，次裸高宗，次裸中宗，次裸睿宗，并如上仪。讫，登歌止。太常卿引皇帝，乐作，皇帝降自阼阶，还版位，西向立，乐止。……

太常卿引皇帝诣罍洗……太常卿引皇帝诣献祖樽彝所，执樽者举幂，侍中赞酌醴齐讫，《光大之舞》作，太常卿引皇帝入诣献祖神座前，北面跪奠爵，少东，俯伏，兴。太常卿又引皇帝出，取爵于坫，酌醴齐讫，太常卿又引入诣神座前，北面跪奠爵，少西，兴。太常卿引皇帝出户，北面立，乐止。（祫享乐终八节止。诸座皆然。）太祝持版进于室户外之右，东面跪读祝文曰："维某年岁次月朔日，子孝曾孙开元神武皇帝讳，敢昭告于献祖宣皇帝、祖妣宣庄皇后张氏：气序流迈，时惟孟春，（孟夏，孟秋，孟冬。）永怀罔极，伏增远感。谨以一元大武、柔毛、刚鬣、明粢、芗合、芗萁、嘉蔬、嘉荐、醴齐，恭修时享，以申追慕，尚飨。"读讫，兴。皇帝再拜讫，又再拜。初读祝文讫乐作，太祝入奠版于神座，出，还樽所，皇帝拜讫，乐止。[1]

----

[1] 杜佑：《通典》卷一一四《皇帝时享于太庙》，中华书局，1988，第 2922—2928 页。另参见《大唐开元礼》卷三七《皇帝时享于太庙》，民族出版社，2000，第 203—211 页；卷三九《皇帝祫享于太庙》，第 220—230 页；卷四一《皇帝禘享于太庙》，第 236—244 页。

上述流程中有两个神主的排列顺序。一为献祖、太祖、高祖、高宗以及懿祖、代（世）祖、太宗、中宗、睿宗的顺序，这明显为按昭穆分开排列。另一个是举行礼仪时的顺序，即为献祖、懿祖、太祖、世（代）祖、高祖、太宗、高宗、中宗、睿宗这一依照血缘代数的顺序。值得注意的是，玄宗朝禘祫的排位顺序并没有选择突出太祖，东向之位依旧空出。太祖代表着受命，象征着国家正统，处于宗庙礼制的核心。在太祖业已明确的情况下，《开元礼》没有选择突出太祖，而是以血脉缘起的远祖作为首先受祭的祖先，这也反映出献祖在家庙中的最高地位。居于国家祭祀核心的祖先并非国家正统肇始的太祖而是皇帝血缘缘起的献祖，或可体现出皇帝个人色彩对国家礼仪的渗透。

### （三）第三个阶段：安史之乱后

安史之乱后，社会等级结构和礼治秩序遭到严重冲击。朝廷试图通过对传统儒家礼仪的回归，重建国家的正统性及皇帝的至尊性。同时，开元、天宝礼仪传统也延续下来，国家礼仪无法彻底剥离皇帝的个人色彩。在此背景下，献、懿二祖的地位也相应地发生了变化。

宝应二年（763），代宗升祔玄宗、肃宗神主，将献祖、懿祖神主迁入西夹室。这一举措表明，是否有"祖""宗"之号，已经不是唐皇室神主迁毁与否的主要准则。玄宗试图建立的祖先不迁之制业已不行。大历十四年（779），代宗升祔，迁出代祖元皇帝神主，颜真卿上奏："伏以太宗文皇帝，七世之祖。高祖神尧皇帝，国朝首祚，万叶所承。太祖景皇帝，受命于天，始封于唐，元本皆在不毁之典。"[1] 颜真卿的奏请得到批准后，最终确立了太祖在宗庙中的最高地位。从此以后，唐代宗庙制度也确定为一祖、二宗、六亲庙，一祖、二宗百代不迁，六亲庙亲尽则毁。

由于献、懿二祖是太祖之上亲尽之祖，他们不再进入禘祫礼仪的祭祀序列。这一情况持续了十八年。建中二年（781），陈京奏请祔献祖、懿

---

[1] 王溥：《唐会要》卷一五《庙议》，中华书局，1960，第 326 页。

祖神主入兴圣庙，掀起了建中、贞元时期关于禘祫之礼的大讨论，讨论的焦点是禘祫之中应该以献祖还是太祖居东向之位。贞元七年（791）、贞元十九年（803）都进行了激烈的讨论，最终确定了以太祖居东向之位，献、懿二祖祔入德明、兴圣庙。现将各方意见整理如下（见表1）。

**表1　建中、贞元时期禘祫之礼讨论情况**

| 倾向 | 意见 | 人物 |
|---|---|---|
| 献祖派 | 置东向之位 | 颜真卿、韩愈 |
| 折中派 | 祫置献祖东向，禘置太祖东向 | 韦武 |
| 太祖派 | 虚东向之位 | 张荐 |
| | 永藏西夹室，不享合祭 | 李峤等 |
| | 迁于德明、兴圣庙别祭 | 陈京、仲子陵、权德舆等 |
| | 筑别庙祭之 | 柳冕 |
| | 于园寝建石室永安 | 裴枢 |
| | 毁而埋瘞 | 未知 |

资料来源：《旧唐书》卷二六《礼仪志六》，第1000—1010页。

这次大讨论，正式确立了禘祫礼仪中太祖的地位。献祖和懿祖的地位也随之下降，转而迁入德明、兴圣庙。甚至于宣宗朝，祭祀官员竟发现献祖与懿祖的次序颠倒，本居子位的懿祖反而居于献祖之上。到僖宗时，有司以德明四庙"功非创业"，"义止追封"，加之庙屋因黄巢之乱而被焚毁，请求废除四庙。经议，从之。至此，献、懿二祖不再享祭祀之礼。①

## 二　献、懿二祖宗庙地位变化的原因

献、懿二祖宗庙地位的变化，与当时的政治背景息息相关。二人在玄宗朝地位大幅提高，一方面是礼制发展变化的结果，另一方面是出于当时政治现实的需要。

---

① 《旧唐书》卷二五《礼仪志五》，第966—968页。

　　九庙制度的建立以及《开元礼》的修撰发生在玄宗朝皇权发展与皇帝私人色彩逐渐渗透进国家礼仪的背景下。在唐建立之初，国家制度与皇帝制度等同，除了国家礼仪之外似乎没有皇帝个人的礼仪。皇帝的私礼、家礼并不能体现在国家公制中。这种情况到高宗朝发生了变化。高宗朝时皇权加强，原先的皇帝、皇亲、大臣共同构成的权力核心圈缩小为皇帝、皇后和嫡子，形成新的权力核心。政治结构的变化会影响到礼制的变化，在高宗朝的表现即为《显庆礼》的修撰。《显庆礼》的编撰过程及内容的变化都能反映出皇帝权力加强所带来的影响。修撰《显庆礼》的主要执行人为许敬宗与李义府，史称"许敬宗、李义府用事，其所损益，多涉希旨"，[①]"其文杂以式令，而义府、敬宗方得幸，多希旨傅会"。[②] 许、李二人修撰《显庆礼》的过程中多附会皇帝的意见，反映出皇帝的意志对礼制的影响。从其内容看，《显庆礼》改郑玄的"六天"说而独尊昊天上帝，以适应高宗皇权加强的现实。同时，以臣子不可议皇帝之丧礼为由废除《贞观礼》中的"国恤"礼，使得皇帝的丧葬充满神秘性，进一步抬高了皇帝的地位。

　　皇帝称号的松动也是高宗朝礼制松动的表现。皇帝称号不再为皇帝个人所独有，它可以按照皇帝的意志追谥给子孙。以高宗朝为例，高宗的第二任太子李弘早薨，高宗痛甚，破例将李弘追谥为孝敬皇帝，并依照天子的标准为李弘修建陵墓，甚至试图将这位"拟皇帝"纳入太庙。[③] 之后，唐朝出现大量的"拟皇帝""拟太子"，天宝六载（747）玄宗下诏在京建七太子庙，元和年间已有九座太子陵。一方面，这反映出皇子尤其是皇嫡子在礼仪中地位的提高；另一方面也可以看出皇帝意志对礼制的突破。

　　武则天是推动这一变化趋势的又一重要人物。成为皇后之后，武则天或主动或被动地在礼仪上强化自身的地位，通过修撰《显庆礼》中的

---

① 《旧唐书》卷二一《礼仪志一》，第 818 页。

② 《新唐书》卷一一《礼乐志一》，中华书局，1975，第 308 页。

③ 高宗并未完成这一行为，孝敬皇帝入庙在中宗神龙元年完成，庙号义宗。李弘之事详见《旧唐书》卷八六《孝敬皇帝弘传》。

"后礼",修改丧服服制,并参加到大量的礼仪实践中以提升自己的地位。① 临朝称制后,武则天进一步在礼仪上提高自己的地位并挑战李唐皇室权威,表现为垂拱四年(688)崇先庙的设置上。及其移鼎,更是进一步强化了"帝礼",并通过宗教仪式来宣扬其治理天下的合法性。在被册封为后,临朝称制,登基为皇的过程中,武则天不断地改造礼制,使之能够强化自身的地位,这一过程与武则天政治实力的发展是相匹配的。这一行为进一步加深了皇帝(掌权者)对礼制的影响。

这一趋势在玄宗时发展到高峰。在解决太平公主并重新理顺武周以来的政治关系后,玄宗开始致力于开创一个崭新的局面。首先,开元九年(721)玄宗命宇文融检括逃户,增加赋税。由开元十二年(724)玄宗封禅的诏书可以看出,② 宇文融的括户成效显著,为开、天盛世奠定了物质基础。其次,玄宗开始进行文化创建。九庙制度以及《开元礼》便是这一背景下的产物。一方面,玄宗的礼制改革是为了解决现实的问题,九庙制为越来越多的祔庙神主提供了空间。开元四年迁中宗入别庙,既违反了慎终追远、尊崇先祖的孝治精髓,也难以抹杀中宗曾即帝位的现实,同时世人也因其中兴之君的身份而对其怀有同情。九庙制使中宗得以迁入太庙。《开元礼》的修撰是为了颁布一部正式的礼典以纠正唐朝前期礼制的混乱。另一方面,皇权的加强以及盛世的出现使玄宗希望能够在礼仪中体现自身的功业,因此皇帝的个人意志以及个人因素,如信仰、家族等,会更多地渗透进国家礼制。玄宗追李熙为献祖、李天赐为懿祖并纳入宗庙,出发点是皇帝个人的孝思而非王肃等人注重的功德。

献、懿二祖宗庙地位提高的另一个重要原因是玄宗巩固统治的需要。一方面,开元前期玄宗在礼制上对武则天所修改的礼制拨乱反正,以消除武周的正当性,削弱武则天的影响。另一方面,以身作则,建立孝-忠的

---

① 这一阶段其主导者不甚明确。过往学者或以武氏为主导,或以高宗为主导,在此不详加论述。但不论主导者是谁,高宗朝皇后地位有显著提高,与皇帝共同构成新的权力中心,成为周善策所言的"皇权集团"之一份子。

② 宋敏求编《唐大诏令集》卷六六《开元十三年封泰山诏》,商务印书馆,1969,第370页。

社会舆论。

武周的建立是唐朝前期的重大事件。武则天之后，李、武两家结合为同一统治集团，借用黄永年之说法，中宗、睿宗两朝为"李武政权"。[①]这一时期，李氏之地位以及朝政都不甚稳定。中宗时韦后试图学习武则天掌握政权，睿宗时太平公主有强大的政治势力。玄宗即位后，多次在礼制上削弱武周的影响，强化李唐政权的正统地位。

上文曾提到，开元四年睿宗祔庙时将中宗迁出宗庙，其原因固然有兄弟昭穆冲突以及中宗无后的问题，但更深层的原因是否认中宗作为中兴之主，并借此否认武周政权存在的合理性。[②]同年，太常卿姜皎奏请修改武则天谥号，由"天后圣帝武氏"改为"则天皇后武氏"，以配高宗。自此，武则天在宗庙中的皇帝地位被剥夺，重新回归"李氏妇"这一身份，[③]从而在宗庙上否定了武周政权的合理性。

除此之外，武则天为巩固自身地位所做的礼制修改，在开元前期也以"不合古制"为由加以修改。开元五年（717），太常少卿王仁惠奏请武则天立明堂不合古制，请求废除。[④]开元七年（719），右补阙卢履冰奏请将武则天所改的父在为母服齐缞三年改回古制。[⑤]

开元十三年（725）的封禅礼仪改革更能体现在礼制中消除武则天影响这一目的。高宗封禅之时，祭祀皇地祇由皇后亚献，此制维持到开元。负责封禅具体礼仪的张说反对此制，指出：

> 乾封旧仪，禅社首，享皇地祇，以先后配飨。王者父天而母地，当今皇母位，亦当往帝之母也，子配母飨，亦有何嫌？而以皇后配地

① 陈寅恪：《记唐代李武韦杨之婚姻集团》，《金明馆丛稿初编》，生活·读书·新知三联书店，2009；黄永年：《说李武政权》，《人文杂志》1982年第1期。

② 对此章群与郭善兵都有分析，详见郭善兵《中国古代帝王宗庙礼制研究》，人民出版社，2007，第402—403页。

③ 《旧唐书》卷二五《礼仪志五》，第951页。

④ 《资治通鉴》卷二一一《唐纪二十七》，中华书局，1956，第6728页。

⑤ 《资治通鉴》卷二一二《唐纪二十八》，第6737页。

祇，非古之制也。天监孔明，福善如响。乾封之礼，文德皇后配皇地祇，天后为亚献，越国太妃为终献。宫闱接神，有乖旧典。上玄不祐，遂有天授易姓之事，宗社中圮，公族诛灭，皆由此也。景龙之季，有事圆丘，韦氏为亚献，皆以妇人升坛执笾豆，渫黩穹苍，享祀不洁。未及逾年，国有内难，终献皆受其咎，掌座斋郎及女人执祭者，多亦夭卒。今主上尊天敬神，事资革正。斯礼以睿宗大圣贞皇帝配皇地祇，侑神作主。①

封禅之礼，在于向上天告成功。高宗朝以文德皇后配皇地祇，以其为后宫成员，大臣不大好参与祭祀，遂赋予武后参与祭祀的正当性。张说以不合古制以及武则天之事为由，修改乾封的封禅礼仪，以睿宗配皇地祇，这样外朝大臣可以正常致祭。张说之言不仅直指武、韦，更在于否定后宫参与国家祭祀的正当性。

若结合开元前期的这一现象来看，玄宗的九庙制度便有了巩固李姓庙堂的意味。通过将更多先祖纳入宗庙，明确李姓之所出，起团结宗族之用。在其他礼仪活动中，玄宗也在强调这一意图。封禅诏书中有"以光我高祖之丕图，以绍我高祖之鸿烈"一语，再次强调高祖对天下的功业，明确天下为高祖之天下，朝堂为吾家朝堂。同时，玄宗也通过这一行为显示自身即位之正统。玄宗立九庙制中有"且夫至德之谓孝，所以通乎神明"一语，正是传统的家国观念的反映。天命降于始祖，而后世皇帝则通过继体、奉宗庙间接获得天命。② 玄宗正是在明确其为奉宗庙之人，为宗庙之主，为继体之人，以巩固自己的统治。

在宣扬孝的同时，玄宗也强化对社会的道德导向。"立爱自亲始，教人睦也；立敬自长始，教人顺也。"通过对孝的强调，教百姓敬顺之道。玄宗大力提倡孝也是出于巩固自身地位的考虑。从神龙到开元，唐朝皇位

① 《旧唐书》卷二三《礼仪志三》，第893页。
② 详见王健文《国君一体——古代中国国家概念的一个面向》，杨儒宾主编《中国古代思想中的气论及身体观》，台北：巨流出版社，1993，第227—260页。

的传递都离不开宫廷政变。玄宗本身的即位亦是宫廷政变之结果。因而，玄宗大力推行孝治，以求通过强化孝道伦理培养孝-忠的社会舆论，维持统治的稳定。

安史之乱后，唐朝处于中央与割据藩镇并立的格局。为重塑权威，中央需要通过种种措施重建礼制秩序，强化中央的正统地位。作为皇权合法性来源之一的祖灵之所在，宗庙的国家象征意义越发加深。太祖地位的确立以及献、懿二祖地位的下降便发生在这一背景下。曾有学者指出，德宗朝的禘祫之争应与宝应二年郊祀礼中的太祖、高祖之争结合起来分析，二者同属中央强化自身正统性的努力。宝应元年（762），水部员外郎薛颀等奏请："以神尧为受命之主，非始封之君，不得为太祖以配天地。太祖景皇帝始受封于唐，即殷之契，周之后稷也。请以太祖景皇帝郊祀配天地。告请宗庙，亦太祖景皇帝酌献。"① 这一问题涉及以"始封受命"的太祖还是"创业"的高祖配祭昊天，在朝野上引起争议。黎干进《十诘十难状》，主张景皇帝"既非造我区宇，经纶草昧之主"，应该以高祖配祭昊天。经过一番争论，最终确定由太祖配祭。学者已经指出，这一次郊祀祭礼的变革，是基于安史叛乱僭越称帝，自称受命，使唐王朝陷入危机的事实，试图以"始封"即"受命"代替"创业"即"受命"的概念，强化唐王朝承受天命，万代不易的正统地位。② 德宗朝大臣对太祖的人选已无异议，以颜真卿为首的献祖派只是强调通过屈始封受命的太祖弘扬孝道，并不是挑战太祖的位置。最终出于尊太祖之位的考虑，德宗仍然选择以太祖居于禘祫礼仪的东向之位。

## 结　语

李熙、李天赐在李唐宗庙中地位的变化，折射出皇帝制度不断加强以

---

① 《旧唐书》卷二一《礼仪志一》，第836页。
② 户崎哲彦：《唐代的禘祫论争及其意义》，蒋寅编译《日本学者中国诗学论集》，凤凰出版社，2008，第113—129页。

及皇帝私人色彩逐渐渗透进国家公制的大背景。

唐朝初建时，皇帝即国家，似乎不存在国家制度之外的皇帝礼仪。皇帝的家礼、私礼虽然存在，但没有公开出现。

高宗、武则天之后，这一情况开始发生变化。高宗、武则天的礼制改革导致礼制松动，皇帝私人的感情、信仰开始出现在国家层面的礼仪中。这一情况在玄宗朝达到顶峰，在制度创建与礼仪编纂中，缘情治礼、变礼从情成为处理情礼冲突的原则。皇帝个人之情的成分在国家礼仪中加强，甚至部分礼仪建立的宗旨便是为皇帝个人及家族服务，吴丽娱将其称为以皇帝意志为中心的私礼公制化。玄宗之后，这一趋势依旧延续下去，但又呈现新的特征，即是传统儒家国家礼仪的重建与带有皇帝个人色彩的宗教祭祀的延续。

在这一大背景下，李熙、李天赐二人的宗庙地位变化便清晰可见。李熙、李天赐因玄宗之孝思而获得祖号，李熙甚至重新加入九庙，进入国家的祭祀体系。同时，《开元礼》的禘祫之礼中没有强调太祖在宗庙中的地位，而是依照皇帝家世的顺序进行祭祀，这亦反映了宗庙中皇帝家庙意义的扩大。在延续高宗以后唐礼的发展趋势之外，现实需要亦是玄宗修改礼制的原因。一方面，扩大的庙制为越来越多的神主提供了足够的空间；另一方面，提升二祖地位也是出于昭示宗族由来、强调"李家"朝堂的政治需要。同时，这亦能体现玄宗统治的正当性。

玄宗之后，由于安史之乱带来的政治秩序与礼制秩序的崩坏，唐朝需要重建国家的正统以及中央的权威。在这一现实需求的推动下，唐代开始恢复、重建传统的儒家国家礼仪。但是，开元、天宝的礼制发展趋势不可能瞬间转变，这一趋势依旧延续下来，在后期也表现为国家礼仪无法完全剥离皇帝的个人色彩。因而，在唐王朝接连确立太祖在宗庙、郊祀、禘祫中的尊位后，献、懿二祖不是遵循"太祖以上神主不在昭穆和食之列"的礼法，而是入德明、兴圣庙继续享祭。

# 《大唐开元礼》校勘札记三则

吴丽娱

自 2015 年始，笔者和赵晶、赵永磊以"《大唐开元礼》的校勘与研究"为题，申请了国家社科基金重点项目。虽然课题已经结项，但就整体而言，《大唐开元礼》的校勘和研究尚未完成。笔者深感数年校勘中遇到的问题很给人以启发，解决这类难题，对于最终为学界提供一个《大唐开元礼》较为完善的整理本不可或缺。由于内中许多疑问是前人遗留而以往很少被人关注的，也亟待与学界交流探讨，小文仅举三例谈谈个人的一点发现。

## 一 "给公服"还是"绛公服"

在对《大唐开元礼》进行校勘的过程中，笔者发现所用的多数抄本或刊本在抄写、录制过程中，或多或少都自行做过校勘和修正的工作。而前人的校勘依据最多的就是《通典》。由于《通典·开元礼纂类》较为全面地抄录和纂集了《大唐开元礼》，从某种程度上形同《大唐开元礼》的另一个版本；加之杜佑最重视礼，《通典》成书于唐朝安史乱后，在年代上不过晚于《大唐开元礼》数十年，在反映当代制度上应当最具有权威性，所以前人在《大唐开元礼》遇有问题时，大都以《通典》为准。不过前人在利用《通典》的同时，因不了解唐制，往往知其然而不知其所以然，所以留下一些问题和缺陷，至今没有彻底解决。

就以《大唐开元礼·序例上·神位》中的卜日礼而言，内中提到举行日太卜令、卜正、占者"俱就次，各服公服"，其下注文有"谒者、赞引，各给公服"一语。朱绍颐《大唐开元礼校勘记》称："'给'，《通典》作'绛'，后卷可证。"而在筮日的同条文字下"赞引给公服"的注文，也道："'给'，《通典》作'降'，疑当作'绛'，后文可证。"① 而"后文"是指哪里呢？查《大唐开元礼》卷一〇八《朝堂册命诸臣》有"谒者绛公服"之文，卷一二六、卷一三四、卷一三六中也有相同的文字。② 除此之外其他一些卷中还有令史"绛公服"的情况，所以如王幼斋复校公善堂本的眉批有"本书一百三卷廿二页上八行有绛公服之文，三卷七页六行有绛公服之文"，③ 都是指此。这些地方没有一处再有"给公服"的字样，所以公善堂本已据《通典》做校正。

但以上前人形成的看法大都只是根据文献进行比对和判断，不出本校他校的范围。虽然不能说依据不足，有一点却是被原校勘者忽略的，那就是并没有指出为什么是"绛公服"而不是"给公服"，其中道理何在？并且如果"给公服"确实应当改作"绛公服"，那么就必须回答以下问题——谒者、赞引为何要服绛公服？太卜令、卜正、占者所着公服与谒者、赞引的绛公服之间究竟有何分别呢？如果不能回答以上问题，也就始终不能触及问题的实质与核心，给人以令人信服的答案。而弄清这些问题，就需要对两者的名称做出解释。

何谓公服？依《旧唐书·舆服志》言，隋制，官员衣服有"常服、公服、朝服、祭服四等之制"。④ 公服的服用很普遍，既可以是皇太子服，

---

① 朱绍颐：《大唐开元礼校勘记》，台北"国家图书馆"藏，未刊本。并参《通典》卷一〇六《开元礼纂类一·序例上·卜日礼》，中华书局，1988，第2764页。

② 《大唐开元礼》卷一〇八《朝堂册命诸臣》、卷一二六《朝集使于尚书省礼见并辞》、卷一三四《册赠·敕使册赠诸王》、卷一三六《致奠·遣使致奠外祖父母丧》，民族出版社影印洪氏公善堂本，2000，第508、600、634、648页。

③ 见南京图书馆藏《大唐开元礼》（未刊本），并参赵永磊《洪汝奎公善堂刊本〈大唐开元礼〉编刊考》，《文史》2017年第1辑，中华书局，2017，第181—200页，说见第193页。

④ 《旧唐书》卷四五《舆服志》，中华书局，1975，第1930页。

也可以是官员服，甚至低层官员也可以，只是不同品级装饰略有差异。同卷言《武德令》："公服，（亦名从省服。）冠，帻，缨，簪导，绛纱单衣，白裙襦，（亦裙衫也。）革带，钩䚢，假带，方心，袜，履，纷，鞶囊，一品以下，五品以上，谒见东宫及余公事则服之。其六品以下，去纷、鞶囊，余并同。"① 依唐官品，太卜令流内从八品下，卜正、卜博士（或包括卜者）从九品下，② 都是六品以下的流内官，占卜仪式属于公事，他们从事其中，自然应当服公服。

又关于绛公服，显然也有服用的对象和范围。《隋书·礼仪志》称北齐制度："公服，冠，帻，纱单衣，深衣，革带，假带，履袜，钩䚢，谓之从省服。八品已下，流外四品已上服也。流外五品已下，九品已上，皆着裤褶衣为公服。"③ 将四品以上和五品以下流外官所着公服和裤褶衣做了分别，但颜色尚不甚分明。而隋制已是"绛裤褶衣公服，流外五品已下、九品已上服之"，在裤褶衣之上加了"绛"字。④ 唐制则制度更加详细而服用范围也更明确。《旧唐书·舆服志》具体规定："诸流外官行署，三品以上黑介帻，绛公服，（用绯为之，制同绛纱单衣。）方心，革带，钩䚢，假带，袜，乌皮履。九品以上绛裤褶衣，（制同绛公服，袖狭，形直如沟，不垂。）去方心、假带，余同绛公服。"⑤ 是唐制流外行署九品以上按等级均服绛公服或绛裤褶衣。流外行署即参与处理文案的流外官，行是行判，署是署名，也是这类流外官的职事所在。⑥ 此外又特别指出非流外行署的其他流外官，包括太常寺谒者、赞引在内都是"各准行署，依品服"。⑦ 据

① 《旧唐书》卷四五《舆服志》，第 1944 页。
② 《旧唐书》卷四四《职官志三》，第 1876 页。
③ 《隋书》卷一一《礼仪志六》，点校本二十四史修订本，中华书局，2019，第 263 页。
④ 《隋书》卷一二《礼仪志七》，第 282 页。
⑤ 《旧唐书》卷四五《舆服志》，第 1945 页。
⑥ 关于流外行署，参见李锦绣《典在唐前期财务行政中的作用》，《学人》第 3 辑，江苏文艺出版社，1992；《唐代财政史稿（上卷）》第一分册，北京大学出版社，1995，第 350—356 页。
⑦ 《旧唐书》卷四五《舆服志》，第 1946 页。

《通典》，太常寺谒者属流外勋品，太常寺赞引属流外三品，[①] 如依品级同于流外行署也应服绛公服。

之所以分析两者的不同，一是流内九品从高到低都可以服；一是流外官，包括流外行署和非行署亦皆可服。两者在等级上有严格划分，且组成和材质有不同。至于颜色，绛意为红色，和九品以内所着也有区别。不过就性质而言，绛公服和绛褠衣都是公服，所以太卜令等和谒者、赞引都是按品级在举行公事的场合着公服。谒者、赞引服绛公服不过是执行制度规定，并没有特殊的用意，《通典·开元礼纂类》的"绛"字是正确的。太卜令等既然都是着公服，没有理由专门发给谒者和赞引，所以"给"字无依据而完全错误。杜佑是制度史专家，《通典》有专门的《职官典》，在官员的服饰上不应发生这样的低级错误。《通典》的用字背后有制度的保障，所以按照《通典》做出的判断才是比较可靠的。

## 二 "柴上户内诸祝"六字应如何标点？

在郊祀的燔柴问题上，有先燔和后燔两种理论和主张。由于开元十三年定封禅仪注否定了《显庆礼》主张贵气臭以迎神，"祭天以燔柴为始，然后行正祭"的祭前燔燎之法，恢复了《贞观礼》"郊祀既毕，收取玉帛牲体，置于柴上，然后燔于燎坛之左"的祭后燔燎，[②] 所以《开元礼》郊祀诸卷都在祭后有一固定的程序。这里以《大唐开元礼·皇帝冬至祀圜丘》为例，其《进熟》一节于三献、受天神赐胙、饮福酒等一应程序后有：

> 太常卿前，奏："请就望燎位。"太常卿引皇帝，乐作；皇帝就望燎位，南向立，乐止。于群官将拜，上下诸祝各执篚，进神座前，

---

① 杜佑：《通典》卷四〇《职官·大唐官品》，中华书局，1988，第1103—1104页。
② 《旧唐书》卷二三《礼仪志三》，第893页。

取玉币、祝版。日月以上斋郎以俎载牲体、稷黍饭及爵酒,各由其陛降坛,南行,经柴坛西,过坛东行,自南陛登柴坛,以玉币、祝版、馔物置于柴上户内,诸祝又以内官以下之礼币皆从燎。奉礼曰:"可燎。"东西面各六人,以炬燎火。半柴,太常卿前,奏:"礼毕。"①

这就是祭后将用过的玉帛牲牲焚毁和皇帝率从祀群官观礼燔燎的过程。当皇帝在太常卿引领下走向预先设置的望燎位时,由"上下诸祝"将玉帛、馔物、祭版、礼币等收取后,降祭坛南行,由西至东,放置于柴坛之上,然后举行柴燎,当柴被烧去一半时,仪式即可结束。这里有将上述物品"置于柴上户内,诸祝又以内官以下之礼币皆从燎"一语,其中"户内"二字,中华书局标点本《通典·开元礼纂类》及《新唐书·礼乐志二》都断在逗号后,于是便成了"置于柴上,户内诸祝又以内官以下之礼币皆从燎"。② 但近年出版由周佳、祖慧点校,收入《中华礼藏·礼制卷》的《大唐开元礼》,却断作"置于柴上户内,诸祝"云云。③

那么究竟应当怎样断句呢?试想如果逗号点断在"柴上"之后,使"户内"与"诸祝"结合,那就必须解释何为"户内诸祝"。"户内诸祝"看起来通顺,但问题是郊坛建在郊野,周围并无室屋,可以说全是户外,何来的户内呢?难道收拾祭品的祝还有户内、户外之分吗?所以"户内诸祝"本身就很奇怪,也讲不通。而"柴上户内",自然也不能理解为在柴堆上搭建室屋。所以无论是"柴上户内"还是"户内诸祝",关键都在于弄清什么是"户内"。

这就关系到"户"究竟为何物。与此有关,《皇帝冬至祀圜丘·陈设》一节言柴坛的设置是:"郊社令积柴于燎坛,(其坛于神坛之景地内

① 《大唐开元礼》卷四《皇帝冬至祀圜丘·进熟》,第43页。
② 杜佑:《通典》卷一〇九《开元礼纂类四·皇帝冬至祀圜丘》,第2838页;《新唐书》卷一二《礼乐志二》,中华书局,1975,第323页。
③ 《大唐开元礼》卷四,周佳、祖慧点校,《中华礼藏·礼制卷》,浙江大学出版社,2016,第94页。

壝之外。）方一丈，高一丈二尺，开上，南出户，方六尺。"《新唐书·礼乐志二》也说："广一丈，高一丈二尺，户方六尺者，大祀之燎坛也。广八尺，高一丈，户方三尺者，中祀之燎坛也。广五尺，户方二尺者，小祀之燎坛也。皆开上南出。"① 从这两处记载可以知道，凡大祀、中祀、小祀都有临时搭建的柴坛，而"户"就置于柴坛之上；并且户是正方形的，依据燎坛的大小，也有相应尺寸的规定。

户既然是置在柴坛上，当然是要随之焚毁的，所以与祝没什么关系。但由于祝的工作是要将玉币、祝版、馔物置于柴上烧掉，这些东西不能随便扔在柴上，必须有一个集中在一起的地方，所以推测"户"就是柴上可以置放的窟穴。而"开上，南出"是说这个窟穴朝上而开，置于柴坛的南面，所以祝从祭坛下来要南行，且从柴坛西边到东边，再从南陛登上柴坛，方便将弃物倾泻于"户"中。由于风向是自西北而东南，柴坛在祭坛东南不会烧到祭坛。且柴坛起火后也是先燃柴后及物，符合风向和安全原则，所以说将物置于"柴上户内"是非常合理的。

事实上，从《唐会要》卷八《郊议》记玄宗封禅"燔燎"，言"太祝奉玉币等就柴坛，置于柴上户内讫"，② 已可知这一结论的正确性。因此笔者的辨析不过是为纠正原来的校订做补白而已。

## 三　关于《序例上·俎豆》中的神位数字

《大唐开元礼·序例上·俎豆》有两处涉及神位的数字记载有疑，一处是冬至圜丘仪的神位总数：

> 冬至祀圜丘，六百八十九座。
> 昊天上帝及配帝，每座笾十二、豆十二、簠一、簋一、甄一、俎

---

① 《新唐书》卷一二《礼乐志二》，第 326 页。
② 王溥：《唐会要》卷八《郊议》，上海古籍出版社，1991，第 159 页。

一。五方上帝、大明、夜明，每座笾八、豆八、簠一、簋一、甒一、俎一。五星、十二辰、河汉及内官，凡五十五座，中官一百五十九座，每座各笾二、豆二、簠一、簋一、甒一、俎一。外官众星四百六十五座，每座笾一、豆一、簠一、簋一、俎一。①

又《唐六典》卷四"祠部郎中、员外郎"条也有：

冬至祀昊天上帝于圜丘，以高祖配焉；又祀东方青帝灵威仰、南方赤帝赤熛怒，西方白帝白招拒，北方黑帝叶光纪，中央黄帝含枢纽及大明、夜明于坛之第一等，又祀内官五十五坐［座］于坛之第二等，又祀中官一百五十九坐［座］于坛之第三等；又祀外官一百五坐［座］、众星三百六十坐［座］于内壝之内。②

《开元礼》与《唐六典》的制作相隔数年，后者明显抄自前者，因此所载神位完全一致。但各类相加（2+7+55+159+465），总数都并非是六百八十九座而是比之少一。为何如此？对照《开元礼》同卷《神位》，发现"冬至祀昊天上帝于圜丘坛上"一条，只有置于"坛第三等"的中官有些对不上。其下注文内称："祀中宫［官］市垣帝座、七公、日星、帝座［席］、大角、摄提、太微、太子、明堂、轩辕、三台、五车、诸王、月星、织女、建星、天纪等十七座及二十八宿，并差在前列。余中官一百四十二座，齐列，皆在第三等十二陛间。"③ 这之中"差在前列"的中官已有十七座，加上其余一百四十二座，已经是一百五十九座。但与十七座并列的二十八宿并未算在数内。二十八宿是居于东、南、西、北方的多组星辰，不属中官，故未被列入。但《通典》及《新唐书·礼乐志一》在中

①　《大唐开元礼》卷一《序例上·俎豆》，第 17 页。
②　李林甫等：《唐六典》卷四《尚书礼部》，陈仲夫点校，中华书局，1992，第 120 页。
③　《大唐开元礼》卷一《序例上·神位》，第 13 页。

官十七座之外均提及二十八宿,① 所以二十八宿也是应列入坛第三等的。由于《册府元龟·掌礼部》载开元十一年张说等定郊礼图,言祠令"五星已下内官五十三座,中官一百六十座,外官一百四座,众星三百六十座",② 虽与《开元礼》略有差距,但"中官一百六十座",恰比《开元礼》多一座。笔者怀疑所谓"二十八宿"虽在中官之外,但在坛第三等中恐合为一座,这样便可解释《开元礼》分数相加与总数不合的问题。

以上疑问是《开元礼》撰写中自身疏忽造成的,与《通典》无关。且《通典》未遗漏二十八宿,恰可为《俎豆》之说提供补充。但以下的蜡祭百神之数却可反映《开元礼》与《通典》书写的一些矛盾。公善堂本《大唐开元礼·俎豆》载:

> 蜡祭百神,一百九十二座。
>
> 大明、夜明,每座笾十、豆十、簋一、簠一、甄一、俎一。神农、伊祁、五官,每座笾豆各四、簠簋甄俎各一。五星、十二辰、后稷、五方田畯、岳镇海渎、二十八宿、五方山林川泽,每座笾豆各二、簠簋俎各一。丘陵、坟衍、原隰、龙麟、朱鸟、驺虞③、玄武、鳞羽、毛介、於菟等八十五座,座别笾豆各一④、簠簋俎各一。又井泉五座,座别笾豆各二、簠簋俎各一。⑤

这里的一百九十二座,与《通典》记载完全相同。⑥ 但是《开元礼》的其他一些版本,如静嘉堂本、长春图书馆藏天禄继鉴本、文渊阁和文津阁四库全书本以及国图藏李璋煜本等,都作"一百八十七座",可见《开元

---

① 杜佑:《通典》卷一〇六《神位》,第2766页;《新唐书》卷一一《礼乐志一》,第314页。
② 王钦若等编《册府元龟》卷五八九《掌礼部·奏议》一七,中华书局,1960,第7038页。
③ 驺虞,他版本或作白兽。按唐人讳虎作兽,或以驺虞代。
④ "一"诸本同,《通典》作"笾豆各二"。
⑤ 《大唐开元礼》卷一《序例上·俎豆》,第17—18页。
⑥ 杜佑:《通典》卷一〇六《神位》,第2768页。

礼》自身就有两种不一样的说法。《唐六典》卷四所载"季冬腊日前寅蜡百神于南郊"，总数是"凡一百八十七座"，①《旧唐书·礼仪志四》同。②由于《唐六典》与《开元礼》成书时间相隔很近，笔者怀疑其来源应该就是《开元礼》，也就是说《开元礼·俎豆》原文最早恐怕就是一百八十七座。《通典》则很可能是做了修改，而公善堂本虽然底本已经是一百九十二座，但仍有可能是依从《通典》的缘故。

另外，《开元礼》卷二二《皇帝腊日蜡百神于南郊》作"凡一百九十座"，《通典》同目亦同。而《开元礼》卷二三有司摄事，诸本原作"一百八十七座"，静嘉堂本及公善堂本改同上卷及《通典》。③唐后期贞元时代成书的《大唐郊祀录》同于《通典》。④但是三个数字究竟哪个正确呢？以下《开元礼·神位》中关于百神的记载可以清楚地看到：

腊日蜡百神于南郊，大明、夜明坛上。

神农、伊祁、后稷、五官、五田畯、五星、十二辰、二十八宿、五岳、四镇、四海、四渎、五山、五川、五林、五泽、五丘、五陵、五坟、五衍、五原、五隰、五井泉、青龙、朱雀、麒麟、驺虞、玄武、五鳞、五羽、五蠃、五毛、五介、五水庸［墉］、五坊、五邮表畷、五於菟、五猫、五昆虫。

将这里百神的各项数字相加，应当是一百九十二座无疑。卷二二、二三少两座，颇疑是编纂者忘了将大明、夜明两座加上。那么《开元礼·俎豆》的"一百八十七座"从何得来？对照其他诸处，发现各本"神农、伊祁"之下都没有"五官"，而公善堂本则多"五官"二字，则前者计算错误很

---

①　李林甫等：《唐六典》卷四《尚书礼部》"祠部郎中、员外郎"条，第122—123页。

②　《旧唐书》卷四《礼仪志四》，第911页。

③　《大唐开元礼》卷二二、卷二三，第280、293、135、142页；杜佑：《通典》卷一一〇，第2859页。

④　王泾：《大唐郊祀录》卷六《蜡百神南郊》，民族出版社影印《适园丛书》本，2000，第773页。

可能是因遗失"五官"。《唐六典》虽增加五官却没有改总数，至《通典》及《大唐郊祀录》才将遗失的五官补上并将总数改正，所以后来的版本（如公善堂本）可能也随之改正。尽管如此，为了保持《开元礼》的原貌，校勘时仍应说明异同及正误。

以上三则，前两者针对唐代礼仪制度以及祭祀设施的一些细节，意在对《开元礼》内容文字进行正确的解读，亦由此明了掌握唐史各方面知识以及各类制度（如官制）对校勘的必要性。第三个问题对《开元礼》及《通典》等其他史书中所涉两组神位数字的不同做了辨析。虽然仅是几个小问题，但希望能够得到有识者的重视和指正，使《大唐开元礼》的校勘取得真正的收获和进步。

# 《唐大诏令集》所引唐代诏制集类考

卜天舒

史源问题是史学研究中的重要一环，发挥着廓清指正的学术功效。一切史学的研究，都必须从史料入手，而史料的研究，所尤重者即在于其史源。故而弄清楚这一问题，意义重大。过往学界对《唐大诏令集》的史源问题，主流意见都认为出于唐实录。笔者通过对其中相关诏令的内容比对，认为其史源是较为复杂的。[①] 而其中引自各类制集类文献的诏令为数众多，过往对此的研究明显不足。本文试对此问题加以讨论，不当之处，敬请批评。

## 一　问题的提出

《唐大诏令集》在史料征引上，除了参考实录，还有大量的唐人文集甚至诏令原稿。就现存史料而言，唯有唐人文集部分保留，传之于今。《唐大诏令集》中之相当篇目，因为同时代《册府元龟》及《文苑英华》同样收录，所以具有对勘比较的可能性。而《文苑英华》又常常出示文章出处，故而可按图索骥，对应查询《唐大诏令集》部分篇目征引唐人文集之所出。这为笔者论证此部分之史源提供了较为充分的史料依据。

在具体文集之中，同样需要加以厘定，仔细划分。据笔者统计，以文集中之诏制集类所收王言诏令最为丰富，这也是此部分史源探寻的主要途径。

---

① 关于此问题及相关学术史，可参孟宪实、卜天舒《关于〈唐大诏令集〉的史源问题》，《史学月刊》2023 年第 4 期。

学界过往对此的关注显然不足。如李豪认为唐人文集是《唐大诏令集》的史源之一，[①] 笔者赞同这一观点。但同时他认为诏制集类不是《唐大诏令集》的史源，理由是现保留目录的十六种诏制集，《文苑英华》引用的有六种，与现存《唐大诏令集》相关内容比对，其中发现不少异文，由此认定"这种差异并非传抄所致，故可以确定《诏令》中与之对应的诏令并非采自制集"；[②] 既然未引用这六种《唐大诏令集》，那么剩余已亡佚的十种就更不可能被引用。[③] 笔者以为这种说法难以成立。且不说《文苑英华》所引六种诏制集与《唐大诏令集》所引两篇诏令可能存在版本差异，也不能只因为《唐大诏令集》可能没有引用《文苑英华》所引的六种诏制集，就否认《唐大诏令集》引用其余十种诏制集，这种以点带面的推论是不具有说服力的。另外，李豪注意到《唐大诏令集》存在保留五篇大臣覆奏的情况，并引中村裕一的观点，认为其"最好的保留了唐代制书的原貌"，同时，指出这五篇应出自官文书，但并未更进一步说明这些官文书的来源。问题是保留大臣覆奏的官文书，在《册府元龟》与《文苑英华》及传世的《顺宗实录》中皆难觅踪影。考虑到《册府元龟》等对诏令的裁剪，正文尚有大量删削，覆奏更难留存，那么此类官文书，就只能出自诏制集类与残存的唐代官文书草稿，且以前者可能性尤大。[④]《唐律疏议》

---

① 李豪：《〈唐大诏令集〉史源考》，杜文玉主编《唐史论丛》第 23 辑，三秦出版社，2016，第 354 页。

② 李豪：《〈唐大诏令集〉史源考》，杜文玉主编《唐史论丛》第 23 辑，第 343 页。

③ 李豪：《〈唐大诏令集〉史源考》，杜文玉主编《唐史论丛》第 23 辑，第 343 页。

④ 当然也有部分唐代诏令手稿保留到了宋代，这一观点朱季海已经指出，见《〈唐大诏令集〉点校本及补编序》（《古籍整理出版情况简报》第 251 期，1991 年，第 17 页），所见甚是。可惜朱氏并未拿出有力证据，尚属推论。李豪据《续资治通鉴长编》"西京内中省寺，留司御史台及銮合诸库有唐朝至五代以来奏牍、案簿尚存"，以之为唐代官文书留存的证据（李豪：《〈唐大诏令集〉史源考》，杜文玉主编《唐史论丛》第 23 辑，第 338 页），事实上此条说得很清楚，保存的是"奏牍"，即唐朝官员所上奏表，这与诏令不可混同。唐代存放官方档案的机构是制敕库，经历过晚唐五代的战火，到晚唐修史时已是十不存一，苦于史料难寻。即便如此，应仍有相当部分保存至宋，其中不乏宋氏父子之可资利用者。

云："文案不须常留者，每三年一拣除。"① 《唐令拾遗》引《日本养老令》："凡文案、诏敕、奏案及考案、补官解官案、祥瑞、财务、婚田、良贱、市沽案，如此之类常留以外，年别检简，三年一除之，具录事目为记。其须为年限者，量事留纳，限满准除。"② 唐末五代数十年战火连绵，武宗以后的实录亡佚难觅，官文书大量存世的可能性不高，③ 零星的保留也只能归功于私人收藏。再以卷七一《会昌五年正月三日南郊赦》为例，其完整本见《文苑英华》卷四二九，而《文苑英华》较之《唐大诏令集》，自"可大赦天下"后足足多出两千六百余字，且注明出于"编制"，④ 此部分缺失文字显系《唐大诏令集》的抄录者有意删除。若《唐大诏令集》确实录自唐代官文书原件，岂能如此残缺？足可见其所征引的是有删减的诏制集。唐雯更据岑仲勉观点，将《册府元龟》径直视作详本唐实录加以引用，她认为较之详本唐实录，今存的简本对长篇的诏敕、表奏原文进行删减，由此甚至导致了今本前后文内容的不相照应。⑤ 殊不知纵是详本实录，其所收诏敕也多为摘要而非全文，既然如此，又如何解释《册府元龟》中所收的首尾照应、动辄长达数千字的完整诏令内容呢？只能说，这些完整的诏令不可能是出于唐实录系统，⑥ 而文稿毕竟存留有限，最大的可能性就是唐宋时人所编各类制集。

---

① 长孙无忌等撰，刘俊文笺解《唐律疏议笺解》卷一九，中华书局，1996，第 1350 页。

② 仁井田陞：《唐令拾遗》"公式令"二一"文案检除"条，栗劲等编译，长春出版社，1989，第 534—535 页。

③ 《宋史·艺文志》载："唐之藏书，开元最盛，为卷八万有奇。其间唐人所自为书，几三万卷，则旧书之传者，至是盖亦鲜矣。陵迟逮于五季，干戈相寻，海寓鼎沸，斯民不复见诗、书、礼、乐之化。周显德中，始有经籍刻板，学者无笔札之劳，获睹古人全书。然乱离以来，编帙散佚，幸而存者，百无二三。"其情形大体可见。

④ 李昉等编《文苑英华》卷四二九《会昌五年正月三日南郊赦》，中华书局，1966，第 2172—2177 页。

⑤ 唐雯：《〈顺宗实录〉详本再审视——兼论唐实录的辑佚》，叶炜主编《唐研究》第 25 卷，中华书局，2020，第 207 页。

⑥ 笔者与孟宪实师合撰《关于〈唐大诏令集〉的史源问题》（《史学月刊》2023 年第 4 期）一文也已指出，武宗以后实录已经亡佚，这一部分的诏令却保留不少，既然如此，焉能说其出于实录？

## 二　宋元明清著录中唐代制集类考

李豪认为宋绶可以接触到的制集为十六种,[①] 笔者认为实际数目远不止于此。宋敏求在《唐大诏令集·序》中明确指出"中宫册文。三后不迁及条列兵农、置睦亲宅、朝集院等诏、机务之隙。因衰唐之德音号令、非常所出者,汇之",[②] 何谓"非常所出者"? 意为其所引未列于以上几种目录的不在少数,此中应有为其所存而世所罕见的秘籍古本,甚至是不同于他本的旧时珍本。《春明退朝录》也记载:"予家有景龙年敕,其制盖须由中书门下省……庆历中,予与苏子美同在馆,子美尝携其远祖珦唐时敕数本来观,与予家者一同。字书不载敕字,而近世所用也。"[③] 经过笔者查验,李豪所引《崇文总目》十三种,实为十四种,漏掉了《唐德音录》一种(三十卷);而尤其重要的《宋史·艺文志》,未见其参引。朱红霞的统计,同样存在疏漏不全。[④] 现笔者详参正史艺文志及宋元明清诸家公私目录,统计其所收诏令制集,兹将结果统计如下:

《宋史·艺文志》:29种,分收于"集类"的别集(9种)和总集(20种);

尤袤《遂初堂书目》:1种;[⑤]

---

① 李豪:《〈唐大诏令集〉史源考》,杜文玉主编《唐史论丛》第 23 辑,第 340 页。

② 宋敏求编《唐大诏令集·序》,中华书局,2008,第 1 页。

③ 宋敏求:《春明退朝录》,中华书局,1980,第 47 页。据《旧唐书·苏珦传》,苏珦在朝时间为武则天至中宗时。要注意这里苏舜钦携来的敕文形态是"数本",可见是经过编纂装订的。从性质上说,其实更接近于制集稿本。

④ 如朱红霞统计《新唐书·艺文志》制诰专集有 19 种,明显有疏漏。参氏著《代天子立言:唐代制诰的生成与传播》,上海人民出版社,2017,第 254—255 页。

⑤ 尤袤《遂初堂书目》卷一"总集类",清海山仙馆丛书本,第 104 页。另有《唐类表》《唐贤长表》《唐人类启》《唐临淮尺题》,虽为唐人官员所上章表集类,似与诏令无涉,实则未必没有关系。现存《唐大诏令集》中,至少有六篇是官员上表与皇帝覆奏的结合,中村裕一认为这是最原始的状态(参见中村裕一《唐代の制書式に就いて——仁井田陞氏復元制書式の檢討を中心に》,《史學雜誌》第 91 卷第 9 号,汉译文《关于唐代的制书式》,收入刘俊文主编《日本中青年学者论中国史·六朝隋唐卷》,上海古籍出版社,1995,第 300 页)。这六篇诏令的史源无外乎诏令原件与章表集类两种,因此不能排除此类章表集中保留有全部或部分皇帝批复的可能,故而这些书目很可能也在《唐大诏令集》的参考范畴之内,存疑暂阙。

王应麟《玉海》卷六四"诏令"类：14 种；

《玉海·艺文》：2 种；

《旧唐书·艺文志》：无；

《新唐书·艺文志》"别集"：20 种；①

《崇文总目》卷一一"总集类"：14 种；②

陈振孙《直斋书录解题》：无；

晁公武《郡斋读书志》：无；

郑樵《通志》卷七○《艺文类八》"诏令"：45 种；

马端临《文献通考》：无；

杨士奇等《文渊阁书目》：无；

钱浦《秘阁书目》：无；

祁承烁《澹生堂藏书目·集部上》"诏制 王言 代言"：6 种；

焦竑《国史经籍志》卷五《集类》"制诰"类：43 种；

范邦甸等《天一阁书目》卷二之一《史部类》"诏令奏议类"：
1 种。③

从以上这些目录著作统计结果来看，自《新唐书·艺文志》首创集部"诏令类"以后，虽然题名不尽相同，但此后各家基本沿袭了这一做法。这显示出此一时期对王言类文献的重视，承认其为一独立的图书类别。同时也要看到，各家都将其作为文学类图书，这应该是此后宋元明清历代的主流观点。可能也正是因为各家目录分类悉数将其归入集部，只加以别集与总集之分，因此导致制诰集类在后世修史中不受重视，史家会本能地认为，作为文学门类之下的此类，其史料性不足。直到清人所修各类

① 朱红霞统计唐人别集中收入制诰专集的共有 19 种，而所据主要为《新唐书·艺文志》，明显有疏漏。参氏著《代天子立言：唐代制诰的生成与传播》，第 254—255 页。
② 《崇文总目》卷一一"总集类"，其中除《唐德音录》三十卷，余皆标明"阙"，但这些制集在后世明人所编目录中皆收入，可见应是作者未得见，而非彼时亡佚。
③ 《天一阁书目》卷二之一《史部·诏令奏议类》，清嘉庆十三年扬州文选楼刻本，第 260 页。

目录，才破天荒地将其列入史部。① 可见对于其到底归属于史部还是集部，一直存在争议，这中间经历了一个漫长的认识过程，势必影响了此类文献史料价值的发挥。具体到《唐大诏令集》，所引制集种类势必不少，但也未必能面面俱到，这一点需要注意。

## 三 《唐大诏令集》所引唐宋制集类

宋人公私目录中所列的制诏总集与别集，宋绶、宋敏求父子是有充分条件参阅的。《唐大诏令集》在编纂过程中，应也使用了这些制集。需知宋人编纂唐代诏令时所能看到的各类诏令文集、制集远远超出我们的想象，就现今可考的制集书目，已是规模可观。② 未见于官家记载的各类私家目录甚至未入目录者，数目只会更加惊人。笔者将所列以上各目录文献，裁除重复者加以统计，共有制集类著作 71 种，实际上其数目要更多。③ 唐雯统计《文苑英华》中采用的制集有 7 种，分别是《王言会最》《唐旧制编录》《玉堂遗范》《太平内制》《内制》《制集》《类制》，④ 实际数目必然不止这 7 种，因为 "内制" "制集" 似乎更像是统称或当时的泛称，而非精确书名。同时《文苑英华》所收出于 "内制" 者有 24 篇，时间跨度从神龙元年（705）至会昌元年（841）；而标明出于 "制集" 者

---

① 目前可见清人所修目录著作，明确将《唐大诏令集》列入史部的主要有永瑢等《四库全书总目》（卷五五《史部十一》"诏令奏议类"）、范邦甸等《天一阁书目》（卷二之一《史部类》"诏令奏议类"）、丁丙《善本书室藏书志》（卷八《史部六》）、陆心源《皕宋楼藏书志》（卷二五《史部》"诏令奏议类"）、瞿镛等《铁琴铜剑楼藏书目录》（卷九《史部二》"诏令奏议类"）、张金吾《爱日精庐藏书志》（卷一二《史部》"诏令奏议类"）。

② 具体统计见文末附表。

③ 朱红霞指出 "有些存在制诰专集的情况，但《新唐书》都没有收录"（《代天子立言：唐代制诰的生成与传播》，第 255 页），张固也《新唐书艺文志补》（吉林大学出版社，1996）也从史料中统计出李麟《皇朝已来制集》、张仲方《制诰》以及《大中制诰》、《唐杂制》四种。凡此都说明正史对这类制诰集的统计是很不全面的，存在大量遗漏。

④ 唐雯：《〈文苑英华〉诏制部分来源材料考略》，《北方论丛》2005 年第 6 期，第 108 页。但她同时认为此制集 "疑为《宋志》所录《唐制诰集》十卷"，且未有实证，今不取。

有 21 篇，时间跨度为永徽二年（651）至元和（806—820）中，① 私家所撰"制集"收集长达一百数十年的诏令，实难想象。果真如此，其体量又会有多么庞大！但从笔者整理的各类名为《制集》的文献来看，最多也就二十卷，其余多为零散的数卷，可见只是收一定时期内的诏令。这就更清楚地说明所谓的"制集"绝不会只有一种（可参本文文末所列附表，其中《制集》同名异物者就有十种②）。因此这些征引篇目最多的"制集"与"内制"，因其非出于一家，实际书目也就难以统计。除去这两大类外，以征引《王言会最》《玉堂遗范》最为集中，据笔者统计有诏令 23 篇。将其与《册府元龟》《唐大诏令集》所收篇目对勘，列表如下（见表 1）。

表 1　《册府元龟》《文苑英华》《唐大诏令集》所引诏制集类史源

| 序号 | 《册府元龟》 | 《文苑英华》 | 《唐大诏令集》 | 史源 |
|---|---|---|---|---|
| 1 | 卷二五七《储宫部·建立二》 | 卷四四三《立秦王为太子诏》 | 卷二七《立秦王为太子诏》 | 《王言会最》 |
| 2 | 卷二五七《储宫部·建立二》 | 卷四四二《德宗皇帝即位册文》 | 卷二七《立陈王为皇太子制》 | 《王言会最》 |
| 3 | 未收 | 卷四四三《晋王为皇太子册文》 | 卷二八《册晋王为皇太子文》 | 《王言会最》 |
| 4 | 卷二五七《储宫部·建立二》 | 卷四四三《立秦王为太子诏》 | 卷二七《立秦王为太子诏》 | 《王言会最》 |
| 5 | 卷二五七《储宫部·建立二》 | 卷四四三《立陈王为皇太子制》 | 卷二七《立陈王为皇太子制》 | 《王言会最》 |
| 6 | 未收 | 卷四四三《封邓王等制》 | 卷三三《封邓王宁等制》 | 《王言会最》 |

① 唐雯：《〈文苑英华〉诏制部分来源材料考略》，《北方论丛》2005 年第 6 期，第 108 页。另有《封郭元振为代国公制》《授崔希逸左散骑常侍兼河西节度副大使制》两篇标明是出于《太平内制》。

② 如《唐文粹》卷九一韩休《唐金紫光禄大夫礼部尚书上柱国赠尚书右丞相许国文宪公苏颋文集序》："制命敕书，皆出自公手，笔不停缀，思无所让"，"谨撰缉《文诰》，成一家之言，凡四十卷"（上海古籍出版社，1994，第 454 页）。苏颋是专门负责撰写制书的，其所编《文诰》四十卷，其中所收必然以其所撰制书为主，因此这实际就是苏颋个人所编的"制集"，引用时可能径作"制集"。此类情况在当时亦属常见，详见文末附表所列，不赘。

续表

| 序号 | 《册府元龟》 | 《文苑英华》 | 《唐大诏令集》 | 史源 |
|---|---|---|---|---|
| 7 | 未收 | 卷四四七《唐王以相国总百揆并九锡诏》 | 未收 | 《王言会最》 |
| 8 | 卷八九《帝王部·赦宥八》 | 卷四三一《淮西平赦文》 | 卷八五《元和十三年大赦》 | 《玉堂遗范》 |
| 9 | 卷八九《帝王部·赦宥八》 | 卷四三二《册太子礼毕赦文》 | 卷二九《元和四年册皇太子赦》 | 《玉堂遗范》 |
| 10 | 卷一一七《帝王部·姑息二》 | 卷四三四《宣慰魏博德音》 | 卷一一七《宣慰魏博诏》 | 《玉堂遗范》 |
| 11 | 卷一○六《帝王部·惠民二》、卷四九一《邦计部·蠲复三》 | 卷四三五《京畿百姓德音》 | 未收 | 《玉堂遗范》 |
| 12 | 未收 | 卷四四三《册遂王为皇太子文》 | 卷二八《册遂王为皇太子文》 | 《玉堂遗范》 |
| 13 | 未收 | 卷四四五《册魏王文》 | 卷三四《册魏王佾文》 | 《玉堂遗范》 |
| 14 | 卷七三《帝王部·命相三》 | 卷四四八《李吉甫拜相制》 | 卷四六《李吉甫平章事制》 | 《玉堂遗范》 |
| 15 | 卷七三《帝王部·命相三》 | 卷四四八《李绛拜相制》 | 卷四六《李绛平章事制》 | 《玉堂遗范》 |
| 16 | 卷七三《帝王部·命相三》 | 卷四四九《权德舆拜相制》 | 卷四四九《权德舆平章事制》 | 《玉堂遗范》 |
| 17 | 未收 | 卷四五二《授郑涯义武军节度使制》 | 未收 | 《玉堂遗范》 |
| 18 | 未收 | 卷四五二《授范希朝神策军节度使制》 | 卷五九《范希朝京西行营节度使制》 | 《玉堂遗范》 |
| 19 | 未收 | 卷四五二《授崔弘礼天平军节度使制》 | 未收 | 《玉堂遗范》 |
| 20 | 未收 | 卷四五二《授李愬山南东道节度使制》 | 卷六○《李愬移镇加官阶爵邑制》 | 《玉堂遗范》 |
| 21 | 未收 | 卷四五三《授李燧平卢军节度使制》 | 未收 | 《玉堂遗范》 |
| 22 | 未收 | 卷四五三《授高承恭振武麟胜军节度使制》 | 未收 | 《玉堂遗范》 |
| 23 | 未收 | 卷四五三《授韦有翼剑南东川节度使制》 | 未收 | 《玉堂遗范》 |

　　元人马端临云"唐志特立诏令一门，历代史皆无之"，① 各个目录多将诏令列于实录之后，以显其地位之崇，实际诏令的独立性在不断增强。通过表 1 可知，在《文苑英华》中明确出于《王言会最》《玉堂遗范》的这 23 篇诏令中，其中出自《王言会最》的有 7 篇，这 7 篇见于《册府元龟》者有 4，见于《唐大诏令集》者有 6；而《玉堂遗范》16 篇见收于《唐大诏令集》的就达 10 篇。这绝不是一个较低的比率，甚至可能因为所引制集众多，所以各类单一制集的诏令征引才会受限。如果一部《王言会最》就收有 7 篇，则其他各类的单独征引，为数必然可观。此外甚至有 6 篇"制集"中的诏令与《唐大诏令集》相应篇目题名相同［卷四一《封永昌公主制》、卷九九《复尚书省故事制》、卷九九《置乾封明堂县制》、卷一一〇《诫励风俗敕》（一、二、四）］，而这 6 篇中只有 2 篇见于《册府元龟》，说明其史源明白无误是出于"制集"。"制集"与以《唐实录》为史源的《册府元龟》存在较大差异，这是非常引人注目的。因为宋绶父子也好，后来清人编《全唐文》也罢，对诏令都是采用重新命名的方式，相同题名的出现，正体现了彼此的承续关系。在《册府元龟》《唐大诏令集》中也有相应选录，② 一些篇目的未收，应认为是受二书编辑体例所限。再引前文所论宋敏求所采史料之"非常所出者"，这些制集不正与宋敏求指明的稀见史料相吻合吗？③

　　另外，《四库全书总目》指出令狐楚草拟的《裴度门下侍郎彰义军节度使宣慰等使制》及《宝历元年册尊号敕》在《唐大诏令集》中保留的是未加修改的初稿，与史籍所记修改后的文字不符。赵守俨先生认为

---

① 马端临：《文献通考》卷一九一《经籍考十八》，中华书局，2011，第 5559 页。
② 据涵芬楼本《唐大诏令集》卷二七，《立秦王为皇太子诏》《立晋王为皇太子诏》《立代王为皇太子诏》《立平王为皇太子诏》《立景王为皇太子诏》《立陈王为皇太子诏》六篇诏令书眉皆有顾广圻批注"英华四百四十三王言会最"，可见顾广圻已将其与《文苑英华》对勘，并论证其史源问题。
③ 朱季海先生对此认为"公垂意在致用，与史家去取未必尽同也"（见《〈唐大诏令集〉点校本及补编序》，《古籍整理出版情况简报》第 251 期，1991 年，第 382 页），将宋敏求所收此诏的原因归结为"致用"，已经颇近其实，但与"非常所出"仍不尽同。

"很可能这两篇诏令是编者根据令狐楚的文集和其他诏令总集辑入的"。①
而《册府元龟》也收有这篇诏令，其文字内容同于《唐大诏令集》。诏令
修改的经过，《旧唐书·裴度传》记之甚详：

> 诏出，度以韩弘为淮西行营都统，不欲更为招讨，请只称宣慰处
> 置使。又以此行既兼招抚，请改"翦其类"为"革其志"。又以弘已
> 为都统，请改"更张琴瑟"为"近辍枢衡"，请改"烦我台席"为
> "授以成算"，皆从之。②

身为门下侍郎同中书门下平章事的裴度，除了审议所论之事，对诏令文本
的遣词措句也有具体要求。前一处改宣慰处置使，是基于事实的要求，后
两处则纯粹是文本的表述问题。但这篇修改后的诏令诸本皆未见。若如四
库馆臣已指出的，《唐大诏令集》本篇保存的是未经修改的旧诏，那么
《册府元龟》保留的也应该是旧诏。既然已有新诏，前诏理当废弃，为何
二书皆保存了前者呢？答案仍在前引宋敏求《唐大诏令集序》中，他已
明确指出是书所用材料为"非常所出者"。相对于收入实录、普通人皆可
看到的后诏，前诏反而更符合"非常所出"的原则，故而收入。③ 另《文
苑英华》在校书中多次引用《唐大诏令集》，以之做他校，可见作为官修
文集的《文苑英华》也是认可《唐大诏令集》的独特史料价值的。据
《四库全书总目》：

> 《旧唐书》所载诏旨最多。今取以相较、其大半已入此集而亦有

---

① 宋敏求编《唐大诏令集》，"前言"，第 4 页。
② 《旧唐书》卷一七〇《裴度传》，中华书局，1975，第 4417 页。
③ 朱季海先生认为此篇可能来源于令狐楚文集中，"楚但有《章表集》二十卷，《梁苑文
  类》三卷而已，未知此制亦在其中否？史称公垂家藏书万余卷，或者更有楚制集，未可
  知也，亦可意在存其原草，要无足怪"（见《〈唐大诏令集〉点校本及补编序》，《古籍
  整理出版情况简报》第 251 期，1991 年，第 382 页），所见有一定道理，当可信从。

遗落未载者。如纪号则改元天佑诏；除授则尹思贞、御史大夫李光弼兵马副元帅诸制；追赠则张说赠太师、杨绾颜真卿李绛赠司徒、郭暧赠太傅、郑朗赠司空、田布赠仆射诸诏；优礼则杜佑、萧俛致仕诸诏；奖劝则劳解琬、奖李朝隐、褒美令狐彰、奖伊西北庭二镇诸诏；谪降则王毛仲、韩皋、吕渭、张又新、李续之、熊望贬官诸诏；诛窜则决杀长孙昕、流裴景仙裴茂诸敕，皆关朝廷举措之大者，而此集并阙而不登。①

可知有些常见的诏令，《唐大诏令集》甚至主动删去未录。凡此都说明了《唐大诏令集》史源的复杂，是所谓"非常所出者"，绝不仅是时人常见的实录，而有此外的众多稀见史料，其中自然包括各类制集。这是编纂者自己的话，应该理解为这一问题的权威之论。

《唐大诏令集》对于各类制集的征引，其重要性是无与伦比的。据宋人刘麟《元氏长庆集原序》：

> 《新唐书·艺文志》载其当时君臣所撰著文集，篇目甚多。《太宗集》四十卷，至武后《垂拱集》一百卷，今皆弗传。其余名公巨人之文，所传盖十一二尔，如《梁苑文类》《会昌一品》《凤池稿草》《笠泽丛书》《经纬》《冗余》《遗荣》《雾居》见于集录所称道者，毋虑数百家，今之所见者，仅十数家而已。以是知唐人之文，亡逸者多矣。②

刘氏此文所作时间为徽宗宣和年间，也就是到此时为止，各类名家制集已经亡佚众多。比之宋绶父子整理《唐大诏令集》时，显然史料会更加充分，这项工作的开展也就更为得心应手。如果这项工作再晚些时间做，史料的残缺问题就会更加明显。

---

① 永瑢等：《四库全书总目》卷五五《史部十一》"诏令奏议类"，中华书局，1965，第495页。
② 《元稹集》，中华书局，2010，"附录"，第855页。

# 结　语

综上，有关《唐大诏令集》的史源，至少可以认为其有相当内容来自唐宋时人所编的各类制集。如从诏令中之赦文部分入手会发现，无论详本或简本，都无法容纳体量如此庞大的赦文，它的史源不可能是实录。而以《王言会最》《玉堂遗范》等制集为主的材料，却为我们找到了这类文献的可能来源。王言的流传，在正史中的记录，是以节录为主要特征。这决定了以实录、两《唐书》为主的各类正史文献，对王言记载的严重缺失。无论编年或纪传，都无法承载以王言为主的海量诏令文献的大量介入——这不合于正史的编修体例。笔者当然承认实录是《唐大诏令集》的重要源头，但仍有相当部分的诏令在实录之中遍寻不得，实际上较之后出的《唐大诏令集》的相关记载只少不多。对这部分诏令的源头，就需要重新审视。如本文所强调的，更大的可能是来源于各类制集。就现今能看到的文集来说，以《王言会最》、《玉堂遗范》和"制集"最为集中，因此需要加以注意。此类唐宋时人所编的"制集"是当时宋氏父子编纂《唐大诏令集》的重要史源之一，对此我们应有更清晰的认识。本文所撰，即在强调此点。

## 附表

### 唐宋制诏集类统计目录

| 序号 | 书名 | 卷数 | 出处 | 备注 |
| --- | --- | --- | --- | --- |
| 1 | 常衮《诏集》 | 二十卷 | 《宋史·艺文志》 | 《宋史·艺文志》《国史经籍志》作二十卷，《玉海》《崇文总目》作六十卷 |
| 2 | 李虞仲《制集》 | 四卷 | 《宋史·艺文志》 | |
| 3 | 刘宗望（一作"刘荣望"）《制集》 | 八卷 | 《宋史·艺文志》 | 此刘宗（荣）望或为"刘崇望"之讹。据两《唐书》，刘崇望曾任"知制诰""翰林学士"，其生活时间正为唐僖宗中和年间，故《通志》所记"中和制集，十卷。唐中书舍人刘崇望撰"或即此书，唯卷数不合，尚难遽断 |

续表

| 序号 | 书名 | 卷数 | 出处 | 备注 |
|---|---|---|---|---|
| 4 | 《姑臧集》（德裕翰苑所作） | 五卷 | 《宋史·艺文志》 | |
| 5 | 马文敏《王言会最抄》 | 五卷 | 《宋史·艺文志》 | 《宋史·艺文志》作《王言会最抄》，《玉海》《国史经籍志》《崇文总目》《通志》作《王言会最》；《新唐书·艺文志》《宋史·艺文志》作五卷，《国史经籍志》《通志》作十卷 |
| 6 | 《唐制诰集》 | 十卷 | 《宋史·艺文志》 | |
| 7 | 《元和制诰集》 | 十卷 | 《宋史·艺文志》 | 《宋史·艺文志》作《元和制诰集》，《玉海》《国史经籍志》《新唐书·艺文志》《崇文总目》《通志》作《元和制集》 |
| 8 | 《元和制策》 | 三卷 | 《宋史·艺文志》 | |
| 9 | 滕宗谅《大唐统制》 | 三十卷 | 《宋史·艺文志》 | |
| 10 | 《拟状注制集》 | 十卷 | 《宋史·艺文志》 | 《宋史·艺文志》作《拟状注制集》，《国史经籍志》《新唐书·艺文志》《崇文总目》《通志》作《拟状注制》 |
| 11 | 费乙《旧制编录》 | 六卷 | 《宋史·艺文志》 | 《宋史·艺文志》作费乙《旧制编录》；《玉海》《新唐书·艺文志》作《唐旧制编录》，小字注《费氏集》；《国史经籍志》作《唐旧制编录》，小字注《费乙集》；《崇文总目》《通志》作《唐旧制编录》 |
| 12 | 《贞元制敕书奏》 | 一卷 | 《宋史·艺文志》 | 《崇文总目》作《正元制敕书奏》，《通志》作《王元制敕书奏》 |
| 13 | 毛文晏《咸通麻制》 | 一卷 | 《宋史·艺文志》 | 《宋史·艺文志》作《咸通麻制》，《国史经籍志》《崇文总目》《通志》作《咸通后麻制》 |
| 14 | 《杂制诰集》 | 二十一卷 | 《宋史·艺文志》 | 《宋史·艺文志》作《杂制诰集》，《国史经籍志》《崇文总目》《通志》作《唐杂诏册诰命》 |
| 15 | 《制诰》（一作《制诏》） | 二卷 | 《宋史·艺文志》 | 《宋史·艺文志》作《制诰》，《通志》作《五代制诰》 |
| 16 | 李琪《玉堂遗范》 | 三十卷 | 《宋史·艺文志》 | |

| 序号 | 书名 | 卷数 | 出处 | 备注 |
|---|---|---|---|---|
| 17 | 蔡省风《瑶池集》 | 二卷 | 《宋史·艺文志》 | 据敦煌出土《瑶池集》残卷，作者为蔡省风，系唐代女作家诗合集，未见诏敕，但《宋史·艺文志》所收，此段皆为诏敕集类，或系重名。难以遽断，姑待考 |
| 18 | 《唐哀册文》 | 四卷 | 《宋史·艺文志》 | |
| 19 | 《唐德音》 | 三十卷 | 《宋史·艺文志》 | 《玉海》作《德音录》，《国史经籍志》《新唐书·艺文志》《崇文总目》《通志》作《唐德音录》 |
| 20 | 田锡《唐明皇制诰后集》 | 一百卷 | 《宋史·艺文志》 | 《宋史·艺文志》作"田锡"，《玉海》缺"锡"字 |
| 21 | 《大中制诰》 | 十一卷 | 《遂初堂书目》 | |
| 22 | 陆贽《制诰集》 | 十卷 | 《玉海》 | 《玉海》作《制诰集》，《国史经籍志》《通志》作《制集》，《澹生堂藏书目》作《陆宣公翰林制诰》，《国史经籍志》《通志》作《翰苑集》；《玉海》作十卷，《国史经籍志》作二十卷，《通志》作二卷，《澹生堂藏书目》作十卷二册 |
| 23 | 温彦博《古今制诰集》 | 三十卷 | 《玉海》 | 《新唐书·艺文志》作《古今诏集》，《通志》作"《古今诏集》温彦博集" |
| 24 | 李义府《古今制诰集》 | 一百卷 | 《玉海》 | 《新唐书·艺文志》作《古今诏集》，《通志》作"《古今诏集》李义府集" |
| 25 | 薛克建《圣朝诏集》 | 三十卷 | 《玉海》 | 《玉海》作"薛克建"，《新唐书·艺文志》作"薛克构" |
| 26 | 《太平内制》 | 五卷 | 《玉海》 | |
| 27 | 《明皇制诏录》 | 一卷 | 《玉海》 | 《玉海》《国史经籍志》《通志》作一卷，《新唐书·艺文志》作五卷 |
| 28 | 权德舆《类集》 | 五十卷 | 《玉海》 | 《玉海》作《类集》，《国史经籍志》《崇文总目》《通志》作《制集》 |
| 29 | 白居易《白氏制补》 | 一卷 | 《玉海》 | |
| 30 | 杨炎《制集》 | 十卷 | 《玉海》 | |
| 31 | 王起《写宣》 | 十卷 | 《玉海》 | 《新唐书·艺文志》作十卷，《玉海》卷数缺 |
| 32 | 张说《张燕公代制》 | 七卷 | 《澹生堂藏书目》 | |

续表

| 序号 | 书名 | 卷数 | 出处 | 备注 |
|---|---|---|---|---|
| 33 | 白居易《白氏长庆集中书制诰》 | 七卷 | 《澹生堂藏书目》 | |
| 34 | 《翰林制诰》 | 三卷 | 《澹生堂藏书目》 | |
| 35 | 元稹《元氏长庆集制诰》 | 十一卷 | 《澹生堂藏书目》 | |
| 36 | 李德裕《会昌一品集内制》 | 十卷 | 《澹生堂藏书目》 | |
| 37 | 王老《制敕书奏》 | 一卷 | 《通志二十略》 | "王老"，《通志》作"王元" |
| 38 | 毛文晏《东璧出言》 | 三卷 | 《通志二十略》 | 《国史经籍志》作《东璧出言》，《崇文总目》《通志》作《东壁出言》 |
| 39 | 李绅《唐批答》 | 一卷 | 《通志二十略》 | 《国史经籍志》《通志》作《唐批答》，《崇文总目》作《批答》 |
| 40 | 李绅、元稹《制集》 | 二卷 | 《通志二十略》 | |
| 41 | 武儒衡《制集》 | 二十卷 | 《通志二十略》 | |
| 42 | 段文昌《诏诰》 | 二十卷 | 《通志二十略》 | |
| 43 | 郑畋《凤池稿草》 | 三十卷 | 《通志二十略》 | |
| 44 | 吴融《诏诰》 | 一卷 | 《通志二十略》 | |
| 45 | 令狐滈《表制》 | 一卷 | 《通志二十略》 | |
| 46 | 封敖《翰稿》 | 八卷 | 《通志二十略》 | |
| 47 | 韩绛《内外制集》 | 十三卷 | 《通志二十略》 | |
| 48 | 刘崇望《中和制集》 | 十卷 | 《通志二十略》 | |
| 49 | 崔郾《制诰集》 | 十卷 | 《通志二十略》 | |
| 50 | 钱珝《制集》 | 十卷 | 《通志二十略》 | |
| 51 | 李磎《制集》 | 四卷 | 《通志二十略》 | |
| 52 | 王仁裕《紫泥集》 | 十一卷 | 《通志二十略》 | |
| 53 | 王仁裕《紫泥后集》 | 四十卷 | 《通志二十略》 | |
| 54 | 薛廷珪《凤阁书词》 | 十卷 | 《通志二十略》 | 《新唐书·艺文志》《国朝经籍志》"薛廷珪"作"薛延珪"，《宋史·艺文志》同于《通志》 |
| 55 | 李白度《北门集》 | 一卷 | 《通志二十略》 | |
| 56 | 刘允济《金马门待诏集》 | 十卷 | 《通志二十略》 | |

续表

| 序号 | 书名 | 卷数 | 出处 | 备注 |
|---|---|---|---|---|
| 57 | 乐朋龟《纶阁集》 | 十卷 | 《通志二十略》 | |
| 58 | 卢文度《制集》 | 一卷 | 《通志二十略》 | |
| 59 | 王仲舒《制集》 | 十卷 | 《通志二十略》 | |
| 60 | 独孤霖《玉堂集》 | 二十卷 | 《通志二十略》 | |
| 61 | 《制集》 | 三卷 | 《通志二十略》 | |
| 62 | 宋幹《诏集区别》 | 二十七卷 | 《新唐书·艺文志》 | |
| 63 | 《两制珠玑》 | 二卷 | 《崇文总目》 | 《崇文总目》作二卷,《通志》作一卷 |
| 64 | 《杂麻制》 | 十五卷 | 《崇文总目》 | |
| 65 | 《杂书诏》 | 一卷 | 《崇文总目》 | |
| 66 | 郑畋《玉堂集》 | 二十卷 | 《通志二十略》 | |
| 67 | 郑畋《续凤池稿草》 | 三十卷 | 《通志二十略》 | |
| 68 | 李麟《皇朝已来制集》 | 五十卷 | 《旧唐书·李麟传》,转自张固也《新唐书艺文志补》 | |
| 69 | 张仲方《制诰》 | 一百卷 | 张固也《新唐书艺文志补》 | |
| 70 | 《大中制诰》 | 不详 | 尤袤《遂初堂书目》《文苑英华》,转自张固也《新唐书艺文志补》 | |
| 71 | 《唐杂制》 | 不详 | 《太平御览》,转自张固也《新唐书艺文志补》 | |

# 金桥：开元盛世的承载空间

彭丽华

开元、天宝年间是唐代最辉煌的时期，被人们艳称为盛唐，林庚先生称"蓬勃的朝气、青春的旋律，这就是盛唐气象与盛唐之音的本质"。[①]盛唐也是一个令史家着迷的时代，吴宗国先生在不同地方都对盛唐何以为盛唐做了阐释。[②] 在先生看来，这是一个兼容并蓄、雍容华贵、昂扬自信的时代。在研究桥梁史（先生非常重视科学技术在造就盛唐中的作用[③]）的过程中，笔者发现盛唐有一个特殊的承载空间，因为绘画、颂、赋、诗文等形式而保留着不同时期人们的刻意选择、赋义与特殊记忆，这就是金桥。

金桥是上党城南黎水（黑水河）上的一座木桥，其桥与河流今已不存，但金桥在历史上却是出入"天下之肩脊"上党的重要通道。由于唐玄宗在中宗景龙年间曾为上党别驾，潞州因而被视作玄宗的龙兴之地。关于金桥的记载，散见于历代史志，明清《潞州志》、《山西通志》还绘出了图示。但由于它的位置远离政治中心，后来又因河流湮堵而桥废，渐渐不为人所知。然而，金桥对唐玄宗而言，意义极为特殊，传世文献里的金桥童谣、《金桥图》、《金桥颂》、《金桥赋》、金桥故地等，都与开元盛世、

---

① 林庚：《唐诗综论》，人民文学出版社，1987，第 35 页。

② 吴宗国：《隋唐五代简史》，福建人民出版社，2006，第 183—219 页；吴宗国：《说不尽的盛唐：隋唐史二十讲》，北京大学出版社，2020。

③ 见吴宗国《科学技术对造就盛唐的意义》，氏著《说不尽的盛唐——隋唐史二十讲》，第 350—360 页。

圣天子唐明皇密切相关。金桥所蕴含的政治意义，可视为朝廷对玄宗"再受命"的政治合法性、开创太平盛世的官方阐释。

# 一 《金桥图》

《金桥图》由唐代丹青国手吴道玄、韦无忝、陈闳所绘，描绘的是唐玄宗率领群臣百官、扈卫随从、诸国国君与使臣途经金桥的盛大场景，被誉为"三绝图"，在书画史上地位非凡。张彦远《历代名画记》、郭若虚《图画见闻志》等书画名著皆有记录。

宋人普遍认为，这幅图描绘的是唐玄宗一行开元十三年（725）泰山封禅返程路经潞州时的景象。郭若虚《图画见闻志》记载：

> 《金桥图》者，唐明皇封泰山，回车驾，次上党。潞之父老，负担（校原作檐，从汲本改——引者注）壶浆，远近迎谒。帝皆亲加存问，受其献馈，锡赉有差。其间有先与帝相识者，悉赐以酒食，与之话旧故。所过村部，必令询访，孤老丧疾之家，加吊恤之。父老欣欣然，莫不瞻戴，叩乞驻留焉。及车驾过金桥（桥在上党），御路萦转。上见数十里间，旗纛鲜华，羽卫齐肃，顾左右曰："张说言我勒兵三十万，旌旗径千里，挟右上党，至于太原（见《后土碑》），真才子也。"帝遂诏吴道子、韦无忝、陈闳，令同制《金桥图》。御容及帝所乘照夜白马，陈闳主之；桥梁、山水、车舆、人物、草木、鸷鸟、器仗、帷幕，吴道子主之；狗马、驴骡、牛羊、橐驼、猴兔、猪鸡之属，韦无忝主之。图成，时谓三绝焉。[①]

王谠《唐语林》所载，文字虽有较大差异，但也认为《金桥图》是在封

---

① 郭若虚：《图画见闻志》卷五《金桥图》，上海人民美术出版社，1964，第123—124页。

禅返程途经潞州时所绘。① 考虑到开元十三年封禅泰山的往返路线，有学者提出玄宗一行返程途中并未经过潞州，② 也有人指出《金桥图》实际上绘于开元二十年，是宋人将开元二十年玄宗驾幸潞州的场景剪贴到了开元十三年封禅泰山的返程之中。③ 这些讨论当然是有意义的，但这并不影响《金桥图》所蕴含的特殊意义。在这幅图里，金桥不但被当时人，也被宋人当作了开元盛世的承载空间。

《金桥图》的原画未能传世，但画中的内容，因为文献的记载而为人所知。该画规模宏大、多元交融。画中的人与畜、物兼括中外。随行的人，除"文武百僚、二王后、孔子后、诸方朝集使，岳牧举贤良及儒生、文士上赋颂者"外，还有"戎狄、夷蛮、羌胡朝献之国，突厥颉利发，契丹、奚等王，大食……昆仑、日本、新罗、靺鞨之侍子及使，内臣之番，高丽朝鲜王，百济带方王，十姓摩阿史那兴昔可汗，三十姓左右贤王，日南、西竺、凿齿、雕题、牂柯、乌浒之酋长"，④ 正所谓"四方诸侯，莫不来庆"。⑤《金桥图》上的畜，则有玄宗钟爱的照夜白、随行之人所骑之马、天上飞行的鹰鸟（可能既有自然界的，也有皇室饲养的）、跟随的狗犬、负累载物的驴骡、牛马、橐驼等，甚至还有用来娱乐、充作食物及其他的猴、兔、羊、猪、鸡等。关于物，则有金桥、沿路举目可及的山水、车舆、草木、器仗、帷幕等。

《金桥图》中的这些人、畜、物，除了展现盛唐天子荣归龙潜之地、

① 王谠撰，周勋初校证《唐语林校证》卷四《豪爽》，中华书局，1987，第324页。
② 王伯敏指出玄宗封泰山，去时走北路，以洛阳东都为起点，过怀州、上党、安阳、魏州而到泰山。回驾时走南路，自泰安经磁窑、歇马亭至曲阜，幸孔子宅致祭，再向西经兖州过商丘而返洛阳。见《中国历代画家大观——两晋南北朝·隋唐五代》，上海人民美术出版社，1998，第292页。袁有根也认为玄宗封禅泰山回程并未经过潞州、并州。见袁有根《吴道子研究》，人民美术出版社，2002，第22页。
③ 其依据是张说所作《上党旧宫述圣颂并序》及《后土碑》中的部分内容，与玄宗语左右"张说言我勒兵三十万，旌旗径千里，挟右上党，至于太原（见《后土碑》），真才子也"之言相近。见刘世军《吴道子〈金桥图〉创作时间考》，《艺术探索》2005年第4期。
④《旧唐书》卷二三《礼仪志三》，中华书局，1975，第900页。
⑤《旧唐书》卷二三《礼仪志三》，第901页。

玄宗天命正统及开创太平之世的伟大功绩外，也是宣扬大唐国威、怀柔远夷的外交手段。这幅图的时代背景，是唐玄宗君臣上下同心、励精图治所带来的一个社会安定、经济繁荣、国势昌盛、文化灿烂的开元盛世，[①] 呈现的是一种空前的气象，蓬勃的朝气、青春的旋律、博大的内容、恢宏雄壮的气势、雍容华贵的风度和昂扬向上、坚定执着的进取精神，生动自然、兼容并蓄的开放性格，多种多样的表现形式和艳丽明快的色彩。这就是中国古代文化史上灿烂辉煌的盛唐气象。[②]

## 二　圣人执节度金桥

为什么选择金桥作为玄宗开元盛世的承载空间？这与金桥的政治蕴意有关。根据史书所载，唐中宗景龙三年（709），京中传唱着"金桥童谣"。所谓"金桥童谣"，指的是"圣人执节度金桥"。[③] 这里的"圣人"，指的便是时为潞州别驾的李隆基，[④] 亦暗指皇帝。隋唐皇帝、皇后有"圣人"之称，隋文帝、独孤后及唐高宗、武则天均并称"二圣"。[⑤] 这里的"圣人"也意味着能够即皇帝位者需得是贤者、能者，在唐代嫡长子继承制尚未确立之前，在皇位、储位的角逐中，贤能者不但是嫡长者最重要的

---

① 吴宗国：《隋唐五代简史》，第 204 页。

② 吴宗国：《盛唐气象——引领东亚的灿烂文化》，氏著《说不尽的盛唐——隋唐史二十讲》，第 315 页。

③ 熊飞校注《张说集校注》卷一一《祥瑞颂》"金桥"条，中华书局，2013，第 583 页；董诰等编《全唐文》卷二二一《张说·皇帝在潞州祥瑞颂十九首奉敕撰·金桥》，第 2231 页；董诰等编《全唐文》卷四四二《潘炎·金桥赋》，第 4510 页；彭定求等编《全唐诗》卷八七八《金桥童谣》，中华书局，1960，第 9944 页。

④ 李隆基于景龙二年四月以卫尉少卿兼潞州别驾。见《旧唐书》卷八《玄宗纪上》，第 165 页。

⑤ 开元之后，"圣人"已成皇帝的一个普遍称呼。如开元五年太常少卿王仁忠，博士冯宗、陈贞节等议武则天所造明堂曰："明堂之建，其所从来远矣！自天垂象，圣人则之。"（《旧唐书》卷二二《礼仪志二》，第 874 页）天宝元年，玄宗示意李林甫严挺之可堪进用，李林甫便私谓严挺之弟严损之曰："圣人视贤兄极深，要须作一计，入城对见，当有大用。"（《旧唐书》卷九九《严挺之传》，第 3106 页）

对手，而且还往往是击败嫡长者的最终胜利者。李隆基系睿宗第三子，史书载其"性英断多艺"，"仪范伟丽，有非常之表"。年七岁时，面对责其仪仗严整太盛的金吾将军武懿宗，其叱之曰："吾家朝堂，干汝何事？敢迫吾骑从！"① 其祖母武则天闻此言而特加宠异之。中宗景龙年间，韦皇后、安乐公主等势倾朝野，颇有女皇再现之气象。"圣人执节度金桥"的童谣正是在这一背景下出现的。童谣的出现往往与天命有关，正所谓"荧惑降精，是为天使。会合韶龀，讴谣街肆"，② 天命借助童谣传达。《春秋文曜钩》云："荧惑者至阳之精，天子之使也。朱雀之属，其精又为风伯。"③ 荧惑是为天使，借助风伯传达天命，"其精为风伯，惑童儿歌谣嬉戏也"。④ 因此，童谣"圣人执节度金桥"是为天命之反映。

　　"金桥"在潞州上党黑水河（古称黎水）上，北距潞州州治上党二里，是出入上党、度过黑水河的必经通道。图 1 为明弘治年间潞州知州马暾（字廷震）所修《潞州志》"郡城图"上所见金桥，其位置便是唐时金桥所在位置。⑤

　　上党系唐代潞州州治所在地。上党之名，《释名》曰："党，所也，在山上其所最高，故曰上党也。"上党东有太行山纵贯南北，西有太岳山（太岳山脉北端与太行山相连），南边有中条山、析城山、王屋山横亘数百里而东与太行山相接。上党因此成为一个四面有山的封闭性盆地。上党郡有上党关，在摩诃岭，有东西两处，东关在太行羊肠坂，西关地处寄氏

---

① 《旧唐书》卷八《玄宗纪上》，第 165 页。

② 熊飞校注《张说集校注》卷一一《祥瑞颂》"羊头山北童谣"条，第 581 页。

③ 安居香山、中村璋八编《重修纬书集成》卷四上，东京：明德出版社，1971—1992，第 152 页。

④ 《史记》卷二七《天官书》载张守节《史记正义》引《天官占》语，中华书局，1982，第 1318 页。

⑤ 张说言"金桥在潞南二里"（熊飞校注《张说集校注》卷一一《祥瑞颂》"金桥"条，第 583 页），金桥的位置至明代弘治年间依旧未变，《潞州志》载："金桥，在城南二里，路通高平县。永乐七年州人张敏中于桥上建亭三间，后毁于水。宣德七年潞州卫指挥使徐衡因故址用砖石包砌。"（马暾纂，长治市旧志整理委员会整理《潞州志》卷二《桥梁志》，中华书局，1995，第 24 页）

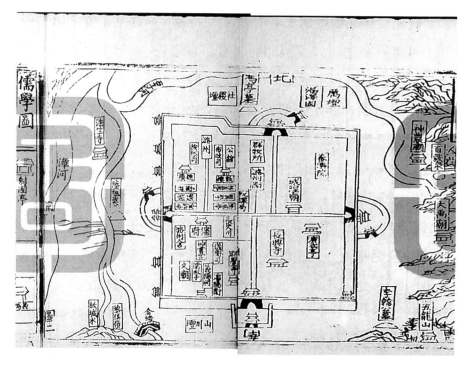

**图 1　唐时金桥所在位置**

（安泽县）。关依盘秀山、发鸠山，两山之间，是为上党谷，系上党西通平阳古道的必经之处，[①] 自古为战略要地，至晚在唐时上党已有"天下脊"之说。[②] 上党既居天下之肩脊，得天下亦必先得上党，这成为任职此地的李隆基的符应之地。李隆基在上党期间，一面关注京城中的政治动向，一面培植自己的势力，铜鞮县令张暐、出身贱奴但精于骑射的李守德都在这一时期进入李隆基的府中。

　　景龙三年正是双方斗争白热化的前夜，童谣"圣人执节度金桥"的出现，应该是有人故意引导舆论的走向，为之后的军事政变、权力继承奠定舆论基础。在"圣人执节度金桥"流传至京的次年，李隆基从上党经金桥回到长安，暗中收罗才勇力士，势力甚至发展到皇帝羽林军中。在太

---

① 刘毓庆：《神农氏与太行山地区关系之考察》，《山西大学学报》2012 年第 3 期。该文也收入成茂林、梁晋高编著《山西高平炎帝故里》，山西人民出版社，2014，第 163—191 页。

② 顾祖禹《读史方舆纪要》卷四二《山西》引杜佑言曰："上党之地，据天下之肩脊，当河朔之咽喉。"（中华书局，2005，第 1957 页）

平公主及临淄王府官、侍卫（包括张玮、李守德、王毛仲等人）的帮助下，成功铲除了韦皇后及安乐公主的势力。睿宗即位后，李隆基因功被立为太子，并最终即皇帝位。

开元十一年（723）正月，玄宗再次驾临潞州，"宴父老，曲赦大辟罪已下，给复五年。别改其旧宅为飞龙宫"。① "给复"即免除赋役，予潞州百姓"给复五年"的待遇，这在整个唐代都是极其罕见的。因皇帝驾幸或因灾荒、祥瑞等而给复赋役的时长，多为一年，也有两年、三年者，但给复时间长达四年、五年则极为罕见。

除玄宗给复潞州外，整个唐王朝，仅有至德二载（757）凤翔郡享受了给复五年的待遇。此事事出有因。肃宗于至德二载二月幸凤翔，得凤翔军民全力拥戴与支持，尤其是该年闰八月，叛军突然进攻凤翔，京畿采访宣慰使崔光远的行军司马王伯伦、判官李椿率领官军及凤翔民众奋力抵抗。战争打得激烈，王伯伦血战而死，李椿力穷被执，在凤翔兵民的誓死抵抗之下，才打退了叛军。尽管官军死伤惨重，但在这之后，叛军亦不敢西进。当年十月，肃宗从凤翔回京。这是在随玄宗撤离长安之后，他首次回到西京，以皇帝而非处处受掣制的皇太子身份。这是凤翔郡被"给复五年"的背景。

玄宗给复潞州五年，则是因为此地乃是其发迹的"龙潜之地"。后来在开元二十年（732）十月，玄宗再次驾临潞州，又赐潞州"给复三年"，体现出他对潞州的特殊态度。开元十七年，潞州被复置为大都督府，② 虽是因为上党的军事地理形势使然，但也与李隆基曾历职于此及其对潞州的态度大有关系。

因此，如果开元十三年封禅泰山确实途经潞州，那应该也是特意选择的结果。《唐语林》载："玄宗幸太山回，车次上党，路逢父老，负担壶浆远迎。上亲加存问，受其所献，赐赏有差。父老旧识者，上悉赐酒，与

---

① 《旧唐书》卷八《玄宗纪上》，第 185 页。
② 《旧唐书》卷三九《地理志》"河东道潞州"，第 1476 页。

之话旧。所过村乡，必令询问，或有丧疾，俱令吊恤。百姓欣然，乞愿驻跸。"① 玄宗亲自存问、赏赐潞州父老，与相识者话旧，并吊丧恤疾，展现的不仅仅是仁德天子之爱民，也有真龙回归昔日潜渊之情怀，上党金桥恰是承托这一情怀的现实空间。

## 三 《金桥颂》与《金桥赋》

金桥不但是承载玄宗所致太平盛世的现实空间，在玄宗之后因其政治寓意也不断滋长出新的文化内涵。这让金桥从具体地理空间上的桥梁实体演变为文化上的特殊概念。其主要体现在《金桥颂》与《金桥赋》上。

《金桥颂》包括序与颂词两部分。序内容如下：

> 金桥在潞南二里。常有童谣云"圣人执节度金桥"。皇帝景龙三年十月二十有五日由此桥朝京师。

颂曰：

> 出郡二里，横路金桥。圣人南渡，驷马西朝。运及诛吕，时当焕尧。却寻后事，一合童谣。②

《金桥颂》是中书令张说奉敕所作《皇帝在潞州祥瑞颂十九首》（以下简称《祥瑞颂》）之一。《祥瑞颂》的创作，具有鲜明的政治目的，即为开元天子奠定膺天命、得位正、开创太平之世的舆论基础，以为营造盛世烘托氛围，为封禅泰山提供官方阐释。唐中宗景龙二年四月，李隆基兼

---

① 王谠撰，周勋初校证《唐语林校证》卷四《豪爽》，第324页。

② 熊飞校注《张说集校注》卷一一《祥瑞颂》"金桥"条，第583页；董诰等编《全唐文》卷二二一《张说·皇帝在潞州祥瑞颂十九首奉敕撰·金桥》，第2231页。

任潞州别驾之时，张说丁母忧离职，直至李隆基于景龙四年回朝京师，才丧满除服，复任兵部侍郎。张说也因为母服满丧期而获举朝称赞。从时间上来看，不管史料所载李隆基在潞州数年间频频出现的祥瑞是真有其事还是有人别有目的特意创造出来的，当时未曾亲临潞州的张说都没有机会目睹或参与。不过，泰山封禅，张说大有力焉。位高望隆的他不但大力倡议封禅，又因擅诗文、重意蕴，为文属思精壮，长于碑志，掌文学之任凡三十年，是以朝廷大述作多出其手，时人称之为"大手笔"。封禅泰山时，张说为封禅使，是总设计师。《祥瑞颂》建立了一套以符瑞为中心的王者叙事，将上古圣王、前代帝王与唐代开国皇帝的符征叠加到玄宗身上，确立了他受命的正当性。符瑞证明了玄宗是超越往昔的伟大圣王，是太平盛世的造就者，而这些都是封禅的必要前提和典礼中的要素。①

《祥瑞颂》的创作时间是在开元十三年（725），时距李隆基以潞州别驾北巡上党已有十余年之久。当年九月，先是潞州上《瑞应图》，以为泰山封禅营造理论基础与氛围。在这之后，张九龄作《圣应图赞》、江都王应制明皇作《潞府十九瑞应图》、永王府长史陈宏画《上党十九瑞图》，②张说奉敕作了这组《祥瑞颂》，包括玄宗在潞州数年间出现的日抱戴、月重轮、黄龙、赤鲤、嘉禾合穗、大王山三叠、疑山凿断、逐鹿、紫气等系列祥瑞，代表的是以宰相为首的官僚集团对《瑞应图》提供的官方解释。紧接着，在十一月玄宗完成了神圣的泰山封禅。诚如张说在《大唐祀封禅颂》中所云"开元神武皇帝再受命，致太平，乃封岱宗，禅社首"，③封禅的目的是告天，皇帝受天大命、开太平盛世。在告天之辞里，玄宗是"再受命"，其地位堪比受天命而为开国之君的唐高祖。在武周政权革除李唐天命之后，李隆基铲平韦后、安乐公主之乱，拥戴睿宗即位，因此对李唐王朝有再造之功，这是其再受天命的原因与基础。此即《金桥颂》

---

① 吕家慧：《盛世的营构：张说〈皇帝在潞州祥瑞颂十九首〉与圣王论述》，《中国文化研究所学报》第 69 期，2019 年，第 42、50 页。
② 《新唐书》卷五九《艺文志三》，中华书局，1975，第 1561 页。
③ 熊飞校注《张说集校注》卷一二《大唐祀封禅颂》，第 607 页。

"运及诛吕，时当焕尧"之所指。而"一合童谣"指的正是广为流传的
"圣人执节度金桥"。李隆基在北巡潞州时上党所显现的系列祥瑞，诚如
《述圣颂》所云"帝初正人，降居上党，天下往兮。黄龙昼见，攀天而
上，九五象兮。帝适于野，紫云之下，求必在兮"，[①] 是上天旨意的具体
体现，也是他再受天命的证明。这组《祥瑞颂》可视作朝廷关于唐玄宗
"再受命"的官方阐释。膺受天命的圣人渡过金桥，西去长安，再造王
朝。这里的金桥因而具备双重意义，它不但是连接黎水两岸、沟通地理区
隔的物质载体，而且还具有承接天命、将上天旨意授予人世间的抽象
含义。[②]

　　包含《金桥颂》在内的《祥瑞颂》与泰山封禅共同成为玄宗膺受
天命、营造盛世、告成功于天的宏大政治叙事，成为开元盛世的政治文
化象征，流传后世。后人在追思盛世时，不断地吟唱、复制，并进行再
创作。

　　《金桥赋》正是这一文化背景下的产物，其序与赋文曰：

　　　　金桥，在上党南二里。常有童谣云："圣人执节度金桥。"景龙
　　三年十月二十五日，帝经此桥之京师。

---

① 熊飞校注《张说集校注》卷一一《述圣颂》，第 570 页。
② 古代中国的桥梁往往具有象天意涵，这在都城设计中尤为明显，其思想源远流长。《三
辅黄图》曰："始皇穷极奢侈，筑咸阳宫，因北陵营殿，端门四达，以则紫宫，象帝居。
渭水贯都，以象天汉；横桥南渡，以法牵牛。"（佚名撰，何清谷校释《三辅黄图校释》
卷一《咸阳故城》，中华书局，2005，第 22 页）这种以宫城效紫微、河流象银河、桥法
牵牛的象天思想，也流传到隋唐并深刻影响了当时的都城设计与布局。《元和郡县图志》
载："天津桥……隋炀帝大业元年初造此桥，以架洛水。用大缆维舟，皆以铁锁钩连之。
南北夹路，对起四楼，其楼为日月表胜之象。"（李吉甫：《元和郡县图志》卷五《河南
道》，中华书局，1983，第 132 页）宫城为紫微垣，皇城象征着地平线上以北极星为圆心
的天象，从东、西、南三面拱卫皇城与宫城的外郭城象征着大周天，表达的是则天建都、
天上人间和谐统一的理念。北极星之南，日月星辰环绕，遇银河而有牵牛星辅渡，帝王
南面而君、万民顺服，南行至洛水，有桥如牵牛渡水。洛水南北渠上的重津、黄道二桥，
其名也同样法自天文，表达的正是通过效仿天上星宿格局以安排帝都布局的政治空间，
从而向世人表明权力天授的深层含义。

赋曰："沨彼流水兮，清且涟漪。度木为梁兮，于焉在斯。成金桥之巨丽，得铁锁之宏规。当其受以金模，观其曲面。经始也则大火朝流，成功焉乃天根夕见。彰于圣德，发彼讴歌。千人唱，万人和。丹膜蜿蜒，倚晴空之蟏蛛；瑰材栉比，超渡海之鼋鼍。人且告符，功惟用壮。非填鹊之可比，法牵牛而为状。鹤鸣阴处，雁覆晴川。异东明系水而投步，匪秦帝驱山而著鞭。惟彼童谣兮，言犹在耳，大人应运兮，奉天而起。乘彼桥以径度，按周道以如砥。于是提三尺，乘六龙，怀万邦，入九重。"①

该赋为潘炎所作，赋文载金桥为木梁桥，还有铁锁连接，珍贵的木材排列构成桥面。"倚晴空之蟏蛛"似为无脚拱桥，但考虑到唐代木梁桥的技术还无法建成无脚拱桥，② 因此这描绘的应该是整座桥的形象，指的是有着朱红色栏、柱的金桥在晴空里犹如彩虹般绚丽。

此赋虽提供了金桥的具体信息，但却并非写实，原因有二。

第一，木梁桥以铁锁连接，唐宋五六百年间，仅见此一例记载。铁锁多用在浮桥上，如蒲津桥，以增强浮桥脚船之间的连接力，避免被风浪吹散。木梁桥有木梁柱桥、木梁墩桥两类，桥柱可以木、石为之。还有较为复杂的石轴柱桥，先用木桩定位，再放置石碾盘、套石轴，达到石盘做底、石轴做柱、水不搏击而沙不停留的效果。③ 不管是哪类木梁桥，既没有使用铁锁的案例，在桥梁技术上也非必要。

第二，潘炎留下来的文章虽多与玄宗相关（潘炎流传下来的赋文共有15篇，其中14篇与玄宗相关），但他并非玄宗时人。关于潘炎的仕途履历，由于两《唐书》无传，所以并不清晰。然而，按《旧唐书·代宗纪》载，大历十一年（776）四月，潘炎自右庶子迁礼部侍郎，推测潘炎

① 董诰等编《全唐文》卷四四二《潘炎·金桥赋》，第4510—4511页。
② 据桥梁史家研究，最早的木拱桥创建于宋代。参见茅以升主编《中国古桥技术史》，北京出版社，1986，第65页。
③ 唐寰澄：《中国科学技术史·桥梁卷》，科学出版社，2000，第33—75页。

的活动早至景龙年间的可能性甚微。又，刘晏之婿亦名潘炎，于邵曾上《论潘炎表》为潘炎鸣不平，说潘炎虽为刘晏之婿，但"名不为晏称，官不由晏进。自晏处权掌要，未尝以毫发受遗"，又云潘炎"性贞纯，致身无过。介然特立，自为一时之选"。① 王谏亦作《为刘相请女婿潘炎罢元帅判官陈情表》，② 时朝议讻讻，两者为同时代人，又官至礼部侍郎，推测刘晏之婿潘炎与作《金桥赋》者应为同一人。《全唐文》载潘炎所作 14 篇与玄宗相关的赋，至少有 13 篇所记为玄宗在潞州时事，然而，其赋多以日抱戴、月重轮、黄龙、赤鲤、嘉禾合穗、逐鹿、紫气等祥瑞为题。景龙时期，李隆基为潞州别驾，当朝皇帝乃是其伯父唐中宗。若潘炎为李隆基属臣，为赋用词若此，又如此频繁，岂非陷其府主于不忠不义、万劫不复之深渊？因此可以推定潘炎所作之《金桥赋》并非实景描述，而是想象之作。如此也就可以理解为什么赋文中会有铁锁木梁桥这种与当时桥梁技术不相吻合的记载。

对照潘炎所作之赋与张说《皇帝在潞州祥瑞颂十九首奉敕撰》，可知潘炎赋基本都以张说《祥瑞颂》为题，而且《金桥赋》之序与张说《金桥颂》之序基本一致，可知，潘炎之序应是源自张说，③《金桥赋》是对张说《金桥颂》的再创作，是对金桥童谣传达的天命的重申，所谓"惟彼童谣兮，言犹在耳，大人应运兮，奉天而起。乘彼桥以径度，按周道以如砥。于是提三尺，乘六龙，怀万邦，入九重"指的便是此意。潘炎言玄宗应顺天运，奉天而起，金桥恰如渡玄宗过银河入紫微宫的牵牛。《金桥赋》赋金桥，是为了兴玄宗应天命而为太平之君这一主题。

---

① 董诰等编《全唐文》卷四二五《于邵·论潘炎表》，第 4331 页。

② 董诰等编《全唐文》卷四三九《王谏·为刘相请女婿潘炎罢元帅判官陈情表》，第 4479 页。

③ 《全唐文》卷四四二载潘炎所作《李树连理赋》，写李隆基在上党延唐寺见李树连理，潘炎作赋言此乃"兴圣主之符"，祝"天子万年"云云。又，景龙元年四月二十四日，"皇帝初临上党，日抱戴，皇天告符"，潘炎又作《日抱戴赋》颂之。当年八月十有四日，因夜月重轮，作《月重轮赋》以颂祥瑞。其赋多以黄龙、赤鲤、嘉禾合穗、逐鹿、紫气等祥瑞为题。参董诰等编《全唐文》，第 4505—4512 页。

　　金桥与唐玄宗的天命紧紧关联，"金桥故地"也成为固定用语，[①]明确指代玄宗潜龙在渊的龙兴之地。

　　除"金桥童谣"外，景龙年间李隆基北巡上党之时，还有羊头山北童谣传世，[②]其文有"羊头山北作朝堂"。与金桥一样，羊头山也在潞州，南距金桥五十八里。羊头山童谣传唱时间早于金桥童谣，在景龙二年九月就已流行开来。[③]这些在景龙年间流传的童谣成为渲染天命之说，为李隆基发动军事政变并被立储、登基即位制造舆论的基础，且在开元年间被着力描绘、加工，成为玄宗再受命并开创太平盛世，从而封禅泰山告成功于天的盛世叙事的一部分。后人追念盛世成功，不断地传唱、复述、再创作，从而让金桥与开元盛世一起成为政治概念里的一个特殊符号。

---

① 《全唐文》卷七七二《李商隐·为河南卢尹贺上尊号表》有"清明皇之旧宫，复金桥之故地"之语（第 8045 页）。

② 《新唐书》卷三五《五行志二》，第 920 页；董诰等编《全唐文》卷二二一《张说·皇帝在潞州祥瑞颂十九首奉敕撰·羊头山北童谣》，第 2230 页；董诰等编《全唐文》卷四四二《潘炎·童谣赋》，第 4508—4509 页；彭定求等编《全唐诗》卷八七八《羊头山谣》，第 9944 页。

③ 熊飞校注《张说集校注》卷一一《祥瑞颂》"羊头山北童谣"条，第 581 页；董诰等编《全唐文》卷二二一《张说·皇帝在潞州祥瑞颂十九首奉敕撰·羊头山北童谣》，第 2230 页。

# 张说入史考

## ——以《旧唐书·张说传》为中心

朱玉麒

## 一 身后名的困扰

开元十八年冬十二月戊申，唐开府仪同三司、行尚书左丞相、燕国公张说（667—731）薨于位，享年六十四岁。[①] 盖棺定论，他的生平传记从此开始进入史册。

唐人卒葬，墓前的碑和墓中的志是丧仪的标配，成为他们进入历史的必然文献。在一个普通官员甚至庶民都可以获得的历史记录上，张说归葬洛阳之际，碑志的规格也是荣宠至极，享受到了最高的礼遇：他的神道碑由唐玄宗亲自撰写，[②] 墓志则由时任工部侍郎、集贤院士的张九龄

---

① 张说去世的卒日"开元十八年十二月戊申"，见张九龄《故开府仪同三司行尚书左丞相燕国公赠太师张公墓志铭并序》，熊飞校注《张九龄集校注》卷一八，中华书局，2008，第951页。戊申为廿八日，换算成公历应是731年2月9日。参Paul W. Kroll, "On the Date of Chang Yüeh's Death," *Chinese Literature: Essays, Articles, Reviews* (2) 1980, pp. 264–265；陈祖言《张说年谱》，香港中文大学，1984，第87页。

② 《旧唐书》卷九七《张说传》："太常谥议曰'文贞'，左司郎中阳伯成驳议，以为不称，工部侍郎张九龄立议，请依太常为定，纷纭未决。玄宗为说自制神道碑文，御笔赐谥曰'文贞'，由是方定。"（中华书局，1975，第3057页）又见《唐会要》卷八〇《朝臣复谥·文贞》，中华书局，1960，第1480页。张九龄《故开府仪同三司行尚书左丞相燕国公赠太师张公墓志铭并序》称"诏葬先远，丧事有日，又特赐御词，表章琬琰"，亦是御制神道碑文之意（熊飞校注《张九龄集校注》卷一八，第951页）。碑今不存，《大唐新语》卷一一"褒锡"有节存，参下引。

秉笔而为。①

唐人观念中真正能够流传千古的历史记录，则是进入国史传。② 作为政治家的张说在唐代诸多制度的建设上贡献卓绝，他从武后时制举起家，到开元致仕，"官政四十有一，而人臣之位极矣"，③ 四十一年出将入相的从政经历，写入国史名臣传记是毫无问题的。

张说既三度为相，也曾监修国史，④ 并获得过"赍史本随军修撰""仍令在家修史"的待遇，⑤ 自然深谙修史之道。但是，青史留名，留下的会是怎样的身后之名，却使作为史官的张说在生前比一般的官员多了一些担忧。

宋代史籍表彰唐代史家吴兢的故事，体现了作为史学家的张说生前的心病：

> 著作郎吴兢撰《则天实录》，言宋璟激张说使证魏元忠事。说修史见之，知兢所为，谬曰："刘五殊不相借！"兢起对曰："此乃兢所为，史草具在，不可使明公枉怨死者。"同僚皆失色。其后说阴祈兢改数字，兢终不许，曰："若徇公请，则此史不为直笔，何以取信于后！"⑥

---

① 张九龄：《故开府仪同三司行尚书左丞相燕国公赠太师张公墓志铭并序》，熊飞校注《张九龄集校注》卷一八，第 951—959 页。墓志于 1999 年出土于洛阳市伊川县万安山麓，文前署"工部侍郎集贤院学士族孙张九龄撰，朝散大夫中书舍人梁昇卿书"，参见李献奇《唐张说墓志考释》，《文物》2000 年第 10 期。
② 唐人墓志多以"国史有传""著在国史"相高，有时确有其传，有时则是虚文无征，参李南晖《唐修国史研究》，中山大学出版社，2022，第 78、83 页。
③ 张九龄：《故开府仪同三司行尚书左丞相燕国公赠太师张公墓志铭并序》，熊飞校注《张九龄集校注》卷一八，第 952 页。
④ 《旧唐书》卷四三《职官志二》："历代史官，隶秘书省著作局，皆著作郎掌修国史。武德因隋旧制。贞观三年闰十二月，始移史馆于禁中，在门下省北，宰相监修国史，自是著作郎始罢史职。"第 1852 页。
⑤ 《旧唐书》卷九七《张说传》，第 3053、3055 页。
⑥ 司马光：《资治通鉴》卷二一二，中华书局，1956，第 6748 页。此事又载《新唐书》卷一三二《吴兢传》，中华书局，1975，第 4529 页。

"宋璟激张说使证魏元忠事"，指武则天长安三年（703）张说当廷为魏元忠辩诬。魏元忠是武则天时期的宰相，屡阻张易之、张昌宗兄弟气焰，因此被后者谮其私议太后而下狱，并引中书舍人张说作伪证，而张说廷辩之际，则直陈魏元忠并无其事。但是据上引《资治通鉴》和《新唐书》表彰吴兢所修武则天实录的故事，却记载张说起初确实答应了张昌宗作伪证，后经宋璟、张廷珪、刘知幾的劝阻，在武则天面前当堂翻供，使得魏元忠免死，而张说忤旨流放钦州。张说的廷辩展现了凛然大义，为他赢得了正面形象，但事隔多年，他仍然希望留给后世的文字删除其在辩诬前夕犹豫彷徨的心态记录。

事与愿违的是，不仅当时的实录详细记下了廷辩前后的全过程（如前所揭吴兢的事迹反映此记录的痕迹），两《唐书》的《宋璟传》为了突出宋璟的正义，也将张说的动摇和盘托出。① 此外，《资治通鉴》的详细描述，应当是据其时秘阁所存唐代实录等档案史料载入，更为这一记述增加了曲折丰富的细节。② 刘知幾、吴兢删正的《唐则天实录》今天已经散佚，但为《郡斋读书志》《直斋书录解题》著录，是知其书在南宋犹存，③ 司马光从中征引其事，最为可能。看来，吴兢在《唐则天实录》的删正中，确实没有屈从张说的请求，删除他不光彩的一面。

那么，张说的历史形象，是否就真的全部如实地被史籍记录了呢？

## 二　唐玄宗的定调

事实上，张说性格中的许多瑕疵及其在政坛上不太光彩的表现，在国史传中多被回护。从现存文献来看，确定其传记以揄扬为主的并非真正的实录基调，而是来自玄宗的"王言"。如前引《旧唐书·张说传》记载：

---

① 《旧唐书》卷九六《宋璟传》，第3030页；《新唐书》卷一二四《宋璟传》，第4389页。

② 《资治通鉴》卷二〇七，第6564—6566页。

③ 李南晖：《唐修国史研究》，第135页。

太常谥议曰"文贞"，左司郎中阳伯成驳议，以为不称，工部侍郎张九龄立议，请依太常为定，纷纶未决。玄宗为说自制神道碑文，御笔赐谥曰"文贞"，由是方定。①

阳伯成的这一段驳议，在《唐会要》《册府元龟》的记录中更为详确：

太常卿初谥为"文贞"，左司郎中杨伯威驳曰："谥者，德之表、行之迹，将以激励风俗，检束名教，固无虚誉，是存实录。准《张说罢相制》云：'不肃细微之人，颇乖周慎之旨。'又《致仕制》云：'行亏半石，防阙周身。未免瓜李之嫌，而喧众多之口。'且玉之有瑕，尚可磨也；人之斯玷，焉可逭也。谥曰'文贞'，何成劝沮？请下太常。更据行事定谥。"工部侍郎张九龄又议，请依太常为定。众论未决，上为制碑文，赐谥曰'文贞'，众议始定。②

《唐会要》和《册府元龟》的记录，应该有实录的史料基础。阳伯成所引《张说罢相制》《致仕制》，体现的是张说在开元十四、十五年间为宇文融等奏弹引术士夜解及受赃而被玄宗疏远时候的"王言"。即使停张说的中书令职位，③ 玄宗还是保留了他的其他官职，允许他"仍将国史于宅修撰"。此后一年，又诏令致仕，而优待依旧。玄宗不仅为其父张骘墓"御书其碑额赐之，曰'呜呼，积善之墓'"，还陆续诏令在家修史、兼集贤殿学士、复拜右丞相、迁左丞相、加开府仪同三司。这一系列的升迁，都

---

① 《旧唐书》卷九七《张说传》，第 3057 页。

② 王溥：《唐会要》卷八〇《朝臣复谥》，中华书局，1960，第 1480 页。王钦若等编纂《册府元龟》卷五九五《掌礼部·谥法》略同，中华书局，1960，第 7132 页。阳伯成，《旧唐书》"成"原作"城"或"诚"，校记据钱大昕《廿二史考异》引《大智禅师碑阴记》改作"成"；《唐会要》作"杨伯威"、《册府元龟》作"杨伯成"，均当作"阳伯成"。

③ 《张说罢相制》系张九龄撰文，题作《停燕国（公张说）中书令制》，见熊飞校注《张九龄集校注》卷七，第 517 页。又见宋敏求编《唐大诏令集》卷五五，题作《张说停中书令制》，商务印书馆，1959，第 290 页。

是在开元十五年后直到十八年去世前夕不断予以的知遇。甚至在张说病重之后，"玄宗每日令中使问疾，并手写药方赐之"。张说卒于十二月廿八日，已近除夕，玄宗甚至为他的去世停止了新年的朝会。《旧唐书》全文录存的《赠张说太师诏》，充满感情地称颂其为"时杰"，为"人师"。①

开元十八年的玄宗，春秋正富，在玄宗的"王言"关照下，收入国史名臣传的张说传记撰成于其时或稍后，自然毫无悬念地被申之以褒美的主旋律。

## 三　国史传中的踪迹

由于唐玄宗的定调，张说对身后名的担忧在很大程度上被化解，他的生平瑕疵，在国史传中得到了回护。

唐太宗贞观三年（629），移史馆于禁中，并设立宰相监修制度，开始了本朝史的官修垄断。② 唐人的"国史"，作为通称，是指史馆修撰的编年体实录和纪传体国史；而作为专名，则是指纪传体的本朝史。张说自然希望在编年体的实录中留下完美的形象，而其个人传记进入"国史传"，更是他所期盼得到正面记载的选项。

我们今天已经无缘看到唐人所修的国史传原样，但是《旧唐书》的列传大部分保留了国史传的样貌。这一点，是清代学者研究两《唐书》几近一致的观点。赵翼在《廿二史札记》"《旧唐书》前半全用实录国史旧本"中阐述道：

> 五代修《唐书》，虽史籍已散失，然代宗以前尚有纪传，而庾传美得自蜀中者，亦尚有九朝实录，今细阅《旧书》文义，知此数朝纪传多抄实录、国史原文也。凡史修于易代之后，考覆既确，未有不

① 开元十四年后张说的生平，参陈祖言《张说年谱》，第72—89页。
② 《旧唐书》卷四三《职官志二》，第1852页。

据事直书，若实录、国史修于本朝，必多回护。观《旧书》回护之多，可见其全用实录、国史，而不暇订正也。①

从"前半全用"的概率可知，《张说传》大约也不例外。更重要的是，黄永年先生还找到了确切的证据，如《张说传》后的"史臣曰"称"郭代公、张燕公解逢掖而登将坛，驱貔虎之师，断獯戎之臂，暨居衡轴，克致隆平，可谓武纬文经，惟申与甫而已"。② 这种不称名而称爵的现象，正是赵翼所谓"韦述当日尊呼前辈之称，且非易代后史官之词"，③ 这是五代史官抄录韦述国史传留下的明显痕迹。我们因此可以根据《旧唐书·张说传》回溯国史名臣传中张说的记载情况。

## 四　回护之一：为魏元忠辩诬案

张说的传记，出现在《旧唐书》卷九七。国史传作为其基础，确实较多地维护了张说的正面形象。此处依旧从本文开篇所及"为魏元忠辩诬"一事来做分析。《旧唐书·张说传》载：

> 长安初，修《三教珠英》毕，迁右史、内供奉，兼知考功贡举事，擢拜凤阁舍人。时麟台监张易之与其弟昌宗构陷御史大夫魏元忠，称其谋反，引说令证其事。说至御前，扬言元忠实不反，此是易之诬构耳。元忠由是免诛，说坐忤旨配流钦州。在岭外岁余。④

《旧唐书·张说传》中的这段描写，完全树立了张说廷对不诬的正面形象，其间"惶惑迫惧""然可"和由宋璟等激劝而"转祸为忠"的过

---

① 赵翼著，王树民校证《廿二史札记校证》卷一六，中华书局，2013，第345页。
② 《旧唐书》卷九七《张说传》，第3060页。
③ 黄永年：《唐史史料学》，上海书店出版社，2002，第10页。
④ 《旧唐书》卷九七《张说传》，第3050—3051页。

程，丝毫未涉及。后来的《新唐书·张说传》也继承了这一叙述，赵翼《陔余丛考》乃以"新唐书多回护"为题揭示了这一现象：

> 《新书》于名臣完节者虽有小疵，而于本传多削之。盖亦为贤者讳之意。如……张易之诬魏元忠有不臣语，引张说为证。将廷辨，说惶遽欲从。宋璟谓说曰："名义至重，不可陷正人。若不测，吾将与子俱死。"说乃以实对，元忠得免死。此事见吴兢、宋璟传及《通鉴》，而说本传但云张易之诬魏元忠，援说为证，说廷对，谓元忠无不顺语，忤后旨，流钦州，而绝不及宋璟邀说之事。①

赵翼在这里对《新唐书》的评述，缘起仍在《旧唐书》，完全可以移置于对《旧唐书·张说传》的评价上。关于张说为魏元忠辩诬的记载，在《旧唐书》中也出现在《魏元忠传》《宋璟传》中，② 为了突出宋璟的正义，记录下张说的彷徨。我们虽然可以用"互见法"来了解历史叙述的完整性，但在时人本传中，体现为尊者、贤者讳的宗旨依旧是比较明确的。

如前所述，维护张说的名节是玄宗所定的基调，但具体到"为魏元忠辩诬"案件上，是否也有玄宗的影响呢？答案是肯定的，因为玄宗撰写的《张说神道碑》为此事的记录做了去取的样本。

虽然玄宗撰写的《张说神道碑》至今佚失，它的片段却被保留下来，且恰好是通过为魏元忠辩诬来体现张说品行的部分：

> 长安中，公为凤阁舍人，属麟台监张易之诬构大臣，作为飞语。御史大夫魏元忠即其丑正，必以中伤。天后致投杼之疑，中宗忧掘蛊之变。是时敕公为证，啖以右职。一言刺回，四国交乱。公重为义，

---

① 赵翼：《陔余丛考》卷一一《新唐书多回护》，中华书局，1963，第200—201页。
② 《旧唐书》卷九二《魏元忠传》、卷九六《宋璟传》、卷一三二《吴兢传》，第2953、3030、4529页。

死且不辞，庭辩无辜，中旨有忤，左右为之惕息，而公以之抗词。反元忠之莹魂，出太子于坑陷。人谓此举义重于生。由是长流钦州，守正故也。①

张说的墓志，开元二十年由张九龄完成，开篇称："诏葬先远，丧事有日，又特赐御词，表章琬琰。公义有忘身之勇，忠为社稷之卫，文武可宪之政，公侯作捍之勋。皆已昭昭于天文，虽与日月争光可矣。"② 其言"特赐御词，表章琬琰"，"皆已昭昭于天文"，正是指玄宗在神道碑中表彰了张说的种种美德，已然光耀于天下了。而《大唐新语》保留下来的魏元忠案件的玄宗碑文，正是用来诠释"义有忘身之勇"的例证。《旧唐书·张说传》径记其当廷对质的慷慨一面而不及其余，无疑就是国史传遵循"天文"所指而回护的重要表现。

## 五　回护之二：与则天朝的关系

张说形象在国史传中最重要的回护，还体现在他与则天朝关系的记载上。

张说在武则天时期应举起家，是无可回避的事实，国史传的表述却尽可能做了模糊处理。《旧唐书·张说传》载：

> 弱冠应诏举，对策乙第，授太子校书，累转右补阙，预修《三教珠英》。③

---

① 刘肃：《大唐新语》卷一一《褒锡第二十四》，许德楠、李鼎霞点校，中华书局，1984，第165—166页。
② 张九龄：《故开府仪同三司行尚书左丞相燕国公赠太师张公墓志铭并序》，熊飞校注《张九龄集校注》卷一八，第951页。
③ 《旧唐书》卷九七《张说传》，第3049页。

这一段记载处理得比较隐晦，突出的是张说在某一个时间节点制举登科而授官，似乎与武则天本人并没有任何关系。当然，这样模糊的记录也掩盖了张说在制举中确切的登科年龄和糊名复试署为第一人的细节。据《新唐书·张说传》：

> 永昌中，武后策贤良方正，诏吏部尚书李景谌糊名较覆，说所对第一，后署乙等，授太子校书郎，迁左补阙。[①]

如此高名登科并光耀天下，《大唐新语》的记录更为详细：

> 则天初革命，大搜遗逸，四方之士应制者向万人。则天御雒阳城南门，亲自临试。张说对策为天下第一。则天以近古以来未有甲科，乃屈为第二等。其警句曰："昔三监玩常，有司既纠之以猛；今四罪咸服，陛下宜计之以宽。"拜太子校书。仍令写策本于尚书省，颁示朝集及蕃客等，以光大国得贤之美。[②]

张说制举登科的年份，有永昌元年（689）的说法，而是年十一月改元天授，故《张说年谱》系在天授元年（690），[③] 其时张说二十三岁。《旧唐书》"弱冠"的说法，用的是泛数，这样似乎可以回避掉武则天称制、改元的时间点。但在《新唐书》和《大唐新语》的记录中，张说的制举登科是武则天亲自排名，并下令将他的试策由尚书省颁示天下，成为"武周"时代"大国得贤"的象征，这也是武则天时期任用新兴阶级人才、打破关陇集团的重要举措，在唐史学界被广为讨论。[④] 此后，张说得到武

---

① 《新唐书》卷一二五《张说传》，第 4404 页。

② 刘肃：《大唐新语》卷八《文章第十八》，第 127 页。

③ 陈祖言：《张说年谱》，第 7—9 页。

④ 经典的论述如陈寅恪《唐代政治史述论稿》："自武则天专政破格用人后，外廷之显贵多为以文学特见拔擢之人。"陈寅恪：《隋唐制度渊源略论稿　唐代政治史述论稿》，生活·读书·新知三联书店，2011，第 205 页。

则天的信任，不仅以其文采被派预修《三教珠英》，以此掩饰张易之、张昌宗的不学，且累迁升至凤阁舍人，直到为魏元忠辩诬拂逆圣意而遭流放。

《旧唐书》对以上升迁事迹与受到武则天信任的描述，均一笔带过，只是用"预修《三教珠英》"来彰显其本人的文学才能。这种表述，与玄宗时期力图消减武则天政治影响的方针有关。

唐代前期自高宗至玄宗末期的政坛纷纭，虽然如陈寅恪先生所指出的那样，武则天的政治势力历久不衰，其在政治制度上的改革都被后来的李唐王权所继承（特别是选拔人才政策上的进步，如开元时期名相姚崇、宋璟、张说、张九龄等都是武则天时期提拔起来的人才），[1] 但是政治遗产的继承是一回事，否定其正统性的影响又是一回事。玄宗先天（712）政变之后，以一系列明文规定的颁发，对武周政权的合法性做出了彻底肃清，如改武则天称号"天后圣帝"为"则天皇后"即其代表。[2] 对于武则天的否定态度，成为玄宗朝新旧官员站队的基本倾向。[3] 这是一种重要的"时势"，影响了张说本人的"立言"，也影响了一代史传编纂的"立场"。

张说与褚无量在玄宗为太子时曾经担任侍读，"深见亲敬"，每在关键时刻挺身支持玄宗，即使是停其宰相之职，玄宗的制诰也不忘记提及张说"往属艰难，输诚于履险；及兹辅相，润色于告成"的丰功伟绩。[4] 开元时期的张说，自然成为玄宗最倚重的宰辅之臣。

然而，追究"历史时期"的站队表现，从来就是帝制时代的政治手段，所以玄宗朝的张说，首先是本人在很多方面抹去了武则天时期的光耀履历。如《永昌元年对词标文苑科对策》，是张说在武周朝起家的重要明

---

[1]　参陈寅恪《记唐代之李武韦杨婚姻集团》，原载《历史研究》1954 年第 1 期，此据《陈寅恪集·金明馆丛稿初编》，生活·读书·新知三联书店，2001，第 266—295 页。

[2]　《新唐书》卷七六《则天武皇后传》，第 3485 页。

[3]　黄永年先生认为开元名相虽为则天选拔的人才，却并非武氏势力，其论甚详。参黄永年《开元天宝时所谓武氏政治势力的剖析》，原载《陕西师范大学学报》1981 年第 4 期，此据《黄永年文史论文集》第 2 册，中华书局，2015，第 84—95 页。

[4]　张九龄：《停燕国（公张说）中书令制》，熊飞校注《张九龄集校注》卷七，第 517 页。

证，策问第二道的"朕母临宇县"和对答中的"今陛下母临黔首"，两个"母"字，都体现了武则天时期的明显痕迹，宋人编《文苑英华》，可能是用了留存在秘阁档案中的唐代文本，所以未加改动；① 而在张说留存家中的文集本，都改了"母"字，成为"君临""父怜"的词语搭配。② 又如《张说集》卷一的《侍宴三思山第赋得风字》，③《文苑英华》题作《梁王宅侍宴应制》。④ 武三思是武则天的侄子，天授元年（690）武则天称帝，武三思被封为梁王，其子武崇训娶中宗李显女安乐公主，因此在则天、中宗朝得宠，神龙三年（707）为太子李重俊所杀。张说所作家集本的标题改"梁王"而径称"三思"，当如《永昌元年对词标文苑科对策》的改动一样，是后来的淡化；⑤ 这和张说在《宋公遗爱碑颂》中表彰宋璟"挫二张之锐，则声怛寰域；折三思之角，则气盖风云"一样，⑥ 都是在开元年间表示和武则天集团撇清关系的一种立场表述。

作为大手笔的张说在开元年间的诗文如《奉和过晋阳宫应制》《开元正历握乾符颂》《大唐祀封禅颂》中，均称玄宗在位是"六叶启昌期""维皇六叶""皇唐六叶"，⑦ 将武则天排除在了帝系之外，也足以见张说在武则天时期之后的一个重要立场改变。

因此，玄宗朝的国史名臣传书写，同样会对他们在武周朝的表现做出相应的回护。具体到张说传，有玄宗的定调、家人的行状等各种因素的影

---

① 李昉等编《文苑英华》卷四七七，中华书局，1966，第 2435 页。
② 熊飞校注《张说集校注》卷二九，中华书局，2013，第 1381—1382 页。今本《张说集》均据张说家集本传抄，见《新唐书》卷一二五《张说传》："说殁后，帝使就家录其文，行于世。"第 4410 页。
③ 熊飞校注《张说集校注》卷一，第 19 页。
④ 李昉等编《文苑英华》卷一六九，第 815 页。
⑤ 该诗诗句开篇"梁王池馆好"，限于格式不可改变，亦是无奈，恰如各种回护总有不周之处微露马脚一般。
⑥ 熊飞校注《张说集校注》卷一二，第 640 页。
⑦ 熊飞校注《张说集校注》卷三、卷一一、卷一二，第 102、597、607 页。唐兴自高祖、太宗、高宗、中宗、睿宗至玄宗，恰为六代。此种推论，金子修一前此即有发明，参金子修一《关于唐代诏敕中对武则天的评价》，王艳译，杜文玉主编《唐史论丛》第 27 辑，三秦出版社，2018，第 1—28 页。

响，最终是在《旧唐书·张说传》中，淡化了武则天对他的提拔，而强调了他对武则天集团的抗争。在上述魏元忠辩诬之外，传记全文抄录了张说针对武则天的《谏幸三阳宫疏》，也是对其凛然对立形象的塑造。

前引赵翼《陔余丛考》称"新唐书多回护"的论点，移诸《新唐书·张说传》，反倒未必然。在张说于武则天时期的生平中，《新唐书·张说传》不仅根据史料增补了张说由武后试策而"所对第一，后署乙等"的钦点细节，还增加了一段被武后称善的细节：

> 后尝问："诸儒言氏族皆本炎黄之裔，则上古乃无百姓乎？若为朕言之。"说曰："古未有姓，若夷狄然。自炎帝之姜、黄帝之姬，始因所生地而为之姓。其后天子建德，因生以赐姓，黄帝二十五子，而得姓者十四。德同者姓同，德殊者姓殊。其后或以官，或以国，或以王父之字，始为赐族，久乃为姓。降唐、虞，抵战国，姓族渐广。周衰，列国既灭，其民各以旧国为之氏，下及两汉，人皆有姓。故姓之以国者，韩、陈、许、郑、鲁、卫、赵、魏为多。"后曰："善。"[①]

张说向武则天解释上古无姓氏的原因，体现了他的博学。这个细节的描写，大概是张说在武则天时期因文学才能颖异而在朝中的日常写照，其原始的记录可能来自《唐则天实录》。国史张说传因为有意回护而不载；宋祁重新编纂《唐书》的时代，则不用顾虑国史传的回护笔法，便将其作为胜出《旧唐书》的新资料而予以编入。这样的"补刀"，还原了国史传刻意要放弃的武则天对张说的知遇之恩。

## 六　回护之三：范阳大族的冒认

张说的籍贯，也是他生前刻意制造的旧家大族身世渊源。张说文章自

① 《新唐书》卷一二五《张说传》，第 4404 页。

称"范阳张说",① 为其父张骘、祖张恪、曾祖张弋所撰碑志指称的籍贯，均作"范阳"。②《旧唐书·张说传》开篇记载：

> 张说字道济，其先范阳人，代居河东，近又徒家河南之洛阳。③

钱大昕认为"此沿碑状之文，以史例言之，当云'河南洛阳人'也"，④即此种籍贯的称道方法属于碑文或行状体例。联系到唐代的社会情状，作为国史的张说传违背史例而迁就这种行状体例，应该是故意为之，也是一种"回护"。《封氏闻见记》载：

> 著作郎孔至，二十传儒学，撰《百家类例》，品第海内族姓，以燕公张说为近代新门，不入百家之数。驸马张垍，燕公之子也，盛承宠眷。见至所撰，谓弟埱曰："多事汉，天下族姓何关尔事，而妄为升降！"埱素与至善，以兄言告之。时工部侍郎韦述，谙练士族，举朝共推。每商榷姻亲，咸就咨访。至书初成，以呈韦公，韦公以为可行也。及闻垍言，至惧，将追改之，以情告韦。韦曰："孔至休矣！大丈夫奋笔将为千载楷则，奈何以一言而自动摇。有死而已，胡可改也！"遂不复改。⑤

孔至撰《百家类例》而得罪张说父子的故事，在《新唐书·孔至传》和

---

① 张说：《故太子少傅苏公碑铭》《吊陈司马书》《与凤阁舍人书》，熊飞校注《张说集校注》卷一四、卷二三、卷三〇，第 751、1101、1422 页。

② 张说《唐赠丹州刺史先府君神道碑》："府君讳骘，字成骘，范阳方城人也。"《府君墓志》："府君讳骘，字成骘，姓张氏。其先晋人也……至宇，为范阳太守，因居其郡。"《周故通道馆学士张府君墓志铭》："君讳弋，字嵩之，范阳方城人也。"《唐处士张府君墓志铭》："府君讳恪，其先晋人。……司空子宇，为北平太守，遭汉乱离，家于范阳。"熊飞校注《张说集校注》卷二〇，第 975、982、1000、1003 页。

③ 《旧唐书》卷九七《张说传》，第 3049 页。

④ 钱大昕：《廿二史考异》卷五九，凤凰出版社，2016，第 1030 页。

⑤ 封演撰，赵贞信校注《封氏闻见记校注》卷一〇，中华书局，2005，第 94—95 页。

王谠的《唐语林》中均有记载。① 这种攀附大族先世的说法，唐人中不仅与张说同时的孔至是这样认定的，稍后的王颜也在其家族墓碑中特别提及了张说"越认范阳"，② 故陈祖言《张说年谱》考定"范阳既是越认，洛阳亦属讹传"。③

但也正如陈祖言所收集的唐代指称张说籍贯的例证所示，其同时代友人卢藏用和后进张九龄、孙逖都认可"范阳张说"的说法，可见对于冒认大族的新进贵族来说，时人往往会迁就其本人的说法，而不予戳穿。④ 成为《旧唐书》所本的国史传，较多的研究者认为就是韦述定稿的部分，⑤ 而他是力挺孔至揭露张说并非范阳旧族的。韦述是张说的门人，虽然在上述记载中表现出对张说冒认大族的不以为然，但在最终的书写中，还是将碑状"为尊者讳"的原则援引进来，为"范阳张说"的冒认做了国史传的回护。

## 余　论

通过《旧唐书·张说传》能够看到的唐国史传的"回护"表现还是相当丰富的。它不仅为传主张说讳言，还为同时代被讽谏的唐玄宗做了回护：

> 自则天末年，季冬为泼寒胡戏，中宗尝御楼以观之。至是，因蕃夷入朝，又作此戏。说上疏谏曰……⑥

---

① 《新唐书》卷一九九《孔至传》，第 5685 页；王谠撰，周勋初校证《唐语林校证》卷二，中华书局，第 1987，第 121—122 页。

② 王颜《追树十八代祖晋司空太原王公神道碑铭》："开元中，左丞相张公说越认范阳，封燕国公。"董诰等编《全唐文》卷五四五，中华书局，1983，第 5530 页。

③ 陈祖言：《张说年谱》，第 4 页。

④ 陈祖言：《张说年谱》，第 1—4 页。

⑤ 李南晖：《唐修国史研究》，第 122—131 页。此外，张九龄开元二十一年五月升任检校中书侍郎，十二月授中书侍郎同中书门下平章事兼修国史，他在张说传的修撰中参与意见、回护张说，也可能是一个因素。

⑥ 《旧唐书》卷九七《张说传》，第 3052 页。

5 世纪前后出现在古代萨珊波斯王朝的节日歌舞 Ābrēzagā，曾经沿着丝绸之路分南北两条道路传入中国。北道经由中亚、西域，在中原内地形成以长安、洛阳为中心的"泼寒胡戏"，或称"乞寒胡"，也有以舞曲名之为"苏幕（摩）遮"。由于中书令张说的疏谏，玄宗颁布《禁断腊月乞寒敕》，明文禁止。[1] 此次禁断的原因，是玄宗开元初年"因蕃夷入朝，又作此戏"，其实"泼寒胡戏"在长安演出的"始作俑者"正是玄宗。玄宗对泼寒胡戏的喜爱，在作为太子时就表现出来了，韩朝宗在睿宗朝对泼寒胡戏的谏净，就直接指斥太子不顾生命危险微服造访民间观看此戏。[2]《旧唐书·张说传》叙述张说对此陋习的谏净，是确立其正面形象不得不为之的记录，而作为谏净对象的玄宗，却在此处被刻意回避，甚至把泼寒胡戏流行的缘起归罪于武则天和中宗，回护的文笔巧妙到了极致。

自从班固假借刘向、扬雄之口表彰司马迁"有良史之材，服其善序事理，辨而不华，质而不俚，其文直，其事核，不虚美，不隐恶，故谓之实录"以后，[3] 唐代史职，率以"史官掌修国史，不虚美，不隐恶，直书其事"为最高境界。[4] 但是专制制度下为当代政治所左右的史家曲笔，仍不能避免。《旧唐书·张说传》所体现的国史传对张说、玄宗的"回护"，如上所揭，虽还未必是"虚美""隐恶"，但其笔法掩盖了作为政治家的张说在唐代初期社会生态中的某些弱点，还是分明可见的。

---

① 王溥：《唐会要》卷三四，第 629 页；玄宗：《禁断腊月乞寒敕》，宋敏求编《唐大诏令集》卷一〇九，第 565 页。

② 韩朝宗《谏作乞寒胡戏表》："又道路籍籍，咸云皇太子微行观此戏。且元良国本，苍生繁赖。轻此驰骤，能无暂蹶。况匈奴在邸，实繁有徒。刺杀密发，何限夷夏。卒然奔呼掩袭，邂逅惊扰，则忧在不测，白龙鱼服，取困豫且，深可畏也。"李昉等编《文苑英华》卷六二〇，中华书局，1966，第 3214—3215 页。相关研究，可参朱玉麒《泼寒胡戏在唐代长安的境遇——以张说的变化为中心》，荣新江、罗丰主编《粟特人在中国：考古发现与出土文献的新印证》下册，科学出版社，2016，第 698—705 页。

③ 《汉书》卷六二《司马迁传》，中华书局，1962，第 2738 页。

④ 《旧唐书》卷四三《职官志二》，第 1853 页。

# 唐代的敕旨与敕牒

张　雨

　　唐代"王言之制有七",敕旨与敕牒均在其中。两者形态、功能各有差异,据《唐六典》,敕旨"谓百司承旨而为程式,奏事请施行者",敕牒"随事承旨,不易旧典则用之"。① 唐代敕旨的完整形态,见于吐鲁番文献《唐贞观廿二年(648)安西都护府承敕下交河县符为处分三卫犯私罪纳课违番事》。② 该文书的前半部分是尚书兵部司以省符向安西都护府颁下的录白敕旨("敕白")。至于敕牒,通常指的是中书门下敕牒,法藏敦煌文献 P.2504《天宝令式表》中,在"新平阙令"一栏下保存有天宝元年(742)敕牒,③ 以及

---

① 李林甫等:《唐六典》卷九《中书省》,陈仲夫点校,中华书局,1992,第273—274页。

② 编号:73TAM221:55(a)、56(a)、57(a)、58(a),唐长孺主编《吐鲁番出土文书(图录本)》第3册,文物出版社,1996,第303—305页。该墓同出文书中另有两件敕符文书,其中73TAM221:66《唐仪凤三年(678)残文书》仅存文字两行,无法确知所承敕是否为敕旨;另一件文书73TAM221:59(a)、60(a)、61(a)《唐永徽元年(650)安西都护府承敕下交河县符》也是一件包含录白敕旨的省符(由尚书虞部司签发),但仅存敕符的后半部分。见唐长孺主编《吐鲁番出土文书(图录本)》第3册,第310—311、314页。另,英藏敦煌文献 S.5257 的开头,以草书抄录有一件敕旨,要求"京城诸寺各写示道俗侵损常住僧物恶报灵验"故事三则,以"宣示黎庶",末行为"先天元年(712)九月一日臣郭元震宣"。《英藏敦煌文献(汉文佛经以外部分)》第7册,四川人民出版社,1992,第29页。此件文书虽然保留了节录敕旨的形态,但从其内容及郭元震(振)的历官来看,应为假托。参见杨宝玉《敦煌本佛教灵验记校注并研究》,甘肃人民出版社,2009,第93—95页。

③ 《法国国家图书馆藏敦煌西域文献》第14册,上海古籍出版社,2001,第359页。据该表所载官品,可将其抄录年代判定为天宝七载五月至天宝八载八月。参马志立《从三至五品官带勋者荫子孙看唐前期勋官制度的演变——读〈唐天宝年代国忌、诸令式等表〉之后》,《魏晋南北朝隋唐史资料》第23辑,武汉大学文科学报编辑部,2006,第209—210页。

P. 3720《悟真文集》所载咸通十年（869）授僧悟真河西都僧统敕牒各一道，[1] 但抄者均未录署位部分。此类文书的完整形态可略见于佛道碑刻（如《句容金石记》所载修茅山紫阳观敕牒碑和河南陕县空相寺《汾阳王置寺表》碑所刻敕牒）及相关文献（如《不空三藏表制集》等）。[2]

　　正是敦煌吐鲁番文献中唐代王言类文书原件（包括录白）的发现，提供了 P. 2819《公式令》残卷所缺失的敕类王言体式，[3] 这不仅推动了中国古文书学研究的发展，也促进了以公文形态、政务运行切入制度变迁的政务运行机制研究视角的出现，成为新时代政治制度史研究的主要研究理路之一。[4] 吴宗国先生正是这一研究理路的引领者。他不仅较早关注唐代敕旨文书，[5] 而且所指导的学生也围绕论事敕书、敕牒等王言进行了多项研究，[6] 引发学界持续讨论。其中，敕旨与敕牒关系到唐代中枢政务运行机制转型，包括罗祎楠、王孙盈政、张祎等在内

---

①　《法国国家图书馆藏敦煌西域文献》第 27 册，上海古籍出版社，2002，第 113 页。

②　更多金石文献和典籍中保存的唐代敕旨及敕牒资料，见中村裕一《唐代制敕研究》，汲古书院，1991，第 459—545 页。张祎讨论了天宝八载（749）修茅山紫阳观敕牒的署衔问题，见氏著《关于北宋的"大敕系衔"》，《首都师范大学学报》2015 年第 6 期，收入游自勇执行主编《切偲集：首都师范大学历史学院史学沙龙论文集》第 1 辑，上海古籍出版社，2016，第 183—184 页。

③　赵晶：《论日本中国古文书学研究之演进——以唐代告身研究为例》，《早期中国史研究》第 6 卷第 1 期，2014 年。

④　孙正军：《何为制度——中国古代政治制度研究的三种理路》，《中国社会科学评价》2019 年第 4 期。

⑤　吴宗国：《唐贞观廿二年敕旨中有关三卫的几个问题——兼论唐代门荫制度》，《敦煌吐鲁番文献研究论集》第 3 辑，北京大学出版社，1986，第 148—175 页，收入氏著《中古社会变迁与隋唐史研究》，中华书局，2019，第 213—239 页。在收入论文集时，原题中的"廿"被改为"二十"。以下引用该文，使用修改后的题目。

⑥　雷闻：《从 S. 11287 看唐代论事敕书的成立过程》，荣新江主编《唐研究》第 1 卷，北京大学出版社，1995，第 232—336 页；刘后滨：《唐代中书门下体制研究——公文形态·政务运行与制度变迁》，齐鲁书社，2004，第 324—354 页；罗永生：《三省制新探——以隋和唐前期门下省职掌与地位为中心》，中华书局，2005，第 188—189 页；孟宪实：《关于敦煌吐鲁番出土的"王言"》，郝春文主编《敦煌吐鲁番研究》第 18 卷，上海古籍出版社，2019，第 135—152 页。

的学者对此重点关注。① 但对于敕牒之“敕”的形态如何，敕牒与敕旨是并存还是竞争（以至于敕牒取代敕旨）关系，学界尚未形成共识。故撰成小稿，略陈管见，以求教于贤达。

## 一　敕牒之“敕”

关于敕牒之“敕”，刘后滨曾指出，敕牒中“奉敕：云云，牒至准敕”的“敕”，是一个抽象的概念，泛指皇帝的旨意，而不是具体文书形态上的敕。换言之，敕牒是中书门下奉敕而牒百官百司，是敕和牒的统一。故其文书用语表示的是宰相机构将敕的内容写到了牒文中，此牒本身就是敕，此外别无单独的敕。② 这一说法强调的是，将敕牒与其他官司以牒文转发其他敕类王言的承敕公文，③ 包括门下省在颁降敕书时所用的牒文，④ 加

---

① 罗祎楠：《刘后滨：〈唐代中书门下体制研究——公文形态·政务运行与制度变迁〉》，《中国学术》2005 年第 2 辑，商务印书馆，2006，第 279—297 页；王孙盈政：《唐代“敕牒”考》，《中国史研究》2013 年第 1 期；张祎：《〈唐六典〉“王言之制”选释》，包伟民、刘后滨主编《唐宋历史评论》第 5 辑，社会科学文献出版社，2018，第 161—186 页。此外，李锦绣《唐“王言之制”初探——读〈唐六典〉札记之一》（李铮、蒋忠新主编《季羡林教授八十华诞纪念论文集》，江西人民出版社，1991，第 273—290 页）也涉及敕牒。不过，该文证明唐前朝存在敕牒的史料似有问题，说见刘后滨《从敕牒的特性看唐代中书门下体制》，荣新江主编《唐研究》第 6 卷，北京大学出版社，2000，第 221—232 页。郭桂坤则将唐后期由宦官奉宣口敕之牒或内诸司使对宣命的转牒均视为敕牒，亦失之于宽。今不取其说。见氏著《中晚唐宦官专权的文书学解读》，《史林》2018 年第 3 期。但该文注意到上述牒文书与枢密使“帖黄”制度，以及五代及宋代二府体制（中书为敕，枢密为宣）的形成关系密切，这是准确的。参见宋敏求《春明退朝录》卷下：“今有梁朝《宣底》二卷……当时以宣传上旨，故名之曰‘宣’，而枢密院所出文字之名也，似欲与中书‘敕’并行。”诚刚点校，中华书局，1980，第 46—47 页。
② 刘后滨：《唐代中书门下体制研究——公文形态·政务运行与制度变迁》，第 344—347 页。
③ 也包括制书，其公文用语为：“牒，奉敕（制，敕旨）如右，牒至准敕（制），故牒。”
④ 在一般敕书中，中书省三官宣奉行之后，门下省三官署位之前，书写有“奉敕（敕旨）如右，牒到奉行”及年月日的部分。这是门下省在对敕书执行“署而颁之”职能时奉敕而牒尚书省的体现，也是文书颁下过程中不同环节被连接在一起的政务流程的体现。至于制书，文书中着重体现的是门下省承担的覆奏职能，并不体现门下省和尚书省之间的政务流程，故其文书用语“奉制书如右，请付外施行”不同于敕书。参见中村裕一《唐代制敕研究》，第 38 页及第 44 页注释 4；刘后滨《唐代中书门下体制研究——公文形态·政务运行与制度变迁》，第 103—106 页。

以区别。这一看法应该是学界的通识，① 也体现了敕牒作为王言之一，与其他敕书的并列关系。尽管两者在处理政务内容和重要性上会存在不同。②

　　然而，王孙盈政《唐代"敕牒"考》一文指出，有史料表明，敕牒中的"敕"，可以是敕旨、发日敕（或制书）、论事敕书（手诏）等具体制敕类王言或单独发布的皇命。在这里，她将敕牒之"敕"具象化为一般制敕文书：此时，敕牒中"奉敕：云云"的"敕"，是《唐六典》中提及的除敕牒外的另外六种王言之一。只有在"单独发布的皇命"的情况下，敕牒才成为与其他六种王言并列的一种独立的诏令，其含义如前引刘说。

　　作者的上述看法，最终指向敕牒与其他王言的关系，即敕牒在七种王言中级别最低，故当它和其他王言配合行下时，是奉其他王言而牒。对于这一问题，先就其所引史料略做说明。

　　将敕牒之"敕"具象化为一般制敕文书，王孙盈政的直接依据是两件唐后期的中书门下敕牒在某些文献中被记载为敕旨：其一是开成二年（837）中书门下奉敕批准国子监将《新加九经字样》附于《五经字样》之末的敕牒（"中书门下牒国子监"，附见《开成石经》碑末），在《唐会要》《册府元龟》中被明确记载为"敕旨"；其二是《元稹集》中收录的元和四年（809）《弹奏剑南东川节度使状》后所附批示敕牒（"中书门下牒御史台"），在《册府元龟》中同样被记载为"敕旨"。作者认为，这两次均是敕牒配合敕旨行下，且两者内容相同，所以才会出现文书形态不同的记载。她还强调，如果敕牒是奉其他王言而牒，则该敕牒与相应王

---

① 王孙盈政在《唐代"敕牒"考》（《中国史研究》2013 年第 1 期）文中指出，敕牒即奉敕而牒的公文形式，这一点为史学界所熟知。敕牒所奉敕命的含义，只有刘后滨进行过总结。从中村裕一、罗祎楠等人的表述来看，他们应该持有同样观点：敕牒所奉敕命不是发日敕、敕旨或论事敕书，更不是制类王言。

② 刘后滨：《唐代中书门下体制研究——公文形态·政务运行与制度变迁》，第 349—350 页。

言处理的就是同一件事，没有大小轻重之分。

　　然而，将《新加九经字样》附于《五经字样》之末，事体不大，用敕牒处理足矣。造成《唐会要》等书出现将敕牒记载为"敕旨"的原因，其实源于"敕旨"概念在唐后期被泛化使用的现象。对此，中村裕一、刘后滨已有说明。[①] 退一步讲，如果当时确实存在以敕旨和敕牒同时处分此事的情况，[②] 为何在石经刊刻时，主事者仅选择敕牒，而不选择所谓代表国家意志、真正意义上的敕旨王言呢？对此，可参见下文所引贞元五年（789）敕旨。承受敕旨的超悟法师同时还收到了敕牒，但他只保留了前者。

　　至于元稹奏状所涉问题及人员的处理，确如作者所说此案绝非细事，如果敕旨处理的事务比敕牒重要，此事应该使用敕旨答复，而非敕牒。在比较了《元稹集》所附敕牒和《册府元龟》所引敕旨后，她认为后者只节略记录了处罚内容，但这并不影响其公文形式。朝廷应用了敕旨和敕牒两种公文，发布对同一件弹劾案的处理。故得出如上结论。

　　但作者的前提——在以敕旨和敕牒同时处分某事时，两者仅文书形态不同，内容应该基本一致——其实受了其他史料的误导（详见下节）。另外，开成二年敕语仅为"宜依"，比较简单，不足以说明上述问题，而元和四年敕旨与敕牒的处分，其实内容存在差异。前者表述中的"田宅、奴婢却还本主。其已货卖，亦赎令还。税外所征配并禁断"，其实与敕牒表述的"所没庄宅奴婢，一物已上，并委观察使据元没数，一一分付本主。纵有已货卖破除者，亦收赎却还。其加征钱、米、草等，亦委观察使严加禁断"有差异，仅用节略记录来解释是不充分的。

① 中村裕一：《唐代制敕研究》，第461—462页；刘后滨：《唐代中书门下体制研究——公文形态·政务运行与制度变迁》，第332—333页。

② 王孙盈政认为，开成二年，文宗将此命令以敕旨形式下达，中书门下是奉敕旨而牒国子监。而且，文宗的批示是同时发给中书门下和中书省的，因此中书门下所奉"敕旨"，只是具有敕旨的性质，而代表国家意志、真正意义上的敕旨王言，要经过中书、门下两省官署名，并由尚书省行下施行，才具有法律效应。见氏著《唐代"敕牒"考》，《中国史研究》2013年第1期。

更何况，如果考虑到对涉案人员的处理（敕旨中的"其见任刺史各罚两月俸料，仍书下考"与敕牒处分的"判官崔廷等，名叨参佐，非道容身。刺史柳蒙等，任窃藩条，无心守职。成此弊政，害及平人，抚事论情，岂宜免戾？但以罪非首坐，法合会恩，亦以恩后加征，又已去官停职，俾从宽宥，重此典常。其恩后加征草，及柳蒙、陶锽、李岱、张平、邵膺、陈当、刘文翼等，宜各罚两月俸料，仍书下考，余并释放"），①其实皆非御史台职掌。因此，一个合适的推测是，朝廷用以罚俸料、书下考的处分是敕旨，应直接交付度支使和尚书考功，②而不必由御史台转牒。只是由于此事是由出使的监察御史元稹上奏，故中书门下另以敕牒将相应处分告知御史台，并对为何敕旨仅将处罚对象限定在现任刺史的范围做了解释。这样的解释或许并不出现在敕旨中。这也意味着，虽然朝廷同时以敕旨和敕牒处分同一事件，但其文字表述及适用对象仍可能有差异。

类似的情况，亦见于王孙盈政用以举证存在奉发日敕（或制书）而牒的敕牒相关史料中。会昌二年（842）回鹘大特勤嗢没斯率众内附，武宗封其为怀化郡王。③稍后，宰相李德裕等主张"赐其军号，实壮边声"，故建议"翰林赐敕书，宣示嗢没斯下归义军将士等。其嗢没斯望且令兼充归义军使。如蒙允许，便添入加工部尚书制宣行，仍与中书门上（下）敕牒"。④所谓的"加工部尚书制"，实为敕书，其敕词部分亦见于李德裕文集，⑤但文集中省去了最后的处分之语"可检校工部尚书兼

①　王钦若等编《宋本册府元龟》卷六五八《奉使部·举劾》，中华书局，1989，第 2225 页；吴伟斌辑佚编年笺注《新编元稹集》第 3 册，三秦出版社，2015，第 1375 页。

②　考课属考功司自不待言。唐后期内外官俸料多由度支使负责，参见《唐会要》卷九一《内外官俸料钱上》，元和十五年（820）六月敕，上海古籍出版社，2006，第 1975 页。此外，恕不备录。

③　宋敏求编《唐大诏令集》卷一二八《嗢没斯怀化郡王制》，会昌二年五月，中华书局，1959，第 691 页。

④　李德裕：《李卫公会昌一品集》卷一三《论嗢没斯下将士二千六百一十八人赐号状》，中华书局，1985，第 107—108 页。

⑤　李德裕：《李卫公会昌一品集》卷八《授嗢没斯检校工部尚书兼归义军使制》，第 59 页。

金吾卫大将军同正员充归义军使怀化郡王"。① 作者认为此文以"敕"字开篇，文书样式属于发日敕。故所与中书门下敕牒，所奉之敕即为此发日敕。

　　这里涉及的是唐宋之际的告敕并行制度。作者先引《新五代史·刘岳传》"故事，吏部文武官告身，皆输朱胶纸轴钱然后给，其品高者则赐之，贫者不能输钱，往往但得敕牒而无告身。五代之乱，因以为常，官卑者无复给告身，中书但录其制辞，编为敕甲"为据，② 认为在唐代敕牒和告身同时行下已成为定制。只是由于某种原因，部分官员没有得到告身。授官敕书可以是发日敕或敕旨，故唐代大部分官员所授任官敕牒是奉发日敕或敕旨而牒。继而引后唐天成四年（929）诏"朝廷每有将相恩命，准往例，诸道节度使带平章事，兼侍中、中书令，并列衔于敕牒后，侧书

① 宋敏求编《唐大诏令集》卷一二八《嗢没斯归义军使制》，会昌二年六月，第 691 页。
② 《新五代史》卷五五，中华书局，2015，第 714 页。刘岳任职吏部侍郎及建议百官告身"一切赐之"的时间均不详，应在明宗前期。《宋本册府元龟》卷六三二《铨选部·条制四》载，天成元年七月，"枢密使宣旨，使府判官、州县官告敕，此后宜据道数进纳，仍令祗候宣赐者。中书奏：'往例，朝廷命官，除将相外，并不赐官告。因伪朝条流，凡准宣授官，即特恩赐。今使府判官皆许本道奏请，或闻多在京师，至于令录，悉是放敕后，本官自于吏部出给告赤（敕），中书不更（便）管系。今若为点检所授官吏器能，欲令亲承圣泽，臣等商量，自两使判官、州县令录在京除授者，即望令于内殿谢官，便辞赴任，不更进纳官告。其判司、主簿已下，极是卑秩，不合更许朝对，敕下后，望准旧例处分。'从之"（第 2044 页）。"赤（敕）""更（便）"，据《五代会要》卷一四《吏部》改，第 234 页。参见《旧五代史》卷三六《唐书·明宗纪二》，天成元年七月甲戌条，中华书局，2016，第 574 页。《五代会要》同卷又载，天成四年十一月敕："今后应是官告，除准宣破外，其陈乞除官，并追封、追赠、叙封、进封官告，及举人冬集绫纸、罗襈轴、锦袋等，宜令并与官破，仍勒各随色样、尺寸，如法装修，疾速书写，印署进纳。"（第 235 页）稍后，清泰二年七月，御史中丞卢损言："臣等先编联制敕外，有比非故实，不便于时条件：准天成元年七月及四年十一月敕，应中外官除授，不计品秩，一例宣赐告身。请依旧制合赐外，各令自出绫纸。又天成元年七月敕，除授、旨授令录，皆令内殿辞谢。臣等以令录卑微，不可内庭展谢，请依旧制正衙辞谢。……"诏曰："令录之任，总六曹之纠辖，系百里之惨舒，惠养吾民，可以亲承顾问，内殿辞谢，可如旧制。……诸色官告、举人春关冬集绫纸、闻喜关宴所赐钱，并仍旧官给，余从之。"王钦若等编《宋本册府元龟》卷六三三《铨选部·条制五》，第 2053—2054 页。参见《旧五代史》卷四七《唐书·末帝纪》，清泰二年七月丙申条，第 745—746 页。据此可见，刘岳的建议与天成四年十一月敕关系最为密切。

'使'字。今两浙节度使钱镠是元帅、尚父，与使相名殊，承前列衔，久未改正。湖南节度使马殷，先兼中书令之时，理宜齿于相位，今守太师、尚书令，是南省官资，不合列署敕尾。今后每署将相敕牒，宜落下钱镠、马殷官位，仍永为常式"，① 指出后唐"将相恩命"即制书授官，此时奉制书授官的敕牒，与奉发日敕或敕旨授官的敕牒不同，除真正行使宰相职权的宰相外，诸使相亦需列衔。唐制可参考前者而定。

　　然而，上述结论中存在如下问题。

　　（1）唐前期发日敕等敕类文书虽然可用于授六品以下官，但适用范围只是六品以下官中相对特殊的一部分，如尚书郎官和监察御史等。当时官员的主体应是旨授官，即适用奏抄授官告身者。② 唐后期敕授官虽然因诸道奏官增多而有扩大趋势，但在相当长的时间内应该并未涵盖大部分官员。③ 因此，《新五代史·刘岳传》所提及的情况，虽然针对的是"吏部文武官告身，皆输朱胶纸轴钱然后给"，即包括所有从吏部获取告身的官员，但从"官卑者无复给告身，中书但录其制辞"来看，刘岳的建议仅限于制敕授官（即前注所及"宣授官""除授官"），并不包括由吏部注拟，给予奏授告身的那些中低级官吏（即前注所及"旨授官"）。至于这

①　《旧五代史》卷一四九《职官志》，第 2316 页。参见同书卷四〇《唐书·明宗纪六》，天成四年八月辛酉条，第 634 页。

②　中村裕一：《唐代制敕研究》，第 385—403 页。刘后滨：《唐代中书门下体制研究——公文形态·政务运行与制度变迁》，第 94—95 页；《唐宋间选官文书及其裁决机制的变化》，《历史研究》2008 年第 3 期。在后一篇文章中，刘后滨还特意强调，唐代敕牒只是作为选官程序中配合其他制敕文书行用的一个环节，而非告身所依托的"王言"。

③　《宋本册府元龟》卷六三一《铨选部·条制三》载，宝历二年（826）十二月，吏部奏："吏部每年集人，及定留放，至于注拟，皆约阙员。近者入仕岁增，员阙日少，实由诸道州府所奏悉行，致令选司士子无阙，贫弱者冻馁滋甚，留滞者喧诉益繁。至有待选十余年，裹粮千余里，累驳之后，方敢望官。注拟之时，别遇敕授，私惠行于外府，怨谤归于有司。特望明立节文，令自今已后，诸司诸使天下州府选限内，不得奏六品已下官。"敕旨："依奏。"另外，诸道奏官通常也是指初授，此后仍需通过吏部注拟，渐次迁转。同卷又载，大和元年（827）九月中书门下奏："诸道应奏州县官衔、散试官，及无出身人、幕府迁授致仕官，诸京司奏流外，诸道进奏官等，两畿及诸道奏长马县令、录事参军、簿尉等，两京及诸道州府六品已下官，除初授外，并合是吏部注拟。"第 2035 页。

些人，如果不能筹齐告身钱，应如何获得相应任官凭证，有待于进一步研究。

（2）在同一授官环节中，敕牒在内容上应不同于发日敕或敕旨。告敕并行虽多见于史料（主要是五代以后的资料），但其文书全貌目前仅见于宋熙宁八年（1075）颜文姜封顺德夫人敕授告身及敕牒。① 罗祎楠、张祎均已利用这两件文书做了探讨，② 故不详录文书。据此可知，告身以敕词为中心，而敕牒则涉及加封流程（包括淄州及太常礼院的奏状）。因此，告敕并行并不意味着两者内容相同。当然，这是北宋前期

① 此为碑本文书，首尾完整。石碑今存山东淄博颜文姜祠正殿内东墙，拓片见北京图书馆金石组编《北京图书馆藏中国历代石刻拓本汇编》第 39 册，中州古籍出版社，1997，第 92—93 页。参见《淄博市文物志（初稿）》，《淄博市文物志》编纂组编印，1984，第 79—82 页。除此之外，元丰二年（1079）加封丹州宜川咸宁郡王庙神浑瑊为忠武王，有石碑存世。清人著录时，将诰词（"封忠武王敕"）与敕牒（"中书门下牒"）分开录文，但据笔者所见北京大学图书馆所藏"宋神宗封浑忠武王敕"拓片（编号：A152015），此次加封，仅以中书敕牒和札子颁降，并无单独的敕授告身。所谓"诰词"也是抄自敕牒"奉敕"部分。参见吴炳纂辑《乾隆宜川县志》卷八《艺文志·制敕》，《中国地方志集成·陕西府县志辑》第 45 册，凤凰出版社，2007，第 292—293 页。除了元丰二年敕牒外，康定二年（1041）加封广州南海广利王为洪圣广利王，及皇祐五年（1053）复增崇"以'昭顺'之号"时，敕牒除了包括"及令本处，限敕命到，差官精虔致祭"或"仍令本州差官往彼严洁致祭，及仰制造牌额安挂"之指挥外，还备载诰词。不过，据至和元年广南东路转运使元绛所记，皇祐五年系仁宗"召词臣蔡襄作诰，增王徽名"。此诰词亦见蔡襄《莆阳居士蔡公文集》卷一〇《广南转运使元绛奏南海洪圣广利王獠贼至广州城下官吏等屡祷有应乞加崇显之号奉圣旨特封昭顺王制》，《北京图书馆古籍珍本丛刊》第 86 册，书目文献出版社，1998，第 81 页。蔡襄时任知制诰，故当时应存在与敕牒并行的敕授告身（类似的情况见元丰五年加封梅仙观梅真人为寿春真人时，有七月尚书敕牒与九月告身两份文书，而且告词与敕牒内容相同），只是未被刻入碑中，或刻石已佚。需要注意的是，这种以敕牒颁降（先行颁降）诰词的现象，最终导致北宋后期一度出现神祠加封爵时"降敕、降诰未有定制"的混乱，直至南宋初年重申旧制才得以结束。参见蒋维锬编著《蔡襄年谱》，厦门大学出版社，2000，第 108—109 页；张雨《唐宋尚书省符形态论考》，《中华文史论丛》2023 年第 3 期；林煌达《论宋代祠庙赐额封爵乞请与稽核程序——以安吉县仁济庙为例》，《淡江史学》第 32 期，2020 年；林君宪《"赐额封爵"——论宋代祠神赐封中的"敕牒"与"诰"》，《中正历史学刊》第 23 期，2020 年。

② 罗祎楠：《刘后滨：〈唐代中书门下体制研究——公文形态·政务运行与制度变迁〉》，《中国学术》2005 年第 2 辑，第 287—289 页；张祎：《制诏敕札与北宋的政令颁行》，博士学位论文，北京大学，2009，第 147—157 页。

制度，但从刘岳建议百官皆赐告身的原因"制辞或任其材能，或褒其功行，或申以训诫，而受官者既不给告身，皆不知受命之所以然，非王言所以告诏也"来看，① 敕牒不包含敕（制）书褒任训诫之词，应是唐宋通制。

（3）唐开元十一年（723）中书门下体制建立后，敕牒作为宰相处分文书，皆由全体宰相（包括使相）列衔押字（使相若不在京，则书"使"等以代押字）。此特点已见于当时敕牒文书，亦经中村裕一和刘后滨等揭橥，② 兹不赘。因此在中唐之后的大部分时间里，敕牒押署制度都是固定的，并不存在根据所承制敕的不同，而出现或由中书门下在职宰相署衔，或由在职宰相和使相一起签署的形态差异。这种差异化的区分，只能发生在使相泛滥的晚唐五代及北宋前期。故天成四年诏所提及的"将相恩命"，指的正是需要使相系衔的"大敕"，而非所有的授官敕牒（如前引顺德夫人敕牒便无使相系衔）。张祎对此已有专论，指出大敕系衔应始于唐懿宗之后，③ 并据《丁晋公谈录》对北宋前期"宣制除授"时告敕并行所涉及的文书形态（麻制、敕牒、官告）进行了分析。④ 据此可知，麻制

---

① 《新五代史》卷五五《刘岳传》，第 714 页。

② 中村裕一：《唐代公文书研究》，汲古书院，1996，第 312—337 页；刘后滨：《唐代中书门下体制研究——公文形态·政务运行与制度变迁》，第 342—347 页。可参见下节所引《请广智三藏登坛祠部告牒》及《请超悟法师于化度寺修六菩萨讲制》。

③ 洪迈《容斋随笔·三笔》卷一二《兼中书令》载："侍中、中书令为两省长官，自唐以来，居真宰相之位，而中令在侍中上。肃宗以后，始以处大将……其在京则入政事堂，然不预国事。懿、僖、昭之时，员浸多，率由平章事迁兼侍中，继兼中书令，又迁守中书令，三者均称使相，皆大敕系衔而下书'使'字。五代尤多。国朝创业之初，尚仍旧贯。"卷一五《总持寺唐敕牒》，提及懿宗光启三年（887）十一月中书门下敕牒牒尾"列衔者二十四人"，内正相三人，余皆使相列衔（孔凡礼点校，中华书局，2005，第 570、609 页）。张祎据此指出，直至唐末，使相仍能在各种普通敕牒末尾列衔。"大敕系衔"应在唐懿宗朝之后。

④ 张祎：《制诏敕札与北宋的政令颁行》，第 111—114 页；《关于北宋的"大敕系衔"》，游自勇执行主编《切偲集：首都师范大学历史学院史学沙龙论文集》第 1 辑，第 175—178、185—187、570 页。此外，德宗即位之初，宰相常衮奏贬中书舍人崔祐甫时"徇故事，代署"使相郭子仪、朱泚二人之名以进。待贬敕出，郭、朱二人皆称不知此事，德宗遂以常衮诬枉，将其贬为河南府少尹，与崔祐甫两换其职。张祎据此指出，唐代使相

宣降之后，会"送中书出敕写官告"。① 可见官告院是在中书敕牒出给之后，才据麻词（也包括制词或敕词）制作官告，然后送中书结三省衔。这不仅指向敕牒与官告文字不同，更说明两者在授官政务上处在不同环节，功能各不同。②

行文至此，可以确认，即便在敕牒与制敕王言配合行下的情况中，唐代敕牒之"敕"也并不特指具体文书形态上的敕，而是对皇帝旨意的泛称——中书门下将此旨意以"敕"的名义、"牒"的形式，配合相应制敕王言予以颁布。两者是各自独立的。同时，即便在处理同一事件时，敕牒与制敕王言所涉及政务之间也有大小轻重之别。③ 这体现了中书门下体制确立之后，皇帝和宰相在决策和执行上的一体化趋势，以及两者在国家政

---

已"不预政事"，李焘据宋代《会要》所载使相"唐制皆署敕。五代以来，不预政事"的说法，表述含糊，易生误解。参见《旧唐书》卷一一九《崔祐甫传》，中华书局，1975，第 3439—3440 页；李焘《续资治通鉴长编》卷一七，开宝九年二月庚戌条，中华书局，2004，第 265—264 页。黄承炳虽然注意到了张祎的研究，但却因主张唐后期使相在京时有权署敕（不仅是敕牒，还有敕旨），而误读了《旧唐书·崔祐甫传》，并进而指出李焘的表述是从北宋官修《会要》中摘录而来，反映的是北宋初人的认知，更为准确。因此，他将唐宋间节度使带相衔性质变化的时间点确定为五代初，并指出洪迈的叙事并不准确，但影响很大，由此导致中晚唐节度使所带相衔被"虚衔"化了。参见黄承炳《中晚唐节度使带相衔问题考论》，《历史研究》2022 年第 6 期。需要指出的是，使相"唐制皆署敕"的表述确实含糊，并未准确表达出唐代使相通常是列衔敕牒末尾的含义，而常充代署郭、朱之名，发生在诏敕发布之前的奏请环节，与署敕环节并不相关。因此，本文更倾向于张祎的结论。

① 传为丁谓撰《丁晋公谈录》，朱易安、傅璇琮等主编《全宋笔记》第 1 编第 4 册，大象出版社，2003，第 267 页。

② 张祎在《制诏敕札与北宋的政令颁行》中认为，告敕之中，敕牒更为重要。他的这一判断着眼于文书署位者的身份及其代表的行政职权，即告身虽沿袭唐制，由三省官签押颁授，但在北宋使职差遣体制下，宰臣即便带有三省六部本官衔，也无须在官告上签押。这一工作多由负责具体事务的官吏承担。而敕牒不同，由中书门下所有在职宰相签署（大敕还需使相署衔），具备充分的行政效力。因此，在告敕并行的情况下，当时政务运行的真正依托在于敕牒。不过，考虑到刘岳对告身意义的强调，上述判断未必符合当时士人对告敕政治意涵的主流认同，但解释了宋代以后敕牒逐步成为授官环节主体文书的背景。

③ 当然，我们今天可能既无法指明当时君臣如何拿捏适用文书背后的分寸感，也无法详细感知这种分寸感是否又会因受到其他因素的影响而存在偏差，但敕牒与其他王言配合行用时，两者确实存在功能性分工。

务处理程序上的分工与合作。① 因此，当时也并不可能存在皇帝将批示同时发给中书门下和中书省的情况。后者已经成为中书门下所依托的办事机构。②

## 二　敕旨与敕牒的关系

王孙盈政之所以认为唐代存在奉敕旨而牒的敕牒，与她对《代宗朝赠司空大辨正广智三藏和上表制集》（简称《不空表制集》）中所载乾元元年（758）为批准、施行不空奏请而同时下发的敕牒（由中书门下牒不空，日期：三月十二日，原题《请搜捡天下梵夹修茸翻译制书一首》）、敕旨（敕旨经两省宣行后，由尚书省祠部司以牒文转发，日期：三月十七日，原题《制许搜访梵夹祠部告牒一首》）这两份内容雷同的文书间关系的理解直接相关。在这里，她主要是借助两份文书的签署时间来解读敕牒与其所奉之王言的发布程序问题，即唐代以敕牒和其他王言发布同一皇命，敕牒的行下日期要早于经行三省的其他王言。之后，两类王言经由同一途径送递受文机构或个人，故到达时间是一致的。因此，敕牒可以起到配合其他高级王言的作用。进而，她又分析指出，随着中书门下制度越来越成熟，渐渐取代三省，唐后期制书、发日敕、敕旨等"王言"与敕牒

---

① 李全德详细探讨了唐宋时期政事堂、中书门下在奉行王言的同时，其自身独立处分公事文书形态的演变，并指出在这一过程中，虽然宰相独立处分公文受到的限制越来越多，看上去凸显了君权强化的总趋势，但揆诸政务之实际运行，空头敕（敕牒）、空头省札、白帖子等情况的存在，使得宰相权力运作的空间依然广阔。即使存在具奏取旨、拟状得旨等体现、保障君权的运作方式，君相之间亦难言宾主。见氏著《从堂帖到省札——略论唐宋时期宰相处理政务的文书之演变》，《北京大学学报》2012 年第 2 期。北宋前期皇帝与宰相之间的分工与合作，亦可参见张祎《制诏敕札与北宋的政令颁行》，第 126—138 页。

② 在中书门下建立之后，它与两省之间的关系经历了一系列的冲突和调整。这尤其体现在门下侍郎同平章事为夺取对中书门下的控制权而对中书舍人采取的排斥或拉拢态度。在这个过程中，中书省逐渐过渡成为一个以中书舍人为首的专门负责撰写制敕的办事机构。参见刘后滨《唐代中书门下体制研究——公文形态·政务运行与制度变迁》，第 227—233 页。

配合行下的现象越来越普遍。

张祎基本同意这一推测，但进一步强调，上述敕牒与敕旨的并行，实质上是一种"侵夺""竞争"关系，不太可能长期维持。这与北宋前期的"告敕并行"，即敕牒与告身并行的情况是不一样的。当时敕牒与告身的文书功能、运行程序各不相同，互有得失，无法彻底取代对方，故而"告敕并行"的状态得以长期维系。而唐代敕牒与敕旨之间重合度高，并不存在类似得失互补的关系，随着三省体制向中书门下体制转型的完成，敕牒最终必定取代敕旨，两者并行只是过渡时期的暂时状态而已。①

张祎虽然正确指出了北宋前期"告敕并行"并不意味着敕牒与敕授告身内容相同，但却与王孙盈政一样，受前引内容相同的敕牒、敕旨的影响，认为唐后期敕牒与敕旨之间重合度高，并最终导致前者取代后者。

对此，上一节已经指出，敕牒不包含敕书训诫褒任之词，应是唐宋通制。两者在授官政务中重合度并不高。所以，本节将重点关注唐宋时期国家日常政务运行中导致雷同公文出现的机制及其背后隐藏的制度含义的差异。因为两份内容相同的公文的出现，并不意味着两者功能的重合，而是在既定制度环境下的必然事件。② 比如，同样是在《不空表制集》中，除了上述内容相同的敕牒、敕旨文书之外，还存在如下由同一机构发布的雷同公文，兹引录如下：

（一）中书敕牒 A 及祠部告牒 A'

1. 中书门下牒③

2. 　　请广智三藏登坛祠部告牒一首 中书门下
牒准此

---

① 张祎：《〈唐六典〉"王言之制"选释》，包伟民、刘后滨主编《唐宋历史评论》第 5 辑，第 174—177 页。

② 通常情况下，同一制度环境中，不同或同一政务主体发出内容相同的公文的比例并不高。至于制度失衡导致这一现象泛滥所造成的行政成本高企的可能，不在本文讨论主旨之内，兹从略。

③ 据校勘记，此行镰仓时代京都栂尾高山寺藏本无。

3.　兴善寺三藏大广智不空

4.　　右，保寿寺临坛大德慧彻等奏：伏以三藏

5.　　国师，释门墙堑，四海瞻仰，两京宗承，清净戒

6.　　坛，事资宿德，伏请登坛秉法，为众授戒。

7.　中书门下　牒祠部　牒三藏准此

8.　牒，奉　敕：宜依。牒至准　敕，故　牒。

9.　　大历六年四月三日　牒

10. 中书侍郎平章事元载

11. 门下侍郎平章事王缙

12. 兵部尚书平章事李在使院

13. 司徒兼中书令使

14. 祠部　牒兴善寺

15. 牒，奉　中书门下　敕牒如右，准　敕，右（各）牒所①

16. 由者，故牒。

17.　　大历六年四月九日　　　令史遐延（徒）牒

18.　　　　　　　　　　　　　　主事钊意②

19.　　　　　　　　　　　　　　郎中董晋③

---

① 尚书祠部在转发敕牒时，文书用语通常是"牒，奉中书门下敕牒如右，牒至准敕，故牒"，与此不同。此处改"右"为"各"，参据同书卷一上元元年（760）《智炬寺修功德制书一首　连元师牒》中天下兵马元帅转牒所奉口敕（由开府判行军李辅国奉宣）的结语"牒，奉敕如右，请施行者。录敕各牒所由准敕，事了日停者。故牒"（第829页）。另参大历八年（773）正月郭子仪以牒文转发所奉大历七年十二月敕牒的结语："牒，奉中书门下敕牒如右，请录白施行者。各帖所由准敕。故牒。"载《汾阳王置寺表》碑，录文据李雪梅《公文碑与古代行政程序探析》，《政法论坛》2020年第1期，第124页。

② 颇疑"钊意"即下件文书中的"刘义"。

③ 释圆照集《代宗朝赠司空大辨正广智三藏和上表制集》（以下略作简称）卷二，高楠顺次郎、渡边海旭编《大正新修大藏经》（以下略作《大正藏》）第52册，佛陀教育基金会，1990，第838页。

（二）中书敕牒 B 及祠部转牒 B'

1.　　　　　请超悟法师于化度寺修六菩萨讲制一首

2. 化度寺大菩萨像六躯

3.　右，特进、试鸿胪卿、大兴善寺三藏沙门大广

4.　智不空奏：先奉恩命造前件功德，今请超

5.　悟法师于像前为国讲《大般涅盘经》，冀

6.　陛下崇修，洗生灵耳目，则微诚愿满。

7. 中书门下　牒大广智不空　牒祠部准此

8. 牒，奉　敕：宜依。牒至准　敕，故牒。

9.　大历七年八月二日牒

10. 中书侍郎平章事元载

11. 门下侍郎平章事王缙

12. 兵部尚书平章事李抱玉

13. 司徒兼中书令使

14. 祠部牒大广智不空

15. 牒，奉中书门下　敕牒如右，牒至准　敕，故牒。

16.　大历七年八月四日　　　　令史尚秀牒

17.　　　　　　　　　　　主事刘义

18.　即（郎）中褚长孺①

以上文书，据《不空表制集》拟题，各为一首，但实际上各自包含内容相同的两件文书，分别为中书敕牒及祠部告（转）牒。为区别四件文书，故重新拟名如上。

其中，祠部告牒 A'（一件 3—19 行）即《请广智三藏登坛祠部告

---

① 《不空表制集》卷三，《大正藏》第 52 册，第 841 页。行数号完全依据《大正藏》版式。

牒一首》①，系祠部将所承受的敕牒 A（一件 3—13 行，"中书门下牒祠部"）转发给不空的公文。从其拟名来看，编者将其视为近似于告身的告牒。② 然而

① "祠部告牒"应是当时的通俗表达，其含义并不唯一，亦可指僧道度牒（亦称"祠部牒""祠部"），见法藏 P.3952 号《请准乾元元年（758）敕假授新度僧道罗法光告牒状》、P.4072（3）号《请准乾元元年敕假授新度僧道张嘉礼等度牒状》，《法国国家图书馆藏敦煌西域文献》第 30 册，上海古籍出版社，2003，第 278 页；《法国国家图书馆藏敦煌西域文献》第 31 册，上海古籍出版社，2005，第 84 页。录文见唐耕耦、陆宏基编《敦煌社会经济文献真迹释录》第 4 辑，全国图书馆文献缩微复制中心，1990，第 61—62、60 页。

② 祠部告身见敦煌莫高窟第 17 窟存《洪䛒碑》所刻大中五年（851）敕授洪䛒京城内外临坛大德告身。参见陈祚龙《敦煌写本"洪䛒、悟真等告身"校注》，《敦煌资料考屑》（上），台北：台湾商务印书馆，1979，第 37—49 页；李永宁《敦煌莫高窟碑文录及有关问题（一）》，敦煌文物研究所编《敦煌研究》试刊第 1 期，甘肃人民出版社，1982，第 74—75 页。有的学者之所以将《洪䛒碑》所刻告身（"古雷音当家告身，依本镌石"）称为洪䛒、悟真等告身，是因为敕词（命词）部分有两人之名。但从文书结尾来看，此告身实为洪䛒所获付身文书（A 本），故被刻在《洪䛒碑》，与悟真无关。悟真所获敕授告身（B 本）的敕词，则见于 P.3720 号《悟真文集》，虽与 A 本敕词完全相同，但却源自另一件告身。因此，《敦煌社会经济文献真迹释录》第 4 辑（第 36—37 页）注释引石刻告身（A 本）署位部分以补充 B 本缺失部分的做法，同样存在问题。现存《悟真文集》写本抄录悟真告身（命词部分）、敕牒文书共 5 通，另有《受赐官告文牒诗文序》1 篇及相应诗文若干。其中，悟真大中五年告身的敕词被抄录了两次。在第一次抄录时，题称"弟（第）一件告身"（B 本）。在抄录第二至四通文书后（前两件分别题作"弟二件""弟三件副僧统告身"，均系敕授告身命词；第四件无题，系授河西都僧统敕牒），抄写者又将第一件告身命词重抄一遍，并题作"黄牒"（C 本）。参见《法国国家图书馆藏敦煌西域文献》第 27 册，第 112—114 页。受王孙盈政《唐代"敕牒"考》（《中国史研究》2013 年第 1 期）影响，黄京认为该黄牒是与告身一起下发的发日敕类型（即奉发日敕而牒）的敕牒文书，并非告身。见氏著《唐代的告身文书与敦煌的僧官授予——以〈洪䛒碑〉及 P.3720 文献为中心》，《敦煌研究》2019 年第 2 期。根据洪䛒告身 A 本自名可知，其 B、C 本系悟真所获告身并无问题。当然，此时与敕授告身同时颁行的，确实还有敕牒，如《洪䛒碑》载所载大中五年宣宗论事敕书中两次提及洪䛒、悟真授大德赐紫时，分别称作"兼赐敕牒"（"兼给敕牒"）。唐宋时期"黄牒"虽然通常指敕牒，但亦有例外。而从《悟真文集》"黄牒"所处位置来看，它并非指配合大中五年敕授告身行下的敕牒，而应指告身。因为告身中含有门下省转牒时的用语："奉敕如右，牒到奉行。"（见 A 本）当然还存在另一种可能。此件《悟真文集》抄写质量不高，比如《受赐官告文牒诗文序》就被抄写在第二件、第三件告身之间，而非卷首。考虑到 C 本"黄牒"之前抄录的是第四件文书即咸通十年授悟真河西都僧统敕牒，文前无"自名"。而《受赐官告文牒诗文序》提及悟真"前后重受官告四通"，但实际抄录了 5 件文书。可知，"黄牒"后重抄的 C 本告身原本并不在数内。换言之，"黄牒"可能并非 C 本的题名，而是咸通十年敕牒的"题名"，只不过被抄在了文书结尾。相较而言，后一种可能性更大。

在此件文书之前，仍有"中书门下牒"五字，他本或有删之者。此五字虽不排除系小字题注错简者，但也存在另一种可能，即在当时，除祠部承受中书敕牒外，不空同样承受有另一件内容、日期并无差别的中书敕牒（仅受付对象有别），故编辑者将其（即中书敕牒 A，中书门下牒不空）省去，而以题注的形式予以说明。正文中则以"牒三藏准此"来标示。因此，第 1 行"中书门下牒"或系敕牒 A 删之未尽的部分。此后，因祠部处理所承受中书敕牒需要一定的时间，因此，告牒的颁降日期晚于两件敕牒的签署日期。同时，从其中"准敕，右（各）牒所由者"来看，祠部转发所承受敕牒的对象，应该不止不空一人，还包括与此事相关的保寿寺僧慧彻等人。

《请超悟法师于化度寺修六菩萨讲制一首》的情况与前件文书类似，但有细微的不同：在前件文书中，不空是受邀于保寿寺登坛授戒的大德，因此祠部转牒被编者视为具有告身功能的告牒。但在此件文书中，于化度寺开讲者是超悟法师，而非不空。因此，编者并未使用祠部告牒之名。这显示出编者对这一不同有着清楚的认知。

然而，就《大正藏》所存文本来看，[①] 编者显然已经不清楚转牒与敕牒两件文书之间的关系，并因此做了张冠李戴式的嫁接。在《不空表制集》中，"制"或"制书"除指敕授告身外，[②] 还可以指不空直接承受的中书门下敕牒（如王孙盈政所引《请搜捡天下梵夹修葺翻译制书一首》），或是不空转从祠部牒所承受的敕牒（《请再译仁王经制书一首》）。[③]《请超悟法师于化度寺修六菩萨讲制一首》虽与后者相近，但其中的中书敕牒 B（二件 2—13 行）系不空直接承受的中书门下敕牒，无须祠部转发。此处的祠部转牒 B'，应包含祠部牒（二件 14—18 行）以及其

---

① 《大正藏》的底本是《高丽藏》，而后者的底本是北宋初所修《开宝藏》。参见罗伟国《佛藏与道藏》，上海书店出版社，2014，第 95—98 页。

② 《不空表制集》卷一《拜不空三藏特进试鸿胪卿兼赐号制书一首》，《大正藏》第 52 册，第 832—833 页。

③ 《不空表制集》卷一《请再译仁王经制书一首》，《大正藏》第 52 册，第 831 页。

所转发的与中书敕牒 B 内容相同的另一件敕牒（即二件 7 行 "牒祠部准此" 者）。但在现存文本中，编者显然是将中书敕牒 B 与祠部转牒 B' 中的敕牒混为一谈，而将两件文书错误地嫁接在一起。① 此外，虽然第二件文书中并无 "各牒所由" 的表述，但揆诸情理，超悟法师也应如第一组文书中的不空一样，同时承受相应的中书敕牒及祠部告牒。

无独有偶，佛教文献中误将不同文书进行嫁接的现象，亦见于如下文书中：

> 至十九日，中书门下颁宣制曰：
>
> 醴泉寺西北角本住院一所，请为国置六波罗蜜经院，兼请抽僧七人常令讲习。
>
> 右，沙门超悟奏：伏奉去年四月十九日诏，令与僧般若等详译此经。又续奉进止，于千福寺讲赞，兼修义疏。今已缮写奉进讫。伏以经义精深，必资开示，学徒听习，须有指归。今请置六波罗蜜经院，仍抽有义行僧七人，常令讲诵，有阙续填，乞赐名额。庶得弘宣睿旨，演畅真宗。如圣恩允许，请宣付所司。
>
> 敕旨：依奏。
>
> 贞元五年七月十九日
>
> 太尉兼中书令臣晟宣
>
> 中书侍郎同平章事臣窦参奉
>
> 中书舍人
>
> 奉
>
> 敕旨如右，牒到奉行。

---

① 二件 7 行中，"牒大广智不空" 如果与 "牒祠部" 位置互乙，也能解决文书混搭的问题。但这意味着 "牒大广智不空" 系编者之言。不过，从一件 7 行 "牒三藏准此" 来看，编者并不会直呼不空之号，而敬称作 "三藏"。因此可知，"牒大广智不空" 应系文书原文，与 "牒祠部" 位置互乙的可能性极低。另外，笔者倾向认为圆照在编辑《不空表制集》时，应是一一抄录了不空所保存的所有公文。今本《不空表制集》应是后来者（或系《大正藏》的编辑者）在初编本基础上逐步改编的结果，因此出现了错误。

贞元五年七月二十日

司徒兼侍中马燧

门下侍郎同平章事董晋

给事中郑云逵

祠部　牒醴泉寺大德超悟法师

牒，奉中书门下敕如右，牒至准敕，故牒。

贞元五年七月二十八日　令史赵业牒

　　　　　　　　　主事张昙

　　　　　　　　　主客员外郎判裴佶①

　　据此，敕旨于贞元五年七月二十日才从两省降出，但在叙事时，却被称为"至十九日，中书门下颁宣制"。考虑到前引《不空表制集》的例子，可推测，"中书门下颁宣制"指的是超悟先于七月十九日获得了与后来敕旨内容相同的敕牒文书。不过，在进行叙事时，超悟虽然在时间点上选择了更早的敕牒颁降日期，但在文书上，却有倾向地选择了保留形制更为正式的敕旨，而非敕牒。与此同时，现存文本中也出现了文书用语误植的问题。通常，祠部在转牒敕旨时，用语往往是"牒，奉敕如右"云云，但在上件文书中，却是"奉中书门下敕"，显然是编者将祠部转牒中书敕牒时的用语"奉中书门下敕牒"与转牒敕旨时的用语相混而致误。

　　由此可见，内容相同的两件（种）及以上公文，虽然在当时公文总量中占比不高，但也并非小概率事件，而是在"各牒所由"制度实践下的必然产物。此时，即便是同一受付对象所承受的雷同公文，恐怕也应从其受文对象及处理程序的不同中去解读其制度内涵，而不是简单地认为两者高度重合，并进而得出两种公文无法共存而出现相互取代的

---

①　释圆照集《大唐贞元续开元释教录》卷中，"大乘理趣六波罗蜜多经疏十卷"条，《大正藏》第55册，第763页。原文未保留文书格式，移录时参照敕旨、祠部转牒等文书酌定。

结论。

综上可知，面对乾元元年不空所受内容相同的敕牒与敕旨文书，王孙盈政和张祎的解读均忽视了两者功能的不同。敕牒系中书门下将肃宗针对不空奏状的批示以敕牒的形式颁降其本人的文书（本质上属于皇帝批答的一种，针对的是不空个人）。由于不空奏状有"天恩允许，请宣付所司"之语，故敕旨是不空上述要求的直接产物（文书的受付对象是省司）。只不过祠部又将搜访梵夹一事转牒承办者即不空而已（编者在此同样使用了"告牒"一词）。① 总之，即便文字相同，唐代敕牒和敕旨两种文书之间配合时并不矛盾，表达出不同的政治意涵，自然也不会因为特殊情况下存在的所谓"侵夺""竞争"关系而无法长期维系两者并行的模式。欲揭示敕旨（也包括其他敕类文书）的消失及其原因，还有待进一步研究唐宋之际公文体系的变化。目前而言，不再行用敕旨，更多情况下应发生在依托三省运行的敕类文书的内部消长之中。尽管这一过程直接受到中书门下体制的影响，但绝非源于敕牒与敕旨之间所谓的"侵夺"或"竞争"关系。②

---

① 针对王孙盈政《唐代"敕牒"考》（《中国史研究》2013 年第 1 期）所举例，刘后滨虽然指出《册府元龟》卷六五八与《元稹集》所载敕旨与敕牒，以及乾元元年不空所受敕牒与敕旨，均为针对同一事件的不同政务文书，但未做进一步的解释。见氏著《文书、信息与权力：唐代中枢政务运行机制研究反思》，包伟民、刘后滨主编《唐宋历史评论》第 3 辑，社会科学文献出版社，2017，第 269、283—285 页。

② 目前可以知道的是，确实有部分政务，如进士出身文书，在唐后期仍适用敕旨，但至迟到北宋前期已经改由敕牒承担。显然这种取代并非源于两者的"侵夺""竞争"关系，而是由于皇帝和宰相之间分工机制的调整变化。唐元和十五年二月，睦州（后改严州）分水人施肩吾所得及第文书（明人称之为"及第告身"）即为敕旨，但北宋此类"举人出身"文书已改为敕牒，如仁宗景祐五年（1038）刘煜进士登第时所得同学究出身文书。参见杨守仁等《（万历）严州府志》卷一九《遗事》，《日本藏中国罕见地方志丛刊》第 4 册，书目文献出版社，1990，第 411 页；徐松辑《宋会要辑稿》职官三之一，引《两朝国史志》，上海古籍出版社，2014，第 3023 页；刘埙《水云村泯稿》卷一一《屯田员外郎刘公敕黄后跋》，明天启刊本，杨讷编《元史研究资料汇编》第 6 册，中华书局，2014，第 346—347 页。

## 三　敕牒是王言吗？

王孙盈政对唐代敕牒与敕旨关系的梳理，源于宋史学者对唐后期政务运行体制是否为中书门下体制的质疑。[①] 因此，她特别强调如下变化：唐后期越来越多的皇命以敕牒和其他王言两种形式共同发布，以及敕牒越发具有尚书省转发制敕的符牒的功能。前者是对刘后滨《唐代中书门下体制研究——公文形态·政务运行与制度变迁》一书所引敕牒材料的扩充；后者则立足于深化认识唐后期尚书都省作用的基础上，对这一阶段宰相制度变迁的脉络予以重新解释。[②] 这是该文的贡献，当然其中也存在值得商

---

[①] 刘后滨据唐后期敕旨文书（《大唐贞元续开元释教录》卷中所载建中二年敕旨，《大正藏》第 55 册，第 762 页）指出，与唐前期"凡制、敕施行，京师诸司有符、移、关、牒下诸州者，必由于都省以遣之"（李林甫等：《唐六典》卷一《尚书都省》，第 11 页）不同，此时发向寺院的敕旨不再经过尚书都省，而由省司直牒寺院。他认为这一特点说明尚书都省失去了最高行政机关的地位，省司成为中书门下具体的承办部门，因此体现出中书门下体制的特点。罗祎楠指出唐后期敕类王言中并不存在宋代敕类王言中具有关键意义的部门（流内铨、官告院等），因此前者成立的基础是三省官署位，所以它的发放只需要具体部门完成即可，而后者成立的决定因素并非三省官。以北宋敕授告身（原文称之为敕旨文书，今不取）为例，中书门下在其中起到关键作用，包括敕书经中书向门下省及尚书都省颁降过程，以及"送中书结三省衔"的实践。此外，他还指出，从刘书所引资料看，唐代敕牒并不具备和宋代那样与敕旨合并下发的特点（即告敕并行），而且它主要处理的是皇帝签署的"宜依"批示（不需要拟出敕旨），因此中书门下在其中作用很小，更多只是作为敕牒的发放机构。相反，宋代敕牒效力则大得多，不仅会将敕旨内容简短列出，甚至会加入中书门下的一些处理意见。因此，从敕旨和敕牒成立过程来看，唐后期虽然也存在中书门下的办事机构，但这些机构并没有被作为签署文书的机构。王言文书仍依托三省官的签署。故唐代中书门下，更多表现为三省制的延续或三省制的一种变态形式，而不是中书门下制的一种具有"奠定意义"的来源。见氏著《刘后滨：〈唐代中书门下体制研究——公文形态·政务运行与制度变迁〉》，《中国学术》2005 年第 2 辑。王孙盈政已指出罗文的不足，兹不具。

[②] 王孙盈政指出，懿宗朝以前，在名义上，都省——尚书省曹司仍为王言经行的最主要通道。此外，除制敕外的部分公文仍经都省发遣，并由都省行使年度勾检权。那么，都省的权力如何被中书门下取代？她指出，当敕牒与高级别王言并行时，等于高级王言经过中书门下的勾检，并由中书门下以牒式转发。在这种情况下，中书门下在非敕牒类王言行下过程中的职能，在一定程度上相当于都省及其下曹司，敕牒起到了省符转发王言的作用。见氏著《唐代"敕牒"考》，《中国史研究》2013 年第 1 期。

権之处，已见前节。由于唐后期包括王言类在内的公文书体系如何向北宋文书制度转变，仍需要更为细致的研究，也超出了本文的主旨，所以本节重点关注敕牒的特性。

在总结唐宋制度不同时，王孙盈政还指出，唐后期敕牒和其他王言配合行下时，敕牒发布的内容依然经过三省，反映的是国家的意志。即使是单独发布皇命的敕牒处理的事务，亦非由宰相独立裁决。这与北宋前期中书门下已经完全成为敕牒形成的主体，有所不同。

可见，她在响应宋史学者质疑的同时，也接受了他们的部分判断，即到了北宋前期，中书敕牒已经退出王言类文书范畴，转而与中书札子一起，成为宰相处分日常政务的主要文书形式。这一看法主要来自张祎的研究。在其博士学位论文中，张祎从文书形态和文书体系两个层面分析了中书敕牒（札子）与敕旨（以及其他诏令类型的文书）的区别。

从文书形态而言，区别有三。（1）敕牒的措辞"牒奉敕：宜依"与札子的措辞"牒奉圣旨：依奏"中的"奉"字均表明文书的颁行者与"敕"或"圣旨"的宣谕者之间存在身份等第的差别。而敕旨的措辞"敕旨：宜依"则不存在上述层次区分。（2）敕牒与札子用"中书门下之印"并由宰相签押，显示其属性为宰相机构所用文书，而非诏令或"王言"。（3）在唐代七类王言之中，只有敕牒末尾采取中书门下体制的署位方式，且宰相列衔顺序"以后列为重"（由低至高），其余皆为三省官署位，且本省官员基本按照职位高低依次列衔。

从文书体系而言，作者详细比对了宋代有关"命令之体"表述的多种记载，指出这些记载都无意对敕牒与札子做正面界定与介绍：札子从未被提到；敕牒只在介绍诰命时附带提及一次。这种表达方式明显透露出在宋人心目中敕牒（札子）与诏令（王言）文书之间的某种疏离。尽管在当时，敕牒通常也和诏令文书一样简称为"敕"。

基于上述认识，张祎还试图揭示敕牒被《唐六典》编纂者列入"王言之制"的原因。他认为这种记载方式可能与《唐六典》编成于中书门下建立之后不久有关，编辑者只是为了凑数，才将敕牒列入王言加以概述。①

近来，他又撰写《〈唐六典〉"王言之制"选释》一文，详细阐述了《唐六典》"王言之制有七"反映出的是体制转型特殊时期诏令制度架构的看法。② 不过，需要注意的是，作者关注敕牒与敕旨关系的前提，依然是与其他王言文书运行机制明显不同的敕牒为何会被《唐六典》纳入"王言之制"中。而且，从其解释来看，他也并不排斥罗祎楠的有关看法：唐后期是三省制的变态，而非中书门下体制的奠定。所以，他的结论一方面围绕中书门下与原有三省制的联系展开，另一方面继续强调《唐六典》编辑时间点的特殊性。

在作者看来，面对当时多种制敕文书并存的状态，《唐六典》编纂者从他们关于诏令制度架构的理解出发，对各种文书的适用范围、运作程序做了尽可能清晰的界定和总结，期待避免侵紊和淆乱，从而形成了相应的论述。其中，敕牒与敕旨的功能也有着明显区分，可以相互补充。不过，当时政务运行的实际情况，恐怕并不如此条理分明。而且，制度在时间长河中的发展变化，更不会受制于理念设计与纸面规定的条条框框。因此，他根据王孙盈政的研究，得出了唐后期敕牒与敕旨重合度高的结论。关于此，已见前节。

作者更指出，将《唐六典》"王言之制"的描述视作不同类别文书杂糅的看法，是一种透过宋代诏令制度的回溯视角。③ 如果回到《唐六典》纂修之时，中书门下刚刚建立，处于刚在两省内部孕育成形、尚未脱胎独

① 张祎：《制诏敕札与北宋的政令颁行》，第 125—126、14—19、155 页。
② 张祎：《〈唐六典〉"王言之制"选释》，包伟民、刘后滨主编《唐宋历史评论》第 5 辑，第 161—186 页。
③ 根据作者的概述，唐宋之际，除慰劳制书、敕旨走向消亡以外，经过中书门下体制及内外制区分的发展，册书、制书、发日敕、论事敕书最终都归属于学士院职掌的内制文书，以皇帝的名义发布，文末不再有任何官员的署名；这与敕牒作为中书门下指挥政务的牒文，由正副宰相签署颁发，体式上判然有别。《唐六典》所概括的"王言"，其余绪在宋代已分化为不同性质的文书种类。册书、制书等仍属于诏令，而敕牒通常只被视作"有司所行"的公文书了。

立的阶段，自然没有人能够预见这是一种全新体制的萌芽。因此，编纂者只可能在原有三省制度的框架下来认识敕牒这样一种新兴文书形式。在他们看来，敕牒与其他六种"王言"同属于"承旨宣用"，[①] 程序上从中书、门下两省系统行出，文末都有两省部分或全体官员的列衔署名，将其视作同样性质的文书种类，并没有明显不协调。只是随着中枢体制、中央官制的演变，制书等归于翰林学士职掌，敕牒则由中书门下使用，两者的性质差异才越来越凸显。

应该说，回到唐人视角是《〈唐六典〉"王言之制"选释》一文的贡献，但在细审之下，作者似仍未完全摆脱宋人视角，因此才会出现"《唐六典》时代，中书门下制度开始形成，敕牒跻身'王言'之一"的表述。此外，在一些概念的界定上，该文也存在需要重新厘清之处。

首先，"跻身"一语，张祎未做解释。推测或是与《旧唐书·姚崇传》所提及政事堂牒未被视为"王言"有关。[②] 但值得注意的是，有关敕牒的前身形态，目前并没有资料可以说明。如果开元十一年之前绝对不存在用以转发皇帝旨意的政事堂牒，换言之，敕牒的出现只能视作中书门下

---

[①] 在这里，作者是借助《唐律疏议》"制、敕之义，轻重不殊。其奏抄御亲画闻，制则承旨宣用，御画不轻承旨，理与制书义同"的解释来阐释敕旨和敕牒的"承旨"，即"文书所承载的命令得到皇帝的首肯或授权，但文书外在形式上——甚至整个运行程序中，并没有皇帝书面批示、认定的环节或标记"。因此两者具有共性。与之对比，御画奏抄上虽然有"御画"，但皇帝的批示直接降付尚书省，并不经由两省出令程序，其间差别更为突出。《唐六典》将奏抄归入"凡下之通于上，其制有六"中（卷八《门下省》，第241—242页），也在情理之中。

[②] 开元四年（716）山东州县发生蝗灾，如何应对，玄宗左右为难。紫微令（中书令）姚崇提出"陛下好生恶杀，此事请不烦出敕，乞容臣出牒处分。若除不得，臣在身官爵，并请削除"，并获得许可。此前，面对拒绝配合御史杀蝗，而向皇帝上奏建议"蝗是天灾，自宜修德"的汴州刺史倪若水，姚崇下牒对其进行责让，以迫使他采取灭蝗之法。参见《旧唐书》卷九六《姚崇传》，第3024页。刘后滨认为，姚崇以中书令的身份牒汴州刺史进行灭蝗，正是中书省及政事堂政务裁决权的实际体现。这样的文书是以政事堂而不是中书省的名义发布的，是政事堂牒而不是中书省牒，其印就是政事堂印。因为其中不包含皇帝旨意，所以他又预测，这种政事堂牒是唐后期宰相处分文书堂帖的滥觞，而非敕牒。见氏著《唐代中书门下体制研究——公文形态·政务运行与制度变迁》，第173、176、302页。

建立之后出现的前所未有的新王言文书，那么"跻身"一语则无从谈起。假定在开元十一年之前存在某种用以转发皇帝旨意的政事堂牒，其形态不同于一般的宰相处分文书，那么，只有在确认当时人并不将其视为与制敕相同的"王言"的前提下，才能得出敕牒在《唐六典》中"跻身"王言之列，是中书门下建立的影响。显然，目前并没有可用以验证上述猜测的文献记载。因此，笔者更倾向于这一表述的出现，与作者潜意识里认为敕牒在北宋前期已非"王言"的判断有关。

其次，关于北宋敕牒的文书属性，张祎引乾德二年（964）赵普拜相"无宰相署敕"之事为例来说明敕牒已成为"有司所行"的公文书。此外，他还引用欧阳修"止见中书门下牒，便呼为敕"等例，来说明宋人将敕牒简称为"敕"。[①] 先看后例。欧阳修话语里虽然也隐含中书门下敕牒不应被视为敕的判断，但他的这一判断重在强调唐代制敕得由三省宣行："唐之制敕之文，今不复见，盖官失其职久矣"，本朝"惟告身之制仪存焉"，故"见大中时敕，乃知平章事非署敕之官"。[②] 从某种意义上说，上述判断属于宋人所特有的价值判断视角，不足深论。[③] 因此，重点来看前例。《续资治通鉴长编》载：

> 宰相范质、王溥、魏仁浦等再表求退……皆罢政事。……以枢密使赵普为门下侍郎、平章事、集贤院大学士，宣徽北院使、判三司上党李崇矩为检校太尉、充枢密使。上（宋太祖）既除普及崇矩，乃无宰相署敕，上时在资福殿，普因入奏其事，上曰："卿但进敕，朕为卿署字，可乎？"普曰："此有司所行，非帝王事也。"乃使问翰林学士讲求故实。……窦仪曰："……今皇弟开封尹、同平章事，即宰

① 张祎：《〈唐六典〉"王言之制"选释》，包伟民、刘后滨主编《唐宋历史评论》第 5 辑，第 185 页；《制诏敕札与北宋的政令颁行》，第 111 页。

② 欧阳修：《集古录跋尾》卷九《唐濠州劝民栽桑敕一》《唐濠州劝民栽桑敕二》，李之亮笺注《欧阳修集编年笺注》卷一四三，巴蜀书社，2007，第 7 册，第 548 页。

③ 如前所述，唐后期人们就已将敕牒称为"制"，虽有拔高之嫌，但可见当时人并不否认其"王言"属性。

相之任也。"上从仪言。①

此事亦被学者引用来说明北宋中书事权中的宰相副署并发布制敕权。② 但正如张祎指出的，这里的"敕"是与官告一起颁降的敕牒，③ 并非宰相在皇帝颁布的制敕上进行副署之制。敕牒需宰相签押，故太祖想在其上"署字"以行敕，自然不可。这是由文书形态所决定的。因此赵普才说"此有司所行，非帝王事也"。但是否可以据此认为敕牒此时已非"王言"，笔者另有看法。

如前所述，张祎举敕牒与敕旨措辞的不同来说明两种文书所暗含的颁行者与宣谕者之间的身份差异。若从皇帝旨意宣行的完整程序来看，这一解读存在问题。比如，他在利用《唐律疏议》"制则承旨宣用"来解释"承旨"含义时，还特意强调，这里的"制"特指制书从中书、门下两省行出，降到尚书省的状态。这时的制书上已经没有皇帝御画"可"的痕迹，相应位置已由侍中改注为"制可"。④ 他在这里强调的是敕旨与敕牒所承载的命令，在形式上并没有皇帝书面批示等特点。这一点与"承旨宣用"后的制书是一致的。

如果顺着这一思路，可以看到，虽然敕旨在"敕旨：宜依"的措辞中不包含"奉"字，但当它来到门下省"署而颁之"环节时，文书中同样会出现"奉"字（参见前引吐鲁番文书贞观二十二年敕旨等）。不仅如此，制书在门下省覆奏环节，也会出现"奉制书如右，请付外施行"的

---

① 李焘：《续资治通鉴长编》卷五，乾德二年正月戊子、庚寅条，第118—119页。

② 张其凡：《三司·台谏·中书事权——宋初中书事权再探》，《暨南学报》1987年第3期，收入氏著《番禺集（宋代历史文化探研集）》，广东人民出版社，2017，第36页。

③ 徐松辑《宋会要辑稿》职官一之六八，"太祖乾德二年正月，以赵普为宰相。制既下，时范质等已罢，纶诰将出，无宰相书敕，太祖令问翰林学士讲求故事"（第2974页）。

④ 张祎：《〈唐六典〉"王言之制"选释》，包伟民、刘后滨主编《唐宋历史评论》第5辑，第172页。

固定用语。① 这就意味着经两省官宣行付外的制敕，与经由中书门下宰相签押付外施行的敕牒，其中的宣谕者和颁行者在身份上均无明显差异。换言之，赵普所谓"有司所行"指的是敕牒签押阶段，就其实质而言，与制敕宣行阶段的两省官署位并无不同。

试想，如果宋太祖不是想要在敕牒上"署字"，而是要在授官制敕的"结三省衔"环节署字，赵普同样以"非帝王事"来加以否定，恐怕也并无不当。那么，在这种情况下，我们能否同样认为授官制敕不是"王言"呢？当然不能。因为在宋代"命令之体有七"的多种记载中均包含诰命。

接下来问题就转为，宋代"命令之体有七"的诸种记载中，为何只在介绍诰命时附带提及敕牒一次，且无意对其文书属性做出正面界定与介绍？在笔者看来，这正是缘于唐宋时人使用差异化概念带来的不同。唐人用"王言"，侧重其来源；宋人用"命令"，侧重其文体，即需要由两制根据典故起草的训诫褒任之词。这也是敕牒之所以出现在介绍诰命的文字之中的原因，"应迁改官职，命词则用诰；非命词则用敕牒"，② 同样是诸种记载未提及敕牒的原因。更何况，上述记载基本上描述的是元丰改制后

---

① 吴宗国：《唐贞观二十二年敕旨中有关三卫的几个问题——兼论唐代门荫制度》，氏著《中古社会变迁与隋唐史研究》，第 213—214 页；刘后滨：《唐代中书门下体制研究——公文形态·政务运行与制度变迁》，第 103—111 页。

② 徐松辑《宋会要辑稿》职官三之三，引《神宗正史·职官志》，第 3024 页。赖亮郡认为此段文字虽出自《神宗正史·职官志》，但其所述当为元丰改制前的制度。见氏著《唐宋律令法制考释——法令实施与制度变迁》第 2 章 "唐宋告身制度的变迁：唐宋《令》、《式》的探索"，台北：元照出版有限公司，2010，第 116 页。此说不确，参见王杨梅《南宋中后期告身文书形式再析》，包伟民、刘后滨主编《唐宋历史评论》第 2 辑，社会科学文献出版社，2016，第 195 页。该文还指出，此段文字的难解之处其实是与命词的敕授告身对应的除授文书，是非命词的敕牒，而非元丰改制后行用的奏授告身。她认为，如果以此处为中书省所掌命令之体来解释上述难解之处也会有问题，因为敕牒并非中书省使用的文书。所以，问题或出在《神宗正史·职官志》在书写中刻意模仿《唐六典》而造成的混乱。但如果转换一下思路，宋人之所以将"诰"（敕授告身）与敕牒对举，而不涉及奏授告身，可能并非难解之处，而恰恰缘于前两者属于"王言"，而后者不属于"王言"。

中书省或学士院（翰林学士）之职。[①] 此时，敕牒已转为尚书省所颁行文书，自然不会出现在上述用以概括中书省或学士职掌的记载之中。[②] 而这一变化，同样不影响敕牒作为"王言"的性质。

## 结　语

综上所论，中书门下敕牒作为一种独立的王言文书，通行于唐中后期至

[①]　在张祎所列诸种文献中，只有杨亿《杨文公谈苑》所载"学士之职"中包括的文书类型，系真宗朝制度。其中提及的"处分公事曰敕"，被作者对应于《唐六典》中的发日敕。此说可从。不过，此处不载敕牒的记载，缘于敕牒非当时翰林学士所掌。这与元丰改制后，敕牒不出现在中书省职掌中的道理是一样的。

[②]　罗祎楠据元祐八年（1093）"尚书省牒江宁府严因崇报禅院"，指出元丰改制后敕牒的颁降程序为：都省在接到奏下的文书后，直接批给六礼部；而礼部根据情况，拟出处理意见，以状的形式经过都省上报中书省，中书省得到皇帝批示后，拟出敕牒；然后下发都省签押施行。见氏著《论元丰三省政务运作分层机制的形成》，硕士学位论文，清华大学，2005，第72页。然而据该件文书"礼部状：准都省送下资政殿大学士、右光禄大夫、知扬州事、充淮南东路兵马钤辖张璪奏：'云云'。本部勘当，欲依本官所乞事理施行，伏候指挥。牒，奉敕：'云云'，牒至准敕，故牒"，并不能看到中书省在其中发挥何种作用。类似的情况亦见隆兴元年（1163）湖州德清县孚惠庙赐额敕牒，著录于阮元编《两浙金石志》卷九，《续修四库全书》第911册，上海古籍出版社，2002，第17—18页。不过，无论是中书敕牒，还是尚书省敕牒，当时均存在"命词给敕"以封神祠，甚至赐给庙额的现象。前者如康定二年（1041）及皇祐五年（1053）加封南海洪圣广利王敕牒，后者如绍兴元年（1131）越州城隍庙赐额显宁庙敕牒、庙神崇福侯加封昭祐公敕牒。见阮元主修《广东通志·金石略》，梁中民点校，广东人民出版社，2011，第152—153、167—170页；绍兴县修志委员会编《浙江省绍兴县志资料》第1辑，《中国方志丛书·华中地方》第538号，台北：成文出版社，1983，第490—493页。据此，神祠封赐制度在一定程度上突破了当时授官时告敕并行之制，显示了宋人面对神祠加封时从权和灵活的态度。不过，这种敕牒中的诰词是否与外制告身（即命词给诰）中诰词均由中书舍人草拟一样，尚无法断言。而且"命词给敕"作为权制的情况，经过大观三年（1109）和绍兴十一年（1141）两次厘革得以转变，也说明其非常制。因此，元丰之后，敕牒中的敕语与中书省之间的关系尚待进一步确认，但其作为尚书省颁降王言文书的属性是明确的。参见林君宪《"赐额封爵"——论宋代祠神赐封中的"敕牒"与"诰"》，《中正历史学刊》第23期，2020年。此外，林氏虽然接受张祎的看法，认为宋代"敕牒"地位可能与唐代的"王言之制"地位有所不同，但仍指出敕牒的效力来源依旧是皇帝的"敕"。换言之，即便"敕牒"被广泛用于行政文书之上，其权力来源基础并未改变。这也显示出将北宋敕牒视为非王言所带来的困惑。

北宋前期（此后改为尚书省敕牒），是宰相将所获皇帝旨意以中书门下牒的形式下达给百官百司承旨而行的公文。它与尚书省诸司转发制敕的牒文是不同的。所谓"敕牒"，敕与牒是统一的：此牒本身就是敕，此外别无单独的敕。

随着皇帝和宰相在决策和执行上一体化趋势的发展（中书门下的建立，也是这一发展趋势的结果），敕牒与其他由两省官宣出的制敕类王言逐渐相互配合行下，这反映出最高政治集团内部存在分工与合作的政务裁决机制。《唐六典》编纂者准确地把握住了这一特点，并用凝练的语言在《中书省》卷中将其记载了下来。

虽然此后整个公文书体系也在不断发生变化，尤其是制敕类王言的种类和形态在唐宋之际发生了不少的改变，但在没有明确史料依据的情况下，不可贸然将《唐六典》所载文书制度仅仅视为中枢体制转型期内的特殊架构。以敕牒与其他制敕类文书配合行用的特点而论，尤其是《唐六典》所记载敕旨与敕牒的关系，在唐后期相当长的一段时间内并未发生明显改变。这推动了五代辽宋时期告敕并行制度的形成。①

因此，不能仅通过唐后期保留下来的内容相同的敕旨和敕牒文书，就认为在配合其他王言行下时，敕牒失去了其独立性（即存在奉敕旨、发日敕等而牒的敕牒），或者是认为两者之间因为重合度高而走向了以一种文书取代另一种文书的过程。

文字雷同的不同或相同类型公文书的出现，是在"各牒所由"文书制度下的必然产物，自古皆然。因此，在分析这样的文书时，尤其要注意区分不同受付对象背后所隐藏的政务运行机理。

同时，也不能基于宋代文书制度的视角，就得出《唐六典》"王言之制有七"的描述是拼凑而成的结论。相反，如果从出令机构的角度来看，

---

① 当然，此后从告敕并行又过渡到元丰以后的告敕互补使用。至金元时期，敕牒正式取代告身成为中下层官员的授官付身文书。当然，在此期间，敕牒形态上也经历了从中书敕牒到尚书省敕牒，再到中书省敕牒的转变。参见拙文《金元时期省部关系的文书学考察——以中古敕牒形态演变为中心》，《中国古代法律文献研究》第17辑，中西书局，2024，第81—112页。

不仅《唐六典》"王言之制有七"的记载是统一的，[①] 而且宋人有关元丰以后"命令之体有七"的记载也同样是统一的，因此编者均将其置于中书省职掌内加以描述。也恰恰是由于这样的统一性，元丰以后已成为尚书省公文的敕牒和札子均无法被宋人在中书省机构下进行正面描述和介绍。换言之，宋人在描述本朝诏令文书时，之所以选择"命令"，而放弃唐人所使用的、带有儒家传统政治话语色彩的制度概念"王言"，正是根源于元丰改制以后，王言类文书使用主体的分散。这是一种不得已的选择。

所以，不能因为现存宋人描述诏令文书的记载中几乎不包括敕牒，就认为敕牒在宋代已经退出王言文书的行列，仅仅成为宰相机构处分日常政务的公文。我们也很难相信，在皇帝已经处于政务处理前台的宋朝，人们会将包含敕语的敕牒视为有司公文，而非王言。

最后想要补充的是，笔者也承认中书门下的建立与中书门下体制的形成是有差异的。在技术层面找到中书门下体制具有"奠定意义"的来源，或是建立相应的判定标准，确实很难，也远远超出了本文的目标。但无论如何，开元十一年改政事堂为中书门下，并出现与之相适应的王言文书，均是标志性和开创性的事件。从这个意义上，将唐后期称为中书门下体制，也并无不妥。更重要的是，在承认现有框架不足的前提下，接下来如何能够更加充分地揭示出唐宋之际以中书门下为中心的中枢机制演变的详细轨迹。

**附记：**

拙文虽然名为《唐代的敕旨与敕牒》，但并非独立研究，主要是在既

---

① 唐代敕牒是以中书门下为发文机构，与中书省出令不同。但考虑到安史之乱后，虽然宰相格局在长时间内维持两省侍郎章事平行的局面，但当时中书省官吏依然被看作中书侍郎平章事的属吏。可以想见在开元年间，都以中书令为首的中书门下与中书省，被视为同一个出令机构的可能性很大。参见刘后滨《唐代中书门下体制研究——公文形态·政务运行与制度变迁》，第228—230页。

有研究基础上略做补白，因此曾向他刊投稿而未中。此次发表，吸收了该刊外审意见中的合理部分。

不过，外审意见还认为，《大唐贞元续开元释教录》卷中记载贞元五年七月二十八日祠部牒时，"至十九日，中书门下颁宣制"的说法不足以说明当时存在与敕旨并行的敕牒，"也可能是缘于'敕旨：依奏'之后的署日'贞元五年七月十九日'"。然而，这一时间是中书省宣行敕书的日期，也即，在这一日，敕旨只是到达了门下省，但尚未经过门下三官"署而颁之"。因此，径称为"中书门下颁宣制"，似乎不妥。但如果像本文所推测的那样，存在"七月十九日"敕牒，则上述问题可迎刃而解。更何况，若仅存敕旨，则祠部在转牒时直接使用"牒，奉敕如右"的用语。那么，在翻录文书时，超悟缘何添入"中书门下"四字？笔者分析其成因时，推测系编者在面对祠部转牒内容相同的敕牒和敕旨时发生混乱和误植。故未依从。

此外，还有两点外审意见。（1）本文讨论敕牒是否属于"王言"，提到"如果从出令机构的角度来看，不仅《唐六典》'王言之制有七'的记载是统一的，而且宋人有关元丰以后'命令之体有七'的记载也同样是统一的，因此编者均将其置于中书省职掌内加以描述。也恰恰是由于这样的统一性，元丰以后已成为尚书省公文的敕牒和札子均无法被宋人在中书省机构下进行正面描述和介绍"的说法过于绝对。事实上，宋代"命令之体"中的册书、制书、诏书、敕书、御札等，都是学士院起草，都不由中书省出令，元丰改制后的制授告身中甚至没有中书三官宣奉行的列衔。按照本文的逻辑，这些文书列在中书省机构下进行正面描述和介绍，也是不合适的。（2）本文提到"我们能否同样认为授官制敕不是'王言'呢？当然不能。因为在宋代'命令之体有七'的多种记载中均包含诰命"，而严格说来，告身本质上是一种符，是尚书省的省符（或者说部符），与其中承载的制书、发日敕应做区分。授官制书、发日敕属于"王言之制"，告身或诰命却不是。泛泛而言则不妨说"两可"，既可以将告身、诰命归并视作"王言"，也可以把它们归入"有司所行"的符牒。敕牒同样如此，既承载有敕命，又是宰相奉敕所下的牒文。基于不同的制度分析立场，把它视作"王言""诏令"与否，其实都无妨。南宋《庆元条法事类》载"诸称'制书'者，诏、告、宣、敕、御札、御宝批降及三省、枢密院奉圣旨文书同（谓非有司誊降者）"，告身、敕牒、省札都可以被定义为"制书"。所以，或许不必太纠结于敕牒是否属于或是否被唐人、宋人看作"王言"这一属类，更关键的问题可能是透过对文书体系的分析去考察、把握唐宋中枢体制的变化。

以上两点意见，笔者亦有不同看法。对于（1）中宋代"命令之体"起草机构的不同，对宋人而言并非问题，故张祎所列元丰后记载"命令之体"的诸种文献中均将两制文书统一系于中书省职掌之下，未对内、外制加以区分。拙文所谓"统一性"即基于此。而且，意见所谓"元丰改制后的制授告身中甚至没有中书三官宣奉行的列衔"，实则是南宋乾道八年（1172）之后的告身制度。此前制敕告身仍维持截然分明的三省流转程序，需要中书三官具衔宣奉行。此已见王杨梅《南宋中后期告身文书形式再析》，兹不赘。

至于（2），笔者同样认同告身并非王言的说法，此也即《庆元条法事类》"谓非有司誊降者"的含义。所以，拙文特意使用了"诰命"一词，对应的是"命词则用诰"的表述，并非指告身。也正因此，笔者认为，"诸称'制书'者，诏、告、宣、敕、御札、御宝批降及三省、枢密院奉圣旨文书同（谓非有司誊降者）"中，"告"不可视为告身，而应该是指制授或敕授告身所依托的制敕文书，"三省、枢密院奉圣旨文字"也并非省札或枢密院宣命，而是两者所转达的圣旨文字。至于，敕牒被称作"制书"，如拙文所论，自唐后期已然。以上文书虽然皆可称"制书"，但其实各有差异。上述《名例敕》规定的出台，应源于《唐律疏议》"制、敕之义，轻重不殊。其奏抄御亲画闻，制则承旨宣用，御画不轻承旨，理与制书义同"，拙文也引注了此条。更详细的分析见笔者另文所述，所谓"理与制书义同"的御画奏抄，主要还是针对其执行效力而言，如果究其所根本之权威渊源，还是与制敕存在明显的差别（《公文书与唐前期司法政务运行——以奏抄和发日敕为中心》，包伟民、刘后滨主编《唐宋历史评论》第 7 辑，社会科学文献出版社，2020，第 60—74 页）。对于南宋诸种"制书"，亦应作如是观，而非笼统的"两可"。

此外，2023 年 6 月 3 日，本文提交中国人民大学举办的"唐宋史研究的新时代"学术会议并在会上宣读，得到金珍的指正。谨此一并申谢。

# 唐代铨选制度中的道里与程限研究

单笑斐

关于唐代铨选的政务环节问题，目前学界已有比较丰硕的研究成果。张国刚《唐代官制》、刘后滨师《唐代选官政务研究》、王勋成《唐代铨选与文学》等均对铨选的基本政务规程有所探讨。[①] 虽然现有研究已将铨选大部分政务环节叙述得比较清晰，但关于选人赴选程限这一环节，却还有一些问题尚未解释清楚。针对这一环节，大部分论著都会引用《唐六典》"吏部尚书、侍郎"条的记载来加以叙述。史料原文如下：

> 凡选授之制，每岁孟冬，以三旬会其人：去王城五百里之内，集于上旬；千里之内，集于中旬；千里之外，集于下旬。[②]

现有讨论唐代铨选制度的论著，由于要着眼整个制度，对于这一细小环节不曾多加讨论。但这条记载中存在一些疑点，有待进一步探讨。本条记载反映的基本逻辑是以道里远近为依据来划分选人到达时限，但"王城"所指为何？唐代疆域辽阔，里程划分以五百里和一千里为界是否会造成人数分布严重不均？吏部将选人到达时限加以划分的原因和意义又在何处？

---

① 张国刚：《唐代官制》，三秦出版社，1987；刘后滨：《唐代选官政务研究》，社会科学文献出版社，2016；王勋成：《唐代铨选与文学》，中华书局，2001。

② 李林甫等：《唐六典》卷二《尚书吏部》"吏部尚书、侍郎"条，陈仲夫点校，中华书局，1992，第27页。

## 一 "王城"考释及"以三旬会其人"适用范围辨析

"王城"原指周公相成王时所营建的东都，而这个位置在唐代属于洛阳。《通典》云：

【洛州】（原注：凡河北诸县，并冀州之域，余则荆河州之域。今理河南、洛阳二县。）盖周之旧都。昔武王克殷，定鼎于郏鄏。至成王，营成周，卜涧水东、瀍水西而宅洛邑，是为王城……今号为东京，后改号东都。

另外，"王城"在唐代还可指代京师。《通典》记载了长孙无忌等人关于郊礼的一次奏议，其主要内容是提出祠令和新礼中使用郑玄"六天"之义不妥，要求进行改革。奏议引用"王肃等以为郊即圜丘，圜丘即郊，犹王城、京师，异名同实。符合经典，其义甚明"[①] 作为论据。最后，"诏从无忌等议"，说明唐代官方语境认同"王城"和"京师"二者实为相同指代的观点。

而在唐代，京师兼指东、西两京。妹尾达彦在《陪京的诞生——6—12世纪东亚复都史再析》一文中指出，"西周的宗周（镐京）和成周（洛邑），东汉、隋、唐初的长安和洛阳，虽然两地的政治活动的比重存在差异，但不能把它们看作核心都城和陪都的关系。它们都是同一王朝之都，一般被称为两京、两都"。[②] 虽然"陪京"一词的出现正始于玄宗先天二年，但这毕竟是陪京固定化的开始阶段，与宋代格外强调开封中心性的情况大有不同。开元时期所修的《唐六典》中，两京并称的情况仍是

---

① 杜佑：《通典》卷四三《礼典三》"吉礼二·郊天下"条，王文锦等点校，中华书局，1988，第1194页。
② 妹尾达彦：《陪京的诞生——6—12世纪东亚复都史再析》，包伟民、刘后滨主编《唐宋历史评论》第5辑，社会科学文献出版社，2018，第17页。

随处可见。因此，用王城兼指长安、洛阳，是合乎唐官方经典解读的。

唐代亦确有东都选："其东铨者，贞观元年，京师谷贵，始分人于洛州置选。至开耀元年，以关外道理迢递，河洛之邑，天下之中，始诏东西二曹，两都分简，留放既毕，同赴京师，谓之东选。"① 勾利军曾梳理东都选，认为至开元元年玄宗派遣门下省官员分知东都选事，并令东都留守宋璟权摄门下过官，东都选的程序就相对比较完备了，其后东都选不断发展，到大和三年才停止。②

《唐六典》编撰于开元年间，正是东都选完善阶段，因此编撰者用"王城"这样一个经典语词或许不仅是为了比附《周礼》，更是确指东、西两京。而据《册府元龟》，设置东都选的目的就是方便距长安过远的选人参加铨选，两京分担这部分政务时也无高下、先后之分。且正如勾利军所言，"东都尚书省是作为分司机构存在的，从管理体制上看，东选仍属于东都尚书省的职责范围……"③ 东都有相应机构实现铨选政务运转。所以，选人到较近的一京去参加铨选是比较合乎情理的。因此，《唐六典》这段史料表达的是无论是以长安为中心的铨选，还是东都选，都要遵循"以三旬会其人"的基本原则。

## 二　里程划定依据的探究

理解铨选"以三旬会其人"之制面临的第二个问题是，吏部如何确定选人赴选前的所处位置。处理这一问题的核心在于如何理解该条史料中"集"的意思。《新唐书·选举志》云"选人应格，则本属或故任取选解，列其罢免、善恶之状，以十月会于省，过其时者不叙"，④ 说明选人十月

---

① 王钦若等编《册府元龟》卷六二九《铨选部·总序》，周勋初等校订，凤凰出版社，2006，第 7264 页。
② 勾利军：《唐代东都分司官研究》，上海古籍出版社，2007，第 47—51 页。
③ 勾利军：《唐代东都分司官研究》，第 51 页。
④ 《新唐书》卷四五《选举志下》，中华书局，1975，第 1171 页。

会集到尚书省是为了交纳文解。《册府元龟》所记后唐选制更清晰地反映了这一点：

> （长兴）三年正月敕："……自今后，合格选人历任无违碍者，并仰吏部南曹判成……兼下纳文解之时，不在拘以三旬，但十月内到者，并与收受。"①

这说明铨选"以三旬会其人"，其实就是吏部分三旬来接收选人交纳的选解。

既然是分三旬接收选解，那么三个道里段的划分依据实际上就是选人的取解地到两京中较近的一个的道里数。那么，新的问题是，为何吏部要划分出这样三个看起来面积大小极不均匀的取解范围来收取选解。

据上引《新唐书·选举志》所载选人取选解的要求，在唐代，吏部选人的取解地有"本属或故任"两种情况。王勋成在《唐代铨选与文学》中提出有出身人于"本郡"取解，前资官于"故任所"取解的看法。② 但笔者认为史料表述未必构成一一对应的关系，需要进一步探讨唐人取选解的情况。张飘指出，唐前期"四善二十七最"的考课标准逐步成熟并进一步成为铨选德、才标准的重要依据。③ 因此，前资官的选解应当在掌握其考课情况的"故任所"领取，而诸色有出身人的取解地则需据其取得出身的方式逐一分析。

不过，《唐会要》载："（开元）十七年三月，国子祭酒杨场上言曰……臣窃见入仕诸色出身，每岁向二千余人。"④ 而早在开元三年，张九龄在其上书中便称"今则每岁选者，动以万计，京师米物，为之空

---

① 王钦若等编《册府元龟》卷六三三《铨选部·条制第五》，第7316页。
② 王勋成：《唐代铨选与文学》，第148—149页。
③ 张飘：《唐代考课政务与官僚等级制度的演变》，博士学位论文，中国人民大学，2021，第61页。
④ 王溥：《唐会要》卷七五《贡举上》"帖经条例"条，中华书局，1960，第1377页。

虚"。① 且杨炀所言之诸色出身之数，是每年获得出身之人数，而部分有出身人在获得出身后并不立即参选，存在待选的情况，② 那么，每年真正赴两京参加铨选的有出身人之数可能还不到两千。故而限于篇幅，笔者暂不讨论人数较少、影响较小的诸色有出身人的取解问题。

## 三　不同里程段前资官人数分析

### 1. 不计入选人纳解里程考虑范围的特殊群体

首先，唐代部分选人并不需要到吏部参加铨选。岭南、黔中③自上元时便已开始实施南选制度④：

> 上元三年八月七日敕：桂广交黔等州都督府，比来所奏拟土人首领，任官简择，未甚得所。自今已后，宜准旧制，四年一度，差强明清正五品已上官充使选补，仍令御史同往注拟。其有应任五品已上官者，委使人共所管督府相知，具条景行艺能政术堪称所职之状奏闻。⑤

---

① 熊飞校注《张九龄集校注》卷一六《上封事书》，中华书局，2008，第 849 页。
② 陈铁民：《唐代守选制的形成与发展研究》，《文史》2011 年第 2 辑，中华书局，2011，第 146—185 页。
③ 关于南选的范围问题，此前学术界根据《通典》所载，认为除岭南、黔中之外，闽中地区也是固定实施南选的地区。而王承文仔细考辨史料、分析背景之后认为，闽中地区只有汀州、漳州二州实施南选，且这二州天宝元年前原属岭南道管辖，正在南选实施的范围内，归属福州都督府后仍实施南选，这才使得闽中出现南选。参见王承文《唐代"南选"制度相关问题新探索》，荣新江主编《唐研究》第 19 卷，北京大学出版社，2013，第 129—134 页。此外，广义的南选还包括江淮地区举行的南选。但是据段承校的梳理，几次"江淮选"都是动荡时期的权宜之计，与岭南、黔中固定实施南选情况不同。故本文对南选的讨论不包含"江淮选"。参见段承校《唐代"南选"制度考论》，《学术论坛》1999 年第 5 期，第 112 页。
④ 王承文考证后得出：南选制度只涉及相关地区的正州，不涉及羁縻州。参见王承文《唐代"南选"制度相关问题新探索》，荣新江主编《唐研究》第 19 卷，第 127—129 页。
⑤ 王溥：《唐会要》卷七五《选部下·南选》，第 1369 页。

大足元年将部分州剔除出南选范围：

> 大足元年七月二十九日敕：桂广泉建贺福韶等州县，既是好处，所有阙官，宜依选例省补。①

但绝大部分州仍在南选范围内。

而最初的南选制度并不仅仅意味着官阙注拟权由选补使掌握、御史监督，同时也意味着选人的南北划分。《唐会要》载：

> 天宝十三载七月敕：如闻岭南州县，近来颇习文儒。……其前资官并常选人等，有词理兼通，才堪理务者，亦任北选，及授北官。②

天宝十三载的这道敕明确提出，允许词理兼通、才堪理务的前资官和常选人参加北选（即吏部主持的铨选）。这个权利赋予过程恰恰说明在下此敕之前，南选范围内的选人只能参加南选。所以此前，南选区选人不在赴京参选的范围内，自然也不在划分选人取解赴京里程的制度设计考虑内。

南选主要影响南方选人，而羁縻制度则对边境四方的选人都有影响。《新唐书》载："唐兴，初未暇于四夷，自太宗平突厥，西北诸蕃及蛮夷稍稍内属，即其部落列置州县。其大者为都督府，以其首领为都督、刺史，皆得世袭。"③ 原则上来说，羁縻府州的州级长官由本族首领世袭。同时，《资治通鉴》载："置安东都护府于平壤以统之，擢其酋帅有功者为都督、刺史、县令，与华人参理。"④ 也就是说，至少在安东都护府，在酋帅所任长官之外，当地还有汉人官员。而王义康经过系统梳

---

① 王溥：《唐会要》卷七五《选部下·南选》，第 1369 页。
② 王溥：《唐会要》卷七五《选部下·南选》，第 1369—1370 页。
③ 《新唐书》卷四三《地理志七下》，第 1119 页。
④ 《资治通鉴》卷二〇一，总章元年条，中华书局，1956，第 6357 页。

理认为，唐代会派中朝官员担任部分羁縻州县长官、佐官（从现有史料来看，各道都有中朝官担任佐官的事例）。而且，王义康进一步以羁縻州每年需要申报汉官官缺和羁縻州所补汉官以当地之物为俸禄二事说明，中朝官员担任羁縻州县官员是得到切实执行的常制。① 由上述记载和相关讨论可知，羁縻州县应当有一部分长官和佐官需要参加吏部的铨选。

那么现在的问题就主要集中在确定这部分官员群体的规模上。因为羁縻州与经制州设置官员所遵循的基本逻辑不同，所以并不能参考经制州的州县官员员额来推测这部分官员群体的规模。经制州官员员额由州县等第确定，而州县等第主要由户口数决定。但是，许多羁縻州的户口数不为户部掌握。《新唐书》载："（羁縻州）贡赋版籍，多不上户部。"② 虽然有学者依据《旧唐书·食货志》和《唐六典》等史籍中关于内附部落赋税的规定和《旧唐书·地理志》中一些羁縻州户口数的记载指出，贡赋版籍不上户部并不是唐代法令所规定的内容，"只是《新唐书》作者根据唐代的实际情况而做出的一种总结或判断"，但学者也指出"当然，由于羁縻府州的'或臣或叛'，它们并不一定能真正履行纳税的义务，于是出现了'贡赋版籍多不上户部'的现象"。③ 这依然说明户部对羁縻州的户口掌握程度是远逊于经制州的，而且羁縻州或归或叛屡有变化，在绝大多数的羁縻州施行经制州那样以户口数划分州等，进而确定官员员额的制度是不现实的。而且，鉴于不少羁縻州时有叛乱的情形，相比于户口增益，维护当地的稳定对于羁縻州官员来说更为紧要，因此，官员设置或省并所遵循的原则也必然与经制州不同。

由于史料暂缺，又不能以经制州情形推论，因此绝大多数羁縻州县具体如何配置官员，中朝官在其中占到什么比例，我们一概不得而知。而

---

① 王义康：《唐代中央派员出任蕃州官员吏员考》，《史学集刊》2015 年第 6 期。

② 《新唐书》卷四三《地理志七下》，第 1119 页。

③ 樊文礼：《唐代羁縻府州的类别划分及其与藩属国的区别》，杜文玉主编《唐史论丛》第 8 辑，三秦出版社，2006，第 84—88 页。

且，据宋卿所列城傍羁縻州县官职任职表，至少在东北地区的羁縻州县中存在不少以少数民族官员担任羁縻州县官的情形。① 虽然王义康指出这些官员也属于中央流官，但这种划分是以中央针对少数民族采取的治理政策的性质为依据的。② 从吏部实际用人的角度来看，这些少数民族官员的文化水平很可能无法达到真正在全国范围内进行迁转的要求，因此这部分官员很有可能会像参加南选的选人一样成为一种区域流官，③ 或许不需要到吏部参加常规铨选。这样的安排，一方面是因为相邻的民族之间比较熟悉彼此情况，比内地官更便于在当地进行治理；另一方面可能也是因为内地官往往不愿意到羁縻州赴任。《唐会要》载：

> 其年（开元四年）七月敕：如闻黔州管内州县官员多阙，吏部补人，多不肯去。成官已后，或假解，或从征，考满得资，更别铨选。自余管蛮獠州，大率亦皆如此。宜令所司于诸色选人内，即召补，并驰驿发遣。至州，令都府勘到日申所司。如有迟违，牒管内都督决六十，追毁告身，更不须与官。④

这道开元四年敕说明，当时被拟"蛮獠州"官阙的官员大多不愿赴任，并通过各种办法重新获得铨选机会。虽然此敕所定惩处措施颇为严厉，但是令内地官不愿赴任的根本问题依然存在，故而此敕未必能就此遏制此风。若此风仍盛，则羁縻州可产生的前资官人数便更少了。综上所述，尽管各道羁縻州县均有中朝官，但是真正遵从孟冬赴选之制的前资官恐怕数量不大，可以忽略不计。

2. 不同里程段选人数量比较

在排除羁縻州县和岭南、黔中地区之后，一千里外的道里段范围已缩

---

① 宋卿：《唐代东北羁縻府州职官考》，《北方文物》2009 年第 1 期，第 67 页。
② 王义康：《唐代中央派员出任蕃州官员吏员考》，《史学集刊》2015 年第 6 期，第 53 页。
③ 罗凯：《略论唐代岭南地区的世官制与区域流官制》，《史林》2018 年第 4 期，第 51 页。
④ 王溥：《唐会要》卷七五《选部下》，第 1360 页。

小不少，但依然比前两个道里段大得多。这种差异可能与不同道里段的前资官的种类分布有关。由于现任官员额是计算前资官数量的基础，故有必要先计算不同道里段各类官员员额。在此之前，需先说明参加吏部铨选的官员范围，《通典·选举典》载：

> 凡诸王及职事正三品以上，若文武散官二品以上及都督、都护、上州刺史之在京师者，册授……五品以上皆制授。六品以下、守五品以上及视五品以上，皆敕授。凡制、敕授及册拜，皆宰司进拟。自六品以下旨授。其视品及流外官，皆判补之。凡旨授官，悉由于尚书，文官属吏部，武官属兵部，谓之铨选。唯员外郎、御史及供奉之官，则否。（原注：供奉官，若起居、补阙、拾遗之类，虽是六品以下官，而皆敕授，不属选司。开元四年，始有此制。）[1]

因此，本文主要关注六品至九品，除员外郎、御史、供奉官[2]外的文职事官。

首先，州县官员是数量最多的一类外官，也是分布范围最广泛且相对来说分布最均匀的一类。笔者对不同道里段的州、县分别做了统计，并制成表1、表2。

---

①　杜佑：《通典》卷一五《选举典三》，第359页。

②　"供奉官（原注：谓侍中，中书令，左、右散骑常侍，黄门、中书侍郎，谏议大夫，给事中，中书舍人，起居郎，起居舍人，通事舍人，左·右补阙、拾遗，御史大夫，御史中丞，侍御史，殿中侍御史）。"李林甫等：《唐六典》卷二《尚书吏部》"吏部郎中、员外郎"条，第33页。

### 表1　不同道里段州级官员数量

単位：人

| | 上州 | 中州 | 下州 | 大都督府 | 中都督府 | 下都督府 | 大都护府 | 上都护府 | 府 |
|---|---|---|---|---|---|---|---|---|---|
| 五百里内 | 18 | 0 | 0 | 2 | 0 | 0 | 0 | 0 | 2 |
| 五百至一千里 | 21 | 3 | 11 | 0 | 4 | 0 | 0 | 0 | 1 |
| 一千里外 | 59 | 26 | 102 | 3 | 14 | 13 | 3 | 2 | 0 |

注：本表的道里、州等主要参考《旧唐书·地理志》，其中道里缺载者参考《元和郡县图志》补，州等缺载者综合参考《新唐书》《唐六典》所记开元年间"四辅六雄"等及《元和郡县图志》各州开元户数补。此外，两唐书《地理志》中关于州等记载有出入之处，亦综合以上诸书信息加以确定。

由于"以三旬会其人"之制记载于唐开元时期撰成的《唐六典》一书中，且暂无其他记载表明，在开元以前，此制已有实施，故最理想的数据应是开元数据。而依据《旧唐书·地理志》所言"今举天宝十一载地理"（第1393页）可知，《旧唐书·地理志》的主体记载是比较接近开元时期的。有学者曾指出"虽然从政区沿革情况来看，《旧唐书·地理志》中部分州县沿革甚至记到了景福年间，但是疆域政区大致以天宝十一载的基本格局为主体"。统计过程中，笔者已将开元后新置之州剔除。参见陈凯《试论"两唐书地理志"的断限问题》，《史林》2010年第1期。

资料来源：《旧唐书》卷三八《地理志一》至卷四一《地理志四》，中华书局，1975，第1394—1781页；《新唐书》卷三七《地理志一》至卷四三《地理志七上》，第961—1117页；李吉甫《元和郡县图志》卷一《关内道一》至卷四〇《陇右道下》，贺次君点校，中华书局，1983，第1—1045页；李林甫等《唐六典》卷三《尚书户部》"户部尚书、侍郎"条，第72—73页。下表同。

### 表2　不同道里段县级官员数量

単位：人

| | 京县 | 京兆、河南、太原诸县 | 上县 | 中县 | 中下县 | 下县 |
|---|---|---|---|---|---|---|
| 五百里内 | 5 | 49 | 118 | 6 | 3 | 2 |
| 五百至一千里 | 2 | 13 | 157 | 61 | 25 | 2 |
| 一千里外 | 0 | 0 | 461 | 173 | 204 | 123 |

注：本表的县等主要参考《新唐书·地理志》，因为"新志之例，叙各道疆域则以开元十五道为正，叙户口则以天宝为正，叙州郡建置沿革则以天祐为正，三者似属多岐，其实乃苦心参酌所宜而定"（参见王鸣盛著，陈文和主编《十七史商榷》卷七九《新旧唐书十一》，中华书局，2010，第1084页），而州县等第的主要依据都是户口数，所以，新志县等亦应主要为天宝年间县等，与开元年间较为接近，且该表重点在于展现比例，不求绝对数量之精准，故取之。虽然州县建置以天祐为下限，县数上必然有所出入，但鉴于三旬道里段划分以五百里为基础，故笔者认为其中差异可以忽略不计，且因为"其六雄十望州三辅等，及别敕同上州都督，及畿内州并同上州……其赤畿望紧等县，不限户数，并为上县"（参见王溥《唐会要》卷七〇《量户口定州县等第例》，第1231页），所以辅州、雄州、望州、紧州等亦皆计入上州总数，赤县、畿县、望县、紧县等亦皆计入上县总数。

为了方便计算，笔者将需要参加铨选的各州级官府的官员品级和员额列为表3—6。

### 表3　不同等级州参加铨选的职事官官品、员额统计

单位：人

| 职事官 | 上州 | | 中州 | | 下州 | |
|---|---|---|---|---|---|---|
| | 品级 | 员额 | 品级 | 员额 | 品级 | 员额 |
| 长史 | | 0 | 正六品上 | 1 | | 0 |
| 司马 | | 0 | 正六品下 | 1 | 从六品上 | 1 |
| 录事参军事 | 从七品上 | 1 | 正八品上 | 1 | 从八品上 | 1 |
| 录事 | 从九品上 | 2 | 从九品下 | 1 | 从九品下 | 1 |
| 司功参军事 | 从七品下 | 1 | 正八品下 | 1 | | 0（司仓兼掌司功事） |
| 司仓参军事 | 从七品下 | 1 | 正八品下 | 1 | 从八品下 | 1 |
| 司户参军事 | 从七品下 | 2 | 正八品下 | 1 | 从八品下 | 1 |
| 司兵参军事 | 从七品下 | 1 | 正八品下 | 1 | | 0（司户兼掌司兵事） |
| 司法参军事 | 从七品下 | 2 | 正八品下 | 1 | 从八品下 | 1 |
| 司士参军事 | 从七品下 | 1 | | 0（司法兼掌司士事） | | 0（司法兼掌司士事） |
| 参军事 | 从八品下* | 4 | 正九品下 | 3 | 从九品下 | 2 |
| 经学博士 | 从八品下 | 1 | 正九品上 | 1 | 正九品下 | 1 |

注：各州、都督府等均设有医学博士，且有流内品，但是按照王怡然《唐代伎术官研究》中的讨论，诸州医学博士应属于伎术官的范畴，其迁转主要在其体系内部完成，且其选任过程也主要在体系内部完成，吏部团奏而已，因此，医学博士应当不需要参加吏部铨选，也就不会有取解、纳解等行为，故未将其列入。参见王怡然《唐代伎术官研究》，硕士学位论文，北京师范大学，2012，第23—34页。另外，上州长史、司马的品级分别为从五品上和从五品下，均在六品之上，据前文讨论，二者不属于参加吏部铨选的官员，故不在本表统计范围内。

*此处《唐六典》缺，据《新唐书》卷四九《百官志四》，第1317页补。

资料来源：李林甫等《唐六典》卷三〇《三府督护州县官吏》，第740—750页。

表4　不同等级都督府参加铨选的职事官官品、员额统计

单位：人

| 职事官 | 大都督府 | | 中都督府 | | 下都督府 | |
| --- | --- | --- | --- | --- | --- | --- |
| | 品级 | 员额 | 品级 | 员额 | 品级 | 员额 |
| 录事参军事 | 正七品上 | 2 | 正七品下 | 1 | 从七品上 | 1 |
| 录事 | 从九品上 | 2 | 从九品上 | 2 | 从九品上 | 2 |
| 功曹参军事 | 正七品下 | 1 | 从七品上 | 1 | 从七品下 | 1* |
| 仓曹参军事 | 正七品下 | 2 | 从七品上 | 1** | 从七品下 | 1 |
| 户曹参军事 | 正七品下 | 2 | 从七品上 | 1 | 从七品下 | 1 |
| 兵曹参军事 | 正七品下 | 2 | 从七品上 | 2 | 从七品下 | 1 |
| 法曹参军事 | 正七品下 | 2 | 从七品上 | 1 | 从七品下 | 1 |
| 士曹参军事 | 正七品下 | 1 | 从七品上 | 1 | | 0（法曹兼掌） |
| 参军事 | 正八品下 | 5 | 从八品上 | 4 | 从八品下 | 3 |
| 市令 | 从九品上 | 1 | 从九品上 | 1 | 从九品上 | 1 |
| 经学博士 | 从八品上 | 1*** | 从八品下 | 1 | 从八品下 | 1 |

　　* 州管户不满一万者，不置功曹，其事隶入仓曹。李林甫等：《唐六典》卷三〇《三府督护州县官吏》"大都督、中都督、下都督府官吏"条，第744页。麟州都督府、营州都督府、黔州都督府、鄯州都督府、临州都督府、瓜州都督府、雅州都督府、茂州都督府、松州都督府、邕州都督府、容州都督府都属于开元时期户数不满一万的下都督府。参见李吉甫《元和郡县图志》卷一《关内道一》至卷四〇《陇右道下》，第1—1045页。

　　** 凉州加一人，仍加府一人、史二人。李林甫等：《唐六典》卷三〇《三府督护州县官吏》"大都督、中都督、下都督府官吏"条，第744页。

　　*** 若中、下都督府户满四万已上者，官员同此，唯减司马一人。李林甫等：《唐六典》卷三〇《三府督护州县官吏》"大都督、中都督、下都督府官吏"条，第743页。广州、福州、越州、兖州、洪州均属于开元户数超过四万的中都督府。参见李吉甫《元和郡县图志》卷一《关内道一》至卷四〇《陇右道下》，第1—1045页。

　　资料来源：李林甫等：《唐六典》卷三〇《三府督护州县官吏》，第740—750页。

表5　不同等级都护府参加铨选的职事官官品、员额统计

单位：人

| 职事官 | 大都护府 | | 上都护府 | |
| --- | --- | --- | --- | --- |
| | 品级 | 员额 | 品级 | 员额 |
| 录事参军事 | 正七品上 | 1 | 正七品下 | 1 |
| 录事 | 从九品上 | 2 | 无品级 | 2 |
| 功曹参军事 | 正七品下 | 1 | 从七品上 | 1 |
| 仓曹参军事 | 正七品下 | 1 | 从七品上 | 1 |

续表

| 职事官 | 大都护府 | | 上都护府 | |
| --- | --- | --- | --- | --- |
| | 品级 | 员额 | 品级 | 员额 |
| 户曹参军事 | 正七品下 | 1 | 从七品上 | 1 |
| 兵曹参军事 | 正七品下 | 1* | 从七品上 | 1 |
| 法曹参军事 | 正七品下 | 1 | | 0 |
| 参军事 | 正八品下 | 3 | 从八品上 | 3 |

　　* 单于唯有兵曹、仓曹两员。李林甫等:《唐六典》卷三〇《三府督护州县官吏》"大都督、中都督、下都督府官吏"条,第754页。

　　资料来源:李林甫等:《唐六典》卷三〇《三府督护州县官吏》,第740—750页。

表6　三府参加铨选的职事官官品、员额统计

单位:人

| 职事官 | 品级 | 员额 |
| --- | --- | --- |
| 司录参军事 | 正七品上 | 2 |
| 录事 | 从九品上 | 4 |
| 功曹参军事 | 正七品下 | 2 |
| 仓曹参军事 | 正七品下 | 2 |
| 户曹参军事 | 正七品下 | 2 |
| 兵曹参军事 | 正七品下 | 2 |
| 法曹参军事 | 正七品下 | 2 |
| 士曹参军事 | 正七品下 | 2 |
| 参军事 | 正八品下 | 6 |
| 经学博士 | 从八品上 | 1 |

　　资料来源:李林甫等:《唐六典》卷三〇《三府督护州县官吏》,第740—750页。

　　县级官府的官员职事品与员额如表7、表8所示。

表7　京县、畿县参加铨选的职事官官品、员额统计

单位:人

| | 京县 | | 京兆、河南、太原诸县 | |
| --- | --- | --- | --- | --- |
| | 职事品 | 员额 | 职事品 | 员额 |
| 丞 | 从七品上 | 2* | 正八品下 | 1 |
| 主簿 | 从八品上 | 2** | 正九品上 | 1 |

续表

| | 京县 | | 京兆、河南、太原诸县 | |
|---|---|---|---|---|
| | 职事品 | 员额 | 职事品 | 员额 |
| 录事 | 从九品下 | 2 | 无流内品 | 0 |
| 尉 | 从八品下 | 6 | 正九品下 | 2 |

　　*皇朝置京县丞二员，北京太原、晋阳各置一丞。李林甫等：《唐六典》卷三〇《三府督护州县官吏》，第750页。

　　**皇朝京县置二人，太原、晋阳各一员。李林甫等：《唐六典》卷三〇《三府督护州县官吏》，第750页。

　　资料来源：李林甫等：《唐六典》卷三〇《三府督护州县官吏》，第750—755页。

表8　上县、中县、中下县、下县参加铨选的职事官官品、员额统计

单位：人

| | 上县 | | 中县 | | 中下县 | | 下县 | |
|---|---|---|---|---|---|---|---|---|
| | 职事品 | 员额 | 职事品 | 员额 | 职事品 | 员额 | 职事品 | 员额 |
| 令 | 从六品上 | 1 | 正七品上 | 1 | 从七品上 | 1 | 从七品下 | 1 |
| 丞 | 从八品上* | 1 | 从八品下 | 1 | 正九品上 | 1 | 正九品下 | 1 |
| 主簿 | 正九品下 | 1 | 从九品上 | 1 | 从九品上 | 1 | 从九品上 | 1 |
| 尉 | 从九品上 | 2 | 从九品下 | 1 | 从九品下 | 1 | 从九品下 | 1 |

　　*此处《唐六典》原文为"从八品下"，而《旧唐书·职官志一》则将"诸州上县丞"列于"从第八品上阶"条下。结合总章二年，裴行俭铨选制改革已"定州县官资高下升降，以为故事"的情况，则上县丞当比中县丞的品级高，故而《唐六典》所记或有讹误，当取《旧唐书·职官志一》所书之品级。参见《旧唐书》卷四二《职官志一》，第1800页；杜佑《通典》卷一五《选举典三》，第361页。

　　资料来源：李林甫等：《唐六典》卷三〇《三府督护州县官吏》，第750—755页。

　　综上，计算可得表9。

表9　不同道里段参加铨选的职事官数量统计

单位：人

五百里内共1122人

| 品级 | 员额 |
|---|---|
| 从六品上 | 118 |
| 正七品上 | 14 |
| 正七品下 | 36 |

| | |
|---|---|
| 从七品上 | 31 |
| 从七品下 | 146 |
| 正八品下 | 71 |
| 从八品上 | 132 |
| 从八品下 | 36 |
| 正九品上 | 52 |
| 正九品下 | 218 |
| 从九品上 | 247 |
| 从九品下 | 21 |

五百里至一千里共 1789 人

| 品级 | 员额 |
|---|---|
| 正六品上 | 3 |
| 正六品下 | 3 |
| 从六品上 | 160 |
| 正七品上 | 63 |
| 正七品下 | 16 |
| 从七品上 | 76 |
| 从七品下 | 170 |
| 正八品上 | 3 |
| 正八品下 | 34 |
| 从八品上 | 215 |
| 从八品下 | 215 |
| 正九品上 | 41 |
| 正九品下 | 205 |
| 从九品上 | 457 |
| 从九品下 | 128 |

一千里外共 7212 人

| 品级 | 员额 |
|---|---|
| 正六品上 | 26 |
| 正六品下 | 26 |
| 从六品上 | 563 |
| 正七品上 | 192 |
| 正七品下 | 105 |
| 从七品上 | 349 |

续表

| | |
|---|---|
| 从七品下 | 651 |
| 正八品上 | 26 |
| 正八品下 | 344 |
| 从八品上 | 613 |
| 从八品下 | 855 |
| 正九品上 | 410 |
| 正九品下 | 584 |
| 从九品上 | 1636 |
| 从九品下 | 832 |

显然，从外官中所有州县官员的角度来看，虽然一千里外的官员数量与五百里内、五百里至一千里段的官员数量差距比三个道里段所覆盖的实际地理面积上的差距小得多，但在官员绝对数量上，一千里外段还是比前两段多很多。

外官中数量第二大的是折冲府官员。此处需先厘清，折冲府官员中哪些属于文官。《唐六典》载：

> 诸府，折冲都尉各一人（原注：上府正四品上，中府从四品下，下府正五品下）。……
>
> 左、右果毅都尉一人（原注：上府从五品下，中府正六品上，下府从六品下）。……
>
> 别将一人（原注：上府正七品下，中府从七品上，下府从七品下），长史一人（原注：上府正七品下，中府从七品上，下府从七品下），兵曹参军事一人（原注：上府从八品下，中府正九品上，下府从九品下）。[①]

其中属于铨选范围的有中府、下府左右果毅都尉，各级别将、长史、兵曹

---

① 李林甫等：《唐六典》卷二五《诸卫府》"诸卫折冲都尉府"条，第 644 页。

参军事，这些官职的属性，《旧唐书·职官志》中都有记载：

> ……诸卫左右司阶、中府果毅都尉、镇军兵满二万人已上司马
> （原注：已上职事官。司阶、果毅为武，余并为文也）……下府果毅
> 都尉（原注：武职事官）……上府别将……上府长史……（原注：
> 已上职事官。中候、别将、镇副、镇将为武，余并为文也）……中府
> 别将长史、中镇副、武德令，正六品下（原注：已上职事官。别将、
> 镇副为武，余并为文）。……下府别将长史……（原注：已上职事
> 官。别将、镇副、中候为武，余并为文也）。……上府兵曹、上镇仓
> 曹兵曹参军事、武德令有下镇长史。挈壶正（原注：已上文职事
> 官）。……中府兵曹……（原注：已上职事官。执戟、戍主为武，余
> 并为文）。……下府兵曹（原注：已上并职事文官）。①

由此可知，各级折冲府长史、兵曹参军事都属于文官。

基于其基本职能，折冲府的分布与军事需要密切相关，并不会像州府
一样相对均匀。所幸唐代折冲府相关研究的学术积累较厚，可供参考之研
究颇多。唐长孺《唐书兵志笺正》等一系列著作、论文为整个唐代兵制
研究奠定了基础。② 谷霁光在府兵制度考释上也用力颇深，特别是在折冲
府的辑考增补方面，他的《唐折冲府考校补》一文有突出贡献。③ 张沛的
《唐折冲府汇考》又在前辈学者的基础上，结合新出的石刻文献进一步
对唐代诸折冲府做了细致的考释，最终得出："唐折冲府分布明显呈现
出以京师长安为中心，由密到疏，逐渐向外展开的趋势：最中央的是京
师所在的关内道，有军府二百五十七，约占总数的百分之四十；其次为

---

① 《旧唐书》卷四二《职官志》，第 1796—1802 页。下府兵曹之品阶，《旧唐书》与《唐六
　典》所载有差，《唐六典》所载上中下府间的官品梯度更合理，故从《唐六典》所载。
② 唐长孺：《唐书兵志笺正》，科学出版社，1957。
③ 谷霁光：《唐折冲府考校补》，二十五史补编编委会编《隋唐五代五史补编》第 3 册，北
　京图书馆出版社，2005，第 427—444 页。

东都所在的河南道和义军初起的河东道，有军府二百三十八，约占总数的百分之三十七；再次为河北道和陇右道，有军府九十五，约占总数的百分之十五；其余南方五道共有军府四十八，所占不足总数的百分之八。"① 由此可见，折冲府官员数的逐道里段增减趋势与州级官员基本相反，且段与段之间差距很明显，距两京最近的关内道、河东道、河南道三道的军府数量占到了总数的四分之三多。虽然这三道亦有距两京一千里以上的州，但从这种明显的"拱卫京师"的分布意图来看，显然还是越靠近两京折冲府分布会越密集。因此，虽然折冲府文官不多，但乘以相应军府数之后，一千里以外段与五百里以内段、五百里至一千里段的差距应不小。值得注意的是，虽然越靠近两京越密集，但五百里段内的面积毕竟有限，其中城市占地又多，所以单论军府数量的话，可能五百里至一千里段反而是最多的。不仅如此，靠近两京地区的折冲府府等会更高，"各领兵，满一千二百人为上府，（原注：两京城内虽不满此数，亦同上府）千人为中府（原注：两畿及岐、同、华、怀、陕等五州所管府，虽不满此数，亦同中府）"。② 而结合上文所引记载可知，府等越高，意味着相同职官的品级越高。

最后，在京诸司（除设于京城之外的部分下属机构外）的大量官员，也必然都是属于五百里内段的，其品级分布情况如表 10 所示。

**表 10　参加铨选的京官数量统计**

单位：人

| | |
|---|---|
| 正六品上 | 45 |
| 正六品下 | 3 |
| 从六品上 | 90 |
| 从六品下 | 15 |

---

① 张沛编著《唐折冲府汇考》，三秦出版社，2003，第 12 页。
② 杜佑：《通典》卷二九《职官典十一》，第 810 页。

| | |
|---|---|
| 正七品上 | 14 |
| 正七品下 | 57 |
| 从七品上 | 55 |
| 从七品下 | 40 |
| 正八品上 | 63 |
| 正八品下 | 169 |
| 从八品上 | 24 |
| 从八品下 | 101 |
| 正九品上 | 53 |
| 正九品下 | 123 |
| 从九品上 | 93 |
| 从九品下 | 96 |
| 总计 | 1041 |

注：在京诸司官员品级、员额主要依据《唐六典》进行统计。参见《唐六典》卷一《三师三公尚书都省》至卷二九《诸王府公主邑司》，第1—739页。因为伎术官的迁转主要由本司决定，吏部团奏而已，所以笔者根据《唐代伎术官研究》所列唐代中央各部门伎术官吏表，将伎术官排除在外。参见王怡然《唐代伎术官研究》，第48—56页。

由于实际分布在京城之外的在京诸司下属机构的具体位置难以逐一确定，而其官员数量又相对有限，故不再对这些机构的官员员额数进行具体统计。但可以肯定的是，在京诸司下属机构主要还是为两京服务，因此距离不会过远。

以上的粗略统计主要说明了不同官府的设官员额情况，但不同的官员转化成选人的速率并不相同，其中影响最大的因素是守选制度。关于守选制，《资治通鉴》记载了其基本运作模式：

（开元十八年四月）光庭始奏用循资格，各以罢官若干选而集，（胡注：谓罢官之后，经选凡几，各以多少为次而集于吏部）。官高者选少，卑者选多，无问能否，选满即注，限年蹑级，毋得逾越，非负谴者，皆有升无降……①

---

① 《资治通鉴》卷二一三，玄宗开元十八年条，第6789页。

《通典》的记载与此类似。《新唐书》的记载则更侧重于对具体操作方法
的描述，"凡一岁为一选，自一选至十二选，视官品高下以定其数，因其
功过而增损之"。① 两相对照，便可知"官高者""卑者"所指就是官品
高下，选数即守选的年数，最少为一年，最多为十二年。这就意味着，官
品越高的官员在考满之后转化成可参加铨选的选人的速度越快，相同数
量、相同时间的前提下，可以转化出的选人数量也越多。虽然官员的功过
会影响其选数，但是官员功过无法在事前预料，吏部官员不可能将其纳入
制度设计的考量之中，而且这种保证制度弹性的因素也不可能对制度的实
际执行结果产生过大影响，因此功过因素可以忽略不计。遗憾的是，由于
现存史料之中并无对"循资格"内容的具体记载，所以官品与选数对应
关系的全貌尚无从获悉。而细算品阶数，正六品上至从九品下，共十六
阶，显然无法做到与十二年的选数一一对应，也就是说很可能有相近的两
个或两个以上的品阶对应同一选数的情况存在。故而，笔者无法通过计算
手段将不同品阶的选人转化速率完全量化，以进行直观展示。不过，守选
制对选人转化速率影响之巨，却依然可以通过简单的数字比较来展现。假
设每年任职期满的官员数都处在相对均衡的理想状态下，最卑品的前资官
转化成选人的数量将约为相同数量最高品的前资官转化成选人数量的十二
分之一，官员官品结构对本道里段内选人数量的影响程度可见一斑。而综
合以上各类官员的统计情况来看，基本上越靠近两京的道里段，相对高品
级官员数在总员额数中的比重越大，故而其员数虽少，但产生的前资官可
能并不算少。

　　而且，前两个道里段的部分官员在其任期上也有一定优势。《通典》
载："凡居官以年为考，六品以下四考为满。"② 考数要求虽对所有六品以
下官员一视同仁，但是受到成考要求的影响，官员从铨选得官到考满离任
的时间却可能会存在差异。

---

① 《新唐书》卷四五《选举志下》，第 1174 页。
② 杜佑：《通典》卷一五《选举典三》，第 361 页。

（开元）四年四月七日，诏："选人既得比，铨注过谢了，皆不及考，遂使每一年选人，即虚破一年阙，在于公私，俱不利便。自今已后，官人初上年，宜听通计年终已来满二百日，许其成考。仍准迁考例，至来年考时并校。永为常式。"①

可见，受铨选流程时间的影响，开元四年以前不少选人得官后的第一年是无法成考的，虽然四考为满，但实际需在任近五年。但是，细算官员赴任前各环节的时间，即使缩短了对官人初上年的成考时间要求，远地的官员第一年可能还是无法成考。要说明这一情况，需先厘清所谓"铨注过谢"都包括哪些环节。相比之下，《册府元龟》中对铨选流程的记录较为完整、集中：

凡选，始集而试，观其书判；已试，而铨察其身言也。已铨而注，询其便利而拟其官。已注而唱示之不厌者，得反通其辞，他日，更其官而告之如初。又不厌者，亦如之，三唱而不服，听冬集；服者，以类相从，攒之为申。先简仆射，乃上门下省，给事中读之，黄门侍郎省之，侍中审之，不审者，皆得驳下。既审，然后上闻，主者受旨而奉行焉。各给以符而印其上，谓之告身。其文曰："尚书吏部告身之印。"……凡官已受成，皆殿庭谢恩。②

由此可知，"铨注过谢"具体来说，是指试判后铨察、注拟、门下过官、上闻后主者奉旨施行、制成告身、新得官官人殿廷谢恩这一系列程序。其中注拟的结束节点是比较明确的："又故事，必三铨、三注、三唱而后拟官，季春始毕，乃过门下省。"③ 而之后的诸项规程，虽无唐代史料可循，所幸有较为详细的宋代史料留存，且其流程沿袭唐制之痕迹较为明显，故

---

① 王钦若等编《册府元龟》卷六三五《铨选部七》，第 7344 页。
② 王钦若等编《册府元龟》卷六二九《铨选部一》，第 7270 页。
③ 《新唐书》卷四五《选举志下》，第 1177 页。

而可稍做参考：

> 国朝掌承受制敕黄甲，给签符优牒及选人废置改名。大中祥符五
> 年敕：流内铨注官后，帖过院逐申牒送门下省，限五日；押定后送铨
> 司，限七日；铨司送南曹勾勘印书，限两日；南曹勾勘印书签讫，却
> 送铨，限一日铨；牒门下省，限一日；门下省进内，限两日；候内中
> 降到中书，限两日；却付门下省；门下省却给付都省承敕，限一日；
> 送甲库，亦限一日；甲库出给签符，关送南曹格式司官告院，限五
> 日；南曹给历子，限十五日；官告院给官告，限五日。①

由此可知，从注拟完毕到发给官告还要一月有余，最终殿廷谢恩毕，应是
五月中了。而依开元四年诏的规定，官员若要初上年年终成考，则须得在
六月中到任，留给官员赴任的时间并不多。从唐代官员的装束假规定来
看，远地的官员大概率是赶不上这个时间的。《天圣令·假宁令》唐 6
条载：

> 诸外官授讫，给假装束。其去授官处千里内者四十日，二千里内
> 五十日，三千里内六十日，四千里内七十日，过四千里外八十日，并
> 除程。其假内欲赴任者，听之。若有事须早遣者，不用此令。旧人代
> 至，亦准此。（原注：若旧人见有田苗应待收获者，待收获讫遣还）
> 若京官先在外者，其装束假减外官之半。右令不行。②

由于赴任的路程时间已经包括在了装束假内，所以装束假实际上也是官员
赴任的期限规定。虽然"假内欲赴任者，听之"，但是考虑到实际的路程

---

① 孙逢吉：《职官分纪》卷九《列曹尚书》甲库条，《四库全书珍本初集》影印本，沈阳出
版社，1996，子部类书部，第 49 页。
② 天一阁博物馆、中国社会科学院历史研究所天圣令整理课题组校证《天一阁藏明钞本天
圣令校证：附唐令复原研究》卷二六《假宁令》，中华书局，2006，第 413—414 页。

距离，就算官员愿意为了初上年成考而假内赴任，真正能做到的可能也就是千里内的官员，至远到二千里，赴任距离更远的官员就很难做到了。这样一来，远地的官员初上年无法成考，其考满时间就会晚一年，转成选人的时间也就相应要晚一年。

不仅如此，唐代官员的考满要求在实际执行过程中也有差别。"（开元四年）十二月，诏曰：'比来两畿县令，经一两考即改。其行苟且，罕在政要，百姓弊于迎送，典吏因而隐欺。自今以后，皆令四考满，满日听依京官例选，仍不得辄续于前劳。'"① 而任期过短的弊病之所以主要出现在畿县令的身上，自然也与他们赴选的便利性有关。因为赴选距离很近，畿县令赴选的时间成本、经济压力比远地的官员小得多，所以如果没有制度的约束，他们当然愿意更频繁地参与铨选，以期获得更好的机会。然而，开元四年诏的效力究竟有多强，其维持时间有多久，却令人怀疑。《唐会要》载："贞元六年十二月二日敕：刺史县令以四考为限，赤令既是常参官，不在四考限；次赤令既同京官，宜以三考为限。"② 这说明，至迟到贞元六年，京官及同京官的官员考满的考数已经比外官考满的考数要少了，近两京地区官员考数要求低的情况得到了官方认可。因此，受考课政务实际运行情况的影响，前两个道里段的官员转化成前资官的速率也快于最后一个道里段，那么前两个道里段与最后一个道里段之间的选人转化速率差距就会被进一步拉大。

综上所述，唐代选人交纳文解"以三旬会其人"的制度看似里程划分不合理，实际上却很可能是吏部官员在综合考虑与铨选相关的诸多制度的情况下，主动利用里程尺度对选官政务所涉区域范围进行合理划分的结果。

---

① 王钦若等编《册府元龟》卷六三〇《铨选部二》，第 7277 页。
② 王溥：《唐会要》卷六九《丞簿尉》，第 1223 页。

# 《唐六典》"凡皇亲及诸军功，
# 兼注员外官"条考释

黄子芸

## 一　《唐六典》文本释读校正

《唐六典》卷二《尚书吏部》载员外官注拟之制云：

> 凡皇亲及诸军功，兼注员外官。其内外员外官及检试官，本司长官量闲剧取资历清正旧人分判曹事，自外则不判。若长官及别驾、长史、司马等官，则不在此例。①

可与此条大字正文互校的有《旧唐书》卷四三《职官志二》所载"凡皇亲诸亲及军功，兼注员外郎"。② 小字注文则当取材于《唐会要》卷六七《员外官》载神龙元年五月三日敕：

> 内外员外官及检校试官，宜令本司长官，量闲剧取资历，请与旧

---

① 李林甫等：《唐六典》卷二《尚书吏部》，中华书局，1992，第 28 页。点校本第 49 页注："凡皇亲及诸军功，《旧唐书·职官志》作'凡皇亲、诸亲及军功'。"

② 《旧唐书》卷四三《职官志二》，中华书局，1975，第 1818—1819 页。点校本第 1857 页注："兼注员外郎，《唐六典》卷二'郎'作'官'。"

人分判曹事，自外并不在判事之限。其长官副贰官，不在此限。①

首先需要关注的是《唐六典》本条小字注文与《唐会要》所载神龙元年五月三日敕（作《员外官分判曹事敕》，收录于《唐文拾遗》）② 是否同源。按句意及上下文应辨为同源，以《唐六典》之文字、句读为通，似乎不必出校，但中华书局点校本及引用此条的学者均对此做了误校，并默认二者为两条不相干的材料，未对员外官判事的限制举措进行综合考辨。③ 另外，《唐六典》《旧唐书》中华书局本互校，但均未与《唐会要》互证。

涉及句意理解的文本出入有以下三处。

第一，《唐六典》小字注："其内外员外官及检试官。"《唐会要》记为"内外员外官及检校试官"。检校官为唐代常见官衔，"内外官敕令摄他司事者，皆为检校"。④《唐六典》点校本脱"校"字，无须赘述。⑤

第二，《唐六典》小字注："量闲剧取资历清正旧人分判曹事。"《唐会要》记为"量閒劇取資歷，請與舊人分判曹事"，句读之误出自文本"清正""請與"之别，这也是两条文本中一处主要的出入。按语义及语法结构，应取"衡量本司事务闲剧，取资历清正之旧人分判曹事"之意，"资历"与"旧人"呈对应关系。按宋绍兴四年温州州学刻递修本、明正德十年席书刻本、四库本《大唐六典》，及清抄本《职官分纪》卷九，均

---

① 王溥：《唐会要》卷六七《员外官》，中华书局，1960，第1176页。
② 董诰等编《全唐文·唐文拾遗》卷二《员外官分判曹事敕》，中华书局，1983，第10384页。
③ 参见张景臣《唐代员外官任用制度探析》，《商丘师范学院学报》2008年第2期；张飘《再论唐代的检校官——兼论职事官的阶官化》，《唐史论丛》2020年第1期；夏炎《唐代州级官府与地域社会》，天津古籍出版社，2010，第339页；杜文玉《论唐代员外官与试官》，《陕西师大学报》1993年第3期；黄莉莉《试论唐前期员外置同正员制》，《江苏第二师范学院学报》2018年第2期。
④ 刘俊文：《唐律疏议笺解》卷二《名例律》"无官犯罪"条，中华书局，1996，第175页。
⑤ 相同的脱字亦见于宋敏求编《唐大诏令集》卷一八〇，开元二年六月八日《大明宫成放免囚徒等制》："其皇亲诸亲及东宫承值任员外检试等官。"中华书局，2008，第560页。

记为"清正"。《职官分纪》卷四九辑录《唐会要》，则记作"請正"。《唐会要》清初抄本及四库本记为"請止"而文意不通，所参底本原文也可能为"正"字。清乾隆武英殿木活字聚珍本《唐会要》则已经误为"請與"。光绪十四年陆心源辑录八十八卷本《唐文拾遗》，卷二同为"請與"。"与"为"與"的简化字，许慎《说文》中已经有"与"和"與"的形体。古文字"與"原本从牙作为声符，后来用"与"替换充当声符和义符；最晚在清代，已经出现"今俗以與代与，與行而与废矣"的情形。① 结合"正"字的字形和读音来看，"正"在字形上很难误写成"與"，也很难跟"與"产生通假关系。② 据此推测，可能是《唐会要》传抄或刊刻过程中误以"清正"为"請止"，为句意通顺又以"止"为"与"，后又将"与"字按时俗改为"與"，造成当代点校本之误。从可查的《唐六典》版本来看，则始终为"清正"无误。后来学者大多据此将《唐六典》文本与《唐会要》敕文理解为不同时期的两份材料。

第三，《唐六典》小字注："若长官及别驾、长史、司马等官，则不在此例。"《唐会要》记为"其长官副贰官，不在此限"。搜检群书及《唐代诏敕目录》，神龙年间限制员外官厘务之敕文，现仅存于以上两种史籍中，二者区别在于《唐六典》文本表明在京诸司的员外副贰官仍受"本司长官量闲剧取资历清正旧人分判曹事，自外则不判"的限制。讨论这一记载分歧的核心在于追溯原敕书的内容，这就需要考量《唐六典》对所参文本进行了怎样的转写，以对此规定进行补充说明。相关问题后文详述。

别驾、长史、司马"通谓之上佐"，③ 正员员额并不多。④ 唐前期员外

---

① 蒯光典：《文字蒙求广义》卷三《会意》，曹小云、方孝玲校点，黄山书社，2020，第160页。
② 中国人民大学文学院 2020 级本科生吴宇翔提供帮助。
③ 杜佑：《通典》卷三三《总论郡佐》，中华书局，1988，第910页。
④ 按《唐六典》卷三〇"大都督、中都督、下都督府官吏""上州、中州、下州官吏""大都护、上都护府官吏"，上州、中州置别驾、长史、司马各一，下州置别驾、司马各一（第742—746、754页）。不同时期员额各有变动。

上佐的相关材料比较单一，其任职和厘务的大体情形可从正员上佐的记载中旁窥一二。《唐六典》载其"掌贰府、州之事，以纪纲众务，通判列曹"，[①] 因其务简俸优，故又有优宗室、备贬谪、寄俸禄、位闲员四种特殊任用情况；[②] 其中别驾一职"秩位颇崇"，[③] 景云以前"多以皇家宗枝为之"，景云年间"始参用庶姓"，[④] 李隆基正是以潞州别驾之位回到长安密谋诛韦。从实例来看，中央官被贬至诸州为正员或员外上佐的事例不胜枚举，尤以员外司马最多。[⑤] 除州级官府外，都督府、都护府也有长史等佐官之设，掌贰"抚慰诸蕃，辑宁外寇，觇候奸谲，征讨携离"，[⑥] 但基本不设员外。诸卫府亦多有长史之设，但并不属于《唐会要》所言"副贰官"范围。《唐六典》将别驾、长史、司马三个官职并提，应当特别指向地方府州上佐。

　　《唐六典》与《旧唐书》的记载也有冲突，但大约都是版本流传过程中的小问题。《唐六典》大字："凡皇亲及诸军功，兼注员外官。"《旧唐书·职官志》记为："凡皇亲诸亲及军功，兼注员外郎。"二者抵牾互见于注，"郎"为"官"字之误，无须赘述。"诸亲"概念常见于唐宋史籍，

① 李林甫等：《唐六典》卷三〇"上州、中州、下州官吏"条，第747页。关于唐前期州级上佐是否有实际职掌，相关文章著作多有讨论，以下三位学者的观点较具有代表性：严耕望先生认为上佐只在长官阙如或都督、刺史为亲王时知事，在大部分情况下"对于府州行政不发生影响"（严耕望：《唐代府州僚佐考》，《唐史研究丛稿》，新亚研究所，1969，第111—115页）；李方先生通过对出土文书和文献记载的释读证明唐前期西州上佐各有职掌，推断其"一定程度上仍是唐前期上佐职事的侧影……反映了唐前期地方上佐的某些特征"，"唐前期上佐总的来说在州府中是有地位有职事的"（李方：《唐西州行政体制考论》，黑龙江教育出版社，2013，第126—127页）；夏炎先生也通过例证总结"上佐的确要承担掌贰州事和岁终入计两项重要工作，担负着'纪纲众务，通判列曹'的重任"，文中对有唐一代州级上佐的"闲职性"进行了较为全面和长线的讨论（夏炎：《唐代州级官府与地域社会》，第39—57页）。前文神龙年间制敕似也可作为上佐在行政中实有职掌的旁证——若上佐本就不承担职事，那么员外上佐更不可能被特许持有厘务权。
② 严耕望：《唐代府州僚佐考》，《唐史研究丛稿》，第111—115页。
③ 王钦若等编《册府元龟》卷一五五《督吏》，凤凰出版社，2006，第1732页。
④ 李林甫等：《唐六典》卷三〇"大都督、中都督、下都督府官吏"条，第743页；王溥：《唐会要》卷六九《别驾》，第1215页；《新唐书》卷四九《百官志四》，第1317页。
⑤ 夏炎：《唐代州级官府与地域社会》，第334页，书中举大量实例作为例证。
⑥ 李林甫等：《唐六典》卷三〇"大都护、上都护府官吏"条，第755页。

包括皇宗亲与异姓亲，<sup>①</sup> 皇亲、诸亲、文武百官常作为同级概念出现。就唐代员外官相关材料而言，"诸亲"与"皇亲"等同属于优待授官范围内，《册府元龟》所载开元二年五月三日《量减员外官诏》，明言"诸色员外，试检校官。除皇亲诸亲及五品以上，并战阵要籍、内侍省以外，一切总停"；<sup>②</sup>《全唐文》所载天宝七年《安养百姓及诸改革制》中也有"皇亲诸亲"语汇。<sup>③</sup> 然而诸亲范围远大于皇亲，就唐前期来看，涉及数量不少的因政变等功封王者和武氏诸王，内部势力错综复杂，若员外官注官仅提皇亲而略去诸亲，范围差别极大。<sup>④</sup> 从《唐六典》作为设范立制之典的语言严谨性来看，不大可能是顺承时人俗语或泛称。再者，前引开元二年《量减员外官诏》为最接近《唐六典》编撰时间的规定员外注官范围的文本，很可能为此处正文的文本来源（后文详述），前者亦明言"皇亲诸亲"并对诸亲划定五品为界。参《旧唐书·职官志》。此处应当为底本脱字和传抄过程中讹误所致，应取"皇亲诸亲及军功"为准。

回归到《唐六典》，则应为：

> 凡皇亲〔诸亲及〕军功，兼注员外官。其内外员外官及检〔校〕、试官，本司长官量闲剧取资历清正旧人分判曹事，自外则不判。若长官及别驾、长史、司马等官，则不在此例。

本条置于尚书吏部选授注官流程之中，大字顺承开元二年量减员外官诏

---

① 《通典》卷一二三《皇帝正至受群臣朝贺》载："设诸亲位于四品五品之南。（皇宗亲在东，异姓亲在西。）"（第3151页）
② 王钦若等编《册府元龟》卷六三〇《铨选部·条制》，第7277页；同见于王溥《唐会要》卷六七《员外官》，第1179页。
③ 董诰等编《全唐文》卷二五《安养百姓及诸改革制》，第285页。
④ 此外也有部分文本仅出现"皇亲"不提"诸亲"，如《唐会要·员外官》，"唯皇亲战功之外，不复除授"，"其皇亲幼小，及诸色承优授官、军功、伎术、内侍省、左右龙武军，并诸蕃官等，不在此例"（第1176、1179—1180页）。

书，规定员外官除"别敕"外的常规授官范围；小字以神龙年间限制厘务敕书为底本，限制内外员外官以及带有员外性质的检校官、试官的判事权，从政务运行角度对员外官之制进行补充说明。以下两部分内容分别对注文与正文进行讨论。

## 二 神龙年间员外授官的异化与修正

《唐六典》小字注文是对员外官判事权的限制，所本神龙年间限制员外官厘务敕书及其前因，均直接与李峤其人有关。李峤在神龙政变中"以附会张易之兄弟"出迁地方，于同年夏秋先后征拜吏部侍郎、尚书，此间"志欲曲行私惠，冀得复居相位"，"多引用势家亲识"，[①] "既无阙员，则置员外官二千人"，[②] 意欲以禄位收买人心并借此复归相位。次年正月，李峤以本官加同中书门下三品，七月复为中书令，[③] 在复相后不得不直面员外官大量冗余带来的种种弊端，一则"官员倍多，府库减耗"，二则官纪大紊、"铨衡失序"，[④] 三则官场失衡，员外官以"势家亲戚"之

---

① 《旧唐书》卷九四《李峤传》，第 2995 页，并参《新唐书》卷一二三《李峤传》，中华书局，1975，第 4369—4370 页；《新唐书》卷四五《选举志下》，第 1175—1176 页。

② 《新唐书》卷一六六《杜佑传》，第 5086 页。神龙二年三月置两千余员外官事并参《新唐书》卷四五《选举志下》，第 1175—1176 页；《通典》卷一九《历代官制总序》，第 472 页；《通典》卷一五《历代制下》，第 364 页；《旧唐书》卷七《中宗纪》，第 142 页；《新唐书》卷四《中宗纪》，第 108 页；《资治通鉴》卷二〇八，唐中宗神龙二年三月，中华书局，1956，第 6601 页。唯《册府元龟》卷六二九《铨选部·条制》记为"因请置员外官一千余员"（第 7272 页），"一"字讹误。

③ 《资治通鉴》卷二〇八，唐中宗神龙二年正月戊戌，"以吏部尚书李峤同中书门下三品"（第 6097 页）；神龙二年七月丙寅，"以李峤为中书令"（第 6604 页）。

④ 参《旧唐书》卷九四《李峤传》，第 2995 页；《通典》卷一九《历代官制总序》，第 472 页；《资治通鉴》卷二〇八，唐中宗神龙二年，第 6606 页。员外官给俸禄，见于《通典》卷一九《历代官制总序》，"其加同正员者，唯不给职田耳，其禄俸赐与正官同。单言员外者，则俸禄减正官之半"（第 472 页）；《册府元龟》卷五五〇《邦计部·俸禄》，"诸检校及判试知试等官不带内外者，料度一事以上，准员外官同正员例给。若检校及判试知处正，官见阙者，兼给杂用。其职田不应入正官者，亦给"（第 5749 页）。员外官数额骤然大增，给财政带来的压力不小。

身、手握厘务之权，遂"悉恃形势，与正官争事，百司纷竞，至有相殴击者"。① 李峤"乃深悟其失，又见朝野喧议"，重重压力下"抗表引咎辞职，并陈利害十余事"，② 中宗遂令不许员外官厘务。

　　李峤上奏请置员外官的时间并不明晰。按《册府元龟·条制》及《唐会要·论选事》，此奏在李峤、韦嗣立"同居选部"期间；参新旧《唐书》本传、表及严耕望《唐仆尚丞郎表》考证，③ 则在神龙元年冬至次年韦嗣立出为相州刺史之前。④ 而正式置官的时间，前引《通典·历代官制总序》、《资治通鉴》、两《唐书·中宗纪》均明确记载为神龙二年三月，大约是"凡大选终季春之月"⑤ 之时。上奏至其落实的时间差可以从两个角度理解：一是注拟员外官可能同样需要经过选授流程，时为冬选期间，吏部事务繁忙，有所延误；二是两千余员外官并不是同时注授，神龙二年三月为这次大置冗官浪潮中最后一批员外授官的时间节点。部分文献为叙事之便，语义不甚清晰，容易误读为上奏大置员外官及其落实均在李峤转任吏部的同一年即神龙元年。李峤复相后"深悟己过"，奏陈滥官之弊。⑥ 按《册府元龟·条制》"疏奏，上乃诏减员外官，不令

---

① 杜佑：《通典》卷一五《历代制下》，第 364 页。并参《新唐书》卷四五《选举志下》，"使厘务至与正官争事相殴"（第 1175—1176 页）。夏炎先生可能忽视了这两条材料，认为员外官起先均不厘务，见《唐代州级官府与地域社会》，第 339—340 页。

② 《旧唐书》卷九四《李峤传》，第 2995 页。上书内容见于《新唐书》卷一二三《李峤传》，第 4369—4370 页；王钦若等编《册府元龟》卷六二九《铨选部·条制》，第 7272 页；王溥《唐会要》卷七四《论选事》，第 1337—1338 页。

③ 严耕望：《唐仆尚丞郎表》卷一〇《尚书吏部侍郎》，中华书局，1986，第 543、560 页。

④ 《资治通鉴》卷二〇六，唐则天皇后神功元年冬："凤阁舍人李峤知天官选事，始置员外官数千人。"（第 6525 页）疑误将"初，李峤为吏部侍郎"奏请大置员外官之事置于神功元年李峤改知天官选事之后。

⑤ 李林甫等：《唐六典》卷二"吏部尚书"条，第 28 页。

⑥ 李峤复相后上奏"昌言时政之失"，专论官制之文如《册府元龟·铨选部·条制》《唐会要·论选事》《通典·历代制》只摘录其中谈及滥官的部分，落脚在"上疏请惜班荣，稍减除授"，奏文在《新唐书》本传中记录较为完整但多有改易。《全唐文》据此分别摘录为《请减员外官疏》和《上中宗书》两篇，陈冠明在《〈全唐文〉李峤卷考辨厘正》（《古籍整理研究学刊》1995 年第 1、2 期合刊）一文中已经证为同文重出。

厘务也"，①《新唐书·选举志》"峤复为中书令，始悔之，乃停员外官厘务"，② 显然这次上书应当对应中宗限制员外官厘务权，后者即《唐会要》所载敕文、《唐六典》所本。该敕文必然颁布于神龙二年三月正式大置员外官数千之后，亦可说在神龙二年七月李峤迁中书令之后，而非《唐会要》所记"神龙元年五月三日"。《唐会要·员外官》篇时间出错亦不止此处，杜文玉先生已考证出"永徽五年八月"蒋孝璋事为"永徽六年八月"之误。③《资治通鉴》将"（初，李峤为吏部侍郎，欲树私恩，再求入相，奏大置员外官，广引贵势亲识。）既而为相，铨衡失序，府库减耗，乃更表言滥官之弊，且请逊位；上慰谕不许"一段置于神龙二年九月戊戌条，④ 可供参考。

按《新唐书·百官志》，"初，太宗省内外官，定制为七百三十员，曰：'吾以此待天下贤材，足矣。'然是时已有员外置，其后又有特置，同正员。至于检校、兼、守、判、知之类，皆非本制"。⑤ 员外官作为唐代官员正员编制之外的弹性补充，在太宗时期已经出现。⑥ "既无正阙，多授员外"，⑦ 既为"员外"之官，设置的前提便是机构职员已有定额，且员额规定有效执行，这也侧面体现出唐前期《职员令》的完备。《新唐书·食货志》载永徽元年"员外官、检校、判、试、知给禄料食粮之半"，⑧ 可见此时员外官俸料已经有了制度化规定，说明其体量稳定甚至有所扩充；至永徽六年八月，"尚药奉御蒋孝璋员外特置，仍同

---

① 王钦若等编《册府元龟》卷六二九《铨选部·条制》，第 7272 页。
② 《新唐书》卷四五《选举志下》，第 1175—1176 页。
③ 杜文玉：《论唐代员外官与试官》，《陕西师大学报》1993 年第 3 期，第 90 页。
④ 《资治通鉴》卷二〇八，唐中宗神龙二年九月戊戌，第 6606 页。
⑤ 《新唐书》卷四六《百官志一》，第 1181 页。
⑥ 唐代员外官设置之始，史料记载有所出入，杜文玉《论唐代员外官与试官》（《陕西师大学报》1993 年第 3 期）已经辨明。按《资治通鉴》卷二三五，唐德宗贞元十二年六月乙丑，德宗谓"武德、贞观时，中人不过外将军同正耳"（第 7572 页），将员外官与员外同正混淆，但不排除武德间已经出现员外官的可能。
⑦ 王溥：《唐会要》卷六五《内侍省》，第 1132 页。
⑧ 《新唐书》卷五五《食货志五》，第 1396 页。

正",① 员外同正之设由此开始。唐代员外官的初始发展阶段似以授伎术官为主(详下),主要起到缓和政务运行压力、打破官阙员额限制的正向作用,但尚未对授官范围和员额进行明文规定,员外官的设置成为制度空档,留下突破口。神龙政变后,武则天退位并于同年崩逝,朝局骤然失衡,原先被压制的多股皇亲、朝臣势力由暗转明,矛盾冲突升级,官纪大紊,李峤"欲树私恩",请置员外官两千余人以安排"势家亲戚",这是不可忽略的政治背景。此时注拟员外官已经异化为权臣卖官鬻爵、以权谋私的手段,以致官场百弊丛生。最先显示出的问题便是前文提及的铨衡失序,府库减耗,以及"使厘务至与正官争事相殴"。② 前两个问题出于授官人数的畸形增长,后一个则在于判事权的界限不清。

政局动荡,大设冗官的土壤依然存在,即使君臣意识到弊端,当即大规模取缔员外官并不可行,故而相关整顿最先从厘务即判事权的界定着手。如前文所述,神龙二年七月后,中宗颁布敕书:

> 内外员外官及检校试官,宜令本司长官,量闲剧取资历 [清正] 旧人分判曹事,自外并不在判事之限。其长官副贰官,不在此限。

此敕规定具有厘务权的是那些资历清正有任官经历的员外官、检校官、试官,如果没有任官经历或者资历不够清正,则不能厘务,只是挂名于官司,而员外长官和副贰官则不受此限,均可在员外任上厘务。不受职员令制度体系对员额的刚性约束的员外官,以及带有员外性质的试官和

---

① 《旧唐书》卷四《高宗纪》,第 74 页。
② 《新唐书》卷四五《选举志下》,第 1175—1176 页。

检校官，① 常在官方文书中同时出现。它们的出现最早出于增置具员、缓和官阙矛盾的客观需要，是服务于官制整体的重要一环；除设置动机与背景外，性质亦有相似之处，后来在实践中均成为滥官之弊的制度温床。

　　文献中可见少量地方员外长贰厘务的佐证。神龙二年三月魏元忠复相后，酸枣县尉袁楚客上书魏元忠陈时政之弊，称："今天下困穷，州牧、县宰，非以选进，割剥自私，人不聊生，是下有忧而上不恤也。而更员外置官，非助桀欤？夫人情自以员外吏，恐下不己畏也，必峻法惧之；恐财不己奉也，必枉道夺之。欲不乱，可得哉？"② 与之相似，景龙二年十月，侍中苏瓌上奏提及"工廨利钱，更令分给员外，若妻子不赡，理即侵渔"。③ 可见从社会现实来看，地方长贰若为员外官，仍有以峻法惧人、以枉道夺财的一定权力。景龙中，时任右御史台中丞的卢怀慎上疏，奏请从在京诸司员外官中迁擢"有才能器识、众共闻知"、"堪为州牧县宰者"任州县长官及上佐，使"宣力四方，申其智效"，并建议"有老病及不堪理务者，咸从废省"；④ 开元十三年，酷吏姚绍之转任括州长史同正员，"不预知州事，死"；⑤ 开元十七年，玄宗恐王毛仲及其党羽作乱，将其贬为瀼州别驾员外置长任，特令"勿许东西及

---

① 检校官性质可归入"差遣型"与"员外型"两类，文本应指向后者。参张飘《再论唐代的检校官——兼论职事官的阶官化》（《唐史论丛》2020 年第 1 期），文章认为员外、检校等官构成了对正员官判事权的侵夺。

② 《新唐书》卷一二二《魏元忠传》，第 4347 页。又见于王溥《唐会要》卷六七《员外官》，第 1177 页。按《新唐书》及《资治通鉴》卷二〇八，袁楚客进言在神龙二年三月魏元忠复相"不复强谏"，"中外失望"之后，并且必然在魏元忠景龙元年八月致仕之前，而《唐会要》置之景龙二年十月文段，明显有误。《唐会要·员外官》景龙二年文段所载诸臣谏言时间线有所错乱，除魏元忠一例外，韦嗣立于景龙三年授兵部尚书，然而"兵部尚书韦嗣立上疏"亦被统归于该段。

③ 王溥：《唐会要》卷六七《员外官》，第 1176 页。

④ 《旧唐书》卷九八《卢怀慎传》，第 3066—3067 页。又见于王溥《唐会要》卷六七《员外官》，第 1178 页。

⑤ 《旧唐书》卷一八六《姚绍之传》，第 4852 页。

判事"。① 看来按常例员外长史应当"预知州事"，员外别驾也可
"判事"。②

回到前文关注的《唐六典》小字注文与敕书主要的文本差异，即在
京诸司员外官副贰官究竟是否厘务的问题。首先可以确定，神龙二年大置
员外官"自京司及诸州凡二千余人"，③ 确涵盖了内外官，御史中丞称彼时
在京诸司员外官"委积多者数十倍"；④ 此外还有"中官三千余人，超授七
品已上员外官者凡千余人"。⑤ 这些在京员外官在开元年间大量革除（详
见本文第三部分），注官的部门分布难考，不排除副贰员外官过多而一并
不予厘务之权的可能，但这类因私恩斜封者是否会被注拟长贰要职，还需
存疑。

对唐前期员外官厘务权的讨论有两个集中的难点。其一，员外官并不
是一个"性质单一、政治功能相同的整体"，⑥ 但现存材料在数量上既不
丰富、类别上又交叉杂冗，难以进行系统分析，不能一概而论。在主要的
皇亲、诸亲、战阵、要籍、内侍省几类授官对象中（见本文第三部分），
前三者的酬赏性质更强，主要利用"令外之官"的资源优亲赏功、笼络
武将、羁縻蕃官，这些人群主要授予卿监官和诸卫将军，大多处于在京诸
司员外官的最高层级。以皇亲为例，神龙以后皇亲诸子大多注授卿监长贰

---

① 《旧唐书》卷一〇六《王毛仲传》，第 3254—3255 页。
② 前文提及，京官外放诸州为员外上佐的情况在唐代十分常见，《唐会要·员外官》称
"今则贬责者，然后以员外官处之"，可能这正是特许地方长贰员外官判事权的缘由之
一。现存史料中还有少量皇亲出任地方员外官的实例，如中宗次子李重福于"神龙初，
为韦庶人所谮，云与张易之兄弟谮构成重润之罪，由是左授濮州员外刺史，转均州，司
防守，不许视事"，韦后剥夺了其判事权，那么在神龙年间限制员外官厘务的敕书颁布
之后（前文证为神龙二年七月后），其刺史之职应当也仍是有名无实。在此情况下，韦
后临朝时特令赵承恩领兵五百于均州守卫之，则是对其政治活动空间的进一步压缩。见
《旧唐书》卷八六《李重福传》，第 2835—2836 页。
③ 《资治通鉴》卷二〇八，唐中宗神龙二年三月，第 6601 页。
④ 王溥：《唐会要》卷六七《员外官》，第 1178 页。
⑤ 王钦若等编《册府元龟》卷六六五《内臣部总序》，第 7664 页。
⑥ 朱长义：《唐代前期的员外官制》，《荆州师专学报》1994 年第 3 期，第 65 页。

员外置同正员（长官为主），亦有东宫官属和少数外贬的情况；① 又有"开元以来……驸马皆除三品员外官，而不任以职事"，② 实际注拟的也主要是员外卿监。要籍和内侍省的员外置官则更强调功能性、实用性，是利用员外官的制度弹性收拢有特定功用的人群，这一点在"唯得本司迁转"的伎术官上体现得尤为明显。唐初，员外官首先为这种迁转限制所带来的旧人冗积、官阙不足等问题提供了解决方案，至开元七年八月十五日正式出敕，令"出身非伎术，而以能任伎术官者，听量与员外官。其选叙考劳，不须拘伎术例"，天宝十三载五月又准"伎术官各于当色本局署员外置，不得同正员之数"。③ 其他承恩承优授员外官的随意性更强，如武周时太常工人安金藏自刺心肺以证李旦清白，在睿宗、玄宗两朝累授右武卫翊府中郎将员外置同正员、右骁卫将军员外置同正员，④ 是跨越职官体系的超迁；至于中宗、睿宗时大量斜封的员外官，其复杂程度有增无减，此外还有大量京官外贬地方员外长贰和一些常规注拟员外僚佐的情况。整体

---

① 以《旧唐书》高祖、太宗、高宗、中宗、睿宗诸子列传为例，在 49 例皇亲授员外官的情形中，最早的一例是李重俊于长安年间"累授卫尉员外少卿"；就官阙来看，除一太子詹事同正员、一右赞善大夫、一率更令、一千牛员外将军、一刺史（以罪贬）外，全集中在寺卿及少卿，国子监祭酒、司业，以及秘书监、殿中监之职。《唐大诏令集》所存的皇亲员外官职情况略同，主要为东宫属官、卿监官，另有极少外贬的地方长贰官。因史料体例所限，以上材料主要是皇亲诸子一生中最高外官职或封（嗣）王之时所授官称，或是以诸王迁转和受封时所带本官员外官的形式出现，如《唐大诏令集·诸王类》所载"银青光禄大夫太仆卿员外置同正员上柱国嗣郑王希言""从叔太子员外率更令嗣密王彻""再从兄太子员外家令嗣越王思顺"等。故而很多皇亲的员外历官是不被完整记录的，如《册府元龟》"故邠王男承宣、承寀、承寏、承窆、承寫、承寏等，天宝七载六月，皆授朝请郎、东宫六品官员，外置同正员，仍赠绯鱼袋"（卷二七七《宗室部·褒宠》，第 3146 页），以及《唐大诏令集》"银青光禄大夫行房州别驾员外置同正员广武郡王承宏……因从降黜，舍其小犯，用申犹子之恩，复其旧资，俾践列卿之秩，可光禄大夫光禄卿员外置同正员"（卷三八《广武郡王承宏光禄卿制》，第 173—174 页），在《旧唐书·邠王守礼传》中都并未出现。相似的例子不胜枚举。尽管这里的讨论很不系统，但仍可为诸皇亲注授员外官的大略情况提供一点参考。再者，以上皇亲授官虽集中在寺卿，但似未涉及大理寺、司农寺两个部门，五监之中也只有掌文化教育的国子监长贰置员外官。

② 《资治通鉴》卷二一四，唐玄宗开元二十三年七月，第 6812 页。

③ 李林甫等：《唐六典》卷二"吏部尚书"条，第 28 页；王溥：《唐会要》卷六七《伎术官》，第 1183 页。

④ 董诰等编《全唐文》卷二五二《授安金藏右骁卫将军制》，第 2545 页。

上，员外官"主要集中在武职、内侍、技术等部门和职事以及地方州府，中央政府的要害部门如三省和御史台一般不授员外官。今所见三省官授员外者只有殿廷服务官通事舍人，其他各职则未见任职实例"，[①] 归属于"事务型员外官"。真正协助政务的"少数临时任用的中央部门员外长官"，"在文献中很少见，可能并不普遍"。[②] 其二，员外官无论出身高低毕竟仍属"员外"，与正员官有着本质区别；即便在制度层面拥有厘务权，在现实生活中也并不可能与正员官等量齐观，更何况政局变动频繁，不同时期、不同人群的员外授官性质也各有不同。如何笼括如此复杂多样的情形，经过编纂的文字材料，难免显得过于单薄片面。如前引开元以后"皆除三品员外官，而不任以职事"的驸马，还有大量外贬诸州为员外佐官的官员等，他们的员外注官在某种程度上意味着政治力量的受限，无法在职任上对实际政务运行施加多大的影响。

此外，《唐会要》所用"副贰官"一词尽管在今人研究中常被提起，然而在唐宋官私文书中却非常少见。就官制领域而言，一般是在描述副长官职掌时以"掌贰某官/某事"或"副贰某官"的形式出现。

《唐六典》"凡皇亲〔诸亲及〕军功，兼注员外官"条系于吏部尚书、侍郎职掌之下，归于注官流程之中，大字简述授员外官的范围，小字阐述内外员外官及检校官、试官厘务规定，其所本的神龙敕文为现存的唐前期唯一与员外官厘务直接相关的史料。按照《唐六典》"以令式分入六司"的编纂体例，既然将这份敕文入小字注以说明厘务限制，那么此敕有可能在开元年间已经被编入了令或格式之中。

## 三　《职员令》体系视角下的员外官制度整顿

如上所述，《唐六典》此条小字注文是对员外官厘务权的限制，而大

---

① 朱长义：《唐代前期的员外官制》，《荆州师专学报》1994年第3期，第65页。

② 张景臣：《唐代员外官任用制度探析》，《商丘师范学院学报》2008年第2期，第57—58页。

字正文则规定了员外官的授官范围，后者的政治尝试始于景龙元年。后武则天时代政局失衡，中宗一朝"令外之官"持续畸形膨胀，"韦后及太平、安乐公主等用事，于侧门降墨敕斜封授官，号'斜封官'，凡数千员"。[①]《通典》在概述唐朝官制时对此具体描述：

> 景龙中，有太平、安乐、长宁、宜城等诸公主及皇后陆氏妹郕国夫人、李氏妹崇国夫人并昭容上官氏与其母沛国夫人郑氏、尚宫柴氏、贺娄氏、女巫陇西夫人赵氏，皆树用亲识，亦多猥滥。或出自臧获，或由于屠贩，多因赂货，累居荣秩，咸能别于侧门降墨敕斜封以授焉，故时人号为"斜封官"。时既政出多门，迁除甚众，自宰相至于内外员外官及左右台御史，多者则数逾十倍，皆无厅事可以处之，故时人谓之"三无坐处"，谓宰相、御史及员外官也。[②]

至睿宗即位时，内外官数量的扩张到了一个新的高度，除了神龙二年李峤奏置的两千余名员外官之外，还有先朝后妃、公主、外戚等势力卖官鬻爵斜封的大量员外官，二者同受武周政治余波的影响。在以律令格式为纲的时代，制度刚性束缚之外的员外官等"顺理成章"地成了官场谋私的重要途径；多方势力各求利益、相互倾轧，又使得这种原属"例外"的员外注官越来越多，原先作为制度补充一定程度上起到积极作用的员外官资源被过度利用。除了前文已经提及的诸多弊端之外，还需注意神龙年间中宗下诏限制员外官厘务后，绝大部分员外官被归入"不在判事之限"的范畴，至睿宗朝，"不司案牍，空尸禄

---

① 《新唐书》卷四五《选举志下》，第 1176 页。同见于王溥《唐会要》卷六七《员外官》，第 1176 页。

② 杜佑：《通典》卷一九《历代官制总序》，第 472—473 页。

俸"① 和 "糜俸廪"② 的问题也愈加严重，政治资源和财政资源的限度被不断收缩。种种流弊，形势严峻，倒逼朝廷对员外官制度进行整顿。

景云初，宋璟由洛州长史迁为检校吏部尚书并加同中书门下三品，与姚崇协力改革先朝弊政。景云元年八月癸巳，睿宗从宋、姚及御史大夫毕构等所奏，着手解决官爵渝滥问题，一并停废先朝依妃、主墨敕而授官者，罢免斜封官数千员，③ 其时 "量阙留人，虽资高考深，非才实者不取。初，尚书铨掌七品以上选，侍郎铨掌八品以下选。至是，通其品而掌焉"。④ 然而新政受阻，次年二月朝局生变，姚、宋二人左迁刺史，朝中 "太平公主又特为之言"，⑤ 并有殿中侍御史崔涖、太子中允薛昭二人希太平公主意，⑥ 上言："先朝所授斜封官，恩命已布，而姚元之、宋璟等沮先帝之明，归怨陛下，道路谤讟，天下称冤。奈何与万人为仇敌，恐有非常之变。"⑦ 睿宗遂 "诏中宗时斜封官并许依旧"。⑧ 第一次对斜封官大幅裁汰的尝试便草草告终。《唐会要·员外官》在崔、薛二人谏言之后接着记曰："上以为然，乃下诏曰：'诸缘斜封别敕授官，先令停任，宜并量材叙用。姚元之、宋璟毕［构］先奏，各赐物一百段。'"⑨ 整顿斜封别敕授官乱象者可以赏赐，但已经任命的大量员外官等 "令外之官" 依然需要量材叙用。这是睿宗时期政治现实所带来的悖论。

---

① 《旧唐书》卷九八《卢怀慎传》，第3066—3067页。又见于王溥《唐会要》卷六七《员外官》，第1177页。景龙中，时任御史中丞的卢怀慎上书陈时政得失，称："臣窃见员外官中……多不司案牍，空尸禄俸，滞其才而不申其用，尊其位而不尽其力。"

② 《资治通鉴》卷二一一，唐玄宗开元二年五月己丑，罢员外、试、检校官，"以其冗滥，且糜俸廪也"。

③ 《资治通鉴》卷二一〇，唐睿宗景云元年八月，第6655页。并见于《旧唐书》卷七《睿宗纪》，第155页。

④ 《新唐书》卷四五《选举志下》，第1176页。

⑤ 《旧唐书》卷七七《柳泽传》，第2682页。

⑥ 《新唐书》卷四五《选举志下》，第1176页。

⑦ 王溥：《唐会要》卷六七《员外官》，第1178页。

⑧ 《旧唐书》卷七《睿宗纪》，第156页。

⑨ 王溥：《唐会要》卷六七《员外官》，第1178—1179页。

在强大的现实阻力面前，旬月之间包括员外官在内的斜封官又许复旧。时任监察御史的柳泽上书直谏，痛陈其弊，欲"以切词补过"，言辞激烈：

> 窃见神龙以来，群邪作孽，法网不振，纲维大紊，实由内宠专命，外嬖擅权，因贵凭宠，卖官鬻爵。朱紫之荣，出于仆妾之口；赏罚之命，乖于章程之典。……只如斜封授官，皆是仆妾汲引，迷谬先帝，昧自前朝，岂是孝和情之所怜，心之所爱？陛下初即位时，纳姚元之、宋璟之计，所以咸令黜之。顷日已来，又令叙之。……使善恶不定，反复相攻，使君子道消，小人道长，为邪者获利，为正者衔冤。奈何导人以为非，劝人以为僻，将何以惩风俗，将何以止奸邪？……谤议盈耳，咨嗟满衢，故语曰："姚、宋为相，邪不如正，太平用事，正不如邪。"①

柳泽痛斥员外官等斜封之官皆是仆妾汲引，导致纲纪紊乱，痛惜睿宗不辨奸邪，朝令夕改，然而并不能扭转局面。

玄宗即位后，尤其是先天之变完全接掌政权以后，着力调整政局、革除时弊，借"岁饥"契机，再次大规模清拣"皆非本制"之官。开元二年五月三日诏：

> 诸色员外、试、检校官，除皇亲、诸亲及五品以上，并战阵要籍、内侍省以外，一切总停。至冬放选，量状迹书判，与正员外官。其未经考者，先与处分，仍不拘选格听集。自今以后，除战功以外，

---

① 《旧唐书》卷七七《柳泽传》，第2683—2684页，并参王钦若等编《册府元龟》卷五四〇《直谏》，第6235—6237页。《通典》卷一九《历代官制总序》，将此事系于玄宗即位之后（第472—473页），有误。

非别敕，不得辄注拟员外等官。①

诏书明确大范围地筛减了员外官、试官、检校官，并首次对授官范围一并做出详细限制，主要是皇亲、诸亲、战阵、要籍、内侍省几类，前人对此讨论比较充分。② 员外注官至此开始在制度层面规范化。值得一提的是，次月八日苏颋所拟的赦宥诏书提及"其皇亲、诸亲及东宫丞〔承〕优任员外、检校、试等官近停，令至冬处分者，有家道贫迫情愿外任者，亦令所司勘实，量才注拟"，③ 对前引五月三日诏书"一刀切"式的整顿给予了人性化的执行弹性。

神龙二年以前，员外官的设置主要是作为正员官的补充，人数不多，并不为人所重视，史料寥寥。直至中宗复位以后，大量斜封官带来的诸多问题一一浮现，臣僚谏言亦开始频繁地出现于史书之中，故而到中唐时杜佑称员外官至神龙年间"遂为恒制"，在此影响下才有《唐会要·员外官》等史籍误认为员外等官乃"神龙以后有之"。④ 史料记载上的模糊与讹误，大约也可侧面佐证此前员外授官尚无明文规定。这道开元二年的诏书可能作为注授员外官的规定被编入了开元七年修订的令式，《唐六典》加以改写吸收。此外，本文第二部分提及员外官并不是一个"性质单一、

① 王钦若等编《册府元龟》卷六三〇《铨选部·条制》，第7277页。同见于《唐会要》卷六七《员外官》，第1179页，文本差异主要在于《唐会要》"不得辄注拟员外等官"脱"等"字，"量状迹书判与正员外官"脱"与"字，而《册府元龟》"与正员外官"之"外"字应为误衍字。《资治通鉴》卷二一一，唐玄宗开元二年五月己丑："以岁饥，悉罢员外、试、检校官（……罢之，以其冗滥，且糜俸廪也），自今非有战功及别敕，毋得注拟。（此三项官，今后非有战功及别敕特行录用，吏、兵部毋得注拟）"

② 如杜文玉《论唐代员外官与试官》，《陕西师大学报》1993年第3期，第93—94页；朱长义《唐代前期的员外官制》，《荆州师专学报》1994年第3期，第64—65页；张景臣《唐代员外官任用制度探析》，《商丘师范学院学报》2008年第2期，第57—58页。至于不同等级战功如何对应不同品级的员外官衔，尚缺材料说明。

③ 王钦若等编《册府元龟》卷八五《帝王部·赦宥》，第935页；宋敏求编《唐大诏令集》卷一八〇《大明宫成放免囚徒等制》，第560页；董诰等编《全唐文》卷二五四《居大明宫德音》，第2574页。

④ 王溥：《唐会要》卷六七《员外官》，第1176页。参杜文玉《论唐代员外官与试官》，《陕西师大学报》1993年第3期，第90—91页。

政治功能相同的整体"，这份诏书的文辞逻辑中也有所体现。诏文规定"自今以后，除战功以外，非别敕，不得辄注拟员外等官"，事实上，皇亲和诸亲通过别敕注拟员外官的制度通道一直存在。《唐六典》所谓"凡皇亲（诸亲及）军功，兼注员外官"的表述，以及《唐会要》所记"员外及检校试官斜封官……开元大革前事，多已除去。唯皇亲、战功之外，不复除授"，① 都是这条制度通道存在的体现。

该诏奠定了此后唐代员外官的授官范围。② 开元十九年，京兆尹裴次元上奏"（员外试官）天恩已令即停，犹恐选曹更有注拟。望请当府及京畿等县，自今以后，一切不置员外试官"，再次强调不得逾矩授官。至天宝七载正月二十二日颁布敕书，再次革除冗官，"内外六品以下员外官，至考满日，一切并停，各依选例。自今以后，更不得注拟。其皇亲幼小，及诸色承优授官、军功、伎术、内侍省、左右龙武军，并诸蕃官等，不在此例"。③ 可见开元二年诏书规定的几类人员可注拟员外官的制度通道依旧稳定，符合条件的员外、试官、检校官等"量状迹书判，与正员官"，对他们的仕宦履历和书判成绩进行考察，部分可迁转进入正员官行列，这是在遵循常规注官原则的基础之上，为有能力的"令外之官"保留上升通道，在用人问题上兼顾减量与增质，对后武则天时代斜封官的过度膨胀进行修正。对员外官量才叙用的办法，是对景云初"量阙留人，虽资高考深，非才实者不取"④ 政策的补正。早在景龙年间，权臣外戚卖官鬻爵以致员外官数量剧增的弊端已经显现，百官疏奏请求省员的记载甚多，值得注意的是，其中已有不少官员提出了员外官政策中的"滞才"问题，同时注意到如果打通员外官迁转正员的渠道，可以对尸位素餐的正员官起到一定的"优者迁、劣者黜"⑤ 的威慑作用，以求提高行政效率。这一

---

① 王溥：《唐会要》卷六七《员外官》，第 1176 页。
② 诏书主要针对注授员外官，至于正员官贬黜为员外官，不在这份诏书涉及的范围内。
③ 王溥：《唐会要》卷六七《员外官》，第 1180 页。
④ 《新唐书》卷四五《选举志下》，第 1176 页。
⑤ 杜文玉：《论唐代员外官与试官》，《陕西师大学报》1993 年第 3 期，第 96 页。

视角突破了彼时员外官纯属"恩泽授官"的思维窠臼，开始将之置于官员选授的整体架构下进行考量。如景龙二年侍中苏瑰上疏："伏以所在员外，资次相当，简公方清干者，使即替授讫申闻。正员惧替，不敢僭违；员外希迁，自能励勖。"中书侍郎萧至忠提出，当今"才者莫用，用者不才，二事相形，十中有五"。① 前引卢怀慎所说"臣窃见员外官中，或簪裾雅望，或台阁旧人，或明习宪章，或谙闲政要，皆一时之良干也……滞其才而不申其用，尊其位而不尽其力……使贤不肖较然殊贯"，虽然疏奏不纳，但指出了问题的另外一面，值得重视。②

综上可知，在员外官中拔擢人才的程式规范化、制度化，直到开元二年敕颁布才完成。这种用人思路和注官程式在中晚唐被承续，③ 员外官进一步发展为预备官员行列与正员官之间的桥梁或跳板，资历未足或考课不佳者先授员外官，员外注官遂成为官员选任迁转序列中的一环。

开元中期，吏部尚书裴光庭主持制定"循资格"，"将贞观时期建立的具员簿和高宗朝建立的员阙申报等制度加以利用和完善，并统计出精确的职官员额数据，进而为《开元二十五年职员令》的修订提供重要依据"，之后李林甫开始主持"部分官员与机构的减省工作"，④ 这些数据和相应的改革很可能对作为"令外之官"的员外官也造成了相应的影响。开元二十二年二月，首次对地方员外官的员额进行规范，"应员外官所司

---

① 王溥：《唐会要》卷六七《员外官》，第 1177 页。
② 《旧唐书》卷九八《卢怀慎传》，第 3066—3067 页。又见于王溥《唐会要》卷六七《员外官》，第 1177 页。
③ 如《通典》卷一七《选人条例》，记有中唐赵匡条陈："其授试官及员外官等，若悉不许选，恐抱才者负屈；若并令集，则侥幸者颇多。当酌事宜，取其折中。请令所在，审加勘则，但无渝滥，并准出身人例，试判送省。……诸以荫绪优劳、准敕授官者，如判劣恶者，请授员外官。待稍习法理，试判合留，即依资授正员官。"（第 425—427 页）
④ 赵晨：《唐〈职员令〉的制度体系及其限度——以唐前期职官员额的变化为中心》，博士学位论文，中国人民大学，2023，第 53—54 页。

注拟，上州不得过四人，中州三人，下州及上县各二人，中县下县各一人"。① 值得注意的是，此处员额规定只涉及外官，说明内外员外官的管理仍有不同。前文提及的对员外官厘务的限制究竟是否包含京官员外副贰官的问题，当在分类管理的思路下求得解释。

《唐六典》记开元二十三年"敕以为诸色补署，颇多繁冗，停废诸司、监、署、府十余所，减冗散官三百余员。其见在员数，已具此书，各冠列曹之首；或未该者，以其繁细，亦存乎令、式"；② 至开元二十五年，"刊定职次，著为格令（原注：此格皆武德、贞观之旧制，永徽初已详定之，至开元二十五年再删定焉）"。③ 开元二十五年整体删定律令格式，对《职员令》制度体系进行适时适度的更新，员外官等非正员官的规制也受到一定影响。此外，前引开元以后"驸马皆除三品员外官，而不任以职事"，以及开元七年敕令"出身非伎术，而以能任伎术官者，听量与员外官。其选叙考劳，不须拘伎术例"，是开元年间员外官制度与皇亲宗室、伎术官等联动调整的体现，属于盛唐官制整合的一环，折射出其内部蕴含的协调性和制度调整空间。

# 余　论

《唐六典·尚书吏部》员外注官条，是以神龙年间员外官分判曹事敕

---

① 王溥：《唐会要》卷六七《员外官》，第 1180 页，下文并载有乾元二年九月二十三日诏，同见于王钦若等编《册府元龟》卷六九《帝王部·审官》，第 737 页，诏曰"今员外之官，所在甚众，既不厘务，空效驱驰，将适乡间，复拘职守，念其旅寓，良可优矜。应州县见任员外官，并任其所适，计秩满后，各与成资，仍于本色内减一两选与留。……如员外官中材识干济，曾经任使州县所资者，亦任量留，上州不得过五人，中州不得过四人，下州不得过三人，上县已上〔下〕不得过一人"，《唐会要》记为"每上州不得过五人，中州不得过四人，上县不得过三人，中县以下不得过二人"。这组数字的辨析并非本文的重点，但州县员外官的员额上限整体有所提高，可见限制员外官的举措并不能完全落实。此外，该诏文也说明此时大部分员外官"不厘务"而"空效驱驰"。
② 李林甫等：《唐六典》卷二"尚书吏部"条，第 34 页。
③ 杜佑：《通典》卷一九《历代官制总序》，第 472 页。

和开元二年量减员外官诏为依据而形成的制度叙述文本。这两道王言的规定，并非立竿见影，但以员额、职掌和注拟条件多重束缚划定了员外官的制度框架，此后相关诏敕都是在此框架内的重申和补充。① 若要对唐代员外官制度乃至《职员令》制度体系进行整体分析，还需对唐初员外授官的机构分布，员外注官的政务流程，员外官与检校官、试官以及相应部门正员官的关系，后武则天时代各类宗亲注授员外的具体情形等问题做出进一步研究。换言之，员外官选任的诸层面问题，可能是探究唐前期以《官品令》和《职员令》为基础的官僚制度体系基本原理和政治实践的重要切入点。

---

① 前文已有举例说明，此外典例如天宝六载御史中丞萧谅奏称"近缘有劳人等，兼授员外官，多分判曹务，颇多烦扰。前件官伏望一切不许知事，如正员官总阙，其长官简清干者权判，并本官到日停"（王溥：《唐会要》卷六七《员外官》，第1180页）；乾元三年闰月，考功奏："内外员外官等，除合在定数外，准敕并任其所适，既不入曹，无凭检考。比来或有申者，即与见在同奏，检勘之时，成破不一，文案混杂，条流未明。臣等商量，望请自今已后，内外文武员外同正及试官，除合在任外，一切不在申校之限，并听从授日计考，准中中例叙用。"从之。见王钦若等编《册府元龟》卷六三五《铨选部·考课》，第7346页。

# 中晚唐长安社会变迁的缩影

## ——崇仁坊

荣新江

《长安志》卷八崇仁坊条记载：

> 北街当皇城之景风门，与尚书省选院最相近，又与东市相连。按
> 选人京城无第宅者多停憩此。因是工贾辐凑，遂倾两市，昼夜喧呼，
> 灯火不绝，京中诸坊，莫之与比。[①]

《长安志》的上述描述，其实是中晚唐的情形，唐朝前期这里主要应当是
官人贵族的宅第。但这一记载，正透露出长安城内看似封闭的坊里空间，
其实前后期有着相当大的变化。本文以崇仁坊为例，试加申论。

## 一　唐朝前期的坊内宅第

唐朝初年，崇仁坊主要是达官贵人的大宅第，目前所知有高宗时的太
尉赵国公长孙无忌宅、尚书左仆射申国公高士廉宅，还有负责京城防务的
左金吾卫营地。随着唐初政治斗争中相关家族的沉浮，以及佛教、道教势

---

① 宋敏求：《长安志》卷八，辛德勇等点校，《长安志·长安志图》，三秦出版社，2013，
第275页。

力的发展，一些宅第主人有所变更。

《长安志》卷八崇仁坊条记：

> 坊东南隅，资圣寺。本太尉、赵国公长孙无忌宅。龙朔三年
> （663），为文德皇后追福，立为尼寺。咸亨四年（673），改为僧寺。
> 长安三年（703）七月，火焚之，灰中得经数部，不损一字，百姓施
> 舍，数日之间，所获巨万，遂营造如故。寺额中州刺史殷仲容所题，
> 楷法端妙，京邑所称。[①]

韦述《两京新记》卷二记：

> 崇仁坊，西南隅，景龙观。长宁公主宅。既承恩，盛加雕饰，朱楼
> 绮阁，一时胜绝。又有山池别院，山谷亏蔽，势若自然。中宗及韦庶人
> 数游于此第，留连弥日，赋诗饮宴，上官昭容操翰于亭子柱上写之。韦
> 氏败（710），公主随夫为外官。初欲出卖，木石当二千万。山池别馆仍
> 不为数，遂奏为观，请以中宗年号为名。词人名士，竞入游赏。[②]

《长安志》卷八崇仁坊条记：

> 西南隅，玄真观。半以东，本尚书左仆射、申国公高士廉宅。西
> 北隅，本左金吾卫。神龙元年（705），并为长宁公主第。东有山池
> 别院，即旧东阳公主亭子。韦庶人败（710），公主随夫为外官，遂
> 奏请为景龙观，仍以中宗年号为名。初欲出卖，官估木石当二千万，
> 山池仍不为数。天宝十二载（753），改为玄真观。[③]

---

① 宋敏求：《长安志》卷八，第 276 页。
② 韦述撰，辛德勇辑校《两京新记辑校》卷二，中华书局，2020，第 73 页。
③ 宋敏求：《长安志》卷八，第 276 页。按此处"天宝十二载"为"天宝十三载（754）"之
　误，因为改名"玄真观"的原因是十三载二月癸酉玄宗上"睿宗谥曰玄真大圣大兴孝皇帝"。

《唐两京城坊考》卷三崇仁坊条记：

> 坊南门之西，礼会院。本长宁公主宅。主及驸马杨慎交奏割宅向西一半，官市为礼会院，每公主、郡县主出降，皆就此院成礼，开元十九年（731）四月置。①

《新唐书》卷八三《诸帝公主传》记：

> 长宁公主，韦庶人所生，下嫁杨慎交。……又取西京高士廉第、左金吾卫故营合为宅，右属都城，左俯大道，作三重楼以冯观，筑山浚池。帝及后数临幸，置酒赋诗。又并坊西隙地广鞠场。……内倚母爱，宠倾一朝，与安乐宜城二主、后婿郇国崇国夫人争任事，赇谒纷纭。……韦氏败，斥慎交绛州别驾，主偕往，乃请以东都第为景云祠，而西京鬻第，评木石直，为钱二十亿万。开元十六年（728），慎交死，主更嫁苏彦伯。②

长孙无忌和高士廉都是太宗朝重臣，位高权重。长孙无忌是太宗皇后长孙氏的哥哥，而他们的舅舅就是高士廉，两人少年时在舅家长大。太宗有二十一女，其中东阳公主下嫁高士廉子高履行，新城公主下嫁长孙无忌从侄长孙诠。由此可以看出，位于崇仁坊东南隅的长孙家和位于西南隅的高士廉家，都是太宗朝的皇亲国戚，所以可以立宅第于太极宫近旁，地理位置极佳，也是便于与皇家往来。

高宗即位后，永徽六年（655）长孙无忌反对立武昭仪为后，未能成功。显庆四年（659）流放黔州，自缢而死。其从侄长孙诠流放巂州，随后被杀，新城公主改嫁韦正矩。长孙氏长安宅第估计为官府没收，所以数

---

① 徐松：《唐两京城坊考》，张穆校补，方严点校，中华书局，1985，第53页。
② 《新唐书》卷八三《诸帝公主传》，中华书局，1975，第3653页。

年后的龙朔三年（663），以为太宗文德皇后追福的名义，立为资圣尼寺，十年后改为僧寺。

高士廉贞观二十一年（647）病逝，其宅第应当由其子高履行继续使用，娶东阳公主，袭申国公，《两京新记》所说"山池别院"，《长安志》特别指出"即旧东阳公主亭子"，说明东阳公主也居此宅。但到了显庆三年（658），高履行受长孙无忌牵连，贬为洪州都督。龙朔三年（663）新城公主去世，韦正矩被杀。东阳公主受到牵累，"主坐婚家，斥徙集州。又坐章怀太子累，夺邑封。以长孙无忌舅族也，故武后恶之，垂拱（685—688）中，并二子徙置巫州"。① 长安宅第恐怕早已易主。到神龙元年（705）中宗即位后，这个豪宅由中宗与韦后的女儿长宁公主与其夫秘书监杨慎交占据，他们还吞并了左金吾卫营、坊西隙地，"又吞人数十屋"，② 《新唐书》本传说这所宅第最后是"右属都城，左俯大道"，可见是西接太极宫，东抵大路，应当占据了西南隅的全部土地。到了唐隆元年（710）韦后覆灭，杨慎交被贬为绛州别驾，公主也随之外出，所以这所宅第被售出，其宅第主体立为景龙观，"仍以中宗年号为名"。天宝十三载（754），改名为玄真观。宅第的另一部分，开元十九年（731）立为礼会院。

此外，唐前期崇仁坊的居民目前所知还有：太宗朝内给事李愍宅，贞观二十三年（649）去世；高宗朝赠使持节润州诸军事、润州刺史王府君夫人李正因宅，显庆四年（659）去世；中书令薛元超宅，光宅元年（684）去世；东门之北有睿宗朝的尚书左仆射、许国公苏瑰宅，景云元年（710）去世；玄宗朝右散骑常侍、舒国公褚无量宅，开元八年（720）去世，其《神道碑》为苏瑰子苏颋撰文；玄宗第二十五女太华公主宅，史称"甲第"，天宝年间去世；朝议郎、行司农寺导官署令任楚璇宅，天宝十三载（754）去世。此外还有一些县令、主事以下人物，不一一列举。③

---

① 《新唐书》卷八三《诸帝公主传》，第 3646 页。
② 王溥：《唐会要》卷五〇《观》，"元真观"条，上海古籍出版社，2006，第 1028 页。
③ 参看徐松撰，李健超增订《最新增订唐两京城坊考》，三秦出版社，2019，第 96—101 页。

在北门之东，还有一座隋代建立的宝刹寺，在《长安志图》中，宝刹寺与苏瓌宅列在崇仁坊东北隅。[①]

## 二　从王府到寺观——城市公共空间的扩大

笔者曾在《从王宅到寺观：唐代长安公共空间的扩大与社会变迁》一文中，[②] 简要提示这种城市建筑功能的转变给唐长安城带来的一些社会变化，这里在此基础上就崇仁坊的情况继续讨论。

### 1. 寺观游赏

开元初年的韦述在《两京新记》中特别描述崇仁坊长宁公主宅内的奢华和壮观，结合其他上述史料，我们知道这所甲第之中的朱楼绮阁，不仅雕饰胜绝，而且起三层高楼，可以凭视大街，又有山池别院，幽静自然，景观佳胜。但这样一个大宅第，一般人是进不去的，只有中宗及韦后率近臣数次游玩于此，留连弥日，赋诗饮宴。直到唐隆元年（710）韦后败，宅第才变成道观，"词人名士，竞入游赏"。可见没有机会进入这所豪宅的一般士人，蜂拥而入。这样，一所城市中完全封闭的宅院，就变成了社会大众可以进入的"公共空间"。上文中我曾举苏颋《景龙观送裴士曹》的诗句"昔日尝闻公主第，今时变作列仙家。池傍坐客穿丛筱，树下游人扫落花"来说明昔日公主宅第变成游人赏花的地方。

我们还可以举张九龄《景龙观山亭集送密县高赞府序》为证：

> 景龙东山，初主第也。始其置金榜，筑凤台，穷土木之功，极冈峦之势，议与盘石同体，造化较力，何其壮哉！自吾君茅茨不翦，采椽不斫，既抑华而务实，将设教以垂范。以故平阳化焉，罢歌舞于地；麻姑见者，变桑田于此时。所谓长女之宫，郁为列仙之馆。其后

---

① 胡海帆：《北京大学图书馆藏吕大防〈长安图〉残石拓本的初步研究》，荣新江主编《唐研究》第 21 卷，北京大学出版社，2015，附图。

② 荣新江：《隋唐长安：性别、记忆及其他》，复旦大学出版社 ，2010，第 67—88 页。

尝有好事，以为胜游，今日芳辰，携手接袂，往往而在，只取乐焉。高十官雌伏都畿，星言至止。闻殊庭之可尚，召嘉客以相欢。……青林修耸而垂彩，绿萝蒙笼以结阴，清流若镜，下照金沙之底；杂花如锦，傍缘石茵之崖。则可以藻饰形神，挥斥氛浑，相顾风尘之表，无负云霄之概。既而东主西宾，酒酣乐阕，聚必有散，匪伊麋鹿之群；往而不返，固亦山林之弊。[①]

可知公主宅第，土木之功，穷极奢侈；山冈之势，登峰造极。但现在已经变为道教的列仙之馆，成为文人、百姓胜游之地。遇到佳节芳辰，大家携手而至；送往迎来，也都在此设酒奏乐。因此，这所幽静的公主宅第变成了城市生活的公共空间，由静态走向动态的社会。

　　这所景龙观与宫城咫尺之隔，仍然是皇家供养的一所道观。景龙观主道士叶法善曾被玄宗封为金紫光禄大夫、鸿胪卿、越国公。[②] 观内的一些文物，也成为游览者观赏的对象，如著名的景龙观大钟，[③] 是"广召鲸工，远征凫匠，耶溪集宝，丽壑收珍"而建成，其功用在于"悬玉京而荐福，侣铜史而司辰"，为京城荐福，同时也像太史那样报时司辰。这座雄伟的洪钟的确如钟铭所说延续了"千岁"，[④] 迄今仍然矗立在西安碑林博物馆，是今日游客也必须参观的名胜。

　　景龙观中还有著名的道士司马承祯书写的《老子道德经》。史称："（开元）九年（721）三月，置石柱于景龙观，令天台道士司马承祯依蔡邕石柱三体，书写《老子道德经》。"[⑤] 这在当时也一定成为名胜。

　　城市公共空间的"名胜"，也是推进城市活动起来的一个重要方面。

①　董诰等编《全唐文》卷二九〇，中华书局，1983，第2946—2947页。
②　玄宗：《封叶法善越国公制》，董诰等编《全唐文》卷二〇，第241页。
③　西安碑林博物馆编《西安碑林博物馆》，陕西人民出版社，2000，第16—17页。
④　唐景龙观钟铭，见陈垣编《道家金石略》，文物出版社，1988，第100页。参看王翰章《景云钟的铸造技术及其铭文考释》，《文博》1986年第4期。
⑤　王钦若等编《册府元龟》卷五三《帝王部·尚黄老》，周勋初等校订，凤凰出版社，2006，第558页。

崇仁坊的资圣寺就是一个很好的例子，段成式《寺塔记》记载：

> 崇仁坊资圣寺净土院门外，相传吴生一夕秉烛醉画，就中戟手，视之恶骇。院门里卢棱伽尝学吴势，吴亦传以手诀，乃画总持三门寺，方半，吴大赏之，谓人曰："棱伽不得心诀，用思太苦，其能久乎！"画毕而卒。中门窗间，吴画高僧，韦述赞，李严书。中三门外两面上层，不知何人画人物，颇类阎令。寺西廊北隅，杨坦画近塔天女，明睇将瞬。团塔院北堂有铁观音，高三丈余。观音院两廊四十二贤圣，韩干画，元中书载赞。东廊北头散马，不意见者，如将嘶蹀。圣僧中龙树、商那和修绝妙。团塔上菩萨，李真画。四面花鸟，边鸾画，当药上菩萨顶，莐葵尤佳。塔中藏千部《法华经》。[①]

这里说到的吴道子、卢棱伽的画，带有传奇般的故事色彩，正是观赏者喜闻乐见的掌故。还有吴道子画高僧图，《两京新记》作者韦述赞文，李严书字，又传为阎立本的人物画；杨坦画天女；韩干画四十二圣贤图像，有宰相元载赞文；李真画菩萨；边鸾画花鸟。都是名家之作。甚至段成式时已经无法指出画家名称的散马，也生动得要跃出壁面。这些画作，自然会吸引大众前来观瞻。

中晚唐时期，寺院作为公共空间，被越来越多的士人、学子所利用，成为他们读书、聚会、切磋诗句、讨论学术的地方。

2. 从讲经到俗讲

佛教讲经有着很长的传统，唐朝官府也利用讲经活动来拉拢佛教。《册府元龟》卷五二《帝王部·崇释氏》记：

> 唐肃宗至德（756—758）中，内置道场供奉僧，晨夜念佛，动数百人，声闻禁外。中书侍郎、平章事张镐知之，奏曰："臣闻天子

---

① 段成式：《寺塔记》，《酉阳杂俎》卷六，中华书局，1981，第261页。

修福，当在安养含生，靖一风化，未闻区区僧教以致太平。伏愿陛下以无为为心，不以小乘挠圣虑也。"肃宗甚然之。上元二年（761）四月甲申，诏于唐兴寺设高座，讲论二教。七月癸巳，于景龙观设高座，讲论道释二教。①

《册府元龟》卷五四《帝王部·尚黄老》记：

> 上元二年七月癸巳，于景龙观设高座讲论道释二教。丁酉遣公卿百寮悉就观设醮讲论，自宰臣以下赐钱有差。②

这里所记，是安史之乱后肃宗在宫内的内道场讲经以奉佛，因为动辄百人，声音响亮，传出宫禁之外，骚扰民众，被大臣弹奏。于是在上元二年四月，改在唐兴寺讲经；七月在景龙观讲道，讨论释道二教。唐兴寺在崇仁坊东北隔一坊的大宁坊，景龙观应当就是玄真观，大概景龙作为此观名称更为有名。这样的佛道讲经局限在寺观范围内，参加者应当主要是公卿百僚。

《册府元龟》卷五二《帝王部·崇释氏》又记：

> 永泰元年（765）九月，于京城资圣、西明两寺置百高座，讲《仁王经》。内出二宝舆，中命有力者，衣金甲舁出。又结彩为菩萨、神王及八部鬼神、羊车、鹿车、牛车。内侍鱼朝恩护送，宰臣及百官列班于光顺门观礼，宰臣等表请依班序节级率钱以资僧，供二七日而罢。又诏宰臣及两省五品已上官、尚书省四品已上官、御史大夫、中丞、诸司长官并于西明寺行香，修斋，奏乐竟日而罢。俄以吐蕃、回

---

① 《册府元龟》卷五二《帝王部·崇释氏》，第546页。
② 《册府元龟》卷五四《帝王部·尚黄老》，第571页。

纥入寇，罢百高座讲经。十月复讲经于资圣寺。①

代宗永泰元年九月，佛讲改在崇仁坊的资圣寺和街西延康坊，东西相对，是有用意的安排。这次讲经之前，从大明宫光顺门送出两个宝舆，由金甲力士肩抗；又有彩绘菩萨、神王及八部鬼神像，以及羊车、鹿车、牛车，俨然一个游行队伍。宰臣与百官随至西明寺行香并修斋。这样穿过长安城内大街的游行队伍，必然引起广大民众的围观。圆照《大唐贞元续开元释教录》卷一称：

> 洎乎己（巳）、午（9—13点），两寺开经，万姓欢心，祥云方隐。缁素瞻仰，获庆非常。②

慧灵《仁王护国般若波罗蜜多经陀罗尼念诵仪轨序》也有类似的描写：

> 秋九月诏资圣、西明，百座敷阐，下紫薇而五云抱出，经长衢而万姓作礼。阡郭充满，犹墙堵焉。③

北宋僧遇荣集《仁王经疏法衡钞》卷一更加铺陈：

> 寻至秋九月，诏资圣、西明两寺各五十人，百座敷阐，下紫微而千官作礼，经出内而百姓观瞻，遂感庆云呈瑞，喜气浮空，两街缁侣，威仪整肃，幡华前引，音乐后随，内外咸欢，京城共喜，千郭充

---

① 《册府元龟》卷五二《帝王部·崇释氏》，第546页；参看《资治通鉴》卷二二三，代宗永泰元年九月条。
② 《大正藏》第55册，第752页上。
③ 《大正藏》第19册，第513页下。

满，犹墙堵焉。①

可见当时讲经活动引发百姓上街观瞻，人群众多，形同一堵墙。

至十月，在资圣寺再次讲经。虽然讲经本身还限制在百官与僧众范围内，但已经和普通的讲经活动不同而牵动了城市的脉搏。

此外，圆照《大唐贞元续开元释教录》卷一还记载郭子仪班师还朝的一幕：

> 时制使关内河中副元帅司徒兼中书令上柱国汾阳郡王郭子仪杖节出师，亲总戎律发于帝里，洎彼泾阳。凭恃天威，赖兹经力。……然后收军整律，振旅还京，亲对天颜，特蒙赐赉。敕资圣寺百座道场。取闰十月二十二日，设无遮斋以成庆散。是日也，寺南门外陈布道场，尽正一坊东西街内，弈幕云布，幡花丽天，尊容焕然，光照人里。饭僧既毕，六乐争陈，百戏充盈，歌吹尽日。……又特降恩旨，赐资圣讲堂名为"永泰善法之堂"。此即万古千秋法门故事也。②

为了庆祝这一大喜日子，皇帝敕令在资圣寺举行百座道场，设无遮大会。因为人数众多，寺院中难以容纳，所以在寺院南门外设道场，利用宽广的东西大街来举行法会。原本庄严的佛教斋会，演变成为六乐争鸣、百戏充盈、吹奏竟日的热闹景象，成为民众喜闻乐见的"庙会"了。

到了晚唐时期，寺院道观面对一般大众的俗讲开始流行起来。日僧圆仁《入唐求法巡礼行记》卷三记载了长安寺观俗讲的情况：

> 改开成六年为会昌元年（841）。又敕于左右街七寺开俗讲。左街四处：此资圣寺（在崇仁坊）令云华寺（在常乐坊）赐紫大德海

---

① 《卍新纂续藏经》第 26 册，第 430 页下。
② 《大正藏》第 55 册，第 752 页下。

岸法师讲《花严经》，保寿寺（在翊善坊）令左街僧录三教讲论赐紫引驾大德体虚法师讲《法花经》，菩提寺（在平康坊）令招福寺（在崇义坊）内供奉三教讲论大德齐高法师讲《涅槃经》，景公寺（在常乐坊）令光影法师讲。右街三处：会昌寺（在金城坊）令内供奉三教讲论赐紫引驾起居大德文溆法师讲《法花经》——城中俗讲，此法师为第一；惠日寺（在怀德坊）、崇福寺（在休祥坊）讲法师未得其名。又敕开讲道教：左街令敕新从剑南道召太清宫内供奉矩令费于玄真观（在崇仁坊）讲《南华》等经；右街一处，未得其名。①

圆仁所记唐朝官府敕令可以进行俗讲的七所寺院中，首位就是崇仁坊的资圣寺，这里请的是常乐坊云华寺的海岸法师来讲《华严经》；其南边的平康坊菩提寺则请崇义坊招福寺的齐高法师讲《涅槃经》。另外，还有两处道教讲经，其一就在崇仁坊玄真观，请太清宫内供奉矩令费讲《南华真经》等。此外，《南部新书》戊称"尼讲盛于保唐"。② 保唐寺是大中六年（852）由菩提寺所改，在平康坊，因为此坊为"诸妓所居之聚"，③ 所以听众中应当有不少是"诸妓"。

由此可见，崇仁坊因为处在长安东街最繁华的区域，其佛寺道观又有皇家支持，所以俗讲活动的主要场所被选在这里。中晚唐寺观作为公众文化的场所，推动了城市大众文化的传播。而俗讲活动聚集大量民众，必然带动原本规定的市场范围之外相关商业活动的进步。

## 三　唐朝中后期的主要变化

比较崇仁坊唐朝前后期居民情况，明显多出两类人群：一是举子和选

---

① 圆仁著，小野胜年校注，白化文等修订校注《入唐求法巡礼行记校注》，花山文艺出版社，1992，第369页。
② 钱易：《南部新书》，黄寿成点校，中华书局，2002，第67页。
③ 郑棨：《北里志》，《唐五代笔记小说大观》下册，上海古籍出版社，2000，第1404页。

人，一是地方藩镇进奏院的驻京办事人员。

本文开篇所引《长安志》中说到的"选人京城无第宅者多停憩此"，这里的选人应当包括赴京赶考的举子和获得科举出身等待官位的选人。按照唐代的科举制度规定，[①] 各地的举子要十月入京，向尚书省报到，交纳文解（州县荐举证书）和家状，举人互保，申报在长安的寓所。此即所谓"孟冬之月，集于京师。麻衣如雪，纷然满于九衢"。[②] 选人当中，有些是京官外任的子弟，在长安原本就有房产；大多数则没有宅第，所以需要租住民房或投宿寺观，有的则住旅馆。[③] 因为崇仁坊的地理位置对考生来说有诸般方便，特别是最接近于考试地点和放榜之处，所以有钱的考生必然首选崇仁坊居住，但贫寒的考生只能找偏僻的坊巷居住了。

磨勘审查后，十一月公布考生名单。此时考生要到可能出任主考官的公卿士大夫门上行卷，把自己的诗赋作品提前递交上去，展示才华："唐举子先投所业于公卿之门，谓之行卷。"[④] 如果没有回应，则再次上书，称为"温卷"。[⑤] 唐朝后期长安有东贵西富现象，也就是说随着大明宫的启用，官员们为了上朝方便，纷纷从街西搬到街东，特别是长安城东北部，是官僚士大夫集中的地方，其中就包括历年的主考官。所以选人到这些公卿门下去行卷，最方便的也是在街东的坊里居住，而崇仁坊又是行卷活动出发的最佳之地。

十一月，举子前往大明宫朝见皇帝，与当州土贡并列，也要到国子监，拜谒先师孔子像。崇仁坊北隔两坊之地就是大明宫，其正北就对着大

---

① 以下有关科举、行卷、宴集等一般情形，参看以下各书的相关部分：程千帆《唐代进士行卷与文学》，上海古籍出版社，1980，又收入《程千帆全集》第 8 卷，河北教育出版社，2001；吴宗国《唐代科举制度研究》，辽宁大学出版社，1992；傅璇琮《唐代科举与文学》，文史哲出版社，1994。

② 牛希济：《荐士论》，董诰等编《全唐文》卷八四六，第 8890 页。

③ 关于旅馆，参看韩香《唐代长安的旅舍》，荣新江主编《唐研究》第 15 卷，北京大学出版社，2009，第 51—73 页。

④ 计有功著，王仲镛校笺《唐诗纪事校笺》卷六五《裴说》，巴蜀书社，1989，第 1748 页。

⑤ 赵彦卫：《云麓漫钞》，中华书局，1996，第 135 页。

明宫的正门丹凤门，举子们从崇仁坊出发，最为便利。唐朝国子监在务本坊，就在崇仁坊东南面，去国子监更为便捷。

正月或此后举行考试，考试地点唐前期在尚书省都堂，开元二十四年（736）以后改在尚书省南部的礼部贡院。卯时（5—7点）开始，酉时（17—19点）结束，未完成者给蜡烛三条，烛尽为限，收取考卷。考生进入考场，要带上全天的干粮和用具，住在崇仁坊的考生可以在东市准备相关材料，而从崇仁坊出发，跨过一条街，进入景风门，即可到礼部南院。

二月放榜，钟鼓初鸣，张榜于礼部南院东墙，墙高丈余，周围绕以棘篱。在长安钟鼓初鸣，宫门和坊门开启的时候，第一时间可以冲到礼部南院东墙处的考生，就是住在崇仁坊而彻夜不眠、等待这一时刻到来的举子们。大唐西市博物馆藏《李浔墓志》称：

> 近俗尤尚新得第进士，先一日，必窥觑罅隙，刺侦将上之籍。闻得则夜漏未尽，持炬守省门，仍贷假冠屦车马，以支一春游谒。公是日日至辰，方乘驴至榜下，一谢已，复闭门治笔砚。[1]

可见大多数举子前一日就在打听考试结果，看看自己可能在什么位置，然后夜漏未尽，就举着火炬等待在尚书省门外。因为街道宵禁，最近的地点就在崇仁坊的西门。李浔这位皇家弟子则与众不同，等到辰时（7—9点）才骑驴到榜下，看到自己的名字在上面，道声谢，就回宅继续写作去了。大多数举子希望第一时间知道考试结果，因为一旦入选，则如登天。唐人有诗曰："桂苑五更听榜后，蓬山二月看花开。"[2] "一声天鼓辟金扉，三十仙材上翠微。"[3] "风吹金榜落凡世，三十三人名字香。"[4] 尚书省的榜

---

[1] 胡戟、荣新江主编《大唐西市博物馆藏墓志》，北京大学出版社，2012，第952—953页。

[2] 黄滔：《二月二日宴中贻同年封先辈渭》，彭定求等编《全唐诗》卷七〇五，中华书局，1960，第8111页。

[3] 韦庄：《放榜日作》，彭定求等编《全唐诗》卷六九五，第8000页。

[4] 周匡物：《及第谣》，彭定求等编《全唐诗》卷四九〇，第5549页。

文用黄纸淡墨书写，称之"金榜"，或按时令称作"春榜"。

此后，及第进士有期集，拜谢座主（谢恩），答谢主司赏识提拔，并在座主的引导下，到尚书省都堂参谒宰相，谓之"过堂"，这些也都是崇仁坊的及第进士最为便利。再后来就是各种宴集，包括相识、闻喜、樱桃、月灯打球、牡丹、看佛牙，还有杏园探花、雁塔题名，所谓"春风得意马蹄疾，一日看尽长安花"。① 从这些宴集的地理位置来看，大多数在长安城东南区域，也就是长安城的游玩地，从崇仁坊到这些地方亦不困难。

此外，《北里志》称："诸妓皆居平康坊，举子、新及第进士……者，咸可就诣。其中诸妓，多能谈吐，颇有知书言语者。其分别品流，衡尺人物，应对非次，良不可及。"② 崇仁坊与平康南北相接，是举子、进士到平康坊与诸妓交往的最便利之所。

安史之乱后，崇仁坊的另一个突出特征是有很多地方节度使府的进奏院。唐朝前期各州在长安有办事处，称作"州邸"。大历十二年（777）五月十一日，"诸道先置上都邸务，名留后使，宜令并改为上都进奏院官"，③ 以后则为节度使的进奏院。据《两京新记》《长安志》《唐两京城坊考》统计，进奏院最为集中的地方就是崇仁坊，计有 23 所：东都进奏院、河南进奏院、商州进奏院、汝州进奏院、汴州进奏院、淄青进奏院、淮南进奏院、兖州进奏院、太原进奏院、幽州进奏院、盐州进奏院、丰州进奏院、沧州进奏院、天德进奏院、荆南进奏院、宣歙进奏院、江西进奏院、福建进奏院、广州进奏院、桂州进奏院、安南进奏院、邕州进奏院、黔南进奏院。其次多的在平康坊，有 13 所：同华进奏院、河中进奏院、襄州进奏院、河阳进奏院、徐州进奏院、魏州进奏院、泾原进奏院、灵武进奏院、夏州进奏院、昭义进奏院、浙江西道进奏院、浙江东道进奏院、容州进奏院。其他坊里都在 4 所以下，可见进奏院之集中在崇仁、平康二

① 孟郊：《登第后》，彭定求等编《全唐诗》卷三七四，第 4205 页。

② 孙棨：《北里志》，《唐五代笔记小说大观》下册，第 1403 页。

③ 王溥：《唐会要》卷七八《诸使杂录上》，第 1702 页。

坊的情况。

王静《朝廷和方镇的联络枢纽——试谈中晚唐的进奏院》[1] 根据宋敏求《长安志》等所记各地进奏院在长安各坊的分布，指出它们主要集中在太极宫、大明宫、兴庆宫三大内之间，因为这里便于进奏院的人往来处理公务，同时此区域也是长安信息最为发达的地方。还有就是东市的采买方便，以及常年驻京办事的诸将辈与平康坊三曲中诸女妓之母可以长期相伴。[2] 这里也是进奏院打听消息的途径之一。我们从敦煌文书 S.1156《光启三年（887）沙州进奏院上本使状》中，可以了解到沙州归义军进奏院人员在长安求取节度使旌节的种种运作，如何"修状四纸，同入中书，见宰相论节"，又如何"修状七纸，经四相公、两军容及长官过"，还有如何"求嘱得堂头要人……将人事数目立一文书呈过，兼设言约"，等等，[3] 非常形象地展现了进奏院在官、私两种途径中奔波求节的情形。虽然目前还不清楚沙州归义军的进奏院在哪个坊，但崇仁坊一带是这种官私行走的最方便之处。

## 结　语

崇仁坊位于长安外郭城的东北部，朱雀大街第三列从北向南第四坊。其西北角是太极宫的景风门，里面就是尚书省的选院，每年科举考试的结果是在景风门内的礼部南院东墙张榜，这是选人们集中在此的原因之一。崇仁坊北面隔着三个坊的距离即大明宫，是中晚唐的权力核心所在。东面隔着胜业坊即兴庆坊，唐玄宗时立为兴庆宫，是开元、天宝年间的权力中心，胜业坊住着玄宗的兄弟等皇亲国戚。崇仁坊的南面是平康坊，为妓女

① 邓小南主编《政绩考察与信息渠道：以宋代为重心》，北京大学出版社，2008，第235—273页。

② 孙棨：《北里志》，《唐五代笔记小说大观》下册，第1404页。

③ 荣新江：《归义军史研究——唐宋时代敦煌历史考索》，上海古籍出版社，1996，第187—189页。

集中之地，东南为东市，交往便利，生活方便，这也是选人集中于此的另外两个原因。崇仁坊的南墙外，就是沟通长安城东西的大道，向东出春明门往东南最为便利；往西出金光门是去西北和西南的起点。唐朝长安城内坊外的大道，夜里有宵禁制度，但坊内不受限制，所以这些选人可以在崇仁坊内"昼夜喧呼，灯火不绝"，热闹程度为京城之最。地理位置赋予了崇仁坊繁华。

唐朝前期长安城坊里，特别是密近宫苑如崇仁坊之地，往往都是皇亲贵族和高官将领的深宅大院，或者是以译经传法为主要功能的佛寺道观。但随着唐朝政治斗争的此起彼伏，崇仁坊的一些高官或公主宅第转化成寺观，从而变成一般人也可进入的"公共空间"，成为人们游玩、聚会、交游、娱乐的场所。安史之乱后，这里由于优越的地理条件，又成为各地举子聚居和地方节度方镇的进奏院集中的地方，举子和进奏院官人的活动，给长安城的经济、文化等方面都带来活跃的因子，推动了长安城从一个封闭都市向开放都市转变。

# 皇帝的"主场"：唐后期延英召对制度补论

叶　炜

吴宗国先生指出，与前代相比，不同层次的议政在唐代更为规范并在政务处理中发挥了更为重要的作用。[①] 其中，作为唐后期最高层次决策会议的延英召对尤其引人注目，学界研究成果已多，本文仅就延英召对的时间安排与决策特点略做补充，以期对延英召对所体现的唐后期中枢决策机制获得更为深入的认识。

## 一　延英召对的时间安排

皇帝与宰相等核心大臣商议军国要务的延英召对成为经常性制度，是在唐肃宗、代宗以后，[②] 但对于何时召开延英会议，长时期并没有明确的安排。直到唐末哀帝天祐二年（905）十二月下诏，"宜每月只许一、五、九日开延英，计九度。其入阁日，仍于延英日一度指挥；如有大段公事，中书门下具榜子奏请开延英，不计日数，付所司"，[③] 明确了常规延英召对时间安排在每月上中下三旬中的一、五、九日，每月共开九次。有重要

---

① 吴宗国：《中国古代的王朝和皇权》，氏著《中古社会变迁与隋唐史研究》，中华书局，2019，第701—702页。

② 袁刚：《延英奏对制度初探》，《北京大学学报》1989年第5期；谢元鲁：《唐代中央政权决策研究（增订本）》，北京师范大学出版社，2020，第66页。

③ 《旧唐书》卷二〇下《哀帝纪》，中华书局，1975，第803—804页。"不计日数"，《唐会要》卷二四《朔望朝参》作"不拘日数"，上海古籍出版社，1991，第547页。

事务还可以临时奏请开延英。对此前近一百五十年的情况，学界多认为皇帝开延英并无一定之规，[①] 这一认识大致是正确的。笔者在这里想要补充说明的是，在此期间，虽然没有明确的制度安排，但也逐渐形成了一些惯例，这些惯例体现了对皇帝执政的基本要求，同时，皇帝对惯例的突破，往往体现了皇帝在执政过程中的主动性。

延英召对的时间安排，与唐代皇帝常朝"只日视朝"的惯例有关。唐代的常朝原则上每天都有，但实际无法做到，逐渐形成了隔日视朝的惯例。关于"只日视朝"，《旧唐书·文宗纪》史臣曰："故事，天子只日视事。"《新唐书·文宗纪》赞曰："唐制，天子以只日视朝。"[②] 以上史料或未说明这一惯例的存在时段，或泛称唐制。难道有唐一代均为此制吗？对此，宋代史料中有更为明确的表述。张洎在宋太宗淳化二年（991）上疏中认为唐肃宗以下有此惯例："自天宝兵兴之后，四方多故，肃宗而下，咸只日临朝，双日不坐。"[③] 成书于宋神宗元丰元年（1078）的《玉壶清话》记宋太宗时朱昂曾言："高宗寰宇宁静，长孙无忌请隔日视事。悉从。自后双日不坐，只日御视……遂为通式。"[④] 把这一惯例开始的时间提前到了唐高宗时期。因为延英召对往往安排在常朝结束之后，故若按照宋人表述或《新唐书》泛称唐制，则始于肃宗、代宗时期的延英召对从一开始就安排在"只日"举行。其实，这种认识并不准确，延英召对安排在"只日"是在德宗后期至宪宗前期才渐成惯例的。

首先，在代宗、德宗时期能够显示延英召对具体时间的史料中，既有安排在只日举行的，也有安排在双日举行的，二者数量大致相当。安排在

① 松本保宣：《唐王朝の宫城と御前会議——唐代聴政制度の展開》，晃洋书房，2006，第29页；杜文玉：《论唐大明宫延英殿的功能与地位——以中枢决策及国家政治为中心》，《山西大学学报》2012年第3期，第199页；赵耀文：《何以"制度"：晚唐五代的延英议政及其"制度化"研究》，《历史教学》2021年第7期，第37页。

② 分见《旧唐书》卷一七下《文宗纪下》，第580页；《新唐书》卷八《文宗纪》，中华书局，1975，第253页。

③ 李焘：《续资治通鉴长编》卷三二，太宗淳化二年（991）十二月条，中华书局，1979，第727页。

④ 文莹：《玉壶清话》卷六，郑世刚、杨立扬点校，中华书局，1984，第63页。

只日的，如德宗贞元九年（793）"冬十月己酉，侍中马燧对于延英"，①
贞元九年十月己酉为十月初三。贞元十年五月，陆贽作《均节赋税恤百
姓六条》，文中提及"臣前月十一日延英奏对"，② 显然是只日举行。延
英召对安排在双日的，如代宗时的两次。宝应元年（762）四月代宗即
位，沿用宝应年号，是年"九月壬午，御延英殿，会宰臣等议政事，自
辰至午乃罢。丙戌，御延英殿，会宰臣等议政事，自辰至巳乃罢"。③ 宝
应元年九月壬午是九月六日、丙戌为十日，代宗连续两次延英召对均在
双日。又德宗贞元元年（785）"八月甲子诏：'不御正殿，奏事悉于延
英。'庚寅，视朝于延英殿，群臣列位于延英门外，申甲子之诏也"。④
贞元元年八月庚寅为八月二十八日。可见代宗初年至德宗前期尚未形成只
日视朝的惯例。

其次，德宗后期至宪宗前期，虽然仍存在个别安排在双日的延英召
对，⑤ 但大多数延英召对在只日。更为重要的是，史料中出现了某些表
述，意味着"只日视朝""双日不坐"的惯例逐渐形成。《旧唐书》卷一
三《德宗纪下》：

> ［贞元十三年（797）十月］丁丑，徐泗节度使张建封来朝，上
> 嘉之，次日于延英召对。

---

① 《旧唐书》卷一三《德宗纪下》，第 377 页。
② 《陆贽集》卷二二《均节赋税恤百姓六条·其六论兼并之家私敛重于公税》，王素点校，
中华书局，2006，第 770 页。
③ 王钦若等编《册府元龟》卷五八《帝王部·勤政》，中华书局，1960，第 649 页。
④ 王钦若等编《册府元龟》卷一〇七《帝王部·朝会一》，第 1278 页。
⑤ 德宗贞元十三年六月十二日，曾因雨而停朝参。见郭广伟校点《权德舆诗文集》卷四四
《中书门下谢雨雪量放朝参表》，上海古籍出版社，2008，第 675 页。又如宪宗元和四年
（809）十月"戊子，上御延英殿，度支使李元素、盐铁使李墉、京兆尹许孟容、御史中
丞李夷简、给事中吕元膺、穆质、右补阙独孤郁等极言其不可"；又元和七年三月丙戌
"上御延英殿"与宰相李吉甫、李绛议政。分见《资治通鉴》卷二三八，中华书局，
1956，第 7667—7668 页；同书同卷第 7689 页。元和四年十月戊子为十月十六日，元和
七年三月丙戌为三月二十八日。

"十月丁丑"为十月二十五日，次日则是二十六日，为双日。对这件事，两《唐书·张建封传》分别作"十三年冬，入觐京师，德宗礼遇加等，特以双日开延英召对，又令朝参入大夫班，以示殊宠"；"十三年，来朝，帝不待日召见延英殿，诏会朝赴大夫班，以示殊宠，建封赋《朝天行》以献"。① 《新唐书》"不待日召见延英殿"的表述，意味着开延英存在相应的规定，有规定才有所谓"不待日"；而《旧唐书》"特以双日开延英召对"，则意味着这种规定或许包括"双日不坐"的内容，因此双日开延英被视为特开。

与此相关，还可以举出《册府元龟》所记贞元十八年德宗延英召对许孟容的例子：

> 十八年三月，以前摄东都团练使齐总为衢州刺史，给事中许孟容上表封还。时左补阙王武陵、右补阙刘伯刍复上疏言之，由是诏书留中不出。明日雨不视事，特开延英门，召许孟容对，帝慰谕开纳曰："使百执事皆如卿，朕何忧也。"②

德宗开延英"召许孟容对"的具体时间，可以参考《资治通鉴》的记载：

> 浙东观察使裴肃既以进奉得进，判官齐总代掌后务，刻剥以求媚又过之。三月，癸酉，诏擢总为衢州刺史。给事中长安许孟容封还诏书……诏遂留中。己亥，上召孟容，慰奖之。③

许孟容封还诏书、诏书留中是在贞元十八年三月癸酉，即三月十七日。《册府元龟》云"明日"开延英，癸酉之后当为甲戌，但《资治通鉴》记

---

① 分见《旧唐书》卷一四○《张建封传》，第3830页；《新唐书》卷一五八《张建封传》，第4940页。
② 王钦若等编《册府元龟》卷一○○《帝王部·听纳》，第1199页。
③ 《资治通鉴》卷二三六，德宗贞元十八年（802）三月条，第7599页。

为"己亥"。是年三月无己亥日，己亥为四月十三日。参《唐会要》"后数日，不得雨，不视事，特开延英，召孟容对"① 的记载，开延英并不是在许孟容封还诏书后的第二天，当以《资治通鉴》四月十三日开延英的记录更为可信。

《册府元龟》"明日"的说法是不准确的。但《册府元龟》的"雨不视事"，优于《唐会要》"不得雨，不视事"的记载。十三日为只日，因为下雨才不上朝，那么可见这时候已经形成了"只日视事"的惯例。又宪宗元和五年（810）"十二月十二日，（义武军节度使张茂昭）至京师。故事，双日不坐，是日特开延英殿对茂昭，五刻乃罢"。② 在有"双日不坐"的"故事"前提之下，十二日开延英被称为"特开"。

因此，在德宗后期至宪宗前期，形成了"只日视朝""双日不坐"的惯例，延英召对通常设于只日。元和十年诏书再次强调"自今以后，常参官入朝，以见到人名衔进来，其朔望及双日莫进"。③ 此后，特别是从穆宗以后直至唐末制度调整之前，史料显示的延英召对具体时间，除个别特召外，均设置于只日。

在形成了"只日视朝"的惯例之后，虽然绝大多数延英召对安排在只日，但是只日却不一定举行延英召对。那么唐后期延英召对的频率大致如何呢？宋人有唐"五日一开延英"④ 的记载，但不知依据何在。以唐代史料核之，"五日一开延英"并非唐代的惯例，或许可以视为对皇帝延英召对频率的基本期望。

首先需要说明的是，唐后期由于皇帝个人的勤政程度不同、能力有异，有些皇帝与大臣交流较多，开延英较为频繁。如宪宗在一次延英召对时表示，"朕入禁中，所与处者独宫人、宦官耳。故乐与卿等且共谈为理

---

① 王溥：《唐会要》卷五四《省号上·给事中》，第 1099—1100 页。
② 《旧唐书》卷一四一《张茂昭传》，第 3859 页。
③ 王钦若等编《册府元龟》卷一〇七《帝王部·朝会一》，第 1281 页。
④ 李焘：《续资治通鉴长编》卷九六，真宗天禧四年（1020）十月条，第 2219 页；卷一二四，仁宗宝元二年（1039）七月条，第 2919 页。

之要，殊不知倦也"。① 元和八年五月中下旬，因为连日下雨，"延英不开十五日"，六月初一，宪宗对宰相说"今后每三日，雨亦对来"。② 又如文宗大和初"每奇日未尝不视朝"，"辍朝、放朝皆用偶日"。③ 在这里，笔者更想探讨的是延英召对频率的下限。

唐后期的皇帝中，相对不勤于政务的是穆宗和敬宗，二者共同的特点是"坐朝常晚"。④ 从唐人对两位皇帝的批评，可以看出唐代大臣对于延英召对频率的基本认识。穆宗即位后不久，"不修政道，盘游无节"，监察御史杨虞卿上疏谏曰："自听政已来，六十日矣，八开延英，独三数大臣仰龙颜，承圣问。其余侍从诏诰之臣，偕入而齐出，何足以闻政事哉？"⑤ 杨虞卿的批评，意在指出延英召对接触的大臣数量很少，其余大臣只是上朝时走一个过场，没有机会向皇帝奏报。可见单就延英召对而言，两个月八次，并不算少。对敬宗的情况，裴度曾有批评："陛下每月约六七度坐朝。天下人心，无不知陛下躬亲庶政，乃至河北贼臣远闻，亦皆耸听。自两月已来，入阁开延英稍稀，或恐大段公事须禀睿谋者，有所拥滞。伏冀陛下乘凉数坐，以广延问。"⑥ 在裴度眼中，如果每月六七次见大臣、论政事，就称得上"躬亲庶政"了。"两月已来，入阁开延英稍稀"，当是指敬宗"每月视朝不过一二"的情况。⑦

因此，在唐人眼中，若每月开延英一两次，是不够的；每月四次开延英，就不算少了；每月六七次，即可称为勤政。这大致也与宋人追溯唐制"五日一开延英"的说法吻合。此或可视为唐人对皇帝延英召对频率的基本期望。

---

① 《资治通鉴》卷二三八，元和七年（812）五月条，第7691页。
② 《旧唐书》卷一五《宪宗纪下》，第446页。
③ 《资治通鉴》卷二四三，宝历二年（826）十二月条，第7853页。
④ 《旧唐书》卷一五五《崔郾传》，"穆宗即位，荒于禽酒，坐朝常晚"，第4118页。同书卷一五四《刘栖楚传》，"敬宗即位，畋游稍多，坐朝常晚"，第4106页。
⑤ 《旧唐书》卷一七六《杨虞卿传》，第4562页。《新唐书》卷一七五《杨虞卿传》作"八对延英"，第5248页。
⑥ 《旧唐书》卷一七〇《裴度传》，第4429页。
⑦ 《资治通鉴》卷二四三，宝历二年（826）十二月条，第7853页。

## 二 皇帝的"主场"

对"只日视朝""双日不坐"的惯例形成以及延英召对频率有了较为清晰的认识之后，有助于理解打破惯例之"特召"的意义所在。松本保宣先生搜集了唐代延英殿特召的史料，[①] 为进一步分析奠定了基础，提供了方便。但就本文的论题而言，其罗列的资料略有不足之处：一是大多数资料为代宗至德宗前期，这时延英召对的惯例尚未形成，很难说是突破惯例的特召；二是松本保宣先生对延英召对采取了比较宽泛的定义，故在延英殿内举行的礼仪性质较强的活动，如接见外国使节、接见即将任职的官员等也被纳入其中，但这些内容并不属于最高决策会议；三是对于打破惯例举行的、作为最高决策会议的延英召对，仍有遗漏之处。下面，笔者选取宪宗时期两个未被松本保宣先生视为"特召"的例子进行分析。

《旧唐书·裴度传》载：

> （宪宗元和十一年）六月，蔡州行营唐邓节度使高霞寓兵败于铁城，中外恟骇。先是诏群臣各献诛吴元济可否之状，朝臣多言罢兵赦罪为便，翰林学士钱徽、萧俛语尤切，唯度言贼不可赦。及霞寓败，宰相以上必厌兵，欲以罢兵为对。延英方奏，宪宗曰："夫一胜一负，兵家常势。若帝王之兵不合败，则自古何难于用兵，累圣不应留此凶贼。今但论此兵合用与否，及朝廷制置当否，卿等唯须要害处置。将帅有不可者，去之勿疑；兵力有不足者，速与应接。何可以一将不利，便沮成计？"于是宰臣不得措言，朝廷无敢言罢兵者，故（裴）度计得行。[②]

---

① 松本保宣：《唐王朝の宮城と御前会議——唐代聴政制度の展開》，第31—32页。

② 《旧唐书》卷一七〇《裴度传》，第4415—4416页。

这一次延英召对的具体是时间是"六月甲辰"，[①] 元和十一年六月甲辰为六月十日。此时"只日视朝"的惯例已成，且前一年又刚颁布"朔望及双日莫进"的诏书，故这一次在双日进行的延英召对当属于皇帝特召。

之所以延英特召，是因为决策层对平淮西一直意见不一，很多人持罢兵言和的意见。如前引《旧唐书·裴度传》所云"朝臣多言罢兵赦罪为便，翰林学士钱徽、萧俛语尤切"。除了翰林学士，刚刚被提拔为宰相的李逢吉也对平淮西持反对意见，史称"裴度讨淮西，逢吉虑成功，密图沮止，趣和议者请罢诸道兵"。[②] 而高霞寓兵败铁城、全军覆没，更是动摇了决策层的决心。就在这一次延英召对之时，"宰相入对，相谓曰：'帝必有问，未知所以对，如何？'或言其不可复用兵状"。[③] 宰相之间在延英召对之前的私下交流，宪宗或许并不了解，但宰相中存在罢兵的意见，宪宗一定知晓。因此，宪宗在得到高霞寓兵败消息的当天，立刻特召开延英。在延英会议上，未等李逢吉等提出具体意见，宪宗便首先定调，即"延英方奏，宪宗曰：'夫一胜一负，兵家常势。……何可以一将不利，便沮成计？'"结果"宰臣不得措言，朝廷无敢言罢兵者，故（裴）度计得行"。延英会议上，宪宗先入为主，成功压制了罢兵的意见，支持了裴度平淮西的战略决心。这一次延英特召，无疑显示了宪宗在中枢决策方面的主动性与控制力。

另外一个是元和十二年七月的一次延英召对：

> 李愬、李光颜屡奏破贼，然国家聚兵淮右四年，度支供饷，不胜其弊，诸将玩寇相视，未有成功，上亦病之。宰相李逢吉、王涯等三人以劳师弊赋，意欲罢兵，见上互陈利害。度独无言，帝问之，对曰："臣请身自督战。"明日延英重议，逢吉等出，独留度，谓之曰：

① 《旧唐书》卷一五《宪宗纪下》，第456页。
② 《新唐书》卷一七四《李逢吉传》，第5221页。
③ 王钦若等编《册府元龟》卷五七《帝王部·英断》，第636页。

"卿必能为朕行乎？"度俯伏流涕曰："臣誓不与此贼偕全。"上亦为之改容。度复奏曰："臣昨见吴元济乞降表，料此逆贼，势实窘蹙。但诸将不一，未能迫之，故未降耳。若臣自赴行营，则诸将各欲立功以固恩宠，破贼必矣！"上然之。①

所谓"明日延英重议"的具体时间，当是元和十二年七月乙卯，② 乙卯是二十八日，为双日，这一次延英召对亦属特召。特召的背景同样与淮西用兵有关，平淮西之战迁延日久，经济负担很重，"宰相李逢吉、王涯等三人以劳师弊赋，意欲罢兵，见上互陈利害"，决策层中罢兵呼声再度高涨。宪宗特召延英会议，将主战的裴度留到最后，单独交流，避免了其他意见的干扰。在分析形势后，君臣坚定了主战的决心。宪宗第二天便诏命裴度为门下侍郎、同平章事、兼彰义节度使，充淮西宣慰处置使，③ 赴淮西督战，解决统一指挥问题。接下来又罢免了主张罢兵的宰相李逢吉以及与之过从甚密的翰林学士令狐楚，压制了决策层中罢兵的言论。

以上两次特召，无论是延英会议开始宪宗率先定调，还是在延英会议后宪宗单独召见某位大臣，而后形成最终决策，都反映了宪宗利用延英召对的形式，努力将自己的意志贯彻于决策过程、影响决策结果。

以上两例均属延英召对中的"特召"，显示了唐后期皇帝对召开最高决策会议时间的掌控，也显示了对最终决策的掌控。正是从这两点出发，笔者认为在延英殿举行的延英召对，对唐后期的皇帝而言，具有便于掌控的主场性质。与大朝会、朔望朝参以及常参相比，延英召对的地点是在皇帝的私人空间，其仪式性最弱，没有既定的、不易突破的繁文缛节，这是

---

① 《旧唐书》卷一七〇《裴度传》，第4416页。
② 《资治通鉴》卷二四〇，第7737页。《唐会要》卷五三《委任》将此事系于元和十二年八月，第1075页。但《资治通鉴》与《册府元龟》卷五五三《词臣部·谬误》均记此事为七月，且八月无乙卯日，故《唐会要》误。
③ 《资治通鉴》卷二四〇记作"丙戌"，第7737页。《册府元龟》卷五五三《词臣部·谬误》作"丙辰"，第6640页。乙卯的第二天为丙辰，《资治通鉴》"丙戌"当为"丙辰"之讹。

使延英召对得以成为皇帝主场的基础。以下结合史料，进一步说明唐后期皇帝对延英召对时间与参与人员的掌控能力。

第一，唐后期皇帝对延英召对的举行有全权。虽然德宗后期至宪宗前期形成了"只日视朝""双日不坐"的惯例，绝大多数延英召对安排在只日，但是只日不一定举行延英召对。虽然大臣有每月四五次延英召对的期待，但这并非严格的制度规定。何时举行延英召对，最终还是由皇帝决定的。皇帝往往在他认为有必要开会时举行延英召对，如武宗会昌元年"李德裕请遣使慰抚回鹘，且运粮三万斛以赐之，上以为疑。闰〔九〕月己亥，开延英，召宰相议之"。① 而对大臣们来说，何时召开延英会议，并不十分清楚。文宗大和四年（830）十月，御史中丞宇文鼎奏"延英开日，群臣皆不前知"，② 正是对此种情况的描述。

宪宗元和二年，就有两省供奉官"有事即进状来"的规定，后又明确为宰相"有事即诣延英请对，勿拘常制"。③ 宰相包括谏官等有权奏请开延英，不过是否允奏，决定权还是在皇帝手中，申请而不被允许的例子不在少数。如穆宗长庆二年（822）初，以元稹为相，罢裴度为东都留守，这引起了部分大臣的不满，"谏官叩延英，言不可罢（裴）度兵，摇众心"，但穆宗以"不召"处理，未开延英。④ 同年十二月，"宰臣李逢吉率百僚至延英门请见，上不许"。⑤ 又李德裕《献替记》云，宰相李德裕于武宗会昌元年三月"二十五日早入中书，崔相珙续至，崔郸次至，陈相最后至，已巳时矣。余令三相会食，自归厅写状，请开延英赐对。进状后更无报答。至午又自写第二状封进，兼请得枢密使至中书问有此事

① 《资治通鉴》卷二四六，武宗会昌元年（841）八月条，第7954页。
② 王钦若等编《册府元龟》卷五一六《宪官部·振举一》，第6171页。此篇奏疏又见于《旧唐书》卷一七下《文宗纪下》，内容不及《册府元龟》完整，但二者所记时间一致，均为大和四年十月丁卯。《唐会要》卷二六《待制官》作"元和四年"，误。
③ 分见《旧唐书》卷一四《宪宗纪》，第420页；王钦若等编《册府元龟》卷五八《帝王部·勤政》，第651页。
④ 《新唐书》卷一七三《裴度传》，第5214页。《旧唐书》卷一七〇《裴度传》作"谏官相率伏阁诣延英门者日二三。帝知其谏，不即被召"，第4423页。
⑤ 《旧唐书》卷一六《穆宗纪》，第501页。

无。……至申时，报开延英"。① 宰相李德裕上午十点前后写状请开延英赐对，皇帝一时没有理会，他能做的也只是在中午"写第二状封进"，再次申请。武宗末年，由于身体原因，两个多月未开延英，"宰相请见"亦不许，造成"中外忧惧"的局面。② 唐末僖宗时，"左拾遗孟昭图请对，不召"，他上疏批评僖宗，"陛下惟与（田）令孜闭城自守，不召宰相，不谋群臣，欲入不得，求对不许"。③ 以上可见，大臣延英请对之后，是否召见，由皇帝决定。

第二，延英召对的参与人员、具体形式也由皇帝安排。按照惯例，作为最高决策会议，延英召对时，当朝几位宰相共同参加，④ 但如前引皇帝召某一位宰相单独讨论的情况也不少见。德宗贞元三年八月，"上开延英殿独召（中书侍郎、平章事李）泌"。⑤ 文宗时韦处厚为相，"大和元年四月，宰相等于延英既出，再召处厚独对一刻余"。⑥ 此外，文宗大和五年三月，宦官构陷宰相宋申锡，狱成。"左常侍崔玄亮，给事中李固言，谏议大夫王质，补阙卢钧、舒元褒、蒋系、裴休、韦温等复请对于延英，乞以狱事付外覆按。上曰：'吾已与大臣议之矣。'屡遣之出，不退。玄亮叩头流涕曰：'杀一匹夫犹不可不重慎，况宰相乎！'上意稍解，曰：'当更与宰相议之。'乃复召宰相入。"⑦ 这一次，文宗最终并没有召见延英请对的崔玄亮等人，而是"召宰相入"再度讨论。

有时候所谓"特开"延英，不是指在日期上突破惯例，而是针对参与者来说的。文宗"开成三年（838），上以皇太子宴游败度，不可教导，

① 《资治通鉴》卷二四六，武宗会昌元年（841）三月条《考异》引，第7951页。
② 《资治通鉴》卷二四八，武宗会昌六年（846）三月条，第8022页。
③ 《新唐书》卷二〇八《宦者·田令孜传》，第5886页。
④ 《唐会要》卷五六《省号下·起居郎、起居舍人》，德宗"贞元十二年正月，宰相贾耽、卢迈皆假，故赵憬独对延英"，第1128页。由此可知，一般情况下，宰相共同参与延英召对。懿宗咸通年间萧倣"虽时启于延英，从容四辅"的说法，也可作为宰相通常可以共同参与延英召对的旁证。见《旧唐书》卷一七二《萧倣传》，第4481页。
⑤ 《资治通鉴》卷二三三，德宗贞元三年（787）八月条，第7500页。
⑥ 王钦若等编《册府元龟》卷三一五《宰辅部·公忠》，第3725页。
⑦ 《资治通鉴》卷二四四，文宗大和五年（831）三月条，第7876页。

将议废黜，特开延英，召宰臣及两省御史台五品已上、南班四品已上官对"。① 本次延英召对的具体时间是开成三年"九月壬戌"，"上开延英，召宰相及两省、御史、郎官，疏太子过恶，议废之"。② 九月壬戌为七日，并非双日。故这一次延英召对被称为"特开"，当是由于大大扩展了延英召对参与人员的范围。

就延英召对的形式而言，它是皇帝与高级官员之间的小范围沟通，所谓"便殿询谋，则独对扬于四辅"，且"对御之时，只奉冕旒，旁无侍卫"，由于延英奏对的私密性相当突出，故能"献可替否，得曲尽于讨论；舍短从长，故无虞于漏泄"。③ 虽然皇帝和大臣在延英召对的场合能够深入交流，甚至可以促膝交谈，④ 但是皇帝的权威仍然相当突出。裴庭裕对宣宗时延英召对的一则记述颇具代表性：

> 上临御天下，得君人法。每宰臣延英奏事，唤上阶后，左右前后无一人立，才处分，宸威不可仰视。奏事下三四刻，龙颜忽怡然，谓宰臣曰："可以闲话矣。"自是，询闾里闲事，话宫中燕乐，无所不至矣。一刻已来，宸威复整肃，是将还宫也，必有戒励之言。每谓宰臣："长忧卿负朕，挠法，后不得相见！"度量如此。赵国公令狐绹每谓人曰："十年持政柄，每延英奏对，虽严冬甚寒，亦汗流浃背。"⑤

延英召对过程中，无论是宣宗唤宰臣上阶后"左右前后无一人立，才处分"，还是宣宗在"不可仰视"的威严与"龙颜忽怡然""宸威复整肃"中

---

① 《旧唐书》卷一七五《庄恪太子永传》，第 4540 页。
② 《资治通鉴》卷二四六，文宗开成三年（838）九月条，第 7935 页。
③ 《册府元龟》卷三一四《宰辅部·谋猷四》卢文纪后唐清泰二年（935）上疏记述唐肃宗情况，第 3709 页。
④ 《旧唐书》卷一五九《韦处厚传》载，文宗"大和二年十二月，因延英奏对，造膝之际，忽奏'臣病作'，遽退"，第 4187 页。
⑤ 裴庭裕：《东观奏记》上卷，田庭柱点校，中华书局，1994，第 91 页。

灵活转换，都体现了宣宗对延英召对节奏的掌控能力。这使得即便长期任宰相的令狐绹在参与延英奏对时也颇为紧张，"虽严冬甚寒，亦汗流浃背"。

不过随着唐末宦官势力的上升，皇帝对延英召对人员的掌控力有所削弱。大和末年甘露之变后，仇士良等宦官曾短暂获得参与延英召对的机会。① 宣宗时宦官无权旁听延英会议时皇帝与宰相的讨论，"宰相对延英，两中尉先降，枢密使候旨殿西，宰相奏事已毕，枢密使案前受事"。② 懿宗咸通年间，延英召对，枢密使可同时参加。昭宗曾经想恢复宣宗旧制，将宦官排除出延英会议，但在宦官韩全诲的压力之下，被迫收回成命，"追寝正月丙午敕书"，延续了懿宗以后枢密使参与延英会议的惯例。③ 大和末宦官参与延英会议，或许是皇帝的默许，宣宗也有能力将宦官排除在外，但当昭宗想阻止却难以阻止宦官参与延英会议时，显然意味着皇帝对延英会议掌控能力的下降。

## 三　延英召对的决策特点

作为唐后期最高决策会议，皇帝对延英召对的时间与人员有掌控能力，特召的形式更便于皇帝将自身意志贯彻其中。当然，特召毕竟是比较少的，常规延英召对的决策如何进行呢？谢元鲁先生指出延英会议中经常运用的决策程序是："延英会议的议案是由宰相提出，经过讨论得到皇帝口头批准后，再由宰相具体拟定执行办法进状，由皇帝最后书面批准，以诏敕形式颁发。"④ 这一认识比较准确地揭示了延英会议决策的特点，我们还可以在此基础上进一步观察决策在延英召对中是如何形成的，分析皇帝在其中发挥的作用，探讨唐后期延英召对的决策特点。

① 《新唐书》卷一三一《李石传》，第 4513 页。
② 《资治通鉴》卷二六二，唐昭宗光化四年（901）正月条胡注，第 8545 页。
③ 《资治通鉴》卷二六二，天复元年（901）十月条，第 8559 页。韩偓《金銮密记》所记略同，见吴在庆校注《韩偓集系年校注》卷七《〈金銮密记〉辑佚》，中华书局，2015，第 1092 页。
④ 谢元鲁：《唐代中央政权决策研究（增订本）》，第 78 页。

第一，所谓皇帝口头批准，不一定是对议案的明确支持，其中存在不同的处理方式。第一种情况，当然是皇帝直接对提议的肯定，更准确地说，是君臣讨论后，由皇帝做出明确的判断、决策。如穆宗时，针对诸道节度使、观察使奏请在台御史充当判官的情况，御史中丞牛僧孺奏状中提及"臣昨十三日已于延英面奏，伏蒙允许举前敕，不许更有奏请"。[1]"许举前敕"，是指德宗"贞元二年敕"；"不许更有奏请"，是指禁止节度使、观察使奏请御史、郎官等充当使府僚佐的情况。由此可知，在延英召对中，穆宗给出了明确的决策意见。又如懿宗咸通十三年（872）六月，"中书门下奏：今月十七日，延英面奉圣旨，令诫约天下州府，应有逃亡户口，其赋税差科，不得摊配见在人户上者"。[2] 这也是在延英会议中，懿宗对逃户差科问题做出了明确的指示，中书门下接着做的，是以此为宗旨形成具体处理意见。第二种情况，也是更为常见的情况，是通过延英召对皇帝了解了大臣的意图之后，并没有直接给予明确决策，而是要求大臣或机构进一步形成比较详细的书面方案，进入政务文书处理程序。德宗时，陆贽《论兼并之家私敛重于公税》云："右臣前月十一日延英奏对，因叙赋税烦重，百姓困穷，伏奉恩旨，令具条疏闻奏。今且举其甚者，谨件如前。"[3] 陆贽的奏疏，是应延英召对中德宗"令具条疏闻奏"的要求而作。文宗大和四年，御史台奏称："今月五日，已于延英面奏，伏奉圣旨，今将状来。伏乞起今公私行李，勒依纪律，敢有违越，请委所司论劾。"[4]"伏乞"云云，是延英召对君臣达成基本共识后，由御史台提出的具体方案。武宗时李德裕《请发陈许徐汝襄阳等兵状》也是在延英面奏"伏蒙圣恩许臣等以进状"的后一天所作。[5] 又如宣宗大中十年（856），

---

① 王溥：《唐会要》卷六〇《御史台上》，第 1229 页。

② 《旧唐书》卷一九上《懿宗纪》，第 680 页。

③ 《陆贽集》卷二二《均节赋税恤百姓六条·其六论兼并之家私敛重于公税》，第 770 页。

④ 王钦若等编《册府元龟》卷五一六《宪官部·振举》，第 6171 页。

⑤ 傅璇琮、周建国校笺《李德裕文集校笺》卷一四《请发陈许徐汝襄阳等兵状》，中华书局，2018，第 297 页。延英面奏是在会昌二年八月九日，奏状上于八月十日。时间参《资治通鉴》卷二四六之《考异》，第 7964 页。

中书门下奏：

> 据礼部贡院见置科目内，开元礼、三礼、三传、三史、学究、道举、法、算、童子等九科，近年取人颇滥。曾无实艺可采，徒添入仕之门，须议条流，俾精事业。臣等已于延英面奏，伏奉圣旨，将文字奏来者。其前件九科，臣等商量，望起大中十年，权停三年。满后，至时赴科试者，令有司据所举人先进名，令中书舍人重复问过。……①

中书门下奏状"臣等商量"云云，是延英会议中，在获得宣宗"将文字奏来者"的批示之后，宰相机构做出的具体计划。

第二，所谓皇帝最后书面批准，以诏敕形式颁发，其实也含有不同类型，大致可以分为以制书处理和以敕旨处理两类。

制书是唐代"王言之制"中等级最高的一类，广义的制书包括册书、制书、敕书、慰劳制书等。② 延英召对后，以颁制书处理者较少，疑似者可举穆宗例。长庆元年初，段文昌自宰相充任剑南西川节度等使，他"奏谏官、御史、南宫郎三人为僚佐，以某职带台铉。上故可之。不逾年，又奏侍御史王申伯、监察苏景裔，留中不下"，穆宗对段文昌再次奏请现任御史台官员充当僚佐颇为不满，搁置了段文昌的奏请。在此背景下，"（长庆）二年正月，御史中丞牛僧孺奏：'诸道节度、观察等使，请在台御史充判官。臣伏见贞元二年敕，在中书门下两省供奉官，及尚书、御史台见任郎官、御史，诸司诸使并不得奏请任使，仍永为常式。近日诸道奏请，皆不守敕文。臣昨十三日已于延英面奏，伏蒙允许举前敕，不许更有

---

① 王溥：《唐会要》卷七七《贡举下·科目杂录》，第 1658 页。
② 刘后滨：《唐代中书门下体制研究：公文形态、政务运行与制度变迁（增订版）》，中国人民大学出版社，2022，第 308—309 页。

奏请。'制曰可"。① 从"制曰可"来看，存在最终是以颁布制书的方式处理此事的可能，但目前尚难以确证。

对延英召对后形成的具体方案，唐后期以敕旨处理者占绝大多数。先来看一例，武宗会昌元年（841）十二月，宰相李德裕以中书门下的名义上《论九宫贵神坛状》，李德裕云："……臣等去月二十五日已于延英面奏。伏奉圣旨，令检旧仪进来者。今欲及祭时，伏望令有司崇饰旧坛，务于严洁。谨录奏闻，伏候敕旨。"② 这是李德裕在十一月二十五日延英召对之后所作，"伏候敕旨"的表述，意味着李德裕了解此状的处理程序，认为武宗当以敕旨形式来批复。处理的形式与结果确如李德裕所愿，"敕旨依奏"。③ 以敕旨处理的例子还有不少，较为典型者罗列如下：

　　（文宗开成）五年（840）正月，中书门下奏："宗子每进文疏及举选文状，例皆称皇从高叔祖、曾叔祖。既是人臣，颇乖礼敬。臣等延英已具陈奏。伏请令自今已后，应宗子文状，并令具姓氏，不得更言皇从。但令各于姓名下，称某王房，即便可以辨别。"敕旨依奏。④

　　（武宗）会昌元年（841）十一月，御史台奏请条流京城文武百寮及庶人丧葬事：三品以上，輀用阔辙车，方相、魂车、志石车，并须合辙；油幰、流苏等任准令式。……伏乞圣恩，宣下京兆府，令准此条流，宣示一切供作行人，散榜城市及诸城门，令知所守。如有违犯，先罪供造行人贾售之罪，庶其明器并用瓦木，永无僭差。以前条件，臣寻欲陈论，伏候进止，承前已于延英具奏讫。敕旨宜依。⑤

① 王溥：《唐会要》卷六〇《御史台上》，第1229页。《册府元龟》卷五一六《宪官部·振举》略同，第6169页。
② 傅璇琮、周建国校笺《李德裕文集校笺》卷一一《论九宫贵神坛状》，第234页。
③ 《旧唐书》卷二四《礼仪志一》，第830页。
④ 王溥：《唐会要》卷六五《宗正寺》，第1352页。
⑤ 王溥：《唐会要》卷三八《葬》，第816—817页。

（宣宗）大中元年（847）四月，御史台奏："伏以御史台临制百司，纠绳不法，若事简则风宪自肃，事烦则纲纪转轻。至如婚田两竞，息利交关，凡所陈论，皆合先陈府县。如属诸军诸使，亦合于本司披论。近日多便诣台论诉，烦衰既甚，为弊颇深。自今已后，伏请应有论理公私债负及婚田两竞，且令于本司、本州府论理，不得即诣台论诉。如有先进状，及接宰相下状送到台司勘当审知，先未经本司论理者，亦且请送本司。如已经本司论理不平，即任经台司论诉。台司推勘冤屈不虚，其本司本州元推官典，并请追赴台推勘，量事情轻重科断。本推官若罪轻，即罚直书下考；稍重，即停任贬降。以此惩责，庶免旷官。臣今月三日，已于延英面奏，令臣将状来。"敕旨依奏。①

以上三例，均为延英召对之后，机构所上奏状及其处理。从"敕旨依奏"和"敕旨宜依"来看，三份奏状都是用敕旨的形式来处理的。刘后滨先生的研究表明，唐中后期的敕旨是对于各类奏状的批复文书，敕旨所批复的为大事。② 张祎先生进一步指出，敕旨是指各政府机构秉承皇帝的旨意制定法令规章，而这些法令规章，需要上奏请示，获得皇帝允准，才能正式颁行。③ 以上三例，文宗例为规范公文书中的宗室称谓，武宗例是重新规定长安地区官员与百姓丧葬仪式等级，宣宗例则是对诉讼程序的规范和强调。这一方面印证了前贤所论，另一方面也说明，在以敕旨处理颁布法令规章等重要事务时，其中部分事先经过延英会议的讨论，皇帝与宰相群体等最高决策层有所沟通，甚至已经达成了较为一致的意见。

---

① 王溥：《唐会要》卷六〇《御史台上》，第 1231—1232 页。
② 刘后滨：《唐代中书门下体制研究：公文形态、政务运行与制度变迁（增订版）》，第 331、348 页。
③ 张祎：《〈唐六典〉"王言之制"选释》，包伟民、刘后滨主编《唐宋历史评论》第 5 辑，社会科学文献出版社，2018，第 172 页。

第三，延英会议形成的意见，也不一定成为最终决策。《旧唐书·武宗纪》：

> （会昌三年）秋七月戊子，宰相奏："秋色已至，将议进军，幽州须早平回鹘，镇、魏须速诛刘稹，各须遣使谕旨，兼侦三镇军情。今日延英面奉圣旨，欲遣张贾充使。臣等续更商量，张贾干济有才，甚谙军中体势，然性刚负气，虑不安和，不如且命李回。若以台纲阙人，即兵部侍郎郑涯久为征镇判官，情甚精敏，虽无词辩，言事分明，官重事闲，最似相称。"上曰："不如令李回去。"即遣回奉使三镇。①

虽然延英召对中已经形成了"遣张贾充使"幽、镇、魏三道的意见，但是宰相在延英会议之后的讨论中，认为张贾"性刚负气"，提出御史中丞李回"情甚精敏"，更适合这次出使。最终武宗采纳了宰相的建议，以李回"奉使三镇"。

作为唐后期最高决策会议，延英会议"止论政事大体"。② 从以上分析可以看出，有关颁布新规等重要事项都要经过延英会议的讨论，虽然延英会议产生的意见并不一定是最终决策，但可以说大部分重要事项的决策都经延英会议讨论，并在皇帝与宰相构成的最高决策层中达成了共识，这有利于决策的进一步推行。同时，延英会议形成的共识也往往需要相关机构制定进一步的具体意见，通过政务文书处理渠道再次处理，这有助于决策的合理性。皇帝也通过延英召对以及后续文书处理，进一步深入重要政务决策的过程之中。

---

① 《旧唐书》卷一八上《武宗纪》，第 596 页。《册府元龟》卷一三六《帝王部·慰劳》略同，其中"性刚负气，虑不安和"作"性气稍直，虑不安帖"，第 1650 页。
② 宋敏求：《春明退朝录》卷下，诚刚点校，中华书局，1980，第 39 页。

# 结　语

　　唐后期重大政务的决策，多先在延英召对中予以讨论，在皇帝与宰相构成的最高决策层中达成共识，之后再经过政务文书处理程序形成最终决策。这一过程，有助于决策的合理性与对决策的顺利推行。皇帝也因此不仅成为最后环节的裁决者，而且深入重要政务决策的过程之中。与唐前期讨论重要政务的仗下会议相比，延英召对的仪式性更弱，时间也更为灵活。虽然在德宗后期到宪宗前期形成了"只日视朝""双日不坐"的惯例，但是皇帝对延英召对的举行时间与参与人员有所掌控，从而更容易把控讨论的议题以及决策的倾向，特召的形式也便于皇帝将自身意志贯彻其中。由此可见，延英召对对于唐后期的皇帝而言，具有"主场"性质。

# 元载与代宗朝"姑息"之政的形成

张　飘

代宗朝是中唐政治局势演变的关键时期，不仅结束了安史之乱，在一定程度上恢复了唐廷的统治秩序，而且奠定了藩镇体制形成的基础，对唐后期的藩镇问题也产生了深远影响。对于代宗朝的藩镇政策，史籍中大多以"姑息""纵容"等字样冠之，尤其是对于安史降将所在的河朔藩镇，"朝廷专事姑息，不能复制，虽名藩臣，羁縻而已"。[①] 然而，不管是姑息藩镇的大历之政，还是父死子继的河朔故事，都源自史家后见之明的文本建构，[②] 不能真实反映代宗朝藩镇政策的内容。[③]

在刚刚步入藩镇时代的代宗初年，无论是完成重建的朝廷，还是拥兵各地的藩帅，对于规范双方行为的政治秩序都缺乏清晰的认识，也没有足够的现实经验和历史故事可以承袭，仍然属于相互试探政治底线的时期。而作为此时期的著名权臣，连续任相达 16 年之久的元载，必然可以直接影响乃至左右代宗朝的藩镇政策。然而，以往研究对此时期藩镇政策的讨论，大多将重心放在代宗，以及受其宠幸的程元振、鱼朝恩等宦官身上，

---

① 《资治通鉴》卷二二三，代宗永泰元年七月条，中华书局，1956，第 7175—7176 页。

② 秦中亮：《胙土封邦：河朔故事形成史论》，《江西社会科学》2020 年第 1 期；李佳哲：《唐代"河北故事"的文本起源、历史内涵及确立过程——以韩愈〈魏博节度观察使沂国公先庙碑铭〉为线索》，《黑龙江社会科学》2022 年第 6 期。

③ 已经有学者对史籍中的这种评价进行反思，参见樊文礼《安史之乱以后的藩镇形势和唐代宗朝的藩镇政策》，《烟台师范学院学报》1995 年第 4 期；孟彦弘《"姑息"与"用兵"——朝廷藩镇政策的确立及其实施》，杜文玉主编《唐史论丛》第 12 辑，三秦出版社，2010，第 115—145 页。

很少有人注意到元载在其中扮演的重要角色。[①] 究其原因，一方面是受党争的影响，史籍中关于元载的正面记载相对较少，更多地强调其专权、贪腐等问题；[②] 另一方面是学者们更多地关注元载的宰相之职，而对其担任的另外一个关键职务——元帅府行军司马缺乏关注，且忽视了后者在处理藩镇问题上的重要作用。另外，近年元载墓志的刊布，[③] 也为讨论相关问题提供了新的材料。今不揣浅陋，试以元载为中心，进一步分析代宗朝的藩镇政策及其演变过程，以求教于方家。

## 一 肃宗朝政治形势与元载拜相

元载本姓景氏，凤翔岐山人，"自幼嗜学，好属文，性敏惠，博览子史，尤学道书。家贫，徒步随乡赋，累上不升第"。[④] 天宝初年，玄宗下诏求明庄、老、文、列四子之学者，元载以高第而中，被授为邠宁尉，从此步入仕途。肃宗即位后，元载因王忠嗣之婿的身份，加上"智性敏悟，善奏对"，得到皇帝的赏识，迎来了仕途的快速升迁。元载先由江东采访使李希言奏为副使，后迁为洪州刺史，两京平定后入朝为度支郎中，被肃宗委以国计，负责江淮地区的征税和漕运之事。其后因功迁任户部侍郎，任度支使兼诸道转运使，并在肃宗晏驾前夕的宝应二年成功拜相，登上了最高政治舞台。

对于元载的拜相，史书中多归因于权宦李辅国，"载与幸臣辅国善，

---

① 关于元载的研究，大多集中于财政和党争两个方面，如郑学檬《唐代、德两朝党争和两税法》，《历史研究》1992 年第 4 期；黄日初《中唐元载理财事迹考》，《云南财经大学学报》2014 年第 5 期。胡平《未完成的中兴：中唐前期的长安政局》（商务印书馆，2018）辟专章讨论元载任相的时代，对元载的执政进行了重新评价，并分析了其死亡原因以及对大历党争的影响，是目前关于元载最为全面的研究。

② 《旧唐书》等正史的主要材料来源是历朝的实录，而《代宗实录》的编纂者令狐峘与杨绾交好，并党于刘晏，与作为元党继承人的杨炎交恶。因此，对于代宗朝被处死的权臣元载，实录中的记载显然会有偏颇之处，很少有对其正面的记载。

③ 王庆昱：《新见唐宰相元载墓志考释》，《书法》2018 年第 2 期。

④ 《旧唐书》卷一一八《元载传》，中华书局，1975，第 3409 页。

辅国妻元氏，载之宗族，因是相昵狎"。① 但从其后的史实来看，两人的关系并不紧密，至少在政治上未能形成荣辱与共的盟友。代宗即位后，李辅国随即失势，与他关系紧密的裴冕、刘烜等人或是被杀，或是贬降，而元载的宰相之位却十分稳固，甚至还参与了暗杀李辅国的行动，"盗杀李辅国，（元）载阴与其谋"。② 因此，相比于李辅国的帮助，元载任租庸使对肃宗朝巨大财政压力的缓解③对于拜相的意义更为重大，而最根本的原因是当时政治形势的变化。可以说，元载的拜相是肃宗根据战争形势的发展，主动调整平叛政策的结果。

至德二载十月，"广平王俶入东京"，④ 唐廷正式收复两京，标志着平叛战争取得阶段性胜利。同时，如何处理两京中俘获的大量陷伪之臣成为朝廷面临的重要政治问题，并引起了朝野的激烈争论。作为前线统帅的郭子仪力主怀柔之策，"汾阳收东都后，差人送伪朝士陈希烈等三百五十余人赴京，兼表奏请从宽恕以招来者三表"，⑤ 但他的主张并未得到朝廷，尤其是肃宗的支持。事实上，在此前克复潼关时，"关东献俘百余人，敕皆斩之"，就已经展现出肃宗对陷伪之臣的态度。虽然后来在监察御史李勉的劝谏下，这些陷伪之臣得以赦免，⑥ 但严厉的处罚政策成为当时朝廷的主流意见，"执事者务欲峻刑以取威，尽诛其族，以令天下"。其后"议久不定，竟置三司使，以御史大夫兼京兆尹李岘、兵部侍郎吕𬤇、户部侍郎兼御史中丞崔器、刑部侍郎兼御史中丞

① 《旧唐书》卷一一八《元载传》，第 3410 页。
② 《新唐书》卷一四五《元载传》，中华书局，1975，第 4712 页。元载墓志中列举其生平重要事迹，将李辅国与鱼朝恩并举，"代宗之初，辅国颛命；大历五祀，朝恩弄兵。公议以正全，谋以奇合，斩艾邪孽，底安穆清，此其荦荦之大者"，显然元载积极参与了处置李辅国的行动，《新唐书》所载并非空穴来风，见王庆昱《新见唐宰相元载墓志考释》，《书法》2018 年第 2 期。
③ 关于元载主持江淮财赋事宜的成就，参见黄日初《中唐元载理财事迹考》，《云南财经大学学报》2014 年第 5 期。
④ 《资治通鉴》卷二二〇，肃宗至德二载十月条，中华书局，1956，第 7041 页。
⑤ 姚汝能：《安禄山事迹》卷下，中华书局，2006，第 101 页。
⑥ 《资治通鉴》卷二二〇，肃宗至德二载九月条，第 7037 页。

韩择木、大理卿严向等五人为之"，[①] 并在李岘等人的争取下，最终陷伪官员以六等定罪，"重者刑之于市，次赐自尽，次重杖一百，次三等流、贬"。[②] 这一结果直接影响了仍在伪朝任职的唐廷官员。乾元元年九节度围攻相州，"萧华拔魏州归国，尝话于朝云：'初河北官闻国家宣诏放陈希烈等胁从官一切不问，各令复位，闻者悔归国之晚，举措自失。及后闻希烈等死，皆相贺得计，无敢归者。于是河北将吏，人人益坚，大兵不解。'"[③]

尽管肃宗对此颇有触动，"朕几为崔器所误"，[④] 而朝廷对于陷伪官员的处理政策也在发生变化，[⑤] 但从整体上来看，肃宗依然保持了乱世用重典的态度，大力起用酷吏。前有崔器、吕湮等以极刑凌辱叛臣来威令天下；后有毛若虚、敬羽之流以狱讼捕逐钱货，厚资敛国，使整个肃宗朝都呈现紧张的政治氛围，"六七年间，大狱相继，州县之内，多是贬降人"。这种氛围显然不利于平叛战争的进行，肃宗"复闻三司多滥，尝悔云：'朕为三司所误，深恨之。'" 为了扭转这种局面，肃宗在弥留之际进行了调整，而元载的拜相正是其措施之一，"及弥留之际，以元载为相，乃诏天下流降人等一切放归"。[⑥] 虽然史籍中很少有关于元载行政风格的记载，但从肃宗的选择来看，元载的风评应是以宽容、中庸为主的。墓志称其"气甚中庸，性通吏理，析疑冰泮，处事风生，盖时人之不逮也"，[⑦] 应该不完全是虚美之词，能够在一定程度上体现元载的主政风格，而这也将影响其藩镇政策的制定。

---

① 《旧唐书》卷五〇《刑法志》，第 2151 页。
② 《资治通鉴》卷二二〇，肃宗至德二载十二月条，第 7049 页。
③ 《旧唐书》卷五〇《刑法志》，第 2152 页。
④ 《旧唐书》卷一一五《崔器传》，第 3373 页。
⑤ 关于朝廷对于陷伪官员处理政策的变化，参见仇鹿鸣《一位"贰臣"的生命史——〈王仙墓志〉所见唐廷处置陷伪安史臣僚政策的转变》，《文史》2018 年第 2 辑，中华书局，2018。
⑥ 《旧唐书》卷五〇《刑法志》，第 2152 页。
⑦ 王庆昱：《新见宰相元载墓志考释》，《书法》2018 年第 2 期。

## 二　代宗即位初的藩镇政策及元载之见用

安史之乱爆发的根源，在于边将拥兵自重，因此朝廷虽然征调北庭、河西、陇右、朔方等边军进入内地平叛，但事实上对他们并不完全信任。在平叛战争尚在进行时，肃宗便试图用中央文官来取代边将，以加强对地方军队的控制，[①] 这也使各地藩帅与朝廷的关系越发紧张。

代宗即位后，虽然对陷伪之臣采取了宽容政策，"东京及河南、北受伪官，一切不问"，[②] 对安史余党也以安抚和防范为主，但对于手握重兵的平叛军将依然有疑忌之心，极力打压。作为中兴名将的郭子仪和李光弼都先后被削夺军权，导致双方的矛盾越来越尖锐，并在广德元年集中爆发。先是山南节度使来瑱因多次拒绝入觐而被代宗赐死，[③] 后同华节度使李怀让又被逼自杀，[④] 进而平定安史之乱的功臣仆固怀恩也被逼谋反，[⑤] 并联合吐蕃、党项进犯长安，代宗被迫巡狩陕州。京师沦陷之际，代宗"诏集天下兵，无一士奔命者"，表明当时的朝藩关系已经格外紧张。但宝应、广德年间朝藩关系的恶化与元载的关系不大，政策的主要制定者是代宗与其宠信的宦官程元振，而后者的权力来源于其担任的元帅府行军司马。

安史之乱爆发后，玄宗为了平定叛乱，同时分割诸皇子权力，曾任命太子李亨为天下兵马元帅，与诸路节度大使协作收复两京。随后北上的太

---

① 宝应元年二月，因肃宗以中央文官替换边将，驻守河东的河东军、绛州行营先后发生兵变，主帅邓景山、李国贞全部被害，相关研究参见黄寿成《唐肃宗时河东朔方兵变事探索》，《陕西师范大学学报》2004年第6期。

② 《资治通鉴》卷二二二，肃宗宝应元年十一月条，第7136页。

③ 《资治通鉴》卷二二二，代宗广德元年正月条，第7138页。

④ 《旧唐书》卷一一《代宗本纪》，第272页。

⑤ 《新唐书》卷二〇七《骆奉先传》载："奉先恃恩贪甚，怀恩不平，既而惧其谮，遂叛。"（第5862页）近年有学者重新讨论了仆固怀恩的叛乱，认为其存在结党养寇的事实，而叛乱的主要原因是其与河东军事集团之间的利益冲突和矛盾，参见王炳文《从胡地到戎墟——安史之乱与河北胡化问题研究》，北京师范大学出版社，2020。

子于灵武即位，在朔方、河西、陇右等军队的支持下重建朝廷，并沿用了天下兵马元帅的建制，由长子广平王俶担任，元帅府也成为战时的军政中枢。由皇子担任的天下兵马元帅多为虚职，真正负责元帅府政务运作的是行军司马，而他直接对皇帝负责，主管军队调动、节帅任命、军费划拨等军政事务。首任元帅府行军司马是李辅国，其本传载"肃宗即位，擢为太子家令，判元帅府行军司马事，以心腹委之，仍赐名护国，四方奏事，御前符印军号，一以委之"。① 李辅国因此职而获得了巨大权力，不仅百官奏事"因辅国上决"，他还能够"于银台门决天下事，事无大小，辅国口为制敕，写付外施行，事毕闻奏"，② 且"节将除拜，皆出其门"。③

李辅国倒台后，程元振接任其职，成为代宗即位之初军政事务的主要负责人。仆固怀恩被逼谋反后上表代宗，"窃闻四方遣人奏事，陛下皆云与骠骑议之，曾不委宰相可否，或稽留数月不还，远近益加疑阻"，④ 而骠骑指的就是被封为骠骑大将军的程元振。他也因这一职位成为朝藩矛盾的焦点。史载其"自矜定策之功，忌嫉宿将，以子仪功高难制，巧行离间，请罢副元帅"，⑤ 藩镇也将来瑱、李怀让之死，李光弼等元勋的军权被罢都归咎于他，最终导致"天下方镇皆解体"。⑥ 太常博士柳伉等人同样将京师的沦陷归咎于程元振，迫使代宗不得不将其罢免，"削元振官爵，放归田里"。⑦ 由于兵马元帅府这一战时中枢的存在，元载在军政事务的处理上并没有太高的参与度。《广德元年册尊号赦》对平定安史之乱的功臣进行封赏，其中宰相列位最末，"晋卿、刘晏、裴遵庆、元载各与一子四品官，并阶，加实封一百户"，⑧ 封赏也相对较低。四名宰相中苗

---

① 《旧唐书》卷一八四《李辅国传》，第4759页。

② 《资治通鉴》卷二二一，肃宗乾元二年四月条，第7073—7074页。

③ 《旧唐书》卷一三八《韦伦传》，第3781页。

④ 《资治通鉴》卷二二三，代宗广德元年七月条，第7149页。

⑤ 《旧唐书》卷一二〇《郭子仪传》，第3454页。

⑥ 《旧唐书》卷一八四《程元振传》，第4762页。

⑦ 《资治通鉴》卷二二三，代宗广德元年九月条，第7156页。

⑧ 宋敏求编《唐大诏令集》卷九《帝王·广德元年册尊号赦》，中华书局，2008，第58页。

晋卿资格最老，但肃宗晏驾时其"年已衰暮，又患两足"，[①] 不再参与政事的处理，真正居于主导地位的应该是刘晏。他不仅与程元振交好，其女婿潘炎也以翰林学士之职担任了元帅府的判官，[②] 与内廷有着密切的联系，而元载的地位并不突出。

元载正式进入军政中枢，是在代宗返京之后。广德元年九月"壬辰，诏以元载判元帅府行军司马"，[③] 接替了程元振的职务。然而，内侍鱼朝恩因护驾之功，"由是深加宠异，改为天下观军容宣慰处置使。时四方未宁，万务事殷，上方注意勋臣，朝恩专典神策军，出入禁中，赏赐无算"，[④] 以天下监军使之职参与到军政事务的处理中，使元载无法如其前任李辅国、程元振般独揽大权。而且，两人之间还存在尖锐矛盾，"内侍鱼朝恩负恃权宠，不与载协，载常惮之"，[⑤] 在对待藩帅的态度上也有明显差异，这使大历初年的藩镇政策呈现自相矛盾的特点。

## 三　元载的执政特点与藩镇政策的演变

广德元年，代宗巡狩陕州标志着朝藩关系降至冰点，而罢免"忌嫉宿将"的权宦程元振，代之以宽容、中庸的宰臣元载，则透露出朝廷调整藩镇政策的意图。为了收复长安，代宗恢复了郭子仪的兵权，并"加子仪关内、河中副元帅兼尚书令"，[⑥] 授予人臣之极的职位；永泰元年仆固怀恩暴死，郭子仪离间吐蕃、回纥，京师解严后，代宗又"封朔方大将孙守亮等九人为异姓王，李国臣等十三人为同姓王"，[⑦] 展现了对藩镇军

---

① 《旧唐书》卷一一三《苗晋卿传》，第3352页。
② 李昉等编《文苑英华》卷六〇二《王谏·刘相请女婿潘炎罢元帅判官陈情表》，中华书局，1966，第3125页。
③ 《资治通鉴》卷二二三，代宗广德元年九月条，第7155页。
④ 《旧唐书》卷一八四《鱼朝恩传》，第4763页。
⑤ 《旧唐书》卷一一八《元载传》，第3410页。
⑥ 《旧唐书》卷一一《代宗本纪》，第277页。
⑦ 《旧唐书》卷一一《代宗本纪》，第280页。

将态度的变化。大历初，周智光谋叛被杀，关中的军事危机暂时得以缓解，因平叛功臣郭子仪自河中来朝，"宰相元载、王缙，仆射裴冕，京兆尹黎干，内侍鱼朝恩共出钱三十万，置宴于子仪第，恩出罗锦二百匹，为子仪缠头之费，极欢而罢"。① 在因巨额军费导致朝廷财政极其困难的情况下，这种举动显然带有特殊的政治意义，而且也是肃宗以来从未有过的，可以视为朝廷对藩帅的示好之举。次月甲戌，"鱼朝恩宴子仪、宰相、节度、度支使、京兆尹于私第。乙亥，子仪亦置宴于其第。戊寅，田神功宴于其第。时以子仪元臣，寇难渐平，蹈舞王化，乃置酒连宴。酒酣，皆起舞。公卿大臣列坐于席者百人。子仪、朝恩、神功一宴费至十万贯"，② 代宗也经常在内殿宴请诸道节度使，使其成为大历时期中央的常见活动，③ 同时也是一种公开的政治表达。

然而，由于鱼朝恩与元载的矛盾，代宗朝的藩镇政策并未就此发生根本性的变化。鱼朝恩以天下观军容使之职，有参与军政事务决策的机会，自然与元帅府行军司马元载有权力上的冲突。大历元年，鱼朝恩借国子监释奠之机演讲《周易》，"征《鼎卦》'覆𫗧'之义，以讥元载"，④ 批评元载尸位素餐，⑤ 甚至"谋将易执政以震朝廷"。⑥ 在对待藩镇的态度上，鱼朝恩继承了肃宗以来的强硬政策，与各地军将的矛盾相当尖锐。乾元二年，鱼朝恩就"素害子仪之功，因其不振，媒孽之"，⑦ 罢其兵权，而因其矛盾，仆固怀恩在反叛时也假称"子仪为朝恩所杀"，⑧ 以致大历元年

---

① 《旧唐书》卷一二〇《郭子仪传》，第 3463 页。
② 《旧唐书》卷一一《代宗本纪》，第 286 页。
③ 王钦若等编《册府元龟》卷一一〇《帝王部·宴享》，第 1200 页。代宗时期尊宠节帅，多于京师赐其庄宅第舍，并准许其豪奢僭越，史称"安、史大乱之后，法度隳弛，内臣戎帅，竞务奢豪，亭馆第舍，力穷乃止，时谓'木妖'"（《旧唐书》卷一五二《马璘传》，第 4067 页），也是调节朝藩关系的举动之一。
④ 《旧唐书》卷一八四《鱼朝恩传》，第 4764 页。
⑤ "覆𫗧"是唐代高官表达对身居高位的惶恐之情，多为自谦客套之言，参见胡平《未完成的中兴：中唐前期的长安政局》，第 112 页。
⑥ 《新唐书》卷二〇七《鱼朝恩传》，第 5864 页。
⑦ 《旧唐书》卷一二〇《郭子仪传》，第 3454 页。
⑧ 《旧唐书》卷一三二《李抱真传》，第 3647 页。

"盗发子仪父墓,捕盗未获。人以鱼朝恩素恶子仪,疑其使之"。<sup>①</sup> 大历八年,令狐彰在遗表中也将自己未入朝的原因归结于鱼朝恩,"昔鱼朝恩破史朝义,欲掠滑州,臣不听,由是有隙"。<sup>②</sup> 不管令狐彰的理由是否属实,鱼朝恩与藩帅的恶劣关系应该是人所共知的事实。因此,在鱼朝恩的干预下,藩镇政策的转型不会如此顺利,在歌舞升平的表象之下,朝廷和藩帅的猜疑仍在延续。

永泰二年八月甲辰,代宗"以开府仪同三司、右监卫大将军、观军容宣慰处置使、神策军兵马使、上柱国、冯翊郡开国公鱼朝恩加内侍监、判国子监事,充鸿胪礼宾等使,进封郑国公"。<sup>③</sup> 以宦官判国子监事在整个唐代历史上都极为罕见,史官也对其大肆批评,"朝恩性本凡劣,恃勋自伐,靡所忌惮。时引腐儒及轻薄文士于门下,讲授经籍,作为文章,粗能把笔释义,乃大言于朝士之中,自谓有文武才干,以邀恩宠",<sup>④</sup> 但此时的国子监已非纯粹的学校。在此任命的数月之前,代宗曾以崇学的名义发布诏书:

> 治道同归,师氏为上,化人成俗,必务于学。……其诸道节度、观察、都防御等使,朕之腹心,久镇方面,眷其子弟,为奉义方,修德立身,是资艺业。恐干戈之后,学校尚微,僻居远方,无所咨禀,负经来学,宜集京师。<sup>⑤</sup>

可以看到,此时国子监的学生主要是各地藩帅的子弟,而朝廷强制性地征召其入京赴学,实质上是以质子的形式来强化对藩镇的控制。<sup>⑥</sup> 鱼朝恩当

---

① 《旧唐书》卷一二〇《郭子仪传》,第 3463 页。
② 《资治通鉴》卷二二四,代宗大历八年二月条,第 7220 页。
③ 《旧唐书》卷一一《代宗本纪》,第 283 页。
④ 《旧唐书》卷一八四《鱼朝恩传》,第 4763—4764 页。
⑤ 《旧唐书》卷一一《代宗本纪》,第 281—282 页。
⑥ 关于唐代质子制度的研究,参见拙文《出土墓志所见唐藩镇质子制度研究》,《洛阳师范学院学报》2019 年第 12 期。

然了解此职的巨大风险，因此"辞以中官不合知南衙曹务，宰相仆射皆劝之，朝恩固辞，乃奏之"，最终敕旨令"朝恩既辞不止，但任知学生粮料"。① 鉴于此，鱼朝恩"每视学，从神策兵数百"，② 防卫极其严密。

尽管受到鱼朝恩的掣肘，作为元帅府行军司马的元载，仍然试图通过其职权来解决朝廷面临的问题。对于已经平定安史之乱的唐廷来说，代宗初年的主要政治课题，是京师的军事防御，以及因关中大量驻军而引发的财政危机，"时兵火之后，中外艰食，关中米斗千钱，百姓接穗以给禁军，宫厨无兼时之积"。③ 鱼朝恩就曾以此非难宰相，"宰相者，和元气，辑群生。今水旱不时，屯军数十万，馈运困竭，天子卧不安席，宰相何以辅之？不退避贤路，默默尚何赖乎？"④ 为此，元载一方面努力调和朝藩矛盾，另一方面也从地理空间上重新规划关中藩镇的布局。大历三年，元载以吐蕃连岁入寇，尝试调整关中各藩镇的辖区。《邠志》载：

> 初，吐蕃既退，诸侯入觐。是时马镇西以四镇兼邠宁，李公军泽潞以防秋军蓝屋。丞相元公载使人讽诸将使责己曰："今四郊多垒，中外未宁，公执国柄有年矣，安危大计，一无所闻，如之何？"载曰："非所及也。"他日又言，且曰："得非旷职乎？"载莞然曰："安危系于大臣，非独宰臣也。先王作兵，置之四境，所以御戎狄也。今内地无虞，朔方军在河中，泽潞军在蓝屋，游军伺寇，不远京室，王畿之内，岂假是邪！必令损益，须自此始。故曰非所及也。"郭、李曰："宰臣但图之。"载曰："今若徙四镇于泾，朔方于邠，泽潞于岐，则内地无虞，三边有备，三贤之意何如？"三公曰："惟所指挥。"既而相谓曰："我曹既为所册，得无行乎？"十二月，诏马公兼领泾原，寻以郑颍资之；李公兼领山南，犹以泽潞资之；郭公兼领邠宁，亦以

---

① 《旧唐书》卷二四《礼仪志四》，第924页。
② 《新唐书》卷二〇七《鱼朝恩传》，第5864页。
③ 《资治通鉴》卷二二三，代宗广德二年正月条，第7164页。
④ 《新唐书》卷二〇七《鱼朝恩传》，第5864页。

河中资之。三将皆如诏。朔方军自此大徙于邠。郭公虽连统数道，军之精甲，悉聚邠府，其他子弟，分居蒲、灵，各置守将以专其令。蒲之余卒，稍迁于邠。十年之间，无遗甲矣。①

《邠志》中有关元载与郭子仪等三帅的商议细节未必可信，但仍能展现出其完成关中军事布局重构的原因。由于藩镇的军费开支基本取给于当地，因此经济因素往往会制约军队驻地的调整。尤其在财政极其紧张的关中地区，这种调整常有引发军乱的危险。② 为此，元载提出了一种开创性的构想，"若以边土荒残，军费不给，则以内地租税及运金帛以助之"，③ 将河南地区的郑、颍二州隶属泾原节度使，河中隶属邠宁节度使，泽、潞二州隶属凤翔节度使。《元载墓志》也将其作为主要的功绩而大加宣扬，"洎昆夷犯郊，师帅专土。公乃迁子仪于邠畤，移马璘于泾密，处要攘敌，居师实边，历祀浃稔，西人不耸，此其章章之显者"。④ 除此之外，元载还多次筹划于河中府创置中都，"置精兵五万以为禁旅，取关辅、河东等十州税物以奉京师，车驾常以秋杪行幸，春首还京"。⑤ 虽然未能成行，但从这些举措中也可以看出元载主政的基本原则：在不触动藩镇既有利益的前提下，通过利益互换等方式优先解决中央面临的紧要问题，以保证朝廷的稳定和发展。

在此原则下，元载施政每每突破朝廷典章制度，一切以务实为第一要义。《唐会要》的一则记载颇为典型：

> 广德初，代宗自陕将还，尚书右丞颜真卿请皇帝先谒五陵庙，然

---

① 《资治通鉴》卷二二四，代宗大历三年十一月条胡注引《邠志》，第 7204 页。

② 此次四镇、北庭兵徙镇泾原就引发了兵乱，"及徙泾州，众皆怨诽。刀斧兵马使王童之谋作乱"，有赖段秀实的及时应对才免于扩大，见《资治通鉴》卷二二四，代宗大历三年十一月条，第 7205 页。

③ 《资治通鉴》卷二二四，代宗大历三年十一月条，第 7204 页。

④ 王庆昱：《新见唐宰相元载墓志考释》，《书法》2018 年第 2 期。

⑤ 李昉等编《太平御览》卷三三〇《兵部六一·警备》，中华书局，1960，第 1518 页。

后还宫。宰相元载谓真卿曰："公所见甚美，其如不合事宜何？"真卿曰："用舍在相公耳，言者何罪？然朝廷之事，岂堪相公再破除邪？"①

返京之际，颜真卿根据礼法要求皇帝先拜谒祖庙，但元载认为其建议不合时宜。根据颜真卿的批评，元载的务实作风已经对朝廷制度产生了相当大的破坏。这种记载在史籍中随处可见。《旧唐书·颜真卿传》载："时元载引用私党，惧朝臣论奏其短，乃请：百官凡欲论事，皆先白长官，长官白宰相，然后上闻。"② 大历六年，"载条奏应缘别敕文武六品以下，敕出后望令吏部、兵部便附甲团奏，不得检勘"。③ 因此，史书评价元载"当承宠得志，每改张朝政，出于载手，中外共怒，当时归咎于载"，④ 也是与其执政风格紧密相关的。

　　这一特点在藩镇政策上表现得尤为明显。广德以后，随着安史之乱的平定，销兵的建议在朝堂上开始出现。广德二年，"郭子仪以安、史昔据洛阳，故诸道置节度使以制其要冲；今大盗已平，而所在聚兵，耗蠹百姓，表请罢之，仍自河中始"，随后代宗"敕罢河中节度及耀德军"；⑤ 永泰元年三月，左拾遗洛阳独孤及亦上疏，"今天下惟朔方、陇西有吐蕃、仆固之虞，邠、泾、凤翔之兵足以当之矣。自此而往，东洎海，南至番禺，西尽巴、蜀，无鼠窃之盗而兵不为解。倾天下之货，竭天下之谷，以给不用之军，臣不知其故。假令居安思危，自可扼要害之地，俾置屯御，悉休其余，以粮储扉履之资，充疲人贡赋，岁可减国租之半"，⑥ 也要求实行销兵之策。这些建议在京师面临巨大军事威胁的情况下自不现实，但也体现出朝廷重塑权威，恢复战前统治秩序的意愿。然而，元载秉政后却

---

① 王溥：《唐会要》卷一七《庙灾变》，上海古籍出版社，2006，第411页。
② 《旧唐书》卷一二八《颜真卿传》，第3592页。
③ 《旧唐书》卷一一八《元载传》，第3412页。
④ 《旧唐书》卷一一八《郇谟传》，第3416页。
⑤ 《资治通鉴》卷二二三，代宗广德二年五月条，第7165页。
⑥ 《资治通鉴》卷二二三，代宗永泰元年三月条，第7173页。

一反此政，不仅允许地方蓄养军队，还授予刺史团练使之号，"元载秉政，思结人心，刺史皆得兼团练、守捉使"。① 另外，平叛期间事急从权，各地节帅对管内州刺史的控制权大为强化，乃至有擅自推鞫、停刺史务者。对此，永泰二年九月朝廷专门下敕，"诸府刺史、都护、大都督府长史有犯者，自今已后，降鱼书停务讫，然后推勘闻奏，如未降鱼书，不在推限"，但这一规定在代宗时期并未执行，"此制自广德已后，多不施行，又节将怙权，刺史悉由其令，鱼书皆废"。直到大历末年，才因宰相常衮奏请，敕"诸州刺史替代，及别追，皆降鱼书，然后离任，无事不得辄追赴使及出境。刺史有故阙，使司不得差摄，但令上佐知州事"。② 显然在元载执政期间，并未从制度和法令上保证刺史的独立性，反而默许了节帅对管内州县的控制。这些政策既是对当时藩镇拥兵地方的现状予以认可，也有利于节帅对管内经济、军事力量的进一步整合，完全符合藩镇的利益和需求。

从当时的政治、军事形势看，仍要应对吐蕃军事威胁的朝廷并没有足够的力量控制藩镇，并从制度、法令上保证中央的权威；继续保持对藩镇的强硬政策可能会遭到反噬，甚至动摇李唐王朝的统治根基。广德元年京师的沦陷就是一个典型的例子。在这种情况下，元载选择与藩镇进行政治交易，以朝廷的政策、节钺、官爵等换取节帅的效忠来维持表面上朝廷的中心地位。史载：

> 及永泰之后，四方既定，而元载秉政，公道隘塞，官由贿成。中书主书卓英倩、李待荣辈用事，势倾朝列，天下官爵，大者出元载，小者自倩、荣。四方赍货贿求官者，道路相属，靡不称遂而去，于是纲纪大坏。③

---

① 《新唐书》卷四九下《百官志下》，第 1316 页。
② 王溥：《唐会要》卷六九《都督刺史已下杂录》，第 1436—1437 页。
③ 《旧唐书》卷一一九《崔祐甫传》，第 3440 页。

所谓"四方赍货贿求官者",主要指藩镇为节帅或僚佐奏请官职者,而元载对此全盘接受,"靡不称遂"。<sup>①</sup>尽管元载借此受纳大量赃私,并形成贪贿横行的大历政风,但也造就了良好的朝藩关系。大历年间,即使是后来号称跋扈的河朔藩镇也积极派兵到关中防秋,不能说与此无关。不仅如此,元载的行为还大大提升了其对藩镇的影响。《资治通鉴》引唐人笔记小说,记载有这样一则故事:

> 载有丈人自宣州来,从载求官,载度其人不足任事,但赠河北一书而遣之。丈人不悦,行至幽州,私发书视之,书无一言,惟署名而已。丈人大怒,不得已试谒院僚,判官闻有载书,大惊,立白节度使,遣大校以箱受书,馆之上舍,留宴数日,辞去,赠绢千匹。其威权动人如此。<sup>②</sup>

在安史降将控制的河北藩镇,元载依然有如此强大的影响力,这在整个唐后期都是非常罕见的。当然,这种影响力是以破坏国家法令、牺牲朝廷权威换来的。

需要说明的是,对于大历年间的藩镇政策乃至贪贿横行的政风,代宗也有重要责任。德宗时名相陆贽曾论代宗之政:

> 代宗性仁恕,言事者谏曰:"陛下为政伤于太宽,朝典由是不肃。"上笑而答曰:"今时运艰难,凡人臣事朕者,窥少禄利耳。今府库空竭,无俸入俾之忧足,但峻刑科,是君上有威无恩,朕所不忍行也。"<sup>③</sup>

---

① 元载奏请"别敕文武六品以下,敕出后望令吏部、兵部便附甲团奏,不得检勘"同样与此有关,因此别敕任命的六品以下官员,主要部分来自州县佐官和使府僚佐,参见刘后滨《唐代选官政务研究》,社会科学文献出版社,2016,第60—65页。

② 《资治通鉴》卷二二四,代宗大历五年三月条,第7214页。

③ 陆贽:《奉天论前所答奏未施行状》,《陆贽集》卷一二,王素点校,中华书局,2006,第383—384页。

在时运艰难，朝廷力量有限的情况下，对藩镇保持宽容态度，是代宗有意为之的结果。换言之，大历时期"因循""姑息"的政治基调正是由代宗奠定的。相比于元载，代宗在破坏朝典、收受贿赂等方面有过之而无不及，史载：

> 代宗之世，每元日、冬至、端午、生日，州府于常赋之外竞为贡献，贡献多者则悦之。武将、奸吏，缘此侵渔猎下民。[1]

更有甚者，代宗还依据中使受贿的多少来判断自己是否受到尊重：

> 代宗优宠宦官，奉使四方者，不禁其求取。尝遣中使赐妃族，还，问所得颇少，代宗不悦，以为轻我命；妃惧，遽以私物偿之。由是中使公求赂遗，无所忌惮。[2]

皇帝收受贿赂只是表象，其本质是代宗试图以更加私密的君—臣关系取代公开的中央—地方关系，作为界定朝藩双方身份的主要内容。当然，反观代宗即位初年的强硬政策，这种变化显然与元载的执政密不可分。在代宗、元载君臣的共同努力下，近似封建性质的天子—诸侯君臣秩序成为确定朝藩行为的主要政治规范，因此在薛嵩去世、李灵曜叛乱时，天下出现"诸道共攻其地，得者为己邑"[3] 的共识，而这也是代宗朝"姑息"之政的真正含义。

## 结　语

"秩秩君子，温如玉兮。赫赫师臣，司大录兮。"[4] 墓志铭中对元载的

① 《资治通鉴》卷二二六，德宗建中元年四月条，第7280页。
② 《资治通鉴》卷二二五，代宗大历十四年六月条，第7262页。
③ 《旧唐书》卷一二四《李正己传》，第3535页。
④ 王庆昱：《新见唐宰相元载墓志铭考释》，《书法》2018年第2期。

称颂虽有溢美之嫌，但客观上也总结了这位代宗朝权臣的主政风格和贡献。抛开史籍中对大历"姑息"之政的片面评价，回到当时历史情景下，代宗君臣一直面临这样一个问题：在安史之乱给处于盛世的唐王朝以巨大打击，极度削弱了朝廷力量和权威，而林立的藩镇又降低了其对地方控制能力的情况下，如何延续王朝的生命，并构建起新的统治秩序和政治规范。当肃宗以来的强硬举措被证明失效，元载以其宽厚、中庸的性格登上了最高政治舞台，引发了代宗朝藩镇政策的巨大调整。尽管在务实原则的指导下，大历以后的许多政策都有损朝廷的权威，也形成了法度隳弛、贪腐横行的不良政风，但不可否认的是，元载有效缓和了至德以来尖锐的朝藩矛盾，并成功建立了新的政治规范。因此，即使大历末代宗对元载已有颇多不满，却仍承认其贡献，"载虽非重慎，然协和中外无间然，能臣也"。[1] 从某定程度上说，元载的专权对于唐王朝成功走出安史之乱，并继续存在了近一百五十年，有着重要的意义。

---

[1]　《新唐书》卷一二〇《崔涣传》，第 4318—4319 页。

# 制宜与变异：唐代藩镇使下御史的
# 产生及其泛滥<sup>*</sup>

## 黄承炳

  唐后期，藩镇幕府僚佐负责协助藩镇长官处理地方事务，在藩镇内部扮演着非常重要的角色。值得注意的是，不少藩镇幕府僚佐身兼朝廷御史台三院御史、御史中丞等宪衔，在史籍中被称为藩镇"使下御史"。① 藩镇使下御史由藩帅自主辟署，其职任亦从属于藩帅，但所兼宪衔是朝廷常参官官衔，是职任与官衔的错位组合。学界关于藩镇使下御史的结衔形式等问题已有一定研究，② 但藩镇使下御史何时出现，为何出

---

 \*  本文系国家社科基金青年项目"传统中国基于官吏任用的央地关系调节机制及其现代价值研究"（22CZZ032）阶段性成果。

 ①  如《唐会要》卷二五《文武百官朝谒班序》载贞元二十年御史中丞武元衡奏文即有："准贞元二年班序敕，使下三院御史，有本官是常参官兼者，即入本官班。如内供奉里行，即入御史班。缘使下御史，近例并不在内供奉班内，请自今以后，诸使下御史内供奉者，入阁日，并依宣政殿前班位，次员外郎之后，在正台监察御史之上，使为常式。"（上海古籍出版社，2006，第565—566页）

 ②  渡边孝：《中晚唐期における官人の幕職官入仕とその背景》，《中唐文學の視角》，创文社，1998，第357—392页；松浦典弘：《唐代後半期の人事における幕職官の位置》，《古代文化》第50卷第11号，1998年，第32—43页；石云涛：《唐代幕府制度研究》，中国社会科学出版社，2003；赖瑞和：《唐代基层文官》，台北：联经出版事业股份有限公司，2004；赖瑞和：《唐代中层文官》，台北：联经出版事业股份有限公司，2008；胡宝华：《唐代监察制度研究》，商务印书馆，2005，第167—170页；冯培红：《论唐五代藩镇幕职的带职现象——以检校、兼、试官为中心》，高田时雄编《唐代宗教文化与制度》，京都大学人文科学研究所，2007，第133—210页；黄承炳：《外官内官化与唐后期的地方控制》，博士学位论文，北京大学，2021，第57—91页；李瀚：《唐后期藩镇官员兼宪衔探析——兼论御史台与藩镇的关系》，包伟民、刘后滨主编《唐宋历史评论》第9辑，社会科学文献出版社，2022，第109—123页。

现，以及何以泛滥失控，目前尚缺乏深入探讨，本文即尝试对此进行考察。

## 一　开元、天宝年间边镇使下御史考

藩镇使下御史盛行于唐后期，但其出现却是在唐玄宗开元、天宝年间。《唐语林》卷八《补遗》载："开元已前，诸节制并无宪官。自张守珪为幽州节度，加御史大夫，幕府始带宪官，由是方面威权益重。游宦之士，至以朝廷为闲地，谓幕府为要津。迁腾倏忽，坐致郎省，弹劾之职，遂不复举。"① 据《旧唐书·张守珪传》，张守珪于开元二十一年（733）由陇右节度使转任幽州并兼任御史中丞，开元二十三年（735）因破契丹之功改兼御史大夫。那么，《唐语林》所说"幕府始带宪官"的时间应该就在这一时期。

关于张守珪幽州幕府的使下御史，史料中可见两例。其一是徐浩，其神道碑载："寻拜右拾遗，张守珪之节制幽蓟，恩冠诸侯，钦承盛名，特□幕宾陈乞，优遂其请，授监□御□。"② 据《旧唐书·徐浩传》："幽州节度使张守珪奏在幕府，改监察御史。"③《新唐书·徐浩传》："进监察御史里行，辟幽州张守珪幕府。"④ 可知徐浩乃是带监察御史衔进入张守珪幕府的。其二是张晓，张九龄《贺依圣料赤山北无贼及突厥要重人死状》云："今日幽州节度判官、监察御史张晓至，云今月十一日从幽州发来，赤山元自无贼，奚所见者，正是安禄山下兵马。"⑤ 由徐浩与张晓之例可知，当时张守珪幽州幕府中确实有兼宪衔者，而且不止一人。

---

① 王谠撰，周勋初校证《唐语林校证》卷八《补遗》，中华书局，2008，第693页。
② 王昶：《金石萃编》卷一〇四《徐浩碑》，中国书店，1985，叶4。缺字据陆增祥撰《八琼室金石补正》卷六七《彭王傅徐浩碑》补（文物出版社，1985，第460页下）。
③ 《旧唐书》卷一三七《徐浩传》，中华书局，1975，第3759页。
④ 《新唐书》卷一六〇《徐浩传》，中华书局，1975，第4965页。
⑤ 熊飞校注《张九龄集校注》卷一四《贺依圣料赤山北无贼及突厥要重人死状》，中华书局，2008，第756页。校注将之系在开元二十三年（735）九月。

不过，《唐语林》所述不确的是，在张守珪节制幽州之前，边镇节将幕府中便已有使下御史的存在了。① 《唐会要·舆服上·内外官章服》载开元三年（715）四月敕："宰臣自朝廷出镇，请朝官至侍御史已上者，即许兼受章服，便为久例。"② 表明宰相出镇可以奏请在台御史入幕，从其行文来看，御史入幕之后应当保有宪衔，那么，至少在开元初便应已有边镇使下御史的存在了。

河南偃师出土的颜真卿撰《郭虚己墓志》便提供了开元前期边镇使下御史存在的例证，其文曰：

> 维唐天宝八载（749），太岁己丑，夏六月甲午朔，十有五日戊申，银青光禄大夫、守工部尚书、兼御史大夫、蜀郡大都督府长史、上柱国郭公薨于蜀郡之官舍，春秋五十有九。……未冠，授左司御率府兵曹。秩满，授邠州司功，充河西支度营田判官，拜监察御史里行，改充节度判官，正除监察御史，转殿中侍御史，判官仍旧。属吐蕃入寇瓜沙，军城凶惧，公躬率将士，大殄戎师，皇帝闻而壮之，拜侍御史。俄迁虞部员外郎、检校凉州长史、河西行军司马，转本司郎中，余如故。转驾部郎中兼侍御史，充朔方行军司马。开元廿四载（736），以本官兼御史中丞、关内道采访处置使。加朝散大夫、太子左庶子，兼中丞，使如故。③

郭虚己卒于天宝八载（749），享年五十九，则他未冠释褐当在睿宗时期。

---

① 《唐语林》的说法确实具有一定误导作用，如石云涛据此指出"考碑、传，开元二十三年（735）以前，方镇幕府确无检校宪衔者"，张东光认为"幕职带宪衔，则始于开元二十三年（735）张守珪为幽州节度使加御史大夫"。见石云涛《唐开元天宝间边镇幕佐辟署制度》，《唐研究》第7卷，北京大学出版社，2001，第394页；张东光《唐代职官管理略论稿》，中国言实出版社，2015，第142页。

② 王溥：《唐会要》卷三一《舆服上·内外官章服》，第666页。

③ 樊有升、鲍虎欣：《偃师出土颜真卿撰并书郭虚己墓志》，《文物》2000年第10期，第85—86页。

在担任左司御率府兵曹与邠州司功两任官之后，他便先后"拜监察御史里行""正除监察御史""转殿中侍御史""拜侍御史"，其间一直充任河西节度使判官，此后至开元二十四年（736）又历四次转官。由此可以推测，郭虚己首次担任使下御史当在开元前期，其后长期以幕府判官兼宪衔。关于墓志记载的可信度，另有一则材料可予以佐证。《文苑英华》卷四〇四收录孙逖所撰《授郭虚己太子左庶子制》，其中叙述郭虚己现有官衔为"朝议郎、守驾部员外郎兼御史中丞、朔方节度行军司马、关内道采访处置使、赐紫金鱼袋"，制命改为"可朝散大夫、守左庶子兼御史中丞，余如故"，[①] 与墓志所载郭虚己开元二十四年（736）任职及其后的一次转官经历完全一致。据《旧唐书·孙逖传》，孙逖于开元二十四年（736）拜中书舍人，之后丁父忧，开元二十九年（741）服阕复为中书舍人，[②] 在时间上亦相符合。由此可见，颜真卿撰写这方墓志时当有较为可靠的依据，认为郭虚己在开元前期便已担任使下御史应当可信。

或是由于幕府官信息少见于史料记载，目前所见开元前期使下御史仅有郭虚己一例，而且若非墓志出土此例亦不会为我们所知。不过，开元前期使下御史较少应当也是事实。而至张守珪节度幽州的开元后期，使下御史就较多见于史载了。如《文苑英华》卷三八三孙逖《授陈九言等起居舍人制》有"朝议郎、守太子舍人、摄殿中侍御史、朔方节度判官陈九言"。[③] 如前所述，孙逖于开元二十四年（736）、二十九年（741）两度担任中书舍人，那么陈九言出任朔方节度幕府使下御史也当在此前后。同书卷三九五王从敬《授陈山庆监察御史制》载陈山庆现任官为"宣议郎、行大理评事、摄监察御史、河西节度采访处置使判官"，[④] 据王从敬神道

① 孙逖：《授郭虚己太子左庶子制》，李昉等编《文苑英华》卷四〇四，中华书局，1966，第2049页上。
② 《旧唐书》卷一九〇中《孙逖传》，第5044页。
③ 孙逖：《授陈九言等起居舍人制》，李昉等编《文苑英华》卷三八三，第1953页下。
④ 王从敬：《授陈山庆监察御史制》，李昉等编《文苑英华》卷三九五，第2009页下。

碑可知，他与孙逖同时任中书舍人，卒于开元二十八年（740），① 那么陈山庆担任使下御史亦在开元二十四年（736）前后。又《旧唐书·吐蕃传上》载开元二十八年（740）剑南节度使章仇兼琼破安戎城，"使监察御史许远率兵镇守"，② 而同书许远本传则云"章仇兼琼镇剑南，又辟为从事"，③ 可知当时许远即是以监察御史的身份充任章仇兼琼剑南节度幕府僚佐，是为边镇使下御史。

天宝年间，史料所见边镇使下御史案例更多，以下权以天宝中后期安禄山幕府为例进行分析。据《旧唐书·安禄山传》，安禄山于天宝十载（751）求为河东节度使，加上此前所带平卢与范阳二节度使，一时身兼三道节度，"进奏无不允，引张通儒、李庭坚、平洌、李史鱼、独孤问俗在幕下"。④ 经过考索发现，《旧唐书·安禄山传》所列安禄山幕府主要僚佐中多数人都担任过使下御史。颜真卿撰于天宝十三载（754）的《东方先生画赞碑阴记》云："真卿去岁拜此郡，属殿中侍御史平公洌、监察御史阎公宽、李公史鱼，右金吾胄曹宋公審咸以河北采访使、东平王判官巡按狘至。"⑤ 河北采访使、东平王便是安禄山，颜真卿时任平原太守，在河北采访使管内。颜真卿提到了四位巡按至平原的安禄山判官，其中平洌、阎宽、李史鱼三人均带御史衔。李史鱼以御史身份履职安禄山幕府事亦载于其墓志："上方锐意武功，宠厚边将，拜公殿中侍御史，参安禄山范阳军事。"⑥ 其中所述李史鱼御史衔与颜记略有不同，不知何者为是，

① 孙逖：《太子右庶子王公神道碑》，李昉等编《文苑英华》卷九〇二，第 4751 页上，其文云："拜中书舍人。是时也，张曲江、李晋公更践中枢，公与徐安贞、韦陟、孙逖继挥宸翰。每至密命，先发诏书，即舍人草创之，二相讨论之。王言式臧，天监允洽，训诰之地，斯焉得人。……以开元二十八年（740）五月二十八日，终于西京静恭里之私第。"
② 《旧唐书》卷一九六上《吐蕃传上》，第 5235 页。
③ 《旧唐书》卷一八七下《许远传》，第 4902 页。
④ 《旧唐书》卷二〇〇上《安禄山传》，第 5369 页。
⑤ 颜真卿：《东方先生画赞碑阴记》，王昶：《金石萃编》卷九〇，叶 3。
⑥ 梁肃：《侍御史摄御史中丞赠尚书户部侍郎李公墓志》，李昉等编《文苑英华》卷九四四，第 4965 页下。

抑或先后为之，但他担任过安禄山幕府使下御史应可确信无误。又《唐会要·马》所载天宝十三载（754）六月一日陇右群牧都使奏文中有"判官、殿中侍御史张通儒"，[①] 而当时的陇右群牧都使恰恰就是安禄山，[②] 即张通儒当时乃是安禄山幕府使下御史。如此，上揭安禄山本传所提到的五位主要幕僚中至少有三位带过御史衔，五人之外，我们还知道阎宽亦以御史充判官。另刘长卿有诗题为《落第赠杨侍御兼拜员外仍充安大夫判官赴范阳》，[③] 安禄山天宝三载（744）代裴宽为范阳节度使，六载（747）加御史大夫，[④] 这里的杨侍御即其使下御史；又据《旧唐书·安禄山传》，安禄山于天宝十三载（754）被任命为闲厩、陇右群牧等都使后，"奏吉温为武部侍郎、兼中丞，为其副，又请知总监事"，[⑤] 是为级别较高的使下御史。

## 二　边镇幕府僚佐加宪衔的原因

边镇节帅幕府使下御史在唐玄宗开元前期便已出现，至天宝年间已经相当常见。那么，当时朝廷为何会将御史衔授予边将幕府僚佐呢？一个可能的回答是，边将幕府僚佐属于使职差遣，不在原有职官体系中，因而需要借助御史衔来表示身份。但是，原有官僚体系中可用于表示幕府僚佐身份的名号资源相当丰富，实际上亦有检校官、试衔等其他官衔被授予幕府

① 王溥：《唐会要》卷七二《马》，第 1543 页；王钦若等编《册府元龟》卷六二一《卿监部·监牧》，中华书局，1960，第 7479 页上同。
② 参见唐长孺《唐书兵志笺正（外二种）》卷四，《唐长孺文集》，中华书局，2011，第 130 页。
③ 刘长卿：《落第赠杨侍御兼拜员外仍充安大夫判官赴范阳》，彭定求等编《全唐诗》卷一四九，中华书局，1960，第 1546 页。
④ 《旧唐书》卷二〇〇上《安禄山传》，第 5368 页。
⑤ 《旧唐书》卷二〇〇上《安禄山传》，第 5369 页；亦见《旧唐书》卷一八六下《吉温传》，第 4856 页。

僚佐，[①] 而且许多使下御史所带宪衔只是兼衔而非本官，[②] 因此这一解释并不足以呈现御史衔对于边将幕府僚佐的特殊意义。

前揭开元、天宝时期边镇使下御史的材料为解决这一问题提供了重要线索。徐浩神道碑记载他被任命为监察御史入张守珪幕府是因为"张守珪之节制幽蓟，恩冠诸侯，钦承盛名，特□幕宾陈乞，优遂其请"，无独有偶，李史鱼墓志叙述他成为使下御史的背景亦是"上方锐意武功，宠厚边将"。这两条材料虽然一处突出个体，一处统括时局，但都强调了边镇使下御史产生的原因是皇帝宠厚边将，即使下御史的府主。

唐玄宗是一个"锐意武功"的皇帝，遍检《资治通鉴》，司马光记叙史事之余便多次提及唐玄宗重视边功这一特点，如开元四年（716）"璟以天子好武功"，[③] 开元十二年（724）"时上将大攘四夷"，[④] 开元十五年（727）"上由是益事边功"，[⑤] 等等。司马光另有一段关于唐玄宗时期边将管理制度变化的论述，对于此处分析颇有参考意义，引述如下：

> 自唐兴以来，边帅皆用忠厚名臣，不久任，不遥领，不兼统，功名著者往往入为宰相。其四夷之将，虽才略如阿史那社尔、契苾何力犹不专大将之任，皆以大臣为使以制之。及开元中，天子有吞四夷之志，为边将者十余年不易，始久任矣；皇子则庆、忠诸王，宰相则萧嵩、牛仙客，始遥领矣；盖嘉运、王忠嗣专制数道，始兼统矣。李林甫欲杜边帅入相之路，以胡人不知书，乃奏言："文臣为将，怯当矢

①　赖瑞和：《论唐代的检校官制》，《汉学研究》2006 年第 1 期；朱溢：《论晚唐五代的试官》，袁行霈主编《国学研究》第 19 卷，北京大学出版社，2007；张飘：《再论唐代的检校官——兼论职事官的阶官化》，《唐史论丛》2020 年第 1 期，第 110—123 页。

②　黄承炳：《外官内官化与唐后期的地方控制》，第 66—70 页；李瀚：《唐后期藩镇官员兼宪衔探析——兼论御史台与藩镇的关系》，包伟民、刘后滨主编《唐宋历史评论》第 9 辑，第 109—116 页。

③　《资治通鉴》卷二一一，唐玄宗开元四年（716）闰十二月己亥，中华书局，1956，第 6724 页。

④　《资治通鉴》卷二一二，唐玄宗开元十二年（724）八月己亥，第 6761 页。

⑤　《资治通鉴》卷二一三，唐玄宗开元十五年（727）春正月辛丑，第 6777 页。

石，不若用寒畯胡人；胡人则勇决习战，寒族则孤立无党，陛下诚以恩洽其心，彼必能为朝廷尽死。"上悦其言，始用安禄山。至是，诸道节度尽用胡人，精兵咸戍北边，天下之势偏重，卒使禄山倾覆天下，皆出于林甫专宠固位之谋也。①

司马光认为，唐玄宗出于"吞四夷之志"，一改唐朝开国以后的边将任用制度，逐渐采用了边将久任、遥领、兼统等做法，甚至为了提高边将战斗力，听信李林甫之言改以胡人出任诸道节度使。这一看法颇有道理，使下御史的出现亦可置于同一背景下理解。唐玄宗重视边功，必须倚赖边将，为了凸显对边将的重视，特意允许边将幕府僚佐兼带朝廷御史衔。

让幕府僚佐带御史衔之所以对边将来说是一种荣宠，与作为朝廷内官的御史在职官体系中的特殊位置密切相关。据成书于开元年间的《唐六典》，经常充当使下御史衔的三院御史均为常参官与四品以下八品以上清官，其中侍御史与殿中侍御史还属于供奉官，② 十分清要。选任方面，唐制六品以下官员由尚书省奏拟，而三院御史均为六品以下官，唐玄宗开元四年（716）"始制员外郎、御史、起居、遗、补不拟"，③ 将三院御史破格纳入敕授范围，④ 进一步提高了御史在选任方面的地位。从职能来看，御史台乃纠举之司，三院御史各司其职，均有监察百官的权力。⑤ 长安四年（704）监察御史萧至忠言："故事，台中无长官，御史人君耳目，比肩事主，得各弹事，不相关白。"⑥ 便深得御史这种特质之要旨。御史作

---

① 《资治通鉴》卷二一六，唐玄宗天宝六载（747）十二月己巳，第6888—6889页。

② 李林甫等：《唐六典》卷二《尚书吏部》"吏部郎中"条，中华书局，1992，第33—34页。

③ 《资治通鉴》卷二一一，唐玄宗开元四年（716）闰十二月辛丑，第6725页。

④ 李林甫等：《唐六典》卷二《尚书吏部》"吏部尚书侍郎"条，第27页。

⑤ 李林甫等：《唐六典》卷一三《御史台》，第379—382页。

⑥ 王溥：《唐会要》卷六一《御史台中·弹劾》，第1259页。《新唐书》卷一二三《萧至忠传》，第4371页所载略同。

为"人君耳目"，位望尊崇，幕府僚佐带御史衔对于边将来说自然是莫大荣宠。同样道理，当时边将本人多带御史大夫或御史中丞衔，亦是为了表示对他们的宠厚，提高其地位。正如柳宗元在《诸使兼御史中丞壁记》中所说："凡使之号，盖专焉而行其道者也。开元以来，其制愈重，故取御史之名而加焉。……大者裁复于内，拓定于外。皆得以壮其威，张其声，其用远矣。假是名以莅厥职，而尊严若是，况乎总宪度于朝端，树风声于天下，其所以翼于君、正于人者，尤可以知也。"① 幕府僚佐带御史衔亦可为边将壮威张声。

此外，当时还存在直接援引在台正任御史入幕的情况。直接奏请现任御史入幕对于边将来说自然十分体面，而这些由御史台转入边将幕府者本身就带御史衔，这也是使下御史形成的方式之一。前引玄宗开元三年（715）四月关于宰臣出镇请朝官至侍御史以上者许兼受章服的敕文，便说明这种情况发生甚早，而且是作为对宰相出镇的一种优待。不过，一旦边将奏请在台御史入幕成风，必然会影响御史台的正常工作，因此玄宗于天宝二年（743）八月七日敕："所置御史，职在弹违，杂充判官，诚非允当。其诸道节度使先取御史充判官者，并停。自今已后，更不得奏。若切须奏者，不得占台中缺。其本台长官充使者，不在此限。"② 试图遏制这一趋势，但与此同时，在不占用御史台编制这一前提下，使下御史又借此获得了合法性与发展空间。而且，御史台长官充使，奏取御史充判官是被允许的。

对于士人来说，相比于在朝廷或内地州府任职，出任边将幕府僚佐并非一个有吸引力的选择。当时士人普遍重内职、轻外任，遑论前往边地幕府了。③ 但是，玄宗要实现"吞四夷之志"，边地又确有切实的人才需求。《唐会要·选部下》载玄宗开元十七年（729）三月敕："边远判官，多有

---

① 《柳宗元集》卷二六《诸使兼御史中丞壁记》，中华书局，1979，第701—702页。
② 王溥：《唐会要》卷六二《御史台下·杂录》，第1280—1281页。
③ 关于唐前期士人重内职、轻外任的史料可以参看赵翼《陔余丛考》卷一七"唐制内外官轻重先后不同"条，中华书局，1963，第328—329页。

老弱。宜令吏部每年选人内，简择强干堪边任者，随缺补授。秩满，量减三两选与留，仍加优奖。"① 便明确揭示了这一困境，并提出了解决办法，即选择"强干堪边任者"补授。而为了使得"强干堪边任者"愿意担任边远判官并用心履职，则自然需要格外的优奖，这则敕文提出的是秩满减选，而本文所论兼宪衔亦可视为一种方式。以边远判官得兼京官御史，成为名义上的"天子耳目"，对于一时难以在都城谋份差事的士人来说，自然颇有诱惑力。前揭《郭虚己墓志》叙述他在担任殿中侍御史、河西节度判官时，曰"属吐蕃入寇瓜沙，军城凶惧，公躬率将士，大殄戎师，皇帝闻而壮之，拜侍御史"，② 虽则只是叙述其由殿中侍御史转任侍御史的原因，但足见使下御史头衔对边将幕僚的激励意义。

## 三　兼宪衔对边镇幕府僚佐履职的影响

兼宪衔对边将及其僚佐来说并非只有荣宠意义，对其履行职责、取得边效亦有现实助益。《唐会要·御史台下·出使》载："麟德二年（665）十月，征刘仁轨，次于莱，舍于驿西厅。夜已久，有御史至，驿人白曰：'西厅少佳，有使止矣。'曰：'谁？'曰：'带方州刺史。'御史令移却，仁轨遽就东厅。既至，拜宪大夫，其御史愧不自安。"③ 御史可以凌驾于官品高于自身的刺史之上，并且打破先来后到的自然法则，占据更好的驿厅，充分展现了当时政治文化中御史对地方官的优势地位，而兼宪衔便于边镇幕府僚佐履职的关键就在于此。

颜真卿《东方先生画赞碑阴记》云："真卿去岁拜此郡，属殿中侍御史平公列，监察御史阎公宽、李公史鱼，右金吾胄曹宋公謇咸以河北采访

① 王溥：《唐会要》卷七五《选部下·杂处置》，第1612页。
② 樊有升、鲍虎欣：《偃师出土颜真卿撰并书郭虚己墓志》，《文物》2000年第10期，第86页。
③ 王溥：《唐会要》卷六二《御史台下·出使》，第1276页。

使、东平王判官巡按狎至。"① 前文已论，四位巡按判官中有三人为使下御史，余下一位也带有京官衔。且不论安禄山派遣他们巡按平原郡有何目的，但在当时的边镇节度使体制下，节度使下辖地域跨越多个行政区，那么，节度幕府僚佐在履职中就免不了要与诸多州县或郡县官吏打交道。在这种情形下，御史职司监察、"天子耳目"的特殊身份就可以在一定程度上强化其权威，提高其机动办事能力。前揭刘长卿《落第赠杨侍御兼拜员外仍充安大夫判官赴范阳》中有句作"黠吏偏惊隼，贪夫辄避骢"，②或有夸张，但也确实凸显出使下御史在边镇的特殊威严。

　　由于当时的边镇使下御史很少见诸记载，故而难以对御史衔在其实际履职过程中所发挥的作用做出形象描绘，以下权举四例略做说明。其一，《郭虚己墓志》记载他担任殿中侍御史、河西节度判官时"属吐蕃入寇瓜沙，军城凶惧，公躬率将士，大殄戎师"。③ 其二，前揭剑南节度使章仇兼琼破安戎城后"使监察御史许远率兵镇守"。④ 其三，天宝元年（742）河西节度使王倕克吐蕃渔海、游弈军，⑤ 当时所上《河西破蕃贼露布》有言："别委行军司马、大理司直、摄殿中侍御史卢幼临领步兵五百过合黎川为声援。"⑥ 其四，封常清安西节度幕府判官李栖筠在封常清被召回朝廷时"摄监察御史，为行军司马"，其后肃宗因安史之乱"驻灵武，发安西兵"，李栖筠"料精卒七千赴难"。⑦ 以上四位使下御史均为文职僚佐，却能够承担掌兵之任，其御史身份或许提供了一定的便利。

　　关于此，权德舆撰《权自挹墓志》可以提供佐证，其文曰："天宝

①　颜真卿：《东方先生画赞碑阴记》，王昶：《金石萃编》卷九〇，叶3。
②　刘长卿：《落第赠杨侍御兼拜员外仍充安大夫判官赴范阳》，彭定求等编《全唐诗》卷一四九，第1546页。
③　樊有升、鲍虎欣：《偃师出土颜真卿撰并书郭虚己墓志》，《文物》2000年第10期，第86页。
④　《旧唐书》卷一九六上《吐蕃传上》，第5235页。
⑤　《新唐书》卷五《玄宗本纪》，第143页。
⑥　李昉等编《文苑英华》卷六四八《河西破蕃贼露布》，第3333页下。该文省略了节度使姓名，根据内容可判断为天宝元年（742）河西节度使王倕所上露布。
⑦　《新唐书》卷一四六《李栖筠传》，第4735页。

中，河湟之间，践更以御寇，平籴以馈军，皆以御史董之，联辟从事。"① 据墓志所载，天宝年间权自挹在河湟之间担任边镇幕府从事，他参与"御寇""馈军"之事都是"以御史董之"。又王从敬《授陈山庆监察御史制》叙述陈山庆担任行大理评事、摄监察御史、河西节度采访处置使判官时"植性方雅，从事公勤。评刑有钦恤之名，摄职著军州之效。任惟执宪，寄以佐边"，② 言语间亦将其"摄职""执宪"与"著军州之效""佐边"联系起来。

还有一点值得注意，边镇幕府僚佐服务于府主，但使下御史作为"人君耳目"的身份又建立起他们与皇帝之间的直接联系，因而边镇使下御史在某种意义上亦可发挥监督制约边将的作用。萧至忠所言"台中无长官，御史人君耳目，比肩事主，得各弹事，不相关白"，③ 虽然所指并非一事，但就使下御史与边将之间的关系来说，与此亦具有一定程度的同构性。张九龄《贺依圣料赤山北无贼及突厥要重人死状》："先得前件牒云：九月三日，奚探见贼无数。前三日，臣等面奉圣旨，料此必安禄山所将之兵，奚疑是贼，便有此牒也。……今日幽州节度判官、监察御史张晓至，云今月十一日从幽州发来，赤山元自无贼，奚所见者，正是安禄山下兵马。"④ 虽然状文所述张晓传递的只是普通军情，但其在朝廷与边地之间所起的信息媒介作用却显露无遗。又《李史鱼墓志》记载他担任安禄山使下御史时，"河北首乱，公胁在围中，危冠正词，诮让元恶，势迫难夺，望重见容。朝廷雅知公忠，迁侍御史，充封常清幽州行军司马。隔于

---

① 《权德舆诗文集》卷二五《唐故朝议郎行尚书仓部员外郎集贤院待制权府君墓志铭并序》，郭广伟校，上海古籍出版社，2008，第370页。标点略有修订。
② 王从敬：《授陈山庆监察御史制》，李昉等编《文苑英华》卷三九五，第2009页下。
③ 王溥：《唐会要》卷六一《御史台中·弹劾》，第1259页；《新唐书》卷一二三《萧至忠传》，第4371页所载略同。《旧唐书》卷一八五下《崔隐甫传》载崔隐甫开元十四年（726）担任御史大夫，"一切督责，事无大小，悉令咨决"（第4821页），开始改变御史弹事不相关白的规矩，但据《唐会要》卷六一《御史台中·弹劾》，肃宗至德元载（756）九月又再次申明："御史弹事，自今以后，不须取大夫同署。"（第1256页）
④ 熊飞校注《张九龄集校注》卷一四《贺依圣料赤山北无贼及突厥要重人死状》，第756页。

凶盗，诏不下达。公与张休、独孤问俗密结壮侠，志图博浪之举，间遣表章，请固河潼之守。帝用深叹，吾谋未行。会虏将能人姓元浩拥师河上，公诡请劳抚，因以大义谕之，能亦知复，翻然向顺。裂贼左臂，系公之力。"[①] 虽然不知李史鱼离开安禄山归附朝廷是否出于本意，但就归附过程来说，使下御史的身份应当发挥了一定作用。

## 四　安史之乱后藩镇使下御史的泛滥

综上所述，唐玄宗开元、天宝年间便已出现了边镇节帅幕府使下御史。不管其是为了荣宠边将，吸引士人入幕，还是为了提高使下僚佐身份地位以便履职，这些使下御史的出现都是朝廷在边镇因地因时制宜、主动为之的结果。御史台官员作为监察官，其职责之一便是出使按察，如《唐六典·御史台》载监察御史"掌分察百僚，巡按郡县"。[②] 可以说，御史本身就具有沟通内外政务的职能特色，这也是"天子耳目"的含义之一。以玄宗时期为例，派遣御史出外履行特定使命的记载十分常见，如开元三年（715）姚崇奏请差御史下诸道督促灭蝗，[③] 开元八年（720）宋璟以监察御史萧隐之充使括恶钱，[④] 开元十一年（723）左拾遗徐楚璧等十余人巡察诸道"并可摄监察御史，勾当租庸、地税，兼覆囚"，[⑤] 开元十九年（731）制遣监察御史杨汪按嶲州都督张审素赃事，[⑥] 天宝十载（751）杨国忠遣御史分道捕人充军，[⑦] 等等。与此相关，在实际政治运作中，许多其他官员出使也会被授予御史衔。如前文提到的诸道节度使多带

① 梁肃：《侍御史摄御史中丞赠尚书户部侍郎李公墓志》，李昉等编《文苑英华》卷九四四，第4965页。
② 李林甫等：《唐六典》卷一三《御史台》"监察御史"条，第381—382页。
③ 《旧唐书》卷八《玄宗本纪上》，第175页。
④ 《资治通鉴》卷二一二，唐玄宗开元八年（720）春正月辛酉，第6739页。
⑤ 王钦若等编《册府元龟》卷一六二《帝王部·命使二》，第1953页。
⑥ 《资治通鉴》卷二一三，唐玄宗开元十九年（731）冬十月丙申，第6796页。
⑦ 《资治通鉴》卷二一六，唐玄宗天宝十载（751）夏四月壬午，第6907页。

有御史大夫或中丞衔；又如姜师度在神龙初"累迁易州刺史、兼御史中丞，为河北道监察兼支度营田使"，其后又于开元年间"与户部侍郎强循并摄御史中丞，与诸道按察使计会，以收海内盐铁"，两次俱以兼摄御史中丞的身份出使。在这一背景下，御史成了一种居中御外的政治资源，使下御史实际上是玄宗时期为了强化对边镇的控制以实现"吞四夷之志"的产物之一。

安史之乱发生后，唐王朝仓皇应对，在这种情况下，此前除授使下御史的种种需求便更为强烈与迫切了。至德元载（756）七月，唐玄宗在播迁蜀地途中发布诏书：

> 太子某宜充天下兵马元帅，仍都统朔方，河东、北及平卢等节度使，与诸路及诸副大使等计会南收长安、洛阳。以御史中丞裴冕兼左庶子，陇西郡公刘秩试守右庶子。永王璘宜充山南东道及黔中、江南西路节度采访等使，江陵大都督如故。以少府监窦绍为之傅，以长沙郡太守李岘为副都大使，仍授江陵郡大都督府长史兼御史中丞。盛王琦宜充广陵郡大都督府长史，仍领江南路及淮南、河北等路节度采访都大使依前，江陵郡都督府长史刘汇为之傅，以广陵郡长史李成式为都（自注：一作副）大使兼御史中丞。丰王珙宜充武威郡大都督，仍领河西、陇右、安西、北庭等路节度采访都大使。以陇西郡太守邓景山为之傅，兼武威郡都督府长史、御史中丞，充都副使。应须兵马、甲仗、器械、粮赐等，并于当路自供。其诸路本节度采访度支防御等使号王巨等，并依前充使。其署官属及本路郡县官，并各任便自拣择，五品以下（据《唐大诏令集》当作"上"）任署置讫闻奏，六品以下任便授，已后一时闻奏。其授京官九品以上，并先授名闻奏听进止。其武官折冲以下，并赏借绯紫，任量功便处分讫闻奏。其有文武奇才隐在林薮，宜加辟命，量事奖擢。①

---

① 贾至：《玄宗幸普安郡制》，李昉等编《文苑英华》卷四六二，第 2352 页上；又见宋敏求编《唐大诏令集》卷三六《命三王制》，中华书局，2008，第 155 页，文字略有不同。

玄宗发布这一诏书时，尚不知肃宗已在灵武即位。他以太子和三位宗王都统诸道节度使，而给他们所配副职均兼御史中丞。史载"琦、珙皆不出阁，惟璘赴镇"，[①] 也就是说，实际统领诸道军政事务的恰恰是这些副职，任命他们兼御史中丞不仅可以对他们示以荣宠而收笼络之效，同时"天子耳目"的身份也使得他们在统兵作战及调动资源时更为名正言顺。不仅如此，这一诏书还授予"诸路本节度采访度支防御等使"部分署官与奏官权，尤其是"其授京官九品以上，并先授名闻奏听进止"，虽然最终裁决权依然在皇帝手中，但皇帝此时恐怕难以否决诸使奏请，而御史衔应当就在允许"先授"的范围之内。换言之，为了提高诸使作战的积极性与机动性，从而顺利平叛，玄宗将使下御史任命的主动权交给了"诸路本节度采访度支防御等使"。

与此同时，开元、天宝时期的边镇节度使体制也因平叛需要而被引入内地，全国遍设藩镇。[②] 上节已论，边镇节帅幕府僚佐带御史衔在天宝时期已经相当常见，而前述诏书又将部分署官与奏官权交付给诸道藩帅。在这一背景下，藩镇使下御史便由边地走向全国，变得普遍了。如肃宗乾元二年（759）十二月"以御史大夫史翙为襄州刺史，充山南东道节度、观察处置等使"，[③] 而《旧唐书·于頔传》载"翙出镇襄、汉，奏为御史，充判官"，[④] 于頔即史翙山南东道节度幕府使下御史。又《旧唐书·董晋传》载董晋"出为汾州司马。未几，刺史崔圆改淮南节度，奏晋以本官摄殿中侍御史，充判官"，[⑤] 而崔圆于肃宗上元二年（761）二月任淮南节度使，[⑥] 董晋亦是其节度幕府使下御史。

① 《资治通鉴》卷二一八，唐肃宗至德元载（756）秋七月丁卯，第6984页。

② 张国刚：《肃代之际的政治军事形势与藩镇割据局面形成的关系》，《南开学报》1982年第6期，收入氏著《唐代藩镇研究（增订版）》，中国人民大学出版社，2009，第21—30页。堀敏一：《藩镇内地列置の由来について》，《唐末五代变革期の政治と経済》，汲古书院，2002，第5—33页。

③ 《旧唐书》卷一〇《肃宗本纪》，第257页。

④ 《旧唐书》卷一四六《于頔传》，第3966页。

⑤ 《旧唐书》卷一四五《董晋传》，第3935页。

⑥ 《旧唐书》卷一〇《肃宗本纪》，第260页。

经过安史之乱，使下御史无论是在覆盖范围还是在人数上均较此前有了飞跃性的发展。正如杜佑在《通典·职官六》中所总结的："自至德以来，诸道使府参佐，多以省郎及御史为之，谓之外台，则皆检校、里行及内供奉，或兼或摄。诸使官亦然。"① 不过，更为重要的是，使下御史不再是朝廷为实现特定政治目标因时因地主动设置的产物，反而成为朝廷不得不承认的藩镇林立背景下的政治现实了。

---

① 《通典》卷二四《职官六·侍御史》"侍御史或阙，则假殿中承之"下注，中华书局，1988，第 673 页。

# 两方姚氏兄妹墓志献疑

牛来颖

在《新中国出土墓志·陕西〔肆〕》中，收录有两方姚氏兄妹的墓志，即编号二三八《唐故抚王府功曹参军姚府君墓志》和编号二四七《唐吴兴姚夫人墓志铭》。① 墓主是姚氏家族中的姚鄙和姚美玉。兄长姚鄙，字修己；妹姚美玉，因墓志失其名讳，仅留其字。

姚氏出自吴兴姚氏，《姚鄙墓志》追溯姚氏先祖时有记载："其先自舜生于姚墟，因以为氏。汉末迁于吴兴，遂为吴兴著姓。"《姚美玉墓志》也有记载："姚氏之为族，因河东避难于江南，至今为吴兴人。"按《新唐书·宰相世系表》："姚姓，虞舜生于姚墟，因以为姓。陈胡公裔孙敬仲仕齐为田氏，其后居鲁，至田丰，王莽封为代睦侯，以奉舜后。子恢避莽乱，过江居吴郡，改姓为妫。五世孙敷，复改姓姚，居吴兴武康。敷生信，吴选曹尚书。八世孙僧垣，隋开府仪同三司、北隆公。二子：察、最。"② 又《括地志》记载："姚墟在濮州雷泽县东十三里。"③ 姚鄙兄妹是姚最的后人。从父祖世系来看，确为兄妹，只是在他们的志文中出现了某些抵牾和矛盾之处，让人不得其解。

---

① 《新中国出土墓志·陕西〔肆〕》，文物出版社，2021，第218、226页。
② 《新唐书》卷七四下《宰相世系表》，中华书局，1975，第3169页。
③ 李泰等著，贺次君辑校《括地志辑校》卷三《濮州·雷泽县》，中华书局，1980，第147页。

# 一 两方墓志

## 1. 编号二三八《姚鄙墓志》

【志文】

唐故抚王府功曹参军姚府君墓志

堂叔乡贡进士操撰

前乡贡明经廷玉书

君讳鄙，字修己。其先自舜生于姚墟，因以为氏。汉末迁于吴兴，遂为吴兴著姓。后　门□冠冕，□备图谋，累世　臣唐，来家长安。曾大父讳南仲，为世重臣，位尚书右仆射，赠司徒。大父讳衮，从知于帷幄，为节度支度判官、殿中侍御史，赠工部郎中。皇考讳中立，有清名，官至万年县令；母博陵崔氏，为时鼎族。君乳齿未落，而能知书，有丈夫志。先父□为　门荫就名，君乃泣曰：我家或用德行孝谨以出仕官，或投文笔钓进士第，或恃忠鲠射策科，累累为世之闻人。其必不欲坠　家声，窃取　祖、父勋爵而苟于禄，扬名真所愧也。尝闻汉朝有通一经者，则坐取丞相，今之举经，大法汉氏，而加为二经，将试其经，遂下举书于礼部，果射覆□引大义，一载而胜，时未冠也。后七八年，当集吏部调，属　先父无辜自宰万年谪衡阳掾，不欲远去，晨昏而乞参长沙军事。参军长沙也，廉使爱惜其能而任用焉。袟满罢去，归　侍私门。不幸旋锺　家蹙，步数千途而护奉　灵輴，侍从　尊夫人北下长安。泣血二年，丧制合度。承顺　慈亲，友爱昆弟，群居谦和，名播乡里。后再选，授抚王功曹，遇诸父以　荫补会稽参军，遂假诸父名而代任。大中乙亥岁四月十六日遘疾，浃旬而终于越州，享年四十九。呜呼！天果福善人耶？未娶，而姬出二男，曰见，曰详，皆当稚齿，而天赋孝。有女三，曰琼，曰寿，曰刘，而生知顺，琼未笄而从归氏。嗣子见奉　丧，明年七月迁京师，迨廿五日，祔于京兆府万年县古韦曲　先茔之侧，礼也。有弟廷玉，能扶孤抚孺，衔悲而诉曰：我兄生平所履，苟曾、颜之不若也。其谁能书于石者？固请志于余。余君之季父也，熟得其事而不可辞。其铭曰：

善积于己，德称于门；恬汉和粹，身殁名存；刊之贞石，垂于后昆。为颜行曾孝，终始者少；年寿四十九，亦非□天；魂气杳茫茫，长夜何时晓。

墓志中"大中乙亥岁"为大中九年（855）。从姚鄙享年四十九岁倒推，他应生于宪宗元和二年（807）。

2. 编号二四七《姚美玉墓志》

【盖文】

唐吴兴姚夫人墓志铭

【志文】

唐宝鼎县李令妻吴兴姚氏夫人墓志铭

乡贡进士姚操撰

姚氏之为族，因河东避难于江南，至今为吴兴人。其有义峻才隆，连为　天子臣，不绝于世。洎　我大王父忠贞为　德宗朝巨臣，故仍世有闻人名士，非饰谭也。夫人讳 ①，字美玉。曾祖尚书右仆射、赠司徒讳南仲；祖淮南支度判官、殿中侍御史讳衮。考万年县令讳中立，　妣博陵崔氏。中外珪范，馨然不坠。万年公大和末为人连累，播迁平乐。以开成三年十月生　夫人。后移搀阳②，恬然为居。无何，气蹶心逝，薨于湘南。夫人始年六岁。太夫人护丧北下，挈幼稚归安宣平第。夫人自乳骏即能承顺慈颜，敦悦书史。既长，即孝友

① 原注：此处原空一字未刻。
② 据前《唐故抚王府功曹参军姚府君（鄙）墓志》，"阳"前夺"衡"字。

兄姊，恭敬姑叔。至于女工女仪，才过目而自得。太夫人常慎选良匹，深难其人。咸通元年，长兄鄙授冯翊司户，因从 板舆去。至四年，遂适白水县令李君元膺。陇西公以 皇宗筮仕，少年高迈，负当时德。苟非懿行良才，质器兼茂者，不可相配。由是 夫人果归于陇。闲雅明淑，出于人表，为亲族者重之。嫁未月余，丁 太夫人忧。闻讣号泣，几不胜哀。瘠毁柴容，以至服阕。自执妇道，无损诗礼，上爨蒸尝，下到宾客，皆无倦于色，无怨于词。奉内必睦，承外必严。生一子曰彭，眉目异常儿，期大李氏门，天且不福，及晬而没。一旦得病，疮在足胫间，医不顾远，药不惮辛，李君孜孜求索，唯惧无验不履地。既逾岁，口给颐指，莫废问安。所以 姑之之爱，如母之至。后以疾困，来就兄冯翊医。迨四百五十日，兄且抚视，卒始无怠。方李君自白水送名 宰相府，日俟俸禄，冀尽理疗。呜呼！竟不及志。以八年四月廿一日，终于司户舍，享年①三十。后一月送名，授宝鼎令。拘以之任，且不得亲丧事，亦毕办于司户。夫人初有疾，常言于宝鼎曰：我当弃世，幸归 我家。既奉君子，无息于后，是前贤七出之一端。况同穴之义，亦非上古之垂教。且一孤女，得近 先子松楸，地下固无遗恨。又曰：我未能脱去俗态，必为取彭儿寘置于柩侧。宝鼎欲足二事，会与亲戚议，咸不思违。以其年八月三十日，葬于万年县洪固乡胄贵里，接 先大夫茔，不忘情也。操于夫人，实堂季父，得以直叙于石。况宝鼎见托，理不可辞。衔悲而铭曰：

人生如一瞬，一瞬复几；存殁在天地，天地之理；不固物有，物有终始。苍茫野兮松声哀，陵谷变兮风雨摧，九重泉兮不复开。

按美玉墓志，得知其生卒年为：开成三年（838）至咸通八年（867），恰享年三十。前推姚鄙生于807年，所以，他比美玉年长30有余。

---

① "享年"二字为补刻小字。

## 二　父祖世系与传世文献的印证和抵牾

在《新唐书宰相世系表集校》中，溯源姚氏至"八世孙僧垣，隋开府仪同三司、北隆公。二子：察、最"。[①] 按照赵超先生的研究，《新唐书·宰相世系表》存在的问题主要有二。

其一，关于姚最。

> 又《杭州长史姚珝墓志》：珝字连城。高祖僧垣。曾祖最。祖思明，皇朝河内县令。考益谦，皇朝阳曲、陈留、武义三县令。长子延光，故平陆尉。《表》失书最爵，又最子尚有思明一系，《表》亦失书。[②]

其二，关于姚思聪。

> 独孤及《秘书监赠礼部尚书姚公墓志》：公讳子彦，字伯英。其先冯翊莲勺人也。至高祖僧洪（殆僧垣之误）徙家河东。祖思聪，秘书少监。父坦，汝州梁县丞、赠秘书监。有子曰骁，曰骥，曰駬，曰骦。是思聪尚有子坦，孙子彦，曾孙骁、骥、駬、骦。《表》失书。[③]

作为姚察、姚最两支的后人，姚鄙属于姚最一支。墓志记载：

> 后　门□冠冕，□备图谍，累世　臣唐，来家长安。曾大父讳南仲，为世重臣，位尚书右仆射，赠司徒。大父讳衮，从知于帷幄，为

---

① 赵超编著《新唐书宰相世系表集校》卷四《姚氏》，中华书局，1998，第 747 页。
② 赵超编著《新唐书宰相世系表集校》卷四《姚氏》，第 748 页。
③ 赵超编著《新唐书宰相世系表集校》卷四《姚氏》，第 748—749 页。

节度支度判官、殿中侍御史，赠工部郎中。皇考讳中立，有清名，官至万年县令；母博陵崔氏，为时鼎族。

同样的内容，见于《姚美玉墓志》所述：

> 其有义峻才隆，连为 天子臣，不绝于世。洎 我大王父忠贞为 德宗朝巨臣，故仍世有闻人名士，非饰谭也。……曾祖尚书右仆射、赠司徒讳南仲；祖淮南支度判官、殿中侍御史讳衮。考万年县令讳中立， 姚博陵崔氏。

姚鄙和姚美玉的父亲为姚中立，父祖系列及历官在墓志中是一致的（详见表1）。

**表 1　两方墓志所载父祖及历官**

| 曾祖 | 南仲 | 尚书右仆射，赠司徒 |
|---|---|---|
| 祖 | 衮 | 淮南支度判官、殿中侍御史，赠工部郎中 |
| 父 | 中立 | 万年县令 |

### 1. 姚南仲

《姚美玉墓志》中"大王父忠贞为 德宗朝巨臣"指的正是姚南仲。据《旧唐书·姚南仲传》："姚南仲，华州下邽人。乾元初，制科登第，授太子校书，历高陵、昭应、万年三县尉。迁右拾遗，转右补阙。"大历十三年（778），代宗独孤皇后去世，代宗欲于近城为陵墓，经姚南仲劝阻而止。因宰相常衮，南仲坐出为海盐县令。后"浙江东、西道观察使韩滉辟为推官，奏授殿中侍御史、内供奉，充支使。寻征还，历左司兵部员外，转郎中，迁御史中丞、给事中、同州刺史、陕虢观察使"。贞元十五年（799），代李复为郑滑节度使。监军薛盈珍恃势夺军政，南仲遭谗毁，十六年入朝，授尚书右仆射。贞元十九年七月，终于位，年七十四，赠太子太保，谥曰贞。① 又按《旧唐书·德宗下》，相关记载有：

（贞元五年）三月，以兵部郎中姚南仲为御史中丞（第367页）；

八年二月，以同州刺史姚南仲为陕虢观察使（第373页）；

十三年四月，以陕虢都防御观察转运等使姚南仲为滑州刺史、义成军节度、郑滑观察使（第385页）；

十六年四月，以义成军节度使姚南仲为右仆射（第392页）；

十九年七月，尚书右仆射姚南仲薨（第398页）。

### 2. 姚衮

按《旧唐书·宰相世系表》，姚南仲"子姚衮，太仆寺主簿"。姚衮最著名的是元和三年（808）制举案。《册府元龟》卷六四五《贡举部·科目》记载，其年四月，贤良方正能直言极谏科及第者为：牛僧孺、皇甫湜、李宗闵、李正封、吉弘宗、徐晦、贾𫗧、王起、郭球、姚衮、庾威。

按照赵超先生的研究，姚衮有弟姚亮。

《姚子彦墓志》，见《全唐文》卷三九一。又上揭《姚南仲神道碑》云："最，仕隋为蜀王友。王友六叶至公曾王父绩，仕绛州曲沃县令。王父玄，宋州宋城令。烈考发，天宝中，举秀才，上下不合，慨然自奋，从西平王哥舒翰于陇上，积劳至右领军卫将军。……嗣子太仆寺主簿衮……与其弟亮。"《世系表》当即本此碑而来。《世系表》将绩另列一行，不知何故？或为刊刻之误。亮作南仲弟亦误。

根据权德舆《守尚书右仆射姚南仲神道碑》："嗣子太仆寺主簿衮与弟亮茹荼问卜。"判定"是南仲子衮、亮二人，《表》误以亮为南仲弟"。②

---

① 《旧唐书》卷一五三《姚南仲传》，中华书局，1975，第4082页。
② 赵超编著《新唐书宰相世系表集校》卷四《姚氏》，第749页。

还有两种不同意见。即：

第一，《新唐书·宰相世系表》以亮为南仲弟。

第二，亮为中立之弟。据姚袞妻子李氏的墓志，即见于《长安新出墓志》所收录的《唐故陇西县太君李氏夫人墓志铭》。李氏是大理司直、赠秘书少监李泛之次女。"归于殿中侍御史内供奉、赠工部郎中姚公讳袞。殿中仕贞元、元和初……二子：长曰中立，殿中侍御史。次曰亮，左内率府胄曹参军。"① 明确记载两个儿子分别为殿中侍御史中立、左内率府胄曹参军亮。姚亮就是中立的兄弟，而不是权德舆《守尚书右仆射姚南仲神道碑》里所说姚袞的兄弟。

另外，关于姚袞之弟姚康。姚袞妻李氏墓志为"朝议郎行尚书户部员外郎上护军赐绯鱼袋姚康"所撰，谈到与李氏夫人的关系，姚康说"夫人于康为亲长嫂"，故姚康为姚袞之弟无疑。景亚鹂《唐姚袞妻李氏墓志铭研究——兼论唐代夫妻"同域异封"之葬俗》论证推测此姚康即为唐知名史学家姚康。史书记载：

> 姚康《科第录》十六卷（字汝谐，南仲孙也。兵部郎中，金吾将军。）②

史籍记载，姚康是南仲孙，则与姚袞妻子李氏的墓志也有抵牾。结合姚亮、姚康两个人的问题都出自姚袞妻子李氏的墓志，该墓志颇值得怀疑。问题是姚袞妻子李氏的墓志正是姚康所撰，所以，墓志与史书记载的矛盾，还有待新资料佐证。

### 3. 姚中立

关于姚中立，重要的记载首先是，长庆元年（821）制举登科的人

---

① 西安市长安博物馆编《长安新出墓志》，文物出版社，2011，第 268 页；景亚鹂：《唐姚袞妻李氏墓志铭研究——兼论唐代夫妻"同域异封"之葬俗》，裴建平主编《纪念西安碑林 930 周年华诞学术研讨会论文集》，三秦出版社，2018，第 274—280 页。

② 《新唐书》卷五八《艺文志二》，中华书局，1975，第 1485 页。

中，第四等人中有姚中立。由中书门下"即与处分"。《册府元龟》记载，十二月"甲申，以登制科人，前试弘文馆校书郎庞严为左拾遗，前试秘书省校书郎张述为右拾遗，前试太常寺协律郎吴思为右拾遗，供奉京兆府富平县尉韦曙为左拾遗。内供奉前乡贡进士姚中立、李躔、崔嘏，并可秘书省校书郎。同州参军崔龟从为京兆府鄠县尉，太子正字任畹为京兆府兴平尉，草泽韦正贯为太子校书郎，前乡贡进士崔知白为秘书省正字，前乡贡进士崔郢为太子校书郎，前乡贡进士李商卿为崇文馆校书郎"。①

其次，《新唐书·选举志》记载：

> 大和三年，高锴为考功员外郎，取士有不当，监察御史姚中立又奏停考功别头试。②

墓志中"属先父无辜自宰万年谪衡阳掾"，姚鄙父亲姚中立遭贬官事，《旧唐书·罗立言传》记述：

> 长安县令孟璋贬硖州长史，万年县令姚中立朗州长史。以两县捕贼官受立言指使故也。初立言集两县吏卒，万年捕贼官郑洪惧祸托疾，既而诈死，令家人丧服聚哭。姚中立阴知其故，恐以诈闻，不免其累，乃以状告洪之诈。仇士良拘洪入军，洪衔中立之告，谓士良曰："追集所由，皆因县令处分，予何罪也。"故中立坐贬，洪免死。③

《册府元龟》卷七〇七《令长部》系此事于"文宗太和九年十一月"，注云"立言为同李训、郑注事"，且记载"再贬中立为昭州司户参军，璋

---

① 王钦若等编《册府元龟》卷六四四《贡举部·考试二》，中华书局，1960，第7717页。
② 《新唐书》卷四四《选举志上》，第1166页。
③ 《旧唐书》卷一六九《罗立言传》，第4410页。

为梧州司户参军”。[①] 昭州、梧州两州隶属岭南桂管经略使。按《姚鄙墓志》叙述，“先父无辜自宰万年谪衡阳掾，不欲远去，晨昏而乞参长沙军事。参军长沙也，廉使爱惜其能而任用焉。袟满罢去，归　侍私门”。这是姚鄙留在长沙的原因，与《姚美玉墓志》中其父薨于湘南相合。《姚美玉墓志》记载：“万年公大和末为人连累，播迁平乐。以开成三年十月生　夫人。后移掾阳[②]，恬然为居。无何，气蹶心逝，薨于湘南。”美玉六岁，中立薨于湘南，时年在武宗会昌三年（843）。

问题是，《姚美玉墓志》记载：“咸通元年，长兄鄙授冯翊司户，因从　板舆去。至四年，遂适白水县令李君元膺。”按咸通元年（860）时，姚鄙已经早在五年前的大中九年（855）去世。为何这里产生矛盾？《姚美玉墓志》又记载：“后以疾困，来就兄冯翊医。迨四百五十日，兄且抚视，卒始无怠。方李君自白水送名　宰相府，日俟俸禄，冀尽理疗。呜呼！竟不及志。以八年四月廿一日，终于司户舍……”这样说来，姚美玉从养病直到去世，都在长兄姚鄙的府上。且姚鄙官拜冯翊司户，也未见姚鄙本人的墓志。这同样需要其他资料的佐证。

## 三　姚鄙、李元膺仕途与唐代铨选

首先，“自唐以来，及第人皆守选限”。所谓选限，是待选的年限。如唐代开元三年六月诏：“其明经、进士擢第者，每年委州长官访察行业修谨，书判可观者，三选听集。并诸色选人者，若有乡闾无景行及书判全弱，选数纵深，亦不在送限。”[③] 另外，天宝五载正月，“敕大小县令并准畿官吏三选听集”。[④] 这里的三选听集，指的都是待选三年的年限。

---

① 王钦若等编《册府元龟》卷七〇七《令长部·黜责》，第 8415 页。

② 据前《唐故抚王府功曹参军姚府君（鄙）墓志》，“阳”前夺“衡”字。

③ 王钦若等编《册府元龟》卷六三五《铨选部·考课》，第 7622 页。

④ 《旧唐书》卷九《玄宗纪下》，第 219 页。

唐代前期，十一月选人冬集。至李林甫时，曾经奏请四时听选。① 选限的规定，是解决官职少、待选者多的一种办法。至姚鄙时，墓志记载："后七八年，当集吏部调。"说明他的待选时间有七八年之久，选限较唐代前期一般的三年要多。《全唐诗》卷四九六有姚合《送贾暮赴共城营田》诗，首联称："上国羞长选，戎装贵所从。"贾暮时已秩满罢职，赴京守选，羞于长期候选，遂弃而北走河北，从军营田，时代则当在穆宗以后。②

其次，从《姚美玉墓志》的记载来看：

> 方李君自白水送名　宰相府，日俟俸禄，冀尽理疗。
>
> 后一月送名，授宝鼎令。拘以之任，且不得亲丧事，亦毕办于司户。

咸通四年，姚美玉嫁白水县令李元膺。在姚美玉生病至去世期间，其夫白水县令李元膺正在待选，这一年是咸通八年。从白水送名宰相府，四月姚美玉离世，经一月送名授官宝鼎令。据《元和郡县图志》卷二《关内道》，白水县，隶同州，望县。③ 同书卷一二《河东道》，宝鼎县，隶河中府，次畿。④

《唐会要·丞簿尉》记载：

> 至贞元六年十二月二日敕，刺史县令，以四考为限。赤令既是常参官，不在四考限。次赤令既同京官，宜以三考为限。至九年七月十

---

① 《新唐书》卷一〇六《刘祥道传》："唐沿隋制，十一月选集，至春停，日薄事丛，有司不及研谛。林甫建请四时听选，随到辄拟，于是官无滞人。始，天下初定，州府及诏使以赤牒授官，至是罢，悉集吏部调，至万员，林甫随才铨录，咸以为宜……"（第4048—4049页）

② 李德辉：《全唐文作者小传正补》卷七二三《贾暮》，辽海出版社，2011，第809页。

③ 李吉甫：《元和郡县图志》卷二《关内道》，贺次君点校，中华书局，1983，第38页。

④ 李吉甫：《元和郡县图志》卷一二《河东道》，第327页。

九日，诸州县令既以四考为限。如无替者，宜至五考后停。①

咸通八年李元膺以前资官待选。这里的"送名宰相府"，也是铨选过程中的重要环节。从唐代前期发展至后期，荐举从科举到铨选，都普遍化、制度化。吴宗国先生《唐代科举制度研究》② 从科举的角度，宁欣《唐代选官研究》③、刘后滨《唐代选官政务研究》④ 从选官的角度，分别论述了荐举在其中的重要作用。宰相对举子和选人的荐举是其权力行使的标志，如唐前期，五品以上包括清要官等不经吏部注官。据记载：

> 杨国忠为尚书，创为押例，选深者先授官；有文状阙失，许续通，不令驳放。淹滞之流，翕然归美。其五品已上及清要官，吏部不注，送名中书门下者，各量资次临时敕除。历任有浅深，官资有高下，故授任者或称检校，或称兼、试、知、摄、内供奉之类，名目非一。⑤

通过宰相的荐举而获得官职，在唐代后期表现得尤为突出。敕授官中包括地方官，就像李元膺这样的京畿县官，这反映出在延续唐代前期吏部铨选以外的宰相举荐、皇帝敕书任命的制度在唐代后期范围的扩大，这一点通过李元膺从白水到宝鼎县官职位的变动，具体体现出来。

---

① 王溥：《唐会要》卷六九《丞簿尉》，中华书局，1960，第1223页。
② 吴宗国：《唐代科举制度研究》，辽宁大学出版社，1992。
③ 宁欣：《唐代选官研究》，文津出版社，1995。
④ 刘后滨：《唐代选官政务研究》，社会科学文献出版社，2016。
⑤ 封演撰，赵贞信校注《封氏闻见记校注》卷三，中华书局，2005，第23—24页。

# 一位唐代文学家族中的"叛逆者"

## ——新见李庠墓志杂考

### 沈国光

　　唐代是中国古代文学发展的一个高峰，在科举文学取向鲜明的时代，一大批善于诗赋的文学家族进入国家官僚序列之中。在维系政务运行的官僚体制中，吏治无疑是文学的反题。基于这一矛盾，唐代朝堂也不断产生关于仕宦入流途径、科举取士标准的争论。[①] 文学与吏能也并非截然对立的两面，实际情况恐怕更为复杂。更多、更鲜明的具体官僚应是两者兼具。与此同时，近年来学者对中晚唐整个官僚体系提出了"清流"与"浊流"之分。[②] 但是，以进士词科仕进的士大夫"清流"与出身胥吏末班的"浊流"同样不能涵盖整个官僚系统，只能视为中晚唐官僚群体身份光谱的两极。两极之间，可能是史料呈现出的最常见士人的状态。在唐代"文"的环境中，他们可能出身于文学家族，仕进后长时间投入繁杂的行政事务之中而展现出吏能，最后进入高级文官序列。

①　汪籛：《唐玄宗时期的吏治与文学之争——玄宗朝政治史发微之二》，唐长孺、吴宗国等编《汪籛隋唐史论稿》，中国社会科学出版社，1981，第196—208页；吴宗国：《唐代科举制度研究》，北京大学出版社，2010，第131—149页。

②　赖瑞和：《唐代中层文官》，中华书局，2011，第4—14、449—457页；赖瑞和：《唐"秩望"类官员与唐文官类型》，《唐研究》第16卷，北京大学出版社，2010，第425—456页；陆扬：《唐代的清流文化——一个现象的概述》《论唐五代社会与政治中的词臣与词臣家族——以新出石刻资料为例》，氏著《清流文化与唐帝国》，北京大学出版社，2016，第213—263、283—304页；周鼎：《"清流"之外——中晚唐长安的"非士职"官僚及其家族网络》，《中国中古史研究》第10卷，中西书局，2023，第103—142页。

清浊之分固然是中晚唐政治文化中一种鲜明的时代观念，但具体到个人，唐代士人的履职是复杂的，文学与吏能的天平时而倾向这一侧，时而偏向另一侧。江夏李氏是唐代极具代表性的文学家族之一，有"李门多奇才"之称。① 从近年出土这一支家族的墓志所见，李氏家族虽在晚唐时期凭借文学才能逐步走向清流的行列，但其中也不乏极具吏能的实干型官僚。已有学者据相关墓志对江夏李氏家族的文学与政治两方面做了讨论。② 但在中晚唐的历史情景下，尤其是对"文"的重视这一关键环节中，文学与政治是密不可分的两个层面。本文以新见李庠墓志为切入点，进一步讨论文学在中晚唐李氏一族宦海沉浮中的作用，以及文学与吏干、清与浊在唐代文人官僚身上的复杂性。

## 一　墓志录文

李庠墓志志盖题为"唐故江夏李府君墓志"，志文共 34 行，满行 33 字。现据拓片，参考已有录文，重录于下。

　　唐故朝散大夫使持节邢州诸军事守邢州刺史充本州团练使赐紫金鱼袋江夏李府君墓志/
　　堂弟将仕郎守河南府河南县尉直弘文馆诰撰/
　　公讳庠，字殷士，其先大赵人也。远祖通，曹魏时以功封江夏侯，食邑四百户，其/后族望遂归焉。五代祖讳善，皇秘书郎，高宗朝崇贤、弘文两馆学士，注《文选》六/十卷，《国史·儒林》有传。高祖讳邕，皇北海郡太守，赠秘书监。文学忠勋，焕光史册。/曾王父讳岐，皇秘书省校书郎。王父讳正臣，皇大理卿，赠兵部尚书。/烈考讳师尚，皇鄂岳观察判官、试大理评事，赠秘书省著作郎。公则

---

① 《刘禹锡集》卷三九《唐故监察御史赠尚书右仆射王公神道碑》，《刘禹锡集》整理组点校，卞孝萱校订，中华书局，1990，第 594 页。
② 胡可先：《新出石刻与唐代文学家族研究》，北京大学出版社，2017，第 624—661 页。

/著作府君第二子。心怀倜傥，才气过人，吏术生知，孝爱天性。自小学岁，则与诸童异。尝/语季仲间："古人有言，士病不明经，苟明，青紫可拾。"果以明经擢太常第，释褐调补宣州/广德尉。秩将满岁，丁范阳卢氏太夫人艰，茕瘵自毁，栾棘其形。虽衣服外变而/哀慕未忘，亲友勉之，方履宦绪。大中初，相府汝南周公墀兼掌邦计，奏试太常寺/协律，知度支飞狐院。每岁鼓铸，第课必居其最。计长南阳公讽美其清通，移委繁重，/以江淮租赋水陆飞挽莫不由平阴而进也，得其人则经费有余，失其人则国用不/足，乃奏换廷尉评，专知院事。公莅职曾未期月，蠹弊尽去，条制如截。总知九春，/去如始至。相府崔公龟从、郑公朗、今蜀相李公福、萧公邺迭司大计，皆不相舍。转/里行监察、供奉殿中及侍御史，赐朱绂银印，累酬前劳也。公以久处繁务，列状三/请免，乃许之。冬荐擢授太常丞，官业修振，遇弊必随理而革之。时奉贞陵礼仪毕，恩沾追荣，例锡阶爵。评事府君赠兰台著作，卢太夫人封范阳太君，/公加朝散大夫，封江夏开国男，食邑三百户。扬名道显，哀崇克申。/今圣登宝位，明年，征西蜀帅司徒杜公悰重掌邦计。时属岭南蛮贼猖狂，欲事攻讨，调其兵食，重难通济，奏公检校尚书工部郎中、摄御史中丞兼锡金紫，充岭南诸/道行营供军粮料使。曾不翌月，王师庆捷，蛮寇败散，繄公是赖。使还，拜邢州/刺史充本州团练使。时相以公之才业，不独惠绥凋疲，可以训练军旅，期于/朝廷急才之日，当首用之。呜呼！神形已劳，寒暑致寇，汤熨不效，弥留遽及。/男子生于世、忠于国、孝于家、义于朋、仁于下。纡金露冕，为良二千石，不为不遇也。但以/公器业方隆，位不充量，此可痛之。咸通四年十二月廿五日寝疾，终于巨鹿之官舍，享/年六十。亲友衔悲，巷市如丧，盖仁惠之至欤！夫人荥阳郑氏，祖俏，皇辰/州录事参军。父副，皇卫州参军。窃以簪缨令族，贤淑宜家，从爵封荥阳/县君。有女一人，小字阇梨，襁褓不育。有子五人，女一人，小字乌子，皆生他寝。长子承裕，/举进士，三随乡荐，已为人知许。不全生孝，以至灭身。次子承昭，又次子小字武儿、迦儿、/眉儿，皆仁孝聪昭，余庆必复。承昭等衔哀泣血，痛切蓼莪，严护/裳帷，叶从龟筮。以五年甲申岁夏五月十一日归祔于河南县伊洛乡解贾村/大理王父之松楸，万安山之北原，礼也。诰与公从祖弟也，幼承/慈爱，长实交情，无以泄哀，不让撰纪。虞陵谷之屡变，俾徽懿之长存。①

## 二　李庠的家世沉浮与文学

学界对江夏李氏世系已有详尽梳理。② 李庠出生于文学世家，其五代祖李善即留名青史的注《文选》者，高祖李邕即有唐一代著名的文学家与书法家。开元十三年（725），居于汴州的李邕得遇玄宗，"累献词赋，甚称上旨"。史称其"早擅才名，尤长碑颂"，"中朝衣冠及天下寺观，多赍持金帛，往求其文"，有文集七十卷。③ 李邕三子颖、岐、翘。岐、翘二人皆有墓志。志文所见二人皆善文学词赋。李岐"少以文词气概，冠绝当时，天下翕然，声名籍甚"，④ 李翘"学穷百氏，文极精华"。⑤ 文学业已成为李氏一族传世之家学。

但李邕不断卷入唐廷的政治斗争，最终遭李林甫之构陷而卷入玄宗朝

---

① 毛阳光主编《洛阳流散唐代墓志汇编三集》，国家图书馆出版社，2023，第 666—667 页。本录文与该书原录文文字、句读略有不同。
② 陈尚君：《〈新唐书·宰相世系表〉订补二则》，《中华文史论丛》1986 年第 4 辑，上海古籍出版社，1986，第 105—111 页；王其祎：《唐书献疑》，《碑林集刊》第 2 辑，西北大学出版社，1994，第 181—182 页；赵超编著《新唐书宰相世系表集校》，中华书局，1998，第 258—262 页。最新研究成果可参见上引胡可先著作及胡可先《新出墓志所见〈文选〉注者李善世系事迹考述》，《扬州文化研究论丛》2018 年第 2 期。
③ 《旧唐书》卷一九〇中《李邕传》，中华书局，1975，第 5041—5043 页。
④ 李鄘：《唐故江夏李府君（岐）墓志》，吴钢主编《全唐文补遗》第 4 辑，三秦出版社，1997，第 71 页。
⑤ 李正卿：《唐故大理评事赠左赞善大夫江夏李府君（翘）墓志铭并叙》，周绍良主编《唐代墓志汇编》，上海古籍出版社，1992，第 1998 页。

的柳勋之狱，不幸"卒于强死"。<sup>①</sup> 直至肃宗时期，才由卢正己为其讼理，追赠秘书监。<sup>②</sup> 李邕的遭遇对其家族来说无疑是一场沉重的打击。李邕墓志称"家之窜也，而岐死矣，二孤流落，未遑窀穸"。李岐就在家族的漂流中不幸身亡于桂州，年仅三十。李翘墓志称"频经窜逐，家事破碎，以是漂泊炎海，不及务名于毂下"。李邕诸子在政治上并不煊赫。李翘虽然继承了家族的文学才能，不过一生都在边陲小县任职。他以父荫为广州南海县令，又以大理评事之衔入岭南节度使路嗣恭的幕府，但仍终官于新会县令，未及中岁而殁。<sup>③</sup> 李邕之女婚配时，其夫柳均在北海郡"末吏趋事"，而柳均终身亦不过为县令。<sup>④</sup>

江夏李氏的崛起自李邕孙辈似有起色。中晚唐时期，科举成为士人步入官僚阶层的一条重要途径，其中尤以进士科最为时人所重。虽然唐廷对于进士取士标准一直存在争议，但大体延续了自开天以后以文学诗赋取士的标准。江夏李氏一族自李善起，历代多以文学自矜，上引诸李氏墓志已是明证。值得注意的是，正因科举的诗赋取向，《文选》也已成唐代士子备考进士之常用书籍。<sup>⑤</sup> 李德裕在武宗即位后上表力呈诗赋取士之弊端，称：

① 《资治通鉴》卷二一五，天宝五载（746）十一月条至天宝六载正月条，中华书局，1956，第6874—6875页；李昂：《唐故北海郡守赠秘书监江夏李公（邕）墓志铭并序》，周绍良主编《唐代墓志汇编》，第1766页。

② 李邕墓志称"先帝克平……尚书卢公讼理"云云。墓志作于大历三年（768），则"先帝"即指肃宗。据严耕望考证，肃宗时期卢姓尚书唯卢正己。《唐仆尚丞郎表》卷八《辑考二下·尚书右丞》，中华书局，1986，第469—470页。

③ 李翘墓志称"寻改大理评事，赞佐花府"。"花府"指路嗣恭之幕府，因李翘入幕府属使职体系，所以加上大理评事这一朝衔。李翘之孙李潜之墓志称李翘为"真评事"，盖指其生前获大理评事衔，非指其曾任实职。张道符：《唐故西川观察推官监察御史里行江夏李君（潜）墓志铭并序》，赵文成、赵君平主编《秦晋豫新出墓志搜佚续编》，国家图书馆出版社，2015，第1223页。

④ 李师稷：《唐故朝散大夫试大理司直兼曹州考城县令柳府君（均）灵表》，周绍良主编《唐代墓志汇编》，第1922页。

⑤ 《文选》学与唐代科举之关系，可参见丁红旗《唐宋〈文选〉学史论》，上海人民出版社，2015，第101—224页。

臣祖天宝末以仕进无他岐，勉强随计，一举登第。自后家不置
《文选》，盖恶其不根艺实。然朝廷显官，须公卿子弟为之。①

李德裕第一次任相时，唐廷在其动议下停止以诗赋取士。不过这一措施仅
执行一年，随着李德裕的下台而旋即废黜。在武宗朝，李德裕二次任相
时，进士考试仍试诗赋。② 从李德裕所言中，一可知科举在天宝后成为不
少士人走向仕途的唯一通道，二可知《文选》业已成为举子必读之书。
李邕后代对考取进士科具备得天独厚的条件，更有机会在竞争中脱颖
而出。

目之所及，李邕以降，只有李翘以门荫入仕，诸人多试图凭借其诗赋
之才，以科举为门径入仕。墓志记李庠之父李正臣为大理卿，赠兵部尚
书。从其得赠尚书来看，李正臣的大理卿一职很有可能是实职。但由于史
料之阙，对李正臣的入仕经历现已不可详察。李翘之子，也就是李正臣之
堂兄弟正卿与正叔的经历较清晰，他们都曾参与进士考试，试图改变家族
的政治生态。李正卿的事迹见诸墓志，③ 他同样延续了家族的文学传统。
据载李正卿生平制述文章四十卷。贞元十九年（803）五月，段祐为泾州
刺史、四镇北庭行军泾原节度使，④ 李正卿似以白身入其幕府，获"试左
武卫兵曹掾，转大理评事兼监察御史"。但此皆为虚衔，李正卿此时一直
在幕府服务。虽然李正卿在此前曾"以文行举进士"而可惜未第，故而
不得不进入幕府，但至元和初，"天雨嘉谷，公因献赋，既美且讽，制授
松滋令"。李正卿终凭借其文学才能迁出幕职，得为县令。终其一生，
"凡宰三邑、刺六郡"，并在中央担任过少府少监、司农少卿以及卫尉少
卿等职，一定程度上扭转了家族在官场上的衰落局面。与李正卿不同，其

---

① 《新唐书》卷四四《选举志上》，中华书局，1975，第 1169 页。
② 傅璇琮：《唐代科举与文学》，陕西人民出版社，2007，第 394—400 页。
③ 李褒：《唐故绵州刺史江夏李公（正卿）墓志铭并序》，周绍良主编《唐代墓志汇编》，
第 2240 页。
④ 《旧唐书》卷一三《德宗纪下》，398 页。《旧唐书》此处作"段佑"。

兄李正叔凭借文词的才赋考中科举。《登科记考》系正叔登进士第于贞元十四年。① 在吕温贞元二十年所作《祭座主故兵部尚书顾公文》中有"剑南西川观察支使李正叔"之谓。②《新唐书·宰相世系表》载其任工部员外郎。③ 李正叔员外郎之任，并非检校官等虚衔，而是实职。作于元和九年（814）的李翱墓志称李正叔"以文行，升诸科第，以声问历于台省"。可见李正叔在历任地方观察支使后又入中央台省担任员外郎之职。员外郎已是唐人眼中的清官，而且是迁入五品及以上清官与清望官的关键。如果不出意外，李正叔已经踏入唐人仕宦的最优途径。④

对李善一族世系，李庠墓志又可稍补以往其缺。此前已知李正臣有子师谅、师稷及女保真，现又可知有子师尚，即李庠之父。李师稷撰写的李保真墓志极力赞颂其才华，同时还记载了李氏兄弟的事迹。其称：

> 垂髫岁尝从先夫人至诸兄肄业之所，闻讽咏先王之书，鼓箧孙志之道，盘旋函丈，如不欲去，先夫人奇之……贞元中岁，夫人伯氏仲氏试艺，充赋至京师，夙奉严训，痛乎时风浇靡，文场中鼓扇尤甚，切慎与游，友必益者，然会府士林所萃，文行兼茂，可托女弟者识之……其年余伯仲俱失太常鹄，东归山阳……⑤

志文中所称"夫人伯氏仲氏"，即是指除了师稷外李正臣的另两个儿子师尚与师谅。李保真墓志称兄弟二人在贞元时期"试艺，充赋至京师"，即

① 徐松：《登科记考》卷一四，赵守俨点校，中华书局，1984，第520页。
② 李昉等编《文苑英华》卷九八八，中华书局，1956，第5196页下栏。
③ 《新唐书》卷七二上《宰相世系表二上》，第2597页。
④ 孙国栋：《从〈梦游录〉看唐代文人迁官的最优途径》，氏著《唐宋史论丛》，上海古籍出版社，2010，第78—79页。
⑤ 李师稷：《前黔中经略观察等使检校左散骑常侍兼御史大夫崔公（元略）故夫人博陵县君江夏李氏（保真）墓志铭》，洛阳市第二文物工作队：《唐崔元略夫妇合葬墓》，《文物》2005年第2期，第52—61页。

是至长安参加科举考试，但"俱失太常鹄"，未能及第。① 李师尚曾为鄂岳观察判官、试大理评事，追赠秘书省著作郎。判官这一中层文官的入仕条件相对比较高，一般需要进士出身或同等资历。② 他很可能在落榜之后再次参与科考，并得以成功。李师谅在为妻子撰写的墓志中，明确表示他在元和十二年中进士，次年释褐秘书省校书郎这一起家之良选。③ 元和十三年，王播任剑南西川节度使，李师谅"获聘礼钱数百千"入其幕府。次年，敕授李师谅河阴县主簿，但"河尹不放之官，留假摄河南县簿尉"，供职赤县。李师谅此时一路美官，可谓前途无量。可惜仕途艰难，至长庆二年（822），李师谅任忠武军节度参谋，不到一年时间又因使主薨谢，在罢归途中染病。至其妻王柔谢世，似未曾再任实职。从李保真墓志可知，李师尚兄弟二人对于当时文场上的浇靡之风十分反感，但这并不代表兄弟二人对于文学之才的否定。李师尚本人亦有文学。《诸道石刻录》载有一方《乌龙山有道先生许公碑》，贞元十一年七月立，称"李师尚撰并书"。④ 皎然作有《五言答李师尚》。⑤ 他们为李保真择定的婚配对象崔元略"用文章弱冠举进士"。⑥ 其父崔儆"有文学才识，为名臣于代宗、德宗之朝，位终尚书左丞"。⑦ 李保真与崔元略正要结亲时，"崔君宅太保忧"。李师尚兄弟在为其妹择定婚配对象时，除了崔氏的文学才华之

---

① "太常鹄"应是指太常第。关于科举中的太常第，参见金滢坤《唐五代科举的世界》，复旦大学出版社，2014，第99—106页。

② 赖瑞和：《唐代中层文官》，第387—388页。

③ 李师谅：《大唐故陇西李氏琅琊王夫人（柔）墓志铭并序》，张永华、赵文成、赵君平编《秦晋豫新出墓志搜佚三编》，国家图书馆出版社，2020，第957页。

④ 陈思：《宝刻丛编》卷一四，《石刻史料新编》第1辑第24册，台北：新文丰出版公司，1982，第18319页上栏。

⑤ 陈尚君辑校《全唐诗续编》续拾卷一九，中华书局，1992，第934—935页。

⑥ 庾承宣：《唐故银青光禄大夫检校吏部尚书义成军节度郑滑颍等州观察处置等使使持节滑州诸军事兼滑州刺史御史大夫上柱国博陵郡开国公食邑二千户赠尚书右仆射崔公（元略）墓志铭并序》，洛阳市第二文物工作队：《唐崔元略夫妇合葬墓》，《文物》2005年第2期，第52—61页。

⑦ 《旧唐书》卷一六三《崔元略传》载崔儆为"尚书左丞"（第4260页），与崔元略墓志同。同书卷一三八《赵憬传》（第3779页）以及《新唐书》卷七二下《宰相世系表二下》（第2788页）均作"尚书右丞"。

外，更有可能考虑到崔氏家族的官僚背景。崔、李二氏之间的关系，缔结的时间可能更早，在此后亦十分密切。李庠之女李颜早逝，庠便求告"中外之外，早定交契"之重表兄崔克一撰文。①

自李正卿一代起，江夏李氏几乎都将科举视作迈入官僚集团的正途，并且入仕后多从事文职，包括如李正叔的观察支使之任、李师尚的观察判官之任以及李师谅的节度参谋之任。② 李正叔以"以声问历于台省"，进入中央机构任职。就科举出身和文职履历，以及家族的文学传统与联姻而言，江夏李氏已经迈出了成为清流家族的重要一步。

李庠同样以科举入仕，但考取的是明经科。志文称其"自小学岁，则与诸童异"，指其所好与家族的文学传统不同。李庠称古人"士病不明经"云云之语，原是汉代大儒夏侯胜讲授经学时谓诸生之语。③ 墓志所谓的"明经擢太常第"即是指李庠明经及第。这或许是因进士科竞争激烈，李庠不得已退而求其次选择了明经科。江夏李氏一门也有研习经学礼法的传统。李正卿墓志称其"知五常，本孝悌，以嗣家法，宅邹鲁之乡，浴洙泗之波，籍兰荃而袭芝桂，馨香可大，不可自遏"，不过他还是"以文行举进士"。事实是，明经科出身者的地位至安史之乱以后已远不及进士科。④ 同大量明经及第的士人一样，李庠获出身后经铨选出任宣州广德县尉。与之形成鲜明对比的是，进士出身者多被选授为校书郎、秘书郎之职，进而步入清流行列。开元时期，赵匡《举人条例》中提及铨选时称"四经出身，授紧县尉之类"。⑤ 李庠任职的宣州广德县即为紧县。⑥ 在唐

---

① 崔克一：《唐摄度支巡官知河阴陆运院事监察御史里行赐绯鱼袋李公（庠）长女（颜）墓志铭并序》，毛阳光主编《洛阳流散唐代墓志汇编三集》，第 628—629 页。

② 关于各职职掌，参见严耕望《唐代方镇使府僚佐考》，《唐史研究丛稿》，新亚研究所，1969，第 177—211 页。观察支使的职掌尚有争议。严耕望认为支使的职掌与节度使府掌书记相同，是掌表笺书翰。石云涛则认为支使之任偏重于政务。参见石云涛《唐代幕府制度研究》，中国社会科学出版社，2003，第 211—215 页。

③ 《汉书》卷七五《夏侯胜传》，中华书局，1962，第 3159 页。

④ 吴宗国：《唐代科举制度研究》，第 168—187 页。

⑤ 杜佑：《通典》卷一七《选举五》，王文锦等点校，中华书局，1988，第 424 页。

⑥ 《新唐书》卷四一《地理志五》，第 1066 页。

代官员的升迁序列中，只有赤县、畿县尉属于望秩，普通县之县尉要迁转多任后才能获畿县县尉之职。① 似乎从科举开始，李庠便走上了一条不同于其他家族成员的仕进之路。

## 三　李庠的巡院履职与吏术

在李邕墓志中，几乎不见对其文学才能的书写，李邕后代的墓志反而多标榜志主的文学才华。即使存在美饰的嫌疑，但依然透露出中晚唐李氏家族对先人文学才能的重视。这当然是因为中晚唐士人对于"文"的日益重视。但在李庠的墓志中并没有这方面的描述，反而是一句"吏术生知"与他出身文学家族的面貌格格不入。李庠早期的任职经历，都展现出他卓越的经济才能。现对其所历诸职详考于下。

1. 知度支飞狐院

周墀于大中元年（847）六月判度支，② 时李庠丁忧结束，故奏授其为试太常寺协律郎，知度支飞狐院。飞狐院即飞狐铸钱院，大和八年（834）由盐铁使王涯为平息河东地区的锡钱而请置。③ 孙继民据一方文德元年（888）墓志的撰者署衔认为，巡覆官是飞狐铸钱院的主管官员。④ 飞狐铸钱院是唐代巡院的一种，巡覆官只是巡院的吏职，⑤ 李庠担任的知院官才是飞狐铸钱院主管官员。缪荃孙记蔚州南石佛寺有《前飞狐铸钱

---

① 孙国栋：《从〈梦游录〉看唐代文人迁官的最优途径》，氏著《唐宋史论丛》，第 77 页。

② 《旧唐书》卷一八下《宣宗纪》，第 618 页。

③ 《新唐书》卷五四《食货志四》，第 1390 页。

④ 孙继民：《涞源县兴文塔铭：唐代蔚州铜冶铸钱作坊的珍贵资料》，杜文王主编《唐史论丛》第 21 辑，三秦出版社，2015，第 245—259 页。

⑤ 李锦绣：《唐代财政史稿（下卷）》，北京大学出版社，2001，第 289—294、374、421 页。杨心珉认为飞狐铸钱院是仿照巡院职能组织的铸钱机构。见氏著《钱货可议——唐代货币史钩沉》，商务印书馆，2018，第 186—187 页。"知度支飞狐院"一职与常见的负责巡院的"知度支某某院"的表达一致。本文从李说。

院押衙张义全造象》。① 唐代方镇武将重职及作坊、财富、仓储等亲要职任，以押衙兼充。② 飞狐铸钱院仿藩镇设置押衙，可见其事务之繁剧。

自初唐起，飞狐监对唐廷的货币铸造就十分重要，而与之相伴的是铜矿的开采。《文苑英华》卷五四六载：

> 蔚州申：管内铜坑先禁采，昨为檀州警发遣兵，州库无物可装束，刺史判令开铜坑以市物，给兵幕（一作"幕"），不阙军机。廉察使科违敕。
>
> 对：星带燕郊，云迷代郡，地称即山之利，人擅烧铜之业。有敕颁行，无令采铸。顷以胡兵候月，或度卢龙之水；汉守宣风，载抚飞狐之塞。救兵屡发，帑藏云空。方兴计日之师，遂有随时之义。取铜以给，在敕诚违（一作"诚在违科"）；应机而行，于事有（一作可）恕。冯谖市义，在昔未以为非；汲黯开仓，于今不言其失。断从违敕，理或可矜。③

判题中所称"檀州警发"，指万岁通天元年（696）七八月间契丹孙万荣袭击檀州之举。④ 蔚州官营铜矿的开采原本是为了配合铸造铜钱，"有敕颁行，无令采铸"指禁止私采。因飞狐所处位置特殊，故在军情紧急的情况下要采取权宜之计，"开铜坑以市物"。飞狐早在汉代就已是太行山东西的重要通道以及与北方的交通咽喉，至唐亦然。⑤ 当北部以及东北部边疆发生战乱之时，可以想见飞狐县采铜事务之繁剧。当中晚唐由度支收

① 缪荃孙：《艺风堂金石文字目》卷六，张廷银、朱玉麒主编《缪荃孙全集·金石》，凤凰出版社，2014，第 183 页。

② 严耕望：《唐代方镇使府僚佐考》，《唐史研究论丛》，第 228—233 页。

③ 李昉等编《文苑英华》卷五四六《开铜坑判》，第 2788 页下栏—2789 页上栏。

④ 《新唐书》卷二一九《契丹传》，第 6169 页。孙万荣袭击檀州时间的考订，参见吴玉贵《突厥第二汗国汉文史料编年辑考》下编，中华书局，2009，第 593 页。

⑤ 王文楚：《飞狐道的历史变迁》，氏著《古代交通地理丛考》，中华书局，1996，第 255—261 页。

管飞狐铸钱院，这些事务的操作自然而然成为其职掌。

在开天时期，飞狐县已置十炉铸钱。① 安史之乱后，蔚州疲敝。元和六年，宪宗因"河东旧使锡钱，民颇为弊"，欲在蔚州重开五炉铸钱，于次年二月诏"度支量支钱三万贯"，② 充蔚州铸钱之本。《元和郡县图志》卷一四载：

> 三河冶，旧置炉铸钱，至德以后废。元和七年，中书侍郎平章事李吉甫奏："臣访闻飞狐县三河冶铜山约数十里，铜矿至多，去飞狐钱坊二十五里，两处同用拒马河水，以水斛销铜，北方诸处，铸钱人工绝省，所以平日三河冶置四十炉铸钱，旧迹并存，事堪覆实。今但得钱本，令本道应接人夫，三年以来，其事即立，救河东困竭之弊，成易、定援接之形。制置一成，久长获利。"诏从之。其年六月起工，至十月置五炉铸钱，每岁铸成一万八千贯。时朝廷新收易、定，河东道久用铁钱，人不堪弊，至是俱受利焉。③

三河冶属飞狐钱坊，不仅有丰富的铜矿资源，更有拒马河为水源。在安禄山叛乱前夕，安边郡（即蔚州）在三河冶大量开炉铸钱，仅此一处即有四十炉。④ 贾志刚指出，元和七年重开三河冶铸钱是由李吉甫提议，河东节度使王锷委任蔚州刺史李听实施。⑤ 在李听德政碑中也有关于此事的记载，其称：

① 李林甫等：《唐六典》卷二二，诸铸钱监条，陈仲夫点校，中华书局，1992，第579页；杜佑：《通典》卷九《食货九》，第204页。

② 《旧唐书》卷一四《宪宗纪上》，第434页；王钦若等编《册府元龟》卷五〇一《邦计部·钱币三》，中华书局，1960，第6002页上栏。

③ 李吉甫：《元和郡县图志》卷一四《河东道三》，蔚州条，贺次君点校，中华书局，1983，第407页。

④ 卢亚辉：《安禄山叛乱的"资本"——唐韩忠节墓所见蔚州铜矿的开发》（待刊）。蒙同事卢亚辉博士见示，特此感谢。

⑤ 贾志刚：《唐代藩镇供军案例解析——以〈夏侯昇墓志〉为中心》，《中国社会经济史研究》2011年第4期。

公之守飞狐也，属艰难之后，开元旧制，寖以隳废，镕冶牟利，殽杂为巧，虽死罪必报，而奸弊不禁。公创开五炉，日铸炫钱五万，作为俭式，无敢误犯。人受其赐，于今称之。①

安史之乱后，原本官营的飞狐诸冶似尚未废弃，只是沦为了私铸牟利之所而又"殽杂为巧""奸弊不禁"。李听德政碑载每炉每日一万，即《新唐书·食货志》所称"每炉月铸钱三十万"②及引文所称"每岁铸成一万八千贯"。元和初天下铸钱十三万五千缗，③元和十五年穆宗即位时"今才十数炉，岁入十五万而已"，④飞狐一地产量约占全国十分之一强，炉数占近一半。元和初至末间铸钱增量的一万五千缗，似乎全是由三河冶提供。

无论河东旧行的是铁钱还是锡钱，三河冶开炉重铸都缓解了"河东困竭之弊"。同时对于稳定当时河北的局势亦有裨益。"朝廷新收易、定"说的是元和五年易定节度使张茂昭举族归朝，结束了张氏父子占据该职四十二年之久的局势。但张氏留在易定的亲党并不接受此举，爆发了杨伯玉、张元佐之叛。⑤时为行军司马的任迪简迅速平定反叛，得充节度使。史载"茂昭奢荡不节，公私殚罄，迪简至，欲飨士，无所取给，乃以粝食与士同之"。⑥从这一安抚措施中可知，此时易定地区的经济状况十分糟糕。因此，在与之接壤的飞狐增铸铜钱，也可以用于安抚易定士卒与民众。

飞狐铸钱院前身是飞狐钱监以及钱坊。据涞源县《兴文塔铭》，飞狐

---

① 宋申锡：《义成军节度郑滑颍等州观察处置等使金紫光禄大夫检校司徒使持节滑州诸军事兼滑州刺史御史大夫上柱国陇西县开国公食邑一千八百户李公德政碑铭并序》，董诰等编《全唐文》卷六二三，中华书局，1983，第6286页下栏。
② 《新唐书》卷五四《食货志四》，第1389页。
③ 《新唐书》卷五四《食货志四》，第1389页。
④ 《新唐书》卷五二《食货志二》，第1360页。
⑤ 张天虹：《唐易定镇的张氏家族与陈氏家族——"河朔故事"研究之二》，《首都师范大学学报》2012年第2期。
⑥ 《旧唐书》卷一八五下《任迪简传》，第4829页。

铸钱的负责官员在开元时期经历了由地方官员转向专知官的变化过程。[①]
天宝初，韩忠节摄蔚州司马兼支度营田铸钱判官。[②] 虽然在开元二十五年
由罗文信充诸道铸钱使，至代宗时期又以刘晏、第五琦、韩滉等人为代表
出现了度支转运盐铁诸道铸钱使一职，[③] 但蔚州多由刺史、军使兼充铸钱
使。大历时期，薛坦任蔚州刺史、横野军钱监等使。[④] 元和十年，薛纬任
蔚州刺史充横野军使兼知当州铸钱事。[⑤] 长庆初，由梁希逸任蔚州刺史、
兼横野军使，并知本州铸钱事。[⑥] 李庠墓志可补充的是，至晚在大和八年
建院时，飞狐一地的铸钱业务不再由地方长官兼知，而收归中央度支司管
理。《册府元龟》载：

> 开成三年（838）四月，河东节度使斐（按：当为"裴"）度
> 奏："管内蔚州飞狐县铸钱，侵害百姓，请废院，令道自铸，便充每
> 年甲价。"诏曰："鼓铸之利，合归有司，制置已成，难亟更改。其
> 飞狐，依前令度支收管。其甲价，便以新铸钱充。其所由工匠，令院
> 司与观察使计会，具挟名申，不得广占人户，侵扰州县。"[⑦]

裴度奏请废院，"令道自铸"，亦说明此时飞狐铸钱并非由地方管辖。诏

---

① 孙继民：《涞源县兴文塔铭：唐代蔚州铜冶铸钱作坊的珍贵资料》，杜文玉主编《唐史论丛》第 21 辑，第 245—259 页。

② 《唐故雁门郡雁门县尉摄蔚州司马兼河东道支度营田铸钱判官韩君（忠节）墓志铭并序》，中国文物研究所、河南文物考古研究所编《新中国出土墓志·河南〔贰〕》上册，文物出版社，2002，第 284 页。

③ 王溥：《唐会要》卷五九《尚书省诸司下·铸钱使》，上海古籍出版社，1991，第 1999—1200 页。

④ 《唐故金紫光禄大夫持节蔚州诸军事守蔚州刺史横野军钱监等使上柱国河东薛公（坦）墓志铭并序》，周绍良、赵超编《唐代墓志汇编续集》，上海古籍出版社，2001，第 715—716 页。

⑤ 《唐故蔚州刺史充横野军使兼知当州铸钱事河东薛公（纬）故夫人马氏合祔墓志铭并序》，赵文成、赵君平主编《秦晋豫新出墓志搜佚续编》，第 1080 页。

⑥ 朱金城笺校《白居易集笺校》卷五一《梁希逸除蔚州刺史制》，上海古籍出版社，2020，第 2952—2953 页。

⑦ 王钦若等编《册府元龟》卷五〇一《邦计部·钱币三》，第 6005 页下栏。

书中称"合归有司，制置已成"，即指飞狐铸钱院是由度支收管。但裴度的上奏以及诏书也反映出晚唐时期飞狐铸钱院存在"侵害百姓""广占人户，侵扰州县"的弊端。对于监院影占人户的问题，《册府元龟》载：

> （大和）五年十月，中书门下奏："应属诸使内外百司、度支、户部、盐铁在城及诸监院畿内并诸州监牧、公主邑司等将健官典所隶等，准承前例，皆令先具挟名敕牒州府，免本身色役。自艰难已后，事或因循，多无挟名，私自补置，恣行影占，侵害平人。自元和二年、长庆元年、宝历元年、太和三年前后敕令约勒，皆令条疏及勒具挟名闻奏……望合（按：当为"各"）令本军、本使、本司勘会，据元敕元管数额，合食衣粮，资课粮料，人具挟名补置，年月乡里分析闻奏，此外不得更有影占……"①

唐长孺对引文中提及的敕令以及此条奏文已有详论。供职诸司者可"免本身色役"，此中的"色役"指见役杂徭、差科。② 挂籍飞狐院可以逃避差役，也就为诸司影占人户提供了条件。正如穆宗即位赦书中所言"如闻度支、盐铁院等所在影占富商、高户庇入院司，不伏州县差科，疲人偏苦，事转不济，如有此色，仰当日勒归州县"。③ 唐廷屡屡下敕禁绝中央有司、监院影占人户，要求严格实行挟名敕的方式管理诸司吏役。④ 飞狐院同样也存在这种情况，要求"所由工匠，令院司与观察使计会，具挟名申"。

---

① 王钦若等编《册府元龟》卷一六〇《帝王部·革弊二》，第 1931 页下栏。
② 唐长孺：《唐代色役管见》，氏著《山居存稿》，中华书局，2011，第 171—200 页。
③ 王钦若等编《册府元龟》卷一六〇《帝王部·革弊二》，第 1930 页上栏—1930 页下栏。唐长孺认为此中的"差科"即是唐后期的色役，同时在解释《唐会要》载大中六年敕文中所称"两税及差科、色役并特宜放免"一条时认为，"如果有区别，那就是过去杂徭与差科之别。在前期常见的免除杂徭、差科，这里则以色役一词代杂徭"。参见唐长孺《唐代色役管见》，氏著《山居存稿》，第 185—190 页。
④ 顾城瑞：《唐后期诸司与州县差役纠纷探析》，《中国史研究》2023 年第 1 期。

飞狐钱坊的事务，包括铜矿开采、铸币等核心事务，以及各种临时性的供军举措，在飞狐院成立之后都归入其职掌范围。私采、私铸，以及屡禁不止影占人户等弊政，都是李庠任知度支飞狐院可能要面临的棘手难题。李德裕曾因吕归翁颇具吏能选其主铸钱飞狐院务。墓志称其"课登财羡，弊革政新"，① 亦可知飞狐院屡有弊政，非有吏术者不得为之。因院司与地方关于差役的纠纷，必要时还需与河东观察使、州县官僚密切配合。面对如此烦琐的政务，李庠"每岁鼓铸，第课必居其最"，可见其吏术之能。

### 2. 知河阴院事

关于李庠离开飞狐院后的记载有两点需要说明。其一是墓志提及的"计长南阳公讽"。现只知张讽在长庆初为义成军节度马步都知兵马使，② 大和八年由吏部郎中贬为虢州刺史。③ 据严耕望所考，在大中元年至二年，不仅判度支，且户尚、户侍、盐铁转运使等均可被称为"计长"等职中，张讽均无所领。墓志后文谈及"相府崔公龟从、郑公朗、今蜀相李公福、萧公邺迭司大计，皆不相舍"云云。检严耕望《唐仆尚丞郎表》，周墀以后，崔龟从自大中二年为户部侍郎，兼判度支，依次判度支者为郑朗、萧邺。郑朗于大中五、六年间由宣武节度使入迁为工部尚书、判度支，萧邺于大中十年秋以兵部侍郎判度支。④ 但严书在《通表》"度支"一栏大中七年至九年间作缺。⑤ 据《新唐书·宰相表》，大中十年"正月丁巳，御史大夫郑朗守工部尚书、同中书门下平章事"，⑥ 不领判度支之

---

① 敬煦：《大唐故京兆府法曹参军东平吕府君（归翁）墓志铭并序》，胡戟、荣新江主编《大唐西市博物馆藏墓志》，北京大学出版社，2012，第894—895页。

② 朱金城笺校《白居易集笺校》卷五一《张讽等四人可兼御史中丞侍御史监察御史同制》，第2946页。

③ 《旧唐书》卷一七下《文宗纪下》，第559页；钱易：《南部新书》卷甲，黄寿成点校，中华书局，2002，第4页。

④ 严耕望：《唐仆尚丞郎表》卷一三《辑考四附考上·度支使》，第776页；同书卷一五《辑考五上·礼部尚书》，第837—838页。

⑤ 严耕望：《唐仆尚丞郎表》卷三《吏户礼三部尚书及侍郎年表》，第188—189页。

⑥ 《新唐书》卷六三《宰相表下》，第1732页。

职，应已罢判，由李福判度支。如此则知李庠知"平阴院"是由度支司所辖，墓志所记诸人均按任职时间排列，又可知张讽曾在周墀与崔龟从间判度支。周墀在大中二年五月一日罢判职，[1] 严耕望认为崔龟从判度支的时间是紧接着周墀的罢判，故定为是年五月。实际上，《旧唐书》始见崔龟从领判度支是在大中二年六月己丑，[2] 故推测张讽曾于五月至六月判度支，因其任职旋罢而未为史载。总之，李庠在大中二年五月至六月移职当无误。

其二是墓志称李庠专知平阴院事，上引其女李颜墓志亦称其于大中八年七月"夭丧于平阴度支院"。平阴院除此之外另有一见。李杼墓志称"有私荐公于榷筦，使署平阴院事"。[3] 平阴属郓州，[4] 与李庠墓志所言"江淮租赋水陆飞挽"关系相去甚远，"莫不由平阴而进"当是"莫不由河阴而进"。李颜墓志首题"唐摄度支巡官知河阴陆运院事"云云，志文中又称"知度支河阴院监察御史里行江夏李殷士庠"云云，可为明证。

河阴是漕运咽喉所在。开元二十一年裴耀卿上奏进行漕运改革，"望于河口置一仓，纳江东租米"，唐廷于次年先于河口置输场，并于输场东置河阴县，形成了"自江淮而溯鸿沟，悉纳河阴仓"的格局。裴耀卿改革的原则是以"节级取便"避免水位高低带来行船困难的问题，"水通则随近运转，不通即且纳在仓"。[5] 至刘晏漕运改革，采取"缘水置仓"的手段，"江船达扬州，汴船达河阴，河船达渭口，渭船达太仓"，[6] 河阴仓的功能再次得以恢复。两次改革，河阴仓都处于漕运枢纽位置。[7] 除了暂存运往长安之资，河阴仓本身也留贮大量运米。崔珙为盐铁使时，每

① 严耕望：《唐仆尚丞郎表》卷一八《辑考六下·尚书兵部侍郎》，第 961 页。

② 《旧唐书》卷一八下《宣宗纪》，第 621 页。

③ 崔福：《唐故怀州录事参军姑臧李公（杼）墓志铭》，中国社会科学院考古研究所编著《偃师杏园唐墓》，科学出版社，2001，第 366—369 页。

④ 《旧唐书》卷三八《地理志一》，第 1443 页。

⑤ 《旧唐书》卷八《玄宗纪上》，第 201 页；卷四九《食货志下》，第 2114—2115 页。

⑥ 《资治通鉴》卷二二六，建中元年七月条，中华书局，1956，第 7286 页。

⑦ 张弓：《唐代仓廪制度初探》，中华书局，1986，第 31—33、35—38 页。

年从淮南等道征收的运米有一百一十万石送至河阴，其中有四十万石留贮河阴。至陆贽时所见，诸仓"见米犹有三百二十余万石，河阴一县，所贮尤多。仓廪充盈，随便露积，旧者未尽，新者转加，岁月渐深，耗损增甚"，造成了大量运米囤积诸仓，可供关中七八年所用，以致关中丰收之时米贱伤农。[1]《旧唐书·李巽传》载"旧制，每岁运江淮米五十万斛抵河阴，久不盈其数"。[2] 此为顺宗即位不久后之记载，所谓"旧制"已不知是何时之制，较崔珙时期已大幅缩减，但亦可观。到了宪宗元和三年四月，增置河阴仓屋一百五十间，[3] 可知此时河阴仓储量又有提升。

中唐时出现了转运使河阴留后，在此基础上又发展为巡院，此后又形成了巡院、留后两级制。[4] 根据李颜墓志可知，李庠除了知河阴院外，还摄度支巡官知河阴陆运院事。早在武则天与玄宗时期就设有陕州水路运使、河南水陆运使以保障运米入京。[5] 开成三年的一份诏书中称，"委出使郎官、御史及所在度支、盐铁巡院切加勾当，兼委车运使设法般运江淮糙米于河阴贮积"。[6] 既然有"车运使"，则江淮输运至河阴亦有陆路。除了兼理水陆，河阴院的规模还在不断扩大。贞元十五年，因汴州院屡遭战祸，以致钱帛失散，于頔上奏将其移入河阴院。[7] 大和二年，有敕"潼关以东度支分巡院，宜并入盐铁江淮、河阴留后院"，[8] 形成了三级制，河阴院承担的政务逐步繁剧。

---

① 《陆贽集》卷一八《请减京东水运收脚价于缘边州镇储蓄军粮事宜状》，王素点校，中华书局，2006，第 594—596 页。

② 《旧唐书》卷一二三《李巽传》，第 3522 页。

③ 王溥：《唐会要》卷八七《漕运》，第 1894 页。

④ 关于留后的产生、向巡院的演变以及巡院、留后两级制的生成，参见李锦绣《唐代财政史稿（下卷）》，第 91—95、376—378 页。

⑤ 李锦绣：《唐代财政史稿（下卷）》，第 40 页。

⑥ 王钦若等编《册府元龟》卷一四五《帝王部·弭灾三》，第 1758 页下栏。

⑦ 王溥：《唐会要》卷八七《漕运》，第 1894 页。

⑧ 王溥：《唐会要》卷八八《盐铁》，第 1905 页。

关于巡院的具体职务，已有不少整体性研究。① 现就河阴院简论如下。河阴院最主要的职能就是转输、存贮财赋。河阴仓当即由河阴院所辖。元和十年，李师道勾结吴元济，所养刺客建议"今河阴院积江、淮租赋，请潜往焚之"，并"攻河阴转运院，杀伤十余人，烧钱帛三十余万缗匹，谷三万余斛"。② 李师道遣人所袭当即是河阴仓。河阴院所贮之资粮财赋最重要的用途是补给关中，上论李贽状文已详。又大和初，刘茂贞为河阴院巡官，负责"都催上运"，后又"都辖运事"。③ 此外，河阴院贮资有多种用途。其一是备水旱与赈灾。河阴院存贮诸道折纳的轻货与进羡余钱。开成时期，湖南观察使卢周仁违敕进羡余钱十万贯，诏"所进于河阴院收贮，以备水旱"。④ 咸通七年（866）大赦文载，河南府水灾之后，"仍岁飞蝗，想彼蒸人，尤多凋瘵。宜别赐盐铁，河阴人运米三万石，委崔璙充诸色用"。⑤ "河阴人"或是"河阴院"之误，此时即是以河阴所储之粮为赈灾物资。其二是榷算、籴粜与和雇。刘思友因"详练榷算之事"，为盐铁河阴院巡官。⑥ 罗立言在宝历初任盐铁河阴院官，第二年"坐籴米不实，计赃一万九千贯"。⑦ 元和时期，王承宗叛，由河南府提供行营搬运粮草之牛车四千三十五乘，其中三千五百三十五乘"准粮料使

① 高桥继男：《劉晏の巡院設置について》，《集刊東洋學》第 28 卷，1972 年，第 1—27 页；《唐後半期に於ける度支使・塩鉄転運使系巡院の設置について》，《集刊東洋學》第 30 卷，1973 年，第 23—42 页；《唐後半期におけ巡院と漕運》，《東洋大學文學部紀要・史學科篇》第 36 集第 8 卷，1982 年，第 53—72 页；《唐代后半期的巡院地方行政监察事务》，张韶岩、马雷译，刘俊文主编《日本中青年学者论中国史·六朝隋唐卷》，上海古籍出版社，1995，第 276—295 页；李锦绣：《唐代财政史稿（下卷）》，第 95—101、373—436 页。

② 《资治通鉴》卷二三九，元和十年三月条，第 7711—7712 页。

③ 卢枞：《唐故泗州司仓参军诸道盐铁转运等使巡覆官刘府君（茂贞）墓志》，《唐代墓志汇编》，第 2118 页。

④ 《旧唐书》卷一四九《归融传》，第 4020—4021 页。

⑤ 宋敏求编《唐大诏令集》卷八六《咸通七年大赦》，中华书局，2008，第 489 页。

⑥ 杨去甚：《唐故盐铁河阴院巡官试左武卫兵曹参军彭城刘府君（思友）墓志并序》，周绍良主编《唐代墓志汇编》，第 2440 页。

⑦ 《旧唐书》卷一六九《罗立言传》，第 4410 页。

及东都河阴两院牒般载军粮"，且"令据度支河阴院匹段十乘估价"。① 其三是赏赐。元和七年，魏博田季安去世，田兴代为节度使，举六州之地归顺朝廷。为安抚魏博士卒，唐廷遣裴度"往彼宣慰，赐三军赏钱一百五十万贯"。这一巨额赏赐即是"以河阴院诸道合进内库物充"。② 其四是供军。元和十三年，宪宗讨平淄青李师道，元玄度正"留务河阴"。墓志称"其在河阴也，朝廷有事于淄蔡，累百万之费，一出于是。朝令朝具、夕发夕至者，周五星岁而后功成役罢"。③ 河阴之资保障前线的补给长达五年之久。长庆元年，王庭凑杀田弘正而叛，唐廷平叛时亦有彭君"促河阴运轻货以应"。④ 值得一提的是，巡院自身就带有武装，⑤ 河阴院也不例外。会昌三年（843），泽潞刘稹之乱爆发，李德裕以王宰领陈、蔡以及义成军援河阳节度使王茂元，"以河阴所贮兵械、内库甲弓矢陌刀赐之"。⑥ 河阴院所贮之兵械也成为王宰平定泽潞的武装资本。除了调拨物资以供军外，河阴院还存储各地上贡专以助军。大和三年，西川节度杜元颖"奏发助军第一般匹段二万匹到河阴院"。⑦ 这是配合河阴院作为北方平叛物资保障枢纽的举措。

河阴院还承担了不少其他事务。李耽充河阴留务，除了收贮"盈羡之财"之外，还有"修筑堤防，营缮仓廪"之责。⑧ 河阴临河水，洪水冲

---

① 《元稹集》卷三八《为河南府百姓诉车状》，冀勤点校，中华书局，2010，第498—499页。

② 《旧唐书》卷一五《宪宗纪下》，第444页；《资治通鉴》卷二三九，元和七年十月至十一月条，第7696页。

③ 《元稹集》卷五七《唐故朝议郎侍御史内供奉盐铁转运河阴留后河南元府君（玄度）墓志铭》，第695—697页。

④ 《（彭君墓志）铭并序》，吴钢主编《全唐文补遗》第8辑，三秦出版社，2005，第148页。

⑤ 沈国光：《论唐代宿州之成立》，《隋唐辽宋金元史论丛》第13辑，上海古籍出版社，2023，第155页。

⑥ 《新唐书》卷一七〇《王茂元传》，第5173页。

⑦ 《宋本册府元龟》卷四八五《邦计部·济军》，中华书局，1989，第1216页上栏。

⑧ 裴思谦：《唐故岭南西道节度观察处置等使兼管领诸军行营兵马朝请大夫检校工部尚书使持节邕州诸军事守邕州刺史兼御史大夫柱国赐紫金鱼袋陇西李公（耽）墓志铭并序》，赵文成、赵君平主编《秦晋豫新出墓志搜佚续编》，第1295页。

堤、淹没仓储的情况恐怕不少。早在贞元二年五月即因"河水每至春夏之时，多被两岸田莱，盗开斗门，舟船停滞"而有敕，"其郑州、徐州、泗州界，各仰刺史准此处分，仍令汴州支遣院官计会勾当"。① 而至十五年汴州院移入河阴院后，这些事务同样也当转入河阴院。此外，至晚唐时期，巡院的监察职能日益加重，河阴院也不例外。开成四年，尚书右丞韦温以姚勖为盐铁判官知河阴院，时"河阴院有黠吏诈欺，久系陛牢，莫得其情"，姚勖到任后"尝雪冤狱"，得到盐铁使崔珙的器重。②

河阴院位于江淮、河北以及河南地区的交界之处，除了日常的贮存以及运输运米、轻货以及盐利外，还有一系列相关的事务，包括备旱、籴粜、榷盐、修堤筑仓，更成为战争后方补给的保障。因此，巡院内部事务冗杂，也存在不少弊政。李庠知河阴院事，"蠹弊尽去，条制如截"，在任上长达九年，深得历任计相器重。

自大中元年起，李庠先后知度支飞狐铸钱院、度支河阴院这两个职务，与唐廷的财政转运息息相关。墓志中称李庠"久处繁务"并非虚言。从文学家族走出来的李庠，反而成了以吏术见长的财政官僚，可以说是一种对家族传统的"叛逆"。

## 余　论

李庠离职河阴院后，以冬荐擢授为从五品上的清官太常丞。③ 组织负责国家礼仪，对有良好经学素养的李庠而言，可谓是对口。李庠供职太常，"奉贞陵礼仪"，得加朝散大夫，封江夏开国男，食邑三百户，其父也得以追赠。到了咸通初，李庠又再次担任财政职务。杜琮重掌邦计，"时属岭南蛮贼猖狂，欲事攻讨，调其兵食"，以李庠为检校尚书工部郎

---

① 王溥：《唐会要》卷八七《漕运》，第 1894 页。

② 《旧唐书》卷一六八《韦温传》，第 4379 页；王钦若等编《册府元龟》卷四六九《台省部·封驳》，第 5592 页上栏。

③ 李林甫等《唐六典》卷一四，太常寺条，第 395 页。

中、摄御史中丞兼锡金紫，充岭南诸道行营供军粮料使。咸通元年末，安南土蛮引南诏兵攻陷交趾，引发了南部疆域的战争。至三年二月，南诏复寇安南，唐廷以蔡袭为安南经略使的同时，"仍发许、滑、徐、汴、荆、襄、潭、鄂等道兵各三万人授袭以御之"，"兵势既盛，蛮遂引去"。① 虽然此后南诏复侵唐境，唐廷也再次征讨，但墓志称"曾不塑月，王师庆捷"，此次征讨很快结束。墓志中强调了李庠此职是由杜悰上奏所得，一方面是因杜悰此时领判度支；另一方面值得注意的是，在二年末，杜悰曾上言以遣使册命的方式安抚岭南而未遂。结合杜悰之上奏以及征伐的时间可以认定，李庠任粮料使正是咸通三年二月。粮料使是行营出境时"于诸军各以台省官一人司其供亿"之使职，② 职掌主要是军粮、金帛钱货的转输、支用。③ 由于李庠突出的财政才能，完成了粮料使的任务，被认为"不独惠绥凋疲，可以训练军旅"，故拜邢州刺史充本州团练使，最终于咸通四年卒于任上。

李庠虽然短暂出任太常丞一职，但又很快地再次被起用为财政官。太常寺为九寺之首，由巡院的知院官成功转任太常丞这一清官在晚唐实属不易。同样曾知河阴院佐盐铁务的姚勖在被崔珙推荐为职方员外郎时，就受到了清流代表韦温的极力反对，认为姚勖不再属于清流之列。④ 这或许是此后李庠被安排出为粮料使以及刺史的另一个原因。

如果用"清流文化"来观照李庠的一生，他的家族背景完全具备了成为清流的"文"的条件。可他偏以明经入仕，且善于吏术，久处繁务。这可能是因进士科竞争激烈，所以李庠选择了明经科。但他的儿子李承裕亦是以"举进士"入仕。可与之对比的是他的堂叔、李正卿之子李潜。李正卿告诫其子称："吾冀尔异日能□策名进士，古人扬名显亲，尔知之

---

① 《资治通鉴》卷二五〇，咸通元年十二月条、咸通三年正月条，第8092、8096页。
② 王钦若等编《册府元龟》卷四八四《邦计部·经费》，第5786页上栏。
③ 李锦绣：《唐代财政史（下卷）》，第544—545页。
④ 陆扬：《唐代的清流文化——一个现象的概述》，氏著《清流文化与唐帝国》，第227—228页。

乎？"① 这与李庠称古人"士病不明经"云云之语可互参。虽然李潜在年幼时接受了经学教育，李正卿"亲授三百篇、左氏、戴氏书"，但墓志中不遗余力地夸耀其文学才智，称"尝著《师门盛事述》，为文人所称"，"君之文学，明于大手笔王公"。王公即是被称为"文宗"的王起。② 李潜于会昌三年中进士，墓志称"有奇文濬学者，争跳出进士科"，其时正是由王起主司。可惜李潜早卒，否则以他的文学才能、出身以及仕宦经历，③ 完全有希望走向台省。可以说，李庠是江夏李氏成为清流家族过程中的一个"叛逆者"。

如杨嗣复对武宗所言"若人有吏能，不入清流，孰为陛下当繁剧者？此衰晋之风也"。④ 处理繁剧的行政事务需要具备出色吏术的实干官员，因此具有吏能者才是维系整个王朝有序运行的关键。杨嗣复之语，实际上是延续了自开天以后文学与吏能之争中吏能派的主张。就财政这一支撑国家的经济后盾而言，也只有善于吏术者能为之。三司所选任的巡院官往往具备出色的财政素养和吏能。⑤ 身怀吏术者，又往往迁职于各个财政要地，正如本文所讨论的李庠。吏能与文学绝非二分，但正是中晚唐高层官僚对于清流判定的极端限制，对于普通官僚履职中"文"的因素的高度推崇，极大地限制了吏能型官员的政治空间。由此引起的"衰晋之风"在一定程度上阻滞了王朝的延续与活力。

---

① 李潜：《尊胜经幢后记》，《唐文续拾》卷五，中华书局，1983，第 11233 页上栏。
② 王定保撰，陶绍清校证《唐摭言校证》卷三《慈恩寺题名游赏赋咏杂纪》，中华书局，2021，第 116 页。
③ 关于对李潜生平的具体研究，参见闻惟、唐雯《〈李潜墓志〉发覆》，《出土文献研究》第 18 辑，中西书局，2019，第 423—437 页。
④ 《旧唐书》卷一六八《韦温传》，第 4379 页。
⑤ 沈国光：《论唐代宿州之成立》，《隋唐辽宋金元史论丛》第 13 辑，第 166 页。

# 杂乱的习字与有序的日常

## ——以 S. 361V+S. 329V《伎术院学士郎习字文书》为中心

沈寿程

　　现存敦煌遗书中保留了至少数百件充满各种习字类文书的长卷。解读这些文书具有很大的挑战性，因为绝大部分习字文书显然经历了非常复杂的流转过程，以至上面充斥着多种甚至数十种笔迹，如果我们不能将这些习字一一筛选，即使上面的信息蕴含再多的历史细节，我们对它的认知也只能止步于孤立的文字识别和条目的解读上。

　　习字类文书，其内容往往并不单一，旁涉多种文献，其文字虽然零碎，但所反映的习字者的学习却是多元的。研究习字类文书的目的便是通过片段甚至碎片化的文字，将孤立的习字还原到习写者的知识链条中和日常生活的本来位置，借以窥知书写者较为完整的知识体系和日常生活面貌。内容多元的习字类文书在一件文书上可以保存多种学习内容，甚至是不同性质的学习内容，它们是教育者和练习者多元生活或多职能化的反映，体现的是多元化的知识传授和学习。如果将这种多元化的知识对应到教育者和学习者在地域社会中的位置，那么无疑会给我们呈现一种知识传承与施用的动态过程。在资料不足的中古史研究中，这种工作对区域社会史研究来说是非常有价值的。

## 一 回归"场域"：还原碎片式的文书信息

　　很多内容多元化的敦煌习字文书没有保留书写者姓名，有的甚至成于众手，存有数种乃至十数种笔迹，这种情形无疑会成为我们研究多元化习字文书的很大障碍。事实上文书的流通是相对封闭的，这种封闭性既是空间上的，也是人群上的。人群的封闭性，代表着知识的封闭性和内部共享性。如果可以确定一件多元化习字文书中众多内容或书写者同属一个文化群体，那么在研究过程中便可消除不能有效筛选习写者的障碍，而将它们视为一个相对封闭的文化群体的集体文书，从而讨论这个相对封闭的文化群体的日常学习和生活。就敦煌的地域性社会来说，在很多时候，研究一个群体和研究一个具体的人，二者之间并没有本质区别。

敦煌文书和知识传播的场域具有相对封闭性和共享性，这种场域性可在一定程度上消解同一文书中具有不同笔迹不能视为同一人所有的困难。以 S. 361V+S. 329V 为例，笔者尝试对无序文字背后有序的学习与生活进行剖析。将此件文书判定为习字文书的依据主要有以下三点。

第一，书写者的身份，此文书出现了两处"学士"：学士安君、学士张，"学士"即"学士郎"。

第二，文中有多处练字笔迹，如"岁岁岁维岁岁岁岁"（91 行），"幸皮岁岁岁岁"（93 行），"维岁岁岁岁"（100 行），"飞飞"（169 行），"飞飞飞"（170 行）。

第三，从第 21 行一直写到第 169 行，反复抄写与"节度使"相关的内容，"敕河西节度"（21 行）、"敕归义军河西"（59 行）、"敕归义军节度使 牒"（70 行、94 行、125 行、133 行、161 行）、"敕归义军"（127行、169 行）、"敕归义军节度兵马留"（149 行）、"敕归义军节度兵马留后使观察御史大夫张"（150 行）、"敕归"（158 行）"敕归义军节度使"（159 行、163 行、164 行、166 行），多达 16 次。这些习字条目有的是孤零零的一行，有的则两两相邻。这显然是为了巩固某种知识而反复练习书写的内容。

此件文书从内容来看属于日常生活应用文类习字文献，从形态来看属于内容多元化习字文书，该件文书主要流传在伎术院学生之间。选择此件文书的原因有三：一是这件文书内容庞杂，可以反映出习字者多元化的学习和生活；二是这件文书可能是同一群人——伎术院学士郎所用；三是这件文书中的各种内容时间范围比较集中。

在正式讨论之前，需要首先对 S. 361V+S. 329V 习字文书的时间范围进行一番分析。此件文书中涉及的时间有：

第 6 行：乾符二年岁次乙未（875）廿日记

第 10 行：维大唐乾宁贰年乙卯（895）三月廿二日李 文

第 54 行：九月一日女婿遊通信　状上

第 58 行：今月廿三日李文建

第 64 行：今月廿九日

第 65 行：十月廿八日

第 68 行：景福二年（893）十一月二日学士安君

第 82 行：今月廿九日卯时

第 102 行：大顺三载壬子岁（892）二月　日牒

第 103 行：维岁次癸丑（893）二月　日

第 104 行：壬子（？）维

第 107 行：九日

第 108 行：正月九日学仕张

第 119 行：景福贰年（893）正月贰拾日牒

第 128 行：癸丑二年（893）正月廿一日

第 132 行：大中十二年（858）五月廿三日夜于王家色女壹

第 140 行：今月廿七日斋时

第 143 行：岁次甲寅（894）六月廿四日立契

第 144 行：今月十四日卯时

就能确定年份的时间来看，共有 10 处，858 年和 875 年的内容各出现一次，其余年份是景福元年（892）至乾宁二年（895），其中尤以景福二年

（893）数量最多（4次）。① 由此可知，此件习字文书使用最为频繁的时期应当在892年以后，可能尤以893年最为集中。

## 二　习字者的关系网络：文书中官职和人物的分析

此件文书涉及的官职和人员有以下几种。

### （一）官职

1. 判官押衙

"弟子银青光禄"、"判官押衙银青光禄大夫检校国子祭酒使兼御史大夫"和"判官押衙银青光禄大夫检校国子祭酒兼御史中丞□□"

"判官押衙"是幕职，"银青光禄大夫"属于散官，"检校国子祭酒使兼御史大夫"是检校官和兼官。

2. 衙前政兵马使

"衙前政兵马使"属于归义军政权中兵马使中的一个官职。从 P. 3547《唐乾符四年（877）四月十一日上都进奏院上归义军节度使状》的记载看，衙前兵马使的地位次于押衙，但高于十将。

该官职在习字语境中是"右补充衙前政兵马使"，从内容看应该是属于牒文。

3. "子弟"与"子弟虞候"

"子弟壬义延"之"子弟"，在敦煌文书中用法颇多，但考虑到文书中其他内容的信息，这里可能是指学生，尤其是伎术院学士郎。关于这一点下文有所阐述。

"子弟虞候"属于虞候的一种。归义军时期的虞候分为衙前子弟虞候、行营虞候，各主内外。此件文书中出现的"子弟虞候"属于归义军

---

① 第58行之"今月廿三日李文建"书写年月与第10行"维大唐乾宁贰年乙卯（895）三月廿二日李文"相同，相关分析见下文。

幕府武职军将，是节度使的亲信耳目，刺察衙前军纪，兼理地方治安，地位相当重要。

该官职在习字语境中是"子弟壬义延右补充子弟虞候　牒"，从内容看应该是属于牒文。这种牒书的使用应该是与习字者的生活比较接近的。

4. 学士

此件文书中出现了两处"学士"：学士安君、学士张。"学士"即"学士郎"。归义军时期，有官学生、义学生和寺学生，但此件文书中只有"大乘寺海妙生绢一匹，白练两"和"大乘寺大乘寺法门门"两行另笔书写的文字与敦煌寺院有关，其他文字并无佛教方面的内容。从此点来看，这件文书为寺学学士郎所写的可能性比较低。上文讨论的"子弟"以及下文要讨论的"李文建"乃都勾当伎术院学郎，都可以佐证此文书很可能曾流通于伎术院，为伎术院学士郎所用。所以这里的"学士"可能就是伎术院学生。

（二）人物

1. 李文建

其名在此件文书上凡两见，一是"今月廿三日李文建"，姓名比较完整；另一处是"维大唐乾宁贰年乙卯三月廿二日李 文 "，其末字虽然只残存一点，但通过笔迹对比，可以发现两字首笔"、"用笔方式比较特别，即由左上发力，甩出弧形（见表1）。所以可以确认"三月廿二日李 文 "之"文"与第一处"李文建"之"文"非常一致。

表 1　两"文"之笔迹

| "今月廿三日李文建"之"文" | "三月廿二日李 文 "之"文" |
| --- | --- |
| 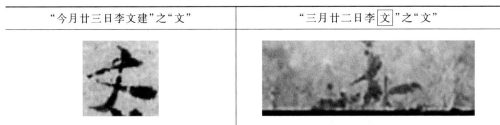 | |

此外，第二处时间是"乾宁贰年乙卯（895）三月廿二日"，所以第一处"今月廿三日"之"今月"很可能就是"乾宁贰年乙卯三月"。如此，李文建至少连续两天都是在这份卷子上练习学习内容的。

李文建又见于 P.4044《修文坊巷社再缉（葺）上祖兰若标画两廊大圣功德赞并序》：

厥有修文坊巷社敦煌者寿王忠信、都勾当伎术院学郎李文建、知社众等计八人，抽减各己之财，造斯功德，专心念善。

身份为"都勾当伎术院学郎李文建"。文中出现了"奉为我拓西金山王永作西垂之主，大霸稷兴"等语，可见李文建生活于张承奉时期。据杨秀清考证，这篇功德赞作于张承奉建立金山国之前。而张承奉称王时间在光化三年（900）至天复四年（904）。① 张承奉建国不早于 900 年，这个时间与这件习字文书上的其他时间颇为契合。

据李正宇研究，节度使府中之伎术院，是掌管归义军的典礼祭祀、占卜阴阳、天文历法之事的职能部门。但它不仅仅是个职能部门，同时也是为归义军培养礼仪、阴阳、历法、占卜等方面专门人才的教学部门。② 在伎术院中任职和学习的主要有学郎、礼生和子弟等。所以从生活时代以及大体的身份来看，本文讨论的 S.329 所见"李文建"与 P.4044 之修文坊"都勾当伎术院学郎李文建"为同一人。

2. 游通信

此文书中有多处与游通信相关的文字：

---

① 杨秀清：《敦煌西汉金山国史》，甘肃人民出版社，1999，第 64 页。关于伎术院创立时间，李正宇认为是金山国开国前后一系列改制措施之一。它的建立同金山国的诞生尽管可能稍前稍后，却不会相去太远。参李正宇《唐宋时代的敦煌学校》，《敦煌研究》1986 年第 1 期，第 43—44 页。

② 李正宇：《唐宋时代的敦煌学校》，《敦煌研究》1986 年第 1 期，第 43—44 页。

①《与丈人书》；②《通信上曲子名一首》；③《社司转帖抄》。

《社司转帖抄》中游通信的身份为"虞候"。归义军时期，"虞候"有两种，一种是"社邑虞候"，乃社邑职事人员，承录事之命从事诸种事务；二是节度使幕府中的武职军将。游通信的身份可能就是社邑虞候。但通过《与丈人书》《通信上曲子名一首》可知，游通信可能还有公职，《与丈人书》中提及写信时，他当时"因使次"而出使在外，《通信上曲子名一首》中有"军（君）南（难）畔（伴），意南（难）财（猜）""泡（抛）我一身却，自家一身当，千万努力归明王"，显示出他对政治的认识及其政治抱负。

其实，他的生活环境还可以通过与他有关联的人得到一些信息，如《社司转帖抄》中他的名字是和"竹胡奴"写在一起的，而在 P.3666V 的习字中也见到了他们的名字连写在一起：

1. 游通信 高高高
2. 文信、竹胡奴、马像奴

据此，游通信与竹胡奴、文信等人在生活中应该有较多交集。此"文信"，据沙知的研究，应当即是同件文书中保存的一件牒中的"袁文信"①：

1. 莫高乡百姓袁文信
2. 右文信祖父先依事故太保
3. 阿郎，当络后□□残，文信兄弟
4. 五人，□□□廿□亩，无□方（？）计给□地
5. 卅亩，□□□□□□□□□侯（？），文信

---

① 沙知录校《敦煌契约文书辑校》，江苏古籍出版社，1998，第 163—168 页。

6. 兄弟四人□□□□□□人□文信

7. 一□□□□□□□□□□□□□

8. □□秋□□□□为主□□

可以知道文信祖父曾随张议潮起义反蕃，应当建有功勋。张议潮生于 799 年，卒于 872 年，其祖父生活年代大致可以框定在此范围，文信生活年代可能就在 840—910 年，这与 S.361V+S.329V 的年代一致。袁文信虽然祖上有功勋，但到他这一代可能家道已经中落，袁文信兄弟五人，可能只有田地四十亩，人均八亩。据 P.4989《沙州安善进等户口田地簿》，归义军政权初期授田人均也是七八亩。[①] 袁文信兄弟人均土地面积和归义军初期授田情况基本相合，但考虑到他们本是官宦之家，在 9 世纪后半叶，与动辄上百亩的官宦之家相比，他们的田地数量还是很少的。[②]

综合来看，袁文信与游通信、竹胡奴、马像奴等人的生活环境应该比较接近。袁文信出身于官宦之家，游通信也是身有公职，他们的社会地位应该都是比较高的。

3. 张弁

张弁又见于 S.1453《光启二年丙午岁（886）社司转帖》：

光启二年丙午岁十月录〔事〕张欺。

社官梁再晟，社长张弁、犬儿、梁犹犹、邓替果

王再晟、王和奴、王像奴、安伯忠、陈兴晟[③]

---

① 相关研究参刘进宝《归义军政权初期的人口调查和土地调整》，《敦煌研究》2004 年第 2 期。

② 据刘进宝研究，地主和小自耕农的私田之数量和规模，从唐后期至五代宋初都在不断扩大之中。张氏归义军后期，占有百亩以上者的情况比较普遍。参刘进宝《从敦煌文书看唐五代私有土地的发展途径》，《中国农史》2006 年第 2 期。

③ 郝春文、赵贞编著《英藏敦煌社会历史文献释录》第 7 卷，社会科学文献出版社，2010，第 428 页。

可知"张弁"的身份是"社长"。

4. 壬义延

关于"壬义延"的相关分析，参上文"子弟虞候"条。

5. 学士安君、学士张

关于"学士安君""学士张"的相关分析，参上文"学士"条。

通过上文对习字文书中涉及的官职与人员的分析，可以大致形成这样一个认识，即使习字者不曾担任节度使、判官、押衙等职，但这些官员，或是与这些官员相关之文书却是习字者日常可以经常接触的。换言之，习字中出现的人员应该都处于习字者日常生活关系网络当中。文书中的很多官职和人员都与伎术院有关联，所以这份习字文书应该在较长时间内流通于伎术院内部，为学士郎所用。综合来看，可以将此件文书拟名为《伎术院学士郎习字文书》。

## 三　日常的学习与生活：文书内容的分析

通过上文对文书中涉及的人员身份的分析，可以大致确定这件文书虽然经过多人使用，但使用者的身份大致相当，很可能就是伎术院学士郎。下文尝试通过习字中的残文断篇，分析这些习字者日常学习的内容以及这种学习规划的动机。

### （一）对游通信相关文书的理解

上文已经指出，此文书中有 3 处与游通信相关的文字：

①《与丈人书》；②《通信上曲子名一首》；③《社司转帖抄》。

其中《与丈人书》笔迹明显熟练流畅，与其他习字笔迹不类，笔者怀疑这封信乃游通信亲笔所写，其他两种则是他人所抄。若此，则游通信和学士安君、学士张、李文建可能都在伎术院任职。而且，游通信占用过此件写卷，在他之后，包括此卷在内的一些游通信文书又为其他学士郎获得，成为他们学习的底本。

### （二）牒状

习字文书中牒状相关内容最丰，它们应该是这群学士郎日常生活中最为容易和最为经常接触到的写卷。所以临而学书，也是非常自然之事。

1. 归义军节度

用法有"敕河西节度"（21 行）、"敕归义军河西"（59 行）、"敕归义军节度使　牒"（70 行、94 行、125 行、133 行、161 行）、"敕归义军"（127 行、169 行）、"敕归义军节度兵马留"（149 行）、"敕归义军节度兵马留后使观察御史大夫张"（150 行）、"敕归"（158 行）"敕归义军节度使"（159 行、163 行、164 行、166 行），多达 16 次。这些官衔可以分为三类：一是"节度留后"，只有"敕归义军节度兵马留"和"敕归义军节度兵马留后使观察御史大夫张" 2 处；二是"节度使"，包括"敕归义军节度使　牒"（5 处）和"敕归义军节度使"（4 处），共 9 处；三是其他 5 处，从内容看不确定指向何者，但不出上述两种。下面对"节度留后"和"节度使"两类进行分析。

（1）节度留后

"敕归义军节度兵马留后使观察御史大夫张"和"敕归义军节度兵马留"官衔都是"节度留后"，其全称是"敕归义军节度兵马留后使观察御史大夫"。

敦煌张氏归义军时期，节度使称"留后"者，有张淮深和张承奉。据荣新江研究，张淮深称"节度留后"的时间是在咸通八年（867）张议潮入朝至咸通十三年（872）张议潮去世之间。[①] P. 3556《周故南阳郡娘子张氏墓志铭并序》中也称张议潭为"归义军节度兵马留后使"，但据研

---

① 参荣新江《归义军史研究——唐宋时代敦煌历史考索》，上海古籍出版社，1996，第 87—88 页。

究这些文字系后来加入，并不可信。① 笔者在敦煌文书中虽然没有找到张承奉称"节度留后"的直接明证，但冯培红根据《旧唐书·昭宗纪》中光化元年（898）八月"己巳，制前归义军节度副使、权知兵马留后、银青光禄大夫、检校国子祭酒、监察御史、上柱国张承奉为检校左散骑常侍，兼沙州刺史、御史大夫，充归义节度、瓜沙伊西等州观察处置押蕃落等使"② 的记载，结合 BD 6550V（北 7220，淡 50）习字"敕河西节度检校国子祭酒兼御史中丞银青光禄大夫兵马留后使"，认为张承奉可能也曾使用"节度留后"的官衔。③ 笔者也倾向于赞同冯培红的观点，但敦煌文书中明确是张承奉签发的文书，多以"节度使"或"将军"为衔，所以如果 BD 6550V（北 7220，淡 50）"节度留后"果是张承奉，那么这里便需要考虑这一官衔使用的场合了。BD 6550V（北 7220，淡 50）还有同笔迹习字：

> 闻到边庭苦，如今到始知。可如今郎君，今到此间，不是
> 奉敕始见敦煌天日，伏蒙天庭千秋

可知当时有一位中原王朝使节曾出使到敦煌，而"闻到边庭苦"之诗可能正是这位使臣写给节度使的。④ 在唐昭宗正式册封之前，张承奉面见这

---

① 相关研究，参钱伯泉《有关归义军前期历史的几个问题——〈周故南阳郡娘子张氏墓志铭并序〉研究》，《敦煌学辑刊》1987 年第 1 期，第 83 页；郑炳林《敦煌碑铭赞辑释》，甘肃教育出版社，1992，第 400 页。

② 《旧唐书》卷二〇上《昭宗纪》，中华书局，1975，第 768 页。

③ 冯培红：《敦煌归义军职官制度——唐五代藩镇官制个案研究》，博士学位论文，兰州大学，2007，第 30 页。

④ "闻到边庭苦"之诗可能也是出自这位使节之手，流传于敦煌的时间也是在出使前后。朝廷使节之诗的流传，一方面是中央权威在敦煌地区的展示以及中原文化在边地传播的结果，另一方面也是敦煌追慕中原文化风尚的表现。朱玉麒曾在吐鲁番出土习字文书中复原出唐玄宗等人的诗，并着力讨论这些中原诗人尤其是皇帝等人诗歌在西域流传的政治意义和背后传递的文化时尚等问题。参李肖、朱玉麒《新出吐鲁番文献中的古诗习字残片》，《文物》2007 年第 2 期；朱玉麒《中古时期吐鲁番地区汉文文学的传播与接受——以吐鲁番出土文书为中心》，《中国社会科学》2010 年第 6 期；朱玉麒《吐鲁番文书中的玄宗诗》，朱玉麒主编《西域文史》第 7 辑，科学出版社，2012，第 63—75 页。

位使节，自然不能以"节度使"而只能以"节度留后"的身份自居。所以 S. 361V+S. 329V 中"节度留后"即使是张承奉，它所使用的时间可能也仅仅只是使节出使敦煌期间。时间在昭宗册封之前，也就是光化元年（898）之前，这与这份习字文书的时间范围基本相合。

综合来看，"敕归义军节度兵马留后使观察御史大夫张"之人，有两种可能。如果是张淮深，那么这封由张淮深发出的文书被伎术院学士郎看到并练习抄写的时间距其发出时间可能间隔了二三十年。

（2）节度使

与"节度使"明确相关的习字有"敕归义军节度使　牒"（5 处）和"敕归义军节度使"（4 处），共 9 处。

"敕归义军节度使　牒"乃一牒书开头，这显示出其底本乃节度使亲自发出者，类似格式之牒状在敦煌文献中颇多，如 P. 3347《后晋天福叁年（938）十一月五日前作坊队副队张员进改补充衙前正十将牒》、S. 515V《天敕归义军节度使牒稿》等。"敕归义军节度使"属于什么部分，尚不能肯定。

2. 子弟壬义延右补充子弟虞候牒、右补充衙前政兵马使

"子弟虞候"乃归义军武职军将，设于都虞候之下，其具体设立时间还不清楚。任命壬义延右补充子弟虞候之牒，应当发自归义军节度使之手。就牒状文书格式来说，"子弟壬义延右补充子弟虞候牒"有可能与上文讨论的"敕归义军节度使　牒"等属于同一件。

"右补充衙前政兵马使"，从内容来看，当然也出自一份签发自节度使的牒状文书。"衙前政兵马使"属于武将军职，一般而言，该职对身体素质要求很高。值得注意的是，此行习字左右也有数行来自牒状的习字：

> 牒知者故牒
> 拔剑作场，斩着头无敢者□
> 牒奉处分，右件官，□在日，其身勇猛，
> 右补充衙前政兵马使

随身□□

敕归义军节度使　牒

敕归义军

癸丑二年正月廿一日

虽然能确定这几行习字出自牒状，但还是不能确定是否和"壬义延右补充子弟虞候"或"右补充衙前政兵马使"同件。尽管如此，这些习字的内容确实属于牒状文书的不同组成部分，类似的牒，可以参看 P. 3239《甲戌年（914）十月十八日前正兵马使邓弘嗣改补充左厢第五将将头牒》：

敕归义军节度兵马留后使牒（a）

前正兵马使银青光禄大夫检校太子宾客邓弘嗣，右改补充左厢第五将将头，（b）牒奉处分，前件官弱冠从戎，久随旌旆，夙勤王事，雅有殊才，临戈无后顾之心，寝铁更增雄毅。兼怀武略，善会孤虚。主将管兵，最为重务。尘飞草动，领步卒虽到球场。烈（列）阵排军，更宜尽忠而效节。上直三日，校习点检而无亏。弓箭修全，不得临时而败阙。（c）立功必偿，另加迁转而提携。有罪难逃，兢心守公。依已件补如前。牒举者，故牒。（d）

甲戌年十月十八日牒（e）

使检校吏部尚书兼御史大夫曹仁贵（f）[1]

为更清晰地展示这种组合的可能性，暂以牒状文书的内容顺序将上述习字内容序列于此：

---

[1]　唐耕耦、陆宏基编《敦煌社会经济文献真迹释录》第 4 辑，全国图书馆文献缩微复制中心，1990，第 293 页。

　　　敕归义军节度使　　牒（a）

　　　子弟壬义延右补充子弟虞候牒，／右补充衙前政兵马使（b）

　　　牒奉处分，右件官，□在日，其身勇猛，（c）

　　　拔剑作场，斩着头无敢者□（c）

　　　牒知者故牒。（d）

　　　癸丑二年正月廿一日（e）

　　　敕归义军节度兵马留后使观察御史大夫张（f）

从这种顺序可以看出，比之于完整的牒，S. 361V+S. 329V中残存的习字只是缺少了P. 3239中（c）和（d）中间的"立功必偿，另加迁转而提携。有罪难逃，兢心守公。依已件补如前"，所以可以说这些习字基本保存了一件完整牒的全部要素。当然，从习字内容来看，这件文书的拥有者当时至少使用过"子弟壬义延右补充子弟虞候牒"和"补充衙前政兵马使"两件文书。

　　3. 沙州大都督府

　　"沙州大都督府"有两种内涵，一是官府机构和官职，二是地名。

　　作为官府机构和官职的"沙州都督府"在唐前期就已设置，《唐会要》卷七〇《州县分望道》"陇右道"条载："新升都督府：沙州，永徽二年（651）五月升。"[1]

　　作为地名的"沙州大都督府"，正如《唐会要》指出沙州是在永徽二年升都督府，所以"沙州都督府"也可以指敦煌。这种用法一直有延续，如著名的《沙州都督府图经》（P. 2005、P. 2593、P. 2695）。"沙州都督府"一名也可以简称为"沙府"，此种用法在敦煌文书中颇为常见。

　　因为S. 361V+S. 329V中关于"沙州大都督府"的文字只有两处，所以不甚容易判断究竟何指，但一般而言，作为地名指称时，似乎使用"沙州都督府"即可，无须加上"大"字，而"大都督府"更有官府机构

---

[1]　王溥：《唐会要》卷七〇《州县分望道》，中华书局，1955，第1238页。

和官职之意味。所以笔者在此更倾向于将其理解为机构和官职。

此文书中与牒状相关者最多，而他们此时所学习的却不是具体内容，而是官职。而且单从练习频次上来看，对于"节度使"相关内容的练习要远多于其他内容。更值得注意的是，这些习字条目并不是一次性完成的，它们散落在从第 21 行一直到第 169 行的各处，有的是孤零零的一行，有的则是两两相邻。这种现象在其他习字文书中也可以看到。那么这反映了什么呢？

当然不能将其理解为伎术院布置的练习作业，但也不能简单将其归结为学士郎们对牒状文书的学习。如下文所见，牒状类条目，"节度使"之外的内容可能只有两条且无重复者，所以这种频度和"节度使"的频度显然不能等量齐观。笔者以为，这种对敦煌当地最高统治者官衔的书写和反复练习，是节度使最高权力在社会中的体现，是习字者权力心态的反映。

## （三）诗词

此件文书也写有诗词，虽多不完整，但数量不少，涉及十余首。同时，正如上文所分析，此件习字文书乃是伎术院学士郎所用，所以这些诗词虽不是他们所作，但也与他们的日常生活息息相关。为了更清楚地梳理他们所习诗词与其生活和职能的关系，兹以学士郎生活为本位，将这些诗歌分为以下几类。

1. 习字与学书

（1）赞碎金

一轴令（零）书则未多，要来之时那人何？
从头至尾无闲字，胜看珍珠一百锞（颗）。

此诗在此写卷中并无诗题，但见于 P. 3906、S. 619 和 S. 6204，并标为"吏部郎中王建"所撰。此诗在本件还有一行习写"一轴令（零）书则未多，要来不得"。

《碎金》亦称《字宝》，在敦煌存有五种写卷：S. 619、S. 6204、P. 2058、P. 2717 和 P. 3906。《赞碎金》诗仅见于 P. 3906、S. 619 和 S. 6204。《碎金》是唐五代民间流行的通俗字书，朱凤玉等人通过系统研究，指出该书所收皆为唐代民间口语、俗语以及僻字、俗字。[①] 并且，此书之中颇多西北方音，可见《碎金》实际上是一种适用于指导学习与敦煌本地民间事务活动相关文字的字书。

P. 3906 中的题记"天福柒年壬寅岁（942）肆月贰拾日，伎术院学郎知慈惠乡书手吕均"，显示该书和《赞碎金》诗在伎术院学士郎中有广泛的流通。而《赞碎金》诗被当作练习写在 S. 361V+S. 329V 之上，本身也是练习者曾经学习和使用《碎金》的表现。

（2）龙鱼未变色

　　　龙鱼未变色，难见出头

该诗又见于 BD 6550V（北 7220，淡 50）：

　　　龙鱼未变色，难见出头时。

（3）三十年间苦学书

　　　三十年间苦学书，背记□□□

此诗信息较少，不易理解。但"三十年间苦学书"似指学习书法三十年，而这种说法颇为常见，如钟繇便自称"吾精思学书三十年，读他

---

① 朱凤玉：《敦煌写本碎金研究》，台北：文津出版社，1997，第 51 页。

法未终尽，后学其用笔"。①

"龙鱼未变色"和"三十年间苦学书"二诗，似同属学书类诗文。在当时的学习过程中，对"书法"的教学应该是比较看重的，对相关书法理论的学习也颇多，以至于在平时的随手练习过程中便可以诵出几首与书法相关的诗句。据荣新江等的研究，诸如《兰亭集序》《尚想黄绮帖》等名帖法书在敦煌、吐鲁番等地流行广泛，应当是当地学习书法的课本。②从内容来看，"龙鱼未变色"和"三十年间苦学书"可能也正是与《尚想黄绮帖》类似的法书类文献。

2. 抒发志向

（1）天下茫茫念安安

天下茫茫念安安，兵戈甲马首同（？）开。

这首诗因字迹浅淡，不易畅读，但大概内容还是可以理解的，即"厌乱思安"，只是不知此诗出自敦煌本地，抑或来自中原。就唐末五代的形势来说，无论是中原还是敦煌，都是战乱不断，民心思安。下面要分析的《文说长安万理经》和《路玉今何在》也符合"厌乱思安"的主题。

（2）"文说长安万理经"

文说长安万理经，里黄龙，累两坚，早万开，得见河西路梁富，小三安。

文说太公鸟疑以，经三载，父命者，上钩阑，我不是梵语水上

---

① 陈思：《秦汉魏四朝用笔法》，《历代书法论文选》，上海书画出版社，1979，第399页。

② 蔡渊迪：《敦煌经典书法及相关习字研究》，硕士学位论文，浙江大学，2010；荣新江：《〈兰亭序〉在西域》，初刊于中国人民大学国学院编《国学的传承与创新——冯其庸先生从事教学与科研六十周年庆贺学术文集》，上海古籍出版社，2013，第1099—1108页，此据氏著《丝绸之路与东西文化交流》，北京大学出版社，2015，第185—199页；同氏《〈兰亭序〉与〈尚想黄绮帖〉在西域的流传》，氏著《丝绸之路与东西文化交流》，第200—209页；等等。

由，还解间别，不恨乱吞钩。

此词暂时尚未找到校本，郝春文等将其归为"曲子名"，依据是该部分旁边写有"曲子名"等字，[①] 但考虑到"曲子名"不能视为标题，所以在此笔者仍采用首句标题的方式命名。该词与下文要分析的《木兰花词》由同一人连抄在一起，但两者主题差异非常大，《木兰花词》更多的属于闺怨词，而《文说长安万理经》则更近于边塞类诗词；《木兰花词》据任半堂研究可能属于当时在民间流行广泛的词，而《文说长安万理经》中"文说长安万理经""河西路梁""小三安"等用词，都显示出该词具有明显的敦煌本地色彩。该词上阕内容在讲长安与敦煌之间的路途并不畅通，这种情形在张氏归义军和张承奉时期是一种常态，尤其是凉州等地经常闹乱，政局极为不稳；敦煌与长安交通的重要孔道灵州道也因各方势力争夺时时不通。[②] 敦煌文书中有不少反映当时敦煌人生活中打通敦煌与长安交通的文献，比如 P. 3451《张淮深变文》便曾称赞归义军收复凉州，打通河西交通之事："河西沦落百余年，路阻萧关雁信稀。赖得将军开旧路，一振雄名天下知。"《文说长安万理经》一词中，敦煌与长安间的交通显然没有开通，揆之以公元 900 年之前的情形，张淮深、张承奉等时期，都比较符合。

（3）路玉今何在

灾　含

路玉今何在，今（金）银传先。妻孥何寂寞，日日半□咽。

在图版中（见图 1），这首诗已被涂删，至于涂删时间以及涂删者已无从考知，但通过"灾""含"两处改字情况可以推知，至少习写此诗的

---

① 郝春文编著《英藏敦煌社会历史文献释录》第 2 卷，社会科学文献出版社，2003，第 99 页。

② 赵贞：《敦煌文书中所见晚唐五代宋初的灵州道》，《中国历史地理论丛》2001 年第 4 期。

练习者最初写完此诗之后并没有当即涂删。因涂删笔迹不均匀，所以上面的释文有些内容可能还有改进余地，但其大概内容可以确定，即征人在外，音讯不通，妻子在家，日日相思。

（4）游通信上曲子名一首

游通信上曲子名一首

飞过尽，不敢台（抬），今岁中随竹，妄（望）夫台（？）。轻花落，又虫（重）开，断弦霸（罢），却世已，心量任尘埃。傍竹减，禁子频，飞眼达花相（香），军（君）南（难）畔（伴），意南（难）财（猜），敬途再生人，名乌能，眼中双泪留（流）。

泡（抛）我一身却，自家一身当，千万努力归明王，忆著吐里。

图1　《路玉今何在》

通信上曲子名一首

此处"泡"，当作"抛"，习字者一开始写错了。但值得注意的是第72行，有连续的两个相近笔迹的"抛"字习字，应当是同一人所写。从两处"通信上曲子名一首"来看，从"飞过尽"到"忆著吐里"可能是一首词，但单从词曲的体制格律来看，似乎又难合为一首，所以任半堂将此处内容分为三种著录，并认为"抛我一身却"是"南歌子"。① 如果只考虑内容的话，前后似有可以融通之处。"飞过尽"上半部分似在讲闺情哀怨，下半部分和"抛我一身却"部分则在讲人生功业。

感叹时局，抒发人生志向，是当时文人诗歌的一种重要体裁。当然，对于习字者来说，这些诗歌也许并不是他们所创作的，但这种有意识地诵读、书写，本身也彰显了他们对时局的认知和人生的志向。尤其是对伎术院学士郎来说，他们作为归义军政权的参与者，与政局的关系、对政治的

---

①　任半堂编著《敦煌歌辞总编》上册，上海古籍出版社，2006，第541页。

参与度本就很高，这种参与度体现在日常生活和学习当中，表现之一就是这件习字文书中的诗歌。

3. 生活应用类

（1）康大娘遗书

此诗前后凡写两次：

> 日落影西山，姑（孤）男留与君，煎（剪）刀卑（并）楼（柳）赤（尺），煎（贱）妾且遂（随）身，含（盒）礼（里）〔残〕庄（妆）粪（粉），留〔些〕与后人，黄泉元（无）用处，度（徒）兰（劳）作微陈（尘）。君但努力，康娘。

> 日落影西山，姑（孤）男留与君，剪刀卑（并）楼（柳）赤（尺），贱妾且遂（随）身。含（盒）利（里）残庄（妆）粪（粉），留些以（与）后人。黄泉无用处，度（徒）兰（劳）

此诗又见于 S. 5381，且比较完整：

> 日落西山昏，孤男流（留）一群。剪刀并柳尺，贱接（妾）〔且〕随身。合（盒）令（里）残妆粉，流（留）耳与后人。有情怜男女，无情亦任君。黄钱（泉）无用时，徒劳作微尘。君但努力。康大娘　遗书一道。吾闻时光运转，春秋有生煞之斯（司）。人命无常，天老鬼死亡之路，人之本道，贤遇。

就本写卷的抄写情况来说，除了大量同音讹字现象值得注意外，两处漏字也值得注意，即"含礼〔残〕庄粪，留〔些〕与后人"之"残"和"些"。在底本中，这两处实际上是留空一字格的（见图2），这说明当时练习者是一时未想起"残"与"些"如何写，所以有意识地先空缺，以待回头想起再来填写。而我们看第二遍的抄写，这两个字便被填上了。

**图2　两处漏字**

（2）儿郎伟驱傩之法

儿郎伟驱傩之法

儿郎伟

驱傩之法，出自轩辕，除故迎新之事，嘉祥庆贺之
筵，迎取春光边（？）世，太平便在新年。大夫家门，鼎
族阀阅，积代称贤。今旦万人披美，请下龙节威权，与
我城隍为主，长教百姓团圆。但愿表章平善，早到天子
案前，开封读之一遍，便赐虎节旌旂。若到秋初夏未末，
天使便到西边，假日毬球

　　《儿郎伟驱傩之法》在敦煌文书中还有数份，如 P.3270、P.3552 等，
它是在每年十二月民间驱傩时所唱。但很多《儿郎伟》有着比较强烈的
政治内容，如 P.4011《儿郎伟》中描述了张议潮起兵驱蕃之事："去载
阿郎发愤，点集兵甲军人，亲领精兵十万，围绕张掖狼烟。"S.2055《除
夕钟馗驱傩文》中也有类似描述："亲主岁领十万，熊罴爪硬，钢头银
额。"本件《儿郎伟》中的政治时局性文字也有不少，如"但愿表章平
善，早到天子案前，开封读之一遍，便赐虎节旌旂。若到秋初夏未末，天
使便到西边"，其实描述的就是想要打通敦煌与长安交通，获得中央认
可，这种局势在张氏归义军时期表现得非常突出。

　　（3）咒愿新郎

咒愿新郎

今择吉日，又会时梁（良），双花掩面，对拜高堂。五男二女，
谷麦〔满〕仓，细马千匹，奴婢成黄，出

　　除此处外，此件习字文书中还有一行文字也属于《咒愿新郎》文：

今择吉日，声囍囍，齐蠹蠹轰轰。

这些是在敦煌颇为常见的咒愿文，主要是在举行婚礼时祝福新郎新妇，类似内容在汉文写卷中颇多，如 S.5546《咒愿一本（咒愿新郎、新妇）》、S.6027《咒愿新郎文》、P.2976《咒愿新女婿》、P.3350《咒愿新郎文》等。

（4）好客须留住

好客须留住，三秋莫放归。出门□道好，莫作主人□

这是首劝客诗。

"生活应用类"诗词是与区域社会生活中日常应酬活动相关的诗词，这件习字文书中的诗词涉及生活中的遗书、除夕仪式、结婚仪式以及劝客，这几类都是日常生活中非常常见的应酬活动。伏俊琏指出文学与仪式的关系非常密切，而敦煌文献中的很多写卷可能就是民间仪式上讲颂词的汇编。[①] 就本文处理的这件文书来说，除了"劝客"，其他几类暗示出诗词唱诵者在活动中具有比较特殊的作用，比如主持等。正如上文所分析到的，伎术院学士郎在敦煌地域社会中的一项重要活动便是对社邑等团体的参与，习字者练习这些内容和其日常生活职能应该是一致的。

4.其他

（1）闺情

千回万转梦难成，万遍转睡个

此诗本无题，但实际上出自《闺情》，全文为：

———————————

① 伏俊琏：《文学与仪式的关系——以先秦文学和敦煌文学为中心》，《中国文化研究》2010 年第 4 期。

千回万转梦难成，万遍千回睡里惊。总为相思愁不寐，纵然愁寐忽天明。

见于 Дx. 3871+P. 2555《唐诗文丛抄》，关于这份写卷的作者以及抄写年代，自王重民先生以来，虽讨论很多，但至今尚无定论。本文无意于解决这一问题，而只想强调 Дx. 3871+P. 2555《唐诗文丛抄》中也有一些习字值得注意，即"归义军兵马留后""守肃州长史检校国子祭酒兼御史中丞上柱国周弘直上长史留后状"等，前者可能是抄自某牒，后者则可能是当作书仪文范抄得，所以这些习字和本文讨论的这件文书上的习字性质很可能是一致的。当然，这种一致虽不能得出 Дx. 3871+P. 2555 上的习字练习者和 S. 361V+S. 329V 的拥有者是同一批人，但至少可以说明这些诗歌在当时的学士郎生活中比较常见。

（2）长信草

长新（信）穷（宫）中草，年年愁处生，惟亲（侵）珠治（履）七（迹），段（没）事（使）玉皆（阶）行。

此诗本无题，但据查乃是崔国辅《长信草》。

（3）三月三日泛龙舟诗

三月三日范（泛）龙州（舟），政（正）见李（鲤）鱼水上由（游），义（意）〔欲〕将钓来鸟口，恐怕蛟龙动（？）福（复）收。
三月三日范（泛）龙州（舟），政（正）见李（鲤）鱼水上由（游），义（意）若（欲）将〔钓〕来鸟口，恐。

据徐俊研究，该诗乃隋炀帝所撰，原诗为：

三月三日向江头，正见鲤鱼波上游。意欲垂钓往撩取，恐是蛟龙还复休。①

（4）木兰花词

曲子名

十年五岁相看过，为爱木兰花一堕（朵），九天愿他觅将来，余
（移）将后远（院）深处坐。又见胡（蝴）楪（蝶）千千箇，由住
尖（贤）良不敢坐，傍人不乃（必）苦项（相）须（逼），恐怕春
风斩断我。

此首词本无词牌与题，任半堂根据词的体制格律，认为是一首《木
兰花词》，并以为此词乃当时民间流传广泛之作，甚至影响到了欧阳炯等
人的创作。②

## （四）社邑文书

1. 社司转帖

第一件：

社司　转帖

右缘常年春坐局席，〔次〕〔至〕张建子家。幸请诸公等，帖至，
限今月廿九日卯时，于灵图寺门前取齐。捉二人后到，罚酒一角；全
不来，罚酒半瓮，其帖立递相分付，不〔得〕停滞，如滞帖者，准
条科罚。帖周却付本司，用凭告罚。

十月廿八录事都头。

---

① 徐俊纂辑《敦煌诗集残卷辑考》，中华书局，2000，第849—850页。
② 任半堂编著《敦煌歌辞总编》上册，第537—539页。

第二件：

社司　转帖

右缘常年设斋，人各麦一斗。幸请诸公等，帖至，限今月廿七日斋时于普光寺门前取齐。后到，罚三斗；全不到，罚麦五斗。其帖立递相分付，不得停滞；如滞帖者，准条科罚。帖周却付本司，用凭告罚。

正月十三日录事　帖。社官郭某　社长□　虞候游通信　竹胡奴

第三件：

社司转帖

右缘年支局席，幸请诸公等。贴至，限今月十四日卯时于□□寺门

社司转

## 2. 社历

大中十二年五月廿三日夜于王家色女一头

大乘寺海妙生绢一匹，白练两

大乘寺大乘寺法门门

碧绣裙壹腰，红绣裙壹腰，锦一匹，紫绫壹，半匹，白练帔子一条，子（紫）绣帔子一条，青绣裙一腰。

上文已经分析了"大乘寺"两行内容与其他习字内容不合，比较突兀，但因为此件文书前后都已残缺，所以在其他缺损的部分上是否还有类似内容，不得而知。就笔迹来说，"大中十二年五月廿三日夜于王家色女一头"书法成熟，与其他三条文字不类，有可能是当时人随手记事。其

余三条，从内容来看，近是社历，即社邑收支历；从笔迹来看，与上述社司转帖颇近，应该都属于习字者练习内容。

3. 行人转帖

> 行人转帖　队头康营田、副队游兵马使、紫（子）将索百达，已上人各并（饼）二，前（箭）
>
> 以上行人，帖至，限今月廿九日穹（弓）前（箭）枪排，不得欠少，官有重罚。十月廿八日。

"行人"即征行士兵，"行人转帖"即通知行人的转帖。

### （五）书仪

书仪类习字，有两条。

> 答云：不意凶衰，汝舅婿云亲家翁/母辞，不意凶衰，某郎逝（倾）倾（逝），割裂恋爱，悲痛奈何！不图凶衰。答云

这是一条是抄自某书仪的《封吊书仪》，属于"吊亲家翁/母某郎书"。S. 329+S. 361正面乃杜友晋《新定书仪镜》，不过残存部分只保留到了"吊侄亡书"。据其体例，一般是先列内族，后序外族，"侄"属内族，"亲家翁郎"属外族，所以杜友晋之书也许也包括此部分。

> 伏惟郎君

"伏惟郎君"，应该是书信中的用语，类似用法亦见于P. 3730V《书仪》："执别渐久，仰念尤深，伏惟郎君所履珍胜，此厶乙不审近来德用何如？""伏以郎君俊生仁瑞"等。

### （六）儒家经典

本件习字文书中属于儒家经典的文字，有两处。

1. 夫子曰：善

　　　夫　　夫子曰：善！

此处习字因内容十分有限，所以很难具体判明究竟出自何处，但从"夫子曰"来看，应当出自儒家文献。

2.《毛诗·东方之日》残片

　　　东方之日二章，章五句□
　　　居无节，号令无时。

此处乃是作为裱补纸粘贴在卷背的，所以严格说来并不属于习字内容，但这种现象表明在当时日常生活中《毛诗》等儒家经典是比较常见的读物，并且相对于被修补的《新定书仪镜》，《毛诗》似乎并不被特别重视。这种被忽视，一大原因可能就在于《毛诗》类文献颇为常见且数量较多，而《新定书仪镜》相对较少，且对日常生活有着最为直接的作用，尤为值得保存。

P. 3197V《杂写》载"新撰《时务纂集珠玉要略抄》一卷，圣教伎术院学士、敦煌礼生翟奉达"，李正宇据之认为"伎术院"亦名"圣教伎术院"，[①]"圣教"应当就是指"儒教"。所以对伎术院学士郎来说，儒家经典肯定是他们学习的重要内容。比如 P. 3192《论语集解》卷六就是时为伎术院礼生的翟奉达于 902 年所抄。S. 361V+S. 329V 中儒家经典内容如此少，似乎只能理解为当时练习者的学习注意力没有放在儒家经典上。

---

① 李正宇：《敦煌学郎题记辑注》，《敦煌学辑刊》1987 年第 1 期，第 38 页。

# 结　语

通过对一件主要流通在伎术院内部的习字文书进行一一分析，笔者尝试将其置于伎术院学士郎日常生活和学习的框架之中，借以串联起学士郎的教育学习与工作职能。这份习字写卷，虽然前后均已残缺，甚至不能判断它究竟被多少人使用、使用了多长时间；而且一件文书的内容是十分有限的，没有也不可能涵括学士郎日常学习和工作的全部内容。但将其归为伎术院内部流通的写卷，大概无误。而且正是"成于众手"的特点，恰恰可以成为折射伎术院学生日常学习内容的棱镜，勾勒出他们学习和生活的基本框架。

首先，来看伎术院学士郎都应当学习什么内容。据研究，伎术院是唐宋时期出现的一个独特机构，专门掌管天文历法、阴阳卜筮、图画音乐及医术、膳食等事务。① 就敦煌文献中出现的伎术院学生文本来说，有以下数种：

①P. 3192《论语集解》卷六（翟奉达，902 年）；②P. 3197《新撰时务纂集珠玉要略抄》（翟奉达）；③P. 2859《卜噬书》（吕弁均，904年）；④P. 3716V《新集吉凶书仪》（张儒通，930 年）；⑤P. 3906《碎金》（吕均，942 年）；⑥P. 2718《茶酒论》（阎海真，972 年）。

涉及儒家经典（①）、字书（②⑤）、占卜（③）、书仪（④）、诗赋（⑥），与本文讨论的这件习字文书相比，除了"占卜"类文书外，其他内容完全契合。其实这种契合可以说存在于很多习字文书中，如 P. 2738V 等习字文书中也有书仪类、字书类、诗赋类、牒状类、社邑文书类等。这种契合也许可以说明，上述内容应该是伎术院学士郎教育中最为核

---

① 冯培红：《敦煌归义军职官制度——唐五代藩镇官制个案研究》，第 100 页。

心、最为稳定的学习内容。

其次，再来看学士郎的日常生活与职能。据上文分析，伎术院学士郎主要有三种身份：参谋、乡官、社邑成员。本文研究的这件文书之内容，与这三种工作之职能是非常契合的：牒状等内容的学习可以应对在归义军政权中各种行政文书来往等事务性工作，而《儿郎伟》等仪式性文词以及社司转帖等社邑文书的学习则可以帮助他们在与民众互动过程中发挥自己的作用。

朱玉麒通过对整个吐鲁番文献的整合，描绘了以汉文文学为代表的汉文文化在西域地区的传播图景。而这种由数十份具体文献图绘的景观在本文分析的 S. 361V+S. 329V《习字文书》中几乎可以完整呈现；更为可贵的是，这件习字文书因属于伎术院学士郎所用，其流通环境相对封闭，因而与拼合的数十份文献之"碎片化"程度相比，它显得更为完整。事实上，习字是"注意力"的投射，是生活环境的细节反映。反复地练习某种内容或某类内容，是一种知识或心理上的"偏好"。习字内容尽管可能过于碎片化和日常化，但碎片化的背后却是完整的生活日常。在研究中需要引入一些可以将所有文书内容都连串起来的因素，不是单纯强调习字文书中单一内容的重要史料价值，而是将每一种内容都视为习字者所学知识，努力还原出习字者的知识链条，并将这种知识链条和他们的社会定位与职能结合起来，以此考察知识的传承以及在地域社会的影响。

# 唐宋古运河考察散记

## ——为纪念吴宗国先生而作

李孝聪

我与吴宗国先生相识是在 1984 年暑假的唐宋古运河考察途中。那年，由中国唐史学会领导宁可先生、胡戟先生发起，联合杭州大学、江苏省社会科学院、安徽省社会科学院、河南省史学会等单位，组织唐宋运河考察队，于 1984 年 7 月 14 日至 8 月 25 日，沿着浙东运河、江南运河、江淮运河和唐宋汴河故道，做了为期 43 天的实地考察。我有幸参加了唐宋运河考察的全程，自宁波至扬州一段途中，与田余庆、吴宗国两位先生朝夕相处。两位老师皆博学多识，从性格来看，田先生严于教诲，不苟言笑；吴先生颇显敦厚，出语平实。我大学毕业伊始就有机会陪伴两位老师沿途考察，随时讨教，实属平生一大幸事。如今两位老师均已作古，感念之际令我不胜唏嘘。愿借北京大学历史学系编纂吴宗国先生纪念文集之机，谨将当年唐宋运河考察日志所记整理如次，以作为对吴宗国先生的怀念。

1984 年 5 月 9 日，我刚刚陪同美国来访学者田浩（Hoyt Cleveland Tillman）教授去汉中、勉县探访诸葛亮史迹回来，即去北大朗润园邓广铭先生家汇报此行收获。邓先生听罢我的汇报，表示满意，并笑着说："我再给你一次野外考察的机会，参加今年暑期唐史学会组织的唐宋运河考察。"接着，他向我讲述了汴河对唐宋时期社会的影响。届时我正在邓先生指导下试做《宋史·河渠志》考证。邓先生希望我利用这次实地考察的机会，好好对照《宋史·河渠志》中对汴河、淮南、江南诸水道的记载，看看汴河故道的现状，思考汴河与黄河的关系。为我参加唐史学会的考察，邓先生特地给了我 300 元差旅费。那年头这可是一笔不菲的钱。即刻复印成寻《参天台五台山记》，携之以便运河考察途中随时查阅。

**1984 年 7 月 13 日（星期五）**

昨天 19：00，自北京站乘 119 次列车去杭州。首都师大翁俊雄老师同行，因我才疏学浅，一路上向我讲授唐代沟通黄河、淮河几条漕路的历史知识。翁先生根据两《唐书》、《唐会要》、《册府元龟》抄录了大量卡片，对唐代运河与漕运知之甚详。他说：开元之前，唐朝漕运主要靠汴水（广济渠）与泗水，可看两《唐书·刘晏传》；唐代宗、德宗时期，漕运通过颍水、琵琶沟（鸿沟），可看两《唐书·裴耀卿传》、杜佑的《通典》；唐武宗以后，颍水、汴路兼用。在我们的讨论中问题来了。其一，三条漕路究竟何时使用，需要统计漕运量、设置的官员、疏浚的工程。其二，翁先生的统计表明唐代主要靠颍水—琵琶沟漕路，其次才是广济渠（汴河）。这与北宋时期漕运主要依赖汴河，蔡河—颍水次之的情况恰恰相反，所以唐、宋漕运应做比较。其三，"鸿沟"究竟指哪一段，以及涡口的重要性。其四，汴、泗水道有无人工整治，汴水在何处分流。其五，与这三条漕路相关的当地经济地理问题，是否也呈现时间上的阶段性。

当天 21：50 火车抵达杭州站，在出站口忽听到有人呼唤我的名字，定睛一看竟是北大历史系田余庆主任。田先生坐飞机比我们先到杭州，亲至火车站迎接我等，大喜过望。宿在浙江省委招待所 3 号楼 712 房间，购买明日 9：30 杭甬快车票，幸有座。午夜，就寝，37℃ 高温，酷热难耐，辗转未眠。

**1984 年 7 月 14 日（星期六）**

天气晴热，列车行驶在杭甬线上，途经萧山、绍兴、上虞，均水乡平原，河港勾连，火车就在浙东运河边上前行。过曹娥江，车行右侧逐渐出现山岗，经余姚、慈城，车抵宁波市。住宁波市镇明路巷 21 号人委招待所，与田先生同住一间。下午，吴宗国先生从南京赶来宁波加入考察队，来看田先生。这是我第一次与吴宗国老师近距离接触，他人长得高大魁伟，总是面带笑容，谈吐间器宇不凡。田先生介绍说吴老师家在南京，专治隋唐史，熟悉江浙一带史地，今后考察运河期间可多向他请教。

晚上，田先生问及我日后的打算。我回答：想开设中国历史地理课。他透露历史系里有培养我今后承担系领导工作的打算，但是不能脱离教学。我自知学识尚浅，不置可否。

### 1984 年 7 月 15 日（星期日）

考察队参观宁波市郊保国寺。保国寺，又名灵山寺，位于西北灵山脚下。寺始建于唐代，初名灵山寺，唐武宗会昌五年（845）"会昌灭佛"时期寺院被毁。唐僖宗广明元年（880）重建，据传：适逢浙东大旱，民众求雨，佛教众僧需要借助官府保护，将灵山寺改名为保国寺。大雄宝殿建于北宋大中祥符六年（1013），是江南现存最古老、最完整的木结构建筑，进深长，柱脚间距宽于柱顶，属省（现全国）重点文物保护单位。宋木结构殿座后面保存一块石碑，题《造石碑座记》，碑文记：

> 明州管内都僧正国宁寺传天台教观赐紫智印大师，约之同弟子陈延泳、延绍妻孔十四娘、弟新妇夏十一娘、男世卿、世清弟子丁彦隆、彦昌、寿母徐念五娘、妻陈小二娘、弟新妇龚小五娘、男公明、公升等同施净财，制造精边院大殿内石佛座一所。式衷巨利，奉答四恩，用资三有。仰乞王相垂明，诸天昭鉴。时壬午崇宁元年五月□谨记。石匠许明礼，住持沙门约文。

保国寺内仅宋代木构大殿为珍贵之宝，其他建筑一般。殿内无一塑像，两侧配殿已改文物陈列室。宁波当地出土文物甚多，新石器时代已有人类聚落，唐代是宁波城池大发展开始的时期，尤其是对外港口的地位。展览有缺点，出土文物不注明发现的地点。另外，还有作为海上交通史一部分的宁波城市发展史展览。

宁波城最初的建造，似乎在东晋末年，刘牢之于三江口筑垒堵截孙恩起义之时。筑垒地点在今筱家巷，其西北即唐宋明州府治，以鼓楼为中心有一条十字街。由此看来，宁波城址没有迁移过，而是从原地向外放射状拓展。考察宋代海船发掘点，今距离奉化江 20 多米。三江口北岸是近代西方资本主义侵入后发展起来的，沿江分布着码头、货栈和教堂。

下午参观天一阁，没有见到藏书。晚饭后，胡戟陪同田先生、吴宗国老师和我去三江口。余姚江与奉化江相汇于宁波城东门外，以下汇成甬江，至镇海县城入海，宁波城的起源发展与三江口相倚之形势很明显。步行归，看了一下城隍庙，江南建筑风格，特别是回廊与戏台，做工很精巧，庙前建小城门，也很独特。天封塔就矗立在城隍庙门左侧的小街，正在维修。

傍晚天降暴雨，暑热略解。晚上与田先生探讨史学研究是否应当引入新技术手段，河南大学历史系周宝珠、河南社科院《史学月刊》编辑部单远慕两位先生来探望田先生。虽然我与两位先生初次见面，但是因为去年我在邓广铭先生指导下写的《宋代开封的拐子城》文章刚刚投给《史学月刊》，周宝珠先生熟悉宋代开封城的历史，所以趁机向他请教拐子城文稿中的一些问题。至于那篇文稿发不发，没敢问单远慕先生。周宝珠先生说你们考察队来到开封时，你亲自上开封城墙看看现状。

### 1984 年 7 月 16 日（星期一）

天气放晴，8：30 在三江口码头登船去普陀山，甬江江面不宽且有曲折，行船很慢，从镇海招宝山下出江口，沿舟山岛内海航行三个小时。我一直站在客舱顶的甲板上，俯视这一带的海水颜色，非深蓝而呈黄绿色，航船尾部往往搅起浑黄，可能由于海湾的水不够深。13：30 抵普陀山码头，投宿杨枝庵。参观法雨寺，进香客甚多。当夜更有数百人登山进香，远远望去，点点灯火如长龙从山脚蜿蜒而上至山顶，壮哉！

考察队晚上在海滩开会，商量每位队员为考察论文集撰写文章的题目。参会者：西北大学胡戟，北京大学田余庆、吴宗国、李孝聪，北京师范学院翁俊雄、蒋福亚，国家文物局邓文宽，北京市社科研究所赵和平，中国历史博物馆王永谦，山西省社科院阎守诚，南开大学傅梅，杭州大学李志庭、陈仰光、楼毅生，扬州师院赵苇航，安徽省社科院朱玉龙，河南省社科院单远慕，河南大学周宝珠，徐州师院刘希为，南京大学孟昭庚，南京师院刘曼春，苏州大学何荣章，西南师院何汝泉、屈弓，云南师大潘镛，昆明师专潘晶晶，陕西师大马正林，上海人民出版社王界云，江苏省社科院许辉等老师。会上给我定的论文题目是"唐宋运河道上的日本友好使者"，11月底文稿交给江苏省社科院科研处许辉副处长。回来后感觉仅仅写中日往来视野有些窄，遂改为《唐宋运河在中外交流史上的地位和作用》，与田余庆先生一同署名。

**1984年7月17日（星期二）**

在普陀山。早饭后陪田先生、云南师大潘镛先生参观普济寺，步行近一个小时至普陀山镇街。镇街虽小，但是很热闹，街两边尽是小店，售卖海产海味。买了一个海鸥胶卷，规格不合格，装不进去，急煞老夫，只好再买一卷新公元胶卷，质量第一是个大问题！

普济寺。几重殿宇规模严整，殿内佛像全部新塑。南方寺庙塑像比北方雕镂细腻，但形象气魄不如北方寺庙。田、潘二先生体力已乏，我陪潘先生之女潘晶晶继续参观梅福庵、观音洞。普陀山作为四大佛教圣地之一，岛上分布许多寺庵，"文革"期间被破坏惨烈，没有保存下多少古代碑刻，新塑像亦大致相同，使人有千篇一律之感。见一少妇在庵中为其亡夫上香祈祷，颇凄苦。

下午陪田先生洗海澡，晚饭后师生二人漫步海滩纳凉，与先生聊起论文怎么写的问题。田先生希望我加强历史学的训练，不要搞得过于细琐，要有历史眼光；不要局限于自然地理，要细读一两部书。他建议读《汉书》，以便进一步了解《地理志》的体例和内容。

**1984年7月18日（星期三）**

普陀→宁波→上虞途中。5：00起床，乘汽车赶到码头，匆匆抢拍了几张普陀山镜头。登"普陀山号"船，13：30抵宁波三江口码头。汽车接往火车站，转火车赴上虞县城，宿曹娥车站旅社。

晚七点，在上虞县文化馆受到县人委杨主任，县委宣传部吴部长、荣副部长欢迎，听取县文化馆长王河淇介绍上虞县的历史文物古迹和自然环境。上虞县今属绍兴地区管辖，县城原址在四明山麓的丰惠镇，城跨浙东运河，1954 年县政府迁至曹娥江东岸的百官镇，得杭甬铁路之便。上虞县文化馆陈列室集中了新中国成立以来发掘的文物，着重反映上虞地区是青瓷的发源地，浙东与省城杭州之间物资、文化往来的要途。陈列室展出的青瓷表明，东汉已经掌握成熟的烧制技术，唐朝中期这里有越窑，也烧制过一定数量的黑釉瓷。东汉晚期的青瓷窑址在小仙岭，黑瓷窑址在帐子山，过去一直认为黑瓷始于东晋德清窑。窑寺前窑系五代官窑，位于上浦公社甲仗村东南 2 公里，冈峦起伏，溪水环流。展品中还有在上虞县畜牧场出土的俑头，面庞深目、高鼻、连须，戴尖头毡帽，显然是来自西北的胡人造像。

上虞县水系，以曹娥江（舜江）为主干，全长 191.7 公里，流域面积 4485 平方公里，河道平均坡度 4.3%，落差竟达 1000 米。流量较大，中游流泄不畅，致使沿江逢雨易泛滥，近来加固堤防。曹娥江上游流下来的是淡水，中下游由于潮汐倒灌，海水能够上溯到章镇镇，江水含盐高，不利灌溉和饮用。此外，汛期潮水顶托上游下来的洪水，水位激增又致水灾。新中国成立后，建上浦闸引水灌溉，蓄淡水 1900 平方米；又建漫水闸和过水堰，减弱洪水泛滥，兼溉田 70 万亩。

### 1984 年 7 月 19 日（星期四）

上午参观上虞县通明闸。乡文化干事王新量介绍了浙东运河（今杭甬运河）四个要点。

（1）浙东运河从旧上虞县城北流过，但有夹河绕城，以通客船。旧上虞县城地势高，所以要建通明闸，以引水入城。这是南方城池一般选址在岗丘之上的典型特点。

（2）浙东运河水源全借山溪，运河河道内用埭蓄水。

（3）先有运河，还是先有上虞城？能否认为上虞县治从百官镇迁往丰惠镇的唐长庆年间就是运河发挥作用之始？

（4）通明运河段未修在浙东山地以北的台地以下，而是穿过丘陵，选择较低平的线路，可以使南北两侧山溪之水都得以收聚。

浙东运河的水流缓慢，船只基本靠拉纤而行。埭，用当地人的说法：不出去的水面，坝与闸的结合等于埭。

考察队过曹娥江，参观王充墓。我觉得可能未必是真冢。路过小仙台瓷窑址，再返回江东，参观运河梁湖镇曹娥闸，又称过江坎闸。又摆渡至曹娥江西岸参观曹娥庙，殿宇三重，屋檐皆木雕，虽然宏伟，与两个月前我看过的陕西略阳县宋代庙宇的木雕类似，却是 1934 年重修。是否保存了古代原有的风格？庙内保存着一通宋碑《元祐八年蔡卞重题汉曹娥庙碑》。庙外即萧绍运河入曹娥江闸口，见一农夫用绞盘拖船过堰，这让我想起古代文献中记载的用牛拉绞盘拖船过堰，"万牛回首"的场景。

15：00 返回旅店，傍晚 18：00 许汽车将考察队送至绍兴市，宿绍兴饭店。与田先生同住带空调的房间，尽管身体凉爽舒服，但想着田先生能否承受空调，心里一直很不踏实。果然，田先生咳嗽加重。

### 1984 年 7 月 20 日（星期五）

绍兴。唐开元寺遗址在绍兴市第二医院。唐末日本遣唐使、学问僧，自明州（今宁波）过越州（今绍兴）时曾下榻开元寺客馆。北宋时，来华日本求法僧成寻在其所著《参天台五台山记》里，记其去天台山往返过越州，此时已经不见"开元寺"了。

看鲁迅先生幼年读书的地方三味书屋，过石板平桥，见堂屋中挂抱联："至乐无声唯孝悌，太羹有味是诗书。"

乘车去距绍兴东南 18 公里的富盛镇看南宋六陵。南宋六陵指宋高宗永思陵、宋孝宗永阜陵、宋光宗永崇陵、宋宁宗永茂陵、宋理宗永穆陵、宋度宗永绍陵等南宋六座皇帝陵寝。攒宫遗址在山坳中的高丘上，地表已经没有什么痕迹，元代刨掘之后长出的松树尚有数十株，孤零零地矗立在那里，可作为标志。过去凭吊者要先从绍兴城坐船走水路，至南山以南，再翻山至山坳中，交通很不方便。如今南宋六陵已经分辨不出哪个陵属哪位皇帝，听介绍北山南麓排列四陵，南北山之间的小盆地内，东西向排列二陵。南宋朝廷一直希望北返汴京，故六陵皆未厚葬，未建地宫。回城途中田先生身体不适，去乡卫生院看病，取药。经过东湖，知其是当年开取石材而形成的。

下午考察队去参观兰亭、大禹陵和秋瑾故居。兰亭，以"鹅池"碑吸引游人驻步。大禹陵在会稽山北侧，亦以"大禹陵"碑最可看。碑亭前楹柱上书"江淮河汉思明德，精一危微见道心"一联。全天未看运河，心中稍有遗憾。

**1984 年 7 月 21 日（星期六）**

绍兴市内考察运河。绍兴城内外运河的标志物是桥、闸，考察队先去看绍兴城东北的都赐堰遗址，在都泗门桥下。原为节制鉴湖水量而筑，后因绍兴城南的鉴湖逐渐堙废放垦，湖内外原有水位差消失，都赐堰无存在必要而被废弃，运河船只不必再绕行城内而由城北运河直驶，今都泗门桥下的都泗河就是运河故道。顺着运河向西走不远即著名的八字桥，我走到桥孔下，看见正中石柱有题刻"宝祐丙辰仲冬"，那是南宋理宗宝祐四年（1256）所建。

考察队离开绍兴老城，沿运河西去萧山县。途中经北海桥到其西侧紧邻的光相桥。光相桥属于绍兴市文保单位，因桥畔有光相寺而得名，寺址在桥头运河北岸，《嘉泰会稽志》有记载，石桥的跨度很大，便于行船。中午到萧山县城吃午饭，运河直直地从县城内穿过，直至钱塘江南岸的西兴镇。

西兴镇，古名西陵，又称铁岭关，浙东运河的西端。原建有关城，毁于"文革"。西兴运河终端建有龙口闸（头闸），由于钱塘江淤出滩地，闸下的运河已经湮塞。据说抗战时西兴运河已经断流，不过西兴运河的二闸（后闸）尚存，上面建有城隍庙。二闸的内侧有石桥，栏板题刻"福泽长流，乙卯仲夏邑人同建"。运河残存河道宽 10 米，两岸镇街石板路长 3 里，店铺林立，临河均砌筑石阶踏步，一座两层楼铺面门额还残留着"西兴镇码头委员会业务所"匾牌，想当年买卖一定很繁盛。

考察队 15：30 到达杭州，宿文三路杭瓷招待所。

**1984 年 7 月 22 日（星期日）**

杭州。陪同田余庆、潘镛两位先生游西湖，楼外楼用餐。晚上杭州大学四位老师来拜访田先生，四位老师都是 1953 年考入北京大学历史系，1958 年毕业的本科生。毕业后支援内蒙古大学历史系建设，奔赴内蒙古呼和浩特市工作，1978 年以后陆续调到杭州大学历史系任教。

丁建弘，世界史专业，专攻德国历史；

戴尔俭，考古学专业，原在中国科学院古脊椎与古人类研究所担任裴文中先生的助手；

梁太济，中国史专业，专攻宋史；

黄时鉴，中国史专业，专攻蒙元史。

当年在北大历史系读书时，没有按专业分班，四人是同班同学，听过田先生授课，如今都是杭州大学副教授、历史系教学科研工作骨干。师生相见甚欢，真不容易啊！

交谈间，谈及桐乡县乌镇，镇南属浙江，镇北属江苏，茅盾先生的老家，运河绕城而过，保存了大量江南古镇的历史风貌。

**1984 年 7 月 23 日（星期一）**

考察杭州运河之前，杭州拱墅区房管所冯振基，自学成才专长运河，介绍运河在杭州几个应予以关注的地点。

凑口，京杭大运河与钱塘江汇合部，位于钱塘江大桥东边不远处，筑有海塘隔离江水。

通济桥，桥北有"天宗水门"，存在时间很短；南水门，属于吴越时代的杭州城水门。

清水闸，杭州城第二水门；候潮门外保安桥，有两个闸，防海潮倒灌。

余杭门，杭州城西北门，即武林门，旧时水上建两阶楼门；照礼亭，止船停宿处。

沿钱塘江的十八堡，清朝时各堡驻扎护塘兵，以监视护卫钱塘江捍海塘。考察队参观了钱塘江三堡船闸及未来运河通钱塘江口的航道工程。负责人高通同志介绍：全长 6.97 公里，全部机械化施工，围堤内工程占用的农田蔬菜基地，政府给予补偿。困难：土方大，地下水位高，钱塘江涌潮（每平方米 8 吨水），用提升式平板闸门控制。投资：6482 万元，浙江省批拨 4000 多万元，其余由交通部、杭州市、省交通厅等四家合股。经济效益：（1）形成浙西、杭嘉湖与上海协作区水利网；（2）皖南物资经新安江—富春江—杭州运河，不用中转而直接北运；（3）发挥钱塘江水运效益，减轻浙赣铁路压力；（4）建材、燃油通过运河直达城北，不用中转，改善杭州市交通拥挤现状；（5）减少上塘河洪涝，有利于治理环境污染；（6）防止钱塘江高水位时海水倒灌，避免运河两岸土地盐碱化。

考察杭州城内运河。根据文物考古部门介绍：吴越杭州外城垣 70 多里。宋代杭州仅利用内城，水门位置有变化。元朝张士诚将杭州南城垣向北缩 2 里，北城垣外展 3 里，东城垣外展 3 里。秦代钱塘县址可能在保俶塔东北，因为东面地势低易遭水淹。需要考证的是古代西湖的水位，才能确定古城址的位置。北高峰有古代水位线，古代保俶山以北属于河网地区，考古已发现人类活动遗迹。秦钱塘县城址不会远离这一地区，只可能在保俶山麓阶地安设城址。秦始皇南巡，走水路至钱塘，不可能到西湖，那时候还是海湾潟湖，涉及古代海岸线问题，所谓"泛海舣舟"。上塘河—松木场可能是秦代运河故道，今已不存。上塘河主要沿着江涂开挖，代表与海岸线平行的位置。上塘河的水主要靠潟湖的水，春秋时期人工开挖，江涂土质松软，容易开挖。春秋吴、越之间靠上塘河交通，交界在嘉兴南"御儿乡"（崇福镇）。那时候钱塘江经御儿乡、槎渎入海，所以杭州东为江，阔二百余里。以后上塘河水源不足了，才有唐朝白居易引西湖水入河补给之事。

考察杭州余杭塘河。余杭塘河本自然河流，雨大则满，旱则干涸，秦汉曾利用一段作为运河，新中国成立后在其北侧开新河通船。北行至大关桥，旧有北新关，北宋运河关口之一，未见遗址。步行至拱宸桥，横跨运河上的三孔石桥，很壮观！萧（山）甬（宁波）线铁路开通之前，这里是沪杭铁路终点，孙中山由此登岸。中日甲午战后，光绪二十二年（1896）拱宸桥一带被辟为日本租界，开办税务，集中了工厂、洋行、商铺以及妓院，故当地人称此地为"洋关"。拱宸桥下系明清时期的运河，而非唐宋古运河。

唐宋古运河即上塘河，考察地点在沈塘湾桥。现 17 路公共汽车线行驶在旧沪杭铁路的路基上，与上塘河并行。上塘河河水尚清澈，水面高过今沪杭铁路路基 1 米，所以古代运河可以溉田。然后，去看奉口河，即西塘河，南宋孝宗淳熙十四年（1187）开漕运小河，通德清县，河上建祥符桥。再看江涨桥，是元朝张士诚开新河的起点。上塘河，旧时南段河道变窄，曾筑德胜坝，用小舟般剥。南宋以前，称德胜坝所在地为"新界浦"或"长河坝"。南宋因韩世忠在坝西南枯树湾筑堰桥，平乱胜利而改名。南宋在德胜坝前有积坛寺，提供给来往客商停宿，故又名"接待寺"，亦曾收容大量南逃的难民。

**1984 年 7 月 24 日（星期二）**

杭州。上午陪田先生去医院探望做胆囊摘除手术的河南大学周宝珠老师，未参加考察。下午，考察队听陕西师大马正林老师讲中国运河史。会后赵和平老师与我同去杭州城内补看梵天寺石经幢，北宋乾德年间钱俶立，感受凤凰山东麓吴越钱氏王城和南宋皇城的形势，当然遗址已难寻觅。又看了相国井，相国井是唐朝李泌所开六井最东面的一座，临小河，即"市河"（今解放路）。推想小河的水不堪饮用。

**1984 年 7 月 25 日（星期三）**

杭州→嘉兴。8：00 考察队登船，离开杭州武林门港，顺大运河北驶。经卖鱼桥，水极黑臭，此段唐宋运河与元明清大运河重合。在船上方能一睹上塘河（唐宋运河）与元明清大运河交汇处，因上塘河水位高出 1 米，所以建闸。江涨桥已改水泥桥，此处为元至正年间张士诚开新运河的起始点。北至塘栖镇南之五林桥，再北过大关桥，大关桥西北面对的小河是南宋所开至德清的漕河。故，大关桥可能是"北新桥"。穿过拱宸桥，江面渐宽，水质变好。据杭州环保人士讲：今运河内已经没有细菌，乃最"洁净"的水域也。

10：00，到塘栖镇南之武林头，即元代张士诚开新河之五林桥。尚存石拱桥一座，西有河至章山，北有小河至雷甸，运河东北至塘栖。塘栖镇保存着七孔广济桥，建于明弘治年间，距今已有 500 年之久。当地相传始建于唐朝，那是不可能的，因为唐宋时期江南运河并不经过塘栖。停船带田先生上岸打针。自塘栖至嘉兴之间，运河上的石拱桥连绵不断，应接不暇，蔚为大观。依次是：跨塘桥，光绪十六年（1890）建；龙光桥，光绪元年（1875）建；五杭桥、傅陆桥、万仙高桥，光绪二年（1876）建；松老高桥。12：30，经过一座坍塌的老桥，在旧桥墩上重建，不识桥名。这一带运河河道变窄，两岸多桑田。继续航行，过大通新桥，当地有"直塘改九湾"之说，讲的是明嘉靖年间吕希周见运河有九曲，行船不便，尝改运河河道。

13：00，船抵崇福镇。秦朝名"语儿乡"，唐朝为"义和市"，北宋置崇德县。在镇南元明清大运河与唐宋古运河（上塘河）相汇，唐宋运河故道自杭州向东北，经赤岸、临平镇、长安镇而至崇德县。从两运河交汇处望去，唐宋运河故道河面窄，两岸垂柳依依，更具古风。崇福镇历史久远，尚存两座唐塔石基，运河穿镇而过，东岸的明清镇城土垣依稀可辨。

14：00，运河船转向北驶，过石门镇，春秋时吴越交锋于此。船转向东北，岸高起伏，穿万年高桥，桥南有汊河去桐乡县。经皂林东桥、大通桥，大通旧桥两端基墩尚在，比新桥高，运河与南北向汊河相直。汊河上亦有一座石拱桥，汊河南通濮院镇。

17：00，运河经过北岸三塔寺，寺院建筑已经改为工厂，仅存一座石牌坊为标志。航船停靠嘉兴市码头，考察队宿于南湖饭店。饭后漫步市中心，嘉兴市市容不如萧山县，古迹徒有虚名。

**1984 年 7 月 26 日（星期四）**

嘉兴市考察。7：00 登船绕行嘉兴市区，隋朝江南运河开通后，嘉兴城池获得发展。首先去南湖参观画舫、烟雨楼。烟雨楼，五代时钱元璙创建，后世屡次修葺。中共一大在上海召开，为防不测，李达夫人王会吾（桐乡县乌镇人）建议移至嘉兴南湖船上续会更安全。离开南湖，考察嘉兴子城。孙吴黄龙年间始建，城周二里，高二丈，谯楼屡废屡建，现存清光绪十四年（1888）重修嘉兴府治碑一通，目前所见是重修后留下的样貌。谯门左右两侧向前出阙，筑城垛，门前挖护城河。子城是历代嘉兴府衙门所在，清咸丰年间被太平军攻克，全部毁于战火。新中国成立前用作兵营，俗称"西大营"，目前作为浙江省荣军疗养院，属于嘉兴市文保单位，由于地势高，建电视塔在谯门内。

乘船去看嘉兴城北大运河与护城河、三店塘（去上海）分水处的分水墩。分水墩的目的是不致因分水造成水流激冲，唐宋时期兴建，属于大运河水利设施。墩上原建有水天庵，现已废为民居。离开分水墩，向北驶考察杉青闸遗址。古代嘉兴与上海之间的塘河水向下流，嘉兴至苏州间属太湖沉降区，运河水受太湖水位影响，呈流动不定的缓流。相传秦汉时期曾在此筑堰节制水流，宋神宗熙宁元年（1068）十月，从提举两浙开修河渠胡淮之请，诏："杭之长安、秀之杉青、常之望亭三堰，监护使臣并以'管干河塘'系衔，常同所属令佐，巡视修固，以时启闭。"嘉兴杉青闸即所谓"江南三堰"（望亭、杉青、长安）之一。因运河船只过闸须落帆，故在杉青闸官舍旁建落帆亭，一度改称"太白亭"。元朝张士诚的杉青闸之战，死伤万余，落帆亭被毁。现已重建，为嘉兴市重点文物保护单位。

13：00，考察队的船驶离秀州去苏州，穿秋泾桥，明万历年间营造，左转入运河，水口与岸平，多稻田。过王江泾镇长虹桥，明嘉靖年间建，三孔石拱桥，气势宏伟，形似长虹。桥西有庙，今为小学。庙北有小泾西去，亦建有石拱桥一座。

王江泾至平望镇之间的运河，东岸有堤，西岸没有筑堤，河面宽50—80米，深不足2米。运河内的货船采用拖驳，一般9—11只为一组，每只驳船即一个家庭，夫妻、子女、鸡犬皆住船上。运河船吃水很浅，装货很重，船帮距离水面不足一尺，如果两船相会，必先鸣笛减慢船速，以免船体摇曳荡翻。我们曾经与一只装粪的船相遇，未减速，气得对方船老大用勺子向我们泼粪汁。

王江泾以北一里许保存有日寇侵华时修建的苏州至嘉兴铁路桥基一

座，光复后一直废弃未用，近来为减轻上海站周转的压力，打算恢复苏州—嘉兴铁路。大运河自王江泾接近平望，进入江苏省界，两岸均不筑堤，港汊塘荡颇多，河道变狭，岸高 2 米左右。

15：20，船抵平望镇。镇南司前街有安德桥，高石拱桥，南北向跨在大运河与西边狄塘河交汇处。据说唐大历年间始建，南宋庆元三年（1197）重建，明清两代多次重修。运河穿镇而过，镇内脏乱，鱼市繁忙。平望以北，运河与西岸公路并行，公路修在西堤上，东岸无堤，水运、陆运皆甚繁忙。

17：00，船到吴江县城。这段运河航程经过八坼乡，想起北宋苏东坡的《奏浙西灾伤第一状》有"吴江、平望、八尺，间有举家田苗没在深水底"文句，八尺即八坼，吴语音同，说的就是运河从平望镇经八坼到吴江县这段土地低平，常被水淹。吴江县城北门外有三里桥，元代泰定元年（1324）建，清光绪十一年（1885）重修，单孔石拱桥。

18：25，船经过苏州宝带桥，俗名长桥，桥在运河西侧，"金阊清晓放舟行，宝带春风波漾轻"，长虹卧波蔚为壮观。走完长桥，苏州城墙已经映入眼帘。

19：00，停船苏州葑门，住地委招待所。

**1984 年 7 月 27 日（星期五）**

苏州考察。8：00，在苏州大学外宾接待室，考察队全体队员听苏州大学张启文校长、苏州史学会章会长、苏州市博物馆廖志豪、交通局钱主任等单位的学者、干部介绍苏州地区与运河相关的历史、文物古迹，大运河的改造。讲话要点如下。

（1）春秋时期，吴王夫差开凿运河主要用于对外战争。沿太湖周围的"三兴"（吴兴、长兴、嘉兴）保存着烽火墩等军事设施，均分布在运河西岸。1954 年考古发掘，目前有三种意见：一种意见认为是用于军事；另一种认为是墓葬，例如苏州上方山的烽火墩是 A 字形；还有一种意见是山越族居民的居住遗址，譬如无锡马蹄山分布着 300 多座。常熟虞山上有一座小一点，一人多高，可以容纳 30 多人。七指山上的那座，原以为是 7 座墓葬，实为 7 座烽火墩，有门，门外视野开阔，每两座之间距离不等，沿着山脊排列。

（2）隋唐、两宋时期，运河使用频繁，带动当地水利运输，粮食入北，文化南来，有利于东南地区的发展。太湖地区的古建筑很有特色，苏州的塔多建于五代、两宋时期，日本人来考察，对佛塔很感兴趣。五代时钱元瑜重视水利，对苏州的经济文化发展有促进。虎丘云岩寺塔、盘门内瑞光塔，都出土了较多唐宋时期的文物，有助于研究运河沿岸的佛教建筑和艺术。宋代以后，运河沟通苏杭地区经济中心，同时发挥商业运输作用和文化传播作用。寒山寺张继的诗反映了当地经济的繁荣。明清时期，阊门外运河两岸商业发达，码头被各帮会独占，官府常常要评断争讼。孔庙集中了一些反映上述情况的石碑，也是研究中国资本主义萌芽的第一手材料。

苏州市博物馆廖志豪发言：日本人考察运河，在著作中谈到苏州。春秋时吴国在今天的高淳至溧阳之间开凿过运河。南京博物院收藏了清代乾隆时期画的一幅运河全图，苏州也有一块碑刻表现江北运河水系。苏州运河上有"三关"：浒墅关，保存着古驿道；莳门，唐宋时造莳桥，跨运河，乃水路要道；胥门，西门外是胥江，有驿站，宋代姑苏馆的规模很大。日本人记载从平望开始，不经过阊门，而是走胥江，如果经过阊门，沿途会受不少关卡的盘剥。例如枫桥有天宁关专掌收税，山塘街白虎关是老阊门的前哨。阊门一带自唐朝晚期开始发展到 10 万户，农、麻、绫、渔具种类齐全。枫桥是米市，清朝设会馆经营米、木材买卖，也可能从唐朝晚期就开始了。波斯、高丽的船是否经沙洲出入海？也要经苏州运河去扬州。唐朝的苏州不比扬州，苏州的唐墓不多。枫桥发掘过一座唐墓，有武士俑，深目高鼻，考古学界怀疑是隋代遗存。唐墓主要分布在阊门外，枫桥和虎丘一带，受宋代盗墓影响，所剩无几。当时在胥门、阊门的运河岸边都设立过馆亭迎客。

水利局钱主任介绍如何利用改造水运：目前运河每年运量 5000 万吨，每分钟 200 只船来往，密度很高。新中国成立后，首先重视发展铁路，然后是公路，最后才是水运。因为"战备要保障河道"，目前水运船只越来越大，苏州有堤岸的河道是 86 公里，枯水期河宽 15 米，深 2 米，属于 6 级航道标准。运河沿途集镇多，古运河穿镇而过，河道狭窄，需要拓宽；经过市镇的河道多弯道，也需要截弯取直。盘门，水门、陆门齐全，相传是吴越旧迹。盘门外吴门桥一带，汛期水位高，水流急，故多沉船。现在准备改造运河，在城南宝带桥以西开新河道，避开靠近南城墙的老运河河道；由横塘向南开新河，再东接至宝带桥。1980 年达到 5 级航道标准，底宽 30 米，如果达到 4 级航道，则底宽要求 40 米，水面 60—70 米。在新河西岸开辟新市区。横塘以南是吴国与越国交战时越国屯兵的地点，吴国也曾建造新郭城。

下午，参观东吴丝织厂、刺绣研究所。太平天国忠王府，即苏州市博物馆所在，位于拙政园西边，李鸿章当年曾在此府居三月有余，保存了三块著名的宋代舆图碑刻——《平江图》《地理图》《天文图》，十分珍贵，大开眼界。晚饭后，漫步观前街。

### 1984 年 7 月 28 日（星期六）

苏州考察。7：30，再次登船去看宝带桥，下船在长桥上步行细看。宝带桥，唐朝元和五年（810）苏州刺史王仲舒捐玉带发起修建，初为木质桥身，宋光宗时改为石桥，桥南西侧存有宋代纤道遗迹；明代正统十一年（1446）重修，桥长 316.8 米，53 个石拱桥孔，中间 3 孔为高拱以便通船；清同治二年（1863）太平军进攻苏州，毁二孔，日本侵华期间部分桥身毁于兵乱，新中国成立后宝带桥得到重新修葺。目前桥南北桥头各立石狮两座，造型一般；桥北端保存石经幢两座。现桥西紧邻新建一水泥公路桥，桥南高耸工厂厂房大煞风景，宝带桥多孔设置的目的为分泄太湖洪水。

船转道苏州盘门考察水门形制。水门下河道已经打干，下木板打木桩，上面再置木板，水平面上才置条石石基。所以水城门表面看起来基础是石基，实则水下是木结构。这种设计源自唐宋时期，因为木质耐水浸泡。在齐门、相门的考古发掘时发现如此的营造规律。因为刚刚写过

《宋代开封的拐子城》一文，故我关注苏州城是否也有拐子城。苏州各城门皆起谯楼，营筑瓮城；水门两侧营造马面，类似两座向外出阙式的建筑结构，但不曾有"拐子城"一名；河道两侧留有纤路；水门的铁栅栏用绞车从城上放下，将水道、纤路全部截断。苏州城共有八座旱（陆）门、八座水门，胥门水门因避太湖大水入城而封闭。《平江图》上已经改为"姑苏台"，即原水门。

苏州城内的道路布局为街巷与河道并行，垂直相交，用石桥相连通。考察时为了拍摄真实的桥路，我下到河里，站在水中拍摄。吴宗国老师担心我滑倒，一直站在石阶下准备施救，令我很是感激。苏州城内的水井大部分是宋代开凿的，原与河通，现已有部分污染。

下午去考察同里镇。江南市镇多是宋代以后的草市、墟市演变而成，特点是沿河而桥多。明代以后吴江县的地主宅院多集中在同里，这里保存许多有明代特色建筑的宅院，门楼低矮，朴素的椽子采用方形。旧有 33 座园林，退思园是典型的一座。同里镇属于太湖东边的沉积沼泽地，附近湖很多，有宋代以前的居住遗址，已经沉入湖底，湖内时常打捞出宋代陶瓷片。镇内有七条街，实际是七个圩，被小河塘隔成七个小岛，家家临水。截至清末，同里镇出过 1 名状元、80 名进士，今天在国内任教授、高级工程师者达 120 多人。

**1984 年 7 月 29 日（星期日）**

上午乘车去沙洲县参观"亿元乡"塘桥和"文明新村"欧桥。两座乡村是中共中央三中全会以后农村由单一经营变为多种经营致富的典型，但与同里镇相比，其富裕似乎更像"暴发户"。缺乏文化基础，显得富裕并不充实，要提高他们的文化水平才行。相比之下，同里镇有点"遗老"的味道，却颇得史学界人士的欣赏。考察队员们对这两个乡村兴趣不大，早早打道回府，去看枫桥寒山寺。

**1984 年 7 月 30 日（星期一）**

7：00，只身赶去虎丘，途中在石路下车看阊门，考察山塘街。山塘河西自枫桥入阊门，河宽仅 10 米，水甚脏臭。沿河人家尽是面街开店临河开门，靠河桥石阶取水，其中一家门侧立着石柱，显然是用于拴船的，古代塘水未必如此肮脏。明清时期，山塘河街为商埠，十分繁华，清朝画家徐杨的《姑苏繁华图》主要就是描绘苏州阊门外的上塘河街。站在广济桥上先西眺，再回视桥东，南岸汉河上有普安桥；对岸的水仙弄码头保存着石牌坊，有"洴澼堂"老药铺，原在僧渡桥南，穆姓者开店，已经有200年的历史。站在僧渡桥上西眺山塘河，山塘河流至阊门向南入护城河，有阊门吊桥，河边即码头集市。

苏州阊门城门已毁，保存南城垣一段，尚能够看出半个拱形城门的痕迹。阊门原有瓮城，其北侧为水门，拱形水门的下部现已改作北童梓门桥的桥基。阊门横街东侧属"盛泽码头"，可能是盛泽丝织业发达以后在苏州城河建的专用码头；城内多二层铺面房和江南富户的庭院，形式为小院门，内设天井，雕花栏板。去阊门外的石路一带，访五洲旅馆旧迹，石路因地处运河岸边，水陆交通便捷，往来人夥，商业繁华，店铺鳞次栉比，更有些近代西洋式楼房穿插在狭窄的巷子里。石路的桥为便利交通多改成石板平桥，没什么特色，返回苏州大学。

11：00，考察队的船从苏州大学码头开航，经苏州南门、盘门，西入新运河，在枫桥镇铁岭关新旧运河交汇口停船录像。铁岭关仅存拱门，关外即枫桥，唐代创建的单孔大石拱桥；关内街南是著名的六朝古刹寒山寺。想当年，运河上往来的船只行驶到铁岭关，均须停船查验过所，顺便进寒山寺烧香许愿，所以才留下了千古绝句"姑苏城外寒山寺，夜半钟声到客船"。

13：30，船行至浒墅关镇，已无旧迹，沿运河旧镇街长1公里，有一大造纸厂，北岸新街绵延数公里，有钢铁厂，全然一座大新集镇矣。沿途运河宽60米左右，地势低洼，运河几与岸平，往来运河货船甚多，南岸纤路依稀可见，断桥残堤，偶见十里亭碑凉亭。稍远看到一些高约5米的大土墩，在低平的农田里很扎眼，不知是否古代墓葬。

大运河自浒墅关向西北延伸，两岸地势渐高，堤高3—5米，因之古代置浒关闸节制水量。浒墅关西南有山岗，是影响这一段运河河道的关键。

14：20，船过望亭，无任何旧迹；过新安，16：00，进入无锡市郊，河道变窄，河岸遭水蚀严重，曲折无堤，岸高 2 米左右。考察队船不入无锡城，由梁溪河向南转到太湖鼋头渚，领略风光，两岸皆鱼塘。

18：00，考察队入住无锡饭店，晚上听无锡市文物部门同志介绍无锡运河状况。

### 1984 年 7 月 31 日（星期二）

8：00，登船考察无锡运河。唐宋时代运河从无锡县城中穿过，称直河，河上曾建大市、中市、南市三桥，今已填塞成中山路。南宋时，拓筑罗城，城外的护城河亦成运道。元代以后，在无锡城外东西两翼再开新运河，今天无锡城内已经看不到运河，只有南门外清名桥一段仍保持着古运河的形态。

考察西水墩。无锡城西环城河与梁溪交汇处小岛，古传墩随水沉浮，1983 年大水仅淹其一半。墩上建水仙庙，明天启年间，无锡县令开河排涝有绩，特建此庙。水仙庙内由庙门、……工……字形前后殿宇相连，中轴线前殿右（北）侧建藏经楼，前后殿之间的院内有一口水井。庙门原建有戏台，现被拆至蠡园。旧时，水仙庙庙会盛况非凡，前后戏台串联，同时演两台戏。官老爷在殿内看，老百姓在河中船上看后台演戏。

在西水墩西南不远处有迎龙桥，跨元朝新开运河上，东濒梁溪河，清乾隆年间重建。桥为三孔石拱桥结构，中间石拱比较高以利行船；两侧桥肩部各开一方孔，以备洪水期增大泄水量，构思巧妙。

船行至南门吊桥，考察南禅寺。萧梁太清年间始建，唐朝咸亨时敕名灵山寺，北宋改为福圣禅院（护国寺）。寺门是明代遗物，东院有北宋雍熙年间始建的妙光塔，崇宁三年（1104）赐名，七级八面，悬挂风铃，晨昏塔内燃灯，享有"十里传闻金铎响，半天飞下玉龙来"的美誉。清名桥，位于无锡南门外唐宋古运河与太伯渎交汇处，单孔石拱桥，石拱与水面倒影可连成一轮圆月，造型典雅。古运河两岸民居枕河而建。

10：10，船至无锡城西北大运河中的小岛黄埠墩。南宋末年文天祥被蒙元军俘获，向北解送途中囚于该岛上。1958 年在城西开新运河，从这里分流，工程时断时续。1981 年惠山大桥修成以前是一个大坝，两端河道不能使用，大桥修成后，新运河方始通航。"文革"前开新运河时平毁了岛上的建筑，1980 年新建了正气楼，以纪念文天祥。

11：30，又去太湖，在横云饭店就餐。受台风影响，暴雨急骤。考察队返回无锡，看北门外北塘大街米市、布市，然后换乘汽车赴常州。途中路过阖闾城，遥望太湖周围山岗上墩堡垒垒。18：00，车抵常州市，宿公园路市府招待所。晚上，向陕西师大马正林先生请教如何讲授中国历史地理课程。

### 1984 年 8 月 1 日（星期三）

常州考察。一夜暴雨，使我联想到太湖水位高，则能压迫苏南诸水排入大海，减少城市附近的污染，但是容易造成洪涝；太湖水位低，水害虽少，但城市污染靠河流排入太湖，反而导致太湖水质变差。

8：00，考察常州东门外的天宁寺。寺位于运河北岸，旧有石牌坊和码头，已经坍塌。连同附近的红梅阁，北宋曾经作为贡生试院。文笔塔，北宋太平兴国年间建造"太平寺"，后寺毁塔存，成为古运河畔集中的历史文化胜迹。登临文笔塔，俯瞰常州城全貌，心旷神怡。今天的大运河是宋代常州城的外罗城壕，明朝将常州城垣内缩，从元丰桥向北至常州子城东城墙增筑一段城墙，向南增筑一段城墙将宋代市河围在城墙内，利用宋代常州城外壕向西开挖新运河。当年唐宋运河是从常州城内直穿，如今除了城外还保持着河道，城内已经填塞成马路，不过好在运河的石桥没有全部拆除，我们可以寻桥索迹。唐末五代时常州城南居民市廛剧增，运河呈弧形绕行城内，形成市河。新坊桥，萧梁大同三年（537）始建，现存明代石拱桥，唐宋运河就是桥下的南市河，现河道很窄，已难行船。元丰桥，明朝缩城后东门内的第一桥，当地人称"税关桥"，实际是吴语明代"水关"之谐音。步行至城内局前街，参观太平天国陈坤书的护王府。两进庭院，中间有天井。这块区域是唐宋时期常州子城的范围，今常州市政府所在地是昔日的县衙，北大街旧体育场是昔日的常州州衙。

14：45，到文亨桥码头乘船考察常州的运河。先向西穿过怀德桥，新建拱桥；西仓桥，明正统年间营造，常州府下辖五县收获的大米集中到桥附近的米仓，体会明清时期米仓与常州城的位置关系。转后掉转船头，沿京杭大运河向东，过广化桥，驶入舣舟亭至白家桥段直河，这一带运河拓宽时发现唐代遗址及一只古船。遗址与今天的河面相平或略低，可能是唐朝末叶在常州城东运河畔的聚落，想来唐宋运河的水位应当低于今日。舣舟亭，在运河北岸，东侧水中的土墩系宋代接官亭遗址，相传苏东坡夜过常州在此系舟，后人建造舣舟亭以资纪念。唐宋运河故道原在舣舟亭北直行入城，明代利用宋代罗城壕开新河，新运河在城南绕了一个大弧形，所以新、旧运河在此处分岔。根据《咸淳毗陵志》的记载，宋代的东水门实际在舣舟亭东北侧，稍东是通吴门，街北有光化亭与舣舟亭相对。今天舣舟亭以东的运河岸上街道排列着众多的店铺和仓库，还沿用"水门桥""东仓桥"等地名。考古调查发现运河北岸有许多宋元时期的居住点，以及许多宋代的水井，南岸则分布着宋代墓葬。运河的畅通和水陆码头带动了常州东门关厢的热闹。成寻《参天台五台山记》对常州东西水门采用"南水门""北水门"的记载，盖因常州城建筑轴线并非正南北。

晚上，吴宗国老师约赵和平和我去看香港影片《追命枪》，说是一部历史题材的电影，描写元朝末叶的起义。其实纯属虚构的武打片，充满"大汉族主义"的观念。

### 1984 年 8 月 2 日（星期四）

7：30，车发常州，经金坛，10：00 抵丹阳，考察县城西北的练湖。西晋时称"开甲湖"，唐代在练湖内筑堤，分湖为"上里湖"和"下里湖"，上里湖地势高，先淤。如今练湖已经变为国营农场，保存了一套资料。1949 年开建，新中国成立后接收，今天办公地点是过去的湖心亭遗址，曾建有庙，现仅存黄杨树一株。过去周围都是水面，有 6000 多亩。20 世纪五六十年代，围垦北部湖区，70 年代开始围垦西部湖区。现有水田 16000 公顷，养鱼池水面 400 亩。历史上的练湖沿着京杭大运河流淌，呈长方形，南北长 8 公里，镇江地区句容、丹徒的山洪过去都泄入练湖，今已改道泄洪，湖西边还保存着几座老涵洞。过去的运河从练湖与丹阳县城之间穿过，现新开的运河位于县城的东边。练湖东边原有五孔闸通运河，民国 25 年（1936）修建闸外水面低于练湖 2 米左右。闸东为老运河，河宽接近 10 米，水浑黄，岸高 5 米左右，现五孔闸已经不再对运河起调节水量的作用。七里桥，位于丹阳县城北，老运河与新运河的分口，岸高 3—5 米，水流迅疾。

13：30，从丹阳县码头发船去镇江。听船老大讲："丹阳县南陵口一带淤积严重，枯水季节几乎不能行驶大船，全靠练湖的水接济。丹阳段运河底宽 10—14 米，岸宽 40 米，洪水季节水深 3 米左右，枯水不足 2 米。"离开丹阳县城 10 公里左右，运河河道曲折变窄，高岸相夹，有的地方岸高竟达 10 米，全然看不到岸外的景致，只见到京沪线列车从高架在岸顶的铁路桥上驶过。终于弄明白史载：秦朝发赭衣囚徒掘陵岗，开通丹徒水道，指的就是镇江与丹阳之间有一片丘陵阻碍水运通航，必须发遣犯罪的人来开挖水道。"阿曲""云阳"皆丹阳的曾用名。同时还理解了一个问题：人工运河没有水文地理学上的河流下切现象，山谷中的天然河流才用"下切"或平原地带的河流用对两岸的"堆积"和"侧蚀"等词语来描述。像丹阳运河这样的曲折高岸，一定是遇到丘陵岗阜，由人工挖掘而成，变直河为曲流，为的是减缓河道的坡度，避免运道水量流失。

14：50，船经过新丰镇，唐宋运河故道是向西直去镇江城的老运河，由京口闸入长江；明清以后运河在丹徒闸口入长江，1980 年新建谏壁闸完工，大运河船只全部通过谏壁闸入长江。15：30，接近谏壁船闸，等待过闸的船队多达几百艘，在运河里排了四五里之长。

**1984 年 8 月 3 日（星期五）**

全天在镇江市考察运河古迹。8：30，登北固山，西眺镇江港，体会南宋辛弃疾《登京口北固亭有怀》"何处望神州，满眼风光北固楼"的感受。

9：30，登焦山，看抗英古炮台。田先生因感冒初愈，不肯太多走动。我让他坐在定慧寺前树林中的石桌旁休憩，叮嘱他无论任何人陪您回去都不要随他们走。当我和吴宗国老师回来时，看见田先生果然还端坐在那里。田先生说：考察队的老师们路过，不止一位老师劝我跟他们回到车上，可是因为李孝聪有话在先，始终未敢挪动。吴宗国老师在旁笑着打趣："李孝聪就是孙悟空，把田先生当作唐僧，画了一个圈，不许田先生走出圈外。田先生还真就不敢动！"

11：40，考察蒜山港，镇江的古码头，又称西津渡。蒜山是镇江老城西门外云台山脉向北伸入长江边的岩石山，由于临江而成港。历史上东晋孙恩、卢循曾攻占蒜山以逼京口，宋仁宗时在山下开凿蒜山漕河。如今长江江流北徙，蒜山以北成陆，开辟了街道，考古工作者在街道地下发现古代码头的条石坡道。西津渡小码头街，在蒜山东麓，自江边地势渐高，全部条石铺砌，创建于元朝的石质过街塔拱门两边尽是店铺。

与唐宋运河相关的遗址还有：丁卯埭，晋元帝建造，位于镇江城东南3里，丁卯桥村。京口埭，唐玄宗开元二十二年（734）建，在北固山甘露寺东边。因为时间不够，没有来得及去考察。

19：00，因为修路，考察队从镇江绕行句容县乘车花费4个小时才来到南京，住南京师范大学招待所。20：30，江苏省委宣传部叶部长接见全体考察队员，谈话主旨：运河考察如何古为今用，为"四化"服务，交通与经济发展的必然联系。以江苏省苏北为例，交通发展速度落后生产，鸡蛋、鸡都运不出去；苏北发展落后于苏南，现在差距又增大了，黄河改道以后，苏北经济状况下降。苏北灌、涝的矛盾，修闸多，水质污染，海鱼上不来，湖面减少。工业与环保的矛盾，水利与水产的矛盾。希望运河考察队在考察扬州至淮阴段以后，留下宝贵意见。田余庆先生致答词：苏浙运河两岸皆新房，显得非常富；镇江至南京公路沿线却有很多旧房。所以，运河纵深几十里受益，缺乏水运的地区经济发展速度就显得滞后，建议对运河建设加强全面综合的管理。解决各地区之间对水运水利的争求和矛盾，需在保护古迹与水运间做全面考虑。

我感兴趣的是：历史上黄河夺淮前后，对苏北经济和文化的影响，黄河恢复故道后又产生了怎样的影响？

### 1984 年 8 月 4 日（星期六）

8：30，唐宋运河考察队在南京师范大学召开学术交流会。南师大原是金陵女子大学，校园甚美，与燕京大学相类。京杭运河指挥部姜柏松，江苏社科院副院长，南师大谭副校长，南师大历史系胡主任，地理系教授鞠继武、单树模，南京大学历史系主任邱树森教授莅临。南师大地理系曾做过江苏省黄河故道的历史、地理及生物考察。

鞠继武教授宣讲《唐宋时期运河江苏段的变迁》，水道的历史不能截然分成几段。中国纬线方向的天然河流为东西交通提供了便利，但缺乏经线方向的天然水道沟通南北。北神堰，历史上邗沟的北口，目的是保持运河的水量，若不设则水流迅速由淮河排入大海，当时长江水位高于淮河。唐代一度废弃隋朝东都洛阳，后又恢复，反映了唐朝对江南经济的依赖。因为洛阳可以通过运河就粮。

单树模教授讲的题目是《邗沟》，先提出了三个问题：（1）邗城位置的考定，这取决于汉江都县城位置的确定，而汉江都县的位置尚待考证；（2）两个"永和中"；（3）山阳渎与邗沟是否为一条河道。今天苏北运河的建设情况：苏北河道长 404 公里，苏南谏壁至鸭子坝长 200 公里，1958年财政困难，重点放在江北。徐州至六圩 404 公里已经完成，航运为主，截弯取直，放弃古运河。自六圩都天庙（今已坍入江中）至邵伯人工重新开凿。邵伯至淮阴段以公路为基线，筑大堤至淮安南。凡弯曲处下有淤积为难工段，1958—1962 年花费了 2 亿元。邗江施家桥至淮安戒台，经过7 个阶梯船闸，1962 年通航，运量 1600 万吨，以防洪为主。老运河，在邵伯尚可看到西堤埂，公路在东堤。老堤是过去的东堤，在今天运河的东侧，航标以东与新东堤西之间的水中。枯水时偶见，水面呈黄线。新运河向西拓展，西堤是新堤，老西堤在今运河中，要逐步铲除。

1982—1987 年，副总理万里提出鲁、皖、苏要发展水运。（1）济宁至杭州，苏北河道线路不变，只需要拓宽挖深，减少津浦铁路北煤南运的压力。1000 万吨煤，需要航行 2000 吨驳船；（2）徐州修建万寨、双楼和邳县港；（3）江都抽长江水北送，保障航运，引导灌溉与工业供水；（4）

建造淮安、宝应、淮阴三座运河桥；（5）电子计算机控制；（6）运河畔修建造船厂。经济效益：运输 1000 万吨；挖出的土填筑高速公路；固堤防洪；灌溉，因为江苏省农业产量提高着眼于苏北。淮阴至宿迁运河与公路分开。运河改造标准：底宽 50—70 米，投资 5 亿元。近代水利史资料保存在地区水利局，徐、扬、淮改成京杭运河指挥部。

唐宋运河考察队队长田余庆先生介绍前一段时间在浙东、江南运河的情况和收获：运河的经济价值讲的多，政治上的价值提的不多，统一国家时多着眼于漕运。有意思的是：传说中的夏禹南行与秦始皇南巡，路线一致。最初，两汉时在绍兴夏禹、秦始皇同祀，以后才把始皇搬出来。运河在统一时开凿，分裂时也开凿，统一时将运河连接起来的基础是在分裂时期奠定的，例如春秋时期、六朝时期。丹徒段运河开凿是否始于吴王夫差？长期分裂时开凿的运河不是为了保住东南的经济开发，而是为了到北方中原去。统一后才使第一个因素实现了。所以，不仅仅只是为了东南局部地方的发展，而是为了沟通中国南北，具有重大的政治意义。

下午，从邱凯奇处借了一辆自行车去看南京台城。找到鸡鸣寺山下的解放门，爬上明南京城墙，眺望六朝台城可能的位置。晚饭时，大学同学钱淘淘来访，一起陪同田先生爬了一趟清凉山。

**1984 年 8 月 5 日（星期日）**

上午，考察队去南京东北郊栖霞山，看栖霞寺六朝石刻；后转到中山陵，灵谷寺吃素餐。考察途中，吴宗国老师向我讲述若做古运河研究不要忘记孙吴时期开凿的破岗渎。

翻开江苏省分县地图，从句容县附近地形看，句容县境内的破岗渎恰恰处在北面的宁（南京）镇（镇江）山脉与南部的茅山山脉之间的结合部，东西两侧各有一条河流。西面的秦淮河冲积扇比较宽，为南京早期城址的起源奠定了良好的基础。两条河流之间的岗地可能开凿起来要比丹徒运河省力，从镇江到丹阳的陵岗高亢，缺水常旱，不利行舟。再加上孙吴六朝建康政治上的地位，六朝的陵墓都分布在丹阳以南等因素，所以，才有开凿破岗渎通漕的问题。吴老师说破岗渎故道位于句容县城东南，西通秦淮河至今南京，东在句容县春城逾岗至丹阳。同时介绍我阅读唐许嵩著《建康实录》，在卷二《太祖下》有记载破岗渎：东吴赤乌八年（245）八月，孙权"使校尉陈勋作屯田，发屯兵三万凿句容中道，至云阳西城，以通吴会船舰，号破岗渎。上下一十四埭，通会市，作邸阁。仍于方山南截淮立埭，号曰方山埭……其渎在句容东南二十五里，上七埭入延陵界，下七埭入江宁界"。迟至北宋司马光著《资治通鉴》时记载"破岗渎"，上仅剩有 3 处埭：方山埭 1 处、长岗埭 1 处、破岗埭 1 处，其余 11 埭尽毁。吴宗国先生老家在南京，不随考察队去扬州了，行前特地给我上了一堂课。

下午，考察队离开南京，乘车去扬州。17：00，到扬州，住宿扬州市委第二招待所。

### 1984 年 8 月 6 日（星期一）

考察扬州运河。先去瓜洲渡，北距扬州 15 公里左右，南至长江岸边仅 1 华里。旧瓜洲闸位于过去瓜洲城北门外运河街，旧城隍庙址，今瓜洲闸河与长江非直接相接而有弯道，以避风浪。站在闸上可南望镇江金山寺，所谓"镇江买米，瓜洲淘"表示两地近在咫尺。长江水低于运河 1—2 米，靠抽水回补运河，运河排水少，引水多，汛期高 5 米左右。冬季运河水位高于长江，夏季运河低于长江，长江洪峰时期会影响运河通航，运河、长江水位皆高时，由水闸抽水向东另外排入长江。

高旻寺，位于瓜洲运道与仪征运河交汇的地方，远远就能望见七级高塔，是进出扬州运河上的标志物。高旻寺始建于隋朝，或许就在隋炀帝完成大运河工程之际，屡废屡兴。原属江都县，今属邗江，地处"三汊河"，旧称"九龙之地"，指三条水龙（河）加六条陆龙（每条河有两岸）。这三条运河，一条由吴王夫差始凿，一条由隋炀帝沟通，一条于唐朝完成。清朝康熙帝建行宫，四次下江南均驻跸于此，赐名"高旻寺"。旻，明也，取登高远望之义。乾隆皇帝南巡亦驻跸于此。寺院占地 120 多亩，鼎盛时僧众达 300 人左右，现主持德林法师，14 岁入寺，今年 69 岁。

古扬子津，在高旻寺东边，唐代以前当地运河与长江交汇于此，是扬州与京口（今镇江市）间长江上的重要津渡。以后长江主泓逐渐南摆，北岸淤积出十余里沙洲，扬子津遂被瓜洲渡取代。扬子津遗址在扬子桥（镇）的河堰上，有居民 3000 人左右，现存光绪年间矗立的"十方沙弥优婆塞道士之塔"。

下午，考察古茱萸湾，今湾头镇。茱萸湾，唐宋古运河自北而南入扬州第一站，古运河与今运河分离处在镇北面，过去运河自邵伯湖南流至此折而向西，故曰"湾头"。镇内石板老街，街道有坊门 4 个，门额"古茱萸湾""保障生灵"，皆清光绪年间镌刻，当地人口碑相传：太平天国遵王赖文光被俘后就义于此。过去，扬州运河船只北上，避风多泊茱萸湾，故小镇店铺林立，所谓"一湾西流水，十里扬州城"。镇大闸以东为运盐的河，已截断，旧为木桥，现改建水泥桥，下闸板的石槽尚存。山光寺已坍塌，旧迹不寻。镇西有福惠禅寺，道光赐额。清朝阮元《古茱萸湾》碑，原置大闸西侧坊门额，现保存在乡政府。今在镇西筑坝截断古运河，今运河在船厂北面开河，建防洪闸分水，一支入扬州，另一支至六圩汇入长江，使湾头镇前一段古运河成为死水。小镇不临交通线，自然败落。

隋炀帝墓，在槐泗公社槐二村被发现，冢高 5 米左右，考察队副队长胡戟写了《隋炀帝传》，全体队员站在隋炀帝墓前留影。这一带曾发掘出"开元通宝" 1000 多斤，可能属于唐代铸造货币的窑场。附近还出土了六朝时期的砖，河岸均用青条石铺砌，估计与唐代的河道有关系。

### 1984 年 8 月 7 日（星期二）

上午参观江都水利枢纽工程。"南水北调"一期工程，四组一排大型电力扬水泵站，抽长江水北流，引水的河道与大运河东西并列，水各行其道，既能调节长江水北流济旱，水涝时也能排洪。

下午参观唐城遗址，考察扬州城内运河。先上蜀岗，"吴城邗，沟通江淮"。春秋吴王夫差所营造的邗城、汉江都县、唐扬州衙城均建址在扬州城北的蜀岗上，此地尚保存着古城遗址，下临邗沟。蜀岗上有迷楼，相传隋炀帝所建，现在是一座新建的红色楼阁。大明寺，始建于南朝，位于蜀岗西南，唐朝鉴真法师曾任大明寺住持，新建鉴真纪念堂，仿唐式殿宇。平山堂，属于大明寺的西路建筑，宋仁宗庆历八年（1048），时任扬州知府的欧阳修，欣赏此地高爽清幽，营造轩堂，常坐堂中放眼远眺，有"远山来与此堂平"之咏，平山堂因而得名。唐宋时运河入扬州城内，明清时期运河移出扬州城外，利用明清扬州城东城壕，也是唐代罗城的东城壕，宋代罗城的东城壕，但此说还有争议。隋唐扬州城内河道甚多，今天的汶河路实际是城内一条南北向的河道。

从蜀岗下来，参观瘦西湖，参观扬州出土文物及扬州城变迁展览。展品有唐代由一根楠木制造的独木舟，长 13.65 米，宽 0.75 米，在地下深 0.65 米处挖出。萧梁铁镬，萧梁在淮南筑涂山堰，成而复溃，或言蛟龙能起风雨破堰，其性恶铁，乃筑铁镬数个，沉于扬州，用此镇水。按：蛟龙兴水虽属无稽之谈，但用大铁镬镇水倒值得研究，是否类似今天水利部门使用水泥浇筑三锥体用以截断水流加固堤基的材料。

扬州值得注意的问题：（1）唐代扬州城子城、罗城的位置二说；（2）唐代墓志，1963 年发现李氏次子曰波斯；（3）鉴真带往日本的技工、物品，皆来自扬州。

扬州街道随处可见历史遗迹，文昌路中央竖立着唐德宗贞元十二年（796）杜佑题八角石柱，唐懿宗咸通十四年（873）石经幢。汶河路，旧运河穿城，明代在扬州城内十字街建过街楼式文昌阁，1952 年填汶河为市街。

### 1984 年 8 月 8 日（星期三）

在扬州师院召开学术讨论会。扬州市委宣传部高部长（女）、戴副部长参会，扬州市博物馆朱江、航政办公室陈主任、水利局周工程师分别介绍大运河扬州段的情况。

14：00，送田余庆、吴宗国等先生离扬州去南京。考察队凭吊梅花岭为史可法建的史公祠，参观扬州博物馆，展品有汉代棺椁，1977 年邗江县甘泉公社老山大队出土；"姜莫书"铭文龟钮银印；五代木棺，1975 年邗江殷湖蔡庄出土；北宋木棺，1977 年泰县出土。

参观扬州城内的个园、何园，又名寄啸山庄。东门外，古运河东岸的先贤普哈丁墓，自称西域伊斯兰教创始人穆罕默德第十六世裔孙，南宋末年来扬州城内营造礼拜寺传教，德祐元年（1275）卒葬于此。明朝尊重回族人，将扬州城外运河东畔普哈丁墓周围辟为回族墓地，还葬有先贤墓：南宋景炎三年（1278）西域先贤撒敢远、明成化元年（1465）西域先贤马哈谟得、成化五年（1469）展马陆丁、明弘治十一年（1498）西域先贤法纳，乾隆丙申（1776）桂月重建。园内建筑全部面朝西方。墓侧现有兰氏久居，能识伊斯兰文，自称其后裔也。

### 1984 年 8 月 9 日（星期四）晴

早晨，扬州南门登船，沿古运河航向高邮。再过普哈丁墓、黄金坝，黄金坝是古邗沟与唐宋古运河汇合处，曾建闸；过湾头，入邵伯湖，风大浪急，小船皆掉头返扬而不得过，由此想见茱萸湾作为离开扬州北上的避风港，买卖业、食宿肯定会兴隆，这也是这个小镇发展起来的重要原因。据云：遇大风，小船要在湾头避风达数日之久。湾头以北河面大阔，航船皆溜边行驶。

直至邵伯闸以南，扬州运河水皆浑黄，乃受江潮倒灌影响；邵伯以北，运河水至清。过邵伯船闸，未能寻见邵伯埭遗迹，上下水位差 2 米左右，闸道长 180 米左右，宽 20 米。闸西为邵伯湖，由此北上，运河傍湖，有大堤隔开。苏北段运河甚宽，底宽 60—70 米，水面宽 100 米，属于 4 级航道。夏季水旺，东岸高 2 米左右，西岸高 4 米左右。

中午抵达高邮县城。考察队的船先绕行水中的镇国寺塔一周观瞻，镇国寺原在高邮城西南隅，塔为唐代风格四面七层叠涩出檐式砖塔。唐宋时期运河本从高邮城中穿过，明朝为便利漕运，使运河改绕行城西，1956 年拓宽运河时塔被包在水中。考察队住在高邮县政府第二招待所，午餐有鳜鱼，味极鲜美，菜肴之多乃宁波以来最丰富的一餐。县委书记、县长、宣传部部长全部出马，朱副县长系南师大毕业，认识田余庆先生，招待更显热情。

高邮县城很大，先看城外东北郊的文游台。文游台，本是北宋年间在当地人称为"泰山"的小山岗上建的东岳庙，因苏轼路过高邮时与王巩、孙觉、秦观四人同游，并把酒论酬而名声大噪。现存建筑已破败。

再到东南角城墙内的"堤园"，非居民住宅区，爬上包砖的城墙，发现有铭刻"高邮军"的城砖。由此可证北宋高邮军城已经包砖，但是要考证是哪个时代的高邮军，是开宝四年还是绍兴初年，以确定是南宋还是北宋。不过，北宋开宝年间，此地刚收复，大概不会立刻建造砖城，最早的可能是南宋，或明代仿烧的宋砖。明朝在高邮城东南角城上建"奎文阁"，城郊外即净土寺遗址，仅存万历三十四年（1606）建的一座八面七级砖塔。

唐朝以前，高邮河、湖部分影响运河，李吉甫在高邮湖东岸高邮至界首之间营筑平津堰，以闸门控制运河的水位。北宋以后，运河不再穿行高邮湖，平津堰成为运河西堤。新中国成立后，在运河旧堤的西侧再修筑石堤。考察队站在运河石堤上观察大运河现在的形势，体会当年平津堰的作用。

### 1984 年 8 月 10 日（星期五）

上午，参观高邮城内王氏纪念馆。1983 年刚刚维修落成的王念孙、王引之父子故居，坐落在高邮城内运河故道西岸西后老街上，门坐西朝东，院南侧三间房系王氏祖居旧屋，西墙外有古井，其余皆新建。

县里用车送考察队到宝应县城。汽车顺着大运河堤而北行，运河在高邮境内维护最佳，两岸堤整，水面宽阔；过界首镇，入宝应县界，运河整治远不如高邮县。高邮至邵伯段，运河水清；高邮以北，水色则渐浑。

过汜水镇，公路从宝应县城东绕过，车进县城北门，停在宝应县城西北隅的县委、县政府大门前。大门还保持着古代衙门的样式，宝应县委书记出来迎接，共进午餐。餐后考察宝应县城内的运河故道。唐宋时期运河也是穿过宝应县城内，城内运河上原有二桥，今仅存小新桥一座，砖砌拱桥下的小河沟即旧运河道，从小南门水关引入。小新桥河道虽不再能行船，但是傍河的石板市街买卖极其热闹，可以想见这应是千年留下的传统。

下午去淮安县，由宝应至淮安段的大运河水浑黄。抵达淮安县，瞻仰周恩来总理故居。

**1984 年 8 月 11 日（星期六）**

淮安考察。考察唐宋邗沟遗迹，在淮安县城南运东船闸以南的一段，今运河水位高于两岸其他的河流。陆续考察吴承恩墓，位于县城南边的运河东岸，很不起眼；板闸，明永乐时期第四闸，位于县城西北，因明清设钞关而兴起的小镇，今仅存码头遗址；古末口遗址，县城北 5 里，遗址难辨。返回淮安县城内，看文通塔、镇淮楼、关天培祠、汉韩侯祠。

晚饭后乘车直趋淮阴市（原清江市），市容比淮安县城新，城的范围也很大，北至王家营，明清时期保护漕运的驻兵地；南边过旧运河老市区，直达新运河，南北纵长 10 公里。考察队住在第二招待所，条件不好，远离市区，极为不便。据说再往北里许，即废黄河故道，可惜无法去看一下。

**1984 年 8 月 12 日（星期日）**

考察淮阴市运河故道。市博物馆王立仕、县图书馆马牧英向考察队介绍淮阴运河。明永乐年间设漕运总兵官，以平江伯陈瑄治漕，负责率兵卒按时疏浚治理黄河和漕河。漕河即运河旧有四闸，现只存一座城内大闸口，永乐十三年（1415）、万历十七年（1589）两次修建。三河闸水利管理处朱宝华同志保存着一套洪泽湖底淮河旧道的资料，在 1967 年，水位最低时测量获得。

下午，考察队穿过市区至武墩，摆渡过淮沭新河，河西侧为高家堰。码头镇，明清淮阴县城旧址，立有乾隆十六年（1751）《乾隆御制重修惠济祠碑》，"交会于清口，是为运道之枢纽，河防之关键"。颂扬康熙帝数次南巡黄、淮、漕交汇之清口，述及治水诸名词。留人滩，明清运河"二闸"之旧迹。今天没有看到任何能够确定是唐宋时期运河的痕迹。

晚上开全队会，胡戟谈剩下三分之一段的考察及唐史学会近况。胡戟的脑筋颇好使，条理清晰，又有口才，颇具组织家之才。

**1984 年 8 月 13 日（星期一）**

参观淮阴市博物馆。高庄战国墓，铜马车、铜器颇多，但是同时有骨珠、石斧等物，似为祭祀用品。此墓早年被盗，1978 年发现，群众已将墓内器物次序弄乱，无法判定位置。

考察浦楼，清江浦故址。废黄河，即黄河夺淮故道，黄河在淮阴段多大弯，河宽近百米，但非地上河。今已引洪泽湖水入之，作为排洪河道之一，故河水清黄。

从淮阴至盱眙，沿洪泽湖东南岸大堤行驶。大堤弯弯曲曲呈蛇状，据云是故意筑成此状。因为湖水波浪冲击非直线，古代人将稻壳撒在湖面上，稻壳随波漂至岸侧，然后依稻壳所成曲线状筑堤，恰好符合水波冲击的频率。参观三河闸。

宿在盱眙县人武部招待所。

### 1984 年 8 月 14 日（星期二）

盱眙县至泗县的考察。朱元璋，原欲立都城于此，因地穷，却其意。民谣："大山九个头，淮水向东流；财主无三代，清官不到头。"足见该地之穷困。考察都梁山宋代摩崖石刻，有宋代米芾手书"第一山"石刻，此时站在山上俯瞰山下淮河、洪泽湖水天一线，感慨唐宋时期若从汴州（开封）乘船顺汴河而下江南，沿河一路平原，无任何山峦，直至盱眙，方能第一次看到山。米芾是否因此感受而书"第一山"呢？山下官滩古运河河道，唐代齐澣曾开直河以通扬州。老子山，现淮河入洪泽湖口，遇大雨未睹龟山。

过淮河大桥，桥下有输油管，1978 年建，长 1962 米。北至泗洪县，向西转，车西行 24 公里，16：00，入安徽省界。经通海、草庙，路北行 4 公里左右至枯河头村。安徽宿县地区地委书记带队来迎，考察汴河古道残存河段。因地势略高，汴河道转了一个弯。传说隋炀帝曾乘舟经过这里，但水涩难行，遂命人用稷子拌香油铺在河床，两岸用人牵拉，船方得过。1951 年治河时，真的在河南岸挖出了数石稷子。我的理解是枯河头一带地下是砂姜石，阻碍行船。

考察队入泗县东门桥，宿泗县招待所，省社联俞远主席、社科院院长许之浩接见，又摆宴席，肚肠已渐不能招架。晚上看电影《杀人狂》。

**1984 年 8 月 15 日（星期三）**

泗县至灵璧途中考察。泗县城内老街高出新街 2 米左右，两街平行，新街是古汴河河道。考察新汴河与石梁河交叉的地下涵洞，石梁河宽 10 米左右，河道曲折，似自然河流，在南门外与汴河分流。到闸上摄影观测，至泗县西水关，尚存拱形门洞。去县文化馆参观文物，彭雪枫烈士陵园，墓在泗洪县半城，未睹。

16：00，离开泗县，沿汴河西行。途中路过虞姬墓，灵璧县领导来迎。墓西距县城 15 公里，"文革"中被平毁，现重修，只存三块石碑，年代最早者为光绪年间。目前重修陵园，风格不伦不类。先到灵璧县西化肥厂，洗澡，回县城又设宴，肚子吃不消了。

此番发现运河沿岸多名人墓葬，何故？一种说法是：古时候墓多置水陆交通线一侧，使行旅人多来瞻仰祭拜，使亡者不感寂寞。安徽准备了材料，现场考察皆能写在材料上。

**1984 年 8 月 16 日（星期四）**

灵璧县至宿县途中。灵璧县文化馆的文物比泗县多，运河出土文物有唐开元、宋治平铜币、瓷碗、陶罐、刀鞘、陶壶等。

参观垓下楚汉古战场。灵璧出石材，参观大理石厂，买一灵璧石镇纸。

下午参观张氏园遗址、新汴河灵西闸橡胶坝。17：00，始离灵璧县，车行 50 里至灵庙，有"隋槐"一株，树心已空，枝叶枯疏。宿县地区领导来迎，住宿县地区专署招待所。

**1984 年 8 月 17 日（星期五）**

宿县考察。赴涉故台，凭吊秦末大泽乡陈胜、吴广起义旧址，今后讲课应指明遗址在宿县东南，因为秦朝有蕲县古城，蕲县已不存。

下午，看宿县文物陈列，有双堆集歼灭国民党黄维兵团纪念塔，记载此战役我军牺牲 1 万多人，似不可信。登宿州古城北城垣上的扶疏亭，面目全非，唯保存《宿州厅壁记》石刻还有价值。

问题：为什么在泗县、灵璧、宿县文物部门收集的古汴河出土物中多隋唐瓷器，而很少有宋代瓷陶器？是判断年代错误还是真的没有宋代的？

晚上，首都师大宁可教授携夫人自徐州来，看望考察队员，县委摆宴欢迎考察队，又是杯酒不停。饭后，送走潘镛教授父女，考察队观看安徽段考察拍摄的录像。

### 1984 年 8 月 18 日（星期六）

宿县→蚌埠→凤阳考察。考察队自宿县南下，专程考察凤阳县龙兴寺、明中都城和明皇陵。龙兴寺已全毁，只有文物陈列。大殿已变现代平房，甚乏味，此庙原名"皇觉寺"，是朱元璋少年受戒的地方。唯有明中都城、明皇陵的陈列介绍使人感到不虚此行。

明中都城，在凤阳县城北，其形制完全是北京明故宫的雏形，如今只能看到宫城西南部分城墙，西华门的三个直门，无闸板；午门三个拱门，但是两座掖门的位置似乎与北京不同。城墙窄而无马面，四角有角楼，内侧成台阶状。明皇陵，在中都城西南，是明太祖朱元璋父母的陵寝，周围祔其兄嫂和妃子们的墓。与盱眙县的明祖陵不是一回事，目前就只看到常见的石人、石兽。

在返回宿县的路上瞭了一眼淮河的涡口，果然形势险要。

### 1984 年 8 月 19 日（星期日）晴

安徽宿州→濉溪→河南永城途中考察。唐宋运河考察队浩浩荡荡 11 辆吉普车由交通监理车开道，沿着宿州至柳子镇的公路前行，到宿县、濉溪县交界处，四铺区石圩村东下车。这段公路新中国成立前称为槽子路，就在老汴河的河床内，汴河淤塞以后改成公路。汴河北堤高，南堤矮，北堤宽 40 米，南堤宽 20 米。堤内河床很湿，挖 2—3 米即出水。堤本身的土干硬，坡度很缓，15 度左右，堤南有十七八个大水坑，低于沙岭 1.5—1 米，系南堤决口形成，堤北没有。在河堤断面发现"嘉祐通宝""熙宁元宝""元丰通宝"等宋代钱币。今四铺集东 5 里之四铺店子，四铺集粮站内有棵老槐树，在隋堤南坡上，当地人认为是"唐槐"。

在四铺石圩村东挖了一个探坑，观测古汴河河床的淤积层：第一层地表下的黄沙土相当厚，达 3 米左右；第二层黏土，厚 80—90 厘米；第三层沙壤土，厚 100 厘米；第四层黏土，厚 70 厘米；第五层沙壤土，厚 170厘米；第六层黄黏土，厚 80 厘米；第七层黏土或黑色黏土壤，厚 60 厘米。一般认为最后一层是原始生土壤，在汴河堤南可以见到。大雨过后，断面明显，因为浸水性不同。

考察队继续西行，在濉溪县四铺西二里竹园子庄保存着清雍正、嘉庆时的记事石碑及墓碑各一通。清代王氏祖坟墓碑碑文为：

> 大清国江南凤阳府宿州城西四十里亓泽村，始祖本系松江府华亭县浮桥人是也。自明太祖以来始迁濠梁，继迁宿州左卫兴福寺，南有陵地一段，祖坟十三座。迨至徙居四铺，先人不过三四家，后子孙渐多，又分东西乡，南北庄。今失传，究不知始自何年，然开创祖宗遂究而遵远之。年久斗湮，北继□字之亡缺，不得上溯，故旧迹之凋残……故重修之。大清嘉庆八年。

碑文中提到的"亓泽村"，即北宋时汴河岸边的蕲泽镇，当地人称"其宅""寄宅镇"。其西浍河北岸临涣集保存着临涣古城，宋代曾设临涣县城。

西行至百善集观测点。古汴河河床往下五分之二至二分之一，有一层砂姜土，含大量很碎小的砾石、河蚌，再往下又是黑色壤土，在这层砂姜土下面发现古船残体。

再向西至柳孜，宋代汴河上的码头，当地挖出许多长石条，当地人讲：解放前有位赵氏曾经装了 500 大车石条去卖；新中国成立后又曾挖出几百车。张老汉，现年 70 岁，说：久传此地为柳江口，金兀术与宋兵大战于此。考察发现原先地面就有石条，地下 4—5 米深，呈直排砌筑，很坚实。石条宽 52 厘米、长 186 厘米、厚 39 厘米，此地井多，寺庙多。

据濉溪县水利局张世慕同志介绍：抗日战争时期，日本人侵占濉溪县，在古汴河中发现一只古木船遗体，船呈东西向，长 5—6 米，宽 1.78

米，船内有缸一口，小碗数只，锈铁锅一口；船用整木挖成，深棕色，木质很粗，用手撕只能撕下来一小点，厚1公分。1962年，又挖掘出一只古船，船中发现一透明玻璃小壶。新中国成立前曾发现船拐子，很厚。当地人传云：从古河道内挖出的坛罐子，贮肉不腐。当地民谣："马踩盘羊栏柱秋，无道昏君下扬州；龙居凤辇他不坐，一心挖河要行舟。"

### 1984年8月20日（星期一）

河南永城县考察。驱车至永城县北60里芒砀山，夫子庙在山南麓，又名"夫子山""夫子崖"，属县级文物保护单位。孔子周游列国尝避雨于此，故称"夫子避雨处"。原庙建于宋代，明末曾遭兵焚，现建筑为清朝样式，洞在夫子庙后石崖下，现存石碑数通。

（1）康熙己巳《重修夫子崖庙碑记》："……夫子崖者，在河南归德府永城县北六十里保安山，山有一洞，可容数十人。云是夫子自鲁之宋，当日至所蔽风雨也，后人立殿宇奉圣像……"

（2）康熙三十一年《夫子岩碑记》。

（3）乾隆十五年《勒名碑记》。

清代砖塔三座，在庙东北数十米处，康熙四十八年五月十九日立"郭塔"。

陈胜墓。位于芒砀山主峰西南，新中国成立时只剩下荒冢，有画像砖，后毁于群众之手。1958年发现，1974年维修立碑，郭沫若亲笔题写《秦末农民起义领袖陈胜之墓》。陈涉死地在城父，今安徽涡阳县，不在此，而在今地之南。刘邦封三十户于此地守护，后繁衍成夏庄，在墓的西侧。

梁孝子墓。在芒砀山东南保安山麓，凿山为穴，规模很大，三国时曹操掘此墓获金银财宝万斤。墓洞内已空，壁左侧有一题迹，模糊不清；墓门重修已难见原貌。保安山北有一丘秃山，近山顶处也有石壁陡立如门，探测为一汉墓之门，但无经费发掘。此类汉墓由墓道、前室、中室、后室、耳室及回廊组成，奇怪的是洞内壁上有槽孔，可能过去洞内地宫中有木构建筑。

　　上述三地皆在永城县城东北，返程时将梅先生掉车，返头回去寻找才获救。

　　考察永城县崇法寺。北宋元祐年间在永城县东门外汴河北岸建崇法寺塔，为八面九级楼阁式砖塔。今保存部分石刻塔铭，均属北宋时期。第一层南门内"宿州临涣县丹美乡西朱村居住信士谢□谨舍财四十贯……绍圣二年二月日功德主僧惠庆"；第二层内"当县河南进士李士元谨舍财……"；第三层内"寿州六安县郭下……绍圣丙子岁庚寅月初五日乙未"；第五层内铭文：

　　　　闻集乡蒋家团信士蒋新光，有僧初寄□衣钵钱于新处。收掌去，不通音信，遂与僧思善同议将钱四十贯于宝塔上结缘，管第五级工匠之资。所祈胜福报四恩资，三有冤亲眷属施人钱主法界星灵俱登佛果者。绍圣五年三月日修塔功德主僧惠庆立石记。

　　午饭后稍事休息，14：00出发，车在永城县城中心中山路略停半小时。中山路横贯永城东西，即原汴河遗迹，高于南北两侧地面。城中心处又比中山路东西段略高，推测古代此处可能建有桥梁，又是一座汴河沿线的标准城池形态。永城县城又小又脏乱，远不如安徽经过的几座县城。14：30，离开永城县城，在十八里铺观测老汴河河道土层，挖掘的一段显示汴河坡度仍不大，15—30度，宽达60多米，堤基以上明显分层淤积沙土，富含水分，故与老堤基的黑色壤岗土能够区分。河南境内公路沿线村庄甚多，几乎间隔不足2公里，远非安徽境内几公里农田的旷达地区。我的推测是：

　　（1）可能隋堤地势高，有利于避洪水；（2）可能隋堤土质好，庄稼长的肥壮；（3）可能隋堤便于就地烧砖筑屋。

　　继续向西偏北行，一路基本上沿着通济渠（汴河）故道行驶，但隋堤已不明显，偶有地段略高于公路北侧的地面。经酂阳镇，因地处通济渠北岸而得名；会亭镇、济阳镇；谷熟镇，当年设置谷熟县，均分布在通济渠（汴河）沿岸。17：00，抵达商丘市。住商丘市地委第三招待所209室。

**1984 年 8 月 21 日（星期二）**

商丘市文化局郭久理、市博物馆张国祥引导考察商丘县的唐朝睢阳城（宋州）遗址。唐代有二城：宣武军城、宋州治城。明清时期归德府南墙往南一片水洼地，即唐宋老城址。水中土墩即原城中的殿址，抽水后可见汉唐时期的砖瓦，方圆 12 里，黄河淤积。明弘治十五年（1502），洪水入城，正德六年（1511），在北郊重建新城，即今县城，方圆 7 里，水洼的水深 1 米多。

赵村，相传隋代麻叔开通济渠，过赵村，应当搬迁，村内书生 4 人用3000 两银子贿赂麻叔将村子保留，因名"留赵口"。故通济渠在此处绕了一个大弯，北距宋州城 10 里，今赵村地下 5 米可见唐宋文物。通济渠自睢县溯通睢水河，睢水在赵村西南是一个大湖，当年梁孝王之园囿。通济渠在赵村以东才实际开挖，园以下的汴河是清水。

南湖，已经被黄河淤平，清代嘉庆时开古宋河，商丘县以北仍沿汴河故道。商丘北还有古汴水，向东至砀山、徐州，汇入泗水，古汴水与唐通济渠（宋汴河）的分岔口在开封。睢阳南门至赵村 10 里，清开古宋河，以西皆引自梁孝王之南湖。清朝开的古宋河向南入大沙河，李口以北的汴河已淤平。

开元寺，在唐宣武军城北门内，宋州城南门外，今商丘县城西南。曾发现颜真卿书"八关斋碑"，全称《唐宋州官吏八关斋会报德记》，大历七年（772）九月刻，会昌五年（845）毁，据传今碑乃大中五年（851）宋州刺史崔倬摹刻。内容是徐向等为田神功卧病举行八关斋会。

唐朝宣武军城，睢阳城南门，雷万春殉国处，今公路西侧老南关村北200 米左右。地高出地面，地下多碎砖瓦。明代曾在南门城头建雷将军庙，原址为宋代卢忠台，新中国成立后拆毁。"文革"前，东南城角还残存 2—3 丈高，城垣向西 2 里半长，仍能见高于四周的残垣，黑土、瓦片堆，可能是马面。睢阳城南门外即梁孝王梁园的南湖，今清朝开古宋河纵贯睢阳城南垣。老南关外汴河故道曾发现船桅杆。

阏伯台，位于商丘县城西南 5 华里的土岗上。史载：阏伯台是帝喾之子阏伯所建造的观星台，商丘因之得名，民间称火星台、火神台。走上台阶，今日的阏伯台建筑实际是祭祀阏伯的庙，系没有特色的清代建筑，反倒是庙内保存的乾隆二十三年（1758）《开归陈汝四郡治河图》碑，非常有价值，描绘了开封、归德（今商丘）、陈州（今淮阳）、汝宁（今汝南）四府境内的水系治理状况。

13：30，从商丘出发经宁陵、睢县（唐宋襄邑）、杞县（唐宋雍丘）、陈留，仍旧沿着汴河故道而行，18：00 抵达开封。住河南大学招待所 2048 室，周宝珠老师来，他的身体恢复得真快，祝福他去了人间天堂苏杭，而没有真上天堂。周老师告诉我，河南省博物馆已勘探了开封城东水门，发现有月城。

### 1984 年 8 月 22 日（星期三）

开封。考察队在河南大学小礼堂召开座谈会。开封市博物馆馆长王义沙、开封市南郊公社王燕春、历史地理学家陈代光教授莅临。

王馆长介绍：开封为什么是历史名城，开封城内外汴河遗迹的调查。开封与汴河结下不解之缘，至今影响广泛，例如，开封历代名称"汴州"（唐）、"汴京"（宋、金）、"汴梁"（元代）、"汴都"，皆与汴河相关，海外华侨熟悉"汴梁"，不熟悉"开封"一词。街道：州桥，古代汴州城内汴河上的桥；汴阳坊，汴河北岸的街区；开封城由封闭式坊制转变为开放式买卖街，始于后周柴荣对开封城城垣街道建筑的整治，目前有争议。开封著名景色：明清时期的开封八景，三个与汴河有关，分别是"汴水秋声""州桥明月""隋堤烟柳"。开封的工艺品：汴绣、汴绸（锦纶绸）、汴绫、汴缎。日常生活用词："洛阳牡丹汴梁菊"，汴洛铁路，豫剧《跑汴京》，等等。

如果没有汴河之利，五代、赵宋不一定把京城定在汴州。开封城有两个兴衰时期，皆与汴河的通塞有关。汴河与清河、贾鲁河、惠济河、蔡河的关系。今天的开封市辖 5 个县，北距黄河 18 里，人口 350 万左右，原来市区人口 60 万。开封城毁于洪水两次，再次重建，地上地下有丰富的历史古迹。万龙岗、断头岗发现十几处新石器和商代文化遗址，表明已经有发达的农业、手工业；大禹后裔被封于杞，春秋时郑庄公称之为开封，具有 3000 年建城史；开封是七朝古都，从魏惠王建都起始，作为都城的历史长达 2300 年。

开封的汴河故道与历史遗址。城内并未全搞清，仅谈搞清楚的部分。

开封城内与汴河相关的遗迹。城内汴河上有桥 13 座，名称却有 14 个。

东城 4 座：宋门外上土桥、下土桥，东水门外顺城仓桥、虹桥，皆称虹桥。

西城 5 座：太师府桥、金梁桥、西浮桥、便桥、西水门外横桥。

内城 4 座：兴国寺桥、浚仪桥、州桥、相国寺桥。

有 3 座桥现在可以指出方位：朝园万寿宫，在汴河之北，浚仪桥之西，即延庆观，后河街西十字街。根据汴河故道及寺庙的位置推测州桥的方位，问题是明代的州桥是否压在宋代的州桥上？清代讹称"周桥"，就是《水浒传》里杨志卖刀杀小二的地方，正对龙亭（明代皇城）。考古工作者发现皇城从未移位，正对南门，"大小纸坊街相衔接处"。开封城内有四条御路，南北一条穿州桥，东西路皆在州桥北折拐。所以，州桥位于城市中心枢纽。州桥的风格是青石柱，栏板皆用青石雕花纹，明代淤没以后，在桥上另建州桥，孔宪易先生云：见过明人建桥的记载。

相国寺桥。宋以前没有记载，与宋真宗开保康门有关，信道教导致。新开的御路过寺桥，位置在相国寺南偏东。明代文献记载在马道（号）街南，今胭脂河街东。

开封城外与汴河相关的遗迹。开封城西的汴河故道，从东向西：

（1）土城村南，向西，吕庄，距城 10 里，地势低洼，汴河故道。

（2）阎家寨（阎砦），距城 18 里，杏花营北侧的河道，群众称"老河道"。

（3）斗门村，《祥符县志》记载的乾隆年间小斗门，宣泄汴河水，在孙斗门村西即汴河故道。

（4）中牟县，黄家寨南，是汴河故道。

（5）中牟县汴河堤村，杏花营西北。

（6）中牟县小王庄水框村，今水溃村。

开封城东的汴河故道。城东很复杂，黄河、蔡河、惠济河侵夺所致，所以可靠性小。

（1）满洲庄东，屠（涂）府坟有古河，群众一直称"运粮河"。日本学者清水正夫到开封时，一定要看虹桥遗址。北宋在汴京东水门外七里，现有惠济河，大致即此地。

（2）陈留镇北 5 里，仅据文献记载，未考察。

（3）杞县有 31 公里惠济河，《大清一统志》和《祥符县志》皆记载它是汴河故道，当地人一直称"运粮河"。《中国地名大辞典》所记为汴河支流，不确。

巩县文化馆付荣奎、河南大学周宝珠老师对北宋汴河的情况做了补充。

虹桥。一说在扬州（正）门村南红船湾，"虹"字之音讹，但方位不对。另一说在扬州门村东，满洲庄与屠府村之间。扬州门，在东水门外，系明代的称呼。

斗门、清汴工程。北宋元丰二年（1079）六月，在王安石建议下完工，途径：巩县任村沙峪口→河阴县瓦亭子→汜水关北→汴渠，长 51 里。任村，今同名，在巩县老城东北 15 里；沙峪口，今沙鱼沟，在任村东北 2 里，有火车站。洛口，老洛口在今沙鱼沟东北 2 里，乃洛河入清汴工程之口，非今洛口。

晚饭后去周宝珠老师家再向他请教。

1973 年挖人防工程，在宋门南 100 米、深 7—8 米处发现水门一座，两岸皆用青条石砌筑。关于中山路州桥，马路下 1.6 米左右泥沙淤积有 11 层，往下是已腐朽的明代街砖，层厚 500—600 厘米，以下又是沙土淤泥层。

相国寺大雄宝殿两壁挂"汴京八景图"，不知摹自何处，题记：繁台春色、铁塔行云、金池夜雨、州桥明月、梁园雪霁、汴水秋声、隋堤烟柳、相国霜钟。

据市建同志讲：开封城凡现代房屋建在宋代城垣上的，其不在城垣部分的建筑体均因基础不一致而下沉，导致房屋裂塌。

**1984 年 8 月 23 日（星期四）**

先去满洲庄虹桥遗址观测点，由满洲庄青年贾俊喜骑车领路，在满洲庄与屠府坟村之间惠济河的护堤西侧，地下 1 米左右，挖到青条石及三合土。

下午乘车由开封赴郑州，沿途多沙地。

**1984 年 8 月 24 日（星期五）晴间暴雨**

从郑州赴巩县，考察宋陵。只看见一座宋仁宗的永昭陵，宋陵皆无神道碑及享殿，也许已坍毁，然后考察了黄河南岸的几处历史遗址。

洛口仓，在今洛河入黄河口南，老洛口已被黄河侵蚀。从七里铺顺大沟登岭，约 1 公里，俯瞰黄河大观。黄土塬上尚存百米多长、厚 5—6 米、高 10 米左右的一段土壁。当地老乡云：其土质与周围的黄土不同。又见到一层层类似夯层的东西，但无夯窝，文物考古部门推定是洛口仓城遗址。不过此遗址现在距离洛河及黄河都不太近，而且在黄土塬顶。

北宋导洛清汴的地点任村沙峪沟，在观测点东 5 里左右。这一带都属于沙鱼沟公社，黄河不断侧蚀南岸黄土崖。黄河如何侵蚀南岸的，要参考史念海先生的文章。

归程瞻仰诗圣杜工部（杜甫）故里，背倚黄土崖半窑洞式房屋，看样子当初并非富人，还不如这一带沟里的大户窑洞。

原定考察巩县石窟寺因时间来不及作罢，15：00 回郑州。在郑州宾馆召开唐宋运河考察总结会。会议发言摘要如次。

翁俊雄：运河的经济效益与当时的生产力水平是分不开的。运河是继大禹治水以来又一伟大的水利工程，运河通塞与当时的政治形势有关联，阶级矛盾激化，政权无力，无精力去疏浚，运河就会闭塞。（1）研究经济史要紧密联系当时的政治情况；（2）要注意各个地区的特点，即使都在江南，苏杭地区运河沿岸的农作物也是有区别的。盱眙水牛多，泗县黄牛多，当地百姓说水牛在泗县活不了，反映了温度、气候分界线就是淮河。

赵和平：周宝珠老师治病一事反映出新领导办事效率是高的，宿县地区也是如此。

王永谦：史学界对开运河的得失有两种意见，水利部门也有这类意见。黄河对唐宋运河、明清运河都有影响，去同里考察一定要坐船，以体会江南地区古代舟运的重要性和普遍性。

何荣昌：考察可以提供更多的科研课题，更新、充实教学知识。运河沿线的市镇兴衰都与运河有关，江南地区明清以后集镇的兴起与这一段运河一直畅通有关。考察中亲身体会到党的知识分子政策的落实，特别是安徽，各级领导的重视。包括考察前文字资料的准备、现场地图的准备、个人的准备与当地接待部分的准备。

谢照明：考察工作要有人牵头组织，实地考察是历史学习的好办法。古人做过，那是个人做的，现在有组织、有保障。读万卷书，行万里路，不仅仅从书本到书本，通过录像，是最好的史学知识传播的方式之一，实地考察是学习的最好方法之一。应当吸收一定数量的地理工作者参加。考察要与当地人结合，科研结果也应与当地人结合来写，史学调查、访古论文集要适当吸纳当地人写的质量高的材料。考察与现实性建议的结合，更能引起今天党政机关对历史与现实的重视。考察通知单早下，人员早定，指定参考书，时间不宜过长。事先发地图，纠误。及时与中央电视台"话说运河"栏目摄制组取得联系，避免解说词中的讹误。

梅焕章：每个小地区结束后要及时总结。事先准备地图，不只限于理论研究，文物保护的意见及时提给各级领导。

宁可：第一，学术考察的收获不能低估，考察与历史的关系。历史研究就是要阐明历史规律性，不能仅仅总结几条，而是以规律性为线索，再现活生生的历史、运动中的历史，要有形象生动的感受。例如唐宋时期的状态、气氛、人的心理活动。这就要接触一些历史实际，从这种意义上讲，考察是必要的。例如乘船去同里，是因为汽车不通。丰富充实历史思维，考察与文献是历史研究的两个轮子。第二，研究历史，要培养历史的感情，即对祖国、民族的感情，爱国主义的感情，考察可以使这种感情升华提高。例如西北、江南考察，体会各族文化的交流，可以升华自己的感情。理论联系实际有三：革命的实际，现实的实际，历史的实际。第三，唐史学会已经组织过考察四次，成功的原因：首先是严密的组织准备，以后是否可以先写好论文草稿，一边考察一边讨论修改；其次要有互相学习、切磋、交流的精神。

李孝聪：旱路考察时，对水的感情很深；水路考察时，对山的感觉很敏感。神奇的水点播了荒瀚地区的生命。古代解决高差较大地区运河河道的办法：其一，修筑埭、斗门；其二，弯曲延长河道，降低坡度；其三，拉纤行船，所谓"纳粟行舟"。

**1984 年 8 月 25 日（星期六）**

唐宋运河考察队员坐车考察广武山。8：15，离开郑州赴荥阳，过须水，已经是一条浅沟，无多少水。须水下流入索水，合称须索河，水流很小。鸿沟应指古荥阳城东边的大沟。过二十里铺，刘禹锡墓在公路南侧。

荥阳县文化馆高振岭同志陪同考察。索水穿过荥阳县城，尚有水，量不大。先至荥阳县（非唐朝的县治），寻到向导，直趋汜水关。过汜水河，至黄土崖前，只见一条狭窄的坡道，矗立残碑一通，清雍正年间刻书"虎牢关"。虽然是明清时期认定的虎牢关门，但能指明方位，关城已无，面目皆非，张飞寨、关公庙、吕布城等皆后人附会。虎牢关的形势与潼关不同，没有背山临水之势，仅仅是卡在黄土大沟尾端的两崖壁之间。古代通洛阳的道路不像今日走黄土崖上，而是走沟底，其地形还应查阅地图。

参酌马正林先生的意见，胡戟和我及西北大学摄影队的朋友与大轿车分道扬镳。我们乘小面包车走汜水口，从那里可以观察广武山被黄河侵蚀的景象。哪想到刚下沟，小车便陷入烂泥。我们下车推，弄了一身烂泥，也还是不行。胡戟留下来，想办法找拖拉机，我随摄像队步行去汜水口。步行一里许，见两姑娘推一辆自行车，借来一辆，由我先只身向前探路。

半骑半推至汜水口，见到波涛翻滚的黄河，远处一黄土崖岸深入河边，询问当地老乡，云：不是广武山，而是"孤柏咀"。原路返回，遇当地郑州荥阳县黄河服装厂的王厂长。该服装厂专制军大衣之类，属社办企业，王厂长是位热心人，建议去孤柏咀，并告知路线，茶水招待。返回到误车地，面包车已由拖拉机拖出烂泥，胡载付 10 元钱作为报酬。

14：00 许，回至汜水镇，随便走进一家面馆讨些小面充饥。饭后再去拍孤柏咀，果然是一大观也。黄河逼临脚下，在黄土崖前拐了一个大弯，又转向东北流，岸边崖壁不断被侵蚀坍塌，对岸则形成滩地。广武山就在东边，黄河至广武山下又向南摆荡，使广武山又遭侵蚀。孤柏咀的黄土崖上有一段类似夯土筑的残垣，传说是窦建德城。当地老叟则说是长毛（太平军）所建立的寨堡，一时无法定夺。

我们返回郑州，已近 18：00，北京来的四位已经开拔，我不打算夜里去火车上坐一夜，既然卧铺没有，不如第二天白天走，今晚先补上一觉。给家里补发一封电报告平安。

18：30，河南省社科院举行宴会欢送考察队，宴会由河南省社科院副院长张文彬（北大考古专业毕业）主持，大家互相畅叙考察所获心得，忘记了一天的劳顿疲乏。饭后我只身去二七宾馆，欣赏一下河南人举办的舞会，绝大部分是年轻人，很有意思，也作为这次唐宋古运河考察的终曲。

**后记：**

40 年前实地记录的 1984 年暑假唐宋古运河考察日志，属于实录性质，必定有些差误，而且所记录的观点、内容、数字也未必正确或已经陈旧，但真实反映了 40 年前浙江、江苏、安徽、河南四省运河沿线的景观，笔者基本采用当年的行政建制和地名，而不注今地名，权作历史档案。愿以此实录怀念伴我同行的吴宗国先生。

2023 年 10 月 2 日脱稿于北京大学五道口嘉园

# 有关《天圣令》残卷文本和译注的若干问题

黄正建

## 前面的话

吴宗国先生逝世后，一次会议上刘后滨就编辑纪念吴先生的文集向我约稿，我答应写篇小文章纪念吴先生。文章之前，我也想说几句怀念吴先生的话。

我与吴先生的交往不是很多，除了在各种会议上见面，多有请教外，记忆中只有有数的几次。一次是 1999 年共同参加宁可先生的博士生李肖的答辩，吴先生是答辩委员会主席。当时他还送了我一本他撰写的《隋唐五代简史》（见图 1），让我受宠若惊。

另一次是 2002 年蒙吴先生垂青，参加他的博士生雷闻（同时还有荣新江的博士生蒙曼）的答辩会，会后有合影（见图 2）。

还有就是 2003 年前后要修订《中国大百科全书》，"唐朝"词条的修订由吴先生负责。他在修订过程中，想在第一版"唐"的内容中增加一些新成果，约我就社会生活方面简单写几句。我如约交了稿，但很忐忑，不知是否符合要求。后来看到书，果然增加了一段"社会生活方面"的论述，基本就是我的原稿（见图 3）。由于第一版的"唐"词条只写了政治、军事、民族、科学技术、宗教哲学、史学文学、艺术、中外关系等，没有涉及社会生活，而社会生活史的研究是 20 世纪 80 年代以后新兴的学

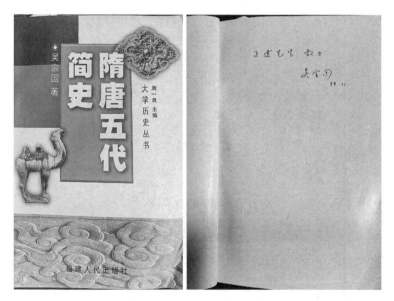

**图1　《隋唐五代简史》书影**

**图2　答辩会会后合影**

术方向，由此可见吴先生对唐史研究进展状况的把握，对我的研究成果看来也是认可的。这让我感到欣慰。

吴先生是位忠厚的长者，与他聊天心态会很放松很愉快。本以为他出

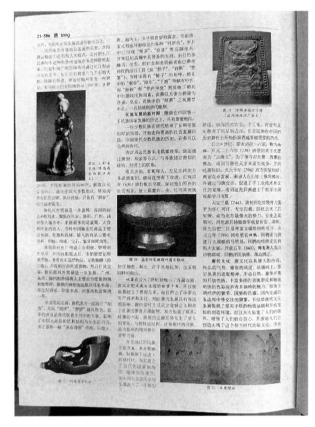

**图3 《中国大百科全书》修订后的"唐朝"词条**

生于长寿之乡，而且身体一直很好，一定能长寿，不想走得突然。闻知消息，还是很伤心的。年近七十，学问没有进步，只能写篇札记怀念吴先生。吴先生对唐代法典很重视，不仅说过"唐初各种制度，包括官僚政治制度都是由令来加以规定的"，[1] 而且对主要是"以令式分入六司"[2]的《唐六典》也很重视，认为其虽非法典，但起到"一种法律上的依据"[3] 作用。本文即以有关《天圣令》整理和译注中的一些问题为主，草成小文，以呼应吴先生对唐代法典的重视，并纪念吴宗国先生。

---

① 吴宗国：《盛唐政治制度研究》，上海辞书出版社，2003，绪论，第7页。

② 刘肃：《大唐新语》卷九《著述第十九》，许德楠、李鼎霞点校，中华书局，1984，第136页。其中的"令式"，点校本作"今式"，误。

③ 吴宗国：《盛唐政治制度研究》，绪论，第8页。

由天一阁博物馆、中国社会科学院历史研究所天圣令整理课题组校证的《天一阁藏明钞本天圣令校证：附唐令复原研究》（以下简称《校证》）出版①已经十几年，由"中国社会科学院历史研究所《天圣令》读书班"分 12 篇译注的天圣令各令译注稿也陆续发表，到 2020 年已全部完成了（以下简称《译注稿》）。② 最近两年，由中国政法大学赵晶教授主持，开展了对"《天圣令》译注稿"的审核修订，力图改正讹误，吸收学界最新研究成果，整理出一本更准确更严谨更科学的《天圣令》译注文本。在这一重新认真审读《校证》和《译注稿》的过程中，笔者发现了一些此前所做工作的不完善处，特撰此小文，以就教于各位方家。

## 一　避讳

宋代是避讳十分严格的朝代。天一阁发现的残本《天圣令》，编撰于宋仁宗天圣七年（1029）前后，凡此前帝名均避讳，包括真宗刘皇后的父名。比较多的是避宋仁宗的"祯"讳，往往将"征收"意义的"征"改写为"理"。对于宋讳，《校证》凡例中有一条专门规定：

> 三"文字"之（三）：遇有避宋讳者，在《宋令》部分出注不回改，在《唐令》部分校改回原字。避唐讳者不改。③

例如《仓库令》宋 5 条：

> 诸仓屋及窖出给者，每出一屋一窖尽，然后更用以次者。有剩附帐，有欠随事理罚。府库亦准此。

---

① 中华书局，2006。
② 陆续发表于徐世虹等主编的《中国古代法律文献研究》第 6—14 辑，社会科学文献出版社，2012—2020。
③ 《校证》，第 20 页。

整理者在"理"下出注:"理 《令义解》卷八《仓库令》'仓出给条'作'征',避宋讳改。"① 清本就据此写定为:"诸仓屋及窖出给者,每出一屋一窖尽,然后更用以次者。有剩附帐,有欠随事理罚。府库亦准此。"② 此即所谓《宋令》之"出注不回改"。

《仓库令》唐 11 条:

> 诸官物应理(征)者,总计相合钱不满十、谷米不满一斗、布帛杂彩不满一尺、丝绵不满一两,悉不推理(征)。

整理者在第一个"理"下出注:"理 应为'征',避宋讳改。下同。"③ 于是清本写定为:"诸官物应征者,总计相合钱不满十、谷米不满一斗、布帛杂彩不满一尺、丝绵不满一两,悉不推征。"④ 此即《唐令》之"校改回原字"。

现在看来,这一条凡例是有问题的。

第一,残本《天圣令》是宋人著作,虽然附有唐令,但仍然是宋人著作。整理宋人著作,当然要按宋人著作原貌整理。如果将所附唐令中避宋讳的字回改,改后的文字就不是宋人著作了。这种回改的处理,超出了文本整理范畴,属于对原文的改动,在古籍整理中是应该避免的。

第二,有一种意见认为反正所附的是唐令,既然是唐令就可以按唐令本来面目整理,因此回改是恢复唐令原貌,应当允许。这种说法似是而非。因为《天圣令》所附"右令不行"的令文,究竟是否唐令,学术界还有不同意见。例如韩国学者译注《天圣令》,就将所附令只称为"旧"令⑤而不称为唐令。因为所附之令还有五代或宋初令的可能。而且

---

① 《校证》,第 278 页。
② 《校证》,第 394 页。
③ 《校证》,第 284—285 页。
④ 《校证》,第 396 页。
⑤ 参见金铎敏、河元洙主编《天圣令译注》,慧眼出版社,2013。

即使为唐令，也是经过宋人手编纂的唐令，与未经宋人手处理过的唐令不同。

以上两点，其实主要就是从应该保存宋人著作原貌的原则出发，若将《天圣令》所附令文中避宋讳者回改，无论如何是有问题的。特别是在清本中，直接写出了回改后的令文，丧失了宋《天圣令》的原貌，更不应该。由于校录本是原文照录，虽然在括号中补写了避讳字，但因注有原文，故不会引起误解；而清本直接回改，很容易让读者认为清本就是《天圣令》原文，从而误导读者。

因此建议读者在使用《天圣令》的清本时，务必要核对校录本的录文并注意"校勘记"中的校勘意见。

退一步说，即使我们遵守唐令中若有避宋讳者，要回改成原字的规定，其实也不可能真正完全落实，因为有时我们无法判断相关文字是否因避宋讳而改。

例如《厩牧令》唐8条：

> 诸牧，马剩驹一匹，赏绢一匹。驼、骡剩驹二头，赏绢一匹……其赏物，二分入长，一分入牧子……其监官及牧尉，各统计所管长、尉赏之。（统计，谓管十五长者，剩驹十五匹，赏绢一匹；监官管尉五者，剩驹七十五匹，赏绢一匹之类……）……①

这条令文中的"统计"，《唐六典》卷一七《太仆寺》"诸牧监"条作"通计"，② 因此很可能是宋人在制定《天圣令》时为避真宗刘皇后父亲"通"讳，而将"通计"改成了"统计"。如果真是这样，那按《校证》凡例，应将"统计"回改为"通计"。可是校证者不能确定这里就是因避讳而将"通计"改成了"统计"，所以唐令此条没有回改。

---

① 《校证》，第295页。
② 李林甫等：《唐六典》卷一七，中华书局，1992，第487页。参《校证》本条令文"校勘记"，第296页。

这个例子说明凡例中凡唐令中有避宋讳者须回改的规定，也并不能真正落实。所以从这个角度来说，凡例中的这一条也是不合适的。

## 二　补字

### （一）宋令补字

清本《天圣令·厩牧令》宋 10 条：

> 诸官私阑马、驼、骡、牛、驴、羊等，直有官印更无私记者，送官牧。若无官印及虽有官印、复有私记者，经一年无主识认，即印入官，勿破本印，并送随近牧，别群牧放。若有失杂畜者，令赴牧识认，检实委无诈妄者，付主。其诸州镇等所得阑畜，亦仰当界内访主。若经二季无主识认者，并当处出卖，先卖充传驿，得价入官。后有主识认，勘当知实，还其本价。①

令文后段规定，州镇得到的走失牲畜，如果经两季无人认领，可就地出卖，先卖给传驿，所得价钱入官。现在的问题是，宋代已经没有"传"了（驿也只是名义上有）。《天圣令·厩牧令》中宋 2、3 条提到"递铺"，宋 9 条提到"递马""逐铺"，宋 11 条提到"递马"、"递送"（而非传送），宋 12 条提到"乘递"，即《天圣令·厩牧令》宋令全部 15 条中，有 5 条提到"递"（递马、递铺、递送），除宋 10 条外，只有 1 条即宋 15 条提到"驿"，而没有一条提到"传"。② 可见宋代的交通设施主要是递或递铺，而没有"传"。那么，宋 10 条为何会出现卖走失牲畜时，要"先卖充传驿"的规定呢？

---

① 《校证》，第 399 页。
② 《校证》，第 398—399 页。

　　查校录本，原来这"先卖充传驿"数字是整理者后补的，图版中并无这几个字。整理者在校勘记中说："并当处出卖"的"卖"后，"下缺'先卖充传驿'，据《宋刑统》卷二七《杂律》'得阑遗物'条引《厩牧令》补。"① 原来这几个字是整理者依据《宋刑统》所引《厩牧令》条文增补的。

　　但是这个增补是有问题的。对于《宋刑统》所引的《厩牧令》是什么时代的令，虽然学者有不同看法，或以为是唐开元二十五年令，或以为是五代令，或以为是宋初令，然而无论如何，这个《厩牧令》的成立都是在修撰《天圣令》之前。因此仅从文献的先后关系，就不能依据《宋刑统》所引《厩牧令》增补《天圣令》中的宋令，何况从宋代实际情况看，天圣年间已经没有"传"了。因此，《宋刑统》所引《厩牧令》中"先卖充传驿"这几个字，完全有可能是宋人在编修《天圣令·厩牧令》宋10条时删去了。

　　由此看来，校录本中《厩牧令》宋10条中的"先卖充传驿"数字不应当增补。清本删去增补符号，直接写作令文，更容易误导读者。②

### （二）唐令补字

　　清本《天圣令·仓库令》唐3条："诸给粮，皆承省符。丁男一人，日给二升米，盐二勺五撮……老、中、小男任官见驱使者，依成丁男给，兼国子监学生，针、医生，虽未成丁，依丁例给。"③ 其中省略号后面部分，学者的译文略有差别，分别转引如下（以发表时间为序）：

　　　　官司の色役に任じられて駆使される老・中男・小男の者は、丁男の基準によって支給し、あわせて国子監学生、醫生・鍼生について

---

① 《校证》，第293页。
② 韩国学者撰写《天圣令译注》就直接依据图版（第233—234页），避免了被《校证》中校录本或清本误导，显示了严谨的学术态度。
③ 《校证》，第396页。

は、まだ丁男となっていなくても、また丁男の例によって支給せよ。（担任官司色役而被驱使的老、中男、小男，按照丁男的基准支给，同时国子监学生，医生、针生，即使还未成为丁男，也按照丁男之例支给。)①　（渡边信一郎）

没有官位而现在为官府驱使的老、中、小男，依照丁男的标准来支给。同时国子监学生和针、医生，虽然没有成丁，也依照丁男的例支给。②　（韩国学者）

老、中、小男为官府服役受其驱使的，按照丁男的标准给[粮]，以及国子监学生，针、医生，虽然没有成丁，也按照正丁的标准给[粮]。③　（《天圣令》读书班）

老、中、小男担任官方劳役者，依成丁男（之例）给粮。国子监学生，针、医学生（受业时年龄）虽未成丁，亦依丁男之例给粮。④　（中国台湾学者）

纵观4种译文，对其他语句的翻译大同小异，⑤ 但对其中的"兼"字则有不同译法：日本学者和韩国学者将"兼"字译作"同时"；《天圣令》读书班将"兼"字译作"以及"；中国台湾学者没有译。

之所以会有这种不同，盖在于"兼"字在此处确实不好理解：这一句令文前面讲了老男、中男、小男在官府服役，可以按丁男给粮，后面讲国子监学生和针生、医生虽然没有成丁，也按丁男给粮。这是两句各自完整的话，彼此没有关系，那为何要用一个似乎二者会有某种关系的"兼"

---

① 渡边信一郎：《天圣仓库令译注初稿》，《唐宋变革研究通讯》第1辑，2010，第23页。中文为笔者所译。

② 金铎敏、河元洙主编《天圣令译注》，第204页。中文为成均馆大学金珍博士所译。

③ 中国社会科学院历史研究所《天圣令》读书班：《〈天圣令·仓库令〉译注稿》，徐世虹主编《中国古代法律文献研究》第7辑，社会科学文献出版社，2013，第268页。

④ 高明士主编《天圣令译注》，台北：元照出版有限公司，2017，第185页。

⑤ 主要的差别在于"任官"一词。韩国学者根据《唐六典》中将此处的"任官"写作"无官"，从而译作"没有官位"，与其他3种译法均不同。

字呢？

其实这个"兼"字是整理者补的。

查《天圣令·仓库令》唐3条校录本，此处抄本原作"老中小男任官见躯使者依成丁男给依丁例给"。显然这里有错字也有缺漏，整理者不仅将"躯"校证为"驱"，而且依据《唐六典》补了一句话，在校勘记中写道："老、中、小男任官见驱使者，依成丁男给。依丁例给。《唐六典》卷一九《司农寺》'太仓署令'条作：'若老、中、小男无官及见驱使，兼国子监学生，针、医生，虽未成丁，亦依丁例。'《令》文'依成丁男给'及'依丁例给'之间，应有脱漏，结合《唐六典》，脱漏的字句可补充为：'兼国子监学生，针、医生，虽未成丁。'《令》文抄手因'成丁'二字而漏抄一句，《唐六典》则省略了'依成丁男给'一句。"[①] 清本依据校勘记，取消增补记号，直接写为令文，以致依据清本做翻译的各国学者，都忽视了这一句实际来自《唐六典》的文字是否正确，而这句话中就包括了"兼"字。

仔细分析，《唐六典》使用这个"兼"字是有道理的，因为它在叙述老中小男之后，并没有写按丁例给他们粮的文字，而是将老中小男与两种学生一并叙述后，给出了"依丁例"给粮的结论。此时的"兼"字就使两个群体有了联系，一并指向"依丁例"给粮的规定。但是如果将这句话原封不动地补到《天圣令·仓库令》唐3条中，"兼"字就没有着落了，反而会引起理解上的歧义。因此，整理者增补这句话是非常正确的，但如果去掉这个"兼"字，就会使令文更加通顺，更加好理解一些。

简单说即是：《唐六典》这句话因为涉及两个群体但只用了一个"依丁例（给粮）"，所以要在两个群体之间用"兼"字，而《天圣令·仓库令》此句话用了两个"依丁例（给粮）"，因此如果是涉及两个群体的话，就不需要这个"兼"字了。因此正确的增补应该是："老、中、小男任官见驱使者，依成丁男给；国子监学生，针、医生，虽未成丁，亦依丁

---

① 《校证》，第282—283页。

例给。"去掉一个"兼"字增加一个"亦"字,① 文通字顺。

以上两例提醒我们,使用《天圣令》的清本时最好对照一下校录本,弄清楚清本是依据什么写定的,从而判断校录本的校勘是否正确,以便正确地使用清本。

## 三　符号

清本《厩牧令》宋 11 条:

> 诸水路州县,应合递送而递马不行(陵行?)者,并随事闲繁,量给人船。②

这条令文中括号中的字,是何含义呢?

查《校证》卷首的《点校凡例》中"甲、点校"之"五、校勘与校记",关于"(　)"有两条规定:

> (二)凡校出抄本中的误字,不改动原文,用(　)将正字注于该字之下,并在校记中说明。

> (三)凡校出抄本中的衍字,不删除,用(　)将衍文括住(衍文使用小一号字体),并在校记中说明。③

那么这条令文括号中的"陵行"究竟是"不行"的正字,还是衍文呢?换句话说,"陵行"二字在抄本中是否存在?由于(　)中的"陵行"二字没有用小一号字体,读者会认为它可能是"不行"的正字。其实

---

① "亦"字是《唐六典》原有的。
② 《校证》,第 399 页。
③ 《校证》,第 20 页。

不然。

查校录本，令文为：

> 诸水路州县，应合递送而递马不行（陵行？）者，并随事闲繁，量给
> 人船。①

此处使用了小一号字体，符合凡例规定。校勘记写："陵行　或疑为衍字，或疑为'陆行'之误。"由于不能确定是否衍字，所以除了字体小一号表示衍字外，加了个"？"，表示不确定。这就是说，抄本原本是"不行陵行"四字，整理者怀疑"陵行"为衍字或为"陆行"之误，因而做了"（陵行？）"的处理。

与校录本不同，清本没有在括号中使用小一号字，使这一"（　）"的使用变得意义不明，既可以理解为"陵行"可能是"不行"的正字，也可以理解为"陵行"是衍字。更容易误导读者的是：读者无法辨别"陵行"二字是抄本原有的，还是整理者增补的。

清本的原则是删除所有校录本中校改的符号，誊清。这一原则并无错误，可以使读者在引用《天圣令》时不用自己从头辨认抄本的错误，并抄录各种校改符号，但是如果因需要不得不保留若干符号时，就容易产生错误。因此我们在使用清本而碰到极少量的校改符号时，一定要核对校录本，以免出现误读误解。

## 四　译注

举几个例子。

一个是"覆仓"。

《天圣令·仓库令》宋14条（清本）前半段为："诸州县修理仓屋、

---

①　《校证》，第293页。

窖及覆仓分付所须人物，先以本仓兵人，调度还用旧物。"①

对此令文，学者的翻译依次为：

州縣は倉屋・倉窖を修理し、及び倉の屋根を葺くにあたり、必要
となる労働者と調度物とを区別して手配せよ。先に本倉の兵人を使役
し、調度はなお旧物を利用せよ（州县在修理仓屋、仓窖，以及覆盖
仓的屋顶时，区分所需劳动者和调度物进行安排。先役使本仓的兵
人，调度仍然利用旧物）。②　　　（渡边信一郎）

凡是州县修理仓屋、仓窖以及覆盖仓顶，分别安排所需要的人力
和物资。先役使本仓的兵人，备品还用仓的旧物品。③　　　（韩国学者）

各州县修理仓屋、窖以及覆盖仓粮、交接所需人力、物力，先役
使本仓的士兵，［修理仓库等时所需］各种杂物还用旧物品。④
（《天圣令》读书班）

凡是州县修理仓屋、仓窖及覆盖仓物时，命令所需要的人力和物
力，先役使本仓士兵，征调（修理仓屋、仓窖所需各种杂物）还用
原来所有之物。⑤　　　（中国台湾学者）

短短几句令文，学者对其中的很多词语都有不同理解。例如"分付"，
渡边信一郎和韩国学者认为是"分别安排"，读书班认为是"交接"，
中国台湾学者认为是"命令"。又如"调度"，渡边信一郎使用了原文，
韩国学者译作"备品"，读书班译作"各种杂物"，中国台湾学者译作

---

① 《校证》，第 395 页。
② 渡边信一郎：《天圣仓库令译注初稿》，《唐宋变革研究通讯》第 1 辑，第 12 页。中文为
　笔者所译。
③ 金铎敏、河元洙主编《天圣令译注》，第 193 页。中文为成均馆大学金珍博士所译。
④ 中国社会科学院历史研究所《天圣令》读书班：《〈天圣令·仓库令〉译注稿》，徐世虹
　主编《中国古代法律文献研究》第 7 辑，第 261 页。
⑤ 高明士主编《天圣令译注》，第 161 页。

"征调"。① 对这些异同本文暂不涉及，只讨论其中关于"覆仓"的理解。

根据以上 4 种译文，对"覆仓"的理解为：渡边信一郎认为是"覆盖仓的屋顶"，韩国学者略同，读书班认为覆盖的是"仓粮"，中国台湾学者认为覆盖的是"仓物"。虽然对覆盖的对象有不同理解，但都将"覆仓"的"覆"理解为"覆盖"。

对此，笔者有不同看法，认为这里的"覆"是复核审计之意。"覆仓"就是复核审计仓内储藏的各种粮物。这么考虑的原因有二。

其一，令文前面说到"修理仓屋、窖"，若有覆盖仓顶，应该包括在"修理仓屋、窖"的范围内。笔者赞同将"分付"理解为"交接"。"覆仓"是为了交接，因此这里的覆仓应该是复核审计之意。

其二，检索史籍，虽然在宋代史料中未能查到此词，② 但在唐代文献中有近似者，即高适的《单父逢邓司仓覆仓库因而有赠》：

> 邦牧今坐啸，群贤趋纪纲。四人忽不扰，耕者遥相望。粲粲府中妙，授词如履霜。炎炎伏热时，草木无晶光。匹马度畦水，清风何激扬。校缗阅帑藏，发廪忻斯箱。邂逅得相逢，欢言至夕阳。开襟自公馆，载酒登琴堂。举杯挹山川，寓目穷毫芒。白鸟向田尽，青蝉归路长。醉中不惜别，况乃正游梁。③

这个邓司仓，应该是州里的司仓参军，他去"覆仓库"就是去"校缗阅帑藏，发廪忻斯箱"，也就是去"审阅查验"仓库所藏钱币和粮食，而不

---

① "征调"显然不对，是使用了"调度"的现代词义。

② 后代则有类似表述，如《钦定历代职官表》卷一三《刑部》有云："比部郎起自曹魏，而唐以后则专司勾覆仓库、出纳百官俸料，乃如今户科给事中。"（《景印文渊阁四库全书》第 601 册，台北：台湾商务印书馆，1986，第 253 页）这里的"勾覆仓库"其实就是"覆仓"。

③ 孙钦善校注《高适集校注》，上海古籍出版社，1984，第 9 页。

是去覆盖仓顶仓粮或仓物。

因以上两点，笔者以为令文中的"覆仓"应该是复核审计仓中所藏粮物之意，目的是交接。由于仓中所存粮物甚多，因此覆仓时也需要士兵配合清点计量。

另一个是"封印"。

《天圣令·厩牧令》唐23条后半云："省司封印，具录同道应印马州名，差使人分道送付最近州，委州长官印；无长官，次官印。其有旧马印记不明，及在外私备替者，亦即印之。印讫，印署及具录省下州名符，以次递比州。同道州总准此，印讫，令最远州封印，附便使送省。若三十日内无便使，差专使送，仍给传驴。其入两京者，并于尚书省呈印。"①

对令文中的"封印"，《天圣令》读书班做了注释：

> 封印：封缄文书、物品并加钤印于其上。睡虎地秦墓竹简《金布律》载："不盈千者，亦封印之。"《晋书》卷六六《陶侃传》载："军资、器仗、牛马、舟船，皆有定簿，封印仓库。"

然后将此段令文翻译如下：

> 尚书省的官署封印，并记录同一道内应该给马加印记的州的名字，差遣使节分道送至［同一道内］最近的州，令州长官盖印；没有长官的，令次官盖印。其中有旧的马印不明，以及在外私自赔偿替换的［马匹］，也即刻印上。印完后，［州官］盖印署名并抄录由尚书省下发至本州的州名符印，依次序送到邻州。同一道内的州都按照这样办理，印完后，由最远的州封印，由便使送回尚书省。如果三十日内没有便使，派专使去送，仍然给传驴。到两京的使者，均在尚书

---

① 《校证》，第402页。

省呈印。①

中国台湾学者的译文为：

> 省司封缄盖印，完整记录同道所应当封印马的州名，差派人分道送交最近的州，委托州的长官封印，没有长官印，盖次官印。若有旧马印记不清楚，以及在外地私自备齐替换者，也要封印。封印后，印署及省下各州具录名符，依次递送邻近各州。同道的州全依照此规定，封印完毕，规定最远的州封印，附遣便使送（尚书）省。如果三十日内没有便使，差遣专使送交，仍然给予传驴。进入长安、洛阳两京者，也于尚书省呈交封印。②

第一种译文将其中的"封印"理解为把文书等物品封好盖印，那送到各州的似乎是文书（记录了应盖印的马的州名字的文书），州长官次官盖印是在文书上盖，但后面规定旧马印记不明，也要盖印，似乎又是将印盖在马上。印完后还是把相关文书依次传递，到最远州将文书封好盖印送回两京，交给尚书省。总之封印的是文书，传递的是文书，呈交的也是文书。

第二种译文将其中的"封印"也理解为封好盖印，传递的也是文书，但盖的似乎是长官印或次官印（而非盖在马上的"官""驿""传"等印），可是后面又说旧马印记不清楚，也要封印，似乎又是盖在马上。后面的翻译与第一种大致相同，似乎"封印"指的都是对文书的封缄盖印。只是最后说呈交的是"封印"，不好理解。译文译者认为"本条规定府马及传送马、驴封印递送的运输过程"也很难理解：到底运送的是马、驴，

---

① 中国社会科学院历史研究所《天圣令》读书班：《〈天圣令·厩牧令〉译注稿》，徐世虹主编《中国古代法律文献研究》第 8 辑，社会科学文献出版社，2014，第 326 页。

② 高明士主编《天圣令译注》，第 286 页。

还是文书？

李锦绣最近写《唐前期散官番上制度考论》一文涉及此条令文，对此段令文的理解是：

> 尚书省将折冲府和诸传要盖的"官"、"传"字印封好，并下符，上面列举了需要用印的州的名字，然后按照道派使，使人将印及符送到该道距京师最近的州。州盖印后，把印封好，连同抄录的尚书省的符文，送到邻州，一道之内就这样传递，一直到最远的州盖完马印，将印封好，交给①

李锦绣将此条令文中"封印"的"印"理解为实体的"印"。"封印"就是把"印"封缄好，因此往下传递的不是文书，而是"印"，最后交回来的也不是文书，而是"印"。

由于李锦绣此文不是讨论此条令文，因此没有讲她这么理解的依据。大概她的依据有两条：其一，本条涉及的官马和传送马驴身上要盖的印，即"官"字、"驿"字、"传"字的印，据《厩牧令》唐14条，② 这些印保存在尚书省，因此在给各道官马、传送马驴盖印时，要派人将尚书省保存的印封好，依次送交各州盖印；其二，本条最后明确说各道最远州盖完印，要封印即将印封存好，差便使或专使送到两京，"于尚书省呈印"，实际就是将保存在尚书省的印，各道依次使用完毕后再还给尚书省。还回来的是"印"而非文书。

李锦绣的理解是对的。"封印"不是封缄盖印，而是将"印"封存好的意思。由此也可知，令文中所谓"委州长官印；无长官，次官印"并非如中国台湾学者翻译的那样，是盖长官印或次官印，而是让长官负责盖

---

① 李锦绣：《唐前期散官番上制度考论》，《历史研究》2023 年第 1 期，第 85 页。
② 《厩牧令》唐14条开头即云："诸杂畜印，为'官'字、'驿'字、'传'字者，在尚书省。"《校证》，第 401 页。

印，没有长官，由次官负责盖印的意思。①

　　以上讨论的几个问题，涉及对天一阁藏明抄本《天圣令》残卷的整理，以及对令文的理解、译注，可知在整理令文和理解词义上还有很多工作要做，希望在众多学者的共同努力下，将来能为学术界提供一个更符合原貌的令文原文（含清本），以及一个更准确的译注文本，以便于学者对《天圣令》的理解和使用。

---

　　① 这一句的翻译，《天圣令》读书班的译文是准确的。

# 五代妃嫔用外命妇号原因探析

景凯东

## 引　言

后宫制度是与中国古代君主制度相伴生的一种制度。历朝历代，皇帝的妃嫔往往有严格的等级序列和身份之别，她们与未出嫁的皇室公主一起构成了所谓"内命妇"群体。妃嫔的称号根据各朝的制度不同而有所区别，但整体来说，其与以文武官员的母亲、妻子为主体的外命妇系统是截然分开的两个序列。然而在五代时期，出现了一种特殊的制度形态，大量妃嫔兼有国夫人、郡夫人、县君等外命妇头衔，构成了中国后宫制度史上一种极为特殊的现象。

对于这一现象，学界此前已有探讨。朱子彦先生的《帝国九重天：中国后宫制度变迁》一书中，认为妃嫔身为内职而有外命妇封号的现象，"大概是五代帝王的发明"。[①] 吴丽娱、陈丽萍两位先生注意到至少自唐宣宗开始，唐朝妃嫔名号中明确出现了国夫人、郡夫人，其品阶在五品才人之下，出现这种现象的原因则是这些受封的妃嫔多是诸帝在十六王宅时期的宫人，出身卑微，诸帝难以给予她们更高的名号。[②] 霍斌先生的《唐五

---

① 朱子彦：《帝国九重天：中国后宫制度变迁》，中国人民大学出版社，2006，第53—54页。
② 吴丽娱、陈丽萍：《从太后改姓看晚唐后妃的结构变迁与帝位继承》，荣新江主编《唐研究》第17卷，北京大学出版社，2011，第357—398页。

代内官制度研究》一书，详细讨论了唐朝后期出现的"内夫人"即宫内
女子假借外命妇封号而作为皇帝配偶的现象，认为这类内夫人级别较低，
与才人、嫔、妃等序列内的内官存在明显的等级差距，在内夫人在世时很
难完成跨越，但两者之间的鸿沟在昭宗时期有所松动，使得五代时期出现
了昭仪、昭容、才人等内官有封号的现象，内夫人也填补了因朱温诛宦官
而出现的行政机制真空，承担了"宣传诏命"等政治职能。[1] 其他成果尚
有潘冰《隋唐五代命妇相关问题研究》[2]、王艳《唐五代宫官制度研
究》[3] 等。

　　整体来看，学界已经认识到五代时期出现的嫔妃兼有外命妇称号的制
度是从唐末的内夫人发展而来的。唐末的内夫人多是低级嫔妃，虽然兼有
国夫人、郡夫人等高级外命妇头衔，但其地位实质上低于原妃嫔序列的下
层才人，是因受封宫人出身卑微无法获得原序列内的妃嫔称号而采取的无
奈举措。而在五代时期，很多嫔位的高级嫔妃也兼有此号，且"县君"
等级别较低的外命妇称号也被引入，成为一些妃嫔的兼衔，妃嫔用外命妇
号真正实现了制度化。曾经用于低级嫔妃的外命妇号，之所以会在五代成
为后宫嫔妃的普遍头衔，其背后既有五代王朝多出自藩镇这一特殊背景的
影响，也有解决现实政治需求和树立自身法统的需要，看似离经叛道、不
合常规的制度，实是复杂的历史因素共同促成的结果。

## 一　后宅到后宫：内外命妇系统的对接

　　早在唐朝后期，低级嫔妃已经开始借用国夫人、郡夫人等外命妇称
号，但外命妇头衔在后宫中制度化，成为妃位以下嫔妃的普遍兼衔，则始
于后唐庄宗李存勖。

　　《五代会要》卷一《内职》记载：

---

①　霍斌：《唐五代内官制度研究》，台北：花木兰文化出版社，2015，第85—111页。

②　潘冰：《隋唐五代命妇相关问题研究》，硕士学位论文，西北大学，2016。

③　王艳：《唐五代宫官制度研究》，硕士学位论文，陕西师范大学，2019。

昭仪侯氏，封汧国夫人。昭容夏氏，封虢国夫人。昭媛白氏，封
沂国夫人。出使美宣邓氏，封魏国夫人。御正楚真张氏，封京国夫
人。司簿德美周氏，封宋国夫人。侍真吴氏，封渤海郡夫人。懿才王
氏，封太原郡夫人。咸一韩氏，封昌黎郡夫人。瑶芳张氏，封清河郡
夫人。懿德王氏，封琅琊郡夫人。宣一马氏，封扶风郡夫人。并同光
二年十一月敕。①

同光二年（924）为李存勖称帝之次年，前一年十二月，李存勖灭亡了世
仇后梁政权，确立了后唐对中原地区的统治。可以说，这篇以外命妇邑号
封后宫妃嫔的敕书是颁布于李存勖即位之初。唐朝后期的内夫人号，仅为
部分无法获得妃、嫔、婕妤、才人等正式妃嫔称号的低级嫔妃的头衔，而
这一次被加外命妇邑号的妃嫔中，有"昭仪侯氏""昭容夏氏""昭媛白
氏"，皆是位居九嫔之列的高级嫔妃，地位仅在皇后和妃之下，可见外命
妇称号的覆盖范围得到了扩大，成为妃位以下的高级嫔妃也需要带的头
衔。至此，妃嫔兼有外命妇称号的制度正式确立。至后唐明宗李嗣源时
期，妃嫔所能得到的外命妇称号范围扩大，"内人李氏，封陇西县君。崔
氏，封清河县君。李氏，封成纪县君。田氏，封咸阳县君。白氏，封南阳
县君"，② 比国夫人、郡夫人级别更低的县君也出现在了对妃嫔的册封中。
虽然后汉情况不明，但此制在后晋、后周都得到了延续。

《五代会要》的作者王溥曾感慨"按前代内职，皆无封君之礼，此一
时之制职"，③ 将这种内宫妃嫔带外命妇邑号的制度视作一种特殊的制度
变形。前文已述，以外命妇号为低级妃嫔称号的情况早在晚唐就已经出
现，但当时更多是为安置出身低下的宫人而采取的临时性措施。如果说，
内夫人的出现是源自晚唐诸帝多出自十六王宅，身边宫人身份低下无法获
得正式嫔妃称号的现实的话，那么，嫔妃用外命妇号之所以在五代时期得

① 王溥：《五代会要》卷一《内职》，中华书局，1998，第 12 页。
② 王溥：《五代会要》卷一《内职》，第 12 页。
③ 王溥：《五代会要》卷一《内职》，第 12 页。

到制度化，则与五代诸帝在成为皇帝前多为藩镇节帅的现实有关。

　　五代是中国历史上一个比较特殊的时代，武人政治的色彩极重，很多帝王是从节度使位置走向至尊宝座的。如将妃嫔用外命妇号制度化的后唐庄宗李存勖，在称帝前头衔为继承自其父李克用的晋王[①]、河东节度使[②]。明宗李嗣源，即位前为镇州节度使。[③] 闵帝李从厚封宋王，镇邺都。[④] 末帝李从珂封潞王，为凤翔节度使。[⑤] 后晋高祖石敬瑭为太原节度使、北京留守。[⑥] 少帝石重贵为齐王、广晋尹。[⑦] 后周太祖郭威起兵前为邺都留守、枢密使。[⑧] 可以说，五代诸帝最早的嫔妃，多是由藩镇节帅的后宅女子群体转化而来的。

　　事实上，很多五代诸帝登基前，其妻妾已经有了外命妇的邑号。以确立妃嫔用外命妇称号制度的后唐庄宗李存勖为例，在他正式称帝前，名义上仍效忠已经灭亡的李唐王朝，为河东节度使，其正室韩氏为魏国夫人，庄宗称帝后封其为淑妃；侧室有燕国夫人伊氏，后封德妃；后来的刘皇后，在庄宗为河东节度使时亦为侧室，头衔为魏国夫人。[⑨] 其他妾室也应有不同等级的外命妇称号。在庄宗称帝和定鼎中原之后，他就要面临一个问题，即如何将自己作为藩帅时期的后宅女子群体转化为后宫嫔妃。在这种情况下，将晚唐内夫人的适用范围加以扩大化和制度化，使妃位以下的妃嫔都使用外命妇邑号，就可以实现从藩镇节帅后宅到皇帝后宫的完美对接。对李存勖的诸位妾室来说，她们此前多年在河东节度使后宅中的地位变化都是通过外命妇头衔的变化来体现的，在身份转化为皇帝妃嫔后，仍有外命妇头衔傍身，也使她们更容易理解自己地位的抬升，如侯氏、夏

---

① 《旧五代史》卷二七《唐书三·庄宗纪第一》，中华书局，1976，第 367 页。
② 《资治通鉴》卷二六六，太祖开平二年，中华书局，1956，第 8689 页。
③ 《旧五代史》卷三五《唐书十一·明宗纪第一》，第 487 页。
④ 《旧五代史》卷四五《唐书二十一·闵帝纪》，第 613 页。
⑤ 《旧五代史》卷四六《唐书二十二·末帝纪上》，第 627 页。
⑥ 《旧五代史》卷七五《晋书一·高祖纪第一》，第 983 页。
⑦ 《旧五代史》卷八一《晋书七·少帝纪第一》，第 1068 页。
⑧ 《旧五代史》卷一一〇《周书一·太祖纪第一》，第 1452 页。
⑨ 《新五代史》卷一四《唐太祖家人传第二》，中华书局，1974，第 143—144 页。

氏、白氏等，她们就获得了此前只有正室夫人韩氏和排名最高的两位侧室伊氏、刘氏才能拥有的"国夫人"称号。相较于此前远离她们生活的纷繁复杂的宫廷嫔妃称号，外命妇邑号的提升显然是她们更容易理解和感知的。

李存勖确立的后宫嫔妃普遍兼有外命妇称号的制度，适应了他本人由名义上效忠唐室的藩帅走向九五之尊的要求，也更贴合其诸位妾室直观感受身份、地位变化的需要。此后的五代诸帝，多如李存勖一般由藩镇节帅走向皇帝宝座，故同样面临将后宅转化为后宫的问题，即使和平即位如后唐闵帝李从厚、后晋少帝石重贵，也并未在先帝生前被正式立为太子，故而他们的妻妾同样属于外命妇系统而非太子东宫的内命妇系统。因此，此后的各位皇帝多对李存勖创立的这一对接内外命妇系统的制度因循不改。

## 二　现实的需要：后宫秩序的确立

从后宅到后宫的过渡是五代的众多帝王都需要面对的问题，李存勖确立妃嫔兼有外命妇头衔的制度，即意在平稳完成这一过渡。但同样是由藩镇走向王朝的朱梁政权，见于史册的后梁嫔妃仍多用妃、昭仪等号而不见兼外命妇邑号者，[①] 则李存勖所以创妃嫔兼外命妇号之制，除了如上节所述，完成后宅到后宫的平滑过渡之外，必还有出于当时政治现实之考量。这层政治现实，即欲为规模庞大且称号繁杂的妃嫔寻找一套新的等级序列，确立后宫的秩序。

后唐庄宗李存勖以好美色、多内宠著称。《新五代史》称："至庄宗时，后宫之数尤多。"[②]《旧五代史》亦曾提及庄宗广采女子以充内宫的事迹："时宫苑使王允平、伶人景进为帝广采宫人，不择良家委巷，殆千余人，车驾不给，载以牛车，累累于路焉。"[③] 仅仅一次搜罗就扩充后宫女

---

① 《新五代史》卷一三《梁家人传第一》，第 127—132 页。
② 《新五代史》卷一四《唐太祖家人传第二》，第 146 页。
③ 《旧五代史》卷三二《唐书八·庄宗纪第六》，第 447 页。

子千余人，庄宗的后宫规模可想而知。后周太祖郭威之妻、世宗柴荣姑母柴皇后，即曾为庄宗的嫔御。[①] 作为曾经以晋阳一镇定鼎中原的马上皇帝，庄宗在登基后，广纳后宫奢侈无度，对跟随他打天下的将士却极为吝啬。据《北梦琐言》，当时京城军队已至不能温饱的程度，宰相上表请求以内库金帛赏军，而庄宗刘皇后"将出妆具银盆两口，皇子满喜等三人，令鬻以赡军"，[②] 贪婪爱财程度令人咋舌。待邺都兵变，自身统治危在旦夕时，庄宗才"出钱帛给赐诸军"，但诸军皆骂曰"吾妻子已殍矣，用此奚为"，[③] 再不肯为庄宗效命。故而，史官在评价庄宗打天下的作为时，给予了"虽少康之嗣夏配天，光武之膺图受命，亦无以加也"的高度评价，对其治理天下的作为则称：

　　岂不以骄于骤胜，逸于居安，忘栉沐之艰难，狗色禽之荒乐。外则伶人乱政，内则牝鸡司晨。靳吝货财，激六师之愤怒；征搜舆赋，竭万姓之脂膏。大臣无罪以获诛，众口吞声而避祸。夫有一于此，未或不亡，矧咸有之，不亡何待！[④]

将之视为前明后昏、耽于享乐以致城破身死的典型。

　　庄宗的后宫规模庞大，原有的妃嫔称号不能满足需要，故而庄宗创置了很多新的妃嫔名号。如《新五代史》所言，"有昭容、昭仪、昭媛、出使、御正、侍真、懿才、咸一、瑶芳、懿德、宣一等，其余名号，不可胜纪"，[⑤] 其中所列，除昭容、昭仪、昭媛为传统的九嫔称号之外，其余并非原有的嫔妃称号。王艳认为，庄宗采用了"司簿"等原本专属于宫廷

① 王称：《东都事略》卷二一《张永德传》，孙言诚、崔国光点校，齐鲁书社，2000，第169页。
② 孙光宪：《北梦琐言》卷一八《刘皇后答父》，贾二强校点，中华书局，2002，第333页。
③ 《旧五代史》卷三四《唐书十·庄宗纪第八》，第475页。
④ 《旧五代史》卷三四《唐书十·庄宗纪第八》，第479页。
⑤ 《新五代史》卷一四《唐太祖家人传第二》，第146页。

女官的称号，加之以"楚真""德美"等美名，用以作为嫔妃的名号。①
之所以如此，是因为原有的妃嫔称号皆有定数。按唐制，内命妇中四妃为
正一品，九嫔为正二品，其下有三品婕妤九人，四品美人九人，五品才人
九人，等等。② 可见，原有的内命妇名号员额有限，难以安置庄宗数量庞
大的嫔妃，故庄宗创建了大量新嫔妃称号。但这些称号中有的本身并无品
级，类似于外朝官员的使职差遣，故而需要另一套序列来确定其级别。每
个等级皆有定额的内命妇序列显然不能满足需要，故庄宗吸取晚唐内夫人
之故智，直接引入已经发展成熟的外命妇序列，解决了这一问题。

外命妇主要是加于官员母亲、妻子的称号，每个品级并无定额，视各
级别官员的数量而定，在被加于嫔妃之身时，可以很好地表示嫔妃的级
别，其作用类似于唐朝前期被称为"本品"的文武散官，以及唐朝后期
使职差遣盛行后日渐阶官化的职事官。以至于妃位以下，哪怕是旧有妃嫔
称号体系内的昭仪、昭容等，也兼有"国夫人"称号，目的就是标识其
级别。以庄宗同光二年大封嫔妃敕为例，带国夫人称号的有昭仪侯氏、昭
容夏氏、昭媛白氏、出使美宣邓氏、御正楚真张氏、司簿德美周氏，封郡
夫人者有侍真吴氏、懿才王氏、咸一韩氏、瑶芳张氏、懿德王氏、宣一马
氏。依唐制，国夫人为一品官员及国公的母亲、妻子之称号，郡夫人为三
品以上官员母亲和妻子的称号。③ 在晚唐时期，国夫人和郡夫人被作为身
份卑微无法获得传统序列妃嫔称号的低级妃嫔的头衔，地位尚不如才人。
但在李存勖时期确立的后宫制度中，国夫人和郡夫人称号恢复了其显赫的
地位。册封诏书中，先书头衔为"国夫人"者，后及"郡夫人"，显然，
外命妇称号的高低有了标识嫔妃等级的作用。昭仪、昭容均为高位嫔妃，
但仍需加一"国夫人"称号。而庄宗未称帝时，妻妾中地位最高的韩氏、
伊氏、刘氏，亦是由国夫人而晋为皇后和妃。唐末帝李从珂为明宗李嗣源

---

① 王艳：《唐五代宫官制度研究》，第 60 页。
② 李林甫等：《唐六典》卷二《尚书吏部》，陈仲夫点校，中华书局，2014，第 38 页。
③ 李林甫等：《唐六典》卷二《尚书吏部》，第 39 页。

养子，其母宣献皇后魏氏，在明宗时称号不详，但外命妇号为鲁国夫人。① 魏氏本为明宗出征时掳掠来的女子，其子时年十余岁，因此成了明宗的养子，即末帝李从珂。② 李从珂其后跟随明宗，屡立战功，明宗即位后封潞王，镇守一方。不论是自身较早成为明宗姜室的资历，还是有一位战功卓著、威名赫赫的儿子，魏氏在明宗众妻姜中地位都不会低。明宗登基后，追封已经去世的魏氏为鲁国夫人，亦可知国夫人称号在当时的妃嫔群体中绝非卑微。可见，在李存勖确立并由此后五代诸帝所继承的后宫架构中，国夫人并非晚唐时期的低位嫔妃专属，而是高位嫔妃的头衔。外命妇称号作为妃位以下嫔妃都有的兼衔后，开始具有标记后宫嫔妃等级的作用，为众多拥有不在原后妃头衔序列中的新称号的妃嫔，确立了级别定位。

　　庄宗之后，明宗舍弃了使用美号为后宫嫔妃称号的做法，但仍将唐、五代的宫廷女官职位加于妃嫔之身，内官制度与宫官制度的合流趋势仍在继续。③ 但与此同时，明宗并未放弃妃嫔兼外命妇称号的制度，甚至将之进一步发展。《五代会要》记载：

　　　　明宗德妃王氏，天成三年正月册，至长兴二年四月，追号淑妃，应顺元年闰正月十三日，册为太妃，至周广顺元年四月，追谥贤妃。昭仪王氏，封齐国夫人。昭容葛氏，封周国夫人。昭媛刘氏，封赵国夫人。孙氏，封楚国夫人。御正张氏，封曹国夫人。司宝郭氏，封魏国夫人。司赞于氏，封郑国夫人。尚服王氏，封卫国夫人。司记崔氏，封蔡国夫人。司膳翟氏，封滕国夫人。司酝吴氏，封莒国夫人。婕妤高氏，封渤海郡夫人。美人沈氏，封太原郡夫人。顺御朱氏，封吴郡夫人。司饰聊氏，封颍川郡夫人。司衣刘氏，封彭城郡夫人。司

---

① 王溥：《五代会要》卷一《皇后》，第10页。
② 《旧五代史》卷四六《唐书二十二·末帝纪上》，第625页。
③ 王艳：《唐五代宫官制度研究》，第61—62页。

药孟氏，封咸阳郡夫人。梳篦张氏，封清河郡夫人。衣服王氏，封太原郡夫人。栉篦傅氏，封颍川郡夫人。知客张氏，赐号尚书。故江氏，追封济阳郡夫人。以上皆长兴三年（932）九月敕。其名号，皆中书门下按六典内职，叙而行之。内人李氏，封陇西县君。崔氏，封清河县君。李氏，封成纪县君。田氏，封咸阳县君。白氏，封南阳县君。并长兴四年二月敕。按前代内职，皆无封君之礼，此一时之制职。①

其中，昭仪、昭容、昭媛为原有的内命妇系统妃嫔称号，御正、司宝、司赞等为宫官系统的女官职位，"梳篦""知客"等不见于此前的宫官系统，王艳认为是五代时期新出现的女官名。②

这里值得注意的有两点。其一是各位妃嫔的排序。册封诏书中的排序往往反映其地位排名。如司宝郭氏，其"司宝"职位在唐代隶属后宫之尚服局，品阶仅为正六品。③ 而婕妤高氏，其"婕妤"在唐代为正式的妃嫔称号，正三品。④ 理论上，高氏地位当远高于郭氏。但在册封诏书中，郭氏则居高氏之前。究其原因，即郭氏的外命妇号"魏国夫人"高于高氏的"渤海郡夫人"。可见，此时宫妃的外命妇号仍延续庄宗时期的制度，起到标识妃嫔地位的"本品"的作用。若邑号相同，则有唐制中正式妃嫔称号的地位更高。如国夫人一级中，以头衔为唐制九嫔的昭仪王氏、昭容葛氏、昭媛刘氏居首。郡夫人一级中，则列婕妤高氏、美人沈氏于前。其二，县君作为低于国夫人、郡夫人的外命妇称号，开始出现在妃嫔的称号中。唐制"五品，若勋官三品有封，母、妻为县君"。⑤ 拥有县君头衔的李氏、田氏、白氏并无正式称号，只称呼内人，她们在宫中的地

---

① 王溥：《五代会要》卷一《内职》，第12页。

② 王艳：《唐五代宫官制度研究》，第61页。

③ 李林甫等：《唐六典》卷一二《内官宫官内侍省》，第350—351页。

④ 李林甫等：《唐六典》卷二《尚书吏部》，第38页。

⑤ 李林甫等：《唐六典》卷二《尚书吏部》，第39页。

位应即类似唐末的"内夫人"，是低位嫔妃。至此，以外命妇号为嫔妃兼号的制度完全成熟，其覆盖范围上至九嫔级别的高位嫔妃，下至连正式称号都没有的低级嫔妃。据现有材料来看，妃嫔的外命妇号包含国夫人、郡夫人、县君三个级别而无郡君。这一制度为此后的唐闵帝、唐末帝及后晋、后周诸帝所继承，后汉情况不详，可能亦遵此制。

五代嫔妃的外命妇头衔，不仅构成了后宫的等级序列，亦是迁转序列。如后晋少帝石重贵开运二年（945）曾下诏："前右御正天水郡夫人赵氏，封卫国夫人。……河南郡夫人元氏，进封齐国夫人。"① 外命妇邑号的提高，代表了她们地位的提升。

有外命妇邑号的嫔妃，在身份由嫔妃转化为外命妇时，其情况亦与前代有所不同。在唐代，有儿子的嫔妃，不论自身等级高低，在皇帝丈夫去世且儿子已经封王的情况下，身份会由内命妇系统转入外命妇系统，根据儿子的封号而被称为某王太妃。如唐宣宗李忱，其母宪宗孝明皇后郑氏，一说本姓尔朱氏，初为叛将镇海军节度使李锜的侍妾，李锜事败后被没入掖庭，服侍郭贵妃也就是穆宗的生母懿安太后，得幸于宪宗，生下了光王即后来的宣宗李忱，为光王太妃。② 郑氏姓氏说法不一，出身应比较低微，且是以罪臣侍妾的身份被没入掖庭为婢，在服侍贵妃时得到皇帝宠幸的，她在宪宗后宫中的地位应该比较低，绝非妃、嫔这样的高位。但在宪宗去世、儿子封王后，仍被称为光王太妃。而五代开始让妃嫔兼外命妇头衔后，情况则有所不同。前文所述唐末帝李从珂之母魏氏，在丈夫登基前已经去世。在儿子被封为潞王，丈夫明宗去世后，依唐制她的头衔应为潞王太妃，但事实上在末帝登基前，她的称号为"鲁国太夫人"。由此推测，在妃嫔兼有外命妇称号的制度下，妃嫔即使在丈夫去世、儿子封王的情况下，其转入外命妇系统后的头衔仍为自己的邑号，只将"夫人"改作"太夫人"，而非跟随儿子的封号被称作某王太妃。

① 王溥：《五代会要》卷一《内职》，第12—13页。
② 《新唐书》卷七七《后妃传下》，第3505页。

除了确立妃嫔的等级之外，在构建后宫秩序方面，妃嫔用外命妇制度还有一重作用，即能有效标识妃嫔的个人身份，抬升其地位。在旧有的内命妇系统中，只有皇后和妃、嫔等高位嫔妃的称号独一无二，能起到标识个人身份的作用；其下的婕妤、才人等，则均非独有称号，而是数人共享。而外命妇的称号又被称作邑号，其结构是地名或国名与等级的结合，如魏国夫人、琅琊郡夫人等，相较于内命妇的称号有更多的变化，可以起到标识个人身份的效果。从这一角度出发，嫔妃用外命妇称号还有一层意义，即可以掩饰卑微出身。五代时期，虽然传统士族已经在唐末的黄巢起义中受到严重打击，但对名家大姓的尊崇仍是一种普遍的社会心理，攀附郡望、冒姓士族的情况仍然存在。考察史料中所见到的五代嫔妃外命妇称号可以发现，她们的邑号与自身姓氏的著名郡望有明显的对应关系。如后唐庄宗懿才王氏，封太原郡夫人，太原王氏为隋唐时期天下第一等望族"五姓七望"之一。咸一韩氏，封昌黎郡夫人，而昌黎棘城，在韩氏诸郡望中最为显赫。[①] 明宗内人李氏，封陇西县君，陇西李氏同样为"五姓七望"之一，李唐皇室亦攀附此族。五代帝王的后宫女子，很多出身卑微，而有本姓的著名郡望加于外命妇称号之前，则会给人以她们出身名家的印象，部分妃嫔看起来甚至像唐朝时在士人心目中地位高于皇室公主的"五姓女"。而通过邑号抬升外界对后宫女子出身的想象，则有助于进一步树立君主本身的权威。值得注意的是，在攀附名家心理的影响下，五代妃嫔中会出现"撞邑号"的情况。例如后周太祖郭威的后宫中，就有司宝王氏和司正王氏，并为琅琊县君；典宝李氏和尚食李氏，并为陇西县君。[②] 在这种情况下，标识身份的功能即让位于抬升地位的功能了。

综上所述，五代时期妃嫔用外命妇制度之所以能够确立，除了庄宗李存勖希望自然完成从后宅到后宫的过渡外，亦有现实政治需要，即为规模庞大且称号复杂的后宫女子确立一套等级秩序。这套通过外命妇称号来确

---

① 林宝：《元和姓纂》卷四，岑仲勉校记，中华书局，1994，第487—492页。
② 王溥：《五代会要》卷一《内职》，第13页。

立后宫序列，标识各类身具女官、美号或类似"使职差遣"称号的宫妃之地位的后宫秩序，初现于庄宗时代，成熟于明宗时代。外命妇称号还起到了标识宫妃个人身份、抬升宫妃社会地位的多重功能。可以说，借用外命妇称号序列以系之于妃嫔，是五代建立后宫秩序的重要手段。

## 三　崇古与绍唐：法理性的考量

五代妃嫔带外命妇邑号的后宫制度，毫无疑问是对晚唐出现的"内夫人"的继承与发展。前文已述，此制之所以在后唐同光年间确立，一方面是庄宗李存勖即位后力图平稳完成从后宅到后宫的过渡，另一方面则是其后宫规模空前庞大，亟须为之确立一套新的秩序。此处尚有一点疑问，即李存勖为何采用了晚唐"内夫人"之故智加以改造，而非另起炉灶建立一套新的等级制度。庄宗当时的思虑，根据现有史料实难知晓，此处仅根据后唐王朝的特质略做推测。庄宗选择采用晚唐的做法加以改造，让妃位以下的嫔妃都带外命妇之邑号，可能有崇古和绍唐两重用意，而这两重用意，均是为了弥补自身统治法理性的先天缺陷。

所谓崇古，即尊崇反映上古中原礼乐文明的重要文献《礼记》。《礼记》中提到："古者，天子后立六宫、三夫人、九嫔、二十七世妇、八十一御妻，以听天下之内治，以明章妇顺，故天下内和而家理。"[1] 可见在儒家的观念里，上古君王的后宫中即有以夫人为号者。其后，夫人作为后宫妃嫔的称号，长期存在于中原王朝的历史中。如汉武帝之李夫人、钩弋夫人，隋文帝的容华夫人、宣华夫人。在唐朝的后宫制度中，虽仍以四妃比附三夫人，[2] 但已经没有正式的夫人称号了，晚唐出现的"内夫人"不过是不入传统后宫序列的低位嫔妃的称号。后唐则将嫔妃使用外命妇邑号的覆盖范围扩大，使部分高位嫔妃重新有了一"夫人"称号，某种程度

---

① 郑玄注《礼记注》卷二〇《昏义第四十四》，王锷点校，中华书局，2021，第803页。
② 李林甫等：《唐六典》卷二《尚书吏部》，第38页。

上可以说是对唐以前高位妃嫔以夫人为号传统的一种回归，同时也是对《礼记》所记理想后宫制度的一种比附。之所以如此，盖因后唐皇室出自沙陀。虽然沙陀部在迁移过程中吸收了很多其他成分，在唐末已经成为一来源复杂的政治集团，但后唐诸帝，仍认同自己并非汉人。庄宗李存勖曾在龙门雷山祭祀天神，此并非中原王朝传统的祭天仪式，而是"从北俗之旧事"，① 此处之"北俗"，即草原部族的习俗。"国之大事，在祀与戎"，皇帝亲自主持的国家祭祀中遵从草原民族的习俗，足见庄宗心目中仍认同自己是沙陀人。明宗李嗣源登基后，常于宫中焚香告天："某胡人，因乱为众所推，愿天早生圣人，为生民主。"② 更是明确表达了自己的民族认同。自身既不讳言，天下自然共知。后唐李氏以沙陀族而君临中原，其统治的法理性是先天不足的，故从心理上，他们更希望能够说明自己心向华夏礼乐，来弥补出身北族带来的法理性缺陷。以夫人号冠于嫔妃之身，来比附儒家经典中的后宫制度，可能是他们用以展现自身尊崇华夏礼乐文明的一种手段。

妃嫔用邑号的另一重可能的用意，是通过继承唐制来完善自身的法理性基础。虽然在唐朝，这一制度尚处于萌芽阶段，邑号只被用于低级嫔妃，但这终究是晚唐时期创置的制度。庄宗之所以没有另起炉灶，建立一套自身独有的后宫等级序列，而是选择沿用唐制加以创新，有可能是为了表明自身唐朝正统继承者的身份。沙陀李氏本姓朱邪，因李存勖的祖父朱邪赤心在咸通年间讨伐庞勋有功，被唐懿宗赐姓李氏，改名国昌，并将其家族编入李唐宗室郑王一房，身份一变而成为帝室之胄。③ 故而在唐末乱世中，李氏以晋阳为根据地逐鹿天下，一直以尽忠帝室、匡扶国难作为政治宣传。天祐四年（907），后梁太祖朱温逼唐哀帝李柷禅位，正式称帝，但李存勖的父亲晋王李克用拒绝奉梁正朔，仍在辖区内使用唐昭宗、哀帝的天祐年号。李存勖正式称帝后，在晋阳建立七庙，除了自己的曾祖、祖

① 《旧五代史》卷三二《唐纪八·庄宗纪第六》，第438页。
② 《资治通鉴》卷二七八，明宗长兴四年，第9095页。
③ 《旧五代史》卷二五《唐纪一·武皇纪上》，第332页。

父、父亲外，还为唐高祖李渊、唐太宗李世民、唐懿宗李漼、唐昭宗李晔立庙。高祖、太宗为唐朝定业开基之祖，懿宗为李国昌赐姓，将之纳入李唐宗室，昭宗封李克用为晋王。为唐之四帝立庙，可见在李存勖的政治宣传中，后唐并非一个用唐之名的新王朝，而是李唐皇室中兴国祚。《旧五代史》中对李存勖灭朱梁、平汴洛的评价亦是"家仇既雪，国祚中兴，虽少康之嗣夏配天，光武之膺图受命，亦无以加也"，[①] 将庄宗与夏之少康、汉之光武帝两位中兴之君相提并论，庄宗称帝为中兴李唐确实是当时的官方语境。在这种情况下，于制度建设上延续唐制，以凸显自身唐室正统的地位，是构建王朝政治合法性的自然选择。而晚唐的懿宗和昭宗又被庄宗奉入七庙，是后唐李氏所以能自称帝室之胄的法理性来源，故对于晚唐时期产生的制度，庄宗不能不有所留意。此盖为庄宗以唐末"内夫人"之故智应用于自身庞大后宫之现实，来构建新的后宫制度的原因所在。在庄宗之后，明宗李嗣源改革后宫制度时，除了将妃嫔所兼之邑号下扩至县君，还创置了许多新的称号，"其名号，皆中书门下按六典内职，叙而行之"。[②] 此处之"六典"即《唐六典》，是盛唐时期在唐玄宗李隆基的命令下编成的一部重要的制度典籍，总结了唐朝开国百余年的官制变化。明宗给妃嫔的新称号，多来自《唐六典》所记载的宫廷女官称号。可见，后唐的制度建设过程确实有刻意取法唐制的因素。可以说，包括妃嫔兼用外命妇邑号的做法在内，后唐用自身的制度实践来不断完善李唐正统继承人的法理性依据。

综上所述，后唐之所以建立妃嫔使用外命妇邑号的制度，除了现实的政治考量外，其背后可能还有更深一层的考虑，即以此展示自身对礼乐文化的尊重，同时在制度上突出本朝为李唐之延续，增强沙陀李氏君临中原的法理性依据。

---

① 《旧五代史》卷三四《唐纪十·庄宗纪第八》，第 479 页。
② 王溥：《五代会要》卷一《内职》，第 12 页。

# 结　语

　　创立于后唐并为其后五代诸帝所承袭的妃位以下嫔妃兼有外命妇邑号的制度，是我国古代一种独特的后宫制度，其制度灵感来源于晚唐时期给无法获得正式妃嫔称号的低级嫔妃冠以外命妇邑号的"内夫人"之制，完美适配了五代皇室多由藩镇而登九五的时代特点和庄宗时期后宫规模庞大的政治现实，为妃嫔称号繁多的五代后宫构建了一套相对严密的等级制度，展现了五代独特的时代风貌。晚唐的内夫人制度之所以出现，是因皇帝多出身于十六王宅，身边宫人出身卑微，无法获得原后宫等级序列中的正式妃嫔称号，可以说是因政治现实而诞生的一种制度变形。而后唐的庄宗、明宗，则出于现实的后宫状况，大概也有宣扬自身唐朝正统继承人身份的需要，将这种变形的覆盖范围扩大化、制度化，形成了五代时期的一种制度常态。但在北宋终结五代乱局之后，邑号在宫中似用于女官和低级妃嫔，不复为九嫔等高级嫔妃的兼衔。① 这一套以外命妇邑号标识妃位以下嫔妃等级的后宫制度，终于如历任后周、北宋两朝宰相的王溥所言，"前代内职，皆无封君之礼，此一时之制职"，以制度变形的形象被记录于史册之中。

---

① 徐松辑《宋会要辑稿·后妃四·内职》，刘琳、刁忠民、舒大刚、尹波等点校，上海古籍出版社，2014，第323页。

# 道教与南唐正统问题新探

姜　山

## 引　言

南唐是五代十国时期南方主要政权之一。受中原正统观影响，南唐不仅难被北方诸政权视为正统，其自身也在"唐后"与藩镇的定位间徘徊不定。① 多在南宋等特殊时期，南唐才由于政治需要及其文化地位，被部分视为正统。② 在文学艺术这一南唐大放异彩的领域之外，学者探索南唐史的热情总体而言不及北方五代。③

首先将南唐道教作为一个独立主体做系统性讨论的应是任爽，他在《南唐史》中以较大篇幅讨论了烈祖、后主时期的宗教政策和宗教发展，认为南唐佛道争端与土侨矛盾之间关系密切，并推测域内土侨政治力量的变化深刻影响了南唐道教由盛转衰、佛教走向独尊的宗教走向。④ 然而，土侨、集团的划分思路，在南唐的时间和空间范围之内似乎不能成立。杜文玉曾指出两党不是以地域而是以"北伐"这一具体问题上的分歧为界线，但并没有进一步讨论南唐道教发展的影响因素。⑤

---

① 金宗燮：《五代政局变化与文人出仕观》，《唐研究》第 9 卷，北京大学出版社，2003，第 491—507 页。

② 刘浦江：《正统论下的五代史观》，《唐研究》第 11 卷，北京大学出版社，2005，第 73—94 页。此文后收入氏著《正统与华夷：中国传统政治文化研究》，中华书局，2017，第 35—60 页。

③ 邹劲风：《南唐国史》，南京大学出版社，2000。

④ 任爽：《南唐史》，东北师范大学出版社，1995。任书关于南唐党争问题的讨论基于其《南唐党争试探》（《求是学刊》1985 年第 5 期）一文。

⑤ 杜文玉：《南唐党争评述——与任爽同志商榷》，《渭南师专学报》1991 年第 1—2 期。

　　由政治论宗教的著作之外，亦有学者采用由宗教观政治的写作模式，主要体现为以宗派为核心的南唐道派研究。茅山是唐时期有全国影响力的道教名区，相关研究自然延伸到了它在后世的发展。坂内荣夫、雷闻先后辨析了吴、唐之际的茅山道士邓启霞、王栖霞的生平叙事。[①] 在此基础上，何安平讨论了盛唐时期的全国性宗教茅山宗在晚唐、十国时期回归地方性并影响江南文化发展的问题。[②] 茅山被视为唐宋之际江南地区道教的当然代表，尤其在旁及唐宋、综合性较强的著作中，南唐道教基本被视同于茅山道教。[③] 另一支在江西本土发展的道派——孝道派，则乏人问津。[④]

---

①　在 20 世纪 80 年代，坂内荣夫就在《王棲霞とその時代—五代道教初探—》（《東方宗教》第 72 号，1988 年，第 1—19 页）一文中介绍了吴、唐之际茅山高道王栖霞、邓启霞的生平。雷闻《碑志所见的麻姑山邓氏——一个唐代道教世家的初步考察》（《唐研究》第 17 卷，北京大学出版社，2011，第 39—70 页）一文亦下及邓启霞，指出他是五代时期道士攀附道教高门的一个典型。

②　前者见何安平《以回归为转型——中唐至五代时的茅山宗师及其地方活动》，武汉大学中国三至九世纪研究所编《魏晋南北朝隋唐史资料》第 45 辑，上海古籍出版社，2022，第 242—260 页；后者见《平生心事向玄关——徐铉与道教》，《宁波大学学报》2021 年第 5 期。

③　如李平《晚唐五代道教修道变迁研究》，博士学位论文，清华大学，2010。在此基础上作者修订出版了《宫观之外的长生与成仙——晚唐五代道教修道变迁研究》（中央编译出版社，2014），本文引用都来自 2014 年出版物，其中关于五代十国道教的讨论主要在第七章"五代道教与修道管窥"（第 247—292 页）。又如张维玲在近著《从天书时代到古文运动：北宋前期的政治过程》（台北：台大出版中心，2021）中探讨了徐铉与天书运动的关系，尤其在第二章"走向'太平'"讨论了徐铉的道教思想，并在第三章第二节"孝治：东封、西祀与圣祖降神"讨论了孝治在真宗道教运动中的重要地位。但作者过于重视徐铉与茅山宗的关系，忽视了南唐中晚期政治和宗教重心西移的趋势，以及徐铉与孝道派和倪少通道团的关系，这正是本文第三部分主要讨论的问题。徐铉强调"孝"的精神情感、真宗重视孝治的意义，模仿玄宗崇孝行为是遥远的追比，和孝道派之间的联系显然更为直接。

④　孝道派是宋元以降重要道派净明道的前身，奉许逊为祖师，以江西为活动中心。秋月观暎《中國近世道教の形成：淨明道の基礎の研究》（創文社，1978。有丁培仁中译本《中国近世道教的形成：净明道的基础研究》，中国社会科学出版社，2005）标志着净明道研究初成体系。尽管作者在自序中就提到孙克宽教授关于南昌西山许逊信仰从东晋至南唐都十分兴盛的判断，该书中却几乎不见任何出自南唐的史料或有关南唐时期许逊信仰的论述。许蔚《断裂与建构：净明道的历史与文献》（上海书店出版社，2014）一书后出转精，详细讨论了孝道—净明派从六朝至明清的发展。最为可贵的是，该书的四个附录对净明道的关系书目、《道藏》所见净明道书做了梳理，分章析注了《孝道吴许二真君传》，并收集整理了金石资料所见许逊信仰及净明道相关内容，极大地便利了后来者的研究。

本文认为，讨论南唐早中期道教与政权的合作关系，以孝道派为代表的江西道教是不可或缺的研究对象。可以说，江西道教参与政教合作的热情较茅山为高。本文包含以下三个层次，首先分析政教双方合作的历史背景，即道教在南唐的特殊意义。其次厘清具体而言谁是真正的"双方"：南唐朝廷自不待言，宗教一方的代表在茅山之外另有他者。最后分析政教双方"共建正统"的内容和效果，以期揭示五代十国时期"正统"概念的重要性，以及其时政教关系的模式之一。

## 一　南唐储争中所见道教之意义

南唐建立者李昪身世不详，初被吴太祖杨行密所鞠，后成为重臣徐温的养子，以徐知诰的身份度过了为人臣子的岁月。过人的才干和抱负引起义兄弟的忌惮，不堪久居人下的他终于决定另立门户。早年的颠沛逆境此时反成助力，为其攀附李唐皇室留出足够的空间。[1]　由此，南唐可以自然承袭李唐的政治遗产，包括坚持崇老奉道的宗教政策，借助其神圣地位和招贤纳隐的功能。李昪自己也迷信道术丹鼎之事。在预备禅代时，他便"自以居揖让之际，非老旧无以临众，乃服白发药，一夕皓然"。[2]　得国后，更依赖方士史守冲的灵药，"以为神而饵之"。[3]　继续奉道教为尊，是其自然选择。

水到渠成的宗教安排，在李昪晚年选择继承人时却引发了一系列矛盾。作为嫡长子，李璟本来是当然的储君。偏偏李璟笃信佛教，使李昪更加偏爱自小与道教表现出特殊"缘分"的二子景迁和四子景达。

---

[1]　《新五代史》卷六二《南唐世家》，中华书局，1974，第767页。

[2]　佚名：《江南余载》卷下，大象出版社，2019，第69页。

[3]　李昪最终亦因服食丹药而暴卒。他死前告诫嗣主李璟称："吾饵金石，始欲益寿，乃更伤生，汝宜戒之！"［《资治通鉴》卷二八三，后晋天福八年（943）条，中华书局，1956，第9244页］

身为次子的景迁，"幼警敏，读书一览辄不忘"，为宋齐丘等元老看重。[①] 宋齐丘明了主上迷信道教尤其是道术的性格，自己于道教亦颇有心得，且多与术士往来。[②] 或许是在宋齐丘等人的授意下，活跃在李昪身边的术士团体交赞景迁"贵不可言"。[③] 李昪愈加重视次子，为其迎娶吴睿帝女上饶公主，长子则被迫与政敌结亲。[④] 欲以禅让方式夺取政权的李昪如此安排，隐约流露出他在后继问题上的倾向。然而，就在李昪登基的前数月，景迁病故，年仅十九岁，其妻上饶公主不久亦谢世。[⑤]

烈祖并未放弃废长立幼的想法。李昪最幼的嫡子景达，与道教有不解之缘。吴顺义四年（924）大旱，景达与雩祀得来的甘霖同一日降临人间，大喜过望的父亲以"雨师"称呼这个祥瑞般的儿子。稍长之后，景达发现博取父亲认同的法门，成为狂热的神仙道信徒，甚至同奉道的幕僚徐铉写下《述仙赋》劝其适度。[⑥] 术士将希望转移到景达身上。烈祖将受吴禅时，请术士为诸子相面，相者赞扬景达"此虽不及于公，然善持守者也"，酷爱释氏的嗣主却得到"只恐不了公家事"的恶评。[⑦] 据传烈祖逝世时欲召身在东都的幼子回京嗣位。[⑧] 任爽《南唐史》认为此说不确，不过，其中至少反映出李璟继位前后确实存在先父欲立诸弟和大臣意不附

① 马令《南唐书》卷七谓："宋齐丘每忌元宗，欲自结于景迁，乃荐陈觉为景迁教授……以景迁幼懦，他日得国授之，己为元老，易于窥窃。"（傅璇琮、徐海荣、徐吉军主编《五代史书汇编》，杭州出版社，2004，第5309页）

② 据《江南余载》卷上："宋齐丘好交术士，得罪之日，出入其门者盖八百人。"（第63页）

③ 陆游：《南唐书》卷一六《李景迁传》，钱仲联、马亚中主编《陆游全集校注》，浙江古籍出版社，2015，第90页。

④ 陈彭年《江南别录》："虔州刺史钟章恃功放恣，烈祖欲绳其罪。义祖曰：'昔无章，吾已死于颢手，汝曹安所托乎？今日富贵，章之力也，背之岂人理？'乃令以章女配元宗。"（大象出版社，2019，第145页）

⑤ 《十国春秋》卷四《上饶公主传》，中华书局，2010，第84页。

⑥ 陆游：《南唐书》卷一六《李景达传》，钱仲联、马亚中主编《陆游全集校注》，第93—95页。

⑦ 龙衮：《江南野史》卷二，大象出版社，2019，第105页。

⑧ 佚名：《五国故事》卷上，大象出版社，2019，第86页。

己的艰难局面。① 根基不稳的元宗权衡之下，将景遂立为太弟，名义上将"以次及景达"，② 实则绝其所望。

原本低调行事的景遂一时被推上风口浪尖。此时，李璟长子弘冀已是骁勇果决的青年将领，以亲王身份出镇大藩，又身负"有一真人在冀川，开口张弓向左边"③ 的天子之谶。皇子时期从未公开宣扬自己信仰的太弟"取《老子》'功成名遂身退'之意，自为字曰退身，以见志"。④ 景遂的谦恭未能使长兄满意。讨论出使契丹人选时，兄弟二人为御史大夫张易发生争执。景遂认为"易，国士也，宜夙夜纳诲。今使航不测之渊，报聘远夷，非国之利"，元宗则答复以"易固奇士，海神当畏之"。⑤ 看似不经的驳回实则内涵丰富。张易之奇，一方面在他是当时以骨鲠闻名的直臣，另一方面则在于他曾游学长白、王屋、嵩山等道教名区，与景遂有亲近宗教背景。⑥ "海神当畏"，或与景遂的许逊信仰有关。许逊是洪州孝道派尊奉的祖师，世传能镇蛟治水，在江西一带被视为水神。以其所信驳其所请，既是作为皇帝的元宗提防太弟拉拢大臣的表现，亦是作为佛教信徒的李璟在私人场合真实流露出他讥诮、轻蔑道教之情。在元宗取消景遂太弟之位，命其出镇改封晋王后，弘冀仍然杀之以绝后患，并依托叔父的宗教信仰，传出景遂为真君许逊所召、升见上帝的言论。⑦ 李璟本亦欲借由此说将弘冀轻轻放过，但此后弘冀表现出危及皇权的过强野心，元宗不得不谋

① 任爽认为烈祖所传召的并非景达而是景遂，详见氏著《南唐史》，第137—138 页。
② 陆游：《南唐书》卷一六《李景达传》，钱仲联、马亚中主编《陆游全集校注》，第93 页。
③ 惠洪《林间录》卷上："杨文公《谈苑》记沙门宝志铜牌记谶未来事，云：'有一真人在冀川，开口张弓在左边，子子孙孙万万年。'江南中主名其子曰弘冀，吴越钱镠诸子皆连'弘'字，期以应之。"（大象出版社，2019，第86 页）
④ 陆游：《南唐书》卷一六《李景遂传》，钟仲联、马亚中主编《陆游全集校注》，第91 页。
⑤ 陆游：《南唐书》卷一六《李景遂传》，钟仲联、马亚中主编《陆游全集校注》，第91 页。
⑥ 《十国春秋》卷二五《张易传》，第345—346 页。
⑦ 陆游：《南唐书》卷一六《李景遂传》，钟仲联、马亚中主编《陆游全集校注》，第92 页。

废长立幼之事。①

再略谈一下庶子景遏，与同父异母的几位兄弟不同，景遏很早就丧失继承资格。② 史料中也未见他崇奉道教的例证，却有他明确反佛的记载。他诽毁佛经的行为，主要是出于对佛教扰乱政治的担忧，表明与"元宗、后主皆酷好浮屠，群臣化之"③ 相反的政治立场。

那么，元宗继位后果然将道教弃若敝屣吗？答案也是否定的。李璟清楚地认识到其父以道教为核心的宗教政策不会也不能动摇，作为自诩的李唐皇室继承人，在江南这块道风蔚然的土地上，以道教作为国家宗教是最明智的政治选择。在皇子时期，李璟已与道教中人交往。例如当时汲汲于蜀、楚、唐等南方数个政权之间的道教文学家沈彬，在吴唐禅代之际早早向李昇献诚投诗"须知手笔安排定，不怕山河整顿难"。④ 烈祖认为沈彬东游有引导士风、安定人心的作用，授其秘书郎的官职，李璟亦在其父授意下与沈彬交游：

> （沈彬）与元宗游，俄乞骸骨还山，以吏部郎中致仕。元宗迁南都，彬年八十余，来见，曰："臣久处山林，不预世事。臣妻曰：'君主人郎君今为天子，何不一往。'臣遂忘衰老而来。"元宗命无拜，厚赐粟帛，以其子元为秘书省正字……次子廷瑞，有道术，人皆

---

① 陆游：《南唐书》卷一六《李弘冀传》，钟仲联、马亚中主编《陆游全集校注》，第100—101页。

② 据《资治通鉴》："唐主幼子景遏，母种氏有宠，齐王璟母宋皇后稀得进见。唐主如璟宫，遇璟亲调乐器，大怒，诮让者数日。种氏乘间言，景遏虽幼而慧，可以为嗣。唐主怒曰：'子有过，父训之，常事也。国家大计，女子何得预知！'即命嫁之。"［卷二八三，后晋天福八年（943）条，第9244页］此据陈彭年《江南别录》；马令则称烈祖将种氏"摔阶下，去簪珥，幽于别宫。数月，命削发为尼"（《南唐书》卷六《女宪传》，傅璇琮、徐海荣、徐吉军主编《五代史书汇编》，第5300页）陆游《南唐书》及《十国春秋》沿用此说。按若后者成立，则少年时期的重大变故或许影响了景遏对佛教的看法。

③ 陆游：《南唐书》卷一六《李景遏传》，钱仲联、马亚中主编《陆游全集校注》，第95页。

④ 史温：《钓矶立谈》，大象出版社，2019，第143页。

呼为沈道者。嗜酒却粒，寒暑一单褐，数十年不易。①

虽有故旧之情，元宗继位之后沈彬仍不甚见用，以致子孙恩荫都无着落。直到元宗迁都到其故里洪州时，他才在妻子的提醒下"忘衰老"面见故主，为长子求官，而次子依旧短褐清贫，以致"人怜遗之衣服"，连本县官员都有"沈道士何时成道"之讥问。② 李璟选择交往对象的功利性和其交往的有限程度，说明他对公共责任和私人信仰的清晰区分。

出于政治需要和个人偏好，李昪不仅试图维持李唐时期以道教为国教的宗教政策，更一度倾向于以诸子的宗教信仰作为选择继承人的重要参考。李璟虽倾心释教，也需考虑道教在国家正统性和他个人正统地位上的神圣意义。在储位之争中取得阶段性胜利、登上皇位的李璟要设法让道教继续发挥凝聚人心、巩固统治的宗教和资政功能。在这样的背景下，本文将继续讨论南唐早中期道教与朝廷在正统问题上的合作重心如何由北向南迁徙。

## 二　南唐政权与茅山宗合作之挫折

茅山是历史悠久的道教名区。不仅上清经派起源于茅山，王远知、潘师正、司马承祯、李含光等宗师俱是六朝隋唐时期天下闻名的高道。茅山宗随着大唐一起走向辉煌，亦随之一同在安史之乱后陨落而渐失光彩，晚唐以降遂退缩为江南地区一地方性宗教。③ 尽管深受江南统治者青睐，茅

---

① 陆游：《南唐书》卷七《沈彬传》，钱仲联、马亚中主编《陆游全集校注》，第 222 页。《江南野史》记载略同，唯沈妻之语更为详细冷酷："汝主人郎君今为天子，何不往拜？冀免寒饥，以毕残龄。"（龙衮：《江南野史》卷六《沈彬传》，第 133 页）

② 龙衮：《江南野史》卷六《沈彬传》，第 133 页。

③ 参见何安平《以回归为转型——中唐至五代时的茅山宗师及其地方活动》，《魏晋南北朝隋唐史资料》第 45 辑，第 242—260 页。

山的宗教管理人并不完全认同吴、唐两个政权。道门威仪邓启霞与吴、唐统治者绝少交涉，他的弟子、茅山宗师王栖霞则与南唐统治者保持着微妙的关系。

目前文献中可以算作王栖霞与世俗政权合作的例子，只有杨吴大和三年（931）他奉徐知询命重修茅山灵宝院并作《灵宝院记》。① 其时徐知询因"风痹厥躬"在茅山疗养。这次短暂隐居的政治意味并不浓烈，修缮工作也以恢复唐代原貌为宗旨，是"异代同途，继踵美迹"② 的胸襟开阔之举，但仍然有学者认为灵宝院中象征着李唐建国的"羊角山应现老君"塑像代表了王栖霞知道"大权独揽的徐知诰即将篡位，才故意如此"。③

考察重建灵宝院的空间结构，正殿仅设灵宝天尊一像，老君像在东北隅旧址重建瑞像殿的三间两厦之中，与西南隅的三官堂相对。④ 若王栖霞意在逢迎权臣，不会忽视空间安排中的地位隐喻。老君瑞像殿始建于茅山第十三代宗师李含光时期，初时确系带有"高祖时老君屡降晋州羊角山"的宗教宣扬意味。⑤ 此后或由于李锜之乱影响再度衰败，第十六代宗师孙智清重修灵宝院。⑥ 又经唐末战火，王栖霞在徐知询的资助下"继踵美迹"。可见，老君瑞像并非王栖霞的创制，而是唐以后灵宝院的标志性雕塑。

此外，还存在两个时段上的落差。其一，南唐宣传其正统性的官方口径是"中兴"而非"创业"。灵宝院中虽有象征李唐创业的"羊角山应现老君"像，却无羊角山上象征着安史之乱后李唐中兴的瑞柏。⑦ 其二，吴

---

① 《十国春秋》卷三《吴睿帝本纪》，第 69 页。

② 王栖霞：《灵宝院记》，刘大彬编《茅山志》，上海古籍出版社，2016，第 341 页。

③ 何安平：《以回归为转型——中唐至五代时的茅山宗师及其地方活动》《魏晋南北朝隋唐史资料》第 45 辑，第 258 页。

④ 王栖霞：《灵宝院记》，刘大彬编《茅山志》，第 342 页。

⑤ 刘大彬编《茅山志》，第 273 页。

⑥ 王栖霞：《灵宝院记》，刘大彬编《茅山志》，第 341 页。

⑦ 关于瑞柏李唐中兴之兆，详见雷闻《龙角仙都：一个唐代宗教圣地的塑造与转型》，《复旦学报》2014 年第 6 期，第 94 页。

大和三年李昪尚以"徐知诰"的身份活跃于政坛，禅代之事尚在六年之后，难以断定他是否当时已经表露出攀附李唐宗室的野心。如据传头陀范志嵩犯罪将问斩时，献上所作《赋月诗》"徐徐东海出，渐渐入天衢"，于是"先主闻之私喜而释之"。①诗中并无徐知诰本属李氏之意，只因当时得政"握王权"的东海徐氏代表正是徐知诰，故其以"渐入天衢"自许。前述沈彬献诚投诗，亦无徐知诰继李唐神器的暗示。正如当时史家所言，此次政权更迭的特征是"国中夷然无易姓之戚"，②可见模糊而非明确徐、李二姓之间的区别，才是这一时段的政治风向。灵宝院中的老君像其来有自，并非王栖霞曲意逢迎的政治安排。

在重建灵宝院的插曲之外，吴唐时兴建、重建宫观甚多，其中却不再有王栖霞主持的工程。至于新观落成后刻碑撰文的工作，除了朝廷钦命的文臣、宫观邀请的词客，也有请道教内部德高望重者为之的。如修道庐山的倪少通，在太一观、玉清观、祈仙观都留有碑文，③王栖霞却不再有作品传世。《资治通鉴》称："凡唐主所赐予，栖霞皆不受。栖霞常为人奏章，唐主欲为之筑坛。辞曰：'国用方乏，何暇及此！俟焚章不化，乃当奏请耳。'"④南唐政府修筑宫观仙坛时，往往同时营造宣扬"唐室中兴"的文学景观。栖霞以"国用方乏"为由婉拒唐主，表示其并不愿意作为世俗政权的宗教工具，为其正统地位赋予神圣认同。

同样收入《资治通鉴》的另一则典故更为清晰地展示了王栖霞的真实态度。李昪请教王栖霞"致太平"之道，栖霞竟然直言"王者治心治身，乃治家国。今陛下尚未能去饥嗔饱喜，何论太平！"语中轻蔑之意令

---

① 龙衮：《江南野史》卷一《先主》，第94页。
② 史温：《钓矶立谈》，第143页。
③ 参见王象之《舆地纪胜》卷三〇，浙江古籍出版社，2013，第973页；马蓉等点校《永乐大典方志辑佚》，中华书局，2004，第973、1584页。
④ 《资治通鉴》卷二八三，后晋天福八年（943）条，第9244页。

烈祖一时默然，只能依赖宋后"自帘中称叹，以为至言"来稍做转圜。[①]
皇帝与高道共谋治理升平之术，本是道教发挥其公共职能的典型表现。如
石敬瑭问张荐明"道家可以治国乎？"荐明答曰："道也者，妙万物而为
言，得其极者，尸居衽席之间可以治天地也。"[②] 或如反例，周世宗问陈
抟"飞升、黄白之术"，却被规劝"陛下为天子，当以治天下为务，安用
此为！"[③] 相较之下，王栖霞"饥嗔饱喜，何论太平"的冷嘲，固如《资
治通鉴》所言，是栖霞与史守冲等"挟术以干宠利"之术士相异的优良
品格；同时亦体现出茅山宗作为经历、建设过"盛唐"并直至晚唐五代
仍保持着全国性文化影响力的道团，不愿与南唐小朝廷全面合作，为其正
统性背书。

南唐的统治者也不固执于彼。李氏父子保持了对茅山的尊重，在邓
启霞、王栖霞师徒去世后，由徐锴、徐铉兄弟撰成文章，官为竖碑。双
方的疏离却在表示哀荣的碑文中显现。在邓启霞碑中提到身兼道职的弟
子有：

> 玄博大师真素先生王君栖霞、惠和大师康君可久、茅山威仪王君
> 敬真、麻姑山威仪王君体仁、表叹大德赐紫安君光美、左街焚修大德
> 张混成、庐山道副重安寂，并被国宠，翊于道风，入室弟子故太平观
> 都监陈修一、陈守一，今茅山都监主教门事表叹大德邓栖一、监观倪
> 宏一等，并随其性习，间参道要。[④]

其中，除留守茅山的弟子之外，尚有许多在中央或者如庐山、麻姑山
等南唐南境道教名区管理事务的。在王栖霞碑中提到的弟子：

---

① 《资治通鉴》卷二八三，后晋天福八年（943）条，第9244页。
② 《新五代史》卷三四《张荐明传》，第371页。
③ 《资治通鉴》卷二九三，后周显德三年（956）条，第9561页。
④ 徐锴：《茅山道门威仪邓先生碑》，李振中校注《徐铉集校注·附徐锴集》，中华书局，
　2016，第856页。

有若玄真观主朱怀德，名先入室，道极严师。首座孙仲之，章表
大德。刘德光，参受经法，豫闻玄秘，永怀在三之义，愿垂不朽之
风。威仪王可德、首座陈希声，并仰高山，共刊贞石。①

除了人数上明显缩减，另一个重要变化是王栖霞的弟子已不再担任江
西地区的道职。南唐政权逐渐明白与茅山合作无甚有益于"中兴大唐"
的正统宣传，开始缩减其在境内的影响力。茅山影响力缩减并未造成国境
南部信仰真空，也提示着在江西地区另有力量愿意支持南唐政权，其开始
成为元宗一朝宗教政策新的主要合作者。

## 三　南唐政权与江西道派的共赢关系

江西亦是南唐境内一道风蔚然的地区。从道教资源分布的情况看，茅
山是南唐境内仅有的大洞天，地位超然。江西虽无大洞天，但稍次级别的
圣地密布，三十六靖庐中雄踞十四处，三十六小洞天中占五处，七十二福
地中占九处（见表1）。

表1　江西境内道教圣地分布

| 等级 | 地名 | 位置 |
|---|---|---|
| 靖庐 | 丹陵庐 | 洪州西山钟君宅 |
| | 子真庐 | 洪州西山梅福坛 |
| | 玄性庐 | 抚州南城县魏夫人坛 |
| | 契玄庐 | 袁州吴平观 |
| | 出谷庐 | 庐山青牛谷 |
| | 腾空庐 | 洪州游帷观 |
| | 昭德庐 | 庐山 |
| | 寻玄庐 | 江西吴猛观 |

---

① 徐铉：《唐故道门威仪玄博大师贞素先生王君之碑》，李振中校注《徐铉集校注》卷一
　二，第414页。

续表

| 等级 | 地名 | 位置 |
|---|---|---|
| 靖庐 | 宗华庐 | 洪州宗华观彭君宅 |
| | 黄堂庐 | 江西洪州 |
| | 迎真庐 | 江西洪州 |
| | 招隐庐 | 江西洪州 |
| | 祈仙庐 | 洪州黄真君宅 |
| | 贞阳庐 | 洪州鲁真君宅 |
| 小洞天 | 庐山洞虚咏真洞天 | 江州浔阳县 |
| | 西山天宝极玄洞天 | 洪州南昌县 |
| | 鬼谷山贵玄思真洞天 | 信州贵溪县 |
| | 玉笥山太秀法乐洞天 | 吉州新淦县 |
| | 麻姑山丹霞洞天 | 抚州南城县 |
| 福地 | 郁木坑 | 吉州玉笥山玉梁观 |
| | 龙虎山 | 信州贵溪县 |
| | 灵应山 | 饶州北 |
| | 金精山 | 虔州虔化县 |
| | 阁皂山 | 吉州新淦县 |
| | 始丰山 | 洪州丰城县 |
| | 逍遥山 | 洪州连西山 |
| | 东白源 | 洪州新吴县 |
| | 元展山 | 江州都昌县 |

资料来源：杜光庭《洞天福地岳渎名山记》，罗争鸣辑校《杜光庭记传十种辑校》，中华书局，2013，第387—393页。

可见，江西境内的道教圣地，呈以洪州为中心的星罗棋布状。在强有力的洪州西山信仰核心地带周边，有深受其影响的江州—抚州—饶州信仰圈，此为本节的重要讨论对象。稍远如袁州、吉州、信州，亦有阁皂山灵宝派、龙虎山天师道等道团。远至南陲的虔州亦有金精山福地，可见江西道教影响之深入。与之相较，茅山周边的次级道教圣地非常稀少，且往往依附或脱胎于茅山宗的影响力。与茅山的合作受挫后，南唐统治者的目光自然转向江西。江西教派众多，彼此合作竞争，许多教派如龙虎山天师道自身的发展也需依托世俗政权的力量，① 往往愿意与朝廷建立联系。

最为典型的是以倪少通为代表的江州庐山道教，以及与其关系密切的洪州西山孝道派。由于邓启霞自称麻姑山邓氏后人，② 地处江西抚州的麻姑山在南唐亦受冷落。在抚州人宋震的影响下，江州修山原本崇奉萧梁时期的句曲道士尉文光，但宋震未能在修山立足，最终回到麻姑山为道士。修山观的管理权则归于倪少通的同学、庐山道士谢又能及其弟子王省昂一系。③ 节度抚州的李景达死后要求葬在庐山，在洪州西山也有他的祠庙，④ 唯独与最邻近的麻姑山交往寥寥。十国、宋初时期，倪少通、王省昂等庐山道士，而非修道西山的孝道派领袖，相继出任洪州道正。⑤ 庐山、西山与南唐政权之间千丝万缕的联系值得注意。

---

① 龙虎山天师道自称张天师真嗣，但天师世系所在，唐时就争议不休。保大年间，"齐王梦堕井中，有道士碧眼长髯，衣绛衣，掖出之，占曰：'此汉天师也。'遂即龙虎山建祠宇，赐水田"（张正常：《汉天师世家》卷二，明万历续道藏本，第 33 页）。借此机会，龙虎山天师张秉一与南唐政权互相认同了对方的正统性。陈乔《新建信州龙虎山张天师庙碑》（董诰等编《全唐文》卷八七六，中华书局，1983，第 9162 页）称"以天师顷来江左，尚憩兹峰。旋指汉川，实留遗爱"，明确了龙虎山是张天师正脉，即所谓"仙踪去蜀，庙貌留吴。正一之教，今宁远乎"；又有"赫赫我唐，明明天子。亲诣岷峒，精求赤水。尊道贵德，任贤尚齿"之语，则是龙虎山认同南唐正统地位的证明。（关于龙虎山张天师一系在晚唐以后的崛起，近年有不少研究，如：王见川《龙虎山张天师的兴起与其在宋代的发展》，《光武通识学报》2004 年第 1 期；王见川《张天师之研究——以龙虎山一系为考察中心》，台北：博扬文化事业有限公司，2015；张泽洪《早期天师世系与龙虎山张天师嗣教》，《社会科学研究》2012 年第 6 期；刘凯《晚唐两宋龙虎山天师道研究——以龙虎山天师世系为中心》，《中山大学研究生学刊》2010 年第 3 期。

② 参见雷闻《碑志所见的麻姑山邓氏——一个唐代道教世家的初步考察》，《唐研究》第 17 卷，第 62—63 页；何安平《以回归为转型——中唐至五代时的茅山宗师及其地方活动》，《魏晋南北朝隋唐史资料》第 45 辑，第 255—256 页。

③ 徐铉：《江州彭泽县修山观碑》，李振中校注《徐铉集校注》，第 740—741 页。

④ 陆游《南唐书》卷一六《李景达传》："卒于镇，年四十八，在烈祖诸子中最为寿矣。赠太弟，谥昭孝。遗命留葬江州庐山。"（钱仲联、马亚中主编《陆游全集校注》，第 95 页）周必大《泛舟游山录》卷三："（西山）澄源塔在寺右，大竹成林，围丈五六。旁有齐王庙，即李主弟抚州牧景达也。"（王瑞来校证《周必大集校证》，上海古籍出版社，2020，第 2566 页）

⑤ 徐铉：《洪州道正倪君碣》，李振中校注《徐铉集校注》，第 773—774 页。

倪少通祖籍青州千乘，生长于岳州巴陵，自幼修道。武义元年（919），年届弱冠的倪少通东游九江。[①] 倪少通师承不详，但在保大二年（944）为祈仙观（宋时改称祥符观）所作碑文中，他仍以"南岳朱陵道士"的身份自居。[②] 南岳衡山是上清派祖师魏华存上升之所，在道教内部有与茅山相颉颃之影响力。正如上一节所说，南唐初期，李氏尚期待与名气更大、更近两都的茅山宗合作，年轻孤立的倪少通并未引起统治者的重视。随着元宗开始目光向南寻找新的宗教合伙者，在庐山修行三十余年又有衡山道教背景的倪少通进入了朝廷的视野，"以清心苦节，升闻于朝。癸丑岁，赐钱三百万，即所居建太一之观"。[③]

接过朝廷抛来的橄榄枝，倪少通会意地在太一观碑中写道：

> 今上皇帝赝嗣明堂，丕图宝位。尧云四布，舜日广昭。仰紫气于函关，重光道德。敬朱鬃于羊角，继肃乾坤。文明丕彰，无为自化。保大十一载，遣北苑使董源，支庆王帑藏钱物计三百万，大建仙宫。造四殿五堂，重门诸厦，都一百三十间。[④]

其中"敬朱鬃于羊角，继肃乾坤"一句，明确了倪少通对李璟继唐正统的认同。羊角前文已述，是唐王朝的象征。朱鬃意象的运用更是高明：不仅老子降神于羊角山时"着素衣，戴金冠，乘朱鬃白马"，[⑤] 抚州当地女仙华姑每"清斋行道"时，往往也有"一朱鬃白马在坛侧"。[⑥] 偏居一隅的女仙与李唐先祖的神契，暗示着偏安一方的南唐与"巨唐"的血缘。更为巧妙的是，华姑修道时因仰慕魏华存而探访魏夫人上升

①　徐铉：《洪州道正倪君碣》，李振中校注《徐铉集校注》，第 773 页。
②　王象之：《舆地纪胜》卷三〇，第 973 页。
③　徐铉：《洪州道正倪君碣》，李振中校注《徐铉集校注》，第 773 页。
④　倪少通：《太一观董真人殿碑铭》，董诰等编《全唐文》卷九二八，第 9676 页。
⑤　杜光庭：《历代崇道记》，中华书局，2013，第 361 页。
⑥　颜真卿：《抚州临川县井山华姑仙坛碑铭》，董诰等编《全唐文》卷三四〇，第 3444 页。

之所并建立仙坛，后华姑亦于斯地上升。① 太一观所祀奉的"董真人"，被倪少通叙述为太乙真人的化身。② 魏华存白日升晨、受命"南岳夫人"之时，"太乙元仙遣飙车来迎"，为其创造了条件。③ 可见，倪少通以南唐国帑修筑庐山宫观群时，不仅完成了宣传南唐正统的政治任务，也巧妙地将南岳道教的气氛移植到了庐山，以期与同样以魏夫人为祖师的茅山抗衡。

或许是早年孤掌难鸣的艰苦经历使倪少通意识到，除了利用华姑、董奉等与衡山密切相关的当地仙真外，江西南部的当地教派亦可成为其立足的助力。活跃在武周时期的孝道派代表人物胡慧超与衡山联系密切，④ 倪少通立足的庐山地处江州，亦是孝道派的影响区域。倪少通与孝道派的交往至晚始于前文所述保大二年为祈仙观立碑时。碑文今已不存，但据后文将详细讨论的殷崇义《祈仙观记》可以确定，祈仙观是胡慧超所谓"西山十二真人"之一黄真君的旧居。倪少通另有《玉清观碑》，今有残篇存世，所谓"境接赤乌，即施君住宅之址"，⑤ 可以看出玉清观是十二真人中的另一位，即施真人施岑的故宅。⑥

《玉清观碑》系年尚有争议。据《永乐大典》引《江州志》，此碑文

---

① 颜真卿：《抚州临川县井山华姑仙坛碑铭》，董诰等编《全唐文》卷三四〇，第3444页；《晋紫虚元君领上真司命南岳夫人魏夫人仙坛碑铭》，董诰等编《全唐文》卷三四〇，第3453—3454页。

② 倪少通：《太一观董真人殿碑铭》，董诰等编《全唐文》卷九二八，第9675页。

③ 颜真卿：《晋紫虚元君领上真司命南岳夫人魏夫人仙坛碑铭》，董诰等编《全唐文》卷三四〇，第3452页。

④ 前述华姑访魏夫人灵迹之事，胡慧超是重要的中介。颜真卿《晋紫虚元君领上真司命南岳夫人魏夫人仙坛碑铭》："有唐女道士黄令微，道行高远，八十而有少容。蹀屣而行，奔马不及。时人见其颜色殊异，号曰华姑。闻夫人灵迹，长寿二年，岁在壬辰，冬十月，乃讯于洪州西山道士胡超。"（董诰等编《全唐文》卷三四〇，第3453页）

⑤ 倪少通：《玉清观碑》，董诰等编《全唐文》卷九二八，第9675页。

⑥ 胡慧超所撰《西山十二真君传》全本已佚，据杨吴时天台山道士王松年《仙苑编珠》引用，施岑"常从许君除灭妖魅。许君凡有经典，悉皆委付。许君升天后，忽一日，见东方日中童子执素书飞下，云：'真人召汝。'乃随童子耸身入空。"（王松年：《仙苑编珠》，明正统道藏本，第70页）

为"南唐大义甲戌，倪少通述"。① 《舆地纪胜》亦同此说。② 而《江州志》"宫观"部分的注者则称：

> 碑称大梁甲戌岁树，晁《志》谓为南唐，盖见碑中云"今圣后绍嗣仙枝，国部清晏"故也。予按南唐无甲戌岁，朱梁乾化四年，岁在甲戌，时庄宗仍称唐天祐十一年，扬吴亦祖唐正朔。碑所为绍嗣仙枝者，庄宗也；国部清晏者，扬吴也。③

按注文所称朱梁乾化四年、唐天祐十一年，即914年。彼时李存勖尚未称帝，李克用墓志中，亦只称"元勋称王，君命而后受"，"今朱温僭篡，唯王之主不易，于吾唐之风，乃知与"，④ 明显与李唐皇室君臣有分，难符"绍嗣仙枝"之说。况同一文中，先称后唐"绍嗣仙枝"，又称杨吴"国部清晏"，再称大梁"岁在甲戌"，绝无道理。更据徐铉所作碣文，倪少通淳化元年（990）去世，享寿九十一。则在天祐十一年，倪少通仅十五岁。如前所述，碣文明言"其弱冠逗举，来游九江"，⑤ 事在天祐十六年/武义元年（919）后。一个初来乍到的年轻道士也不会有机会为观碑撰文，并歌颂后唐、杨吴之美政。倪少通与江南政治精英的交往，自李昪代吴、封徐知证为江王始。徐知证"减有余之俸，助无罄之缘"，⑥ 给了倪少通兄弟在庐山发展的第一桶金。综上，《江州志》注所系造观年代并

---

① 马蓉等点校《永乐大典方志辑佚》，第1539页。
② 王象之：《舆地纪胜》卷三〇，第974页。
③ 马蓉等点校《永乐大典方志辑佚》，第1589页。
④ 卢汝弼：《唐故河东节度观察处置等使开府仪同三司守太师兼中书令晋王墓志铭并序》，马良主编《三晋石刻大全·朔州市应县卷》，三晋出版社，2021，第425页。按《李克用墓志》在吴钢主编《全唐文补遗》（三秦出版社，2000，第164—166页）、杜启贵主编《三晋石刻大全·朔州市朔城区卷》（三晋出版社，2017，第1361—1362页）、马良主编《三晋石刻大全·朔州市应县卷》（第424—425页）中都有收录，但多舛异。本文依据拓片资料最清晰的一版引用。
⑤ 徐铉：《洪州道正倪君碣》，李振中校注《徐铉集校注》，第773页。
⑥ 倪少通：《太一观董真人殿碑铭》，董诰等编《全唐文》卷九二八，第9676页。

不准确，仍应以《江州志》原文及《舆地纪胜》之说为准。① 厘清《玉清观碑》系年，证明"今圣后绍嗣仙枝，国部清晏"等句亦是倪少通宣扬南唐正统性的谀辞。

孝道派之所以愿意接纳倪少通在江西发展，除了其宗教上有积极向孝道派靠拢、学习的姿态，② 亦是欣赏其与世俗政权交往的态度和能力。概括而言，发源于六朝的孝道派，此时面临的一大问题是要巩固隋唐以后形成的以许逊为祖师的共同认识。除许逊外，孝道派中另有十二位神祇，即武周道士胡慧超笔下被构造出许逊道徒、女婿等身份的"十二真君"。细究起来，这个以许逊为中心的神仙系统漏洞不少。十二真君中，吴猛、黄辅等仙不乏自己的信众，在早期孝道文献中，他们升仙的时间更在许逊之前。南唐时期的孝道派人士认识到，若不及时整顿、清理教内思想，必然威胁到许祖的正统地位。由此，孝道派与极力宣传自己正统地位的朝廷一拍即合。

孝道派在南唐时期并无倪少通这样的杰出人物出现，但其长期扎根洪州形成的地方影响力却不容小觑。无论倪少通还是南唐的世俗统治者，都受到孝道派的影响，重视与孝道派的关系。前述江西众多道教圣地中，大量属于孝道派，或与洪州西山有关。有圣地则兴宫观、多碑记，现存南唐孝道派碑文的共同叙事模式是：（1）阐述本观所祀仙真的事迹；（2）简述历代本地崇奉此仙真的历史；（3）叙述唐末丧乱、百废待兴的背景；（4）赞扬本朝承圣唐遗风，重建或新建此观的善举。在标准化的孝道派道观碑文中，撰者以直观明白的词句在（3）（4）部分大肆铺陈本朝绍唐代的正统性，而用精微的手法在（1）（2）部分加入其所认同的宗教叙事，例如某仙真在人间的籍贯、上升的时代，或是仙真之间的关系，通过

---

① 所谓"大义甲戌"，或为"保大甲寅"之误。即玉清观实际修于保大十二年，倪少通在太一观修建完毕后前往邻近道山交流访问，乘便为新观撰文。

② 除频繁为孝道派道观撰作碑文之外，倪少通亦将"孝道"的教义贯彻到庐山的道教传习中，其门人弟子"先以慈孝为训，有若李延照、蒋守龙等近四十余人，皆以孝行为时所称"（徐铉：《洪州道正倪君碣》，李振中校注《徐铉集校注》，第774页）。

碑文中一些并不起眼的语句，潜移默化地巩固许祖在道团内的正统性和崇高性。①

以殷崇义《南唐祈仙观记》为例，词臣极力描写唐末"九鼎载移，山岳之惊尘散起"之际崩颓的社会背景，又写曾经繁华的祈仙观"乃观恬寞之乡，遽变寂寥之境。堁垣接野，或认鹿场。复屋骞甍，久穿雀角"，引出"事必符于有待，时特郁于重兴"的呼吁。南唐的统治者能够担负起"重开大壮之模，俾就僝工之费"的责任，证明"国家味三五之道腴，开东南之帝箓"是"赤符应运，缵承爰立于汉基；金德更王，揖让乃由于吴禅"的顺天应人之举。

道士们则在同一碑文中寄寓自己的宗教观点。祈仙观崇奉的"黄真君"是孝道派十二真君之一。五代时"黄真君"通常指黄辅，② 据称为许逊四婿之一。胡慧超模糊地暗示黄辅由此得以受教于许逊，最终升仙。③ 另一种流行的观点则认为，黄辅在西晋元康六年（296）就已得道上升，远早于通常认为的许逊家族上升的东晋宁康二年（374）。《南唐祈仙观记》中称黄真君"结褵因庆于法妻"，虽未明言黄、许之姻，毕竟黄君世传的"法妻"只有许逊之女。"即于旧里，寻建严祠……始乎东晋，垂及皇唐"一句，更用两个时间点，兼顾了此文政治的和宗教的意图："皇唐"宣示着南唐克承正统的身份；建祠"始乎东晋"虽未直接否定黄君西晋升仙的可能，传递的信息却是黄辅是在东晋，确切而言，是在许逊上升后，才随之成仙。保大中的祈仙观修造工程"金石具刻"，极大地影响

---

① 参见江文蔚《创修太平观碑铭并序》，陈尚君辑校《全唐文补编》卷一一一，中华书局，2005，第1390—1391页；殷崇义《南唐祈仙观记》，董诰等编《全唐文》卷八七七，第9170—9171页；倪少通《玉清观碑》，董诰等编《全唐文》卷九二八，第9674—9675页。

② 参见李剑国辑校《唐五代传奇集·晋洪州西山十二真君内传》，中华书局，2015，第165页。

③ 王松年《仙苑编珠》卷下："黄君名辅，字邕，晋陵人。许君知辅之异，遂以次女妻之，传付妙道。后为青州从事。每夜常乘龙归，眷属伺之，乃一竹杖耳。后乃冲天。宅为祈仙观。"（第71页）

着当时人的思路。一代文宗徐铉渡江入宋后因袭前说，称"筠州祈仙观者，东晋黄真君上升之地"，"至如许君、黄君通玄洞冥，穷神极妙，逮尔姻族，与夫家人乘景上跻，超然绝俗"。① 由此，南唐的许逊信仰者通过与朝廷合作的方式，不仅奠定了南唐及北宋初期官方确认孝道派神仙系统的基调，更深远地影响了两宋之际净明道创建时黄许关系处理的思路，②巩固了许祖在孝道—净明道系统中的正统地位。

远道而来的倪少通、扎根江西本地的孝道派以及世俗南唐政权之间的成功合作表明，世俗政权在为其正统地位寻找神圣依据时，宗教个人和团体也在为了维护其宗教地位或宗教观点的正统性寻求世俗力量的支持。正如学者指出的："在助力各个新政权建构合法性的过程中，道教也很自然地重建了自身的合法性。"③

# 结　语

涉及"正统"问题的研究，往往与政治合法性密切相连，如本文讨论的南唐政权合法性、李昇家族"认祖归宗"的合法性，以及李璟继位的合法性等。在这一易于联想的领域之外，从宗教的角度看，追求神圣性的确立，亦是各个教派和信仰者需要处理的"正统"问题。由此不难理解，为何依赖唐王朝获取神圣性确证的茅山在与"伪唐"的关系中迟疑不定，而沉寂已久的孝道派、孤立无援的倪少通道团却能与江南地方政权一拍即合。

稍做向后的观察，随着新的全国性正统王朝建立，茅山依附于李唐的残存神圣性最终泯灭，宋元以降，颓势一发不可收拾。而重视自身正

---

① 徐铉：《重修筠州祈仙观记》，李振中校注《徐铉集校注》，第 371 页。
② 净明道创建之时，不得不接受黄辅升仙早于许逊的观点，另构建出黄辅之子仁览作为许逊的女婿，将黄辅排挤出主神的行列，以仁览列于十二真君中。（参见许蔚《断裂与建构：净明道的历史与文献》，第 329—334 页）
③ 李平：《宫观之外的长生与成仙——晚唐五代道教修道变迁研究》，第 257 页。

统话语权的南唐和江西道教，前者虽囿于物质基础限制，不能完成现实的统一，却在后世记述中成为五季乱世的"正统"；后者则成为宋元以降道教活动的中心之一。在五代十国这样一个政治、社会和思想都群龙无首、各自为阵的时代，"正统"概念的现实号召力不可小觑。相关问题还存在相当广阔的讨论领域，有待今后的探究。

# 政治立场的史学表达

## ——以宋人对五代诸政权的书写为中心

刘　喆

五代十国处于唐宋之间，在"唐宋转型"中起到了承上启下的作用。然而由于该时期传世史料寡少，且诸种记载颇有抵牾之处，一定程度上限制了相关学术研究的发展。五代史书尤其是官修史书呈现出的差异性，与其成书时的时代环境和撰者的立场密切相关。尽管已有学者对此问题进行过解说，[①] 但相关研究仍有未尽之意。本文以宋人对五代诸政权的书写为线索，探讨两宋不同时期政治环境对五代史书撰写的影响，敬请方家批评指正。

## 一　"统一"目标的史学呈现

建隆元年（960），赵匡胤"黄袍加身"，建立北宋。是时内有藩镇叛乱，外有强敌环伺，赵宋的统治形势不容乐观。为了避免沦为"第六代"，宋太祖特别重视从五代历史中吸取经验教训，实录无疑是他了解前事的最佳选择。五代各朝均有实录。后梁贞明中，"史臣李琪、张衮、郤殷象、冯锡嘉奉诏修撰《太祖实录》三十卷"。[②] 后唐天成四年（929），

---

① 相关学术史见陈晓莹《晚近的历史记忆：两宋的五代十国史研究》，中国社会科学出版社，2018。

② 《旧五代史》卷一八《敬翔传》，中华书局，1976，第250页。

"史馆上新修《懿祖》《献祖》《太祖纪年录》共二十卷,《庄宗实录》三十卷"。清泰三年（936）,"上《明宗实录》三十卷"。后汉乾祐二年（949）,苏逢吉等修成《高祖实录》二十卷。后周广顺元年（951）,"史馆新修《晋高祖实录》三十卷,《少帝实录》二十卷"。① 显德元年（954）,周太祖下诏"不得以梁朝及清泰朝为伪朝伪主"。② 显德三年（956）,世宗命兵部尚书张昭等编修周太祖及后梁均帝、后唐清泰帝实录。显德四年（957）,张昭上言"汉隐帝君临太祖之前,其历试之绩,并在汉隐帝朝内,请先修《隐帝实录》"。又"（梁）末帝请依古义,书曰《后梁实录》",后唐应顺帝（闵帝）为前废帝,清泰主为后废帝,"其书并为实录"。③ 世宗从之。显德五年（958）,张昭等修成《太祖实录》三十卷。周恭帝显德六年（959）十二月始修《周世宗实录》,太祖建隆二年（961）八月书成,共四十卷,由宰臣王溥监修,扈蒙等同修。至此,五代诸朝实录大体齐备。

《五代实录》共三百六十卷,文繁事杂,不便循览。有鉴于此,昭文馆大学士范质对其加以删削,"总为一部",成《五代通录》六十五卷以进。该书述梁开平至周显德事,"纂次有序,最有条理"。④ 建隆二年（961）,王溥撰成《五代会要》三十卷,是书记五代诸朝典章制度,多引实录。建隆年间撰成的《五代通录》《五代会要》等书是北宋开国以后诞生的首批关于"五代"的史籍。当时朝廷草创,庶物未备,无暇精心治史,多径取实录,故保存了五代历史的若干"原貌"。《五代通录》已佚,不过从成书过程来看,其大体上是以实录为基础的二次创作。《五代会要》亦大量援引实录中的奏章、诏令等原始文献。就诸政权的政治定位而言,二书皆以"五代"命名,显然沿袭了后周以来"不伪梁"的看法,将梁、唐、晋、汉、周等量齐观,均视为正统王朝。其坚持中原本位,不

---

① 王溥:《五代会要》卷一八《修国史》,上海古籍出版社,1978,第298—300页。
② 《旧五代史》卷一一三《太祖纪四》,第1501页。
③ 王溥:《五代会要》卷一八《修国史》,第300页。
④ 王应麟:《玉海》卷四八〇《建隆五代通录》,中文出版社,1977,第953页。

承认其他政权的合法性，乃显而易见之事。不过《五代会要》在提及南方诸政权时统称"诸国"，在具体描述中尚无明显的区分。

乾德以后，北宋的统一事业迎来新局面。乾德元年（963），太祖派慕容延钊领兵南下，一举平定荆南、湖南，打破了南方地区的力量平衡。乾德三年（965），宋灭后蜀。开宝四年（971），宋又灭亡南汉。唐主李煜震恐，上表请去唐国号，称"江南国主"。至此，南方再无不臣之地。[①]开宝六年（973）夏四月，宋太祖下令修《五代史》，诏云："唐季以来，兴亡相继，非青编之所纪，使后世以何观？近属乱离，未遑纂集。将使垂楷模于百代，必须正褒贬于一时。"[②] 可知此次修史的目的是对中原王朝的统一事业进行阶段性总结。是时北宋周围虽尚存江南（即南唐）、吴越、北汉等国，但北宋处于绝对优势地位，统一大势已成，这种现实局面深度影响了此次史书的编撰。开宝七年（974）闰十月，薛居正等撰成《五代史》（又称《梁唐晋汉周书》，即《旧五代史》）一百五十卷。此书以五代王朝为正统，将同时代的十五家割据势力分别编入《世袭列传》和《僭伪列传》。两传的入选标准是：以僭号称帝者入《僭伪列传》，受五代王朝册封者入《世袭列传》。在北宋史臣笔下，"世袭"或"僭伪"无疑皆不具备与中原王朝平等的地位，它们都是北宋统一的对象。这种尊中原、贬诸国的笔法无疑是"天无二日"思想影响下的产物。

《旧五代史》对诸割据势力的描述方式存在明显区别。对于已经灭亡的势力，史臣大致可以做到直书其事。直接亡于北宋者，则略称其善，详彰其恶，以示本朝师出有名。而对于当时尚存的江南、北汉、吴越钱氏、夏州李氏等政权，《旧五代史》的态度截然不同。吴越坚持尊奉中原正朔，北宋对其采取了控御与柔服的兼并方式。[③]《旧五代史》虽然指出了钱氏"伪行制册""穷奢极贵"等问题，但认为"钱氏之守杭、越，逾八十年，盖事大勤王之节，与荆楚、湖湘不侔"，态度相对温和。与吴越类

---

① 此时江南、吴越等国虽存，但皆已称臣奉贡，为臣属之地。

② 司义祖整理《宋大诏令集》卷一五〇《修五代史诏》，中华书局，1962，第 555 页。

③ 何灿浩：《控御与柔服：赵宋兼并吴越国的特殊方式》，《史学月刊》2008 年第 9 期。

似，《旧五代史》对夏州李氏也是盛陈其功，略书其过，与朝廷当时的笼络政策保持一致。江南及其前身南唐以唐朝的继承者自居，一度与中原王朝争夺天下正统，后虽称臣，但仍被视为大敌。《旧五代史》指出南唐取代杨吴属于"以伪易伪"，措辞颇为苛刻。此外还称"长江之险，又何足恃哉！"翻检史籍可知，开宝七年九月，即《旧五代史》修成之前，北宋发兵攻打江南，《旧五代史》的立场可能与此有关。北汉是后汉的残余势力所建，与后周、北宋为敌，且是当时唯一一个仍在使用皇帝名号的割据政权，《旧五代史》对其无一褒辞。史臣称："刘崇以亡国之余，窃伪王之号，多见其不知量也。今元恶虽毙，遗孽尚存，势蹙民残，不亡何待！"完全是一种仇恨的态度。总之，《旧五代史》对上述政权的处理与同时期北宋的方针政策基本上是一致的。

《旧五代史》以一统天下为核心观照。不过随着强大割据政权的接连覆灭，[①] 统一战争逐渐落下帷幕。统治形势的变化导致赵宋王朝面临的主要矛盾也随之发生了变化。北宋的统治日益巩固，政权建设逐渐受到重视。太平兴国三年，宋太宗命南唐旧臣徐铉、汤悦等编过一部南唐史——《江南录》，这是北宋官方唯一一次编修"诸国"史书。关于编修此书的原因，《江表志》称是由于"太宗皇帝欲知前事"。[②] 然"前事"不知何几，之所以选中南唐，归根结底还是因为南唐是一个相对特殊的政权——它自称是唐朝的继承者，与唐宋之间的正统、德运问题息息相关。

北宋承周基业，同时也继承了后周以来关于正统、德运的既定话语。周初以后梁为伪朝，以后唐继唐为土德，后晋为金德，后汉为水德，而己为木德。不久，周太祖下令恢复了后梁的合法性，但对相关德运次序却未做调整。这就令正统与德运的相关解说产生了矛盾与"错位"。因为在理想情况下，统绪与德运应该是一一对应的。若将朱梁列入闰位，则意味着

---

① 太祖开宝八年（975），宋军攻陷金陵，江南灭亡。太宗太平兴国三年（978），陈洪进纳土，吴越钱俶献地。四年（979），宋灭北汉。七年（982），夏州李继捧献地。

② 郑文宝：《江表志叙》，傅璇琮、徐海荣、徐吉军主编《五代史书汇编》第 9 册，杭州出版社，2004，第 5077 页。

它不是正统王朝。反之，若承认其合法性，则理应认可其德运。宋初一方面宣布承周为火德，另一方面又承认五代正统，这实际上延续了后周以来正统与德运自相矛盾的局面。故自北宋建国之日起，不断有人对本朝德运提出质疑，或云当为土德，或云当为金德，甚至有人认为当越过五代，直接上承唐统。① 诸国之中，与前朝正统、德运纠葛较深的是南唐、北汉二国，南唐号称"继唐"，北汉则为后汉余续。太宗下令编修《江南录》时，南唐已灭，而北汉尚存。其欲借《江南录》所知之"前事"，大抵应是南唐与唐的确切关联，以期为本朝的正统、德运寻找可能的、更恰当的解释路径。此举可视为他努力尝试理顺本朝统治合法性之渊源。《江南录》已佚，但马令《南唐书》载徐铉、汤悦等在编撰此书时"不言其君之过，但以历数存亡论之"。② 可知此书应该涉及天命运数等神秘主义内容。不过从最终的结果看，太宗没有选择"南方路径"，而是仍然坚持了"唐—五代—宋"的阐释话语。这样做的主要原因大致有两点：一是南唐的世系纯属捏造，所谓"继唐"之说，根本经不起推敲；二是随着北汉被消灭，北宋摆脱了后周以来政权合法性方面的威胁，因此可以放心上承汉、周。

后周太祖郭威弑二君而立，时议颇多。虽然他在即位后下诏为故主发丧，强调后周对后汉的继承关系，但后汉宗室刘崇在河东建立北汉政权，使得后周统治的合法性面临严峻挑战。郭威之所以下令不得以后梁及清泰朝为伪，自然也是为了应对这种挑战：后梁时，李克用、李存勖父子占据河东，号称唐朝的继承者，不承认后梁的合法性；唐晋鼎革之时，石敬瑭占据河东，号称后唐明宗的继承者，不承认清泰主，彼时的情形与北汉占据河东不承认后周这一现状何其相似！况且，此前河东与中原的两次争斗

---

① 刘浦江：《正统论下的五代史观》，《唐研究》第 11 卷，北京大学出版社，2005，第 245—260 页。后收入氏著《正统与华夷：中国传统政治文化研究》，中华书局，2017，第 35—60 页。

② 马令：《南唐书》卷二三《徐铉传》，傅璇宗、徐海荣、徐吉军主编《五代史书汇编》第 9 册，第 5413 页。

皆以河东集团的胜利告终，这不能不令郭威心生警觉。也就是说，郭威之正朱梁与清泰，本就有着正己的现实目的。这也能够解释为什么后周在恢复后梁合法性之后的很长时间内都没有对德运次序进行相应的调整，因为后周实际上并非真心认可朱梁，所谓"翻案"，不过是战时政策而已。一旦河东方面的威胁被解除，正朱梁也就失去了意义。史载宋太宗曾"命李昉等编次前世年号为一篇，藏之秘府，而昉等以梁为伪"。[1] 据《直斋书录解题》，"《历代年号并宫殿等名》一卷，丞相饶阳李昉明叔在翰苑时所纂"。[2] 按李昉担任翰林学士承旨的时间始于太平兴国四年（979），终于太平兴国八年（983），恰在灭北汉之后。此期他奉命编纂的《历代年号并宫殿等名》重新以后梁为伪朝，说明随着北汉的覆灭，正朱梁等战时政策也随之被抛弃，唐宋以来的正统与德运次序回到了"唐（土德）—后唐（土德）—后晋（金德）—后汉（水德）—后周（木德）—北宋（火德）"的正常轨道上。要言之，与太祖朝的数部史书相比，成书于太宗时期的《江南录》和《历代年号并宫殿等名》已经逐渐开始打破后周以来的传统，探索新的史学取向。这说明北宋在"走出五代"的过程中，已经开始有意识地对唐五代历史进行反思与总结。

## 二　天有二日的史学回应：从"九国"到"十国"

真宗景德元年（1004），宋辽订立"澶渊之盟"（时在 1005 年），承认了彼此的地位，双方约为兄弟之国，互称南、北朝。在南北讲好的形势下，宋初"天下一统"等政治话语变得不合时宜，史书编撰也出现了新动向。

宋初对"统一"有着明确的定位。史载开宝九年（976），因灭江南之故，"群臣再奉表请加尊号曰一统太平"。太祖道："燕、晋未复，遽

---

①　《欧阳修全集》卷一六《正统论序》，中华书局，2001，第 265 页。
②　陈振孙：《直斋书录解题》卷五《典故类》，上海古籍出版社，1987，第 164 页。

可谓一统太平乎？"① 可见在太祖看来，只有击败契丹，收复燕、晋之地，才算是完成了统一大业。《旧五代史》将刘守光建立的燕政权列入《僭伪列传》，视幽燕地区为亟待收复的"故土"，正是此种观念的直接体现。太宗君臣曾言："北燕之地，中国旧封，晋汉以来，戎夷窃据……爰兴师律，以正封疆。"② 端拱二年（989），王禹偁上书称"顷岁吊伐燕蓟，盖以本是汉疆，晋朝以来，方入戎地，既四海一统，诚宜取之"，③ 亦是将幽燕视为"一统"所必取之地。"澶渊之盟"以前，真宗本人也明确表达过"燕蓟沦陷，深可惜耳"④ 的看法。"澶渊之盟"以后，上述说法显然有违对外政策上的"政治正确"，故很快便出现了关于"一统"的其他诠释。真宗大中祥符三年（1010），开封府功曹参军张君房在上书论本朝德运时，称"太祖以庚申岁受周禅，开宝乙亥岁平江南。及太宗即位，定并、汾，自是一统"。⑤ 主张将平定北汉视为北宋完成"一统"的标志。张氏的看法颇有从者。仁宗景祐年间（1034—1038），王举撰《天下大定录》，"始高季兴，终刘继元"。⑥ 南宋王明清亦称"太宗既得吴越版籍，继下河东，天下一统，礼乐庶事，粲然大备"。⑦ 他们皆以平定北汉刘氏为赵宋"一统"的最后环节，而不言幽燕，这与宋初的观念形成了鲜明的对比。二王所处的时代稍晚，实际上早在真宗朝，便已出现了弃幽燕而不论的史书——《九国志》与《册府元龟》。

《九国志》，北宋路振撰，原书四十九卷，后宋人张唐英补撰北楚（荆南）两卷，合为五十一卷。原书已佚，今本《九国志》是清人邵晋涵从《永乐大典》中辑出的。路振是太宗淳化年间进士，供职史馆，还曾

① 李焘：《续资治通鉴长编》卷一七，太祖开宝九年二月己亥，中华书局，1979，第364页。

② 徐松辑《宋会要辑稿》卷九三〇兵八之二，中华书局，1957，第6888页。

③ 李焘：《续资治通鉴长编》卷三〇，太宗端拱二年春正月癸巳，第672页。

④ 李焘：《续资治通鉴长编》卷四九，真宗咸平四年十月庚戌，第1078页。

⑤ 李焘：《续资治通鉴长编》卷七四，真宗大中祥符三年九月戊戌，第1690页。

⑥ 陈振孙：《直斋书录解题》卷五《伪史类》，第139页。

⑦ 王明清：《挥麈后录》卷一，《宋元笔记小说大观》第4册，上海古籍出版社，2001，第3616页。

经编修《太祖太宗两朝国史》，对北宋官方的修史套路颇为熟悉。太祖、太宗统一的目标是击败契丹，恢复"守在四夷"的政治秩序。[①]"澶渊之盟"以后，北宋的统治进入新阶段，撰写具有"总结性"的五代史书成为必要的工作，《九国志》便在这种情况下应时而出。路振卒于真宗大中祥符七年（1014），《宋史》称其"尝采五代末九国君臣行事作世家、列传，书未成而卒"。[②] 可知《九国志》有未成之憾。不过这个"未成"应指九国君臣事迹不够详备，并非指有某一国事迹未成。因为《宋史》中明言路氏"九国"为吴、南唐、前蜀、后蜀、东汉（北汉）、南汉、吴越、闽、楚。路振是根据名位高低来筛选诸割据势力的，只有封号达到"国王"以上或曾经称帝者才能进入"国"的行列。五代时期僭号称帝的八家割据政权除了幽燕刘氏之外皆被选入"国"。之所以舍幽燕而不论，最可能的原因就是当时宋、辽已经承认了彼此统治的合法性，而幽燕属于辽国领土，自然不宜编入宋朝方面的史书中。类似的情况在《册府元龟》中也有体现。真宗景德二年（1005），"令资政殿大学士王钦若、知制诰杨亿修历代君臣事迹"。[③] 大中祥符六年（1013），书成，"上亲制序，赐名《册府元龟》"。[④] 作为一部南北讲好不久之后编撰的官修类书，《册府元龟》将杨吴、南唐、前蜀、后蜀、闽、南汉、北汉等政权全部列入《僭伪部》，唯独不录刘燕政权，可见舍弃刘燕的做法在当时是一种普遍现象。

　　司马光曾言"世称路氏《九国志》在五代之史中最佳"，[⑤] 此言并非过誉。从唐末五代宋初的长程历史看，"澶渊之盟"无疑具有划时代的意义，长达百年的混乱局面至此（至少在表面上）终结，新的天下秩序破土而出。从"天无二日"到"天有二日"，北宋得以真正"走出五代"。在这个意义上，《九国志》可以视为对五代历史的全面总结。仔细审视

① 黄纯艳：《雍熙战争与东北亚政治格局的演变》，《史林》2010年第6期。

② 《宋史》卷四四一《路振传》，中华书局，1977，第13062页。

③ 李焘：《续资治通鉴长编》卷六一，真宗景德二年九月丁卯，第1367页。

④ 李焘：《续资治通鉴长编》卷八一，真宗大中祥符六年八月壬申，第1845页。

⑤ 马端临：《文献通考》卷二〇〇《经籍考二十七》，中华书局，1986，第1672页。

《九国志》，可以发现此书对"诸国"的处理发生了颠覆性的变化，即不再着眼于所谓汉唐"故土""旧疆"，而是以现实疆域为准厘定"九国"。这种做法反映出的天下观的变化显然是对新生政治秩序的回应。顺带一提，《册府元龟》将后唐、后晋、后汉、后周四朝列入《帝王部》，而将后梁列入《闰位部》，可知此期仍然不承认后梁的正统地位。

真宗北和契丹，承认其与宋朝的平等地位，在西、南则分别以夏州李德明为定难军节度使、西平王，交趾黎桓为静海军节度使、南平王，维持着与二地的君臣关系。这是宋辽二元天下秩序的基本格局。夏州、交州虽然表面上臣服北宋，但实际上均为割据势力。对此，北宋心知肚明，只是睁一只眼闭一只眼而已。交趾本是汉唐故地，唐末乱离，"交、爱土豪曲、杨、矫、吴相继篡夺，殆五六十载"。[①] 开宝元年（968），交趾丁部领称帝，建大瞿越国。后交趾虽对北宋称臣奉贡，却是"内帝外臣"，并未取消帝号。太平兴国五年（980），太宗派侯仁宝、孙全兴等率兵攻打交趾黎桓，试图将此地恢复为郡县，后失利而还，交趾得以继续割据。景德三年（1006），黎桓死，有人建议趁机出兵攻取交趾，遭到真宗拒绝。盖因断然出兵伐交，势必会破坏刚刚稳定下来的天下体系，得不偿失。夏州李氏于太平兴国七年（982）纳土归宋，但由于李继迁的反叛，银夏之地始终未能得到安宁。景德元年（1004）初，李继迁死，嗣立的李德明"依辽和宋"，同时向辽、宋称臣，将发展的重心转向西方，占据了大片疆土。到了宋仁宗统治时期，西、南的夏、交二政权均已具备了不俗的实力，真宗朝建立的天下秩序开始受到挑战。

宋仁宗明道元年（1032），李德明死，其子李元昊嗣位为定难军节度使，封西平王。李元昊久怀叛宋之心，"既袭封，即阴为叛计。时改元明道，而元昊避父名，辄称显道于国中，虽亦贡奉，然僭已萌矣"。[②] 景祐元年（1034），李元昊制秃发令，私改元为开运，后又更为广运。李元昊

---

①　黎崱：《安南志略》卷一一《五代时僭窃》，武尚清点校，中华书局，2000，第278页。

②　李焘：《续资治通鉴长编》卷一一一，仁宗明道元年十一月癸巳，第2594页。

的举动无疑是在逐步建立独立王国，然而北宋对此并未干预。考虑到北宋亦长期放任交趾"内帝外臣"，可知北宋方面的底线，大致是与夏、交维持表面上的君臣关系即可。夏、交获封之西平王、南平王属于从一品的"郡王"，在位阶上低于正一品的"王"。站在宋朝的立场上，夏、交形成高度割据的独立王国意味着西平王和南平王的地位事实上获得了巨大提升，这种认知反过来影响了此期对五代割据政权的书写，五代时期曾获封南平王的荆南高氏逐渐开始被视为一"国"。

较早以荆南为"国"的是欧阳修。景祐三年（1036）五月，欧阳修被贬为夷陵县令。任职夷陵期间，欧阳修作《与尹师鲁第二书》，文中提到"开正以来，始似无事，治旧史。前岁所作《十国志》，盖是进本，务要卷多"。[①] 根据稍晚成书的《新五代史》，所谓"十国"就是在路氏"九国"的基础上增加了荆南高氏的南平政权。可见至迟在景祐初，欧公便已视荆南为一"国"。前文提到的《天下大定录》一书"始高季兴，终刘继元"，表现出对荆南高氏的格外重视。好巧不巧，此书撰者王举亦是仁宗景祐年间人。庆历四年（1044）宋夏和议后，西平王李元昊被封为夏国主，西平王、南平王的特殊地位得到巩固。受此影响，增荆南为"国"，化"九"为"十"成为一股史学风潮。除了欧阳修在《新五代史》中延续了"十国"说之外，张唐英、路纶、刘恕等均未能免俗。张唐英，有史才，曾为《九国志》补撰"北楚（荆南）"两卷，合为"十国"，亦曾撰《蜀梼杌》《仁宗政要》等书。在《蜀梼杌》中，张氏称前蜀王建建国前曾于唐昭宗光化四年（901）被封为西平王，实际上据两《唐书》、《五代史》、《册府元龟》等资料，王建并不曾获此封号。《蜀梼杌》的记载说明西平王、南平王的特殊性在当时已经深入人心。路纶为路振之孙，英宗治平六年（1069），其在《九国志》中增入荆南高氏，为《十国志》以献。[②] 刘恕亦曾撰《十国纪年》，司马光评价说"世称路氏

① 《欧阳修全集》卷六九《与尹师鲁第二书》，第1000页。
② 王应麟：《玉海》卷四七《治平十国志》，第930页。

《九国志》在五代之史中最佳，而此书又过之"。① 从当时的情况看，其之所以被视为超越《九国志》的作品，想来必然与增荆南为"国"有关。

以荆南为"国"，显然是北宋中期的现实政治影响了史书编撰，进而导致了史学话语的调整。事实上，五代时期的荆南根本不是"国"，只是一个割据的藩镇。即便在众多割据的藩镇中，其实力也算不上强。它在机缘巧合下成为第十"国"，常遭后人非议。清人吴任臣在其所著的《十国春秋》中曾谈到荆南、秦岐位次之争："或谓李茂贞据岐两世，父子相传，以诸国相衡，是为荆南之匹也，兹进南平而黜岐者何？盖史从前文，亦仍十国世家之旧云尔。"② 吴氏并未勘破的"荆、岐之争"的奥秘，本文已经给出了解释。荆南之所以能够力压秦岐，实是得益于北宋中期政治环境的变化，即西平王、南平王地位的大幅度提升。其实"荆、岐之争"早在宋初便已存在，只是长期没有引起学界的注意。荆南重臣孙光宪曾编撰《续通历》十卷，记唐末五代事，以续马总《通历》。不过此书存在一些问题，"太祖朝尝诏毁其书"。③ 马总《通历》共十卷，南宋时出现了《通历》十五卷本，通常认为后五卷即孙光宪《续通历》。之所以由十卷变为五卷，可能是诏毁之后有所删削。④ 这个十五卷本的《通历》至今仍有流传，⑤ 翻检相关内容，可知《续通历》将五代割据政权分为"承袭"与"僭伪"两类。其中"承袭"首序吴越钱氏，次及湖南马氏，之后是

---

① 马端临：《文献通考》卷二〇〇《经籍考二十七》，第 1672 页。

② 吴任臣：《十国春秋》，中华书局，1983，序，第 4 页。

③ 陈振孙：《直斋书录解题》卷四《编年类》，第 112 页。

④ 近年来部分学者对此提出质疑，认为《通历》十五卷本的后五卷与《续通历》关系不大。见陈尚君《唐代文学丛考》，中国社会科学出版社，1997；房锐《〈续通历〉考辨》，《史学史研究》2005 年第 4 期。持质疑意见的学者指出今本《续通历》的内容与《旧五代史》多有相似之处，而《旧五代史》成书之时，孙光宪已经去世，故今本《续通历》可能并非孙光宪的作品。这种观点忽略了一种可能性，即《旧五代史》与《续通历》的相似性可能是因为二者都参考了建隆年间成书的《五代通录》。因此笔者认为不能轻易否认今本《续通历》为孙光宪之作品。

⑤ 此书系马总《通历》与孙光宪《续通历》合刊，今本名《通纪》，见《宛委别藏》第 40 册，江苏古籍出版社，1988。亦有周征松点校《通历》（山西人民出版社，1992），但周氏认为此书的后五卷并非孙光宪所撰，而是出自一位北宋初年的佚名作者之手。

荆南高氏，接下来才是秦岐李氏。反观《旧五代史·世袭列传》，则是首序秦岐李氏，次及北平王鄜延高氏、西平王夏州李氏、南平王荆南高氏，最后才是楚、吴越。按楚、吴越均曾被封为"国王"，本就与众不同，置于前、后差别不大，可以忽略不计。《续通历》将从一品的南平王荆南高氏置于正一品秦王、岐王的秦岐李氏之前，显然是刻意为之，应与孙光宪出身荆南有关。① 《续通历》大概是最早为荆南"争座次"的史书，不过从其被毁以及稍晚《旧五代史》的排序来看，此时北宋官方显然认为秦岐政权地位更高。缘由无他，盖因五代宋初西平王、南平王的地位尚未提升，自然无法与"王"相提并论。

## 三　从继承汉唐到偏安一隅：五代史的再建构

真宗朝确立宋辽二元并存的天下秩序以后，北宋方面在经制边疆和处理对外关系时开始把"汉唐旧疆"作为主要话语。② 赵宋以汉唐王朝的继承者和中华正统自居，五代逐渐被轻视。仁宗天圣五年（1027）二月，知宁州杨及上所修《五代史》，上谓辅臣曰："五代乱离，事不可法。"③ 景祐二年（1035）十一月，仁宗祀天地于圜丘，大赦天下，并下令"录唐、梁、后唐、晋、汉、周及伪国后"。④ 石介"上疏论赦书不当求五代及诸伪国后"，未被采纳。十二月，"诏翰林学士承旨章得象、御史中丞杜衍、知制诰李淑，编次赦书所访唐、五代诸国及本朝臣僚子孙以名闻"。梁适"上疏论朱全忠乃唐之贼臣，今录其后，不可以为劝。上是其言"。⑤ 石介的主张，本质上是越过五代，直接上承李唐。梁适的建议，则是维持太宗、真宗以来黜梁而尊唐、晋、汉、周的传统做法。仁宗最终

---

① 宋初诸国遗民撰写了大量追忆故国的史书，多有溢美。此问题已有学者进行过研究，兹不赘言。

② 黄纯艳：《"汉唐旧疆"话语下的宋神宗开边》，《历史研究》2016 年第 1 期。

③ 李焘：《续资治通鉴长编》卷一〇五，仁宗天圣五年二月丙申，第 2437 页。

④ 李焘：《续资治通鉴长编》卷一一七，仁宗景祐二年十一月乙未，第 2762 页。

⑤ 李焘：《续资治通鉴长编》卷一一七，仁宗景祐二年十二月癸酉，第 2767—2768 页。

虽然选择了支持梁适，但五代地位发生动摇已经显而易见。宝元二年（1039），王曾之弟王皞"上《唐余录》六十卷，降敕奖谕"。① 据《群斋读书志》，此书乃王皞"奉诏撰。皞芟《五代旧史》繁杂之文，采诸家之说，仿裴松之体附注之。以本朝当承汉、唐之盛，五代，则闰也，故名之曰《唐余录》"。② 从"降敕奖谕"的行为来看，仁宗对此书无疑十分满意，这意味着北宋在上承汉唐、视五代为"五闰"的道路上迈出了重要的一步。在这样的时代背景下，宋初修成的《旧五代史》等书显然已经不合时宜，五代历史亟须得到符合最新时代精神的诠释。嘉祐七年（1062）十二月，"诏以七史板本四百六十四卷送国子监镂板颁行，唯开宝所修《五代史》未布，以俟笔削"。③ 时代呼唤新的五代史书，最终，庐陵人欧阳修出色地完成了这一任务。

欧阳修，字永叔，江西庐陵人，天圣八年（1030）进士。他历仕仁宗、英宗、神宗三朝，曾与宋祁合修《新唐书》，又独撰《五代史记》（即《新五代史》）。景祐年间，欧阳修较早增荆南为"国"，说明其具有很强的政治敏感性和政治鉴别力。这样一位优秀的政治家撰写的五代史书，自然能够准确契合时代发展之所需。《新五代史》的编撰时间没有准确的记载，但从欧阳修写给尹师鲁等人的信来看，仁宗景祐年间，该书便已完成了一部分。至皇祐五年（1053），此书基本完稿，前后历时约二十年。《新五代史》共七十四卷，篇幅不及《旧五代史》一半，此书"虽多据薛史旧本，然采证极博，不专恃薛本也"。④ 与《旧五代史》相比，《新五代史》全面否认了五代的历史贡献，将这一时期描绘为黑暗、断裂的混乱时代。所谓"五代礼乐文章，吾无取焉"是也。⑤ 这样的叙事基调，与当时的政治环境十分吻合。北宋中期其实撰成了多部五代史书，除了前

① 李焘：《续资治通鉴长编》卷一二五，仁宗宝元二年十一月戊子，第 2938 页。
② 晁公武撰，孙猛校证《群斋读书志校证》卷六《杂史类》，第 259 页。
③ 王应麟：《玉海》卷四三《景德群书漆板刊正四经》，第 857 页。
④ 赵翼著，王树民校证《廿二史札记校证》卷二一《欧史不专据薛旧本》，中华书局，1984，第 459 页。
⑤ 《新五代史》卷五八《司天考》，中华书局，1974，第 669 页。

面提到的杨及《五代史》、王皞《唐余录》和《新五代史》外，还有胡旦《五代史略》、王轸《五朝春秋》、孙冲《五代纪》、周尧卿《五代史》、尹洙《五代春秋》等。如此集中的创作显然不是偶然，而是政治需求的驱使。不过《新五代史》问世以后，很快便受到了官方的格外青睐。这说明欧阳修再次准确地把握了时代的脉搏。从《唐余录》到《新五代史》，五代的历史地位一落千丈。总的来讲，这是北宋中期越五代而承汉唐的国家战略导致的。

在继承汉唐的现实语境下，曾经被赵宋王朝认可为正统之所系的"五代"逐渐变为需要被剔除出正统王朝序列的"五闰"。如何处理历史与现实之间的矛盾成为摆在北宋知识精英面前的巨大难题。对此，欧阳修作为当时的学术权威尝试进行过解释。他提出"绝统说"，认为："凡为正统之论者，皆欲相承而不绝，至其断而不属，则猥以假人而续之，是以其论曲而不通也。夫居天下之正，合天下于一，斯正统矣……其或终始不得其正，又不能合天下于一，则可谓之正统乎？"是以"正统有时而绝"。曹魏及五代，皆属于这种情况。而对于《新五代史》将梁、唐、晋、汉、周并举的做法，他解释道："五代之得国者，皆贼乱之君也。而独伪梁而黜之者，因恶梁者之私论也。……夫梁固不得为正统，而唐、晋、汉、周何以得之？今皆黜之。"他还指出，"梁，贼乱之君也，欲干天下之正统，其为不可，虽不论而可知。然谓之伪，则甚矣。……故于正统则宜绝，于其国则不得为伪者，理当然也"。① 以梁为首的五代贼乱之君不得为正，也不宜为伪，故理所当然列入闰位，成为"五闰"。必须承认，欧阳修的处理是极为高明的。他借助"绝统说"，改变了正统王朝德运相承、前后相继的传统观念。衡量正统王朝的标准变为"居天下之正，合天下于一"，这就完全成了现实政治问题。类似的处理方式也存在于《资治通鉴》中。司马光指出："朱氏代唐，四方幅裂，朱邪入汴，比之穷、新……臣愚诚不足以识前代之正闰，窃以为苟不能使九州合为一统，皆有

---

① 《欧阳修集》卷一六《正统论下》，第269—273页。

天下之名而无其实者也。……然天下离析之际，不可无岁、时、月、日以识事之先后。……故不得不取魏、宋、齐、梁、陈、后梁、后唐、后晋、后汉、后周年号，以纪诸国之事，非尊此而卑彼，有正闰之辨也。"① 司马光宣称分裂时代不存在真正意义上的天子，因而也就不涉及所谓正闰问题，这实际上就是在肯定汉唐，否认五代。欧阳修、司马光发表上述言论的英宗、神宗时代，正是北宋越五代承汉唐观念最盛行之时，他们二人甚至曾经亲自上书建议朝廷恢复"汉唐旧疆"。② 这样的政治立场，自然烙印到了相关著述之中。

北宋后期，外患渐盛。至南宋，受"偏安"心态影响，宋人对五代历史的认识再次发生巨大转变。③ 这种变化主要体现为两点。一是南唐地位的提升。伴随着北宋的灭亡，其所建立的天下体系也随之崩解。南宋朝廷在与金的交往中处于弱势，但知识精英不愿放弃争夺正统话语权。南唐在北宋长期被视为僭伪政权，从《江南录》到胡恢《南唐书》再到马令《南唐书》，皆以其为僭伪。及至南宋陆游撰《南唐书》，则为南唐国主作本纪。对此，后世学者一针见血地指出："南唐元宗于周显德五年即去帝号，称江南国主，胡恢从《晋书》之例，题曰'载记'，不为无理。游乃于烈祖、元宗、后主皆称本纪……得非以南渡偏安，事势相近，有所左袒于其间乎？"④ 陆氏《南唐书·契丹传》称："方石晋以父事契丹，而契丹每以兄事南唐，盖戎狄习见唐之威灵，故闻后裔在江南，犹尊之不敢与他国齿。"⑤ 有明显的尊南唐的倾向。而其尊南唐，正是为了尊南宋。受此影响，元、明以后出现了南唐正统说，限于篇幅，此处不赘言。二是对后

---

① 司马光：《资治通鉴》卷六九，魏文帝黄初二年四月，中华书局，1956，第2231—2232页。

② 黄纯艳：《"汉唐旧疆"话语下的宋神宗开边》，《历史研究》2016年第1期。

③ 关于这个问题，陈晓莹已经进行过研究，笔者仅大略述之。详参氏著《晚近的历史记忆：两宋的五代十国史研究》。

④ 《四库全书总目》卷六六《史部·载记类》，《文渊阁四库全书》第2册，台北：台湾商务印书馆，1982年影印本，第435页。

⑤ 陆游：《南唐书》卷一八《契丹传》，傅璇琮、徐海荣、徐吉军主编《五代史书汇编》第9册，第5607页。

汉、北汉评价的变化。后汉与北汉本出一家，宋初与北汉敌对，后汉也受到牵连。《旧五代史》对北汉无一褒辞，谈及后汉，也说高祖刘知远是"乘虚而取神器，因乱而有帝图"。[①] 北汉覆灭后，相关评论略有缓和，但仍以北汉为僭伪政权。南宋时由于民族矛盾激化，曾经收复中原的刘知远被视为"英雄"人物。《池北偶谈》载："东坡先生《指掌图》，于五代之君，书法各异。于梁曰梁太祖朱温，于唐曰后唐庄宗讳某，于晋、周曰晋高祖姓石氏名某、周太祖姓郭氏名某字仲文，于汉则曰汉高祖睿文圣武昭肃皇帝姓刘氏名某。"[②]《指掌图》即《历代地理指掌图》，此书乃南宋人托苏轼之名而作。书中对后汉"书法"的差别处理，显然是受到南宋特殊时代环境的影响。南宋偏安一隅，对处境相似的北汉也有了同病相怜之心。朱熹曾言"如本朝，至太宗并了太原方是得正统"，[③] 已经不再将"亡国之余"的北汉视为僭伪，反而以其为正统所在，这显然也是为了尊崇本朝。总之，该时期对五代诸政权的书写明显受到"偏安"心态的影响。

## 结　语

克罗齐曾言：一切历史都是当代史。宋人在不同时期对五代历史的处理，很好地体现了"当代性"对历史的塑造。北宋承周基业，一方面继续推进统一大业，另一方面注意进行本朝的合法性建设，宋初编纂的《五代会要》《旧五代史》《江南录》等史书，大抵均是围绕这两个主题。这一时期诸国遗民也撰写了不少表达故国之思的史书，个别记载与官方口径大相径庭，立场不同，所言自异。"澶渊之盟"以后，宋、辽二元并立的天下秩序形成，北宋"走出五代"，进入新时代，具有"总结性"意义

---

① 《旧五代史》卷一〇〇《高祖纪下》，第 1340—1341 页。
② 王士禛：《池北偶谈》卷一九《指掌图》，中华书局，1982，第 457 页。
③ 朱熹：《朱子语类》卷一〇五《论自注书·通鉴纲目》，朱杰人、严佐之、刘永翔主编《朱子全书》第 17 册，上海古籍出版社、安徽教育出版社，2002，第 3458 页。

的《九国志》等史书应时而出。宋人对五代历史的著述在此期迎来了第一次重大转折。宋辽并立时期，北宋以汉唐王朝的继承者自居，主张跨越五代，直接上承汉唐。受此影响，五代的历史地位大大下降。从《唐余录》到《新五代史》，五代逐渐被描绘成黑暗、断裂的乱世。以继承汉唐为旨归，宋人对五代历史的著述在北宋中后期迎来了第二次重大转折。北宋末年，民族矛盾激化。至南宋，朝廷偏安一隅。由于统治形势在根本上发生了改变，宋人对五代历史的著述迎来了第三次重大转折。后人所见五代史书呈现出的种种差异，与上述三次转折密切相关。今人治五代史时要注意探源溯流，把握历史脉络，同时还要注意利用出土文献如墓志碑刻等资料辅助进行研究，如此方可尽量避免误入歧途。


**附　记**

　　吴宗国先生在《材料、问题、假设与历史研究》（《史学月刊》2009年第1期）一文中指出："我们在隋唐史研究中就有这样一种体会：我们的研究过程就是一个不断摆脱宋人种种成说的过程。"此言是先生数十年教学与研究的心得体会，具有超越断代的指导意义。本文以及稍早撰写的博士学位论文（《五代天下秩序研究》，中国人民大学，2020），都受到这一论断的启发。如今吴先生已经仙逝，谨以此文表达对先生的怀念。

　　第一次见到吴先生，是在2016年的教师节。当时刘后滨师按照师门传统领着新入门的五名弟子（金珍、张飘、刘喆、高滨、邵浪舷）去蓝旗营拜见先生，同行的还有数位因故尚未去过先生家的老生。在此之前，吴先生对我来说差不多是传说中的人物，只存在于专业书籍和学界掌故中。先生是一位高大、慈祥的老人，那种气质恰如他的作品，温和而厚重。在我们这些"萌新"进行自我介绍时，他拿起相机为每个人拍照，举止神态像极了家庭聚会中的长辈。轮到我的时候，我说我来自河北高碑店，先生放下相机笑道："高碑店豆腐丝。"太师母在一旁笑着说，她也是保定人，老家在蠡县。望着他们的笑容，我感到十分亲切。

吴先生的《中古社会变迁与隋唐史研究》出版后，为我们这些再传弟子签名赠书。2014 级的牟学林师兄因故不能到场，嘱我替他领取。赠书当日，我们每四人结为一个小队，按顺序找吴先生签字，我和赵晨、高峰、邵浪舷一组。待我们这组结束后，我对先生说还要帮牟师兄代领，结果先生在题字时将"牟学林"写成了"牟学森"。我一时间慌了神，赶忙轻声提醒应该是"牟学林"，并问是否需要重新题写。先生笑呵呵地说："不必啦！错的比对的更有收藏价值。"

2021 年 9 月 9 日，是我最后一次随刘老师拜见吴先生，同行的还有高峰。当时我已经毕业，正在人大考古系做博士后。到吴先生家时，已经差不多晚上九点。这次见到先生，明显感觉他气色不好，人也消瘦了许多。此前他一直面色红润，精神矍铄，像个老神仙。后来才从刘老师那里得知，此时先生已经确诊了肺癌，正在吃中药调理。我们献上鲜花，提前祝先生和太师母节日快乐。刘老师又对两位老人说起我已经结婚，现在是准爸爸，小孩很快就要出生。两位老人很高兴，向我表达了祝福。之后吴先生又和刘老师聊起向学界同人赠书的事情，因为新冠疫情的影响，有些学界的朋友未能顺利收到先生最新出版的著作。由于时间已经不早，我们并未久留，大概半小时后便起身告辞。2022 年 8 月 7 日，先生因病逝世，魂归道山。他人虽然不在了，但他的著作、他的智慧，将永远陪伴我们。

# 宋朝士大夫与天子"共治天下"的时代背景

张希清

宋朝出现了士大夫与天子"共治天下"的政治思潮和政治局面,这一政治现象的出现绝不是偶然的。它的出现,在政治、经济、思想文化上都有着深刻的时代背景。对于这一问题,2001 年,暨南大学教授张其凡(1949—2016)的《"皇帝与士大夫共治天下"试析——北宋政治架构探微》,① 从宋代官僚制度方面进行了一些探讨;2005 年,日本学习院大学研究员王瑞来的《宋代士大夫主流精神论——以范仲淹为中心的考察》,② 从士风方面进行了分析;2020 年,浙江大学教授何忠礼的《论宋代士大夫的"共治"意识》,③ 又从士大夫群体崛起方面进行了考察;等等。现谨在前人研究的基础上,试图对宋朝士大夫与天子"共治天下"的时代背景进行一些比较系统、深入的论述,不当之处,敬请方家教正。

## 一 "君权神授"观念的淡薄

宋太祖赵匡胤(960—976 年在位)于后周显德七年(960)正月在陈桥驿发动兵变,回师东京开封,逼迫年仅八岁的后周恭帝柴宗训(959—

---

① 张其凡:《"皇帝与士大夫共治天下"试析——北宋政治架构探微》,《暨南学报》2001年第 6 期。

② 王瑞来:《宋代士大夫主流精神论——以范仲淹为中心的考察》,《宋史研究论丛》第 6辑,河北大学出版社,2005,第 169—198 页。

③ 何忠礼:《论宋代士大夫的"共治"意识》,《国际社会科学杂志》2020 年第 3 期。

960 年在位）"禅位"，而升殿称帝，建立赵宋王朝。宋朝之前的五代时期，政权更迭频繁。后梁、唐、晋、汉、周五代仅 53 年就换了 8 姓 13 个皇帝，每位皇帝平均在位时间只有 4 年，其在位时间最长者如后唐明宗李嗣源（926—933 年在位）也不到 8 年，在位时间最短者如后唐闵帝（933 年十二月—934 年四月在位）、后周恭帝（959 年六月至 960 年正月在位）都不到半年。至于吴、南唐、吴越、楚、南北汉、前后蜀、闽、荆南等十国称帝称王者则有 43 人。五代诸帝中，后唐明宗李嗣源、末帝李从珂（934—936 年在位）、后周太祖郭威（951—954 年在位）三人都是通过发动兵变当上皇帝的。后梁太祖朱温（907—912 年在位）、后汉高祖刘知远（947—948 年在位）都是以节度使称帝建国的。后晋高祖石敬瑭（936—942 年在位）则是以向契丹主称儿、割地、纳币而被契丹主援立为帝的。而且在五代中，后唐、后晋、后汉三代的开国皇帝都是沙陀部族人。历史经唐末五代发展到宋代，"君权神授""真命天子"的观念已经被打得粉碎，天子不再是神，而是人。秦朝末年，陈胜（？—前 208）、吴广（？—前 208）起义时就曾提出："王侯将相宁有种乎！"① 五代时期，后晋使相安重荣（900—942）更直接地说："天子，兵强马壮者当为之，宁有种耶！"② 王夫之（1619—1692）《读通鉴论》说："自唐亡以来，天下之称帝称王者，如春雨之蒸菌，不择地而发，虽名天子，实亦唐之节度使耳。"③ 又说："自唐以来，强臣擅兵以思篡夺者相沿成习，无有宁岁久矣。……延及石（敬瑭）、刘（知远）之代，而无人不思为天子矣。"④ 五代时期的帝王，不是"真命天子"，其君权也不是"神授"，而是像春雨之后茂盛的蘑菇，到处生长；到后晋、后汉时，更是"强臣擅兵"者人人都想当皇帝。宋朝也是以军事政变得国，"天命"之说已经没有太大市场，"君权神授"观念亦甚为淡薄。

① 《史记》卷四八《陈涉世家》，中华书局，1959，第 1952 页。
② 《旧五代史》卷九八《安重荣传》，中华书局，1976，第 1302 页。
③ 王夫之：《读通鉴论》卷二九《五代中》，中华书局，1975，第 1046 页。
④ 王夫之：《读通鉴论》卷三〇《五代下》，第 1080 页。

天子既然是人，就会犯错误，就不应该一人独裁。正如范仲淹（989—1052）上章献刘太后和宋仁宗（1022—1063 年在位）的《奏上时务书》所说：

> 圣人之至明也，临万机之事而不敢独断；圣人之至聪也，纳群臣之言而不敢偏听。独断则千虑或失，偏听则众心必离。人心离，则社稷危而不扶；圣虑失，则政教差而弥远。故先王务公共、设百官而不敢独断者，惧一虑之失也；开言路、采群议而不敢偏听者，惧众心之离也。①

南宋人刘黻（1217—1276）《谏游幸疏》亦云：

> 大凡人主，不能无过，脱有过言过行，宰执、侍从当言之，给舍、台谏当言之，缙绅、士大夫当言之，皆所以纳君于当道者也。②

既然"人主不能无过"，就需要宰执大臣、侍从官、给事中、中书舍人、台谏官、缙绅、士大夫与天子"共治天下"。

## 二 儒学复兴，政治文化回向"三代"

宋朝儒学复兴，其政治文化开始回向"三代"。③ 理学集大成者朱熹（1130—1200）说："国初人便已崇礼义，尊经术，欲复二帝三代，已自胜如唐人，但说未透在。直至二程出，此理始说得透。"④ 南宋孝宗朝宰

---

① 《范文正公文集》卷九《奏上时务书》，《范仲淹全集》第 1 册，中华书局，2020，第 175 页。
② 《宋史》卷四〇五《刘黻传》，中华书局，1977，第 12247 页。
③ 参见余英时《朱熹的历史世界：宋代士大夫政治文化的研究》第一章，生活·读书·新知三联书店，2004，第 184—198 页。
④ 黎靖德编《朱子语类》卷一二九，中华书局，1986，第 3085 页。

相史浩（1106—1194）说："我太祖皇帝深以行一不义、杀一不辜为戒，而得天下，制治以仁，待臣下以礼。列圣传心，至仁宗而德化隆洽，至于朝廷之上，耻言人过。故本朝之治，独与三代同风，此则祖宗之家法也。"① 可见，回向"三代"在宋仁宗时已经蔚然成风。

回向"三代"的一个重要表现，即是在君臣观念上回向春秋战国时期的孔孟之道。② 关于孔子（前551—前479）的君臣观念，《论语·八佾篇第三》载："定公问孔子：'君使臣，臣事君，如之何？'孔子对曰：'君使臣以礼，臣事君以忠'。"《说文解字》云："忠，敬也，尽心曰忠。"③ 君对臣要以礼相待，臣对君要尽心竭力。南宋史学家王称说："人臣以公正为忠。"④ 即"臣事君以忠"并不是无条件地忠于君主本人，而是忠于"公正"。如果君对臣无礼，则臣对君可以不忠。《论语·先进篇第十一》载孔子答弟子季子然问曰："所谓大臣者，以道事君，不可则止。"⑤ 大臣应以道义对待君主，如果这样行不通，宁可辞职不干，也即是孔子所说的"道不同，不相为谋"。⑥ 君臣之间道义志向不同，就无法在一起谋划共事。

孟子（约前372—前289）进一步说："民为贵，社稷次之，君为轻。"⑦ 他说：对于异姓之卿，"君有过则谏，反覆之而不听，则去。"朱熹注曰："君臣义合，不合则去。"对于贵戚之卿，"君有大过则谏，反覆之而不听，则易位"。朱熹注曰："大过，谓足以亡其国者。易位，易君

---

① 李心传：《建炎以来朝野杂记》乙集卷三《孝宗论用人择相》，中华书局，2000，第545页。
② 参见王瑞来《将错就错：宋代士大夫原道试探——以范仲淹君臣关系论为中心的考察》，《天地间气——范仲淹研究》，山西教育出版社，2015，第31—49页。
③ 许慎撰，段玉裁注《说文解字注》第十篇下《心部》，上海古籍出版社，1981，第502页。
④ 王称撰，吴洪泽笺证《东都事略笺证》卷九六《李清臣传》，上海古籍出版社，2023，第1041页。
⑤ 《论语·先进篇第十一》。
⑥ 《论语·卫灵公篇第十五》。
⑦ 《孟子》卷一四《尽心章句下》。

之位,更立亲戚之贤者。盖与君有亲亲之恩,无可去之义。以宗庙为重,不忍坐视其亡,故不得已而至于此也。"① 贵戚之卿以社稷为重,可以易君之位,另立君主。孟子又曾告诉齐宣王(前 320—前 301 年在位)说:"君之视臣如手足,则臣之视君如腹心;君之视臣如犬马,则臣之视君如国人;君之视臣如土芥,则臣之视君如寇仇。"② 君把臣看作自己的手脚,那么臣就会把君看作自己的腹心;君把臣看作狗马,那么臣就会把君看作路人;君把臣看作泥土草芥,那么臣就会把君看作仇敌。这是对孔子"君使臣以礼,则臣事君以忠"的引申与发挥。

孔孟之后的大儒荀子(约前 313—前 238)对臣道也有精辟的论述,其《臣道篇》曰:

> 从命而利君谓之顺,从命而不利君谓之诮;逆命而利君谓之忠,逆命而不利君谓之篡。不恤君之荣辱,不恤国之臧否,偷合苟容,以持禄养交而已耳,谓之国贼。
>
> 君有过谋、过事,将危国家、殒社稷之惧也,大臣父兄有能进言于君,用则可,不用则去,谓之谏;有能进言于君,用则可,不用则死,谓之争;有能比知同力,率群臣百吏而相与强君矫君,君虽不安,不能不听,遂以解国之大患,除国之大害,成于尊君安国,谓之辅;有能抗君之命,窃君之重,反君之事,以安国之危,除君之辱,功伐足以成国之大利,谓之拂。
>
> 故谏、争、辅、拂之人,社稷之臣也,国君之宝也,明君所尊厚也,而暗主惑君以为己贼也。故明君之所赏,暗君之所罚也;暗君之所赏,明君之所杀也。伊尹、箕子可谓谏矣,比干、子胥可谓争矣,平原君之于赵可谓辅矣,信陵君之于魏可谓拂矣。传曰:"从道不从

---

① 朱熹:《孟子集注》卷一〇《万章章句下》,《四书章句集注》,上海古籍出版社,2001,第 381—382 页。

② 《孟子》卷八《离娄章句下》。

君。"此之谓也。①

其《子道篇》亦曰：

从道不从君，从义不从父，人之大行也。②

在荀子看来，臣不但可以进言谏君（"谏"），甚至可以以死相争（"争"）；而且可以"强君矫君"（"辅"），甚至可以"抗君之命，窃君之重，反君之事"（"拂"）。因为这是为了"道"，"从道不从君"乃是人们最高的品行。

由此可见，在孔孟及荀子看来，诸侯各国君臣之间是一种以道义相合的关系，君臣关系是相当开放的，也是相对平等的；绝不是秦朝以后君主专制时期那种"君要臣死，臣不得不死"的绝对服从的人身依附关系。

宋朝儒学复兴，开始恢复孔孟之道原始意义上的君臣观念。一是"君使臣以礼，臣事君以忠"，③ "君臣相与，各欲致其义耳"。④ 王安石（1021—1086）曾说："君臣相与，各欲致其义耳。为君则自欲尽其君道，为臣则自欲尽其臣道，非相为赐也。"⑤ 君臣相处，各自都是要尽其道义和职责，为君尽君道，为臣尽臣道，君臣不是互相赐予的。也就是说，君臣是平等的，目的都是"致其义"，只是职责不同而已。王安石又说："夫士，牧民者也。……若夫道隆而德骏者，又不止此。虽天子北面而问焉，而与之迭为宾主。此舜所谓'承'之者也。""舜"应为"禹"；"承"即《大禹谟》"祗承于帝"，意为恭敬地秉承尧舜二帝的教导。君臣"迭为宾主"说明二者是平等的。宋理宗朝参知政事真德秀（1178—

① 《荀子》卷九《臣道篇第十三》。
② 《荀子》卷二〇《子道篇第二十九》。
③ 《论语·八佾篇第三》。
④ 《陆九渊集》卷一九《荆国王文公祠堂记》，中华书局，1980，第232页。
⑤ 《陆九渊集》卷一九《荆国王文公祠堂记》，第232页。

1235）解释《论语》"君使臣以礼，臣事君以忠"说："君以敬待其臣，是谓之礼；臣以诚事君，是谓之忠。二者皆职分所当然，非相为报也。"①真德秀所说的君臣"非相为报"与王安石所说的"非相为赐"义同，都是君臣各尽其职，其地位是平等的。南宋人罗大经说："至于君，虽得以令臣，而不可违于理而妄作；臣虽可以共君，而不可贰于道而曲从。"②可见宋朝士大夫也认为，君"不可违于理而妄作"，臣"不可贰于道而曲从"，在"道""理"面前，君臣是平等的，都不能违背"理"和"道"。

　　二是"以道事君，不可则止"，③"从道不从君"，④"君臣以义合"。⑤范仲淹说："尧舜则舍己从人，同抵于道。"⑥他为台谏官时，对宋仁宗的过失敢言直谏，说："事君有犯无隐，有谏无讪。杀其身，有益于君则为之。"⑦范仲淹后因极谏宋仁宗废黜郭皇后而被贬知睦州（治今浙江建德），他向宋仁宗上表说："有犯无隐，人臣之常；面折廷诤，国朝之盛。"⑧程颢（1032—1085）《河南程氏遗书》载："问：'臣拜君，必于堂下；子拜父母，如之何？'对曰：'君臣以义合，有贵贱，故拜于堂下；父子主恩，有尊卑，无贵贱，故拜于堂上。'"程颐（1033—1107）的亲传弟子尹焞（1071—1142）亦说："君臣，以义合者也。故君使臣以礼，则臣事君以忠。"⑨胡瑗（993—1059）弟子、宋哲宗朝御史中丞孙觉（1028—1090）说："荀子云：'从道不从君，从义不从父，人之大行也。入则孝，出则弟，人之小行也。'盖事有不中于道，理有不合于义，虽君

① 真德秀：《大学衍义》卷九《格物致知之要一·明道术·天理人伦之正》，世界书局，1989。

② 罗大经：《鹤林玉露》甲编卷三《五教三纲》，中华书局，1983，第49页。

③ 《论语·先进篇第十一》。

④ 《荀子》卷九《臣道篇第十三》。

⑤ 《河南程氏遗书》卷一八，《二程集》第2册，中华书局，1981，第244页。

⑥ 《范文正公文集》卷一《用天下心为心赋》，《范仲淹全集》第1册，第193页。

⑦ 《范文正公文集》卷一〇《上资政晏侍郎书》，《范仲淹全集》第1册，第198页。

⑧ 《范文正公文集》卷一六《睦州谢上表》，《范仲淹全集》第1册，第337页。

⑨ 朱熹：《论语集注》卷二《八佾第三》，《四书章句集注》，第77页。

父有命有不必从，惟道义之所在矣。"① 宋钦宗朝尚书左丞、门下侍郎（副宰相）耿南仲（？—1129）《周易新讲义》卷六云："上命之不善，亦可以改矣。《传》曰：'从道不从君'，此之谓也。所恶于革而不当也，何嫌之有？是以君有革命臣有改命而不疑也。"② 朱熹说："父子、兄弟、夫妇，皆是天理自然，人皆莫不自知爱敬。君臣虽亦是天理，然是义合。"③ 朱熹《论语集注》卷六《先进第十一》注"所谓大臣者，以道事君，不可则止"云："以道事君者，不从君之欲；不可则止者，必行己之志。"④ 南宋中期思想家杨简（1141—1226）说："君臣以义合，有道则见，无道则隐。"⑤ 与杨简同时而齐名的王宗传也说："父子以仁亲，君臣以义合，夫妇以礼别，长幼以序秩，朋友以信遇。"⑥ 真德秀解释《论语》"所谓大臣者，以道事君，不可则止"说："道者，正理也。大臣以正理事君，君之所行有不合正理者，必规之拂之，不苟从也。道之不合，则去之，不苟留也。"⑦ 真德秀所说的"规"，就是上引荀子《臣道篇》所说的"谏"；真德秀所说的"拂"，就是上引荀子《臣道篇》所说的"拂"。真德秀就《礼记·曲礼下》"三谏不听，则逃之"又说："君臣有义则合，无义则去。"⑧ 宋度宗朝江西招谕使、知信州（治今江西上饶）谢枋得（1226—1289）《上丞相留忠斋书》说："语曰：'君行令，臣行志。'又曰：'制命在君，制行在臣。''大臣者，以道事君，不可则止。'孔子尝告我矣。君臣以义合，合则就，不合则去。"⑨ 可见，"从道不从君"，"君臣以义合"，这些孔孟之道原始的君臣观念已经在宋朝士大夫中得到广泛

① 孙觉：《春秋经解》卷三《庄公上》，《景印文渊阁四库全书》本。

② 耿南仲：《周易新讲义》卷六，《景印文渊阁四库全书》本。

③ 黎靖德编《朱子语类》卷一五《学七·力行》，第1059页。

④ 朱熹：《论语集注》卷六《先进第十一》，《四书章句集注》，第151页。

⑤ 杨简：《杨氏易传》卷七，《景印文渊阁四库全书》本。

⑥ 王宗传：《童溪易传》卷二二，《景印文渊阁四库全书》本。

⑦ 真德秀：《大学衍义》卷一〇《格物致知之要一·明道术·天理人伦之正》。

⑧ 真德秀：《西山读书志》卷一二《君臣》，《儒藏》精华编第191册，北京大学出版社，2022。

⑨ 谢枋：《叠山集》卷二《上宰相留忠斋书》，四部丛刊本。

认同。

"从道不从君","君臣以义合",说明超乎君臣之上还有一个"道""义"的存在。"义"亦即是"道"。这个超乎君臣之上的"道"是什么?欧阳修（1007—1072）说:"君子之于学也务为道。……其道,周公、孔子、孟轲之徒常履而行之者是也。……凡此所谓道者,乃圣人之道也。"①这个"道"就是"圣人之道",在儒家看来就是"孔孟之道"。《中庸》曰:"大哉圣人之道!洋洋乎!发育万物,峻极于天。"②圣人之道,浩瀚无边,生养万物,与天一样崇高。《孟子》卷三《公孙丑章句上》载:"宰予曰:'以予观于夫子,贤于尧舜远矣。'"孟子的弟子认为孟子远比尧舜贤明。孟子对他自己的"道"也非常自信,曾说:"夫天未欲平治天下也;如欲平治天下,当今之世,舍我其谁也?"③

宋朝君臣也认为"道理最大。"沈括（1031—1095）《续笔谈》载:

> 太祖皇帝尝问赵普曰:"天下何物最大?"普熟思未答间,再问如前。普对曰:"道理最大。"上屡称善。

宋太祖与宰相赵普（922—992）的问对在南宋孝宗（1162—1189年在位）之后,屡被引述。《增入名儒讲义皇宋中兴两朝圣政》卷四七载:

> 乾道五年（1169）三月戊午（二日）,明州州学教授郑耕道进对,奏:"太祖皇帝尝问赵普曰:'天下何物最大?'对曰:'道理最大。'太祖皇帝屡称善。夫知道理为大,则必不以私意而失公中。"上曰:"固不当任私意。"
>
> 臣留正（1129—1206）等曰:"天下惟道理最大,故有以万乘之尊而屈于匹夫之一言,以四海之富而不得以私于其亲与故者。若不顾

---

① 《欧阳修全集》卷六七《与张秀才棐第二书》,李逸安点校,中华书局,2001,第978页。
② 朱熹:《中庸章句》第二十七章,《四书章句集注》,第41页。
③ 《孟子》卷四《公孙丑章句下》。

道理，而曰：'予无乐乎为君，惟予言而莫予违也。'私意又安得不
肆？寿皇圣帝（按：指宋孝宗）因臣下论'道理最大'，乃以一言以
蔽之曰：'固不当任私意。'呜呼！尽之矣。"①

宋理宗淳祐丁未（七年，1247）上元前一日，迪功郎、前兴国军军学教
授刘实甫在《类编皇朝大事记讲义·序》中说：

> 抑又尝拜观艺祖皇帝问赵普曰："天下何物最大？"普对曰："道
> 理最大。"此尧、舜之间，稷、契之对也。我朝所以理学昌明者，其
> 论已兆于此。而国家延洪之休所以超轶汉、唐者，徒恃有此义理耳。

淳祐己酉（九年，1249）夏，吴渊（1190—1257）在《鹤山先生大全文
集·序》中说：

> 艺祖救百王之弊，以"道理最大"一语开国；以"用读书人"
> 一念厚苍生。文治彬郁垂三百年，海内兴起未艾也。

宝祐元年（1253），状元姚勉（1216—1262）在《癸丑廷对》中说：

> 艺祖皇帝问赵普曰："天下何物最大？"普对曰："道理最大。"
> 此言一立，气感类从，五星聚奎，异人间出。有濂溪周敦颐倡其始，
> 有河南程颢、程颐衍其流，有关西张载翼其派。南渡以来，有朱熹以
> 推广之，有张栻以讲明之。于是，天下之士亦略闻古圣人之所谓
> 道矣。②

① 佚名撰，孔学辑校《皇宋中兴两朝圣政辑校》卷四七，乾道五年三月戊午，中华书局，
　　2019，第1059页。
② 《姚勉集》卷七《癸丑廷对》，上海古籍出版社，2012，第49页。

这里的"道理"就是儒家的"圣人之道""孔孟之道"。早在汉代，戴德《大戴礼记·易本命》云："王者动必以道，静必以理。"在北宋时期，关于"道"、"理"或"理道"大于天子的说法，也不少见。如范仲淹在《睦州谢上表》中说："理或当言，死无所避。"① 在《遗表》中仍然说："伏念臣生而遂孤，少乃从学。游心儒术，决知圣道之可行；结绶仕途，不信贱官之能屈。才脱中铨之冗，遽参丽正之荣。耻为幸人，窃论国体。"②范仲淹一生都是用"圣人之道""孔孟之道"与天子"共治天下"的。"道理最大"是宋朝君臣的共识和为政的准则，天子与士大夫都是按照"道理"共治天下的。

而"圣人之道"往往掌握在宗经学古的士大夫手中。如程颐在《明道先生墓表》中说："周公没，圣人之道不行；孟轲死，圣人之学不传。……先生（按：指程颢）生千四百年之后，得不传之学于遗经，志将以斯道觉斯民。……圣人之道得先生而复明，为功大矣。"③ 按照儒家的"道统"，孔孟之道上接尧、舜、禹、汤、文王、武王、周公，到了孔子形成儒家学派，再传至子思、孟子。孟轲死，圣人之道不传。韩愈（768—824）认为，他上接孟子；程颐认为，"圣人之道"至程颢而复明。而朱熹，则是孔孟圣人之道的集大成者。无论如何，孔孟之道在宋朝得到发扬光大，宋朝士大夫有责任、也有能力与天子"共治天下"。

## 三　庞大的科举出身士大夫群体的崛起

宋朝庶族地主完全取代了士族地主，自耕农大量出现，手工业者、商人的社会地位大为提高。农业、手工业、商业兴旺，科学技术如造纸、印刷术等也有了很大发展，文化教育事业发达，官学、私学和书院勃然兴起，地主出身及富裕农民、手工业者和商人的子弟都有了读书的机会。宋

---

①　《范文正公文集》卷一六《睦州谢上表》，《范仲淹全集》第 1 册，第 386 页。

②　《范文正公文集》卷一八《遗表》，《范仲淹全集》第 1 册，第 374 页。

③　《河南程氏文集》卷一一《明道先生墓表》，《二程集》第 2 册，第 640 页。

朝科举制度日趋完备，"取士不问家世"，① 实行公开考试，平等竞争，择优录用，广大士人得以通过"读书—科举—做官"进入仕途。宋太宗（976—997 年在位）之后科举取士人数大量增加，如宋太宗淳化三年（992）孙何（961—1004）榜共取正奏名进士、诸科 1317 人；宋真宗景德二年（1005）李迪（971—1047）榜共取正、特奏名进士、诸科 3049人。据统计，宋朝共取正、特奏名进士、诸科约 11.2 万人，其中正奏名进士、诸科约 6 万人，特奏名进士、诸科约 5.2 万人，平均每年约取士350 人。其取士之多远远超过此前的唐朝及此后的元、明、清。另外，宋朝科举及第后，除第五甲需守选外，前四甲均可立即授官，而且授官优渥，升迁较非科举出身者也快很多，甚至不到十年即升为宰相。据统计，北宋九朝共有宰相 92 人，其中科举出身者 83 人，占 90%；共有副宰相176 人，其中科举出身者 162 人，占 92%。科举所取之士，一般经过一二十年"治经阅史"的读书生涯，又经过解试、省试、殿试三级比较严格的考试，数百里挑一甚至千里挑一，方能及第授官。他们一般具有相当的文化知识，并且长期受到儒家文化的熏陶，较顾礼义廉耻，虽然其中也有不少庸碌无能之辈，但相比恩荫补官、胥吏出职及进纳买官，在素质上，显然要好得多。正如北宋台谏官上官均（1038—1115）所说："今之自文职入流者凡四：进士、补荫与夫纳粟得官、百司胥吏是也。自武职入流者凡三：武举、补荫与夫百司胥吏是也。计其才行，可以居官治事，纳粟、胥吏不如补荫，补荫不如进士、武举。"② 在宋朝，科举出身的士大夫已经成为一个庞大的群体。宋初进士、真宗朝官至知代州（治今山西代县）的柳开（947—1000）说："上自中书门下为宰相，下至县邑为簿尉，其间台省郡府公卿大夫，悉见奇能异行，各竞为文武中俊臣，皆上之所取贡举人也。"③ 科举出身、宋仁宗朝官至翰林学士的蔡襄（1012—1067）说：

---

① 郑樵：《通志》卷二五《氏族略第一·氏族序》，中华书局，1987，第 439 页。
② 上官均：《上哲宗乞清入仕之源》，赵汝愚编《宋朝诸臣奏议》卷七〇，上海古籍出版社，1999，第 770 页。
③ 柳开：《河东集》卷八《与郑景宗书》，四部丛刊本。

"今世用人，大率以文词进：大臣，文士也；近侍之臣，文士也；钱谷之司，文士也；边防大帅，文士也；天下转运使，文士也；知州郡，文士也，虽有武臣，盖仅有也。"① 宋朝科举出身士大夫庞大群体的崛起，是士大夫与天子"共治天下"的强大的人才基础。

## 四　政治文化政策的宽松与"以天下为己任"士风的盛行

相对于其他朝代，宋朝政治文化政策较为宽松，其表现在很多方面，如崇文抑武、尊崇文人士大夫等。这里只谈一谈宋太祖的誓约："誓不诛大臣、言官。"② 宋朝史籍记载，宋太祖赵匡胤曾经订立了一个著名的誓约："誓不诛大臣、言官。"这一誓约不但被宋朝君臣奉为"祖宗家法"，而且历来受到世人的称赞。但是，宋太祖誓约是否确实真有其事？至今仍然众说纷纭，莫衷一是。笔者曾经写过一篇《宋太祖"誓不诛大臣、言官"誓约考论》的文章，经过考证，认为宋太祖誓约确有其事。③ 宋太祖誓约来源于南宋初年阁门宣赞舍人曹勋（1098—1174）自金朝的燕山府（治今北京）回到宋朝应天府（治今河南商丘）时，所传达的宋徽宗（1100—1125 年在位）的宣谕。其见诸文字记载者，最早为宋高宗建炎元年（1127）七月曹勋所上《进前十事札子》，其第一事即为宋太祖誓约。现摘录如下：

> 臣顷离太上皇帝御前，得圣训曰："……归奏但有可清中原之谋，悉举行之，无以予为念，且保守取自家宗庙。"言讫，呜咽，又语臣曰："归可奏上，艺祖有约，藏于太庙，誓不诛大臣、言官，违者不祥。故七祖相袭，未尝辄易。每念靖康年中诛罚为甚，今日之祸

---

① 《蔡襄集》卷二二《国论要目·任材》，上海古籍出版社，1996，第 384 页。
② 曹勋：《松隐文集》卷二六《进前十事札子》，《嘉业堂丛书》本。
③ 参见张希清《宋太祖"不诛大臣、言官"誓约考论》，《文史哲》2012 年第 2 期。

虽不止此，然要当知而戒焉。"①

十七年后，即宋高宗绍兴十四年（1144），官至保信军承宣使、知阁门事兼客省、四方馆事的曹勋又编次了《北狩见闻录》一书，再次记载了宋徽宗宣谕宋太祖有约"誓不诛大臣、言官"之事。此后，宋太祖誓约遂广为流传。成书于宋光宗绍熙五年（1194）的徐梦莘（1126—1207）编撰的《三朝北盟会编》卷九八、同年成书的王明清（1127—?）所著《挥麈后录》卷一、稍后成书的李心传（1166—1243）编撰的《建炎以来系年要录》卷四及此后的《皇宋中兴两朝圣政》卷一、《宋史全文续资治通鉴》卷一六、《宋史》卷三七九《曹勋传》也都有同样的关于宋太祖誓约的记载。从上述记载可以看出，宋太祖誓约的来源、传布十分清楚，足以证明这一誓约确有其事。

另外，在宋朝的历史上，宋太祖誓约确实一直被奉为"祖宗之法"，基本未诛大臣、言官。在北宋，只有宋钦宗朝曾诛杀领枢密院事童贯（1054—1126）、领枢密院事蔡攸（1077—1126）；在南宋，只有宋高宗朝曾诛杀宰相张邦昌（1081—1127）、枢密副使岳飞（1103—1142），宋宁宗朝曾刺杀平章军国事韩侂胄（1152—1207）。除此五人之外，再也未见朝廷诛杀大臣、言官的记载。正如王夫之《宋论》卷一所云："自太祖勒不杀士大夫之誓以诏子孙，终宋之世，文臣无欧刀之辟。"② 这些事实从另一个方面也可以证明：宋太祖誓约确有其事。

宋太祖誓约在士大夫与天子"共治天下"中有着重要作用。第一，宋太祖"誓不诛大臣、言官"，宋朝君臣奉之为"祖宗家法"，除特殊时期诛杀过五位大臣之外，基本上没有诛杀大臣、言官。这与明朝皇帝动辄对大臣、言官施行"廷杖"，当众予以羞辱，甚至毒打致死的野蛮行为，形成鲜明对照。宋太祖誓约使宰执大臣和台谏官无杀身之虞，这无疑提高

①　曹勋：《松隐文集》卷二六《进前十事札子》。
②　王夫之：《宋论》卷一《太祖》，中华书局，1964，第6页。

了这些官员的政治地位和人格尊严，激励他们"以天下为己任"，忧国忧民忧天下，"立天子陛下，直辞正色，面折庭论"，① 出将入相，敢做敢当，"左右天子……天下谓之大忠"，② 与天子"共治天下"。

第二，宋太祖誓约以及由此而形成的"祖宗家法"，对于宋朝君臣都是一个制约。如宋哲宗绍圣四年（1097），章惇（1035—1105）、蔡卞（1048—1127）当政，再追贬吕公著（1018—1089）、司马光（1019—1086），及谪吕大防（1027—1097）等于岭南之后，意犹未快，最后，起同文馆狱，将悉诛元祐旧臣。宋哲宗曰："（刘）挚（1030—1098）等已谪遐方，朕遵祖宗遗志，未尝杀戮大臣，其释勿治。"③ 宋太祖誓约可以避免党争更趋恶化，不至于使士大夫与天子"共治天下"的政治氛围被彻底破坏。

第三，宋太祖誓约以及由此而形成的"祖宗家法"，使宰执大臣的行政权和台谏官的监察权与皇权形成一定的相对独立和互相制衡，从而使宋代朝堂之上、君臣之间呈现出一种比较和谐、开明、宽松的政治氛围，有利于士大夫与天子"共治天下"。

士风是一个时代士大夫的精神风貌。士风好坏与士大夫所处的时代有密切关系，反过来也会对所处的时代有重大影响。晚唐五代以后，社会动荡，世风日下，士风败坏，士大夫"以苟生为得"，④ 少有气节。宋朝建立，结束了晚唐五代的混乱局面，崇儒重道，士风始变，至北宋中期，士大夫呈现出一派重道义、知廉耻、尚气节、忧国忧民、直言极谏、敢做敢当的精神风貌。正如《宋史》卷四四六《忠义传序》所说："士大夫忠义之气，至于五季，变化殆尽。宋之初兴，范质、王溥，犹有余憾……真、仁之世，田锡、王禹偁、范仲淹、欧阳修、唐介诸贤，以直言谠论倡于

---

① 《欧阳修全集》卷六七《上范司谏书》，第 974 页。
② 《范文正公文集》卷八《杨文公（亿）写真赞》，《范仲淹全集》第 1 册，第 141 页。
③ 《文献通考》卷一六七《刑法考六》，中华书局，2011，第 1451 页；《宋史》卷二〇〇《刑法志二》，第 5000 页。
④ 《新五代史》卷三三《死事传序》，中华书局，1974，第 355 页。

朝，于是中外缙绅，知以名节相高，廉耻相尚，尽去五季之陋矣。"宋朝士风最具代表性的人物则是范仲淹。正如朱熹所说："本朝忠义之风，却是自范文正公（仲淹）作成起来也。"① 又说："祖宗以来名相如李文靖（沆）、王文正（旦）诸公，只恁地善，亦不得，至范文正时便大厉名节，振作士气，故振作士大夫之功居多。"② 《宋史》卷三一四《范仲淹传》亦云："每感激论天下事，奋不顾身，一时士大夫矫厉尚风节，自仲淹倡之。"而最能代表范仲淹精神风貌的，则是"以天下为己任"。宋朝理学集大成者朱熹（1130—1200）说："范公平日胸襟豁达，毅然以天下国家为己任。"又说："且如一个范文正公，自做秀才时便以天下为己任，无一事不理会过。一旦仁宗大用之，便做出许多事业。"③ 可以说，"以天下为己任"成为宋朝士大夫的士风。

以范仲淹为代表的士大夫"以天下为己任"的士风，首先表现在"有忧天下之心"，④ 具有非常强烈的忧国忧民忧天下的忧患意识。如范仲淹不仅像一般士大夫那样"穷则独善其身，达则兼善天下"，⑤ 而且像他在《岳阳楼记》中所说："进亦忧，退亦忧"，"居庙堂之高，则忧其民；处江湖之远，则忧其君"。这是他的思想境界远远超出一般士大夫之处。范仲淹在《岳阳楼记》中又写道："然则何时而乐耶？其必曰：'先天下之忧而忧，后天下之乐而乐'乎！噫！微斯人，吾谁与归！""先忧后乐"正是范仲淹忧患意识的又一突出表现，也是他的思想境界远远超过一般士大夫之处。忧患意识并非范仲淹所独有，而是宋朝士大夫的所共有的思想意识。如宋仁宗嘉祐二年（1057），程颐《上仁宗皇帝书》说："臣请议天下之事，不识陛下以今天下为安乎？危乎？治乎？乱乎？乌可知危乱而不思救之之道！如曰安且治矣，则臣请明其未然。方今之势，诚何异于抱

---

① 黎靖德编《朱子语类》卷四七《论语》，第 1188 页。

② 黎靖德编《朱子语类》卷一二九《自国初至熙宁人物》，第 3086 页。

③ 黎靖德编《朱子语类》卷一二九《自国初至熙宁人物》，第 3087 页。

④ 《欧阳修全集》卷六七《与范希文书》，第 983 页。

⑤ 《孟子·尽心上》。

火厝之积薪之下而寝其上，火未及然，因谓之安者乎?"① 其忧国忧民之情，溢于言表。嘉祐四年（1059），王安石《上皇帝万言书》云："内则不能无以社稷为忧，外则不能无惧于夷狄，天下之财力日以困穷，而风俗日以衰坏，四方有志之士，偲偲然常恐天下之久不安。"② 当时，有志之士对内忧外患充满了忧虑与恐惧，都思变法图强，长治久安。正如宋光宗朝状元陈亮（1143—1194）所说："方庆历、嘉祐，世之名士常患法之不变也。"③

以范仲淹为代表的士大夫"以天下为己任"的士风，还表现在主体意识的觉醒，再次提出士大夫与天子"共治天下"。如前所述，宋真宗大中祥符五年（1012），龙图阁待制张知白即上言："《汉史》载宣帝为明盛之主，美其任人责成，知王道之根本，常曰：'与我共治天下者，其惟良二千石乎!'斯言也，传示不朽，后之人孰不称颂哉!"④"共治天下"后因避唐高宗（649—683 年在位）名讳，曾改为"共理天下"。范仲淹文集中说到天子与士大夫"共理天下"者，至少有十处之多。如庆历三年（1043）九月，他在《答手诏条陈十事》的"择官长"中就说："臣闻先王建侯，以共理天下。今之刺史、县令，即古之诸侯。"绍兴八年（1138）监察御史方庭实（?—1150）上书宋高宗（1127—1162 年在位）说："天下者，中国之天下，祖宗之天下，群臣、万姓、三军之天下，非陛下之天下。"⑤ 这些都表明宋朝士大夫的主体意识和社会责任感。

以范仲淹为代表的士大夫"以天下为己任"的士风，还表现在其担当精神。一是直言极谏。如范仲淹认为："儒者报国，以言为先。"⑥"事

---

① 《河南程氏文集》卷五《上仁宗皇帝书》，《二程集》第 2 册，第 511 页。
② 《王安石文集》卷三九《上仁宗皇帝万言书》，中华书局，2021，第 1 页。
③ 《陈亮集》（增订本）卷一二《铨选资格》，中华书局，1987，第 134 页。
④ 李焘：《续资治通鉴长编》（以下简称《长编》）卷七八，大中祥符五年七月己巳，中华书局，2004，第 1774 页。
⑤ 《宋史全文》卷二〇中，绍兴八年十二月癸酉，中华书局，2016，第 1564 页。
⑥ 《范文正公文集》卷一七《让观察使第一表》，《范仲淹全集》第 1 册，第 352 页。

君有犯无隐，有谏无讪，杀其身有益于君则为之。"① 立志要像灵乌一样："警于未形，恐于未炽。""虽死而告，为凶之防。""宁鸣而死，不默而生。"② 他三次入朝为官，都因为上书言事而三次被贬黜，但他并不气馁，反而愈黜愈奋。正如他在谢表中所说："臣非不知逆龙鳞者掇齑粉之患，忤天威者负雷霆之诛，理或当言，死无所避。"③ "徒竭诚而报国，弗钳口以安身。"④ 也正如韩琦（1008—1075）在《文正范公奏议集序》中所说："公以王佐之才，遇不世出之主，竭忠尽瘁，知无不为，故由小官擢谏任，危言鲠论，建明规益，身虽可绌，义则难夺。"⑤ 宋朝士大夫大都敢言直谏。如宋仁宗景祐三年（1036），范仲淹献《百官图》，直斥宰相吕夷简（979—1044）任人唯亲，序迁不公，夷简大怒，以仲淹语辩于帝前，且诉仲淹"越职言事，荐引朋党，离间君臣"，⑥ 由是范仲淹被贬知饶州（治今江西波阳）。时集贤校理余靖（1000—1064）、馆阁校勘尹洙（1001—1047）、馆阁校勘欧阳修（1007—1072）上疏论救，亦相继遭贬。西京留守推官蔡襄（1012—1067）作《四贤一不肖诗》（"四贤"指范仲淹、余靖、尹洙、欧阳修，"一不肖"指高若讷），一时传诵天下。范仲淹主持"庆历新政"期间，余靖、欧阳修、蔡襄、王素（1007—1073）为谏官，建言进谏，论事无所畏避，可见谏净之风在士大夫中甚为盛行。

二是敢做敢当。春秋战国时期的思想家讲"内圣外王之道"，⑦讲"修身、齐家、治国、平天下"。⑧ "外王""治国、平天下"就是"以天下为己任"，敢做敢当，建功立业。这一风气在宋朝士大夫中也大为盛行。如前所述，范仲淹临危受命，担任陕西经略安抚副使、同管勾都部署司事，

---

① 《范文正公文集》卷一〇《上资政晏侍郎书》，《范仲淹全集》第 1 册，第 198 页。
② 《范文正公文集》卷一《灵乌赋》，《范仲淹全集》第 1 册，第 8 页。
③ 《范文正公文集》卷一六《睦州谢上表》，《范仲淹全集》第 1 册，第 336 页。
④ 《范文正公文集》卷一六《润州谢上表》，《范仲淹全集》第 1 册，第 346 页。
⑤ 韩琦：《安阳集》卷二二《文正范公奏议集序》，《景印文渊阁四库全书》本。
⑥ 《长编》卷一一八，景祐三年五月丙戌，第 2784 页。
⑦ 《庄子·天下篇》。
⑧ 《礼记·大学》第一章。

亲临宋夏战争前线，抵御西夏入侵；扭转战局后，入朝为参知政事，上奏《答手诏条陈十事》，主持"庆历新政"，出将入相，敢做敢当。范仲淹的门人张载（1020—1078）说："为天地立心，为生民立道，为去圣继绝学，为万世开太平。"① 朱熹再传弟子、南宋理宗朝翰林学士叶采解释说："天地以生生为心，圣人参赞化育，使万物各正其性命，此为天地立心也；建明义理，扶植纲常，此为生民立道也；继绝学，谓缵述道统；开太平，谓有王者起，必来取法利泽，垂于万世。"② 当代著名哲学家张岱年（1909—2004）先生说："'为天地立心'——达到对于天地宇宙的认识；'为生民立道'——昭示人类生活的基本准则；'为去圣继绝学'——弘扬古代哲学的优秀传统；'为万世开太平'——寻求人类共通生存发展的道路。这四句可以说是表达了哲学家的宏愿，虽然不易做到，但作为哲学家的主观愿望，还是具有重要意义的。"③ 张岱年先生又说："这是张横渠的伟大怀抱，也是他所讲的学者应有的志愿。在天地之间做一个能知能觉者故说为天地立心；讲明人道的基本原则，故说为生民立道。这是思想家应尽的职责。"④ 这些都表明宋朝士大夫的担当精神。

以范仲淹为代表的士大夫"以天下为己任"的士风，还表现在其民本思想上。民本思想是中国古代治国理政的传统思想。《尚书·五子之歌》说："民为邦本，本固邦宁。""德惟善政，政在养民。"《孟子·尽心下》说："民为贵，社稷次之，君为轻。"《荀子·王制》说："君者，舟也；庶人者，水也。水则载舟，水则覆舟。故君人者欲安，则莫若平政爱民矣。"宋朝士大夫传承了这一优良传统，并加以发扬光大。如范仲淹在《用天下心以为心赋》（人主当用天下心矣）中说："何以致圣功之然哉？从民心而已矣。""不以己欲为欲，而以众心为心。"他在《政在顺民心赋》（明主施政能顺民欲）中说："政者为民而设，民者惟政是平。违之

---

① 《张载集·张子语录·语录中》及《近思录拾遗》，中华书局，1978，第 320、376 页。
② 叶采：《近思录集解》卷二，《景印文渊阁四库全书》本。
③ 张岱年：《试谈"横渠四句"》，《中国文化研究》1997 年春之卷。
④ 张岱年：《张横渠的哲学》，《哲学研究》1995 年第 1 期。

则事悖，顺之则教兴。"他在《答手诏条陈十事》中也说："臣观《书》曰：'德惟善政，政在养民。'此言圣人之德，惟在善政；善政之要，惟在养民；养民之政，必先务农。"包拯（999—1062）也说："民者，国之本也，财用所出，安危所系，当务安之为急。"① 宋神宗熙宁八年（1075）十月，程颐《代吕公著应诏上神宗皇帝书》又说："为政之道，以顺民心为本，以厚民生为本，以安而不扰为本。"② 他们为官一方，也是"以民为本"的。如范仲淹在三十七年的仕宦生涯中，有三分之二的时间在地方为官，历知睦州（治今浙江建德）、苏州（今属江苏）、饶州（治今江西鄱阳）、延州（治今陕西延安）、邠州（治今陕西彬县）、邓州（今属河南）、杭州（今属浙江）等十余州县，所到之处，均以民为本，"求民疾于一方，分国忧于千里"。③ 程颐为其兄程颢所作《行状》云："先生为令，视民如子。……在邑三年，百姓爱之如父母，去之日，哭声振野。"④ 二程门人杨时（1053—1135）说："明道先生作县，凡坐处皆书'视民如伤'四字。常曰：'颢常愧此四字。'"⑤ 程颢将"视民如伤"作为座右铭，对待百姓如同对待有伤病者一样加以呵护，可见其为官从政，也是身体力行，以民为本的。

宋朝士大夫的忧患意识、主体意识、担当精神、民本思想这种"以天下为己任"的士风，使他们有着强烈的愿望和崇高的志向"得君行道"，与天子"共治天下"。

## 五　士大夫与天子"共治天下"政治制度架构基本形成

宋朝在政治制度架构上，基本上形成了士大夫与天子"共治天下"

---

① 《包拯集校注》卷四《请罢天下科率》，黄山书社，1999，第259页。
② 《河南程氏文集》卷五《代吕公著应诏上神宗皇帝书》，《二程集》第2册，第531页。
③ 《范文正公文集》卷一八《邓州谢上表》，《范仲淹全集》第1册，第367页。
④ 《河南程氏文集》卷一一《明道先生行状》，第633页。
⑤ 《河南程氏外书》卷一二《传闻杂记》，《二程集》第2册，第429页。

的机制。北宋前期即宋神宗元丰五年（1082）改官制前，宋朝中央设中书门下、枢密院二府，分掌民政、军政；另设三司，主管财政。中书门下设同中书门下平章事、参知政事为正副宰相，枢密院设枢密使（知枢密院事）、枢密副使（同知枢密院事、签书枢密院事、同签书枢密院事）为正副长官。三司设三司使、三司副使。中书门下、枢密院、三司为参与决策和执行机构。如凡大除拜即立后妃、太子，拜宰相、枢密使等，由皇帝头天晚上直接召对翰林学士起草制书，第二天付中书门下宣布执行；其他一般除拜及御札，则先由中书门下议定"除目"进呈皇帝，待皇帝批准后，再由中书门下拟定"熟状"进呈皇帝复审；皇帝用御宝"封出"后，即交学士院起草诏书，然后付中书门下宣布执行；至于赦书、德音等例行公事，则由中书门下送学士院起草诏书，不需再上奏皇帝批复，直接以皇帝的名义付中书门下宣布执行即可。① 宋朝中央还另设有通进银台封驳司，以知通进、银台司兼门下封驳事为长官，负责对诏令制敕的点检、审读，并对不便和未妥的诏令制敕进行论奏、封驳，可以直接呈请皇帝责令中书门下或枢密院重新审议讨论，进而改变决策。②

北宋后期即宋神宗元丰五年（1082）改官制后，宋朝中央改设中书、门下、尚书三省和枢密院，分掌民政、军政；撤销三司，其职权归尚书省的户部。三省设尚书左仆射兼门下侍郎、尚书右仆射兼中书侍郎为左右宰相，设门下侍郎、中书侍郎、尚书左丞、尚书右丞为副宰相，枢密院仍设枢密使（知枢密院事）、枢密副使（同知枢密院事、签书枢密院事、同签书枢密院事）为正副长官。其中央决策机制改为："中书省面奉宣旨事，别以黄纸书，中书令、侍郎、舍人宣奉行讫，录送门下省为画黄。受批降若覆请得旨，及入熟状得画事，别以黄纸亦书，宣奉行讫，录送门下省为录黄。枢密院准此，惟以白纸录送，面得旨者为录白，批奏得画者为画旨。门下省被受画黄、录黄、录白、画旨，皆留为底，详校无舛，缴奏得

① 参阅田志光《北宋宰辅政务决策与运作研究》第四章，人民出版社，2013，第115—144页。
② 参阅田志光《北宋宰辅政务决策与运作研究》第六章，第190—211页。

画，以黄纸书，侍中、侍郎、给事中省审读讫，录送尚书省施行。"即中书省取旨，门下省覆奏，尚书省施行。① 元丰改官制后，撤销通进银台封驳司，其职权归给事中。元丰新制，给事中为门下后省长官，掌审读朝廷颁降与地方上奏的重要文书。朝廷颁降的制敕诏令如有不当，即驳回；如无不当，即书读之。

元丰八年（1085）三月，宋神宗（1067—1085 年在位）病逝，年仅九岁的宋哲宗（1085—1100 年在位）继位，宋英宗皇后、神宗生母、哲宗祖母太皇太后高氏垂帘听政，其中央决策机制逐渐由中书省取旨，门下省覆奏，尚书省施行改为三省同进拟同取旨，尚书省施行。②

北宋前后期即元丰改官制前后，无论中央官僚机构和决策机制如何变化，都是士大夫与天子"共治天下"。宋光宗绍熙五年（1194），朱熹上《经筵留身面陈四事劄子》云：

> 至于朝廷纪纲，尤所当严。上自人主，以下至于百执事，各有职业，不可相侵。盖君所以制命为职，然必谋之大臣，参之给、舍，使之熟议，以求公议之所在。然后，扬于王庭，明出命令，而公行之。……此古今之常理，祖宗之家法也。③

宋朝"典故"："凡制敕所出，必自宰相。"④ 宋度宗咸淳三年（1263），刘黻（1217—1276）拜监察御史，论内降恩泽曰：

> 治天下之要，莫先于谨命令；谨命令之要，莫先于室内批。命令，帝王之枢机，必经中书参试，门下封驳，然后付尚书省施行。凡不由三省施行者，名曰"斜封墨敕"，不足效也。……故政事由中书

---

① 《长编》卷三二三，元丰五年二月癸丑朔，第 7775 页。
② 参阅田志光《北宋宰辅政务决策与运作研究》第四章，第 115—144 页。
③ 朱熹：《朱文公文集》卷一四《经筵留身面陈四事札子》，四部丛刊本。
④ 《长编》卷一八，太平兴国二年四月乙卯，第 403 页。

则治，不由中书则乱，天下事当与天下共之，非人主所可得私也。①

可见，按照制度规定，中书门下（三省）、枢密院的宰辅们是与天子"共治天下"的。即如刘攽所说："天下事当与天下共之，非人主所可得私也。"

另外，宋朝中央还设有御史台和谏院，作为监察机构，负责规谏皇帝、参议朝政和弹劾百官。元丰改官制前，御史台设御史中丞、侍御史知杂事为正副长官，下设侍御史、殿中侍御史、监察御史等。谏院设知谏院、同知谏院为正副长官，下设左、右司谏和左、右正言。元丰改官制后，御史台以御史中丞、侍御史为正副长官，下设殿中侍御史、监察御史等。谏院被废，中书省下设右谏议大夫、右司谏、右正言，门下省下设左谏议大夫、左司谏、左正言，行使原谏院职能，并行使封驳之权；南宋高宗建炎三年（1129），又恢复了谏院。② 台谏官虽小，也是可以参议朝政影响决策的。如宋仁宗明道二年（1033）四月，范仲淹被召入朝，任右司谏。时任西京留守推官的欧阳修在《上范司谏书》中写道：

> 谏官虽卑，与宰相等。天子曰不可，宰相曰可；天子曰然，宰相曰不然：坐乎庙堂之上，与天子相可否者，宰相也。天子曰是，谏官曰非；天子曰必行，谏官曰必不可行：立殿陛之前，与天子争是非者，谏官也。宰相尊，行其道；谏官卑，行其言，言行，道亦行也。③

可见，台谏官与宰相一样，也是最能直接"左右天子"、与天子"共治天下"的。

另外，宋朝还有一项规定，台谏官可以"风闻言事"。王安石说：

---

① 《宋史》卷四〇五《刘攽传》，第 12247—12248 页。
② 参见贾玉英《宋代监察制度》，河南大学出版社，1996。
③ 《欧阳修全集》卷六七《上范司谏书》，第 974 页。

"许风闻言事者，不问其言所从来，又不责言之必实。若他人言不实，即得诬告及上书诈不实之罪，谏官、御史则虽失实，亦不加罪，此是许风闻言事。"① 即台谏官可以根据传闻进谏议事，既不必说是何人所说，也不必所说一定符合事实，即使所说与事实不符，也不追究责任。这样，台谏官既能及时进谏，又无后顾之忧，更便于与天子"共治天下"。

综上所述，宋朝是一个"君权神授"观念淡薄，儒学复兴、政治文化回向"三代"，庞大的科举出身士大夫群体崛起，政治文化政策宽松与"以天下为己任"士风盛行，士大夫与天子"共治天下"政治制度架构基本形成的时代。正是在这一时代背景下，宋朝不但兴起了士大夫与天子"共治天下"的政治思潮，而且出现了士大夫与天子"共治天下"的政治局面。

---

① 《长编》卷二一〇，熙宁三年四月壬午，第 5106 页。

# 元代蒙古官员伯都与"大德九路刻十史"

党宝海

## 一

在中国史籍刊印史上，元朝成宗大德年间由江东八路、一州儒学刊刻的十种史书较为知名。有关中国古代文化史特别是印刷史的著作，对此多会提及，有些论著将其简称为"大德九路儒学刊十史"、大德年间"九路刻十史"。①

此事始于大德九年（1305），书籍刊刻的分担者包括建康路（治所在江苏南京，元文宗天历二年改名集庆路）、宁国路（治所在安徽宣城）、徽州路（治所在安徽歙县）、饶州路（治所在江西鄱阳）、太平路（治所在安徽当涂）、池州路（治所在安徽贵池）、信州路（治所在江西上饶）、广德路（治所在安徽广德）和铅山州（今江西铅山）的路学、州县学、书院等地方儒学。刊刻史书的最初计划是刻印十七史，但实际完成了十史，未刊刻南北朝七史（又称"南北朝七书"）。其版本特征为半叶十行，每行二十二字。版框以四周双边为主，版心以线黑口为主，上象鼻常详记分担校刻的路州县学及书院名称，下象鼻记刻工名，常冠以地名。②

---

① 陈高华、张帆、刘晓：《元代文化史》，广东教育出版社，2009，第617页；尾崎康：《正史宋元版之研究》，乔秀岩、王铿编译，中华书局，2018，第136页。

② 尾崎康：《正史宋元版之研究》，第138—139页。

上述八路、一州（后世简称"九路"）儒学负责刊印的史书以及参与刻书活动的学校、刊刻起止时间见表1。

### 表1 大德年间江东建康道九路刻十史概况

| 书名 | 分工地域 | 负责的儒学和刊刻起止时间 |
|---|---|---|
| 《史记》 | 饶州路 | 饶州路儒学、鄱阳县学、乐平州学、锦江书院 |
| 《汉书》 | 太平路 | 太平路儒学。始刻于大德九年五月，成于十二月 |
| 《后汉书》 | 宁国路 | 宁国路儒学、宛陵县学。始刻于大德九年四月，成于十一月 |
| 《三国志》 | 池州路 | 池州路儒学。成于大德十年冬至 |
| 《晋书》 | 徽州路？ | |
| 《北史》 | 信州路 | 信州路儒学、玉山县学、弋阳县学、上饶县学、永丰县学、贵溪县学、象山书院、稼轩书院、蓝山书院、道一书院 |
| 《南史》 | 广德路 | 成于大德十年立夏 |
| 《隋书》 | 饶州路 | 饶州路学、鄱阳县学、余干州学、乐平州学、浮梁州学、初庵书院（德兴县）、锦江书院（安仁县）、忠定书院（余干州）、长芗书院（浮梁州） |
| 《唐书》 | 建康路 | 建康路儒学、明道书院。成于大德十一年正月 |
| 《五代史记》 | 铅山州 | 宗文书院 |

资料来源：尾崎康《正史宋元版之研究》，第138—139、146—147页。

约在元朝后期，上述史书的版片都集中到集庆路（原建康路）路学。[①] 入明后，这些书版由南京国子监继续收藏、使用，其中五种史书的版片编入南监二十一史，部分刻板一直利用到清嘉庆十年（1805）被火灾焚毁为止。[②] 由此可知，大德九路十史，在中国史部典籍出版史上有较为重要的地位。

建康路等地的儒学刊刻十史与当地的地方监察机构——江东建康道肃政廉访司（以下简称"江东道廉访司"）有密切关系。《元史·地理志》

---

[①] 元人张铉编《至正金陵新志》卷九《学校志》记载书版的存放情况，虽然开始说的是"十七史书板"，而实际只提到《史记》《前汉》《后汉》《三国志》《晋书》《南史》《北史》《隋书》《唐书》《五代史》，即只有"十史"。详见《至正金陵新志》，《四库提要著录丛书》影印元至正四年集庆路儒学等刻、明正德十五年南京国子监重修本，第349页上栏。

[②] 尾崎康：《正史宋元版之研究》，第141、165—192页。

所载江东建康道所监治者正是上述八路、一州。①

以上"十史"有五种史书保留下了刊行题记，由此我们了解到江东道廉访司，尤其是该司的廉访副使伯都（Baidu，名字又写作"拜都"，元代汉语伯、拜同音）是这次刊印活动的总体组织者。②

《汉书》目录后有太平路儒学教授孔文声写的跋（以下录文均用/表示原书此处另起一行）：

> 江东建康道肃政廉访司以十七史书艰得/善本，从太平路学官之请，遍牒九路，令/本路以《西汉书》率先，俾诸路咸取而/式之。置局于尊经阁，致工于武林。三/复对读者，耆儒姚和中辈十有五/人；重校修补者，学正蔡泰亨。板用/二千七百七十五面，工费具载学计，兹/不重出。始大德乙巳仲夏六日，终是岁/十有二月廿四日。太平路儒学教授/曲阜孔文声谨书。/承务郎、太平路总管府判官刘遵督工，/中顺大夫、江东建康道肃政廉访副使伯都提调。③

按，大德乙巳年是元成宗大德九年（1305）。

《后汉书》卷首有宁国路路学教授云谦撰写的跋文：

> 江东宪副伯都公语谦曰："浙西十一经已有全版，独十七史则未也，今文移有司董其役，庶几有成。"谦应曰："此盛举也。"宛陵郡学分刊《后汉书》，自大德乙巳孟夏并工刻梓，至仲冬书成，板计二

---

① 《元史》卷六二《地理志五》，中华书局，1976，第1499—1503页。

② "伯"的元代读音为 bai，与"拜"同。见 W. South Coblin, *A Handbook of 'Phags-pa Chinese*, Honolulu: University of Hawai'i Press, 2005, p.134; D. Tomortogoo and G. Cecegdari eds., *Mongolian Monuments in Uighur-Mongolian Script（ⅩⅢ-ⅩⅥ Centuries）: Introduction, Transcription and Bibliography*, Taipei: Institute of Linguistics, Academia Sinica, 2006, pp.17-18。"伯祥"在畏兀体蒙古文中写为 Bai sang, p.28，"陈敬伯"写为 Cinging bai。

③ 转引自尾崎康《正史宋元版之研究》，第137页，影印目录后题记。

千二百四十有奇，字计百二十余万。以学帑余刊及半帙外，则士君子欣然协助。郡侯谨斋夏公力赞其事，克成厥功。谦备员教职，行将瓜代，得附名于左，预有荣焉。大德九年岁次乙巳十一月望日，河南后学云谦再拜谨跋。①

宛陵是宁国路的旧称，当地的郡学实际上是指宁国路儒学。

《三国志》卷首有池州当地文士朱天锡的跋文：

> 自经止获麟之后，马迁以纪传/易编年。历代信史流传，不忝董/狐之笔。厥今/奎运昌隆，文风丕振，江左宪台命诸路学校分派十七史锓梓，池/庠所刊者《三国志》。池之为郡，士类/率多贫窭，学计岁入寡赢，是举/几至中辍。总管王公亢宗奥学/宏才，慨然以化今传后为己任，/表倡之下，其应如响，用能鸠工/竣事，不劳余力。郡博士孔淳孙/式克奉命，董提以底于成。隶也/浅见谀闻，嘉与稽古之彦，身际/斯文鼎新之幸会，敢拜手书于/左方。大德丙午日南至，前进士、/桐乡朱天锡谨跋。②

江左宪台即江东道廉访司，池庠为池州路儒学。

《南史》的跋文今传本缺，但在《永乐大典》第一〇一三五卷有抄录：

> ……今江东幸甚，际遇绣衣部使者/拜都廉使暨宪府诸公，勉励一道儒学，分刊十七史。桐川偶得《南史》，以学/廪不敷，劝率诸儒募匠锓梓。时重其事，荷郡侯吕公师皋提纲于先，继蒙/郡同知张公云翼偕僚属振领于后，遂成此书。江左后学感廉使幸惠之/德不浅

---

①　转引自尾崎康《正史宋元版之研究》，第394—395页。

②　转引自尾崎康《正史宋元版之研究》，第431页。

也。蜀人蒯东寅忝郡文学，黾勉与力，因喜书成，传之永久，与天下/览者共之。故僭为引笔，序其颠末云。大德丙午立夏拜手谨书。①

大德丙午为大德十年（1306）。绣衣部使者，又称绣衣直指、绣衣御史、绣衣使者、绣衣执法，始见于西汉武帝时期，由侍御史充任，到地方督捕盗贼，惩治不法官员。后世多代指侍御史、御史。② 拜都廉使即江东道廉访副使伯都，大德十年已经升任江南行御史台侍御史。宪府指江东道廉访司。

元大德九年建康路明道书院监刊的《新唐书》有建康路学录戚明瑞的序，文中写道：

> ……大德/丙午，拜都侍御持节江东，而尝欲部/下各路分刊十七史，昇所锓者《唐书》，/□邪（原文如此——引者注）建康路推官吕承务提其纲，/前甘州路教授赵伯升日莅四学监/造者，且敦儒寻友，缕缉毫联，自一校/至三校，用心亦勤矣。时仆鼓箧昇序，/一日命述其事，辞不已而曰：……。大德丁/未元正十一月五云山戚明瑞书。③

"昇"即昇州，是建康在唐代的旧称。④ 跋文后有"建康路明道书院监造"字样，并开列校勘官十二人。此外，有学者提到，在《新唐书》的跋文中，还有以江东建康道廉访司副使伯都的语气写下的一段话："经史为学校之本，不可一日无之。版籍散在四方，学者病焉。浙西十一经已有全版，独十七史未也。职居风宪，所当勉励。"⑤

---

① 《永乐大典》卷一〇一三五，中华书局影印明抄本，1986，第4258页下栏。

② 龚延明：《中国历代职官别名大辞典》，上海辞书出版社，2006，第636页。

③ 转引自尾崎康《正史宋元版之研究》，第646页。

④ 《元史》卷六二《地理志五》，第1501页。前人论著中已指出。

⑤ 笔者没有见到完整的跋文，此处不完整的录文转引自李致忠的录文。见李致忠《历代刻书考述》，巴蜀书社，1989，第189—190、209页。管见所及，目前学界对这段跋文的引用，都是转引自李致忠的录文。

上引《汉书》《后汉书》《南史》《新唐书》都提到江东道廉访副使伯都（拜都）在"九路刻十史"过程中发挥了重要作用。伯都、拜都是同一个蒙古人名的汉字音写，在元代汉语中"伯""拜"同音。综合以上五种史籍题记和跋文可知，十种史书的刻印先是由太平路学官提出请求，然后江东道廉访司向它所监治的地方路、州下达牒文，即"遍牒九路"（实为八路、一州），由各地儒学协力完成。最初的计划是刊刻十七史，后来完成了其中的十种。

学界对"大德九路刻十史"已有较多研究，但很少论及这项重要文化事业的组织者江东道廉访司副使伯都。本文拟对伯都的主要事迹，特别是他参与的文化活动略做探讨。

## 二

伯都的生平资料主要见于元代大学者吴澄为他撰写的神道碑，[①] 在明初修成的《元史》中也有他的传记。[②] 结合其他零散资料，本节简述伯都的家世与宦迹。

伯都出生在地位显赫的蒙古忙兀氏贵族家庭。他的高祖畏答儿是成吉思汗的创业功臣，在蒙古与克烈部王汗集团的哈兰真沙陀之战中，畏答儿不畏强敌，敢为先锋，阻击克烈部的突袭，"脑中流矢，逾月陨命"。[③] 1206年，成吉思汗建立大蒙古国，表彰畏答儿的功勋，追封畏答儿为千户。[④]

---

① 吴澄：《吴文正公集》卷三二《故光禄大夫、江南诸道行御史台大夫、鲁国元献公神道碑》，《元人文集珍本丛刊》影印明成化刊本，第545—546页。以下简称《伯都神道碑》。本文关于伯都生平的介绍，若不注出，都据此碑文。

② 《元史》卷一二一《伯都传》，第2992—2993页。

③ 战事详情见《蒙古秘史》第171、175节，余大钧译注，河北人民出版社，2001，第247—248、254页；姚燧《平章政事忙兀公神道碑》，苏天爵编《元文类》卷五九，张金铣校点，安徽大学出版社，2020，第1200页；《元史》卷一二一《畏答儿传》，第2987—2988页。

④ 《伯都神道碑》记为"论功封万户"，姚燧《平章政事忙兀公神道碑》同，恐不确。当时成吉思汗所封三万户并不包括已死的畏答儿，畏答儿只被追封为千户。参阅《蒙古秘史》，第202、205—207节，第326、349—351页。

窝阔台汗即位后，封畏答儿之子忙哥为郡王，以山东泰安州两万户为忙哥家族的投下户。①

伯都的曾祖蘸木曷②、祖父唆鲁火都，都在蒙古的对外战争中立下功勋，由他们的谥号"武毅""忠定"可见一斑。

伯都的父亲博罗欢（又写为博鲁欢、孛罗罕），是元世祖忽必烈的重臣。③ 在元朝初期，他参与了攻打蒙古宗王阿里不哥、镇压山东军阀李璮叛乱的战争，均获战功。后以断事官的身份审理过重大案件，包括忽必烈之子云南王忽哥赤被部下毒杀案，"治大狱称旨"。官职逐渐升至右卫亲军都指挥使、金吾卫上将军、中书右丞。在攻灭南宋的战争中，他任方面军统帅，率军攻占南宋淮东诸地。④ 升任佥书枢密院事。其后，元朝先后任命博罗欢为甘肃行省平章政事、江南诸道行御史台御史大夫。⑤ 至元二十四年（1287），蒙古东道宗王以成吉思汗幼弟斡赤斤的后代乃颜为首，发动了大规模的叛乱，博罗欢率领由蒙古五部（包括忙兀、兀鲁兀、扎剌亦儿、弘吉剌、亦其烈思，又称"五投下"）组成的军队，随元世祖前往征讨，再次建功。至元二十八年，元朝设立河南行中书省，博罗欢任

---

① 姚燧《平章政事忙兀公神道碑》记为"割泰安州民万家"（苏天爵编《元文类》卷五九，第1200页）。

② 《伯都神道碑》记载伯都的曾祖名"铁木合"，姚燧《平章政事忙兀公神道碑》写为"蘸木曷"；《元史》卷一二一《博罗欢传》亦为"蘸木曷"。本文据后两者。关于这一名字的来历，参阅《圣武亲征录——成吉思汗战纪》，伯希和、韩百诗注，尹磊译，上海古籍出版社，2022，第28页。

③ 详见上引姚燧《平章政事忙兀公神道碑》，苏天爵编《元文类》卷五九。

④ 《元史》卷一二一《博罗欢传》："会伐宋，授金吾卫上将军、中书右丞。诏分大军为二，右军受伯颜、阿术节度，左军受博罗欢节度。俄兼淮东都元帅，罢山东经略司，而以其军悉隶焉。"第2989页。

⑤ 《元史》卷一二一《博罗欢传》，至元二十年，"拜御史大夫，行御史台事，以疾归"（第2990页）。姚燧《平章政事忙兀公神道碑》记载："二十有一年，授龙虎卫上将军、御史大夫、江南诸道行御史台事。黄华反，征内地戍兵进讨，未能平贼，多奴良民以归。公令监察御史、提刑按察司随在纠核，皆止还之。以疾归。"苏天爵《元文类》卷五九，第1203页。按《至正金陵新志》记述博罗欢任南台御史大夫的时间为至元二十三年，见《至正金陵新志》卷六《官守志》"题名·行御史台"，第276页上栏。三种史料所记博罗欢任南台御史大夫的时间均有差异。

平章政事。由于灭南宋、平乃颜的军功，博罗欢家族陆续在南方、北方的桂阳、德庆、高邮等地获得了新的投下民户。① 大德四年（1300）博罗欢病卒于江浙行省平章政事的任上，获赠推忠宣力赞运功臣、太师、上柱国，谥武穆，追封泰安王。

从畏答儿到博罗欢，伯都家族凭借赫赫武功成为蒙古、元朝的"贵戚世家"。博罗欢有四子六女。伯都排行第二，他的兄弟都担任元朝高官。其兄浑都任山东宣慰使，遥授中书平章政事。他的大弟野先帖木儿任河南行省左丞相，二弟博罗任陕西行省平章政事。伯都的姐妹均与蒙古高门联姻。②

和父辈相比，伯都的仕途明显不同。博罗欢有三个妻子，分别为蒙古怯烈真氏、札剌真氏和汉人王氏。伯都是王氏所生。他在童年就表现出善良的品格和好学的精神：

> 自幼颖出，不以贵戚世家自满。比长，学不怠，事武穆王（即博罗欢——引者注），克修子职。或劝之仕，以不忍违亲远去，辞。王终，事母夫人王氏益谨，人称纯孝。伯仲间欲析异故产，任其自取，悉弗与较，捐己资，以嫁诸妹。上而朝议，下而士论，靡不以公为善人，无一可疵者。③

在元成宗大德五年，也就是父亲博罗欢死去一年之后，伯都经荐举出仕。由于他的显赫门第，初登仕路就跻身高级官员的行列。"御史府上其才行，擢为中顺大夫、江东道廉访副使。"据《元史·百官志》，世祖至元

---

① 《元史》卷一二一《博罗欢传》：益封桂阳（湖南郴州桂阳县）、德庆（广东肇庆德庆县）二万一千户，封高邮五百户。第2989、2991页。

② 姚燧在大德七年撰写的《平章政事忙兀公神道碑》记述了当时博罗欢女儿的婚姻状况："长适国戚卜伯，次适薛彻干平章子金书枢密院事完者，次适国王弟孛兰肦，次适月赤察而太师弟怯烈出，次适山东宣慰使必宰牙，幼在室。"苏天爵编《元文类》卷五九，第1206页。

③ 《伯都神道碑》，第545页下栏。

二十八年改提刑按察司为肃政廉访司，每道廉访使二员，正三品；副使二员，正四品。①

大德十年，伯都升任中议大夫、江南行台侍御史。② 伯都组织江东道八路一州刊刻十史，正是在他担任该道廉访副使时期。转任江南行御史台侍御史之后，他仍然继续关注"十史"的刊刻，上引五种史书的题记、跋文已有记述。

大德十一年，江南发生大规模的饥荒，伯都积极组织救灾，迅速向朝廷报告灾情，并请求以江南行御史台及其所辖十道肃政廉访司掌握的各地官吏赃款、罚金对百姓进行救助，"遣属驿闻，请以十道赃金罚锾赈济"。此事的详细情况见于《元典章》所录御史台咨文：

　　大德十一年，御史台咨该：〔来咨：〕"照到监察御史呈：据各道廉访司申：江南诸处连年水旱相仍，米粮涌贵，见建康路米价腾涌。奈何官仓无粮，及无客旅贩到米粮，是致贫民夺借米谷，致伤人命。若不救济，利害非轻。所有本台五月终见在赃钞四千余定，添助救济，专差令史梅鼎驰驿赉咨计禀，希咨回示。"准此。照得先准咨文条陈荒事内，劝率富户出米赈济饥民、验数立赏，权宜禁酒，开禁山场、河泊听民采捕，量为救民急务。备呈都省去讫。又照得先钦奉圣旨节该："江浙、江西、湖广等处被灾百姓缺食，差官与行省、行台官，钦依赈恤。"所据见咨，建康路无粮支散，将本台见在赃罚钞定接续救济，宜准所拟。其余路分饥民，卒无钱粮赈济，若将各道廉访司见在赃罚钞定，从省、台已差去官员斟酌不能自存人户，支拨先行救济，移咨上都御史台，会议奏启。去后，大德十一年八月十七日，

_____

① 《元史》卷八六《百官志二》，第2181页。

② 又见《至正金陵新志》卷六《官守志》"题名·行御史台"，第278页上栏，人名写为"拜都"。中议大夫为文散官正四品上阶。见《元史》卷九一《百官志七》，第2320页。御史台侍御史的官品原为从四品，大德十一年升为从二品。江南行台设侍御史二员，见《元史》卷八六《百官志二》，第2178、2179页。

有本台官奏过事内一件："江南行台里，亭罗罕的孩儿伯都小名侍御来说有：'江南田禾不收的上头，百姓每喉忍饥有。可怜见呵，江南行台里并所辖的十道廉访司，如今有的赇罚钱，忍饥的百姓根底，从下分拣着交与呵，怎生？'"奏呵，奉圣旨："那般者。与者。"钦此。①

引文中提到的"亭罗罕的孩儿伯都小名侍御"，就是博罗欢之子伯都，当时他正任江南行御史台的侍御史。

此后，伯都短暂担任金书枢密院事，② 同时在内廷任怯薛官，领舍儿别赤③。元武宗至大二年（1309），他被任命为江南行御史台的长官御史大夫。江南行台只设御史大夫一员。④ 根据《至正金陵新志》有关江南行台御史大夫的记录，至大年间南台御史大夫为火你赤。⑤ 伯都恐未到任。至大四年，他进阶荣禄大夫，任陕西行御史台长官。元武宗曾赐他一条玉带和钞五万两，伯都两次推辞，武宗不许后才接受。

元仁宗延祐元年（1314），伯都升任光禄大夫、甘肃行省平章政事。当时由于灾荒，粮价暴涨，伯都通过改善交通、增加粮食输入，缓解了粮食价格上涨、供给不足的局面。"时米直踊甚，公通治粮道，其年，直顿减。"延祐二年，伯都"又减计岁枭之费，省缗钱四十万有奇"。⑥ 以上所述，主要是解决甘肃地区的军粮问题。他对百姓的温饱和农业生产同样关

① 《元典章》卷三"圣政二·救灾荒"，陈高华等点校，中华书局、天津古籍出版社，2011，第92—93页。
② 元朝枢密院设金院二员，正三品，见《元史》卷八六《百官志二》，第2155页。
③ 舍儿别赤（šerbetči）的主要职责是制造果子露，详见陈高华《舍儿别与舍儿别赤的再探讨》，《历史研究》1989年第2期。
④ 《元史》卷八六《百官志二》，第2179页。
⑤ 《至正金陵新志》卷六《官守志》"题名·行御史台"，第276页上栏。
⑥ 《伯都神道碑》，第545页。《元史》卷一二一《伯都传》的记载与此有差异："时米价腾涌，陆挽一石，费二百缗，乃为经画计，所省至四百余万缗，自是诸仓俱充溢。"（第2992页）据《元史》，《伯都神道碑》所记"岁枭"指的应是政府从外地购入粮食，"岁枭"当为"岁籴"。

心，"甘州气寒地瘠，少稔岁。民饥，则发粟赈之，春阙种，则货之"。由于政策得当，甘肃军民的粮食问题得到较好的解决，"兵饷既足，民食亦给"。仁宗肯定伯都的业绩，"嘉其功，赐钱五千缗，及海东名鹰、甲胄、弓矢"。

在伯都任甘肃行省平章政事期间，西北地区爆发了以元武宗长子和世㻋为首，旨在颠覆仁宗统治的武装政变。元武宗曾与仁宗约定，皇位在兄弟、叔侄之间转相承继。仁宗即位后背弃了叔侄继承的诺言，延祐二年封武宗长子和世㻋为周王。三年三月，命和世㻋出镇云南，将其排斥于政治中心之外。十一月，在和世㻋出镇云南途经延安时，藩府近臣教化等人和武宗的一些旧部下，与陕西行省丞相阿思罕、平章政事塔察儿、陕西行御史台御史大夫脱里伯、御史中丞脱欢等举兵叛乱，分道由潼关及河中府（今山西永济）东进，攻破河中府，杀知府刘天孚。不久，叛军内讧，塔察儿、脱欢袭杀阿思罕、教化于河中，叛军不战自溃。和世㻋被迫远走金山（今阿尔泰山）以西，依附于察合台汗国诸王。同年十二月，仁宗立皇子硕德八剌为皇太子。此次挑战仁宗统治的事件又被称为"关陕之变"，它是元朝统治阶级内部矛盾激化的产物，加剧了武宗、仁宗集团的分裂。①

陕西的变乱亦波及甘肃行省，作为行省长官的伯都站在了元仁宗一方。他迅速联络甘肃当地的蒙古宗王，传令甘肃镇戍军队，捉拿叛乱分子，加强战备，还从民间购置马匹，增强军力："三年冬，关、陕有变，公抵岐王府谋议，檄各镇兵执叛党、修武备，得民间马五百匹，以助进讨。"② 伯都死后，在为他议定谥号之时，他在关陕之变中的表现得到特别的强调和肯定："屡更宪节，再镇藩垣，以宁谧为出治之体，以忠贞为

---

① 《元史》卷三一《明宗纪》、卷一九三《忠义传一·刘天孚传》，第 693—694 页、4387—4388 页。参阅党宝海《元朝延祐年间北方边将脱忽赤叛乱考——读〈大元赠岭北行省右丞忠愍公庙碑〉》，《西域研究》2007 年第 2 期。

② 《伯都神道碑》，第 545 页。

报上之诚。临危制变，守节不渝，犹能为人所难。"① 值得注意的是，在《元史》伯都的传记中，对他在"关陕之变"中的表现只字未提。这应是《元史》所据伯都传记资料有意隐讳的结果。因为元朝后期诸帝分别是图帖睦尔、和世㻋兄弟以及和世㻋的儿子懿璘质班、妥欢帖睦尔。到这一时期若书写伯都在甘肃镇压以和世㻋为首的"关陕之变"显然已不合时宜。

延祐四年，伯都转任江浙行省，"治以不扰，民情大悦。仁宗赐珠衣劳奖"。此后，他被召回朝廷，担任太子硕德八剌（即后来的元英宗）的辅臣："召为太子宾客，辅道靡有缺违。上书陈古先圣帝正心修身之道，仁宗嘉纳，赐衣一复。"仁宗的母亲答己皇太后对伯都很器重。当伯都被第二次任命为江南行御史台的长官，答己认为他应继续辅助太子，"除南台御史大夫，兴圣太后以宾客宜朝夕侍储宫，止其行"。从这一时期开始，伯都的健康状况出现了问题，尤其是眼睛罹患严重疾病。"既而公目疾作，辞官，退居淮南之高邮。"

英宗至治元年，伯都被任命为御史大夫，② 但因健康原因未能赴任，"以目疾不拜，诏以平章禄养于家，仍饬内臣驰驿江南，求空青治其疾。二年春，来朝，赐金文衣及药一缶，复南还。三年，赐钱五万缗及西酒、西药，公辞谢，谓：'曩膺重寄，犹惧弗称，今已病废，岂敢滥叨厚禄，且受重赐乎？'竟不受赐，并归所给平章禄"。《元史·英宗纪》记载，至治三年二月，"以太子宾客伯都廉贫，赐钞十万贯"。《元史·伯都传》记："帝慰谕久之，命以平章之禄归养于家，复赐钞十万缗。……伯都辞谢曰：'臣曩膺重寄，深惧弗称，今已病废，况敢叨滥厚禄以受重赐乎？'并以所给平章政事禄归有司。"《元史》的这两处记载与《伯都神道碑》所记应是同一事，只是受赐钱数有差异。不过，无论是五万缗还是十万缗，伯都最终都没有接受。③

---

① 《柳贯诗文集》卷八《伯都谥元献》，柳遵杰点校，浙江古籍出版社，2004，第169页。
② 《元史》卷一二一《伯都传》记为："英宗即位，复命为江南行台御史大夫。"（第2993页）
③ 《元史》卷一二一《伯都传》，第2993页。

泰定元年，伯都进京朝觐，病重。泰定帝"遣侍医诊视，赐驼乳、良药。卒不起，薨于京师"。伯都为官清廉，家境并不宽裕，"薨之日，橐无遗金，椸无鲜衣"。朝廷在他死后多有赏赐，但被他的夫人拒绝。"朝议公无生业，母老子幼，赐钱二万五千缗，台臣又奏赐钱三万五千缗，仍以前所辞平章禄给之。其夫人固辞，曰：'始夫子仕于朝，且不敢虚食廪稍。今殁矣，苟是禄，非夫子意也。'"据《元史·伯都传》，伯都的夫人最终未接受这六万缗赐钱。①

尽管伯都的母亲为汉人，他又长期在汉地为官，伯都的婚姻仍囿于蒙古人的范围，他的夫人为蒙古瓮吉剌氏太纳右丞之女。两人育有一子笃尔只（Dorji），曾任将作院判官。②

伯都家族以军功起家，这从他父辈的谥号"武毅""忠定""武穆"上亦有体现。伯都的谥号为"元献"，与父辈明显有别。元廷对伯都的谥号有如下说明：

> 故江南诸道行御史台御史大夫伯都，早以世胄入官而秉德端懿，宅心靖渊，文采彬蔚，克济前美。屡更宪节，再镇藩垣，以宁谧为出治之体，以忠贞为报上之诚。临危制变，守节不渝，犹能为人所难。晚以太子宾客召还朝廷，启沃之言多本仁义。以目眚辞，寻拜南台大夫，复引疾不起。圣皇御极，来朝京师，薨于邸中。天下之士咸嗟惜之，而河陇、吴楚之民至于一饭必祝，此岂声音笑貌所能致哉。盖其先世有大功在盟府，官勋土田锡予蕃厚，恩礼视诸侯王。至公之身，脱去贵富，其服食节约，不异寒素，死之日无余帛羡粟，贵而能贫，可谓贤矣。谨按谥法：忠肃敬懿曰元，贤德有成曰献。请谥曰元献。③

---

① 《元史》卷一二一《伯都传》："朝廷知其贫，赙钞二万五千贯。御史台奏赙三万五千贯，仍还所辞禄，妻弘吉剌氏弗受，曰：'始伯都仕于朝，不敢虚受廪禄。今殁矣，苟受是禄，非其意也。'卒辞之。"（第2993页）

② 《元史》卷一二一《伯都传》，第2993页。

③ 《柳贯诗文集》卷八《伯都谥元献》，第169页。

# 三

上文简要回顾了伯都的生平。伯都组织江东道"九路刻十史"正在他初入仕途、担任江东道廉访副使期间。他在此时还主持刊刻了一部重要的文学总集——南朝梁萧统编、唐李善注的《文选》。《文选》早期最重要的刻本是南宋尤袤在池阳（安徽贵池）刊刻的。到元代，伯都曾在池州路重刊。不幸的是，后来版片毁于灾。元仁宗延祐后期，池州路总管府同知张伯颜再次刊刻《文选》，这就是后世熟知的张伯颜刊本。① 对此，延祐本《文选》余珤所作的序言有明确记载：

> 梁昭明享池祀，② 夫岂徒哉！如有所为者，知其有《文选》也，必人永其传，则神寿其享矣。惟大德九祀，予以贰郡是承，以坠典是询。父老具曰：伯都司宪新《文选》之梓于烬，告厥成，因相与乐之。越十有三载，予时备遣皇华咨诹炎服还，有以梓蹈灾辙而告厥废者，乃相与叹之。再明年，即池故处，吾归老焉。聿感追兹，徒念周济。吾既不果宪斯道，又不复政斯郡，末如之何矣。几将来者，岂不有我心之同然者乎？未几，同知府事张正卿来，思惠而为政，将桓复斯集，俾邑学吴梓校补遗谬，遂命金五十以自率，群属靡不从化。……③

在延祐本《文选》的各卷卷首，可见"奉政大夫同知池州路总管府事张

---

① 关于张伯颜刻本《文选》与尤袤刻本的关系，参阅傅刚《文选版本研究》，北京大学出版社，2000，第152—153页。
② 《文选》编者梁昭明太子萧统的封邑在江西贵池，也就是元代池州路总管府的治所。南宋尤袤刻印李善注《文选》亦在此地。参见傅刚《文选版本研究》，第160页。
③ 萧统编，李善注《文选》，唐藩朱芝址明成化二十三年（1487）翻刻元延祐七年张伯颜刻本，中国国家图书馆善本书号：09893，"文选序"，第七叶。《全元文》收录了这篇序文，题为《重刻文选序》，作者的名字误写为"佘珤"，录文据1920年《杏花村志》卷一〇。见李修生主编《全元文》第35册，凤凰出版社，2004，第132页。

伯颜助率重刊"字样。

"伯都司宪新《文选》之梓于烬，告厥成"，指的应是池州原有的尤袤刊《文选》书版已毁于火灾，伯都重新刊刻，在大德九年顺利完工。这一年正是江东道八路一州开始刊刻十史之年。从这一年向后推十三年，当为1318年前后，时为仁宗延祐五年。当时伯都新刻《文选》不幸毁于灾。又过两年，即1320年。余珏的《文选》序言中提到"未几，同知府事张正卿来，思惠而为政，将桓复斯集"。张正卿即张伯颜，本名世昌，正卿是他的字。他虽然是江苏长洲相城人（今属苏州），在元朝属于政治地位最低的"南人"，但曾在宫廷充当元成宗铁穆耳的怯薛，成宗赐他蒙古名"伯颜"。清代学者钱大昕很早就在郑元祐《侨吴集》中发现了他的圹志。[①] 志文对张世昌的仕途履历有如下记载：

> ……始以谨饬小心入仕于朝，僄直殿庐。久之，成皇以先公忠勤，爱之，赐名伯颜。大德五年，宣授将作院判官。……延祐元年，除庆元路同知。七年，升授奉政大夫、池州路同知。泰定三年，进阶朝散大夫、福宁州尹。……自元贞初入见阙庭，继拜恩宠，一为中朝官，四贰郡政……[②]

张世昌任池州路同知是在延祐七年，与余珏《文选》序所记相合。他捐资刊刻的《文选》应与伯都刊本相同，都是重刻南宋尤袤本。当张世昌在池州重刻《文选》时，伯都已经因为眼疾退养高邮了。

伯都出身蒙古忙兀氏军功世家，为什么会如此热衷于刊刻汉文的文史经典著作呢？

其原因应是多方面的。首先，伯都出生在蒙汉通婚的家庭，他对汉文化并不陌生。从伯都父辈的婚姻情况来看，与汉人通婚是从他的父亲博罗

---

① 钱大昕：《十驾斋养新录》卷一四《〈文选〉元椠本》，上海书店，1983，第337页。
② 郑元祐：《侨吴集》卷一二《平江路总管致仕张公圹志（代其子都中作）》，《元代珍本文集汇刊》影印清抄弘治刻本，第545—546页。

欢开始的,① 然而,从博罗欢的传记资料看不出汉文化对他的影响,甚至无法了解他是否懂汉文、汉语。博罗欢一生戎马倥偬,文化修养似不高。伯都的母亲王氏对伯都的影响应当很大。在追封王氏为泰安王太夫人的制书中,特别提到她对孩子的教育:

> 官德懋者,莫大于亲荣;济世美者,实原于母训。诞敷命数,光贲庭闱。具官某母某氏:蚤以名家,嫔于华胄。事尊嫜而尽礼,处姻族而可仪。夫克成其大勋,助由中馈;子能继其先志,教有义方。②

伯都的童年教育和文化素养与他母亲的影响是分不开的。

其次,伯都从小接受儒学教育,具有良好的汉文化修养,他完全了解《文选》、"十史"对于汉地传统文化的重要性。上文提及,伯都"自幼颖出,不以贵戚世家自满。比长,学不息"。《元史》记载他"幼颖异,不以家世自矜,长嗜书史"。在担任仁宗朝太子宾客时,他"辅道靡有缺违,上书陈古先圣帝正心修身之道"。在大德年间刊刻的"十史"中,有题记、跋文提到伯都对汉文经史和人才培养的看法。这些都说明他具有相当程度的汉文化修养。

再次,伯都担任的监察官职务与监察区域内的文化活动有密切的关系,这使他可以名正言顺地倡导地方文化建设。元朝肃政廉访司的前身是提刑按察司,最初置司就有监管学校的职能。提刑按察司官"所至之处,劝课农桑,问民疾苦,勉励学校,宣明教化"。③ 在南方地区,江南行御史台、肃政廉访司对学校监管制定了细密的规则。其具体措施包括对路府州县学教官的升转进行体覆、体察,对学校的日常教学活动和财产进行监

---

① 据《伯都神道碑》,伯都的祖母是唐兀真氏,曾祖母瓮吉剌氏。
② 程钜夫:《程雪楼文集》卷四《御史大夫伯都母王氏封泰安王太夫人制》,《元代珍本文集汇刊》影印民国陶湘影刻洪武二十八年刊本,第 224—225 页。
③ 《元典章》卷六《台纲二》"体察·察司体察等例",第 158 页。又见《庙学典礼》卷五《行台坐下宪司讲究学校便宜》,王颋点校,浙江古籍出版社,1992,第 97 页。

督。在元贞元年（1295）江南行御史台给各道廉访司的札付中，明确提到对各地学校所藏书籍板片的管理：

> 除福州路儒学见在书板未全者，督令逐时修补成帙，专差职事二员掌管，置库封锁，析类架阁，不致失散，仍各印一部，及置买《四书》、九经、《通鉴》各一部，装背完整，以备检阅，不许借借出学。但有欠阙，令教官立便照勘见数，于本学钱粮内刊补。其余路学一体施行，实为相应。①

元朝肃政廉访司拥有正当且充分的管理学校的权力，可以利用辖区内各地儒学的文化资源、人力资源和物质条件来刻印书籍。已有学者注意到，多位元朝文臣的文集由监察部门提请刊行。至顺三年（1332），江西湖东道廉访司曾命令江西儒学刊刻“十史”。② 后至元五年（1339），江北淮东道廉访司根据廉访使苏天爵的建议，上报御史台，由扬州路儒学刊印马祖常的文集。至正五年（1345），江西湖东道肃政廉访司根据廉访使沙剌班的建议，行文抚州路儒学，刊行虞集的文集《道园类稿》。③ 笔者曾在一篇小文中指出，元刻本《唐律疏议》和王叔和《脉经》是由江西湖东道廉访副使朵列秃指令江西龙兴路儒学刊刻的。④ 由于监察机构有管理地方儒学的权力，大德九年江东道廉访司，特别是廉访副使伯都，下令本道八路一州的儒学刊刻“十史”，得到了当地学校的迅速执行。相关任务在不长的时间内即妥善完成。

---

① 《庙学典礼》卷五《行台坐下宪司讲究学校便宜》，第104页。
② 尾崎康：《正史宋元版之研究》，第162—163页。第163页有《隋书》的刊行题记，上列江西湖东道肃政廉访司主要官员的职务和姓名。过去多有论著把至顺年间此次刊刻“十史”活动中由江西瑞州路刊印的《隋书》视为“大德九路刻十史”的一种。这是错误的，瑞州路属于江西湖东道肃政廉访司，与江东道截然不同，对此尾崎康已有辨析。
③ 陈高华、张帆、刘晓：《元代文化史》，第618页。
④ 党宝海：《唐兀人朵列秃与元刻本〈唐律疏议〉〈脉经〉》，北京大学历史学系、北京大学中国古代史研究中心编《祝总斌先生九十华诞颂寿论文集》，中华书局，2020，第542—550页。

最后，当地儒学缺少史书应是客观事实，重刊不失为一种有效的解决方案。从现存江东道儒学刊行"十史"的几种题记来看，当时各地学校的史书严重不足。在元朝至顺三年（1332），江西湖东道肃政廉访司（治所在江西南昌）主持重刊十七史。从现存江西瑞州路儒学刊行《隋书》卷首该路儒学教授周似周撰写的校刊序言来看，即使是在大德年间江东道"九路刻十史"之后，相邻地区的儒学仍处于史部书籍短缺的状态。周似周的相关文字转录如下：

> 十七史书，缺一不可。曩予录庐陵乡校，有《史记》《东汉书》而无《西汉》。及长鹭洲书院，则有《西汉》一书而已。尝叹安得江西学院所刊经史，会为全书。今教瑞学，有《通鉴》全文，又在十七史外。至顺壬申夏，府奉省宪命，备儒学提举高承事言：十七史书善本绝少，江西学院惟吉安有《史记》、东西《汉书》，赣学有《三国志》，临江路学《唐书》，抚学《五代史》，余缺《晋书》《南史》《北史》《隋书》。若令龙兴路学刊《晋书》，建昌路学刊《南北史》，瑞州路学刊《隋书》便。如其请，俾行之毋怠。①

江西瑞州路刊刻《隋书》，利用的正是江东道建康路刻印的《隋书》："今学首访到建康本十七史内《隋书》，考订未免刻画粗率，句字差讹。后得袁赵氏本颇善，然差谬亦不少。遂参究互考，随事求证，误者正之，讹者补之。"② 江东、江西属于元朝经济文化比较发达的地区，两地的儒学尚且史书稀缺，全国的情况应当更甚。

正是由于上述多方面的原因，时任江东道廉访副使的伯都促成了八路一州在大德九年到十一年刊刻"十史"。而在此之前，他还在池州路主持重刊了李善注《文选》。

---

① 转引自尾崎康《正史宋元版之研究》，第 162 页。标点有改动。
② 转引自尾崎康《正史宋元版之研究》，第 162 页。

# 结　语

　　对于一个历史事件的成因和意义，可以有多个不同的论述角度。以"大德九路刻十史"为例，既可以论述地方儒学的文化贡献，亦可就此分析地方监察机构的作用。本文试图通过对蒙古官员伯都（拜都）生平的介绍，解释为何一位蒙古官员可以成为"大德九路刻十史"活动的主要推动者。

　　伯都生于蒙古忙兀部军功贵族家庭，初登仕途便跻身高位。在江东道肃政廉访司任廉访副使让他能够有效地调动江东道地方儒学的各种人力、物力、文化资源。然而，这些尚不足以解释为何他积极倡导刊刻《文选》和"十史"。我们必须看到伯都的汉人母亲和早年汉文化教育对他的影响。对汉文化的认同应是伯都组织和完成上述文化事业的心理基础。研究元代族际通婚的影响和汉文化的传播，蒙古官员伯都主持刊刻汉文典籍是一个值得注意的事例。

# 吴宗国先生诞辰九十周年纪念论文集
## 作者单位

卜天舒　辽宁大学历史学系

陈怀宇　美国亚利桑那州立大学历史哲学宗教学院

陈　爽　中国社会科学院古代史研究所

陈苏镇　北京大学中国古代史研究中心

陈志坚　浙江大学历史学院

党宝海　北京大学历史学系

邓文宽　国家文物局中国文化遗产研究院

邓小南　北京大学中国古代史研究中心

丁　俊　山西大学历史文化学院

段真子　中国人民大学图书馆古籍整理研究部

高　滨　西北大学历史学院

高　峰　南京晓庄学院旅游与社会管理学院

顾城瑞　西北大学历史学院

何亦凡　中国社会科学院考古研究所

黄承炳　中国政法大学政治与公共管理学院

黄正建　中国社会科学院古代史研究所

黄子芸　中国人民大学历史学院

姜　山　中国人民大学历史学院

金　珍　韩国成均馆大学史学科

景凯东　曲阜师范大学历史文化学院

雷　闻　北京师范大学历史学院

李　瀚　中央党史和文献研究院第三研究部

李孝聪　北京大学中国古代史研究中心

梁太济　浙江大学历史学院

刘后滨　北京航空航天大学人文与社会科学高等研究院

刘　屹　首都师范大学历史学院

刘玉峰　山东大学历史学院

刘　喆　北京师范大学文理学院

罗永生　香港树仁大学历史学系

马俊杰　中国政法大学法律古籍整理研究所

孟宪实　中国人民大学历史学院

孟彦弘　中国社会科学院古代史研究所

牟学林　曲阜师范大学历史文化学院

宁　欣　北京师范大学历史学院

牛来颖　中国社会科学院古代史研究所

裴成国　西北大学历史学院

彭丽华　湖南师范大学历史文化学院

荣新江　北京大学中国古代史研究中心

单笑斐　中国教育报刊社民族教育中心

沈国光　中国社会科学院考古研究所

沈睿文　北京大学考古文博学院

沈寿程　大连海事大学马克思主义学院

汪馨如　温州市图书馆

王承文　中山大学历史学系

王利华　南开大学历史学院

王　玮　大连理工大学马克思主义学院

巫新华　中国社会科学院考古研究所

吴丽娱　中国社会科学院古代史研究所

阎步克　北京大学中国古代史研究中心

阎守诚　首都师范大学历史学院

叶　炜　北京大学中国古代史研究中心

张　帆　北京大学历史学系

张耐冬　中国人民大学国学院

张　飘　西北农林科技大学农业历史研究所

张希清　北京大学中国古代史研究中心

张　雨　中国政法大学法律古籍整理研究所

赵璐璐　中央党校文史教研部

赵帅淇　中国人民大学历史学院

朱玉麒　北京大学中国古代史研究中心

图书在版编目(CIP)数据

吴宗国先生诞辰九十周年纪念论文集／北京大学历史学系，北京大学中国古代史研究中心编．--北京：社会科学文献出版社，2024.9. --ISBN 978-7-5228-4168-7

Ⅰ.K825.81-53

中国国家版本馆 CIP 数据核字第 2024TX3326 号

吴宗国先生诞辰九十周年纪念论文集

编　　者／北京大学历史学系　北京大学中国古代史研究中心

出 版 人／冀祥德
责任编辑／汪延平　赵　晨　郑彦宁　窦知远
责任印制／王京美

出　　版／社会科学文献出版社·历史学分社（010）59367256
　　　　　地址：北京市北三环中路甲 29 号院华龙大厦　邮编：100029
　　　　　网址：www.ssap.com.cn
发　　行／社会科学文献出版社（010）59367028
印　　装／三河市东方印刷有限公司

规　　格／开　本：787mm×1092mm　1/16
　　　　　印　张：62　字　数：919 千字
版　　次／2024 年 9 月第 1 版　2024 年 9 月第 1 次印刷
书　　号／ISBN 978-7-5228-4168-7
定　　价／238.00 元

读者服务电话：4008918866